QUELLENSAMMLUNG
ZUR GESCHICHTE
DER DEUTSCHEN SOZIALPOLITIK
1867 BIS 1914

QUELLENSAMMLUNG
ZUR GESCHICHTE
DER DEUTSCHEN SOZIALPOLITIK
1867 BIS 1914

begründet von

PETER RASSOW und KARL ERICH BORN

im Auftrag der Historischen Kommission der Akademie
der Wissenschaften und der Literatur, Mainz, herausgegeben von

HANSJOACHIM HENNING und FLORIAN TENNSTEDT

III. ABTEILUNG

AUSBAU UND DIFFERENZIERUNG DER SOZIALPOLITIK SEIT BEGINN DES NEUEN KURSES (1890–1904)

7. BAND

ARMENPFLEGE UND KOMMUNALE WOHLFAHRTSPOLITIK

bearbeitet von

WILFRIED RUDLOFF
unter Mitarbeit von
GISELA RUST-SCHMÖLE

WBG
Wissen *verbindet*

Das Vorhaben
Quellensammlung zur Geschichte der deutschen Sozialpolitik 1867–1914
der Mainzer Akademie der Wissenschaften und der Literatur
wird im Rahmen des Akademienprogramms
von der Bundesrepublik Deutschland und vom Land Hessen gefördert.

Bibliografische Information der Deutschen Nationalbibliothek

Die Deutsche Nationalbibliothek verzeichnet diese Publikation in der Deutschen Nationalbibliografie; detaillierte bibliografische Daten sind im Internet über <http://dnb.d-nb.de> abrufbar.

ISBN 978-3-534-13455-7

Druck: DZA Druckerei zu Altenburg GmbH

Gedruckt auf säurefreiem, chlorfrei gebleichtem Papier

Printed in Germany

Inhaltsverzeichnis

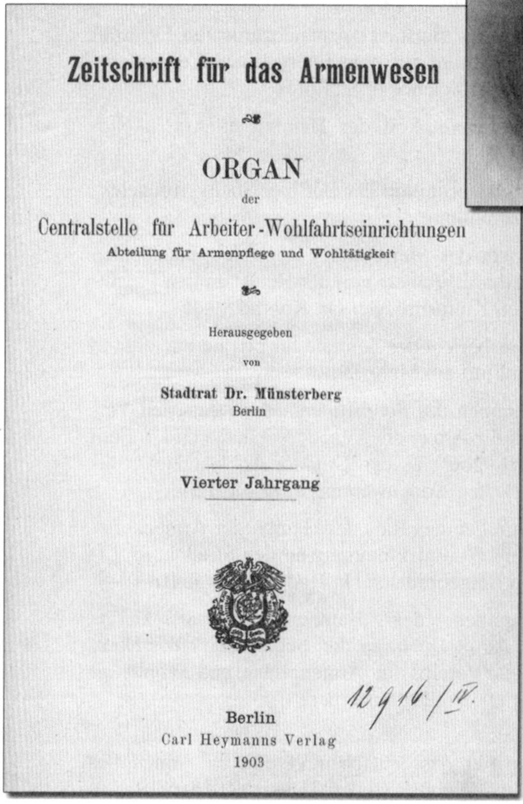

Zeitschrift für das Armenwesen

ORGAN

der

Centralstelle für Arbeiter-Wohlfahrtseinrichtungen

Abteilung für Armenpflege und Wohltätigkeit

Herausgegeben

von

Stadtrat Dr. Münsterberg

Berlin

Vierter Jahrgang

Berlin

Carl Heymanns Verlag

1903

Seit den neunziger Jahren drückte eine neue Generation von Armenpolitikern der Armenpflege und kommunalen Wohlfahrtspolitik ihren Stempel auf. Ihr Wirken beschränkte sich nicht auf die praktische Armenpolitik, sondern umfaßte bisweilen auch eine reiche publizistische Tätigkeit und umfassende Verbandsaktivitäten auf nationaler Ebene. Herausragender Exponent dieser Generation von Armenpolitikern war Dr. Emil Münsterberg (1855-1911), der als Praktiker die Armenpflege in Hamburg und Berlin reformierte und zugleich zum wichtigsten Vordenker der Armenpolitik avancierte. 1900 gründete Münsterberg die Zeitschrift für das Armenwesen, die er bis zu seinem Tod herausgab (Bild: Stadtarchiv Iserlohn, Fotograf unbekannt).

„An die Stelle des bloßen Almosengebens ist heute eine Armenpflege getreten, für die der Arme nicht mehr lästiger Bettler ist, den man so rasch als möglich wieder loszuwerden bemüht ist, sondern ein hilfebedürftiger Mensch, dem werktätige Hilfe durch Rat und Tat zuteil werden muß.“[1]

Hans Samter, Armendirektor in Charlottenburg, 1904

Einleitung

I.

Die Armenpflege bildete bis in das 20. Jahrhundert hinein den Ausgangs- und Mittelpunkt der kommunalen Sozial- und Wohlfahrtspolitik. Sie beruhte auf der jahrhundertealten Verpflichtung der Gemeinden, für ihre in Not geratenen Mitglieder zu sorgen. Mit der Arbeiterversicherungsgesetzgebung der 1880er Jahre und der Entstehung des Sozialstaats traten die typusbildenden Merkmalseigenschaften der Institution Armenpflege um so kontrastschärfer hervor: Die Armenpflege war charakterisiert durch die auf individueller Prüfung der Bedürftigkeit beruhenden Gewährung eines minimalen Existenzbedarfs im lokalen Kontext der gemeindlichen Selbstverwaltung. Gegenüber den Leistungen der Arbeiterversicherung bildete sie eine Unterstützungsform minderen Rechts. Sie war kaum standardisiert, fußte nicht auf einem einklagbaren subjektiv-öffentlichen Rechtsanspruch, war abhängig von einer Bedürftigkeitsprüfung und lag weitgehend im Ermessen der ehrenamtlichen Armenpfleger. Dennoch, trotz dieser stabilen Eigenarten war auch die Armenpflege keine statische Größe. Die deutschen Städte hatten einen Gutteil der sozialen Folgewirkungen der großen Umwälzungsprozesse der Industrialisierung und Urbanisierung zu verarbeiten, und sie erwiesen sich zugleich als eine der Urzellen des modernen Interventionsstaats. Unter dem Eindruck neu entstehender oder neu ins Bewußtsein der Öffentlichkeit tretender sozialer Probleme und unter dem Einfluß sich wandelnder sozialer und wohlfahrtspolitischer Leitideen wurden seit dem späten 19. Jahrhundert, wie vorsichtig auch immer, der Auftrag und die Grenzen der Armenpflege neu austariert.

Weil sich um die Armenpflege herum nun ein ganzer Kranz von neuen Aufgaben städtischer Daseinsvorsorge legte, wurde der herkömmliche Begriff der „Armenpflege“ bisweilen als zu eng empfunden. Er schien das sich weiter auffächernde soziale Tätigkeitsfeld der Gemeinden immer weniger begrifflich abdecken zu können. Seit den späten neunziger Jahren war deshalb zunächst von einer „sozialen Ausgestaltung“[2] der Armenpflege die Rede oder auch von deren Erweiterung zu einer „sozialen Armenpflege“[3]. Zugleich setzte die Suche nach einem weiter zugeschnittenen Begriffsmantel ein. Ein solcher Begriff war „Wohlfahrtspflege“. Gegenüber dem Begriff der

---

[1] Stenographischer Bericht über die Verhandlungen der 24. Jahresversammlung des deutschen Vereins für Armenpflege und Wohltätigkeit am 25. und 26. August 1904 in Danzig, (Schriften des deutschen Vereins für Armenpflege und Wohltätigkeit, Heft 71), Leipzig 1905, S. 7.

[2] Nr. 96 und Nr. 98.

[3] Nr. 135.

„Armenpflege“, bei dem man sich auf einen fest umrissenen Institutionenkern berufen konnte, war allerdings der Terminus der „Wohlfahrtspflege“ nur schwer zu fassen. In das zeitgenössische Vokabular hielt er zunächst auch nur in begrenztem Maß Einzug. Erst seit dem Ersten Weltkrieg (und der Abgrenzung der Kriegswohlfahrtspflege von der Armenpflege) sollte er sich auf breiter Front durchsetzen.[4]

Wo der Begriff „Wohlfahrtspflege“ sich einzubürgern begann, wurde er – zunächst – vielfach noch sehr weit gefaßt und bisweilen sogar als gemeinsamer Dachbegriff sowohl für die Sozialversicherung wie auch die Armenpflege verwandt.[5] Für Emil Münsterberg sollte er 1904, in Abgrenzung von der kollektiven Selbsthilfe, der gruppenbezogenen Arbeiterversicherung und der auf das Individuum bezogenen Armenpflege, alle Bestrebungen umschließen, die auf einer gesamtgesellschaftlichen Ebene der Förderung der „Volkswohlfahrt“ dienten.[6] Heinrich Albrecht wiederum, Mitarbeiter der Zentralstelle für Arbeiterwohlfahrtseinrichtungen und Verfasser des „Handbuchs der Sozialen Wohlfahrtspflege“ von 1902, verstand darunter all diejenigen „sozialen Wohlfahrtseinrichtungen“, die „der freien Initiative von Staat, Gemeinde, Körperschaften und Privatpersonen“ entstammten und dazu bestimmt waren, „die wirtschaftliche und soziale Lage der unbemittelten Klassen zu verbessern“.[7] Damit deutete er bereits die Richtung an, in der sich die Begriffsbildung weiterbewegen würde. Wohlfahrtspflege wurde zunehmend als derjenige Teil der sozialen Hilfsangebote verstanden, der nicht aufgrund gesetzlicher Normierung, sondern auf freiwilliger Basis bereitgestellt wurde. Wichtig für das Begriffsverständnis wurde dann vor allem, daß die Wohlfahrtspflege die engen Grenzen jenes Handlungsrahmens, welcher der alten Armenpflege gesetzlich vorgegeben war, überschritt. Sie grenzte sich also sowohl von der Arbeiterversicherung wie auch der alten Armenpflege ab. Im Zentrum des neuen Begriffsverständnisses stand der präventive, stärker an die Wurzeln der Not greifende Charakter der Wohlfahrtspflege. Der Idee nach sollte es sich bei der Wohlfahrtspflege nicht mehr allein darum handeln, den unentbehrlichen Lebensbedarf sicherzustellen, die Wohlfahrtspflege suchte vielmehr der Entstehung und Verfestigung von Not und Armut vorzubeugen. Der Begriff „Wohlfahrtspolitik“ wiederum bezeichnete die politischen Bemühungen, die darauf zielten, einer in diesem Sinn erweiterten lokalen Daseinsvorsorge den Weg zu bereiten. In diesem Verständnis wird er auch in dem vorliegenden Band verwandt. „Wohlfahrtspolitik“ hatte nicht mehr allein das Problem der Armut im Visier, sondern griff auf die sozialen Güter der Arbeit, der Wohnung, der Erziehung und der Gesundheit aus. Unter ihrem weiten Mantel formierten sich so, wie der Band zu dokumentieren sucht, neue Formen kommunaler Intervention in die sozialen Verhältnisse. Emil Münsterberg betonte 1905 in einem Rückblick auf ein Vierteljahrhundert der Tätigkeit des Deutschen

[4] Else Peerenboom, Zur Begriffsbestimmung der Wohlfahrtspflege, in: Caritas 30 (1925), S. 105-111; zur Begriffsproblematik vgl. auch die Bemerkungen von Christoph Sachße/Florian Tennstedt, Geschichte der Armenfürsorge in Deutschland, Bd. 2: Fürsorge und Wohlfahrtspflege 1871-1929, Stuttgart u. a. 1988, S. 11.

[5] Vgl. so auch noch Siddy Wronsky, Wohlfahrtspflege, in: Oskar Karstedt (Hrsg.), Handwörterbuch der Wohlfahrtspflege, Berlin 1924, S. 442-449.

[6] Nr. 135.

[7] Heinrich Albrecht, Handbuch der Sozialen Wohlfahrtspflege in Deutschland, Berlin 1902, S. 3; vgl. zum Beispiel auch Karl Singer, Soziale Fürsorge, der Weg zum Wohltun, München/Berlin 1904, S. 1-6, der der Wohlfahrtspflege eine rassenhygienische Dimension zu verleihen bestrebt ist und im übrigen die Begriffe Soziale Fürsorge und Wohlfahrtspflege alternativ verwendet.

Vereins für Armenpflege und Wohltätigkeit, „daß unsere Ziele sich doch langsam und unmerklich in fortschreitender Entwicklung mit der Bedeutung vorbeugender Wohlfahrtspflege erfüllt haben“.[8]

Der Schwerpunkt der Wohlfahrtspolitik lag in den Städten und Gemeinden. In den 1880er Jahren, unter dem Eindruck der Bismarckschen Sozialgesetzgebung, hatte die kommunale Ebene der Sozial- und Wohlfahrtspolitik noch ganz im Schatten der gesamtstaatlichen Ebene gestanden. Seit den neunziger Jahren jedoch erlebten die Städte, namentlich aber die Großstädte, einen neuen Aufschwung als sozial- und wohlfahrtspolitische Initiativzentren. Einige der sozialen Probleme, die – wie die Themen Arbeitslosigkeit und Wohnungsnot – nun stärker in den Mittelpunkt des sozialpolitischen Interesses rückten, wurden zuerst auf der lokalen Ebene der Gemeinden verhandelt und bearbeitet. Die Gemeinden erlangten ein Stück weit ihre sozialpolitische Pionierfunktion zurück. Einrichtungen, für die die Zuständigkeit zu einem späteren Zeitpunkt in staatliche Hände übergehen sollte, wurden jetzt erstmals auf kommunaler Ebene erprobt – Arbeitsnachweise und Arbeitslosenversicherung zum Beispiel oder auch Teilbereiche der öffentlichen Gesundheitsfürsorge. Andere Einrichtungen kommunaler Wohlfahrtspolitik, die dann dauerhaft im Zuständigkeitsrahmen der Gemeinden verblieben, wurden seit den neunziger Jahren neu geschaffen, wieder andere mit weit zurückreichenden Wurzeln erfuhren eine tendenzielle Erneuerung.

Die Städte stärkten so ihre Rolle als wohlfahrtspolitische Impulsgeber. Dies geschah unter besonderen politischen Vorzeichen. Denn unter dem Schutz eines weiterhin restriktiv angelegten Gemeindewahlrechts wußte der parteipolitische Liberalismus seine Vorherrschaft auf kommunaler Ebene auch noch zu einem Zeitpunkt zu wahren, als sie auf der nationalen Ebene längst verlorengegangen war. Die Gemeinden wurden zur Plattform eines „Sozialliberalismus“, zu dem es auf Reichsebene ein Pendant von ähnlicher Durchschlagskraft kaum gab. Die politische Illiberalität, so ist deshalb argumentiert worden, wurde in den Gemeinden zur Voraussetzung einer ausgreifenden sozialliberalen Reformpolitik.[9] Dabei mußten die Selbstverwaltungseliten, die Oberbürgermeister und zuständigen Beigeordneten, nicht selten mit einem Stadtparlament rechnen, das bei den Reformvorhaben beträchtlich auf die Bremse trat. Zudem bestanden zwischen den Städten erhebliche Unterschiede, was die Reformbereitschaft der kommunalpolitischen Eliten betraf. Vieles hing von der Tatkraft und Initiative der zuständigen Beigeordneten und besoldeten Stadträte ab, ebenso vieles von den Machtverhältnissen in den Kommunalparlamenten.

II.

Die Schilderung des fachlichen und politischen Kräftefelds der Armen- und Wohlfahrtspolitik kann an die einleitenden Ausführungen anknüpfen, die dem vor-

---

8 Stenographischer Bericht über die Verhandlungen der 25. Jahresversammlung des deutschen Vereins für Armenpflege und Wohltätigkeit am 21. und 22. September 1905 in Mannheim (Schriften des deutschen Vereins für Armenpflege und Wohltätigkeit, Heft 75), Leipzig 1905, S. 11-23, hier S. 22.

9 Dieter Langewiesche, Liberalismus in Deutschland, Frankfurt a. M. 1988, S. 200-211; ders., „Staat“ und „Kommune“. Zum Wandel der Staatsaufgaben in Deutschland im 19. Jahrhundert, in: Historische Zeitschrift 248 (1989), S. 621-635, hier S. 633 f.; vgl. im übrigen auch Jürgen Reulecke, Geschichte der Urbanisierung in Deutschland, Frankfurt a. M. 1985, S. 118-131.

angegangenen Band zur Armenpflege (Bd. 7 der II. Abteilung) vorangestellt wurden. Wir beschränken uns auf einige Bemerkungen zur besonderen Rolle der Fachwelt in der Armenpflege. Denn mehr noch als auch schon in der vorangegangenen Periode wurde der Deutsche Verein für Armenpflege und Wohltätigkeit[10] in den neunziger Jahren zum Dreh- und Angelpunkt der maßgeblichen Debatten und Entwicklungen in der Armenpflege.[11] Drei Funktionen waren es vornehmlich, die der Anfang der achtziger Jahre gegründete Zusammenschluß der Armenpflegefachwelt erfüllte. Die Berichtsbände des Vereins zu einzelnen Themen – nicht selten umfassende Abhandlungen mit dem Charakter materialgesättigter Enqueten – bildeten zusammen mit den Debatten der herbstlichen Jahresversammlungen eine unverzichtbare Informationsquelle für jeden, der sich einen Überblick über den aktuellen Entwicklungsstand der Armenpflege und die gegenwärtig diskutierten Neuerungen verschaffen wollte. Wo in den deutschen Großstädten armenpolitische Reformen anstanden, wurde deshalb nach den Bänden der „Schriften" des Deutschen Vereins gegriffen. Der Verein diente sodann als unangefochtene Clearingstelle für offene Debatten und konkurrierende Auffassungen in der Armen- und Wohlfahrtspolitik. Die Jahresversammlungen, auf denen sich das Gros der Verantwortlichen aus öffentlicher Armenpflege und privater Wohltätigkeit traf, galten als maßgebliche Plattform der Meinungsbildung in der Armenpflege. Die Leitsätze und Resolutionen, die am Ende der Debatten verabschiedet wurden, bildeten die „herrschende Meinung" in der Armenpolitik. Die Verhandlungen wurden deshalb auch von den politischen Verantwortungsträgern aufmerksam beobachtet.[12] Schließlich besaßen die Jahresversammlungen auch eine bedeutsame informelle Funktion. Sie dienten als Kontaktbörse, wiesen den Hauptrednern fachweltlichen Expertenstatus zu und boten eine einzigartige Gelegenheit, um in Pausengesprächen, bei den festlichen Dinners und während des sonstigen Rahmenprogramms – auch unabhängig von der Tagesordnung – Erfahrungen auszutauschen und Neuigkeiten zu ergründen. Der Hauptwert der Jahresversammlungen liege nicht in den parlamentarischen Erörterungen, schrieb ein Mitarbeiter der Hamburger Armenverwaltung 1890, sondern „in der Anknüpfung persönlicher Beziehungen, in dem gegenseitigen Austausch und in der Verwertung praktischer Erfahrungen".[13] Tatsächlich genoß der praktische Zugang zu den Themen im Debattenhorizont des Deutschen Vereins stets einen Vorrang vor einer stärker theoretischen Ausrichtung. Der langjährige Vorsitzende des Deutschen Vereins Ludwig Friedrich Seyffardt legte dies mittels einer Gegenüberstellung mit dem Verein für Sozialpolitik auseinander, den er zu den Vereinen zählte, „die rein theoretische Ziele, einen Kampf zwischen wissenschaftlichen Gedanken und Meinungen zu befördern trachten. Im [Deutschen] Verein für A[rmenpflege] u[nd] W[ohltätigkeit] handelt es sich dagegen um mehr prak-

---

[10] Christoph Sachße/Florian Tennstedt, Der Deutsche Verein von seiner Gründung bis 1945, in: Forum für Sozialreformen. 125 Jahre Deutscher Verein für öffentliche und private Fürsorge, Berlin 2005, S. 17-115; Emil Münsterberg, Generalbericht über die Tätigkeit des deutschen Vereins für Armenpflege und Wohltätigkeit während der ersten 25 Jahre seines Bestehens 1880-1905 (Schriften des deutschen Vereins für Armenpflege und Wohltätigkeit, Heft 72), Leipzig 1905, S. 1-17.

[11] Vgl. die Ausführungen in der Einleitung zu Band 7 der II. Abteilung dieser Quellensammlung (S. XVIII f.).

[12] Vgl. als ein Beispiel Nr. 36.

[13] Bericht des Sekretärs der Allgemeinen Armenanstalt Hermann Robert Tietze für den Präses des Armenkollegiums Senator Dr. Gerhard Hachmann vom 4.10.1890 (Staatsarchiv Hamburg 351-2 II Nr.139, fol. 16-27 Rs., hier fol. 26 Rs.).

tische Zwecke, um die Verbreitung der Erfahrungen, die die verschiedenen Städte in der Neuzeit auf dem Gebiet tätiger und vorbeugender Armenpflege gemacht haben, und erst in zweiter Linie um die Prüfung, inwieweit die bestehenden Einrichtungen in theoretischer Beziehung anfechtbar oder unanfechtbar sind".[14]

Aus den Leitern der großstädtischen Armenverwaltungen ragten einige heraus, nicht nur, was ihre Anteile an den Debatten des Deutschen Vereins betraf, sondern auch aufgrund ihrer praktischen Tätigkeit. Drei Armen- und Wohlfahrtspolitiker drükken diesem Band den Stempel auf. Zum bedeutendsten Exponenten der Armenpflege-Fachwelt entwickelte sich im Untersuchungszeitraum Emil Münsterberg (1855-1911).[15] Münsterberg gelangte insbesondere seit den neunziger Jahren als Theoretiker und Praktiker der Armenpflege zu hohem fachlichen Ansehen. Ein nachhaltiges Interesse an den Problemen der Armengesetzgebung und Armenpflege hatte er sich erstmals erworben, als er Mitte der achtziger Jahre als Assessor in der Berliner Magistratsverwaltung tätig gewesen war. 1886 war Münsterberg zum Mitglied des Zentralausschusses des Deutschen Vereins für Armenpflege und Wohltätigkeit gewählt worden, 1887 machte eine ungewöhnlich materialreiche Monographie zur Reform der Armengesetzgebung seinen Namen erstmals einer breiteren Fachwelt bekannt.[16] Während seiner zweijährigen Tätigkeit als Bürgermeister von Iserlohn (1890-1892) war er in verantwortlicher Stellung erneut mit Fragen der praktischen Armenpflegereform in Berührung gekommen.[17] Seit 1892 nahm er dann in Hamburg die Umsetzung jener Reformmaßnahmen in die Hand, denen das Hamburger Armengesetz von 1892[18] den Weg hatte bereiten sollen. Die Verdienste, die er sich bei der Neuordnung der Hamburger Armenpflege bis 1896 erwarb, vermochten die Bürgerschaft dennoch nicht dazu zu bewegen, Münsterbergs dauerhafter Anstellung in der neu zu errichtenden Position eines Direktors der Armenverwaltung zuzustimmen.[19] Münsterberg ging darauf nach Berlin, wo er seit 1898 als unbesoldeter, seit 1901 als besoldeter Stadtrat an der Spitze der Armendirektion stand. Auch hier wirkte er als Reformer, auch hier stieß er auf beträchtliche Widerstände gegen seine Erneuerungspläne. Trotz zahlreicher Erfolge blieb es ihm in manchem verwehrt, die Berliner Armenpflege getreu seinen Vorstellungen umzugestalten. Seit 1892 Schriftführer des Deutschen Vereins und unbestritten „die Seele der ganzen Vereinstätigkeit"[20], erwarb sich

---

[14] Schreiben Ludwig Friedrich Seyffardts an Dr. Karl Flesch vom 10.1.1900 (Institut für Stadtgeschichte Frankfurt am Main, Wohlfahrtsamt Nr. 494, fol. 69-69 Rs.).

[15] Nr. 20, Nr. 49, Nr. 81, Nr. 135 und Nr. 140. Vgl. Florian Tennstedt, Stadtrat Dr. Emil Muensterberg. Einige biographische Notizen zur Entwicklung von Armenfürsorge- und Wohnungsreform im Deutschen Kaiserreich, in: Soziale Arbeit 33 (1984), S. 258-265; Siddy Wronsky, Emil Münsterberg (1855-1911). Sein Lebenswerk in seiner Auswirkung auf die Gestaltung unserer Wohlfahrtspflege, in: Deutsche Zeitschrift für Wohlfahrtspflege 1 (1925/26), S. 6-10; Münsterberg, Emil Dr. iur., in: Dirk Hainbuch/Florian Tennstedt, Sozialpolitiker im Deutschen Kaiserreich 1871 bis 1918 (Biographisches Lexikon zur Geschichte der Deutschen Sozialpolitik 1871 bis 1945, Bd. 1), Kassel 2010, S. 113.

[16] Emil Münsterberg, Die deutsche Armengesetzgebung und das Material zu ihrer Reform, Leipzig 1887.

[17] Hannsjörg Gietenbruch, Emil Münsterberg – Bürgermeister von Iserlohn 1889-1892, in: Hohenlimburger Heimatblätter für den Raum Hagen und Iserlohn 64 (2003), S. 388-390.

[18] Nr. 16.

[19] Emil Münsterberg, Die Gründe meines Ausscheidens aus dem Hamburgischen Staatsdienst, Berlin 1896.

[20] Emil Münsterberg, in: Zeitschrift für das Armenwesen 12 (1911), S. 34-37, hier S. 36.

Münsterberg, wie sein Grundsatzreferat[21] auf dem International Congress of Arts and Science in St. Louis (USA) 1904 zeigte, zugleich auch in der internationalen Fachwelt den Ruf eines führenden Experten für die Entwicklungen in Armenpflege und Wohltätigkeit.[22]

Zu Münsterbergs Nachfolger in Hamburg war 1897 Adolf Buehl (1860-1948)[23] ernannt worden, zuvor Staatsanwalt beim Hamburger Landgericht. Daß fachlich bis dahin nur wenig für Buehl gesprochen hatte, war für den Hamburger Senat dabei kein Hindernis gewesen. Senator Gerhard Hachmann, der Präses der Hamburger Armenverwaltung, sprach im Armenkollegium vielmehr die Erwartung aus, daß Buehl „in bürokratischer Hinsicht sich als ein tüchtiger Leiter der Geschäfte bewähren werde. Mit einer großen Rednergabe verbinde er ein konziliantes Wesen, das im Verkehr mit den ehrenamtlichen Organen hauptsächlich zur Geltung gelangen werde".[24] Tatsächlich erwies sich Buehl bald als ein ebenso umtriebiger Verwaltungsleiter, wie es sein renommierter Vorgänger gewesen war. Und ähnlich wie dieser, wenn auch nicht mit demselben, schwer zu überbietenden Publikationsausstoß, tat sich Buehl nebenher als mehrfacher Berichterstatter auf den Jahresversammlungen des Deutschen Vereins als Herausgeber und Autor einer – noch von Münsterberg gegründeten – Hamburger Armenpflegezeitschrift sowie als Verfasser weiterer einschlägiger Fachdarstellungen hervor.[25] In der Sache vertraten Buehl und Münsterberg bisweilen unterschiedliche Positionen, wie etwa bei der Erörterung der Frage der zwangsweisen Arbeitshauseinweisung, bei der Buehl, vormals Staatsanwalt, zu den energischsten Befürwortern eines solchen Zwangsverfahrens ohne Mitwirkung der Gerichte zählte, während Münsterberg, der kurzzeitig auch als Amtsrichter tätig gewesen war, gegen die Verhängung im reinen Verwaltungsweg einstweilen Bedenken hegte.[26] Und anders als für Münsterberg wurde die Armenpflege für Buehl auch nicht zum beherrschenden Lebensthema. Nachdem er 1905 zum Senatssekretär, 1907 zum Syndikus des Senats berufen worden war,[27] meldete er sich zu Fragen der Armenpolitik auf nationaler Ebene nicht mehr zu Wort.

Die dritte herausragende Figur auf den Versammlungen des Deutschen Vereins war der Leiter der Frankfurter Armenverwaltung Karl Flesch (1853-1915).[28] 1884 als

---

21 Nr. 135.

22 Christopher Landes, Emil Münsterberg und die internationalen Aktivitäten des Deutschen Vereins, in: Nachrichtendienst des Deutschen Vereins für öffentliche und private Fürsorge 96 (2016), S. 41-46.

23 Nr. 63, Nr. 95, Nr. 103, Nr. 114, Nr. 121 und Nr. 142. Buehl, Wilhelm Adolf Alfred Dr. iur., in: Hainbuch/Tennstedt, Sozialpolitiker (wie Anm. 15), S. 26 f.

24 Auszug aus dem Protokoll des Armenkollegiums vom 11.3.1897 (Staatsarchiv Hamburg 351-2 II Nr.92, fol. 16-18 Rs.).

25 Vgl. insbesondere als wichtige Überblicksschilderung: Adolf Buehl, Armenwesen, in: Theodor Weyl (Hrsg.), Soziale Hygiene (Handbuch der Hygiene, Supplement-Band 4), Jena 1904, S. 169-306.

26 Stenographischer Bericht über die Verhandlungen der achtzehnten Jahresversammlung des deutschen Vereins für Armenpflege und Wohlthätigkeit am 29. und 30. September 1898 in Nürnberg (Schriften des deutschen Vereins für Armenpflege und Wohlthätigkeit, Heft 40), Leipzig 1899, S. 36-70, hier S. 48 f. und S. 58-60.

27 Adolf Buehl, Aus der alten Ratsstube. Erinnerungen 1905-1918. Bearbeitet von Hans-Dieter Loose, Hamburg 1973.

28 Nr. 1, Nr. 13, Nr. 50, Nr. 76, Nr. 89, Nr. 92, Nr. 96, Nr. 101, Nr. 125 und Nr. 133. Vgl. Hans Kilian Weitensteiner, Karl Flesch – Kommunale Sozialpolitik in Frankfurt am Main, Frankfurt a. M. 1976; Monika Hermel, Karl Flesch (1853-1915) – Sozialpolitiker und Ju-

Vertreter des linksliberalen „Demokratischen Vereins" zum Stadtrat gewählt, leitete er bis zu seinem Tod 1915 die Frankfurter Armenverwaltung und war im Zusammenspiel mit Oberbürgermeister Franz Adickes maßgeblich daran beteiligt, Frankfurt zu einem Vorort der kommunalen Sozialreform zu machen. Im politischen Spektrum des Liberalismus deutlich weiter links angesiedelt als Münsterberg und Buehl, verband Flesch mit diesen die Neigung, das eigene praktische Wirken durch eine eingehende publizistische Tätigkeit zu flankieren. Auch wenn im Zentrum seiner zahlreichen Schriften dabei die Probleme der Armenpflege standen, reichten Fleschs theoretische Interessen wie auch sein praktischer Wirkungskreis weit darüber hinaus. Als einer der bekanntesten kommunalen Sozialpolitiker im Reich gehörte er auf lokaler wie nationaler Ebene zu den treibenden Kräften sowohl beim Ausbau der städtischen Gewerbegerichte wie auch der kommunalen Arbeitsnachweise. Blieb Münsterbergs Augenmerk im Kern auf die Armutsbevölkerung ausgerichtet, zielten Fleschs Bemühungen auf eine deutlich breitere Schicht von wirtschaftlich Benachteiligten und sozial Schwachen. Er betrieb nicht nur Armen-, sondern ebensosehr Arbeiterpolitik. Insbesondere machte sich Flesch als früher Theoretiker des Arbeitsrechts in Deutschland einen Namen. Der Arbeitsvertrag als ein Grundpfeiler der industriellen Gesellschaftsordnung war für ihn der eigentliche Ansatzpunkt, um die soziale Lage der Unbemittelten zu heben. Statt an der Fiktion eines gleichberechtigten Gegenübertretens autonom und frei handelnder Vertragssubjekte festzuhalten, sollte er so zugunsten der Arbeitnehmer ausgestaltet werden, daß die Kontrahenten auch realiter auf möglichst gleichem Fuß in ein Vertragsverhältnis eintreten konnten. Neben dem Arbeitsvertrag galt Flesch die Familie als wichtigste Säule der Gesellschaftsordnung; ihrer Stärkung diente die von ihm betriebene Gründung des ersten Hauspflegevereins in Deutschland.[29] Fleschs Interesse galt darüber hinaus im wachsenden Maß der Linderung der Wohnungsnot und der Förderung des Kleinwohnungsbaus, einem Thema, zu dem er publizistisch wie praktisch – etwa bei der Gründung der Frankfurter Aktienbaugesellschaft für kleine Wohnungen 1890[30] – ebenso wichtige Anstöße gab wie im übrigen auch beim Ausbau des Volksbildungswesens.

Münsterberg, Buehl und Flesch verkörperten einen jüngeren Typus des Armenpolitikers, zu dessen Wirkungsfeld nicht nur die kommunale Verwaltung, sondern durch ihr publizistisches Wirken und ihre Verbandsaktivitäten auch die nationale Ebene gehörte. Sie waren, wie betont werden muß, in Aktionsradius und Horizont nicht repräsentativ für die Armendezernenten der deutschen Städte, sondern ragten aus ihnen heraus. Ihr reformerischer Elan brach sich bisweilen an den starken Beharrungskräften, mit denen sie vor Ort zu rechnen hatten. Sozialpolitisch vergleichsweise aufgeschlossen war die Frankfurter Stadtverordnetenversammlung, mit dem demokratischen Liberalismus als der dominierenden Kraft.[31] Hingegen mußte in Berlin,

---

rist, Baden-Baden 2004; Flesch, Karl Ferdinand Moritz Dr. iur, in: Hainbuch/Tennstedt, Sozialpolitiker (wie Anm. 15), S. 47 f.

29 Nr. 17 und Nr. 124. Der Frankfurter Hauspflegeverein war 1892 gegründet worden; er entsandte in die Haushalte von Unbemittelten, in denen die Frau krankheitsbedingt die Hausarbeit nicht erledigen konnte, Frauen aus Arbeiterkreisen, die dort die Haushaltsführung übernahmen.

30 Vgl. Nr. 40 Anm. 6.

31 Siegbert Wolf, Liberalismus in Frankfurt am Main. Vom Ende der Freien Stadt bis zum Ersten Weltkrieg (1866-1914), Frankfurt a. M. 1987; Jan Palmowski, Urban Liberalism in Imperial Germany. Frankfurt am Main, 1866-1914, Oxford 1999, S. 215-254; Wilfried Forstmann, Frankfurt am Main in Wilhelminischer Zeit 1866-1918, in: Frankfurter Histori-

wo der linksliberale „Kommunalfreisinn" im Stadtparlament die stärksten Bataillone zählte, und in Hamburg, wo in der Bürgerschaft eher der rechte Flügel des Liberalismus das Sagen hatte, häufig mit größeren Widerständen gegen soziale Reformanliegen gerechnet werden.[32] Bisweilen fiel – wie in Leipzig[33] – die Reformentwicklung in den Teilbereichen der kommunalen Armen- und Wohlfahrtspflege auch jeweils sehr unterschiedlich aus. Auf den sich zunehmend ausdifferenzierenden Einzelgebieten konnten sich hier dann weitere Vertreter der kommunalen Verwaltung reichsweit den Ruf eines Pioniers und Schrittmachers erwerben. Auf dem Gebiet der Fürsorge für uneheliche Kinder und für Pflegekinder war ein solcher Vorreiter der Leipziger Arzt und Vorsteher der Ziehkinderanstalt Max Taube (1851-1915)[34], mit dessen Namen besonders das „Leipziger System" der Ziehkinderaufsicht und Generalvormundschaft verbunden war. In der Tuberkulosefürsorge galten Ernst Pütter (1864-1942)[35] und Hans Samter (1862-1929)[36] als Pioniere, der eine als Begründer der ersten Fürsorgestelle für Lungenkranke in Halle (Saale), der andere als Vorsitzender der Armendirektion und Geschäftsführer der Lungenkranken-Fürsorge des Roten Kreuzes im wohlfahrtspolitisch sehr weit entwickelten Charlottenburg.

III.

Was seit den neunziger Jahren an neuen Entwicklungen in der kommunalen Armen- und Wohlfahrtspflege angestoßen wurde, verdankte sich nur in sehr begrenztem Maß – wenn überhaupt – gesetzlichen Neuerungen. Das Unterstützungswohnsitzgesetz wurde nicht, wie im Reichsamt des Innern und von Bismarck in den achtziger Jahren angedacht, zum Gegenstand einer grundlegenden Reform gemacht, etwa dergestalt, daß die Orte, an denen die Hilfsbedürftigkeit auftrat, auch die endgültige Kostenlast für den Unterstützungsfall tragen sollten.[37] Eine Novelle zum Unterstützungswohnsitzgesetz vom 12. März 1894[38] brachte einige Veränderungen im Detail, war aber nicht als der große Neuordnungsversuch zu verstehen, wie er von vielen Seiten gefordert worden war.[39] Die Interessengegensätze zwischen Stadt und Land und zwischen Nord und Süd erschienen den Verfassern des Gesetzentwurfs zu groß, als daß Aussicht bestand, zu einer tragfähigen und belastbaren Einigung gelangen zu können.[40] Von den Vertretern der östlichen preußischen Provinzen war zumeist auf

---

sche Kommission (Hrsg.), Frankfurt am Main. Die Geschichte der Stadt in neun Beiträgen, Sigmaringen 1991, S. 349-422, hier S. 361-376 und S. 412-418.

32 Ursula Reuter, Paul Singer (1844-1911). Eine politische Biographie, Düsseldorf 2004, S. 507-515; Andrea Bergler, Von Armenpflegern und Fürsorgeschwestern. Kommunale Wohlfahrtspflege und Geschlechterpolitik in Berlin und Charlottenburg 1890 bis 1914, Stuttgart 2011, bes. S. 81-87; Richard Evans, Tod in Hamburg. Staat, Gesellschaft und Politik in den Cholera-Jahren 1830-1910, Hamburg 1991, S. 73-80 und S. 685-697.

33 Paul Brandmann, Leipzig zwischen Klassenkampf und Sozialreform. Kommunale Wohlfahrtspolitik zwischen 1890 und 1929, Köln/Wien 1998, S. 89-126.

34 Nr. 82, Nr. 97 und Nr. 120.

35 Nr. 130. Pütter, Ernst, in: Hainbuch/Tennstedt, Sozialpolitiker (wie Anm. 15), S. 127.

36 Nr. 62 und Nr. 132; vgl. Bergler, Von Armenpflegern (wie Anm. 32), S. 66 f.

37 Vgl. die Einleitung zu Bd. 7 der II. Abteilung dieser Quellensammlung sowie Nr. 156-157 Bd. 7 der I. Abteilung dieser Quellensammlung; vgl. auch Nr. 48 (eine ähnliche Position in einem Artikel der Bismarck nahestehenden „Hamburger Nachrichten").

38 Nr. 10 und Nr. 31.

39 Vgl. Nr. 34 (mit einer Schilderung der Entwicklung und der Kritik des Unterstützungswohnsitzprinzips und -gesetzes).

40 Nr. 7 und Nr. 11.

eine konsequentere Verwirklichung des Unterstützungswohnsitzprinzips gedrängt worden, insbesondere durch eine Verkürzung der Fristen für den Verlust oder Erwerb des Unterstützungswohnsitzes. Den ländlichen Regionen dort wollte nicht einleuchten, für Hilfsbedürftige einstehen zu müssen, die aus ihrer Heimat länger schon in die expandierenden Industriestädte des Westens abgewandert waren; sie pochten auf den Gedanken der Äquivalenz[41] von wirtschaftlichem Erwerbsschwerpunkt und Unterstützungspflicht. In den urbanen Zuzugsregionen des Westens hingegen bestand ein genau entgegengesetztes Interesse – und damit auch die Neigung, es beim Status Quo zu belassen. Zugleich hielten viele Stimmen aus Süddeutschland, aber auch die sächsische Regierung[42] an der Forderung fest, an die Stelle des Grundsatzes des Unterstützungswohnsitzes wieder das alte Heimatprinzip treten zu lassen.[43] Man versprach sich hiervon eine größere Heimatbindung und ein Verschwinden der ungeliebten Kategorie der „Landarmen", also jener Hilfsbedürftigen ohne Unterstützungswohnsitz, für die der überörtliche Landarmenverband einzustehen hatte.[44] Angesichts dieser kaum zu überbrückenden Auffassungsunterschiede beließ es die Reichsleitung vorerst bei „einer den Wünschen besonders der landwirtschaftlichen Bevölkerung entgegenkommenden"[45] Beseitigung einiger der Mängel, die in der Praxis zutage getreten waren, ohne damit den Versuch einer grundlegenden Revision zu unternehmen. Dafür schien auch zu sprechen, daß man zunächst einmal die Auswirkungen der erst seit kurzem wirksamen Arbeiterversicherungsgesetze auf die Armenpflege abwarten wollte, ehe man sich an eine solche Grundsatzreform heranwagte.[46]

Die Novelle von 1894 verkürzte insbesondere die Altersgrenze für den selbständigen Erwerb oder Verlust des Unterstützungswohnsitzes vom 24. auf das 18. Lebensjahr, um die Unterstützungsmündigkeit wieder mehr in Einklang mit dem angenommenen Eintritt der wirtschaftlichen Selbständigkeit zu bringen.[47] Von einer Korrektur der

---

41 Vgl. Emil Münsterberg, Die deutsche Armengesetzgebung und das Material zu ihrer Reform, Leipzig 1887, S. 211-226.

42 Nr. 14.

43 Zu den unterschiedlichen armengesetzlichen Zuständigkeitskriterien des Unterstützungswohnsitz- und des Heimatprinzips vgl. die Einleitung zu Bd. 7 der II. Abteilung dieser Quellensammlung, S. XV f. Das Prinzip der „Heimat" unterschied sich vom dem des Unterstützungswohnsitzes zum einen dadurch, daß niemand seine „Heimat" verlieren konnte, ohne eine neue zu erlangen, zum anderen dadurch, daß weitaus längere Fristen für den Erwerb des Heimatrechts gesetzt waren (in Bayern fünf bzw. zehn Jahre). In Bayern wurde die notwendige Aufenthaltsdauer für den Erwerb des Heimatrechts im Zuge einer Novelle des Heimatgesetzes 1896 auf vier bzw. sieben Jahre verkürzt; vgl. Ute Redder, Die Entwicklung von der Armenhilfe zur Fürsorge in dem Zeitraum von 1871 bis 1933 – eine Analyse unter Aufgaben-, Ausgaben- und Finanzierungsaspekten am Beispiel der Länder Preußen und Bayern, Bochum 1993, S. 76-79. Dies zielte gleichfalls auf eine Entlastung der ländlichen Armenverbände. Ausführlich dokumentiert wird die Genese des Unterstützungswohnsitzgesetzes und des bayerischen Heimatgesetzes in Bd. 7 der I. Abteilung dieser Quellensammlung.

44 Nr. 14; vgl. auch unter der Nr. 8 die Darlegungen in der Denkschrift des Regierungsrats im Reichsamt des Innern Dr. Egon Kelch vom 11.11.1891.

45 Nr. 7; vgl. auch Nr. 34: „eine Konzession an die agrarische Bewegung".

46 Nr. 9 und Nr. 11.

47 Vgl. für eine genauere Analyse: Edgar Loening, Reform der deutschen Armengesetzgebung, in: Jahrbücher für Nationalökonomie und Statistik 63 (1894), S. 570-587; vgl. als Kommentar: Egon Kelch, Das Reichsgesetz, betreffend die Änderung des Gesetzes über den Unterstützungswohnsitz und die Ergänzung des Strafgesetzbuchs, vom 12. März 1894,

Zweijahresfrist für den Erwerb oder Verlust des Unterstützungswohnsitzes, wie sie von den landwirtschaftlichen Organisationen der Ostprovinzen gefordert worden war und wie sie auch eine umfangreiche Denkschrift[48] aus dem Reichsamt des Innern vorgeschlagen hatte, wurde hingegen abgesehen. Die linksliberale Presse glaubte gleichwohl eine Phalanx agrarischer „Hintermänner" am Werk, deren Interessen sich die Regierung zu eigen gemacht habe, wenn sie die Armenlasten nach Kräften von den Schultern der Großagrarier abzuwälzen suche.[49] Als im November 1900 im preußischen Staatsministerium die Frage erneut zur Erörterung stand, ob die ländlichen Gemeinden nicht durch eine Novelle des Unterstützungswohnsitzgesetzes weiter entlastet werden könnten, wurde allerdings auf Bedenken des Staatsekretärs des Innern Arthur Graf von Posadowsky-Wehner hin beschlossen, einstweilen davon abzusehen, da sonst die Gefahr bestünde, die Industrie zu verärgern und so deren Zustimmung für die beabsichtigte – und politisch höherrangige – Erhöhung der Getreidezölle aufs Spiel zu setzen.[50]

Auch auf der Ebene der einzelnen Bundesstaaten, deren Regelungskompetenz im Armenrecht nach wie vor stärker war, kam es legislativ nur zu begrenzten Neuerungen. Die wichtigste enthielt eine Novelle zum preußischen Ausführungsgesetz zum Unterstützungswohnsitzgesetz vom 11. Juli 1891.[51] Durch sie wurde den preußischen Landarmenverbänden, die in der Regel mit den Provinzialverbänden zusammenfielen, die Aufgabe übertragen, für die Unterbringung und Pflege von „hilfsbedürftigen Geisteskranken, Idioten, Epileptischen, Taubstummen und Blinden" in geeigneten Anstalten zu sorgen. Mit der Novelle wurde den Landarmenverbänden etwas zur Pflicht gemacht, wozu sie an sich auch zuvor schon befugt gewesen waren – freilich ohne daß sie von diesem Recht nennenswerten Gebrauch gemacht hätten, solange es nur fakultativ gewesen war.[52] Das Gesetz diente der Entlastung der Ortsarmenverbände und sollte dadurch, daß die Landarmenverbände stärker in die Pflicht genommen wurden, auch der Ungleichheit der Lastenverteilung unter den einzelnen Ortsarmenverbänden entgegentreten.[53] Während des Gesetzgebungsprozesses trug es den Namen „Gesetz, betreffend die außerordentlichen Armenlasten", der ihm auch künftig vielfach noch beigelegt wurde. Indem die Verantwortung für die Bereitstellung und Unterhaltung der Anstalten auf die Landarmenverbände übertragen wurde und damit ein zum Teil sprunghafter Anstieg der Nachfrage nach Plätzen eingeleitet wurde, gab die Novelle den Anstoß zu einer deutlichen Erweiterung des Anstaltsbestandes in den Provinzen. Das galt namentlich für die Einrichtungen für psychisch Kranke und geistig Behinderte (im zeitgenössischen Sprachgebrauch für „Geisteskranke" und „Idioten"), die größten der im Gesetz genannten Gruppen.[54] Dafür mußten die Provinzen nicht unbedingt eigene Anstalten errichten, vielmehr konnten auch Anstalten in privater Hand oder anderer Kommunalverbände genutzt werden.

---

mit einer Geschichte der auf die Reform des Armenrechts gerichteten Bestrebungen und dem Text des Unterstützungswohnsitz-Gesetzes, Berlin 1894 (in den Kommentar war die unter Nr. 8 abgedruckte, größtenteils von Kelch verfaßte Denkschrift eingegangen).

[48] Nr. 8.

[49] Nr. 21.

[50] Nr. 84. Zu den Hintergründen vgl. Cornelius Torp, Die Herausforderung der Globalisierung. Wirtschaft und Politik in Deutschland 1860-1914, Göttingen 2005, S. 211-291.

[51] Nr. 4; Redder, Die Entwicklung (wie Anm. 43), S. 39-41.

[52] Edgar Loening, Novelle zum preußischen Armengesetz, in: Jahrbücher für Nationalökonomie und Statistik 58 (1892), S. 256-263.

[53] Nr. 2.

[54] Vgl. Nr. 5.

Die Pflegekosten für den einzelnen Unterstützungsfall mußten auch nach dem Inkrafttreten der Novelle im Jahr 1893 von denjenigen Ortsarmenverbänden erstattet werden, in denen der jeweilige Hilfsbedürftige seinen endgültigen Unterstützungswohnsitz besaß. Dabei hatte jedoch der Kreis, dem der Armenverband angehörte, eine Beihilfe von zwei Dritteln zu leisten. Damit wurden die Ortsarmenverbände spürbar von den Kosten für eine Reihe von Bedürftigengruppen entlastet, deren Unterbringung bei kleineren Gemeinden bislang so sehr auf den Etat gedrückt hatte, daß gerade die ländlichen Ortsarmenverbände eine Anstaltsunterbringung nach Kräften zu vermeiden versucht hatten. Binnen kurzer Zeit wurde jetzt von einem „kolossalen Andrang" auf die Anstalten berichtet.[55] Das preußische Gesetz von 1891 trug so dazu bei, die Anstalten für Psychiatriepatienten mehr und mehr zu Orten einer lebenslangen Verwahrung werden zu lassen.[56]

Zu den Fragen, welche die Fachwelt der Armenpflege Mitte der 1890er Jahre am stärksten beschäftigten, gehörte auch die, wie sich die Sozialgesetzgebung des vorangegangenen Jahrzehnts auf die Armenpflege ausgewirkt hatte und wie sie sich weiter auswirken würde. Schon kurze Zeit, nachdem 1889 die Arbeiterversicherungsgesetzgebung der achtziger Jahre mit der Errichtung der Invaliditäts- und Altersversicherung einen Abschluß gefunden hatte, setzten Versuche ein, die Wirkungen der Arbeiterversicherung auf die Armenpflege genauer zu ergründen.[57] Der Deutsche Verein ernannte noch 1891, im selben Jahr, als die Invaliditäts- und Altersversicherung in Kraft trat, eine Kommission, die diese Frage mittels einer Enquete untersuchen sollte.[58] Das geschah vor dem Hintergrund der zum Teil recht hochgesteckten Erwartungen, welche in den achtziger Jahren hinsichtlich der Entlastungswirkung, welche die Arbeiterversicherung auf die gemeindlichen Armenpfle-

---

[55] So etwa der Landeshauptmann der Provinz Sachsen Wilko Levin Graf von Wintzingerode auf der Jahresversammlung des Deutschen Vereins 1897: Stenographischer Bericht über die Verhandlungen der siebzehnten Jahresversammlung des deutschen Vereins für Armenpflege und Wohlthätigkeit am 23. und 24. September 1897 in Kiel (Schriften des deutschen Vereins für Armenpflege und Wohlthätigkeit, Heft 34), Leipzig 1898, S. 108; vgl. dort auch das Referat des Düsseldorfer Landesrats Max Brandts, S. 98-105; vgl. ferner Max Brandts, Beteiligung größerer Verbände an der Armenlast, in: ders./Friedrich Wilhelm Rudolf Zimmermann, Die Beteiligung größerer Verbände an der Armenlast (Schriften des deutschen Vereins für Armenpflege und Wohlthätigkeit, Heft 32), Leipzig 1897, S. 1-15; zur mehr oder weniger ausgeprägten Verlagerung der Armenlast auf die größeren Verbände in den übrigen Bundesstaaten vgl. Friedrich Wilhelm Rudolf Zimmermann, Die Beteiligung größerer Verbände an der Armenlast in den deutschen Staaten, abgesehen vom Königreich Preußen, in: ebenda, S. 17-91, mit dem Nachweis, daß zu den Staaten, in denen die Beteiligung der größeren Verbände an den Armenlasten besonders ausgeprägt war, bspw. auch Württemberg, Baden und Bayern gehörten, hier spielte meist die Anstaltsversorgung von „Geisteskranken", Taubstummen, Blinden, Epileptikern und „Idioten" eine besondere Rolle.

[56] Für diesen Zusammenhang vgl. Ewald Frie, Wohlfahrtsstaat und Provinz. Fürsorgepolitik des Provinzialverbandes Westfalen und des Landes Sachsen 1880-1930, Paderborn 1993, S. 29-33.

[57] Richard Freund, Antrag auf Einsetzung einer Kommission zur Prüfung der Frage, in welcher Weise die neuere sociale Gesetzgebung auf die Aufgaben der Armengesetzgebung und Armenpflege einwirkt?, in: Die Verbindung der öffentlichen und der privaten Armenpflege. Der Haushaltungsunterricht. Vorbildung von Lehrkräften im In- und Ausland (Schriften des deutschen Vereins für Armenpflege und Wohlthätigkeit, Heft 14), Leipzig 1891, S. 1-17; vgl. auch Nr. 13.

[58] Protokolle der Sitzungen der Kommission vom 10.3.1893 und 24.9.1894 (BArch R 1501 Nr. 101302, fol. 101-111 und fol. 264-267).

gehaushalte entfalten würde, gehegt worden waren. So hatte der Staatssekretär des Innern Karl Heinrich von Boetticher bei den Haushaltsberatungen im Reichstag 1887 die Erwartung ausgesprochen, es werde, wenn „wir im weiteren Ausbau unserer sozialpolitischen Gesetzgebung dazu gelangt sein werden, daß ein großer Teil derjenigen Personen, welche jetzt der Fürsorge der öffentlichen Armenverbände anheimfallen, durch andere Schultern getragen wird, daß durch die Berufsgenossenschaften, durch die Verbände, denen wir die Alters- und Invalidenversorgung auftragen werden, für sie gesorgt ist, (...) nur noch ein verhältnismäßig geringes Residuum von solchen Unterstützungsbedürftigen übrigbleiben".[59]

Solche Erwartungen wichen auch im Reichstag bald einer nüchterneren Betrachtung. 1894 berichtete der Zentrumsabgeordnete Alfred Rembold mit Blick auf die Arbeiterversicherung, „als Mitglied einer Ortsarmenverwaltung die Beobachtung gemacht zu haben, daß der erleichternde Einfluß kein so großer ist, wie ich anfänglich selbst geglaubt hatte, daß er sein würde".[60] Im Jahr 1900 befand dann schließlich von Boettichers Nachfolger, Staatssekretär Arthur Graf von Posadowsky-Wehner an gleicher Stelle, die bisherigen Erhebungen bei den Kommunen sprächen nicht dafür, „daß durch die sozialpolitische Gesetze eine wesentliche Entlastung der Armenpflege" stattgefunden habe. Denn – so Posadowsky – mit „der wachsenden Volksbildung steigen selbstverständlich auch die Ansprüche an das Existenzminimum und damit die Ansprüche an die Höhe der Armenpflege, und auch durch die Durchführung der sozialpolitischen Gesetzgebung ist in arbeitenden Klassen der Anspruch an das Existenzminimum gestiegen und infolgedessen gleichzeitig der Anspruch an den Umfang der Armenpflege".[61]

Das bilanzierte die Ergebnisse der vorliegenden Enqueten allerdings auf eine etwas sehr verknappte Weise. Neben der Umfrage des Deutschen Vereins bei den Armenverbänden, auf die 110 Armenverwaltungen geantwortet hatten, war dies vor allem eine Erhebung bei einer noch größeren Zahl von Armenverwaltungen, welche die Reichsleitung im April 1894 über die Bundesregierungen auf den Weg gebracht hatte.[62] Die Ergebnisse lagen im einen Fall 1895,[63] im anderen ein Jahr später vor.[64]

---

59 6. Sitzung vom 10.3.1887, Sten.Ber. RT 7. LP I. Session 1887, S. 61.

60 40. Sitzung vom 1.2.1894, Sten.Ber. RT 9. LP II. Session 1893/1894, S. 377.

61 126. Sitzung vom 12.1.1900, Sten.Ber. RT 10. LP I. Session 1898/1900, S. 3491.

62 Nr. 32.

63 Richard Freund, Armenpflege und Arbeiterversicherung. Prüfung der Frage, in welcher Weise die neuere sociale Gesetzgebung auf die Aufgaben der Armengesetzgebung und Armenpflege einwirkt (Schriften des deutschen Vereins für Armenpflege und Wohlthätigkeit, Heft 21), Leipzig 1895; auf derselben Materialgrundlage, in den Befunden ähnlich, mehr in den Schlußfolgerungen abweichend: Friedrich Freiherr von Reitzenstein, Arbeiterversicherung, Armenpflege und Armenreform. Ein Sondergutachten über die Frage: In welcher Weise wirkt die neue soziale Gesetzgebung auf die Armengesetzgebung und Armenpflege ein?, Freiburg i. Br. 1895.

64 Nr. 52 sowie: Die Einwirkung der Versicherungs-Gesetzgebung auf die Armenpflege, in: Vierteljahrshefte zur Statistik des Deutschen Reichs N.F. 6 (1897), Heft 2, S. 1-54; als Analysen aus der jüngeren Forschungsliteratur vgl. Redder, Die Entwicklung (wie Anm. 43), S. 107-138; Marcus Gräser, Wohlfahrtsgesellschaft und Wohlfahrtsstaat. Bürgerliche Sozialreform und Welfare State Building in den USA und in Deutschland 1880-1940, Göttingen 2009, S. 294-308; Susanne F. Eser, Verwaltet und verwahrt. Armenpolitik und Arme in Augsburg vom Ende der reichsstädtischen Zeit bis zum Ersten Weltkrieg, Sigmaringen 1996, S. 207-223; Hans-Peter Jans, Sozialpolitik und Wohlfahrtspflege in Ulm 1870-1930.

Richard Freund als Berichterstatter der Kommission des Deutschen Vereins faßte die Befunde der von ihr durchgeführten Befragung dahin zusammen, die Arbeiterversicherung habe in erheblichem Umfang die Arbeiterschaft vor einer Inanspruchnahme der öffentlichen Armenpflege bewahrt, zugleich habe der positive Einfluß der Arbeiterversicherung auf die gesamte Lebenshaltung der unteren Bevölkerungsklassen aber auch in einem Maß auf die Armenpflege abgefärbt, daß deren Einsparungen durch die Ausdehnung ihrer Leistungen wieder ausgeglichen worden seien.[65] Der Deutsche Verein gelangte so, wie ein Bericht für den Staatssekretär des Innern resümierte, zu dem Ergebnis, daß die Entlastungswirkung der Arbeiterversicherung „weniger in einer positiven Verminderung als vielmehr in einer Vorbeugung gegen das Anwachsen der Armenlast liege".[66] Nicht anders argumentierte im Kern die Reichserhebung, für die der Direktor des Kaiserlichen Statistischen Amts Hans von Scheel bilanzierte, die Zahl der unterstützten Personen sowie der Aufwand für dieselben sei zwar keineswegs geringer geworden, ohne die soziale Versicherungsgesetzgebung wäre die Erhöhung aber noch sehr viel stärker ausgefallen.[67] Nur eine kleine Gruppe von Armenverwaltungen, namentlich im ländlichen Raum, hatte überhaupt von keiner entlastenden Wirkung der sozialen Gesetzgebung berichtet. Beide Erhebungen konvergierten in der Annahme, daß die sozialpolitischen Leistungsansprüche spürbar auf die Erwartungen an die Armenpflege abfärbten, wodurch die Kosten für die Armenunterstützungen stiegen und neue Kreise in deren Einzugsbereich gelangten. Richard Freund verdeutlichte diese qualitativen Rückkopplungseffekte am Beispiel der Krankenversicherung, deren Einwirkung auf die Armenpflege er Mitte der neunziger Jahre überhaupt am höchsten veranschlagte: Die sich aufgrund der Leistungsansprüche aus der Krankenversicherung herausbildende Gewohnheit, bei Erkrankungen sofort ärztliche Hilfe in Anspruch zu nehmen, werde, wie er glaubte beobachten zu können, von den versicherten Arbeitern alsbald auf ihre nichtversicherten Familienmitglieder übertragen und färbe auch ganz allgemein auf die nichtversicherten Bevölkerungskreise ab.[68] Entlang dieser Argumentationslinie entwickelte sich bald ein weitverbreitetes Deutungsmuster, nach dem die Arbeiterversicherung eine „innere Umgestaltung" der Armenpflege befördert habe, die auf einer Scheidung zwischen der alten Armenpflege und der modernen sozialen Wohlfahrtspflege beruhte. Jene sei in ihrem Aufgabenkreis durch die neuen Sicherungsformen verengt, diese hingegen unter dem Einfluß der Arbeiterversicherung erweitert worden. Wie die Armenpflege profitiere die gesamte Wohlfahrtspflege der Kommunen von der Arbeiterversicherung, schrieb der Statistiker Friedrich Zahn 1915, denn die Kommunen hätten nun „Kräfte für anderweitiges soziales Schaffen frei".[69]

Die Reichserhebung erwartete die stärkste Entlastungswirkung der einzelnen Versicherungszweige auf Dauer von der noch in einer Übergangsphase befindlichen Invaliditäts- und Altersversicherung. Allerdings wurde vielfach auch berichtet, daß die ungenügenden Renten in vielen Fällen durch die Armenpflege ergänzt werden

---

Stadt, Verbände und Parteien auf dem Weg zur modernen Sozialstaatlichkeit, Stuttgart 1994, S. 189-203.

65 Freund, Armenpflege und Arbeiterversicherung (wie Anm. 63), S. 83 f.

66 Nr. 36.

67 Nr. 52.

68 Nr. 52; Die Einwirkung (wie Anm. 64).

69 Friedrich Zahn, Wirkung der Deutschen Sozialversicherung, München/Berlin/Leipzig 1915, S. 84.

mußten. Vieles sprach allerdings dafür, daß sich Karl Fleschs Annahme, zahlreiche Alten und Invaliden würden, sobald sie eine Rente mitbrächten, leichter als bisher ein Unterkommen in ihrer Familie finden, schnell bewahrheitete.[70] Daß die Auswertung des Kaiserlichen Statistischen Amtes die geringste Erleichterung von der Unfallversicherung ausgehen sah, stieß bei Emil Münsterberg auf Zweifel. Münsterberg konnte unter anderem darauf verweisen, daß allein die Unfallversicherung es dem Betroffenen bzw. seinen Hinterbliebenen möglich mache, von der Rente zu leben, während die Leistungen der Krankenkassen vielfach gerade dann aufhörten, wenn sie am nötigsten gebraucht wurden, und die Renten der Altersversicherung vor allem in den größeren Städten oft nicht ausreichten.[71] Insgesamt dürfte gegolten haben, daß der Entlastungseffekt bei der einzelnen Unfallrente hoch, die Gesamtzahl der Fälle aber vergleichsweise gering war. Bei der Krankenversicherung, so zeigte die Reichserhebung, war die Entlastung in den Städten stärker zu spüren als auf dem Land, wo sich vor allem bemerkbar machte, daß die land- und forstwirtschaftlichen Arbeiter nicht – bzw. nur fakultativ – in die reichsgesetzliche Krankenversicherung einbezogen worden waren. Im übrigen war die Entlastungswirkung der gesetzlichen Krankenversicherung erwartungsgemäß auch dort weniger stark, wo das Kassenwesen bereits vor deren Einführung 1883 gut ausgebildet gewesen war – so beispielsweise in München, wo dieselben Kategorien von Arbeitern schon zuvor per Ortsstatut einer Versicherungspflicht unterworfen gewesen waren.[72] Durchaus höher als in der Reichserhebung wurde die entlastende Wirkung der Krankenversicherung insgesamt von der Enquete des Deutschen Vereins eingeschätzt.

Gemeinhin wurde als Erklärung für den insgesamt eher begrenzten Entlastungseffekt der Sozialgesetzgebung auch angeführt, daß sich die von der Arbeiterversicherung erfaßten Bevölkerungskreise nur bedingt mit der Kernklientel der Armenpflege deckten.[73] Die Armenverwaltung der Stadt Colmar beispielsweise unterstrich 1894: „Die soziale Gesetzgebung erstreckt sich eben auf solche Arbeiterklassen, die von dem der öffentlichen Armenpflege hauptsächlich zur Last fallenden Kreis von Personen denn doch sehr verschieden sind. Die Mehrzahl der Armenpflegefälle, besonders die der dauernd Unterstützten, welche die Hauptaufwendungen verlangen, beziehen sich auf Alte, Sieche, Witwen mit Kindern usw., Personen die nicht versicherungspflichtig sind.“[74]

Auch jenseits solcher Versuche, die Einwirkungen der Arbeiterversicherung mittels spezieller Enqueten wo nicht quantitativ, so doch zumindest qualitativ genauer zu bestimmen, standen die Debatten der Armenpflege bis nach der Jahrhundertwende immer wieder unter dem Eindruck der neueren Sozialgesetzgebung. Die Sozialpolitik des Reichs hatte den sozialen Schutz, den das Gemeinwesen gewährte, auf eine

[70] Nr. 13; David Grünspecht, Die Entlastung der öffentlichen Armenpflege durch die Arbeiterversicherung, Diss. Halle a. S. 1900, S. 32 f.

[71] Emil Münsterberg, Die Reichserhebung über den Einfluß der Arbeiterversicherung auf die Armenpflege, in: Soziale Praxis 6 (1896/97), Sp. 931-936, hier Sp. 935.

[72] Nr. 45 und Nr. 52.

[73] Vgl. Nr. 23 und Nr. 34.

[74] Zitiert bei Freund, Armenpflege und Arbeiterversicherung (wie Anm. 63), S. 25. Als weitere zeitgenössische Untersuchungen etwas späteren Datums zum gleichen Thema – und mit in der Regel ähnlichen Befunden – vgl. Grünspecht, Die Entlastung (wie Anm. 70); Friedrich Zahn, Arbeiterversicherung und Armenwesen in Deutschland, in: Zeitschrift des Königlich Bayerischen Statistischen Landesamts 43 (1911), S. 1-23; als Arbeit eines amerikanischen Autors: Edward E. Ayers, Arbeiterversicherung und Armenpflege, Diss. Berlin 1901.

neue Grundlage gestellt und die sozialen Leistungsansprüche für einen Teil der Bevölkerung bedeutsam erweitert. Die Armenpflege als überkommene Minimalform einer sozialen Sicherung sah sich dadurch herausgefordert, ihren Ort vis-a-vis der jüngeren Sozialgesetzgebung neu zu bestimmen. Als deshalb der Deutsche Verein auf Vorschlag von Karl Flesch 1901 das Thema der „sozialen Ausgestaltung" auf die Tagesordnung seiner Jahresversammlung setzte, ging es, wie Münsterberg schrieb, auch darum, „die Grenzbeziehungen zwischen Sozialpolitik und Armenpflege aufzufinden".[75] Flesch als der Hauptreferent widmete sich zunächst einer systematischen Betrachtung der Bausteine sozialer Sicherung, in der Absicht, eine allgemeine Ortsbestimmung der Armenpflege als Grundelement der gesellschaftlichen Ordnung vorzunehmen.[76] Er begriff die Armenpflege dabei als „Supplement" zu den gesellschaftlichen Grundpfeilern des Arbeitsvertrags, des Privateigentums und der Familie (das Privateigentum trat in seinen nachfolgenden Überlegungen allerdings in den Hintergrund). Nur dort, wo die Institutionen des Arbeitsvertrags und der Familie nicht mehr – oder zumindest nicht hinreichend – funktionierten, hatte die Armenpflege einzuspringen. Die Armenpflege war also gegenüber Arbeitsvertrag und Familie nachrangig und nur als ein Notbehelf zu verstehen. Um eben diesen Charakter als letzte Zuflucht aufrechtzuerhalten und um die Vorrangigkeit und Tragfähigkeit von Arbeitsvertrag und Familie nicht zu gefährden, mußte sie knapp und karg sein.

Die Arbeiterversicherung verstand Flesch als Ergänzung des Arbeitsvertrags. Die Armenpflege war, systematisch betrachtet, etwas grundsätzlich von der Sozialpolitik verschiedenes.[77] Die Armenpflege „individualisiere", so Fleschs Formel, die Sozialpolitik „sozialisiere".[78] Die Armenpflege hatte die Unterstützungsfälle jeweils einzeln zu prüfen und individuell zu behandeln, die Sozialpolitik (d. h. die Sozialversicherung) hingegen die Aufgabe, die durch die Besitzunterschiede hervorgerufenen Klassengegensätze durch solche gesetzlichen Maßnahmen von allgemeinem Charakter auszugleichen, die geeignet erschienen, den unbemittelten Klassen eine stärkere Befriedigung ihrer materiellen, kulturellen und politischen (!) Bedürfnisse zu ermöglichen.[79] Die Armenpflege als auf individuelle, die Sozialpolitik als auf kollektive Befindlichkeiten ausgerichtete Struktur: Das war der Hauptnenner fast aller zeitgenössischer Versuche, beide voneinander abzugrenzen. Das „Hauptmittel" des einen

---

75 Emil Münsterberg, Generalbericht über die Tätigkeit des deutschen Vereins für Armenpflege und Wohltätigkeit während der ersten 25 Jahre seines Bestehens 1880-1905 nebst Verzeichnissen der Vereinsschriften und alphabetischem Register zu den Vereinsschriften (Schriften des deutschen Vereins für Armenpflege und Wohlthätigkeit, Heft 72), Leipzig 1905, S. 108. Münsterberg selbst sah die Eigentümlichkeit der Armenpflege etwa darin, daß sie „außerhalb des Bereiches von Leistung und Gegenleistung" stehe, das ansonsten als Regelungsprinzip allgemeine Geltung besitze (Nr. 135).

76 Karl Flesch, Die sociale Ausgestaltung der Armenpflege, in: ders./Friedrich Soetbeer, Sociale Ausgestaltung der Armenpflege (Schriften des deutschen Vereins für Armenpflege und Wohlthätigkeit, Heft 54), Leipzig 1901, S. 1-30.

77 Nr. 89.

78 Nr. 92.

79 Flesch argumentierte in einem bald gern zitierten Vergleich, Armenpflege und Sozialpolitik verhielten sich zueinander wie Medizin und Hygiene. „Die Sozialpolitik ist gewissermaßen für das Armenwesen, was die Hygiene für das Krankenwesen ist. Die Armut ist die Krankheit, welche durch die Armenpflege im einzelnen Fall beseitigt, aber nur durch die Sozialpolitik im ganzen zurückgedämmt werden kann." (Flesch, Die sociale Ausgestaltung [wie Anm. 76], S. 6.)

Aufgabenträgers – die Einzelfallprüfung in der Armenpflege, die allgemeine Gesetzesnorm in der Sozialpolitik – erschien Flesch für die Aufgabenerfüllung des jeweils anderen Parts wenig geeignet.[80] Wer bei der Armenpflege sozialpolitische Ziele verfolge, etwa einen geringen Arbeitslohn durch die Armenunterstützung ergänzen wolle, „würde die sozialen Übel, die er mit Mitteln der Armenpflege behandeln will, verschlimmern". Die Armenpflege „sozial" ausgestalten zu wollen, erschien Flesch ein Widerspruch zu sein – eine „soziale Ausgestaltung" der Armenpflege konnte nur darin bestehen, „daß sie von sich abweist, was durch sozialpolitische Maßnahmen geleistet werden kann", ansonsten aber, „daß sie individualisiert, indem sie da reichlicher gibt, wo die Armenpflege (d. h. die Leistungsunfähigkeit von Arbeitsvertrag und Familie) eine unverschuldete ist, als da, wo dies nicht der Fall ist".[81] Wo die Familie nicht mehr vorhanden war und einen Arbeitsvertrag zu schließen nicht möglich, konnte die Armenpflege, so Flesch, reichlicher unterstützen als dort, wo Familie und Arbeitsvertrag durch Schuld der Beteiligten ihre Aufgabe nicht erfüllten.[82]

Damit stand einmal mehr auch die alte Frage nach dem verschuldeten oder unverschuldeten Charakter der Armut zur Diskussion, und es war dann gerade diese überkommene Grundunterscheidung der traditionellen Armutsanthropologie, die 1901 im Anschluß an Fleschs Vortrag auf der Jahresversammlung des Deutschen Vereins den größten Diskussionsbedarf erzeugte – auch deshalb, weil sie im Zusammenhang mit der „sozialen Ausgestaltung" der Armenpflege für viele wohl eher unerwartet aufschien. Ob dem Gegensatz von „verschuldeter" und „unverschuldeter" Armut auf diese Weise zu neuer Geltung verholfen werden sollte, blieb bei dieser wie auch bei späteren Gelegenheiten weiterhin umstritten. Der Geschäftsführer der Frankfurter Zentrale für private Fürsorge Christian Jasper Klumker, der Flesch in diesem Punkt entschieden widersprach, konnte in dessen Verteidigungsrede für eine moralische Unterfütterung der Armenunterstützung „in keiner Weise eine soziale Ausgestaltung der Armenpflege erblicken".[83] Die größten Fortschritte, beteuerte Klumker, seien gerade auf Feldern erzielt worden, wo man die Gesichtspunkte des Verschuldens und der Würdigkeit habe zurücktreten lassen. Nicht ob die Armut verschuldet oder unverschuldet war, sei die entscheidende Frage, sondern ob sie heilbar oder nicht heilbar sei. Emil Münsterberg wiederum betonte in seinem Vortrag über „Das Problem der Armut", den er 1904 auf dem International Congress of Arts and Science anläßlich der Weltausstellung in St. Louis hielt, wie sich hinter jeder individuellen Ursache von Armut oft eine allgemeine verberge, weshalb es auch schwerfallen müsse, verschuldete und unverschuldete Ursachen zu unterscheiden: Denn die „persönliche, körperliche, geistige und seelische Beschaffenheit", so Münsterberg, sei nicht ausschlaggebend, „wo die maßgebenden Verhältnisse mächtiger sind als der Einzelwille". Das war eine Sichtweise, die für sich in Anspruch nahm, den neueren Erkenntnissen der „jungen Wissenschaft der Soziologie" Tribut zu zollen. Von hier gelangte er dann zu Schlußfolgerungen, die wieder sehr viel näher bei Flesch lagen. Gerade aufgrund der in den allgemeinen gesellschaftlichen Umständen wurzelnden Ursachen könne die individualisierende Armenpflege die Not nur oberflächlich behandeln, als „Wundpflaster, das der vorübergehenden Linderung dient, nicht aber zur Heilung führt". Und umgekehrt gelte dann: Je weiter entfernt von den äußeren, ober-

---

80 Nr. 92.
81 Nr. 96.
82 Nr. 96.
83 Nr. 98.

flächlichen wirksamen Maßregeln der Armenpflege die Maßnahmen zur Bekämpfung der Armut lägen, „um so wirksamer sind sie".[84]

Auch wenn sich so auf Dauer die Stimmen mehrten, die den Verschuldensbegriff, anders als Flesch, armutspolitisch für unfruchtbar hielten, blieb die Frage nach dem Stellenwert moralpolitischer Unterscheidungskriterien in den Armenpflegedebatten virulent und umstritten. Mit ihr eng verwandt und verzahnt war die Frage nach dem Kriterium der „Würdigkeit", die besonders in den Debatten über den Charakter der privaten Wohltätigkeit immer wieder anklang. So war schon, als die Jahresversammlung des Deutschen Vereins 1891 über die Grenzen der privaten Wohltätigkeit debattiert hatte, strittig geblieben, welches Gewicht die „Würdigkeitsfrage" für das Handeln der freiwilligen Armenpflege besitzen sollte. Während der Referent, Ludwig Fuld, den „moralischen Rigorismus" ablehnte, nach dem in der privaten Wohltätigkeit neben die Prüfung der „Bedürftigkeit" des Gesuchsteller immer auch eine solche der „Würdigkeit" zu treten habe, hielt der Korreferent, Arwed Emminghaus, eine solche Haltung gerade in der privaten Wohltätigkeit für dringend geboten. Wohl in keinem Punkt, so schien es ihm, unterschied sich die freiwillige von der öffentlichen Armenpflege so sehr wie in diesem.[85] Auch jenseits solcher Zuordnungen, die in der Grenzziehung zwischen privater Wohltätigkeit und öffentlicher Armenpflege zugleich auch eine solche zwischen „würdigen" und „unwürdigen" Armen angelegt sahen, erwies sich das Kriterium der Würdigkeit nicht nur in den Debatten, sondern auch in der Praxis der Armenpflege als bemerkenswert überlebensfähig.[86]

Gegenüber solchen Kategorien des überkommenen Armutsdiskurses brachte das erste Eindringen rassenhygienischer Argumentationsfiguren in den Begriffs- und Wahrnehmungshorizont der Armenpflege einen völlig neuen Zungenschlag in die Debatten. 1897 diskutierte ein Artikel in der „Sozialen Praxis" die Frage, ob nicht Armenpflege und Wohltätigkeit die Rasse verschlechtern und damit der Gesellschaft Schaden zufügen würden, immerhin hätten sie es „in der Mehrzahl der Fälle mit Leuten zu tun, die [...] irgendwie körperlich, geistig oder moralisch defekt" seien. Der Autor, Karl von Mangoldt (Sekretär des Instituts für Gemeinwohl in Frankfurt am Main), meinte, Armenpflege und Wohltätigkeit trügen ebenso zur Rassenhebung wie zur Rassenverderbnis bei.[87] Vorerst blieb ein solches Umschlagen des Würdigkeits- in einen biologischen Wertigkeitsdiskurs in der Armenpflege indes noch ein Randphänomen.[88]

IV.

Zu den „alten", seit längerem schon vertrauten Themen der Armenpflegewelt gehörten die noch immer in einer Reihe von Städten geführten Debatten um eine Reform der Armenverwaltung unter den Vorzeichen des „Elberfelder Systems" – einem

---

84 Nr. 135.
85 Nr. 6; vgl. auch Nr. 30.
86 Vgl. z. B. Nr. 19, Nr. 93 und Nr. 101.
87 Nr. 56.
88 In einem Einführungsbuch zur „Sozialen Fürsorge" hieß es 1904 immerhin, die wissenschaftliche Kritik werde künftig „die selektorische, nonselektorische oder antiselektorische Wirkung der einzelnen Maßnahmen" der Wohlfahrtspflege prüfen müssen; es würden dann „Beschränkungen und Vorsichtsmaßregeln festgelegt werden müssen, welche die Nachteile der Einrichtungen in bezug auf die Verbesserung der Rasse möglichst beseitigten"; Singer, Soziale Fürsorge (wie Anm. 7), S. 5 f.

Markenzeichen der öffentlichen Armenpflege in Deutschland, dessen hohes Ansehen auch über die Grenzen des Reiches hinaus reichte. Wurden von den deutschen Armenpflegeexperten internationale Perspektiven aufgespannt und die Bauformen und Probleme der einzelnen nationalen Armenpflegesysteme gegenübergestellt, diente das „Elberfelder System" und seine „individualisierende" Funktionsweise als entscheidender Referenzpunkt und Maßstab für die Einordnung und Bewertung.[89] Nach ihrem Ursprungsort benannte Prototypen institutioneller Ordnungsmodelle gewannen in Phasen gesteigerter Reformbereitschaft, in denen sich vielfach kommunale Nachahmungsketten bildeten, besondere Strahlkraft, das „Elberfelder System" war hierfür nur das bekannteste Beispiel. Ebenso gab es etwa ein „Leipziger System"[90] des Ziehkinderwesens, das Stuttgarter Modell[91] eines städtischen paritätischen Arbeitsnachweises, das Hallesche Modell[92] der Tuberkulosefürsorgestellen oder auf dem Feld der Privatwohltätigkeit auch das seit der Jahrhundertwende viel beachtete und mehrfach nachgeahmte neue Vereinsvorbild des Frankfurter Hauspflegevereins[93].

Das „Elberfelder System" beruhte in seinem Kern auf den drei Grundprinzipien der *Ehrenamtlichkeit* der Armenpflege, der *Dezentralisierung* der Unterstützungsentscheidungen in den Bezirksversammlungen der Armenpfleger und einer möglichst individuellen Betreuung und Kontrolle der Unterstützten durch ehrenamtliche Pfleger (*Individualisierung*).[94] Münsterberg sprach in einer Jubiläumsschrift von 1903 nicht ohne Grund von einem wahren „Triumphzug", den das „Elberfelder System" in den deutschen Städten erlebt habe.[95] Wo in den größeren Städten eine Reform der institutionellen Grundlagen der Armenverwaltung auf der Tagesordnung stand, wurde fast durchweg auf dessen Modellcharakter verwiesen. In Mainz beispielsweise war 1896 die Armenverwaltung nach dem Elberfelder Vorbild reorganisiert, die Entscheidung über die Unterstützungsgewährung dezentralisiert, das Quartiersystem eingeführt, ein einheitlicher Unterstützungstarif geschaffen und die Zahl der Armenpfleger deutlich erhöht worden.[96] Und auch als Ende der achtziger Jahre in Hamburg eine Reform der Armenpflegeorganisation in Angriff genommen worden war, bildete das „Elberfelder System" den wichtigsten Bezugspunkt.[97] Für das hoch-

[89] Nr. 23.
[90] Nr. 120.
[91] Nr. 25 Anm. 4; Friedrich Freiherr von Reitzenstein, Der Arbeitsnachweis. Seine Entwicklung und Gestaltung im In- und Ausland. Hrsg. von Richard Freund, Berlin 1897, S. 289 und S. 314-317.
[92] Nr. 130.
[93] Nr. 17, Nr. 75 und Nr. 124.
[94] Siehe die Einleitung zu Bd. 7 der II. Abteilung dieser Quellensammlung.
[95] Emil Münsterberg, Das Elberfelder System. Festbericht aus Anlaß des fünfzigjährigen Bestehens der Elberfelder Armenordnung (Schriften des deutschen Vereins für Armenpflege und Wohltätigkeit, Heft 63), Leipzig 1903, S. 43; zur „europaweiten Beliebtheit" des Modells, einschließlich zahlreicher Mißverständnisse und Fehlinterpretationen vgl. Friedrich Lenger, Metropolen der Moderne. Eine europäische Stadtgeschichte seit 1850, München 2013, S. 191.
[96] Vgl. Nr. 42; vgl. auch Georg Schmidt, Das öffentliche Armenwesen der Stadt Mainz. Mit besonderer Rücksicht auf die im Jahr 1895 begonnene Neuordnung, Mainz 1907; Hedwig Brüchert-Schunk, Städtische Sozialpolitik vom Wilhelminischen Reich bis zur Weltwirtschaftskrise. Eine sozial- und kommunalhistorische Untersuchung am Beispiel der Stadt Mainz 1890-1930, Stuttgart 1994, S. 63-66.
[97] Nr. 12; vgl. auch Nr. 102 und Nr. 119 Bd. 7 der II. Abteilung dieser Quellensammlung; vgl. ferner Adolf Buehl, Die Reorganisation des Hamburgischen Armenwesens und ihre

gradig zentralisierte und mit Armenpflegern massiv unterausgestattete Nürnberger Armenwesen befürchtete der dortige Armenreferent 1904 gar, es drohe ohne eine Reform nach dem Elberfelder Vorbild „gänzlich zu versumpfen".[98] Die Armenverwaltung nach dem Modell des „Elberfelder Systems" zu reformieren, hieß für gewöhnlich, die Pflegerzahl zu erhöhen, die Zahl der von den Armenpflegern jeweils zu betreuenden Fälle stark zu begrenzen,[99] die Unterstützungsbewilligung zeitlich zu befristen und die Entscheidung über die Unterstützungsgesuche zu dezentralisieren. Fast nirgends handelte es um eine 1:1-Übernahme der Kernelemente des „Elberfelder Systems", in aller Regel vielmehr um eine flexible Adaption, angepaßt an die lokalen Bedingungen. So legten die Größe und Ausdehnung der Großstadt Hamburg es beispielsweise nahe, eine Mittelinstanz, die Armenkreisversammlungen, einzuführen, die sich zwischen die Zentrale, das Armenkollegium, und die dezentralen Armenbezirksversammlungen schob, um über die Fälle dauernder Unterstützung zu entscheiden und so ein höheres Maß an Einheitlichkeit im Unterstützungsgebaren zu garantieren.[100] Das Quartiersystem, die alleinige Zuständigkeit eines einzelnen Armenpflegers für alle Unterstützungsfälle in einem nach Straßen und Häusern genau abgegrenzten Teil des Armenbezirks, wurde, obwohl ein ursprünglicher Baustein des „Elberfelder Systems", immer seltener übernommen – auch in Hamburg sah man davon ab.[101] Mehr denn je galt bei all dem der regelmäßige Hausbesuch als die „vornehmste Pflicht des Pflegers", als Grundform des persönlichen Verkehrs und der mahnenden Einwirkung auf die Armen.[102]

Die Reformbedürftigkeit der städtischen Armenverwaltung war ein Dauerthema auch in Berlin. Emil Münsterberg, der schon die Reform der Hamburger Armenverwaltung in die Praxis umgesetzt hatte, übernahm im Anschluß daran die Aufgabe, einer solchen auch in Berlin den Weg zu bereiten. Wie zuvor schon in Mainz und Hamburg, später auch in Nürnberg, waren es der Mangel an ehrenamtlichen Armenpflegern und die daraus folgende Arbeitsüberlastung der Armenpflegeorgane, die als das schwerwiegendste Defizit der städtischen Armenpflege angesehen wurden. Um hier Abhilfe zu schaffen, wurde vorgeschlagen, vom Ideal der Ehrenamtlichkeit ein Stück weit abzuweichen und besoldete Armenkommissionsvorsteher anzustellen.[103] Noch 1896 hielt der Berliner Armenreferent eine konsequente Einführung des „Elberfelder Systems" für nicht praktikabel, da sich eine hinreichende Zahl von ehrenamtlichen Pflegern nicht finden lasse.[104] Um die Arbeit der Armenbezirkskommissionen zu koordinieren, wurden in zwei Stadtteilen probeweise zwischen die Zentrale und die dezentralen Armenbezirkskommissionen Armenämter geschaltet, an deren Spitze

---

Erfolge, in: Zeitschrift für das Armenwesen 4 (1903), S. 264-274; Das öffentliche Armenwesen in Hamburg während der Jahre 1893-1902. Darstellung seiner Reorganisation und weiteren Entwicklung, Hamburg 1903.

98 Nr. 131; als Gegenkritik vgl. allerdings auch Nr. 134.

99 Das Hamburger Armengesetz von 1892 begrenzte die Zahl der pro Armenpfleger in offener Armenpflege zu betreuenden Parteien auf maximal fünf: Nr. 16.

100 Nr. 16. Als Münsterberg seit 1898 eine Reform der Berliner Armenverwaltung in Angriff nahm, wurde das Modell der Kreisversammlungen dort übernommen; vgl. Nr. 81. Für das Beispiel einer Stadt, in der die Einführung des „Elberfelder Systems" scheiterte, vgl. Jürgen Schallmann, Arme und Armut in Göttingen 1860-1914, Göttingen 2014, S. 77-80.

101 Nr. 12.

102 Nr. 1 und Nr. 85.

103 Nr. 37.

104 Nr. 51.

besoldete Beamte standen. Das Experiment fand in den Berliner Armenpflegekreisen nur wenig Anklang und wurde auch nicht weiter vertieft. Andernorts wurden ergänzend einzelne berufliche Armenkontrolleure etc. eingestellt, etwa zur Vornahme von Ermittlungen und zur Aufsicht über die Armen.[105] Aber nahezu überall in den deutschen Städten galt die Ehrenamtlichkeit bis zum Weltkrieg, unbeschadet aller nun einsetzenden Anläufe zu einer partiellen Verberuflichung der Armenverwaltung (wie insbesondere in Straßburg seit 1905)[106], weiterhin als ein hohes Ideal der Armenpflege.

In Berlin[107] wie auch in zahlreichen anderen deutschen Städten entwickelte sich die Frage, ob und in welcher Weise Frauen zur Mitarbeit an der öffentlichen Armenpflege herangezogen werden sollten, seit den 1890er Jahren zum größten Streit- und Konfliktpunkt bei der Reform der Armenpflege. Einzelne Städte wie Kassel oder Colmar waren auf diesem Feld bereits in den achtziger Jahren vorangegangen und hatten den Frauen eine – mit gewissen Abstrichen – gleichberechtigte Stellung in der Armenpflege verschafft.[108] Es waren dann vor allem die auf seiner Jahresversammlung von 1896 vom Deutschen Verein verabschiedeten Leitsätze, die vielerorts den Anstoß dazu gaben, die Frage neu zu überdenken. Sie hatten eine möglichst gleichberechtigte Eingliederung von Frauen in der öffentlichen Armenpflege gefordert.[109] Der hohe, nicht leicht zu stillende Bedarf an ehrenamtlichen Kräften begünstigte solche Bestrebungen, und die wachsende Bedeutung, die der Anleitung und Belehrung der Armen in Fragen einer rationalen Haushaltsführung beigemessen wurde, wirkte in die gleiche Richtung. Bei der Überwachung der Hauswirtschaft der Armen wie auch bei der Kinder-, Kranken- und Wöchnerinnenfürsorge schien sich den Frauen ein besonderes Wirkungsfeld nicht mehr nur in der privaten, sondern auch der öffentlichen Armenpflege zu öffnen.[110] Als auch der preußische Städtetag 1901 Leitsätze verabschiedete, die eine Einordnung der Frauen in die öffentliche Armen- und Waisenpflege für wünschenswert erklärten, gab dies in einer Reihe von weiteren Städten den Anstoß, die gleichberechtigte Mitwirkung von Frauen zu beschließen. Wie in Köln war dies auch in Frankfurt am Main der Fall, wo man dem Kölner Beispiel folgte und Frauen gleichberechtigt Sitz und Stimme in den Bezirksversammlungen gewährte, wobei sie allerdings nicht eine volle Pflegschaft, sondern jeweils geeignete Fälle im Bezirk zugewiesen erhielten – solche vor allem, wie es im Be-

---

[105] Gustav Kayser, Die Stellung der ehrenamtlichen Organe in der Armenpflege, in: ders./Hermann Hildebrand, Die Stellung der ehrenamtlichen Organe in der Armenpflege (Schriften des deutschen Vereins für Armenpflege und Wohlthätigkeit, Heft 49), Leipzig 1900, S. 1-59, hier S. 46-50.

[106] Ehrenamtliche und berufsamtliche Armenpflege in Straßburg, in: Zeitschrift für das Armenwesen 10 (1909), S. 129-135; Karl Thode, Ermittlungsbeamte in der Armenpflege, in: ebenda 12 (1911), S. 272-280; vgl. Sachße/Tennstedt, Geschichte der Armenfürsorge, Bd. 2 (wie Anm. 4), S. 25-27.

[107] Nr. 54, Nr. 58, Nr. 71, Nr. 77 und Nr. 81.

[108] Iris Schröder, Arbeiten für eine bessere Welt. Frauenbewegung und Sozialreform 1890-1914, Frankfurt a. M. 2001, S. 136-162; Christoph Sachße, Mütterlichkeit als Beruf. Sozialarbeit, Sozialreform und Frauenbewegung 1871-1929, 3. Aufl., Weinheim/Basel/Berlin, 2003, S. 128 f.

[109] Stenographischer Bericht über die Verhandlungen der sechzehnten Jahresversammlung des deutschen Vereins für Armenpflege und Wohlthätigkeit am 24. und 25. September 1896 in Straßburg i. E. (Schriften des deutschen Vereins für Armenpflege und Wohlthätigkeit, Heft 28), Leipzig 1896, S. 86-120 und S. 149 f.

[110] Nr. 49 und Nr. 54.

schluß der Stadtverordnetenversammlung hieß, „wo es möglich scheint, durch Einwirkung auf die Ehefrau des Unterstützten oder auf alleinstehende Frauen oder erwachsene Kinder, der Verwahrlosung Einhalt zu tun und auf bessere Hauspflege hinzuwirken".[111]

In vielen Städten blieb allerdings der Widerstand der alten Garde der Armenpfleger gegen eine Mitwirkung von Frauen groß. In Berlin drohte ein Protestschreiben von Armenkommissionsvorstehern 1896 kaum verhohlen mit der Amtsniederlegung der meisten Armenpfleger, sollten Frauen zu dem Ehrenamt zugelassen werden.[112] In Krefeld begrüßte die Armendeputation zwar die enge Anlehnung des Vaterländischen Frauenvereins an die städtische Armenpflege, verwarf aber eine Berufung von Armenpflegerinnen mit dem verbreiteten Argument, daß im Fall einer Beteiligung von Frauen eine weitere Steigerung des gemeindlichen Unterstützungsaufwands befürchtet werden müßte.[113] Wo die Armenverwaltungen eine Mitwirkung von Frauen erleichtern wollten, legten sie meist Wert auf die Feststellung, daß dies mit den Emanzipationsbestrebungen des radikalen Flügels der bürgerlichen Frauenbewegung nichts zu tun habe, da die Frau auch als Armenpflegerin „die ihr gezogenen natürlichen Grenzen nicht überschreitet, sondern durchaus innerhalb der Sphäre ihres Frauenberufs" bleibe.[114] Wegen der vielfachen Widerstände traten Städte wie Hamburg und Berlin unter der Führung von Adolf Buehl und Emil Münsterberg nur sehr behutsam an die Frage einer Mitwirkung von Frauen heran, so sehr sie diese auch im Grundsatz befürworten mochten.[115] In Hamburg, dessen Beispiel im vorliegenden Band eingehender dokumentiert wird, wurde eine Betätigung von Frauen 1898 lediglich als Hilfsarmenpflegerinnen vorgesehen, ohne Sitz und Stimmrecht in den Kommissionen und auch nur dann, wenn die männlichen Armenpfleger eine Inanspruchnahme von Frauen im Einzelfall wünschten.[116] Eine Vertreterin des radikalen Flügels der Hamburger Frauenbewegung nannte diese Regelung „eine Schmach".[117] Nach der Jahrhundertwende unternahm Buehl einen neuen Anlauf, Frauen zu einer gleichberechtigten Stellung in der Armenpflege zu verhelfen.[118] Aber auch nachdem diese formal im 1907 verabschiedeten Gesetz über das Armenwesen gewährt worden war, sollte das Hinzuziehen von Frauen weiterhin an die vorherige Zustimmung einer Dreiviertelmehrheit der Bezirksversammlung gebunden bleiben.[119] Beispiele für ähnliche Widerstände und Hindernisse finden sich in vielen Städten. Auch in Leipzig stieß die Einbeziehung von Frauen auf spürbare Gegenwehr, so daß, als nach der Jahrhundertwende die Heranziehung als stimmberechtigte Armenpflegerinnen zugelassen wurde, tatsächlich nur sehr wenige Frauen in das Ehrenamt gewählt wur-

---

111 Protokoll-Auszug aus der Stadtverordneten-Versammlung der Stadt Frankfurt am Main vom 19.11.1901 (Institut für Stadtgeschichte Magistratakten V 77, n. fol.).
112 Nr. 53; vgl. auch Nr. 71.
113 Nr. 106.
114 Nr. 54 und Nr. 95 (Zitat); vgl. auch Nr. 65 Anm. 3.
115 Für Berlin vgl. auch Bergler, Von Armenpflegern (wie Anm. 32), S. 164-194.
116 Nr. 63-64; für Berlin vgl. Nr. 81; vgl. Stephen Pielhoff, Paternalismus und Stadtarmut. Armutswahrnehmung und Privatwohltätigkeit im Hamburger Bürgertum 1830-1914, Hamburg 1999, S. 489-498; Kirsten Heinsohn, Politik und Geschlecht. Zur politischen Kultur bürgerlicher Frauenvereine in Hamburg (1870-1918), Hamburg 1997, S. 88-119.
117 Nr. 65; für eine Stellungnahme des gemäßigten Flügels vgl. Nr. 68; vgl. auch Pielhoff, Paternalismus (wie Anm. 116), S. 489.
118 Nr. 95.
119 Vgl. auch Nr. 102.

den.[120] In Hamburg wie in Leipzig blieb die Anzahl der Armenpflegerinnen denn auch weiterhin gering. 1909 waren es in beiden Städten nicht einmal ein Prozent der Ehrenamtlichen, in Frankfurt am Main immerhin zehn Prozent.[121] Dennoch: Die Armen- und die Waisenpflege bildeten die wichtigsten Einfallstore für eine Mitwirkung der Frauen an den öffentlichen Gemeindeangelegenheiten. Einer Umfrage bei 45 deutschen Großstädten zufolge waren vor dem Ersten Weltkrieg 23 Prozent der ehrenamtlich in der Gemeinde tätigen Frauen Armenpflegerinnen, 72 Prozent Waisenpflegerinnen.[122] So wie bei den männlichen Ehrenamtlichen die Zugehörigkeit zur Arbeiterschaft marginal blieb,[123] blieb im übrigen auch die weibliche Mitwirkung an der öffentlichen Armen- und Waisenpflege bis zum Ersten Weltkrieg eine Domäne bürgerlicher Frauen.

Strittig war unter den Armenpflegeexperten, ob als integraler Bestandteil des „Elberfelder Systems“ auch das zusammen mit diesem erstmals in Elberfeld eingeführte Tarifsystem der Unterstützungs-Höchstsätze anzusehen war.[124] Die Frage, wie die im Einzelfall zu gewährende Unterstützung genau zu bemessen war, welche Unterscheidungs- und Bestimmungskriterien hierbei gelten sollten und wie umfassend und genau diese Kriterien in den Armen- und Geschäftsordnungen zu normieren waren, bildete spätestens seit den neunziger Jahren einen zentralen Diskussionspunkt der Armenpolitik, ob bei den Debatten im Deutschen Verein oder in den städtischen Armenkollegien. Hier bestand ein weiterer grundsätzlicher Unterschied zur Arbeiterversicherung. Denn anders als bei der Versicherung waren die gesetzlichen Vorgaben in den Armenpflegegesetzen in diesem Punkt so unscharf und interpretationsbedürftig, daß die wesentlichen Regelungen, wenn überhaupt, örtlich getroffen werden mußten. Wie eine Umfrage des Deutschen Vereins 1894 ergab, hatte zu diesem Zeitpunkt die Mehrzahl der Armenverwaltungen noch immer ganz darauf verzichtet, Höchstsätze irgendwelcher Art festzusetzen, und statt dessen vorgezogen, den Pflegeorganen bei der Festlegung der Unterstützungen weitgehend freie Hand zu lassen.[125] In Elberfeld wurde hingegen ein je nach Zusammensetzung der Familien abgestufter Tarif vorgegeben, der als „Existenzminimum“ den Geldbedarf für die Beschaffung des zur Fristung des Unterhalts unabweislich Notwendigen bemaß. Von diesen Sätzen sollten dann die vorhandenen Einkommen der Familienmitglieder abgezogen werden, der Differenzbetrag ergab sodann die Höhe der zulässigen Unterstützungssumme. Städte, die das „Elberfelder System“ möglichst maßstabsgetreu übernommen hatten, tendierten auch dahin, in etwa das Elberfelder Tarifsystem zu übernehmen.[126] In Hamburg führte Emil Münsterberg, der von der Aufstellung eines solchen Tarifsystems das Abgleiten in eine schablonenhafte Behandlung der Unterstützungsfälle befürchtete, als eine abgeschwächte Variante sog. „Ausschlußsätze“

[120] Schröder, Arbeiten (wie Anm. 108), S. 145-151.
[121] Hildegard Radomski, Die Frau in der öffentlichen Armenfürsorge, Berlin 1917, S. 43.
[122] Charlotte Pratz, Die Mitarbeit der Frauen in der Gemeinde, in: Frauenstreben 14 (1917), S. 43 f., S. 47 f. und S. 51 f., hier S. 43.
[123] Margarete Jacobsohn, Die Arbeiter in der öffentlichen Armenpflege, Leipzig 1911, S. 52-66.
[124] Zu den dabei vertretenen Positionen vgl. Münsterberg, Das Elberfelder System (wie Anm. 95), S. 19-21.
[125] Vgl. Willi Cuno, Grundsätze über Art und Höhe der Unterstützungen, in: ders./Ludwig von Dehn-Rothfelser, Grundsätze über Art und Höhe der Unterstützungen ... (Schriften des deutschen Vereins für Armenpflege und Wohlthätigkeit, Heft 19), Leipzig 1894, S. 1-75; vgl. unter Nr. 35 Cunos mündliches Referat als Zusammenfassung.
[126] Nr. 42; vgl. Cuno, Grundsätze (wie Anm. 125), S. 28-30.

ein, über die die Bezirksversammlungen der Armenpfleger bei der Festlegung der Unterstützungen im Einzelfall nicht hinausgehen durften.[127] In Berlin blieb es hingegen bis zum Ende des Untersuchungszeitraums – nicht zuletzt aufgrund des Widerstands der Armenpfleger[128] – dabei, daß Höchstsätze nicht vorgegeben waren und es dem Ermessen der Pfleger überlassen bleiben sollte, die Art und Höhe der Unterstützungen zu bestimmen; auch die Zuordnung der Hilfsbedürftigen zu bestimmten Gruppen aufgrund vorgegebener Unterscheidungskategorien (z. B. Alter, Geschlecht, Familienstand) war hier unbekannt.[129] Emil Münsterberg schrieb 1899 in einem Brief: „Für die Höhe der Unterstützungen existiert in Berlin überhaupt kein Maßstab, sondern es herrscht eine durch keine obere Instanz kontrollierte Willkür der einzelnen Bezirke."[130] Ähnliches galt auch für Stuttgart.[131] In Dresden wurden die Hilfsbedürftigen zumindest nach dem Grad ihrer Erwerbsfähigkeit in vier verschiedene Gruppen mit gestaffelter Unterstützungshöhe unterteilt.[132] So verschieden wie die Methoden zur Feststellung der Unterstützungshöhe, so unterschiedlich war das Unterstützungsniveau.[133] Unterschiedlich – und kontrovers – fielen überdies die Antworten auf die Frage aus, wie bei Rentenempfängern aus der Sozialversicherung deren Renteneinkommen in die Kalkulation einer eventuell dennoch benötigten Armenunterstützung einbezogen werden sollte. Auch hier ging es darum, das Verhältnis zwischen Sozialpolitik und Armenpflege genauer zu bestimmen. Denn aus der unterschiedlichen Logik der beiden Systeme und aus deren konkurrierender Zielsetzung ergab sich ein doppeltes Paradox. Rechnete man die Rente als eigenes Einkommen der Unterstützten voll an, wie es den Regeln der Armenpflege an sich entsprach, bestand die Gefahr, daß die Rentenempfänger den Eindruck gewannen, sie würden um die Wohltaten aus der Sozialversicherung gebracht – der materielle wie politische Nutzen der Sozialgesetzgebung drohte zu verpuffen. Verzichtete man umgekehrt darauf, die Renten anzurechnen, drohte nicht nur die erhoffte Entlastungswirkung durch die Sozialgesetzgebung für die Armenpflege zu verstreichen – es wurden auch der Grundsatz der Subsidiarität und die Maxime verletzt, daß den Armen nur der unbedingte Lebensbedarf gesichert werden sollte.[134] Die Regelungen wichen deshalb lokal voneinander ab. Während Berlin die Renten nur zur Hälfte anrechnete, stellte Stuttgart den vollen Rentenbetrag als Einnahme in Rechnung.[135]

---

[127] Nr. 20.

[128] Nr. 66.

[129] Nr. 111.

[130] Schreiben Dr. Emil Münsterbergs an Dr. Adolf Buehl vom 25.3.1899 (Staatsarchiv Hamburg 351-2 II, Nr. 127, n. fol.). Die Berliner Sozialdemokraten hielten die Erhöhung der Unterstützung gegenüber allen Organisationsreformen für den Kernpunkt der Reform; vgl. Nr. 77.

[131] Nr. 112.

[132] Nr. 113.

[133] Vgl. Nr. 20 und Nr. 42; Cuno, Grundsätze (wie Anm. 125).

[134] Vgl. die Debatte über die Anrechnungsfrage auf der Jahresversammlung des Deutschen Verein 1894: Stenographischer Bericht über die Verhandlungen der vierzehnten Jahresversammlung des deutschen Vereins für Armenpflege und Wohlthätigkeit am 25. und 26. September 1894 in Köln (Schriften des deutschen Vereins für Armenpflege und Wohlthätigkeit, Heft 20), Leipzig 1894, S. 77 f., S. 81, S. 83 f., S. 86 und S. 92; vgl. auch den Bericht über die Diskussion unter Nr. 36. Vgl. auch die Debatte im Berliner Stadtverordnetenversammlung unter Nr. 71.

[135] Nr. 111-112. Vgl. auch das neuerliche Referat Willi Cunos für die Jahresversammlung des Deutschen Vereins 1898: Willi Cuno, Existenzminimum in der Armenpflege. Anrechnung der Leistungen der Privatwohlthätigkeit und Invalidenrenten, in: Ewald Aders, Zuflucht-

Die armenpflegerischen Handlungsmöglichkeiten erweitern zu wollen, hieß für die Armenfachwelt im Kaiserreich, an den beiden Polen der Armenpolitik anzusetzen: auf der einen Seite durch mehr vorbeugende Hilfe, durch institutionelle Ausdifferenzierung der Hilfsangebote, durch ein höheres Niveau der Leistungen, auf der anderen durch eine wirksamere Bekämpfung unerwünschter Lebensstile, Überlebenspraktiken und Verhaltensmuster. Die armenpflegerischen Leistungs- und armenpolizeilichen Eingriffselemente waren zwei Seiten einer Medaille, und die beabsichtigte Effektivierung beider Seiten wurde als ein dialektischer, aufeinander bezogener Prozeß verstanden: „Die Segnungen der sozialpolitischen Gesetzgebung und die von Jahr zu Jahr auf humaner, wohlwollender Grundlage fortschreitende städtische Armenpflege können und müssen zu einem das Volkswohl und den Volksfrieden erschütternden Gefahr werden", schrieb der Potsdamer Stadtrat Wilhelm Jakstein 1898 in einem Bericht für den Deutschen Verein, „wenn sie nicht ein korrigierendes Gleichgewicht in einer gesetzlich geordneten strengen Armenzucht erhalten, die zugleich bessernd auf die Herstellung von Zucht, Sitte und redlicher Arbeit in den niederen Volkskreisen allgemein einzuwirken geeignet ist".[136] Die Armenpolitik blieb so an die dichotomisierten Grundmuster der überkommenen Armutsanthropologie zurückgebunden – an die moralpolitische Gegenüberstellung von verschuldeter und unverschuldeter Armut, würdigen und unwürdigen Armen –, und sie zielte mit der Androhung armenpolizeilichen Zwangs zugleich auf die, mit Karl Flesch gesprochen, Sicherung des Vorrangs der gesellschaftlichen Grundinstitutionen Arbeitsvertrag und Familie vor der der Armenpflege.[137] Viele Armenverwaltungen strebten deshalb danach, die armenpolizeilichen Zwangsmittel gegen „Arbeitsscheue" und „Trunksüchtige" zu verschärfen; eine noch größere Zahl drängte darauf, auf die gleiche Weise gegen Personen vorgehen zu können, die sich ihrer Unterhaltspflicht entzogen und deren Angehörige von der Armenpflege unterstützt werden mußten.[138] 70 von 96 Städten, die 1898 an einer Umfrage des Deutschen Vereins teilnahmen, hielten die Einführung eines solchen Zwangsinstruments für notwendig.[139] Der Deutsche Verein verabschiedete mehrfach entsprechende Resolutionen. Auch an der Basis, etwa bei den Versammlungen der Distriktsvorsteher in Leipzig, kam die Rede immer wieder auf die zur Verfügung stehenden armenpolizeilichen Zwangseinweisungsmöglichkeiten.[140] Als im preußischen Staatsministerium im Dezember 1891

---

stätten für weibliche Personen ... (Schriften des deutschen Vereins für Armenpflege und Wohlthätigkeit, Heft 39), Leipzig 1898, S. 109-150, hier S. 140-149.

[136] Wilhelm Jakstein, Bericht, in: Ernst Hirschberg/ders./Emil Münsterberg, Zwangsmaßregeln gegen nährpflichtige Angehörige (Schriften des deutschen Vereins für Armenpflege und Wohlthätigkeit, Heft 36), Leipzig 1898, S. 47-79, hier S. 78 f. Adolf Buehl nannte die geschlossene Anstalt „als Zucht- und Zwangsmittel gegenüber arbeitsscheuen, unbotmäßigen, unwirtschaftlichen, trunksüchtigen oder mit sonstigen sittlichen Defekten behafteten Personen" 1903 „das notwendige Korrelat der allgemeinen Unterstützungspflicht" (Nr. 114).

[137] Vgl. auch Christoph Sachße/Florian Tennstedt, Geschichte der Armenfürsorge in Deutschland, Bd. 1: Vom Spätmittelalter bis zum Ersten Weltkrieg, Stuttgart u. a. 1980, S. 254 f.

[138] Vgl. Nr. 8.

[139] Ernst Hirschberg, Bericht, in: ders./Wilhelm Jakstein/Emil Münsterberg, Zwangsmaßregeln gegen nährpflichtige Angehörige (Schriften des deutschen Vereins für Armenpflege und Wohlthätigkeit, Heft 36), Leipzig 1898, S. 1-46, hier S. 26.

[140] Nr. 18; für Hamburg vgl. die Hinweise unter Nr. 102 auf die fast in jeder Bezirksversammlung laut werdenden Forderungen nach größeren Machtmitteln zur Arbeitserzwingung bei Unterhaltssäumigen.

über die anstehende Novelle des Unterstützungswohnsitzgesetzes beraten wurde, wurde deshalb sogleich auch die Forderung laut, bei dieser Gelegenheit ebenso die strafrechtlichen Zwangsmittel gegen Unterhaltssäumige auszubauen (§§ 361 und 362 StGB).[141] Die Forderung fand Aufnahme in der 1894 dann verabschiedeten Novelle[142], ihre Umsetzung vermochten die Armenverwaltungen aber wegen der Schwerfälligkeit und geringen Durchschlagskraft der neuen Maßregel nicht zufriedenzustellen. Was die Armenverwaltungen jetzt zunehmend forderten, war die Möglichkeit zur Zwangseinweisung auf dem Verwaltungsweg, ohne Hinzuziehen der Gerichte. Im Deutschen Verein gehörte zur Minderheit der einem solchen Instrument kritisch gegenüberstehenden Stimmen Karl Flesch, zu den nachdrücklichsten Befürwortern hingegen Adolf Buehl.[143] Unter dem Eindruck von Buehls energischem Plädoyer war man sich bei den Beratungen zur Vorbereitung eines neuen Hamburger Armengesetzes 1898 weitgehend einig, daß in dem künftigen Gesetz auch die Befugnis für die Armenpflege enthalten sein mußte, „säumige Nährpflichtige" auf dem Verwaltungsweg so lange in eine Anstalt einzuweisen, wie ihre Angehörigen unterstützungsbedürftig waren.[144] Als Vorbild konnten die vier Bundesstaaten (Sachsen, Württemberg, Mecklenburg-Schwerin und Oldenburg) dienen, in denen eine solche armengesetzliche Regelung bereits bestand.[145] Während man in Hamburg noch bis 1907 auf die Verabschiedung des neuen Gesetzes mit seiner Zwangshandhabe gegen Unterhaltssäumige warten mußte, wurde in Anhalt schon 1904 eine entsprechende Regelung in das Ausführungsgesetz zum Unterstützungswohnsitzgesetz eingefügt. Zuvor hatte sich die anhaltische Regierung bei der Reichsregierung über die juristische Unbedenklichkeit einer solchen Bestimmung versichert. Der Rat des Staatssekretärs der Justiz Rudolf Arnold Nieberding, die Zwangseinweisung nicht als Strafe erscheinen zu lassen, entsprach dem allgemein seitens der Befürworter des Verwaltungszwangs bemühten, nicht über alle Zweifel erhabenen Rechtfertigungsansatz, bei dem intendierten Freiheitsentzug handele es sich statt um eine Strafe für ein Vergehen um eine armenpolizeiliche und armenrechtliche Maßnahme, die der Beseitigung einer Störung der öffentlichen Ordnung und der Herbeiführung der gesetzlich gegenüber dem Armenverband bestehenden Arbeitspflicht diene.[146] Weitere Bundesstaaten sollten dem Anhalter und Hamburger Beispiel folgen, darunter auch Preußen, das 1912 durch eine Armenrechtsnovelle die Arbeitshauseinweisung auf dem Verwaltungsweg wieder einführte. So sehr man zwischen den Prämissen der deutschen Armenpflege und dem strengen, auf Abschreckung angelegten englischen Arbeits-

---

[141] Nr. 11.

[142] Nr. 31.

[143] Vgl. die Debatte zur Frage des Verwaltungszwangsverfahrens auf der Jahresversammlung 1898: Stenographischer Bericht über die Verhandlungen der achtzehnten Jahresversammlung des deutschen Vereins für Armenpflege und Wohlthätigkeit am 29. und 30. September 1898 in Nürnberg (Schriften des deutschen Vereins für Armenpflege und Wohlthätigkeit, Heft 40), Leipzig 1899, S. 36-70 (Leitsätze: S. 139).

[144] Nr. 74.

[145] Vgl. Sachße/Tennstedt, Geschichte der Armenfürsorge, Bd. 1 (wie Anm. 137), S. 244-253.

[146] Nr. 115 und Nr. 119; vgl. Adolf Buehl, Der armenpolizeiliche Arbeitszwang, in: Zeitschrift für das Armenwesen 6 (1905), S. 97-118; als Gegenargumentation vgl. dann besonders: Hans Samter, Zwangsmaßregeln gegen Arbeitsscheue und gegen säumige Nährpflichtige. Mitbericht, in: Otto Lohse/ders., Zwangsmaßregeln gegen Arbeitsscheue und gegen säumige Nährpflichtige (Schriften des deutschen Vereins für Armenpflege und Wohltätigkeit, Heft 88), Leipzig 1909, S. 59-80.

hausprinzip eine Unterscheidungslinie gezogen sehen wollte,[147] so wenig wollte man doch auch im Reich auf die Interventionsform des Arbeitshauses verzichten.

Kommunale Arbeitshäuser bestanden im Untersuchungszeitraum in einer ganzen Anzahl von größeren Städten. Seitdem eine Armenrechtsreform[148] in Württemberg 1889 die Möglichkeit geschaffen hatte, auch Unterhaltssäumige, deren Familienmitglieder auf öffentliche Unterstützung angewiesen waren, zwangsweise einzuweisen, wurde in Stuttgart hierfür die städtische Armenbeschäftigungsanstalt genutzt.[149] Für eine vergleichsweise ausgedehnte Praxis armenrechtlicher Zwangseinweisungen war vor allem Sachsen bekannt, wo entsprechende städtische Anstalten u. a. in Dresden, Leipzig und Chemnitz bestanden. Die Eingewiesenen konnten hier im Höchstfall bis zu zwei Jahren festgehalten werden.[150] Die Leipziger Zwangsarbeitsanstalt diente laut Regulativ „zur Unterbringung, angemessenen Beschäftigung und sittlichen Besserung arbeitsscheuer, der Trunksucht oder liederlichem Lebenswandel ergebenen Personen, welche die Gewährung öffentlicher Armenunterstützung, sei es an sie selbst, sei es an ihre Angehörigen, zu deren Erhaltung bzw. Miterhaltung sie verpflichtet sind, notwendig machen“.[151] In den sächsischen Bezirken bestanden Bezirksarmenanstalten (1903: 30)[152], die den Charakter einer Zwangsarbeitsanstalt für „arbeitsfähige, aber arbeitscheue, sittlich gesunkene Individuen“ trugen.[153] Die in den städtischen Arbeitshäusern anzutreffenden Lebensbedingungen und Anstaltspraktiken – in Dresden zum Beispiel ein Strafregiment, das Essensentzug, Arrest und Prügelstrafe mit einschloß – stießen auch jenseits der Sozialdemokratie gelegentlich auf Ablehnung[154], waren aber nicht Gegenstand einer breiten öffentlichen Diskussion.

Die Arbeitshauseinweisung war die am intensivsten diskutierte, nicht aber die am meisten genutzte Form der Anstaltsunterbringung. Wie schon an der eher stiefmütterlichen Behandlung im Deutschen Verein zu erkennen war, standen die verschiedenen Varianten der „geschlossenen“ Armenpflege meist im Schatten der „offenen“ Armenpflege. In den deutschen Städten schwankte der Anteil der in geschlossener Armenpflege untergebrachten Hilfsbedürftigen an der Gesamtzahl der Unterstützten zwischen 5 (Charlottenburg) und 38 Prozent (Colmar); im Schnitt dürfte er bei rund einem Fünftel gelegen haben.[155] Sieht man von den bereits angesprochenen Anstalten für „Geisteskranke“, „Idioten“, Epileptiker, „Taubstumme“ und Blinde ab, für die sich in Preußen die Verantwortlichkeit weitgehend auf die Provinzialverbandsebene verlagert hatte, übergeht ebenso wie die Krankenhäuser, die sich immer mehr

[147] Nr. 23; vgl. auch Nr. 114 und Nr. 135.
[148] Nr. 113 und Nr. 116 Bd. 7 der II. Abteilung dieser Quellensammlung.
[149] Nr. 79.
[150] Nr. 15.
[151] Nr. 78; vgl. auch Nr. 45 Bd. 7 der II. Abteilung dieser Quellensammlung.
[152] Adolf Buehl, Die geschlossene Armenpflege, in: ders./Franz Curt Reinhard Eschle, Die geschlossene Armenpflege (Schriften des deutschen Vereins für Armenpflege und Wohltätigkeit, Heft 65), Leipzig 1903, S. 1-96a, hier S. 24.
[153] Victor Böhmert, Zur Statistik der sächsischen Bezirksarmenanstalten, in: Zeitschrift des K. Sächsischen Statistischen Bureaus 29 (1883), S. 151-183, hier S. 153.
[154] Nr. 22; die Hausordnung findet sich abgedruckt unter Nr. 73 Bd. 7 der II. Abteilung dieser Quellensammlung.
[155] Nr. 114; Paul Kollmann, Armenstatistik, in: Johannes Conrad (Hrsg.), Handwörterbuch der Staatswissenschaften, 2. Aufl., Bd. 1, Jena 1898, S. 1210-1231, hier S. 1217; Buehl, Die geschlossene Armenpflege, in: ders./Franz Curt Reinhard Eschle, Die geschlossene Armenpflege (wie Anm. 152), S. 36-40.

von der Armenpflege ablösten, an dieser Stelle auch die zahlreichen Anstalten der Kinder- und Jugendfürsorge[156] und läßt schließlich noch die fast ausschließlich in privater Hand befindlichen „Krüppelanstalten“[157] außer acht, so fielen auf städtischer Ebene, wie die Ausführungen Adolf Buehls[158] auf der Jahresversammlung des Deutschen Vereins 1903 zeigten, vor allem drei Anstaltsarten ins Gewicht: die Armenarbeitsanstalten und Armenhäuser, die Siechenhäuser und die Altersversorgungsanstalten.[159] Tatsächlich war die konsequente Trennung der drei Klientelgruppen, für die die Einrichtungen gedacht waren, der Arbeitsscheuen, Unwirtschaftlichen und moralisch Bescholtenen im ersten Fall, der Gebrechlichen und Pflegebedürftigen im zweiten und der „würdigen“ Alten im dritten Fall, nur in wenigen Städten bis dahin gelungen,[160] und erst recht waren deren Durchmischung und gemeinsame Einquartierung in den oft erbärmlichen und trostlosen Armenhäusern auf dem Land die Regel. Angesichts der vielfältigen Miß- und Rückstände der Anstaltsfürsorge befand auf der genannten Jahresversammlung des Deutschen Vereins ein bekannter Armenpolitiker, die geschlossene Armenpflege in Deutschland sei „in ihrem faktischen Zustand vielfach noch der Krebsschaden der Armenverwaltung“.[161] Selbst in Hamburg bestand auf der städtischen Seite einzig das 1853 errichtete Werk- und Armenhaus als gemeinsame Anstalt für alle Bedürftigengruppen der geschlossenen Armenpflege (mit 1600 Plätzen), ergänzt durch einen weiten Kranz privater Einrichtungen mit rund 2300 Plätzen. Immerhin wurde in etwa zwei Dritteln der städtischen Anstalten im Reich intern differenziert: nach Gesundheitszustand und Pflegebedürftigkeit, nach dem Grad der Arbeitsfähigkeit, nach dem Vorleben, der Bildung und der früheren sozialen Stellung oder auch nach Kriterien der „Würdigkeit“ und der Führung.[162] In Leipzig wurde unterschieden zwischen einem Armenhaus primär für alte und körperlich geschwächte Männer mit bedenklicher Vergangenheit (Trunksucht, Vagabondage etc.)[163] und einem Versorghaus für dauerhaft pflegebedürftige „bessere Arme“[164] mit gutem Leumund.[165] Die äußere Differenzierung und innere Individualisierung der Anstalten galt insgesamt als Gebot der Stunde, ebenso wie kleinere Pavillonbauten anstelle der kasernenartigen Bauweise herkömmlicher Art als Ausdruck moderner Baugestaltung angesehen wurden. In Stuttgart wurden seit 1892 Krankenhaus, Irrenanstalt, Armenhäuser, Altenversorgungsanstalt, Beschäftigungsanstalt und Obdachlosenasyl bei baulicher Trennung der einzelnen Funktionen in einem neuen großen Gebäudekomplex, dem Bürgerhospital, zusammengeführt.[166] In den Großstädten wurden als Antwort auf die grassierende Wohnungslosigkeit besondere Obdachlosenasyle geschaffen, zu deren bekanntesten und größten die beiden Berliner

[156] Nr. 39.
[157] Nr. 121.
[158] Nr. 114.
[159] Vgl. Schallmann, Arme (wie Anm. 100), S. 105-122.
[160] Vgl. auch Eser, Verwaltet und verwahrt (wie Anm. 64), S. 323-330.
[161] Oberregierungsrat Konrad von Massow (Potsdam), Stenographischer Bericht über die Verhandlungen der 23. Jahresversammlung des deutschen Vereins für Armenpflege und Wohltätigkeit am 24. und 25. September 1903 in Elberfeld (Schriften des deutschen Vereins für Armenpflege und Wohltätigkeit, Heft 67), Leipzig 1903, S. 94.
[162] Adolf Buehl, Die geschlossene Armenpflege (wie Anm. 152), S. 72 f.
[163] Nr. 108. Für Göttingen vgl. Schallmann, Arme (wie Anm. 100), S. 108-122.
[164] Nr. 109.
[165] Für Nürnberg vgl. Nr. 27.
[166] Nr. 33.

Asyle zählten.[167] Das 1896 eröffnete Asyl des Berliner Asylvereins für Obdachlose zeichnete sich gegenüber der rigiden, primär sicherheitspolizeilich ausgerichteten Praxis des 1887 eröffneten städtischen Asyls (mit einer Aufnahmekapazität von bis zu 5000 Personen) durch eine Reihe von liberalen Leitprinzipien aus. Dazu zählten insbesondere die Wahrung der Anonymität und das Absehen von einer Arbeitsleistung durch die Untergebrachten.[168] In der Armenpflegefachwelt waren diese Prinzipien außerordentlich umstritten; Emil Münsterberg etwa sah in dem Grundsatz der Anonymität der Hilfesuchenden einen schweren Verstoß gegen das geheiligte Prinzip der Individualisierung armenpflegerischer Hilfe.[169]

Zu den Dauerthemen des Armenpflegediskurses gehörte schließlich die zweifache Frage nach der Koordination der privaten Wohltätigkeitsvereine untereinander sowie der Abstimmung zwischen den privaten Vereinen einerseits und der öffentlichen Armenpflege andererseits. Es war dies ein in allen Großstädten lebhaft diskutiertes, aber nur selten zur Zufriedenheit aller Beteiligten gelöstes Problem.[170] In Dresden und Frankfurt am Main waren in den achtziger Jahren zu diesem Zweck zentrale Auskunftsstellen errichtet worden.[171] In Leipzig wurde 1892 zwischen Armenamt und privaten Vereinen abgesprochen, daß die Vereine alle Unterstützungsgesuche beim Armenamt melden sollten, insbesondere um die „Erschleichung des Unterstützungswohnsitzes in Leipzig" durch Inanspruchnahme der privaten Wohltätigkeit zu verhindern (bei Inanspruchnahme der öffentlichen Armenpflege ruhte die Laufzeit der zweijährigen Erwerbsfrist).[172] Die im Jahr darauf gegründete Armendiakonie der Inneren Mission in Leipzig sollte als zentrale Auskunfts- und Vermittlungsstelle für die Privatwohltätigkeit dienen, durch berufliche Armenpfleger die Verhältnisse der Bittsteller prüfen lassen und die Adressaten von Bittgesuchen so vor „gewerbsmäßigen Bettlern und unwürdigen Armen [...] schützen".[173] Die Sorge, von Unterstützungsschwindlern und „Professionsbettlern" ausgebeutet zu werden, war in der Armenpflege allgegenwärtig.[174] In Berlin wurde in der zweiten Hälfte der neunziger Jahre versucht, eine wechselseitige Abstimmung durch monatliche Konferenzen von Wohltätigkeitsvereinen und Armenbezirksvorsitzenden auf Bezirksebene anzubahnen.[175] In Frankfurt wurde 1899 ein Stadtbund der Vereine für Armenpflege und Wohltätigkeit gegründet, der die Tätigkeit der privaten Wohltätigkeit koordinieren sollte und zu diesem Zweck ein Register der von den Vereinen unterstützten Armen

---

[167] Vgl. Jürgen Scheffler, „Weltstadt" und „Unterwelt". Urbanisierung, Armenpolitik und Obdachlosigkeit in Berlin 1871-1914, in: Internationale wissenschaftliche Korrespondenz zur Geschichte der deutschen Arbeiterbewegung 26 (1990), S. 158-181.

[168] Nr. 87.

[169] Vgl. die Debatten auf der Jahresversammlung des Deutschen Vereins 1895: Stenographischer Bericht über die Verhandlungen der fünfzehnten Jahresversammlung des deutschen Vereins für Armenpflege und Wohlthätigkeit am 26. und 27. September 1895 in Leipzig (Schriften des deutschen Vereins für Armenpflege und Wohlthätigkeit, Heft 23), Leipzig 1895, S. 67-106. Es war hier vor allem Karl Flesch gewesen, der die Leitprinzipien des Berliner Asylvereins für Obdachlose verteidigt hatte; der Frankfurter Asylverein für Obdachlose war dem Berliner Beispiel gefolgt.

[170] Emil Münsterberg, Zentralstellen für Armenpflege und Wohlthätigkeit, Jena 1897.

[171] Nr. 55, Nr. 77-78 und Nr. 83 Bd. 7 der II. Abteilung dieser Quellensammlung.

[172] Nr. 19.

[173] Nr. 30.

[174] Vgl. Nr. 80.

[175] Nr. 69.

führte. Größere Erfolge als dabei nahm der Stadtbund für seine Mobilisierungsbemühungen in Anspruch, junge Mädchen für Aufgaben der Wohltätigkeit zu gewinnen.[176] 1899 war in Frankfurt als Untergründung des dortigen „Instituts für Gemeinwohl" (seinerseits eine Schöpfung des Metallindustriellen und Mäzens Wilhelm Merton) die „Zentrale für private Fürsorge" entstanden, deren Auskunftsstelle sich ebenfalls der Prüfung von Bittgesuchen an Private widmete.[177] Die Zentrale gewann allerdings ein sehr viel breiteres Aufgabenprofil. Insbesondere auf dem Gebiet der Kinder- und Jugendfürsorge entfaltete sie vielfältige Aktivitäten, wofür 1904 ein eigener Verein, der „Verein Kinderschutz", gegründet wurde. Eine ähnliche „Zentrale" bestand im übrigen auch in Berlin und sollte später nach Frankfurter Vorbild, wenn auch auf sehr viel kleinerer Flamme, in Leipzig entstehen.[178] Zukunftsweisend war nicht nur, daß die Zentrale durch regelmäßige Kurse und Übungen als Ausbildungsstätte für die Fürsorgearbeit hervortrat, sondern darüber hinaus auch eigene wissenschaftliche Arbeiten auf dem Feld der Armen- und Wohlfahrtspflege betrieb.[179] Gerade die voranschreitende Ausweitung und Ausdifferenzierung der Armen- und Wohlfahrtspflege ließen dies zunehmend erforderlich erscheinen.

V.

Das sich immer weiter ausdehnende Handlungsfeld der kommunalen Wohlfahrtspflege unterschied sich von der gesamtstaatlich ausgerichteten Arbeiterversicherungspolitik nicht zuletzt dadurch, daß der Grad der gesetzlichen Normierung hier weitaus geringer, ja ein expliziter gesetzlicher Handlungsauftrag oft gar nicht vorhanden war. Die neuen Infrastrukturen und Interventionsformen der kommunalen Wohlfahrtspflege entstanden im Kern auf der Grundlage freiwilliger lokaler Initiativen.[180] Dafür bedurfte es in der Regel einer Reihe von Voraussetzungen: erstens eines wachsenden Bewußtseins der lokalen Verantwortungsträger für neu auftretende, sich verschärfende oder neuerdings als dringlich angesehene soziale Probleme, zweitens eines gesteigerten Handlungsdrucks von seiten bedeutsamer politischer Kräfte (und/oder der Öffentlichkeit), drittens der Verfügbarkeit von Modell-Lösungen und Institutionenvorbildern, die in den entsprechenden Fachkreisen zirkulierten, und viertens politischer Konstellationen, welche die Einführungen solcher Neuerungen zuließen. Wichtig war, daß sich die Städte gegenseitig beobachteten, ihre Wohlfahrtsexperten über Verbandsnetzwerke, Konferenzen und Korrespondenzen im permanenten Austausch standen und die wachsende Zahl einschlägiger Publikationsorgane für die Verbreitung lokaler Erfahrungsberichte sorgte.

Zu den sozialen Problemen, denen im Untersuchungszeitraum eine vormals so nicht bekannte Aufmerksamkeit zuteil wurde, gehörte das Problem der Arbeitslosig-

---

[176] Nr. 76 und Nr. 86.

[177] Dieter Eckhardt, „Soziale Einrichtungen sind Kinder ihrer Zeit ..." Von der Centrale für private Fürsorge zum Institut für Sozialarbeit, Frankfurt am Main 1999, S. 25-68; Sachße, Mütterlichkeit (wie Anm. 108), S. 73-86.

[178] Brandmann, Leipzig (wie Anm. 33), S. 103 f.

[179] Nr. 139.

[180] Als lokale Fallstudien vgl. Brüchert-Schunk, Städtische Sozialpolitik (wie Anm. 96); Jans, Sozialpolitik (wie Anm. 64); Thomas Küster, Alte Armut und neues Bürgertum. Öffentliche und private Fürsorge in Münster von der Ära Fürstenberg bis zum Ersten Weltkrieg (1756-1914). Münster 1995; Eser, Verwaltet und verwahrt (wie Anm. 64), Brandmann, Leipzig (wie Anm. 33); Bergler, Von Armenpflegern (wie Anm. 32); Schallmann, Arme (wie Anm. 100).

keit: Die neunziger Jahre können als die Geburtsstunde einer kommunalen Arbeitsmarkt- und Arbeitslosenpolitik verstanden werden.[181] Mit der gestiegenen Einsicht in ihren zyklischen, den wirtschaftlichen Wechsellagen geschuldeten Charakter war „Arbeitslosigkeit" zu einer sozialen Kategorie geworden, die nicht mehr einfach auf das Konto individuellen Verschuldens und persönlicher Defizite verbucht werden konnte, sondern als dem Wirtschaftssystem immanent angesehen wurde.[182] Daraus ließ sich eine neue öffentliche Verantwortung für die Lage der Arbeitslosen ableiten; Arbeitslosigkeit war etwas anderes als die klassische Armut, sie war ein kollektives Risiko, das außerhalb der Armenpflege zu behandeln war. Auch hier ging die Initiative wieder von der untersten Ebene des Verwaltungsaufbaus aus – von den Gemeinden. Während Reich und Bundesstaaten weitgehend untätig blieben, ergab sich für die städtischen Verwaltungen in Krisenjahren des Arbeitsmarktes – im Untersuchungszeitraum vor allem in den Jahren 1892/94 und 1900/02 – ein gesteigerter Handlungsdruck: Sie wurden nun verstärkt zum Adressaten von Forderungen wie der, öffentliche Arbeitsnachweise einzurichten, lokale Arbeitsbeschaffungsmaßnahmen zu organisieren oder auch Arbeitslosenzählungen durchzuführen, um überhaupt erst einmal einen realistischen Begriff von den Dimensionen des Problems zu erlangen. Eine methodisch schlichte Arbeitslosenzählung auf Reichsebene ergab im Juni 1895 2 Prozent, im Dezember 5 Prozent Beschäftigungslose. In den Großstädten lagen die Werte deutlich darüber (5 und 7,5 Prozent). In wirtschaftlichen Krisenzeiten mochten sie spürbar höher ausfallen,[183] und in bestimmten saisonabhängigen Branchen, insbesondere dem Baugewerbe, erreichte die Arbeitslosigkeit im Winter auch in Normalzeiten oft gravierende Ausmaße. Verglichen mit späteren Krisenzeiten des Arbeitsmarktes waren die Arbeitslosenzahlen im Kaiserreich allerdings gemäßigt. Seit Mitte der neunziger Jahre herrschte, jedenfalls im Durchschnitt, nach heutigem Verständnis Vollbeschäftigung.[184]

Organisatorisch und konzeptionell emanzipierte sich die Arbeitslosenpolitik zunehmend von ihrem „Mutter-Ressort"[185], der Armenpflege, und zwar gerade auch dort, wo die Leiter der Armenverwaltung – wie in Frankfurt am Main – maßgeblich an ihrer Formulierung beteiligt waren. „Wo daher der öffentliche Arbeitsnachweis sich aus der Armenpflege entwickelt hat", schrieb 1902 Ignaz Jastrow, einer der Väter der kommunalen Arbeitsnachweispolitik in Deutschland, „hat er sich im Gegensatz zu ihr entwickelt."[186] Der Adressatenkreis der Arbeitsmarktpolitik war deutlich weiter gefaßt – und auch auf andere soziale Gruppen ausgerichtet – als der der Armenpolitik. Die Maßnahmen einer sozialpolitisch motivierten Arbeitsmarktpolitik sollten sich von den Arbeitseinrichtungen älterer Prägung (wie dem Arbeitshaus oder

---

[181] Bénédicte Zimmermann, Arbeitslosigkeit in Deutschland. Zur Entstehung einer sozialen Kategorie, Frankfurt a. M./New York 2006. S. 121-170.

[182] Anselm Faust, Arbeitsvermittlung und Arbeitslosenversorgung in Deutschland von der Mitte des 19. Jahrhunderts bis zum Ende des Kaiserreichs, in: Hans-Peter Benöhr (Hrsg.), Arbeitsvermittlung und Arbeitslosenversorgung in der neueren deutschen Rechtsgeschichte, Tübingen 1991, S. 105-135, hier S. 109 f.

[183] Zimmermann, Arbeitslosigkeit (wie Anm. 181), S. 93; für Frankfurt vgl. Nr. 118.

[184] Gerhard A. Ritter/Klaus Tenfelde, Arbeiter im Deutschen Kaiserreich 1871 bis 1914, Bonn 1992, S. 241-252.

[185] Ignaz Jastrow, Sozialpolitik und Verwaltungswissenschaft, Bd. 1: Arbeitsmarkt und Arbeitsnachweis. Gewerbegerichte und Einigungsamt, Berlin 1902, S. 181.

[186] Ebenda, S. 182; zu Jastrow vgl. Dieter G. Maier, Ignaz Jastrow. Sozialliberale Positionen in Wissenschaft und Politik, Berlin 2010, bes. S. 53-58.

der Arbeiterkolonie) deutlich unterscheiden.[187] Zahlreiche Befürworter der öffentlichen Arbeitsnachweise favorisierten eine – den Organisationsmustern der Armenpflege fremde – paritätische Verwaltung durch Arbeitgeber und Arbeitnehmer. Wurden die Arbeitsnachweise organisatorisch zu eng an die Armenpflege angelehnt, wirkte sich dies negativ auf ihre Inanspruchnahme aus;[188] umgekehrt mußten in Hamburg aber auch starke Vorbehalte auf seiten der gewerkschaftlichen Arbeitsnachweise gegenüber einer Zusammenarbeit mit der Armenpflege überwunden werden.[189] Wo Arbeitslose von Beschäftigungsmaßnahmen erfaßt wurden, wurde meist Wert auf die Feststellung gelegt, daß es sich bei dieser Form der Unterstützung nicht um Armenunterstützung handelte, um Befürchtungen hinsichtlich der andernfalls damit verbundenen Minderung der Staatsbürgerrechte auszuräumen. Ein Armenpolitiker aus Barmen schrieb 1902: „Die Scharen der Arbeitslosen aber, die im Winter stürmisch an die Pforten der Rathäuser klopfen, wollen keine Armenunterstützung; ihr politisches Empfinden ist soweit geschult, daß sie in dem mit der Armenunterstützung verbundenen Verlust des Wahlrechts[190] eine Demütigung und Entehrung erblicken.“[191]

Arbeitsnachweise waren in sehr unterschiedlicher Form auch schon vor den neunziger Jahren entstanden, sei es als gewerbliche Arbeitsvermittlungsstellen (insbesondere für Gesinde und Dienstboten), als von den Arbeitgebern organisierte Arbeitsnachweise, als Innungsnachweise für Handwerker, als gewerkschaftliche Arbeitsnachweise oder auch als gemeinnützige Vereinsnachweise.[192] Alle diese Nachweistypen hatten ihre eigenen Probleme: Die gewerblichen Vermittlungsbüros standen vielfach in dem Ruf, ein Refugium zwielichtiger Vermittlergestalten mit zweifelhaften Praktiken zu sein, die Nachweise der Arbeitgeber dienten in den Augen ihrer Gegner zu offenkundig auch der politischen Kontrolle und Filterung ihrer Belegschaft, die Gewerkschaftsnachweise waren stark zersplittert, vermittelten in der Regel nur Gewerkschaftsmitglieder und wurden von den Arbeitgebern auch nur selten mit Meldungen über offene Stellen bedacht. Beide Arbeitsnachweise, die der Arbeitgeber wie die der gewerkschaftlichen Fachvereine, galten als Kampfinstrumente im Fall von Arbeitskonflikten. Insgesamt war die Arbeitsvermittlung in den Städten in einem Maß unübersichtlich und zersplittert, daß von einem einheitlichen

---

187 Vgl. Larry Frohman, Poor Relief and Welfare in Germany from the Reformation to World War I, Cambridge 2008, S. 159-178.

188 Nr. 70.

189 Nr. 67.

190 Zum Verlust des Wahlrechts als Konsequenz aus der Armenunterstützung und zu ersten vorsichtigen Ansätzen, die Regelung durch Herausnahme bestimmter Unterstützungsformen etwas abzuschwächen, vgl. Nr. 46 und Nr. 59.

191 Paul Hartmann (Beigeordneter in Barmen): Die Einrichtung von Notstandsarbeiten und ihre Erfolge, in: Paul Hartmann/Rudolf Schwander, Die Einrichtung von Notstandsarbeiten und ihre Erfolge. Gutachten (Schriften des deutschen Vereins für Armenpflege und Wohlthätigkeit, Heft 58), Leipzig 1902, S. 1-34, hier S. 2. Zum Verlust des Wahlrechts als Konsequenz der als Konsequenz aus der Armenunterstützung und zu ersten vorsichtigen Ansätzen, die Regelung durch Herausnahme bestimmter Unterstützungsformen etwas abzuschwächen, vgl. Nr. 46 und Nr. 59.

192 Carl Conrad, Die Organisation des Arbeitsnachweises in Deutschland, Leipzig 1904 (eingehend auch zur Kritik an den einzelnen Nachweisarten); Gerd Vonderach, Arbeitsnachweisbewegung und erste Arbeitsmarktstatistik. Der Beginn der landesweiten Koordinierung der Arbeitsvermittlung und die Anfänge der Arbeitsmarkt-Berichterstattung in Deutschland vor hundert Jahren, Münster 1997, S. 14-30.

Arbeitsmarkt keine Rede sein konnte.[193] Es fehlte überdies an Nachweisen für Ungelernte, für die in Abschwungzeiten das Risiko der Arbeitslosigkeit besonders hoch war. In den neunziger Jahren kam deshalb zunehmend der Gedanke auf, von den Gemeinden getragene öffentliche Arbeitsnachweise ins Leben zu rufen, um so ein gewisses Maß an Zentralisierung und Vereinheitlichung zu erreichen. 1904 hatten die öffentlichen Arbeitsnachweise, einer Statistik des Kaiserlichen Statistischen Amtes zufolge, mit rund 430000 vermittelten Stellen (39 Prozent der Gesamtzahl) dann bereits den weitaus höchsten Anteil an Vermittlungen von allen Arbeitsnachweistypen vorzuweisen.[194]

Neben dem Arbeitsnachweis der Stadt Stuttgart,[195] der 1895 ins Leben trat, war es der zur gleichen Zeit gegründete Arbeitsnachweis der Stadt Frankfurt am Main, dessen Modell in den Städten anfänglich besondere Aufmerksamkeit auf sich lenkte. Die Einrichtungen in Stuttgart und Frankfurt erlangten so Vorbildcharakter für weitere städtische Gründungen.[196] Der vorliegende Band illustriert das Entstehen einer städtischen Arbeitslosen- und Arbeitsmarktpolitik in den neunziger Jahren am Beispiel der Mainmetropole. Nicht anders als in den meisten deutschen Großstädten war die Unübersichtlichkeit und geringe Effektivität der bestehenden Arbeitsnachweise auch in Frankfurt zunehmend als Problem wahrgenommen worden; insbesondere für Ungelernte und Schlechtqualifizierte wurde ein spürbares Bedürfnis nach öffentlicher Arbeitsvermittlung ausgemacht.[197] Unter dem Eindruck des wirtschaftlichen Abschwungs gewann das Problem in den frühen neunziger Jahren verstärkt an Gewicht. Oberbürgermeister Johannes Miquel und Karl Flesch als der Vorsitzende des Gewerbegerichts hatten bereits 1890 das Terrain für die Schaffung eines eng mit dem Gewerbegericht verbundenen städtischen Arbeitsamts sondiert. Aufgrund der ablehnenden Haltung der Arbeiterschaft hatten sie zunächst aber wieder davon Abstand nehmen müssen.[198] 1893 veranstaltete, erneut auf Initiative Fleschs, die Volkswirtschaftliche Sektion des Freien Deutschen Hochstifts in Frankfurt eine Tagung zum Problem der „Arbeitslosigkeit und Arbeitsvermittlung in Industrie- und Handelsstädten“, die weit über Frankfurt hinaus zum Anstoßgeber für städtische Initiativen in der Frage der Arbeitsnachweise wurde.[199] Hier deutete sich auch zum ersten Mal eine

---

[193] Als regionale Bestandsaufnahmen vgl. Nr. 43-44.

[194] Anselm Faust, Arbeitsmarktpolitik im deutschen Kaiserreich. Arbeitsvermittlung, Arbeitsbeschaffung und Arbeitslosenunterstützung 1890-1918, Stuttgart 1986, S. 289.

[195] Reitzenstein, Der Arbeitsnachweis (wie Anm. 91), S. 314-318; als ein Beispiel für die Anlehnung an das Stuttgarter Modell vgl. Jans, Sozialpolitik (wie Anm. 64), S. 233.

[196] Zur Entstehung und frühen Entwicklung des Frankfurter Arbeitsnachweises: Weitensteiner, Karl Flesch (wie Anm. 28), S. 176-224; Ralf Roth, Gewerkschaftskartell und Sozialpolitik in Frankfurt am Main. Arbeiterbewegung vor dem Ersten Weltkrieg zwischen Restauration und liberaler Erneuerung, Frankfurt a. M. 1991, S. 160-170; Ursula Bartelsheim, Bürgersinn und Parteiinteresse. Kommunalpolitik in Frankfurt am Main 1848-1914, Frankfurt a. M./New York 1997, S. 299-311; vgl. auch Conrad, Die Organisation (wie Anm. 192), S. 369-376.

[197] Nr. 25.

[198] Vgl. die Darstellung in: Bericht des Magistrats an die Stadtverordneten-Versammlung, die Verwaltung und den Stand der Gemeinde-Angelegenheiten im Verwaltungsjahr 1895/96 betreffend, Frankfurt a. M. o. J., S. 566-587; vgl. auch Nr. 26.

[199] Arbeitslosigkeit und Arbeitsvermittlung in den Industrie- und Handelsstädten. Bericht über den am 8. und 9. Oktober 1893 vom Freien Deutschen Hochstift zu Frankfurt am Main veranstalteten sozialen Kongreß, Berlin 1894; vgl. dazu z. B. auch Vonderach, Arbeitsnachweisbewegung (wie Anm. 192), S. 39-47.

Annäherung von Gewerkschaften und Sozialreformern in der Frage einer städtischen Arbeitsvermittlung an; das Frankfurter Gewerkschaftskartell hatte bereits zuvor seine ablehnende Haltung gegenüber einem städtischen Arbeitsnachweis revidiert.[200] Bei den Verhandlungen der Stadt mit dem Frankfurter Gewerkschaftskartell 1893 war nicht mehr das Vorhaben selbst umstritten, sondern nur noch die Frage, ob zur Klärung der tatsächlichen Arbeitsmarktlage, wie von den Gewerkschaften nachdrücklich gefordert, der Errichtung des Nachweises zunächst eine umfassende Arbeitslosenzählung vorausgehen sollte.[201] Viel Beachtung fand zur gleichen Zeit der Vorschlag des Stuttgarter Stadtrats Ernst Lautenschlager, die Leitung und Aufsicht des Arbeitsnachweises zu gleichen Teilen in die Hände von Arbeitgeber- und Arbeitnehmervertreter zu legen und diese von den Gewerbegerichtsbeisitzern wählen zu lassen.[202] Dem Ansatz, vom paritätisch verfaßten Gewerbegericht den Gedanken einer gleichberechtigten Mitwirkung der beiden Arbeitsmarktparteien zu borgen, folgte zeitgleich auch das Frankfurter Statut. Damit war das Modell eines paritätischen Arbeitsnachweises geboren, das deutliche Berührungspunkte mit dem Gedanken der Selbstverwaltung in der Arbeiterversicherung besaß. Wie in den Ortskrankenkassen und Gewerbegerichten sollten hier örtliche Formen eines gleichberechtigten, auf gegenseitiger Anerkennung beruhenden Zusammenwirkens praktiziert werden, die in einem deutlichen Kontrast zu den asymmetrisch verfaßten betrieblichen Arbeitsbeziehungen standen und in ebenso starker Diskrepanz zum antagonistisch geprägten Gegenübertreten von Arbeitergebern und Arbeiterorganisationen auf der politischen Bühne. Als eine besonders wirksame und für den sozialen Frieden besonders förderliche Einrichtung wurde das paritätische Modell sowohl von den zuständigen preußischen Ministern[203] als auch von den süddeutschen Regierungen den Städten zur Nachahmung empfohlen.[204] Angesichts der zunächst nur begrenzten Resonanz[205] drängten die preußischen Minister 1898 erneut darauf, paritätisch verfaßte Nachweise zu gründen,[206] 1903 dann auch für die mittleren Städte.[207] Zudem regten sie über Ministerialerlasse die Errichtung von regionalen Verbandsnachweisen an, um die überlokale Vermittlung zu erleichtern.[208] In Süddeutschland, wo die Bereitschaft zur Zusammenarbeit zwischen sozialistischen Gewerkschaften, Städten und Arbeitgebern stärker ausgeprägt war, war man mit beidem erfolgreicher als in Preußen.[209]

---

200 Volker Eichler, Sozialistische Arbeiterbewegung in Frankfurt am Main 1878-1895, Frankfurt a. M. 1983, S. 388-396.

201 Nr. 24; vgl. auch Nr. 26.

202 Arbeitslosigkeit und Arbeitsvermittlung (wie Anm. 199), S. 69-73 und S. 198-211.

203 Runderlaß des preußischen Innenministers Botho Graf zu Eulenburg und des Handelsministers Hans Freiherr von Berlepsch an die Regierungspräsidenten vom 31.7.1894: Nr. 73 Bd. 1 der III. Abteilung dieser Quellensammlung; ferner die Erlasse unter Nr. 70 und Nr. 107 im vorliegenden Band.

204 Frie, Wohlfahrtsstaat (wie Anm. 56), S. 59-61.

205 Innerhalb von vier Jahren waren 17 paritätische und 75 bürokratisch verwaltete öffentliche Arbeitsnachweise gegründet; Paul Francke, Zur Geschichte des öffentlichen Arbeitsnachweises in Deutschland, Diss. Halle a. S. 1913, S. 12.

206 Nr. 70.

207 Nr. 107.

208 Nr. 70 und Nr. 107; vgl. auch Conrad, Die Organisation (wie Anm. 192), S. 180-188. Vgl. auch den Erlaß unter Nr. 94 als Versuch, durch die Verbindung mit ländlichen Arbeitsnachweisen die Arbeitslosen auf das Land zu lenken, um dort den Arbeitermangel zu beheben.

209 Jastrow, Sozialpolitik (wie Anm. 185), S. 159-162 und S. 169-178; Francke, Zur Geschichte (wie Anm. 205), S. 18-22; Jans, Sozialpolitik (wie Anm. 64), S. 231 und S. 235; als süd-

Auch in Frankfurt am Main verliefen die frühen Jahre des städtischen Arbeitsnachweises nicht ohne Konflikte und Spannungen. Zunächst beharrte der Bezirksausschuß des Regierungsbezirks Wiesbaden im Genehmigungsverfahren auf einer Streichung der im Ortsstatut zunächst noch vorgesehenen Regelung, nach der eine Kommission des städtischen Arbeitsnachweises im Streik- oder Aussperrungsfall darüber zu entscheiden hatte, ob für die Dauer des Arbeitskampfs die Vermittlungstätigkeit eingestellt werden sollte. Zur Debatte stand hier die Überparteilichkeit des Nachweises im Arbeitskonflikt, das Verhalten im Streikfall war vielerorts ein Reibungspunkt im Konflikt um die städtischen Arbeitsnachweise. In Frankfurt führte der Eingriff in den erzielten Verhandlungskompromiß mit den Gewerkschaften dazu, daß das Vorhaben einen Moment lang auf der Kippe stand und das Vertrauen von Gewerkschaften und Arbeiterschaft in die neue Einrichtung nachhaltig geschwächt wurde.[210] Tatsächlich legten die von den – ausschließlich sozialdemokratischen – Gewerbegerichtsbeisitzern gewählten Arbeitervertreter in der Verwaltungskommission die Arbeit bald aufgrund eines Konflikts über Personalfragen nieder. Flesch gelangte 1904, als die Vertreter der organisierten Arbeiterschaft ihre Arbeit im städtischen Arbeitsnachweis seit kurzem wiederaufgenommen hatten, zu dem eher abgekühlten Urteil, die sozialpolitischen Erwartungen, die mit der Errichtung des Arbeitsnachweises verbunden gewesen wären, hätten sich auch insofern nicht erfüllt, als eine Zentralisation im Vermittlungswesen nicht gelungen sei. Er legte zugleich aber auch Wert auf die Feststellung, daß die Arbeitervertreter im Verwaltungsausschuß, sofern es zur Mitarbeit gekommen war, in sachlicher Weise gearbeitet hätten, und unterstrich, daß sich der Arbeitsnachweis ganz allgemein als ein nützliches Gegengewicht zur „Alleinherrschaft" der rein in Arbeitgeber- oder Arbeitnehmerhand befindlichen Nachweise erwiesen habe.[211] Dennoch, auch in einer sozialpolitisch aufgeschlossenen Stadt wie Frankfurt, wo Stadtverwaltung und Stadtparlament stärker als anderorts bereit waren, der organisierten Arbeiterschaft Mitsprache- und Mitbestimmungsrechte in Fragen lokaler Arbeits- und Wohlfahrtspolitik einzuräumen, war die Zusammenarbeit unter dem Dach der neuen Einrichtung zunächst brüchig und das Konfliktpotential hoch. Erst nachdem auf nationaler Ebene die Generalkommission der sozialdemokratischen Gewerkschaften ihren scharfen Ablehnungskurs 1899 aufgegeben hatte, sollte sich das Verhältnis zunehmend entkrampfen.[212] Nach wie vor blieb zwischen Stadtverwaltung und Gewerkschaften indes umstritten, wie sinnvoll umfassende Arbeitslosenzählungen für die städtische Arbeitslosenpolitik sein konnten. Als das Frankfurter Gewerkschaftskartell 1903 inmitten des konjunkturbedingten Anstiegs der Arbeitslosigkeit bei der Stadt die Durchführung einer Arbeitslosenzählung beantragte, wurde auch diese vom Magistrat – wie schon in den frühen neunziger Jahren – aus politischen wie methodischen Grün-

deutsches Beispiel für einen gut funktionierenden paritätischen Arbeitsnachweis, der schon bald nach seiner Gründung eine überragende Rolle in der lokalen Stellenvermittlung spielte, vgl. auch Karl Heinrich Pohl, Die Münchener Arbeiterbewegung. Sozialdemokratische Partei, Freie Gewerkschaften, Staat und Gesellschaft in München 1890-1914, München u. a. 1992, S. 304-316.

210 Nr. 41.

211 Nr. 125.

212 1911 empfahl dann der Gewerkschaftskongreß der sozialistischen Gewerkschaften sogar den Anschluß der gewerkschaftlichen an die öffentlichen Arbeitsnachweise; vgl. Faust, Arbeitsmarktpolitik (wie Anm. 182), S. 80-86.

den abgelehnt. Die Gewerkschaften führten daraufhin die Zählung weitgehend ohne städtische Unterstützung durch.[213] Schon das Zählen der Arbeitslosen erwies sich als Politikum.

In Zeiten erhöhter Arbeitslosigkeit, wenn die Arbeitsvermittlung schnell an ihre Grenzen stieß, rückte seit Beginn der neunziger Jahre die Frage zeitlich befristeter Notstandsarbeiten in das Blickfeld der Kommunalpolitik.[214] Da sich auch hier die Regierungen von Reich und Bundesstaaten sehr zurückhielten, blieb die Aufgabe der Arbeitsbeschaffung vor 1914 im wesentlichen eine Domäne der Großstädte. Neben der Durchführung von Notstandsarbeiten handelte es sich dabei auch um die Verschiebung von ohnehin geplanten Arbeiten auf die Wintermonate. Äußerer Druck, häufig durch sozialdemokratische Arbeitslosenversammlungen, trug nicht unwesentlich dazu bei, das Thema der Arbeitsbeschaffung auf die kommunalpolitische Agenda zu heben. In einer ganzen Reihe von Städten verabschiedeten Arbeitslosenversammlungen während der Arbeitsmarktkrisen von 1892/94 und 1901/02 Resolutionen, welche auf die Beschaffung von Arbeit durch die Stadtverwaltungen drängten.[215] Eine Arbeitslosenversammlung in Frankfurt am Main erklärte im Januar 1894 die dort bis dahin ergriffenen Notstandsarbeiten für ungenügend und forderte, „allen arbeitslosen Arbeitern und Arbeiterinnen Beschäftigung zu beschaffen oder denselben Unterstützung zu gewähren, daß sie nebst Familie davon leben können".[216] Der Magistrat der Stadt setzte eine besondere Kommission ein, welche die Frage der Fürsorge für arbeitslose Personen prüfen sollte, und beschloß darauf die Durchführung von Notstandsarbeiten. Der Kommissionsbericht[217] sah es zwar grundsätzlich als Aufgabe der Arbeiter selbst an, sich Arbeit zu verschaffen; eine generelle Verpflichtung zur Arbeitslosenfürsorge wurde nicht anerkannt. Angesichts „der schweren Bedenken, welche aus sittlichen wie sozialen Gesichtspunkten der öffentlichen Armenunterstützung arbeits- und erwerbsfähiger Personen entgegenstehen", hielt man es in Zeiten, in denen die Arbeitslosigkeit größeren Umfang annahm und von längerer Dauer war, dennoch für geraten, durch städtische Notstandsarbeiten „die Existenz der betreffenden Arbeiterfamilien aufrechtzuerhalten".[218] Die Grundsätze, die für die Notstandsarbeiten gelten sollten, waren charakteristisch für vergleichbare Arbeitsbeschaffungsmaßnahmen auch in anderen Städten. Dazu gehörte, daß die Arbeiten nicht für alle Arbeitslose bestimmt sein sollten, sondern nur für solche, die schon länger in der Stadt Frankfurt lebten oder doch hier zumindest regelmäßig arbeiteten. Dahinter stand die Sorge, daß durch die Maßnahmen der Arbeitslosenfürsorge zusätzlich Arbeitslose von außerhalb angezogen werden könnten. Weitere Grundsätze, wie man sie ähnlich auch in anderen Städten fand, lagen in der Beschränkung auf die Winterzeit und im Lohnabstandsgebot, mithin der Maßgabe, daß die Vergütung unter dem ortsüblichen Tagelohn liegen sollte, um den Anreiz zur eigenständigen

---

213 Nr. 118.

214 Faust, Arbeitsmarktpolitik (wie Anm. 182), S. 110-131; lokale Studie: Klaus-Gert Lutterbeck, Politische Ideengeschichte als Geschichte administrativer Praxis. Konzeptionen von Gemeinwesen im Verwaltungshandeln der Stadt Strasbourg/Straßburg 1800-1914, Frankfurt a. M. 2011, S. 380-389.

215 Georges Steinmetz, Regulating the Social. The Welfare Sate and Local Politics in Imperial Germany, Princeton 1993, S. 181 f.

216 Nr. 28.

217 Nr. 38, vgl. auch Nr. 41.

218 Nr. 38.

Arbeitssuche wachzuerhalten.[219] Als angesichts der Krise auf dem Arbeitsmarkt seit 1901 in Frankfurt neuerlich größere Notstandsarbeiten in der Planung waren, lud man eine ganze Reihe hessischer und südwestdeutscher Städte zu einer Besprechung ein, um sich auszutauschen und abzustimmen und auch, um nicht in der Öffentlichkeit gegeneinander ausgespielt zu werden.[220] Ein Bericht von Oberbürgermeister Franz Adickes für die Stadtverordnetenversammlung registrierte 1902, bedingt durch die sozialdemokratische Agitation, eine zunehmende parteipolitische Aufladung des Themas Arbeitslosigkeit, bestätigte die 1895 gefaßten Grundsätze, fügte aber hinzu, daß die Arbeitsunwilligen, die man unter den Arbeitslosen vermutete, auszuschließen, d. h. auf die Armenpflege zu verweisen waren. Auf diese Weise wurde noch einmal eine scharfe Trennungslinie zwischen Arbeitslosen- und Armenpolitik gezogen.[221]

Adickes' Bericht legte im übrigen Wert auf die Feststellung, daß die Einführung einer fakultativen Arbeitslosenversicherung auf lokaler Basis in Frankfurt nicht in Frage kam. Ob die Errichtung einer Versicherung gegen Arbeitslosigkeit auf lokaler oder auch nationaler Ebene machbar und sinnvoll war, wurde seit den 1890er Jahren mit wachsender Intensität diskutiert, blieb aber umstritten. Obwohl das Gros der Sozialpolitiker an seiner Skepsis gegenüber der Versicherbarkeit des Risikos Arbeitslosigkeit festhielt,[222] meldeten sich seit den neunziger Jahren doch immer öfter auch Befürworter einer Arbeitslosenversicherung zu Wort, die etwa auf die Arbeitslosenkassen der Gewerkschaften verwiesen.[223] Vorreiter unter den Kommunen war Köln, wo nach dem Vorbild der Stadt Bern[224] 1896 eine paritätisch von Vertretern der Versicherten und der „Patrone“ verwaltete „Versicherungskasse gegen die Arbeitslosigkeit im Winter“ eingerichtet wurde.[225] Sie zielte insbesondere auf die Saisonarbeiter. Die aus den Beiträgen der Versicherten, städtischen Zuschüssen und Spenden der Bürger finanzierte kommunale Arbeitslosenversicherung lief indes aufgrund der ungünstigen Relationen zwischen Beiträgen, Risiken und Leistungen finanziell bald auf Grund, zumal der Zuspruch unter den Arbeitern zu wünschen übrigließ und auch der Zufluß an Spenden schnell versiegte. Die „Stadtkölnische Versicherungskasse gegen Arbeitslosigkeit“ blieb so ein Prototyp ohne Nachahmer. In den wenigen Städten, in denen sich vor 1914 eine Unterstützungseinrichtung bei Arbeitslosigkeit bestand, folgte diese – erstmals in Straßburg 1907[226], bis Mitte 1914 dann in 22 Städten – dem „Genter System“, d. h. der städtischen Bezuschussung gewerkschaftlicher Unterstützungskassen.[227] Unter-

---

[219] Vgl. auch Nr. 104. Was die Arbeitsbeschaffung anging, war Frankfurt nach Jastrow die Stadt, „die in der begrifflichen Formulierung der neuen Einrichtung am weitesten gegangen“ war: Jastrow, Sozialpolitik (wie Anm. 185), S. 235.

[220] Nr. 104.

[221] Nr. 105.

[222] Für die Ablehnungsgründe aus Sicht des preußischen Staatsministeriums vgl. den Immediatbericht für Wilhelm II. vom 31.8.1894 unter Nr. 75 Bd. 1 der III. Abteilung dieser Quellensammlung.

[223] Als ein Beispiel vgl. unter Nr. 27 Bd. 1 der III. Abteilung dieser Quellensammlung die Rede des liberalen Reichstagskandidaten Richard Roesicke vom 18.2.1890.

[224] Zum Berner Vorbild vgl. Georg Schanz, Zur Frage der Arbeitslosen-Versicherung. Untersuchungen, Bamberg 1895, S. 56-63.

[225] Nr. 83.

[226] Lutterbeck, Politische Ideengeschichte (wie Anm. 214), S. 389-393.

[227] Hans Joachim Henning, Arbeitslosenversicherung vor 1914: Das Genter System und seine Übernahme in Deutschland, in: Hermann Kellenbenz (Hrsg.), Wirtschaftspolitik und Ar-

dessen trat Frankfurts Oberbürgermeister Adickes für eine staatliche Zwangsversicherung für Saisonarbeiterberufe ein.[228]

VI.

Neben der Arbeit war ein zweites soziales Gut, das seit den neunziger Jahren verstärkt in den Blickpunkt sozial- und kommunalpolitischer Debatten rückte, die Wohnung. In den Untersuchungszeitraum des vorliegenden Bands fiel die Entstehung des neuen (groß)städtischen Politikfelds der Wohnungspolitik.[229] Wie bei der Arbeit kam es auch hier ganz wesentlich auf die Techniken der statistischen Erfassung, Vermittlung und Beschaffung an. Beflügelt durch den Aufstieg der Sozialhygiene zur neuen sozialen Leitwissenschaft trat als ein weiteres wichtiges Instrument noch die Wohnungsinspektion hinzu. Wohnungsstatistik, Wohnungsnachweis, Wohnungsinspektion und Wohnungsbauförderung fügten sich auf der Ebene der Kommunen – gemeinsam mit der städtischen Bauplanung und Bauordnungspolitik – zu dem neuen städtischen Politikfeld der Wohnungspolitik zusammen. 1901 wurde in Stuttgart die Errichtung eines Wohnungsamts mit den Aufgaben des Wohnungsnachweises, der Wohnungsstatistik und der Wohnungsaufsicht beschlossen.[230] Unentgeltliche Wohnungsnachweise gab es kurz nach der Jahrhundertwende zum Beispiel in Köln, Worms, Mülhausen im Elsaß, Kiel und Straßburg, Wohnungsinspektionen in Städten wie Essen, Düsseldorf, Eisenach, Mannheim, Karlsruhe, Göttingen, Offenbach und Heidelberg.

Nicht nur die Vertreter der Wohnungsreformbewegung, auch die Fachwelt der Armenpflege begriff die Wohnungsfrage inzwischen als wohlfahrtspolitische „Kardinalfrage“[231]. „Wohnungsnot“ bedeutete, daß es namentlich in den großen Städten an geeigneten Kleinwohnungen für die nur schwach bemittelten Bevölkerungskreise mangelte und daß diese, wo sie vorhanden waren, nur zu überteuerten Mieten zu beziehen waren. In dem Begriff schwang weiter die Bedeutung mit, daß wegen des Wohnungsmangels die vorhandenen Wohnungen aufgrund von Überbelegung, schlechter Beschaffenheit und hygienisch bedenklicher Lebensweise der Bewohner in einem oft untragbaren Zustand waren. Als grobe Faustregel galt: Je geringer das Einkommen, um so höher war der Anteil, der für die Miete ausgegeben werden mußte (Schwabesches Gesetz).[232] Um die Jahrhundertwende mußten die Armenhaushalte in Hamburg jährlich im Schnitt 182 Mark für die Miete aufbringen,[233] monatlich also 15,20 Mark –

---

beitsmarktpolitik, München 1974, S. 271-285; Steinmetz, Regulating (wie Anm. 215), S. 204-209; Zimmermann, Arbeitslosigkeit (wie Anm. 181), S. 157-166.

[228] Vgl. die vielbeachtete Rede von Adickes auf dem Deutschen Städtetag 1911 unter Nr. 119 Bd. 4, 2. Teilband, der IV. Abteilung dieser Quellensammlung.

[229] Clemens Zimmermann, Von der Wohnungsfrage zur Wohnungsreform. Die Reformbewegung in Deutschland 1845-1914, Göttingen 1991, S. 167-190; Wolfgang R. Krabbe, Die Wohnungsfrage in der Kommunalpolitik deutscher Großstädte vor dem Ersten Weltkrieg: Ursprünge des Sozialen Wohnungsbaus, in: Geschichte in Wissenschaft und Unterricht 36 (1985), S. 426-438; Walter Steitz/Wolfgang R. Krabbe, Kommunale Wohnungspolitik deutscher Großstädte 1871-1914, in: Hans Jürgen Teuteberg (Hrsg.), Homo habitans. Zur Sozialgeschichte des ländlichen und städtischen Wohnens in der Neuzeit, Münster 1985, S. 421-446.

[230] Das städtische Wohnungsamt Stuttgart, in: Soziale Praxis 11 (1901/1902), Sp. 1206.

[231] Nr. 40.

[232] Robert Kluge, Statistik der Hamburgischen Armenpflege, in: Zeitschrift für das Armenwesen 9 (1908), S. 42-50, hier S. 49; vgl. auch Cuno, Grundsätze (wie Anm. 125), S. 59.

[233] Nr. 99; zu den Wohnverhältnissen der Hamburger Armen vgl. auch Nr. 102.

der monatliche Ausschlußsatz der Armenpflege lag für eine Familie mit mehreren Kindern bei 36 Mark. Über ein Fünftel der unterstützten Parteien hatten an Einlogierer untervermietet, um über die Runden kommen zu können. Für Frankfurt am Main berichtete ein Armenpfleger 1895, bei den von ihm betreuten Armen betrage die Miete 40–50 Prozent des Einkommens.[234] Sich anhäufende Mietschulden der Armenhaushalte und drohende Wohnungskündigungen waren ein ständiges Thema der Erhebungsbögen, Pflegerberichte und Fallberatungen in der Armenpflege.[235] Mietzuschüsse machten nicht selten einen hohen Anteil an den Gesamtunterstützungen aus, wurden von den Armenpolitikern und Armenpflegeexperten aber meist mit Skepsis betrachtet. Es gab Städte wie Hanau, in denen größere Mittel für die Mietunterstützung als für die materielle Unterstützung in Geld oder Naturalien aufgebracht wurden. In Kaiserslautern lagen beide Unterstützungsarten etwa auf gleicher Höhe.[236] Andere Städte wiederum – wie etwa Hamburg – lehnten eine gesonderte Mietunterstützung aus grundsätzlichen Gründen ab.[237] Der Potsdamer Stadtrat Wilhelm Jakstein erinnerte 1897 unter Berufung auf den moralpolitischen Auftrag der Armenpflege daran, die Armenpflege habe ihre „höchsten Ziele [...] auf dem sittlichen und dem erzieherischen Grunde", weshalb zu fordern sei, „daß nur dem wirtschaftlich unselbständigen oder unzuverlässigen Armen besondere Mietsunterstützungen gewährt werden. Eine Abweichung von diesem Grundsatz bringt die große Gefahr, daß die Armen es verlernen, wirtschaftlich auf eigenen Füßen zu stehen, und daß das Selbstbewußtsein des Armen, der noch sittlichen Halt hat, schwer geschädigt wird".[238]

Die beiden wichtigsten Schienen der kommunalen Wohnungspolitik waren die Wohnungsinspektion und die Wohnungsbauförderung. Der Themenkomplex der Wohnungspflege und -inspektion wird im vorliegenden Band am Beispiel der Stadt Hamburg dokumentiert. In Hamburg hatte die verheerende Choleraepidemie des Jahres 1892 gerade in den Stadtteilen am schlimmsten gewütet, wo die beengtesten und hygienisch fragwürdigsten Wohnverhältnisse anzutreffen waren. Die Epidemie gab damit die Initialzündung zu einer ersten „Phase aktiver Wohnungspolitik" in Hamburg, bei der sozialhygienische Gesichtspunkte im Zentrum standen.[239] In den nächsten beiden Jahrzehnten wurde in der Hamburger Innenstadt eine Flächensanierung in Angriff

---

[234] Nr. 40. Als eingehende zeitgenössische Untersuchung vgl. Adolf Baumann, Der IV. Armen-Distrikt in Frankfurt a. M. Versuch einer social-statistischen Schilderung, Frankfurt a. M. 1887.

[235] Nr. 110; vgl. auch Nr. 47.

[236] Wilhelm Jakstein, Gewährung von Wohnungsmiete als Art der Armenunterstützung, in: Gustav Kayser/ders., Die Gewährung von Wohnungsmiete als Art der Armenunterstützung (Schriften des deutschen Vereins für Armenpflege und Wohlthätigkeit, Heft 31), Leipzig 1897, S. 51-68, hier S. 53; vgl. auch Gustav Kayser, Die Gewährung von Wohnungsmiete als Art der Armenunterstützung, in: ders./Wilhelm Jakstein, Die Gewährung von Wohnungsmiete als Art der Armenunterstützung (Schriften des deutschen Vereins für Armenpflege und Wohlthätigkeit, Heft 31), Leipzig 1897, S. 1-50, hier S. 32-37.

[237] Clemens Wischermann, Wohnen in Hamburg vor dem Ersten Weltkrieg, Münster 1983, S. 238, dort, S. 234-246, weiteres zur Wohnungsnot der Unterstützungsempfänger in Hamburg.

[238] Jakstein, Gewährung (wie Anm. 236), S. 56.

[239] Evans, Tod (wie Anm. 32), S. 639-656; Wischermann, Wohnen (wie Anm. 237), S. 73-117 und S. 127-129; Dorothea Berger-Thimme, Wohnungsfrage und Sozialstaat. Untersuchungen zu den Anfängen staatlicher Wohnungspolitik in Deutschland (1873-1918), Frankfurt a. M./Bern 1976, S. 155-175.

genommen, bei der ganze Straßenzüge mit schlechten Wohnverhältnissen niedergelegt wurden – freilich ohne daß dann auch bei der Wiederbebauung der Quartiere sozial- und wohnungspolitische Zielsetzungen zum Tragen gekommen wären. Unter den Gesichtspunkten einer aktiven Wohnungsreform war insofern das ebenfalls in der Folge der Choleraepidemie initiierte Wohnungspflegegesetz von 1898 bedeutsamer, wie sehr auch immer es hinter den Vorstellungen der Sozialhygieniker und Wohnungsreformer zurückgeblieben sein mochte. Schon 1893 waren die hygienischen Vorschriften des Baupolizeigesetzes für den Etagenhausbau verschärft worden. Nach einem längeren Vorlauf, bei dem es den in der Bürgerschaft stark vertretenen Haus- und Grundbesitzern gelungen war, eine Reihe von vorgesehenen Kontrollrechten und Mindestanforderungen zu entschärfen, wurde 1898 das neue Gesetz verabschiedet, das im Reich nur in einem hessischen Landesgesetz von 1893 einen Vorläufer besaß.[240] Organisatorisch folgte die Wohnungsinspektion dem Muster der Armenpflege. Das Stadtgebiet wurde in Kreise eingeteilt, diese wieder in Bezirke mit ehrenamtlichen Wohnungspflegern, die Zutritt zu den Wohnungen verlangen konnten. An der Spitze stand eine kollegialisch verfaßte „Behörde für Wohnungspflege" als oberste Entscheidungsinstanz.[241] In anderen Städten wie Aachen, Bremen, Dresden oder Duisburg entwickelte sich hingegen eine rein behördliche Wohnungsaufsicht ohne ehrenamtliche Mitwirkung.[242] Das Hamburger Gesetz enthielt sehr allgemein formulierte Maßstäbe und Mindestanforderungen für die gesundheitlichen Verhältnisse im Hinblick auf Helligkeit, Luftzufuhr, Feuchtigkeit, Belegung, Mindestflächen, Verschmutzung, etc. Eingehender erläuterte ein Leitfaden den Wohnungspflegern die unter sozialhygienischen Gesichtspunkten zu bekämpfenden Mängel, die für die Wohnungsbeschaffenheit zu erhebenden Anforderungen und die zu beachtenden Mindeststandards.[243] Als allzu durchschlagskräftig erwies sich die Hamburger Wohnungspflege nicht.[244] 1904 wurden 17 Wohnungen und 209 Einzelräume geschlossen, in 1 440 weiteren Fällen bauliche oder andere Auflagen gemacht. Die meisten Beanstandungen betrafen dabei die sanitären Anlagen, in zahlreichen Fällen wurde auch die Feuchtigkeit der Räume beanstandet.[245] Auch nachdem das Gesetz 1907 präzisiert und verschärft worden war, blieb das Grunddilemma bestehen, daß es bei der Schließung von Wohnungen meist an einem geeigneten Ersatzangebot bezahlbarer Wohnungen für die vor die Tür gesetzten Mieter fehlte.[246] Als in einer Sitzung der Behörde für Wohnungspflege im Juni 1900 vorgeschlagen wurde, bei nicht ausgetrockneten Neubauten, deren Eigentümer die angeordnete Vermietungssperre nicht beachteten, unverzüglich zu räumen, wurde sogleich dagegen geltend gemacht,

---

240 Vgl. auch Zimmermann, Von der Wohnungsfrage (wie Anm. 229), S. 112-119.

241 Zu deren Praxis vgl. Nr. 100.

242 Die Wohnungsaufsicht in den deutschen Städten, in: Soziale Praxis 16 (1906/07), Sp. 531-532.

243 Nr. 73.

244 Johann Julius Reincke, in: Die Beaufsichtigung der vorhandenen Wohnungen (inkl. Sanierung und Beseitigung ungesunder Quartiere), in: Neue Untersuchungen über die Wohnungsfrage in Deutschland und im Ausland. Hrsg. vom Verein für Socialpolitik, Bd. 1: Deutschland und Österreich, Zweite Abteilung (Schriften des Vereins für Socialpolitik, Bd. 95), Leipzig 1901, S. 3-43, bes. S. 25.

245 Wischermann, Wohnen (wie Anm. 237), S. 90 f.

246 Carl Johannes Fuchs, Die Entwicklung der Wohnungsfrage in Deutschland und dem Ausland in den letzten fünfzehn Jahren (1901), in: Zur Wohnungsfrage. Vorträge und Aufsätze, Leipzig 1904, S. 19-56, hier S. 42 f.

„daß eine zwangsweise Räumung insbesondere auch die Mieter schädige, weshalb diese äußerste Maßregel mit Schonung und Vorsicht angewandt werden müsse".[247]

Je klarer die Grenzen einer solchen restriktiven Wohnungspolitik zu erkennen waren, um so stärker trat die Notwendigkeit in den Vordergrund, durch positive städtische Maßnahmen den Bau jener dringend benötigten Kleinwohnungen, an deren Errichtung sich die private Bauwirtschaft so wenig interessiert zeigte, zu fördern.[248] Nur so würde die enorme Nachfrage nach solchen Wohnungen besser befriedigt und die Überhöhung der Mietpreisbildung gebremst werden können. Ein Erlaß der preußischen Ministerien des Handels, für Kultus und des Innern forderte die Städte auf, alle Maßnahmen zu ergreifen, die geeignet waren, den Bau gesunder und preisgünstiger Kleinwohnungen zu ermöglichen, insbesondere indem sie die gemeinnützigen Baugesellschaften und Baugenossenschaften durch den Erwerb von Geschäftsanteilen, durch Erleichterungen bei der Kapitalbeschaffung und durch Bereitstellung von städtischen Grundstücken unterstützten.[249]

Zu den Städten, die wohnungspolitisch bereits vergleichsweise weitgehende Aktivitäten entfaltet hatten, zählte Frankfurt am Main, das deshalb im vorliegenden Band als Beispiel für die Wohnungsbauförderung dient.[250] Während die Wohnungsinspektion, die in Frankfurt bei der Polizeidirektion lag, ein nur stumpfes Schwert blieb,[251] entwickelte die Stadt seit etwa der Jahrhundertwende eine eigene, im Städtevergleich quantitativ und qualitativ herausgehobene Strategie zur Ankurbelung des Baus kleiner, gesunder und vergleichsweise preisgünstiger Wohnungen. Was diese Strategie auszeichnete – und von der anderer Städten unterschied –, war die umfangreiche Vergabe von städtischem Baugelände im Erbbaurecht, also die pachtweise Hergabe von Grundstücken auf mehrere Jahrzehnte gegen mäßige Zinsleistungen. Typisch hingegen für das Vorgehen der Städte im allgemeinen war, daß der Hauptadressat der Wohnungsbauförderung auch in Frankfurt gemeinnützige Baugesellschaften und Baugenossenschaften unterschiedlicher Art waren (wie die unter Mitwirkung Karl Fleschs 1890 gegründete Aktienbaugesellschaft für kleine Wohnungen als philanthropisches Projekt Frankfurter Bürger).[252] Die Stadt Frankfurt hatte zu

---

[247] Protokoll der 15. Sitzung der Behörde für Wohnungspflege vom 21.6.1900 (Staatsarchiv Hamburg 352-3 II G 14 Bd. 1, fol. 37-39); vgl. auch das Referat des Hamburger Medizinalrats Johann Julius Reinicke zum Thema „Über die regelmäßige Wohnungs-Beaufsichtigung und die behördliche Organisation derselben" auf der Versammlung des Deutschen Vereins für öffentliche Gesundheitspflege am 16.9.1898, in: Deutsche Vierteljahresschrift für öffentliche Gesundheitspflege 31 (1899), S. 219-230, hier S. 228.

[248] Wolfgang R. Krabbe, Die Anfänge des „sozialen Wohnungsbaus" vor dem Ersten Weltkrieg. Kommunalpolitische Bemühungen um eine Lösung des Wohnungsproblems, in: Vierteljahrschrift für Sozial- und Wirtschaftsgeschichte 71 (1984), S. 30-58.

[249] Nr. 91.

[250] Walter Steitz, Kommunale Wohnungspolitik im Kaiserreich am Beispiel der Stadt Frankfurt am Main, in: Hans Jürgen Teuteberg (Hrsg.), Urbanisierung im 19. und 20. Jahrhundert. Historische und geographische Aspekte, Köln/Wien 1983, S. 393; für die Zeit des Kaiserreichs eher knapp: Gerd Kuhn, Wohnkultur und kommunale Wohnungspolitik in Frankfurt am Main 1880 bis 1930. Auf dem Wege zu einer pluralen Gesellschaft der Individuen, Bonn 1998.

[251] Franz Adler, Wohnungsverhältnisse und Wohnungspolitik der Stadt Frankfurt a. M. zu Beginn des 20. Jahrhunderts, Leipzig 1904, S. 63-65.

[252] Henriette Kramer, Die Anfänge des sozialen Wohnungsbaus in Frankfurt am Main 1860-1914, in: Archiv für Frankfurts Geschichte und Kunst 56 (1978), S. 123-190; Ernst Cahn, Die gemeinnützige Bautätigkeit in Frankfurt am Main, Frankfurt a. M. 1904; Zitat: Kuhn, Wohnkultur (wie Anm. 250), S. 345.

diesem Zweck einen beträchtlichen Bestand an Grundstücken erworben und nutzte auch den Grundbesitz der milden Stiftungen für die Vergabe von Bauland an Bauträger, deren Zielsetzung im Bau gesunder Kleinwohnungen lag.[253] Wie auch der Regierungserlaß nahelegte, zeichnete die Stadt Gesellschaftsanteile und beschaffte günstige Kredite. Der Bau von Wohnungen für die städtischen Arbeiter und Angestellten hielt sich demgegenüber in Grenzen.[254]

Die „Wohnungsnot“ im Kaiserreich wurde stark unter sozialhygienischen Vorzeichen wahrgenommen. Die Wohnungen der Unterschichten galten vielfach als Brutstätten nicht nur massiver sittlicher, sondern auch großer gesundheitlicher Gefährdungen. Zu den typischen „Wohnungskrankheiten“ wurde insbesondere die Tuberkulose gezählt.[255] Die Wohnungsnot und die sozialhygienisch bedenklichen Wohnbedingungen in der Großstadt galten spätestens, seitdem Robert Koch 1882 nachgewiesen hatte, daß es sich bei der Tuberkulose um eine Infektionskrankheit handelte, als zentrale Begünstigungsfaktoren für die Ausbreitung der „Lungenschwindsucht“.[256] Umgekehrt bildete die hygienische Rationalisierung des Wohnverhaltens der Bevölkerung den Kern der Eindämmungsstrategie gegenüber der Tbc, die sich vornehmlich als Präventionsstrategie verstand. Unter den großen Volkskrankheiten galt die Tuberkulose im Kaiserreich lange als der „größte Würgengel der Menschheit“[257]. Namentlich im jüngeren Erwachsenenalter war sie die wichtigste Todesursache, 1890 waren in Preußen 44 Prozent aller Gestorbenen in der Altergruppe der 15- bis 30jährigen der Tbc erlegen. Überdies war das Sterblichkeitsrisiko bei der Tuberkulose sozial im hohen Maß ungleich verteilt, je niedriger Einkommen und Schichtzugehörigkeit, um so höher die Mortalität.[258] Aufgrund ihres Charakters als einer typischen Unterschichtenkrankheit und wegen der lang anhaltenden Dauer materieller Bedürftigkeit bei vielen Erkrankten besaß die Tuberkulose zahlreiche Berührungspunkte mit der Armenpflege, von der sie sich, ähnlich wie die Arbeitslosenfürsorge, gleichwohl institutionell und konzeptionell zunehmend emanzipierte. Der vorliegende Band widmet ihrer Bekämpfung durch die kommunale Armen- und Gesundheitspolitik erhöhte Aufmerksamkeit – aufgrund ihres enormen Stellenwerts im Spektrum der Volkskrankheiten, wegen ihrer schnell wachsenden Bedeutung als neues wohlfahrtspolitisches Betätigungsfeld nach der Jahrhundertwende und weil sich am Beispiel der Tuberkulosefürsorge einige Charakteristika der Innovationsprozesse auf dem Feld der kommunalen Armen- und Wohlfahrtspflege besonders gut verdeutlichen lassen.

Die Bekämpfung der Tuberkulose war erstmals in den neunziger Jahren, verstärkt aber nach der Jahrhundertwende zu einem Thema der kommunalen Armen- und

---

[253] Nr. 101.

[254] Nr. 101.

[255] Nr. 126.

[256] Zur Geschichte der Tuberkulose und Tuberkulosefürsorge im Kaiserreich vgl. Beate Witzler, Großstadt und Hygiene. Kommunale Gesundheitspolitik in der Epoche der Urbanisierung, Stuttgart 1995, S. 169-180; Sylvelyn Hähner-Rombach, Sozialgeschichte der Tuberkulose. Vom Kaiserreich bis zum Ende des Zweiten Weltkriegs unter besonderer Berücksichtigung Württembergs, Stuttgart 2000; Larry Frohman, Prevention, Welfare, and Citizenship: The War on Tuberculosis and Infant Mortality in Germany, 1900-1930, in: Central European History 39 (2006), S. 431-481, hier S. 438-449.

[257] Nr. 126.

[258] Flurin Condrau, Lungenheilanstalt und Patientenschicksal. Sozialgeschichte der Tuberkulose in Deutschland und England im späten 19. und frühen 20. Jahrhundert, Göttingen 2000, S. 42 und S. 47-56.

Gesundheitspolitik geworden. Zwar waren einzelne Gemeinden bereits vor 1900 zu einer aktiveren Politik der Bekämpfung der Volkskrankheit übergegangen. In Charlottenburg beispielsweise war den Armenpflegern 1897 eingeschärft worden, ihnen bekanntgewordene Frühfälle von Tbc der Armendirektion mitzuteilen, damit eine Heilstättenbehandlung in die Wege geleitet werden konnte. Kosten, die der Armenpflege daraus momentan entstehen würden, so lautete eine für den in der Wohlfahrtspflege verstärkt aufkommenden Präventionsgedanken charakteristische Argumentationsfigur, würden durch die bei einer erfolgreichen Heilung ersparten Mehraufwendungen zu einem späteren Zeitpunkt wieder aufgewogen.[259] Das war einstweilen aber noch ein besonders avancierter, nur von wenigen Armenverbänden geteilter Standpunkt geblieben. Bis nach der Jahrhundertwende bestanden in den meisten Armenverwaltungen starke Zweifel daran, daß die Ermöglichung eines Heilstättenbesuchs zum Pflichtkreis der Armenpflege zu gehören hatte.

Hier zeigte sich dann, welche bedeutsame Rolle bei der Weiterentwicklung der Armenpflege die Rechtsprechung des Bundesamts für das Heimatwesen als höchste armenrechtliche Spruchinstanz[260] für Streitsachen der Armenverbände spielen konnte. Im Oktober 1901 entschied das Bundesamt im Fall einer Klage des Ortsarmenverbands Hamburg, daß die Kosten für Unterbringung in der Heilanstalt von dem endgültig unterstützungspflichtigen Ortsarmenverband zu erstatten waren, sofern von seiten der ärztlichen Sachverständigen befunden worden war, daß es sich um das einzige Mittel handelte, das einen wesentlichen Heilerfolg erwarten ließ.[261] Damit war die Heilstättenbehandlung, wie in zahllosen Verweisen auf die Entscheidung des Bundesamtes unterstrichen wurde, grundsätzlich in den Aufgabenbereich der öffentlichen Armenpflege einbezogen worden. In Köln zog die Armenverwaltung 1903 die Konsequenzen aus dem Urteil und ergänzte die Maßnahmen, die daraus zu folgen hatten, noch um weitere Anweisungen, was seitens der Armenpfleger bei der Bekämpfung der Tuberkulose zu beachten und zu veranlassen war: sofortige bakteriologische Untersuchung des Sputums in jedem Verdachtsfall, periodische Wohnungsdesinfektion bei vorliegender Krankheit, „möglichste Isolierung“ der Tuberkulosekranken in der Familie (insbesondere durch Beschaffung eines eigenen Betts für den Kranken), unter Umständen aber auch Hinzumietung eines eigenen Zimmers, zuletzt dann, bei vorangeschrittener Krankheit, die Aufnahme in Hospitalpflege.[262] Armenpolitiker wie der Leiter der Armenverwaltung in Charlottenburg Hans Samter hoben hervor, daß die Entscheidung des Bundesamtes den Kreis der von der Armenpflege zu unterstützenden Fälle aufgrund der hohen Kosten der Heilstättenbehandlung potentiell auf soziale Gruppen wie kleine Gewerbetreibende, Handwerker und Unterbeamten ausweitete, Gruppen also, die ihren Lebensunterhalt ansonsten ohne jede Armenunterstützung zu bestreiten gewohnt waren.[263]

Auch für die Regierungen stellte die Entscheidung des Bundesamtes ein wichtiges Signal dar. Der Staatssekretär im Reichsamt des Innern Arthur Graf von Posa-

---

259 Nr. 62.

260 Vgl. die Einleitung zu Bd. 7 der II. Abteilung dieser Quellensammlung, S. XXXI-XXXIII.

261 Abschrift der Entscheidung des Bundesamts für das Heimatwesens vom 19.10.1901: BArch R 1501 Nr.111791, n. fol. Die Entscheidung wurde erstaunlicherweise nicht in die von Johannes Krech herausgegeben Entscheidungssammlung des Bundesamtes für das Heimatwesen aufgenommen; siehe jedoch: Zeitschrift für das Heimatwesen 7 (1902), S. 172.

262 Nr. 116.

263 Nr. 132.

dowsky-Wehner regte 1904 unter Verweis auf die Entscheidung des Bundesamtes an, die Unterstützung der Armenpflege in solchen Fällen aus lokalen Stiftungsmitteln erfolgen zu lassen, da die angestrebte Heilstättenunterbringung andernfalls daran zu scheitern drohte, daß die Tuberkulosekranken von den negativen Folgewirkungen der Armenunterstützung, namentlich dem Wahlrechtsentzug, zurückschrecken würden.[264] Je mehr sich der soziale Einzugsbereich eines Hilfsangebots über den Kreis der Ärmsten hinaus erstreckte, um so notwendiger erschien eine solche Regelung. Die Anregung wurde vom preußischen Kultusminister Konrad von Studt an die Oberpräsidenten weitergeleitet, verbunden mit der Bitte, bei den Gemeinden für die Bildung entsprechender Fonds zur Unterbringung bedürftiger Lungenkranker in Heilstätten einzutreten. Sein Kabinettskollege Georg Freiherr von Rheinbaben warnte als Finanzminister allerdings nachdrücklich vor den drohenden Mehrbelastungen für die Gemeinden, und die 1905 eingegangenen Berichte der Oberpräsidenten zeigten dann auch, daß entsprechende Geldmittel außerhalb der Armenpflege zu diesem Zeitpunkt einstweilen nur in sehr begrenztem Ausmaß zur Verfügung standen.[265]

In Deutschland waren als die wichtigste Einrichtung zur Bekämpfung der Tbc bis zur Jahrhundertwende die Heilstätten angesehen worden. Die Heilstätten widmeten sich indes nur den für heilbar geltenden Fällen. Die damit verbundenen Grenzen ihrer Wirksamkeit wurden seit der Jahrhundertwende schärfer erkannt und zunehmend diskutiert. Die Tuberkulosekranken in einem fortgeschrittenen Stadium blieben unerfaßt und die von den nicht mehr heilbaren Kranken ausgehenden Ansteckungsgefahren für Familie und Umfeld weiter bestehen. Um diese Lücke zu schließen, wurden seit Beginn des neuen Jahrhunderts die Tuberkulosefürsorgestellen ins Leben gerufen.[266] Mit ihnen war ein neuer Typus kommunaler Fürsorgeinstitutionen im Entstehen begriffen, der in besonderer Weise auf den Handlungsrahmen der Gesundheitspolitik zugeschnitten war, wo die niedergelassenen Ärzte auf eine Berücksichtigung ihrer Behandlungsprärogative beharrten. Die Fürsorgestellen waren als Untersuchungs- und Beratungsstellen gedacht, an denen haupt- oder nebenamtlich angestellte, besonders geschulte Ärzte an Tuberkulose erkrankte Personen – oder auch Personen, die als besonders ansteckungsgefährdet galten oder bei denen eine bereits erfolgte Ansteckung befürchtet wurde – untersuchten, ihnen Rat erteilten und ihnen im Fall der Bedürftigkeit auch zu den benötigten Unterstützungen und Hilfsmitteln verhalfen. Ihre Aufgabe sollte diagnostischer und fürsorgerischer, nicht aber therapeutischer Natur sein. Die Erkrankten zu behandeln, blieb den niedergelassenen Ärzten überlassen. Assistiert wurden die Ärzte an den Fürsorgestellen von ausgebildeten Fürsorgeschwestern. Deren Aufgabe wiederum sollte darin liegen, die gefährdeten Familien zu Hause zu besuchen, die dortigen Umstände des Zusammenlebens unter hygienischen Gesichtspunkten zu überprüfen und die Familien in Fragen einer gesundheitlichen Lebensführung zu beraten. Im Mittelpunkt ihrer Kontroll- und Beratungstätigkeit stand die Aufgabe, die Kranken und ihr Umfeld zu einer Ordnung des häuslichen Verhaltens und der häuslichen Verhältnisse

---

[264] Nr. 122.

[265] Vgl. Nr. 122 Anm. 9.

[266] Witzler, Großstadt (wie Anm. 256), S. 176-179; Hähner-Rombach, Sozialgeschichte (wie Anm. 256), S. 203-219; Martin Weyer-von Schoultz, Stadt und Gesundheit im Ruhrgebiet 1850-1929, Essen 1994, S. 269-273; Johannes Vossen, Gesundheitsämter im Nationalsozialismus. Rassenhygiene und offene Gesundheitsfürsorge in Westfalen 1900-1950, Essen 2001, S. 109-115.

anzuleiten, durch welche die Ansteckungsgefahr, die von den Tbc-Kranken ausging, so gering wie möglich gehalten werden konnte. In diesem Sinn handelte es sich bei den Fürsorgestellen also um eine Einrichtung, die vornehmlich vorbeugend, auf die Verhinderung einer weiteren Ausbreitung der Krankheit ausgerichtet war.

Ein bedeutsamer Anstoß für deren Einwurzelung in Deutschland ging von dem französischen und belgischen Modell der *Dispensaires antituberculeux* aus, deren Wirken in Deutschland seit der Jahrhundertwende mit wachsender Aufmerksamkeit beobachtet wurde. Das preußische Kultusministerium als das zuständige Ministerium für die Medizinalangelegenheiten machte sich seit 1903 zum Fürsprecher einer Nachahmung der Dispensaires auch in Deutschland. Aufgrund eines Reiseberichts seines Fachreferenten Martin Kirchner, der die als mustergültig angesehene Einrichtung im französischen Lille besichtigt hatte, regte Kultusministers Konrad Studt in einem Runderlaß 1903 an, in den Großstädten ähnliche „Wohlfahrtstellen für Lungenkranke" ins Leben zu rufen.[267] Solche Anregungen begannen nun auf Gehör zu stoßen. Zwei Beispiele für die lokale Neuordnung der Tuberkulosefürsorge verdeutlichen die Reaktionsweisen der Städte. In Stettin sah man durch die Aktivitäten des Vereins zur Fürsorge für unbemittelte Lungenkranke bereits ähnliches erreicht wie durch die Dispensaires in Frankreich und Belgien: Durch einen dem französischen *ouvrier enquêter* vergleichbaren Vertrauensmann aus Arbeiterkreisen werde künftig die Lebensführung der betroffenen Lungenkranken überwacht werden, durch die Armenverwaltung würden Bedürftigen die nötigen Hilfsmittel gewährt, für die ärztlichen Untersuchungen sei an der Poliklinik des städtischen Krankenhauses gesorgt.[268] In Berlin wurde 1904 ein Zentralkomitee der Auskunfts- und Fürsorgestellen für Lungenkranke gegründet und die Errichtung von fünf solchen Stellen beschlossen.[269] Deren Ausgestaltung sollte sich an das Vorbild der Fürsorgestelle anlehnen, die Stadtrat Ernst Pütter bereits 1899 in Halle (Saale) ins Leben gerufen hatte.[270] Pütter war inzwischen zum Verwaltungsdirektor an der Berliner Charité berufen worden und übernahm den Vorsitz des Zentralkomitees. Wie die unterstützende Arbeit der Auskunfts- und Fürsorgestelle gedacht war, beschrieb Pütter 1904 in einer Vorlage für den Arbeitsausschuß des Zentralkomitees am Beispiel eines Tuberkulosekranken mit vorangeschrittenem Krankheitsbild, für den eine Heilstättenbehandlung nicht mehr in Frage kam, der aber, wie sich beim Hausbesuch herausstellte, mit seinen Geschwistern im gleichen Zimmer schlief: „Die A[uskunfts-] u[nd] F[ürsorge]st[elle] mietet ihm ein Zimmer zu und sorgt für regelmäßige, gute Kost aus der Krankenküche. Die Fürsorgeschwester besucht ihn wöchentlich einmal, beaufsichtigt die Beseitigung des Auswurfs, seine Wäsche wird auf Kosten der A.u.F.St. gewaschen, die übrige Familie wird unter hygienische Beobachtung genommen, und es wird der eindringliche Rat gegeben, sämtliche Mitglieder der Familie alle drei Monate einer Gesundheitsbesichtigung zu unterwerfen."[271] Der in der Armenpflege schon

---

[267] Nr. 117.

[268] Nr. 123 und Nr. 126.

[269] Nr. 130; vgl. Peter Reinicke, Tuberkulosefürsorge. Der Kampf gegen eine Geißel der Menschheit. Dargestellt am Beispiel Berlin 1895-1945, Weinheim 1988, S. 16-29, S. 50-59 und S. 72-97.

[270] Nr. 138; vgl. Ernst Pütter, Die Bekämpfung der Schwindsucht innerhalb der Städte, in: Zeitschrift für Krankenpflege 23 (1901), S. 398-407.

[271] Ernst Pütter: Die Errichtung und Unterhaltung von Auskunfts- und Fürsorgestellen für Lungenkranke in Berlin und seinen Vororten, 2.8.1904 (Staatsarchiv Hamburg 352-3 III G 5c Bd. 1, fol. 6-11).

immer gegenwärtige Zug, erzieherisch und beratend auf eine rationale Lebensführung der Bedürftigen hinzuwirken, rückte hier nun noch einmal besonders nachdrücklich in den Vordergrund.

In allen deutschen Großstädten gelangte so seit der Jahrhundertwende die Bekämpfung der Tuberkulose auf die Agenda der Wohlfahrtspflege. Wurde die Frage in Kreisen der Armenpflege diskutiert, regte sich allerdings nicht selten auch ein Bewußtsein, daß man sich hier auf einem Terrain bewegte, auf dem die überkommenen Handlungskoordinaten der Armenpflege ihre Orientierungsfunktion zunehmend einbüßten. Angesichts der schwer zu begrenzenden Bedürfnisse, die in der Tuberkulosefürsorge zu berücksichtigen waren, wollte etwa Karl Flesch das Frankfurter Armenamt 1904 davor bewahren, „in eine grenzenlose und übersichtliche Sache hereingezogen zu werden".[272] Als im Hamburger Armenkollegium im gleichen Jahr der Vorschlag diskutiert wurde, die Armenärzte stärker mit der häuslichen Überwachung der Familien von Tuberkulosekranken zu betrauen, und zwar auch dann, wenn es sich um nicht dauerhaft von der Armenpflege unterstützte Personen handelte, wurden in der Diskussion ebenfalls kritische Stimmen laut, die einen solchen Schritt, „sich zu einem Institut sozialer Fürsorge zu entwickeln", nicht mehr als durch das Armengesetz gedeckt ansahen, und zugleich davor warnten, „aus der öffentlichen Armenpflege entgegen ihrer gesetzlichen Stellung eine allgemeine Wohlfahrtspflege zu machen". Die Replik des Rats beim Armenkollegium Rudolf Flemming bestritt dies nicht, begrüßte es umgekehrt aber, wenn die Hamburger Armenpflege schon länger im Begriff stand, die Schranken der „alten Almosenpflege" hinter sich zu lassen und auch Aufgaben der Prophylaxe in ihr Aufgabenverständnis einzubeziehen; ähnliche Tendenzen treffe man auch in den anderen Großstädten des Reichs an.[273] Insgesamt war jedoch zu beobachten, wie die Mehrheit der Armenverwaltungen eine wachsende Bereitschaft entwickelte, die Aufgaben der Tuberkulosefürsorge in ihr Tätigkeitsfeld einzubeziehen. Als die Frage auf der Jahresversammlung des Deutschen Vereins im Jahr 1904 im Mittelpunkt der Verhandlungen stand,[274] fanden die in diesem Sinn argumentierenden Leitsätze einhellige Zustimmung, und die Fürsorgestellen für Lungenkranke wurden auch hier zu besonders geeigneten Hilfsmitteln der Bekämpfung der Tuberkulose erklärt. Daß in den Leitsätzen zugleich gefordert wurde, der Fürsorge für Lungenkranke nicht den Charakter einer Armenunterstützung im Sinne der Wahlgesetze zu geben, tat dem keinen Abbruch.[275] Die Forderung verdeutlichte vielmehr, daß in der Tuberkulosefürsorge die alten Grundsätze der Armenpflege zunehmend brüchig wurden.

Bis zum Jahr 1905 blieb die Ausbreitung des Modells der Fürsorgestelle mit seiner vierfachen Funktion der Untersuchung, Beratung, Unterstützung und Kontrolle (nicht aber der Behandlung) auf das Gebiet der Tuberkulosebekämpfung beschränkt. 1905 zählte man in den deutschen Städten 42 solcher Stellen. Damit stand der Aus-

[272] Nr. 133.
[273] Nr. 136.
[274] Vgl. Nr. 132; vgl. ferner Hans Samter/Heinrich Kohlhardt, Die Aufgaben der Armenpflege bei der Bekämpfung der Tuberkulose (Schriften des deutschen Vereins für Armenpflege und Wohltätigkeit, Heft 68), Leipzig 1904; Stenographischer Bericht über die Verhandlungen der 24. Jahresversammlung des deutschen Vereins für Armenpflege und Wohltätigkeit am 25. und 26. August 1904 in Danzig (Schriften des deutschen Vereins für Armenpflege und Wohltätigkeit, Heft 71), Leipzig 1905, S. 6-51.
[275] Nr. 132.

bau allerdings noch ganz in seinen Anfängen, in den Jahren der Weimarer Republik wurden in den deutschen Städten 1434 (1923) solcher Stellen gezählt.[276] Das Institutionenmodell blieb auf Dauer jedoch nicht auf das Feld der Tuberkulose beschränkt. Es fand, jeweils angepaßt an die Erfordernisse des Feldes, bald auch in der Säuglings- und der Geschlechtskrankenfürsorge Verbreitung, ebenso auf Feldern wie der Fürsorge für Alkoholkranke und psychisch Kranke. All diese Entwicklungen liegen jenseits unseres Untersuchungszeitraums. Immerhin, noch im Jahr 1904 wurde durch die Berliner Stadtverordnetenversammlung die Errichtung der ersten fünf Säuglingsfürsorgestellen in Berlin angebahnt, die dann im Jahr darauf in Funktion traten.[277]

In all diesen Fällen griff die lokale Fürsorge- bzw. Wohlfahrtspolitik weit über die herkömmliche Armenklientel hinaus. Das galt erst recht für die Schulgesundheitspflege. Hier entwickelte sich das „Wiesbadener Modell" zum bekanntesten Prototypen, der zahlreiche Nachahmer fand, insbesondere seitdem dies 1898 durch einen Erlaß des preußischen Kultusministers den anderen Städten empfohlen worden war.[278] In Wiesbaden wurden seit 1897 alle Schüler beim Schuleintritt auf ihren Gesundheitszustand untersucht, ab 1899 zudem alle Schüler des dritten, fünften und achten Schuljahrgangs. Vier Schulärzte waren zu diesem Zweck eingestellt worden, die Behandlung erkrankter Schüler blieb allerdings, um keine Konflikte mit der Ärzteschaft zu schüren, den Hausärzten oder Armenärzten vorbehalten.[279]

Ein vierter Bereich der Ausdifferenzierung und Verdichtung des Handlungsrahmens kommunaler Wohlfahrtspflege betraf die Kinder- und Jugendfürsorge.[280] Der Kreis der Betroffenen reichte auch in diesen Fällen weit über die engere Klientel der Armenpflege hinaus; er umfaßte potentiell alle als gesundheitlich oder sittlich gefährdet angesehenen Kinder und Jugendliche vorwiegend der Unterschichten. Das soziale Gut, das hier verhandelt wurde, war die Erziehung, verstanden als Anpassung an die Verhaltenserfordernisse der bürgerlichen Erwerbsgesellschaft. Nicht materielle, sondern erzieherische Defizite sollten hier den Ausschlag für das Eingreifen der städtischen Behörden geben; das grenzte die Jugendfürsorge zunehmend von der Armenpflege ab. Die Institutionen der Kinder- und Jugendfürsorge gingen zwar zumeist aus dieser hervor, aber auch auf diesem Feld setzte ein Prozeß der Verselbständigung von der Armenpflege ein, der in einzelnen Städten wie Mainz und Hamburg noch vor dem Ersten Weltkrieg zur Errichtung eigenständiger Jugendämter führen sollte.[281]

Der quantitativ aufwendigste Bereich der im Entstehen begriffenen Kinder- und Jugendfürsorge lag in den Aufgaben des Pflegekinderschutzes.[282] Die vielfach beobachteten Mißstände bei der Unterbringung von Pflegekindern (auch Kostkinder,

[276] Sachße/Tennstedt, Geschichte der Armenfürsorge, Bd. 2 (wie Anm. 4), S. 128.

[277] Nr. 137.

[278] Nr. 72.

[279] Nr. 60.

[280] Für einen Überblick über die Einrichtungen der Kinder- und Jugendfürsorge in Bayern vgl. Nr. 39.

[281] Uwe Uhlendorff, Geschichte des Jugendamtes. Entwicklungslinien öffentlicher Jugendhilfe 1871 bis 1929, Weinheim u. a. 2003, S. 121-129 und S. 196-207; Marcus Gräser, Der blockierte Wohlfahrtsstaat. Unterschichtjugend und Jugendfürsorge in der Weimarer Republik, Göttingen 1995, S. 30 f.; für Hamburg vgl. auch Katharina Brandes, Orphans, Pauper Children or Wayward Children? The Lives of Children Cared for by Public Institutions in Hamburg, 1892-1914, in: Beate Althammer/Lutz Raphael/Tamara Stazic-Wendt (Hrsg.), Rescuing the Vulnerable. Poverty, Welfare and Social Ties in Modern Europe, New York/Oxford 2016, S. 74-96.

[282] Vgl. Bergler, Von Armenpflegern (wie Anm. 32), S. 198-206.

Haltekinder, Ziehkinder genannt) in fremden Pflegefamilien, die zumeist ebenfalls aus den schwachbemittelten Sozialschichten stammten, und die hohen Sterblichkeitsziffern, die für die in Pflege gegebenen Kinder festgestellt werden mußten, veranlaßten eine ganze Reihe von Bundesstaaten, das Pflegekinderwesen gesetzlich oder auf dem Erlaßweg strenger zu regeln. Die gleichen Umstände bewogen zugleich auch eine wachsende Zahl von Städten, ihre Aufsicht über die Pflegefamilien zu intensivieren.[283] An der Spitze der Entwicklung stand hier seit den 1880er Jahren die von dem ärztlichen Leiter der städtischen Kinderpflege Max Taube geführte Ziehkinderanstalt in Leipzig.[284] 1904 wurde von ihr die Aufsicht über alle unehelichen Kinder in Leipzig ausgeübt.[285] Zu diesem Zweck wurden drei Ärzte und 24 Aufsichtsdamen, darunter drei besoldete, beschäftigt. Neben Taubes Berichten dokumentieren wir die Bemühungen, die Aufsicht über die Pflegefamilien zu intensivieren, am Beispiel der Ziehkinderordnung und der Anweisungen für die Ziehmütter des Rats der Stadt Dresden[286] sowie anhand des Hamburger Gesetzes über die Beaufsichtigung der Kostkinder.[287] Aus der Leipziger Ziehkinderanstalt war auch der Gedanke der Generalvormundschaft für uneheliche Kinder hervorgegangen, die vom Leiter des Leipziger Armenamts zunächst für die gegen Entgelt in fremder Pflege untergebrachten unehelichen Kinder, seit 1900 dann für alle unehelichen Kinder, gleich ob sie sich in Pflegefamilien befanden oder nicht, ausgeübt wurde.[288] Den Hintergrund bildete die Erfahrung, daß die bis dahin von den Vormundschaftsgerichten als Vormund eingesetzten, in ihrer Aufgabe schnell überforderten Einzelvormünder ihr Amt mangels zeitlicher Verfügbarkeit, infolge fehlenden persönlichen Engagements und aufgrund ungenügender rechtlicher Kenntnisse (im Hinblick auf die zu führende Unterhaltsprozesse) nur unzureichend ausgefüllt hatten.[289] Eine Alternative zur Berufsvormundschaft durch das Amt lag in der Sammelvormundschaft durch private Träger. In Frankfurt am Main wurde 1902 bei der Zentrale für private Fürsorge eine Sammelvormundschaft für uneheliche Kinder eingerichtet, die von Christian Jasper Klumker wahrgenommen wurde, künftig einem der einflußreichsten Promotoren der Berufsvormundschaft in Deutschland.[290] Die Pflege- und Waisenkinderaufsicht erwies sich zugleich als ein wichtiges Einfallstor für die ehrenamtliche Heranziehung von Frauen, die als Waisenpflegerinnen in weitaus größerer Zahl Einzug in die Gemeindetätigkeit hielten denn als Armenpflegerinnen.[291] Darüber hinaus war in einzelnen Städten zu beobachten, daß Frauen auch schon als berufliche Pflegekräfte in diese Tätigkeitsbereiche vordrangen. Die gestiegenen Ansprüche an die Pflege- und

283 Als Überblick über die Regelungen vgl. Ernst Pütter, Das Ziehkinderwesen. Gutachten (Schriften des deutschen Vereins für Armenpflege und Wohlthätigkeit, Heft 59), Leipzig 1902, S. 31-83.

284 Nr. 53 Bd. 7 der II. Abteilung dieser Quellensammlung; vgl. auch Nr. 97 im vorliegenden Band; vgl. ferner Herbert Studders, Das Taubesche System der Ziehkinderüberwachung in Leipzig, Stuttgart/Berlin 1919; Brigitte Kühn, Die neuere Entwicklung des städtischen Fürsorgewesens auf Grund von Material der Städte Leipzig, Zwickau und Borna, Leipzig 1926, S. 61-64.

285 Nr. 120.

286 Nr. 61.

287 Nr. 55.

288 Nr. 82.

289 Nr. 129.

290 Nr. 103.

291 Vgl. Nr. 128; für Berlin vgl. Bergler, Von Armenpflegern (wie Anm. 32), S. 207-214.

Aufsichtstätigkeit, so wurde argumentiert, verlangten hier zunehmend nach der Anstellung fachlich entsprechend vorbereiteter, hauptberuflicher Pflegerinnen.[292]

Auch hinsichtlich der in Preußen mit dem Gesetz vom 2. Juli 1900 in „Fürsorgeerziehung" unbenannten „Zwangserziehung" für verwahrloste Kinder wuchsen die Ansprüche und Aufgaben, vor die sich die gemeindlichen Behörden gestellt sahen, wiewohl die Ausführung bei den höheren Verbänden, in Preußen zum Beispiel bei den Provinzialverbänden lag.[293] Der Ruf, die Zwangserziehung auf solche Kinder und Jugendlichen weiter auszudehnen, die, auch ohne daß sie eine Straftat begangen hatten, als sittlich „verwahrlost" angesehen werden mußten oder zu „verwahrlosen" drohten,[294] fand nach dem Vorbild eines badischen Gesetzes von 1886 nun ebenso im preußischen Fürsorgeerziehungsgesetz einen Niederschlag und führte zu einer beträchtlichen Ausweitung der Zahl der in Fürsorgeerziehung untergebrachten Kinder.[295] Die Landräte und Gemeindevorstände der größeren Städte waren hieran als Antragsteller beim Vormundschaftsgericht unmittelbar beteiligt.[296]

Insgesamt zeichneten sich so die neu ausgebauten Tätigkeitsfelder kommunaler Wohlfahrtspflege übergreifend durch eine Reihe von Gemeinsamkeiten aus, deren wichtigste darin lagen, daß es erstens im Kern nicht mehr um materielle Armut, sondern stärker um immaterielle Güter und persönliche Dienstleistungen ging, daß zweitens auf ganz verschiedene Weise jeweils auch private Träger (Vereine, gemeinnützige Bauträger, Anstalten) eingebunden waren, daß drittens in der Regel keine diskriminierende Rechtsfolgen mit den Hilfsangeboten verbunden sein sollten und daß viertens die Klientel der Wohlfahrtspflege weit über die engere Armenbevölkerung hinaus in die Schichten der Minderbemittelten hineinreichte.

VII.

Die Weiterentwicklung von Armen- und Wohlfahrtspflege in den Kommunen beruhte auf einem System der wechselseitigen Beobachtung. Die Mechanismen der Diffusion von armen- und wohlfahrtspolitischen Neuerungen waren vielfältig und die Prozesse des interkommunalen Ideentransfers schattierungsreich. Mehrere Schienen lassen sich unterscheiden.

1. Von Reformabsichten getragene Stadtverwaltungen suchten sich durch Anfragen bei vergleichbaren Städten über deren Vorgehen und über die Beschaffenheit der dortigen Einrichtungen zu informieren, oft unter Verwendung von eigens dazu entworfenen Fragebögen.[297] Weitverbreitet war ein solches Vorgehen etwa, wenn sich die Armenverwaltungen, wie 1903 der Münchner Armenpflegschaftsrat, im Vorfeld einer anstehenden Neufestlegung der Unterstützungssätze über deren Höhe und Abstufungen in anderen Städten ins Bild setzen wollten.[298]

---

[292] Nr. 82 und Nr. 127-128.

[293] Detlef J. K. Peukert, Grenzen der Sozialdisziplinierung. Aufstieg und Krise der deutschen Jugendfürsorge von 1878-1932, Köln 1986; Sabine Blum-Geenen, Fürsorgeerziehung in der Rheinprovinz von 1871-1933, Köln 1997; Sven Steinacker, Der Staat als Erzieher. Jugendpolitik und Jugendfürsorge im Rheinland vom Kaiserreich bis zum Ende des Nazismus, Stuttgart 2007.

[294] Vgl. Nr. 29.

[295] Peukert, Grenzen (wie Anm. 293), S. 144 f.

[296] Nr. 88 und Nr. 90.

[297] Nr. 15, Nr. 27, Nr. 125.

[298] Nr. 111-113; vgl. auch Nr. 20.

2. Ein geläufiges Verfahren lag darin, lokale Experten auf eine Rundreise in andere Städte zu schicken, damit sie sich im Austausch mit den dortigen Verantwortungsträgern einen unmittelbaren Eindruck von bestehenden Mustereinrichtungen verschaffen konnten. Ein typisches Reiseziel waren Anstalten unterschiedlichster Art, bei denen die Möglichkeit, die entsprechenden Einrichtungen vor Ort zu besichtigen, besonders ins Gewicht fiel. Ein Beispiel hierfür war die Diskussion eines solchen Reiseberichts in einer gemischten Kommission der gemeinderätlichen Bauabteilung und der Armendeputation in Stuttgart 1894.[299] Solche Studienreisen mußten sich nicht notwendig auf die deutschen Städte beschränken. Bei der Entstehung des Hamburger Wohnungspflegegesetzes führte der Weg einer Reisekommission mangels tauglicher Vorbilder in Deutschland in englische Städte, die in diesem Fall eher geeignet erschienen, als Modell zu fungieren, und in den Frühjahren der Tuberkulosefürsorge unternahm eine Reihe deutscher Gesundheitspolitiker Studienreisen zu den französischen oder belgischen Dispensaires.[300]
3. Lokal gebildetes Expertenwissen konnte aber auch mit den Inhabern seinen Standort wechseln, so wenn Emil Münsterberg erst als Berater der Hamburger, dann als Leiter der Berliner Armenverwaltung diente oder auch wenn Ernst Pütter seine Erfahrungen aus der Tuberkulosefürsorge in Halle (Saale) mit nach Berlin brachte, als er dort eine neue berufliche Position übernahm.[301]
4. Wichtig für das Aufdecken von Defiziten im interkommunalen Vergleich waren die verschiedenen Anläufe zu einer armenstatistischen Bestandsaufnahme auf Reichs- oder Länderebene. So gaben die Zahlen der Reichsarmenstatistik von 1885 einen wesentlichen Anstoß für die Hamburger Armenreform von 1892.[302] Umgekehrt konnten solche Bestandsaufnahmen allerdings auch zu dem Ergebnis führen, daß ein Handlungsbedarf nicht bestand. Dies war etwa das Ergebnis, als der Hamburger Armendirektor den Versuch unternahm, sich aufgrund der vorliegenden „Krüppelzählungen“ ein Bild davon zu verschaffen, ob in Hamburg Bedarf für die Schaffung einer eigenen „Krüppelanstalt“ bestand.[303]
5. Die Diffusion kommunaler Institutionenvorbilder konnte allerdings auch top down durch die höheren Verwaltungsinstanzen angestoßen werden. Eine solche Anstoßwirkung suchten etwa die Erlasse der zuständigen preußischen Ministerien zu den paritätischen Arbeitsnachweisen, zum Wiesbadener Schularztsystem oder zur Nachahmung der Dispensaires auszuüben.[304] Auch hier spielte dann der Verweis auf bereits verwirklichte kommunale Prototypen eine wichtige, weil beispielgebende Rolle.

---

[299] Nr. 33; vgl. auch Kenan H. Irmak, Der Sieche. Alte Menschen und die stationäre Altenhilfe in Deutschland 1924-1961, Essen 2002, S. 119. Allein von 1902 bis 1906 wurden zur Besichtigung des Leipziger Systems der Ziehkinderüberwachung 17 Abordnungen aus Großstädten verzeichnet, vgl. Studders, Das Taubesche System (wie Anm. 284), S. 62.

[300] Nr. 117; Hans Samter, Eine Studienreise nach Belgien. Reisebericht, in: Amtliche Nachrichten der Charlottenburger Armenverwaltung, Sept. 1903 (Staatsarchiv Hamburg 351-2 II, Nr. 219a, fol. 60-61); Wischermann, Wohnen (wie Anm. 237), S. 85 f.; in den Hamburger Akten findet sich auch eine Anzahl von ausführlichen Reiseberichten des Inspektors der Behörde für Wohnungspflege zur Handhabung der Wohnungspflege in deutschen Städten (Mainz, Darmstadt, Düsseldorf, Zürich, Stuttgart, Karlsruhe) (Staatsarchiv Hamburg 352-3 II G 2, Bd. 2).

[301] Nr. 130.

[302] Nr. 12.

[303] Nr. 121.

[304] Nr. 70, Nr. 72, Nr.107, Nr. 117.

6. Gerade benachbarte Städte beobachteten sich nicht nur gegenseitig und tauschten ihre Erfahrungen aus. Sie stimmten sich bei der Festlegung einzelner wohlfahrtspolitischer Maßnahmenkataloge bisweilen auch wechselseitig ab, einerseits um in ihrem Leistungsprofil nicht gegeneinander ausgespielt zu werden, andererseits aber auch, um nicht durch vergleichsweise anziehungskräftige Hilfsangebote den Zuzug von außen zu verstärken.[305]
7. Eine überragende Bedeutung kam jedoch, wie mehrfach schon betont, den Publikationen und Versammlungen des Deutschen Vereins für Armenpflege und Wohltätigkeit zu. Statt vieler Belege, wie man sie in den Akten in großer Zahl findet, muß hier als Beispiel der Hinweis des Nürnberger Armenreferenten genügen, „besonders der Besuch der Versammlungen des Deutschen Vereins für Armenpflege und Wohltätigkeit, welche jeweils mit dem Studium der in den verschiedenen Städten getroffenen Einrichtungen unter sachkundiger Führung verbunden" waren, habe ihm für das Erkennen der Reformbedürftigkeit der Nürnberger Armenpflege „reiches und wertvolles Material geliefert".[306] Der Deutsche Verein war zweifellos zur wichtigsten Informationsdrehscheibe des Systems kommunaler Armen- und Wohlfahrtspflege geworden. Nach und nach entstand indes eine ganze Reihe weiterer Verbände, die auf Teil- oder benachbarten Gebieten der Wohlfahrtspflege eine ähnliche Rolle einnahmen. Auf nationaler Ebene waren dies etwa der Deutsche Verein für öffentliche Gesundheitspflege (1873), die Zentralstelle für Arbeiterwohlfahrtseinrichtungen (1891, ab 1906: Zentralstelle für Volkswohlfahrt), der Verband deutscher Arbeitsnachweise (1898), der Deutsche Verein für Wohnungsreform (1898) und kurz nach Ende des Untersuchungszeitraums dann noch weitere Vereinigungen wie das Archiv deutscher Berufsvormünder oder der Allgemeine Fürsorgeerziehungstag.

Die einzelnen Städte übernahmen im Prozeß der Innovationsdiffusion dabei verschiedene Rollen. Einzelne Stadtverwaltungen – und häufig auch lokale freie Träger – traten zunächst als Pioniere in Erscheinung, die neue Problemlösungsansätze entwickelten und praktisch erprobten. Andere Städte fungierten als frühe Adaptoren, die sich die Reforminstrumente und Institutionenvorbilder aneigneten, dabei möglicherweise aber auch eigene, konkurrierende Modellvarianten entwickelten. Die stille Mehrheit der Gemeinden folgte aus unterschiedlichen Gründen schrittweise nach – wegen des anhaltenden Problemdrucks, aufgrund des zwischenstädtischen Wettbewerbs, infolge politischer Konstellationsverschiebungen oder auch wegen steigender fachweltinterner Anpassungszwänge. Die Städte konnten dabei unter den Modellen der Pioniere und frühen Adaptoren diejenigen auswählen, die nach ihrem Urteil am besten auf die jeweiligen lokalen Rahmenbedingungen paßten. Zuletzt blieb eine oft beträchtliche Zahl von Nachzüglern und Verweigerern, die sich aus Kostengründen, wegen politischer Widerstände oder aufgrund fortwährender konzeptioneller Zweifel schwer taten, den eingeschlagenen Innovationspfaden zu folgen. Hier konnte es dann geschehen, daß die staatliche Exekutive oder auch Legislative die Initiative

[305] Nr. 104.

[306] Nr. 131. Auch der Bericht der Nürnberger Armenpflegschaftsräte Erasmus Telorak und Heinrich Sichling an den Armenpflegschaftsrat vom 1.10.1903, der die Denkschrift des Armenreferenten Wilhelm Fleischmann angeregt hatte, war unmittelbar aus einem Besuch der Jahresversammlung des Deutschen Vereins von 1903 hervorgegangen, von Emil Münsterbergs dortigem Festvortrag zum „Elberfelder System" angestoßen und mit weiteren Informationen eines erfahrenen Elberfelder Armenpflegers unterfüttert worden (Stadtarchiv Nürnberg C 25/I, n. fol.).

ergriff und auf dem Gesetzesweg für die Verallgemeinerung bestimmter Modelle sorgte.

Wie mühsam Reformprozesse dieser Art häufig waren und wie sehr solche Innovationsdynamiken zugleich durch Stagnationstendenzen konterkariert werden konnten, ließ sich gerade auf dem hochgradig fragmentierten Feld der Armenpflege und Wohlfahrtspolitik gut beobachten. Der Band schließt, indem auf die Erhebung von Rudolf Flemming und Adolf Buehl verwiesen wird, welche die Hamburger Armenpolitiker zur Jubiläumsversammlung des Deutschen Vereins zum 25jährigen Bestehen 1905 vorbereitet hatten. Der Bericht der beiden Autoren bildet einen Kontrapunkt zu den ansonsten in diesem Band stärker im Vordergrund stehenden Aufbruchs- und Ausweitungstendenzen in der Armenpflege und Wohlfahrtspolitik. Flemming und Buehl kehrten die ihnen gestellte Ausgangsfrage, ob die sozial ausgestaltete Armenpflege in den bestehenden Armengesetzen noch eine hinreichende Grundlage besaß, unter der Hand um und ersetzten sie, zum lebhaften Erstaunen, ja Erschrecken von Emil Münsterberg, durch die These, daß die praktische Entwicklung der Armenpflege, statt den bestehenden Rechtszustand zu überschreiten, die gesetzlichen Möglichkeiten vielmehr noch keineswegs ausgeschöpft hatte.[307] Ihr Bericht sah es als erwiesen an, „daß die Mehrzahl der Armenverwaltungen sich gegenüber dem Gedanken, ihre Leistungen den veränderten Bedürfnissen der Zeit entsprechend zu erweitern und im sozialen Sinn auszugestalten, mehr oder weniger ablehnend verhält".[308] Buehl und Flemming zufolge war es also lediglich eine Minderheit der mittleren und großen Städte, die, „wenn auch bisher fast durchgehend nur in bescheidenen Grenzen, Ansätze zu einer sozialen Wohlfahrtspflege der Stadtverwaltungen" zeigte.[309]

VIII.

Die drei Bände unserer Quellensammlung, die sich mit der Armenpolitik befassen, unterscheiden sich jeweils in dem Schwergewicht, das auf die verschiedenen territorialen Ebenen der Armenpolitik gelegt wird. Der Band 7 der I. Abteilung konzentriert sich auf die Genese des armenpolitischen Gesetzesrahmens, der auf der zentral- und bundesstaatlichen Ebene im Zuge der Reichsgründung geschaffen wurde. Band 7 der II. Abteilung legt demgegenüber stärkeres Gewicht auf die Regelungen auf gemeindlicher Ebene, die Armenordnungen, die kommunale Armenverwaltung, die lokale Praxis und die Praktiken der Armenpflege vor Ort. Der vorliegende Band geht einen Mittelweg. Er enthält Stücke, die sich auf alle Ebenen der Armenpolitik beziehen, von der Reichsebene bis zur kommunalen Praxis. Sein Schwergewicht liegt indes auf einer mittleren Ebene, im Ausbau und der Ausweitung der einzelnen Tätigkeitsfelder städtischer Armenpflege und Wohlfahrtspolitik, nicht in der Mikroperspektive der Fallbearbeitung und der Einzelfallentscheidung, wie sie im Vorgängerband zur Armenpolitik versucht wurde zu entfalten.

Die Vielfalt der sozialen Problemlagen, von denen der vorliegende Band handelt, werden gleichwohl an einem Punkt in der Mikroperspektive zusammengeführt, bei einem Quellenstück, das die konkrete Praxis kommunaler Unterstützungspolitik vor

---

307 Nr. 140-142.

308 Die heutigen Anforderungen an die öffentliche Armenpflege im Verhältnisse zur bestehenden Armengesetzgebung. Adolf Buehl/Rudolf Flemming, Hauptbericht. Wilhelm Fleischmann/Rudolf Schwander, Mitberichte (Schriften des deutschen Vereins für Armenpflege und Wohltätigkeit, Heft 73), Leipzig 1905, S. 68.

309 Ebenda, S. 69 und S. 87.

Augen treten läßt. Es handelt sich um ein längeres Sitzungsprotokoll der Esslinger Armendeputation aus dem Winter 1896/97, bei dem 50 Unterstützungsgesuche bewilligt oder auch abgelehnt wurden.[310] Hier überkreuzt sich im Kaleidoskop der verhandelten Einzelfälle ein Fülle von Sachverhalten, die als charakteristisch für den Handlungsrahmen der Armenpflege angesehen werden können: die elementaren Armutsfaktoren Krankheit, Arbeitsunfähigkeit und Erwerbslosigkeit, die sich mal ausschließenden, mal aber auch ergänzenden Leistungen aus der Arbeiterversicherung und Armenpflege, die Wahl zwischen den Alternativen der offene Armenunterstützung und der Anstaltsunterbringung, das sich ausweitende Feld der Jugendfürsorge, Kostkinderpflege und Zwangserziehung, die fiskalisch bedeutsame Unterscheidung zwischen lokaler Unterstützungsberechtigung und Landarmenstatus der Bedürftigen oder auch die Wachsamkeit im Hinblick auf mögliche Ersatzforderungen aus vorhandenen Armennachlässen oder bei Erstattungsansprüchen gegenüber anderen Armenverbänden. Was in den sonstigen Quellen meist getrennt behandelt wird, findet sich hier, in der Praxis, zusammengeführt und eng verwoben. Mal wird das Gesuch eines einkommenslosen Bittstellers um einen Mietzuschuß abgelehnt, weil die vorhandene Doppelrente aus der Invaliden- und der Unfallversicherung eine Aufnahme ins Spital nahelegt. Ein andermal ist bei einem Tagelöhner der Anspruch auf Krankengeld aus der Krankenkasse abgelaufen, weshalb nun die Armenpflege einspringen muß. In einem weiteren Fall muß ein lungenkranker, erwerbsunfähiger Tagelöhner, von dessen Kindern sich eines bereits in Kostpflege befindet, unterstützt werden. Mehrfach machen die eingeschränkten Arbeitsgelegenheiten und Erwerbsaussichten der Wintermonate eine vorübergehende Unterstützung erforderlich. In zwei Fällen schließlich sollen von „Verwahrlosung" bedrohte Kinder zwangsweise in eine Rettungsanstalt verbracht werden. Für weitere Sitzungsprotokolle städtischer Armenräte und -deputationen, in denen auf ähnliche Weise typische Entscheidungskonstellationen der Fallbearbeitung aufleuchten, sei auf den vorangegangenen Band 7der II. Abteilung verwiesen.[311]

Für die Recherche zu diesem Band wurden über 20 Archive besucht und bei der Auswahl der Stücke Bestände aus 17 Archiven verwertet. Größtenteils handelte es sich dabei um Stadtarchive, darunter die Archive der Großstädte Berlin, Hamburg, München, Nürnberg, Frankfurt am Main, Dresden, Leipzig, Stuttgart, Mainz und Krefeld. Die Auswertung der Bestände in den Stadtarchiven erfolgte nach Kriterien der Ergiebigkeit der Überlieferung. Dennoch sind Städte aus allen Teilen des Reiches vertreten, wenn auch nicht in gleicher Gewichtung. Für die Beleuchtung der Ministerialebene wurden die Bestände des Reichskanzleramts, des Reichsamts des Innern und des Reichsarbeitsministeriums im Bundesarchiv Berlin-Lichterfelde sowie der preußischen Ministerien des Innern, für Handel und Gewerbe, für Kultus und der Justiz im Geheimen Staatsarchiv Berlin-Dahlem gesichtet, dazu die Akten der Innenministerien von Bayern und Württemberg in den Hauptstaatsarchiven München und Stuttgart. Für die mittlere Ebene der preußischen und der bayerischen Regierungsbezirke wurden die Bestände des Regierungsbezirks Wiesbaden im Hessischen Hauptstaatsarchiv Wiesbaden und des Regierungsbezirks Oberbayern im Staatsarchiv München konsultiert. Das Schwergewicht der Recherche mußte angesichts der thematischen Konzentration auf die städtische Ebene bei den Stadtarchiven liegen. Die für den vorliegenden Band

---

[310] Nr. 57.

[311] Vgl. die Einleitung zu Bd. 7 der II. Abteilung dieser Quellensammlung, S. XLVI-L, sowie ebenda Nr. 3, Nr. 18, Nr. 21, Nr. 33, Nr. 42, Nr. 50, Nr. 67, Nr. 69, Nr. 86, Nr. 94, Nr. 107, Nr. 110 und Nr. 117-118.

ertragreichsten Bestände zum Thema Armenpflege und Wohlfahrtspolitik finden sich im Staatsarchiv Hamburg und im Institut für Stadtgeschichte in Frankfurt am Main. Gemeinsam mit den weniger ergiebigen Beständen im Landesarchiv Berlin werfen sie ein mal mehr, mal weniger deutliches Licht auf das Wirken der Leiter jener drei großstädtischen Armenverwaltungen, Emil Münsterberg, Adolf Buehl und Karl Flesch, deren Tatkraft die armenpolitische Entwicklung in den drei Städten wesentlich bestimmte. Nützliche kommunale Bestände finden sich ebenfalls in den Stadtarchiven Stuttgart und Leipzig, während die Überlieferung für die Städte Nürnberg und München nur von vergleichsweise begrenztem Wert ist.

Die historische Forschung zur Armen- und Wohlfahrtspflege im Kaiserreich kann mit den „Schriften" des Deutschen Vereins für Armenpflege und Wohltätigkeit auf einen Fundus gedruckter Quellen zurückgreifen, der eine beeindruckende Fülle von Informationen, Einblicken und Perspektiven zu nahezu allen relevanten Teilfragen des gesetzten Themenrahmens bereithält.[312] Allein für den Untersuchungszeitraum des vorliegenden Editionsbands handelt es sich um 62 „Hefte", in Wirklichkeit oft umfassende Bände von nicht geringem Umfang. Die einzelnen Bände finden sich am Ende des vorliegenden Bands aufgelistet, um einen Eindruck von der Breite des Themenspektrums zu vermitteln, das auf den Versammlungen des Deutschen Vereins verhandelt und durch eigene Berichtsbände vorbereitet wurde. Die Liste dient auch als bibliographischer Nachweis, da die additive Auflistung der mitunter sehr unterschiedlichen Berichtsgegenstände im Titel der einzelnen Bände beim Zitieren leicht Verwirrung stiften kann. Da das Schwergewicht dieser Edition auf den ungedruckten Quellen zu liegen hat und da die Bände der Schriftenreihe des Deutschen Vereins in zahlreichen Bibliotheken eingesehen werden können, wurde nur eine begrenzte Auswahl von Stücken aus diesem reichhaltigen Quellenkorpus in den vorliegenden Band aufgenommen. Auch von ihrem Umfang her sprengen die Berichte und Protokolle in aller Regel den Rahmen, der bei der Auswahl der Stücke gesetzt war, so daß sie erheblich hätten gekürzt werden müssen und damit leicht an Informationswert und Kohärenz verloren hätten. In den Akten des preußischen Innenministeriums und des Reichsamts des Innern finden sich vergleichsweise kurze Berichte von Beamten, die zur Teilnahme an den Jahresversammlungen des Deutschen Vereins abgeordnet worden waren; sie wurden im vorangegangenen Bd. 7 der II. Abteilung und in diesem Band mit einigen wenigen Beispielstücken in exemplarischer Absicht abgedruckt.[313]

Es wurde für diesen Band versucht, einen möglichst vielfältigen Mix verschiedener Quellentypen zu erzeugen, von Gesetzestexten, Erlassen, Denkschriften, Sitzungsprotokollen und dienstlichen Berichten unterschiedlicher Art über Satzungen, Jahresberichte, Zeitungsartikel, Vorträge und Druckschriften bis hin zu Flugblättern, Eingaben und persönlichen und dienstlichen Schriftwechseln. Die Sicht der parteipolitischen Akteure auf städtischer Ebene wurde durch Sitzungsprotokolle der Stadtverordnetenversammlungen und durch Artikel aus der parteinahen Presse zu dokumentieren versucht. Einzelne Stücke gewähren Einblick in die Wahrnehmung der städtischen Wohlfahrtspolitik „an der Basis", dies geschieht etwa durch den Abdruck von Einga-

---

[312] Zur Charakterisierung der Schriften des Deutschen Vereins als Quellenfundus vgl. auch die Bemerkungen in der Einleitung zum Bd. 7 der II. Abteilung dieser Quellensammlung, S. LIV f. Für einen vorzüglichen Überblick über die in den Schriften und auf den Jahresversammlungen behandelten Themen vgl. Münsterberg, Generalbericht (wie Anm. 10).

[313] Nr. 60, Nr. 92 und Nr. 93 Bd. 7 der II. Abteilung dieser Quellensammlung und Nr. 36 im vorliegenden Band.

ben[314] und Versammlungsmitschriften[315]. Insgesamt steht aber die Perspektive der kommunalen Verwaltung im Zentrum des Interesses, die durch zahlreiche Quellen aus den Überlieferungen der städtischen Ämter und Behörden abgebildet wird. Die Wahrnehmung der Reichsleitung auf die Materie war stark durch die gesetzgeberische Zuständigkeit für das Unterstützungswohnsitzgesetz bestimmt; die Diskussion hierüber wird vor allem aus den Ministerialakten des Reichsamts des Innern rekonstruiert. Die Akteure der privaten Wohlfahrtspflege kommen anhand von Jahresberichten, Vorträgen, Satzungen, Sitzungsprotokollen und Schriftwechseln zu Wort. Der thematische Akzent des vorliegenden Bands liegt allerdings auf der öffentlichen, d. h. im wesentlichen auf der städtischen Armenpflege und Wohlfahrtspolitik (exemplarisch wird auch in einem Stück allerdings das Wirken der Landarmenverbände illustriert[316]). Das Wirken der privaten Wohltätigkeit tritt demgegenüber zurück. Was die Tätigkeit der privaten Vereine betrifft, wird ein Akzent auf das Problem der Koordination und Kooperation gelegt.[317]

Eine letzte Bemerkung ist geboten zum Sprachgebrauch der Quellen und der Annotationen. Die Quellen bedienen sich in verschiedenen Kontexten zeitabhängig einiger Begriffe, deren Verwendung heute als verletzend angesehen würde; die Rede ist zum Beispiel von „Geisteskranken“ oder „Irren“ (psychisch Kranken), von „Krüppeln“ (Menschen mit körperlichen Behinderungen) und von „Idioten“ oder „Schwachsinnigen“ (Menschen mit geistigen Behinderungen). Wir haben diesen zeitgenössischen Sprachgebrauch nicht konsequent aus unseren Annotationen ferngehalten, um die semantische Kluft zwischen den Quellenstücken und den auf sie Bezug nehmenden Anmerkungen nicht zu groß werden zu lassen. Ein irgendwie pejorativ zu verstehender Wortsinn soll, wie sich von selbst versteht, damit nicht intendiert sein.

IX.

Die Arbeit an dem vorliegenden Band ist von vielen Seiten unterstützt worden. Wolfgang Ayaß und Florian Tennstedt habe ich wie immer für sachkundige Ratschläge, wertvolle Hinweise und kritische Lektüre zu danken. Der Band hat außerordentlich davon profitiert. Für die Anfertigung der Druckvorlage sei Heidi Winter vom Fachbereich 1 der Universität Kassel herzlich gedankt. Ebenso gedankt sei Till Robitzsch, der bei der Literaturbeschaffung zur Hand war.

Bei den Archivrecherchen zu diesem Band habe ich namentlich in Berlin, Hamburg, München, Stuttgart, Frankfurt, Dresden, Leipzig, Nürnberg, Krefeld, Mainz, Wiesbaden und Esslingen am Neckar die Hilfsbereitschaft zahlreicher Mitarbeiter städtischer und staatlicher Archive in Anspruch genommen. Ihnen allen sei gleichfalls herzlich gedankt; nicht minder den zahlreichen Archiv- und Behördenmitarbeitern, die uns die Arbeit durch ihre Bereitwilligkeit, zu Einzelfragen schriftlich Auskunft zu erteilen, wesentlich erleichtert haben. Sie alle hier aufzuzählen, ist leider nicht möglich. Die Universität Kassel hat im Rahmen des bestehenden Kooperationsverhältnisses Infrastrukturen bereitgestellt, ohne die der Band nicht hätte entstehen können. Ein besonderer Dank gilt auch den stets hilfsbereiten Mitarbeitern der Universitätsbibliothek Kassel.

---

[314] Nr. 28.
[315] Nr. 67.
[316] Nr. 3.
[317] Vgl. insbesondere Nr. 19, Nr. 69, Nr. 76 und Nr. 86.

Nr. 1

1890 Juni 9

Rundschreiben[1] des Leiters des Frankfurter Armenamts Dr. Karl Flesch[2] an die Distriktsvorsteher

Metallographie

[Die Armenpfleger vernachlässigen ihre Pflicht, die Armen regelmäßig in ihren Wohnungen zu besuchen]

In der Sitzung des Armenamts vom 4. d. M. kam folgender Umstand zur Sprache.

Der Verein für Kinderhorte[3] läßt die Eltern der bei ihm angemeldeten Kinder durch einen von ihm hierzu beauftragten Inspektor besuchen, um über ihre häuslichen Verhältnisse unterrichtet zu sein.

Der betreffende Beamte hat nun bei diesen Besuchen die Beobachtung gemacht, daß diejenigen von ihm besuchten Personen, die in öffentlicher Armenpflege stehen, fast übereinstimmend erklärten, „der Armenpfleger komme nicht zu ihnen"; vielfach sogar: „er sei noch nie bei ihnen gewesen".

Die Herren Distriktsvorsteher, denen ich hiervon aufgrund der gesprächsweisen Mitteilung eines Vorstandsmitglieds der Kinderhorte Kenntnis gab, waren der Ansicht, daß die Tatsache allerdings in recht vielen Fällen zutreffend sein möchte.

Die Instruktion für Armenvorsteher und Pfleger[4] schreibt in § 27 dem Armenpfleger vor, daß er sich fortlaufend von den Verhältnissen des Armen in Kenntnis zu halten und insbesondere denselben fleißig in seiner Wohnung zu besuchen habe, und zwar mindestens alle 14 Tage einmal.

Es mag dahingestellt bleiben, ob die wörtliche Befolgung dieser Vorschrift praktisch überall möglich ist; in manchen Fällen, z. B. bei dauernder Unterstützung, die an alte Frauen, an alleinstehende Männer usw. gegeben werden muß, mag ihre Außerachtlassung auch unschädlich sein. Jedenfalls ist aber die gänzliche Unterlassung des Besuches der Armen durch die Armenpfleger höchst gefährlich und mit der Absicht des Elberfelder Systems[5] ganz unvereinbar. Der Armenpfleger, der lediglich

---

1 Institut für Stadtgeschichte Frankfurt am Main Wohlfahrtsamt 524, fol. 84-85.

2 Dr. Karl Flesch (1853-1915), Jurist, seit 1884 besoldeter Stadtrat und Leiter des 1882 geschaffenen Armenamts in Frankfurt a. M., seit 1887 dort Vorsitzender des gewerblichen Schiedsgerichts, seit 1886 Mitglied des Zentralausschusses des Deutschen Vereins für Armenpflege und Wohltätigkeit.

3 Der 1885 gegründete Verein für Kinderhorte unterhielt drei Knaben- und zwei Mädchenhorte, in denen 470 meist halbwaise Kinder aller Konfessionen im schulpflichtigen Alter, deren Verwahrlosung aufgrund mangelnder Aufsicht und Pflege befürchtet wurde, während der schulfreien Stunden beaufsichtigt und gefördert wurden. Der Verein arbeitete mit der städtischen Armenpflege zusammen und hatte einen hauptamtlichen Vereinssekretär angestellt, zu dessen Aufgaben es zählte, regelmäßig die häuslichen Verhältnisse der Kinder zu prüfen.

4 Nr. 16 Bd. 7 der II. Abteilung dieser Quellensammlung.

5 Unter dem „Elberfelder System" wurde das Organisationsmuster der öffentlichen Armenpflege verstanden, wie es 1852 in Elberfeld eingerichtet worden war. Es beruhte auf den Grundprinzipien der Ehrenamtlichkeit der Armenpfleger, die jeweils für ein bestimmtes Quartier zuständig sein sollten, der Dezentralisierung der Entscheidungskompetenz und Individualisierung der Unterstützungsleistung; das „Elberfelder System" galt lange als Paradebeispiel für eine sparsame und effiziente Organisation der städtischen Armenpflege.

den Armen zu sich kommen läßt, um ihm die Spende auszuzahlen, wird bald auch diese Arbeit einem anderen – einem Dienstboten, Kommis usw. – überlassen und so jede Fühlung mit dem Armen verlieren. Die Hauptaufgabe, die unsere Armenordnung den Armenpflegern zuweist, ist nicht die Übermittlung der Spende an den Armen, die ja sehr gut auch anders besorgt werden könnte, sondern der persönliche Verkehr und die persönliche Einwirkung auf den Armen; und gerade hierfür ist der Besuch bei den Armen in deren Wohnung das weitaus geeignetste Mittel.

Das Armenamt ersucht daher die Herren Distriktsvorsteher, sich darüber zu unterrichten, ob und inwieweit dieser Pflicht nachgekommen wird.[6] Wir halten uns gern überzeugt, daß die Angaben, welche dem betreffenden Herrn Inspektor bei seinen Besuchen gemacht worden, vielfach falsch sind und daß es höchstens einer nochmaligen Erinnerung an die angeführte Bestimmung der Instruktion bedarf.

Nr. 2

1890 November 2

Immediatbericht[1] des Reichskanzlers und preußischen Ministerpräsidenten Leo von Caprivi[2] für Wilhelm II.

Entwurf

[Da die Kosten der Anstaltspflege für die „Geisteskranken" etc. die Ortsarmenverbände häufig überfordern, sollen die Landarmenverbände gesetzlich verpflichtet werden, entsprechende Anstalten zu errichten und zu unterhalten]

Auf dem Gebiet der öffentlichen Armenpflege hat sich die Ungleichheit der Lastenverteilung unter den einzelnen Ortsarmenverbänden im Laufe der Jahre mehr und mehr als ein tiefgreifender Übelstand herausgestellt. Namentlich gilt dies von der den Armenverbänden obliegenden Fürsorge für Geisteskranke, Idioten, Epileptische, Taubstumme und Blinde, welche unter der Bezeichnung der „außerordentlichen Armenlast" (§ 32 des Gesetzes vom 8. März 1871, Ges[etz]-Samml[ung], S. 130) zusammengefaßt wird. Die Ortsarmenverbände sind sehr häufig nicht imstande, die

---

6 Daß die Armenpfleger nicht im gewünschten Maße Hausbesuche vornahmen, blieb ein Monitum. In der Sitzung des städtischen Armenamts vom 14.1.1891 berichtete ein Distriktsvorsteher, *daß nach von ihm gemachten Erhebungen die Alumnen von den resp*(ektierten) *Armenpflegern sehr selten oder meistens überhaupt nicht in ihren Wohnungen besucht werden. Der größte Teil der Armenpfleger scheine zur Ausübung dieses Amts nur die Auszahlung der Unterstützung alle Woche für nötig zu halten* (Institut für Stadtgeschichte Frankfurt a. M. Wohlfahrtsamt 524, fol. 87).

1 GStA Berlin I. HA Tit.223 Nr.160 Bd.8, fol. 154-157.
Der preußische Innenminister Ludwig Herrfurth hatte den Immediatbericht am 2.11.1890 Ministerpräsident Leo von Caprivi mit der Bitte übersandt, ihn zur Vollziehung durch das Staatsministerium in Umlauf setzen lassen zu wollen (GStA Berlin I. HA Tit.223 Nr.160 Bd.8, fol. 153-153 Rs.).

2 Leo von Caprivi (1831-1899), 1883-1888 Chef der Admiralität, seit 1884 Mitglied des preußischen Staatsrats, 1888 kommandierender General des 10. Armeekorps, 1889 Chef des Infanterie-Regiments Nr. 78, seit 20.3.1890 Reichskanzler, preußischer Außenminister und preußischer Ministerpräsident.

Kosten für Unterbringung solcher Kranken in den dazu geeigneten Anstalten zu erschwingen. Infolgedessen bleiben dann die hilfsbedürftigen Geisteskranken pp., falls ihr Zustand die Unterbringung in einer Anstalt nicht gerade unbedingt notwendig erscheinen läßt, ihren Angehörigen zur Last und bilden für diese unter Umständen die Ursache vollständiger Verarmung.

Davon ausgehend, daß es sich empfehlen müsse, diese außerordentliche Armenlast leistungsfähigeren größeren Verbänden zu übertragen, hat bereits der § 31 des Gesetzes zur Ausführung des Reichsgesetzes über den Unterstützungswohnsitz vom 8. März 1871[3] den Landarmenverbänden und den Kreisen die Befugnis übertragen, die Kosten der öffentlichen Armenpflege für Geisteskranke pp. unmittelbar zu übernehmen. Das Gesetz ist bei dieser Fassung davon ausgegangen, daß die Erteilung der Befugnis genügen werde, um die genannten Verbände zu einem freiwilligen Vorgehen in dem angedeuteten Sinne zu veranlassen. Dies ist jedoch bei weitem nicht in dem erforderlichen Maße der Fall gewesen. Fast in allen Provinzen haben die Ortsarmenverbände für Unterbringung eines Geisteskranken in den Irrenanstalten des Provinzial-Landarmenverbands bis zu 300 Mark und noch mehr jährlich entrichtet,[4] was ihre Kräfte nicht selten übersteigt. Unschädliche Geisteskranke pp. finden in sehr vielen Fällen überhaupt erst nach Jahren seit ihrer Anmeldung Aufnahme in den dazu geeigneten, keineswegs in dem erforderlichen Umfang vorhandenen Anstalten.

Fast ohne Ausnahme haben sich unter solchen Umständen die Provinzialbehörden dahin ausgesprochen, daß die Landarmenverbände und Kreise veranlaßt werden müssen, von der ihnen verliehenen Befugnis einen weiter gehenden Gebrauch zu machen. Die zu dem Ende im Verwaltungsweg getanen Schritte haben einen dem unbestreitbaren Bedürfnis entsprechenden Erfolg nicht gehabt; es hat vielmehr die Überzeugung gewonnen werden müssen, daß dem Bedürfnis nur im Wege der Gesetzgebung Abhilfe wird geschafft werden können. Zu dem Ende wäre nach dem unvorgreiflichen Ermessen des Staatsministeriums der § 31 des Gesetzes vom 8. März 1871 aufzuheben und durch anderweite gesetzliche Vorschriften zu ersetzen, welche den Landarmenverbänden die Verpflichtung auferlegen, in Gemeinschaft mit den Kreisen und Ortsarmenverbänden die Fürsorge für Geisteskranke, Idioten, Epileptische, Taubstumme und Blinde unmittelbar zu übernehmen. Behufs Herbeiführung einer entsprechenden Ausgleichung unter den einzelnen Verbänden wäre den Landarmenverbänden selbst die Verpflichtung aufzuerlegen, für Bewahrung, Kur und Pflege der hilfsbedürftigen Geisteskranken pp. Anstalten in der erforderlichen Zahl und Größe einzurichten und zu unterhalten. Die nach Abzug der allgemeinen Verwaltungskosten der Anstalten für den einzelnen Kranken entstehenden Kosten hätten dagegen – anderweite Vereinbarung vorbehalten – der betreffende Kreis mit ⅔, der den Kranken einliefernde Ortsarmenverband mit ⅓ dem Landarmenverband zu erstatten. Zur Abschneidung etwaiger Streitigkeiten über den Betrag der Kosten wäre dem Minister des Innern die Befugnis zur Aufstellung von Tarifen einzuräumen.

Euerer kaiserlichen und königlichen Majestät erlaubt sich das Staatsministerium anbei einen in diesem Sinne aufgestellten Gesetzentwurf[5] – auf die demselben beige-

---

[3] Nr. 86 Bd. 7, 1. Halbband, der I. Abteilung dieser Quellensammlung.

[4] Nachweisung der in den einzelnen Provinzen der Monarchie bestehenden, der Kur und Pflege ortsarmer Geisteskranken, Idioten, Epileptischen, Taubstummen und Blinden gewidmeten Anstalten, Nov. 1890 (GStA Berlin I. HA Rep.77 Tit.223 Nr.160 Bd.8, fol. 169-184).

[5] Entwurf eines Gesetzes, betreffend die außerordentliche Armenlast (Sten.Ber. PrHH Session 1890/1891, Drucksache 5).

fügte Begründung bezugnehmend – mit der Bitte ehrfurchtsvoll zu überreichen, allergnädigst zu genehmigen, daß der Entwurf dem Landtag der Monarchie zur verfassungsmäßigen Beschlußnahme vorgelegt werde und zu dem Ende die ferner angeschlossene allerhöchste Ermächtigung[6] huldreichst vollziehen zu wollen.

Nr. 3

1891 April 18

Sitzungsprotokoll[1] der Landarmenbehörde[2] für den Jagstkreis

Ausfertigung

[Schilderung der Geschäftstätigkeit der Landarmenbehörde; Bestrebungen von seiten der Ortsarmenverbände, Armenlasten unbegründet auf die Landarmenpflege abzuwälzen, wurde entgegengetreten]

Vollversammlung der Landarmenbehörde am 18. April 1891 von vormittags 11 Uhr im Rathaussaal in Ellwangen.

§ 908. Der Vorsitzende[3] begrüßt die Versammlung.

Der Namensaufruf ergibt die Anwesenheit von 13 Mitgliedern.[4]

---

6 Ermächtigungsformel zur Zeichnung am Rand. Die Ermächtigung durch Wilhelm II. erfolgte am 9.11.1890.

1 Hauptstaatsarchiv Stuttgart E 151/09 Bü 244, fol. 455-491, hier fol. 455-472.
Anwesend waren: der Vorsitzende Regierungsrat Karl Strobel (Ellwangen) und Mitglieder der Landarmenbehörde: stellv. Landarmenpfleger Hermann Bausch (Ellwangen), Stadtschultheiß Julius Bausch (Aalen), Stadtschultheiß Jakob Friz (Schorndorf), Stadtschultheiß Friedrich Helber (Hall), Stadtschultheiß Hermann Kleinknecht (Gaildorf), Oberamtspfleger Karl Krauß (Öhringen), Stadtschultheiß Hermann Mayerhausen (Ellwangen), Stadtschultheiß Konrad Merz (Mergentheim), Oberamtspfleger Ludwig Emil Mögerle (Gerabronn), Stadtschultheiß Karl Röder (Künzelsau), Stadtschultheiß Leonhard Sachs (Crailsheim), Stadtschultheiß Christian Friedrich Schlagentweith (Heidenheim an der Brenz), Stadtschultheiß Wilhelm Gottlob Sigel (Lorch), Stadtschultheiß Lorenz David Wencher (Giengen an der Brenz), Protokollführer Spahr.

2 Für die öffentliche Unterstützung sogenannter *Landarmen* (nicht zu verwechseln mit Armen auf dem Lande), d. h. für Hilfsbedürftige, zu deren Unterstützung aufgrund fehlenden Unterstützungswohnsitzes des Betreffenden kein Ortsarmenverband endgültig verpflichtet war, waren nach § 5 des Unterstützungswohnsitzgesetzes Landarmenverbände einzurichten (Nr. 78 Bd. 7, 1. Halbband, der I. Abteilung dieser Quellensammlung). Nach dem Abänderungsgesetz vom 2.7.1889 zum württembergischen Ausführungsgesetz zum Unterstützungswohnsitzgesetz waren in jedem der vier Kreise des Landes die zu dem Kreis gehörigen Oberamtsbezirke zu einem Landarmenverband zu vereinigen. Zur Verwaltung des Landarmenwesens wurde in jedem Landarmenverband eine Landarmenbehörde bestellt (Nr. 116 Bd. 7 der II. Abt. dieser Quellensammlung).

3 Karl Strobel (1836-1897), seit 1885 Regierungsrat des Jagstkreises in Ellwangen, seit 1890 Vorsitzender der Landarmenbehörde des Jagstkreises. Der Vorsitzende dieser Behörde und dessen Stellvertreter wurden vom Ministerium des Innern ernannt.

4 Die Mitglieder wurden von den Amtsversammlungen der dem Landarmenverband angehörigen Oberamtsbezirke, im Stadtdirektionsbezirk Stuttgart von der Ortsarmenbehörde der Stadt Stuttgart, je auf die Dauer von sechs Jahren gewählt.

Nicht anwesend sind:

Oberbürgermeister Untersee[5] von Gmünd durch Krankheit und Stadtschultheiß Dörr[6] von Bopfingen durch die dort stattfindende Musterung verhindert.

Es werden zunächst die beiden provisorischen Beamten der Landarmenbehörde: Landarmenpfleger Bausch[7] und Schriftführer Spahr angestellt.

Sodann gibt der Vorsitzende einen Überblick über die Geschäftstätigkeit im abgelaufenen Jahr, über die hiebei beobachteten Grundsätze und die gemachten Erfahrungen. Es fanden 17 Ausschußsitzungen statt. Diese Sitzungen dauerten meist von vorm[ittags] 10 Uhr bis abends 6 Uhr, teilweise mit kurzer Unterbrechung über Mittag.

Er führt weiter aus:

Nicht ohne ein gewisses Bedenken habe ich diese Funktion übernommen. Ich befürchtete, es werde sich wohl keine rechte Befriedigung aus dieser Tätigkeit gewinnen lassen, weil die Personen und Verhältnisse, mit denen der Ausschuß der L[and]a[rmen]b[ehörde] sich zu beschäftigen hat, ihm fernestehen. Wir haben uns aber mit Erfolg bemüht, dieses Hindernis zu beseitigen und durch Klarstellung der Verhältnisse in diese möglichst genauen Einblick zu gewinnen, so daß wir uns ein eigenes Urteil darüber zu bilden in der Lage waren. Zu den Gegenständen der Geschäftstätigkeit selbst übergehend ist hier

1. zunächst das Verhältnis zu den Ortsarmenbehörden zu erwähnen. Hätten wir uns damit begnügt, überall die Beschlüsse derselben abzuwarten und den Ersatz zu genehmigen, so wäre unsere Aufgabe eine ziemlich einfache gewesen. Wir sahen uns aber vielfach veranlaßt, von unserer Seite anregend vorzugehen, wir haben die Beschlüsse näher geprüft und waren in vielen Fällen genötigt, weitere Erhebungen anzustellen. Manche Ortsarmenbehörden haben durch gründliche und sachgemäße Erhebungen und entsprechende Beschlüsse dem Ausschuß seine Aufgabe wesentlich erleichtert. Es hat sich dabei gezeigt, daß ein einträchtiges, nur die Sache selbst im Auge haltendes Zusammengehen der Orts- und Landarmenbehörden wohl möglich und äußerst förderlich ist.

Bei manchen Ortsarmenbehörden trat dagegen das Bestreben zutage, möglichst auf den Landarmenverband „abzuladen", indem insbesondere Personen der dienenden Klasse[8] kurz vor Ablauf von 2 Jahren der Aufenthalt in den Gemeinden unmöglich gemacht wurde, damit sie nicht den Unterstützungswohnsitz erwerben.[9] Es war ferner in manchen Fällen zweifellos, daß die Ortsarmenbehörden einen viel strengeren Standpunkt eingenommen hätten, wenn die Personen orts- und nicht landarm gewesen wären. Dieses Verfahren hat da und dort zu der Ansicht geführt, die Lage der Landarmen sei besser als die der Ortsarmen, man müsse sich bemühen, möglichst bald „in den Landesarmenverband aufgenommen zu werden". Wir hielten es für unsere Pflicht, gegen dieses Verfahren, soweit es ungesetzlich oder mißbräuchlich erschien, von Anfang an entschieden Stellung zu nehmen. Wie sehr eine genaue Prüfung der Verhältnisse geboten ist, mag nachstehender Fall zeigen:

---

5 Dr. Adolf Untersee (1842-1893), Jurist, seit 1877 Oberbürgermeister von Gmünd.

6 Wilhelm Dörr (1830-1907), seit 1877 Stadtschultheiß von Bopfingen.

7 Hermann Bausch (1864-1918), seit 1890 Landarmenpfleger in Ellwangen.

8 Gemeint sind hier vor allem Gesinde und häusliches Dienstpersonal.

9 Nach § 10 des Reichsgesetzes über den Unterstützungswohnsitz wurde der Unterstützungswohnsitz nach dem Ende des 24. Lebensjahrs durch unterstützungsfreien ununterbrochenen zweijährigen gewöhnlichen Aufenthalt innerhalb eines Ortsarmenverbands erworben (Nr. 78 Bd. 7, 1. Halbband, der I. Abteilung dieser Quellensammlung).

Dem Ortsarmenverband Bartenstein[10] wurde für den im dortigen Spital verpflegten Landarmen Kämpf vom bisherigen Landarmenverband Gerabronn seit 1884 jährlich 550 M. Kostgeld vergütet, weil Kämpf nicht gehen könne und arbeitsunfähig sei. Der Versuch, eine Ermäßigung dieser Summe herbeizuführen, scheiterte am Widerstand der Ortsarmenbehörde. Ich ließ nun den Kämpf durch den Wärter des hiesigen Krankenhauses hierher überführen, und es zeigte sich, daß der Zustand desselben keineswegs besonders schlimm war. Er wurde nun in der St. Josefspflege in Dewangen[11] um 200 M. jährlich untergebracht, wo er anerkannt viel besser versorgt ist als in Bartenstein. Ersparnis hierdurch jährlich 350 M. Sie ist die Folge einer genauen Untersuchung der Verhältnisse, und es wäre wohl nicht unzweckmäßig, da und dort von Zeit zu Zeit solche Nachschau zu halten. In anderen Fällen haben wir Veranlassung genommen, den Ortsarmenbehörden unsere Ansicht über eine zweckmäßigere Art der Armenfürsorge, besonders was die Kinder Landarmer betrifft, nahezulegen, und es bedurfte meist nur dieser Anregung, um die Ortsarmenbehörden dafür zu gewinnen. Auf diese Weise wurde ein harmonisches Zusammenwirken gefördert und vielleicht mittelbar eine Verbesserung der örtlichen Armenpflege angebahnt.

2. Bei Beginn unserer Tätigkeit haben wir geglaubt, da fortarbeiten zu können, wo die Landarmenkommissionen[12] aufgehört; allein, es ergab sich bald, daß vielfach eine genauere Erhebung der Verhältnisse nötig war, daß in vielen Fällen zum Teil sehr reichlich bemessene Unterstützungen gereicht wurden, während sie seit Jahren nicht mehr nötig waren, nachdem die Verhältnisse sich ganz anders gestaltet hatten. Man hatte unterlassen, neuere Erkundigungen einzuziehen.

Durch Prüfung der Landarmeneigenschaft ergab sich in einzelnen Fällen ganz zweifellos das Vorhandensein eines Unterstützungswohnsitzes bei Personen, welche bisher als landarm betrachtet wurden. Eine genauere Prüfung der Vorakten war ferner auch deshalb notwendig, weil die Kosten der Unterstützung solcher Personen, welche früher aus dem Ausland auf Verlangen ausländischer Staatsbehörden übernommen worden sind, ohne einen früheren Unterstützungswohnsitz zu haben, nur gem[äß] Art[ikel] 10 des Gesetzes vom 2. Juli 1889[13] von der Staatskasse ersetzt werden.

Endlich ergab eine genauere Prüfung der Vorakten, daß eine Zahl von Personen, welche bisher von den Amtskorporationen als zugeteilte Heimatlose unterstützt wurden, von den Oberämtern dem neuen Landarmenverband als Landarme übergeben waren, obwohl sie den Unterstützungswohnsitz in der Gemeinde, der sie zugeteilt, nicht verloren hatten. Durch Rücküberweisung dieser Personen an die Amtskor-

[10] Stadt im Jagstkreis, heute Stadtteil von Schrozberg.

[11] Dorf im Jagstkreis, heute Stadtbezirk von Aalen.

[12] Bis zur Neuregelung der Landarmenpflege durch das Abänderungsgesetz zum württembergischen Ausführungsgesetz zum Unterstützungswohnsitzgesetz vom 2.7.1889 hatten die Landarmenkommissionen die laufenden Geschäfte der Landarmenverbände zu erledigen gehabt. Sie waren von den Amtsversammlungen bestellt worden (Ministerien des Innern und des Kirchen- und Schulwesens: Instruktion zu dem Gesetz vom 17. April 1873, zur Ausführung des Reichsgesetzes über den Unterstützungswohnsitz vom 6. Juni 1870, vom 30.5.1873 [Regierungs-Blatt für das Königreich Württemberg, S. 207, § 20]).

[13] Nach Art. 10 des württembergischen Ausführungsgesetzes zum Unterstützungswohnsitzgesetz in der Fassung vom 2.7.1889 wurde den zunächst in diesen Fällen zur Tragung der Unterstützungskosten verpflichteten Landarmenverbänden der Unterstützungsaufwand im vollen Umfang ersetzt (Nr. 116 Bd. 7 der II. Abteilung dieser Quellensammlung).

porationen ergibt sich für den Landarmenverband eine jährliche Ersparnis von über 700 M.

Unter solchen Umständen war es für uns, zumal im Lauf des letzten Winters, sehr schwer, die große Masse der anfallenden Geschäfte zu bewältigen, und nachdem der bisherige Protokollführer, Herr Regierungssekretär Rothmund[14] mit Rücksicht auf den großen Geschäftsumfang dieses Nebenamt niedergelegt, war die Aufstellung eines besonderen Protokollführers u. bzw. Hilfsarbeiters unvermeidlich geworden.

3. Um nun auf die Verhältnisse einzelner Arten von Hilfsbedürftigen einzugehen, so ist folgendes zu bemerken:

a) Wir haben uns überzeugt, daß eine Zahl einzelnstehender landarmer Personen, welche alters- oder krankheitshalber oder wegen Gebrechlichkeit nur teilweise arbeitsfähig sind, unausgesetzt landauf und -ab auf dem Bettel herumziehen.

Sie finden sehr schwer Arbeit, sind derselben auch allmählich entwöhnt, da sie meist in Gefängnissen oder Krankenhäusern sich aufhalten und haben so oft keine andere Wahl, als zu betteln.

Wir haben uns nach Kräften bemüht, solche Leute, welche manchmal die schlechtesten nicht sind – ohne Rücksicht darauf, ob sie dem Jagstkreis angehören oder nicht –, in geeigneten Familien und Anstalten unterzubringen. Dies ist bisher so ziemlich gelungen, und zwar in der Weise, daß der Aufwand auf sie jetzt geringer ist als der früher in Kranken- und Gefängnisanstalt erwachsene. Wir haben in dieser Richtung das sehr entgegenkommende Verhalten der Vorstände der Häuser der Barmherzigkeit u. des Samariterheims für Stammheim[15] und Reichenberg[16] rühmend und dankend hervorzuheben. Auch in den kleineren Pflegeanstalten zu Dewangen und Wasseralfingen[17] fanden einige dieser Personen Aufnahme. Einzelne dieser Personen sind in den genannten Anstalten durch die gute Pflege und Anhaltung zur Arbeit körperlich und sittlich so gekräftigt worden, daß sie nun wieder auf eigenen Füßen stehen und keinen Aufwand mehr verursachen.

b) Was die landarmen Familien betrifft, so waren in dem letzten strengen und anhaltenden Winter die Erwerbsverhältnisse der Familienväter lange beeinträchtigt, und mußte deshalb auch die Unterstützung eine länger dauernde und allgemeinere sein. Wir haben diese ungünstigen Verhältnisse bei Bemessung der Unterstützung tunlichst berücksichtigt. Es handelt sich bei diesen Familien meist um die Bezahlung von Mietzinsen, welche einzelne Ortsarmenbehörden gerne gewähren, um die betreffenden Familien durch diese bleibende Unterstützung am Erwerb des Unterstützungswohnsitzes zu hindern.

Es wird angezeigt erscheinen, in diesen Fällen zuweilen näher zu prüfen, ob die Bezahlung von Mietzinsen wirklich notwendig ist. Im übrigen haben wir gefunden, daß vielfach die beste Fürsorge für landarme Familien darin besteht, deren Kinder, statt sie in den Armenhäusern ohne angemessene Beschäftigung aufwachsen zu lassen, in geordneten Familien unterzubringen, wenn auch der Aufwand hierdurch ein größerer wird.

---

[14] Emil Rothmund (1847-1911), Kanzleisekretär bei der Regierung des Jagstkreises in Ellwangen.

[15] Dorf im Neckarkreis, heute Stadtbezirk von Stuttgart.

[16] Dorf im Neckarkreis, heute Oppenweiler (Rem-Murr-Kreis).

[17] Dorf am Köcher im Jagstkreis, heute Stadtbezirk von Aalen.

Dies führt uns

c) zur Sorge für landarme Kinder. Wir waren in sehr vielen Fällen in der Lage, die unehelichen Kinder lediger Frauenspersonen sowie die Kinder von Familien, welche der Verwahrlosung entgegengingen, behufs besserer Erziehung und Ernährung in geordneten Familien unterzubringen, was teils mit Zustimmung der Eltern, teils auf dem Wege des Art[ikel 12 des P[olizei]st[raf]g[esetzbuchs][18] geschah. Die Ortsarmenbehörden waren in dieser Richtung bis jetzt weniger tätig. Man fürchtete teils den Widerspruch der Eltern, welche die Kinder zum Bettel benützten, teils standen die Kinder, innerhalb der Gemeinde untergebracht, nach wie vor unter dem ungünstigen Einfluß der Eltern und wurden deshalb nicht gerne in andern Familien aufgenommen; auswärtige Gelegenheit zur Unterbringung war aber den Ortsarmenbehörden nicht bekannt.

Anfangs machte auch uns die Unterbringung landarmer Kinder in Familien viel zu schaffen; wir scheuten aber diese Mühe nicht. Gerade auf diesem Gebiet ist die Arbeit am meisten fruchtbringend. Gilt es doch, dahin zu wirken, daß die Kinder landarmer Mütter und Familien frühzeitig einer besseren Erziehung und Verpflegung teilhaftig werden, um ihre Zukunft zu sichern. Häufig fanden wir, daß dieselben nicht genügend ernährt und gepflegt und nicht an kräftigende Arbeit gewöhnt auch im 14. Jahre noch zu schwächlich sind, um in Dienst oder Lehrstellen untergebracht werden zu können, kurz, daß sie im besten Zuge sind, ihr Lebetag landarm zu bleiben.

Eine Bekanntmachung in öffentlichen Blättern, evangel[isches] u. kath[olisches] Sonntagsblatt, hat uns aus allen Teilen Deutschlands eine sehr große Zahl von Anerbietungen zur Aufnahme von solchen Kindern gebracht, von welchen wir nach genauer Erkundigung die besten auswählten – unter steter Rücksichtnahme auf die Konfession der Kinder.

Nach bisherigen Erfahrungen sind die Kinder in den betreffenden Familien gut versorgt.

Um künftig die Unterbringung solcher Kinder und die Aufsicht darüber zu erleichtern, haben wir in allen Bezirken des Jagstkreises, wo solche noch nicht bestanden, die Errichtung bzw. Neubelebung von Bezirkskinderrettungsvereinen angeregt, mit welchen wir in nähere Beziehungen treten werden.

Wie wenig auf diesem Gebiet einzelne Ortsarmenbehörden ihren Verpflichtungen nachkamen und wie notwendig es ist, daß die Landarmenbehörden hier eingreifen, mag ein Beispiel zeigen: Die frühere Landarmenkommission in Gmünd hatte seit dem Jahr 1885 für 4 Kinder der Zigeunerfamilie Reinhardt im Alter von 10, 9 und 6 (Zwillinge) Jahren dem Ortsarmenverband Durlangen wöchentlich 3 M. Kostgeld

---

18 Der Art. 12 des württembergischen Gesetzes, betreffend Änderungen des Polizeistrafrechts bei Einführung des Strafgesetzbuchs für das Deutsche Reich, vom 27.12.1871 bestimmte in Abs. 1, daß *diejenigen, welche die ihrer Gewalt oder Pflege untergebenen Personen vom Betteln nicht abhalten, desgleichen Eltern, welche ihre Kinder zum Bettel abrichten, ausschicken oder herleihen oder sie der sittlichen Verwahrlosung preisgeben,* (...) *durch Erkenntnis des Gemeinderats unter Zuziehung des Ortsgeistlichen auch gegen ihren Willen angehalten werden* konnten, *solche Personen zur Erziehung in Anstalten oder auch in geeignete Privathäuser abzugeben oder sie in angemessene Lehre oder Dienste unterbringen zu lassen* (Regierungs-Blatt für das Königreich Württemberg 1871, S. 391). Die Kosten mußten, soweit für diesen Zweck nicht Stiftungsmittel vorhanden waren und sofern die Eltern nicht selbst dafür aufkommen konnten, von der Armenpflege getragen werden.

bezahlt, welche deren Mutter, der Witwe des Zigeuners Reinhardt, und nach deren Tod der Großmutter zuflossen.

Eine nähere Untersuchung, welche wir nun über die Verhältnisse dieser Kinder anstellten, ergab, daß dieselben mit ihrer Mutter bzw. Großmutter über den größten Teil des Jahres im Zigeunerwagen herumzogen und die 2 älteren, längst schulpflichtigen, noch keine Schule besucht hatten. Hier wurden mit den Mitteln des früheren Landarmenverbands Gmünd Zigeuner herangezogen. Es wurde nun sofort Einleitung getroffen, diese Kinder in geordneten Familien unterzubringen.

d) Die Bezahlung von Lehrgeldern ist in der Regel nicht Aufgabe der Armenverbände; mit Entlassung aus der Schule hört nach § 1 der Instruktion[19] zum Gesetz vom 17. April 1873 die Verpflichtung zur Unterstützung von Kindern auf, wenn sie sich in Diensten oder Lehrstellen ihren Unterhalt selbst beschaffen können.

Die bisherigen Landarmenverbände des Jagstkreises haben aber überall Lehrgelder für landarme Kinder ausgesetzt in Beträgen von 150–250 M. bei zweijähriger Lehrzeit. Auch wir hielten es in vielen Fällen für notwendig, für die Kinder landarmer Eltern nach Entlassung aus der Schule geeignete Lehrstellen oder Dienste zu ermitteln, wozu uns eine Bekanntmachung in öffentlichen Blättern ausreichende Gelegenheit gab. Wir hielten es aber für angemessen, auf längere Lehrzeit (c[irca] 3 Jahre) hinzuwirken, wobei kein Lehrgeld oder nur ein kleines Kleidergeld (50 M.) erforderlich war, indem wir davon ausgingen, daß die jungen Leute bei 2jähriger Lehrzeit in der Regel, was Erziehung und sachliche Ausbildung betrifft, nicht genügend vorbereitet werden. Sie finden dann, weil noch zu wenig leistungsfähig, schwer Beschäftigung und geraten leicht in das Stromertum hinein, was oft für ihr ganzes ferneres Leben von ungünstigem Einfluß ist.

Auch eine Anzahl der Schule entwachsener Mädchen haben wir in gute Dienste untergebracht. Die Unterbringung bei Landwirten geschah stets ohne Vergütung.

e) Eine nicht geringe Zahl von Personen, welche ihren letzten Unterstützungswohnsitz im Jagstkreis hatten, befinden sich in Österreich, der Schweiz, in Bayern, im Elsaß in hilfsbedürftiger Lage. Besonders die Zahl der in Augsburg und Rothenburg o[b der] T[auber] Ansässigen, welche die Hilfe des Landarmenverbands beanspruchen, ist sehr beträchtlich.

Die Prüfung der Verhältnisse dieser Personen ist oft sehr schwierig, Wir hielten dabei an dem Grundsatz fest, daß in der Regel Unterstützungen ins Ausland nur in Fällen vorübergehenden Notstands oder dann zu reichen sind, wenn die Hilfsbedürftigen ihren Unterhalt im wesentlichen am Aufenthaltsort finden und nur ein kleiner Zuschuß erforderlich ist. Wenn aber der ganze Unterhalt auf diesseitige Unterstützung sich gründen soll, haben wir mehrfach Überführung[20] verlangt. Letzteres geschah auch bei der Familie des Tuchscherers Schultheiß von Burgstall[21], welche bei 6 unerwachsenen Kindern seit Jahren einen jährlichen Aufwand von 550 M. verursacht hat. Wir überzeugten uns, daß diese Unterstützung übel angebracht und die Familie sehr heruntergekommen war. Nach anderweitiger Unterbringung der Kinder

---

[19] Ministerien des Innern und des Kirchen- und Schulwesens: Instruktion zu dem Gesetz vom 17. April 1873, zur Ausführung des Reichsgesetzes über den Unterstützungswohnsitz vom 6. Juni 1870, vom 30.5.1873 (Regierungs-Blatt für das Königreich Württemberg, S. 207).

[20] Nach § 32 des Unterstützungswohnsitzgesetzes konnte ein aufgrund endgültiger Unterstützungspflicht zur Übernahme eines dauerhaft Hilfsbedürftigen verpflichteter Armenverband dessen Überführung verlangen, für die er die Kosten zu tragen hatte.

[21] Dorf im oberbayerischen Bezirksamt Pfaffenhofen.

durch den Landarmenverband gelang es dem Familienvater, dauernde und lohnende Arbeit zu finden, und wir können seinem Ansuchen gemäß ihm die Kinder wieder überlassen, so daß nun dieser große Aufwand wegfällt und die Familie in geordnete Verhältnisse gekommen ist. Es wird notwendig sein, die Verhältnisse der vielen Personen, welche wir in Augsburg zu unterstützen haben, durch ein Mitglied des Ausschusses an Ort und Stelle untersuchen zu lassen.

4. In viel ausgedehnterem Maße als früher wurde aufgrund von Art. 3 des Ges[etzes] vom 17. April 1873[22] versucht, die Väter und Mütter unehelicher Kinder zu teilweisem Kostenbeitrag heranzuziehen, und zwar mehrfach mit günstigem Erfolg. Wenn auch zugegeben ist, daß dadurch sehr viele Schreibereien erwachsen, glauben wir doch, in dieser Bemühung fortfahren zu sollen. Durch nähere Nachforschungen über die Vermögens- und Familienverhältnisse wurde ferner in mehreren Fällen bewirkt, daß die bisher vom Landarmenverband unterstützten Eltern nun von den Kindern übernommen wurden oder daß Beiträge zu den Kosten geleistet wurden bzw. früher aufgewendete Kosten zum Ersatz kommen.

5. Eines besonderen Falles ist endlich noch zu erwähnen, in welchem sich zeigt, wie leicht es möglich ist, von einzelnen Ortsarmenbehörden auf Kosten des Landarmenverbands Unterstützung zu erschleichen. Zimmermann Kipf von Adelmannsfelden, ein noch sehr rüstiger Mann, zog mit Frau und 5 Kindern in Württemberg, Bayern, Baden p. seit über einem Jahr herum und verschaffte sich seinen Unterhalt ausschließlich dadurch, daß er die Ortsarmenbehörden durch falsche Angaben über seine Verhältnisse täuschte und so Unterstützung zum Teil in reichlichem Maß sich verschaffte. Er war überall nur etliche Tage. Als von allen Seiten Gesuche um Kostenersatz hier einkamen, wurden die Ortsarmenbehörden im Staatsanzeiger auf dieses Treiben aufmerksam gemacht und der Staatsanwaltschaft Anzeige erstattet, wodurch es gelang, den Kipf zur Strafe zu ziehen und seinem ungesetzlichen Treiben zu begegnen.

---

[22] Der Art. 3 des Ausführungsgesetzes verpflichtete Personen, die über genügend Mittel verfügten, zum Ersatz der empfangenen Armenunterstützung (Gesetz zur Ausführung des Reichsgesetzes vom 6. Juni 1870 über den Unterstützungswohnsitz vom 17.4.1873 [Regierungs-Blatt für das Königreich Württemberg, S. 109]).

Nr. 4

1891 Juli 11

Preußisches Gesetz[1] betreffend Abänderung der §§ 31, 65 und 68 des Gesetzes zur Ausführung des Bundesgesetzes über den Unterstützungswohnsitz vom 8. März 1871

Druck

[Die Landarmenverbände sind verpflichtet, die Anstaltsfürsorge für bestimmte Armengruppen zu übernehmen]

Artikel I

Der § 31 des Gesetzes, betreffend die Ausführung des Bundesgesetzes über den Unterstützungswohnsitz, vom 8. März 1871[2] wird aufgehoben. An seine Stelle treten die nachfolgenden §§ 31, 31 a, b, c, d und e.

§ 31

[1] Die Landarmenverbände[3] – in der Provinz Ostpreußen der Landarmenverband der Provinz – sind verpflichtet[4], für Bewahrung, Kur und Pflege der hilfsbedürftigen

---

1 Gesetz-Sammlung für die Königlichen Preußischen Staaten 1891, S. 300-302.
Der Gesetzentwurf (vgl. Nr. 2) war am 12.11.1890 als Gesetzentwurf, betreffend die außerordentliche Armenlast, dem preußischen Herrenhaus vorgelegt worden (Sten.Ber. PrHH Session 1890/1891, Drucksache 5). Die IX. Kommission des Herrenhauses hatte den Entwurf beraten und in einer überarbeiteten Fassung zur Annahme empfohlen (Sten.Ber.PrHH Session 1890/1891, Drucksache 34). Das Herrenhaus hatte der Vorlage in seiner 7. Sitzung vom 24.1.1891 seine Zustimmung erteilt (Sten.Ber. PrHH Session 1890/ 1891, S. 58-75). Das preußische Abgeordnetenhaus überwies den Gesetzentwurf (Sten.Ber. PrAbgH 17. LP III. Session 1890/91, Drucksache Nr. 60) seiner XVII. Kommission, die am 10.5.1891 ihren Bericht vorlegte (Sten.Ber. PrAbgH 17. LP III. Session 1890/91, Drucksache Nr. 60). Das Plenum des Abgeordnetenhauses beriet den Entwurf in seiner 95. und 97. Sitzung vom 4.6. und 6.6.1891 in zweiter und dritter Lesung und stimmte dem dabei überarbeiteten Entwurf zu (Sten.Ber. PrAbgH 17. LP III. Session 1890/1891, S. 2554-2566 und S. 2597-2607). Im Mittelpunkt der Verhandlungen des Herrenhauses und des Abgeordnetenhauses standen dabei die Modalitäten der Erstattung nach § 31 a. Das Abgeordnetenhaus fügte dem Entwurf überdies noch den § 31 b zu. Das Herrenhaus nahm die überarbeitete Fassung in seiner 23. Sitzung vom 15.6.1891 an (Sten.Ber. PrHH Session 1890/1891, S. 341-352). Nachdem dabei die im § 31 d zugestandenen Rechte auch den Orsarmenverbänden zugesprochen worden waren, erteilte das Abgeordnetenhaus in seiner 106. Sitzung vom 17.6.1891 seine Zustimmung (Sten.Ber. PrAbgH 17. LP III. Session 1890/1891, S. 2861), durch die das Gesetz nach Zeichnung durch den Monarchen in Kraft treten konnte.

2 Nr. 86 Bd. 7, 1. Halbband, der I. Abteilung dieser Quellensammlung.

3 In Preußen übten die Funktion des Landarmenverbands in der Regel die Provinzialverbände aus, bei im einzelnen abweichenden Regelungen; die Regierungsbezirke Kassel, Wiesbaden und Sigmaringen und die Stadtgemeinden Berlin, Breslau und Königsberg i. Pr. bildeten eigene Landarmenverbände.

4 Eine solche gesetzliche Verpflichtung der Landarmenverbände bestand nur in Preußen. In anderen Bundesstaaten war in den Ausführungsgesetzen zum Unterstützungswohnsitzgesetz eine Befugnis zur Kostenübernahme für die genannten Fürsorgezweige durch die Landarmenverbände vorgesehen, oder es waren die Bedingungen festgelegt worden, wann

Geisteskranken, Idioten, Epileptischen, Taubstummen und Blinden, soweit dieselben der Anstaltspflege bedürfen, in geeigneten Anstalten Fürsorge zu treffen.

[2] Verpflichtet zur Aufnahme und Bewahrung, zur Gewährung der Kur und Pflege ist zunächst derjenige Landarmenverband, welchem der vorläufig[5] unterstützungspflichtige Ortsarmenverband angehört.

[3] Dieser Landarmenverband kann die Übernahme des Hilfsbedürftigen sowie den Ersatz der aufgewendeten Verpflegungs- und Überführungskosten von demjenigen Landarmenverband verlangen, dem der endgültig[6] unterstützungspflichtige Ortsarmenverband angehört.

§ 31 a

[1] Die allgemeinen Verwaltungskosten der Anstalten und die Kosten der von der Anstalt selbst bewirkten Beerdigung trägt der Landarmenverband. Der Landarmenverband ist berechtigt, sofern es sich nicht um einen landarmen Hilfsbedürftigen handelt, vorbehaltlich anderweitiger Vereinbarung Ersatz der sonstigen Kosten von dem endgültig unterstützungspflichtigen Ortsarmenverband zu verlangen. Die Erstattung erfolgt durch Vermittlung des Kreises, welchem dieser Ortsarmenverband angehört; der Kreis ist verpflichtet, dem Ortsarmenverband mindestens zwei Drittel der von letzterem aufzubringenden Kosten als Beihilfe zu gewähren.

[2] Unberührt bleiben alle auf besonderen gesetzlichen Bestimmungen oder Titeln beruhenden Verpflichtungen.

§ 31 b

Die Bestimmungen über die Aufnahme und Entlassung der Anstaltspflegebedürftigen sowie über die Höhe der zu erstattenden Kosten werden in Reglements getroffen, welche der Genehmigung der zuständigen Minister unterliegen.

§ 31 c

[1] Streitigkeiten zwischen den Ortsarmenverbänden und den zur Beihilfe verpflichteten Kreisen unterliegen der Entscheidung im Verwaltungsstreitverfahren. Zuständig in erster Instanz ist der Bezirksausschuß, in zweiter das Oberverwaltungsgericht.

[2] Im übrigen behält es bei den Bestimmungen des Reichsgesetzes über den Unterstützungswohnsitz vom 6. Juni 1870 sein Bewenden.

§ 31 d

[1] Land- und Stadtkreise sowie Ortsarmenverbände, welche für einen der von den Landarmenverbänden unmittelbar zu übernehmenden Zweige der Armenpflege

---

die Landarmenverbände den Ortsarmenverbänden Beihilfen finanzieller Art oder durch Bereitstellung von Pflegeanstaltsplätzen zu leisten hatten.

5 Nach § 28 des Unterstützungswohnsitzgesetzes mußte jeder hilfsbedürftige Deutsche vorläufig von demjenigen Ortsarmenverband unterstützt werden, in dessen Bezirk er sich bei Eintritt der Hilfsbedürftigkeit befand. Der Ortsarmenverband konnte dann einen Anspruch auf Erstattung beim endgültig unterstützungspflichtigen Armenverband geltend machen.

6 Endgültig unterstützungspflichtig war der Ortsarmenverband, bei dem der Hilfsbedürftige seinen Unterstützungswohnsitz hatte. Dieser wurde durch zweijährigen ununterbrochenen Aufenthalt, Verehelichung oder Abstammung erworben und ging durch Erwerb eines anderen Unterstützungswohnsitzes oder durch zweijährige ununterbrochene Abwesenheit verloren.

bisher schon in ausreichender Weise gesorgt haben, können, solange dies der Fall ist, nicht gegen ihren Willen verpflichtet werden, an der betreffenden Einrichtung des Landarmenverbands teilzunehmen oder zu den Kosten derselben beizutragen.

[2] Land- und Stadtkreise können mit Genehmigung des Oberpräsidenten auch in Zukunft die Fürsorge für hilfsbedürftige Geisteskranke, Idioten, Epileptische, Taubstumme und Blinde in eigenen Anstalten übernehmen.

[3] Die infolge der Ausführung der vorstehenden Vorschriften erforderliche Regelung der Verhältnisse ist, unbeschadet aller Privatrechte Dritter, durch den Oberpräsidenten zu bewirken.

[4] Streitigkeiten, welche hierbei entstehen, unterliegen der Entscheidung des Oberverwaltungsgerichts.

[5] In den Fällen der Absätze 1 und 2 tragen die Landkreise die allgemeinen Verwaltungskosten allein und dürfen die Ortsarmenverbände höchstens bis zu einem Drittel der sonstigen Kosten heranziehen (§ 31 a).

§ 31 e

[1] Die Landarmenverbände, Kreise und die aus mehreren Gemeinden und Gutsbezirken zusammengesetzten Kommunalverbände sind auch ferner befugt, die Fürsorge für Sieche unmittelbar zu übernehmen.

[2] Die gleiche Befugnis verbleibt den Kreisen und den im Absatz 1 bezeichneten Kommunalverbänden hinsichtlich der hilfsbedürftigen Kranken.

Artikel II

[1] Der § 65 des Gesetzes vom 8. März 1871 erhält am Schluß folgende Zusätze:

[2] In den Fällen der §§ 31, 31 a, d und e sind auch die Kreise und die anderen daselbst bezeichneten Kommunalverbände berechtigt, die Gewährung der erforderlichen laufenden Unterstützung von den im Absatz 1 aufgeführten Personen nach Maßgabe ihrer gesetzlichen Verpflichtung zu fordern. Findet eine Vereinbarung über die Höhe dieser Kosten nicht statt, so beschließt auf den Antrag der Berechtigten nach Anhörung der Beteiligten der Bezirksausschuß endgültig vorbehaltlich des ordentlichen Rechtswegs.

[3] Die in schriftlicher, von beiden Teilen vollzogener Fassung vereinbarten und die von dem Bezirksausschuß festgesetzten Beträge unterliegen der Beitreibung im Verwaltungszwangsverfahren.

Artikel III

[1] Der § 68 des Gesetzes vom 8. März 1871 erhält folgenden Zusatz:

[2] Der Erstattungsanspruch im gerichtlichen Verfahren steht in den Fällen der §§ 31, 31 a, d und e auch den Kreisen und den anderen daselbst bezeichneten Kommunalverbänden zu. Die Klage ist gegen den Unterstützten und gegen seine alimentationspflichtigen Angehörigen zulässig.

Artikel IV

Dieses Gesetz tritt mit dem 1. April 1893 in Kraft.

Nr. 5

1891 September 15

Runderlaß[1] des preußischen Innenministers Ludwig Herrfurth[2] an die Oberpräsidenten und den Sigmaringer Regierungspräsidenten Adolf Freiherr Frank von Fürstenwerth[3]

Druck

[Die Landarmenverbände haben dafür zu sorgen, daß in den Fällen der Anstaltspflege, die ihnen gesetzlich zur Pflicht gemacht werden, die zur Durchführung nötigen Einrichtungen zur Verfügung stehen]

In § 31 des Gesetzes vom 8. März 1871[4] – G[esetz]s[ammlung], S. 130 – ist den Landarmenverbänden die Befugnis beigelegt worden, die Kosten der öffentlichen Armenpflege, welche die Fürsorge für Geisteskranke, Idioten, Taubstumme, Sieche und Blinde verursacht, unmittelbar zu übernehmen. Diese Befugnis hat – soweit es sich nicht um Sieche handelt – der Artikel I des Gesetzes[5] vom 11. Juli d. J., betreffend Abänderung der §§ 31, 65 und 68 des ersterwähnten Gesetzes – GS, S. 300 –, in eine Verpflichtung umgewandelt. Nach dem neuen Gesetz haben die Landarmenverbände vom 1. April 1893 ab unter Beteiligung der Kreise und Ortsarmenverbände an den erwachsenden Kosten für Bewachung, Kur und Pflege der bezeichneten Kategorien von Hilfsbedürftigen – mit Ausnahme der Siechen –, soweit sie der Anstaltspflege bedürfen, in geeigneten Anstalten Fürsorge zu treffen. Die gleiche Verpflichtung ist den Landarmenverbänden hinsichtlich der im § 31 des Gesetzes vom 8. März 1871 nicht besonders aufgeführten hilfsbedürftigen Epileptischen, für welche die Anstaltspflege unentbehrlich erscheint, auferlegt worden.

Um die rechtzeitige Durchführung des neuen Gesetzes zu sichern, werden die Landarmenverbände schon jetzt Bedacht darauf zu nehmen haben, daß ihnen zum 1. April 1893 die erforderlichen Anstalten in ausreichender Anzahl und Größe zu Gebote stehen. Ew. Exzellenz ersuche ich daher ganz ergebenst, (den Landarmenverband der dortigen Provinz) (Brandenburg, Schlesien, Schleswig und Hessen-Nassau, die Landarmenverbände) hierauf mit dem Hinweis aufmerksam zu machen, daß nach den Bestimmungen des Gesetzes die Verpflichtung durch die Unterbringung des Hilfsbedürftigen nicht nur in einer von dem Landarmenverband errichteten und geleiteten, sondern auch in einer geeigneten Privatanstalt Genüge geleistet werden kann.

---

1 Ministerial-Blatt für die gesammte innere Verwaltung in den Königlich Preußischen Staaten 1891, S. 166-167.

2 Ludwig Herrfurth (1830-1900), 1873 Vortragender Rat, 1881 Ministerialdirektor, 1882 Unterstaatssekretär im preußischen Innenministerium, seit 1888 preußischer Innenminister, seit 1889 MdPrAbgH (bei keiner Fraktion).

3 Adolf Freiherr Frank von Fürstenwerth (1833-1893), Jurist, seit 1887 Regierungspräsident in Sigmaringen.

4 Gesetz, betreffend die Ausführung des Bundesgesetzes über den Unterstützungswohnsitz vom 6. Juni 1870, vom 8.3.1871 (Nr. 86 Bd. 7, 1. Halbband, der I. Abteilung dieser Quellensammlung).

5 Nr. 4.

Es empfiehlt sich ferner, daß mit der Aufstellung der in § 31 b des neuen Gesetzes vorgesehenen Reglements baldigst vorgegangen werde. Ew. Exzellenz wollen gefälligst auch in dieser Beziehung das Erforderliche veranlassen und mir demnächst die von (der Vertretung des Landarmenverbands) (Brandenburg, Schlesien, Schleswig und Hessen-Nassau: den Vertretungen die Landarmenverbände) beschlossenen Reglements mit ihrer gutachtlichen Äußerung einreichen.

Im übrigen glaube ich mich wegen der Auslegung des neuen Gesetzes vorläufig auf folgende Bemerkungen beschränken zu können.

1. Unter dem im § 31 a mehrfach erwähnten „Landarmenverband" ist nach der Entstehungsgeschichte und dem Sinne des Gesetzes sowohl derjenige Landarmenverband, welchem der vorläufig unterstützungspflichtige Ortsarmenverband angehört, als auch derjenige Landarmenverband zu verstehen, dem der endgültig fürsorgepflichtige Ortsarmenverband angehört. Demnach fallen die allgemeinen Verwaltungskosten demjenigen Landarmenverband zur Last, in dessen Anstalt sich der Hilfsbedürftige gerade befindet, und zwar für die gesamte Dauer seines dortigen Aufenthalts. Das gleiche gilt von den Kosten der Beerdigung des Hilfsbedürftigen, wenn diese nicht von Dritten – Angehörigen, Begräbnisvereinen usw., – sondern von Anstalts wegen bewirkt wird.

2. Wegen des Begriffs „allgemeinen Verwaltungskosten" beziehe ich mich auf die betreffenden Ausführungen in der Begründung, mit welcher der Entwurf des Gesetzes seinerzeit dem Landtag vorgelegt worden ist (Drucksache 5 der Session 1890/91 des Herrenhauses, S. 10 f.[6]).

3. Die Bestimmung des § 31 a, nach welcher die Erstattung des dem Landarmenverband von dem Ortsarmenverband zu ersetzenden Kostenanteils durch Vermittlung des beteiligten Kreises erfolgen soll, hat den Zweck, einen unmittelbaren Verkehr zwischen dem Landarmenverband und dem Ortsarmenverband tunlichst auszuschließen. Man ist hierbei von der Ansicht ausgegangen, daß die betreffenden Angelegenheiten der Regel nach rascher und glatter zur Erledigung gelangen werden, wenn seitens des Landarmenverbands nur mit dem Kreis verhandelt wird.

4. Diejenigen Land- und Stadtkreise, denen der Oberpräsident aufgrund des § 31 d Abs[atz] 2 gestattet, künftig die Fürsorge für hilfsbedürftige Geisteskranke usw. in eigenen Anstalten selbst zu übernehmen, werden selbstverständlich, solange dies der Fall ist, ebensowenig wider ihren Willen verpflichtet werden können, an den betreffenden Einrichtungen des Landarmenverbands teilzunehmen oder zu den Kosten derselben beizutragen wie die im ersten Absatz des § 31 d bezeichneten Kreise. Dieser Umstand wird bei der nach Absatz 3 a. a. O. dem Oberpräsidenten zustehenden Regelung der in Betracht kommenden Verhältnisse zu berücksichtigen sein.

---

6 Entwurf eines Gesetzes, betreffend die außerordentliche Armenlast (Sten.Ber. PrHH Session 1890/1891, Drucksache 5). Die Begründung bezog sich hier auf eine Entscheidung des Bundesamtes für das Heimatwesen vom 25.9.1875, das in einem Streitfall zweier Ortsarmenverbände zu den allgemeinen Verwaltungskosten bei Krankenhausunterbringung die Gehälter und Löhne, den Unterhalt des Gebäudes, verschiedene Ausgaben an Expeditionsaufwand, Steuern und Abgaben, weiterhin die Aufwendungen für Kleidung, Wäsche und Lagerstätten, Heizung und Beleuchtung sowie Reinhaltung, sofern diese nicht auf besondere individuelle Bedürfnisse des Patienten zurückgingen, gezählt hatte.

Nr. 6

1891 September 24

Protokoll[1] der 12. Jahresversammlung des Deutschen Vereins für Armenpflege und Wohltätigkeit[2]

Druck, Teildruck

[Referate über die Grenzen der privaten Wohltätigkeit und den Stellenwert des Kriteriums der Würdigkeit in deren Arbeit]

[Dr. Ludwig Fuld[3]:] Meine Damen und Herren! Es ist, wie ich glaube, für die Grenzen der Wohltätigkeit sehr wohltätig, wenn sie endlich in die Lage kommen, einen Gegenstand unserer Verhandlung und Beschlußfassung zu bilden, und ich meine, es wird für die Ziehung der richtigen Grenze zwischen öffentlicher und privater Wohltätigkeit ebenfalls sehr wohltätig sein, wenn der Verein[4] sich bemüht, feste Grundsätze darüber aufzustellen, in welcher Weise die private Liebestätigkeit, die private Caritas, Schranken und Grenzen sich zu setzen hat.

Das Thema, das wir heute verhandeln, meine Damen und Herren, deckt sich einigermaßen mit verwandten Themata, die unser Verein schon früher erörterte, und ich erinnere daran, daß die Versammlung unseres Vereins zu Magdeburg[5] Gelegenheit hatte, sich mit der Organisation der privaten Liebestätigkeit bei öffentlichen Unglücksfällen und Katastrophen, wie Überschwemmungen und dgl., zu beschäftigen und daß er es sich hat angelegen sein lassen, auch hierüber feste Grundsätze aufzustellen.

Wenn wir heute abermals in die Lage kommen, uns mit einem verwandten Thema zu beschäftigen, so liegt wohl der Grund darin, daß die heutige Ausübung der privaten Wohltätigkeit zu ernsten Bedenken und zu mancherlei Beschwerden mit Recht Anlaß geben kann. Ich brauche nicht darauf hinzuweisen, daß die Wohltätigkeit in unserer Zeit in einem Maße sich entfaltet hat, dem weniges in früherer Zeit an die

---

1 Stenographischer Bericht über die Verhandlungen der zwölften Jahresversammlung des deutschen Vereins für Armenpflege und Wohlthätigkeit am 24. und 25. September 1891 in Hamburg (Schriften des deutschen Vereins für Armenpflege und Wohlthätigkeit, Heft 15), Leipzig 1891, S. 21-36.

2 Der Deutsche Verein für Armenpflege und Wohltätigkeit war 1880 als Zusammenschluß der Träger der öffentlichen und privaten Armenpflege gegründet worden. Der Verein war der weitaus wichtigste verbandliche Akteur auf dem Feld der Armenpflege und Wohlfahrtspflege. Im Herbst jeden Jahres traf er sich an wechselnden Orten zu seiner Jahresversammlung, auf der zentrale Themen und drängende Fragen der Armenpolitik erörtert wurden. Die Jahresversammlungen wurden durch Vorberichte, die von sachkundigen Referenten verfaßt wurden und häufig auf Umfragen bei den einzelnen Mitgliedsstädten beruhten, vorbereitet.
Die hier abgedruckten beiden Referate hatten „Die Grenzen der Wohltätigkeit" zum Gegenstand. Die Vorberichte lagen bereits 1889 vor und hatten auch auf der Jahrestagung in diesem Jahr diskutiert werden sollen. Da die Jahresversammlung jedoch zeitlich in Verzug geraten war, war die Diskussion verschoben worden. Sie wurde 1891 nachgeholt.

3 Dr. Ludwig Fuld (1859-1935), Rechtsanwalt in Mainz, juristischer Schriftsteller.

4 Deutscher Verein für Armenpflege und Wohltätigkeit.

5 Hilfe in außerordentlichen Nothständen, in: Stenographischer Bericht über die Verhandlungen der achten Jahresversammlung des deutschen Vereins für Armenpflege und Wohlthätigkeit am 27. und 28. September 1887 in Magdeburg (Schriften des deutschen Vereins für Armenpflege und Wohlthätigkeit, Heft 5), Leipzig 1887, S. 47-60.

Seite gestellt werden kann. Nicht mit Unrecht hat man ja unser zu Ende gehendes Jahrhundert, das Fin de siècle, das Jahrhundert der Caritas genannt; und in der Tat läßt sich nicht bestreiten, daß die karitative Tätigkeit sich in einer Weise und in einem Maße entwickelt hat, die zu den schönsten Blüten und Zierden unseres als materialistisch verschrieenen Zeitalters gehört.

Diese Ausdehnung der karitativen Tätigkeit hat aber nicht nur ihre Lichtseiten, sondern auch ihre sehr großen Schattenseiten, und von den kompetentesten Beurteilern ist wiederholt darauf aufmerksam gemacht worden, daß man im Laufe der Zeit vollständig vergessen habe, daß auch die karitative Tätigkeit ihre Grenzen und Schranken zu beachten habe und daß ein Übermaß in der Entfaltung der Wohltätigkeit nicht nur keinen Nutzen, sondern erhebliche wirtschaftliche und moralische Schäden hervorzubringen geeignet sei. Darüber, meine Herren, ist kein Zweifel, daß die Wohltätigkeit als solche von einem volkswirtschaftlichen System nicht entbehrt werden kann. Selbst diejenigen, welche die Volkswirtschaft im Sinne des Laisser faire behandeln, haben zwar die Forderung aufgestellt, daß die Caritas einzuschränken sei, aber sie sind nicht so weit gegangen, dieselbe als solche zu verdammen. Und in der Tat läßt sich ja auch kein System der Bedürfnisbefriedigung denken, das der Ergänzung durch die Caritas vollständig entbehren könnte.

Allein, wenn dies auch als Grundsatz festgehalten werden muß, so kann doch nicht daran gezweifelt werden, daß es die Pflicht einer organisierten Armenpflege ist, und namentlich einer Armenpflege, welche sich den prophylaktischen Zweck als maßgebenden vor die Augen stellt, feste Grundsätze darüber aufzustellen, welche Bedingungen als Voraussetzungen für die Ausübung der Privatwohltätigkeit vorhanden sein müssen. Und diese werden vielfach verkannt. Es liegt ja auf der Hand, verehrte Versammlung, daß die Natur des etwas weitschweifigen und mit den verschiedensten wirtschaftlichen Fragen zusammenhängenden Themas uns dazu nötigt, eine gewisse Beschränkung walten zu lassen. Es wird nicht leicht sein, uns über verschiedene Grundsätze zu einigen, welche dabei in Frage kommen können. Es ist indessen der Versuch gemacht worden, sowohl von mir[6] als seitens meines Gegenreferenten[7] wie auch seitens des Vorsitzenden[8] unseres Vereins, der ebenfalls Thesen[9] darüber aufgestellt hat, eine Reihe von Thesen zu präzisieren, welche das ausdrücken, was der Verein als maßgebende Direktive für die Ausübung der Wohltätigkeit etwa hinstellen könnte, und es wird wohl am besten sein und unsere Verhandlungen wesentlich erleichtern und zugleich auf eine solide Basis stellen, wenn ich die Thesen, wie

---

6 Ludwig Fuld, Die Grenzen der Wohlthätigkeit, in: Der Entwurf eines bürgerlichen Gesetzbuchs in Bezug auf Armenpflege und Wohlthätigkeit ... (Schriften des deutschen Vereins für Armenpflege und Wohlthätigkeit, Heft 8), Leipzig 1889, S. 270-288.

7 Dr. Arwed Emminghaus (1831-1916), Nationalökonom, seit 1873 Direktor der Lebensversicherungsbank in Gotha, seit 1881 Mitglied des Zentralausschusses des Deutschen Vereins für Armenpflege und Wohltätigkeit. Von diesem: Die Grenzen der Wohlthätigkeit, in: Der Entwurf eines bürgerlichen Gesetzbuchs in Bezug auf Armenpflege und Wohlthätigkeit ... (Schriften des deutschen Vereins für Armenpflege und Wohlthätigkeit, Heft 8), Leipzig 1889, S. 289-292, die Thesen S. 291 f.

8 Ludwig Friedrich Seyffardt (1827-1901), Textilfabrikbesitzer in Krefeld, seit 1869 Stadtverordneter, seit 1881 Mitglied des Zentralausschusses, seit 1886 Vorsitzender des Deutschen Vereins für Armenpflege und Wohltätigkeit.

9 Seyffardts Thesen liegen nicht gedruckt vor, sondern wurden auf der Sitzung verteilt. Der Berichterstatter trug sie wenigstens teilweise in seinem hier abgedruckten mündlichen Referat vor.

sie aufgestellt sind, meinen Ausführungen zugrunde lege und sie zu rechtfertigen bzw. zu erläutern versuche.

Ich schlage vor, als These 1 folgenden Satz anzunehmen:

1. Die Ausübung der Wohltätigkeit ist von der Prüfung der Bedürfnisfrage stets abhängig zu machen.

Ich befinde mich in der Lage, bezüglich dieses Satzes die Zustimmung des Herrn Gegenreferenten und des Herrn Vorsitzenden des Vereins Ihnen dartun zu können. Über die innere Berechtigung dieses Satzes wird wohl ein Zweifel nicht obwalten können. Wir müssen davon ausgehen, daß es von grundlegender Bedeutung für die Wohltätigkeit, und nicht nur für die private, sondern auch für die öffentliche, ganz besonders aber für die private Wohltätigkeit ist, daß sie nur da in Wirksamkeit tritt, wo ein wirkliches wirtschaftliches Bedürfnis für ihre Ausübung vorhanden ist. Es liegt auf der Hand, meine Damen und Herren, daß, wenn die Privatwohltätigkeit in Aktion treten will, wo nicht ein wirkliches, sondern nur ein vermeintliches, ein eingebildetes Bedürfnis vorhanden ist, sie nicht nur nicht nützen, sondern im Gegenteil schaden würde. Die Nachteile, die dadurch hervorgerufen worden sind, daß man nicht stets diesen Grundsatz beobachtet hat, treten deutlich genug zutage, man hat ein Simulantentum großgezogen, welches sich nicht scheut, die Gutmütigkeit der karitativ gesinnten Menschen für seine Zwecke in Anspruch zu nehmen; man hat ein Komödiantentum gezüchtet, welches anstelle wirklicher Bedürfnisse die Befriedigung solcher anstrebt, die nicht anerkannt werden können. Die Schäden, die hieraus entstehen, sind so erkennbar, daß ich wohl von ihrer Schilderung absehen kann, und wir dürfen als Grundlage annehmen, nicht bloß für die private, sondern auch für die öffentliche Wohltätigkeit, aber ganz besonders für die private, daß nur dann die Wohltätigkeit aktiv eintreten soll, wenn die Prüfung der Bedürfnisfrage zu dem Resultat kommt, daß ein Bedürfnis tatsächlich vorhanden ist. In diesem Sinne habe ich mir erlaubt, Ihnen die These 1 vorzuschlagen, dahin gehend:

Die Ausübung der Wohltätigkeit ist von der Prüfung der Bedürfnisfrage stets abhängig zu machen.

Herr Dr. Emminghaus, mein Gegenreferent, schlägt Ihnen folgende These vor:

I. Die freiwillige private Armenfürsorge kann nur gedeihlich wirken:
   1. wenn sie nur wirklich Bedürftigen und Würdigen zuteil wird;
   2. wenn sie nach Art und Umfang je dem sorgfältig erforschten besonderen Bedarf angepaßt ist.

Herr Seyffardt schlägt den Satz vor:

1. Die Ausübung der Wohltätigkeit ist von der Prüfung der Bedürfnisfrage stets abhängig zu machen und jedesmal nach Art und Umfang dem sorgfältig erforschten Bedarf anzupassen.

Verehrte Versammlung! Ich habe bereits mir erlaubt zu konstatieren, daß ich in diesem Punkt im wesentlichen mit den übrigen Anträgen einiggehe. Eine wesentliche Differenz, die bezüglich dieser ersten Frage zwischen meinem Gutachten und dem des Herrn Dr. Emminghaus hervortritt und demgemäß auch in den Anträgen sichtbar ist, besteht darin, daß mein Herr Gegenreferent unter „Bedürfnis“ und unter „bedürftig“ nicht nur das wirtschaftliche Bedürfnis versteht, sondern auch die moralische Würdigkeit, während ich glaube, als Grundsatz für die Ausübung der Privatwohltätigkeit davon ausgehen zu müssen, daß überall, wo das Bedürfnis vorhanden ist, dieselbe auch eintreten solle und müsse, ohne daß es darauf ankommen könne, ob der Betreffende der Fürsorge auch moralisch würdig ist oder nicht. Ich glaube diesen Standpunkt auch heute vor Ihnen noch vertreten zu sollen und muß auch daran festhalten, trotz der sehr beachtenswerten Stimmen, die sich in der periodischen und Tagespresse hiergegen geltend gemacht haben.

Ich verkenne nicht, meine Damen und Herren, daß es unter Umständen sehr unangenehm ist und sogar degoutant für unser sittliches Gefühl, wenn wir die Wohltätigkeit einer Person zugute kommen lassen, welche vom moralischen Standpunkt nicht als derselben würdig erachtet werden kann. Ich kann mich aber nicht davon überzeugen, daß es für die Wohltätigkeit ein Postulat ist, sich auf eine Würdigung der moralischen Qualität einzulassen. Meiner Überzeugung nach hat die Wohltätigkeit nur die Aufgabe, Not zu lindern und vorhandenes Elend zu beseitigen, und sie würde meiner Ansicht nach diesem, ihrem großen Zweck, zuwiderhandeln, wenn sie außerdem noch berücksichtigen wollte, ob der Notleidende und im Elend Befindliche der Hilfe sittlich würdig ist. Einen solchen Standpunkt würde ich als einen moralischen Rigorismus bezeichnen, der ja wohl vorgekommen ist und der auch heute noch vertreten wird, der aber von unserem Verein, der die Armenpflege und die Wohltätigkeit auf seine Fahne geschrieben hat, nicht verteidigt werden kann.

Meine verehrten Versammelten! Ich habe in meinem Gutachten ausgeführt, daß sogar unsere Gesetzgebung sich zuweilen hat dazu verleiten lassen, diesen Standpunkt des moralischen Rigorismus zu billigen. Es ist sogar der neueren sozialpolitischen Gesetzgebung teilweise der Vorwurf zu machen – ich erinnere mich an das land- und forstwirtschaftliche Unfall- und Krankenversicherungsgesetz[10], welches die Fürsorge für Wöchnerinnen nur auf solche Wöchnerinnen erstreckt, die ehelich geboren haben –, daß sie sich von diesem Standpunkt des moralischen Rigorismus hat beherrschen lassen, und es ist eine ganze Reihe von Vorkommnissen aus der Geschichte der Wohltätigkeit auch des jüngsten Jahres namhaft zu machen, in welchen gegen dieses Postulat gesündigt worden ist. Ich kann Ihnen nur empfehlen, sich nicht auf den Standpunkt zu stellen, neben der Bedürfnisfrage auch die Frage der moralischen Würdigkeit in Betracht zu ziehen, sondern es offen und schlankweg auszusprechen, daß, wo die Bedürfnisfrage bejaht werden muß, die Wohltätigkeit nicht das Recht, geschweige denn die Pflicht hat, in eine Prüfung der moralischen Würdigkeit einzutreten.

In These 2 schlage ich Ihnen den Satz vor:

2. Die Wohltätigkeit darf niemals in einer Weise gewährt werden, daß sie auf die individuelle Arbeitskraft und die Energie einen erschlaffenden Einfluß ausübt, demgemäß ist es zu mißbilligen, wenn sie allzu lange, allzu reichlich oder auf eine den Geboten der Zweckmäßigkeit zuwiderlaufende Art ausgeübt wird.

Mein Herr Gegenreferent schlägt Ihnen dafür vor:

I.3. wenn sie nicht der fleißigen und beständigen Benutzung leicht zugänglicher Mittel, um der Not auf dem Wege der Versicherung vorzubeugen, entgegenwirkt.

Dieser Satz deckt sich wenig mit dem meinen; er hebt einen ganz speziellen Punkt hervor, während ich glaube, eine generelle Fassung wählen zu sollen. Dage-

---

[10] § 135 des Gesetzes, betreffend die Unfall- und Krankenversicherung der in land- und forstwirtschaftlichen Betrieben beschäftigten Personen, vom 5.5.1886 (Nr. 287 Bd. 2, 2. Teil, der II. Abteilung dieser Quellensammlung). Der Paragraph war dem Gesetzentwurf aufgrund eines gemeinsamen Antrags konservativer, nationalliberaler und Zentrums-Abgeordneter eingefügt worden.

gen nähert sich meiner These mehr, wenn auch nicht ganz nach meiner Anschauung, die These 2 des Herrn Seyffardt, welche dahin geht:

2. Sie hat niemals allzu lange, allzu reichlich oder auf eine dem Gebot der Zweckmäßigkeit zuwiderlaufende Art stattzufinden, um nicht auf die individuelle Arbeitskraft, die Energie und die Benutzung leicht zugänglicher Mittel, der Not durch Versicherung vorzubeugen, erschlaffend einzuwirken.

Was die innere Begründung dieser These betrifft, meine Damen und Herren, so ist es ja klar, daß die private Wohltätigkeit ebensowohl wie die öffentliche sich von dem Grundsatz der Individualisierung leiten lassen muß und daß, wenn sie nicht versteht, bei ihrer Tätigkeit zu individualisieren, sie ebensowenig etwas auszuführen imstande ist wie die öffentliche. Wir haben für die Organisation und für die Ausübung der öffentlichen Armenpflege den Grundsatz der Individualisierung zum maßgebenden gemacht und müssen ihn demgemäß auch für die private als maßgebend anerkennen. Ohne Individualisierung keine richtige Wohltätigkeit, weder eine öffentliche noch eine private: Hierüber sind wir auch vollkommen einig.

Die Wohltätigkeit darf aber auch nicht zu lange ausgeübt werden, denn sonst wirkt sie nicht zum Guten, sondern zum Schlimmen; sie übt sonst einen erschlaffenden Einfluß aus; anstatt die wirtschaftliche Tatkraft zu heben, hat sie die Wirkung, daß der zu lange Zeit Unterstützte sich gänzlich auf die Unterstützung verläßt: seine Energie erlahmt, er versumpft sittlich und wirtschaftlich und ist schließlich gar nicht mehr imstande, sich aus dem sozialen Elend wieder zu erheben. Meine Damen und Herren, die antike Mythologie hat dies schon vollkommen richtig erkannt in der bekannten Fabel, in welcher der Gott Herkules dem Fuhrmann, dessen Karren im Sumpf steckengeblieben ist, zuruft, er solle selbst sich anstrengen, um den Karren wieder auf die richtige Straße zu bringen. In diesem Mythos ist schon vollkommen richtig die Tatsache anerkannt worden, daß durch eine Privatwohltätigkeit, welche allzulange oder unzweckmäßig gewährt wird, die sittliche Tatkraft erschlafft und die Energie und Arbeitskraft vollständig gelähmt wird. Wir haben, meine verehrten Damen und Herren, in dieser Beziehung bei großen Katastrophen und elementaren Ereignissen, welche leider in den letzten Jahren so häufig stattfanden, außerordentlich betrübende Erfahrungen gemacht. Bei den großen Rhein- und Oder-Überschwemmungen[11] hat sich gezeigt, daß durch die Liebestätigkeit, welche allzulange Zeit gewährt wurde, eine wirtschaftliche Erschlaffung eintrat, daß es unendlich

---

[11] Am Mittelrhein und oberen Niederrhein war es im November 1882 zum größten Hochwasser im 19. Jahrhundert gekommen, gefolgt von einem weiteren Hochwasser im Dezember 1882 und Januar 1883 am Oberrhein. Dabei waren Millionenschäden entstanden. Ein preußisches Gesetz vom 21.1.1883 stellte eigens 3 Millionen Mark an staatlichen Hilfen bereit (Gesetz, betreffend die Bewilligung von Staatsmitteln zur Beseitigung der im Stromgebiet des Rheines durch die Hochwasser herbeigeführten Verheerungen, vom 21.1.1883 [PrGS, S. 3]), hinzu kam eine reichsweit über Hilfskomitees, Vereine, Kirchen und Zeitungen organisierte intensive Spendentätigkeit. Bei den zentralen Verteilungsstellen in der Rheinprovinz und in den Großherzogtümern Hessen und Baden gingen Spenden in Höhe von 3,6 Millionen Mark ein. Im März und April 1888 folgte ein Hochwasser an den Elbe-, Weichsel- und Oderniederungen. In Preußen waren Teile der Mark Brandenburg, der Provinzen Hannover, Ost- und Westpreußen und Posen betroffen, daneben auch die beiden mecklenburgischen Großherzogtümer. Wieder verabschiedete das preußische Abgeordnetenhaus ein Hilfsgesetz, das über 30 Millionen Mark bereitstellte; erneut liefen intensive private Wohltätigkeitsaktionen an. Allein in Berlin sammelte ein Zentralkomitee bis Mitte April 1888 1,5 Millionen Mark.

schwerfiel, die Geschädigten wieder an die Arbeitstätigkeit zu gewöhnen, und ich erinnere diejenigen Herren, welche Gelegenheit hatten, unserer Magdeburger Versammlung beizuwohnen, an die Worte, welche ein Mitglied unseres Vorstands, Herr Oberbürgermeister Ohly[12], der leider heute nicht anwesend ist, äußerte in bezug auf die Erfahrungen, die er gelegentlich der Rheinüberschwemmungen gemacht hat[13].

Es ist also unbedingt festzuhalten, daß die Wohltätigkeit nicht allzulang gewährt wird. Aber damit nicht genug: sie muß auch in einer der Zweckmäßigkeit entsprechenden Weise gewährt werden. Auch hiergegen, verehrte Versammlung, wird außerordentlich oft gesündigt, und ich kann mich wiederum auf die Worte beziehen, die Herr Ohly in der Magdeburger Versammlung geäußert hat. Er hat damals ausgesprochen, daß gerade bei der Fürsorge, welche bei öffentlichen Katastrophen und Unglücksfällen eintritt, der eigentliche Zweck oft in schlimmster Weise verfehlt wird. Ich will an das bekannte Beispiel erinnern, daß man es für angemessen gehalten hat, den Opfern der Überschwemmung Fräcke, Zylinderhüte, Pariser Modellhüte und abgelegte Ballroben u. dgl. zukommen zu lassen. Wenn solche Dinge vorkommen können, dann ist von Wohltätigkeit gar nicht mehr die Rede. Es kommt dies aber nicht bloß gelegentlich solcher Katastrophen vor, sondern auch in der privaten Wohltätigkeit des täglichen Lebens. Wieviel ungeeignete Gegenstände und Kleidungsstücke werden den Bedürftigen zuteil gelegentlich der Konfirmation, der Weihnachtsbescherungen und ähnlicher Anlässe, in welchen durch öffentlichen Aufruf und sonst an die allgemeine Mildtätigkeit appelliert wird!

Ich habe schon erwähnt, daß wir bezüglich dieses Punktes ziemlich einiggehen, daß ich aber die spezialisierende Fassung des Herrn Dr. Emminghaus nicht billigen kann. Es ist gewiß richtig – und auch darin gehe ich mit meinem Herrn Gegenberichterstatter vollkommen einig –, daß durch eine allzulange ausgeübte Wohltätigkeit dem Gedanken der Versicherung, dem wir ja von dem Standpunkt der prophylaktischen Armenpflege ganz besondere Rechnung tragen müssen, in schwerster Weise entgegengearbeitet wird. Ich erinnere daran, daß schon vor mehr als fünfzehn Jahren ein sehr hervorragender Volkswirt, Konsul H. H. Meier[14] in Bremen, gelegentlich des großen Brandunglücks in Meiningen[15] darauf aufmerksam gemacht hat, daß durch die allzureichlich gewährten Liebesgaben der Feuerversicherung großer Abbruch getan würde. Ja, meine Herren, das ist nur allzu richtig. Es ist nachgewiesen, daß durch die allzu reichlich gewährten Liebesgaben bei den Rhein- und Oder-Überschwemmungen die Versiche-

---

12 Albrecht Ohly (1829-1891), Jurist, 1874 Bürgermeister, seit 1879 Oberbürgermeister von Darmstadt, seit 1881 Mitglied des Zentralausschusses, seit 1886 Beisitzer im Vorstand des Deutschen Vereins für Armenpflege und Wohltätigkeit.

13 Stenographischer Bericht über die Verhandlungen der achten Jahresversammlung des deutschen Vereins für Armenpflege und Wohlthätigkeit am 27. und 28. September 1887 in Magdeburg (Schriften des deutschen Vereins für Armenpflege und Wohlthätigkeit, Heft 5), Leipzig 1887, S. 52-56. Ohly hatte für die Resolution, die die Versammlung beschlossen hatte, den Satz formuliert: *Die Hauptaufgabe einer solchen Organisation muß darin bestehen, die Hilfeleistungen tunlichst zu zentralisieren, nach bestimmten Grundsätzen zu regeln, planloses und zweckwidriges Verabreichen von Unterstützungen auszuschließen und dieselben auf das durch den Notstand hervorgerufene Bedürfnis zu beschränken.*

14 Hermann Henrich Meier (1809-1898), Konsul und Großkaufmann in Bremen, Begründer des Norddeutschen Lloyd und der Gesellschaft zur Rettung Schiffbrüchiger, 1878-1887 MdR (nationalliberal).

15 Am 5.9.1874 war in Meiningen ein Großbrand ausgebrochen, dem ein Drittel der Altstadt zum Opfer fiel.

rung gegen Wasserschaden in ihrer Ausbreitung gehemmt worden ist; die Bevölkerung verläßt sich eben auf die Privatwohltätigkeit und sagt: Wozu sollen wir die – relativ geringe – Ausgabe für die Versicherungslast uns machen? Die öffentliche und private Mildtätigkeit wird schon seinerzeit in Aktion treten und uns unseren Schaden ersetzen. Dieselbe Erfahrung machen wir sehr häufig bei der Hagelversicherung: Die Gesellschaften wissen davon zu erzählen, daß auf diese Weise die Versicherung gehindert wird, sich in dem Maße zu entfalten, wie es notwendig ist. Also darin bin ich mit den beiden anderen Herren einverstanden; ich bin nur nicht für die Hervorhebung eines Spezialfalles und kann daher nur empfehlen, meine These anzunehmen.

Ich schlage Ihnen weiter vor, den Satz anzunehmen:

3. Es muß vermieden werden, durch die Wohltätigkeit neue Bedürfnisse zu erwecken und so die Ansprüche zu steigern, welche an das Leben gestellt werden.

Es könnte dieser Satz mißverstanden werden, und zwar in dem Sinne, als ob ich es mißbillige, wenn durch die Liebestätigkeit die Lebenshaltung der unteren Schichten der Bevölkerung erhöht würde. Das ist aber nicht der Fall und ist nicht der Sinn der These. Es ist nur beabsichtigt worden, zu sagen: Die Liebestätigkeit muß es vermeiden, der Bevölkerung, welcher sie zuteil wird, Genüsse zuzuwenden, auf welche dieselbe nach ihrer ganzen wirtschaftlichen Lage keinen Anspruch erheben kann und welche daher dazu beitragen würden, dieselbe mit Bedürfnissen bekannt zu machen, die sie später nicht zu befriedigen imstande ist. Ich will dies durch ein kurzes Beispiel erläutern, das ich der Geschichte der elementaren Unglücksfälle entnehme. Es ist bei den großen Rhein-Überschwemmungen in den Jahren 1882 und 1883 wie auch bei der Oder-Überschwemmung vor mehreren Jahren konstatiert worden, daß dadurch, daß man der von der Wassernot betroffenen Bevölkerung geistige Getränke in reichlicherem Maße zuwandte, sich der Alkoholismus in gewissen Schichten neu einbürgerte; man hat geradezu Kreise der Bevölkerung und Landstriche, in denen vorher die Völlerei weniger zu Hause war, durch die allzureichlich gewährten Liebesgaben an das Trinken in erhöhtem Maße gewöhnt. Ich will durch meine These verhüten, daß die Wohltätigkeit in diesem Sinne sich äußert und dadurch die Bevölkerung, welcher sie zuteil wird, an Genüsse gewöhnt wird, die vielleicht an und für sich nicht verwerflich sind, die ihr aber nach ihrer ganzen Lebenshaltung nicht zugebilligt werden können.

Meine Damen und Herren, ich schlage Ihnen weiter vor, und ich glaube, daß diese These auf Ihren Beifall rechnen darf, daß Sie ein kräftiges Votum erlassen gegen den Wohltätigkeitssport und gegen die Sucht, zu Wohltätigkeitszwecken sich vergnügen zu lassen, und bitte Sie um die Annahme folgenden Satzes:

4. Zu wohltätigen Zwecken sollen dem Vergnügen und der Zerstreuung dienende Veranstaltungen, wie Bühnenvorstellungen, Bälle usw. nicht allzuhäufig stattfinden.

Ich verkenne gewiß nicht, verehrte Versammlung, daß die Privatwohltätigkeit nicht in der Lage ist, wenn sie nicht andererseits auf große Summen verzichten will, von diesen geselligen Vergnügungen, Bällen, Wohltätigkeitsvorstellungen, lebenden Bildern, Bazars, und wie die Dinge alle heißen, ganz abzusehen, aber kein rechter Beobachter des Umfangs und der Entwicklung dieser Vergnügungen und Vorstellungen wird imstande sein, zu bestreiten, daß dieselben doch mitunter einen Umfang und eine Ausdehnung erreicht haben, die im höchsten Grade zu Bedenken Veranlassung gibt. Es vergeht ja fast kein Tag im Winter, an welchem nicht zu einem wohltätigen Zweck getanzt, gesungen, gespielt oder auch kostümiert wird, und es ist klar, daß diese Art, Not und Elend zu lindern, doch in sittlicher und wirtschaftlicher Beziehung großen Bedenken unterliegen muß. Ich erachte es als in sittlicher Beziehung bedenklich, daß dadurch die ganze Art und Weise, über Fragen der Armenpflege zu sprechen, eine oberflächliche wird. Wenn man sich daran gewöhnt, sich zu vergnügen auf Kosten der Armen, d. h. um den Armen gewisse Summen zuzuwenden, so kann es nicht ausbleiben, daß die Armenpflege in oberflächlichem Sinne behandelt wird. Dem einen oder anderen von Ihnen ist gewiß das recht bittere, aber durchaus zutreffende Wort begegnet, das einer der größten Denker unserer Zeit, Herr Maxime du Camp[16], ausspricht, worin er sich lustig macht über die Dame, die sich für die Armen dekolletiert, für die Armen tanzt und sich kostümiert. Ich meine daher, es müßte ein Verein, wie der unsrige, seine Stimme erheben, indem er ausspricht, daß er diese Veranstaltungen zwar nicht beseitigen will, da sie nun einmal unentbehrlich sind, aber doch darauf aufmerksam macht, daß der progressive Umfang derselben äußerst bedenklich ist. Ich stehe auf dem vielleicht etwas veralteten Standpunkt: Ich kann nicht einsehen, daß die wirtschaftlichen Vorteile, die daraus erwachsen, außerordentlich große sind. Ich habe auch schon Gelegenheit gehabt, bei solchen Veranstaltungen mitzuwirken; und wenn wir am Schluß die Rechnung machten, so war der Ertrag doch relativ sehr gering. Und wenn man andererseits in Betracht zieht, wieviel Elend und Not damit gelindert werden könnte, wenn die Gelder, die für Kostüme usw. ausgegeben werden, der armen Bevölkerung pure zugewendet würden, dann, meine Damen und Herren, kann man gewiß nicht behaupten, daß diese Einrichtungen eine vorteilhafte Wirkung ausüben. Vergessen Sie auch das eine nicht: Der Geist und der Sinn der armen Bevölkerung wird durch diese Dinge keineswegs ein guter; im Gegenteil, der Arme wird verbittert, wenn er sich sagt: Auf meine Kosten amüsieren sich die anderen. Ich meine also, wir sollten ein Votum erlassen, das geeignet ist, dem Überhandnehmen dieser Vergnügungen zu Wohltätigkeitszwecken Einhalt zu tun.

Meine Damen und Herren, mit dieser These hängt die folgende, die ich Ihnen vorschlage, sehr eng zusammen. Ich habe schon darauf hingewiesen, daß es mir von hohem Wert wäre, wenn unser Verein ein Votum gegen den Wohltätigkeitssport erließe; gegen diesen richtet sich die These 5, dahin lautend:

5. Bei Heranziehung von Hilfskräften für Wohltätigkeitszwecke ist eine sorgfältige Auswahl zu treffen, um solche Personen auszuschließen, welche die Wohltätigkeit sportmäßig betreiben.

Ich glaube, daß es einer der wichtigsten Grundsätze der Wohltätigkeit ist, daß wir diejenigen Personen möglichst von der privaten Caritas ausschließen, welche nicht aus wahrem inneren Beruf, aus Überzeugung sich an ihrer Ausübung beteiligen, sondern welche dies nur mitmachen, weil es zum guten Ton, zur Mode gehört, weil es sportmäßig ist. Die Wohltätigkeit darf nicht in einen Sport ausarten. Das Bild, welches uns ein bekannter Lustspieldichter[17] in den „Wohltätigen Frauen" von dieser

---

[16] Maxime du Camp (1822-1894), französischer Schriftsteller, Journalist, Photograph und Orientreisender. Du Camp hat in mehreren Publikationen, die zunächst als Zeitschriftenartikel erschienen waren, die private und öffentliche Wohltätigkeit in Paris geschildert und dabei an sich das uneigennützige Engagement karitativer Frauen besonders hervorgehoben (La charité privée à Paris, Paris 1885, dt.: Die Privat-Mildthätigkeit in Paris, Hannover 1883; Paris bienfaisant, Paris 1888).

[17] Adolphe L'Arronge (1838-1908), Schriftsteller in Berlin, Theaterdirektor des Friedrich-Wilhelmstädtischen Theaters. Von diesem: Wohlthätige Frauen. Lustspiel in vier Akten, Berlin 1879.

Art der Wohltätigkeit entwirft, ist meines Erachtens nicht scharf genug, um diesen tatsächlichen Zuständen gerecht zu werden; es bedürfte ganz anderer, schärferer Federn und schärferen Spottes, um ein getreues Bild zu entwerfen. Der Wohltätigkeitssport ist eine Krankheit, und wir haben wohl Veranlassung, wenn wir uns mit den Grenzen der Wohltätigkeit beschäftigen, daß wir unser Votum gegen diesen Wohltätigkeitssport abgeben. Der Wohltätigkeitssport ist übrigens, wie ich dabei bemerken will, nicht nur eine Eigentümlichkeit der Frauenwelt, sondern auch der Männerwelt, und der „wohltätigen Frau" könnte ein anderer Dichter den „wohltätigen Mann" gegenüberstellen. Wir haben aber keinen Grund, zwischen beiden zu unterscheiden; und wenn wir darauf hinweisen, daß es bedenklich ist, auf Kosten der Armen zu tanzen und sich zu amüsieren, so haben wir gewiß auch alle Veranlassung, uns gegen den Wohltätigkeitssport, der wie eine Epidemie grassiert, energisch zu wenden. Ich möchte Ihnen daher dringend empfehlen, meine Damen und Herren, gerade diese beiden Thesen anzunehmen; denn ich glaube wirklich, Sie werden einen wohltätigen Einfluß auf das ganze öffentliche Leben ausüben, wenn Sie in energischer Weise gegen die gerügten Übelstände auftreten.

Ich schlage Ihnen zum Schluß vor, meine Damen und Herren, folgende These anzunehmen:

6. Die Wohltätigkeit muß davon absehen, Bedürfnisse befriedigen zu wollen, welche ihre Kräfte übersteigen, denen nur durch das gemeinwirtschaftliche System der Bedürfnisbefriedigung entsprechende Rechnung getragen werden kann.

Zur Rechtfertigung dieser These kann ich mich einfach darauf berufen, was ich Ihnen vorhin schon gesagt habe: Es gibt Zwecke, denen die private Caritas nicht gerecht werden kann, welche ihre Kräfte übersteigen, und die einfach nicht erfüllt werden können, wenn sie lediglich der privaten Caritas zugewiesen bleiben. Wird die Privatwohltätigkeit auf solchen Gebieten ausgeübt, für die ihre Kräfte nicht hinreichen, so wird dadurch das Resultat hervorgerufen, daß der Staat und die öffentliche Gewalt verhindert werden, ihre Tätigkeit auf dieselben zu erstrecken. Ich will dies an einem kurzen Beispiel erläutern. Manche Zweige des Versicherungswesens wären seitens der Staatsgewalt und der Gesetzgebung gewiß schon in Angriff genommen worden, wenn nicht die Privatwohltätigkeit sich ihrer angenommen hätte; ich erinnere nur an die Hagelversicherung.

[...] *Erläuterung am Beispiel der Hagelversicherung und abschließende Ausführungen.*

[Dr. Arwed Emminghaus:] [...] Mir scheint, daß der erste Grundsatz der freiwilligen und privaten Armenpflege der sein muß, daß nicht geholfen werde, außer wo Hilfe aus eigener Kraft nachweislich unmöglich und wo, abgesehen von Fällen augenblicklicher lebenszerstörender Not, die Würdigkeit zweifellos festgestellt ist; und in diesem letzten Punkt stimme ich allerdings mit dem Herrn Vorredner nicht überein. Es scheint dieser Grundsatz eine Härte zu enthalten; aber ganz unzweifelhaft steigert die Verleugnung dieses Grundsatzes das Übel, dem der Hilfsbereite steuern will, in höchst bedenklichem Maße. Das war schon den alten Christen sehr deutlich; denn in der Lehre der Apostel findet sich das wunderbar wahre und nicht genug zu beherzigende Wort: „Es schwitze dein Almosen in deinen Händen, bevor du erkannt hast, wem du gibst."[18] Es schwitze dein Almosen in deinen Händen! Das heißt: Halte das Almosen fest, gib es nicht früher weg, als bis du sorgsam erkundet hast, ob der

---

[18] Didache 1,6.

Betreffende, der das Almosen von dir heischt, auch des Almosens würdig und ob er seiner bedürftig ist. Erkennst du, daß er sich aus eigner Kraft zu helfen vermag, so halte dein Almosen fest. Mußt du aus den Umständen schließen, daß er zu Unnützem verwenden werde, was du ihm reichen würdest, so reiche es ihm nicht.

Der Begriff der „Würdigkeit" im Sinne der Armenpflege bedarf nun allerdings der Erläuterung. Es ist ganz richtig von dem Herrn Vorredner gesagt worden, sich als Sittenrichter zu gerieren, zieme dem Armenpfleger und dem Wohltäter nicht. Auch muß man zugeben, daß der moralisch Gesunkene am dringendsten der Hilfe bedarf – aber des Almosens der Wohltätigkeit im gewöhnlichen Sinne des Wortes bedarf er in erster Linie meistens nicht; ihm ist die beste Hilfe die erziehliche Einwirkung auf seine moralische Kraft; ihm ist sehr häufig eine „Gabe" gar nicht nötig, ja vom Übel; ihm ist es unter Umständen sehr viel wichtiger, daß man seinem Bedürfnis nach moralischer Heilung entgegenkomme als dem Bedürfnis nach materieller Unterstützung. Und es soll ja nicht geleugnet werden, daß es die schönste und wertvollste Art, Menschenliebe zu bezeigen, ist, daß man die Gefallenen aufhebe und der Verworfenen sich hilfreich annehme. Aber das schließt nicht aus, daß man, bevor man Almosen spendet, die Würdigkeit des Empfängers zu erkunden sich bemühen müsse.

Ist es etwa wohlgetan, einem Bettler, dem Sie ansehen, daß er ein Säufer ist und daß er jedes Almosen in der nächsten Minute vertrinken wird, selbst wenn er augenscheinlich bedürftig ist, eine Gabe zu reichen? Ihm zu helfen, drängen Sie Pflicht und Gewissen, wenn Sie können, aber mit einem Almosen würden Sie nur sein Elend befördern. Die Würdigkeit des zu Unterstützenden in dem Sinne, in welchem ich Ihnen diesen Begriff erläutern will, zu prüfen, ist in der freiwilligen Armenpflege durchaus geboten. Ich verstehe aber unter Würdigkeit, wie sie hier in Betracht zu ziehen ist, die in der Person des Hilfesuchenden liegende Gewähr, daß er die ihm gebotene Unterstützung nicht zu Überflüssigem, sondern zu Notwendigem verwenden, und daß die Unterstützung, anstatt ihn zu erschlaffen, in ihm die Kraft und den Willen zur Selbsthilfe wecken und stärken werde. Denn, wie es in dem englischen Sprichwort mit Recht heißt: Eine Unze von Selbsthilfe ist besser als eine Tonne von Wohltätigkeit.[19] In diesem Sinne gefaßt, werden Sie mir zugeben, ist es ein Gebot der Armenpflege, die Würdigkeit des zu Unterstützenden sorgfältig vorher zu prüfen. Es unterscheidet sich vielleicht die freiwillige Armenpflege von der öffentlichen in keinem Punkt so sehr, als daß bei der letzteren in der Tat die Prüfung der Würdigkeit ganz außer Betracht bleibt, bei der ersteren dagegen sie durchaus und dringend geboten ist, wenn man nicht viel mehr Unheil anrichten will als Segen.

Der zweite Satz ist der, daß die Hilfe nach Art und Umfang stets auch dem besonderen Bedürfnis genau angepaßt werde. Diesen Grundsatz hat der Herr Vorredner ja durch eine Fülle von Beispielen erläutert: Hier stimme ich mit ihm vollständig überein und habe dem von ihm Gesagten nichts hinzuzufügen.

Der dritte Grundsatz ist der, daß man nicht oder doch nur in der allerdringendsten Not Hilfe gewähre, da wo leicht gebotene Vorkehr gegen die nun entstandene Not, z. B. Vorkehr durch Versicherung, aus Leichtsinn versäumt wurde. Brand- und Hagelbettelbriefe sind auch in unserer versicherungsfreundlichen Zeit noch eine sehr verbreitete Landplage. Wer solchem Bettel die Hand öffnet, versperrt der verständig-

---

19 An sich auf Benjamin Franklin geht das Sprichwort zurück *An ounce of prevention is worth a pound of cure*; im Englischen ist verbreitet *An ounce of practice is worth a pound of precept*; ähnliche sprichwörtliche Gegenüberstellungen finden sich im Englischen in größerer Zahl.

sten Selbsthilfe die Wege. Auch in diesem Stück ziehe ich mit dem Herrn Vorredner ganz am gleichen Strang.

[...] *Überlegungen zur Bedeutung der richtigen Gesinnung bei der Armenpflege und zur Ordnung des Stiftungswesens.*[20]

Nr. 7

1891 November 11

Votum[1] des Staatssekretärs des Innern Dr. Karl Heinrich von Boetticher[2] für das preußische Staatsministerium

Metallographie

[Die Klagen über das Unterstützungswohnsitzgesetz werden aufgrund der neuen Arbeiterversicherungsgesetze zurückgehen; eine grundsätzliche Reform des Gesetzes ist deshalb einstweilen auszusetzen; die Abänderung einzelner Bestimmungen kann aber erwogen werden]

Die Frage der Revisionsbedürftigkeit des Reichsgesetzes über den Unterstützungswohnsitz ist seitens der gesetzgebenden Körperschaften des Reichs und der Bundesstaaten, von zahlreichen Vereinigungen sowie von der Presse wiederholt und noch in der jüngsten Zeit erörtert worden.

Aus der angeschlossenen Denkschrift[3] ergibt sich, welchen Gang die Bewegung gegen das Gesetz genommen und wie sich die Reichsverwaltung bisher zu derselben gestellt hat.

---

[20] In der anschließenden Diskussion sprang der Vereinsvorsitzende Ludwig Friedrich Seyffardt dem Korreferenten Dr. Arwed Emminghaus mit der Feststellung zur Seite: *Das ist gerade der Hauptunterschied zwischen obligatorischer öffentlicher und privater freiwilliger Hilfeleistung, daß die erstere auf die Würdigkeit nicht Rücksicht nehmen darf, die letztere dagegen nach den jetzt herrschenden Ideen darauf Rücksicht nehmen muß.* Bei der Abstimmung über die zu beschließende Resolution erlangte ein Vorschlag des Merseburger Landesdirektors Wilko Levin Graf von Wintzingerode die Mehrheit, der lautete: *Die Wohltätigkeit hat sich innerhalb der Grenzen des sorgfältig zu prüfenden Bedürfnisses zu halten. Sie hat sich in den Zielen, die sie sich setzt, wie in der Art, wie sie die Hilfe dem einzelnen gewährt, stets gegenwärtig zu halten, daß sie in zahlreichen Fällen nicht allein materielle Hilfe zu gewähren, sondern, getragen von echter Menschenliebe, auch erzieherische Aufgaben zu erfüllen, die eigene Energie des Hilfsbedürftigen zu erwecken und zu stärken, den moralisch Gesunkenen auf den rechten Weg zu führen hat* (Stenographischer Bericht über die Verhandlungen der zwölften Jahresversammlung des deutschen Vereins für Armenpflege und Wohlthätigkeit am 24. und 25. September 1891 in Hamburg [Schriften des deutschen Vereins für Armenpflege und Wohlthätigkeit, Heft 15], Leipzig 1891, S. 38 und S. 45).

[1] GStA Berlin I. HA Rep.77 Tit.223 Nr.167 Bd.3, fol. 90-91 Rs. Entwurf: BArch R 1501 Nr.101273, fol. 181-186.

[2] Dr. Karl Heinrich von Boetticher (1833-1907), seit 1880 Staatssekretär im Reichsamt des Innern, seit 1888 Vizepräsident des preußischen Staatsministeriums, Stellvertreter des Reichskanzlers, 1867-1869 und seit 1882 MdPrAbgH (konservativ).

[3] Nr. 8.

Meines Dafürhaltens ist die teils aus landwirtschaftlichen, teils aus Interessengegensätzen entspringende Meinungsverschiedenheit über die allgemeinen Grundsätze, nach welchen die Armengesetzgebung umzugestalten sein wird, noch immer eine so tiefgehende, daß Aussicht auf eine befriedigende Lösung der Frage zur Zeit nicht vorhanden ist. Dagegen glaube ich, daß eine Verständigung zu erzielen sein wird, wenn die Wirkung, welche die sozialpolitischen Gesetze auf die Höhe und die Verteilung der Armenlasten ausüben werden, sich besser übersehen lassen wird. Infolge jener Gesetzgebung werden zahlreiche und besonders schwere Fälle der Armenunterstützung, bei denen die Klagen der Armenverbände am lebhaftesten gewesen sind, beseitigt oder doch gemildert werden. Im Falle der Invalidität und hohen Lebensalters wird den Hilfsbedürftigen eine Versorgung aufgrund des Gesetzes, betreffend die Invaliditäts- und Altersversicherung, vom 22. Juni 1889[4] zuteil werden, und auch die Fälle einer Unterstützung hilfsbedürftiger Witwen und Waisen werden sich voraussichtlich vermindern, weil auch diesen aufgrund der Bestimmungen der Unfallversicherungsgesetze[5] und des Invaliditäts- und Altersversicherungsgesetzes[6] in gewissen Fällen eine anderweite Fürsorge oder doch Beihilfe gesichert ist. Es läßt sich daher annehmen, daß die Beschwerden über eine zu hohe Belastung sich beträchtlich vermindern werden, wenn insbesondere das Invaliditätsversicherungsgesetz, aufgrund dessen in der kurzen Zeit vom 1. Januar bis zum 31. Juli d. J. bereits 103 116 Personen in den Genuß von Renten gelangt sind, erst längere Zeit in Kraft sein wird. Auch von dem preußischen Gesetz vom 11. Juli 1891, betreffend Abänderung der §§ 31, 65 und 68 des Ausführungsgesetzes, vom 8. März 1871[7] – Ges[etz]-s[ammlung], S. 300 – lassen sich wohltätige Folgen für die Ortsarmenverbände erwarten.

Die Frage, welchen Einfluß die Versicherungsgesetze auf die öffentliche Armenpflege ausüben, ist zwar schon jetzt in den Verhandlungen des Deutschen Armenpflegekongresses vom September d. J.[8] und in der diesen Verhandlungen zugrunde gelegten Skizze des Magistratsassessors Dr. Freund[9] in Berlin (Schriften des Deut-

---

4 Gesetz, betreffend die Invaliditäts- und Altersversicherung, vom 22.6.1889 (Nr. 148 Bd. 6 der II. Abteilung dieser Quellensammlung).

5 Das Unfallversicherungsgesetz vom 6.7.1884 sicherte den Hinterbliebenen eines Versicherten bei einem tödlichen betrieblichen Unfall eine Rente zu: der Witwe in Höhe von 20 Prozent, den hinterbliebenen Kindern in Höhe von 15-20 Prozent des Arbeitsverdienstes, zusammengenommen in Höhe von maximal 60 Prozent (Nr. 186 Bd. 2, 1. Teil, der II. Abteilung dieser Quellensammlung).

6 Das Gesetz, betreffend die Invaliditäts- und Altersversicherung, vom 22.6.1889 kannte im § 31 allerdings nur die Beitragsrückerstattung an die Witwen bzw. Waisen des männlichen Ernährers in Form einer einmaligen Abfindung in Höhe der Hälfte der vom Verstorbenen entrichteten Beiträge. Voraussetzung war, daß dieser bis dahin keine Rente bezogen hatte und für fünf Jahre Beiträge entrichtet worden waren (Nr. 148 Bd. 6 der II. Abteilung dieser Quellensammlung).

7 Nr. 4.

8 Stenographischer Bericht über die Verhandlungen der zwölften Jahresversammlung des deutschen Vereins für Armenpflege und Wohlthätigkeit am 24. und 25. September 1891 in Hamburg (Schriften des deutschen Vereins für Armenpflege und Wohlthätigkeit, Heft 15), Leipzig 1891, S. 135-147.

9 Dr. Richard Freund (1859-1941), 1884-1890 juristischer Hilfsarbeiter der Kommunalverwaltung in Berlin, seit 1890 beamtetes Vorstandsmitglied der Invaliditäts- und Altersversicherungsanstalt für den Stadtkreis Berlin, seit 1891 Mitglied des Zentralausschusses des Deutschen Vereins für Armenpflege und Wohltätigkeit.

schen Vereins für Armenpflege XIV)[10] erörtert worden. Die aufgrund dieser Verhandlungen in Aussicht genommene Statistik wird aber für jetzt einen ausreichenden Überblick über das Maß jener Einwirkung schwerlich gestatten; vielmehr dürfte eine Vervollständigung des Materials durch längere Beobachtungen erforderlich sein, bevor dasselbe für eine grundlegende Abänderung der Armengesetzgebung als ausreichend angesehen werden darf.

Wenn es hiernach angezeigt erscheint, eine grundsätzliche Reform des Armenwesens vorderhand noch auszusetzen, so wird andererseits doch in Erwägung zu ziehen sein, ob etwa inzwischen ein Versuch zu machen sein möchte, die eine oder die andere Bestimmung des Gesetzes über den Unterstützungswohnsitz in einer den Wünschen besonders der landwirtschaftlichen Bevölkerung entgegenkommenden Weise abzuändern. Dabei dürfte vorzugsweise in Betracht kommen die Frage wegen des terminus a quo[11] und der Fristen für den Erwerb und Verlust des Unterstützungswohnsitzes, die Abänderung der §§ 29 und 30 b[12] des Gesetzes, die Einführung armenpolizeilicher Vorschriften sowie einer Verjährungsfrist für die Ansprüche der Armenverbände gegeneinander. Die Gesichtspunkte, welche meines Erachtens für eine derartige Abänderung maßgebend sein würden, sind in der anliegenden Denkschrift, insbesondere auf Seite 124 bis 135,[13] dargelegt. Auf die von manchen Seiten gewünschte Verkürzung der Erwerbsfrist wird, wie auch die Herren Minister für Handel und Gewerbe[14] und der Finanzen[15] in dem aus Anlaß ihrer Bereisung der Ostprovinzen erstatteten Immediatberichte ausgeführt haben, nicht eingegangen werden können.

Dem königlichen Staatsministerium beehre ich mich ergebenst anheimzustellen, geneigtest darüber beschließen zu wollen, ob und in welchen Punkten eine Änderung des Reichsgesetzes über den Unterstützungswohnsitz in Anregung zu bringen sein möchte.

Abschrift dieses Schreibens und der Anlage habe ich sämtlichen Herren Staatsministern mitgeteilt.

---

[10] Richard Freund, Antrag auf Einsetzung einer Kommission zur Prüfung der Frage, in welcher Weise die neuere sociale Gesetzgebung auf die Aufgaben der Armengesetzgebung und Armenpflege einwirkt?, in: Die Verbindung der öffentlichen und der privaten Armenpflege … (Schriften des deutschen Vereins für Armenpflege und Wohlthätigkeit, Heft 14, Leipzig 1891), S. 1-17.

[11] Zeitpunkt ab dem, d. h. frühestmögliche Zeitpunkt.

[12] § 29 verpflichtete den Dienstort von Gesinde, Gesellen, Gewerbegehilfen und Lehrlingen, als Ortsarmenverband im Krankheitsfall sechs Wochen die erforderlichen Leistungen der Armenkrankenpflege zu tragen. Erst nach der sechsten Woche waren die Leistungen vom Ortsarmenverband des Unterstützungswohnsitzes des Unterstützten zu erstatten bzw., wenn kein Unterstützungswohnsitz vorhanden war, vom Landarmenverband. Letzteres regelte der § 30 b des Gesetzes.

[13] Gemeint sind die Seiten 101 bis 116 der Denkschrift, in denen die Abänderungswünsche hinsichtlich einzelner Bestimmungen des UWG einer abschließenden Würdigung unterzogen wurden (vgl. Nr. 8).

[14] Hans Freiherr von Berlepsch (1843-1926), Jurist, 1883 Regierungspräsident in Düsseldorf, 1889 Oberpräsident der Rheinprovinz, seit 1890 preußischer Handelsminister.

[15] Dr. Johannes Miquel (1828-1901), Jurist, 1873-1876 Leiter der Diskontogesellschaft in Berlin, 1876 Oberbürgermeister von Osnabrück, 1880 von Frankfurt a. M., seit 1890 preußischer Finanzminister.

Nr. 8

1891 November 11

Denkschrift[1] des Regierungsrats im Reichsamt des Innern Dr. Egon Kelch[2] für den Staatssekretär des Innern Dr. Karl Heinrich von Boetticher

Metallographie, Teildruck

[Eine Rückkehr zum Heimatrecht könne nicht bewirken, daß die fluktuierenden Bevölkerungsteile eine neue, ethisch verstandene Heimatbindung entwickeln; zu erwägen ist hingegen, die Altersgrenze für den Erwerb und Verlust des Unterstützungswohnsitzes herabzusetzen; empfohlen wird ferner, die Frist für den Erwerb des Unterstützungswohnsitzes auf fünf Jahre zu verlängern, die Frist für dessen Verlust hingegen auf ein Jahr herabzusetzen und damit die Landarmenverbände einen höheren Teil der Lasten tragen zu lassen]

[...]

Würdigung der Klagen und Vorschläge

1. Im allgemeinen

Es kann nicht in Abrede gestellt werden, daß die soziale Gesetzgebung des Norddeutschen Bundes Zustände geschaffen hat, welche – namentlich in der Übergangszeit

---

[1] BArch R 1501 Nr.101273, fol. 188-253 Rs., hier fol. 218 Rs.-224 Rs. und fol. 240-247 Rs. Die sehr umfangreiche Denkschrift baute in starkem Maße auf einer älteren Denkschrift aus dem Reichsamt des Innern vom 19.9.1881 auf, die vom Geheimen Regierungsrat Eduard Magdeburg verfaßt worden war (BArch R 1501 Nr.101272, fol. 15-75 Rs.; auszugsweise abgedruckt unter Nr. 155 im Bd. 7, 1. Halbband, der I. Abteilung dieser Quellensammlung). Die erweiterte Denkschrift behandelte in der Hauptsache die im Reichstag, den Parlamenten der Bundesstaaten, von seiten einzelner Verbände und in der Presse vorgetragenen Klagen und Abänderungsvorschläge zum Unterstützungswohnsitzgesetz seit dessen Verabschiedung. Das betraf zunächst die Hauptgrundsätze des Gesetzes. Erörtert wurden die Bestrebungen nach Beseitigung der Zwangspflicht zur Armenpflege, nach Wiedereinführung des Heimatrechts und nach Abschaffung der Institution des Landarmen. Im Anschluß an die Behandlung der Grundprinzipien des UWG schilderte die Denkschrift den Gang der Diskussion über einzelne Bestimmungen des Gesetzes. Angesprochen wurde hier vor allem die Forderung nach Herabsetzung der Altersgrenze für den selbständigen Erwerb und Verlust des Unterstützungswohnsitzes sowie nach Abänderung der Zweijahresfrist für den Erwerb und Verlust des Unterstützungswohnsitzes. Behandelt wurde weiter das Ansinnen nach Erleichterung der Beweispflicht der Gemeinden gegenüber dem Landarmenverband, daß ein Unterstützter keinen Unterstützungswohnsitz besaß, für den Fall, daß die Gemeinde erreichen wollte, daß der Unterstützte als Landarmer anerkannt und der Unterstützungsaufwand deshalb ersetzt werden sollte. Schließlich wurde die Forderung nach Verschärfung der armenpolizeilichen Vorschriften im Hinblick auf arbeitsscheue Personen und pflichtvergessene Ehegatten erörtert. Die Denkschrift stimmte diesen Vorschlägen zu. Auch die Erleichterung der Beweislast der Ortsarmenverbände gegenüber den Landarmenverbänden wurde als begründet und die Wiedereinführung einer Bestimmung zu dem Zweck, arbeitsscheue Personen und unterhaltssäumige Ehegatten und Väter in Arbeitshäuser einzuweisen, als erwünscht angesehen. Vgl. auch: Egon Kelch, Das Reichsgesetz betreffend die Aenderung des Gesetzes über den Unterstützungswohnsitz und die Ergänzung des Strafgesetzbuchs vom 12. März 1894, mit einer Geschichte der auf die Reform des Armenrechts gerichteten Bestrebungen und dem neuen Text des Unterstützungswohnsitz-Gesetzes, Berlin 1894.

[2] Dr. Egon Kelch (1853-1936), Jurist, seit 1890 Regierungsrat im Reichsamt des Innern, seit 1889 MdPrAbgH (freikonservativ).

– nach mancherlei Richtung zu berechtigten Klagen Veranlassung gegeben haben. Auch ist es durchaus in den Verhältnissen begründet, daß man in den außerpreußischen Bundesstaaten unter diesen Zuständen mehr gelitten hat als in Preußen. In jenen Bundesstaaten war bis zum Jahr 1867 das [...] Heimatprinzip[3] aufrechterhalten worden. Nur im Königreich Sachsen hatte die Gesetzgebung – abgesehen von der Armengesetzgebung – ungefähr denselben Gang genommen wie in Preußen.[4] In dem ganzen Geltungsbereich des Heimatprinzips war durch die Gesetze über die Freizügigkeit und über die Aufhebung der polizeilichen Ehebeschränkungen[5], durch das so genannte Notgewerbe-Gesetz vom 8. Juli 1868[6] (B[undes-]Ges[etz]bl[att], S. 406), und die Gewerbeordnung vom 21. Juni 1869[7] (B. Ges. Bl., S. 245) sowie endlich durch das Gesetz über den Unterstützungswohnsitz[8] eine vollständige Umwälzung auf allen Gebieten des wirtschaftlichen Lebens, namentlich aber auch des Gemeindelebens herbeigeführt worden. Die wirtschaftliche Selbständigkeit und Abgeschlossenheit der Gemeinde war durch die Herstellung der Zugfreiheit[9] vernichtet, das Recht der Gemeinde zur Verhinderung leichtfertiger Eheschließungen war aufgehoben worden, die Schranken der gewerblichen Niederlassung waren gefallen, und den Gemeinden war die Verpflichtung auferlegt worden, die Armenfürsorge auch für solche Personen zu übernehmen, welche ohne ihre Genehmigung zugezogen waren. Der Übergang zu dieser neuen Ordnung der Dinge konnte sich naturgemäß nur unter großen Schwierigkeiten vollziehen, zumal die Gemeindeverfassungen der Bundesstaaten auf einen derartigen Umsturz ihrer wirtschaftlichen Unterlagen nicht vorbereitet gewesen waren.

[...] *Schilderung der preußischen Rechtslage vor der Neuordnung.*[10]

Aus der Schilderung der Gesamtentwicklung geht aber auch hervor, daß die Schuld an den unbestreitbar hervorgetretenen Übeln und Nachteilen, insbesondere an der Steigerung der Armenlast, nicht lediglich dem Gesetz über den Unterstützungswohnsitz aufgebürdet werden kann und daß mithin eine grundsätzliche Abänderung gerade dieses Gesetzes die davon erwarteten Wirkungen nicht haben würde.

Es ist ferner zu berücksichtigen, daß zu der Zeit, als die Klagen am lebhaftesten waren, die allgemeinen Erwerbsverhältnisse schwer unter den Wirkungen der Krisis

---

[3] Nach dem Heimatprinzip war die Pflicht zur Unterstützung durch die Gemeinden an das Heimatrecht geknüpft gewesen, das ererbt, erheiratet, ersessen oder verliehen worden war. Im Unterschied zum Unterstützungswohnsitzprinzip war es nicht durch eine fortdauernde Abwesenheit, sondern allein durch den Erwerb einer neuen Heimat verlorengegangen.

[4] Dies bezieht sich auf die im § 17 des sächsischen Heimatgesetzes vom 26.11.1834 beim Vorliegen bestimmter Voraussetzungen gewährte Niederlassungsfreiheit, nicht aber auf die Einführung des Unterstützungswohnsitzprinzips, an dessen Stelle im Königreich Sachsen bis zur Reichsgründung aufgrund des Heimatgesetzes sehr wohl noch das Heimatrecht bestand (Heimatgesetz vom 26.11.1834 [Gesetz- und Verordnungsblatt für das Königreich Sachsen, S. 449]).

[5] Anhang Nr. 8 Bd. 7, 2. Halbband, der I. Abteilung dieser Quellensammlung.

[6] Nr. 28 Bd. 5 der I. Abteilung dieser Quellensammlung.

[7] Nr. 40 Bd. 5 der I. Abteilung dieser Quellensammlung.

[8] Gesetz über den Unterstützungswohnsitz vom 6.6.1870 (Nr. 78 Bd. 7, 1. Halbband, der I. Abteilung dieser Quellensammlung).

[9] Das Gesetz über die Freizügigkeit gewährte das Recht auf freien Aufenthalt und freie Niederlassung im gesamten Reichsgebiet.

[10] Die Denkschrift folgt hier sehr genau, zu guten Teilen sogar wörtlich den Ausführungen einer älteren Denkschrift aus dem Reichsamt des Innern vom 19.9.1881, die vom Geheimen Regierungsrat Eduard Magdeburg verfaßt worden war: Nr. 155 Bd. 7, 1. Halbband, der I. Abteilung dieser Quellensammlung (dort: S. 609-611).

zu leiden hatten, welche auf Deutschland infolge des früheren, erst im Jahre 1879[11] beseitigten wirtschaftlichen Systems lastete. Das bedrohliche Anwachsen der Armenlast damals erklärt sich zum großen Teil daraus, daß eine große Menge von Arbeitskräften brachgelegt war.

2. Im besonderen,

was die Ausführungen der Gegner[12] des Gesetzes über den Unterstützungswohnsitz im einzelnen anlangt, so kann zunächst die Berechtigung der Behauptung nicht zugestanden werden, daß dasselbe das Heimatbewußtsein der Bevölkerung mit allen seinen wohltätigen ethischen Wirkungen zerstört und in den Landarmen eine neue, dem Staat fremd gegenüberstehende Klasse der Bevölkerung geschaffen hat sowie daß es die Grundlagen für eine lebendige Selbstverwaltung und eine wohltätige Gemeindearmenpflege erschüttert hat. Die großartige Entwicklung der Industrie hat eine Klasse von Fabrikarbeitern geschaffen, welche allen Wechselfällen des industriellen Erwerbslebens unterworfen ist und welche daher ihrer Natur nach eine fluktuierende sein muß. Man kann dies beklagen, aber der Versuch einer Änderung, wenn er überhaupt gewollt wird, kann nur auf dem Gebiet der Freizügigkeit unternommen werden. Das Unterstützungswohnsitzgesetz geht von der gegebenen Tatsache aus, daß eine unablässig ab- und zuziehende Bevölkerung vorhanden ist, und erkennt seine Aufgabe lediglich darin, den Verhältnissen derselben die Armenfürsorgepflicht der Gemeinden in möglichst zweckentsprechender Weise anzupassen. Der weit überwiegende Teil der fluktuierenden Bevölkerung hat im ethischen Sinne überhaupt keine Heimat. Die Bande, welche die noch seßhaften Volkskreise an den Geburtsort oder an den Ort der Erziehung oder des Eintritts in den Ehestand oder der ersten Erwerbsniederlassung binden, sind bei jener Klasse entweder niemals geknüpft oder durch häufigen Ortswechsel längst gelöst worden. Es ist ein vergebliches Beginnen, diese nicht vorhandenen ethischen Beziehungen durch Bestimmungen hervorrufen zu wollen, welche die Hilfsbedürftigen dorthin weisen, wo ihre Wiege gestanden oder wo unter der tatsächlich nicht vorhandenen Voraussetzung der Stabilität angenommen werden könnte, daß dort noch fruchtbarer Boden für die Herstellung von solchen Beziehungen vorhanden sei. Die Aussicht auf eventuelle Armenunterstützung bildet vielleicht den geringsten Wert der „Heimat", denn die Armenunterstützung wird nur ungern gegeben und trägt nicht dazu bei, das gute Einvernehmen der Gemeinde mit den von ihr Unterstützten bzw. den Heimatberechtigten zu kräftigen. Im übrigen kommt es den Verarmten, die bei der heutigen Entwicklung der Verhältnisse in den Heimatort selbst doch nur selten zurückkehren, von etwaigen persönlichen Beziehungen also nicht selten Vorteil haben, weniger darauf an, wo als darauf, daß Sie unterstützt werden. Der Gedanke, die wirtschaftliche Geschlossenheit der Gemeinde wiederherzustellen und eine wirksame Abwehr des der Gemeinde nicht „angehörigen" Zuzugs wieder zuzulassen, wird sich niemals durch Änderung

---

[11] 1879 war die Wirtschaftspolitik des Reiches von einer Freihandels- zu einer Schutzzollpolitik übergegangen.

[12] Die Denkschrift folgt in dem folgenden Absatz erneut – zum guten Teil wörtlich – der älteren Denkschrift aus der Feder von Eduard Magdeburg (vgl. Anm. 1). Dieser hatte seine Überlegungen in Reaktion auf einen Antrag des Abgeordneten Karl Gottlob Freiherr von Varnbüler verfaßt, den von Varnbüler dem Reichstag am 10.5.1881 unterbreitet hatte. Der Antrag hatte auf eine Revision des Unterstützungswohnsitzgesetzes und eine weitgehende Rückkehr zum Heimatrecht gezielt (Nr. 154 Bd. 7, 1. Halbband, der I. Abteilung dieser Quellensammlung). Von Varnbüler war einer der exponiertesten Gegner des UWG.

der Grundsätze über die Fürsorgepflicht der Gemeinden, sondern nur dadurch realisieren lassen, daß man zu dem vollen Heimatrecht zurückkehrt und die Freizügigkeit beseitigt oder doch wesentlich beschränkt.

Die Vorschläge[13] des Abgeordneten von Varnbüler[14] gipfeln darin, das Landarmenwesen im wesentlichen zu beseitigen, durch Wiedereinführung des heimatlichen Unterstützungsrechts tunlichst jeden Staatsangehörigen einem Ortsarmenverband für die Dauer zuzuweisen und dem daneben fortbestehenden Unterstützungswohnsitz nur eine subsidiäre Bedeutung zu belassen. Von anderen Seiten wird sogar die völlige Beseitigung der Landarmeninstitution verlangt.[15] Diese Vorschläge würden, wenn sie verwirklicht werden sollten, lediglich zu der Fiktion einer Heimat führen, ohne daß der beabsichtigte sittliche Zweck erreicht werden würde. Die Heimatgemeinden würden gezwungen werden, die Fürsorge für Verarmte zu übernehmen, welche ihnen bereits völlig entfremdet waren und auf deren Lebensweise und wirtschaftliches Verhalten ihnen jede dem Eintritt der Armenpflege vorbeugende Einwirkung fehlte. Sie würden sich um so mehr beschwert fühlen, als durch diese Einrichtung ihnen alle diejenigen Lasten aufgebürdet werden würden, welche jetzt auf den breiteren Schultern der Landarmenverbände ruhen. Jedenfalls würden die Beschwerden über die Überbürdung der Ortsarmenverbände und über die ungleiche Verteilung der Armenlast nach dem Wegfall der Landarmenpflege mit sehr viel mehr Recht erhoben werden können als gegenwärtig.

Auf die Vagabondage, deren Zunahme die Gegner des Unterstützungswohnsitzgesetzes mit dessen Wirksamkeit in Verbindung gebracht haben, würde sich die von denselben befürwortete neue Organisation der Armenpflege voraussichtlich nahezu einflußlos erweisen. Die Steigerung des Bettler- und Landstreicherunwesens ausgangs der siebziger und Anfang der achtziger Jahre ist allerdings geeignet gewesen, die ernstesten Besorgnisse hervorzurufen;[16] seit etwa dem Jahr 1883 ist jedoch ein sehr bedeutender Rückgang eingetreten, welcher nach den vorliegenden Nachrichten bis in die neueste Zeit angehalten zu haben scheint.[17] Man wird nicht fehlgehen, wenn man diese Tatsache auf die in den Erwerbsverhältnissen eingetretene Besserung, auf die Wirkung der sozialreformatorischen Gesetzgebung und endlich auf die freiwillige Liebestätigkeit zurückführt, welche in den Arbeiterkolonien[18] und Ver-

---

13 Ebenda.

14 Karl Gottlob Freiherr von Varnbüler von und zu Hemmingen (1809-1889), Gutsbesitzer in Hemmingen, 1864-1870 württembergischer Staatsminister, Berater Bismarcks, 1868-1871, 1873-1881 MdR (bei keiner Fraktion/Deutsche Reichspartei).

15 Vgl. Nr. 2 Bd. 7 der II. Abteilung dieser Quellensammlung (Debatte im sächsischen Landtag mit kritischen Stimmen zum Landarmenwesen und dem Wunsch zur Rückkehr zum Heimatrecht seitens einiger Redner).

16 Vgl. Nr. 5, Nr. 37, Nr. 59 und Nr. 76 Bd. 7 der II. Abteilung dieser Quellensammlung.

17 Die einige Jahre regelmäßig erbetenen Mitteilungen der Bundesregierungen zum Landstreicher- und Bettlerunwesen finden sich in BArch R 1501 Nr.101316-101319, die auf dieser Grundlage erstellten Erhebungsberichte des Reichsamts des Innern in BArch R 1501 Nr.101314-101315.

18 In den Arbeiterkolonien wurde mittellosen Arbeits- und Obdachlosen auf freiwilliger Basis für einige Monate Unterkunft und Verpflegung geboten. Als Gegenleistung hatten die Kolonisten Arbeit zu leisten und sich einem streng geregelten Tagesablauf zu unterwerfen. Auf diese Weise sollten sie, möglichst auch durch Vermittlung von Arbeitsstellen, wieder in ein geregeltes, seßhaftes Leben zurückgeführt werden. Als Mustereinrichtung galt die 1882 von Friedrich von Bodelschwingh gegründete Kolonie Wilhelmsdorf (vgl. Nr. 20 Bd. 7 der II. Abteilung dieser Quellensammlung).

pflegungsstationen[19] vielen zwar arbeitslosen, aber nicht arbeitsscheuen Personen Gelegenheit bietet, sich aus dem Elend der Landstraße herauszuarbeiten. Zu der Fortdauer der Abnahme mag auch der Umstand beigetragen haben, daß seit der Mitte der achtziger Jahre schärfere Grundsätze bezüglich der Festsetzung und Vollstrekkung der korrektionellen Nachhaft zur Anwendung gebracht werden (Erlaß des preußischen Ministeriums des Innern vom 22. Oktober 1885[20]; Beschluß des Bundesrats vom 26. Juni 1889 – § 312 der Protokolle[21]). Jedenfalls verdient es besonders hervorgehoben zu werden, daß jener erfreuliche Rückgang stattgefunden hat, trotzdem das Reichsgesetz vom 6. Juni 1870 nach wie vor in unveränderter Gültigkeit fortbesteht. Es geht hieraus hervor, daß ein ursächlicher Zusammenhang zwischen diesem Gesetz und der Vagabondage entweder nicht besteht oder daß er doch bei weitem loser ist, wie die Gegner des Gesetzes annehmen. Der Abgeordnete Freiherr von Schorlemer-Alst[22] hat dies auch insofern anerkannt, als er bei der Diskussion über den von Varnbülerschen Antrag[23] die Notwendigkeit einer Änderung nicht des Unterstützungswohnsitzgesetzes, sondern des Freizügigkeitsgesetzes betonte.[24] Dagegen kann nicht bestritten werden, daß die Fristbestimmungen bezüglich des Erwerbs und des Verlustes des Unterstützungswohnsitzes zu höchst bedauerlichen Erscheinungen geführt haben. Nach den zahlreich vorliegenden Zeugnissen von unparteiischen Männern, welche mitten im praktischen Leben stehen (zu vergleichen die Zitate in Anmerkung 1)[25] steht es leider außer Zweifel, daß viele Ortsarmenverbände sich unlauterer Mittel bedienen, um die Möglichkeit auszuschließen, daß nur anziehende Personen in Zukunft ihrer Fürsorge anheimfallen könnten.

[...]

Würdigung der Klagen und Abänderungsvorschläge[26]

Zu 1. a) Nach dem Reichsgesetz vom 17. Februar 1875[27] (Reichs-Gesetzbl[att], S. 71) beginnt das Alter der Großjährigkeit im ganzen Umfang des Reichs mit dem

---

19 In Naturalverpflegungsstationen, die seit etwa 1880 entstanden waren, wurde mittellosen, arbeitsfähigen Arbeits- und Obdachlosen die Gelegenheit gegeben, sich durch einfache Arbeiten wie Holzhacken oder Steineklopfen für jeweils eine Nacht Unterkunft und eine Mahlzeit zu verdienen. Sollten sie vor Ort keine Arbeit finden, sollten sie anderntags entlang eines möglichst dichtgeknüpften Netzes solcher Einrichtungen weiterwandern.

20 Runderlaß des preußischen Innenministers Robert von Puttkamer an die Regierungspräsidenten vom 22.10.1885 (PrMBliV 1885, S. 237-239).

21 21. Sitzung des Bundesrats vom 26. Juni 1889, § 312 der Protokolle.

22 Dr. Burghard Freiherr von Schorlemer-Alst (1825-1895), Agrarpolitiker, Rittergutsbesitzer auf Alst bei Leer (Kreis Burg-Steinfurt), 1870-1889 MdPrAbgH (Zentrum), 1870-1871, 1874-1887, 1890-1891 MdR (bei keiner Fraktion/Zentrum).

23 Vgl. Anm. 12.

24 49. Sitzung des Reichstags vom 25.5.1881 (Sten.Ber. RT 4. LP IV. Session 1881, S. 1307 f.).

25 Die hier nicht abgedruckte Anmerkung 1 der Denkschrift verwies auf die Abgeordneten Robert Gerwig, Lothar Streit und Adolf Freiherr Marschall von Bieberstein; sie bezog sich des weiteren auf zahlreiche Hinweise in: Friedrich von Reitzenstein (Hrsg.), Die ländliche Armenpflege und ihre Reform. Verhandlungen des deutschen Vereins für Armenpflege und Wohlthätigkeit sowie der von ihm niedergesetzten Kommission, Freiburg i. Br. 1887 (BArch R 1501 Nr. 101273, fol. 209 Rs.).

26 Der folgende Teil stammt im Entwurf vom Korreferenten Erich von Woedtke, dessen zusammenhängender Abänderungsvorschlag zu dem ursprünglichen Entwurf des Gutachtens von Dr. Egon Kelch hier übernommen wurde.

27 Gesetz, betreffend das Alter der Großjährigkeit, vom 17.2.1875 (RGBl, S. 71).

vollendeten 21. Lebensjahr. Hiernach würde ein Festhalten an der bisherigen Altersgrenze für den selbständigen Erwerb des Unterstützungswohnsitzes nur dann gerechtfertigt sein, wenn die Annahme begründet wäre, daß die wirtschaftliche Selbständigkeit des Individuums erst mit dem 24. Lebensjahr eintrete. Für manche Gesellschaftsklassen mag dies zutreffen, nicht aber für die bei der Armenpflege hauptsächlich in Betracht kommende Arbeiterbevölkerung. Im Gegenteil, die Erfahrung des täglichen Lebens zeigt, daß der Arbeiter von den ihm nach dem Freizügigkeitsgesetz zustehenden Recht, sich den Ort seines Aufenthalts und seinen Erwerb selbst zu wählen, oft schon sehr zeitig, in manchen Landesteilen bald nach der Einsegnung, Gebrauch macht. Tatsächlich beginnt die wirtschaftliche Selbständigkeit, welche grundsätzlich für den Erwerb und Verlust des Unterstützungswohnsitzes maßgebend sein soll, bei Leuten dieses Stands mit dem Eintritt in eine selbständige Arbeitstätigkeit (als landwirtschaftlicher oder Fabrikarbeiter, Dienstmagd usw.); zu der Großjährigkeit oder gar zu dem 24. Lebensjahr steht sie in keiner Beziehung.

Es ist als ein Mißstand zu bezeichnen, wenn eintretendenfalls für einen solchen Arbeiter die Heimatgemeinde bis zu seinem vollendeten 26. Lebensjahr aufkommen muß. So gestaltet die Sache sich aber jetzt tatsächlich, denn zu den 24 Lebensjahren, in denen der Arbeiter den Unterstützungswohnsitz seiner Eltern „teilt", treten die zwei weiteren Jahren hinzu, während deren er diesen seinen Unterstützungswohnsitz „behält" (§ 18 R[eichs]g[esetz][28]). Und diese Belastung der Heimatgemeinde bezieht sich nicht einmal ausschließlich auf den Arbeiter selbst, sondern auch auf seine Ehefrau und seine Kinder[29], bei weiblichen Personen auf deren uneheliche Deszendenten[30], weil diese den Unterstützungswohnsitz des Ehemanns bzw. der Eltern teilen. Stirbt das Kind vor dem 26. Jahr mit Hinterlassung von Kindern, so folgen die letzteren dem Unterstützungswohnsitz der Eltern, wenn diese auch inzwischen bereits verstorben sein sollten. So kommen jetzt Gemeinden in die Lage, noch nach 30 oder mehr Jahren nach dem Tod oder Abzug eines Gemeindeangehörigen für Familienglieder desselben Armenunterstützung gewähren oder erstatten zu müssen, ohne daß sie diese Personen vielleicht jemals gesehen haben. Solche Armenunterstützungen sind unter Umständen, namentlich wenn es sich um die Kosten langwieriger Krankheiten handelt, sehr erheblich.

Die daraus erwachsenden Mißstände werden zwar nicht ganz beseitigt, aber doch erheblich gemildert werden, wenn die Altersgrenze für den Erwerb und Verlust des Unterstützungswohnsitzes herabgesetzt wird. Ob man hierbei entsprechend den aus Ostpreußen[31] geltend gemachten Wünschen das 16. bzw. 18. oder aber das 21. Lebens-

---

[28] Recte: § 22 des Unterstützungswohnsitzgesetzes.

[29] §§ 15 und 18 des Unterstützungswohnsitzgesetzes.

[30] § 21 des Unterstützungswohnsitzgesetzes.

[31] Der Provinzialausschuß der Provinz Ostpreußen hatte im Juli 1891 in Anwesenheit des preußischen Handelsministers Hans Freiherr von Berlepsch und des Finanzministers Dr. Johannes Miquel die Herabsetzung der Altersgrenze vom 24. auf das 16. oder 18. Lebensjahr angeregt (so die hier nicht abgedruckten Darlegungen der Denkschrift, fol. 230 Rs.-231); vgl. auch schon: Petititon des Vorstands des Ostpreußischen landwirtschaftlichen Zentralvereins in Königsberg i. Pr. 1880 an den Reichstag (vgl. Nr. 13 des Dritten Verzeichnisses der beim Deutschen Reichstag eingegangenen Petitionen [Anhang zu den Anlagen der Stenographischen Berichte über die Verhandlungen des Deutschen Reichstags, 4. LP III. Session 1880]; Zweiter Bericht der Kommission für die Petitionen vom 4.5.1880: Sten.Ber. RT 4. LP III. Session 1880, Drucksache Nr. 183); Gesuch des Ostpreußischen landwirtschaftlichen Zentralvereins an Reichskanzler Otto Fürst von Bismarck vom 14.1.1889 (GStA Berlin I. HA Rep.77 Tit.223 Nr.167 Bd.3, fol. 239-239 Rs.).

jahr wählen soll, wird noch näher zu prüfen sein. Je weiter die Grenze zurückgelegt wird, um so mehr wird einerseits die Entlastung der alten Heimatgemeinde, andererseits die Belastung derjenigen anderen Gemeinde zunehmen, in welcher nach Erreichung der wirtschaftlichen Selbständigkeit der neue Wohnsitz (Aufenthalt) aufgeschlagen worden ist. Zugunsten einer weitgehenden Mehrbelastung der letzteren spricht die bei dieser Frage, wie oben (S. 20 ff.[32]) dargelegt wurde, entscheidende Erwägung, daß die Beschäftigungsgemeinde den letzten Mittelpunkt der wirtschaftlichen Tätigkeit des zu Unterstützenden vor dem Eintritt der Hilfsbedürftigkeit gebildet und also die wesentlichen wirtschaftlichen Vorteile von seiner freien Tätigkeit genossen hat.

b) Was die Fristen für den Erwerb und den Verlust des Unterstützungswohnsitzes anbelangt (je 2 Jahre), so sind 2 verschiedene Beschwerden auseinanderzuhalten.

Die eine richtet sich dagegen, daß die Gemeinden zu lange mit der Unterstützungspflicht für fortgezogene Gemeindeangehörige und ihre Familien belastet bleiben. Zur Abhilfe würde die Frist für den Verlust des Unterstützungswohnsitzes verkürzt oder ganz aufgehoben werden müssen, letzteres mit der Maßgabe, daß Fortziehende mit der Tatsache des Aufgebens ihres gewöhnlichen Aufenthalts und bis zum Erwerb eines neuen Unterstützungswohnsitzes landarm würden.

Die zweite Beschwerde hat zum Gegenstand, daß infolge der zu großen Leichtigkeit der Erwerbung eines neuen Unterstützungswohnsitzes Gemeinden bzw. Arbeitgeber zu bedenklichen Mitteln greifen, neu anziehende Personen an einer solchen Erwerbung zu hindern. Um diesem Übelstand vorzubeugen, würde die Frist für den Erwerb des Unterstützungswohnsitzes verlängert werden müssen. Eine Verkürzung der Frist würde jedenfalls eine weitere Verschlechterung und Verflüchtigung der Gesinde-, Tagelöhner- und Arbeiterverhältnisse zur Folge haben; sie würde dazu führen, daß das mißbräuchliche Bestreben der Gemeinden, die innerhalb ihres Bezirks befindlichen Arbeitnehmer an der Erwerbung des Unterstützungswohnsitzes zu hindern, sich darin betätigen würde, daß sie diese letzteren nötigten, schon vor Ablauf eines Jahres die Gemeinde wieder zu verlassen.[33]

Daß es dringend geboten ist, diesem Mißbrauch ernstlich entgegenzutreten, haben nicht nur die oben unter IV.A.2.a[34] erwähnten Ausführungen[35] der Abgeordneten Freiherr von Varnbüler, Freiherrn von Marschall[36], Gerwig[37] und Streit[38] (vgl. auch die Zitate in der Anm. 1), sondern auch schon die früheren parlamentarischen Verhandlungen über diesen Gegenstand ergeben.

So bezeugt der Bericht der preußischen Ersten Kammer über den Antrag des Abgeordneten von Knebel-Döberitz[39] auf Beschleunigung der Gesetzesvorlagen wegen der Armenzucht vom 9. Mai 1853:

---

[32] Hier nicht abgedruckt.

[33] Die Denkschrift folgt in dem folgenden Absätzen erneut zu guten Teilen der älteren Denkschrift aus der Feder von Eduard Magdeburg (vgl. Anm. 1).

[34] Hier nicht abgedruckt.

[35] 49. Sitzung des Reichstags vom 25.5.1881 (Sten.Ber. RT 4. LP IV. Session 1881, S. 1291-1299, S. 1301-1304 und S. 1308-1310).

[36] Adolf Freiherr Marschall von Bieberstein (1842-1912), Jurist, 1879-1883 Landgerichtsrat in Mannheim, 1878-1881 MdR (konservativ).

[37] Robert Gerwig (1820-1885), Baudirektor in Karlsruhe, 1875-1884 MdR (nationalliberal).

[38] Lothar Streit (1823-1898), Jurist, seit 1874 Oberbürgermeister von Zwickau, seit 1869 Mitglied der II. Kammer des sächsischen Landtags, 1878-1881 MdR (Fortschrittspartei).

[39] Georg von Knebel-Döberitz (1810-1880), Rittergutsbesitzer in Zülshagen bei Dramburg, Landrat in Dramburg.

„Die Erfahrung lehrt, daß manche Dienstherrschaft ihres Gesindes vor Erfüllung von 3 Jahren (damalige Erwerbsfrist für Gesinde) sich zu entledigen sucht, um nicht Veranlassung zu geben, daß es der Gemeinde zur Ernährung anheimfalle."

Auch in der [45.] Sitzung des Reichstags vom 14. Mai 1870 gab der Abgeordnete von Wedemeier[40] (Stenogr[afische Berichte über die Verhandlungen des Norddeutschen Bundes], S. 920)[41] die folgende eindrucksvolle Schilderung der bezüglichen Zustände:

„Je kürzer die Erwerbsfrist ist, desto mehr werden die Leute von einem Ort zum andern gestoßen. Am meisten bei der einjährigen, weniger bei der zweijährigen, noch weniger bei der dreijährigen Frist. Jeder Umzug kostet den Leuten einen Teil ihres Vermögens, ihre Möbel und Sachen werden beschädigt, der Transport kostet etwas, im günstigsten Fall geht Arbeitszeit verloren; je öfter der Mensch umzieht, desto mehr Arme werden geschaffen."

In einem sehr bezeichnenden Immediatgesuch vom 9. Januar 1882 klagt ein in Hetzdorf bei Bürgel in Sachsen-Altenburg wohnhafter Schäfer Kerst darüber, daß die Fristbestimmung des Unterstützungswohnsitzgesetzes „die Armut" unglücklich mache. Wer kein Wohnhaus eigentümlich besitze, er sei Schäfer, Hutmann oder Tagelöhner, müsse alljährlich umziehen, weil der Gemeindevorstand darauf halte, daß die Hausbesitzer ihre Mietsleute nicht 2 Jahre hindurch wohnen ließen, es sei denn, daß erstere sich für letztere verantwortlich machten, was aber niemand tue, „zumal in den Herzog- und Fürstentümern". Durch die Umzüge und Dienstwechsel werde viel Geld verloren und die Wirtschaft ruiniert. Schäfer und Hutleute würden, auch wenn die Gemeinden mit ihnen zufrieden wären, nur noch auf 1 ¾ Jahre gemietet. Deshalb sei es im Interesse aller armen und gedrückten Leute zu wünschen, daß die Frist auf 10 oder doch auf 6 Jahre verlängert werde, damit sich dieselben in dieser Zeit etwas sparen könnten und die Verluste nicht so häufig vorkämen.

Die Erfahrung, daß die Verkürzung der Frist für den Erwerb des Unterstützungswohnsitzes auf ein Jahr zur Zerrüttung der Gesinde- und Arbeiterverhältnisse führt und die allgemeine Armenlast vermehrt, ist im vorigen Jahrhundert auch in England gemacht worden. Unter König Karl II.[42] war festgesetzt worden, daß unverheiratete Personen durch Dienstverträge, die auf ein Jahr abgeschlossen waren, Heimatrecht erlangen sollten. Die Folge dieser und einiger weiteren Bestimmungen war, daß man die Dienstverträge nicht mehr, wie nach der früheren Sitte, auf ein ganzes Jahr abschloß, sondern allgemein das Gesinde vor Ablauf des Jahres entließ, so daß für dasselbe meistens zu Michaelis eine verderbliche Zeit des Müßiggangs eintrat ([Karl Gustav] Kries,[43] [Die] engl[ische] Armenpflege, [Berlin 1863,] S. 104, 106, 108). Die im Jahre 1834 erfolgte Aufhebung dieser Bestimmung hat die ältere Sitte, einjährige Dienstverträge zu schließen, nicht wiederherstellen können, „wie es stets leichter zu zerstören ist, als wiederaufzubauen".

Durch das erwähnte Verhalten der Gemeinden und Arbeitgeber, zur Vermeidung finanzieller Inanspruchnahme im Wege der Armenpflege alle Dienstverhältnisse schon nach kurzer Zeit zu lösen, wird die Begründung ständiger Arbeiterverhältnisse

---

40 Dr. Ludwig-Wilhelm von Wedemeyer (1819-1875), Rittergutsbesitzer in Schönrade (Kreis Friedeberg, Neumark), 1867-1871 MdR (konservativ).

41 Stenographische Berichte über die Verhandlungen des Reichstages des Norddeutschen Bundes I. LP Session 1870.

42 Karl II. (1630-1686), König von England, Schottland und Irland.

43 Dr. Karl Gustav Kries (1815-1858), Nationalökonom in Berlin.

unmöglich gemacht. Die Gefährdung unserer sozialen Verhältnisse, die hierin liegt, ist eine so schwerwiegende, daß es geboten erscheint, tunlichst bald Abhilfe zu schaffen, und zwar in der Art, daß die Frist für den Erwerb des Unterstützungswohnsitzes auf etwa 5 Jahre verlängert wird. Damit werden auch die Interessen der Städte bewahrt. Gleichzeitig wird aber auch der obenerwähnten berechtigten Klage Rechnung getragen werden müssen, daß die Gemeinden zu lange mit der Unterstützungspflicht für fortgezogene Gemeindeangehörige belastet bleiben. Zur Abhilfe dagegen empfiehlt es sich, die Frist für den Verlust des Unterstützungswohnsitzes auf etwa 1 Jahr herabzusetzen.

Daß die Frist für den Erwerb und die für den Verlust des Unterstützungswohnsitzes gleich sein müsse, dafür lassen sich zwingende Gründe nicht anführen (vgl. Staatsratsprotokoll vom 18. März 1841, S. 50, oben S. 27), insbesondere darf die „ausgleichende Gerechtigkeit" nicht dafür geltend gemacht werden. In dem die Grundlage des Reichsgesetzes von 1871 bildenden preußischen Gesetz von 1842[44] ist die Gleichstellung beider Fristen nur behufs Entlastung der Landarmenverbände aufgenommen. Diese letzteren werden allerdings höher belastet, die Zahl der Landarmen wird vermehrt werden, wenn die Frist für den Erwerb des Unterstützungswohnsitzes dem obigen Vorschlag gemäß verlängert, die für den Verlust abgekürzt wird. Allein daraus wird sich ein entscheidender Einwand nicht herleiten lassen. Finanziell würde sich eine solche höhere Belastung der Landarmenverbände gleichsam als eine Versicherung auf Gegenseitigkeit charakterisieren, bei welcher die schwächeren Schultern der Einzelgemeinde durch die breiteren Schultern des mehrere Gemeinden umfassenden Landarmenverbands entlastet werden würden. In ethischer Beziehung werden die Verarmten durch die befürwortete Neuordnung um so weniger ungünstig beeinflußt werden können, als der Landarmenverband seine Unterstützungen doch tatsächlich durch eine einzelne Gemeinde verabreichen läßt und es für die Verarmten schwerlich darauf ankommt, von wo die ihm zuteil gewordene Armenunterstützung herrührt. Für den Unterstützten ist sogar die Eigenschaft als Landarmer günstiger wie die Eigenschaft als Ortsarmer, denn die Gemeinde wird denjenigen, der nicht auf ihre Kosten, sondern auf Kosten eines anderen größeren Verbands unterstützt wird, nicht so sehr fühlen lassen, wie lästig ihr die Unterstützung wird; auch hindert die Eigenschaft als Landarmer nicht ohne weiteres die Freiheit, den Aufenthalt sich selbst zu wählen.

Freilich würde eine solche Vermehrung der Landarmen sich von den Wünschen der Mittel- und süddeutschen Regierungen entfernen, welche die aus dem Heimatrecht folgende Belastung einer bestimmten (Heimat-)Gemeinde mit der Armenlast dem Landarmenwesen vorziehen. Es dürfte aber nichts Erhebliches entgegenstehen und andererseits dazu beitragen, die bezeichneten Bundesstaaten für die Annahme der vorgeschlagenen Veränderungen zu gewinnen, wenn man im Gesetz – wofür neuere Reichsgesetze Analogien bieten (vgl. § 110 des landwirtschaftlichen Unfallversicherungsgesetzes vom 5. Mai 1886[45], Reichs-Gesetzbl[att], S. 132) – den Landesregierungen die Möglichkeit gäbe, hinsichtlich ihrer eigenen Landesangehörigen

---

[44] Gesetz über die Verpflichtung zur Armenpflege vom 31.12.1842 (Anhang Nr. 3 Bd. 7, 2. Halbband, der I. Abteilung dieser Quellensammlung).

[45] Nr. 287 Bd. 2, 2. Teil, der II. Abteilung dieser Quellensammlung (nach § 110 war die Landesgesetzgebung befugt, etwa hinsichtlich der Abgrenzung der Berufsgenossenschaften, deren Organisation und Verwaltung von den gesetzlichen Bestimmungen abweichende Regelungen zu treffen).

und der Angehörigen derjenigen anderen Bundesstaaten, mit denen eine entsprechende Vereinbarung erzielt wird, anderweite Bestimmungen über den endgültig fürsorgepflichtigen Armenverband in solchen Fällen zutreffen, wo der reichsgesetzliche Unterstützungswohnsitz erloschen, ein anderer Unterstützungswohnsitz aber noch nicht erworben ist. Sie könnten dann die Heimatgemeinde substituieren oder diese ganz oder teilweise zur Erstattung an die Landarmenverbände verpflichten. Eine derartige Annäherung an die Wünsche der Süddeutschen läßt die wichtigsten Grundsätze des Reichsgesetzes unberührt, gestattet aber die den territorialen Verhältnissen und Gewohnheiten entsprechenden landesgesetzlichen Abweichungen bezüglich der Verteilung der Lasten.

Zu 2. Da nach dem Reichsgesetz vom 15. Juni 1883[46] (Reichs-Gesetzblatt, S. 73) die Krankenkassen allen versicherungspflichtigen Arbeitern während 13 Wochen nach dem Beginn einer Krankheit die vorgeschriebene Krankenunterstützung zu gewähren haben, so ist das Bedürfnis nach der in Antrag gebrachten Änderung des § 29, gegen welche grundsätzliche Bedenken nicht zu erheben sind, nicht mehr ganz so dringend wie früher.

Dabei kommt aber in Betracht, daß die Krankenversicherungspflicht sich nicht auf Dienstboten erstreckt und bei landwirtschaftlichen Arbeitern nur eine statutarische, nicht eine allgemein gesetzliche ist. Die Ausdehnung der Frist des § 29 R[eichs]g[esetz] von 6 auf 13 Wochen würde also hinsichtlich der Dienstboten ihre Bedeutung behalten, ebenso die Einfügung der landwirtschaftlichen Arbeiter in die in § 29 RG aufgeführten Kategorien.

Zu 3. Die Erleichterung der Beweislast der Ortsarmenverbände gegenüber den Landarmenverbänden entspricht der Billigkeit und empfiehlt sich auch aus dem Grund, weil sie geeignet ist, die Abschiebungen zu vermindern. Eine beständige, den praktischen Lebensverhältnissen Rechnung tragende Rechtsprechung wird das Überhandnehmen neuer Unzuträglichkeiten zu verhindern wissen.

Zu 4. Der Mangel an Bestimmungen, welche es ermöglichen, arbeitsscheue Personen sowie pflichtvergessene Ehegatten und Familienväter im Verwaltungsweg zur Arbeit in einem Arbeitshaus anzuhalten, hat zu einer mißbräuchlichen Ausnutzung der Armenpflege geführt und entsittlichend gewirkt. Die Wiedereinführung solcher armenpolizeilichen Vorschriften, wie sie in den Artikeln 11 bis 15 des preußischen Ergänzungsgesetzes vom 21. Mai 1855[47] enthalten sind, ist wünschenswert.[48]

Bei den Vorberatungen über das zu dem Reichsgesetz vom 6. Juni 1870 zu erlassende preußische Ausführungsgesetz wurden Zweifel erhoben, ob nach den Bestimmungen des Reichsstrafgesetzbuchs die Beibehaltung jener Vorschriften zulässig wäre. Trotzdem der Justizminister[49] in einem ausführlichen Gutachten vom 4. Au-

---

[46] Gesetz, betreffend die Krankenversicherung der Arbeiter, vom 15.6.1883 (Nr. 32 Bd. 5 der II. Abteilung dieser Quellensammlung).

[47] Die §§ 11-15 des Gesetzes zur Ergänzung der Gesetze vom 31. Dezember 1842 über die Verpflichtung zur Armenpflege und die Aufnahme neu anziehender Personen vom 21.5.1855 drohten Obdachlosen, arbeitsverweigernden Unterstützungsempfängern und Nährpflichtsäumigen, deren Angehörige der Armenpflege anheimfielen, mit der Unterbringung in einer Arbeitsanstalt (Anhang Nr. 7 Bd. 7, 2. Halbband, der I. Abteilung dieser Quellensammlung).

[48] Die Denkschrift folgt in den nachfolgenden Absätzen ein weiteres Mal sehr eng der älteren Denkschrift aus der Feder von Eduard Magdeburg (vgl. Anm. 1).

[49] Dr. Adolf Leonhardt (1815-1880), 1867-1879 preußischer Justizminister.

gust 1870[50] – I. 2647 – sich für die Zulässigkeit ausgesprochen hatte, wurde von einer Aufnahme derselben in den Entwurf abgesehen. Das Herrenhaus versuchte zwar, den Entwurf entsprechend zu ergänzen.[51] Der Regierungskommissar[52] erklärte jedoch, daß der in Anregung gebrachte polizeiliche Zwang mit der Reichsgesetzgebung im Widerspruch stände, da der Gegenstand durch das Reichsstrafgesetzbuch geregelt und damit der strafgerichtlichen Behandlung überwiesen, der administrativen Kognition aber entzogen wäre, und da der Antrag auch gegen § 1 des Gesetzes vom 29. Mai 1868, betreffend die Aufhebung der Schuldhaft[53] (Bundes-Gesetzbl[att], S. 237), verstöße.[54]

Demgegenüber ist zunächst zu bemerken, daß bei der Beratung des Reichsstrafgesetzbuchs im Reichstag der Kommissar des Bundesrats[55] bezüglich „der Unterbringung von liederlichen und arbeitsscheuen Subjekten" ausdrücklich erklärt hat, wie diese Unterbringung durch das Reichsstrafgesetzbuch nicht berührt werde, da letzteres lediglich die eigentliche Korrektionsnachhaft regeln wolle.[56] Aber auch die Berufung auf das Gesetz, betreffend die Aufhebung der Schuldhaft, ist verfehlt, da es sich bei den armenpolizeilichen Bestimmungen nicht um bürgerliches Recht, sondern um Angelegenheiten öffentlich-rechtlicher Natur handelt, und da das armenpolizeiliche Zwangsverfahren auch nicht auf die Zahlung einer Geldsumme, sondern auf die Erfüllung einer natürlichen und sittlichen Pflicht gerichtet ist.

Hiernach würde dem Mangel sowohl durch die Reichs- wie durch die Landesgesetzgebung abgeholfen werden können.

[...]

---

50 Schreiben des preußischen Justizministers Dr. Adolf Leonhardt an den Innenminister Friedrich Graf zu Eulenburg vom 4.8.1870 (GStA Berlin I. HA Rep.77 Tit.223 Nr.160 Bd.2, fol. 21-23 Rs.).

51 Bericht der Achten Kommission zur Beratung des Gesetzentwurfs, betreffend die Ausführung des Bundesgesetzes über den Unterstützungswohnsitz, vom 14.1.1871 (§§ 39 und 40) (Nr. 16 der Anlagen zu den Sten.Ber. PrHH 11. LP I. Session 1870/71).

52 Wilhelm Wohlers (1819-1891), Jurist, seit 1868 Geheimer Regierungsrat im preußischen Innenministerium.

53 Der § 1 des Gesetzes lautete: *Der Personalarrest ist als Exekutionsmittel in bürgerlichen Rechtssachen insoweit nicht mehr statthaft, als dadurch die Zahlung einer Geldsumme oder die Leistung einer Quantität vertretbarer Sachen oder Wertpapiere erzwungen werden soll.*

54 Wilhelm Wohlers in der 6. und 7. Sitzung vom 19. und 20.1.1871 (Sten.Ber. PrHH 11. LP I. Session 1870/71, S. 52 f. und S. 74).

55 Dr. Heinrich von Friedberg (1813-1895), seit 1854 Geheimer Justizrat im preußischen Justizministerium, 1869 und 1870 Vorsitzender des Justizausschusses des Bundesrats.

56 38. Sitzung vom 8.4.1870 (Sten.Ber. RT des Norddeutschen Bundes 1. LP Session 1870, S. 763 f.).

Nr. 9

1891 Dezember 28

Votum[1] des Staatssekretärs des Innern Dr. Karl Heinrich von Boetticher für das preußische Staatsministerium

Metallographie

[Aus den Voten der preußischen Staatsminister geht die übereinstimmende Auffassung hervor, daß von einer grundlegenden Umgestaltung der Armengesetzgebung vorerst abzusehen ist und sich eine Gesetzesrevision auf einige dringliche Detailfragen zu beschränken haben wird]

Auf mein Schreiben vom 11. November d. J.[2] an das königliche Staatsministerium, betreffend die Abänderung des Gesetzes über den Unterstützungswohnsitz, vom 6. Juni 1870, Bundes-Gesetzbl[att], S. 360) haben die Herren Minister des Innern[3] und für Landwirtschaft[4] pp. sowie der Herr Finanzminister[5] sich geäußert.[6]

Die Äußerungen der Herren Minister stimmen mit mir in der Auffassung überein, daß von einer grundlegenden Umgestaltung der Armengesetzgebung gegenüber den tiefgehenden Meinungsverschiedenheiten, die über die Grundsätze der Reform zur Zeit bestehen, so lange abzusehen sei, bis die Einwirkung der sozialpolitischen Reichsgesetze sowie des preußischen Gesetzes vom 11. Juli d. J.[7] (Gesetz-Samml[ung], S. 300) auf die Höhe und die Verteilung der Armenlasten mit größerer Bestimmtheit in die Erscheinung getreten sein und die Möglichkeit eines Ausgleichs der vorhandenen Gegensätze herbeigeführt haben werde. Weiter sind die Herren Minister auch darin mit mir einverstanden, daß es sich empfehle, schon jetzt einzelne Bestimmungen des Gesetzes, deren Revisionsbedürftigkeit in besonders dringlicher Weise hervorgetreten sei, abzuändern.

Insbesondere wird übereinstimmend befürwortet, daß die Beweislast bei Erstattungsansprüchen der Armenverbände gegeneinander erleichtert und daß für diese Ansprüche eine kürzere Verjährungsfrist eingeführt werde; der Herr Finanzminister hat sich für eine zweijährige Verjährung ausgesprochen.

Auch der in meinem Schreiben vom 11. November d. J. gemachte Vorschlag, den jetzt auf das 24. Lebensjahr festgesetzten Zeitpunkt für den selbständigen Erwerb und Verlust des Unterstützungswohnsitzes auf ein früheres Lebensalter herabzusetzen, hat die Zustimmung der Herren Minister gefunden. Seitens der Herren Minister des Innern und der Finanzen ist jedoch empfohlen worden, zunächst ein genaues statistisches Material darüber zu beschaffen, welchen Umfang die Belastung ländlicher Armenverbände durch die bisherigen Vorschriften angenommen habe und wel-

---

1 GStA Berlin I. HA Rep.77 Tit.223 Nr.167 Bd.3, fol. 193-195 Rs.

2 Nr. 7.

3 Ludwig Herrfurth.

4 Wilhelm von Heyden (1839-1920), Jurist, 1881-1890 Regierungsdirektor in Frankfurt (Oder), seit 1890 preußischer Landwirtschaftsminister.

5 Dr. Johannes Miquel.

6 Voten des preußischen Finanzminister Dr. Johannes Miquel vom 27.11.1891, des Landwirtschaftsministers Wilhelm von Heyden vom 11.12.1891 und des Innenministers Ludwig Herrfurth vom 17.12.1891 (GStA Berlin I. HA Rep.77 Tit.223 Nr.167 Bd.3, fol. 165-168, fol. 185-188 Rs. und fol. 189-190 Rs.).

7 Nr. 4.

che Wirkung die Herabsetzung der Altersgrenze voraussichtlich haben werde. Ich trage Bedenken, diesem Vorschlag beizutreten. Derartige Erhebungen würden sich auf eine Reihe von Jahren erstrecken müssen und sind im Hinblick auf die wenig sorgfältigen Aufzeichnungen, welche insbesondere in den ländlichen Ortschaften der Ostprovinzen über pekuniäre Belastungen der Gemeinde erfahrungsmäßig vorgenommen zu werden pflegen, ihrer Natur nach unsicher. Außerdem würde die Aufnahme und Verarbeitung einer solchen Statistik eine längere Zeit erfordern; ein Hinausschieben der Gesetzesänderung aber erscheint mir bei der unbestrittenen Dringlichkeit der Sache und mit Rücksicht darauf, daß der Herr Reichskanzler bei den Verhandlungen des Reichstags über die Handelsverträge die Einbringung eines Abänderungsgesetzes noch für die laufende Session des Reichstags in Aussicht gestellt hat,[8] unerwünscht.

Was das Maß der Herabsetzung der Altersgrenze anbetrifft, so bin ich mit dem Herrn Finanzminister und dem Herrn Minister für Landwirtschaft pp. dahin einverstanden, daß das 18. Lebensjahr zu wählen sein wird. Wenn der Herr Minister des Innern das 21. Lebensjahr um deswillen empfiehlt, weil in der Regel erst mit dem Beginn der Volljährigkeit die Befugnis zur freien Wahl des Aufenthalts eintritt, so erlaube ich mir demgegenüber, die nach meinem Dafürhalten schwerer wiegende Erwägung geltend zu machen, daß bei den in Anbetracht kommenden Klassen der Bevölkerung die wirtschaftliche Selbständigkeit auch hinsichtlich der Wahl des Aufenthaltsorts tatsächlich schon zu einem weit früheren Zeitpunkt einzutreten pflegt.

Ebenso kann ich mit den Herren Ministern für Landwirtschaft pp. und der Finanzen nur befürworten, im § 29 des Gesetzes[9] die Dauer der selbständigen Verpflichtungen des Dienstorts von sechs auf dreizehn Wochen zu verlängern und diese Verpflichtung auf die Unterstützung der land- und forstwirtschaftlichen Arbeiter auszudehnen. Das Bedürfnis scheint mir dadurch ausreichend dargetan zu sein, daß auch in neuerer Zeit Wünsche auf eine entsprechende Erweiterung der Vorschriften des § 29 von beachtenswerter Seite ausgesprochen worden sind.

Die vom Herrn Minister für Landwirtschaft pp. empfohlenen Abänderungen des § 29 Abs[atz] 3 des Gesetzes dahin, daß auch Schwangerschaft als eine Krankheit im Sinne des § 29 anzusehen sei,[10] erscheint mir um deswillen nicht unbedenklich, weil eine solche Bestimmung den Grundsätzen des Krankenversicherungsgesetzes nicht entsprechen würde. Nach dem letzteren wird bei Schwangerschaft und Entbindungen, solange keine Komplikationen eintreten, Krankenunterstützung nicht gewährt.[11] Es dürfte den Vorzug verdienen, beide Gesetze in Übereinstimmung zu belassen.

---

[8] Reichskanzler Leo Graf von Caprivi hatte bei der Beratung der Handelsverträge mit Österreich-Ungarn, Italien und Belgien in der 139. Sitzung des Reichstags vom 12.12.1891 im Hinblick auf die Frage, wie dem ländlichen Arbeitermangel zu begegnen sei, angekündigt, die verbündeten Regierungen beabsichtigten, dem Reichstag noch in dieser Session eine Vorlage für ein Abänderungsgesetz zum UWG vorzulegen (Sten.Ber. RT 8. LP I. Session 1890/1892, S. 3364 f.).

[9] Vgl. Nr. 7 Anm. 12.

[10] § 29 Abs. 3 des Unterstützungswohnsitzgesetzes bestimmte, daß Schwangerschaft nicht als Krankheit im Sinne des § 29 Abs. 1 und 2 zu gelten hatte.

[11] Nach § 20 des Gesetzes, betreffend die Krankenversicherung der Arbeiter, vom 15.6.1883 gehörte es lediglich zu den Mindestleistungen der Ortskrankenkassen, daß sie Wöchnerinnen auf Dauer von drei Wochen nach der Niederkunft unterstützten (Nr. 32 Bd. 5 der II. Abteilung dieser Quellensammlung). Analoges galt für die Betriebs- und Innungskrankenkassen.

Von der Aufnahme armenpolizeilicher Bestimmungen dürfte nach den Vorschlägen der Herren Minister des Innern und für Landwirtschaft pp. Abstand zu nehmen sein. Die Erwägung darüber, ob etwa zur Beseitigung der hervorgetretenen Übelstände das Strafgesetzbuch zu ergänzen sein möchte, darf für jetzt vorbehalten werden.

Gegen die anderweite Bemessung der Fristen für den Erwerb und für den Verlust des Unterstützungswohnsitzes haben die Herren Minister übereinstimmend Bedenken erhoben. Mit Rücksicht darauf, daß es sich gegenwärtig nicht um eine durchgreifende Umgestaltung des Unterstützungswohnsitzgesetzes, sondern nur um die Beseitigung einzelner, besonders dringlich hervorgetretener Übelstände handelt, erkläre ich mich ergebenst damit einverstanden, daß es bis auf weiteres bei den gegenwärtigen Bestimmungen sein Bewenden behält und daß die Erwägung, in welcher Weise die betreffenden Fristbestimmungen zu ändern sein werden, für einen späteren Zeitpunkt vorbehalten bleibt.

Dem königlichen Staatsministerium beehre ich mich einen nach den vorstehenden Gesichtspunkten aufgestellten Entwurf[12] eines Gesetzes über die Abänderung des Unterstützungswohnsitzgesetzes unter Vorbehalt der Beifügung einer Begründung mit dem Anheimstellen vorzulegen, gefälligst darüber beschließen zu wollen, ob dieser Gesetzentwurf als Antrag Preußens bei dem Bundesrat einzubringen ist.[13] Abschrift dieses Schreibens und der Anlage habe ich den sämtlichen Herren Staatsministern mitgeteilt.

Nr. 10

1891 Dezember 28

Entwurf[1] eines Gesetzes betreffend die Änderung des Gesetzes über den Unterstützungswohnsitz vom 6. Juni 1870

Metallographie

[Herabsetzung der Unterstützungsmündigkeit; Ausdehnung der Krankenhilfeverpflichtung des Dienstortes; Stärkung des Erstattungsanspruchs von Ortsarmenverbänden gegenüber Landarmenverbänden]

Artikel 1

Das Gesetz über den Unterstützungswohnsitz vom 6. Juni 1870 (Bundes-Gesetzbl[att], S. 360) wird in nachstehender Weise geändert:

I.

In den Paragraphen 10 und 22 ist anstelle der Worte: „nach zurückgelegtem vierundzwanzigsten Lebensjahr“ zu setzen: „nach zurückgelegtem achtzehnten Lebensjahr“.

---

[12] Nr. 10.

[13] Vgl. Nr. 11.

[1] GStA Berlin I. HA Rep.77 Tit.223 Nr.167 Bd.3, fol. 196-197.

II.

In § 29 Abs[atz] 1 ist in Zeile 2 hinter dem Wort: „Lehrlinge“ einzuschalten: „land- und forstwirtschaftliche Arbeiter“.

III.

1. In § 29 Abs. 1 Zeile 7 ist statt der Worte: „länger als sechs Wochen“ zu setzen: „länger als dreizehn Wochen“.

2. Daselbst Abs. 2 Zeile 2 wird das Wort: „sechswöchentlichen“ ersetzt durch das Wort: „dreizehnwöchentlichen“.

IV.

Dem § 28 wird folgender zweiter Absatz hinzugefügt: „Der Anspruch auf Erstattung verjährt in zwei Jahren vom Tage der gewährten Leistung ab.“

V.

1. In § 30 Abs. 1 lit[era] b Zeile 1 ist statt der Worte: „wenn der Unterstützte keinen Unterstützungswohnsitz hat“, zu setzen: „wenn ein Unterstützungswohnsitz des Unterstützten nicht zu ermitteln ist“.

2. Zwischen die Absätze 1 und 2 des § 30 ist folgender neue Absatz einzuschieben: „Der Beweis, daß ein Unterstützungswohnsitz des Unterstützten nicht zu ermitteln gewesen ist, gilt schon dann als erbracht, wenn der die Erstattung fordernde Armenverband dargelegt hat, daß er alle diejenigen Erhebungen vorgenommen hat, welche nach Lage der Verhältnisse als geeignet zur Ermittlung eines Unterstützungswohnsitzes anzusehen waren. Dem auf Erstattung in Anspruch genommenen Armenverband bleibt überlassen, auf Kosten des die Erstattung fordernden Armenverband weitere Erhebungen anzustellen, welche er zur Ergänzung der bisherigen Ermittlungen für zweckdienlich erachtet. Wird nach der Erstattung ein Unterstützungswohnsitz des Unterstützten nachträglich ermittelt, so ist der Armenverband, welcher die Erstattung vorgenommen hat, berechtigt, innerhalb zweier Jahre, vom Tag der Ermittlung ab gerechnet, von dem Armenverband des Unterstützungswohnsitzes Ersatz zu beanspruchen.“

Artikel 2

Dieses Gesetz tritt mit dem 1. April 1892 seinem vollen Umfang nach in Kraft.

Der Reichskanzler wird ermächtigt, den Text des Gesetzes vom 6. Juni 1870, wie er sich aus den Änderungen durch gegenwärtiges Gesetz ergibt, durch das Reichs-Gesetzblatt bekanntzumachen.

Nr. 11

1891 Dezember 30

Sitzungsprotokoll[1] des preußischen Staatsministeriums

Ausfertigung, Teildruck

[Besprechung des Gesetzentwurfs zur Abänderung des Unterstützungswohnsitzgesetzes; statt einer grundlegenden Umgestaltung sind Detailkorrekturen vorgesehen wie die Herabsetzung des Alters der Unterstützungsmündigkeit]

[...]

3. Der Herr Vizepräsident des Staatsministeriums[2] hielt im Anschluß an sein Votum vom 28. d. M.[3] Vortrag über den mit demselben vorgelegten Gesetzentwurf, betreffend die Änderung des Reichsgesetzes über den Unterstützungswohnsitz, vom 6. Juni 1870.[4] Er erklärte, die Herren Minister der Finanzen[5], für Landwirtschaft[6], des Innern und für Handel[7] pp. seien in ihren Votis vom 27. v[origen], 11., 17., 28. d[iesen] M[onats][8] der in seinem Schreiben vom 11. November d. J.[9] vertretenen Auffassung beigetreten, daß von einer grundlegenden Umgestaltung der Armengesetzgebung gegenüber den tiefgehenden Meinungsverschiedenheiten, die über die Grundsätze der Reform zur Zeit bestehen, so lange abzusehen sei, bis die Einwirkung der sozialpolitischen Reichsgesetze sowie des preußischen Gesetzes vom 11. Juli d. J. (G[esetz]s[ammlung], S. 300)[10] auf die Höhe und die Verteilung der Armenlasten mit größerer Bestimmtheit in die Erscheinung getreten seien, daß es sich aber empfehle, schon jetzt einzelne Bestimmungen des Gesetzes abzuändern.

Diejenigen neuen Bestimmungen, über welche im wesentlichen Einverständnis sich gezeigt, habe er in den vorgelegten Entwurf aufgenommen.

Es wurden die einzelnen Artikel und Nummern des Gesetzentwurfs durchgenommen.

Art[ikel] 1 Nr. 1. Zu dem Vorschlag, für den Erwerb des Unterstützungswohnsitzes in den §§ 10 und 22 das 18. statt das 24. Lebensjahr festzusetzen, beantragte der

---

1 GStA Berlin I. HA Rep.90a B III 2b Nr.6 Bd.106, fol. 418-440, hier fol. 418 und fol. 423-432 Rs. Teilnehmer waren: der Präsident des Staatsministeriums Reichskanzler Leo Graf von Caprivi, Vizepräsident Dr. Karl Heinrich von Boetticher, Innenminister Ludwig Herrfurth, Justizminister Dr. Hermann von Schelling, Handelsminister Hans Freiherr von Berlepsch, Finanzminister Dr. Johannes Miquel, Kriegsminister Hans von Kaltenborn, Landwirtschaftsminister Wilhelm von Heyden, Kultusminister Robert Graf von Zedlitz-Trützschler, Minister der öffentlichen Arbeiten Karl Thielen; Protokoll: Gustav Homeyer.

2 Dr. Karl Heinrich von Boetticher.

3 Nr. 9.

4 Nr. 10.

5 Dr. Johannes Miquel.

6 Wilhelm von Heyden.

7 Hans Freiherr von Berlepsch.

8 Voten des preußischen Finanzminister Dr. Johannes Miquel vom 27.11.1891, des Landwirtschaftsministers Wilhelm von Heyden vom 11.12.1891, des Innenministers Ludwig Herrfurth vom 17.12.1891 und des Handelsministers Hans Freiherr von Berlepsch vom 28.12.1891 (GStA Berlin I. HA Rep.77 Tit.223 Nr.167 Bd.3, fol. 165-168, fol. 185-188 Rs., fol. 189-190 Rs., fol. 199-201 Rs.).

9 Nr. 8.

10 Nr. 4.

Herr Minister des Innern die Festsetzung des 21. Lebensjahrs, dies sei das Jahr der Großjährigkeit, bis dahin lasse man also die jungen Leute besser in dem Unterstützungswohnsitz der Eltern, es fehle an statistischem Material über die Frage, man solle also nicht unnötig weit gehen. Sehr wichtig sei übrigens die Frage nicht, da in der Zeit vom 18. bis 21. Lebensjahr nicht viele Personen unterstützungsbedürftig würden, sondern nur allenfalls Frauenzimmer bei Schwangerschaft und Niederkunft und erblich Schwindsüchtige.

Der Herr Vizepräsident erwiderte, die Herren Minister der Finanzen und für Handel hätten sich für das 18. Lebensjahr erklärt. Von da ab beginne in der Regel die wirtschaftliche Selbständigkeit, auch heirateten die jungen Leute nicht selten in so frühem Alter, die Volljährigkeit habe mit dieser Frage nichts zu tun. Von der Einholung statistischen Materials über diese Frage erwarte er wenig.

Der Herr Finanzminister bemerkte, er sei mit dem Entwurf einverstanden. Die Festsetzung des 18. Lebensjahrs mache auch den Eindruck, als ob man der Landwirtschaft größere Hilfe gewähre. Statistisches Material habe er nur gewünscht, um dem Reichstag eine bessere Grundlage zu bieten. Die Meinungen zwischen Süd- und Westdeutschland einerseits, Nord- und Ostdeutschland sowie zwischen Land und Stadt würden sehr auseinandergehen.

Das Staatsministerium trat dem Entwurf bei.

Nr. II. Die Einschaltung der Worte „land- und forstwirtschaftliche Arbeiter" in § 29 Abs. 1 ist auf Wunsch des Herrn Ministers für Landwirtschaft und des Landwirtschaftsrats vorgeschlagen und wurde angenommen.

Nr. III. Der Vorschlag, in den § 29 statt 6 Wochen zu setzen 13 Wochen wurde vom Herrn Finanzminister bekämpft, weil nach Einführung der Krankenversicherung ein Bedürfnis dazu nicht vorliege[11], vom Herrn Vizepräsidenten und dem Herrn Minister für Handel und Gewerbe jedoch verteidigt als ein Wunsch der Landwirtschaft und Herstellung der Übereinstimmung mit der Gesetzgebung über Krankenkassen.[12]

Der Herr Minister für Landwirtschaft beantragte, den letzten Absatz des § 29 des Gesetzes zu streichen, welcher lautet: „Schwangerschaft an sich ist nicht als eine Krankheit im Sinne der vorstehenden Bestimmung anzusehen." Diese Bestimmung führe zu großen Härten. Der Herr Vizepräsident bemerkte, die neuere sozialpolitische Gesetzgebung behandle die Schwangerschaft auch nicht als Krankheit. Das Staatsministerium lehnte mit Majorität den Antrag des Herrn Ministers für Landwirtschaft ab.

Nr. IV. Der Herr Vizepräsident konstatierte zunächst, daß durch diese Bestimmung, welche eine zweijährige, statt der 30jährigen Verjährung für den Anspruch auf Erstattung aufgewendeter Unterstützungskosten (§ 28) einführt, die Bestimmung des § 34 wegen der Anmeldung dieses Anspruchs binnen 6 Monaten nicht berührt wird.

Der Ausdruck „vom Tag der gewährten Leistung ab" wurde unklar gefunden und unter Zustimmung des Herrn Vizepräsidenten beschlossen, die Fassung des preußischen Gesetzes wegen Einführung kürzerer Verjährungsfristen vom 31. März

---

[11] Nach § 20 Abs. 2, § 20 Abs. 1 Ziffer 1, § 64 Ziffer 1, § 73 Abs. 1 und § 75 des Gesetzes, betreffend die Krankenversicherung der Arbeiter, vom 15.6.1883 konnten Lohnarbeiter bis Ablauf der dreizehnten Woche nach Beginn der Krankheit Krankenunterstützung erhalten (Nr. 32 Bd. 5 der II. Abteilung dieser Quellensammlung).

[12] Die Land- und Forstarbeiter konnten nach § 2 Abs. 1 Ziffer 6 des Krankenversicherungsgesetzes vom 15.6.1883 lediglich durch statutarische Bestimmung einer Gemeinde oder eines weiteren Kommunalverbands in den Versicherungszwang einbezogen werden, wovon jedoch nur sehr selten Gebrauch gemacht wurde.

1838[13], § 5, zu wählen, im Anfang zu sagen: „die Geltendmachung des Anspruchs auf Erstattung“ und die Worte „vom Tag“ zu streichen.

Nr. V bezweckt eine Erleichterung der Beweislast.

Der Herr Minister der geistlichen pp. Angelegenheiten[14] erachtete diese Bestimmung für höchst bedenklich. Durch allerlei Kunstgriffe würde schon jetzt die Unterstützungslast von einem speziellen Wohnsitz ab auf die Landarmenverbände abgewälzt. Dieselben würden durch diese Bestimmungen noch schwerer belastet werden.

Die Herren Minister des Innern und der Finanzen erkannten diesen Übelstand an, doch sei demselben nicht abzuhelfen und die bisherige Schwierigkeit des Beweises zu hart für die Gemeinden gewesen.

Der Herr Minister für Handel schlug vor, in dem Entwurf den Satz: „dem auf Erstattung – zweckdienlich erachtet“ zu streichen und in der letzten Zeile vor „Ersatz“ einzuschalten: „für die gewährte Unterstützung und für die durch nachträgliche Ermittlungen entstandenen Kosten“.

Das Staatsministerium erklärte sich hierauf mit der so abzuändernden Nr. V einverstanden.

Zu Art. 2 war nichts zu bemerken. Der Herr Vizepräsident schlug nur vor, das Datum des Inkrafttretens des Gesetzes offenzulassen und vielleicht in dem neu zu veröffentlichenden Text des Gesetzes vom 6. Juni 1870 das Wort „norddeutsch“ durch „deutsch“ zu ersetzen.

Der Herr Finanzminister erklärte, er habe noch zwei Punkte zu berühren, welche vielleicht in dem einzubringenden Gesetz mit zu berücksichtigen wären. Lebhafte Klagen richteten sich dagegen, daß arbeits- und erwerbsfähige Personen sich der Alimentationspflicht gegen ihre Familien entzögen und dieselben völlig im Stich ließen. Hiergegen seien in Ergänzung der §§ 361[15] und 362[16] des Strafgesetzbuchs Bestimmungen ähnlich denen des Gesetzes vom 21. Mai 1855[17] (G[esetz]s[ammlung], S. 311) Art. 13 zu treffen. Der Herr Minister des Innern bemerkte, daß er diese Frage am Schluß seines Votums vom 17. d. M. berührt habe.[18]

---

[13] Gesetz wegen Einführung kürzerer Verjährungsfristen vom 31.3.1838 (PrGS, S. 249).

[14] Robert Graf von Zedlitz-Trützschler (1837-1914), Rittergutsbesitzer, 1881-1886 Regierungspräsident in Oppeln, 1886 Oberpräsident der Provinz Posen, seit 1891 preußischer Kultusminister.

[15] Der § 361 StGB drohte in Ziffer 3 bis 8 Personen mit Haft, die wegen Landstreicherei, Bettelei, Unterstützungsbedürftigkeit aufgrund von Spiel, Trunk und Müßiggang, unerlaubter Prostitution, Weigerung zur Verrichtung zugewiesener Arbeit trotz öffentlicher Armenunterstützung oder fortwährender Obdachlosigkeit festgenommen worden waren (Strafgesetzbuch für das Deutsche Reich vom 15.5.1871 [RGBl, S. 127]).

[16] Bei einer Verurteilung zu einer Haftstrafe aufgrund § 361 Ziffer 3-8 StGB konnte das Gericht aufgrund des § 362 zugleich bestimmen, daß die verurteilte Person nach verbüßter Strafe der Landespolizeibehörde zu überweisen war, die dadurch die Befugnis erhielt, diese bis zu zwei Jahre in einem Arbeitshaus unterzubringen („korrektionelle Nachhaft“).

[17] Gesetz zur Ergänzung der Gesetze vom 31. Dezember 1842 über die Verpflichtung zur Armenpflege und die Aufnahme neu anziehender Personen vom 21.5.1855 (PrGS, S. 311; siehe auch Anhang Nr. 7 Bd. 7, 2. Halbband, der I. Abteilung dieser Quellensammlung). Der Art. 13 drohte Personen, die ihrer Unterhaltspflicht nicht nachkamen und deren Angehörige deshalb von der Armenpflege unterstützt werden mußten, auch dann, wenn sie selbst nicht von der Armenpflege unterstützt wurden, die Unterbringung in einer Arbeitsanstalt an.

[18] Ludwig Herrfurth hatte in seinem Votum darauf verwiesen, es sei *im Ministerium des Innern stets die Ansicht gehegt und bei verschiedenen Gelegenheiten vertreten worden,*

Der Herr Vizepräsident erbot sich, eine solche Vorschrift zu formulieren und sie dem Staatsministerium behufs Beratung in einer anderen Sitzung zugehen zu lassen.[19]

Der Herr Finanzminister erklärte, ein zweiter Punkt sei der, daß die absichtliche Abschiebung der durch den Unterstützungswohnsitz einem Ort erwachsenden Last an einen anderen Ort oder an den Landarmenverband durch Geldstrafe gebüßt werden müsse.

Der Herr Vizepräsident bemerkte, das Ziel der Armengesetzgebung müsse sein, daß der Arme an dem Ort zu verpflegen sei, an welchem er unterstützungsbedürftig werde. Zur Zeit lasse sich dies aber nicht erreichen. Er werde sich bemühen, eine Bestimmung im Sinne der gewünschten, auf strafrechtliche oder zivilrechtliche Ahndung gerichtet, zu formulieren und sie dem Staatsministerium vorlegen. Das von dem Herrn Vizepräsidenten bezeichnete Ziel der Armengesetzgebung fand die lebhafte Zustimmung der Herren Minister des Innern, der Finanzen und der geistlichen pp. Angelegenheiten, indessen war man darüber einig, daß dies in dem jetzigen Gesetzentwurf noch nicht zu erreichen sei.

Der Herr Minister für Landwirtschaft warnte davor, in den Gesetzentwurf noch mehr aufzunehmen, als derselbe enthalte, um das Zustandekommen nicht zu erschweren. Weiter gehende Wünsche habe er ja auch; z. B. sei angeregt, in dem § 17 des Gesetzes das Wort „böslich" bezüglich des Verlassens der Ehefrau durch den Mann zu streichen, auch Vorsorge zu treffen, daß nicht durch Errichtung neuer oder erhebliche Erweiterung bestehender Fabriken die Armenlast der Gemeinde zu sehr gesteigert werde, aber er verzichte darauf, weitere Anträge zu stellen.

Der Herr Finanzminister bemerkte, er glaube, daß die von ihm berührten zwei Punkte im Zusammenhang mit den Bestimmungen des Gesetzentwurfs ständen. Weiter gehende Wünsche, die er nicht verfolge, habe er auch.

Der Herr Vizepräsident hob noch hervor, daß die Bundesregierungen zum großen Teil jeder Abänderung des Gesetzes vom 6. Juni 1870 entgegen seien. Es werde sich empfehlen, den Gesetzentwurf als preußischen Antrag einzubringen und sich vielleicht vorher noch auf diplomatischem Weg mit den Regierungen in Verbindung zu setzen.

[...][20]

---

daß es bedenklich erscheine, den Verwaltungsbehörden die Befugnis wiederum beizulegen, die in diesen Artikeln – den Art. 11 bis 15 des preußischen Gesetzes vom 21.5.1855 (vgl. Anm. 17) – *bezeichneten Personen in einem Arbeitshaus unterzubringen, ohne daß in einem vorgängigen gerichtlichen Verfahren ihr schuldvolles Verhalten gehörig festgestellt worden sei.* Deshalb sei vom Innenministerium früher angeregt worden, die §§ 361 und 362 des Strafgesetzbuchs dahin gehend zu ergänzen, daß arbeitsfähige, unterhaltssäumige Personen, deren Angehörige zu ihrem Unterhalt auf fremde Hilfe seitens der Behörden angewiesen seien, mit Haft bestraft und durch Strafurteil zugleich der Landespolizeibehörde zur Unterbringung in einem Arbeitshaus überwiesen werden könnten (GStA Berlin I. HA Rep.77 Tit.223 Nr.167 Bd.3, fol. 185-188 Rs., hier fol. 188 Rs.).

19 Dem Gesetzentwurf in der Fassung, in der er am 7.3.1892 dem Bundesrat übersandt wurde, war dann ein Artikel eingefügt worden, der Unterhaltssäumigen, deren Familienangehörige durch Vermittlung der Behörden fremde Hilfe in Anspruch nehmen mußten, Haft androhte (Bundesrat Session 1892, Drucksache Nr. 43).

20 Für die weitere Entwicklung des Gesetzesvorhabens vgl. Nr. 21 und Nr. 31.

Nr. 12

1891 Dezember 30

Antrag[1] des Senats der Stadt Hamburg an die Bürgerschaft

Druck, Teildruck

[Die in Hamburg bestehenden Ortsarmenverbände sollen zusammengefaßt werden, die erheblich vermehrten Armenpfleger sollen für jeweils fünf Arme zuständig sein, die dezentralisierte Armenpflege in den Bezirksversammlungen soll sich an im einzelnen genauer spezifizierten Maximalsätzen ausrichten]

Antrag wegen Erlaß eines Gesetzes betreffend das Armenwesen

Die Organisation unserer öffentlichen Armenpflege ist seit Begründung der Allgemeinen Armenanstalt im Jahre 1788[2] in ihren Grundzügen unverändert geblieben. Liefert diese Tatsache einerseits den Beweis, wie mustergültig die im vorigen Jahrhundert von den Begründern der Allgemeinen Armenanstalt getroffenen Einrichtungen waren, so mußte sie andererseits der Armenbehörde die Erwägung nahelegen, ob die überkommene Organisation noch heute bei völlig veränderten Verhältnissen allen Anforderungen genüge. Als die auf Beschluß des Bundesrats im Jahre 1885[3] im ganzen Reich nach einheitlichen Grundsätzen erhobene Armenstatistik für Hamburg[4] verhältnismäßig ungünstige Ergebnisse lieferte, beauftragte deshalb das Armenkollegium der Allgemeinen Armenanstalt eine Kommission[5] aus seiner Mitte mit Prüfung der Frage, ob und inwieweit ein engerer Anschluß an die Elberfelder Armenordnung[6], welche in neuerer Zeit in vielen deutschen Städten bei Einrichtung des Armenwesens als Muster gedient hat und aufgrund deren nach den vorliegenden Verwaltungsberichten gute Erfolge in der Armenpflege erzielt worden sind, auch für die Allgemeine Armenanstalt rätlich und durchführbar erscheine.

---

1 Mitteilungen des Senats an die Bürgerschaft Nr. 202 vom 30.12.1891: Antrag wegen Erlaß eines Gesetzes, betreffend das Armenwesen, in: Verhandlungen zwischen Senat und Bürgerschaft im Jahre 1891, Hamburg 1892, S. 823-850, hier S. 823-827.
Der Antrag wurde von dem ständigen Hilfsarbeiter des Senats Dr. Conrad Bötzow verfaßt (StA Hamburg 111-1 Cl. VII Lit. Qa Nr.3 Vol.18 Fasc.1, n. fol.).

2 Die Allgemeine Armenanstalt war 1788 als Verwaltungsbehörde für das Armenwesen geschaffen worden und stand unter der Leitung des Armenkollegiums, welches sich aus zwei Senatsmitgliedern, einem Finanzdeputierten, 24 Armenvorstehern und je einem Deputierten der Kollegien für das Krankenhaus, das Waisenhaus und das Werk- und Armenhaus zusammensetzte.

3 29. Sitzung des Bundesrats vom 24.6.1884, § 339 der Protokolle.

4 Conrad Bötzow, Die öffentliche Armenpflege im Hamburgischen Staate im Jahre 1885, in: Statistik des Hamburgischen Staates. Bearbeitet und herausgegeben von dem Statistischen Bureau der Steuer-Deputation. Heft XIV, II. Abteilung, Hamburg 1887, S. 1-33, hier S. 22-25.

5 Die Kommission war vom Armenkollegium am 10.11.1887 eingesetzt worden mit dem Auftrag, *die Zweckmäßigkeit der Umgestaltung des Armenwesens nach dem Grundgedanken des Elberfelder Systems einer eingehenden Prüfung zu unterziehen* (Auszug aus dem Protokoll der Sitzung des Armenkollegiums vom 10.11.1887: StA Hamburg 351-2 II Nr.4 Bd.1, fol. 2). Zur Vorgeschichte vgl. auch Nr. 102 Anm. 2 Bd. 7 der II. Abteilung dieser Quellensammlung.

6 Abdruck: Armenordnung für die Stadt Elberfeld vom 9.7.1852. Revidiert am 4.1.1861 und 21.11.1876, in: Victor Böhmert, Das Armenwesen in 77 deutschen Städten und einigen Landarmenverbänden, Bd. 1: Allgemeiner Teil, Dresden 1886, S. 71-72.

Die Kommission, an deren Beratungen[7] auch der mit der Bearbeitung der Reichsarmenstatistik für Hamburg beauftragt gewesene Oberbeamte[8] des Statistischen Büros der Steuerdeputation teilnahm, hat die Frage bejaht und die Gedanken, welche bei einer Neugestaltung des öffentlichen Armenwesens in Hamburg nach ihrer Meinung leitend sein müssen, in dem als Anlage 1 beigefügten Bericht[9] niedergelegt. Aufgrund desselben hat das Armenkollegium der Allgemeinen Armenanstalt dem Senat Vorschläge zu einer Reorganisation des Armenwesens für Stadt, Vorstadt und Vororte unterbreitet.[10] Der Senat hat dieselben, nachdem auch die Armenkollegien der St. Pauli-Armenanstalt und der vorortlichen Ortsarmenverbände sowie die Finanzdeputation sich gutachtlich geäußert hatten,[11] einer wiederholten Beratung[12] unterzogen und legt jetzt den in Anlage 2 enthaltenen Gesetzentwurf[13] der Bürgerschaft zur Mitgenehmigung vor.

Bezüglich des Entwurfs ist zunächst im allgemeinen zu bemerken, daß mit demselben ein dreifacher Zweck verfolgt wird.

Zunächst wird beabsichtigt, die aufgrund der Verordnung, betreffend die Ausführung des Bundesgesetzes über den Unterstützungswohnsitz, vom 23. Juni 1871[14] und des Gesetzes, betreffend das Armenwesen in den Vororten, vom 12. April 1878[15] zur Zeit bestehenden 5 Ortsarmenverbände[16] zu einem einzigen Ortsarmenverband zu vereinigen. Bei dem häufigen Wohnungswechsel, namentlich der der Verarmung besonders ausgesetzten Teile der Bevölkerung zwischen der Stadt, der Vorstadt und den Vororten, können durch das Nebeneinanderbestehen von 5 Armenbehörden leicht Übelstände erwachsen. Auch ergibt sich daraus der auswärts nur schwer zu verstehende Umstand, daß Arme 4, 5 und mehr Jahre in Hamburg wohnen können, ohne den Unterstützungswohnsitz zu erwerben. Es erscheint deshalb angezeigt, für

---

7 Nr. 102 Bd. 7 der II. Abteilung dieser Quellensammlung.

8 Dr. Conrad Bötzow (1857-1915), Staatswissenschaftler, 1884-1889 Oberbeamter im Statistischen Büro der Steuerdeputation Hamburg, seit 1889 Oberregierungsrat und ständiger Hilfsarbeiter im Senat.

9 Anlage 1: Kommissionsbericht, betreffend Reorganisation des Armenwesens, vom 11.12.1889, in: Verhandlungen zwischen Senat und Bürgerschaft im Jahre 1891, Hamburg 1892, S. 831-843.

10 Nr. 119 Bd. 7 der II. Abteilung dieser Quellensammlung.

11 Schreiben des Senators Hermann Schemmann, Präses der St. Pauli-Armenanstalt, an Senator Dr. Gerhard Hachmann vom 6.5.1890; Protokoll der gemeinsamen Sitzung der drei vorortlichen Armenkollegien vom 21.1.1890; Bericht Hermann Schemmanns, Präses des Armenkollegiums des Ortsarmenverbands der Marschlande und der Ortsarmenverbände I und II der Geestlande, an Senator Dr. Gerhard Hachmann vom 31.3.1890; Auszug aus dem Sitzungsprotokoll der Finanzdeputation vom 14.1.1890 (StA Hamburg 111-1 Cl. VII Lit. Qa Nr.3 Vol.18 Fasc.1, n.fol.).

12 Auszüge aus dem Protokoll des Senats vom 13.4.1891 und vom 18.12.1891 (StA Hamburg 111-1 Cl. VII Lit. Qa Nr.3 Vol.18 Fasc.1, n.fol.).

13 Anlage 2: Gesetz, betreffend das Armenwesen (Verhandlungen zwischen Senat und Bürgerschaft im Jahre 1891, Hamburg 1892, S. 844-850).

14 Ausführungsverordnung zum Bundesgesetz über den Unterstützungswohnsitz vom 23.6.1871 (Nr. 92 Bd. 7, 1. Halbband, der I. Abteilung dieser Quellensammlung).

15 Gesetz, betreffend das Armenwesen in den Vororten, vom 12.4.1878 (Gesetzsammlung der freien und Hansestadt Hamburg 1878, I. Abteilung, S. 24).

16 Die innere Stadt mit der ehemaligen Vorstadt St. Georg, die Vorstadt St. Pauli, die Marschlande und zwei Armenverbände der Geestlande bildeten die fünf Hamburger Ortsarmenverbände (Gesetz, betreffend das Armenwesen in den Vororten, vom 12.4.1878 [Gesetzsammlung der freien und Hansestadt Hamburg 1878, I. Abteilung, S. 24]).

das gesamte, der Landgemeindeordnung[17] nicht unterworfene Gebiet, welches wirtschaftlich mit der Stadt eng zusammenhängt, die Armenpflege zu zentralisieren und nach einheitlichen Grundsätzen auszuüben. Allerdings wird hiermit der letzte wesentliche Teil derjenigen Verwaltungszweige, hinsichtlich deren die Vorstadt und die Vororte noch eine Sonderstellung einnehmen, mit der Verwaltung der Stadt vereinigt. Es ist dies aber nur ein weiterer Schritt auf dem Wege, welchen die Gesetzgebung in den letzten Jahrzehnten eingeschlagen hat und welcher dahin führt, daß die sogenannte Inkommunalisierung der Vorstadt und der Vororte schließlich im wesentlichen nur noch ein formaler Akt sein wird.

Der Gesetzentwurf bezweckt ferner, eine größere Individualisierung der Armenpflege herbeizuführen durch Annahme des Elberfelder Systems, dessen charakteristische Merkmale vornehmlich in der großen Zahl ehrenamtlicher Pfleger und in der entsprechend geringen Zahl der einem Pfleger zugewiesenen Armenparteien sowie in der kurzen Bemessung der Fristen bestehen, für welche die Unterstützungen bewilligt werden. Dabei wird einem Zweifel kaum unterliegen, daß man hier bei einer Einwohnerzahl von 573 000 nicht so weit wird gehen können wie z. B. in Elberfeld mit einer Bevölkerungszahl von ungefähr 126 000 Einwohnern, wo nach einer neueren Mitteilung[18] durchschnittlich nur 1,96 Parteien auf einen Armenpfleger entfallen und die Unterstützungen längstens nur auf 14 Tage bewilligt werden. Die Beschränkung des Armenpflegers auf regelmäßig 5 Parteien sowie die Bewilligung der Unterstützung auf nicht länger als 3 Monate, nach welchen der Armenpfleger aufgrund wiederholter genauer Prüfung und eingehender Berichterstattung von neuem die Entscheidung der Armenbezirksversammlung einzuholen hat, dürfte den hiesigen Verhältnissen angepaßt sein. Jedenfalls würde eine weiter gehende Individualisierung vorzuschreiben zur Zeit nicht ohne Bedenken sein.

Schon das in Vorschlag gebrachte Maß der Individualisierung macht es bei dem dichten Zusammenwohnen der Armen in einzelnen Stadtteilen unmöglich, den Pflegern, wie bisher, lokal abgegrenzte Quartiere zu überweisen; die kleinsten räumlichen Einheiten für die Armenverwaltung werden in Zukunft die der Zahl nach erheblich zu vermehrenden und deshalb räumlich stark zu verkleinernden Armenbezirke sein müssen, innerhalb deren die einem bestimmten Pfleger überwiesenen Parteien zwar zerstreut, aber wegen der Kleinheit der Bezirke doch nicht so entfernt voneinander wohnen, daß die Überwachung derselben mit Schwierigkeiten verbunden sein könnte.

Endlich soll der Armenverwaltung eine Organisation gegeben werden, welche es ermöglicht, die Bewilligung der Unterstützungen in untere Instanzen zu verlegen und der Zentralinstanz die Möglichkeit zu schaffen, sich ausgiebiger als bisher mit den grundsätzlichen Fragen einer rationellen Armenpflege zu beschäftigen. Behufs Entlastung des Armenkollegiums von den laufenden Unterstützungsfällen ohne grundsätzliche Bedeutung erschien es notwendig, zwischen die Bezirksversammlungen und das Armenkollegium eine weitere Instanz, die Armenkreisversammlung, einzuschieben, weil den Bezirksversammlungen, in welchen wegen der großen Zahl derselben nicht mehr wie bisher Mitglieder des Armenkollegiums den Vorsitz führen

---

[17] Hamburgische Landgemeindeordnung vom 12.6.1871 (Gesetzsammlung der freien und Hansestadt Hamburg 1871, I. Abteilung, S. 43).

[18] Schreiben des Elberfelder Beigeordneten Franz Ernst an die Allgemeine Armenanstalt Hamburg vom 14.5.1890 (StA Hamburg 111-1 Cl. VII Lit. Qa Nr.3 Vol.18 Fasc.1, n. fol.).

können, die Bewilligung größerer, über das gewöhnliche Maß hinausgehender Unterstützungen füglich nicht überlassen werden kann.

Trotz Einfügung der Kreisversammlung werden die zur Zeit allerdings sehr beschränkten Befugnisse der Bezirksversammlung erweitert werden müssen, denn es ist bei wirklicher Not für den Armen nützlicher und für die Staatskasse vorteilhafter, sogleich gründlich zu helfen, als ungenügende Unterstützung zu gewähren und die Hilfsbedürftigkeit dauernd werden zu lassen. Die Sätze, über welche die Bezirksversammlung bei Bewilligung von Unterstützung in Gemäßheit ihrer Instruktion ohne Genehmigung der höheren Instanz nicht hinausgehen darf, zu erhöhen, empfiehlt sich aber noch aus einem anderen Grund. Muß auf der einen Seite bei der geringen Zahl von Armen, welche einem Pfleger überwiesen werden, die genaueste Prüfung aller Verhältnisse der Hilfsbedürftigen gefordert werden, so muß dem Pfleger und der in der Bezirksversammlung sich darstellenden Gemeinschaft von Pflegern auf der anderen Seite auch die Möglichkeit gewährt werden, in der großen Mehrzahl der Fälle selbständig, ohne Befragung einer anderen Instanz, wirksam zu helfen, weil sonst den Pflegern die Freude an ihrem Amt und das Gefühl der Verantwortung für ihre Anträge genommen werden. Die durch die Instruktion für die Bewilligungen der Bezirksversammlung festzustellenden Maximalsätze werden derart zu bemessen sein, daß bei gänzlichem Mangel eigener Einnahmen das zum Unterhalt unbedingt Notwendige in der Regel damit beschafft werden kann. Die Sätze sollen zugleich nach dem Vorgang anderer Städte mehr im einzelnen bestimmt werden, als dies heute der Fall ist.

Mit der Erweiterung der Befugnisse der Bezirksversammlung wächst aber die Schwierigkeit und Verantwortlichkeit der mit dem Amt des Armenbezirksvorstehers verbundenen Aufgaben. Der Bezirksvorsteher hat nicht allein die instruktionsmäßige Handhabung der Armenpflege in seinem Bezirk zu überwachen und den Geschäftsverkehr mit den oberen Instanzen zu führen, sondern er muß an jedem einzelnen Unterstützungsfall mitarbeiten, die neu eintretenden Pfleger anleiten und seine gesamte Pflegerschaft mit dem Geist erfüllen, in welchem das sozial hochbedeutsame Amt eines Armenpflegers allein segensreich geübt werden kann. Es ist demnach ein großer Vorzug der Kreisversammlung, daß den Armenbezirksvorstehern in derselben Gelegenheit gegeben ist, mit ihren Kollegen Fühlung zu gewinnen und über zweifelhafte Punkte sich bei dem an der Spitze des Armenkreises stehenden Mitglied des Armenkollegiums leicht unterrichten zu können.

Die in Vorschlag gebrachte Reorganisation des Armenwesens hat demnach eine größere Dezentralisation der Armenpflege zur Folge, indem die maßgebliche Entscheidung über die Unterstützungsgesuche vom Mittelpunkt mehr nach der Peripherie verlegt wird. Bei dieser Sachlage wird durch eine entsprechende Regelung des Geschäftsgangs für eine genügende Kontrolle der von den unteren Organen der Armenanstalt gefaßten Beschlüsse bei der Zentralinstanz gesorgt werden müssen. Es wird aber zugleich auch die allgemeine Aufgabe der unteren Organe, das Gebiet ihrer Tätigkeit tunlichst fest abzugrenzen sein. Der Gesetzentwurf beschränkt zu dem Zweck die Bewilligungsbefugnisse der Armenbezirks- und Armenkreisversammlung auf die wirklichen Armenfälle, in welchen es sich um solche Personen und Familien handelt, welche das zum Lebensunterhalt unbedingt Notwendige selbst nicht beschaffen können und von dritter Seite auch nicht erhalten und in welchen die öffentliche Armenpflege durch das Gesetz über den Unterstützungswohnsitz einzutreten verpflichtet ist. Damit ist aber keineswegs ausgeschlossen, daß Pfleger, Bezirks- und

Kreisversammlung, wie bisher, auch in anderen Fällen in Tätigkeit treten, in welchen es sich um Parteien handelt, welche – weil noch im Besitz entbehrlicher Wertgegenstände usw. – der öffentlichen Armenpflege noch nicht anheimfallen können; auch in solchen Fällen werden die genannten Organe zu prüfen, zu begutachten und zu beantragen haben, nicht aber Unterstützungen bewilligen dürfen. Gelingt es nicht, die Privatwohltätigkeit für derartige Fälle zu interessieren, in welchen eine Hilfe an sich zweckentsprechend erscheint, so wird in Zukunft ein Unterstützungsantrag an die besondere, im Gesetz vorgesehene Kommission des Armenkollegiums zu richten sein, welche in Zukunft allein aus öffentlichen Mitteln vorsorgende Wohltätigkeit üben soll und in deren Tätigkeit der ursprüngliche Charakter der Allgemeinen Armenanstalt als einer milden Stiftung bewahrt werden wird.

[...][19]

Nr. 13

1892 Januar 11

Schreiben[1] des Leiters des Frankfurter Armenamts Dr. Karl Flesch an den stellvertretenden Vorsitzenden des Deutschen Vereins für Armenpflege und Wohltätigkeit Dr. Friedrich Freiherr von Reitzenstein[2]

Reinschrift mit Korrekturen Fleschs

[Gesichtspunkte für die Arbeit einer Kommission zur Überprüfung des Einflusses der Sozialversicherung auf die Armenpflege]

Aufgaben der Kommission zur Prüfung des Einflusses der sozialpolitischen Gesetze auf die Armenpflege

I. Arbeitsmethode

Meines Ermessens sollen die vor der Kommissionssitzung eingesandten Bemerkungen nicht auf das Thema selbst eingehen, sondern lediglich Gesichtspunkte bezeichnen, aufgrund deren die Bearbeitung durch die Kommission stattzufinden hat

---

19 Zum weiteren Fortgang vgl. Nr. 16 Anm. 2.

1 Institut für Stadtgeschichte Frankfurt am Main Wohlfahrtsamt 493, fol. 50-61.
Der Deutsche Verein für Armenpflege und Wohltätigkeit hatte auf seiner Jahrestagung 1891 eine siebenköpfige Kommission eingesetzt, die im Anschluß noch um weitere Mitglieder erweitert wurde. Zu den Mitgliedern gehörte auch der Frankfurter Stadtrat und Leiter des Armenamts Dr. Karl Flesch. Auftrag der Kommission war es, die Frage zu prüfen, auf welche Weise die neuere Sozialgesetzgebung auf die Aufgaben der Armengesetzgebung und Armenpflege einwirke. Zum Vorsitzenden der Kommission wurde Dr. Friedrich Freiherr von Reitzenstein bestellt, als Referent Dr. Richard Freund. Die erste Sitzung der Kommission fand am 15.3.1892 statt. Von Reitzenstein hatte die Kommissionsmitglieder in einem Schreiben vom 26.11.1891 gebeten, ihre Ansichten über die Begrenzung der Aufgaben der Kommission und das von ihr einzuhaltende Verfahren schriftlich mitzuteilen (Institut für Stadtgeschichte Wohlfahrtsamt 493, fol. 44-44 Rs.).

2 Dr. Friedrich Freiherr von Reitzenstein (1834-1897), Jurist, sozialpolitischer Schriftsteller in Freiburg i. Br., 1884 Mitglied des Zentralausschusses, seit 1886 stellvertretender Vorsitzender des Deutschen Vereins für Armenpflege und Wohltätigkeit.

bzw. aufgrund deren das endgültige Programm der Kommissionsarbeiten festgesetzt werden kann.

Indem ich daher nur vorausschicke, daß sich die Resultate, die von Herrn Assessor Freund in seinem gedruckten Referat[3] gegeben sind, fast durchweg mit den Erfahrungen decken, die ich hier gemacht und bereits etwas früher in meiner dem Verein 1890 überreichten Schrift: „Zur Kenntnis des Armenwesens in Frankfurt a. M.“[4], S. 46 u. folgende, niedergelegt habe, bemerke ich:

Die Aufgabe der Kommission dürfte in erster Linie sein, einzelne Arbeiten herzustellen, welche die Frage nach dem Einfluß der sozialpolitischen Gesetze aufgrund des Materials einzelner Städte oder Armenverbände beantwortet. Ich betrachte es von vornherein als unmöglich, sicheres Material über die Frage aus armenstatistischen Zahlen über größere Bezirke zu gewinnen, falls nicht etwa dem Bearbeiter die örtlichen Verhältnisse jedes Teil dieses Bezirks auf das genauste bekannt sind. Wer z. B. die Frage für Frankfurt bearbeitete, würde zu irrigen Folgerungen über die Tragweite der neuen Gesetze machen [recte: gelangen], wenn er nicht berücksichtigt, daß die gewerblichen Gehilfen im weiten Umfang, also gerade der Personenkreis, auf den sich die Krankenversicherung hauptsächlich bezieht, hierorts bereits von jeher vollständige unentgeltliche Hospitalpflege genossen. Ebenso sind Zahlen aus einem Bezirk, in dem das Kassenwesen wenig entwickelt war, insbesondere z. B. aus landwirtschaftlichen Bezirken, nicht ohne weiteres vergleichbar mit Zahlen aus den industriellen Bezirken, wo die Arbeiter sich insbesondere unter dem Einfluß des Sozialistengesetzes[5] bereits vor dem Krankenversicherungsgesetz[6] zu großen und sehr potenten Krankenkassen zusammengeschlossen haben. Selbstredend müßten die Bezirke, die hiernach speziell zu bearbeiten wären, demgemäß ausgewählt sein, derart, daß z. B. neben großen Städten, wie Berlin und Hamburg, und mittleren und kleineren Städten auch reine ländliche Bezirke und einzelne Landarmenverbände zu Wort kämen. Bei den einzelnen Bearbeitungen wäre das Hauptgewicht darauf zu legen, daß die in dem Bezirk selbst von der Armenverwaltung gelisteten Ziffern eingehend erläutert und in Vergleichen mit den nach gleicher Methode aufgestellten Ziffern eines Jahres vor Einführung der sozialpolitischen Gesetze gestellt würden.

Ich glaube, daß die auf diese Art, wenn auch nur aus dem Material eines einzelnen Orts, gewonnenen Folgerungen weit eher allgemeine Gültigkeit beanspruchen

---

3 Richard Freund, Antrag auf Einsetzung einer Kommission zur Prüfung der Frage, in welcher Weise die neuere sociale Gesetzgebung auf die Aufgaben der Armengesetzgebung und Armenpflege einwirkt?, in: Die Verbindung der öffentlichen und der privaten Armenpflege … (Schriften des deutschen Vereins für Armenpflege und Wohlthätigkeit, Heft 14), Leipzig 1891, S. 1-17.

4 Der genaue Titel lautet: Karl Flesch, Das Armenwesen in Frankfurt am Main, in: ders./ Heinrich Bleicher, Beiträge zur Kenntnis des Armenwesens und Armenstatistik in Frankfurt am Main, Frankfurt a. M 1890, S. 1-82. Flesch hatte hier mit Bezug auf die Krankenversicherung festgestellt, daß eine Entlastung der Armenpflege *nicht oder doch nur in sehr geringem Maße eingetreten sei*, und in diesem Zusammenhang darauf hingewiesen, *daß sich die Kranken- wie Unfallversicherung auf einen Kreis von Personen erstreckt, der gänzlich von jenen verschieden ist, auf den sich die öffentliche Armenpflege bezieht* (S. 48 f.).

5 Gesetz gegen die gemeingefährlichen Bestrebungen der Sozialdemokratie vom 21.10.1878 („Sozialistengesetz“) (RGBl, S. 351; vgl. den Teilabdruck unter Nr. 186 Bd. 5 der I. Abteilung dieser Quellensammlung).

6 Gesetz, betreffend die Krankenversicherung der Arbeiter, vom 15.6.1883 (Nr. 32 Bd. 5 der II. Abteilung dieser Quellensammlung).

könnten als die Vergleichung der armenstatistischen Ziffern verschiedener Orte. Als Vergleichsjahr schien mir das Jahr 1892 u. 1882 oder 1883 am geeignetsten. Das Jahr 1891 dürfte noch zu wenig Material insbesondere über die Alters- und Invalidenversicherung liefern.[7] Wären auf diese Art eine Anzahl Monographien gewonnen, so müßte der Inhalt desselben von einem oder mehreren Referenten dem Verein direkt vorgetragen werden.

II.

Den Inhalt der Monographien und damit zugleich die Aufgaben der Kommission anlangend, so würde selbstredend nötig sein, die direkten Ergebnisse der sozialpolitischen Gesetze, d. h. diejenigen Punkte, an welchen ihre Wirkung sich unmittelbar in Ziffern ausdrückt, und die indirekten Ergebnisse zu sondern. Unter den letzteren verstehe ich diejenigen Folgerungen, die hergeleitet werden aufgrund von Veränderungen in den Zahlen oder sonstigen Erfahrungen, die nach Ansicht des Beobachters auf den Einfluß der sozialpolitischen Gesetze zurückgeführt werden, die aber an sich auch aus anderen Ursachen entspringen könnten. Wir können z. B. genau zählen, wieviel Personen in einem Ortsarmenverband aus der öffentlichen Unterstützung gestrichen oder wenigstens herabgesetzt werden konnten, weil ihnen einen Alters- und Invalidenrente zuteil ward. Die Streichung ist hier der unmittelbare Erfolg der sozialpolitischen Gesetze, und es wird sehr interessant, zu erfahren, wie groß die Zahl dieser Streichungen in den einzelnen Armenverbänden ist, weil sich hieraus ein unmittelbares Bild über die Praxis gewinnen läßt, die von den einzelnen Versicherungsanstalten bzw. von den zur Vorprüfung der Anträge berufenen örtlichen Behörden befolgt wurden. Anderseits wäre es aber ganz falsch, wenn man den Einfluß der Altersversicherung mit dieser direkten Einwirkung erschöpft glaubt, die indirekte, daß Leute nicht an die Armenversicherung [sic!] herantreten, die sonst herangetreten wären, ist jedenfalls eine noch wichtigere Feststellung, aber auch eine viel schwierige[re].

Noch verwickelter gestaltet sich die Sache bei der Krankenversicherung. Ihr Einfluß auf die Verhältnisse der unteren Klassen ist zweifellos ein sehr erheblicher. Dennoch dürfte kaum von vielen Änderung[en] der armenstatistischen Zahlen ohne weiteres zu sagen sein, daß sie unmittelbar und mit Notwendigkeit speziell durch die Krankenversicherung hervorgebracht seien.

III.

Im einzelnen, d. h. bezüglich der einzelnen Teile des Armenwesens, dürften vielleicht folgende Gesichtspunkte für die Aufgaben der Kommission in Betracht kommen.

1. Offene Armenpflege. Hier wäre festzustellen, ob in der Zahl der unterstützten Personen oder der Höhe der auf die einzelne Position oder die einzelnen Unterstützten entfallenden Barunterstützungen Änderungen, sei es Vermehrung oder Verminderung, stattgefunden haben u. ob Umstände nachweisbar sind, die dafür sprechen, daß diese Änderungen speziell auf sozialpolitische Gesetze zurückzuführen sind bzw. dafür, daß solche Posten, die sich nicht geändert haben, ohne diese Gesetze eine Steigerung erlitten hätten. Insbesondere wäre hier natürlich die Tätigkeit der Armenärzte zu berücksichtigen.

Aber auch die Geldunterstützungen sind vielfach durch Krankengelder u. Unfallrenten usw. vermindert worden u. haben sich umgekehrt nicht selten gegen die

---

[7] Das Gesetz, betreffend die Invaliditäts- und Altersversicherung, vom 22.6.1889 war am 1.1.1891 in Kraft getreten (Nr. 148 Bd. 6 der II. Abteilung dieser Quellensammlung).

Spenden, die sonst bewilligt worden wären, erhöht bzw. durch längere Fristen erstreckt, namentlich z. B. dann, wenn der Ehemann durch Krankenkassen Spitalpflege, Rekonvaleszentenpflege usw. erhielt u. infolgedessen später zu arbeiten anfing, als er sonst getan hätte. Die heilsamen Einwirkungen der Gesetze können also ebensowohl steigernde als mindernde gewesen sein, u. gerade deshalb ist die bloße Ziffervergleichung für sich allein ungenügend.

2. In der geschlossenen Armenpflege kommt hauptsächlich die Krankenpflege u. die Unterbringung Arbeitsunfähiger in Betracht.

a) Viele Personen erlangen jetzt Hospitalpflege zuerst durch die Kassen u. später durch die Armenpflege, die früher überhaupt nicht in Anstalten untergebracht worden wären. Umgekehrt kommen sehr viele Akuterkrankte überhaupt nicht an die Armenpflege, weil die Fürsorge der Krankenkassen genügt. Inwieweit die sozialpolitischen Gesetze hier eingreifen, hängt im einzelnen wesentlich von der Ausbildung ab, die das Krankenkassenwesen an den einzelnen Orten hat. Freie Kassen begnügen sich vielfach mit Krankenunterstützung, wo Hospitalpflege am Platze wäre. In den betreffenden Orten erscheint dann der Einfluß der Krankenversicherung geringer, als er wirklich ist. Umgekehrt bestanden in vielen Orten infolge von Stiftungen usw. schon früher Vorkehrungen, welche die Hospitalpflege sicherten, so daß dort die Krankenversicherung gewiß einen geringeren Wirkungskreis fand, als sie an sich hat. Wer hier in Frankfurt die betreffenden Zahlen vergleiche, würde finden, daß insbesondere die Zahl der Geschlechtskranken, die seit den Versicherungsgesetzen Spitalpflege suchen, eine außergewöhnlich große ist. Der Grund liegt in rein örtlichen Verhältnissen, daran nämlich, daß das Hospital z[um] Heil[igen] Geist, das alle anderen Kranken gewöhnlich aufnimmt, Venerisch-Erkrankte nicht verpflegt. Diese Kranken sind also erst seit den letzteren Jahren in der Lage, regelmäßig Spitalpflege zu finden, während die anderen Kranken aus dem Stand der gewerblichen Hilfsarbeiter solche auch früher leicht u. unentgeltlich erlangen konnten. Mit den Änderungen in der Zahl der Kranken gehen Hand in Hand die Änderungen in der Größe u. in der Organisation der Hospitäler, die indirekt durch die Versicherungsgesetze veranlaßt wurden. Es entstand Bedarf nach neuen Hospitalbetten, u. es entstand vielfach der Wunsch der Krankenkassenkranken, in den Spitälern von den Alumnen der Armenpflege getrennt zu werden. Alles das machte sich wenigstens in den Büchern der Armenverwaltungen, denen die Verwaltung von Krankenhäusern übergeben ist, bzw. in den Büchern der Städte, in denen die Armenverwaltung u. Hospitalverwaltungen im Zusammenhang stehen, sehr bemerklich.

Die Unfallversicherung bewirkte, daß der Wunsch nach spezialistischer Behandlung häufig ist, daß für künstliche Glieder mehr getan wird. Die Notwendigkeit der Rekonvaleszentenpflege wird allgemein empfunden, u. die letztgenannten Momente, obwohl außerhalb des Rahmens der öffentlichen Armenpflege liegend, wirken doch auf diese zurück u. erhöhen die Ansprüche, die an sie gestellt werden.

b) Alleinstehende arbeitsunfähige Personen werden bisher vielfach in den Armenhäusern untergebracht. Neben den Armenhäusern bestehen in vielen Städten noch Versorgungshäuser, teils als Privatstiftungen, teils als Eigentum der Armenverbände, ferner Pfründneranstalten u[nd] dergl[eichen] mehr.

Inwieweit wirken die Unfallrenten der Berufsgenossenschaften u. noch mehr die Alters- u. Invaliditätsrenten auf die Benutzung dieser Anstalten ein?

Viele Leute, denen bisher nichts als das Armenhaus übrigblieb, werden möglicherweise ein Unterkommen in ihrer Familie oder bei Bekannten finden werden, wenn sie im Besitz einer solchen Rente sind. Andererseits werden aber die künftigen Häuslinge dieser Anstalten, d. h. Personen, die ein solches Unterkommen sich nicht schaffen können, vielfach im Besitz einer kleinen Rente sein. Nimmt man ihnen dieselben ganz oder teilweise ab, so werden sie mit einem gewissen Recht andere Ansprüche an die Anstalten stellen als bisher. Beläßt man sie ihnen, ist dies nach anderer Beziehung für die Art der Verwaltung nicht gleichgültig. Es wäre interessant, z. B. auf Grundlage der Personalakten der Häuslinge, festzustellen, wie viele der gegenwärtigen Insassen einzelner Armenhäuser oder Versorgungshäuser vermutlich Rentenempfänger wären, wenn die betreffenden Gesetze früher gegolten hätten. Man kann vielleicht sagen, daß ein gewisser Teil der Arbeitsunfähigen, namentlich diejenigen, deren Arbeitsunfähigkeit erst aus den späteren Jahren datiert u. die weder arbeitsscheu noch dem Trunk ergeben, noch Verbrecher waren, vermutlich Invalidenrente hätten, u. man kann auch weiter annehmen, daß ein großer Teil dieser Personen, nämlich diejenigen, die Verwandte haben, mehr in geordneten Verhältnissen leben, bei diesen eine Unterkunft gefunden hätten, wenn sie zu den Lasten des Hausstands hätten beitragen können. Es scheint hiernach, als ob die Häuslinge künftig mehr als bisher in 2 Kategorien zerfallen werden, in solche, die aus eigenem Verschulden keine Rente haben, u. in solche, die im Besitz einer Rente sind, aber trotzdem der Armenpflege bedürfen. Es scheint ganz einleuchtend, daß beide nicht gleichmäßig behandelt werden können u. daß z. B. bei der baulichen Anlage eines Versorgungshauses usw. dies zukünftig berücksichtigt werden muß.

IV. Kinderpflege

Der Einfluß der sozialpolitischen Gesetze ist hier geringer als in der übrigen Armenpflege, aber er ist gleichwohl vorhanden. Es kommen die Fälle vor, in welchen die Kinder eines Verunglückten die Waisenrente beziehen, u. es kommen auch die anderen Fälle vor, die freilich schwer festzustellen sind, in welchen eine indirekte Einwirkung stattfindet, d. h. in denen es die betreffende Rente den Eltern oder sonstigen Angehörigen ermöglicht, die Kinder bei sich zu behalten, die sie sonst fortgegeben hätten. Genauere Untersuchungen dieser Fälle wären insbesondere um deswillen interessant, weil sie einen Einblick in die mutmaßliche Wirkung einer anders geordneten Waisenfürsorge geben würden.

V.

Faßt man die obigen Gesichtspunkte zusammen, so wäre dann schließlich noch die Frage aufzuwerfen, auf welche Elemente in der Armenpflege die sozialpolitischen Gesetze vom geringsten Einfluß sind, welche Elemente also auch noch deren vollständige Durchführung in der Armenpflege, d. h. auf Grundlage des Unterstützungswohnsitzgesetzes, zu Lasten der Gemeinden verbleiben werden. Ohne die Frage hier lösen zu können, ist soviel sicher, daß dies gerade diejenigen Personenklassen umfaßt, auf welche die Theorie vom wirtschaftlichen Äquivalent, die dem Unterstützungswohnsitz zugrund liegt, am wenigsten paßt, diejenigen nämlich, die nie arbeiten konnten (Geisteskranke, Krüppel usw.), u. diejenigen, die nie oder nicht regelmäßig arbeiten wollten (Prostituierte, Vagabunden, Bettler usw.). Die Frage, inwiefern hiernach nicht die sozialpolitischen Gesetze die eigentliche Grundlage des Unterstützungswohnsitzgesetzes, u. der meines Ermessens grundverkehrten Abwälzung der Armenlast auf die Gemeinden, untergraben, wird mit die interessanteste der ganzen Untersuchung sein.

Nr. 14

1892 März 19

Bericht[1] des preußischen Gesandten in Dresden Karl Graf von Dönhoff[2] an den Reichskanzler Leo Graf von Caprivi

Abschrift

[Die sächsische Regierung wünscht, daß der Armengesetzgebung nicht das Prinzip des Unterstützungswohnsitzes, sondern das Heimatprinzip zugrunde gelegt wird]

In Erledigung des hohen Erlasses vom 10. d. M., III 6471/11380, betreffend einen Gesetzentwurf über den Unterstützungswohnsitz, habe ich nicht verfehlt, die Angelegenheit der hiesigen Regierung gegenüber zur Sprache zu bringen und die dringende Notwendigkeit einer Abstellung der bestehenden Unzuträglichkeiten zu betonen. Wie ich damals erfuhr, war bereits an dem Tag, an welchem ich Gelegenheit nahm, den Gegenstand zu besprechen, eine bezügliche Instruktion an die königlich sächsischen Bundesratsbevollmächtigten nach Berlin abgegangen, welche im wesentlichen dem Inhalt der im Original gehorsamst beigefügten Note[3] des Herrn Staatsministers von Metzsch[4] vom 17. d. M. entsprechen dürfte.

Wie Eure Exzellenz aus dieser Note hochgeneigtest ersehen wollen, hält die königlich sächsische Regierung an der schon früher zum Ausdruck gebrachten Ansicht fest, daß der Armengesetzgebung nicht das Prinzip des Unterstützungswohnsitzes, sondern das Heimatprinzip zugrunde gelegt werden muß, und erachtet zur Beseitigung des Instituts der Landarmen die Aufstellung des Grundsatzes für nötig, daß kein Unterstützungswohnsitz verlorengehen könne, bis nicht ein neuer erworben sei. Die hiesige Regierung vermißt eine Berührung dieser Punkte in dem vorgelegten Gesetzentwurf. Gegen die Einzelheiten des Gesetzentwurfs, mit Ausnahme der Bestimmung, betreffend die Herabsetzung der Altersgrenze für den selbständigen Erwerb und den Verlust des Unterstützungswohnsitzes, in welcher die sächsische Regierung geradezu eine Verschlechterung des Gesetzes erblickt, werden Einwendungen nicht erhoben. Aber die sächsische Regierung hält eine Änderung des jetzigen Gesetzes, solange die Frage noch offen sei, ob das Prinzip des Unterstützungswohnsitzes oder des Heimatprinzips gelten soll, in der vorgeschlagenen Form überhaupt nicht für opportun.

---

1 BArch R 1501 Nr.101274, fol. 174-175.

2 Karl Graf von Dönhoff (1833-1906), Wirklicher Geheimer Rat und Kammerherr, seit 1879 preußischer außerordentlicher Gesandter und bevollmächtigter Minister in Dresden.

3 Abschrift eines Schreibens des sächsischen Innen- und Außenministers Georg von Metzsch-Reichenbach an den preußischen außerordentlichen Gesandten und bevollmächtigten Minister Karl Graf von Dönhoff vom 17.3.1892 (BArch R 1501 Nr.101274, fol. 176-178 Rs.).

4 Georg von Metzsch-Reichenbach (1836-1927), Jurist, seit 1891 sächsischer Innenminister und Außenminister.

Nr. 15

1892 April 5

Schreiben[1] des Direktors der Dresdener städtischen Arbeitsanstalt Dr. Karl Hermann Raabe[2] an den Direktor des Hamburger Werk- und Armenhauses Ludwig Ferdinand Viktor Moraht[3]

Entwurf

[Beantwortung einer Anfrage zum Personenkreis der eingewiesenen Personen und den Gründen der Einweisung in das städtische Arbeitshaus]

Auf die dortseitige Zuschrift[4] vom 7. vor[igen] M[onats], einige Bestimmungen der Verwaltungsordnung[5] für die unter unserer Oberleitung stehende städtische Arbeitsanstalt betreffend, teilen wir ergebenst das Folgende mit:

Durch die Bestimmungen ad § 2 unter a bis f[6] der Verw[altungs]o[rdnung] sollen diejenigen Personen getroffen werden, welche in irgendwelcher schuldvollen Weise

---

1 Stadtarchiv Dresden 2.3.25 Rep.XXI Sektion A Nr.1 Bd.6, fol. 110-111.

2 Dr. Karl Hermann Raabe (1847-1937), Jurist, seit 1880 Direktor der städtischen Arbeitsanstalt Dresden.

3 Ludwig Ferdinand Viktor Moraht (1846-1918), seit 1890 Direktor des Werk- und Armenhauses in Hamburg.

4 Moraht hatte sich am 7.3.1892 mit einer Reihe von Fragen zur Verwaltungsordnung der dortigen Arbeitsanstalt an den Direktor der städtischen Arbeitsanstalt gewandt (Stadtarchiv Dresden 2.3.25 Rep.XXI Sektion A Nr.1 Bd.6, fol. 109).

5 Verwaltungsordnung für die städtische Arbeitsanstalt in Dresden, Dresden o.J. Die Verwaltungsordnung war vom Rat der Stadt Dresden am 17.12.1889 erlassen worden.

6 Nach § 2 der Verwaltungsordnung wurden in die Anstalt aufgenommen:
a) Personen, welche durch Müßiggang, Liederlichkeit, Trunk- und Händelsucht arbeits- oder obdachlos geworden sind und entweder selbst um die Aufnahme nachsuchen oder von der Wohlfahrts- oder Sicherheitspolizei dem Armenamt zur Aufnahme empfohlen werden;
b) liederliche, trunksüchtige, arbeitsscheue, jedoch arbeits- und erwerbsfähige Personen, welche öffentliche Unterstützung begehren, zu denen auch solche Personen zuzählen, welche wegen Krankheiten, die sie sich durch Trunksucht oder geschlechtliche Ausschweifungen zugezogen, in Krankenhäusern für Rechnung des Armenverbands Dresden zu verpflegen sind, ohne daß die Kurkosten von ihnen, ihren Angehörigen oder Dritten zurückerstattet werden;
c) diejenigen Väter oder Mütter, denen wegen Liederlichkeit, Trunksucht, schlechten Verhaltens gegen ihre Kinder oder aus sonstigen selbstverschuldeten Gründen ihre Kinder, zu deren Unterhalt sie gesetzlich verpflichtet sind, polizeilich entnommen und auf öffentliche Kosten erzogen werden müssen;
d) diejenigen Väter und Mütter, welche sich weigern oder unterlassen, für den Unterhalt und die Erziehung ihrer Kinder selbst zu sorgen, obschon ihre Vermögensmittel oder Arbeitskräfte, wenn auch nur teilweise, dazu hinreichen, dafern in dessen Folge ihre Kinder auf öffentliche Kosten unterhalten oder erzogen werden müssen;
e) diejenigen natürlichen Väter, welche es unterlassen, den ihnen gesetzlich obliegenden und richterlich festgesetzten oder mit ihnen vereinbarten Beitrag zum Unterhalt des von ihnen außerehelich gezeugten Kindes zu bezahlen, obschon ihre Vermögensmittel oder Arbeitskräfte dazu hinreichen, dafern in dessen Folge das Kind auf öffentliche Kosten unterhalten und erzogen werden muß;
f) Ehegatten, welche, obschon sie Vermögensmittel oder Arbeitskraft besitzen, sich weigern oder unterlassen, für die Unterhaltung ihrer mittellosen und dabei beschränkt erwerbsfähigen oder gänzlich erwerbsunfähigen Ehegatten selbst zu sorgen, so daß diese der öffentlichen Armenversorgung anheimfallen.

hilfsbedürftig in der eigenen Person oder in den von ihnen zu unterhaltenden Personen werden. Aus sämtlichen Gründen erfolgt zwangsweise Einlieferung und Verhaltung in die Arbeitsanstalt; nur wenn in solcher Weise hilfsbedürftig Gewordene freiwillig um Aufnahme nachsuchen, wird von der zwangsweisen Zuführung abgesehen; nach der Aufnahme aber werden solche sich der Anstaltsordnung freiwillig unterwerfende Personen den übrigen Häuslingen völlig gleichbehandelt, insbesondere auch bezüglich der Dauer der Verhaltung, wie ihnen vor Aushändigung der Aufnahmeverordnung eröffnet wird.

Die Befugnis zur Ausübung dieser Zwangsmaßnahmen gründet sich auf die Bestimmungen der Armenordnung für das Königreich Sachsen vom 22.10.1840[7], insbesondere auf § 27 derselben, in welchem es heißt: „Der Zwang des arbeitsscheuen Armen zur Arbeit gehört zum Beruf der Polizeibehörden." Die armenpolizeilichen Befugnisse stehen hierselbst uns zu.

Anlangend die Bestimmung unter b des § 2[8]: „zu denen auch solche Personen zu zählen, welche wegen Krankheiten, die sie sich … zu verpflegen sind", so ist dieselbe dahin zu verstehen, daß diese Personen (namentlich Trunkenbolde und Prostituierte, welch letzterer Verpflegung in den Krankenhäusern, wenn neben der sanitätspolizeilichen Maßnahme gleichzeitig eben auch wegen Unvermögens zur Kostentragung Verpflegung aus öffentlichen Mitteln Platz greifen muß, hierlands von den Armenverbänden zu übernehmen ist, wie nach den Entscheidungen der hierländischen obersten Administrativjustizbehörde[9] abweichend von den Entscheidungen des Bundesamts für das Heimatwesen[10] für die Armenverbände des Königreichs Sachsen gilt), wenn sie die aufgelaufenen Kosten nicht bei ihrer Entlassung ganz oder, wie je nach dem Grade der Verschuldung auch nachgelassen wird, nach der Entlassung in angemessenen Teilzahlungen pünktlich bezahlen, aus den oben angegebenen armenpolizeilichen Gründen zwangsweise in die Arbeitsanstalt eingeliefert werden. Getroffen werden hiervon (...). Da diese Maßnahme gegen solche der Armenkasse zur Last fallende arbeitsscheue Personen als eine rein armenpolizeiliche erscheint und Erstattung der Verhaltungskosten von Armenverbänden nach § 30 unter a des U[nterstützungs]w[ohnsitz]ges[etzes][11] gefordert werden kann, so greift dieselbe in der Regel auch nur gegen hier Unterstützungswohnsitzberechtigte oder landarme Personen Platz. Die Kosten einer Verhaltung in der Arbeitsanstalt werden bei weitem

---

Moraht hatte wissen wollen, ob die Aufnahme der unter § 2 b-f genannten Personen zwangsweise erfolgte und ob hierfür besondere gesetzliche Bestimmungen bestanden.

7 Armenordnung für das Königreich Sachsen vom 22.10.1840 (Gesetz- und Verordnungsblatt für das Königreich Sachsen, S. 257).

8 Moraht hatte gefragt, ob die entsprechende Personengruppe in die Arbeitsanstalt aufgenommen werde, um im Interesse der Armenverwaltung deren Arbeitskraft zu verwerten, und wie in solchen Fällen die Dauer der Einweisung bemessen werde.

9 Oberste Administrativjustizbehörde war nach § 2 des Gesetzes, die Verminderung der Instanzen im Administrativ-Justizverfahren betreffend, vom 5.1.1870 das zuständige Ministerium, das in kollegialer Zusammensetzung zu entscheiden hatte (Gesetz- und Verordnungsblatt für das Königreich Sachsen 1870, S. 1).

10 Das Bundesamt für das Heimatwesen war durch das Unterstützungswohnsitzgesetz vom 6.6.1870 geschaffen worden (§§ 41-52). Es besaß die Rechtsstellung eines höchsten reichsgesetzlichen Verwaltungsgerichtshofs für Streitsachen zwischen Armenverbänden.

11 Nach § 30 Abs. 1 a war der Ortsarmenverband, an dem ein Unterstützter seinen Unterstützungswohnsitz hatte, dem Ortsarmenverband, an dem dieser vorläufig unterstützt worden war, erstattungspflichtig.

nicht durch die Arbeitskraft des Verhaltenen gedeckt, woraus sich auch ergibt, daß eine Abarbeitung des Verlages der Armenkasse nicht möglich ist.

Eine Verhaltung soll im allgemeinen so lange andauern, bis die Aufgabe der Anstalt, die Häuslinge tunlichst an eine Lebensweise zu gewöhnen, welche sie fähig und geneigt macht, im Zustand der Freiheit sich und die Ihrigen durch Arbeit selbständig zu erhalten, erreicht erscheint. Als Mindestdauer einer erstmaligen Verhaltung gilt aber in der Regel ein Zeitraum von drei Monaten, einer zweitmaligen Verhaltung ein solcher von 6 Monaten usw.; das Höchstmaß einer jeden Verhaltung beträgt jedoch zwei Jahre.

In unserer städtischen Arbeitsanstalt kann die nach einer Verurteilung aufgrund von § 362 Abs[atz] 2 des R[eichs]st[raf]g[esetz]b[uchs][12] von der Landespolizeibehörde festgesetzte Korrektionsnachhaft nicht vollstreckt werden; zu diesem Zweck bestehen besondere staatliche Korrektionsanstalten.

Nr. 16

1892 Mai 18

Hamburger Gesetz[1] betreffend das Armenwesen[2]

Druck

[Bildung des Ortsarmenverbands Hamburg; Organisation der Armenverwaltung in drei Ebenen; Rolle und Stellung der Armenpfleger; Grundsätze der Unterstützung; Wirkungskreis der Organe (Armenkollegium, Armenkreisversammlungen, Armenbezirksversammlungen)]

Der Senat hat in Übereinstimmung mit der Bürgerschaft beschlossen und verkündet als Gesetz, welches an einem späterhin vom Senat zu bestimmenden und öffentlich bekanntzumachenden Tag in Kraft zu treten hat, was folgt:

---

12 Vgl. Nr. 11 Anm. 15 und 16.

1 Gesetzsammlung der freien und Hansestadt Hamburg 1892, I. Abteilung, S. 303.

2 Das Gesetz war das Ergebnis eines 1887 eingeleiteten Gesetzgebungsprozesses, der in dem unter Nr. 12 abgedruckten Antrag des Hamburger Senats an die Bürgerschaft eingangs geschildert wird (vgl. dort auch Anm. 5, ferner Nr. 102 und Nr. 119 Bd. 7 der II. Abteilung dieser Quellensammlung). Die Hamburger Bürgerschaft hatte zur Vorberatung dieses Antrags in ihrer Sitzung vom 13.1.1892 einen Ausschuß eingesetzt (Protokolle und Ausschuß-Berichte der Bürgerschaft 1892, S. 4), der im April 1892 Bericht erstattet, dabei indes keine wesentlichen Änderungen des Gesetzentwurfs vorgeschlagen hatte (Bericht des von der Bürgerschaft am 13. Januar 1892 niedergesetzten Ausschusses zur Prüfung des Senatsantrags [Nr. 202] vom 30. Dezember 1891 wegen Erlaß eines Gesetzes, betreffend das Armenwesen, in: Protokolle und Ausschuß-Berichte der Bürgerschaft 1892, Nr. 24). Die Bürgerschaft hatte den Ausschußbericht in ihrer Sitzung vom 11.5.1892 beraten und dem Gesetzentwurf in der vom Ausschuß vorgeschlagenen Fassung zugestimmt (Protokolle und Ausschuß-Berichte der Bürgerschaft 1892, S. 99). Der Senat hatte sich mit diesen Abänderungen einverstanden erklärt und die Veröffentlichung des Gesetzes angeordnet (Auszug aus dem Protokoll des Senats vom 16.5.1892: StA Hamburg 111-1 Cl. VII Lit. Qa Nr.3 Vol.18 Fasc.1, n. fol.; Mittheilungen des Senats an die Bürgerschaft Nr. 99 vom 18.5.1892: Erwiderung, betreffend Erlaß eines Gesetzes über das Armenwesen, in: Verhandlungen zwischen Senat und Bürgerschaft im Jahre 1892, Hamburg 1893, S. 240-242).

I. Gebiet der Allgemeinen Armenanstalt

§ 1

Die Stadt Hamburg, die Vorstadt St. Pauli, die Vororte und die nicht zum Geltungsbereich der Landgemeindeordnung gehörigen Elbinseln bilden einen einzigen Ortsarmenverband mit der Bezeichnung „Ortsarmenverband Hamburg", innerhalb dessen das Armenwesen von der Allgemeinen Armenanstalt verwaltet wird.

II. Organisation der Verwaltung

§ 2

[1] Die obere Leitung der Allgemeinen Armenanstalt liegt dem Armenkollegium ob. Dasselbe besteht aus drei Senatsmitgliedern, von welchen eines den Vorsitz führt, einem von der Finanzdeputation abgeordneten Mitglied und 15 von der Bürgerschaft aufgrund Art[ikel] 52 der Verfassung[3] und § 27 des Gesetzes über die Organisation der Verwaltung vom 15. Juni 1863[4] für eine fünfjährige Amtsdauer gewählten Mitgliedern.

[2] Das Armenkollegium tritt in der Regel einmal im Monat zu einer Sitzung zusammen.

§ 3

[1] Zur Ausübung der Armenpflege wird der Ortsarmenverband Hamburg in Armenkreise und jeder Armenkreis wieder in Armenbezirke zerlegt.

[2] Die Abgrenzung der Armenkreise erfolgt tunlichst in Anlehnung an die allgemeine Stadteinteilung und möglichst so, daß nicht mehr als 10 Armenbezirke zu einem Armenkreis vereinigt werden.

[3] Die Armenbezirke sind innerhalb der Armenkreise derart abzugrenzen, daß in der Regel nicht mehr als 15 Armenpfleger, abgesehen von den erforderlichen Pfleglings- und den Ersatzpflegern (§§ 9 und 10), auf einen Armenbezirk kommen.

§ 4

[1] Das Organ des Armenkreises ist die Armenkreisversammlung. Dieselbe besteht aus dem Armenkreisvorsteher (§ 7) und sämtlichen Armenbezirksvorstehern des Armenkreises.

[2] Die Armenkreisversammlung tritt in der Regel einmal im Monat unter dem Vorsitz des Armenkreisvorstehers zu einer Sitzung zusammen.

§ 5

[1] Das Organ des Armenbezirks ist die Armenbezirksversammlung. Dieselbe besteht aus dem Armenbezirksvorsteher (§ 8) und sämtlichen Armen-, Pfleglings- und Ersatzpflegern (§§ 9 und 10) sowie dem Armenarzt des Bezirks.

[2] Die Armenbezirksversammlung tritt in der Regel alle 14 Tage unter dem Vorsitz des Armenbezirksvorstehers zu einer Sitzung zusammen.

---

3 Der Art. 52 der Verfassung der freien und Hansestadt Hamburg vom 13.10.1879 regelte die Wahl von bürgerlichen Mitgliedern der Verwaltungsbehörden durch die Bürgerschaft (Gesetzsammlung der freien und Hansestadt Hamburg 1879, I. Abteilung, S. 353).

4 Gesetz über die Organisation der Verwaltung vom 15.6.1863 (Sammlung der Verordnungen der freien Hanse-Stadt Hamburg, Bd. 31, S. 23).

§ 6

[1] Über die Verhandlungen und Beschlüsse der Armenkreisversammlungen und der Armenbezirksversammlungen ist in den Sitzungen ein Protokoll zu führen.

[2] Der Armenarzt hat auf Anfordern des Bezirksvorstehers in der Bezirksversammlung zu erscheinen und derselben mit beratender Stimme anzuwohnen.

[3] Die Beschlüsse werden mit Stimmenmehrheit der anwesenden Mitglieder gefaßt. Der Minorität steht es zu, ihre Ansichten zu Protokoll zu geben und bei Vorschlägen oder Berichten an die höhere Instanz dieselben besonders zu begründen.

[4] Bei Stimmengleichheit entscheidet die Stimme des Vorsitzenden.

§ 7

[1] Als Armenkreisvorsteher fungieren Mitglieder des Armenkollegiums, welche von letzterem hierzu bestimmt werden. Behufs Herbeiführung eines gleichmäßigen Verfahrens in den Armenkreisversammlungen hat ein Wechsel der Armenkreisvorsteher zwischen den einzelnen Armenkreisen stattzufinden.

[2] Jeder Armenkreisvorsteher fungiert zugleich in einem anderen, vom Armenkollegium im voraus zu bestimmenden Armenkreis als Vorsteher-Stellvertreter.

§ 8

[1] Die Armenbezirksvorsteher werden vom Armenkollegium aus einem von der zuständigen Armenkreisversammlung vorzulegenden Wahlaufsatz von je 3 Personen auf die Dauer von 4 Jahren erwählt.

[2] Die Armenbezirksvorsteher müssen hamburgische Bürger sein. Es ist darauf Rücksicht zu nehmen, daß die zu Erwählenden innerhalb der ihnen anzuweisenden Armenbezirke oder doch in deren Nähe wohnen.

[3] Für jeden Armenbezirksvorsteher ist von der Armenbezirksversammlung aus ihrer Mitte ein Stellvertreter auf die Dauer eines Jahres zu erwählen, welcher der Bestätigung durch das Armenkollegium unterliegt.

§ 9

[1] Die unmittelbare Aufsicht über die Armen und die Fürsorge für dieselben erfolgt durch die Pfleger.

[2] Die Pfleger werden von der Armenkreisversammlung aus einem von der Armenbezirksversammlung vorzulegenden Wahlaufsatz von je 2 Personen auf die Dauer von 2 Jahren erwählt und vom Armenkollegium bestätigt.

[3] Wählbar zum Pfleger ist jeder im Armenbezirk oder in der Nähe desselben wohnende volljährige Angehörige eines deutschen Bundesstaats.

§ 10

[1] Einem Armenpfleger sollen nicht mehr als 5 in offener Pflege unterstützte Parteien unterstellt werden.

[2] Für solche Arme in offener Pflege, für welche eine Unterstützung aus öffentlichen Mitteln voraussichtlich bis an ihr Lebensende notwendig ist, die sogenannten Pfleglinge, werden besondere Pfleglingspfleger bestellt. Einem Pfleglingspfleger sollen tunlichst nicht mehr als 12, niemals mehr als 20 Pfleglinge überwiesen werden.

[3] Ausnahmsweise dürfen einem Armenpfleger auch Pfleglinge überwiesen werden, doch darf durch dieselben die im Abs[atz] 1 genannte höchste Gesamtzahl nicht überschritten werden.

[4] Außerdem sollen in jedem Armenbezirk 3 Ersatzpfleger vorhanden sein, welche die Vertretung verhinderter Pfleger zu übernehmen, in die regelmäßige Armenpflege aber einzutreten haben, sobald jeder Pfleger mit der zulässig höchsten Zahl von Parteien belastet ist.

§ 11

[1] Das Armenkollegium ist befugt, für einzelne Verwaltungsgegenstände, z. B. das Medizinalwesen, das Beerdigungswesen u. a. m., besondere Spezialverwaltungen einzusetzen, welche unter Aufsicht des Armenkollegiums die einschlägigen Geschäfte leiten.

[2] Derartige Spezialverwaltungen sind Mitgliedern des Armenkollegiums als verwaltenden Vorstehern zu unterstellen.

III. Unterstützungen

§ 12

[1] Die im Falle der Hilfsbedürftigkeit zu gewährende Unterstützung kann erfolgen:

1. in offener Armenpflege durch Bewilligung von Geld, Nahrungsmitteln, Bekleidungsgegenständen und Bettwerk, Feuerung, ärztlicher Hilfe, Geburtshilfe, Arzneien, chirurgischen Mitteln, freiem Begräbnis und Unterbringung bei geeigneten Familien;
2. in geschlossener Armenpflege durch Aufnahme in eine der öffentlichen oder privaten Anstalten.

[2] Über die Form der Unterstützung entscheidet das für die Bewilligung zuständige Organ der Allgemeinen Armenanstalt.

§ 13

Der arbeitsfähige Arme ist verpflichtet, die ihm angewiesene, seinen Kräften angemessene Arbeit zu verrichten.

§ 14

[1] Die einem Armen zustehenden Rechte an Totenladen oder Sterbekassen gehen für die Dauer der Unterstützung an die Allgemeine Armenanstalt über.

[2] Die Allgemeine Armenanstalt ist berechtigt, sobald der Arme in eine bessere Vermögenslage gerät, jede von ihr gewährte Unterstützung zurückzufordern.

[3] Die Einziehung des der gewährten Unterstützung entsprechenden Betrags erfolgt im Verwaltungsweg nach Analogie der Vorschriften des § 17 des Verhältnisgesetzes vom 23. April 1879[5].

[4] An dem Nachlaß verstorbener Armen steht der Allgemeinen Armenanstalt das ausschließliche Erbrecht zu hinsichtlich derjenigen, welche innerhalb der letzten 5 Jahre vor ihrem Ableben mindestens 150 Wochen hindurch unterstützt worden sind.

§ 15

[1] Die Unterstützung in Gemäßheit des § 12 hat sich auf die Beschaffung des zum Unterhalt unbedingt Notwendigen zu beschränken.

[2] Die Unterstützung von Kindern ist in der Regel mit vollendeter Schulpflicht einzustellen.

---

5 Gesetz, betreffend das Verhältnis der Verwaltung zur Rechtspflege, vom 23.4.1879 (Gesetzsammlung der freien und Hansestadt Hamburg 1879, I. Abteilung, S. 110).

IV. Wirkungskreis der einzelnen Organe

§ 16

Der Hilfsbedürftige hat sich zunächst an den Vorsteher desjenigen Armenbezirks zu wenden, in welchem er wohnt. Der Vorsteher weist denselben an einen Armenpfleger seines Bezirks.

§ 17

[1] Über die dem Hilfsbedürftigen bis zum Beschluß der nächsten Armenbezirksversammlung zu gewährende vorläufige Unterstützung entscheidet der Armenbezirksvorsteher auf Vorschlag des Pflegers innerhalb der durch die Instruktion festgestellten Grenzen. Innerhalb dieser Grenzen ist der Armenpfleger berechtigt, die durch gegenwärtige dringende Not gebotene Unterstützung auch ohne Befragung des Bezirksvorstehers zu gewähren.

[2] Von jedem Fall der vorläufigen Unterstützung ist der Armenpfleger gehalten, der Armenbezirksversammlung nachträglich Kenntnis zu geben.

§ 18

[1] Die Armenbezirksversammlung ist zuständig für die Bewilligung von Geld- und Naturalunterstützung innerhalb der durch die Instruktion festgestellten Grenzen.

[2] Laufende Geldunterstützungen dürfen ohne erneute Untersuchung des einzelnen Falles und erneute Beschlußfassung nur auf längstens 3 Monate gewährt werden; nur für Pfleglinge ist die Bewilligung der Unterstützung auf längstens 1 Jahr zulässig.

[3] In die Kategorie der Pfleglinge sollen aber in der Regel nur über 60 Jahr[e] alte Arme aufgenommen werden. Eine Abweichung von dieser Regel bedarf der Bestätigung durch die Armenkreisversammlung.

§ 19

Die Armenkreisversammlung ist zuständig für die Bewilligung von Unterstützungen, welche über die durch die Instruktion festgestellten Grenzen hinausgehen. Sie entscheidet über die Unterbringung von Personen in Familien und in öffentlichen und privaten Anstalten mit Ausnahme der Krankenheilanstalten.

§ 20

[1] Zur Zuständigkeit des Armenkollegiums gehören: die Aufstellung des Jahresbudgets und der Abrechnung über die Einnahmen und Ausgaben des Ortsarmenverbands, die Berichte sämtlicher Spezialverwaltungen, die Anstellung der Beamten, die Abgrenzung der Armenkreise und Armenbezirke, die Kontrolle der von den unteren Organen der Armenanstalt gefaßten Beschlüsse sowie die Feststellung der für die verschiedenen Instanzen maßgebenden Instruktionen und alle die Armenpflege betreffenden grundsätzlichen Beschlüsse und Verfügungen.

[2] Das Armenkollegium entscheidet über Bewilligungen von Unterstützungen nur im Berufungsweg.

§ 21

Das Armenkollegium hat sich die Herbeiführung eines möglichst engen Zusammenwirkens der öffentlichen und privaten Wohltätigkeitspflege angelegen sein zu lassen.

V. Schluß- und Übergangsbestimmungen

§ 22

Mit dem Inkrafttreten dieses Gesetzes treten die Armenordnungen der Allgemeinen Armenanstalt und der St. Pauli Armenanstalt sowie die folgenden gesetzlichen Bestimmungen außer Wirksamkeit:

Das Gesetz, betreffend das Armenwesen in den Vororten, vom 12. April 1878[6], und die Bekanntmachung, betreffend Abänderung desselben, vom 4. März 1889[7], die Nummern 1 und 2 des § 1 der Verordnung vom 23. Juni 1871, betreffend die Ausführung des Bundesgesetzes über den Unterstützungswohnsitz, vom 6. Juni 1870[8], der § 71 des Gesetzes über die Organisation der Verwaltung vom 15. Juni 1863[9] und der letzte Satz des § 1 des Gesetzes, betreffend die Oberaufsicht über die milden Stiftungen, vom 16. Sept[ember] 1870[10].

§ 23

Die bestehenden Armenkollegien der Allgemeinen Armenanstalt, der St. Pauli Armenanstalt und der vorortlichen Armenverbände werden mit dem Inkrafttreten dieses Gesetzes aufgelöst.

§ 24

[1] Der Allgemeinen Armenanstalt bleibt es wie bisher unbenommen, neben der Armenpflege vorsorgende Wohltätigkeit zu üben, um solche Personen und Familien, bei welchen die Gefahr vorliegt, hilfsbedürftig zu werden, in ihrer Erwerbsfähigkeit zu heben.

[2] Über die Gewährung derartiger Beihilfen, deren Buchung getrennt von den eigentlichen Armenunterstützungen zu erfolgen hat und deren Empfänger nicht öffentlich Unterstützte im Sinne der Reichsgesetze sind, beschließt eine Kommission des Armenkollegiums, welche aus einem Senatsmitglied als Vorsitzenden, dem zum Armenkollegium abgeordneten Mitglied der Finanzdeputation, dem beteiligten Armenkreisvorsteher und zwei anderen Mitgliedern des Armenkollegiums besteht.

§ 25

Die Allgemeine Armenanstalt ist berechtigt, in Zukunft Gaben, welche ihr unter Lebenden wie von Todes wegen ohne besondere Zweckbestimmung zufließen, mit den von den bisherigen Armenverbänden außerhalb des Budgets bereits angesammelten Kapitalien zur gesonderten Verwaltung und Verwendung im Sinne vorsorgender Wohltätigkeit zu verschmelzen.

§ 26

Für die erste Wahl der von der Bürgerschaft zu erwählenden Mitglieder des Armenkollegiums werden die Aufsätze von den abtretenden 5 Armenkollegien gemein-

---

6 Gesetz, betreffend das Armenwesen in den Vororten, vom 12.4.1878 (Gesetzsammlung der freien und Hansestadt Hamburg 1878, I. Abteilung, S. 24).

7 Bekanntmachung, betreffend Abänderung der §§ 2 und 3 des Gesetzes vom 12. April 1878 betreffend das Armenwesen in den Vororten, vom 4.3.1889 (Gesetzsammlung der freien und Hansestadt Hamburg 1889, I. Abteilung, S. 86).

8 Nr. 92 Bd. 7, 1. Halbband, der I. Abteilung dieser Quellensammlung.

9 Gesetz über die Organisation der Verwaltung vom 15.6.1863 (Sammlung der Verordnungen der freien Hanse-Stadt Hamburg, Bd. 31, Hamburg 1864, S. 23).

10 Gesetzsammlung der freien und Hansestadt Hamburg 1870, I. Abteilung, S. 92.

schaftlich aufgestellt. Von den das erste Mal gewählten Mitgliedern treten je drei bereits mit vollendetem ersten, zweiten, dritten und vierten Amtsjahr aus. Die Austretenden sind in einer der ersten Sitzungen des Armenkollegiums durch das Los zu bestimmen.

§ 27

[1] Die ersten Armenbezirksvorsteher und Pfleger werden von dem neuen Armenkollegium erwählt.

[2] Von den Pflegern tritt die Hälfte nach einem Jahr, von den Armenbezirksvorstehern tritt je der vierte Teil nach einem Jahr, nach zwei und drei Jahren aus.

[3] Die Reihenfolge des Austritts ist in einer der ersten Sitzungen des Kollegiums durch das Los zu bestimmen.

§ 28

Behufs der Wahl der Armenbezirksvorsteher und Pfleger, des Erlasses der erforderlichen Instruktionen, der Gliederung des Beamtenkörpers und der Beschlußfassung über die Einteilung des gesamten im § 1 bezeichneten Gebiets in Armenkreise und Armenbezirke, gemäß den in den §§ 3 und 10 enthaltenen Grundsätzen, tritt das neue Armenkollegium bereits vor dem Inkrafttreten dieses Gesetzes an einem vom Senat festzusetzenden Tag in Tätigkeit.

§ 29

Mit dem Inkrafttreten dieses Gesetzes sind die sämtlichen anhängigen Armenpflegefälle, in welchen es sich um laufende Barunterstützungen handelt, von neuem zu prüfen und auf die im § 18 vorgesehenen Fristen zurückzuführen.

§ 30

Dieses Gesetz tritt an einem vom Senat zu bestimmenden Tag in Kraft.

Nr. 17

1892 Oktober 29

Flugblatt[1] des provisorischen Komitees des Frankfurter Hauspflegevereins

Druck

[Der Hauspflegeverein will armen Familien helfen, deren Haushalt wegen Krankheit oder Niederkunft der Frauen zu verfallen droht, und so eine Lücke in der Armenpflege schließen]

Der Verein für Hauspflege armer Frauen und Wöchnerinnen beabsichtigt eine Lücke auszufüllen, welche die so verdienstliche Arbeit der Krankenpflegerinnen der verschiedenen Konfessionen einerseits und der Frauenvereine andererseits offenläßt. Er sucht zu diesem Zweck tüchtige ältere Frauen zu gewinnen, die gegen angemes-

---

1 Institut für Stadtgeschichte Frankfurt am Main Wohlfahrtsamt 244, fol. 1.
Unterzeichnet vom provisorischen Komitee: Schriftführerin Hella Flesch, Professor Dr. Max Flesch, Meta Hammerschlag, Ingenieur Alexander Peschel, Marcelle Pollak.

sene Vergütung die Pflege des Haushalts, die Fürsorge für die Kinder, die Pflege der Kranken, insoweit dies keine besondere Sachkunde erfordert, übernehmen.

In der Armenpflege kommen vielfach Fälle vor, in welchen ganze Hauswesen der Zerrüttung und die Kinder der Verwahrlosung anheimfallen, weil gegen plötzlich eintretende Störungen keine Fürsorge getroffen ist. Ein Arbeiter, der z. B. als Bauarbeiter, Fuhrknecht usw. von früh morgens von zu Hause weg ist, kann nicht für seine Kinder und sein Hauswesen sorgen. In den Fällen, in welchen seine Frau hierin durch Krankheit gehindert ist, tritt vielfach die Hilfe der Krankenpflegerinnen ein. Ist sie aber Wöchnerin, so fehlt diese Hilfe in der Regel, die Hebamme sorgt wohl in den ersten Tagen nach der Entbindung, vermag aber keine regelmäßige Hilfe im Hauswesen zu leisten. Jeder Arzt weiß, wie häufig die Frauen gerade deshalb allzufrüh, oft am 3. oder 4. Tag, wieder aufstehen und sich dadurch aufs schwerste schädigen, oft den Keim zum lebenslänglichen Siechtum legen. Noch schlimmer ist es, wenn Frauen wegen einer Krankheit, die Hospitalpflege erfordert, aus dem Haus gebracht werden müssen. Jeder in der Armenpflege Erfahrene kann von Fällen erzählen, in denen die Ehemänner alsdann in dem Gefühl der vollen Hilflosigkeit ihr Hauswesen verfallen ließen und schließlich das Arbeiten verlernten, weil sie dem Schmutz und der Unordnung zu Hause, der Verwahrlosung der Kinder usw. doch nicht zu steuern vermochten.

Wiederholte Versuche, hier zu helfen, die zum Teil auf Anregung der öffentlichen Armenpflege gemacht wurden, sind erfolglos geblieben, weil das Arbeitsfeld der Frauenvereine, der Institute für Krankenpflege usw. ohnehin ein viel zu großes ist.

Die Damen des Vorstands werden versuchen, die Beaufsichtigung der Pflegefrauen zu übernehmen.

Dadurch, daß wir von Anfang engen Anschluß an den Armenverein[2] und den Kostkinderverein nehmen und möglichst nahe Fühlung mit der öffentlichen Armenpflege und den Frauenvereinen zu gewinnen suchen, sichern wir uns davor, unsere Arbeit an Unwürdige oder bereits Unterstützte zu vergeuden.

Die Mittel, deren wir bedürfen, sind nicht ganz gering, wollen wir tüchtige Kräfte als Pflegerinnen gewinnen, so müssen wir sie angemessen bezahlen und auch für ihre Verköstigung sorgen.

Wir freuen uns, Ihnen mitteilen zu können, daß wir schon mit Erfolg einige Versuche gemacht haben, und hoffen, daß Sie durch Ihre Mitwirkung und durch die Zusage eines Beitrags unsere Bestrebungen unterstützen werden.

Die Einladung zu einer konstituierenden Generalversammlung[3] wird demnächst in den öffentlichen Blättern gemacht werden.

---

[2] Der Frankfurter Armenverein war 1877 gegründet worden. Er verstand es als seine Aufgabe, dem Haus- und Straßenbettel entgegenzutreten und bedürftige und würdige Arme zu unterstützen. Der Verein führte ferner im Auftrag der Stadt Beschäftigungsmaßnahmen für Arbeitslose durch. Privatpersonen wie auch Vereinen erteilte er Auskunft über Bittsteller.

[3] Für die weitere Entwicklung vgl. Nr. 124.

Nr. 18

1892 November 29

Protokoll[1] einer Versammlung der Leipziger Armendistriktsvorsteher

Niederschrift, Teildruck

[Erörterung von Fragen zu den einmaligen Unterstützungen, zur Unterbringung im Armen- bzw. Arbeitshaus und zur Unterstützung von Arbeitslosen]

Nach Eröffnung der Sitzung um 6 Uhr 15 Min[uten] erklärt der Herr Vorsitzende[2], es seien ihm wiederholt von verschiedenen Seiten Anregungen dazu zugegangen, daß es in hohem Grade wünschenswert sei, wenn den Herren Distriktsvorstehern einmal Gelegenheit gegeben würde, sich über verschiedene Fragen der Armenpflege gegenseitig und aus der Praxis heraus anzusprechen und event[uell] über zweifelhafte Angelegenheiten von kompetenter Seite Belehrung zu erhalten. Um diesen Wünschen entgegenzukommen u. um in der Handhabung der Armenpflege durchschnittlich eine größere Gleichmäßigkeit zu erzielen, habe das Armendirektorium die heutige Versammlung einberufen[3], deren Tagesordnung

1. Besprechung der §[§] 45 bis mit 51,[4] 56 bis mit 59,[5] 62 bis mit 65,[6] 88[7] der Instruktion,

2. ev[entuelle] Anfragen aus den Distrikten

den Anwesenden, die hiermit bestens begrüßt seien, bereits vorliege.

Zu Punkt 1 der Tagesordnung gibt nunmehr der Herr Vorsitzende hinsichtlich der einzelnen Paragraphen unter eingehender Begründung zweckmäßige Erläuterungen.

Namentlich möchte hinsichtlich der einmaligen Unterstützungen folgendes beachtet werden: Niemals soll etwas ohne genügende Erörterungen gegeben werden. Der Mietzins soll immer nur pränumerando und auf 1 Monat verwilligt werden. Bei der Anzeige bedarf es genauer Angabe der Zeit, wegen des event[uellen] Ruhens der Frist hinsichtlich des U[nterstützungs]w[ohnsitzes].[8] Rückständige Miete ist über-

---

1 Stadtarchiv Leipzig AFSA Nr. 156, fol. 66-76.

2 Karl Otto Hentschel (1836-1923), 1870-1881 Archivar, 1881-1884 Assessor beim Armenamt, 1884-1890 Stadtschreiber, seit 1890 Stadtrat in Leipzig, Vorsitzender des Armendirektoriums.

3 Der § 17 der Leipziger Armenordnung vom 24.11./2.12.1880 bestimmte: Distriktsvorsteherversammlungen sollten einberufen werden *zu gemeinsamen Beratungen über die Grundsätze der Armenpflege, die bei derselben gemachten Erfahrungen, das Maß der regelmäßigen Unterstützungen, Ergreifung außerordentlicher Maßregeln bei ungewöhnlichen Notständen u*(nd) *dergl*(eichen) (Local-Armen-Ordnung, Instruction und Districtseintheilung für die Verwaltung des Armenwesens der Stadt Leipzig, Leipzig o. J., S. XI). Vgl. auch Nr. 26 Bd. 7 der II. Abteilung dieser Quellensammlung.

4 Die §§ 45 bis 51 der Instruktion betrafen einmalige bzw. außerordentliche Unterstützungen (Instruktion für die Verwaltung des Armenwesens der Stadt Leipzig [i. d. F. vom 8.7.1885], in: Local-Armen-Ordnung, Instruction und Districtseintheilung für die Verwaltung des Armenwesens der Stadt Leipzig, Leipzig o. J., S. 1-29).

5 Die §§ 56 bis 59 der Instruktion betrafen Unterstützungen aus der Bekleidungsanstalt.

6 Die §§ 62 bis 65 der Instruktion betrafen Unterstützungen mit Brennmaterial.

7 Der § 88 der Instruktion betraf die Unterbringung von Kindern in Anstalten oder in Familienpflege.

8 Der § 14 des Unterstützungswohnsitzgesetzes bestimmte, daß der Lauf der zweijährigen Frist zum Erwerb des Unterstützungswohnsitzes am Ort des gewöhnlichen Aufenthalts

haupt nicht zu gewähren. Abzulehnen sind auch Reiseunterstützungen u. Darlehen. Hebammenkosten sind ebenfalls nicht zu verwilligen, desgleichen Kosten zur Bestreitung von Begräbnissen u. Schulgeld. Bei Unterstützungen zur Begründung von Handel pp. ist das Armendirektorium anzugehen. Verläge von Unterstützungen sind zu vermeiden, da dem Armenamt schon sehr peinliche Verluste dadurch entstanden sind, namentlich bei Ausländern. Die einmaligen Unterstützungen bedürfen einer genauen Begründung, es dürfte sich empfehlen, wenn die H[er]r[e]n Pfleger ihre Anträge schriftlich unter entsprechender Begründung an den Distrikt eingäben, so daß der Antrag gleich dem Protokoll beigelegt werden könne. Notwendig ist, genau den vollen Namen und die Wohnung in den Protokollen anzugeben. Einmalige Unterstützungen sind nicht in einzelnen Raten, sondern im ganzen auszuzahlen. Zu § 51[9] ist zu bemerken, daß bei solchen Erhöhungen Voraussetzung ist, daß der Tarif nicht überschritten ist. Ehefrauen sind mit Gesuchen abzuweisen; die Männer haben sich an den Distrikt zu wenden.

Hinsichtlich der Bekleidungsgewährungen ist zu bemerken, daß Bekleidung nicht als Weihnachtsgeschenk und auch nicht als regelmäßige Unterstützung zu gewähren ist. Genaue Erörterung ist nötig. Die Kostenpreise sind aus dem Personalbuch zu ersehen. Bei Gewährung an Konfirmanden ist zu erörtern, ob nicht dies u. jenes Kleidungsstück bereits vorhanden ist, und nicht ohne weiteres ein ganzer Anzug zu gewähren.

Zu § 62 f[o]lg[en]d[e] Brennmaterial betr[effend] ist zu beachten, daß dies nicht als regelmäßige Unterstützung zu gewähren ist.

Zu § 88 ist zu bemerken, daß an Kinder kein Almosen zu verwilligen, sondern Pflegegeld zu gewähren ist. Es bedarf in solchen Fällen einer Anzeige ans Armenamt.

Punkt 2 der Tagesordnung. Hr. Dr. Feddersen[10] fragt nach dem Kostensatz, womit die Armen in den Armenhäusern erhalten werden bez[iehungsweise] werden können. Es wird ihm geantwortet, daß die Kosten weniger als 3 M. 60 Pf. pro Woche betragen. Für alte Leute empfehle sich die Aufnahme sehr. Herr Diakonus Teichgräber[11] fragt bez[iehentlich] der Unterbringungen in die neue Zwangsarbeitsanstalt[12] an u. ob die Unterbringung jetzt leichter sei. Der Herr Vorsitzende gibt entsprechende Auskunft. Herr Proft[13] fragt an, ob das Armenhaus Leuten, die zu Hause keine Pflege

---

während der Dauer der von einem Armenverband gewährten öffentlichen Unterstützung ruhte (Nr. 78 Bd. 7, 1. Halbband, der I. Abteilung dieser Quellensammlung).

9 Der § 51 der Instruktion betraf die Erhöhung des Wochenalmosens zur Vermeidung wiederholter außerordentlicher Unterstützung.

10 Dr. Berend Wilhelm Feddersen (1832-1918), Privatgelehrter in Leipzig, Armendistriktsvorsteher.

11 Heinrich Teichgräber (1857-1923), Diakon in Leipzig, Armendistriktsvorsteher.

12 Im November 1892 war in Leipzig eine neu errichtete Zwangssarbeitsanstalt eröffnet worden, die zur Unterbringung und Einweisung von Personen gedacht war, welche aufgrund Arbeitsscheu, Trunksucht oder liederlichem Lebenswandel unterkommens- und einkommenslos geworden waren, ferner für Unterhaltssäumige, deren Angehörige der Armenpflege zur Last fielen, für Personen, die aufgrund des § 361 Ziffer 3-8 zu Haftstrafen mit Arbeitszwang verurteilt worden waren und für vorübergehend Obdachlose; vgl. Nr. 78. Diese Gruppen von in der neuen Korrektionsanstalt unterzubringenden Personen wurden damit von denjenigen Gruppen von Siechen getrennt, mit denen sie zuvor in der Straf- und Versorgungsanstalt zum Georgenhaus gemeinsam untergebracht worden waren (vgl. Nr. 45 Bd. 7 der II. Abteilung dieser Quellensammlung).

13 Karl Julius Proft (gest. 1907), Oberpostsekretär in Leipzig, Armendistriktsvorsteher.

haben, auch genügend gute Pflege biete. Hr. Stadtrat Volkmann[14] erläutert die Handhabung der Armenpflege in den Armenhäusern noch des näheren. Das Armenhaus eigne sich auch sehr gut für Querulanten. Arbeiten müßten die Leute alle; ¾ des Verdienstes erhalten sie selbst, ¼ die Anstalt.

Herr Jung[15] betont, daß es sehr schwer sei, die Leute ins Armenhaus zu bringen u. bittet um Auskunft, welche Zwangsmittel zu Gebote stehen. Der Hr. Vors[itzende] gibt die Schwierigkeit zu. Zu umgehen ist sie dadurch, daß man nur den Tarif gewährt u. bei event[uellem] Betteln dem Pol[izei]amt Anzeige macht, welchenfalls die Betreffenden nachher ins Zwangsarbeitshaus kommen.[16] Hierbei erläutert er die Sache an dem den meisten Distrikten bekannten Fall Rodig. Herr Kretzschmar[17] fragt an, wie es bei Leuten steht, die Kinder haben, mit der Unterbringung. Der Hr. Vors[itzende] bemerkt, daß es darauf ankomme, ob die Kinder sittlich gefährdet sind. Kinder werden im allgemeinen nicht ins Armenhaus genommen. Herrn Hoffmann[18] wird auf Anfrage mitgeteilt, daß nach dem Regulativ[19] auch uneheliche Väter bei hartnäckiger Säumigkeit untergebracht werden können.

Herrn Distriktsvorsteher Proft wird auf Ansuchen bemerkt, daß Aufnahme von Kindern ins Kinderkrankenhaus durch den Armenarzt erfolgen muß.

Hr. Dr. Schmidt[20] fragt zu § 83[21] an, ob auch Leute, die weniger als 3 M. 60 Pf. erhalten, ins Armenhaus dirigiert werden können. Der Hr. Vorsitzende bejaht das.

Hr. Kretzschmar fragt an, ob jemand die Ingenieursfrau Wöllner kenne, die sich durch unverschämte Grobheit u. Ausfälligkeit auszeichne und auf alle Pfleger und Armenamtsmenschen schimpfe. Der Hr. Vorsitzende bittet, solche Fälle dem Armenamt besonders anzuzeigen. Hr. Haupt[22] warnt vor dem Handelsmann Johann Gottfried Schmidt unter Begründung.

Herr Gorn[23] fragt an, in welcher Weise die Arbeitslosen dies Jahr behandelt werden sollen. Der Hr. Vorsitzende gibt der Ansicht des Armendirektoriums u. des Rates Ausdruck, daß nicht Stiftungsmittel benutzt werden, sondern die Sache im Wege der ordentlichen Armenpflege erledigt werden soll, die dadurch für einzelne würdige Arbeitslose entstehende Härte ließe sich schließlich durch entsprechende Anträge des Distrikts mildern. Es dürfte sich empfehlen, bei besonders großer Arbeit mehr Pfleger zu beantragen. Auf Anraten des Hr. Dr. Schmidt soll eine alphabetische Liste

---

14 Wilhelm Volkmann (1837-1896), Buchhändler in Leipzig, seit 1880 unbesoldeter Stadtrat, Mitglied des Armendirektoriums.

15 Karl Jung (1867-1912), Kaufmann in Leipzig, Armendistriktsvorsteher.

16 § 361 Ziffer 4 StGB drohte Personen, die bettelten oder Kinder zum Betteln anleiteten, mit Haft. Bei der Verurteilung zu einer Haftstrafe konnte das Gericht nach § 362 zugleich bestimmen, daß die verurteilte Person nach verbüßter Strafe der Landespolizeibehörde zu überweisen war, die dadurch die Befugnis erhielt, diese bis zu zwei Jahre in einem Arbeitshaus unterzubringen („korrektionelle Nachhaft").

17 Gustav Robert Kretzschmar (1840-1901), Lehrer in Leipzig, Armendistriktsvorsteher.

18 Franz Xavier Hoffmann (gest. 1918), Schreibtafelfabrikbesitzer in Leipzig, Armendistriktsvorsteher.

19 Vgl. Verwaltungsbericht des Rathes der Stadt Leipzig für das Jahr 1892, Leipzig 1894, S. 635.

20 Dr. Walter Bernhard Schmidt (1853-1916), Oberlehrer in Leipzig, Armendistriktsvorsteher.

21 Der § 83 der Instruktion betraf die Beantragung der Unterbringung im Armenhaus durch den Pfleger.

22 Ernst Haupt (gest. um 1916), Kaufmann in Leipzig, Armendistriktsvorsteher.

23 Hermann Gorn (gest. 1925), Kanzleisekretär in Leipzig, Armendistriktsvorsteher.

der im vorigen Jahr unterstützten Arbeitslosen aufgestellt werden. Ferner fragt Herr Dr. Schmidt an, ob irgendwelche Veröffentlichung bez[iehungsweise] Bekanntmachung erfolgen soll. Hr. Vorsitzender empfiehlt, daß über diese Sache zunächst nichts in die Öffentlichkeit dringe. Bei event[uellen] Ansammlungen müßte Polizeihilfe in Anspruch genommen werden.

Herr Kretzschmar fragt an bez[iehentlich] der Notierung des Heizmaterials, ob nicht eine Vereinfachung möglich wäre. Der Hr. Vorsitzende sichert entsprechende Erwägung der Angelegenheit zu. Zugleich bemerkt derselbe, daß im letzten Jahre die verausgabten Zettel mit den eingetragenen nicht gestimmt haben.

Herr Ram[m]ner[24] spricht zur Arbeitslosenfrage in seinem „liebenswürdigen" Distrikt. Die Leute verweigerten die Annahme von Almosen u. verlangten Arbeit vom Rat. Sein Distrikt mache ihm ohnehin schon sehr bedeutende Arbeit. Der Hr. Vorsitzende bemerkt hierzu, daß der Rat bereits Arbeitsgewährung vorgesehen habe.

Hr. Dr. Feddersen bemerkt, ob nicht durch Gesetz nur die die öffentlichen Rechte bez[iehungsweise] das Wahlrecht verlieren, welche laufend unterstützt werden. Der Herr Vorsitzende verneint dies. Hr. Twietmeyer[25] fragt an, ob also der, welcher nur einmalige Unterstützung erhält, auch die öffentlichen Rechte verliert. Der Herr Vorsitzende bejaht das.

Herr Polster[26] meint, ob bei großer Menge der Arbeitslosen nicht die Anmeldung in der betr. Bezirkswache erfolgen könne zur Entlastung der Vorsteher, namentlich auch wegen der vorhandenen Bedeckung. Der Hr. Vorsitzende gibt die Unannehmlichkeit zu und bedauert sie, glaubt aber nicht, daß das Polizeiamt das zugeben werde. Daß event[uell] besondere Lokale gewählt werden möchten, damit ist er einverstanden.

Hr. Hoffmann bemerkt, daß in den Wärmstuben am meisten gerangelt werde u. ob die Polizei dort revidiere. Ferner fragt er an, ob, wenn er eine Anfrage ans Meldeamt richte, er Antwort verlangen könne. Der Hr. Vorsitzende bittet, solche Anzeigen ans Armenamt abzugeben, wo das Weitere erfolgen werde. Bez[iehentlich] der Wärmstuben werde er mit dem Polizeidirektor verhandeln.

Hr. Haupt fragt an, ob nicht die Sitzungslokale zu den Meldungen der Arbeitslosen genommen werden könnten. Nach Ansicht des Herrn Vorsitzenden würden wohl die Hrn. Schuldirektoren nicht einverstanden sein, er werde jedoch die Sache im Auge behalten.

[...] *Weitere Detailgesichtspunkte werden erörtert.*

---

24 Gustav Rammner (gest. um 1933), Privatier in Leipzig, Armendistriktsvorsteher.

25 Wilhelm Eugen Twietmayer (1847-1906), Buchhändler in Leipzig, Armendistriktsvorsteher.

26 Friedrich Wilhelm Polster (1822-1895), Bezirkssekretär bei der Amtshauptmannschaft in Leipzig, Armendistriktsvorsteher.

Nr. 19

1892 Dezember 1

Protokoll[1] einer Besprechung des Leipziger Armendezernenten Karl Otto Hentschel mit Vertretern privater Wohltätigkeitsvereine

Niederschrift

[Die privaten Wohltätigkeitsvereine sollen vor der Gewährung von Unterstützung dem Armenamt Gelegenheit zur Prüfung der Gesuche geben; der Erwerb des Unterstützungswohnsitzes durch verarmte Personen soll verhindert werden]

Zu einer Sitzung, welche behufs der Beratung über einen Anschluß der hiesigen Privatwohltätigkeitsvereine an die öffentliche Armenpflege seitens des Herrn Vorsitzenden des Armenamts für heute nachmittag 5 Uhr im Saal des letzteren anberaumt worden, erschienen:

1. Herr Dr. Dreydorf[f][2], Pfarrer der reformierten Kirche,
2. Herr Lehrer Lauhn[3], Vorsitzender des Vereins [recte: Gesellschaft] der Armenfreunde[4],
3. Herr Pastor Dr. Roch[5], Direktor der Inneren Mission und der Armendiakonie,
4. Herr Superior Schmidtmann [recte: Schmittmann[6]], Pfarrer der katholischen Kirche.

Der Vorsitzende des Armenamts, Herr Stadtrat Hentschel, eröffnete die Versammlung gegen 5 ¼ Uhr nachmittags mit dem Ausdruck seines Dankes für das Erscheinen der Anwesenden. Sodann legte derselbe in längerer Ausführung Ursachen und Zweck des angestrebten Anschlusses dar und verband hiermit eine aus der Praxis entlehnte Schilderung aller jener bedenklichen Konsequenzen der Reichsgesetzgebung über Freizügigkeit und Unterstützungswohnsitz, welche in der in allen größeren Städten stattfindenden, vielfach auf ein Abschiebungssystem kleinerer Armenverbände zurückzuführenden Anhäufung hilfsbedürftiger Personen in die Erscheinung treten. Der Vorsitzende bemerkte, daß zwar bei dem gegenwärtigen Stand unserer Gesetzgebung diesem Mißstand wirksam nicht entgegengetreten werden könne, wohl aber müsse man tun, was möglich sei, insbes[ondere] eine möglichst enge Verbindung zwischen der nichtamtlichen und der amtlichen Armenpflege herbeiführen, damit das Streben der letzteren durch die ersteren wirksam gefördert werde.

---

1 Stadtarchiv Leipzig AFSA 2090, fol. 2-5. Unterzeichnet ist das Protokoll vom Stadtrat Karl Otto Hentschel und dem Assessor im Armenamt Arthur Francke.

2 Dr. Johann Georg Dreydorff (1834-1905), seit 1867 ev. Pfarrer an der reformierten Kirche in Leipzig.

3 Alwin Bernhard Lauhn (1837-1893), seit 1863 Bürgerschullehrer in Leipzig, seit 1881 stellvertretender, seit 1885 Vorsitzender der Gesellschaft der Armenfreunde.

4 Die Gesellschaft der Armenfreunde war 1848 gegründet worden. Sie gewährte vornehmlich Naturalunterstützungen. Die Unterstützungssumme der Gesellschaft lag 1891 bei 8 400 Mark.

5 Dr. Georg Oskar Roch (1854-1904), ev. Pfarrer in Leipzig, seit 1891 Direktor des Vereins für Innere Mission.

6 Hubert Schmittmann (1844-1920), seit 1891 Superior und Pfarrer der katholischen Gemeinde in Leipzig.

Bereits im Jahre 1878 sei in einer Versammlung bei Herrn Geheimrat Prof. Dr. Wach[7] auf die Gefahren hingewiesen worden, die durch das kritiklose Almosenspenden seitens privater und die ungeregelte Privatwohltätigkeit entstehen, es sei aber damals die Frage nicht zur Erledigung gekommen, in welcher Weise die hier bestehenden Privatwohltätigkeitsvereine mit der amtlichen Armenpflege in Verbindung treten könnten.

Er, Redner, habe geglaubt, die Lösung dieser Frage in der Weise vorschlagen zu sollen, wie die zur Diskussion gestellten Grundzüge darstellten.

Die Erschienenen erklärten sich unter Zustimmung zu den Ausführungen des Herrn Vorsitzenden mit der beabsichtigten Verbindung privater und amtlicher Wohltätigkeit sowie deren Zweckbestimmung im Prinzip einverstanden und traten sodann in die Spezialdebatte der Grundzüge ein. Erörtert wurden:

„Verhütung gewerbsmäßigen Bettelns, Verhütung des Erwerbs des Unterstützungswohnsitzes seitens nach hier verzogener, bereits verarmter Personen, Abweisung Unwürdiger seitens der Privatkorporationen, einige allgemein die Armenpflege betreffende Fragen".

Man einigte sich im wesentlichen dahin: Es empfiehlt sich, daß die Vereine von allen bei denselben eingereichten oder angebrachten Unterstützungsgesuchen rechtzeitig Mitteilung an das Armenamt gelangen lassen, um es demselben zu ermöglichen, aus seinen Mitteln, eventuell auch in dem städtischen Krankenhaus, vorbehaltlich des Regresses an den in concreto zur Unterstützung verpflichteten Armenverband, die Unterstützung bzw. Pflege des Armen fortzusetzen; es empfiehlt sich hierbei nicht nur die gesichteten, eventueller Berücksichtigung fähigeren Gesuche einzureichen, vielmehr erscheint die Einreichung des gesamten eingehenden Gesuchsmaterials, um professionelle Bittsteller kennenzulernen, wünschenswert. Ferner erscheint es geboten, daß seitens der Vereine, wenn ihnen das Vorgehen gewisser Bittsteller als auf Erschleichung des Unterstützungswohnsitzes in Leipzig gerichtet erscheinen sollte, eine rechtzeitige Anmeldung der Verdachtsmomente beim Armenamt nicht unterlassen wird.

Im Interesse tunlichster Beschleunigung der Vorerörterungen sprach man den Wunsch aus, daß dieselben, soweit sie den Leumund der Bittsteller beträfen, sich lediglich auf das beim Armenamt vorhandene aktenmäßige Material beschränken möchten. Im Anschluß hierauf versprach der Herr Vorsitzende, daß das Armenamt trotzdem außerdem stets bereit sein werde, auf besonderen Wunsch eines Vereins Erörterungen über Würdigkeit der Bittsteller, die sich über den vorhandenen Akteninhalt erstrecken sollten, soweit tunlich, vorzunehmen.

Man einigte sich ferner dahin, daß die Auskunftserteilungen des Armenamts an die Privatvereine auch mittels Formularen geschehen können, namentlich wenn die betreff[enden] Vereine etwa selbst die letzteren zur Verfügung des Armenamts stellen sollten.

Bezüglich der Behandlung von Unterstützungsgesuchen und Unterstützungen „verschämter Armer" hielt man es für billig, dem diskretionären Ermessen der einzelnen Vereine zu überlassen, bezüglich gewisser Kategorien verschämter Armer nur dem Vorstand des Armenamts persönlich und unter dessen Adresse Mitteilungen über die Gewährungen von Unterstützungen zu machen bzw. vor Gewährung der letzteren beim Vorstand des Armenamts Anfrage zu halten. Der Herr Vorsitzende

---

7 Dr. Adolf Wach (1843-1926), seit 1875 Professor für Rechtswissenschaften in Leipzig, seit 1879 auch Richter in Zivilsachen am Landgericht Leipzig.

hielt diese Maßregel für wünschenswert und erklärte, es würde demnach für diese Kategorien ein lediglich von ihm verwahrtes Nebenkataster geführt werden.

Es wurde ferner betont, daß ein vollständiger Erfolg einer wirklich rationellen Armenpflege nur dann zu ermöglichen sein werde, wenn die Wohltätigkeit Privater, welche oft ohne jede Untersuchung der Würdigkeit und Bedürftigkeit gewährt werde, sich ebenfalls der Kontrolle des Armenamts unterwerfen und wenn dem letzteren wie seitens der Vereine auch von Privaten Anzeige von beabsichtigten bzw. gewährten Unterstützungen erstattet würde. Der Herr Vorsitzende versprach in dieser Hinsicht, daß er nicht verfehlen würde, das hierzu Erforderliche in die Hand zu nehmen.

Von einer Abweisung Unwürdiger seitens der Privatorganisationen in allen Fällen beschloß man aus Billigkeitsgründen abzusehen und es auf den konkreten Fall ankommen zu lassen, dagegen soll den von auswärts verarmt anherziehenden Personen nichts gewährt werden.

Was die an das Armenamt zur Anzeige zu bringenden Unterstützungen anlangt, so hielt man es für angemessen, dieselben nicht in den betreff[enden] Personalakten zu vermerken, vielmehr hierfür Personalkarten einzuführen.

Endlich kam man auf Anregung des Herrn Dr. Dreydorf[f] dahin überein, in dieser Angelegenheit einmal vierteljährlich eine Sitzung abzuhalten.

Nachdem der Herr Vorsitzende den Erschienenen für die warme und rege Teilnahme an der Verhandlung den verbindlichsten Dank versichert, wurde die Sitzung gegen 7 Uhr abends geschlossen.

Hierüber ist gegenwärtiges Protokoll aufgenommen worden.[8]

[8] Es blieb in Leipzig auch in Zukunft bei wiederholten Klagen, daß die privaten Wohltätigkeitsvereine stärker veranlaßt werden müßten, regelmäßig Mitteilungen über die von ihnen unterstützten Personen zu machen (vgl. die Äußerungen von Stadtrat Max Siegel und Stadtrat Karl Otto Hentschel in der Sitzung der Leipziger Stadtverordnetenversammlung vom 29.12.1902: Stadtarchiv Leipzig AFSA Nr.2090, fol. 1.).

Nr. 20

1893 Februar 18

Bericht[1] des Beraters der Hamburger Armenverwaltung Dr. Emil Münsterberg[2] an das Armenkollegium

Druck

[Überblick über die Unterstützungssätze in anderen Großstädten; Unterschiedlichkeit der Bestimmungen; Lohnabstandsgebot und oft vorhandene andere Hilfsquellen sind zu berücksichtigen; Vorschläge für neue Höchstsätze]

Feststellung der Ausschlußsätze

Durch § 35 der Geschäftsordnung[3] für die Armenpflege ist dem Kollegium die Feststellung vorbehalten, bis zu welchem Höchstbetrag laufende Unterstützungen bewilligt werden dürfen und in welchen Fällen es für einmalige Unterstützungen der Genehmigung der Kreisversammlung bedürfen soll.

Um über die in anderen Armenverwaltungen herrschende Praxis einen Überblick zu gewähren, lasse ich zunächst die hierauf sich beziehenden Bestimmungen der betreffenden Armenordnungen folgen.

Köln. Wo ein monatliches Einkommen von M. 20 für eine alleinstehende Person oder ein Familienhaupt, M. 9 für die zweite zum Hausstand gehörende erwachsene Person, M. 6 für jede folgende Person des Hausstands oder jedes Kind unter 12 Jahren vorhanden ist, ist eine Unterstützung aus öffentlichen Mitteln in der Regel ausgeschlossen.

Elberfeld. Das Geldbedürfnis für Anschaffung des zum Unterhalt unabweislich Notwendigen, demnach für Nahrung, Kleidung, Obdach und Hausrat, kann in der Regel für eine Familie wöchentlich auf die nachstehenden höchsten Sätze bemessen werden, nämlich auf:

3 Mark – Pf. für das Familienhaupt,
2 Mark 50 Pf. für die bei dem Mann lebende Ehefrau,
3 Mark – Pf. für ein Kind von 14 Jahren und darüber, welches arbeitet und verdient,
2 Mark 20 Pf. für ein Kind von 14 Jahren und darüber, welches nicht arbeitet,
2 Mark – Pf. für ein Kind von 10 bis zu 11 Jahren,
1 Mark 60 Pf. für ein Kind von 5 bis zu 10 Jahren,

---

1 Staatsarchiv Hamburg 351-2 II Nr. 167 Bd. 1, fol. 2-4 Rs.

2 Dr. Emil Münsterberg (1855-1911), 1885 Hilfsarbeiter für Armenstatistik des Berliner Magistrats, 1887-1890 Amtsrichter in Menden, 1890-1892 Bürgermeister von Iserlohn, seit 1892 Berater bei der Durchführung von Reformen im Hamburger Armenwesen, seit 1886 Mitglied des Zentralausschusses des Deutschen Vereins für Armenpflege und Wohltätigkeit, seit 1892 Beisitzer im Vorstand und Schriftführer.

3 Der § 35 der „Geschäftsordnung für die Armenpflege der Allgemeinen Armenanstalt" von 1893 statuierte, daß das Armenkollegium feste Ausschlußsätze bestimmte, wobei es sich von der Erwägung leiten zu lassen hatte, *daß in keinem Falle die Unterstützung das Einkommen aus freier Arbeit erreichen darf* (= Lohnabstandsgebot), *daß aber andererseits schuldlos in Armut geratenen Personen ein menschenwürdiges Dasein ermöglicht werden muß und sie durch Gewährung einer ganz unzulänglichen Unterstützung nicht lediglich vor dem Verhungern geschützt werden dürfen* (StA Hamburg 351-2 II Nr. 167 Bd. 1, fol. 11).

1 Mark 40 Pf. für ein Kind von 1 bis zu 5 Jahren,
1 Mark – Pf. für ein Kind von weniger als 1 Jahr;
16 Mark 70 Pf. für eine aus den genannten Personen bestehende Familie und auf M. 3,50 für eine einzelnstehende und allein wohnende Person.

Leipzig. Der Bedarf zur Bestreitung aller unumgänglich notwendigen Ausgaben kann für eine Familie wöchentlich in der Regel auf folgende Höchstbeträge bemessen werden:
3 Mark – Pf. für das Familienhaupt,
2 Mark – Pf. für die bei dem Mann lebende Ehefrau,
1 Mark 70 Pf. für ein Kind von 15 Jahren und darüber,
1 Mark 60 Pf. für ein Kind von 10 bis zu 15 Jahren,
1 Mark 40 Pf. für ein Kind von 5 bis zu 10 Jahren,
1 Mark 20 Pf. für ein Kind von 1 bis zu 5 Jahren,
1 Mark 10 Pf. für ein Kind von weniger als 1 Jahr, demnach auf
12 Mark – Pf. für eine aus den genannten Personen bestehende Familie, ferner auf M. 3,60 für eine alleinstehende Person, auf M. 6 für zwei zusammenlebende, einen gemeinschaftlichen Haushalt führende erwachsene Personen.

Frankfurt a. M. Unterstützung bleibt ausgeschlossen bei einem wöchentlichen Gesamteinkommen:

einer alleinstehenden Person (Witwe, Witwer, eheverlassen, geschieden)	von M. 8,–
eines kinderlosen Ehepaares	von M. 10,–
einer Familie, bestehend aus Mann, Frau und einem Kind bis zu 10 Jahren	von M. 11,–
einer Familie, bestehend aus Mann, Frau und zwei Kindern bis zu 10 Jahren	von M. 12,–
usw.	
einer Witwe oder Witwer mit einem Kind unter 10 Jahren	von M. 9,–
einer Witwe oder Witwer mit zwei Kindern unter 10 Jahren	von M. 10,–
usw.	

Bei anderer als der oben vorgesehenen Zusammensetzung der Familie wird derjenige Satz des gesamten Mehreinkommens, welcher Unterstützung aus öffentlichen Mitteln ausschließt und unstatthaft macht, dadurch ermittelt, daß für die beiden Eltern M. 10, für jedes Kind unter 10 Jahren M. 1, für jedes Kind über 10 Jahren, welches nichts verdient, M. 2 und für jedes Kind über 10 Jahren, welches im Verdienst steht, somit an der Unterhaltung der Familie teilnimmt, M. 4 in Ansatz gebracht werden.

Hierzu wird jedoch bemerkt: 1. Auch wenn das Einkommen einer Person angeblich unter diesen sogenannten Ausschlußsätzen bleibt, darf Unterstützung doch nur stattfinden, wenn der Pfleger sich durch eingehende Prüfung von dem Vorhandensein dringender Not überzeugt hat. 2. Überschreitet dagegen das Einkommen den Ausschlußsatz, darf Unterstützung in der Regel nicht und höchstens nur dann bewilligt werden, wenn besondere Umstände erhöhte Ausgaben (z. B. für Verpflegung von Kindern bei Witwen und Witwern) unabweislich nötig machen.

Berlin. Als anfängliche Beihilfe eines neu aufgenommenen Almosenempfängers wird in der Regel nicht mehr als monatlich M. 3 angenommen.

In Fällen, wo ein höherer Betrag bewilligt werden muß, sind die Gründe in dem Beschluß der Armenkommission anzugeben.

Die Kommissionen sind ermächtigt, M. 4 monatliches Pflegegeld für das Kind zu zahlen. Die Bewilligung eines höheren Pflegegelds muß durch Angabe der dafür sprechenden Gründe, namentlich beschränkter Erwerbsfähigkeit der Mutter, Siechtum der Kinder etc., näher motiviert werden. Sobald jedoch die Umstände, welche dieses höhere Pflegegeld bedingt haben, wegfallen, ist es wieder zu ermäßigen.

Den Müttern von Pflegekindern kann, wenn sie dauernd erwerbsunfähig sind, außer dem Pflegegeld für die Kinder auch ein Almosen für ihre Person bewilligt werden.

Durch Beschluß der Armenkommission kann ein Armer resp. dessen Familie auf einen Monat extraordinär bis auf Höhe von M. 15 unterstützt werden. Die Empfänger von Almosen und Pflegegeld können neben ihrer laufenden Unterstützung gleichfalls in dieser Höhe eine außer[or]dentliche Beihilfe erhalten. Vor Gewährung eines höheren Betrags ist die Genehmigung der Armendirektion einzuholen.

In dringenden Fällen, in denen sofortige Hilfe nötig ist, ist der Vorsteher berechtigt, eine Unterstützung bis zum Betrag von M. 6 und unter Zuziehung eines Kommissionsmitglieds bis zum Betrag von M. 15 zu bewilligen.

Der Vorsteher muß jedoch solche Bewilligungen schriftlich motivieren und deren Genehmigung durch einen Beschluß der Kommission in der nächsten Monatskonferenz derselben herbeiführen.

Dresden. Als niedrigster Satz eines Wochenalmosens gilt der Betrag von M. 4 für eine Person.

Als regelmäßiger Satz der für ein Kind zu gewährenden wöchentlichen Erziehungsbeihilfe gilt der Betrag von 75 Pf.; es kann jedoch dieser Satz je nach den im einzelnen Unterstützungsfall zu berücksichtigenden persönlichen Verhältnissen bis auf M. 1 erhöht werden.

Die Verschiedenheit in den vorstehenden Bestimmungen der einzelnen Armenverwaltungen dürfte bemerkenswert sein; sie deutet vor allem darauf hin, daß es sehr schwer ist, hier einen allgemeingültigen Grundsatz zu entwickeln und sehr viel nicht nur auf die Verschiedenheit der Lebenshaltung und der Lebensmittelpreise, sondern auch auf örtliche Gewohnheiten ankommt. Außerdem ist zu bemerken, daß die Urteile über den Wert von Ausschlußsätzen sehr verschieden lauten. Wenn man wie Leipzig, Elberfeld, Köln und Frankfurt eine Berechnung aufstellt, die einen gewissen Wert für jedes zur Haushaltung gehörende Familienmitglied einsetzt, so ist die Gefahr nicht ausgeschlossen, daß von vornherein seitens des Pflegers eine detaillierte Rechnung aufgemacht wird, um festzustellen, wieviel nun die Familie an Unterstützung haben müßte; wird hiervon dann das eigene Einkommen des Familienhaupts und etwa in Verdienst stehender Kinder abgerechnet, so kann es kommen, daß eine zahlreiche Familie in einem Falle mehr, in einem anderen aber auch weniger bekommt, als für sie zum Lebensunterhalt notwendig ist, daß im übrigen aber die Unterstützungen unwillkürlich höher bemessen werden, als dem wirklichen Bedürfnis entspricht.

Es ist hierbei zweierlei zu beachten: erstens, daß in keinem Falle die Unterstützung die Höhe desjenigen Einkommens erreichen darf, welches ein gewöhnlicher Tagearbeiter bei kleinem, aber regelmäßigem Verdienst zu gewinnen vermag, also etwa M. 2,50 für den Tag und M. 15 für die Woche, und zweitens, daß in der Regel keine Familie ohne irgendwelche Hilfsmittel anderer Art ist, durch welche sie die regelmäßige Armenunterstützung verbessern kann, ganz abgesehen davon, daß doch noch die Gewährung von ärztlicher Behandlung, Heilmitteln, Feuerung, Gebrauchsstücken usw. dazu tritt, welche bis auf weiteres auf die Unterstützung nicht angerechnet werden sollen.

Setzt man, wie Frankfurt und Köln, einen Höchstbetrag für jede Person fest, ohne die Gesamtsumme nach oben hin zu begrenzen, so kann es dazu kommen, daß diese Gesamtsumme höher ist wie das Einkommen des freien Arbeiters. Wenn beispielsweise in Frankfurt ein arbeitsunfähiger Mann eine Frau und 6 Kinder, davon 4 unter und 2 über 10 und unter 14 Jahren hat, so wird er erhalten M. 18 wöchentlich oder M. 72–80 monatlich, ein Betrag, den er zweifellos für eine so große Familie wird verwenden können, der aber in der Tat höher ist, als ein arbeitsfähiger ungelernter Arbeiter verdienen kann, bei dem selbstverständlich an Unterstützung nicht zu denken ist. Auf der anderen Seite ist es schwierig, den sehr individuellen Verhältnissen der einzelnen Bedürftigen durch die Festlegung solcher Sätze ganz gerecht zu werden; so kann beispielsweise eine Mutter, die ihr Kind selbst nährt, sehr viel billiger fortkommen als eine, welche die Milch zur Nahrung einkaufen muß. Auch ist zu bedenken, daß die Ernährung von 6 zusammenlebenden Personen nicht genau 6mal soviel kostet wie die von 6 einzelnen Personen, da sich doch bei einem Haushalt von 6–8 Personen mehr eins ins andre wirtschaften läßt, als wenn nur für 1–2 Personen der Haushalt geführt wird.

Was die praktischen Erfahrungen mit Anwendung der Ausschlußsätze angeht, so hat man mich in Elberfeld versichert, daß sich ihre Anwendung sehr wohl bewährt habe, während in Köln eine sehr verschiedenartige Handhabung durch die einzelnen Bezirke stattgefunden und in einer Anzahl Bezirke die Neigung bemerkt worden sei, bis zur Höhe der vollen Sätze zu gehen. Ähnliche Erfahrungen hat man auch in Frankfurt gemacht, dessen Sätze im übrigen, wie die mit der Ausführung betrauten Beamten versicherten, allgemein als zu hoch erachtet würden.

Die in der Geschäftsordnung für die Hamburger Allgemeine Armenanstalt und für die Vororte festgestellten Sätze haben in finanzieller Beziehung den Vorzug, sehr niedrig und sehr leicht verständlich zu sein. Es werden in der Regel M. 3 für die einzelnstehende Person, M. 5 für eine Familie zugelassen mit der Maßgabe, daß für Ausnahmefälle ein Beschluß des Armenkollegiums herbeizuführen ist. Es leuchtet aber ein, wenn man die Bestimmungen der obengenanten Verwaltungen betrachtet, daß die Festsetzung doch eine allzu schablonenhafte ist und daß in der Tat der Grundsatz nur so lange genügen kann, als sehr viele und sehr erhebliche Ausnahmen davon gemacht werden.

Es findet sich nun in dem Protokoll[4] einer Sitzung des für die Beratung der Reform niedergesetzten Ausschusses vom 26. November 1888 der Vorschlag, folgende Sätze festzustellen:

alleinstehender Mann	bis M. 4,–
alleinstehende Frau	bis M. 3,–
Frau in Ehe	bis M. 2,–
Kind unter 2 Jahren	bis M. 2,–
Kind von 3–14 Jahren	bis M. 1,50
ganze Familie	bis M. 12,–

[4] Protokoll der 5. Kommissionssitzung vom 26.11.1888 (StA Hamburg 351-2 II Nr.4 Bd.1, fol. 117-118).

mit der Maßgabe, daß die Festsetzung sich innerhalb dieser Grenzen ähnlich wie bei Festsetzung der Unfallrente bewegen solle, indem je nach dem Grad der Erwerbsfähigkeit eine prozentuale Verminderung bzw. Erhöhung stattfinden solle.

Selbstverständlich müßten jetzt, nachdem die Bewilligung der Gaben immer für einen Monat beschlossen worden ist, auch die Sätze dem Monatsbedarf angepaßt werden, indem sie mit 4 multipliziert und kleine Zuschläge etwa in Höhe eines halben Wochensatzes hinzugefügt werden. Hieraus würden sich Beträge von 18, 12, 9, 9, 7 und bei ganzer Familie etwa M. 50 ergeben gegenüber M. 13,50 und M. 22,50, die bisher zulässig waren.

Ehe ich zur Formulierung positiver Vorschläge schreite, möchte ich vorausbemerken, daß ich bei wiederholter Erwägung der Sachlage meine ursprüngliche Ansicht, welche mich dazu führte, die Fassung des § 35, wie sie jetzt besteht, vorzuschlagen, einigermaßen geändert habe. Mir waren die im Elberfelder System üblichen festen Ausschlußsätze so geläufig geworden, daß ich mir ohne sie nicht recht die Durchführung des Systems denken konnte. Sie führen aber, wie schon oben bemerkt, leicht zu einer gewissen Schablone, wenn nicht auf die Pfleger und Vorsteher ganz fortdauernd in belehrendem und aufklärendem Sinne eingewirkt werden kann. Dieses ist in Elberfeld infolge besonderer Verhältnisse der Fall, so daß man dort in der Tat mit dieser Seite des Systems hat zufrieden sein können. Ich befürchte, daß dies hier nicht der Fall sein wird, weil es ganz unmöglich ist, eine so große Zahl ehrenamtlich tätiger Organe fortdauernd über die Anwendung der Ausschlußsätze zu belehren und Irrtümer ihnen nachzuweisen. Es läßt sich ferner die Befürchtung nicht abweisen, daß die in Köln und Frankfurt bemerkte Neigung, den höchsten Sätzen zuzustreben, für Hamburg ganz außerordentlich erhebliche finanzielle Folgen haben kann, die selbst bei einer Differenz von nur M. 3 monatlich für jeden Unterstützten schon M. 2[00 000] – 300 000 mehr oder weniger an Ausgabe bedeutet.

Ich möchte daher vorläufig davon abraten, die Ausschlußsätze in der Weise einzuführen, daß für jedes Mitglied eines Hausstands ein bestimmter Satz eingestellt wird, und schlage vielmehr vor, für einzelnstehende Personen und für Familien entsprechend der bisherigen Gewohnheit Höchstsätze zu bestimmen, die ohne Genehmigung der Kreisversammlung nicht überschritten werden dürfen. Angemessene Sätze erscheinen mir folgende:

a) alleinstehende Männer	bis M. 20,–
b) alleinstehende Frauen	bis M. 18,–
c) kinderloses Ehepaar	bis M. 25,–
d) Familien	bis M. 36,–

Die Kreisversammlung würde befugt werden können, in den Fällen zu c und d bis M. 40 und 50 hinaufzugehen, während in den Fällen zu a und b eine Überschreitung nicht stattfinden dürfte, da sich in solchen Fällen vielmehr die Unterbringung in dem Werk- und Armenhaus[5] oder in Pflegestellen empfehlen würde.

Was die einmaligen Unterstützungen angeht, so wird ein etwas geringerer Satz als die Monatsunterstützung anzunehmen sein, über welche die Bezirksversammlung nicht ohne Genehmigung der Kreisversammlung hinausgehen darf, also etwa der Betrag von M. 25 bzw. M. 30, mit der Maßgabe, daß die Kreisversammlung etwa bis

5 Das Werk- und Armenhaus war aus dem zwischen 1619 und 1622 errichteten Werk- und Zuchthaus hervorgegangen; zu Beginn des 19. Jahrhunderts war das Zuchthaus von der Armenanstalt abgetrennt worden. Seit 1853 war das Werk- und Armenhaus in einem neuen Gebäude untergebracht.

zu M. 30 und M. 50 gehen darf. Im übrigen bleiben ja auch hier noch die Ergänzungen durch die Gewährung von Heilmitteln, Gebrauchsstücken, Feuerung sowie die Anrufung des Armenkollegiums in den für Gaben aus dem speziellen Fonds geeigneten Fällen.

Endlich würde ich vorschlagen, statt der Verweisung im § 35 auf die nachträgliche Feststellung von Ausschlußsätzen durch das Armenkollegium sofort die Höhe der zu beschließenden Sätze in die Geschäftsordnung selbst aufzunehmen, damit der Pfleger sich mit den Sätzen als einem wesentlichen Stück der geschäftlichen Vorschriften sofort vertraut mache und diese Bestimmung dauernd im Auge behalte.[6]

Nr. 21

1893 März 3

Berliner Tageblatt[1] Nr. 114, Morgenausgabe
Unterstützungswohnsitz und Arbeitshaus

Druck

[Hinter dem Entwurf eines Gesetzes zur Abänderung des Unterstützungswohnsitzgesetzes stehen die materiellen Interessen der Agrarier]

Freizügigkeit und Unterstützungswohnsitz – die beiden Bollwerke einer modernen Entwicklung unseres nationalen Lebens – waren unseren Reaktionären und notleidenden ostelbischen Quadratmeilenbesitzern schon längst ein Dorn im Auge. Bekannt sind die konservativen Anstürme auf diese Stützen der bürgerlichen Freiheit. Aber trotz des von feindlicher Seite aufgebotenen Heerbanns waren bisher alle Überrumpelungsversuche an der Wachsamkeit der Wächter unserer Grundrechte gescheitert. Sooft auch der Anprall der Gegner zurückgewiesen worden ist, ihre Absicht haben sie deswegen doch nicht aufgegeben. Um den dauernden Belagerungszustand offen zu proklamieren, wurde die Beseitigung der Freizügigkeit und des damit zusammenhängenden Unterstützungswohnsitzes als Kardinalpunkt dem konservativen Parteiprogramm einverleibt. Aber gegenwärtig, wo die Wogen des Parteikampfs wieder einmal recht hochgehen und man die Aufmerksamkeit der Wächter unserer Volksfreiheiten durch Gefahren von anderen Seiten abgelenkt glaubt, meinen die Reaktionäre den Zeitpunkt gekommen, den entscheidenden Sturm zu wagen. Der Angriff, der so plötzlich und alarmierend ins Werk gesetzt worden

---

6 In seiner Sitzung vom 2.3.1893 stimmte das Armenkollegium, nachdem Münsterberg Bericht erstattet hatte, dessen Vorschlägen für die Gestaltung der Ausschlußsätze zu, mit der Maßgabe, daß es für die Beschlüsse der Kreisversammlungen keine Begrenzung geben solle (Auszug aus dem Protokoll der Sitzung des Armenkollegiums vom 2.3.1893: StA Hamburg 351-2II Nr.167 Bd.1, fol.5). Die entsprechend revidierte Fassung des Vorschlags wurde in der Sitzung des Armenkollegiums vom 7.3.1893 angenommen (Auszug aus dem Protokoll der Sitzung des Armenkollegiums vom 7.3.1893: StA Hamburg 351-2II Nr.167 Bd.1, fol.7).

1 Das 1872 von Rudolf Mosse gegründete freisinnige „Berliner Tageblatt" erschien 13mal wöchentlich. Chefredakteur war seit 1881 Dr. Arthur Levysohn.

war, ist von langer Hand vorbereitet. Und um nicht wieder die eigene Haut zu Markte zu tragen, haben die Reaktionäre sich diesmal einen Bundesgenossen zu verschaffen gewußt, den sie vorausschieben und hinter dessen breitem Rücken sie sich decken. Die armen ostelbischen Hungerleider sind doch noch nicht so von allen Göttern verlassen, wie sie, wenn es ihnen in den Kram paßt, so deklamatorisch beteuern.

Im Gegenteil. Die Regierung scheint für die reaktionären Wünsche immer noch ein offenes Ohr zu haben. Auch diesmal haben die Reaktions-Agrarier oder Agrar-Reaktionäre es wieder verstanden, die Regierung so lange zu umwerben, bis sie ihnen zu Willen war. Als Frucht dieses intimen Verhältnisses ist der dem Reichstag vorgestern zugegangene Entwurf[2] eines Gesetzes, betreffend die Änderung des Gesetzes über den Unterstützungswohnsitz, und die Ergänzung des Strafgesetzbuchs zu betrachten, welche wir in unserer gestrigen Morgenausgabe[3] bereits in ihren Grundzügen skizziert haben.

Der Gesetzentwurf enthält unter einem harmlosen Äußeren entscheidende Bestimmungen von größter Tragweite. Einer der Angelpunkte des Entwurfs ist die Bestimmung, daß die Altersgrenze für die Fähigkeit zum Erwerb und Verlust des Unterstützungswohnsitzes vom zurückgelegten 24. auf das zurückgelegte 18. Lebensjahr verlegt wird. Bei Beratung des Gesetzes vom Jahre 1870 hat man das 24. Lebensjahr gewählt, weil es als durchschnittlich spätester Zeitpunkt für die Erlangung wirtschaftlicher Selbständigkeit erachtet wurde. Dieser Zeitpunkt hat sich aber nach Ansicht der Regierung mittlerweile derart verschoben, daß eine Änderung unumgänglich notwendig geworden sei. Dies sprechen die Motive klipp und klar aus:

„Ein Festhalten an der bisherigen Altersgrenze für den selbständigen Erwerb und Verlust des Unterstützungswohnsitzes würde nur dann begründet sein, wenn die Annahme zuträfe, daß die wirtschaftliche Selbständigkeit des Individuums erst mit dem vierundzwanzigsten Lebensjahr einträte. Für manche Gesellschaftsklassen mag dies der Fall sein, nicht aber für die bei der Armenpflege hauptsächlich in Betracht kommende Arbeiterbevölkerung. Im Gegenteil, die Erfahrung des täglichen Lebens zeigt, daß der Arbeiter von dem ihm nach dem Freizügigkeitsgesetz zustehenden Recht, sich den Ort seines Aufenthalts und seinen Erwerb uneingeschränkt zu wählen, oft schon sehr zeitig, in manchen Landesteilen bald nach der Einsegnung, Gebrauch macht. Tatsächlich beginnt die wirtschaftliche Selbständigkeit, welche grundsätzlich für den Erwerb und Verlust des Unterstützungswohnsitzes maßgebend sein soll, in dem Arbeiterstand mit dem Eintritt in eine selbständige Arbeitstätigkeit (als landwirtschaftlicher oder Fabrikarbeiter, Dienstmagd etc.).“[4]

Das klingt alles sehr schön und gut. Aber ist es auch richtig? Beginnt tatsächlich die wirtschaftliche Selbständigkeit in dem Arbeiterstand schon mit dem Eintritt in eine selbständige Arbeitstätigkeit? Abgesehen davon, daß Anfänger im Alter von 18 Jahren natürlich ihre Arbeit noch nicht so bezahlt erhalten wie Männer von 24 Jahren. Abgesehen also davon, daß junge Leute im Alter von 18 Jahren mehr oder we-

---

2 Entwurf eines Gesetzes, betreffend die Änderung des Gesetzes über den Unterstützungswohnsitz und die Ergänzung des Strafgesetzbuchs (Sten.Ber. RT 8. LP II. Session 1892/1893, Drucksache Nr. 130).

3 Vgl. Berliner Tageblatt Nr. 112, Zweites Beiblatt, vom 2.3.1893.

4 So die Begründung zum genannten Gesetzesentwurf (Sten.Ber. RT 8. LP II. Session 1892/1893, Drucksache Nr. 130, S. 753).

niger noch aus der Tasche ihrer Eltern leben, sind überhaupt wirtschaftliche Selbständigkeit und Arbeit identische Begriffe? Ist nicht Arbeitsgelegenheit – leider Gottes – heutzutage häufig nur ein vorübergehendes Ereignis, während doch unter wirtschaftlicher Selbständigkeit ein dauernder Zustand verstanden werden muß?

Das lehrt ja auch das alltägliche Leben. Und darum eben, bis er diesen dauernden Zustand, diesen Hafen der wirtschaftlichen Selbständigkeit erreicht hat, muß der Anfänger, der junge Mann von 18 Jahren, sich umsehen in der Welt, sich überall versuchen, bis er schließlich einen geeigneten Boden findet, in dem er festwurzeln kann. Und sollte der Zeitpunkt, wo das einzutreten pflegt, sich seit 1870 wirklich verschoben haben? In der Tat, wir möchten dies bejahen, aber nicht in dem Sinne eines Vorrückens bis zum achtzehnten Lebensjahr, wie die Regierung meint, sondern eher im Sinne eines Hinausschiebens noch über das vierundzwanzigste Lebensjahr hinaus.

Aber wenn dem so ist – und die Regierung wird sich wohl selbst nicht darüber täuschen, daß dem so ist –, welchen Grund kann dann die Regierung dafür haben, diese Vorlage einzubringen? Wir finden hierfür nur eine Erklärung: Die Regierung scheint sich der Tragweite des Entwurfs selbst nicht voll bewußt. Unbewußt, ohne zu wollen, besorgt sie die Geschäfte ihrer Hintermänner. Und da sind wir auf dem Punkt, von welchem wir ausgegangen sind. Die Regierung eben ist nicht der schiebende, sondern der geschobene Teil. Doch was haben die Hintermänner an dem Entwurf für Interesse? Die Antwort ist sehr einfach – das Interesse ihres Portemonnaies.

Bekanntlich ruht die Armenlast auf dem Land zu einem großen Teil auf den Schultern der armen Agrarier. Und diese Armenlast nach Kräften von sich abzuwälzen, ist der einzige, mit vernünftigen Sinnen erkennbare Zweck des Entwurfs. Denn da bekanntlich der Verlust des Unterstützungswohnsitzes durch zweijährige Abwesenheit gegenwärtig erst mit dem 24. Lebensjahr beginnen kann, so ist die Folge, daß die Armenlast hinsichtlich der vielfach schon im Alter von 16 Jahren aus der Heimat verziehenden Leute bis zu deren vollendetem sechsundzwanzigsten Lebensjahr dem Heimatort verbleibt.

Nach dem Entwurf würde event[uell] mit dem 20. Lebensjahr des Ausgewanderten schon die Verpflichtung des Heimatorts bzw. des ostelbischen Latifundienbesitzers erloschen sein. Was dann aus dem Ausgewanderten selbst wird, ist den Herren Agrariern gleichgültig. Wie aber, wenn der 20 Jahre alte Arbeiter seinen Unterstützungswohnsitz in der Heimat verloren hat, ohne einen neuen Unterstützungswohnsitz erworben zu haben? Das aber dürfte doch vor erlangter wirtschaftlicher Selbständigkeit der Normalfall sein. Denn welcher 18jährige Arbeiter, der auf die Wanderschaft geht, hat heutzutage das Glück, unmittelbar nach Verlassen des Heimatorts eine Brotstelle zu finden, die es ihm ermöglicht, sofort an einem und demselben Ort zwei Jahre hindurch ununterbrochen seinen Aufenthalt zu nehmen? Und nur auf diese Weise kann ein neuer Unterstützungswohnsitz erworben werden.

Der junge Arbeiter hat also nur noch die Wahl, entweder ohne Unterstützungswohnsitz im heiligen Deutschen Reich umherzuirren, frei wie der Vogel in den Lüften, solange es den Gendarmen beliebt, und im Vertrauen auf seine Gesundheit und seine kräftigen Arme es darauf ankommen zu lassen, wenn er einmal in Not kommt, von Pontius zu Pilatus geschickt und zwischen ein Dutzend angeblich unterstützungspflichtigen Gemeinden hin- und hergeschoben zu werden – oder hübsch zu

Hause zu bleiben und für 50 Pfennig und ein paar Kartoffeln täglich des armen Junkers Kohl zu bauen und eine neue Art von Leibeigenen zu spielen.

Aber auch noch nach einer anderen Richtung hin stimmt die Rechnung der Hintermänner des Entwurfs wunderbar. Bekanntlich ziehen die jungen Arbeiter, wenigstens soweit sie ein Streben in sich fühlen, nicht von einem Dorf aufs andere, sondern vom Dorf in die Stadt, und das kann man ihnen ja auch bei den Hungerlöhnen, die die selber notleidenden Agrarier zahlen, nicht verdenken. Da haben nun endlich die klagenden Grundbesitzer, die bisher immer nur die Faust in der Tasche geballt, eine Gelegenheit gefunden, den verhaßten Städten, die ihnen ihr ganzes menschliches Inventar wegkapern, insbesondere dem modernen Babel Berlin eines auszuwischen.

Nach § 29 des Gesetzes hat nämlich, wenn Personen, welche im Gesindedienst stehen, Gesellen, Gewerbegehilfen, Lehrlinge, an dem Ort ihres Dienstverhältnisses erkranken, der Ortsarmenverband des Dienstorts die Verpflichtung, den Erkrankten die erforderliche Kur und Verpflegung zu gewähren, ohne Anspruch auf Erstattung der Kosten, wenn nicht die Krankenpflege länger als 6 Wochen dauert, und dann auch nur für den über diese Frist hinausgehenden Zeitraum. Diese hauptsächlich die Städte belastende Vorschrift des Gesetzes wird nun in dem Entwurf nach zwei Richtungen hin erheblich verschärft. Erstens wird sie in persönlicher Beziehung auch auf die heimatlichen land- und forstwirtschaftlichen Arbeiter ausgedehnt, und dann wird die Frist von 6 Wochen auf 13 Wochen erweitert. Wie sich diese Mehrbelastung der Städte in Zahlen ausdrückt, läßt sich noch gar nicht übersehen. Jedenfalls wird es eine ganz enorme Summe sein, um welche die armen Majoratsherren entlastet und die reichen Städter geschröpft werden. Aber noch nicht genug hiermit. Nach § 30 des Gesetzes ist zur Kostenerstattung, im Falle der Unterstützte keinen Unterstützungswohnsitz hat, derjenige Landarmenverband verpflichtet, in dessen Bezirk sich der Erkrankte bei dem Eintritt der Hilfsbedürftigkeit befand. Auch diese Bestimmung wird von dem Entwurf dahin erweitert, daß anstelle der Worte: „wenn der Unterstützte keinen Unterstützungswohnsitz hat", die Worte treten sollen: „wenn ein Unterstützungswohnsitz des Unterstützten nicht zu ermitteln ist". In dem einzuschaltenden Absatz 2 wird dann des näheren ausgeführt:

„Der Beweis, daß ein Unterstützungswohnsitz des Unterstützten nicht zu ermitteln gewesen ist, gilt schon dann als erbracht, wenn der die Erstattung fordernde Armenverband dargelegt hat, daß er alle diejenigen Erhebungen vorgenommen hat, welche nach Lage der Verhältnisse als geeignet zur Ermittlung eines Unterstützungswohnsitzes anzusehen waren. Wird nach der Erstattung ein Unterstützungswohnsitz des Unterstützten nachträglich ermittelt, so ist der Armenverband, welcher die Erstattung vorgenommen hat, berechtigt, innerhalb zweier Jahre, vom Ablauf desjenigen Jahres ab, in welchem die Erstattung erfolgt ist, von den Armenverband des Unterstützungswohnsitzes für die gewährte Unterstützung und für die durch nachträgliche Ermittlungen entstandenen Kosten Ersatz zu beanspruchen."

Daß hierdurch eine kolossale Mehrbelastung der Landarmenverbände verursacht wird, erhellt auf den ersten Blick. Doch was haben die armen Landarmenverbände den Agrariern zuleide getan? Sind sie nicht in unserer Monarchie meistens identisch mit dem Provinzialverbänden? Allerdings mit 3 Ausnahmen: Die Städte Berlin, Königsberg und Breslau bilden Landarmenverbände für sich. Und da liegt der Hase im Pfeffer. Seid also auf der Hut Berliner, Breslauer, Königsberger!

Doch eine Frage bleibt noch übrig. Wo soll man denn mit allen den Tausenden hin, die, wenn der Entwurf Gesetz wird, ohne Unterstützungswohnsitz sich herumtreiben? Auch dafür hat der Entwurf in der väterlichen Weise seiner patriarchalischen Hintermänner gesorgt. Der Entwurf flickt nämlich unserem Strafgesetzbuch ganz hinten noch ein kleines Paragräphchen an. Dasselbe lautet § 361 Nr. 5 a:

„Wer, obschon er in der Lage ist, diejenigen, zu deren Ernährung er verpflichtet ist, zu unterhalten, sich der Unterhaltspflicht trotz der Aufforderung der zuständigen Behörde derart entzieht, daß durch Vermittlung der Behörde fremde Hilfe in Anspruch genommen werden muß, wird usw. …“[5]

Dieser Paragraph steht nicht ohne Vorgänger in der Welt da. Er hat vielmehr mit dem der Blütezeit der Reaktion entsprossenen Polizeigesetz vom 21. Mai 1855[6] eine verzweifelte Ähnlichkeit, nur mit dem Unterschied, daß die Entscheidung nicht in der Hand der Verwaltungsbehörde, sondern in die des Richters gelegt ist. Nach dem Entwurf wie nach dem Gesetz von 1855 ist aber die Antwort auf die Frage, wohin mit dem Überschuß solcher, die keinen Unterstützungswohnsitz haben, praktisch dieselbe und lautet: ins Arbeitshaus!

5 Diese Fassung des betreffenden Artikels im Gesetzentwurf war im Bundesrat auf Antrag Bayerns eingefügt worden (Antrag Bayerns vom 18.2.1893: BArch R 1501 Nr.101274, fol. 242; 8. Sitzung des Bundesrats vom 23.2.1893, § 125 der Protokolle). Die vormalige Fassung, welche die Androhung der Haft in das Unterstützungswohnsitzgesetz hatte einfügen wollen, war damit durch eine Fassung ersetzt worden, die eine entsprechende Bestimmung in das Strafgesetzbuch einzufügen beabsichtigte. Hieraus wurde später dann der § 361 Ziffer 10 des Strafgesetzbuchs; vgl. Nr. 31.

6 Gesetz zur Ergänzung der Gesetze vom 31. Dezember 1842 über die Verpflichtung zur Armenpflege und die Aufnahme neu anziehender Personen vom 21.5.1855 (PrGS, S. 311; siehe auch Anhang Nr. 7 Bd. 7, 2. Halbband, der I. Abteilung dieser Quellensammlung). Vgl. Nr. 11 Anm. 17.

Nr. 22

1893 März 26

Dresdensia.[1] Wochenzeitschrift für Kritik, Chronik, Satire und Humor Nr. 13
Emil Muschik-Droonberg[2]: Ein Besuch in der städtischen Arbeitsanstalt

Druck

[Beschreibung des strengen Anstaltsregimes mit Schweigesystem und dragonischem Strafregiment]

Ein unfreundlicher, regenverschleierter Februarmorgen war es, als ich vor der Gitterpforte der städtischen Arbeitsanstalt[3] stand. Jede Phase in der Witterung erzeugt auch in der Stimmung des Menschen eine lichtere oder dunklere Schattierung. Von dieser Regel mache auch ich keine Ausnahme, und deshalb mochte ich mich in einer meinem Zweck gerade entsprechenden Stimmung befinden, als ich die Gitterpforte passierend über den gepflasterten Vorraum schritt und das Verwaltungsgebäude betrat.

Für meinen Besuch war bereits die Genehmigung des Armenamts (Stadtrat Kuhn[4]) als vorgesetzte Behörde eingeholt und bereitwilligst gegeben worden. Ich möchte es aber tadeln, daß eine so umständliche Erlaubnis überhaupt zugänglich [recte: nötig] ist. Die Arbeitsanstalt ist eine städtische Anstalt und müßte als solche – wie das auch in anderen Großstädten der Fall ist – der Kritik des Publikums frei zugänglich sein. Ich meine damit, daß der Direktor über die Annahme oder Ablehnung eines Besuchs selbständig entscheiden soll und für den letzteren Fall ein Rekurs an das Armenamt gestattet sein soll. Diese Behörde besitzt in dem jetzigen Leiter der Anstalt, Herrn Dr. Raabe[5], einen Mann, dem sie das vollste Vertrauen auch nach dieser Richtung hin entgegenbringen kann, denn er verwaltet die Anstalt mit einem Verständnis und einem Humanitätsgefühl, dem ich meine rückhaltlose Anerkennung an dieser Stelle nicht vorenthalten kann. Der Standpunkt dieses Blattes schützt mich dabei ganz von selbst vor dem Verdacht einer überzeugungslosen Lobhudelei. Überhaupt habe ich an allen jenen dergleichen Anstalten, denen ein Strafvollzugsbeamter <u>von Beruf</u> vorsteht, immer die wenigsten Unregelmäßigkeiten bemerkt, im Gegensatz zu jenen Anstalten, an welchem frühere Militärs, Juristen oder Beamte die Verwaltungsstellen bekleiden.

Die städtische Arbeitsanstalt in Dresden-Neustadt ist eine geschlossene Armenanstalt mit Zwang zur Arbeit und hat die Aufgabe, nach Möglichkeit auf die sittliche Besserung der Detinierten einzuwirken. (Im Gegensatz zu den sächsischen Strafanstalten, welche – wenigstens im Prinzip – nur <u>strafen,</u> aber <u>nicht bessern</u>.)

---

1 Dresdensia. Wochenzeitschrift für Kritik, Chronik, Satire und Humor Nr. 13.
Die seit 1892 bestehende lokale Kulturzeitschrift „Dresdensia" erschien jeden Sonnabend und wurde von Viktor Esche herausgegeben.

2 Emil Muschik-Droonberg (1864-1934), Schriftsteller und Journalist in Dresden.

3 Die städtische Arbeitsanstalt in Dresden war 1878 eröffnet worden und an die Stelle einer älteren Einrichtung getreten. 1893 waren hier durchschnittlich 392 Personen untergebracht, 337 zwangsweise, 55 freiwillig; 34 Beamte waren an der Anstalt beschäftigt.

4 Richard August Kuhn (1840-1910), Jurist, seit 1884 Stadtrat in Dresden, seit 1892 Vorsitzender des Armenamts.

5 Dr. Karl Hermann Raabe.

Aufgenommen in die Arbeitsanstalt werden: a) Personen, welche durch Müßiggang, Liederlichkeit, Trunk- und Händelsucht arbeits- oder obdachlos geworden sind und entweder selbst um die Aufnahme nachsuchen oder von der Wohlfahrts- oder Sicherheitspolizei dem Armenamt zur Aufnahme empfohlen werden; b) liederliche, trunksüchtige, arbeitsscheue, jedoch arbeits- und erwerbsfähige Personen, welche öffentliche Unterstützung beziehen.[6] Zu diesen zählen auch solche Personen, die wegen Krankheiten, welche sie sich durch Trunksucht oder sexuelle Ausschweifungen zugezogen, in Krankenhäusern für Rechnung des Armenverbands Dresden verpflegt, ohne daß die Kurkosten von ihnen, ihren Angehörigen oder Dritten zurückerstattet werden. Dieser Punkt dürfte wohl in mancher Hinsicht angefochten werden können. Bevor man diese Leute mindestens sechs Monate lang ihrer Freiheit beraubt,[7] müßte man ihnen – vielleicht unter Androhung dieser Strafe – nach ihrer Entlassung aus dem Krankenhaus, je nach der Summe der Kurkosten, eine kürzere oder längere Frist zur Bezahlung derselben gewähren. Namentlich die weibliche Prostitution hat zum größten Teil längst aufgehört, eine absolute Schuld der betreffenden Person darzustellen, denn in acht von zehn Fällen wird sie gewiß durch die Hungerlöhne, welche weiblichen Arbeiterinnen gezahlt werden, auf den abschüssigen Weg der Prostitution gedrängt worden sein. Und wenn sie nun durch die Ausübung dieses unlauteren Gewerbes in Krankheit verfiel, so würde es den heutigen Rechtsbegriffen widersprechen, sie für eine Wirkung verantwortlich zu machen, deren erste Ursache in vielen Fällen nicht sie verschuldet hat.

Die Gründe für die Aufnahme in die Arbeitsanstalt sind damit aber noch nicht erschöpft; es werden noch die folgenden Personen aufgenommen: diejenigen Väter und Mütter, denen wegen schlechten Verhaltens, unsittlicher, gewissenloser Erziehung oder weil sie es unterlassen, für ihre Kinder selbst zu sorgen, obwohl ihre Arbeitskräfte dazu ausreichten – die Kinder abgenommen, auf öffentliche Kosten unterhalten und erzogen werden müssen. Ferner: die natürlichen Väter außerehelicher Kinder, wenn sie sich weigern, die letzteren zu unterhalten und diese somit der öffentlichen Armenpflege zur Last fallen. Die Klasse der jugendlichen Detinierten (14 – 18 Jahre) besteht aus entlaufenen Lehrlingen und ähnlichem Gelichter.

Man sieht, die Gründe für die Aufnahme sind ziemlich zahlreich.[8]

---

6 Rechtsgrundlage für die zwangsweise Einweisung war § 27 der sächsischen Armenordnung von 22.10.1840, der die Zwangsarbeit für „arbeitsscheue" Arme vorsah. Betroffen waren Personen, die entweder selbst oder deren Angehörige Unterstützung der öffentlichen Armenpflege in Anspruch nahmen. Die Unterbringung in einer Zwangsarbeitsanstalt wie auch die Entlassung erfolgte auf dem Verwaltungsweg durch Beschluß der Armenbehörde. Von diesen Fällen zu unterscheiden waren Personen, die – wie z. B. Landstreicher und Bettler – nach § 361 Ziffer 3-8 StGB aufgrund gerichtlichen Urteils in eine Korrektionsanstalt eingewiesen wurden, in diesem Fall aber nicht hilfsbedürftig im Sinne des Unterstützungswohnsitzgesetzes sein mußten.

7 Die Einweisungsdauer, die durch Verordnung des Stadtrats festgelegt wurde, belief sich bei zum wiederholten Mal Eingewiesenen auf bis zu zwei Jahre.

8 Nach dem Verwaltungsbericht des Rates der Stadt Dresden für 1893 verteilten sich die Arbeitsanstaltsinsassen nach den Einlieferungsgründen zu 68 Prozent auf Fälle verschuldeter Arbeits- und Obdachlosigkeit, 17 Prozent Fälle verschuldeter Not und 14 Prozent Fälle von Vernachlässigung der gesetzlichen Unterhaltspflicht. Dabei sei die Einlieferung verschuldet worden zu 24 Prozent durch Liederlichkeit, zu 16 Prozent (nur Frauen) durch unsittlichen Lebenswandel und zu 20 Prozent auf Müßiggang und zu 36 Prozent auf Arbeitsscheu zurückzuführen (Verwaltungs-Bericht des Rathes der königlichen Haupt- und Residenzstadt Dresden für das Jahr 1893, Dresden 1894, Teil II, S. 269).

Nach dieser kurzen, aber notwendigen Abschweifung fahre ich in meinem Bericht fort.

Ein Aufseher geleitete mich in das Amtszimmer des Direktors, der sich in der entgegenkommendsten Weise sofort erbot, mich selbst zu begleiten und von allem Wissenswerten zu unterrichten.

Zunächst besichtigten wir den Plan der Anstalt, welche im Jahre 1878 mit einem Kostenaufwand von 856 159 Mark 56 Pfennige (außerdem kostete die Baustelle 45 000 Mark) erbaut und am 15. Mai desselben Jahres bezogen wurde. Erst der Plan läßt die Größe und die Anzahl der Gebäude erkennen, von denen man kaum eine Ahnung gewinnt, wenn man auf der Straße an der Anstalt vorübergeht.

Hinter dem Verwaltungsgebäude und zu beiden Seiten desselben liegen die zwei Detentionshäuser für die Männer A und B, und wieder rechtwinklig zu diesem, also dem Verwaltungsgebäude gegenüber, befindet sich die Kapelle. Diese genannten Gebäude sind durch bedeckte Gänge miteinander verbunden und umschließen den Erholungshof für Männer. Die Erholung besteht in Spazierengehen. Jede Visitation (Arbeitsabteilung) geht unter Aufsicht eine Stunde lang spazieren, und zwar einzeln im Indianermarsch und in Abständen von zehn bis zwölf Schritt, was einen sehr häßlichen Eindruck macht und die Zwecke der Anstalt kaum fördern wird, denn die Detinierten werden unter solchen Maßregeln das Gefühl, Mensch zu sein, verlieren oder, wenn sie es etwa vor ihrer Einlieferung schon verloren hatten, nicht zurückgewinnen. Jeder wird dadurch angelernt, alle anderen und natürlich auch sich selbst als äußerst gefährliche Individuen anzusehen und durch die Gewohnheit so fest davon überzeugt werden, daß seine Besserungsfähigkeit darunter entschieden leiden muß.

Wenn man diese Maßregel dadurch zu begründen sucht, daß die Häuslinge durch die Unterhaltung doch nur Schlechtigkeiten lernen, so ist das ziemlich hinfällig, denn dazu ist bei der Arbeit und allen übrigen Gelegenheiten trotz des Schweigsystems Möglichkeit genug gewährt, ganz abgesehen davon, daß die Gefahr, welche den Häuslingen dadurch entsteht, daß sie miteinander sprechen, geringer ist als diejenige, welche ihnen durch das oft jahrelange Schweigen entsteht. Es ist bekannt, daß die Unmöglichkeit eines jeden Gedankenaustausches in dem Geistesleben der Inhaftierten eine bedenkliche Störung bewirkt, die meist so stark ist, daß sie bei ihrer endlichen Entlassung mit so verschrobener Geistesverfassung in die Welt zurückkehren, daß sie meist noch unfähiger als früher sind, den Kampf mit dem Dasein aufzunehmen.

„Wir müssen uns erst erholen, bevor wir Arbeit annehmen können!" sagen die Häuslinge gewöhnlich bei ihrer Entlassung. Das gilt aber nicht nur der körperlichen, sondern – vielleicht unbewußt – mindestens in gleichem Maße der geistigen Verfassung.

Dies sind die Folgen des Schweigsystems![9], und zwar Folgen, die so naheliegen und greifbar genug sind, daß man sich wundern muß, wie dieses seelenmörderische

---

9 Zum Anstaltsregime vgl. die Hausordnung der städtischen Arbeitsanstalt Dresden vom April 1890 in: Stadtarchiv Dresden 2.3.25 Rep.II SectionB Nr.8, n. fol. (mit Bestimmungen u. a. zur Einteilung der Insassen in drei Ordnungsklassen, zum Tagesablauf und zu den Arbeitsregelungen); eingehender, insbesondere auch zum Strafsystem: Verwaltungsordnung für die städtische Arbeitsanstalt zu Dresden vom 17.12.1889 mit Anhang der Strafordnung für die städtische Arbeitsanstalt sowie einem Nachtrag zur Verwaltungsordnung vom 22.3.1892.

System noch immer Verteidiger findet. Es wäre dringend zu wünschen, daß die Armenbehörde das Schweigsystem wenigstens während der Sparziergänge unterbrechen ließe.

Von dem Verwaltungsgebäude aus unseren Rundgang beginnend, betraten wir zunächst den Flügel A, in dessen unteren Räumlichkeiten die Fabrikation von Tuchpantoffeln betrieben wird. Die Leute arbeiten hier gemeinsam unter einem Aufseher, der zugleich das Amt eines Werkführers versieht. Bei der Einlieferung wird dem Häusling, sofern er die Arbeit noch nicht kennt, eine kurze Lehrzeit (14 Tage) bewilligt, dann muß er ein bestimmtes Pensum liefern, das allmählich in der fortschreitenden Übung erhöht wird. Liefert er es nicht, so erhält er Strafe.

Die Strafen[10], auch für Widersetzlichkeit und andere Vergehen, bestehen in einfachem Arrest (Isolierung), engem Arrest, der einen etwa ¾ Quadratmeter großen Käfig darstellt, in welchem sich der Mensch wie ein wildes, reißendes Tier vorkommen muß – hartem Lager, d. h. Entziehung der Matratze und somit Nachtlager auf dem Fußboden –, sowie Kostentziehung und – Prügel!!![11]

Ich war nicht wenig erstaunt, auch diese letztere Strafart hier vorzufinden. Dem Direktor, Herrn Dr. Raabe, kann ich die Schuld nicht beimessen, denn, wie ich schon erwähnte, ist dies ein Mann, der jederzeit bereit sein wird, die Menschenwürde in den Detinierten zu achten und der diese schmachvolle Strafart wohl auch selten genug in Anwendung bringen wird. Das ändert aber nichts an der Tatsache, daß diese Strafart laut Verfügung der Oberbehörde überhaupt noch in der Anstalt existiert.

Die Herren vom grünen Tisch halten es allerdings nur selten für nötig, das Leben und die Welt kennenzulernen; selbst in Formeln, Theorien und Paragraphen verknöchert, ist ihnen auch die Welt und das Leben nur eine Zusammenstellung dieser drei Dinge, denn nur so läßt es sich erklären, daß am Ende des neunzehnten Jahrhunderts in der Armenanstalt zu Dresden noch die Prügelstrafe existiert!

Auch über die Strafart der Kostentziehung habe ich ebenfalls einiges zu sagen. Obwohl es Herr Dr. Raabe in jahrelanger selbstloser Arbeit und im Kampf gegen

---

[10] Im Jahr 1893 wurden 977 Ordnungsstrafen verhängt, davon 619 für Frauen (darunter 1 517 Straftage, 839 Nächte hartes Lager und sieben Mal körperliche Züchtigung) (Verwaltungs-Bericht des Rathes der königlichen Haupt- und Residenzstadt Dresden für das Jahr 1893, Dresden 1894, Teil II, S. 271).

[11] Im Verwaltungsbericht des Rates der Stadt Dresden für 1893 heißt es zur Verteidigung des Strafsystems: *Der Kampf gegen die Gleichgültigkeit, Liederlichkeit, Arbeitsscheu, den Ungehorsam, die Widerspenstigkeit und Gemeinheit stellte den zur Aufsichtsführung Berufenen nahezu unerträgliche Aufgaben; selbst unter den besser gesinnten Häuslinginnen kam die Entrüstung über das Gebaren der verkommenen Elemente wiederholt zum Ausdruck. Der Zustand machte die Verhängung von 619 Zuchtstrafen über weibliche Detinierte notwendig, und entfielen davon auf den Kopf des mittleren Frauenbestands 5,34 Strafen (gegen 1,58 des Männerbestands). Die Strafgewalt des Direktors und die zur Verfügung stehenden Strafmittel verfehlten nicht selten überhaupt ihren Erfolg, Kost- und Arreststrafen wurden nicht selten verlacht und frevelhaft „zum Ausruhen" laut mit Worten herbeigewünscht, so daß die Einzelverwahrung der besonders Heruntergekommenen, soweit es nur immer die jetzige Zellenanlage der Frauenabteilung gestattete, neben möglichst langer Verhaltung für die Anstaltsverwaltung die einzige wirksame Zuflucht blieb. Ohne empfindlichere Zuchtstrafmittel für Ausbrüche besonderer Gemeinheit als Schreckmittel scheint eine heilsamer Einfluß auf einen gewissen Teil der Häuslinginnen ausgeschlossen* (ebenda, S. 265 f.).

kleinliche bürokratische Bedenken dahin gebracht hat, die Beköstigung der Häuslinge aufzubessern, so ist sie doch noch auf ein solches Minimum beschränkt, das eben hinreichen wird, die körperliche Verfassung der Detinierten zu sehr herabzumindern. Und wenn nun einem Häusling während der Arreststrafe die warme Kost entzogen und ihm nur ein geringes Quantum Brot gereicht wird, so muß er dadurch körperlich so herabgebracht werden, daß er den Ausfall bei der gerade nur auf das nötigste Maß berechneten Nahrung nicht mehr ersetzen kann. Was nutzen alle Besserungsversuche, wenn es den Detimierten physisch unmöglich gemacht wird, nach ihrer Entlassung eine anstrengende Arbeit zu vollbringen? Kann denn unsere Gesetzgebung nicht eine Disziplinarstrafe festsetzen, welche die Gesundheit der davon Betroffenen nicht schädigt?

„Ich muß mich erst eine Zeitlang erholen", ist die gewöhnliche Antwort der Häuslinge, wenn sie bei ihrer Entlassung gefragt werden, was sie beginnen wollen.

Das ist bezeichnend genug!

Außer den Arbeitssälen und Arrestzellen enthielt dieser wie auch alle übrigen einzelnen Flügel Wasch- und Schlafräume für die Häuslinge, so daß die des einen mit denen eines anderen Flügels nur in dem gemeinsamen Speisesaal und in der Kirche zusammentreffen, wo aber die Abteilungen auch streng gesondert sitzen.

Von diesem Männerflügel aus gelangten wir in das Lazarett mit seinen getrennten Abteilungen für Männer und Frauen. Die Einrichtung war vom sanitären Standpunkt aus eine gute, und auch die ärztliche Behandlung der Kranken schien mir nicht nach der Schablone zu geschehen, wie ich erfreulicherweise aus mehreren Umständen schließen durfte.

An das Lazarett grenzt das Frauenhaus C, die Waschanstalt D und das Wirtschaftsgehöft mit den umgebenden Gebäuden: Küche, Kesselhaus, Badehaus und Aufseherin-Wohngebäude E sowie der Erholungshof für die Frauen. Die Frauen sind in drei Klassen eingeteilt: die Jugendlichen (14–18 Jahr), die Schutzbedürftigen (18–21 Jahr) und die älteren. Beschäftigt werden die Frauen mit Waschen (auch für außerhalb), Ausbessern von Wäsche und ähnlichen Arbeiten, für die Frauenhände erforderlich sind. Ich glaube, daß die Mädchen nach ihrer Entlassung ganz gute Dienstmädchen abgeben – das wäre nicht nur für sie und für die Herrschaften (vielleicht fragt im Bedarfsfall eine oder die andere nach solchen Mädchen in der Anstalt an!), sondern auch für eine spätere Ehe derselben von Vorteil, denn die Mädchen der unteren Stände gehen immer lieber in die Fabrik, was vielleicht am allermeisten in bezug auf eine spätere Heirat zu bedauern ist, da sie während ihres Fabriklebens für die Führung eines geordneten Haushalts völlig unbrauchbar werden.

Die ganze Anstalt, mit Ausnahme des Verwaltungsgebäudes, ist von einer Ringmauer umgeben, welche den Anstaltsgemüsegarten, den Bleich- und Trockenplatz sowie den Holzhof samt Stallgebäude, Schmiede, Arbeits- und Niederlagsschuppen mit einschließt.

Ich will aber meinen Artikel nicht schließen, ohne noch etwas über die Beköstigung der Detinierten zu bemerken. Dieselbe zerfällt in Gesunden- und Krankenkost, die letztere wiederum in Stärkungs-, Genesungs-, eigentliche Kranken- und Fieberkost.

Die Gesundenkost der Detinierten hatte sich längst als gänzlich unzureichend herausgestellt. Besondere Übelstände waren außerdem die Fettarmut der Speisen, die ungenügende Verteilung der verschiedenen Eiweißarten, das Übermaß der Kohlenhydrate sowie die Massenhaftigkeit der Speisen bei dem verschwindend geringem Nahrungsgehalt.

Durch jahrelanges, angestrengtes Arbeiten hat Herr Doktor Raabe endlich eine neue, auf den Forschungen von Prof. v. Voit[12] und Dr. König[13] fußende Gesundenkostordnung zustande gebracht, die den Häuslingen an Eiweiß, Fettstoffen und Kohlenhydraten das gewährt, was sie im täglichen Verbrauch der Kräfte zur Ersetzung derselben unbedingt nötig haben. Einen Blick über die umfassende Arbeit des Dr. Raabe gewinnt man erst dann, wenn man den gedruckten Bericht über die Gesundenkostordnung (80 Seiten Großoktav) durchliest.[14]

---

12 Dr. Karl von Voit (1831-1908), 1860 a.o., seit 1863 o. Professor für Physiologie in München, Verfasser zahlreicher Abhandlungen über Ernährung und Stoffwechsel, von diesem u. a.: Untersuchung der Kost in einigen öffentlichen Anstalten, München 1877.

13 Dr. Franz Josef König (1843-1930), Lebensmittelchemiker, Honorarprofessor in Münster, seit 1870 Leiter der agrikultur-chemischen Versuchsstation in Münster.

14 In einer Aktennotiz des Anstaltsleiters Dr. Karl Hermann Raabe für das Armenamt vom 28.3.1893, die Stellung zu dem Artikel Muschik-Droonbergs nahm, wurde darauf hingewiesen, daß das Schweigegebot nur für einen Teil der Insassen gelte, die Sträflinge, Gefährlichen und Gefährdeten. Das körperliche Züchtigungsrecht hielt der Anstaltsleiter ebenso wie die Koststrafe für unverzichtbar, während der „enge Arrest" bei den Betroffenen leider nicht immer den *erwarteten niederdrückenden Eindruck* bei den Betroffenen mache (Stadtarchiv Dresden 2.3.25 Rep. XXI Section A Nr.1 Bd.6, n. fol.).

Nr. 23

1893 Mai

Friedrich Freiherr von Reitzenstein: Zur internationalen Behandlung der Armenfragen[1]

Druck, Teildruck

[Organisation und Inhalt der öffentlichen Armenpflege in Frankreich und Italien, in England und Amerika, in Deutschland, Österreich und der Schweiz; das Elberfelder System und seine Übertragbarkeit]

[...] *Entwicklung der internationalen Wohltätigkeitskongresse und deren Charakter; die Grenzen der Übertragbarkeit nationaler Armenpflegeeinrichtungen und -systeme.*

In den Erörterungen über die zweckmäßigste Methode der Armenpflege ist bisher dem englisch-amerikanischen System das deutsche, dem den Charity Organisation Societies[2] zugrunde liegenden Prinzip das in den Elberfelder Armeneinrichtungen zum Ausdruck gekommene gegenübergestellt worden. Es bedarf daher vor allem einer Klarstellung des Verhältnisses, in dem beide Systeme zueinander stehen; je mehr solche gelingt, desto mehr wird für eine weitergreifende Erörterung des Gegenstands und für die Beurteilung der Übertragbarkeit der beiderseitigen Einrichtungen der Boden geebnet sein.

Beiden Bewegungen, sowohl der auf Gründung von Charity Organisation Societies als der auf Ausbreitung des Elberfelder Systems gerichteten, ist gemeinsam, daß sie der Ausübung der Armenpflege eine größere Individualisierung zu geben bezielen; aber während die eine dies Ziel lediglich innerhalb des Rahmens der privaten Organisation zu erreichen sucht, verlegt die andere den Schwerpunkt in die Gestaltung der öffentlichen Armenpflegeeinrichtungen. Beide Strömungen treffen darin überein, daß sie, um jene individualisierendere Ausübung zu sichern, in größerem Umfang die bürgerlichen Kräfte für die Beteiligung an der Handhabung der Armenpflege zu gewinnen streben. In beiden endlich stellt sich ein Gegensatz zu der in Frankreich und Italien vorhandenen Sachlage dar, da in diesen Ländern Entwicklungen der bezüglichen Art bisher nur ein geringes Maß von Bedeutung zu erlangen vermochten.

---

1 Friedrich Freiherr von Reitzenstein, Zur internationalen Behandlung der Armenfragen. Ein Aufsatz für den im Juni 1893 in Chicago zusammentretenden internationalen Armenpflege-Kongreß, Freiburg i. Br. 1893.
Der Beitrag war für den aus Anlaß der Weltausstellung in Chicago im Juni 1893 stattfindenden „International Congress of Charities, Correction and Philantropy" bestimmt. Die einzelnen Sektionen des Kongresses befaßten sich mit den Fragen der öffentlichen Armenpflege, der Kinderfürsorge, der Fürsorge für Kranke, der Fürsorge für psychisch Kranke, der Vorbeugung von Verbrechen und Besserung der Gefangenen, der Organisation und Verbindung der Wohltätigkeitseinrichtungen und vorbeugenden Arbeit unter den Armen, der Soziologie als Lehrgegenstand an Unterrichtsanstalten und der Fürsorge für geistig behinderte Kinder.

2 Die 1869 in London gegründete Charity Organisation Society (COS) setzte sich zum Ziel, für einen höheren Grad der Koordination und Zusammenarbeit zwischen den Wohltätigkeitsvereinen, aber auch zwischen diesen und der öffentlichen Armenpflege zu sorgen. Letzteres sollte dadurch geschehen, daß in den einzelnen Armenbezirken Mitglieder der jeweiligen Distriktkomitees der COS auch als Mitglieder des Board of Guardians fungierten. Andere britische Städte folgten dem Londoner Beispiel.

In beiden Ländern waren die bestehenden Einrichtungen solchen Entwicklungen nicht günstig. Der vorwaltend stiftungsartige Charakter, den die öffentliche und die private Armenpflege in ihren meisten Anwendungen trägt, verhindert es, zwischen öffentlicher und privater Armenpflege eine feste Grenzlinie zu ziehen; er gibt zugleich dem Handeln der Organe eine Gebundenheit, welche einer erweiterten Heranziehung bürgerlicher Kräfte nicht förderlich ist.

Was Frankreich anlangt, so hat es im Ancien Regime an Versuchen, die Armenpflegepflicht der Kirchspiele in gleichartiger Weise zu regeln, nicht gefehlt; dieselben sind indessen ohne nachhaltige Ergebnisse geblieben, da es in der Weiterverfolgung an der nötigen Konsequenz fehlte und das Interesse der Regierungen seit dem siebzehnten Jahrhundert sich immer ausschließlicher der Gründung und Erweiterung der Hospitalanstalten zuwandte. In diesen Anstalten lag seitdem der Schwerpunkt der Armenpflege; in der rekonstruktiven Gesetzgebung des Jahres V[3] erhielt dieser Zustand nach vorübergehender Erschütterung durch die Stürme der Revolution eine neue Bekräftigung. Er ist seitdem der herrschende geblieben. In erster Linie sind es die Hospitäler, denen die Fürsorge obliegt; als Organe einer ergänzenden offenen Fürsorge sind neben dieselben die Wohltätigkeitsbüros (Bureaux de Bienfaisance[4]) gestellt. Beiderlei Institute bemessen ihre Leistungen nach den Mitteln, die zumal bei den Hospitälern großenteils in den Einkünften ihres Stiftungsvermögens bestehen und durch freiwillige Zuschüsse der Gemeinden ergänzt werden können. Die Wichtigkeit der bei der Fürsorge für arme Kinder und für Geisteskranke in Betracht kommenden Interessen und das Bedürfnis, eine rationelle Handhabung der Fürsorge für diese Kategorien von Hilfsbedürftigen sicherzustellen, haben dahin geführt, dieselbe in der Hauptsache den Departements aufzuerlegen. Ein neuer Gesetzentwurf[5] bezweckt ferner, die Gemeinden unter geregelter Beteiligung der Departements und des Staats an den Kosten zur Gewährung von Krankenpflege an Arme zu verpflichten. Im übrigen aber bleibt der Hilfsbedürftige auf die fakultativen oder richtiger auf

---

3 Das Jahr V nach dem Revolutionskalender entsprach dem Jahr 1896/1897 des gregorianischen Kalenders. In der Revolution war das Vermögen der Hospitäler und anderer Armeninstitute zum Nationaleigentum und die Unterstützung der Armen zur Staatsaufgabe erklärt worden. Ein Gesetz vom 16 vendémiaire des Jahres V (7.10.1796) hatte die Hospitäler – die sich der geschlossenen Armenpflege widmeten – dann wieder der gemeindlichen Verwaltung unterstellt (Loi qui conserve les hospices civils dans la jouissance de leurs biens et règle la manière dont ils seront administrés, in: Bulletin des Lois de la République francaise 1796, Nr. 81). Ein Gesetz vom 7 frimaire des Jahres V (27.11.1796) hatte überdies für die Aufgaben der offenen Armenpflege die Wohltätigkeitsbüros (Bureaux de Bienfaisance) eingerichtet, die aus dem wiederhergestellten Vermögen der Armenpflege, durch private Spenden, durch eine Theater- und Lustbarkeitssteuer und eventuell durch freiwillige Beiträge der Gemeinden finanziert werden sollten (Loi qui ordonne la perception pendant six mois, au profit des indigens, d'un décime par franc en sus du prix des billets d'entrée dans tous le spectacles, in: Bulletin des Lois de la République francaise 1796, Nr. 94).

4 Die Bureaux de Bienfaisance wurden auf Gemeindeebene nach Genehmigung durch den Präfekten eingerichtet, bestanden aber nur in einem Teil der französischen Gemeinden. Ihre Einnahmequellen waren im Vergleich zu den Hospitälern schmal, ihrer Unterstützungstätigkeit waren auch deshalb enge Grenzen gezogen. Primär war diese auf Naturalunterstützung ausgerichtet.

5 Aus dem Gesetzentwurf ging das Loi sur l'assistance médicale et gratuite vom 15.7.1893 hervor, das die Gemeinden zur häuslichen Pflege mittelloser Kranker verpflichtete oder aber, wenn dies nicht möglich war, zur Aufnahme in einer Anstalt (Bulletin des Lois de la République Francaise 1893, S. 841).

die nach dem Maße der Mittel sich richtenden Leistungen der Hospitäler und Wohltätigkeitsbüros angewiesen. Die Versorgung der Armen ist eine um so ungleichartigere, je größer die Verschiedenheit in der Dotation dieser Anstalten ist und je ungleichartiger die letzteren im Lande verteilt sind; kaum etwas über zwei Fünftel sämtlicher Gemeinden sind mit Wohltätigkeitsbüros versehen, Hospitäler finden sich meist nur in den Städten und öfters nur in den größeren derselben.

Ein ähnlicher ist der Zustand in Italien, wenngleich hier in neuerer Zeit in der Anwendung des Prinzips der obligatorischen Armenpflege größere Fortschritte gemacht worden sind; als solche sind insbesondere das Gesetz über die Gesundheitspflege vom 22. Dezember 1888[6], welches die Gemeinden zur Sicherstellung armenärztlichen Beistands verpflichtet, und das Gesetz über die öffentliche Sicherheit vom 30. Juni 1889[7], welches für arbeitsunfähige Arme Vorsorge trifft, zu bezeichnen; die Fürsorge für Geisteskranke und Findelkinder ist auch hier ganz bzw. großenteils eine Last der Provinz. Dagegen ist eine Umwandlung und zusammenfassendere Verwaltung der Stiftungen und anderer Wohltätigkeitsanstalten erst durch das Gesetz vom 3. August 1862 und vor allem das Gesetz vom 17. Juli 1890 wirksam angebahnt worden.[8] Auch hier richtet sich daher in ausgedehnten Gebieten der Armenpflege das Maß der Leistungen nach den Mitteln, welche den Instituten zur Verfügung stehen.

Dieser Zustand hat zunächst zur Folge, daß, wie schon angedeutet, es an einer festen Abgrenzung zwischen den Gebieten der öffentlichen und der privaten Armenpflege fehlt. Wo die Ausstattung der Institute eine reichliche ist, greifen dieselben oft mit ihren Leistungen in Bereiche über, die sonst der privaten Armenpflege überlassen zu sein pflegen; da, wo ihre Mittel kärgliche sind, bleiben ihre Leistungen oft hinter dem Notdürftigsten zurück. Da die Mittel der Institute sich großenteils aus dem Ertrag der Stiftungen und privater Sammlungen zusammensetzen, ist es unvermeidlich, daß häufig auch die der privaten Fürsorge eigene Behandlung des Unterstützungswesens sich auf die Betätigung der öffentlichen Institute überträgt. Schon hierdurch wird es wesentlich erschwert, größeren Organisationen, die auf der planmäßigen Heranziehung bürgerlicher Kräfte beruhen, ein klar abgegrenztes Aufgabengebiet im Bereich sei es der öffentlichen, sei es der privaten Armenpflege anzuweisen, was für ein gedeihliches Wirken derselben eine der ersten Voraussetzungen ist. Eine noch größere Erschwerung erwächst der Bildung solcher Organisationen aus dem Charakter der Gebundenheit, wie er infolge des Vorwaltens der Stiftungen und stiftungsartigen Institute einen großen Teil der Armenpflege eigen ist, die vor allem auch mit den stiftungsmäßigen Auflagen und Einschränkungen zu rechnen hat; gerade für ein Rechnen mit diesen Momenten erscheint das bürgerliche Element weniger geeignet, dessen Vorzüge hauptsächlich bei vollkommener Freiheit der Beurteilung und Aktion hervortreten. Eine weitere Steigerung erfahren diese Schwierigkeiten dadurch, daß die Wohltätigkeitsin-

---

6 Legge sull'ordinamento dell'amministrazione e dell'assistenza sanitaria del Regno vom 22.12.1888 (Gazzetta Ufficiale del Regno d'Italia 1888, S. 5797).

7 Legge di pubblica sicurezza vom 30.6.1889 (Gazzetta Ufficiale del Regno d'Italia 1889, S. 2190, hier Art. 81).

8 Das Gesetz von 1862 hatte erstmals auf lokaler Ebene die Institution der Congregazioni di Carità geschaffen, deren Zuständigkeiten dann durch das Gesetz von 1890 erheblich erweitert worden waren. Das Gesetz schuf weitgehende Möglichkeiten der Umwandlung und Vereinigung von Stiftungen und versuchte, die örtlichen Einrichtungen der Armenpflege stärker zu bündeln. Überdies wurden die staatlichen Aufsichtsrechte gestärkt (Legge sull'amministrazione delle Opere Pie vom 3.8.1862 (Gazetta Ufficiale del Regno d'Italia 1862, Nr. 201); Legge sulle Opere Pie vom 17.7.1890 (Gazzetta Ufficiale del Regno d'Italia 1890, S. 3037).

stitute sich häufig, was die Ausübung der Armenpflege anbelangt, auf die geistlichen Kongregationen, namentlich der weiblichen stützten bzw. sich ihrer Vermittlung bedienten; erst eine neuere Strömung hat diesen Gebrauch in der öffentlichen Armenpflege Frankreichs in engere Grenzen zurückgedrängt; durch diese vielfach von besonderen Gesichtspunkten geleitete Beteiligung der geistlichen Genossenschaften würde aber die Wirksamkeit von Organisationen der oben gedachten Gattung überall durchbrochen werden. Auf Ursachen dieser Art beruht es, daß in Frankreich und Italien solche Organisationen nur in geringem Umfang Anwendung erlangt haben. Die in Frankreich der öffentlichen offenen Armenpflege von Paris gegebene Einrichtung, wonach dieselbe unter der Leitung der Direction de l'Assistance Publique von den Wohltätigkeitsbüros mit Hilfe von Pflegern (Commissaires) und Pflegerinnen (Dames de Bienfaisance) gehandhabt wird, hat, wie der neuerdings betreffs der Reform der Einrichtung aufgestellte Entwurf zeigt, sich nicht völlig bewährt; im Gebiet der Privatwohltätigkeit sind es meist nur die auf eine engbegrenzte Wirksamkeit angelegten Oeuvres du Travail[9], in welchen das Bedürfnis des Zusammenschließens der privaten Kräfte sich regeren Ausdruck verschafft.

Von dieser Sachlage unterscheidet die in England und Amerika einerseits, in Deutschland und ebenso in Österreich und in der deutschen Schweiz vorhandene sich dadurch, daß in allen diesen Ländern die Leistungen der öffentlichen Armenpflege bis zu einem gewissen Grad gleichartig geregelte sind. Diese Leistungen sind öffentlichen Verbänden auferlegt, für welche die bezügliche Verpflichtung im Prinzip eine absolute, d. h. nicht durch das Maß der Mittel bedingte ist. Es ist nicht die Leistung der Mittelbeschaffung, sondern die Mittelbeschaffung der Leistung untergeordnet. Wenn indessen in diesen Hauptpunkten zwischen beiden Gruppen Übereinstimmung besteht, so ist doch die Art der Durchführung derselben zwischen ihnen eine weit auseinandergehende; diese Verschiedenheit ist es, welche auch den vorerwähnten Gegensatz zwischen der englisch-amerikanischen und der deutschen Methode in der Verwendung von Kräften der Selbstverwaltung im Bereich der Armenpflege wesentlich bedingt.

Das Charakteristische des englischen Systems der öffentlichen Armenpflege beruht darin, daß einer grundsätzlich weitgefaßten Aufgabe dieser Armenpflege ein gerade für die Zwecke der Individualisierung unzureichender Verwaltungsapparat gegenübersteht. Jene weite Bemessung der Aufgabe ist schon in dem Armengesetz[10] der Elisabeth[11] von 1601, das den Ausgangspunkt der Entwicklung bildet, zu klarem Ausdruck gebracht; dasselbe erstreckt ausdrücklich die Unterstützungspflicht auch auf arbeitsfähige Arme, welchen Unterhalt gegen Beschäftigung gewährt werden soll. Bei dieser Ausdehnung der Verpflichtung hätte die Erfüllung eine besonders sorgsame, individualisierende Handhabung erheischt, eine Handhabung, die um so schwieriger werden mußte, je mehr mit der Ausdehnung der Industrie die Verhält-

---

[9] Auf dem Gebiet der Arbeitsfürsorge war eine Gesamtvereinigung gegründet worden, das Comité central des oeuvres d'assistance par le travail, mit Sitz in Paris, deren Aufgabe es war, die Arbeitsfürsorge in ganz Frankreich zu fördern und zu koordinieren.

[10] Das englische Armengesetz von 1601 sah vor, daß auf der Ebene eines jeden Pfarrbezirks jährlich zwei bis vier Haushaltsvorstände zu Armenaufsehern ernannt werden sollten. Das Gesetz unterschied zwischen arbeitsfähigen und arbeitsunfähigen Armen: Den ersteren sollte Arbeit verschafft werden, letztere sollten aus öffentlichen Mitteln unterstützt werden. Zur Finanzierung konnte bei den Gemeindemitgliedern eine Armensteuer eingezogen werden.

[11] Elisabeth I. (1533-1603), Königin von England.

nisse der ärmeren Klassen an Ständigkeit verloren; aber gerade solcher Anforderung waren die Verbände, auf denen die Handhabung beruhte, nur wenig gewachsen; es waren dies die Parishes[12], Verbände von ungleicher Leistungsfähigkeit, Verbände, denen es, je mehr sie die Gestalt einer ausschließlich für die Zwecke der Armenpflege bestimmten Spezialorganisation annahmen, desto mehr an innerem kommunalen Leben gebrach; eine laxe und schematische Ausübung der auf die Armenpflege bezüglichen Pflichten war bei den Verwaltungsorganen der Parishes im 18. und den ersten Jahrzehnten des 19. Jahrhunderts nahezu allgemein; auch die Versuche, diesem Mangel durch umfangreichere Heranziehung der Friedensrichter[13] abzuhelfen, blieben ohne nachhaltigen Erfolg; auch diesen Beamten fehlte eine besondere Qualifikation wie meist ebenso ein lebendiges Interesse für die Angelegenheiten der Armenpflege. Daß der kommunale Organismus Englands sich in seiner administrativen Leistungsfähigkeit unzureichend erwies, war die Ursache der erheblichen Übelstände, die in dem enormen Anwachsen der Armenlast Ausdruck fanden und zu der großen Reform von 1834[14] führten. Bei dem Auflösungsprozeß, wie er sich durch die Bildung besonderer Gemeinden für die einzelnen administrativen Zwecke an dem kommunalen Organismus Englands vollzog, ließ sich eine Umbildung desselben für die Zwecke einer individualisierenden Armenpflege kaum in Aussicht nehmen; es ist daher die definitive Verzichtleistung auf eine in dieser Richtung zu suchende Abhilfe, welche zu dem Charakteristischen des Reformgesetzes gehört: Dasselbe ersetzt jene individualisierende Prüfung durch die Abschreckung, mit der das Arbeitshausprinzip[15] die Zulassung zur Armenunterstützung umgibt. Da die Unterhaltung des Arbeitshauses größere Verbände erfordert, so wurden die Parishes zu solchen größeren Verbänden – Unions[16] – zusammengelegt; der mehr technisch schematische Charakter, den die Verwaltung solcher Verbände naturgemäß trägt, und der ihnen eigene Mangel an lebendigen Beziehungen zu den Eingesessenen bringen es mit sich, daß auch die offene Armenpflege, soweit eine solche in Ergänzung der Anstaltspflege stattfindet, durch besoldete Unterbeamte – die Relieving Officers – aus-

---

[12] Pfarrbezirke.

[13] „Justices of the Peace“: Bezeichnung für die ernannten Organe, die auf der Ebene der gemeindlichen Selbstverwaltung ehrenamtlich für die Aufrechterhaltung der öffentlichen Ordnung zuständig waren.

[14] Die englische Armenrechtsreform von 1834 führte zu einer Reorganisation der Armenverwaltung. Die Armenverwaltung wurde von der Ebene kleiner Verwaltungseinheiten wie Pfarrbezirken oder Gemeinden auf die größer zugeschnittene der *Poor Law Unions* verlagert. Die laufende Verwaltung wurde den – von den Armensteuerzahlern gewählten – Gremien des „Board of Guardians“ übertragen; den ehrenamtlichen „Guardians“ standen als ausführende Organe besoldete Beamte zur Seite. Beaufsichtigt wurde die lokale Armenverwaltung von einer zentralen Poor Law Commission, die auch allgemeine Grundsätze für die Durchführung des Armengesetzes aufzustellen befugt war. Dem Gesetz lag die Absicht zugrunde, die Unterscheidung zwischen arbeitsfähigen und arbeitsunfähigen Armen stärker zu unterstreichen: Arbeitsfähige Arme sollten nach Möglichkeit nur noch durch Unterbringung in einem Arbeitshaus unterstützt werden. Der Grundsatz hatte sich allerdings nicht konsequent durchführen lassen.

[15] Die Abschreckungswirkung einer Unterstützung durch Überweisung in ein Arbeitshaus galt als Prüfung für das Vorliegen tatsächlicher Hilfsbedürftigkeit („Workhouse-Test“).

[16] Mehrere Pfarrbezirke konnten von der Poor Law Commission zu einer Poor Law Union zusammengefaßt werden, um aufgrund der größeren Verwaltungseinheiten zu leistungsfähigen Verbänden und einer rationelleren Verwaltung zu gelangen.

geübt wird; aber gerade diese erweisen solcher Aufgabe gegenüber sich in besonderem Maße als unzureichend: nicht auf schematische Schulung kommt es bei der zweckentsprechenden Handhabung eines offenen Unterstützungswesens vorzugsweise an, sondern darauf, daß die betreffenden Organe Kenntnis der örtlichen Verhältnisse, Fühlung mit den zu unterstützenden Personen, Unabhängigkeit des Urteils und lebendiges Interesse an den Ergebnissen der Verwaltung besitzen, Voraussetzungen, die ungleich mehr bei den Kreisen der Bürgerschaft entnommenen unbesoldeten Kräften als bei besoldeten Unterbeamten zutreffen. Die schematische Gleichartigkeit, welche hierdurch für die Leistungen der öffentlichen Armenpflege Englands gegeben ist, ist eine um so vollständigere, als die Unions im allgemeinen mit hinreichender finanzieller Leistungsfähigkeit ausgestattet sind; für ein Eintreten der größeren Verbände – als solche kommen hier die Counties[17] in Betracht – findet daher, abgesehen von dem Gebiet der Irrenpflege, sich hier weniger Anlaß; die Entwicklung eines solchen Eintretens befindet sich erst in den Anfängen. Der vorbildliche Einfluß, den die Gestaltung des Armenwesens in England auf die Entwicklung der Einrichtungen in den Vereinigten Staaten Amerikas ausgeübt hat, macht es erklärlich, daß dieselben vielfach den englischen Typus tragen; immerhin walten beträchtliche Verschiedenheiten ob: Das Arbeitshausprinzip ist hier keineswegs mit der Allgemeinheit und Ausschließlichkeit wie in England zur Durchführung gebracht; die Fürsorgepflicht ruht weit überwiegend nicht auf Spezialverbänden, sondern auf der Ortsgemeinde; die Konkurrenz der größeren Verbände ist stärker ausgebildet. Immerhin aber behauptet meist auch hier in der öffentlichen Fürsorge die geschlossene Armenpflege den Vorrang; soweit neben ihr eine offene Armenpflege stattfindet, wird sie auch hier meist durch besoldete Unterbeamte geübt. Auf der Erkenntnis der Übelstände, mit denen die Handhabung der offenen Armenpflege durch die Unterstützungsbeamten verbunden ist und die durch eine nebenhergehende planlose Privatwohltätigkeit beträchtlich gesteigert werden, beruht jene neue, in England immer mehr Boden gewinnende und von da nach Amerika verpflanzte Strömung, welche im Wege der privaten Organisation eine individualisierende offene Armenpflege sicherzustellen und die öffentliche Fürsorge tunlichst auf die Anstaltspflege einzuschränken sucht. Es ist dies die Bewegung, die in der Betätigung der Charity Organisation Societies ihren charakteristischen Ausdruck gefunden hat. Diese Gesellschaften verfolgen den hauptsächlichen Zweck, zwischen den am Ort bestehenden Unternehmungen der privaten Armenpflege eine fortlaufende Verbindung herzustellen, die Aktion dieser Armenpflege tunlichst zu zentralisieren, eine Prüfung des Bedürfnisses der einzelnen Unterstützungssuchenden und eine sorgfältige Erwägung der Mittel, durch welche ihnen geholfen werden kann, sicherzustellen, endlich die hiernach für erforderlich und zweckentsprechend erachtete Hilfe in erster Linie zu vermitteln und nötigenfalls – wenigstens gilt dies von den Gesellschaften Englands – selbst zu gewähren. Der Verwendung von Kräften aus der Einwohnerschaft bieten sie im einzelnen Fall einen weiten Spielraum dar. Die Einrichtungen der öffentlichen Armenpflege haben allerdings auch hier einen vorbildlichen Einfluß dahin geübt, daß in vielen jener Gesellschaften den dem Kreis der Vereinsmitglieder entnommenen Kräften für die Armenbesuche besoldete Agenten zur Seite gestellt, letzteren auch wohl diese Besuche ganz überlassen werden; besonders häufig geschieht dies seitens der in England bestehenden Gesellschaften, während in Amerika den aus

[17] Grafschaften, überlokale Verwaltungseinheit.

den Vereinsmitgliedern berufenen Armenbesuchern eine ausgedehntere und selbständigere Wirksamkeit eingeräumt zu sein pflegt. Es braucht nicht hinzugefügt zu werden, daß unter diesen aus den Kreisen der Einwohnerschaft für den Dienst der Armenpflege gewonnenen Kräften die weiblichen, zumal in Amerika, ein umfangreiches Kontingent bilden.

Während hiernach in England und Amerika die Reaktion gegen die in der öffentlichen Armenpflege hervorgetretenen Mißstände sich im wesentlichen im Bereich der privaten Organisation vollzieht, ist in Deutschland das Streben in erster Linie dahin gerichtet gewesen, die erforderliche Verbesserung durch Reformen in den Einrichtungen der öffentlichen Armenpflege herbeizuführen; es ist vor allem versucht worden, der Armenverwaltung eine dieselbe zu individualisierender Handhabung des Unterstützungswesens befähigende Organisation zu geben. Hierdurch ist es gelungen, der offenen Armenpflege im Bereich der öffentlichen Fürsorge eine nicht nur bedeutende, sondern sogar die weitaus vorwaltende Stellung zu erhalten. Diese Entwicklung wurde dadurch begünstigt, daß in Deutschland einer im Vergleich zu England enger bemessenen Aufgabe ein für die Zwecke der individualisierenden Ausübung leistungsfähigerer Verwaltungsapparat gegenüberstand.

Wenn auch im Prinzip die rechtliche Fürsorgepflicht in Deutschland auch arbeitsfähige Hilfsbedürftige mitumfaßt, so ist doch tatsächlich die Aktion der öffentlichen Armenpflege fast überall auf die Versorgung von ganz oder teilweise arbeitsunfähigen Armen eingeschränkt geblieben; soweit die Gewährung von Hilfe an arbeitsfähige Arme erforderlich wurde, ist sie der Regel nach durch außerhalb des Bereichs der eigentlichen Armenpflege liegende Veranstaltungen geleistet worden. Die tatsächlich in dieser Weise eingeschränkte Fürsorgepflicht ruht nun [...] kraft des Reichsgesetzes vom 6. Juni 1870[18] und des bayerischen Gesetzes vom 29. April 1869[19] in ganz Deutschland, ausgenommen Elsaß-Lothringen, im Prinzip auf den Ortsgemeinden; so ungleich dieselben auch in ihrer administrativen und finanziellen Leistungsfähigkeit sind, so haben sie doch das gemeinsam, daß ihr Wirkungskreis die verschiedenen Richtungen des örtlichen Gemeinlebens in sich begreift; ebenso ist ihnen gemeinsam, daß die Besorgung ihrer Verwaltung großenteils durch Kräfte der Selbstverwaltung stattfindet; namentlich in betreff der kleinen und ländlichen Gemeinden ist dies fast ausnahmslos der Fall; auf der Spannkraft, welche hierdurch in dem administrativen Leben der Gemeinde erhalten wird, beruht es, daß sie für eine individualisierende Handhabung der öffentlichen Armenpflege besonders befähigt erscheinen. Die auf diesen Zweig der Verwaltung bezüglichen Befugnisse werden in den ländlichen Gemeinden meist durch den aus der Wahl der Gemeinde hervorgehenden Ortsvorstand ausgeübt; der Vermittlung von zwischen diesem und der Einwohnerschaft stehenden Organen bedarf es der Regel nach nicht, da in solchen kleineren Gemeinden alle Verhältnisse mehr oder weniger notorisch sind und der Ortsvorstand daher aus eigener Kenntnis der Sachlage und der Persönlichkeiten zu handeln in der Lage ist; jedenfalls gelangen in der Behandlung der Unterstützungsfälle durch denselben die restriktiven Gesichtspunkte zu voller Geltung, und wird hierdurch die Gefahr einer über das Bedürfnis hinausgehenden oder gar verschwenderischen Anweisung von Unterstützungen nahezu ausgeschlossen; ein auf laxer

---

[18] Gesetz über den Unterstützungswohnsitz vom 6.6.1870 (Nr. 78 Bd. 7, 1. Halbband, der I. Abteilung dieser Quellensammlung).

[19] Gesetz, die öffentliche Armen- und Krankenpflege betreffend, vom 29.4.1869 (Nr. 194 Bd. 7, 2. Halbband, der I. Abteilung dieser Quellensammlung).

Praxis beruhendes Anschwellen der Armenlast, wie solches vor der Reform in den englischen Parishes statthatte, findet sich daher in den ländlichen Gemeinden im allgemeinen nicht. Anders liegt es in den Städten, zumal den mittleren und größeren. Hier entzieht vermöge der Weite des Kreises, wie ihn die Gemeinde umfaßt, das Detail der einzelnen Fälle sich der Regel nach der unmittelbaren Kenntnis der leitenden Stelle, so daß zur Gewinnung der nötigen Information besondere Zwischenorgane erforderlich sind; auch diese haben jedoch in der Erledigung ihrer diesbezüglichen Aufgabe nicht selten mit Schwierigkeiten zu kämpfen; in der Tat hat es denn auch an Fällen nicht gefehlt, in denen zufolge der unzureichenden Art, in welcher die Prüfung der einzelnen Armenfälle stattfand, die Armenlast unverhältnismäßige Dimensionen erreichte. Diesen Übelständen gegenüber bot jedoch die städtische Organisation selbst das Heilmittel dar. Ein Grundzug dieser Organisation ist es, daß, während an der Leitung der Verwaltung das Element der berufsmäßigen und besoldeten Beamten in erheblicher und oft vorwaltender Weise beteiligt ist, zu den Funktionen der Ausführung und Kontrolle der Verwaltung in den einzelnen Stadtbezirken Kräfte aus der Bürgerschaft herangezogen werden, welche diese Geschäfte zufolge allgemeiner staatsrechtlicher Verpflichtung ehrenamtlich und demnach ohne Besoldung zu besorgen haben. Es ist das Verdienst der preußischen Städteordnung vom 14. Nov[ember] 1808[20] [recte: 19. November], des großen Werkes des unvergeßlichen Ministers vom Stein[21], die Entwicklung zuerst in diesen Weg geleitet und insbesondere auch im Bereich der Armenverwaltung dem Gedanken eine entsprechende Anwendung gegeben zu haben. Nach den Vorschriften derselben ruht die Leitung der Armenpflege in jeder Stadt in der Hand der sogenannten Armendirektion, eines Kollegiums, das sich aus dem Bürgermeister und anderen Magistratsmitgliedern, Stadtverordneten, Bürgern, gegebenenfalls auch Geistlichen und Ärzten zusammensetzt; „unter dieser Leitungsbehörde“, heißt es daselbst, „wird die Verwaltung des Armenwesens lediglich durch Kommissionen der Bürgerschaft besorgt und die Stadt zu dem Ende in angemessene Armenbezirke geteilt“; „die in die Kommission gewählten Stadtverordneten und Bürger sind schuldig, in ihren Bezirken die Armen auszumitteln und ihren Zustand zu untersuchen, ihnen insgesamt aber liegt in Ansehung sämtlicher Armer der Stadt die Sorge für Unterhalt, Krankenpflege, Beschäftigung und Erziehung nebst Unterricht ob; das ganze Armenwesen wird also den Händen der Bürgerschaft, ihrem Gemeinsinn und der Wohltätigkeit der Stadteinwohner anvertraut“.[22] Der Inhalt dieser Bestimmungen nahm demnächst in die Städteverfassungen auch anderer deutscher Länder seinen Weg; er bildet die Grundlage derjenigen Einrichtung, welche zuerst im Jahre 1852 in der Stadt Elberfeld ins Leben gerufen, demnächst unter dem Namen des Elberfelder Systems Berühmtheit erlangt hat. Anlaß bot auch hier die durch mangelhafte Prüfung der Bedürftigkeit verursachte Steigerung der Armenlast; leitend war das Bestreben, eine Untersuchung und Kontrolle der einzelnen Fälle zu sichern, welche es ermöglichte, den Nichtbedürftigen zurückzuweisen, dem Bedürftigen aber ausreichende und angemessene Hilfe zu

[20] Ordnung für sämmtliche Städte der Preußischen Monarchie mit dazu gehöriger Instruktion, behufs der Geschäftsführung der Stadt-Verordneten bei ihren ordnungsmäßigen Versammlungen vom 19.11.1808 (Sammlung der für die Königlichen Preußischen Staaten erschienenen Gesetze und Verordnungen von 1806 bis zum 27sten Oktober 1810, S. 324).

[21] Karl Freiherr vom und zum Stein (1757-1831), preußischer Staatsmann, 1807-1808 Staatsminister.

[22] Ordnung für sämmtliche Städte der Preußischen Monarchie (wie Anm. 20), § 179 c.

gewähren. Das Wesentliche der Neuerung besteht vor allem in der Vervielfältigung der in der Armenverwaltung tätigen bürgerschaftlichen Kräfte: Die Zahl der mit der Prüfung der einzelnen Armenfälle betrauten Personen – Pfleger – wird dergestalt vermehrt, daß auf jeden nur eine verhältnismäßig geringe Zahl von Armen entfällt und er hierdurch jedem einzelnen Fall eine individualisierende Behandlung zuteil werden zu lassen in die Lage gebracht wird; gegenüber einem allzugroßen Hervortreten der individuellen Auffassung des einzelnen Pflegers besteht das Korrektiv darin, daß die Bewilligung der Unterstützungen, gewisse Ausnahmen abgerechnet, grundsätzlich nur durch Beschlußnahme der Bezirkskommission stattfindet, ein Kollegium, in welches die dem Bezirk angehörigen Pfleger unter dem Vorsitz des Bezirksvorstehers vereinigt sind. Betreffs der Regelung des Verhältnisses dieser Kommissionen zu dem leitenden Organ, dem Kollegium der städtischen Armenverwaltung, ist der Gesichtspunkt maßgebend, daß zwar die Kommissionen in ihrem selbständigen Handeln möglichst wenig beschränkt werden, die Einheit der Grundsätze aber doch gewahrt bleibt. Die mit dieser Einrichtung erzielten sehr günstigen Ergebnisse haben ihr den Weg in die große Mehrzahl der mittleren und größeren Städte Deutschlands geebnet, selbstverständlich mit erheblichen, je der Lage der Verhältnisse in den verschiedenen Städten entsprechenden Abwandlungen im einzelnen, wie denn ja überhaupt jenes sogenannte System nur ein Prinzip bezeichnet, das je nach dem Angebot der Kräfte, welche es vorfindet, stufenweiser Durchführung fähig ist und seine nützlichen Wirkungen überall hervorbringen kann, wo dem Pflegeramt eine würdige und verantwortliche Stellung gewahrt bleibt; eine Entwertung der Einrichtung enthalten dagegen die zum Glück bisher seltenen Ausnahmefälle, in denen Gemeinden teils aus kommunalfiskalischen Rücksichten, teils aus Mißtrauen gegen das Element der Selbstverwaltung oder aus Schonung der in der Einwohnerschaft sich geltend machenden Bequemlichkeitsinteressen die in jenem Amt tätigen bürgerlichen Kräfte unter die Kontrolle besoldeter Unterbeamten gestellt haben. Was an Fortschritten in der Handhabung des Unterstützungswesens der größeren Städte erreicht worden ist, beruht größtenteils auf der Anwendung und dem Ausbau jenes Prinzips; indem durch dasselbe weite Kreise der Bürgerschaft und eine Fülle brauchbarer Kräfte in den Bereich und die Interessen der Armenverwaltung hereingezogen wurden, ist die letztere zu einer Schule des Gemeinsinns und der pflichtgetreuen Wahrnehmung öffentlicher Funktionen um so mehr geworden, als gerade das Armenwesen einer derjenigen Zweige der Verwaltung ist, die von den politischen Strömungen bisher am wenigsten berührt wurden und in denen die Gewohnheit rein sachlicher Handhabung sich in besonders hohem Grade erhalten hat. Dem Ganzen der städtischen Gemeindeverwaltung ist diese Heranbildung von Kräften für den Dienst derselben vielfach zugute gekommen.

Die Aussichten einer gedeihlichen Fortentwicklung des Armenwesens der deutschen Städte werden daher auch in der Zukunft wesentlich darauf beruhen, daß das Elberfelder System in der Anwendung, wo möglich, noch verallgemeinert, daß es der Mannigfaltigkeit der Verhältnisse entsprechend weitergebildet und den Wandlungen in den Bedürfnissen der Armenverwaltung angepaßt werde. Daß hierbei manche Schwierigkeiten zu überwinden sein werden, liegt auf der Hand. Eine solche ist beispielsweise durch den Charakter gegeben, welchen die bauliche Entwicklung vieler großer Städte annimmt; in denselben tritt nach dem Vorgang Englands und Amerikas immer häufiger die Tendenz der Trennung der Wohnbezirke für die verschiedenen Klassen der Bevölkerung bzw. der verschiedenen Erwerbszweige zutage;

es werden Handels- und Industrie-, Arbeiter- und Luxusviertel geschieden; durch diese in sozialpolitischer Hinsicht beklagenswerte Absonderung werden die auf persönlicher Bekanntschaft und unmittelbarem Verkehr beruhenden Beziehungen zwischen den wohlhabenderen und ärmeren Klassen gemindert; auch die Ausübung des Amts wird durch die Entfernungen zwischen den Wohnungen wesentlich erschwert. Als eine nicht minder erhebliche ist die Anforderung zu veranschlagen, welche durch die aller Wahrscheinlichkeit nach bevorstehende Verschiebung im Umfang und der Richtung des Fürsorgebedürfnisses an die Entwicklung gestellt werden wird. Einesteils wird nämlich dies Bedürfnis der Fürsorge durch die wachsende Ausdehnung der Arbeiterversicherung offenbar eine Einschränkung erfahren, wenn auch das Maß derselben sich einer auch nur annähernd genauen Feststellung entzieht und vor einer Überschätzung der auf diesem Weg sich vorbereitenden Entlastung gewarnt werden muß; es läßt sich schon jetzt als gewiß betrachten, daß die von der Arbeiterversicherung berührten Bevölkerungskreise mit denen, welche von den Leistungen der Armenpflege Gebrauch machen, großenteils auseinanderfallen.[23] Auf der andern Seite aber erwächst eine Erweiterung der Last für die städtischen Armenverwaltungen aus dem zunehmenden Andrang der vermögenslosen Bevölkerungsklassen nach den größeren Städten und dem immer unständigeren und abspringenderen Charakter, den die Produktion infolge des raschen Wechsels der Herstellungsmethoden und der Absatzkonjunkturen annimmt. Dieser Wechsel verursacht, daß die vorübergehende Arbeitslosigkeit unter den Ursachen der Armut eine wachsende Bedeutung erhält. Wenn, wie vorstehend erwähnt worden, das Funktionieren des Apparats der städtischen Armenpflege häufig darin eine Erleichterung fand, daß die Wirksamkeit desselben sich vielfach auf arbeitsunfähige Arme beschränken konnte, so wird diese günstige Voraussetzung für die Zukunft weit weniger zutreffen; es bleibt daher die Aufgabe übrig, die Fürsorge für zeitweilig Arbeitslose, betreffs deren es in Deutschland noch nicht zu festen Formen gekommen ist, in sachgemäßer Weise an das System anzuschließen.[24] Die Frage dieser Fürsorge auch für arbeitsfähige Arme, mit welcher die englische Armenpflege sich vom Anbeginn der Entwicklung an befaßt hat, gehört daher in Deutschland zu denen, welche eine abschließende grundsätzliche Lösung noch nicht gefunden haben; die vielfach planlosen und unvermittelt nebeneinanderstehenden Versuche, wie sie von öffentlichen Verwaltungen bzw. von Vereinen ausgehen, drängen immer mehr auf solche Lösung hin.

Auch in der Armenpflege der Städte ist daher noch breiter Raum für die Entfaltung einer Reformtätigkeit vorhanden; noch weit mehr ist dies jedoch auf dem Lande der Fall. In den Städten ist durch die Anwendung des Elberfelder Systems vielfach neben einer eingehenden Kontrolle der einzelnen Armenfälle und der Abwehr unbegründeter Ansprüche auch eine hinreichend intensive Betätigung der Armenpflege gesichert worden; anders auf dem Lande, wo die mangelhafte Leistungsfähigkeit vieler Gemeinden, verbunden mit dem zu nahen Interesse, welches die einzelnen Organe an einer möglichst restriktiven Handhabung haben, die gewährte Hilfe nur zu oft eine unzureichende und hinter dem durch das Bedürfnis geforderten Maß weit zurückbleibende ist. Hier ist die Abhilfe meist in der Richtung einer stärkeren Heranziehung der größeren Verbände gesucht worden, indem diesen teils einzelne Zweige der Armenpflege übertragen, teils Beiträge zu den Kosten der örtlichen Armenpflege auferlegt wurden; auch sind in zahlreichen Fällen Leistungen der bezügli-

---

[23] Vgl. Nr. 13, Nr. 36, Nr. 45 und Nr. 52.

[24] Vgl. Nr. 18, Nr. 28, Nr. 38, Nr. 41, Nr. 83 und Nr. 104.

chen Art von ihnen freiwillig übernommen worden. Die betreffenden Versuche liegen durchgehends im Bereich der Gesetzgebung der einzelnen Länder bzw. der Autonomie der in Betracht kommenden Verbände; schon hierin ist es begründet, daß sie in Ansehung der zur Anwendung gebrachten Grundsätze und Methoden weit auseinandergehen. Eine weitere Klärung der Grundsätze ist auch auf diesem Gebiet vonnöten. Die Übertragung der gesamten Armenpflege auf dem Lande auf größere, je aus einer Anzahl von Gemeinden und Gütern zu bildende Armenverbände, wie sie von manchen Seiten ins Auge gefaßt ist, findet in der Eigenart des deutschen Gemeindewesens manche Hindernisse und würde in jedem Fall den Nachteil haben, daß das Armenwesen von seinen bisherigen engen Beziehungen zu den übrigen Zweigen der örtlichen Verwaltung losgelöst würde und die zur Zeit gesicherte zusammenfassende Handhabung der verschiedenen Verwaltungstätigkeiten eine Durchbrechung erführe. Daß in Armenverbänden dieser Art eine Organisation nach dem Muster des Elberfelder Systems mit Erfolg würde eingeführt werden können, ist zu bezweifeln, da eine der wesentlichsten Voraussetzungen des ersteren: die Möglichkeit einer wirksamen Kontrolle des einzelnen Pflegers durch die kollegialische Mitwirkung anderer, ebenfalls mit den Verhältnissen vertrauter Pfleger in Verbänden, die sich aus einer Anzahl von Gemeinden zusammensetzten, nicht herzustellen wäre.

Eine der in Deutschland vorhandene ähnliche, wenn auch nicht völlig gleichartige, ist die Lage der Dinge in Österreich[25] und der deutschen Schweiz. In beiden Ländern ist die Sicherstellung einer individualisierenden öffentlichen Armenpflege nach den Gesichtspunkten des Elberfelder Systems eine auch in den größeren Städten weniger allgemeine als in Deutschland, indem erst in neuester Zeit beachtenswerte Ansätze in dieser Richtung erfolgt sind; in der Schweiz war es vor allem die durch Vereinigung der Vororte mit Zürich hervorgerufene Neugestaltung der Verwaltung dieser Stadt, die ja einem bisher allerdings noch nicht zum Abschluß gelangten Vorgehen in dieser Richtung Anlaß gegeben hat. [...]

Von den zur Zeit zu einem gewissen Abschluß gelangten Organisationen, wie sie die Entwicklung des Armenwesens in Deutschland hervorgebracht hat, ist hiernach jene als das Elberfelder System bekannte Einrichtung offenbar diejenige, welche, wenn auch in ihrer Anwendung zunächst auf größere und mittlere Städte beschränkt, das im Verhältnis größte Maß allgemeiner Anerkennung gefunden und die meisten Aussichten auf Erweiterung ihres räumlichen Geltungsbereichs für sich hat. Die Frage der Übertragung auf andere Länder, namentlich England und Amerika, ist in neuerer Zeit öfter studiert worden. Diese Übertragung wird durch die mit der Charity Organisation begonnene Entwicklung nicht ersetzt; wenn auch diese insoweit auf dem gleichen Prinzip ruht, als sie ebenfalls die in der Nation vorhandenen Kräfte in möglichster Ausdehnung zu freiwilligem Dienst in der individualisierend ausgeübten Armenpflege heranziehen will, so ist doch die Bedeutung dieser Inanspruchnahme, je nachdem sie im Gebiet der öffentlichen oder der privaten Armenpflege erfolgt, nicht dieselbe. Einmal wird ihre Durchführung, wenn sie auf das letztere Gebiet beschränkt wird, immer

---

[25] Zu diesem Zeitpunkt war das „Elberfelder System" in den österreichischen Städten Reichenberg, Trautenau und Wiener Neustadt eingeführt, weitere Städte, darunter Salzburg, bereiteten die Einführung gerade vor (vgl. die Ausführungen von Reitzensteins auf der Jahresversammlung des Deutschen Vereins 1893: Stenographischer Bericht über die Verhandlungen der dreizehnten Jahresversammlung des deutschen Vereins für Armenpflege und Wohlthätigkeit am 25. und 26. Mai 1893 in Görlitz [Schriften des deutschen Vereins für Armenpflege und Wohlthätigkeit, Heft 17], Leipzig 1893, S. 8).

eine je nach den Anschauungen der leitenden Personen und den zeitweiligen Stimmungen der maßgebenden Bevölkerungskreise mehr oder weniger flukturierende bleiben, während sie auf ersterem Gebiet, wo sie an die kommunale Organisation sich anlehnt und wo ihr in der Verpflichtung der Bürger, sich den Anforderungen des betreffenden Dienstes zu unterziehen, eine dauerhaftere Grundlage gegeben werden kann, zu ständigeren Bildungen zu führen vermag. Eine zweite wesentliche Verschiedenheit liegt darin, daß die Verlegung der Entwicklung in das Gebiet der privaten Armenpflege zu einer für die Städte und das platte Land verschiedenen Abgrenzung des Wirkungskreises der öffentlichen Armenpflege führen muß, denn auf dem Lande werden Organisationen der privaten Armenpflege in der entsprechenden Ausdehnung und Allgemeinheit nicht hervorzurufen sein; sofern daher das Bestehen solcher Organisationen in den Städten es ermöglicht, den vorzugsweise auf individualisierende Ausübung angewiesenen Teil der Armenfürsorge, d.h. im wesentlichen die offene Armenpflege, der privaten Betätigung zu überlassen, läßt sich der gleiche Fall auf dem Lande nicht hervorbringen; in dieser Verschiedenheit der Bemessung des Wirkungskreises der öffentlichen Armenpflege muß aber für die Weiterentwicklung derselben ein nicht gering anzuschlagendes Hindernis liegen; es hat daher den Vorzug, daß jene individualisierende Ausübung der Armenpflege im Bereich der öffentlichen Armenpflege selbst gesichert werden kann; sich anschließende entsprechende Organisationen der privaten Armenpflege werden damit keineswegs überflüssig. [...] *Aussichten und Hindernisse einer Übertragung des Elberfelder Systems auf die amerikanischen Städte.*

Nr. 24

1893 Oktober 30

Protokoll[1] über die Verhandlungen einer Kommission des Magistrats der Stadt Frankfurt am Main mit Vertretern des Frankfurter Gewerkschaftskartells[2]

Niederschrift

[Es besteht Uneinigkeit, ob der Errichtung eines paritätischen Arbeitsamts eine statistische Erhebung des Standes der Arbeitslosigkeit vorausgehen solle; die Vertreter der Gewerkschaften fordern eine solche Erhebung, die Vertreter der Stadt halten sie für überflüssig]

Der Herr Oberbürgermeister[3] heißt die Vertreter der Gewerkschaften willkommen. Dem Magistrat, der sich noch in vorbereitenden Beratungen über die Zweckmäßigkeit der Errichtung eines städtischen Arbeitsamts befinde, sei es erwünscht, zu

---

1 Institut für Stadtgeschichte Frankfurt am Main Magistratsakte T 183, n. fol. Protokollant war Dr. Heinrich Bleicher, Vorsteher des Statistischen Amts der Stadt Frankfurt a. M. Anwesend waren von seiten des Magistrats: Oberbürgermeister Dr. Franz Adickes und die Stadträte Dr. Karl Flesch, Dr. Stephan Alexander Matti, Johann Daniel Mouson; von seiten der Gewerkschaften: Schuhmacher Romanus Göller, Buchdrucker Heinrich Klinkel, Jurist Dr. Max Quarck, Tapezierer Gustav Rothenburger, Mechaniker Michael Sporrer und Steindrucker Wilhelm Trompeter.

2 Das „Frankfurter Gewerkschaftskartell" war am 19.10.1892 als Zusammenschluß von zunächst 22 gewerkschaftlichen Fachvereinen entstanden.

3 Dr. Franz Adickes (1846-1915), Jurist, seit 1890 Oberbürgermeister von Frankfurt a. M.

erfahren, was bei den Arbeitern in dieser Richtung für zweckmäßig und möglich angesehen wird. Man hoffe aufgrund der praktischen Erfahrungen der Arbeiter mancherlei wertvolle Aufschlüsse zu gewinnen.

Wenn das Gewerkschaftskartell nun 1. die Errichtung eines städtischen Arbeitsamts, 2. die vorgängige Erhebung einer Arbeitslosenstatistik beantragt habe,[4] so scheine der letzte Punkt durch den Verlauf des kürzlich dahier stattgehabten sozialen Kongresses[5] wohl hinfällig geworden, da allseitig die Unzuverlässigkeit derartiger Erhebungen anerkannt sei.[6] Vielmehr wäre späterhin eine planmäßige statistische Erforschung des gesamten Arbeitsmarktes auf Grundlage des zu schaffenden Arbeitsnachweises anzustreben. Es dürfte sich also heute zunächst darum handeln, zu erörtern, in welcher Weise der Arbeitsnachweis mit Rücksicht auf die Frankfurter Verhältnisse am zweckmäßigsten zu organisieren sei.

Herr Trompeter[7] heißt es im Interesse der Arbeiter und Behörden gelegen, wenn festgestellt würde, wieviel Arbeitslose vorhanden sind, wieweit man sie unterbringen könne, wie diejenigen, welche arbeitslos bleiben, zu unterstützen seien? Diese Erhebung müsse der Errichtung eines Arbeitsamts vorausgehen. Auch Herr Göller[8] heißt eine solche zur tatsächlichen Begründung des Arbeitsamts und zur Beeinflussung der öffentlichen Meinung von Nutzen. Trotzdem der Herr Oberbürgermeister nunmehr erklärt, daß die Stadtverwaltung von dem Vorhandensein mancher Mißstände überzeugt sei und somit einer weiteren Belehrung durch eine Arbeitslosenstatistik nicht mehr bedürfe, vielmehr praktisch vorzugehen gesonnen sei, entspinnt sich über diese Frage noch eine sehr lange Debatte, in welcher die Vertreter der Gewerkschaften stets von neuem die Erhebung einer Arbeitslosenstatistik fordern.

Herr Dr. Quarck[9] meint, daß man das Maximum der Beschäftigungslosen, welches durch das Arbeitsamt nie werde vermittelt werden können, zu erfahren suchen müsse und daß auch in dem Gutachten des Statistischen Amts[10] eingeräumt sei, daß

---

4 Eingabe des Vertrauensmanns des Gewerkschaftskartells Wilhelm Trompeter an den Magistrat der Stadt Frankfurt vom 15.9.1893 (Institut für Stadtgeschichte Frankfurt a. M. Magistratsakten T 182 Bd.1, n. fol.).

5 Arbeitslosigkeit und Arbeitsvermittlung in den Industrie- und Handelsstädten. Bericht über den am 8. und 9. Oktober 1893 vom Freien Deutschen Hochstift zu Frankfurt am Main veranstalteten sozialen Kongreß, Berlin 1894.

6 Vgl. Ernst Hirschberg, Erhebungen über Arbeitslosigkeit, in: ebenda, S. 44-68.

7 Wilhelm Trompeter (1853-nach 1903), Steindrucker in Frankfurt a. M., seit 1892 Vertrauensmann des Frankfurter Gewerkschaftskartells.

8 Romanus Göller (1866-1953), Schuhmacher in Frankfurt a. M.

9 Dr. Max Quarck (1860-1930), Jurist und Volkswirtschaftler in Frankfurt a. M., Journalist und Mitbegründer der „Blätter für Soziale Praxis".

10 Gutachten des Leiters des Statistischen Amtes Dr. Heinrich Bleicher für Oberbürgermeister Dr. Franz Adickes vom 10.7.1893 (Institut für Stadtgeschichte Frankfurt a. M. Magistratsakten T 182 Bd.1, n. fol.). Bleicher hatte es für wenig ratsam gehalten, daß die statistische Erhebung zur Arbeitslosigkeit, wie vom Gewerkschaftskartell in einer Eingabe an den Magistrat vom 24.4.1893 vorgeschlagen (ebenda, n. fol.), von diesem zwar durchgeführt, von der Stadt aber finanziert werden sollte, ohne daß die Stadt hinreichend Einfluß auf die Durchführung besessen hätte. Dr. Bleicher hatte ferner methodische Bedenken geltend gemacht. Der Begriff der „Arbeitslosigkeit" sei schwierig zu definieren, außerdem werde bei einer rein örtlichen Erhebung die Möglichkeit des überörtlichen Ausgleichs auf dem Arbeitsmarkt nicht hinreichend beachtet. Der Magistrat hatte im Sinne dieses Gutachtens zu einer Eingabe des Gewerkschaftskartells vom 24.4.1893 Stellung genommen (Magistratsbeschluß vom 8.8.1893: Institut für Stadtgeschichte Frankfurt a. M. Magistratsakten T 182 Bd.1, n. fol.).

die vollständige Nutzlosigkeit einer derartigen Erhebung nicht ohne weiteres behauptet werden könne.

Herr Dr. Bleicher[11] erwidert, daß das Ergebnis einer solchen Momentaufnahme ein außerordentlich zufälliges sein müsse und daher die Zahl der ermittelten Arbeitslosen weder einen Schluß auf die künftige Tätigkeit des Arbeitsamts gestatte noch ausreichend sein werde, um diejenigen Personen herausfinden zu lassen, welche bei Notstandsarbeiten in erster Linie zu berücksichtigen wären.

In der weiteren Diskussion erwartet demgegenüber Herr Sporrer auch von einer erstmaligen Erhebung durch die Stadt in Verbindung mit den Gewerkschaften genaue Resultate und hält die letzteren für sehr wertvoll für die Armenpflege. (Herr Stadtrat Flesch: Nein!) Herr Rothenburger[12] verspricht sich von der Arbeitslosenstatistik Einwirkung auf das Verhältnis von Angebot und Nachfrage; das Publikum werde für die Abkürzung der Arbeitszeit Verständnis erhalten; Herr Klinkel[13] erklärt, daß man der Errichtung eines Arbeitsamts sehr sympathisch gegenüberstehe, aber zuvörderst eine Arbeitslosenstatistik fordere, die nicht viel kosten würde, da die Arbeiter selbst als Zähler fungieren würden; Herr Göller meint, daß ein Anfang gemacht werden müsse, und Herr Dr. Quarck glaubt, daß der Magistrat zu optimistisch über das im Winter herrschende Elend denke. Letzteres müsse aufgedeckt werden; daß die Übelstände dadurch nicht abgeschafft würden, wüßten die Arbeiter sehr wohl. In das Statut des Arbeitsamts müsse eine Bestimmung, wonach dasselbe alljährlich eine Arbeitslosenstatistik zu erheben habe. Die Erhebung, welche die Arbeiter zunächst vorschlagen, solle möglichst einfach vor sich gehen: Die Arbeitslosen sind in ihren Wohnungen bzw. Schlafstellen aufzusuchen, nachdem vorher eine amtliche Bekanntmachung erschienen ist. Die Gewerkschaften erbieten sich, die Zähler umsonst zu stellen; vor Veröffentlichung der Ergebnisse solle eine Beratung stattfinden.

Andererseits erwähnt u. a. der Herr Oberbürgermeister, daß der Errichtung eines Arbeitsamts selbstverständlich statistische Erhebungen über die damaligen Zustände in der Arbeitsvermittlung vorausgehen würden, daß aber darüber, welche Art von Arbeit die Städte beschaffen können, keine Ermittlungen nötig seien, denn es werde ja allerwärts behauptet, daß für gelernte Arbeiter nur die Organisationen der Arbeiter selbst zuständig seien. Im übrigen hätten die Gewerkschaften dem Magistrat, der für eine zwecklose Statistik kein Geld bewilligen könne, anderweite Vorschläge über die Ermittlung der Arbeitslosen nicht gemacht. Solche würden geprüft werden; Herr Stadtrat Flesch hebt u. a. gleichfalls hervor, daß die kompetente Behörde für Beschaffung einer Arbeitslosenstatistik, gegen deren Erhebung er im übrigen sich so sehr nicht sträube, eben das Arbeitsamt, ja erst geschaffen werden müsse, wie kürzlich auch in Mainz[14] betont worden sei. Übrigens hätten sich die Arbeiter im Jahre 1889 von den diesbezüg-

---

[11] Dr. Heinrich Bleicher (1861-1928), seit 1890 Vorsteher des Statistischen Amts der Stadt Frankfurt a. M.

[12] Gustav Rothenburger, Tapezierer in Frankfurt a. M.

[13] Heinrich Klinkel (1857-1925), Buchdrucker in Frankfurt a. M.

[14] Protokoll über die Sitzung des Gewerbegerichts der Stadt Mainz vom 30.10.1893 sowie Gutachten des Gerichts betr. die Eingaben des Vereins selbständiger Gewerbetreibender und des Mainzer Gewerkschaftskartells wegen Errichtung eines städtischen Arbeitsamts zu Mainz, S. 5 (Institut für Stadtgeschichte Frankfurt a. M. Magistratsakten T 182 Bd. 1, n. fol.; vgl. auch: Arbeitslosigkeit und Arbeitsvermittlung in den Industrie- und Handelsstädten. Bericht über den am 8. und 9. Oktober 1893 vom Freien Deutschen Hochstift zu Frankfurt am Main veranstalteten sozialen Kongreß, Berlin 1894, S. 211-217).

lichen Bestrebungen des Magistrats ferngehalten;[15] Herr Stadtrat Matti[16] findet, daß eine mehrere Jahre hindurch fortgesetzte Arbeitslosenstatistik weiter gehende Fragen zu behandeln hätte als die Organisation eines Arbeitsnachweises; Herr Stadtrat Mouson[17] hat sich überzeugt, daß für die Erhebung einer Arbeitslosenstatistik ein anderer Zweck als der, die Arbeiterbewegung im allgemeinen zu fördern, nicht habe geltend gemacht werden können. Diese Fragen aber habe der Staat zu lösen.

Im Laufe der Diskussion wird auch die Frage der Notstandsarbeiten gestreift, bezüglich derselben erklären die Vertreter der Arbeiter und Herr Stadtrat Flesch, daß nur diejenigen Personen sich melden würden, welche ohne jeden Rückhalt sind; die Notstandarbeiten seien überhaupt ohne besonderen Erfolg, dazu – erklären speziell die Arbeiter – wäre die Errichtung von Fabriken nötig.

Der Herr Oberbürgermeister weist darauf hin, daß die Organisation von Werkstätten nicht Sache des Magistrats sein könne. Der Gegenstand wird verlassen, nachdem der Herr Oberbürgermeister erklärt hat, daß man über die Ansichten der Arbeiter genügend informiert sei; letzteres habe man bezwecken wollen.

Bezüglich der praktischen Organisation des Arbeitsnachweises richtet der Herr Oberbürgermeister an die Vertreter der Arbeiter das Ersuchen, darzulegen, worin die Mängel des jetzigen Systems bestehen und auf welche Weise Abhilfe geschehen könne, endlich welcher Unterschied dabei bezüglich der gelernten und ungelernten Arbeiter vorhanden sei.

Herr Trompeter teilt mit, daß der Arbeitsnachweis bei sämtlichen Gewerkschaften organisiert sei, die ungelernten Arbeiter und Dienstboten jedoch ohne einen solchen bestehen müßten. Bei Errichtung eines städtischen Arbeitsnachweises werde jener der Gewerkschaften zunächst fortbestehen bleiben, mit Vergnügen aber später, wenn die Überzeugung gewonnen sei, daß die städtische Einrichtung die Vermittlung richtig besorge, aufgegeben werden. Zur Zeit wenden sich die Prinzipale nicht an die Gewerkschaften, wenigstens nicht, soweit es sich um Großbetriebe behandelt; nötigenfalls werde die Inserierung vorgezogen. Es sei daher von Wichtigkeit, daß ein städtisches Amt errichtet werde. Insbesondere erheischen dies auch die Mißstände bei den Dienstboten und Kellnern. Die funktionierenden Beamten (1 männlich und 1 weiblich) wären durch die aus dem Gewerbegericht[18] gewählte Kommission unter Vorbehalt der Bestätigung durch den Magistrat zu bestellen. Letzterer habe alle Kosten zu tragen, da, wie bei den Gewerkschaften, keine Gebühren erhoben werden dürften. In ähnlichem Sinne sprechen sich Herr Klinkel und Sporrer aus;

---

[15] Unter Federführung von Oberbürgermeister Dr. Johannes Miquel und Stadtrat Dr. Karl Flesch waren in Frankfurt 1889/1890 Überlegungen angestellt worden, in Anlehnung an das paritätisch besetzte Gewerbegericht – und von diesem beaufsichtigt – einen Arbeitsnachweis auf gleichfalls paritätischer Grundlage zu errichten. Die Gewerkschaften hatten zu diesen Plänen jedoch eine reservierte Haltung eingenommen (einen Überblick über die Entwicklung der Bemühungen des Magistrats, einen Arbeitsnachweis zu errichten, gibt der Bericht des Magistrats an die Stadtverordneten-Versammlung, die Verwaltung und den Stand der Gemeinde-Angelegenheiten 1895/96 betreffend, Frankfurt a.M. o.J., S. 566-572).

[16] Dr. Stephan Alexander Matti (1839-1914), Jurist, 1869-1882 Stadtverordneter, seit 1882 besoldeter Stadtrat und Dezernent für Arbeiterangelegenheiten in Frankfurt a.M.

[17] Johann Daniel Mouson (1839-1909), Kaufmann, seit 1891 unbesoldeter Stadtrat in Frankfurt a.M.

[18] Zum Frankfurter Gewerbegericht als paritätisch besetzter Schlichtungsinstanz für Arbeitskonflikte vgl. Nr. 58 Bd. 4 der II. Abteilung dieser Quellensammlung.

Herr Klinkel weist dabei im Verlauf der Debatte noch darauf hin, daß zwar der städtische Arbeitsnachweis anfangs Mißtrauen erregen, sich aber, wenn er unentgeltlich erfolge, allmählich heben werde. Das Arbeitsamt müsse auch Verkehr mit der Umgebung suchen.

Herr Sporrer bestätigt im besonderen, daß der Arbeitsnachweis der Gewerkschaften vom Unternehmertum nicht benützt werde und durch das in Schwung geratene „Umschauen" der Lohn gedrückt werde. Die privaten Stellenvermittlungsbüros würden bei Einrichtung eines unentgeltlichen städtischen Nachweises alle verschwinden.

Herr Göller führt im speziellen bezüglich der Schuhmacher näher aus, daß die Umschau vielfach mit einem Probestück in der Hand gehalten werde. In den Fabriken seien wegen der herrschenden Arbeitsteilung vielfach auch ungelernte Arbeiter beschäftigt.

Herr Dr. Quarck weist noch darauf hin, daß durch eine Zentralisation des Arbeitsnachweises die Übersichtlichkeit gefördert und die Möglichkeit geschaffen werde, zu beurteilen, wie die verschiedenen Berufe ineinandergreifen. Solange die Stellenvermittlung nicht aus dem Niveau des Gelderwerbs herausgehoben werde, sei sie ohne Erfolg, sie müsse eine gemeinnützige Einrichtung sein; denn in dem Augenblick, wo der Arbeiter eine Stelle suche, sei er gewöhnlich aller Mittel bar.

Der Herr Oberbürgermeister fragt zu Eingang der Debatte, ob wohl Hoffnung vorhanden sei, daß die Kellner einen derartigen Nachweis benützen würden. Auch müsse bezüglich der Dienstboten darauf hingewiesen werden, daß hierorts doch nützlich wirkende Privatvereine bestünden.

Herr Stadtrat Flesch hebt hervor, daß bei den Kellnern die interlokale Vermittlung sehr gut funktioniere, aber es würden für kurze Bemühungen hohe Gebühren erhoben. Herr Sporrer bespricht die Übelstände bei der Dienstbotenvermittlung; die Stellesuchenden würden vielfach ausgesogen und dann erst untergebracht.

Herr Stadtrat Mouson bezweifelt, daß die Hausfrauen die Vermittlung des Arbeitsamts angehen würden; die Herren Trompeter und Klinkel meinen, dies würde doch der Fall sein, insbesondere aber sei die Einrichtung einer weiblichen Abteilung wegen der Fabrikarbeiterinnen dringend erwünscht. Bei Unentgeltlichkeit würden sich die Unternehmer gerne dahin wenden.

Herr Stadtrat Matti wünscht gleichfalls, daß die Mißstände, wie sie sicher bezüglich der Kellner und Dienstboten bestünden, aufgehoben werden könnten. Bezüglich der ersteren aber komme in Betracht, daß die Vermittlung sich vielfach auf Aushilfspersonen beziehen müsse, bezüglich der letzteren sei kein Bedürfnis nach neuen Vermittlungsstellen. Der Erfolg werde hier kein großer sein. Im Anfang könne es sich für das städtische Amt wohl nur um ungelernte Arbeiter handeln. Die Wirkung der Unentgeltlichkeit werde wohl überschätzt, wie aufgrund der Erfahrungen in Belgien und Frankreich nachzuweisen sei. Er sei unter Umständen für Wegfall der Vermittlungsgebühr; aber jedenfalls müsse eine Einschreibgebühr verlangt werden, schon damit die Tätigkeit des Arbeitsamts gewürdigt werde; die Hälfte der Gebühr könne jeweils bei Erstattung der Anzeige über erhaltene Arbeit zurückvergütet werden.

Der Herr Oberbürgermeister stellt im Laufe der Diskussion verschiedene Fragen, welche jeweils kurz beantwortet werden, darunter: Wie hoch sich die Kosten der gewerblichen Vermittlung bei den Gewerkschaften belaufen? Antwort: Ohne Belang, durch die laufenden Beiträge gedeckt. Inwiefern bei den Gewerkschaften der Arbeitsnachweis interlokal sei? Antwort: Der Nachweis ist für jede Stadt getrennt eingerichtet und wird von der Verwaltung der Reise- und Konditionslosenkasse[19] geboten; die interlokale Vermittlung spielt ebenso wie in England keine Rolle. (Herr Stadtrat Matti hält diesen nicht für erfolgreich; Herr Stadtrat Flesch erklärt, die Einrichtung im Frankensteiner Hof[20] sei auch von auswärts benützt worden; Herr Oberbürgermeister weist kurz auf die starke Fluktuation der Bevölkerung hin.) Ob auch die Erhebung einer sehr kleinen Gebühr schädlich wirke? Antwort: Unbedingt! Warum die Organisation im Anschluß an das Gewerbegericht gefordert werde? Antwort: Die Beisitzer des letzteren genössen, weil aus der Wahl aller Arbeitgeber und Arbeiter hervorgegangen, beiderseitiges Zutrauen; das werde auch der Fall sein bei den von diesen Beisitzern gewählten Kommissionsmitgliedern des Arbeitsamts.

Die Herren Sporrer und Trompeter weisen noch darauf hin, daß eine Stadt den Anfang machen müsse, damit später eine interlokale Arbeitsvermittlung sich entwikkeln könne. Die Hauptsache sei, daß die Organisation leicht und bequem arbeite, billige Benachrichtigungskarten zur Verfügung stelle u[nd] d[er]gl[eichen] mehr.

Der Herr Oberbürgermeister weist nochmals darauf hin, daß noch statistische Erhebungen angeordnet werden würden, und faßt das Resultat der Verhandlungen zusammen: Die Arbeiter halten die Einrichtung eines lokalen Arbeitsamts, aus welchem der interlokale Arbeitsnachweis sich allmählich entwickeln könne, für ein Bedürfnis. Der Organisation sollen Vertreter der Arbeitgeber und Arbeiter angehören und diese im Anschluß an das Gewerbegericht gewählt werden. Die Vermittlung soll unentgeltlich sein, namentlich damit sie auch von den Unternehmern benützt werde.

Bezüglich der Frage, wieweit die heutigen Verhandlungen in der Öffentlichkeit diskutiert werden sollen, müsse es dem Takt der Vertreter der Gewerkschaften anheimgegeben werden, zu entscheiden, ob eine eventuelle Polemik weiteren Verhandlungen schade. Auf weiteres Befragen erklärt der Herr Oberbürgermeister, daß nach Beendigung der geplanten Erhebungen und nach Anhörung von Arbeitgebern sowie anderen Arbeitervertretern wohl weitere gemeinsame Beratungen stattfinden würden.

Schluß ¾ 11 Uhr.[21]

---

[19] Konditionslosenkasse war ein wenig gebräuchlicher Begriff für Arbeitslosenkasse.

[20] Das städtische Anwesen des Frankensteinerhofs hatte aufgrund eines Beschlusses des Magistrats von 1891 als Treffpunkt und Aufenthaltsort für stellensuchende Arbeiter, insbesondere ungelernte und landwirtschaftliche, dienen sollen. Hier konnten Arbeitgeber offene Stellen bekanntgeben und Arbeitskräfte suchen. Zugleich war auf dem Anwesen eine Volksküche eingerichtet worden. Da die Arbeiterschaft eine vielfach ablehnende Haltung einnahm und die neue Einrichtung ihre Funktion als Arbeitsplatzbörse nicht mit dem erwarteten Erfolg ausüben konnte, wurde das Gebäude 1893 einer anderen Bestimmung zugeführt.

[21] Für die weitere Entwicklung vgl. Nr. 26.

Nr. 25

1893 November 11

Denkschrift[1] des Vorstehers des Statistischen Amts Dr. Heinrich Bleicher für den Magistrat der Stadt Frankfurt am Main

Reinschrift

[Es besteht insbesondere für ungelernte Arbeiter ein Bedürfnis nach einem städtischen Arbeitsnachweis]

Bemerkungen über die Arbeitsvermittlung in der Stadt Frankfurt a. M.

Die Bestrebungen, Angebot und Nachfrage an Arbeitskräften in die richtige Berührung zu bringen, haben zu Veranstaltungen geführt, welche teils vom gemeinnützigen, event[uel]l auch karitativen Standpunkt aus, teils als gewerbsmäßige Unternehmungen die Vermittlung zwischen stellesuchenden Personen und Arbeitgebern aller Art besorgen wollen. Denn die Selbsthilfe des interessierten Individuums (durch persönliches Bemühen oder Benützung öffentlicher Blätter) reicht unter den gegebenen ökonomischen Verhältnissen im allgemeinen, namentlich in den größeren Städten, nicht aus, und die von größeren Interessenvertretungen der Arbeitgeber oder Arbeiter ins Leben gerufenen Organisationen versagen zumeist aus anderen Gründen in ihrer Wirkung (vgl. hierzu auch v. Reitzenstein im Handwörterbuch der Staatswissenschaften,[2] S. 731 ff.).

In jüngster Zeit wird insbesondere der Ruf nach einer öffentlichen Regelung des Arbeitsnachweises, zum mindesten nach einer Mitwirkung der öffentlichen Behörden bei Schaffung derartiger Institute, stets von neuem mit Nachdruck wiederholt. Es wird nun Aufgabe dieser kurzen Schilderung sein, zu prüfen, inwieweit hierorts ein tatsächliches Bedürfnis nach solchen Veranstaltungen nachgewiesen erscheint. Es darf noch kurz vorausgeschickt werden, daß der Sinn jedweder lokalen Einrichtung für Arbeitsvermittlung kein anderer sein kann als der, zu bewirken, daß Angebot und Nachfrage am gleichen Ort, soweit möglich und soweit die entsprechenden beiderseitigen Anforderungen sich decken, sich auch finden, dagegen wird jeder Erfolg solcher Veranstaltungen im bezug auf Unterbringung überschüssiger oder Beschaffung nicht vorhandener Arbeitskräfte von einer allmählichen Entwicklung eines interlokalen Arbeitsnachweises abhängig sein.

Wir lassen diese Frage – inwieweit nämlich lokale oder weitere Verbände umfassende Organisationen ins Leben zu rufen seien – hier ganz außer Betracht und fragen nur nach der am hiesigen Ort bestehenden Gelegenheit, sich über den Stand des Arbeitsmarktes zu orientieren.

Wir werden finden, daß hierorts die auf den Wege privater gemeinnütziger Tätigkeit für den Arbeitsnachweis geschaffenen Einrichtungen nur einem ganz bestimm-

---

[1] Institut für Stadtgeschichte Frankfurt am Main Magistratsakten T 198 Bd. 1, n. fol. Anlage 3 zum Bericht der Kommission des Magistrats der Stadt Frankfurt am Main zur Prüfung der Frage betr(effend) Errichtung eines städtischen Arbeitsamtes vom 20. November 1893 (Nr. 26).

[2] Friedrich Freiherr von Reitzenstein, Arbeitsnachweis und Arbeitsbörsen, in: Johannes Conrad u. a. (Hrsg.), Handwörterbuch der Staatswissenschaften, Bd. 1, Jena 1890, S. 731-742.

ten und sehr beschränkten Kreis zugute kommen, während in anderen Großstädten: Berlin[3], Breslau, Stuttgart[4] usw. bereits seit längerem wenigstens Anfänge auf dem Gebiet des zentralisierten Arbeitsnachweises zu verzeichnen sind.

Was nun aber zunächst die von Seite der gewerblichen Organisationen der Arbeitgeber und Arbeiter besorgten Arbeitsnachweise anlangt, so befassen sich mit diesen in hiesiger Stadt 12 Innungen und 26 Gewerkschaften. Näheres hierüber ist aus der Beilage 1[5] zu ersehen. Um über den Umfang dieser gewerblichen Arbeitsvermittlung gleichwie aller übrigen derartigen, aber wenig zahlreichen Institutionen regelmäßig orientiert zu sein, hat nämlich bereits die „Gesellschaft für Wohlfahrtseinrichtungen"[6] auf Veranlassung des Herrn Stadtrats Dr. Flesch, als Vorsitzenden des Gewerbegerichtes, im Mai d. J. die der Beilage angebogenen Formulare[7] zur Ausgabe gelangen lassen, die Mitwirkung der beteiligten Kreise jedoch nur wenige Monate hindurch und nur sehr unvollständig erfahren, weshalb über das Resultat dieser Umfragen hier nichts Näheres berichtet werden kann. Nur soviel scheint aus dem bruchstückweise gesammelten Material hervorzugehen, daß die betr[effenden] Arbeitsnachweise, von bestimmten Gewerben abgesehen, einerseits vorzugsweise von auswärtigen oder durchreisenden Gesellen in Anspruch genommen

3 In Berlin war 1883 von Vertretern von Industrie und Handel der Zentralverein für Arbeitsnachweis gegründet worden, der jeweils ein Büro für männliche und weibliche Arbeitsuchende unterhielt. Vorsitzender war seit 1890 Dr. Richard Freund. Die Vermittlungstätigkeit erfolgte für Mitglieder gebührenfrei, während bei Nichtmitgliedern Gebühren erhoben wurden. Die Zahl der durch den Arbeitsnachweis besetzten Stellen betrug 1892 7552 für männliche, 998 für weibliche Arbeitsuchende. Der Arbeitsnachweis diente vornehmlich ungelernten Arbeitern, dem Zentralverein gliederten sich jedoch seit 1894 auch separate Facharbeiternachweise an. Die Stadt gewährte dem Zentralverein seit 1891 einen jährlichen Zuschuß. Einen städtischen Arbeitsnachweis gab es in Berlin nicht, um 1890 indes rund 200 einzelne Arbeitsnachweise verschiedenster Art. Der Magistrat verzichtete darauf, eine Zentralisierung der Arbeitsvermittlung über einen städtischen Arbeitsnachweis zu versuchen, wie dies die Berliner Gewerkschaftskommission 1893 gefordert hatte.

4 In Stuttgart hatte der Vorsitzende des Gewerbegerichts Ernst Lautenschlager 1893 einen vielbeachteten Vorschlag zur Gründung eines städtischen Arbeitsnachweises unterbreitet, der von einer paritätisch besetzten Kommission geleitet werden sollte. Die Mitglieder sollten jeweils zur Hälfte von den Arbeiter- und den Arbeitgebervertretern unter den Beisitzern des Gewerbegerichts aus ihrer Mitte gewählt werden; der Vorsitzende der Kommission sollte der Vorsitzende des Gewerbegerichts sein (Gewerbegericht Stuttgart: Anträge zur Errichtung eines städtischen Arbeitsamtes in Stuttgart, in: Arbeitslosigkeit und Arbeitsvermittlung in Industrie- und Handelsstädten. Bericht über den am 8. und 9. Oktober 1893 vom Freien Deutschen Hochstift zu Frankfurt am Main veranstalteten sozialen Kongreß, Berlin 1894, S. 198-211).

5 Rundschreiben des Geschäftsführers der Gesellschaft für Wohlfahrtseinrichtungen Dr. Nathanael Brückner an die Verwaltungen der Arbeitsnachweise vom Mai 1893 (Institut für Stadtgeschichte Frankfurt a. M. Magistratsakten T 198 Bd.1, n. fol.).

6 Die Gesellschaft für Wohlfahrtseinrichtungen war 1891 als Aktiengesellschaft gegründet worden. Ihr Zweck sollte nach dem Statut in der Förderung und Schaffung von Einrichtungen und Anstalten liegen, die dem wirtschaftlich schwachen Teil der Bevölkerung Erleichterung in der Lebensführung bereiteten. Konkret widmete sie sich vor allem der Volksernährung und errichtete eine Anzahl von Speiseanstalten.

7 Rundschreiben des Geschäftsführers der Gesellschaft für Wohlfahrtseinrichtungen Dr. Nathanael Brückner an die Verwaltungen der Arbeitsnachweise vom Mai 1893 (mit Formularentwurf) (Institut für Stadtgeschichte Frankfurt a. M. Magistratsakten T 198 Bd.1, n. fol.).

werden, andererseits auch unter den anfragenden Meistern ein großer Prozentsatz auswärtiger sich befindet. Über die Zahl der tatsächlich vermittelten Stellen waren Angaben in dieser Umfrage nicht erbeten; jedenfalls steht aber fest, daß die genannten Arbeitsnachweise nicht die gesamte gewerbliche Arbeitsvermittlung am Ort in der Hand haben. Gelegentlich einer informatorischen Besprechung[8] mit den Delegierten der Gewerkschaften konnte man auch hören, daß hier wie allerwärts die von den Vereinigungen der Meister gebotenen Nachweise von Seite der Arbeiter und die Arbeitsnachweise der letzteren von Seite der Meister überhaupt nicht benützt werden, und zwar lediglich aus Mangel an gegenseitigem Vertrauen. Diese Tatsache ist insofern von Bedeutung, als von Seite der Arbeiter, welche die Errichtung eines städtischen Arbeitsamts unter Zuziehung von Arbeitgebern und Arbeitern beantragen,[9] die Absicht der Gewerkschaften betont wird, ihren Arbeitsnachweis aufzugeben, wenn der öffentliche unentgeltlich gewährt und sich das Zutrauen der beteiligten Kreise erworben haben wird. Bezüglich der gelernten Arbeiter würde also die Bedürfnisfrage von letzterem Gesichtspunkt aus zu beurteilen sein und nicht von der Frage aus, ob für diese Kategorien überhaupt die Möglichkeit eines Arbeitsnachweises in hiesiger Stadt geboten ist oder nicht. Die Sache liegt aber bezüglich der gelernten Arbeiter auch noch in anderer Beziehung weniger einfach, als für den ersten Augenblick erscheinen möchte. Da bei den besseren Arbeitern das Zustandekommen eines Arbeitsvertrags sehr häufig von der genauen Kenntnis der Qualifikation des Arbeiters abhängen wird, und letztere durch ein allgemeines Arbeitsnachweisbüro kaum in allen Fällen vermittelt werden kann, so werden hier Annoncierung und nachfolgende Vorlage von Zeugnissen, da, wo eine Vermittlung durch persönliche Bemühung oder Fachgenossen nicht gefunden werden kann, stets an erster Stelle beliebt sein. Dies gilt, um nur ein gewichtiges Beispiel zu nennen, auch im Buchdruckergewerbe, welches bekanntlich die besten Fachorganisationen aufzuweisen hat und bei welchem die interlokale Arbeitsvermittlung naturgemäß eine sehr wichtige Rolle spielt. Nach Auskunft einer hiesigen, auf dem Gebiet der betr. Arbeiterverhältnisse sehr bewanderten und auch gemeinnützig wirkenden Firma wird infolge der gegensätzlichen Stellung von Prinzipalen und Gehilfen weder der Nachweis der Prinzipale noch des Fachverbands der Arbeiter ausgiebig benützt, dagegen der Weg der Annonce in einer unabhängigen Fachzeitung, dem „Allgemeinen Anzeiger für Druckereien", gewählt (vgl. Beilage 2[10]). Ja, der unentgeltliche private Arbeitsnachweis, welchen die betr. Firma aufgrund des ihr zu Gebote stehenden Materials mit Aufwand erheblicher Mühe und lediglich aus Allgemeininteresse eingerichtet hat, wird weder von Prinzipalen noch Gehilfen beachtet.

Gerade bezüglich der Nachfrage nach besseren Arbeitern macht man ganz allgemein die Bemerkung, daß diejenigen, welche Stellen zu vergeben haben, den Weg

---

[8] Nr. 24.

[9] Das Frankfurter Gewerkschaftskartell hatte im September 1893 seine Position in der Frage des städtischen Arbeitsamts revidiert und am 15.9.1893 seine Bereitschaft erklärt, mit dem Magistrat in Verhandlungen über die Errichtung eines städtischen Arbeitsamts einzutreten. In Vorbereitung dazu sollte eine Arbeitslosenzählung stattfinden (Eingabe des Vertrauensmanns des Frankfurter Gewerkschaftskartells Wilhelm Trompeter an den Magistrat vom 15.9.1893: Institut für Stadtgeschichte Frankfurt a.M. Magistratsakten T 182 Bd.1, n.fol.).

[10] Allgemeiner Anzeiger für Druckereien Nr. 42 vom 19.10.1893, S. 846-850 (Institut für Stadtgeschichte Frankfurt a.M. Magistratsakten T 198 Bd.1, n.fol.).

der Anzeige in öffentlichen Blättern wählen. Es scheint eben vielfach durch die „Umschau" der Arbeiter oder sonstige persönliche Vermittlung dem Bedürfnis nach Qualitätsarbeitern in dem Sinne, daß gerade die in ihren Anforderungen sich deckenden Angebote und Nachfragen sich finden, nicht genügend entsprochen zu werden. Eine probeweise Auszählung der in hiesigen Lokalblättern enthaltenen Stellengesuche und Stellenangebote hat ergeben, daß die letzteren, also die Fälle, wo Arbeiter gesucht werden, weitaus überwiegen, daß ferner bezüglich der ungelernten Arbeiter die Nachfrage eine geringere ist als bezüglich der gelernten. Ein auffallender Gegensatz scheint noch bezüglich der Dienstboten und übrigen weiblichen Personen zu bestehen; die ersteren werden in den Zeitungen weit häufiger gesucht als sie sich anbieten; besseres Hauspersonal einerseits und Berufsarbeiterinnen andererseits scheinen dagegen in viel ausgedehnterem Maße auf den Weg der Inserierung angewiesen zu sein. Natürlich steht es dahin, ob diese Beobachtungen allgemeine Gültigkeit haben; es ist aber doch wichtig, beiläufig zu wissen, daß bei den weiblichen Personen, abgesehen von den Dienstboten, allerdings das Bedürfnis nach einer billigen oder unentgeltlichen Stellenvermittlung bestehen muß, während bezüglich der männlichen gelernten Arbeiter eine solche Einrichtung wesentlich den Unternehmern zugute kommen würde, wenn sie dieselbe überhaupt benützen. Die geringere Benützung des Annoncenwesens durch die ungelernten Arbeiter wird von diesen durch ihre Mittellosigkeit motiviert; man überzeugt sich allerdings auch alltäglich bei Ausgabe der Lokalblätter, daß eine große Menge von Arbeitern auf die zum Angebot gelangenden Stellen wartet.

Die gewerbsmäßige Vermittlung erstreckt sich zumeist auf das Hotel- und Gasthofspersonal, die Dienstboten und die Handlungsgehilfen. Wir finden in den hiesigen Adreßbüchern 20–30 Stellenvermittlungsbüros für kaufmännisches und Hotelpersonal, desgleichen zwischen 40 und 50 solcher für Gesindeverdingung. Bezüglich dieser Privatbüros liegen erhebliche Klagen über die Ausnützung der stellesuchenden Personen vor. Inwiefern ein allgemeiner Arbeitsnachweis – der allerdings gerade in erster Linie ganz anderen Kategorien von Arbeitern, für welche eine Vermittlung bisher überhaupt nicht besteht, zugute kommen würde – diesen Übelständen abzuhelfen geeignet wäre, kann nicht im voraus überblickt werden. Denn bezüglich der Kellner erfährt man, daß die Arbeitsvermittlung, da es sich vielfach um eine Aushilfstätigkeit für besondere Gelegenheiten handelt, einen ganz eigenartigen Charakter trägt; bezüglich der Dienstboten ist, wie wir gleich sehen werden, die gemeinnützige Tätigkeit von Vereinen am Ort sehr ausgedehnt, und bezüglich des kaufmännischen Personals gilt wohl im allgemeinen das, was oben über gelernte Arbeiter überhaupt gesagt ist. Auch die Ausführungen in dem Jahresbericht[11] des hiesigen kaufmännischen Vereins über den Erfolg seiner Stellenvermittlung (1892: 2 067 Besetzungen von Gehilfenstellen bei 7 278 Bewerbungen und 4 172 Nachfragen der Prinzipale) weisen darauf hin, daß der Verein nicht ohne umständliches Einziehen von Erkundigungen bei seiner Vermittlung zuwege gehen darf (vgl. Beilage 3[12]).

---

11 Der Frankfurter Kaufmännische Verein war 1865 gegründet worden; er hatte sich der Hebung und Verbreitung der kaufmännischen Kenntnisse und des genossenschaftlichen Sinnes unter den Mitgliedern widmen wollen. Neben den Vertretern der großen Handelshäuser zählte er auch zahlreiche mittlere und kleinere Kaufleute zu seinen Mitgliedern.

12 Jahresbericht des Vorstandes des Kaufmännischen Vereins zu Frankfurt a. M. über das 28. Vereins-Jahr. 1. Januar bis 31. Dezember 1892 (Beilage zur Kaufmännischen Presse Nr. 146

Was sodann die gemeinnützige Tätigkeit in hiesiger Stadt anlangt, so kommen nach Brückner[13] („Die öffentliche und private Fürsorge", II. Heft, Besonderer Teil,[14] S. 102 ff.) folgende Anstalten für Stellenvermittlung in Betracht:

1. die Herberge zur Heimat[15], welche für die reisenden Handwerksburschen, Arbeiter und Tagelöhner einen Arbeitsnachweis in der Art unterhält, daß die Meister, welche Gesellen pp. suchen, für eine Anmeldung 5 Pf. zahlen und, soweit sie nicht direkt verhandeln, etwaige Bewerber zugeschickt erhalten; im ganzen sollen jährlich ca. 2 500 Stellen, namentlich für Schuhmacher, Schneider und Schreiner vermittelt werden. Diese Vermittlung ist natürlich für die hier ansässigen Arbeiter ohne Bedeutung;

2. eine Reihe von Stellenvermittlungen für Dienstboten oder weibliche Personen, welche vorübergehend Beschäftigung suchen. Unter diesen vermittelt der „Verein zum Wohl der dienenden Klasse"[16] (Zweiginstitut der polytechnischen Gesellschaft[17]) alljährlich bei je 3 000 beiderseitigen Anmeldungen ca. 1 300 Stellen; die Einschreibegebühren betragen für Dienstboten 20 Pf., für Herrschaften 50 Pf.; die Vermittlungsgebühren je nach dem Lohn 1–3 bzw. 2–4 Mark. Sodann werden durch die Stellenvermittlung des „Marthahauses"[18] bei einer jährlichen Nachfrage von ca. 3 300 Hausfrauen und einem Herbergeverkehr von 1 300 Dienstmädchen ca. 600–700 Stellen an diese ohne besondere Gebühren vermittelt; 200–300 dieser Herbergsgäste erhalten solche durch eigene Bemühung. Die Stellenvermittlung des „Heimathauses für Mädchen"[19] (jährlich ca. 1 000) geschieht gegen Entgelt von 50 Pf. bis 1 M. für Dienstboten, von 2 M. für Herrschaften. Im übrigen verschafft die „Anstalt zur Nachweisung von Arbeit", welche räumlich mit dem Logierhaus des Vereins zum Wohle der dienenden Klasse (dem sog[enannten] „Mädchenheim") verbunden ist, unbemittelten weiblichen Personen unentgeltliche Zuweisung einge-

---

vom 18.3.1893), S. 74 (Institut für Stadtgeschichte Frankfurt a. M. Magistratsakten T 198 Bd.1, n. fol.).

[13] Dr. Nathanael Brückner (1864-1943), Geschäftsführer des Instituts für Gemeinwohl in Frankfurt a. M., Redakteur der „Blätter für Soziale Praxis".

[14] Nathanael Brückner, Die öffentliche und private Fürsorge. Gemeinnützige Thätigkeit und Armenwesen mit besonderer Beziehung auf Frankfurt am Main, Heft 2: Fürsorge für selbständige Erwachsene, Frankfurt am Main 1893.

[15] In Herbergen zur Heimat wurde wandernden und arbeitsuchenden Gesellen gegen ein geringes Entgelt Unterkunft und Verpflegung gegeben, in der Regel nur für kurze Zeit.

[16] Der Verein zum Wohl der dienenden Klasse als Tochterorganisation der Polytechnischen Gesellschaft bestand seit 1852 als Nachfolgeorganisation des bereits 1835 gegründeten Instituts zur Beförderung der Sittlichkeit und des Wohlverhaltens der dienenden Klasse. Der Verein widmete sich der Fürsorge für stellenlose Dienstmädchen, für die er ein eigenes Asyl unterhielt.

[17] Die Polytechnische Gesellschaft war 1816 gegründet worden und hatte zunächst dem Zweck dienen sollen, den Frankfurter Bürgern Kenntnisse des technischen Fortschritts zu vermitteln. Sie hatte dann aber vor allem auch soziale Aufgaben in den Vordergrund gerückt, eine Sparkasse ins Leben gerufen, sich der Dienstmädchenvermittlung angenommen und eine Blindenanstalt errichtet.

[18] Das 1874/1875 errichtete evangelische Marthahaus sollte stellungslosen Mägden und Dienstboten eine Bleibe bieten. Neben einer Haushaltungsschule für Dienstmädchen bestand hier auch eine Herberge und Stellenvermittlung für Dienstboten.

[19] Das Heimathaus für Mädchen war 1890 eröffnet worden und bot insbesondere stellenlosen Dienstmädchen gegen geringes Entgelt eine Unterkunft, verbunden mit einer Stellenvermittlung.

hender Arbeitsbestellungen und dient so im wesentlichen jetzt nur noch für Wasch-, Putz- und Nähfrauen pp.

Auf diesem Gebiet, d. h. vor allem für Dienstboten, ist also an bestehenden Organisationen kein Mangel; es könnte nur die Frage erwogen werden, in welcher Weise die gemeinnützige Tätigkeit dem von einzelnen Seiten hervorgehobenen Ausbeutungssystem der Privatbüros besser die Spitze bieten kann.

Damit ist die Aufzählung des hier Bestehenden erschöpft. Man bemerkt sofort den Mangel eines geregelten Arbeitsnachweises gerade für jene Kategorien von Arbeitern, welche jeweils auch in der Zahl der „Arbeitslosen“ die Hauptrolle spielen, nämlich der ungelernten ständigen Arbeiter beiderlei Geschlechts, der Tagelöhner und der in ihrem Gewerbe minderqualifizierten Handwerker, mit welchen übrigens auch diejenigen auf einer Stufe stehen, welche in ihrem Gewerbe aus Mangel an Arbeit nicht beschäftigt werden können und vorübergehend anderweite Unterkunft suchen. Die Erfahrungen in anderen Städten zeigen, wie die Benützung der zentralisierten Arbeitsnachweise zum weitaus überwiegenden Teil gerade durch jene Elemente, ungelernte Arbeiter, Lauf- und Arbeitsburschen, Hausdiener und Kutscher, ferner Fabrikarbeiterinnen u[nd] dergl[eichen], erfolgt (vgl. z. B. Jahresbericht des Zentralvereins für Arbeitsnachweis in Berlin, Beilage 4[20]).

Bedenken wir, daß bei einer jährlichen Fluktuation der Bevölkerung unserer Stadt von je 40 000 an- und abziehenden Personen alljährlich neben 2 800 Kaufleuten, 2 500 Arbeiter ohne nähere Bezeichnung, desgl[eichen] 600 weibliche Arbeiterinnen dieser Art, ferner 1 700 männliche Personen für persönliche Dienstleistungen (neben 11 600 weiblichen Dienstboten) in Frage kommen – c[on]f[er] Beiträge zur Statistik der Stadt Frankfurt a. M., Neue Folge, 2. Heft,[21] S. 30 ff., sowie Tabelle 21 hieraus (Beilage 5[22]) –, so läßt sich allerdings ermessen, daß in diesem Sinne ein Bedürfnis für eine Arbeitsnachweisstelle besteht, ganz unabhängig von der Frage, ob diese auch von den gelernten Arbeitern und Dienstboten mit der Zeit benützt würde. Der bekanntlich an sich sehr große Stellenwechsel der arbeitenden Bevölkerung innerhalb des Stadtbezirks kommt dabei in den letztgenannten Zahlen noch gar nicht zum Ausdruck.

---

20 Centralverein für Arbeitsnachweis in Berlin: Geschäftsbericht für das Jahr 1892, S. 12 (Institut für Stadtgeschichte Frankfurt a. M. Magistratsakten T 198 Bd. 1, n. fol.).

21 Heinrich Bleicher, Die Bewegung der Bevölkerung im Jahre 1891, insbesondere Studien über die Wanderungen (Beiträge zur Statistik der Stadt Frankfurt am Main, N.F. Heft 2), Frankfurt a. M 1893.

22 Tabelle: Die im Laufe des Jahres 1891 zugezogenen Parteien nach Stand und Beruf (Institut für Stadtgeschichte Frankfurt a. M. Magistratsakten T 198 Bd. 1, n. fol.).

Nr. 26

1893 November 20

Bericht[1] einer Kommission des Magistrats der Stadt Frankfurt am Main an den Magistrat

Reinschrift

[Ein paritätisch organisierter städtischer Arbeitsnachweis ist für ungelernte Arbeiter ein Bedürfnis; strittig ist vor allem die Unentgeltlichkeit, für die sich eine Mehrheit ausspricht]

Die durch Magistratsbeschluß Nr. 1252 vom 29. September d. J.[2] eingesetzte Kommission zur Prüfung der Frage, ob ein städtisches Arbeitsamt zu errichten sei, hat zunächst Gelegenheit genommen, sich in einer längeren Sitzung[3], zu welcher die Delegierten des hiesigen Gewerkschaftskartells erschienen waren, eingehend über die Wünsche und Absichten der betreffenden Arbeiterkreise zu informieren, alsbald auch in geschlossener Sitzung über die Zweckmäßigkeit praktischer Maßnahmen weiterberaten.

Es mag vorausgeschickt werden, daß bereits vor mehreren Jahren von seiten des hiesigen Gewerbegerichts auf Veranlassung des damaligen Oberbürgermeisters[4] u. des Vorsitzenden des Gewerbegerichts[5] unter Vorwissen des Magistrats, Erhebungen über den Zustand des hiesigen Arbeitsmarkts angestellt und Anträge auf Errichtung eines unter Aufsicht des Gewerbegerichts stehenden städtischen Arbeitsamts vorbereitet waren, die indessen aus verschiedenen Gründen, namentlich wegen der ablehnenden Haltung der Arbeiterschaft, nicht zum Abschluß gelangten. Ebenso mag vorweg auf die Verhandlungen Bezug genommen werden, welche auf dem vom freien deutschen Hochstift veranstalteten sozialen Kongreß vom 8./9. Oktober d. J.[6] stattgefunden haben und über welche in den beiden anliegenden Blättern Bericht erstattet ist.

Die unterfertigte Kommission war sich nun einig darüber, daß wenigstens für die ungelernten Arbeiter beiderlei Geschlechts, und zwar zunächst ausschließlich der Dienstboten, die Einrichtung eines geregelten Arbeitsnachweises ein tatsächliches Bedürfnis sei, wie auch aus der Anlage, welche eine kurze Schilderung der hierorts bestehenden Verhältnisse versucht, ohne weiteres hervorgehen dürfte.

Die Kommission war ferner in ihrer überwiegenden Mehrheit der Ansicht, daß der Erfolg derartiger Maßnahmen, wie sie augenblicklich allerwärts gefordert werden, zwar an sich ein ungewisser sei, daß sich aber die Stadtverwaltung bemühen

---

1 Institut für Stadtgeschichte Frankfurt am Main Magistratsakten T 198 Bd.1, n. fol. Unterzeichnet von Oberbürgermeister Dr. Franz Adickes und den Stadträten Dr. Karl Flesch, Dr. Stephan Alexander Matti, Johann Daniel Mouson und Frédéric Parker Heineken.

2 Auszug aus dem Protokoll der Sitzung des Magistrats vom 29.9.1893 (Institut für Stadtgeschichte Frankfurt a. M. Magistratsakten T 183, n. fol.).

3 Vgl. Nr. 24.

4 Dr. Johannes Miquel war von 1880 bis 1890 Oberbürgermeister von Frankfurt a. M.

5 Dr. Karl Flesch war seit 1887 erster Vorsitzender des Frankfurter Gewerbegerichts.

6 Arbeitslosigkeit und Arbeitsvermittlung in Industrie- und Handelsstädten. Bericht über den am 8. und 9. Oktober 1893 vom Freien Deutschen Hochstift zu Frankfurt am Main veranstalteten sozialen Kongreß, Berlin 1894.

sollte, eine Arbeitsvermittlung unter Zuziehung von Arbeitgebern und Arbeitnehmern in irgendwelcher Form zu organisieren. Da jedoch über die besonders wichtige Frage, ob der zu schaffende Arbeitsnachweis nach dem Prinzip der Unentgeltlichkeit einzurichten sei oder nicht, eine Einigung im Schoß der Kommission nicht erzielt werden konnte, auch die Frage der Organisation als mit der ersteren sehr eng zusammenhängend befunden wurde, so dürfte es zweckmäßig sein, wenn der Magistrat zunächst über diese grundlegenden Bestimmungen Beschluß fassen wollte.

Während nämlich von einzelnen Mitgliedern der Kommission jedwede Unentgeltlichkeit des Arbeitsnachweises als im Prinzip verwerflich und die Einführung einer niedrigen Einschreibegebühr für die Arbeiter (etwa wie dermalen in Stuttgart 20 Pf., wovon die Hälfte bei Anzeige von der Übertragung einer Stelle zurückvergütet wird) als geboten bezeichnet wurde, war man auf anderer Seite der Meinung, daß die Einführung von Gebühren das Zustandekommen der geplanten Einrichtung geradezu gefährde, insbesondere aber, daß ohne die wenigstens vorläufige Gewährung der Gebührenlosigkeit jeder Mißerfolg von seiten der Arbeiter allein dieser Tatsache, unter Außerachtlassung aller etwaigen sonstigen Momente, zugeschrieben werden würde.[7]

Von einer Seite wurde der Ansicht Ausdruck gegeben, daß aus der zu schaffenden Anstalt für Arbeitsvermittlung demnächst ein städtisches Arbeitsamt im weiteren Sinne mit Notwendigkeit erwachsen müsse, welches sich mit allen die arbeitende Bevölkerung betreffenden Verhältnissen zu befassen hätte, während von anderer Seite dagegen die Meinung vertreten wurde, daß eine Bestimmung über weitere Zuständigkeit nicht zu treffen, vielmehr in dem betreffenden Statut der Wirkungskreis der zu schaffenden Organisation lediglich auf den Arbeitsnachweis zu beschränken sei.

Von einer Seite wurde gefragt, ob die Bedenken gegen die Unentgeltlichkeit etwa dadurch gehoben werden könnten, daß die Organisation in Gemeinschaft mit einem Verein oder einer Anstalt (etwa der Polytechnischen Gesellschaft[8]) versucht würde, eine Einrichtung, die gleichzeitig gestatten würde, auch andere als dem Gewerbegericht angehörige Kreise der Arbeitgeber und Arbeiter in die Verwaltung zu wählen. Von anderer Seite wurde hierauf erwidert, daß hierdurch die gegen die Unentgeltlichkeit erhobenen Bedenken nicht als beseitigt gelten könnten.

Nach Schluß der Diskussion wurde es für zweckmäßig erachtet, zunächst eine prinzipielle Stellungnahme des Magistrats herbeizuführen. Zu diesem Zweck wurden folgende Anträge gestellt:

1. ein städtisches Arbeitsamt mit Unentgeltlichkeit des Arbeitsnachweises und der Aufgabe zu errichten, Erhebungen über die Verhältnisse der Arbeiter im allgemeinen und insbesondere über die Zahl der Arbeitslosen anzustellen;

2. eine städtische Arbeitsnachweisstelle mit Unentgeltlichkeit, aber unter der (jedenfalls einstweiligen) Beschränkung auf die Aufgabe zu errichten;

3. eine städtische Arbeitsnachweisstelle unter Ausschluß der Unentgeltlichkeit und unter prinzipieller Beschränkung auf die Aufgabe des Arbeitsnachweises zu errichten;

---

7 Befürworter der Gebührenfreiheit war Stadtrat Dr. Karl Flesch, Gegner Stadtrat Dr. Alexander Matti (Protokoll der Sitzung der Magistratskommission vom 4.11.1893: Institut für Stadtgeschichte Frankfurt a. M. Magistratsakten T 183, n. fol.).

8 Vgl. Nr. 25 Anm. 17.

4. eine von anderer Seite zu errichtende Anstalt zu subventionieren.[9]

Es wurde dann zunächst über den weitgehendsten Antrag Nr. 1 abgestimmt, welcher mit 4 gegen 1 Stimme abgelehnt wurde, sodann über Antrag Nr. 2, welcher mit 3 gegen 2 Stimmen angenommen wurde, wodurch die übrigen Anträge ihre Erledigung fanden.

Die Kommission beantragt nunmehr, der Magistrat wolle prinzipiell darüber Beschluß fassen:

ob die Einrichtung eines städtischen Arbeitsnachweises für die hiesige Stadt mit Ausschluß von Gebührenerhebung in die Wege zu leiten sei.[10]

---

9 Antrag 1 ging auf Stadtrat Dr. Karl Flesch zurück, Antrag 2 auf Stadtrat Johann Daniel Mouson, Antrag 3 auf Stadtrat Dr. Alexander Matti, Antrag 4 auf Stadtrat Frédédric Parker Heineken (Protokoll der Sitzung der Magistratskommission vom 20.11.1893: Institut für Stadtgeschichte Frankfurt a. M. Magistratsakten T 183, n. fol.).

10 Der Magistrat der Stadt Frankfurt beschloß in seiner Sitzung vom 24.11.1893 in diesem Sinne, daß die Einrichtung eines gebührenfreien städtischen Arbeitsnachweises in die Wege zu leiten sei (Auszug aus dem Protokoll des Magistrats: Institut für Stadtgeschichte Frankfurt a. M. Magistratsakten T 183, n. fol.). Die Magistratskommission erarbeitete darauf den Entwurf eines entsprechenden Regulativs der städtischen Arbeitsnachweisstelle, das vom Magistrat am 11.5.1894 als Ortsstatut beschlossen wurde (Institut für Stadtgeschichte Frankfurt a. M. Magistratsakten T 183, n. fol.). Allerdings verweigerte der Bezirksausschuß des Regierungsbezirks Wiesbaden mit Beschluß vom 16.7.1894 dessen Genehmigung. Der Bezirksausschuß nahm Anstoß an § 11, nach dem die städtische Arbeitsvermittlungsstelle im Falle von Streiks oder Aussperrungen ihre Tätigkeit für die beteiligten Firmen oder Arbeitszweige einstellen sollte; auf einer solchen Bestimmung hatten gerade die Vertreter der Gewerkschaften in den Verhandlungen mit dem Magistrat beharrt gehabt. Der auf dem Beschwerdeweg vom Magistrat angerufene Provinzialrat der Provinz Hessen-Nassau bestätigte am 20.12.1894 den Beschluß des Bezirksausschusses, so daß die Stadtverordnetenversammlung am 15.1.1895 auf Antrag des Magistrats nun ein Ortsstatut ohne den strittigen Paragraphen verabschiedete (Institut für Stadtgeschichte Frankfurt a. M. Magistratsakten T 198 Bd. 1, n. fol.).

Nr. 27

1893 November 24

Schreiben[1] des Nürnberger Ersten Bürgermeisters Dr. Georg von Schuh[2] an den Stuttgarter Oberbürgermeister Emil von Rümelin[3]

Entwurf mit Abschrift eines ausgefüllten Fragebogens

[Beschreibung der Armenhäuser und des Obdachlosenasyls in Nürnberg]

In der Anlage beehren wir uns, den mit jenseitiger, verehrlicher Zuschrift vom 2. und 9. l[aufenden] M[ona]ts[4] anher mitgeteilten Fragebogen nach geschehener Beantwortung der einzelnen Fragen mit dem Beifügen ergebenst zurückzusenden, daß uns Pläne über die dahier vorhandenen Armenhäuser sowie über das hiesige Asyl für Obdachlose leider nicht zu Gebote stehen und daß auch Publikationen im Sinne der geschätzten Zuschrift vom 2. l[aufenden] M[ona]ts dahier bis jetzt nicht erfolgt sind.

Anlage

Fragebogen ausgegeben anläßlich Projektierung von Armenneubauten

1. Sind in der dortigen Stadt besondere Bauten vorhanden zur Unterbringung a) für Arme, b) für Obdachlose?	*In hiesiger Stadt sind 4 Armenhäuser zur Unterbringung von armen Personen mit zusammen 51 Zimmern, 1 Asyl für Obdachlose männlicher Personen.*
2. Für welche Zahl von Insassen sind die Bauten bemessen?	
a) Arme { männliche / weibliche / Familien } Einzelstehende?	*a) Die Armenhäuser können mit etwa 247 einzelnstehenden Personen oder sechzig Familien belegt werden.*
b) Obdachlose { männliche / weibliche / Familien } Einzelstehende?	*b) Das männliche Asyl für Obdachlose, welches 3 Schlafräume enthält, kann mit etwa 60 Personen belegt werden.*
3. Jahr der Erbauung fraglicher Anstalten?	*Unbestimmt, doch dürften die in Armenwohnungen umgewandelten Gebäude 150–200 Jahre alt sein.*
4. Sind die Armen und die Obdachlosen in getrennten Gebäuden untergebracht?	*Ja.*
5. Wieviel Raum ist für eine Familie vorgesehen? (ob 1 oder mehrere Räume und wie groß?)	*Richtet sich nach der Zahl der Familienmitglieder, in der Regel erhalten dieselben Zimmer und Kammer.*

1 Stadtarchiv Nürnberg C7/I Nr. 9749, n. fol.

2 Dr. Georg von Schuh (1846-1918), Jurist, seit 1892 Erster Bürgermeister von Nürnberg, zuvor Bürgermeister von Erlangen.

3 Emil von Rümelin (1846-1899), Nationalökonom, seit 1893 Oberbürgermeister von Stuttgart.

4 Der Stuttgarter Oberbürgermeister hatte in einem Schreiben an den Magistrat der Stadt Nürnberg vom 2.11.1893 um die Beantwortung des Fragebogens gebeten, da sich die Stadtgemeinde mit der Frage einer neu zu errichtenden Unterbringungsgelegenheit für die Armen und Obdachlosen befaßte (Stadtarchiv Nürnberg C7/I Nr.9749, n. fol.).

6. Sind für Kinder besondere Schlafräume vorhanden?	***Nein, dieselben teilen gemeinschaftlich die Wohnung mit ihren Eltern.***
7. Haben schulpflichtige und nicht schulpflichtige Kinder besondere Aufenthaltsräume?	***Nein.***
8. Müssen die Familien für ihren Unterhalt selbst Sorge tragen? Wenn bejaht: Sind für die Familien Einzelküchen oder gemeinschaftliche Küchen vorhanden?	***Ja, dieselben kochen gemeinschaftlich in den vorhandenen Küchen, und ist jeder Familie auf dem Kochherd eine abgeteilte Feuerstelle zur Benützung angewiesen.***
9. Ist die Heizung der Familienräume den Insassen überlassen?	***Ja, dieselben heizen ihre Zimmer selbst mit eigenem Brennmaterial.***
10. Welche Räume und Einrichtungen sind im Asyl für Obdachlose zur Reinigung der Insassen und ihrer Effekten vorhanden?	***1 Badezimmer für die Asylanten verbunden mit Reinigungszimmer ihrer Effekten.***
11. Sind in diesem Gebäude a) für Patienten, b) für [Patienten] mit ansteckender Krankheit, c) für [Patienten] mit Ungeziefer behaftete oder unsaubere Personen	 ***ad a) Nein.*** ***ad b) Nein.*** ***ad c) In dieselben werden in regelmäßigen Zwisch[en]räumen von 2–3 Wochen in den ad Nr. 10 genannten Räumen gereinigt.*** [sic!]

Absonderungsräume vorhanden?

Nr. 28

1894 Januar 17

Eingabe[1] einer Versammlung von Arbeitslosen an den Magistrat der Stadt Frankfurt am Main

Ausfertigung

[Forderung nach Errichtung von Wärmehallen, öffentliche Speisung der Arbeitslosen, Schaffung eines Asyls für Arbeitslose und Arbeitsbeschaffungsmaßnahmen]

In der am Montag, den 15. Januar 1894, stattgefundenen Arbeitslosenversammlung wurde ein Büro ernannt und dieses beauftragt, dem hochwohllöblichen Magistrat der Stadt Frankfurt a. M. eine von der Versammlung angenommene Resolution zu unterbreiten. Indem das Büro hiermit dieser Pflicht Genüge leistet, bittet dasselbe hochwohllöblichen Magistrat, die einzelnen Punkte bereits in nächster Sitzung, die,

[1] Institut für Stadtgeschichte Frankfurt am Main Magistratsakten T 182 Bd.1, n. fol. Unterzeichnet von Tapezierer Gustav Rothenburger, Maler Johannes Schmüser und Schneider Karl Zwerger.

wie wir inzwischen in Erfahrung brachten, am Freitag, den 19. d. M., stattfindet, zur Beratung zu ziehen, da eine nächste Versammlung der Arbeitslosen bereits auf kommenden Montag, den 22. Januar a[nni] c[urrentis], anberaumt ist und in dieser Versammlung Bericht über die Beschlüsse des hochwohllöblichen Magistrats erstattet werden soll.

Die Resolution lautet wie folgt:

„Die heutige öffentliche Arbeitslosenversammlung erklärt: Die Ursache der Arbeitslosigkeit und alle ihre Folgen liegen in der kapitalistischen Produktionsweise.“ Deshalb verlangen wir die Beseitigung derselben. – Solange aber die heutige Produktionsweise besteht, solange das arbeitende Volk durch das sich notwendig aus ihr ergebende Elend der Arbeitslosigkeit bedrückt wird, ist der Staat und die Gemeinde verpflichtet, Abhilfe zu schaffen.

Die vom Magistrat der Stadt Frankfurt getroffenen Vorkehrungen zur Beschäftigung der Arbeitslosen sind aber vollständig ungenügend. – Wir verlangen daher von der städtischen Verwaltung zur sofortigen Beseitigung der größten Not folgendes:

1. an mehreren Punkten der Stadt öffentliche Wärmehallen zu errichten,
2. wenigstens zweimal täglich unentgeltlich warme Speisen zu verabreichen,
3. Schaffung eines Asyls für Arbeitslose,
4. allen arbeitslosen Arbeitern und Arbeiterinnen Beschäftigung zu beschaffen oder denselben Unterstützung zu gewähren, daß sie nebst Familie davon leben können.
5. Zur Durchführung obiger Forderungen wird eine Kommission, zur Hälfte aus Arbeitern und zur Hälfte aus städtischen Beamten, verlangt.

Bei der Wichtigkeit der Sache wäre das unterzeichnete Büro besonders dankbar, wenn dasselbe vielleicht am kommenden Freitagabend um 5 Uhr bei Herrn Oberbürgermeister Adickes[2] von den gefaßten Beschlüssen des hochwohllöblichen Magistrats Kenntnis erhalten könnte.[3]

---

[2] Dr. Franz Adickes.

[3] Die Eingabe wurde in der Magistratssitzung vom 19.1.1894 verlesen; es wurde bei dieser Gelegenheit beschlossen, das Tiefbauamt mit der Beschäftigung von Arbeitslosen mit Steinklopf- und Erdbauarbeiten zu beauftragen. Überdies wurde eine Kommission zur Prüfung der Frage der Fürsorge für arbeitslose Personen eingesetzt (Institut für Stadtgeschichte Frankfurt a. M. Magistratsakten T 182 Bd.1, n. fol.). Vgl. dann Nr. 38.

Nr. 29

1894 Januar 20

Vossische Zeitung[1] Nr. 32
Zur Frage nach einer Ausdehnung der staatlich angeordneten Zwangserziehung

Druck

[Um der wachsenden Jugendkriminalität vorzubeugen, muß in Preußen die Zwangserziehung auch auf Jugendliche ausgedehnt werden, die sittlich verwahrlost sind, ohne jedoch eine Straftat begangen zu haben]

Unser geltendes deutsches Reichsrecht bietet keine Handhabe zu einem behördlichen Einschreiten gegen jugendliche Personen, die sittlich verwahrlost sind, ohne daß sie geradezu die Strafgesetze verletzt haben. Geschieht dies, so bleibt die strafrechtliche Verfolgung eines Täters, der das zwölfte Lebensjahr nicht vollendet hat, ausgeschlossen.[2] Steht er in der Lebensstufe zwischen 12 und 18 Jahren, so erfolgt seine Verurteilung, wenn er bei Begehung der strafbaren Handlung die zur Erkenntnis ihrer Strafbarkeit erforderliche Einsicht besaß; anderenfalls ist er freizusprechen und zugleich zu bestimmen, ob er seiner Familie überwiesen oder in eine Erziehungs- oder Besserungsanstalt gebracht werden soll, in der er längstens bis zum 20. Lebensjahr behalten werden darf.[3] Dieser überaus lückenhafte Rechtszustand ist teilweise durch die Landesgesetzgebung ergänzt worden. In Preußen können seit 1878 Kinder, die zwischen ihrem 6. und 12. Lebensjahr eine strafbare Handlung begehen, durch das Vormundschaftsgericht zur Zwangserziehung in einer geeigneten Familie oder einer Erziehungs- oder Besserungsanstalt untergebracht werden, wenn dies zur Verhütung weiterer sittlicher Verwahrlosung erforderlich ist.[4] Das bloß moralisch verkommene, aber noch nicht kriminelle Kind, und dasjenige, das durch seine Umgebung von der dringenden Gefahr sittlichen Untergangs bedroht ist, läßt der Staat unbekümmert mit sichtlichen Augen am Rande des Sumpfes dahinwandeln, erst dem ertrinkenden, dem verbrecherisch gewordenen, streckt er seine Hand entgegen und sucht es durch moralische Erziehung auf den Pfad der Pflicht zurückzuleiten. „Liegt es nicht nahe", ist da einmal mit Recht geklagt worden, „die Vorsehung anzuflehen, sie möge das sittlich verwahrloste Kind recht früh aus der Bahn des Lasters hinüberführen auf die Bahn des Verbrechens und ihm so den einzigen Weg eröffnen, auf dem es gerettet werden kann?"[5] In der Tat spricht dieses späte Zugreifen des Staats, das oft genug ein „Zu spät!" ist, der jetzt auf allen Lebensgebieten zur Durchführung gelangenden Erkenntnis Hohn, daß die wirksamsten Maßregeln auf dem Feld der Verhütung und nicht auf dem der Remedur zu treffen sind. Und es gehört mit zu den besten Taten der internationalen

---

1 Die liberale „Königlich privilegirte Berlinische Zeitung von Staats- und gelehrten Sachen. Vossische Zeitung" erschien 12mal wöchentlich. Chefredakteur war Friedrich Stephany.

2 § 55 StGB.

3 § 56 StGB.

4 Gesetz, betreffend die Unterbringung verwahrloster Kinder, vom 13.3.1878 (PrGS, S. 132).

5 Franz von Liszt, Läßt das Zwangserziehungs-Gesetz Verbesserungen wünschenswert erscheinen? Vortrag, gehalten auf der Jahresversammlung der Gefängnisgesellschaft für die Provinz Sachsen und das Herzogtum Anhalt am 29. Mai 1891, in: ders., Strafrechtliche Aufsätze und Vorträge, Bd. 1: 1875 bis 1891, Berlin 1905, S. 537-560, hier S. 544.

kriminalistischen Vereinigung, daß sie hier einen lauten Warnruf erhoben und zugleich überaus eingehende Reformvorschläge gemacht hat. Es kann keinem Zweifel unterliegen, daß die Tage, die uns große und segensreiche Neuerungen auf diesem Gebiet bringen werden, nicht mehr fern sind. Die Tatsache, daß seit 1882 die Zahl der wegen Vergehen wider die Reichsgesetze bestraften Jugendlichen um 7–8 % stärker gestiegen ist als die der Erwachsenen,[6] daß wir jetzt in einem Jahr 46000 verurteilte jugendliche Personen zählen,[7] muß in kurzem zu energischen Gegenmaßregeln führen. Eine der besten unter diesen, die am nachhaltigsten die Quellen verstopft, aus denen immer neue Massen dem mächtigen Strom des Verbrechertums zugeführt werden, ist das Herausnehmen der halbkriminellen Kinder aus der Ideenwelt, in der sie leben, und die Überweisung in eine geordnete Erziehung, die für spätere Zeit ihre Eingliederung in die bürgerliche Gesellschaft ermöglicht. Nachdem der Reihe nach Braunschweig[8], Anhalt[9], Oldenburg[10], Sachsen-Weimar[11], Lübeck[12], Baden[13], Hamburg[14] und Hessen-Darmstadt[15] damit vorgegangen sind, in ihren Territorien Kinder lediglich aufgrund der Tatsache, daß sie moralisch verwahrlost sind, ohne das Begehen einer Straftat abzuwarten, in Zwangserziehung zu nehmen, ist man auch in dem preußischen Staatsministerium einer Nachfolge nicht abgeneigt, und es heißt, daß es nur noch der Zustimmung des Finanzministers[16] bedarf, um ernstlich die Vorarbeiten in Angriff zu nehmen, die dann hoffentlich zu einer Regelung dieser Frage für ganz Deutschland führen würden.[17] Einen treibenden Ansporn hierzu wird die mit Gesetzesvorschlag versehene

---

6 Hugo Appelius, Die Behandlung jugendlicher Verbrecher und verwahrloster Kinder. Bericht der von der Internationalen criminalistischen Vereinigung (Gruppe Deutsches Reich) gewählten Commission. Im Auftrage der Commission verfaßt, Berlin 1892, S. 8.

7 Die Zahl bezieht sich auf das Jahr 1892; vgl. G(eorg) Lindenberg, Die Ergebnisse der deutschen Kriminalstatistik 1882-1892, in: Jahrbücher für Nationalökonomie und Statistik 63 (1894), S. 588-599 und S. 714-729, hier S. 723.

8 Gesetz über polizeiliche Maßregeln gegen Kinder vom 22.12.1870 (Gesetz- und Verordnungs-Sammlung für die Herzoglich Braunschweigischen Lande 1870, S. 641).

9 Gesetz, die Einstellung verwahrloster Kinder in eine Erziehungs- und Besserungsanstalt betreffend, vom 29.12.1873 (Gesetz-Sammlung für das Herzogthum Anhalt 1875, S. 311).

10 Gesetz, betreffend die Zwangserziehung verwahrloster Kinder und jugendlicher Übeltäter, vom 12.2.1880 (Gesetzblatt für das Herzogthum Oldenburg 1880, S. 665).

11 Gesetz, die Unterbringung verwahrloster Kinder betreffend, vom 9.2.1881 (Regierungs-Blatt für das Großherzogthum Sachsen-Weimar-Eisenach 1881, S. 5).

12 Gesetz, betreffend die Zwangserziehung verwahrloster Kinder und jugendlicher Übeltäter, vom 17.3.1884 (Sammlung der Lübeckischen Verordnungen und Bekanntmachungen 1884, S. 4).

13 Gesetz, die staatliche Fürsorge für die Erziehung verwahrloster jugendlicher Personen betreffend, vom 4.5.1886 (Gesetz- und Verordnungs-Blatt für das Großherzogthum Baden 1886, S. 225).

14 Gesetz, betreffend die Zwangserziehung verwahrloster jugendlicher Personen, vom 6.4.1887 (Gesetzsammlung der freien und Hansestadt Hamburg 1887, I. Abteilung, S. 67).

15 Gesetz, die Unterbringung jugendlicher Übeltäter und verwahrloster Kinder betreffend, vom 11.6.1887 (Großherzoglich Hessisches Regierungsblatt 1887, S. 88).

16 Dr. Johannes Miquel.

17 Der preußische Justizminister Dr. Hermann von Schelling hatte am 18.6.1892 eine *Denkschrift über eine anderweitige Regelung der strafrechtlichen Behandlung jugendlicher Personen in Preußen mit besonderer Berücksichtigung der Zwangserziehung* an den Innenminister Ludwig Herrfurth und den Kultusminister Dr. Robert Bosse versandt, in der er u. a. für die Ausdehnung der Zwangserziehung *auf alle Fälle erheblicher Verwahrlosung* eines Kindes zwischen dem sechsten und dem zwölften Lebensjahr sowie für die Einfüh-

Petition[18] der internationalen kriminalistischen Vereinigung[19] bieten, die diese in den jüngsten Tagen dem Reichstag und dem Reichskanzler unterbreitet hat, sowie das Vorgehen des Zentralvereins [recte: Zentralausschusses] für innere Mission, der jetzt gleichfalls Schritte in dem nämlichen Sinne plant.

Man sollte meinen, daß die Finanzfrage an sich eine ziemlich einfache wäre. Wenn man hört, daß die Nachkommenschaft dreier Schwestern in vier Generationen durch die Kosten ihres Aufenthalts in Gefängnissen und ähnlichen Anstalten dem Staat eine Ausgabe von fünf Millionen Mark verursacht hat, sollte man der Ansicht sein, daß der Volkswohlstand durch die Vermeidung derartiger Kriegskosten gegen das Verbrechertum nur gehoben werden kann und daß Erziehungshäuser sich billiger stellen als Strafanstalten. Jede Mark, die in einem Besserungshaus mit Erfolg verausgabt wird, erspart einen Hundertmarkschein im Kriminalbudget. Aber auch die einmalige Ausgabe für die Neueinrichtung ist so unerschwinglich nicht. Da die Verbindung des Zwangserziehungshauses mit dem Betrieb landwirtschaftlicher Arbeiten sich ganz ungemein empfiehlt, wird man z. B. in der Provinz Posen mit Leichtigkeit das Restgrundstück eines von der Ansiedelungskommission[20] zerstückelten Ritterguts ohne erhebliche Kosten dieser Bestimmung zuführen können. Man wird ferner sich wahrscheinlich nicht vergeblich an die Hochherzigkeit des Trägers der Krone mit der Bitte wenden, eines der

---

rung der Zwangserziehung als neuer fakultativer Strafe für Jugendliche bis zu 18 Jahren eintrat (GStA Berlin I. HA Rep.77 B Nr.1323, fol. 1-50 Rs.). Die beabsichtigten kommissarischen Beratungen über die Denkschrift waren zum Zeitpunkt, als der hier abgedruckte Artikel erschien, allerdings noch nicht in Gang gekommen; das preußische Finanzministerium war an den Vorarbeiten noch nicht beteiligt worden.

18 Die deutsche Landesgruppe der Internationalen Kriminalistischen Vereinigung hatte eine Kommission eingesetzt, um die Frage der Behandlung krimineller Jugendlicher zu erörtern; der Elberfelder Staatsanwalt Dr. Hugo Appelius hatte in deren Auftrag einen umfassenden Bericht mit Gesetzesvorschlag ausgearbeitet. Nach der Beratung des Berichts auf der deutschen Landesversammlung 1893 war der Bericht von Appelius mitsamt dem Versammlungsbericht dem Reichskanzler und dem Reichstag übersandt und bei diesen beantragt worden, ein Reichsgesetz, betreffend die staatlich überwachte Erziehung, zu erlassen (Hugo Appelius, Die Behandlung jugendlicher Verbrecher und verwahrloster Kinder. Bericht der von der Internationalen criminalistischen Vereinigung [Gruppe Deutsches Reich] gewählten Commission. Im Auftrage der Commission verfaßt, Berlin 1892; Dritte Landesversammlung der Internationalen Kriminalistischen Vereinigung [Landesgruppe Deutsches Reich] am 7. und 8. April 1893 in Berlin, in: Zeitschrift für die gesamte Strafrechtswissenschaft 13 [1893], S. 741-836, hier S. 752-810). Die Internationale Kriminalistische Vereinigung trat ein für eine reichsgesetzlich geregelte staatliche Zwangserziehung von sittlich verwahrlosten Jugendlichen auf richterliche Anordnung, auch wenn eine strafbare Handlung nicht vorlag. Kritiker dieses Vorschlags sprachen hingegen von einem *Staatserziehungsfanatismus*, welcher der zeitgenössischen Gesellschaftsordnung *schnurstracks* widerspreche, da deren wichtigste Grundlage in der Familie liege, die solche Eingriffe nicht ertragen könne. Einer der wichtigsten Bestandteile des Selbstbestimmungsrechts der Individuen, die Erziehung der Kinder, werde hier erstickt (Robert Schmölder, Die verwahrlosten Kinder und die jugendlichen Verbrecher, in: Der Gerichtssaal 49 [1894], S. 157-201, hier S. 167).

19 Die Internationale Kriminalistische Vereinigung war 1889 gegründet worden und trat für eine Reform von Strafrecht, Strafsystem und Strafvollzug ein, die auch anthropologische und soziologische Gesichtspunkte berücksichtigen sollte.

20 Die „Ansiedlungskommission" war eine 1886 im Zuge der antipolnischen Ansiedlungspolitik in den stark polnisch bevölkerten Provinzen Westpreußen und Posen geschaffene preußische Immediatbehörde, deren Zweck darin liegen sollte, verschuldete Güter aus vornehmlich polnischem Besitz aufzukaufen und an deutschsprachige Siedler zu vergeben.

leerstehenden Schlösser, an das sich kein sonderliches historisches Interesse knüpft, oder ein sonstiges größeres Gebäude, das der Schatullenverwaltung untersteht, zu diesem Behufe einzuräumen. Und auch sonst wird sich Rat schaffen lassen, wenn man an das Bestehende anknüpft. Der finanzielle Schwerpunkt wird immer in der Anstaltserziehung liegen; denn die übrigen Arten einer von Obrigkeits wegen geregelten und überwachten Erziehung, die möglich ist in der eigenen Familie des Betreffenden, in einer fremden Familie, in einer staatlich beaufsichtigten Privaterziehungsanstalt, in einer Staatsanstalt oder als eine Verbindung dieser Systeme untereinander, lassen sich im Kostenpunkt von vornherein ziemlich genau übersehen, und die Summen, mit denen man zu tun hat, sind nicht von abschreckender Höhe.

Allerdings ist es nicht leicht, eine Übersicht über das zu gewinnen, was bisher auf dem Gebiet der Zwangserziehung und der freien Vereinstätigkeit gegenüber sittlich Verwahrlosten geschehen ist. Es erscheint daher gerade zur rechten Zeit ein unlängst im Verlag des Rauhen Hauses[21] veröffentlichter Vortrag von J. Wichern[22], den dieser am 5. Dezember 1893 auf der Generalversammlung des Provinzialausschusses für innere Mission der Provinz Brandenburg zu Berlin gehalten hat. Diese vierundsechzig Seiten füllende Broschüre betitelt sich: „Die Einrichtung von Anstalten für sittlich gefährdete konfirmierte Knaben"[23] und erstreckt sich trotz der durch den Titel angekündigten Einschränkung im wesentlichen doch auf die ganze in Betracht kommende Frage. Aufgrund der durch Wichern gegebenen Anregung hat inzwischen bereits das Johannesstift[24] in Berlin beschlossen, in einem ursprünglich zu anderem Zweck errichteten Neubau eine Abteilung für konfirmierte Knaben einzurichten. Wichern, der als Direktor des Rauhen Hauses in Horn bei Hamburg eine reiche Erfahrung besitzt und als hervorragender Sachkenner allgemein anerkannt ist, stellt fest, daß in Preußen seit 1878 bis jetzt über 20 000 Kinder unter zwölf Jahren in Zwangserziehung genommen worden sind; Ende März 1892 befanden sich darin 10 837 Kinder, davon 5 514 in Familien, 4 113 in Rettungsanstalten und nur 1 207 in Provinzialerziehungsanstalten. Es ist hochinteressant, was Wichern über die Geschichte, Leitung, Finanzen, Zöglingsausbildung usw. in den einzelnen Anstalten und ihre Erfolge mitteilt. Er scheidet: Privatanstalten, von denen namentlich zu nennen die Lehrlingsanstalt des Rauhen Hauses in Horn bei Hamburg, das Martinshaus[25]

---

21 Das „Rauhe Haus" war eine 1833 von Johann Hinrich Wichern gegründete Erziehungsanstalt für verwahrloste Minderjährige in Horn bei Hamburg. Das Organisationsprinzip der Anstalt war die „Familie". Die Kinder waren in „Familien" von 12-15 Kindern zusammengefaßt, die gemeinsam mit einem Erzieher in einer eigenen Wohnung oder in einem der über das Gelände der Einrichtung verstreuten kleinen Häuser lebten.

22 Dr. Johann Hinrich Wichern (1808-1881), evangelischer Theologe, Begründer der Inneren Mission und Vorsitzender des Zentralausschusses für Innere Mission.

23 Johann Hinrich Wichern, Die Einrichtung von Anstalten für sittlich gefährdete konfirmierte Knaben. Mit besonderer Berücksichtigung der von der Internationalen Criminalistischen Vereinigung (Gruppe Deutsches Reich) dem Reichstage unterbreiteten Petition betr. „die Behandlung und Bestrafung jugendlicher Verbrecher und verwahrloster Personen"; Vortrag, gehalten am 5. Dezember 1893 auf der Generalversammlung des Provinzial-Ausschusses für Innere Mission der Provinz Brandenburg in Berlin, Hamburg 1893.

24 Das evangelische Johannesstift in Berlin war 1858 von Johann Hinrich Wichern gegründet worden; seit 1864 war es in Plötzensee angesiedelt und hatte seinen Schwerpunkt auf die Erziehung und Ausbildung bedürftiger Kinder gelegt.

25 Das Martinshaus war ein Erziehungshaus für schulpflichtige Kinder, das 1878 in das Eigentum eines zur Inneren Mission gehörigen Erziehungsvereins übergegangen war.

in Großrohme [recte: Groß Rosen[26]], das Eckartshaus[27] bei Eckartsberga[28], das Stephansstift[29] vor Hannover, die Handwerker-Fortbildungsanstalten in Urft[30] und Gemünd[31], die Rettungsanstalt Schönbühl[32], das landwirtschaftliche Asyl zu Sennheim[33] etc.; Staatsanstalten, die wegen mangelnder Einsicht freigesprochene Jugendliche aufnehmen, namentlich Wabern[34], Boppard[35], Steinfeld[36], Konradshammer[37], Bräunsdorf[38], Hagenau[39] (mit 398 Insassen); Provinzialanstalten einschließlich des städtischen Erziehungshauses[40] in Rummelsburg[41], die Kinder unter zwölf Jahren aufnehmen, besonders Cerekwice[42], Schubin[43], Lublinitz[44] und Tempelburg[45]. Eine eigenar-

---

26 Dorf und Rittergut im Regierungsbezirk Breslau (Kreis Striegau, Provinz Schlesien).

27 Im Eckartshaus war 1848 eine evangelische Erziehungsanstalt für verwahrloste, elternlose und straffällige Knaben eingerichtet worden, mit der seit 1888 ein Brüderhaus (zur Ausbildung von Diakonen) verbunden war. Unterhalten wurde das Heim vom Evangelischen Fürsorgeverein im Regierungsbezirk Merseburg.

28 Kleinstadt in der preußischen Provinz Sachsen.

29 Das Stephansstift war als evangelisches Brüderhaus mit Rettungsanstalt für Knaben 1872 bei Kleefeld errichtet und in den folgenden Jahrzehnten weiter ausgebaut worden; es bestand aus einem Knabenheim und einem Lehrlingsheim.

30 Dorf an der Urft (Kreis Schleiden), heute Ortsteil von Kall (Kreis Euskirchen).

31 Die Handwerkerbildungsanstalt Gemünd im württembergischen Jagstkreis, in der Fürsorgeerziehungszöglinge untergebracht waren, war 1893 gegründet worden.

32 Auf das Gehöft Schönbühl, zugehörig zu Beutelsbach (Jagstkreis), heute Stadtteil von Weinstadt, war 1866 eine seit 1856 bestehende „Rettungsanstalt für besonders entartete und verbrecherische Knaben evangelischer Konfession“ verlegt worden.

33 Stadt an der Thur im Oberelsaß (Kreis Thann).

34 Die Erziehungsanstalt Wabern (Kreis Fritzlar) für männliche evangelische Jugendliche, die aufgrund einer strafbaren Handlung nach § 56 StGB in eine Erziehungs- und Besserungsanstalt überwiesen worden waren, war 1886 in einem ehemaligen Jagdschloß errichtet worden und sollte bis zu 180 Jugendliche aufnehmen.

35 Die Erziehungsanstalt St. Martin in Boppard (Kreis St. Goar) in der Rheinprovinz war 1857 als Besserungsanstalt für jugendliche männliche Straftäter gegründet worden, nahm inzwischen aber auch Mädchen auf.

36 Der preußische Staat hatte das säkularisierte Kloster Steinfeld in der Eifel (Kreis Schleiden) 1846 erworben und 1853 dort eine staatliche Erziehungsanstalt für männliche katholische Jugendliche errichtet, die gemäß § 56 StGB zur Anstaltserziehung verurteilt bzw. seit 1878 aufgrund des Zwangserziehungsgesetzes überwiesen worden waren.

37 Die Erziehungsanstalt Konradshammer bei Oliva (östlich von Danzig) war 1897 eröffnet worden und nahm katholische männliche Jugendliche auf, die nach § 56 StGB verurteilt oder aufgrund des Zwangserziehungsgesetzes überwiesen worden waren.

38 Die Sächsische Landeserziehungsanstalt Bräunsdorf in der Amtshauptmannschaft Freiberg im Königreich Sachsen war 1824 zunächst als Landeswaisenanstalt gegründet, aber bereits 1832 in eine Erziehungs- und Korrektionsanstalt für Kinder umgewidmet worden.

39 Die Erziehungs- und Besserungsanstalt für Knaben bei Hagenau in Elsaß-Lothringen war 1875 gegründet worden und nahm zur Zwangserziehung überwiesene Jugendliche jeder Konfession auf.

40 Die Berliner städtische Erziehungsanstalt Rummelsburg war 1886 gegründet worden; vgl. Nr. 80 Bd. 7 der II. Abteilung dieser Quellensammlung.

41 Ortsteil von Berlin-Lichtenberg am Rummelsburger See.

42 Die Provinzial-Zwangserziehungsanstalt Cerekwice (Zerkwitz, Kreis Jarotschin) für evangelische Knaben war 1891 für 45 Knaben auf einem durch die Provinz Posen von der Ansiedlungskommission erworbenen Rittergut eröffnet worden.

43 Die Provinzal-Zwangserziehungsanstalt Schubin in der Provinz Posen war 1889 für männliche katholische Zöglinge eingerichtet worden.

tige Stellung nimmt die Gustav-Werner-Stiftung[46] zum Bruderhaus in Reutlingen ein, die zehn Tochteranstalten hat und einen ausgedehnten industriellen Betrieb unterhält, u. a. eine Maschinenfabrik mit Eisen- und Metallgießerei, eine Möbel- und Holzwaren-, eine Papier- und eine Strickwarenfabrik, eine Wollspinnerei etc. besitzt. Es ist erstaunlich, welche Abweichungen im einzelnen sich überall finden, auf die hier natürlich nicht eingegangen werden kann. Man muß aber unumgänglich die reichen, in diesen so sehr voneinander verschiedenen Anstalten gemachten Erfahrungen sammeln und sorgfältig sichten, um die nötige Grundlage für die Neuentwicklung zu finden. Viele von den Hunderten kleiner und kleinster Anstalten in Deutschland werden erst dadurch, daß der Staat ihnen von denjenigen Verwahrlosten, die man jetzt unbeachtet läßt, die nicht in Familien unterzubringenden Elemente überweist, lebensfähig werden, andere, deren Prinzipien nicht zu billigen sind, werden verkümmern müssen. Der Wettstreit zwischen Anstalts- und Familienerziehung wird, wenn man die in schulpflichtigem Alter stehenden Kinder von den übrigen Jugendlichen sondert und an geeigneter Stelle eine Verbindung zwischen beiden Erziehungsarten eintreten läßt, sich lösen lassen. Und die bei vielen Bedenken erregende Frage, wie man die ersten Kosten der Neueinrichtung decken soll, wird ihre Schrecknisse verlieren, wenn man in verständiger Anknüpfung an das Bestehende und mit Erweiterung des Vorhandenen vorgeht. Die Hauptlast wird auf den Provinzialverbänden ruhen müssen, denen die Auslagen volkswirtschaftlich mit Wucherzinsen zugute kommen werden.

Es ist billig, daß, nachdem in diesen Spalten die Auffassung der internationalen kriminalistischen Vereinigung wiederholt ausführlich mitgeteilt ist, nun auch dargelegt wird, welche Forderungen Wichern erhebt, der die Vereinigung sehr lobt, seinerseits aber natürlich zunächst die Interessen des Rauhen Hauses und der inneren Mission im Auge hat. Er verlangt folgendes: Noch nicht Konfirmierte, wenn auch über 14 Jahre alte, sind in Anstalten für Schulpflichtige unterzubringen; Knaben und Mädchen brauchen, wenn die Anstaltserziehung voraussichtlich mit der Konfirmation abschließt, nicht getrennt zu werden. Gemeinsame Anstalten für Personen verschiedenen Geschlechts nach der Konfirmation sind auch bei räumlicher Trennung zu verwerfen. Geistig Zurückgebliebene sollen in besondere Anstalten kommen. Für konfirmierte Knaben sind eigene Anstalten oder Abteilungen einzurichten, und zwar für 15 bis 20 Köpfe, die zusammen eine Familie bilden; mehr als zwei Familien sollten nicht beisammen sein. Die Hauptbeschäftigung muß Landarbeit sein, auch für die, die später ein Handwerk lernen sollen. Die einzelnen Provinzen, von denen die östlichen stets viele Plätze freihaben, müssen auf einen Ausgleich untereinander bedacht sein. Die Rettungshäuser müssen zu Provinzialverbänden sich vereinigen, die mit den Provinzial-Erziehungsvereinen gemeinschaftlich zu wirken haben. Dem von Wichern des weiteren gestellten Antrag, mit der internationalen kriminalisti-

---

44 Die 1882 gegründete Provinzial-Erziehungsanstalt Lublinitz der Provinz Schlesien nahm in Zwangserziehung überwiesene Knaben und Mädchen auf.

45 Die Provinzial-Erziehungsanstalt Tempelburg bei Danzig war 1883 von der Provinz Westpreußen errichtet worden und nahm männliche Zwangserziehungszöglinge auf.

46 Der evangelische Theologe Gustav Werner (1809-1887) hatte 1834 eine „Rettungsanstalt" für verwahrloste Kinder eingerichtet, die sich seit 1840 in Reutlingen befand. Der Kreis der untergebrachten Kinder und die Zahl der Einrichtungen hatte sich mit den Jahren erheblich ausgedehnt, außer der Kernanstalt in Reutlingen bestanden noch neun weitere Anstalten. Die Anstalten waren seit 1881 in der Gustav-Werner-Stiftung zusammengefaßt.

schen Vereinigung gemeinsam vorzugehen, hat der Zentralausschuß für innere Mission, der darüber am 12. Dezember 1893 beriet, zwar nicht beigepflichtet, doch hat er beschlossen, die Angelegenheit in der nächsten Sitzung noch in weitere Erwägung zu ziehen.[47] Man sieht, die Frage nach einer Ausdehnung der Zwangserziehung oder der staatlich überwachten Erziehung Verwahrloster wird jetzt in den verschiedensten Lagern lebhaft erörtert; sie beschäftigt auch bereits die maßgebendsten Personen in unseren Zentralbehörden und charakterisiert sich als das, was man gern eine brennende Tagesfrage nennt. Neben der Erkenntnis, daß unsere Strafmittel und unser Strafvollzug einer wesentlichen Umgestaltung bedürfen, bricht sich immer mehr die Überzeugung Bahn, daß die staatliche Fürsorge zur Verhütung von Verbrechen neue Wege wird einschlagen müssen, wenn wir nicht ernstlich durch den „fünften Stand der sozial Deklassierten" gefährdet werden sollen. Eines der erfolgreichsten Mittel, den Zuzug zu dem großen Verbrecherheer abzuschneiden, wird aber eine Ausdehnung der staatlicherseits angeordneten und entweder selbstgeleiteten oder doch mindestens überwachten Zwangserziehung sein, welche nicht nur die von ihr Betroffenen, sondern auch deren Nachkommenschaft für das bürgerliche Gemeinwesen zu retten vermag.

Nr. 30

1894 Januar

Satzung[1] der Armendiakonie der Inneren Mission in Leipzig[2]

Druck

[Die Armendiakonie dient als Auskunftsstelle, um würdige von unwürdigen Armen zu unterscheiden; die Verhältnisse der Armen werden mit Hilfe von beruflichen Armenpflegern untersucht]

§ 1. Zweck. Die Armendiakonie des Vereinshauses ist eine zentrale Auskunfts- und Vermittlungsstelle für die Privatwohltätigkeit von Leipziger Herrschaften.

Sie sucht diese Herrschaften einerseits vor den gewerbsmäßigen Bettlern und unwürdigen Armen zu schützen und ihnen andererseits würdige Arme zu möglichst gründlicher Hilfe zu empfehlen und durch Förderung der persönlichen Liebestätigkeit von Reich gegen Arm die wachsenden sozialen Gegensätze zu mildern.

---

47 Der Zentralausschuß für Innere Mission unterbreitete dem preußischen Innenminister Ernst von Köller dann am 29.6.1895 eine Denkschrift „Zum Zwangserziehungsgesetz", die sich vornehmlich mit den die Rettungshäuser betreffenden Bestimmungen des Gesetzentwurfs von Dr. Hugo Appelius befaßte (Qualifikation der Leiter, Mindestgröße, getrennte Anstalten für Jungen und Mädchen, versagte Gleichstellung mit staatlichen Anstalten). Letztere wurden als Gefährdung für die Rettungshäuser der Inneren Mission angesehen. Die Ausweitung der Zwangserziehung dadurch, daß sie sich auch auf Fälle drohender und tatsächlicher sittlicher Verwahrlosung erstrecken sollte, wurde hingegen begrüßt (GStA Berlin I. HA Rep.77 B Nr.1327, fol. 46-51).

1 Stadtarchiv Leipzig AFSA Nr.1208, fol. 12-12 Rs. Unterzeichnet ist die Satzung von dem Direktor des Vereins für Innere Mission Pfarrer Dr. Georg Oskar Roch.

2 Der Verein für Innere Mission in Leipzig war am 2.11.1869 gegründet worden. Gründungsvorsitzender war der Professor für Rechtswissenschaften Dr. Johannes Emil Kuntze.

§ 2. Mittel. Die Armendiakonie des Vereinshauses untersucht sorgfältigst durch berufsmäßig vorgebildete Armenpfleger bez[iehungsweise] -pflegerinnen die Verhältnisse der Armen und erteilt den Herrschaften möglichst rasch ausführliche Auskunft mit Vorschlägen; sie steht den Armen mit Rat und Tat bei und bestrebt sich, sie in wirtschaftlicher und religiös-sittlicher Beziehung erzieherisch zu beeinflussen, daß sie womöglich wieder wirtschaftlich selbständig werden.

Auf besonderen Wunsch der Herrschaften vermittelt sie auch deren Gaben an die Armen.

§ 3. Mitgliedschaft. Mitglied wird jeder, der einen Jahresbeitrag, auch in Raten, zur Besoldung der Armenpfleger und nach Belieben auch zur Unterstützung der unmittelbar an das Vereinshaus sich wendenden Armen bezahlt. Dafür ist er berechtigt, alle an ihn gerichteten Bittgesuche der „Armendiakonie des Vereinshauses, Roßstraße 14“ zur Prüfung zu übersenden.

Außerdem kann man als Mitglied eine weitere Summe der Armendiakonie übergeben, um seine Armen davon unterstützen zu lassen.

§ 4. Verwaltung. Die Aufsicht über die Armendiakonie wird von einem Vereinsgeistlichen als Inspektor der Armendiakonie, die verantwortliche Oberaufsicht vom Direktor des Vereins für Innere Mission ausgeübt.

Die Geschäftsführung ist kaufmännisch geordnet; für jede von Herrschaften gewährte Unterstützungssumme wird Quittung und Gegenquittung geleistet.

Die Sprechstunde im Armenbüro findet wochentags für Arme von ½10–12 Uhr vormittags und abends von 6–7 Uhr statt.

Ein Zettelkatalog bietet Einsicht in die Verhältnisse von den der Armendiakonie bekannten Armen.

Ein Kleiderraum bewahrt die der Armendiakonie von Herrschaften zur Verfügung gestellten Wäsche- und Kleidungsstücke auf.

§ 5. Art der Unterstützung. Die Armen werden möglichst mit den benötigten Sachen selbst unterstützt, und zwar mit Anweisungen (Marken) auf Naturalien, Feuerung, Nachtlager und Arbeit, ferner mit Kleidungsstücken, Wäsche usw. und nur in Ausnahmefällen auch mit Geld.

Diese Marken sind auch käuflich an der Kasse: Marken für Brot (3 kg) zu 60 Pf., Fleisch (½ Pfund) 35 Pf., Gemüse (1 Pfund) 20 Pf., Milch (1 L[iter]) 20 Pf., Mittagsbrot 30 Pf., Kohlen zu 60 und 80 Pf., Holz (1 Korb) 45 Pf., Nachtlager 25 Pf.

§ 6. Verhältnis zur städtischen u. kirchlichen Armenpflege. Die Armendiakonie steht in enger Beziehung zur Armenpflege der Stadt wie der Kirche, sofern die Berufsarbeiter der Armendiakonie angewiesen sind, bei den städtischen Armenpflegern und den Pfarrämtern Erkundigungen einzuziehen sowie Auskunft zu erteilen und mit ihnen möglichst einheitlich zu wirken.[3]

---

[3] 1904 hieß es allerdings in einem Vermerk des Bürovorstehers im Leipziger Armenamt Gustav Albin Schicker: *Die Zentrale der inneren Mission ist, obwohl sie vom menschlichen Standpunkt aus eine sehr zu schätzende segensreiche Einrichtung ist, eine Gefahr für die öffentliche Armenpflege, da sie zweifellos mit den von ihr gewährten Unterstützungen Personen zur Erlangung ihres Unterstützungswohnsitzes in Leipzig verhilft, die dann der Armenkasse zur Last fallen* (Vermerk Gustav Albin Schickers vom 21.4.1904: Stadtarchiv Leipzig AFSA Nr.1208, fol. 18).

Nr. 31

1894 März 12

Gesetz[1] betreffend die Änderung des Gesetzes über den Unterstützungswohnsitz und die Ergänzung des Strafgesetzbuchs

Druck

[Herabsetzung der Unterstützungsmündigkeit; Ausdehnung der Krankenhilfeverpflichtung des Dienstortes; Stärkung des Erstattungsanspruchs von Ortsarmenverbänden gegenüber Landarmenverbänden; Haftstrafen bei Nährpflichtverletzung]

Artikel 1

Das Gesetz über den Unterstützungswohnsitz vom 6. Juni 1870 (Bundes-Gesetzbl[att], S. 360) wird in nachstehender Weise abgeändert:

I.

Im § 10 und § 22 ist anstelle der Worte: „nach zurückgelegtem vierundzwanzigsten Lebensjahr" zu setzen:
„nach zurückgelegtem achtzehnten Lebensjahr".

---

[1] Reichs-Gesetzblatt 1894, S. 259-261.
Ein erster Entwurf dieses Gesetzes war am 28.12.1891 vom preußischen Staatssekretär des Innern Dr. Karl Heinrich von Boetticher dem Staatsministerium vorgelegt worden (Nr. 10). Er ging zurück auf Vorarbeiten, die in Form einer Denkschrift, betreffend das Reichsgesetz über den Unterstützungswohnsitz, vom 6.6.1870 im Reichsamt des Innern erstellt worden war (Nr. 8). Der Gesetzentwurf, betreffend die Änderung des Gesetzes über den Unterstützungswohnsitz, war nach der Erörterung im preußischen Staatsministerium (Nr. 11) unter Einfügung von Bestimmungen gegen Personen, welche sich der Unterhaltspflicht gegen ihre Angehörigen entzogen, am 7.3.1892 als Präsidialvorlage im Bundesrat eingebracht worden (Sitzungsprotokoll des preußischen Staatsministeriums vom 28.2.1892: GStA Berlin I. HA Rep.90a B III 2b Nr.6 Bd.107, fol. 119-120; Bundesrat Session 1892, Drucksache Nr. 43 vom 7.3.1892). Der Bundesrat hatte in seiner 8. Sitzung vom 23.2.1893 dem in seinem IV. und VI. Ausschuß vorberatenen Gesetzentwurf mit wenigen Änderungen seine Zustimmung erteilt (§ 125 der Protokolle; zu der wichtigsten Änderung vgl. Nr. 21 Anm. 5). Der daraufhin am 28.2.1893 dem Reichstag vorgelegte Gesetzentwurf (Sten.Ber. RT 8. LP II. Session 1892/1893, Drucksache Nr. 130) war von diesem nach der ersten Lesung in seiner 69. Sitzung vom 17.3.1893 der XIV. Kommission zur Vorberatung überwiesen worden, die am 3.5.1893 Bericht erstattet hatte (Sten.Ber. RT 8. LP II. Session 1892/1893, S. 1715; Sten.Ber. RT 8. LP II. Session 1892/ 1893, Drucksache Nr. 227). Das Gesetzesvorhaben war infolge der Auflösung des Reichstags dann unerledigt geblieben.
Ein gegenüber dem Vorgängerentwurf vom 28.2.1893 geringfügig veränderter Gesetzentwurf, betreffend die Änderung des Gesetzes über den Unterstützungswohnsitz und die Ergänzung des Strafgesetzbuchs, war am 4.11.1893 erneut dem Bundesrat (Bundesrat Session 1893, Drucksache Nr. 115) und nach dessen Zustimmung in der 43. Sitzung vom 20.11.1893 (§ 661 der Protokolle) am 21.11.1893 dem Reichstag vorgelegt worden (Sten.Ber. RT 9. LP II. Session 1893/1894, Drucksache Nr. 57). Der Reichstag hatte den Entwurf nach der ersten Lesung in seiner Sitzung vom 4.12.1893 der VII. Kommission zur Vorberatung überwiesen, die am 13.12.1893 Bericht erstattet hatte (Sten.Ber. RT 9. LP II. Session 1893/1894, Drucksache Nr. 117). Der Reichstag hatte den Gesetzentwurf schließlich in seiner 36., 40. und 44. Sitzung vom 26.1., 1.2. und 8.2.1894 in zweiter und dritter Lesung beraten und ihm seine Zustimmung erteilt (Sten.Ber. RT 9. LP II. Session 1893/1894, S. 893-906, S. 977-997 und S. 1101 f.).

II.

Der § 29 erhält folgende Fassung:

Wenn Personen, welche gegen Lohn oder Gehalt in einem Dienst- oder Arbeitsverhältnis stehen oder deren ihren Unterstützungswohnsitz teilende Angehörige, oder wenn Lehrlinge am Dienst- oder Arbeitsort erkranken, so hat der Ortsarmenverband dieses Ortes die Verpflichtung, den Erkrankten die erforderliche Kur und Verpflegung zu gewähren.

Ein Anspruch auf Erstattung der entstehenden Kur- und Verpflegungskosten beziehungsweise auf Übernahme des Hilfsbedürftigen gegen einen anderen Armenverband erwächst in diesen Fällen nur, wenn die Krankenpflege länger als dreizehn Wochen fortgesetzt wurde und nur für den über diese Frist hinausgehenden Zeitraum.

Dem zur Unterstützung an sich verpflichteten Armenverband muß spätestens sieben Tage vor Ablauf des dreizehnwöchentlichen Zeitraums Nachricht von der Erkrankung gegeben werden, widrigenfalls die Erstattung der Kosten erst von dem sieben Tage nach dem Eingang der Nachricht beginnenden Zeitraum an gefordert werden kann.

Die Bestimmungen der Absätze 2 und 3 finden keine Anwendung, wenn das Dienst- oder Arbeitsverhältnis, durch welches der Aufenthalt am Dienst- oder Arbeitsort bedingt wurde, nach seiner Natur oder im voraus durch Vertrag auf einen Zeitraum von einer Woche oder weniger beschränkt ist.

Schwangerschaft an sich ist nicht als eine Krankheit im Sinne der vorstehenden Bestimmung anzusehen.

III.

1. Im § 30 Absatz 1 lit[era] b Zeile 1 ist statt der Worte: „wenn der Unterstützte keinen Unterstützungswohnsitz hat“ zu setzen:

„wenn ein Unterstützungswohnsitz des Unterstützten nicht zu ermitteln ist“.

2. Zwischen die Absätze 1 und 2 des § 30 ist folgender neuer Absatz einzuschieben:

„Der Beweis, daß ein Unterstützungswohnsitz des Unterstützten nicht zu ermitteln gewesen ist, gilt schon dann als erbracht, wenn der die Erstattung fordernde Armenverband dargelegt hat, daß er alle diejenigen Erhebungen vorgenommen hat, welche nach Lage der Verhältnisse als geeignet zur Ermittlung eines Unterstützungswohnsitzes anzusehen waren. Wird nach der Erstattung ein Unterstützungswohnsitz des Unterstützten nachträglich ermittelt, so ist der Armenverband, welcher die Erstattung vorgenommen hat, berechtigt, von dem Armenverband des Unterstützungswohnsitzes für die gewährte Unterstützung und für die durch nachträgliche Ermittlungen entstandenen Kosten Ersatz zu beanspruchen.“

IV.

In das Gesetz wird aufgenommen:

§ 30 a

Erstattungs- und Ersatzansprüche, welche aufgrund dieses Gesetzes erhoben werden, verjähren in zwei Jahren vom Ablauf desjenigen Jahres ab, in welchem der Anspruch entstanden ist.

V.

In das Gesetz wird aufgenommen:

§ 32 a

Soweit nach Bestimmung der Landesgesetze einzelne Zweige der öffentlichen Armenpflege den Landarmenverbänden übertragen sind, gehen auf diese die Rechte und Pflichten der Ortsarmenverbände über.

Artikel 2

In den § 361 des Strafgesetzbuchs wird hinter Nummer 9 folgende Nummer 10 eingestellt:

„10. wer, obschon er in der Lage ist, diejenigen, zu deren Ernährung er verpflichtet ist, zu unterhalten, sich der Unterhaltspflicht trotz der Aufforderung der zuständigen Behörde derart entzieht, daß durch Vermittlung der Behörde fremde HIlfe in Anspruch genommen werden muß".

Ferner ist in dem letzten Absatz des § 361 des Strafgesetzbuchs (Reichs-Gesetzbl. 1876, S. 112) Zeile 2 von unten hinter „9" zu setzen: „und 10".

Artikel 3

Dieses Gesetz tritt mit dem 1. April 1894 in Kraft.

Der Reichskanzler wird ermächtigt, den Text des Gesetzes über den Unterstützungswohnsitz vom 6. Juni 1870 (Bundes-Gesetzbl[att], S. 360), wie er sich aus den Änderungen durch gegenwärtiges Gesetz ergibt, durch das Reichs-Gesetzblatt bekanntzumachen.

Nr. 32

1894 April 29

Schreiben[1] des Reichskanzlers Leo Graf von Caprivi an den preußischen Innenminister Botho Graf zu Eulenburg[2] und den Handelsminister Hans Freiherr von Berlepsch

Ausfertigung, Teildruck

[Eine neue armenstatistische Erhebung, wie sie 1885 durchgeführt worden ist, wäre zwar grundsätzlich wünschenswert, erscheint aber wegen des damit verbundenen Aufwands und einer ganzen Anzahl von methodischen Unsicherheiten dennoch nicht geraten]

Bei den Verhandlungen, welche im Reichstag über das Gesetz, betreffend die Änderung des Gesetzes über den Unterstützungswohnsitz und die Ergänzung des Strafgesetzbuchs, vom 12. v. M. (Reichs-Gesetzblatt, S. 259)[3] gepflogen worden sind, hat die in der Begründung[4] zu jenem Gesetz zum Ausdruck gebrachte Auffassung im allge-

---

1 GStA Berlin I. HA Rep.77 Tit.223 Nr.175, fol. 1-5. Entwurf von der Hand des Regierungsrats im Reichsamt des Innern Dr. Egon Kelch: BArch R 1501 Nr.101302, fol. 160-167.

2 Botho Graf zu Eulenburg (1831-1912), Jurist, 1881-1892 Oberpräsident der Provinz Hessen-Nassau, seit 1892, als Nachfolger Ludwig Herrfurths, preußischer Innenminister.

3 Vgl. Nr. 31.

4 Entwurf eines Gesetzes, betreffend die Änderung des Gesetzes über den Unterstützungswohnsitz und die Ergänzung des Strafgesetzbuchs, vom 21.11.1893 (Sten.Ber. RT 9. LP II. Session 1893/1894, Drucksache Nr. 57, S. 467).

meinen Billigung gefunden, daß es erforderlich sei, den Einfluß der neueren sozialpolitischen Gesetzgebung auf die Armenpflege festzustellen, um einen sicheren Boden für eine umfassende Neugestaltung unseres Armenrechts zu gewinnen.[5] Ein abschließendes Urteil über das Maß jener Einwirkung wird zwar erst nach einer Reihe von Jahren möglich sein. Immerhin aber ist seit dem Inkrafttreten der Arbeiterversicherungsgesetze bereits genügende Zeit verflossen, um es angezeigt erscheinen zu lassen, mit entsprechenden Erhebungen alsbald zu beginnen, zumal dabei auch Klärung über die politisch wichtige Frage gewonnen werden kann, ob der Belastung, welche für weite Kreise der Bevölkerung durch die sozialpolitische Gesetzgebung herbeigeführt worden ist, eine annähernd entsprechende Entlastung auf anderem Gebiet gegenübersteht.

Der Deutsche Verein für Armenpflege und Wohltätigkeit hat, wie des näheren aus dem Bericht[6] über dessen dreizehnte Jahresversammlung (S. 13 ff.) hervorgeht, die Angelegenheit bereits in Angriff genommen, indem er an sämtliche Städte mit mehr als 50 000 Einwohnern und außerdem an eine größere Zahl von solchen städtischen und ländlichen Armenverbänden, welche als Typen gelten können, das Ersuchen[7] gerichtet hat, ihm an der Hand von mitgeteilten Fragebogen[8] ein eingehendes Gutachten über die Einwirkung der Arbeiterversicherung auf die Tätigkeit der öffentlichen Armenpflege zu erstatten und zum Zweck weiterer Auskunftserteilung künftig Anschreibungen vorzunehmen. Eure Exzellenzen darf ich die tunlichste Förderung der Bestrebungen des genannten Vereins anheimgeben.

Gleichzeitig hat dieser Verein eine regelmäßige Wiederholung der Armenstatistik von 1885[9], und zwar zunächst für das Jahr 1895 beantragt[10] und hierfür geltend ge-

---

[5] Vgl. insbesondere die Ausführungen des Zentrumsabgeordneten Alfred Rembold in der 40. Sitzung vom 1.2.1894 (Sten.Ber. RT 9. LP II. Session 1893/94, S. 977 f.).

[6] Dr. Friedrich Freiherr von Reitzenstein, Bericht (Mitteilungen über den Gang der Arbeiten der Kommission zur Prüfung der Frage, in welcher Weise die neuere sociale Gesetzgebung auf die Aufgaben der Armengesetzgebung und Armenpflege einwirkt), in: Stenographischer Bericht über die Verhandlungen der dreizehnten Jahresversammlung des deutschen Vereins für Armenpflege und Wohlthätigkeit am 25. und 26. Mai 1893 in Görlitz (Schriften des deutschen Vereins für Armenpflege und Wohlthätigkeit, Heft 17), Leipzig 1893, S. 13-16.

[7] Rundschreiben des Vorsitzenden der Kommission zur Prüfung der Einwirkung der sozialen Gesetzgebung auf die Armengesetzgebung und Armenpflege Dr. Friedrich Freiherr von Reitzensteins vom Juni 1893 (BArch R 1501 Nr.101302, fol. 240-240 Rs.).

[8] Das Ersuchen an die Städte mit den beigefügten Formularen ist wiedergegeben auch in: Richard Freund, Armenpflege und Arbeiterversicherung. Prüfung der Frage, in welcher Weise die neuere sociale Gesetzgebung auf die Aufgaben der Armengesetzgebung und Armenpflege einwirkt (Schriften des deutschen Vereins für Armenpflege und Wohlthätigkeit, Heft 21), Leipzig 1895, S. 4-7.

[9] Statistik der öffentlichen Armenpflege im Jahre 1885. Herausgegeben vom Kaiserlichen Statistischen Amt (Statistik des Deutschen Reichs, N.F. Bd. 29), Berlin 1887.

[10] Der Deutsche Verein hatte das Reichsamt des Innern bereits in Eingaben vom 25.4.1887 und 22.5.1889 um eine Wiederholung der armenstatistischen Erhebung von 1885 ersucht, vom Staatssekretär des Innern Dr. Karl Heinrich von Boetticher aber am 18.5.1887 bzw. 1.7.1889 eine Absage erhalten (BArch R 1501 Nr.101301, fol. 184-185, und Nr.101302, fol. 4-5 Rs.). Der Staatssekretär wollte so lange abwarten, bis zu einem späteren Zeitpunkt die Wirkung der Sozialversicherungsgesetzgebung auf die Armenpflege besser zu übersehen sein würde (vgl. auch: Stenographischer Bericht über die Verhandlungen der zehnten Jahresversammlung des deutschen Vereins für Armenpflege und Wohlthätigkeit am 26. und 27. September 1889 in Kassel [Schriften des deutschen Vereins für Armenpflege und Wohlthätigkeit, Heft 9], Leipzig 1890, S. 5 f.). Auch das neuerliche Ersuchen des Deutschen Vereins im Jahr 1893, veranlaßt durch die Enquete des Vereins über die Auswirkun-

macht, daß durch eine solche Wiederholung eine Grundlage für die richtige Würdigung sowohl der Armengesetzgebung wie der Leistungen der Armenpflege geschaffen werden würde.

Bei Prüfung des letzteren Antrags war zunächst zu berücksichtigen, daß eine neue armenstatistische Erhebung selbst bei Anwendung der gleichen Methode wie bei der ersten Aufnahme schwerlich zur Gewinnung von Zahlen führen würde, welche mit den 1885 gewonnenen Zahlen so vergleichbar wären, daß sie zu sicheren Schlüssen berechtigen. Die frühere Aufnahme war eben eine erstmalige, und manche Unrichtigkeiten, welche bei derselben vorgekommen sind, werden bei einer zweiten vermieden werden können und müssen. Noch mehr würde die Vergleichbarkeit einbüßen, wenn bei der zweiten Erhebung das Verfahren in dem einen oder anderen Punkt geändert wird, was voraussichtlich zweckmäßig erscheint. Weiter war in Betracht zu ziehen, daß auch völlig vergleichbare Zahlen nicht bestimmt die Wirkung der Arbeiterversicherung erkennen lassen würden. Es darf von vornherein als feststehend angenommen werden, daß durch die Arbeiterversicherung in vielen Fällen dem Eintritt der Armenpflege wirksam vorgebeugt, in anderen Fällen das Maß der Unterstützung vermindert worden ist. Inwieweit diese Wirkung eingetreten ist, würde sich aber aus der von dem Verein empfohlenen Aufnahme einer Armenstatistik um deswillen nicht entnehmen lassen, weil die Möglichkeit vorhanden ist und sogar naheliegt, daß seit Inkrafttreten der Arbeiterversicherung die öffentliche Armenpflege sowohl intensiv – durch Gewährung besserer Pflege – als auch extensiv – durch Berücksichtigung solcher Unterstützungsgesuche, die früher zurückgewiesen worden wären – ausgedehnt worden ist und folgeweise die Gesamtbelastung aus dieser Armenpflege nicht in einem entsprechenden Verhältnis abgenommen hat. Andererseits kann ein etwaiger erheblicher Rückgang der Aufwendungen der Armenpflege sehr wohl durch andere Umstände als durch die Arbeiterversicherung bewirkt worden sein, beispielsweise durch eine Veränderung in der Handhabung der Armenpflege – Einführung des sogenannten Elberfelder Systems, Gewährung von Arbeit statt des Almosens –, weiter durch eine Erniedrigung der Preise für die notwendigsten Lebensbedürfnisse, durch eine günstigere Gestaltung des wirtschaftlichen Lebens usw. Der Einfluß aller dieser verschiedenen Momente wird sich auch durch die sorgfältigsten Erhebungen nicht ziffernmäßig erfassen lassen, so daß der Armenstatistik gerade in bezug auf das Verhältnis der Arbeiterversicherung zur Armenpflege immer nur ein bedingter Wert beigemessen werden darf.[11]

---

gen der Sozialversicherung auf die Armenpflege, blieb ohne Erfolg (Eingabe des Vorstands des Deutschen Vereins für Armenpflege und Wohltätigkeit an das Reichsamt des Innern vom 7.6.1893; vgl. auch: Sitzungsprotokoll der Kommission zur Prüfung der Einwirkung der sozialen Gesetzgebung auf die Armengesetzgebung und Armenpflege vom 10.3.1893: BArch R 1501 Nr. 101302, fol. 98-100 Rs. und fol. 101-111). Staatssekretär von Boetticher machte in einem Schreiben an den Vorsitzenden des Deutschen Vereins Ludwig Friedrich Seyffardt vom 19.5.1894 neben dem mit einer solchen Erhebung verbundenen Arbeitsaufwand vor allem methodische Bedenken geltend (BArch R 1501 Nr. 101302, fol. 180-182 Rs.). Vgl. hierzu auch die Ausführungen von Dr. Friedrich Freiherr von Reitzenstein, Bericht, in: Stenographischer Bericht über die Verhandlungen der dreizehnten Jahresversammlung des deutschen Vereins für Armenpflege und Wohlthätigkeit am 25. und 26. Mai 1893 in Görlitz (Schriften des deutschen Vereins für Armenpflege und Wohlthätigkeit, Heft 17), Leipzig 1893, S. 13-16, hier S. 15 f.

[11] Die Ausführungen folgen hier und im weiteren einem Gutachten des Direktors des Kaiserlichen Statistischen Amts in Berlin Dr. Hans von Scheel für Staatssekretär Dr. von Boetticher vom 30.8.1893 (BArch R 1501 Nr. 101302, fol. 136-146 Rs.).

Gegen die alsbaldige Aufnahme einer Armenstatistik spricht endlich die Erwägung, daß die Erhebung an diejenigen Organe, welche die ersten Anschreibungen zu bewirken haben, beträchtliche Anforderungen stellen und namentlich die Behörden der kleineren Armenverbände, denen besondere Kräfte für solche Arbeiten nicht zur Verfügung stehen, stark belasten würde. Selbst in denjenigen Bundesstaaten, in denen alljährlich armenstatistische Nachweisungen aufgestellt werden, würde die Mehrbelastung bedeutend sein, da die Reichsstatistik auf anderen Prinzipien beruht wie die Landesstatistik, also neben dieser hergehen müßte. Gerade in den nächsten Jahren würde die aus der Aufnahme einer Armenstatistik erwachsende Belastung gewiß um so mehr empfunden werden, als in der jüngsten Vergangenheit zahlreiche Erhebungen insbesondere auf dem Gebiet der landwirtschaftlichen Betriebe stattgefunden haben, für das Jahr 1895 wieder eine Volkszählung bevorsteht und gerade auf dem platten Land die durch die Ausführung der Versicherungsgesetze bedingten neuen Arbeiten ihrer Ungewohnheit wegen seitens der Gemeinde und Gutsvorsteher besonders schwer empfunden werden.

Mit Rücksicht auf alle diese Verhältnisse möchte ich davon absehen, schon für das bevorstehende Jahr, wie es der Verein für Armenpflege und Wohltätigkeit beantragt hat, die Veranstaltung einer Armenstatistik bei den hohen Bundesregierungen in Anregung zu bringen, ich bin vielmehr der Meinung, daß die Entscheidung der Frage, ob und in welchen Zwischenräumen solche Aufnahmen zu bewirken sein werden, noch vertagt werden kann.

Auch ohne umfassendere Erhebungen wird es indes möglich sein, wenigstens einen allgemeinen Überblick über die einschlägigen Verhältnisse dadurch zu gewinnen, daß lediglich das vorhandene Material gesammelt und in geeigneter Weise bearbeitet wird. Die Beschreitung dieses Weges dürfte sich nach diesseitigem Dafürhalten um so mehr empfehlen, als sich dabei voraussichtlich auch Gesichtspunkte für die Beurteilung der für jetzt zurückgestellten Frage der Veranstaltung einer allgemeinen Statistik darbieten werden. Da das Ergebnis naturgemäß an Wert gewinnen wird, wenn ein einheitliches Verfahren zur Anwendung gelangt, so habe ich in der Voraussetzung, daß die hohen Bundesregierungen mir die Mitwirkung nicht versagen werden, das angeschlossene Formular[12] für Nachweisungen über die Leistungen der öffentlichen Armenpflege entwerfen und zugleich in der weiteren Anlage[13] eine Reihe von Fragen über das Verhältnis der sozialpolitischen Gesetzgebung zur Armenpflege zusammenstellen lassen.

[...] *Erläuternde Bemerkungen zu dem Formular.*

---

[12] Das in Anlage I beigefügte Formular diente dem Nachweis der Leistungen der öffentlichen Armenpflege in den Armenverbänden (GStA Berlin I. HA Rep.77 Tit.223 Nr.175, fol. 6-7).

[13] Die in Anlage II beigefügten Fragen betrafen die Einwirkung der Arbeiterversicherungsgesetzgebung auf die Armenpflege (GStA Berlin I. HA Rep.77 Tit.223 Nr.175, fol. 8-8 Rs.). Gefragt wurde unter anderem, ob die Armenpflege durch die einzelnen Zweige der Arbeiterversicherung entlastet worden sei, ob die Zahl der Unterstützten und der Unterstützungsaufwand sich dennoch nicht vermindert habe und worauf dies gegebenenfalls zurückzuführen sei, ferner ob die Armenbehörden geneigt seien, infolge der Entlastung durch die Versicherung die Armenfürsorge auszudehnen und die Unterstützungsleistungen zu erhöhen, schließlich ob die Armenpflege häufig die Leistungen der Arbeiterversicherung ergänze und ob Kranke nach Beendigung der Krankenfürsorge durch die Versicherung in die Armenpflege zu übernehmen waren.

Nr. 33

1894 Juni 21

Sitzungsprotokoll[1] einer Kommission der Stuttgarter gemeinderätlichen Bauabteilung und der städtischen Armendeputation

Niederschrift, Teildruck

[Planungen für einen Komplex an Einrichtungen der geschlossenen Armenfürsorge]

Die Kommission ist aufgrund der Beschlüsse der gemeinderätlichen Bauabteilung vom 8. Mai 1894, Protokoll § 1460, und der Armendeputation vom 16. Mai d. J., Protokoll § 356, zusammengetreten, nachdem der Reisebericht[2] der für die Besichtigung von Armenbauten aufgestellten Kommission, bestehend aus den Herren Gemeinderat Bihl[3], Hospitalverwalter Bosler[4] und Bauinspektor Pantle[5], vom 2. März d. J., vervielfältigt und jedem Mitglied der Bauabteilung und der Armendeputation zugestellt war.

Die Reisekommission ist im Hinblick darauf, daß in keiner der besuchten Städte Armenhäuser mit Familienwohnungen bestehen, zu dem in dem Reisebericht Seite 38/40 niedergelegten Resultat ihrer Studien gelangt.

Die gegenwärtige Kommission tritt in die Beratung der von der Reisekommission aufgestellten Sätze ein.

Armenhaus betreffend

Herr Gemeinderat Stähle[6] trägt zu dem ersten Satz[7] vor: Zur Zeit bekommen die armen Leute allerdings leichter als früher eine Mietwohnung, auch wenn sie viele

---

[1] Stadtarchiv Stuttgart 201/1 Sozialamt Nr. 1444, n. fol.
Anwesend waren: der Vorsitzende Oberbürgermeister Emil von Rümelin, die Gemeinderäte Georg Friedrich Bihl, Theophil Frey und Karl Stähle, Bürgerausschußmitglied Privatier Leonhard Schäfer, Stadtbaurat Emil Mayer, Berichterstatter Bauinspektor Albert Pantle, Stadtpfleger Paul Ferdinand Wolfer und Verwalter Wilhelm Bosler.
Gemeinderat und Bürgerausschuß hatten 1890 in Stuttgart beschlossen, Krankenhaus (Bürgerhospital), Irrenanstalt, Armenhäuser, Altenversorgungsanstalt, Beschäftigungsanstalt und Obdachlosenasyl in einem neuen Gebäudekomplex zusammenzuführen. Die Bauarbeiten hatten 1892 begonnen, die neuen Gebäude wurden 1894 und 1896 eröffnet. Die 1896 fertiggestellten Armenbauten boten für über 600 Personen Platz – im Asyl für obdachlose Männer waren 144 Plätze vorhanden, im Armenhaus für Familien 350-400 Plätze, in der Beschäftigungsanstalt 113 Plätze. Bei der Planungsvorbereitung hatte eine Kommission von drei Vertretern der Stadtverwaltung eine Besichtigungsreise in die Städte Magdeburg, Berlin, Lübeck, Hamburg, Altona, Hannover, Bielefeld (Bodelschwinghsche Anstalten) und Elberfeld unternommen, wo sie sich Armenversorgungshäuser, Arbeitsanstalten, Arbeiterkolonien und Obdachlosenasyle vorführen ließ.

[2] Reisebericht der für die Besichtigung von Armenbauten aufgestellten Kommission vom 2.3.1894 (Stadtarchiv Stuttgart 201/1 Sozialamt Nr. 1444, n. fol.).

[3] Georg Friedrich Bihl (1847-1935), Architekt in Stuttgart, seit 1887 Gemeinderat.

[4] Wilhelm Bosler (1841-1905), Verwalter des Bürgerhospitals, der Armenbeschäftigungsanstalt und des Armenhauses in Stuttgart.

[5] Albert Pantle (1859-1921), Architekt in Stuttgart, seit 1891 Inspektor bei der städtischen Hochbauverwaltung.

[6] Karl Stähle (1825-1905), Hofgürtler in Stuttgart, seit 1878 Gemeinderat, seit 1890 Mitglied des Zentralausschusses des Deutschen Vereins für Armenpflege und Wohltätigkeit.

[7] Satz 1 lautete: *Gut beleumundeten Familien, deren Ernährer arbeitsfähig sind, welchen es aber wegen großer Kinderzahl und unzureichendem Verdienst schwer wird, ihre Miete zu*

Kinder haben, weil in Ostheim[8] und in einer größeren Anzahl hiesiger Häuser nun solche Wohnungen zur Verfügung stehen, aber es frage sich, ob nicht in künftiger Zeit wieder ein Mangel an derartigen Wohnungen eintrete, wie er früher bestand. Der häufige Wohnungswechsel habe auch seine Gefahren, namentlich für Kinder zur Folge. Unter den hiesigen Verhältnissen habe sich die städtische Armendeputation bzw. ihre Unterstützungskommission mehr und mehr überzeugt, daß sie neben der Verteilung der vielen Hauszinsbeiträge doch niemals ein Unterbringungshaus vermissen könne.

Wir brauchen notwendig ein Lokal zur Unterbringung von Familien, die Zimmer für diesen Zweck können allerdings in der Zahl gegen früher vermindert werden.

Herr Gemeinderat Bihl, welcher die Vertretung der Kommission im allgemeinen übernommen hat, weist auf Satz 2 und 3 hin, deren Inhalt die Auffassung des Herrn Gemeinderats Stähle bis auf einen gewissen Grad bestätige. Auswärts bestehe Übereinstimmung darüber, daß die Unterbringung der Kinder in einem Armenhaus verderblich wirke. Die Kinder werden nie selbständig, wenn sie in einem solchen Haus aufwachsen.

Der Oberbürgermeister Rümelin[9] macht darauf aufmerksam, daß eine Familie manchmal beim besten Willen keine Wohnung finden könne, und schlägt vor, den ersten Satz folgendermaßen zu fassen: „Gut beleumundeten Familien, deren Ernährer arbeitsfähig sind, welchen es aber schwer wird, ihre Miete zu bezahlen bzw. eine Mietwohnung zu bekommen, sollte, soweit möglich, Geldunterstützung gewährt und dadurch ihre Einweisung ins Armenhaus so lange wie möglich vermieden werden."

Herr Schäfer[10], Bürgerausschußmitglied, hält die Meinung nicht für richtig, daß die Leute im Armenhaus verdorben werden; der Aufenthalt in einem richtig beaufsichtigten Armenhaus verderbe auch die Kinder nicht. Nach seiner Überzeugung sollte in den Armenhausbauten mit den Wohnungen nicht gespart werden.

Herr Gemeinderat Stähle versichert, in den Schlafsälen herrsche Ordnung, auch da, wo die Kinder seien; die letzteren finden im Armenhaus ein gutes Unterkommen.

Die Kommission nimmt den ersten Satz in der von Herrn Oberbürgermeister vorgeschlagenen Fassung an.

Satz 2[11]

Der Herr Oberbürgermeister findet auch hier die Fassung zu eng; es gebe Fälle, wo unbescholtene Familien nicht durchkommen, weil deren Ernährer beispielsweise wegen Alters für den Unterhalt nicht mehr ausreichend sorgen können. Diese Leute stehen unter Umständen noch in einem arbeitsfähigen Alter, seien aber doch so alt, daß sie, ohne kränklich zu sein, doch keine Stellung mehr finden; solche Familien gehören gleichfalls in das Armenhaus; die Bestreitung des Hauszinses für sie würde zuviel Kosten verursachen.

---

bezahlen, sollte Geldunterstützung gewährt und dadurch ihre Einweisung ins Armenhaus so lange wie möglich vermieden werden (Reisebericht der für die Besichtigung von Armenbauten aufgestellten Kommission vom 2.3.1894, S. 38, in: ebenda, n. fol.).

8 Arbeitersiedlung „Kolonie Ostheim" im Osten Stuttgarts.

9 Emil von Rümelin.

10 Leonhard Schäfer (um 1854-1905), Privatier in Stuttgart, Bürgerausschußmitglied.

11 Satz 2 lautete: *Nur armen, unbescholtenen Witwen mit Kindern und ferner unbescholtenen Familien, deren Ernährer wegen Kränklichkeit nicht in der Lage sind, den Unterhalt für die Ihrigen zu erwerben, sollte nach wie vor Familienwohnung im Armenhaus zugewiesen werden* (Reisebericht der für die Besichtigung von Armenbauten aufgestellten Kommission vom 2.3.1894, S. 39, in: ebenda, n. fol.).

Er schlägt folgende Fassung vor: „Dagegen soll armen, unbescholtenen Witwen mit Kindern und ferner unbescholtenen Familien, deren Ernährer nicht in der Lage sind, den Unterhalt für die Ihrigen zu erwerben, nach wie vor Familienwohnung im Armenhaus zugewiesen werden."

Die Kommission nimmt diese Fassung an.

Satz 3[12]

Den ersten Absatz erläutert Herr Verwalter Bosler dahin, bisher bekamen Familien, deren Ernährer ein moralisch verkommener Mann war, eine gemeinsame Wohnung im Armenhaus, solange der Mann ordentlich war; zeigte sich, daß er in seiner Lasterhaftigkeit verharrte, so wurde er in die Beschäftigungsanstalt eingewiesen, während die Frau mit Kindern im Armenhaus verblieb. Nun falle der Nachdruck darauf, daß die Leute entweder den Hauszins nicht bezahlen können oder ihnen ein Hauszinsbeitrag aus gewissen Gründen nicht verwilligt werden wolle; hier sollte dann in solchen Fällen künftig nach dem günstigen Vorgang von Elberfeld[13] verfahren und die Frau mit Kindern in das Armenhaus, der Mann aber sofort ins Asyl für Obdachlose untergebracht werden.

Der Herr Oberbürgermeister schlägt zur Erreichung dieses Zwecks folgende Fassung vor: „Diejenigen Familienangehörigen, welche arbeitsscheu, trunksüchtig oder sonst moralisch verkommen sind, werden getrennt untergebracht, zu diesem Zweck wird im Armenhaus eine getrennte Station mit großen Sälen eingerichtet. Die Männer werden im Asyl für Obdachlose untergebracht, wo sie, unter strenger Aufsicht stehend, dazu angespornt werden, sich und den Ihrigen tunlichst bald wieder ein Unterkommen außerhalb der Anstalt zu verschaffen.

Inwieweit noch strengere Maßregeln gegen diese Männer, wie etwa Einweisung in die Armenbeschäftigungsanstalt, zu verfügen wären, muß dem Ermessen der Armendeputation vorbehalten bleiben."

---

12 Satz 3 lautete: *Familien, deren Ernährer arbeitsscheu, trunksüchtig oder sonst moralisch verkommen sind, erhalten künftig keine Familienwohnung. Es sollte vielmehr im Armenhaus eine getrennte Station mit großen Sälen eingerichtet und die Mitglieder der letztgenannten Kategorie den Familien derart getrennt werden, daß die Mütter mit den Kindern und ebenso die älteren Knaben nachts je in besondere Schlafsäle dieser Station, die Männer aber im Asyl für Obdachlose untergebracht würden, wo sie, unter strenger Aufsicht stehend, dazu angespornt werden, sich und den Ihrigen tunlichst bald wieder ein Unterkommen außerhalb der Anstalt zu verschaffen* (Reisebericht der für die Besichtigung von Armenbauten aufgestellten Kommission vom 2.3.1894, S. 39, in: ebenda, n. fol.).

13 Reisebericht der für die Besichtigung von Armenbauten aufgestellten Kommission vom 2.3.1894, S. 34 f. (Stadtarchiv Stuttgart 201/1 Sozialamt Nr.1444, n. fol.): *Elberfeld hatte in den sechziger Jahren, als Wohnungsmangel herrschte, in einer Schule Familienwohnungen eingerichtet, machte dabei aber die Erfahrung, daß einmal aufgenommene Familien nicht mehr loszubringen waren, und – nachdem die baulichen Einrichtungen ohnedies zu einem Neubau drängten – wurde auch mit dem System der Familienwohnungen gründlich gebrochen. Es werden nun die bedürftigen Familien durch eine wohlorganisierte offene Armenpflege durch Geldbeiträge zu den Mietzinsen unterstützt, fortgesetzt arbeitsscheue und verdorbene Familien werden nach Verwarnung in das Obdach aufgenommen. Die Männer kommen mit den Nächtlich-Obdachlosen zusammen in Schlafsäle, die nur Pritschen (Berliner Konstruktion) haben, Frauen mit kleineren Kindern in Säle mit Betten und Kochgelegenheit, schulpflichtige und erwachsene Kinder haben wieder Säle für sich (...). Die Insassen stehen unter strengster Aufsicht, und hat dieses System so gewirkt, daß die Frequenz des Obdachs von 150 auf 20 Köpfe zurückgegangen ist. Beim Besuch der Kommission waren nur 2 Familien im Obdach.*

Die Kommission nimmt diese Fassung an.

[...] *Weitere Planungsüberlegungen zum vorgesehenen Asyl für Obdachlose und zur Beschäftigungsanstalt.*

Nr. 34

1894 August 4 und 5

Der Reichsbote[1] Nr. 180 und 181

Die bisherige Entwicklung der deutschen Gesetzgebung über den Unterstützungswohnsitz im Vergleiche mit außerdeutschen Staaten

Druck

[Um die nationale Einheit zu befestigen, wurde im Zuge der Reichsgründung das Prinzip der Freizügigkeit und Niederlassungsfreiheit gesetzlich gesichert; ihm entspricht das Unterstützungswohnsitzgesetz, das aber in seinen Konsequenzen umstritten geblieben ist; die jüngste Novelle zu dem Gesetz versucht, an einzelnen Punkten Verbesserungen anzubringen]

I.

Der deutsche Reichstag hat bekanntlich vor kurzem die Novelle zum Unterstützungswohnsitz[2] angenommen, welches Gesetz am 1. April in Kraft getreten ist.

Die langjährigen, auf Reform der bisherigen gesetzlichen Bestimmungen gerichteten Bestrebungen haben damit ihren vorläufigen Abschluß gefunden, welcher in seiner Tragweite der Energie und Ausdehnung der Gegenströmungen, denen lange Zeit jenes Gesetz begegnete, keineswegs entspricht. Die materiellen Änderungen sind nur eingeschränkter Natur; sie bedeuten, soweit sie Begründung und Verlust des Unterstützungswohnsitzes betreffen, weniger eine Korrektur als eine weitere Durchführung des dem Gesetz zugrunde liegenden Prinzips.

Das Armenpflegerecht Deutschlands hat mit dem Österreichs und der Schweiz das Gemeinsame, daß in allen diesen Ländern die Gesetzgebung auf dem Grundsatz einer prinzipiell der Gemeinde obliegenden Fürsorgepflicht ruht; es ist jedoch die Durchführung dieses Grundsatzes entsprechend der verschiedenen Richtung, wie sie die Entwicklung des Gemeindewesens in den genannten Ländern genommen hat, in verschiedener Weise erfolgt, indem vorzugsweise zwei Auffassungen einander gegenüberstehen: Nach der einen ist die Fürsorgepflicht ein Ausfluß des durch den korporativen Verband gegebenen Verhältnisses der Gemeindegenossen zueinander, nach der andern eine Konsequenz des der Gemeinde obliegenden Berufs, für die Erfüllung der Aufgaben des örtlichen Gemeindelebens zu sorgen. Die erstere Auffassung ist am strengsten in der Gesetzgebung der Mehrheit der Schweizer Kantone zur Durchführung gelangt, wo sie sogar zur Scheidung der Gemeinde in eine Armen- und Bürgergemeinde einerseits und eine Einwohnergemeinde andererseits geführt hat: Die Zugehörigkeit zu jener wird durch Abstammung oder Einkauf, die zu dieser durch tatsächliches Wohnen erworben: Erstere ist Trägerin der Pflicht zur Armen-

[1] Der 1873 gegründete konservative „Der Reichsbote. Deutsche Wochenzeitung für Christentum und Volkstum" erschien sechsmal wöchentlich. Chefredakteur war seit 1873 Heinrich Engel.

[2] Vgl. Nr. 31.

versorgung, während letzterer die Erfüllung der meisten übrigen örtlichen Verwaltungsaufgaben obliegt. Der hierin enthaltene Dualismus ist der deutschen und österreichischen Gesetzgebung vermieden geblieben: Der Gegensatz der Auffassung kommt hier in der Hauptsache darin zum Ausdruck, daß für den Anspruch auf Armenfürsorge der Gemeinde entweder die der Regel nach auf Abstammung oder ausdrückliche Aufnahme beruhende Heimatberechtigung oder aber der einen mehr oder minder langen Zeitraum fortgesetzte tatsächliche Aufenthalt die Voraussetzung bildet. Zu strenger Durchführung des ersteren Prinzips ist nach manchen Anläufen, auch der Tatsache des Wohnens bez[iehentlich] Aufenthalts, eine bezügliche Bedeutung einzuräumen, Österreich in dem Heimatgesetz vom 3. Dezember 1863[3] zurückgekehrt. Das zweite Prinzip liegt der Gesetzgebung des Deutschen Reichs zum Grunde, die den Gegensatz, wie er zwischen den Bestrebungen der Mehrzahl der mittleren und kleineren Staaten Deutschlands einerseits und Preußens andererseits bestand, zugunsten des in der in der preußischen Gesetzgebung entwickelten Instituts eines auf dem tatsächlichen Aufenthalt beruhenden Fürsorgeanspruchs des sogenannten Unterstützungswohnsitzes erledigt hat. Jener Gegensatz, in welchem durch die Ausbildung dieses Instituts die Gesetzgebung Preußens sich zu der der übrigen deutschen Staaten setzte, hängt mit der Verschiedenheit der Richtung, wie sie für die innere politische Entwicklung in jedem der beiden Teile maßgebend gewesen ist, zusammen.

In den mittleren und kleineren Ländern blieb das Gefüge des Staats ein loseres; je weniger Wert hier auf die Stärkung des Staatsbewußtseins gelegt wurde, ein desto weiterer blieb der Raum, in welchem die auf Erhaltung der Sonderexistenz der Gemeinden und Abschließung derselben gegeneinander gerichteten Bestrebungen sich betätigen konnten. Dem Vorwalten dieser Tendenzen entsprach hier eine Beschränkung der Fürsorgepflicht auf diejenigen, welche vermöge des Heimatrechts einer Gemeinde angehören; wo Konzessionen an das Wohnungsprinzip gemacht wurden, geschah dies in der vorsichtigsten Weise: Es war regelmäßig der das Heimatrecht beziehungsweise den Anspruch auf Verleihung desselben begründende Zeitraum auch auf eine längere Reihe von Jahren bemessen.

Dagegen findet sich in der preußischen Gesetzgebung schon zeitig die Neigung, auch den tatsächlichen Momenten des Wohnens und des Steuerzahlens einen Einfluß einzuräumen. Auf eine solche Tendenz ist es zurückzuführen, daß schon das allgemeine Landrecht[4] die Fürsorge für solche Arme, welche nicht zu den ausdrücklich aufgenommenen Mitgliedern der Gemeinde gehören, derjenigen Gemeinde zuweist, in welcher dieselben zu den gemeinen Lasten beigetragen haben. Das in der späteren Gesetzgebung diese Tendenz sich noch stärker akzentuierte, ist um so erklärlicher, als die Rücksicht auf die Förderung der Macht- und Wohlfahrtsinteressen die preußische Politik darauf hinweisen mußte, die Sonderstellung der verschiedenen Elemente, aus denen der Staat zusammengewachsen war, tunlichst abzuschwächen und diese Elemente zu einem einheitlichen Staatsganzen umzuwandeln; dieser Richtung entsprach es, daß das Bestreben in erster Linie auf die Stärkung der Beziehung des einzelnen zum Staat und auf die Beseitigung der den freien Verkehr der Bevölkerung hindernden Schranken gerichtet war; solchem Bestreben gegenüber trat das Verhältnis der einzelnen zur Gemeindeoperation in den Hintergrund. Aus Gesichtspunkten

---

[3] Gesetz, betreffend die Regelung der Heimatverhältnisse, vom 3.12.1863 (Reichs-Gesetz-Blatt für das Kaiserthum Österreich 1863, S. 368).

[4] §§ 10 bis 12 des 19. Titels des II. Teils des Allgemeinen Landrechts für die preußischen Staaten von 1794.

dieser Art ging die preußische Gesetzgebung des Jahres 1842[5] hervor. Für dieselbe ist es bezeichnend, daß sie die Pflicht zur Armenpflege im Anschluß an die gleichzeitigen Gesetze betreffend die Durchführung der Aufenthalts- und Niederlassungsfreiheit[6] und die Bestimmungen über den Erwerb und Verlust des Staatsbürgerrechts[7] zu regeln unternahm; es ist die leitende Auffassung, daß jener Freizügigkeit eine Begründung der Vorsorgepflicht auf die Tatsache der Wohnsitznahme beziehungsweise des eine Zeitlang fortgesetzten Aufenthalts entspreche. Abgesehen von den Fällen der ausdrücklichen Aufnahme wird nach genanntem Gesetz der Anspruch auf Fürsorge gegen einen Ortsarmenverband dadurch begründet, daß der Anziehende innerhalb desselben seinen Wohnsitz nimmt beziehungsweise sich mindestens 3 Jahre aufhält; der auf diesem Weg gewonnene Unterstützungswohnsitz wird durch dreijährige Abwesenheit verloren. Jene Grundsätze erleiden indessen eine Ausnahme betreffs der Fürsorge für erkrankte, in festem Dienstverhältnis stehende Dienstboten und Handwerksgesellen, welche für einen beschränkten Zeitraum der Dienstort auf seine Kosten zu verpflegen hat. Die Ortsarmenverbände werden gebildet durch die Gemeinden und die ihnen gleichstehenden Gutsbezirke; für Personen, welche sich in keinem Ortsarmenverband-Unterstützungswohnsitz befinden, hat der Landarmenverband zu sorgen, welcher der Regel nach größere territoriale Abschnitte, meist die ganze Provinz, umfaßt. Die spätere preußische Gesetzgebung vom Jahr 1855[8] hat die Bestimmungen des Gesetzes von 1842 dahin modifiziert, daß der Begründung des Unterstützungswohnsitzes durch den tatsächlichen Wohnsitz das Erfordernis einer mindestens einjährigen Fortsetzung des letzteren beigefügt und daß die exzeptionelle Fürsorgepflicht des Dienstorts für Dienstboten usw. auf eine Dauer von drei Monaten festgesetzt worden ist; sodann aber werden jene Vorschriften durch Festsetzung eines administrativen Zwangsverfahrens[9] gegen solche Personen, die, obwohl arbeitsfähig, entweder sich kein Obdach verschaffen oder der Ausführung ihnen übertragener Arbeiten sich weigern oder ihre Angehörigen hilflos lassen, so daß ein Einschreiten der Armenverwaltung erforderlich wird, vervollständigt; solche Personen können auf Anordnung der Verwaltungsbehörde einer Arbeitsanstalt überwiesen werden. Materielle Vorschriften über die Ausübung der Armenpflege enthielten jene Gesetze nicht; dieselben blieben der Verwaltungspraxis bzw. der örtlichen Autonomie überlassen.

Wie einst seitens des preußischen Staats, so mußte auch seitens des Deutschen Reichs, wie solches zunächst in Gestalt des Norddeutschen Bundes wiedererstand, sollte in denselben wirklich die Idee der nationalen Einheit zum Ausdruck gelangen, das größte Gewicht darauf gelegt werden, daß das Recht der Bundesangehörigen, innerhalb des Bundesgebiets sich aufzuhalten, einheitlich geregelt und gesetzlich sichergestellt wurde; die Regelung der Freizügigkeit, der Heimat- und Niederlassungsverhältnisse gehörte denn auch zu denjenigen Materien, welche in erster Linie

---

5 Gesetz über die Verpflichtung zur Armenpflege vom 31.12.1842 (Anhang Nr. 3 Bd. 7, 2. Halbband, der I. Abteilung dieser Quellensammlung).

6 Gesetz über die Aufnahme neu anziehender Personen vom 31.12.1842 (Anhang Nr. 2 Bd. 7, 2. Halbband, der I. Abteilung dieser Quellensammlung).

7 Gesetz über die Erwerbung und den Verlust der Eigenschaft als preußischer Untertan sowie über den Eintritt in fremde Staatsdienste vom 31.12.1842 (Anhang Nr. 4 Bd. 7, 2. Halbband, der I. Abteilung dieser Quellensammlung).

8 Gesetz zur Ergänzung der Gesetze vom 31.12.1842 über die Verpflichtung zur Armenpflege und die Aufnahme neu anziehender Personen vom 21.5.1855 (Anhang Nr. 7 Bd. 7, 2. Halbband, der I. Abteilung dieser Quellensammlung).

9 Art. 11-13 des Ergänzungsgesetzes vom 21.5.1855 (PrGS, S. 311).

der Gesetzgebung des Bundes überwiesen wurden und mit deren Behandlung die letztere in unmittelbarem Anschluß an die Feststellung der Bundesverfassung sich befaßte; indem das Gesetz vom 1. November 1867[10] den Grundsatz der Freizügigkeit proklamierte, enthielt es zugleich die Bestimmung[11], daß Neuanziehende, so weit sich vor Erwerb eines Unterstützungswohnsitzes oder Heimatrechts in dem neuen Gemeindeverband die Notwendigkeit einer öffentlichen Unterstützung offenbarte und letztere nicht bloß durch vorübergehende Arbeitslosigkeit veranlaßt war, ihrer Heimatgemeinde bez[iehentlich] dem Heimatstaat wieder zugewiesen werden könnten. Für diese Bestimmung war selbstredend auf eine gleichartige Ausführung und Wirkung nur dann zu rechnen, wenn auch die Voraussetzungen für den Erwerb des Unterstützungswohnsitzes bez. Heimatrechts gleichartig geregelt waren. Die Unaufschiebbarkeit der Regelung auch dieser Materie ergab sich daher von selbst. Wenn dieselbe gleichwohl erst nach längeren Erörterungen zum Abschluß kam, so beruht das auf der Schwierigkeit, jenen oben geschilderten Gegensatz, wie er zwischen den Gesetzgebungen der deutschen Staaten bestand, zum Austrag zu bringen. Das Ergebnis war der Sieg des preußischen Systems, das mit einer Anzahl durch die bisherigen Erfahrungen an die Hand gegebener Modifikationen in das Bundesgesetz über den Unterstützungswohnsitz vom 6. Juni 1870 übertragen wurde. Übernommen wurden die Institute des Unterstützungswohnsitzes, der Orts- und Landarmenverbände; den verschiedenen, in der preußischen Gesetzgebung vorgesehenen Akten selbständiger Erwerbung des Unterstützungswohnsitzes wurde zweijähriger Aufenthalt nach zurückgelegtem 24. Lebensjahr substituiert, zweijährige Abwesenheit begründet den Verlust; die Verpflichtung des Dienstorts, für die Kur und Verpflegung erkrankter, im Dienst und Arbeitsverhältnis stehender Dienstboten, Gewerbegehilfen etc. zu sorgen, wurde beibehalten, jedoch auf einen Zeitraum von 6 Wochen beschränkt; als oberste Spruchinstanz für Streitigkeiten zwischen Armenverbänden wurde das Bundesamt für das Heimatwesen eingesetzt. Bestimmungen disziplinärer Natur, wie sie in dem preußischen Gesetz von 1855 enthalten, sowie materielle Vorschriften über die Art der Armenpflege blieben auch hier ausgeschlossen und der Landesgesetzgebung bzw. der Autonomie der Gemeinde überlassen. Das Gesetz verlangte Gültigkeit, demnächst für das gesamte Gebiet des Deutschen Reichs mit Ausnahme von Bayern und Elsaß-Lothringen; ersteres besitzt ein auf dem Prinzip des Heimatrechts, letzteres ein auf der französischen Gesetzgebung beruhendes Armenpflegerecht.

Je einschneidender die Wirkungen des neuen Gesetzes namentlich für diejenigen Länder waren, deren Armengesetzgebung bis dahin auf dem Prinzip des Heimatrechts beruht hatte, desto mehr hätte es auffallen müssen, wenn der Gegensatz der Auffassungen, wie er bei der Beratung des Gesetzes hervorgetreten war, nicht in der Aufnahme und Beurteilung desselben nachgeklungen hätte. In der Tat begegnete das Gesetz heftigen Gegenströmungen, namentlich in den konservativen Kreisen[12], wo man mit Recht die zunehmende Beweglichkeit der Bevölkerung auf Rechnung der

---

[10] Gesetz über die Freizügigkeit vom 1.11.1867 (Nr. 8 Bd. 7, 1. Halbband, der I. Abteilung dieser Quellensammlung).

[11] § 5 des Freizügigkeitsgesetzes.

[12] Vgl. das Verhandlungsprotokoll der Generalversammlung der Vereinigung der Steuer- und Wirtschaftsreformer vom 15.2.1877 mit einer sehr weitgehenden, auf Beseitigung des gesetzlichen Verpflichtung zur örtlichen Armenpflege hinauslaufenden Resolution: Nr. 126 Bd. 7, 1. Halbband, der I. Abteilung dieser Quellensammlung.

neuen Grundsätze zurückführte; aber auch aus den Städten[13], zumal denen des Westens, in die vorzugsweise der Strom der Einwanderung sich ergoß, erschollen Klagen über die Steigerung der Armenausgaben. Das vor allem in der Übergangszeit und angesichts des wirtschaftlichen Rückgangs erklärliche rasche Emporschnellen der Landarmenlast wurde bitter empfunden. Bald jedoch trat in der Richtung der Opposition eine Änderung ein. In den Kreisen der Landwirte begann man die Vorteile zu erkennen, welche das Prinzip des Gesetzes der Entlastung des platten Landes gewährte; hier ging man dazu über, eine noch weitere Erleichterung der Bedingungen für den Erwerb des Unterstützungswohnsitzes zu fordern.[14] Als ein Mangel wurde schließlich das Fehlen eines administrativen Zwangsverfahrens in Fällen verschuldeter Armut, welches einzelne Staaten wie Preußen sogar schon gänzlich beseitigt hatten, empfunden.[15] Allen diesen Forderungen suchte ein im Jahre 1877 dem Bundesrat vorgelegter Gesetzentwurf[16] Rechnung zu tragen, welcher die Altersgrenze für den Erwerb und Verlust des Unterstützungswohnsitzes auf 21 Jahre, der Aufenthalts- und Abwesenheitsfrist auf 1 Jahr herabsetzte und ein administratives Zwangsverfahren wiedereinführte. Indessen war schon im Bundesrat für den Entwurf eine Mehrheit nicht zu erlangen.[17] Inzwischen hatte man betreffs der Verbesserung der Fürsorge für die ärmeren Klassen andere Wege zu betreten begonnen.

II.[18]

Seit der ersten Hälfte der achtziger Jahre beschäftigte man sich mit dem Ausbau der Arbeiterversicherung, von der manche Kreise eine Entlastung der Armenpflege erwarteten. Eine Enquete[19], welche der „Deutsche Verein für Armenpflege und Wohltätigkeit" im Jahre 1885/86 über die ländliche Armenpflege veranstaltete, begründete die Überzeugung, daß die Ursache der bestehenden Übelstände weit weniger in den reichsgesetzlichen Bestimmungen als in der unzureichenden Leistungsfä-

---

13 Vgl. den Bericht des Darmstädter Oberbürgermeisters Albrecht Ohly an den hessischen Städtetag vom 26.1.1878: Nr. 140 Bd. 7, 1. Halbband, der I. Abteilung dieser Quellensammlung.

14 Vgl. das Schreiben des preußischen Landwirtschaftsministers Dr. Rudolf Friedenthal an den Innenminister Friedrich Graf zu Eulenburg vom 13.12.1876, das eine ganze Reihe solcher Stellungnahmen landwirtschaftlicher Vereine vorlegte, und die Eingabe des Vorsitzenden des Deutschen Landwirtschaftsrats Friedrich von Wedell-Malchow an das Reichskanzleramt vom 20.2.1877: Nr. 122 und Nr. 127 Bd. 7, 1. Halbband, der I. Abteilung dieser Quellensammlung. Im Mittelpunkt der Forderungen aus landwirtschaftlichen Kreisen stand dabei die Herabsetzung des Mindestalters für den Erwerb und Verlust des Unterstützungswohnsitzes.

15 Vgl. das Votum des preußischen Landwirtschaftsministers Dr. Rudolf Friedenthal für das preußische Staatsministerium vom 16.3.1877: Nr. 128 Bd. 7, 1. Halbband, der I. Abteilung dieser Quellensammlung.

16 Nr. 133 Bd. 7, 1. Halbband, der I. Abteilung dieser Quellensammlung.

17 Vgl. den Bericht des stellvertretenden preußischen Bundesratsbevollmächtigten Eduard von Marcard vom 26.11.1878 und das Sitzungsprotokoll des preußischen Staatsministeriums vom 6.2.1879: Nr. 147 und Nr. 151 Bd. 7, 1. Halbband, der I. Abteilung dieser Quellensammlung.

18 Ab hier Nr. 181 vom 5.8.1894.

19 Friedrich Freiherr von Reitzenstein (Hrsg.): Die ländliche Armenpflege und ihre Reform. Verhandlungen des deutschen Vereins für Armenpflege und Wohlthätigkeit sowie der von ihm niedergesetzten Kommission nebst den erstatteten Berichten und Gutachten, Freiburg i. Br. 1887, Spezieller Teil.

higkeit zahlreicher, namentlich ländlicher Armenverbände beruhe und daß Abhilfe demnach vor allem in der Schaffung leistungsfähiger Ortsarmenverbände bez[iehentlich] in der stärkeren Beteiligung der größeren Verbände an den Aufgaben der Armenverwaltung zu suchen sei, Reformen, welche ausschließlich in den Bereich der Landesgesetzgebung bez. der Autonomie der größeren Kommunalkörper fallen. Das württembergische Gesetz vom 2. Juli 1889[20] und das preußische vom 11. Juli 1891[21] bewegen sich in dieser Richtung. Eine weitere Milderung der Gegenbewegungen ist endlich daraus erwachsen, daß die durch das Gesetz geschaffenen Institution[en] sich mehr und mehr eingelebt haben und der Wunsch, nicht von neuem in einen Zustand der Unsicherheit zu verfallen, ein vielfach geteilter ist. In der Hauptsache war es die agrarische Agitation, welche die Frage der Reform im Sinne radikalerer Durchführung des Wohnsitzprinzips auf der Tagesordnung erhielt. In der Enquete über das Landarmenwesen[22], welche der obenerwähnte Verein in den Jahren 1887–1890 zur Durchführung brachte, stellte die Mehrheit der Fachmänner sich auf die Seite des im Gesetz über den Unterstützungswohnsitz zum Ausdruck gelangten Prinzips, wenn auch dieser Mehrheit ansehnliche Minderheiten gegenüberstanden, deren eine eine Wiederannäherung an das Heimatprinzip, insbesondere durch Verlängerung der für den Erwerb des Unterstützungswohnsitzes vorgeschriebenen Aufenthaltsfrist befürwortete und deren andere das gänzliche Absehen von einer Aufenthaltsqualifikation als das anzustrebende Ziel hinstellte.[23] Keine dieser Minderheiten erachtete jedoch die von ihrem Standpunkt einzuschlagenden Reformen für so dringliche, daß nicht das Ergebnis der sozialen Gesetzgebung und der auf Bildung leistungsfähigerer Ortsarmenverbände bez. stärkere Beteiligung der größeren Verbände gerichteten Bestrebungen abgewartet werden könnte. Man beschränk[t]e sich daher, abgesehen von formellen Verbesserungen, auf Befürwortung einer Anzahl weniger einschneidender, sogleich ausführbarer Reformen, von denen die Herabsetzung der Altersgrenze auf 21 Jahre, die Erweiterung der Verpflichtung des Dienst- bez. Arbeitsorts, betreffs der in Frage kommenden Kategorien von Hilfsbedürftigen unter Dauer der Anwendung (von 6 auf 13 Wochen), endlich die Wiedereinführung des administrativen Zwangsverfahrens vorzugsweise Erwähnung verdienen.

Im Fahrwasser dieser Vorschläge bewegt sich auch die vom deutschen Reichstag kürzlich angenommene Novelle.[24] Die Bestimmungen derselben sind, soweit sie die Abänderung des Unterstützungswohnsitzgesetzes zum Gegenstand haben, teils formeller, teils materieller Natur. Auf die ersteren hier einzugehen, würde zu weit füh-

---

[20] Gesetz, betreffend die Abänderung einiger Bestimmungen des Gesetzes vom 17. April 1873 zur Ausführung des Reichsgesetzes vom 6. Juni 1870 über den Unterstützungswohnsitz, vom 2.7.1889 (Nr. 116 Bd. 7 der II. Abteilung dieser Quellensammlung).

[21] Nr. 4.

[22] Emil Münsterberg, Das Landarmenwesen. Im Auftrage des deutschen Vereins für Armenpflege und Wohlthätigkeit und der von ihm niedergesetzten Kommission auf Grund der erstatteten Berichte (Schriften des deutschen Vereins für Armenpflege und Wohlthätigkeit, Heft 10), Leipzig 1890.

[23] Von etwa 120 Berichterstattern, die sich im Zuge der Enquete des Deutschen Vereins über die Wege einer Reform des Landarmenwesens geäußert hatten, traten ca. 70 für die Beibehaltung des der geltenden Gesetzgebung zugrunde liegenden Unterstützungswohnsitz-Prinzips ein; 30 Gutachter machten sich für eine Rückkehr zum Heimatprinzip stark, zwölf wollten umgekehrt wiederum die Unterstützungspflicht der Gemeinde des Aufenthaltsorts auferlegen (ebenda, S. 91 und S. 100).

[24] Nr. 31.

ren; als die wichtigste derselben dürfte die Bestimmung (§ 32 a) zu bezeichnen sein, daß da, wo durch die Landesgesetze einzelne Zweige der Armenpflege den Landarmenverbänden übertragen sind, auf diese auch die bezüglichen Rechte und Pflichten der Ortsarmenverbände übergehen, eine Bestimmung, durch welche die betreffenden Vorschriften der Landesgesetze erst gewissermaßen eine Sanktion der Reichsgesetzgebung und eine Stellung im System derselben erhalten. Was die materiellen Änderungen anlangt, so konstatieren die Motive[25], daß eine Zeit, in der betreffs der Beurteilung der durch das Bundesgesetz geschaffenen Rechtslage noch ein so erheblicher Gegensatz bestehe und, während in den östlichen Provinzen Preußens die Wünsche auf strengere Durchführung des Unterstützungswohnsitzprinzips gerichtet seien, dies Prinzip sowie insbesondere das Institut des Landarmenwesens in den anderen Staaten noch vielfach den Gegenstand von Klagen bilde, um so weniger dazu angetan sei, um mit einer umfassenden Neugestaltung vorzugehen als die Wirkungen der Sozialgesetzgebung für jetzt noch nicht genügend übersehen werden könnten; es beschränken sich daher jene Änderungen auf einige wenige, und zwar solche, wie sie der Richtung der in der Enquete des Deutschen Vereins für Armenpflege gemachten Vorschläge entsprechen: Es wird einmal die Altersgrenze für den selbständigen Erwerb und Verlust des Unterstützungswohnsitzes auf 18 Jahre herabgesetzt, da dies dasjenige Alter sei, mit dem die arbeitende Bevölkerung die wirtschaftliche Selbständigkeit zu erreichen pflege; es wird ferner die Verpflichtung des Ortsarmenverbands, für die Kur und Pflege am Ort erkrankter Dienstboten, Gewerbegehilfen und Lehrlinge zu sorgen, auf alle gegen Lohn oder Gehalt in Dienst oder in Arbeit stehende Personen ausgedehnt, ja es wird die Anwendbarkeit der Bestimmung auf diejenigen Angehörigen derselben erstreckt, welche mit jenen denselben Unterstützungswohnsitz teilen; ausgeschlossen ist dagegen die Anwendung, wenn das Dienst- oder Arbeitsverhältnis durch die Natur des Gegenstands im voraus oder durch Vertrag auf den Zeitraum einer Woche beschränkt ist. Für die Ausdehnung auf Angehörige ist die Erwägung leitend, daß es dem Grundsatz der Familienzusammengehörigkeit widersprechen würde, wenn in den vorausgesetzten Fällen verschiedene Armenverbände für die an einem Ort vereinigte Familie zu sorgen hätten; es würde jedoch bei der Fassung, welche die Bestimmung erhalten, der Mißstand durch dieselbe keineswegs völlig ausgeschlossen, da ja die Verpflichtung des Dienstorts sich auf Kur und Verpflegung erstreckt; würde daher bei etwaiger Krankheit des Familienhaupts eine anderweitige Unterstützung der von ihm unterhaltenen Angehörigen notwendig, so würde solche auch nach der neuen Bestimmung von dem Ortsarmenverband des Unterstützungswohnsitzes, nicht von dem des Dienstboten zu gewähren sein. Andererseits hat die Bestimmung, wonach die Anwendung der Ausnahme bei auf einen Zeitraum von einer Woche oder weniger beschränktem Arbeitsverhältnis ausgeschlossen wird, in der Fassung des Gesetzes Bedenken, wohl mit Recht wurde kompetenterseits darauf hingewiesen, daß diese Fassung nicht dahin führen könnte, die Anwendung auch in den Fällen für ausgeschlossen zu erachten, wo das Dienstverhältnis zwar nur auf einen Zeitraum von einer Woche oder weniger verabredet war, tatsächlich aber länger gedauert hat.[26] Es wurde daher die Hinzufügung der

---

[25] Entwurf eines Gesetzes, betreffend die Änderung des Gesetzes über den Unterstützungswohnsitz und die Ergänzung des Strafgesetzbuchs, vom 21.11.1893 (Sten.Ber. RT 9. LP II. Session 1893/1894, Drucksache Nr. 57); die hier angesprochene Gesetzesbegründung: S. 467 f.

[26] Mündlicher Bericht der VII. Reichstagskommission über den derselben zur Vorberatung überwiesenen Entwurf eines Gesetzes, betreffend die Änderung des Gesetzes über den Un-

Worte „und auch tatsächlich nicht länger gedauert hat" als erwünscht bezeichnet. Außerhalb des Rahmens einer Abänderung des Unterstützungswohnsitzgesetzes liegt die Bestimmung, welche das Strafgesetzbuch durch eine Strafvorschrift gegen diejenigen ergänzt, die, obschon sie in der Lage sind, ihre Verpflichtung zur Ernährung ihrer Angehörigen zu erfüllen, doch sich dieser Verpflichtung dergestalt entziehen, daß das Eintreten der öffentlichen Armenpflege notwendig wird. Wie die Motive ergeben, ist es nicht die Absicht, hiermit ein administratives Zwangsverfahren auszuschließen; die Regelung eines solchen bleibt jedoch der Landesgesetzgebung überlassen.

Von diesen Bestimmungen der Novelle wird am meisten auf dauernde Anerkennung rechnen können jene Ausdehnung der Verpflichtung des Dienstorts; vielleicht führt die demnächstige Entwicklung zu einer erweiterten Anwendung des dieser Ausnahmebestimmung zugrunde liegenden Prinzips, daß da, wo es sich um eine Hilfsbedürftigkeit von kürzerer Dauer handeln, die Fürsorge definitiv zu Lasten des Aufenthaltsorts sein soll. Was den Wert der Vervollständigung des Strafgesetzbuchs anlangt, so wird derselbe sehr wesentlich davon abhängen, in welcher Weise sich die landesgesetzliche Regelung des administrativen Zwangsverfahrens an jene Bestimmung anschließen wird: Daß die Regelung der Landesgesetzgebung überlassen wurde, beruht auf der zutreffenden Erwägung, daß das Reich Organe für eine gleichartige Durchführung des Verfahrens nicht besitzt. Viel zweifelhafter ist es, ob es richtig war, mit der Herabsetzung der Altersgrenze bis auf das zurückgelegte 18. Lebensjahr herabzugehen; jene tatsächliche Zerreißung des Familienbandes, wie sie leider die häufige Folge der heutigen Entwicklung des Erwerbslebens ist, wird damit gewissermaßen gesetzlich sanktioniert. Ihrem wirtschaftlichen Inhalt nach erscheint die Bestimmung als eine Konzession an die agrarische Bewegung, mit deren Forderungen die Schlußfolgerungen der herkömmlichen liberalen Doktrin gerade hier in einem gewissen Umfang zusammenfallen; die Wirkung wird darin bestehen, daß ein weiterer Teil der Armenlast vom Land auf die Städte, von den Ortsarmen- auf die Landarmenverbände, von den östlichen auf die westlichen Gebietsteile übertragen wird. In keinem Fall ist mit dieser Novelle die Frage, in welcher Richtung demnächst die definitive Umgestaltung des Armenpflegerechts erfolgen soll, gelöst. Für die Art dieser Lösung wird allerdings das Maß der Entlastung, welches die Armenpflege durch die Ausbildung der Durchführung der Arbeiterversicherung erfährt, von Einfluß sein müssen; immerhin ist in dieser Hinsicht vor übertriebenen Erwartungen zu warnen, da, wie es bis jetzt den Anschein hat, die durch die Versicherung versorgten Bevölkerungselemente nur zu einem sehr geringen Teil mit denjenigen, welche seither Objekt der Armenpflege waren, zusammenfallen. Von maßgebenderer Bedeutung wird für die künftige definitive Regelung dagegen aller Wahrscheinlichkeit nach die Ausdehnung sein, welche in den einzelnen deutschen Staaten der Beteiligung der größeren Verbände an den Aufgaben der Armenpflege gegeben werden wird. In je vollständigerer und einheitlicherer Weise es gelingt, diesen Prozeß zur Durchführung zu bringen, desto mehr werden die Härten des gegenwärtigen Rechtszustands eine Ausgleichung erfahren und desto mehr wird der Boden für eine endgültige Reform und eine der modernen Entwicklung überall sich anschließende Neugestaltung des Armenpflegerechts geebnet sein.

---

terstützungswohnsitz und die Ergänzung des Strafgesetzbuchs, vom 13.12.1893 (Sten. Ber. RT 9. LP II. Session 1893/1894, Drucksache Nr. 117, S. 736).

Nr. 35

1894 September 26

Rede[1] des Berliner Magistratsassessors Willi Cuno[2] auf der Jahresversammlung des Deutschen Vereins für Armenpflege und Wohltätigkeit

Druck, Teildruck

[Geldunterstützung verdient den Vorzug vor Naturalunterstützung; Skepsis gegenüber einer besonderen Mietunterstützung; Erörterung der Schwierigkeiten bei der Aufstellung und Handhabung eines Unterstützungstarifs auf der Grundlage des Existenzminimums]

Grundsätze über die Art und Höhe der Unterstützungen

[...]

Berichterstatter Magistratsassessor Cuno (Berlin): Geehrte Anwesende! Als mir der Auftrag zur Bearbeitung[3] des vorliegenden Themas wurde, bin ich nicht gerade mit großer Freudigkeit an die Sache herangegangen. In einem Gemeinwesen[4] groß geworden, das über die vorliegende Frage in seiner Armenordnung gar keine Vorschriften und Grundsätze aufgestellt hat, stand ich den mir bekannt gewordenen Versuchen zur Aufstellung eines Unterstützungstarifs sehr skeptisch und zweifelnd gegenüber und fürchtete von vornherein, daß meine Arbeit ein negatives Ergebnis zutage fördern würde, das der Sache sehr wenig Dienste leisten könnte. Und doch war ich von der hohen Bedeutung der zu behandelnden Frage für die Armenverwaltungen voll durchdrungen, da doch ihre richtige Beantwortung sowohl für die finanzielle Belastung wie für die idealen und sittlichen Wirkungen der Armenpflege auf die Hebung der Armut von entscheidender Bedeutung ist.

Da das Thema ein wesentlich praktisches war, glaubte ich, mich nicht auf allgemeine theoretische Erörterungen beschränken zu dürfen; ich mußte die bestehenden, in der Praxis erprobten Vorschriften einer genauen Prüfung und Vergleichung unterziehen. Es ist dies eine wenig dankbare Aufgabe. Denn auch bei einer schlechten Armenordnung wird eine gute Armenpflege geübt werden können, während zuweilen eine recht sorgfältig ausgearbeitete Armenordnung bei mangelhafter Handhabung völlig ihren Zweck verfehlen kann. Ich schicke dies voraus als eine gewisse Entschuldigung, wenn ich die eine oder andere Armenordnung oder einzelne Vorschriften derselben etwas schärfer kritisiert habe. Die Wirkung in der Praxis konnte ich ja nicht beurteilen; ich mußte mich an die gedruckten Vorschriften halten.

Ich glaube nicht, daß meine Ausführungen bereits geeignet sind, eine abschließende Beurteilung der Frage zu ermöglichen, so daß ich es unterlassen habe, eigentliche Leitsätze aufzustellen. Ich halte es schon für einen wesentlichen Vorteil, wenn einmal eine gründliche Aussprache über die entscheidende Frage ermöglicht wird.

---

1 Stenographischer Bericht über die Verhandlungen der vierzehnten Jahresversammlung des deutschen Vereins für Armenpflege und Wohlthätigkeit am 25. und 26. September 1894 in Köln (Schriften des deutschen Vereins für Armenpflege und Wohlthätigkeit, Heft 20), Leipzig 1894, S. 66-72.

2 Willi Cuno (1860-1951), Jurist, seit 1888 Magistratsassessor in Berlin.

3 Vgl. Willi Cuno, Grundsätze über Art und Höhe der Unterstützungen, in: ders./Ludwig von Dehn-Rothfelser, Grundsätze über Art und Höhe der Unterstützungen ... (Schriften des deutschen Vereins für Armenpflege und Wohlthätigkeit, Heft 19), Leipzig 1894, S. 1-75.

4 Gemeint ist Berlin.

Ich will deshalb versuchen, meinen Vortrag so zu gestalten, daß ich der, wie ich höre, allgemein mit Spannung erwarteten Erörterung möglichst die Wege ebene.

Was zunächst die Art der Unterstützung betrifft, so habe ich eine Übersicht zu geben versucht über die in den deutschen Städten bestehenden tatsächlichen Verhältnisse. Es ist ja natürlich, daß bei der Verschiedenartigkeit des mir zur Verfügung gestellten Materials, das eingehend kritisch zu verarbeiten mir die Zeit fehlte, es schwer ist, ein schon vollkommen zutreffendes Bild zu geben; aber Sie sehen, es ist ein recht buntes Bild, was sich darbietet. Die Verschiedenheiten in den einzelnen Arten der Naturalunterstützung sind ja wohl auf Zufälligkeiten und lokale Eigentümlichkeiten zurückzuführen. Ich bin, so verlockend dies auch scheinen konnte, auf Einzelheiten nicht eingegangen, habe mich vielmehr wesentlich beschränkt auf die Erörterung zweier Fragen, nämlich der Frage, ob Naturalunterstützung oder Geldunterstützung, und der Frage der Mietunterstützung. Sie sehen, wie auf diesen beiden Gebieten sich die deutschen Städte in zwei große Gruppen teilen, ohne daß man irgendein Prinzip noch eine auch nur örtliche Begründung für diese entgegengesetzten Auffassungen herauszufinden vermag.[5] Man kann nur sagen, daß in Süddeutschland allgemein Naturalunterstützung bevorzugt wird, auch vielfach in Westdeutschland, und zwar sowohl bei Städten, die das Elberfelder System durchgeführt haben, wie bei solchen, bei denen man vom Elberfelder System gar nicht sprechen kann. Die Mietunterstützung wiederum findet sich hauptsächlich auch in Süd- und Westdeutschland – auch hier teils bei solchen Städten, die das Elberfelder Prinzip angenommen haben, teils bei solchen, die es nicht haben; auch im Osten Deutschlands findet sich die Mietunterstützung in weitem Umfang vor.

Ich habe mich nun prinzipiell für Geldunterstützung und gegen Bevorzugung der Naturalunterstützung ausgesprochen. Den Ausführungen[6] des Herrn Korreferenten[7] bezüglich der anders gearteten ländlichen Verhältnisse, die das Prinzip der Naturalunterstützung aus anderen Gründen erforderlich machen, trete ich vollkommen bei; auch für kleinere Städte mit ländlichem Charakter mag die Naturalunterstützung den örtlichen Verhältnissen entsprechen.

Ich komme zu meinem Urteil, daß die Geldunterstützung den Vorzug verdient, wesentlich aus dem theoretischen, idealen Gesichtspunkt, daß ich die eigene wirtschaftliche Tätigkeit des Empfängers durch die Barunterstützung erhalten will, daß ich ihm die persönliche Freiheit in der Wahl der Art, wie er seine Bedürfnisse befriedigen will, nicht verkümmern möchte. Ich erkenne also nur da eine Ausnahme als zulässig an, wo die wirtschaftliche Freiheit aufgehoben ist, wo Leichtsinn, Trunksucht etc. die wirtschaftlich richtige Verwendung des Geldes ausschließt.

Auch für die Mietunterstützung kann ich mich im allgemeinen nicht aussprechen. Ich bin auch hier wohl beeinflußt durch meine Erfahrungen in Berlin. Es sind nicht bloß Äußerungen gelegentlicher Hetzartikel extremer Parteien, die vielleicht es als ein zugkräftiges Bild benutzen, wie ein Bourgeois dem Nachbar, dem reichen Hausbesitzer hilft und aus dem öffentlichen Stadtsäckel die Mittel nimmt, die eigentlich dem armen Mann zukommen sollten. Wir haben das tatsächlich in der sozialdemokratischen

---

5 Willi Cuno, Grundsätze über Art und Höhe der Unterstützungen, in: ebenda, S. 1-75, hier S. 68.

6 Ludwig von Dehn-Rotfelser, Grundsätze über Art und Höhe der Unterstützungen, in: ebenda, S. 77-85.

7 Ludwig von Dehn-Rotfelser (1846-1929), Jurist, seit 1882 Landesrat der Provinz Hessen-Nassau in Kassel.

Presse gelesen. Auf solche törichten Ausführungen von Blättern, die systematisch alles Bestehende verhetzen, würde man ja nicht einzugehen brauchen, wenn man sonst die Einrichtung für wohltätig und notwendig hält. Aber wir stehen einer weitverbreiteten Berliner Volksmeinung gegenüber, die den Pfleger nicht mehr als intakt ansehen würde, der von der Unterstützung des Armen einen Abzug macht, um ihn dem Hauswirt für die Miete zuzuführen. Ich habe da gerade in der Praxis die Erfahrung gemacht, daß eine große Abneigung dagegen vorherrschend war, daß in dieser Weise eine Bevormundung des Armen eintrete, ihm von seiner Unterstützung einen Teil abzuziehen und den Hauswirt damit zufriedenzustellen. Nur in besonders gearteten Fällen, wo systematisch die Leute die Miete schuldig bleiben, um sich dadurch eine höhere Unterstützung zu ertrotzen, indem sie sich auf schließliche Hilfe für den Mietbedarf verlassen, haben wir es ausnahmsweise für zulässig erachtet, die Miete vorweg an den Hauswirt zu zahlen.

Ich kann es auch prinzipiell nicht für richtig anerkennen, daß in den Fällen, wo nur ein Zuschuß zum Lebensunterhalt gewährt wird, gerade gesagt wird: Das, was die Armenverwaltung gewährt, wird in erster Linie zur Befriedigung eines unumgänglich notwendigen Bedarfs, zur Befriedigung des Wohnungsbedürfnisses verwendet. Aller andere Bedarf ist ebenso notwendig und wird von dem Armen vielleicht für noch notwendiger gehalten. Ich kann also die Empfindung nicht unterdrücken, daß die Mietunterstützung tatsächlich auf eine Begünstigung der Hausbesitzer hinauslaufen kann.

Mir wäre es interessant, Erfahrungen darüber zu vernehmen, wie die Mietunterstützung auf die Wohnungspreise einwirkt, ob sie geeignet ist, die Mieter hochzuhalten, während ohne sie die für die arme Bevölkerung nicht erschwingliche Miete herabgesetzt werden müßte. Es liegt ja hier eine sehr schwierige Frage vor, die man vielleicht nicht rein vom Standpunkt der Armenpflege behandeln kann, weil auch sanitäre Rücksichten dabei eine große Rolle spielen.

Ich verkenne nicht, daß da, wo Mangel an Wohnungen für die Armen vorhanden ist, Mietunterstützung notwendig sein kann, um den Leuten überhaupt das Wohnen zu ermöglichen. Aber angesichts der weiten Verbreitung der Mietunterstützung möchte ich nur das eine hervorheben, daß sie mir da besonders üblich zu sein scheint, wo lange Mietzahlungsperioden, viertel- oder halbjährige, auch für die arme Bevölkerung bestehen. Ich halte diese langen Perioden nicht für solche, die den wirtschaftlichen Verhältnissen der ärmeren Bevölkerung entsprechen; sie erschweren bloß die Wirtschaft dieser Bevölkerungsklasse.

Gerade die Mietunterstützungen scheinen mir nun geeignet, einer im Interesse der arbeitenden Bevölkerung wie auch nach Beschränkung des Retentionsrechts in Preußen im Interesse der Hausbesitzer wünschenswerten Anpassung der Mietzahlungsperioden an die Lohnzahlungsperioden direkt entgegenzuwirken.

Das wäre das, was ich über die Art der Unterstützungen zu bemerken hätte; ich wende mich nun zu der Frage der Höhe der Unterstützungen.

Auch hier sehen wir zwei Gruppen von Städten: die eine ohne jede Vorschrift, alles dem Ermessen der Pflegeorgane überlassend, allenfalls einen Maximalsatz feststellend, der nicht überschritten werden darf oder wenigstens nicht ohne Zustimmung der Zentralverwaltung, auch wohl gerade deswegen die Entscheidung über die Höhe nicht den Pflegeorganen überlassend, sondern der Zentralstelle vorbehaltend. In entgegengesetzter Richtung bahnbrechend ist das Beispiel der Elberfelder Armenordnung geworden. Nicht gerade, daß ein neuer Gedanke ausgesprochen wurde – es wurde eigentlich Selbstverständliches gesagt; es ist aber gerade wohl das Verdienst, daß die Gedankenoperation, die unbewußt überall gemacht werden muß, hier als Grundsatz ausgesprochen worden ist: die Regel, daß zunächst das Existenzminimum, der Geldbetrag ermittelt werden müsse, der für die Anschaffung des zum Unterhalt unabweislich Notwendigen, für Nahrung, Obdach, Kleidung, Hausrat, erforderlich ist, und daß dann die Einkünfte des Armen ermittelt werden, daß die Differenz dieser beiden Zahlen die Grundlage für die Unterstützung abgeben. Neuere, sehr sorgfältig ausgearbeitete Armenordnungen, wie besonders die Kölner, die Hamburger[8], die Breslauer, haben ja diesen Grundgedanken teilweise in sehr ausführlicher und eingehender Weise wiedergegeben.

Nun hat Elberfeld weiter den Versuch gemacht, das Existenzminimum – wie ich es kurz nennen will – zu fixieren, um einen Tarif für dasselbe aufzufinden.[9] Bei der kritischen Würdigung dieses Tarifs mußte ich mich zunächst fragen, ob denn überhaupt ein Existenzbedarf allgemein gültig sich feststellen läßt, und ich habe auf die Bedenken hingewiesen, die sich aus der Verschiedenheit der menschlichen Lebensverhältnisse, der verschiedenen Gewöhnung der menschlichen Natur, gegen die allgemeine Gültigkeit eines Tarifs ergeben. Der Tarif kann meines Erachtens nur als ein Durchschnittssatz, nicht als ein unbedingt überall gültiger, Bedeutung haben.

Ich habe dann die Schwierigkeiten beleuchtet, die der Aufstellung eines richtigen Tarifs entgegenstehen, wobei die wissenschaftlichen Hilfsmittel der Lohnstatistik, der Untersuchungen über Arbeiterbudgets etc. meines Erachtens versagen. Der Herr Korreferent hat in dankenswerter Weise die Einkommensteuerstatistik[10] noch herangezogen; aber ich glaube auch nicht, daß auf diesem Wege zu einem besseren Resultat zu kommen ist. Auch hier kann nur der Bedarf für eine Normalfamilie annähernd fixiert werden; aber auf die täglich praktische Frage: Wieviel braucht gerade diese Familie – die in der Regel gerade nicht normal ist –, kann auch diese Methode keine zutreffende Antwort geben.

So kann also nur eine auf lokale Beobachtung gestützte Erfahrung zur Aufstellung eines annähernd richtigen Tarifs führen. Ich mußte das hervorheben, besonders um vor oberflächlicher Übertragung des Elberfelder Tarifs auf andere Städte, wie sie mir tatsächlich vorgekommen zu sein scheint, zu warnen.

Und nun komme ich auf die weitere schwierige Frage nach der Ausgestaltung des Tarifs im einzelnen. Ich habe da die verschiedenen Punkte hervorgehoben, die in den von mir durchgesehenen Tarifen verschieden beantwortet sind: die verschiedene Würdigung der Zusammensetzung der Familie, der Altersklassen, der Familienmitglieder, die Hervorhebung besonderer Sätze für Kinder über 15 Jahre, die da arbeiten und die nicht arbeiten, also die Berücksichtigung der im Haushalt wohnhaften, aber außerhalb arbeitenden Kinder; die Aufstellung eines besonderen Tarifs für die Mietunterstützung. Es ist die Frage da zu erörtern, ob es richtig ist, nun das Fehlende voll zu beschaffen, oder ob man, wie es in einigen Armenordnungen wohl geschehen ist, nun trotzdem noch einen Maximaltarif für die Unterstützung festsetzt, der der Differenz nicht gleichkommt. Es ist ferner in Frage zu ziehen, ob es richtig ist, als Grenze für die Un-

---

[8] Geschäftsordnung für die Armenpflege der Allgemeinen Armenanstalt Hamburg vom 2.3. 1893, insbesondere §§ 35 und 36 (Staatsarchiv Hamburg 351-2 II Nr.31, fol. 11-28).

[9] Willi Cuno, Grundsätze über Art und Höhe der Unterstützungen, in: ders./Ludwig von Dehn-Rothfelser, Grundsätze über Art und Höhe der Unterstützungen … (Schriften des deutschen Vereins für Armenpflege und Wohlthätigkeit, Heft 19), Leipzig 1894, S. 1-75, hier S. 26-32.

[10] Ludwig von Dehn-Rotfelser, Grundsätze über Art und Höhe der Unterstützungen, in: ebenda, S. 77-85, hier S. 83 (danach waren 3/5 der preußischen Haushalte von der Einkommensteuer befreit, weil sie die Mindestjahreseinkommen von 420 Mark nicht erreichten).

tersuchung festzusetzen die Höhe des ortsüblichen Tagelohns. Ich habe mich dagegen ausgesprochen, weil der ortsübliche Tagelohn ja eben für den Durchschnitt gegeben ist, aber die besonderen Verhältnisse einer zahlreichen Familie die Überschreitung dieses ortsüblichen Tagelohns als durchaus erforderlich erweisen können. Ich will auf die Einzelheiten dieser Frage nicht näher eingehen; das würde wohl hier bei der heutigen Erörterung zu weit führen. Ich wende mich gleich der weiteren Frage zu.

Wenn nun wirklich der Tarif richtig angelegt ist, so kommt die weitere schwierige Aufgabe, die Ermittlung des wirklichen Arbeitseinkommens der zu Unterstützenden. Hier stellen sich auch wieder der Ermittlung erhebliche Schwierigkeiten entgegen, und es ergeben sich auch verschiedene Auffassungen, insbesondere z. B., wieweit Bezüge aus Renten, namentlich Alters- und Invalidenrenten, voll oder nur teilweise in Anrechnung gebracht werden sollen,[11] wie insbesondere die Bezüge aus Privatwohltätigkeit berücksichtigt werden sollen, ob gar nicht, ob teilweise oder in vollem Umfang. Auf die Einzelheiten dieser verschiedenen Fragen möchte ich hier bei dem mündlichen Vortrag nicht weiter eingehen, sondern sie nur als zu berücksichtigende hier andeuten.

So laufen denn also meine Ausführungen darauf hinaus, die nur relative Bedeutung des Tarifs und die Schwierigkeit der richtigen Ausarbeitung und der richtigen Handhabung eines solchen Tarifs hervorzuheben. Ich halte die Betonung dieser Punkte gerade für wesentlich, um vor den Mängeln und Gefahren zu warnen, die bei oberflächlicher und verständnisloser Handhabung des Tarifs durch die Armenpflegeorgane entstehen müssen, die aber auch entstehen können, wenn der Tarif von Anfang an ohne genügende Rücksicht auf die lokalen Verhältnisse aufgestellt war, die auch nachträglich sich herausbilden können, wenn der Tarif nicht mehr dem wirklichen Existenzminimum entspricht und die Armenverwaltung die rechtzeitige Änderung unterläßt.

Ich habe in dieser Beziehung verschiedene Fälle hervorheben zu sollen geglaubt, in denen tatsächlich ein veralteter Tarif längere Zeit hingeschleppt und schließlich außer Anwendung gesetzt ist, in denen eine offenbar verständnislose Übertragung der Worte der Elberfelder Armenordnung, aber nicht des Geistes derselben vorgelegen hat. Wie leicht es ist, das Elberfelder Prinzip vollständig zu verlassen und der entgegengesetzten Ordnung sich anzuschließen, das habe ich an dem Bielefelder Beispiel erläutert, wo durch eine einfache Streichung einer einzigen Zeile der ganze Charakter des Systems geändert worden ist.[12] Zu den Beispielen der Städte, in denen

---

[11] Zu dieser Frage ergab sich im Zuge der weiteren Diskussion eine lebhafte Kontroverse. Der Berliner Landrichter Dr. Paul Felix Aschrott sprach sich entschieden dagegen aus, die Altersrente voll von der Armenunterstützung abzuziehen, und hielt es für notwendig, *unter allen Umständen einen Teil der Rente als Zuschuß zu der bisherigen Unterstützung dem Mann zu belassen, damit er die Segnungen der sozialen Gesetzgebung überhaupt begreift.* Er erntete dafür neben zustimmenden Wortmeldungen allerdings auch lebhaften Widerspruch. Der Lörracher Stadtpfarrer Wilhelm Höchstetter erklärte hingegen, sobald die Unterstützung die Altersrente überschreite, werde diese eingezogen, der Rentenempfänger habe *als Armer absolut nicht mehr zu beanspruchen als den notdürftigen Lebensunterhalt* (Stenographischer Bericht über die Verhandlungen der vierzehnten Jahresversammlung des deutschen Vereins für Armenpflege und Wohlthätigkeit am 25. und 26. September 1894 in Köln [Schriften des deutschen Vereins für Armenpflege und Wohlthätigkeit, Heft 20], Leipzig 1894, S. 77 f., S. 81 und S. 92).

[12] Willi Cuno, Grundsätze über Art und Höhe der Unterstützungen, in: ders./Ludwig von Dehn-Rothfelser, Grundsätze über Art und Höhe der Unterstützungen … (Schriften des deutschen Vereins für Armenpflege und Wohlthätigkeit, Heft 19), Leipzig 1894, S. 1-75, hier S. 63 f. (danach war in Bielefeld durch die unvollständige Adaption der Elberfelder

der Tarif als veraltet anzusehen ist, möchte ich noch ein bezeichnendes Beispiel hinzufügen aus Ruhrort, von wo berichtet wird:

Die Bestimmungen haben sich in der ersten Zeit sehr gut bewährt. Mit dem rapiden Fortschreiten der Industrie und des Verkehrs in den letzten zehn Jahren und dem dadurch bedingten Zuzug großer Arbeitermassen und andererseits Erhöhung aller Lebensmittelpreise stiegen die Anforderungen an die Armenverwaltung ganz bedeutend, so daß die Bestimmungen sich nicht als hinlänglich erwiesen. Man mußte sie auch schon vor Vornahme einer Revision nach freiem Ermessen der Verwaltungsorgane um 20–30 Prozent überschreiten.

Ja, meine Herren, dann ist eben doch der Tarif nicht mehr vorhanden, dann waltet das freie Ermessen der Pflegeorgane, und es ist das offene Bekenntnis abgegeben, daß man die mit dem Tarif verfolgte Absicht vollständig verfehlt hat.

Meine Herren, ich bin vielleicht durch eine vorgefaßte Meinung, die skeptischen Bedenken, die ich von vornherein hatte, dazu gekommen, wesentlich die kritische Sonde anzulegen an diesen Tarif und gerade die gegen ihn obwaltenden Bedenken besonders hervorzukehren. Ich bekenne Ihnen ja ganz offen, daß ich etwas anderes, was ich an die Stelle setzen könnte, nicht habe, daß auch das freie Ermessen der Armenpflegeorgane, wie es eine Reihe von Städten ausschließlich vorschreiben, zu großen Schwankungen, ja Willkürlichkeiten führen kann. Ich kann deshalb nur der Überzeugung Ausdruck geben, daß der Grundgedanke des Elberfelder Systems mir der einzig richtige zu sein scheint, daß aber seine Durchführung davon abhängig ist, daß der Tarif unter sorgfältigster Berücksichtigung aller der auf das Existenzminimum einwirkenden Verhältnisse an der Hand genauer Ermittlungen aufgestellt werden muß, und ich möchte hierbei die Frage, ob nicht die Haushaltungsbudgets gerade für solche Zwecke in größerem Maße nutzbar gemacht werden könnten, als es bisher geschehen ist, zur Erwägung geben.

Ich habe ferner darauf hingewiesen, daß der Tarif nur da sich bewähren wird, wo für seine gründliche und sorgfältige Handhabung die nötige Garantie gegeben ist.

Da ist also Voraussetzung die Durchführung des Elberfelder Systems der Individualarmenpflege und das Vorhandensein eines wirklich guten Pflegepersonals, welches diesen Tarif sinngemäß zu handhaben imstande ist und nicht in eine schematische Berechnung verfällt. Wo diese Voraussetzungen zutreffen, wird der Tarif allerdings ein sehr wirksames Hilfsmittel für die Armenverwaltung zur Feststellung der Höhe der erforderlichen Unterstützungen sein können.

Meine Herren, wenn ich also von einer kritischen Prüfung des Elberfelder Tarifs und seiner Nachahmung und freien Nachbildung ausgegangen bin, so glaube ich gerade dadurch, indem ich seine relative Bedeutung hervorgehoben habe, ihn in das rechte Licht gesetzt und seine Verwendbarkeit für die Praxis gezeigt zu haben. Ich freue mich, daß ich im Resultat dahin komme, auch bei der Frage der Höhe hervorheben zu müssen: Grundlage für die sachgemäße Gestaltung der Armenpflege ist immer eine strenge Durchführung der Individualarmenpflege, da nur auf dieser Grundlage eine Tarifierung wirklich erfolgversprechend durchgeführt werden kann.

Ich habe mich, wie ich schon gesagt habe, der Aufstellung besonderer Thesen enthalten, weil ich glaube, daß wir zu einem abschließenden Ergebnis dieser Frage noch nicht gelangen werden, daß dies vielmehr einer späteren Zeit vorbehalten werden muß. (Bravo!)

Grundsätze statt eines Tarifs für das Existenzminimum nur ein Höchstsatz der Unterstützung aufgestellt worden).

Nr. 36

1894 Oktober 8

Bericht[1] des Geheimen Regierungsrats im Reichsamt des Innern Dr. Egon Kelch[2] an den Staatssekretär des Innern Dr. Karl Heinrich von Boetticher

Ausfertigung

[Eine Umfrage des Deutschen Vereins für Armenpflege und Wohltätigkeit bei den Armenverwaltungen hat ergeben, daß die Arbeiterversicherung im allgemeinen zwar nicht zu einem Rückgang der Armenlasten geführt hat, gleichwohl aber dadurch, daß weiteren Kostensteigerungen vorgebeugt wurde, entlastend gewirkt hat]

Eurer Exzellenz berichte ich unter Bezugnahme auf die hohen Erlasse vom 18. Juli[3] und 17. September d. J.[4] – II 2365/3047 – ehrerbietigst, daß ich an der vierzehnten Jahresversammlung des Deutschen Vereins für Armenpflege und Wohltätigkeit[5], welche von zahlreichen Vereinsmitgliedern und Delegierten besucht war, und an der Sitzung der armenstatistischen Kommission[6] des Vereins teilgenommen habe.

Von dem Ergebnis der Verhandlungen darf ich folgendes hervorheben:

Kommissionssitzung und Nr. 2 der Tagesordnung der Jahresversammlung (Gang der Arbeiten der armenstatistischen Kommission).

In der Kommissionssitzung machte der Vorsitzende Dr. Freiherr von Reitzenstein anstelle des behinderten Referenten Dr. Freund[7] nähere Mitteilungen über das zu der Frage der Einwirkung der Arbeiterversicherung auf die Armenpflege vorliegende Material und über die Eindrücke, die er bei einer summarischen Prüfung desselben gewonnen hat. Eine gründliche Bearbeitung[8] hat noch nicht stattfinden können, da die Zuschriften zum großen Teil erst in der letzten Zeit eingegangen sind.

---

1 BArch R 1501 Nr.101302, fol. 252-258.

2 Dr. Egon Kelch war seit 1894 Geheimer Regierungsrat im Reichsamt des Innern.

3 In einem Antwortschreiben an den Vorsitzenden des Deutschen Vereins für Armenpflege und Wohltätigkeit Ludwig Friedrich Seyffardt vom 18.7.1894 hatte der Staatssekretär des Innern Dr. Karl Heinrich von Boetticher mitgeteilt, daß der Geheime Regierungsrat Dr. Egon Kelch an der Jahresversammlung des Deutschen Vereins teilnehmen werde (BArch R 1501 Nr.101293, fol. 159).

4 Staatssekretär von Boetticher hatte dem Vorsitzenden des Deutschen Vereins Ludwig Friedrich Seyffardt am 17.9.1894 mitgeteilt, daß Regierungsrat Dr. Kelch an der Sitzung der armenstatistischen Kommission des Deutschen Vereins vom 24.9.1894 teilnehmen werde (BArch R 1501 Nr.101302, fol. 248).

5 Stenographischer Bericht über die Verhandlungen der vierzehnten Jahresversammlung des deutschen Vereins für Armenpflege und Wohlthätigkeit am 25. und 26. September 1894 in Köln (Schriften des deutschen Vereins für Armenpflege und Wohlthätigkeit, Heft 20), Leipzig 1894.

6 Sitzungsprotokoll der Kommission zur Prüfung der Einwirkung der sozialen Gesetzgebung auf die Armengesetzgebung und Armenpflege des Deutschen Vereins für Armenpflege und Wohltätigkeit vom 24.9.1894 (BArch R 1501 Nr.101302, fol. 264-267).

7 Dr. Richard Freund.

8 Vgl. dann: Richard Freund, Armenpflege und Arbeiterversicherung. Prüfung der Frage, in welcher Weise die neuere sociale Gesetzgebung auf die Aufgaben der Armengesetzgebung und Armenpflege einwirkt (Schriften des deutschen Vereins für Armenpflege und Wohlthätigkeit, Heft 21), Leipzig 1895.

Auf die Umfrage des Vereins haben bisher geantwortet 100 Verwaltungen, und zwar von 46 größeren, 22 mittleren und 17 kleineren Städten und von 15 Landgemeinden. Die Beantwortung abgelehnt haben u. a. die drei Hansestädte und Stettin. Weitere Gutachten seien, wie der Vorsitzende bemerkte, in größerer Zahl wohl kaum noch zu erwarten. Die weit überwiegende Mehrzahl der Gutachten, von denen viele inhaltlich sehr interessant und bedeutsam seien, gehe dahin, daß eine Entlastung der Armenpflege durch die Arbeiterversicherung herbeigeführt worden sei. Im einzelnen wichen die Ansichten freilich voneinander ab; so werde von einzelnen Verwaltungen eine Entlastung durch die Unfallversicherung bestritten. Wo eine Entlastung durch die Arbeiterversicherung überhaupt bestritten werde (Bielefeld, Schwerin, Neu-Strelitz, Zittau, Leopoldshall, Allenstein)[9], habe anscheinend eine besondere, mit örtlichen Verhältnissen eigener Art in Zusammenhang stehende Entwicklung stattgefunden, welche die trotzdem vorhandene Entlastung nicht habe in die Erscheinung treten lassen. Deshalb sei auf diese Minderheit wenig Gewicht zu legen. In den übrigen Gutachten bestehe Übereinstimmung dahin, daß eine ziffernmäßige Feststellung nicht möglich sei, wenigstens nicht im allgemeinen. Verhältnismäßig am besten lasse sich die Einwirkung der Krankenversicherung auf die offene Krankenpflege erkennen. U. a. habe Breslau in dieser Beziehung Berechnungen angestellt. Hinsichtlich der Invaliditäts- und Altersversicherung sei man fast allgemein der Meinung, daß sich diese Einrichtung wegen der kurzen Zeit ihres Bestehens noch wenig fühlbar mache; jedenfalls sei die durch diese Art der Versicherung bisher eingetretene Entlastung sehr gering. Dortmund berechne, daß etwa 10 Prozent aller Rentenempfänger der Armenpflege zur Last gefallen sein würden, wenn sie nicht Renten erhalten hätten;[10] München berechne, daß bisher etwa 150 Personen der Armenpflege entzogen worden seien und daß dadurch 15 [000] – 20 000 M. erspart seien.[11] Häufig werde ausgesprochen, daß die Entlastung weniger in einer positiven Verminderung als vielmehr in einer Vorbeugung gegen das Anwachsen der Armenlast liege. Von vielen Seiten werde Klage darüber geführt, daß es den Armenverwaltungen nicht gelänge, von der Postverwaltung die Namen der Rentenempfänger und die Höhe der Renten in Erfahrung zu bringen.

Was die Folgen der Entlastung anlange, so seien [sie] in einzelnen Verwaltungen – in Schneeberg i[n] S[achsen] etwa 75 Prozent – zu Verbesserungen in der Armenpflege benutzt worden.[12]

Schließlich sprach der Vorsitzende seine persönliche Ansicht dahin aus, daß die eingetretene Entlastung jedenfalls nicht bedeutend genug sei, um eine andere Verteilung der Armenlast – Zuweisung der ordentlichen Armenlast an die Aufenthaltsgemeinde – geraten erscheinen zu lassen, und brachte einige Resolutionen ein, welche diese Auffassung zum Ausdruck bringen sollten, zugleich aber dahin gingen, daß der Verein von einem weiteren Eingehen auf die Sache absehen sollte.[13] Die Kommissi-

---

9 Vgl. ebenda, S. 20 f., S. 47-51, S. 61 f. und S. 78.

10 Vgl. ebenda, S. 28.

11 Vgl. ebenda, S. 41 f.

12 Vgl. ebenda, S. 63-65.

13 Sitzungsprotokoll der Kommission zur Prüfung der Einwirkung der sozialen Gesetzgebung auf die Armengesetzgebung und Armenpflege des Deutschen Vereins für Armenpflege und Wohltätigkeit vom 24.9.1894, S. 4 (BArch R 1501 Nr. 101302, fol. 264-267, hier fol. 265 Rs.). Der Vorsitzende Friedrich Freiherr von Reitzenstein veröffentlichte seine abweichende Stellungnahme unter dem Titel: Arbeiterversicherung, Armenpflege und Armenreform. Ein

on war indessen in ihrer großen Mehrheit der Meinung, daß die Wichtigkeit des Gegenstands eine eingehende Bearbeitung erheische, damit der Verein in die Lage gesetzt werde, selbst zu prüfen und danach seine Stellung zu nehmen. Infolgedessen beschränkte sich der Vortrag[14] des Freiherrn von Reitzenstein in der Jahresversammlung auf einige tatsächliche Mitteilungen, an welche sich eine Diskussion nicht knüpfte. Zur eigentlichen Verhandlung wird die Frage hiernach erst in der nächsten Jahresversammlung kommen.

Aus der Kommissionssitzung ist noch zu erwähnen, daß die Gründe, welche die Reichsverwaltung veranlaßt haben, für die nächsten Jahre von der Veranstaltung einer Armenstatistik abzusehen,[15] allgemein als zutreffend gebilligt wurden, daß indessen mit dem Wunsch nicht zurückgehalten wurde, es möge, sobald es irgend angängig sei, von Reichs wegen eine Individualarmenstatistik[16] etwa nach dem Muster der sächsischen[17] veranstaltet und dabei auch eine Gegenüberstellung der armenstatistischen Zahlen und der aus der Versicherungsstatistik gewonnenen Zahlen vorgenommen werden. Von bestimmten Resolutionen wurde mit Rücksicht darauf, daß die Sache im Reichsamt des Innern im Auge behalten wird, abgesehen.

Nr. 5 der Tagesordnung (Grundsätze über Art und Höhe der Unterstützungen)

In der Debatte[18] wurde die Frage gestreift, ob die Armenverwaltungen von dem ihnen zustehenden Recht, die den von ihnen unterstützten Hilfsbedürftigen zustehenden Versicherungsrenten in Höhe der geleisteten Unterstützungen für sich in Anspruch zu nehmen, tatsächlich Gebrauch zu machen pflegen oder ob sie – wie

---

Sondergutachten über die Frage: In welcher Weise wirkt die neue soziale Gesetzgebung auf die Armengesetzgebung und Armenpflege ein?, Freiburg i. Br. 1895. Reitzenstein hatte die Auffassung vertreten, es bedürfe länger fortgesetzter Erhebungen auf einer methodisch präziseren Grundlage, um zu Ergebnissen zu gelangen, die konkrete Schlußfolgerungen für anstehende armenpolitische Reform erlauben würden. Seine Auswertung der Umfrageergebnisse lautete zusammengefaßt: Eine Entlastung der Armenpflege durch die Arbeiterversicherung hat stattgefunden, jedoch lokal auf sehr verschiedene Weise. Am deutlichsten ist sie in der Armenkrankenpflege, ansonsten ist sie ziffernmäßig schwer nachzuweisen.

14 Stenographischer Bericht über die Verhandlungen der vierzehnten Jahresversammlung des deutschen Vereins für Armenpflege und Wohlthätigkeit am 25. und 26. September 1894 in Köln (Schriften des deutschen Vereins für Armenpflege und Wohlthätigkeit, Heft 20), Leipzig 1894, S. 20-22.

15 Sitzungsprotokoll der Kommission zur Prüfung der Einwirkung der sozialen Gesetzgebung auf die Armengesetzgebung und Armenpflege des Deutschen Vereins für Armenpflege und Wohltätigkeit vom 24.9.1894, S. 3 (auch zum folgenden) (BArch R 1501 Nr.101302, fol. 264-267, hier fol. 265); vgl. zu den Gründen der Reichsverwaltung für ihre Ablehnung einer neuerlichen armenstatistischen Erhebung Nr. 32.

16 Als Individualarmenstatistik wurde – in den Worten Dr. Emil Münsterbergs – eine statistische Erhebung meist mit Hilfe von Zählkarten verstanden, die *über die summarische Zählung hinaus individuelle Eigenschaften der zu zählenden Personen feststellt* sowie deren persönliche Verhältnisse (Emil Münsterberg, Die deutsche Armengesetzgebung und das Material zu ihrer Reform, Leipzig 1887, S. 33).

17 Vgl. Victor Böhmert, Die Ergebnisse der sächsischen Armenstatistik in den Jahren 1889, 1885 und 1890, in: Zeitschrift des K. Sächsischen Statistischen Bureaus 39 (1893), S. 102-149.

18 Stenographischer Bericht über die Verhandlungen der vierzehnten Jahresversammlung des deutschen Vereins für Armenpflege und Wohlthätigkeit am 25. und 26. September 1894 in Köln (Schriften des deutschen Vereins für Armenpflege und Wohlthätigkeit, Heft 20), Leipzig 1894, S. 77 f., S. 81, S. 83 f., S. 86, S. 92 und S. 94.

dies von einigen Seiten als billig bezeichnet wurde – bei der Bemessung der Unterstützungen die Renten wenigstens zum Teil unberücksichtigt lassen, um die Rentenberechtigten einigermaßen besserzustellen als die übrigen der Armenpflege anheimfallenden Personen. Sowohl aus den positiven Erklärungen wie namentlich auch aus den zahlreichen Zwischenrufen der anwesenden Vertreter von Armenverwaltungen war zu entnehmen, daß von dem in Rede stehenden Recht wohl durchweg in allem Umfang Gebrauch gemacht wird.

Im übrigen gestatte ich mir, auf den zu gewärtigenden Sitzungsbericht[19] ganz gehorsamst Bezug zu nehmen.

Nr. 37

1894 November 25

Berliner Neueste Nachrichten[1] Nr. 597
Berliner Armenpflege

Druck

[Um dem Mangel an ehrenamtlichen Armenpflegern abzuhelfen, wird vorgeschlagen, besoldete Armenkommissionsvorsteher einzustellen und dieses Amt nach Möglichkeit mit dem des Armenarztes zu verbinden]

Die offene gesetzliche Armenpflege – im Gegensatz zur geschlossenen oder Anstaltspflege – wird in Berlin von 235 Vorstehern in 243 Armenkommissionen und 2 368 Mitgliedern – sämtlich im Ehrenamt tätig – aufgrund der Geschäftsanweisung vom 7. Januar 1884[2] ausgeübt. Der Vorsteher einer Armenkommission nimmt alle Gesuche entgegen, überweist sie einem oder mehreren Mitgliedern zur Untersuchung der Verhältnisse der Hilfsbedürftigen, worauf in der Monatskonferenz über die zu gewährenden Unterstützungen beschlossen wird; in dringenden Fällen kann der Vorsteher sofort Unterstützung eintreten lassen. Die Auszahlung der bewilligten laufenden oder Extraunterstützung erfolgt durch die Mitglieder. Nach der Berliner Geschäftsanweisung können einem Mitglied bis zu 20 Arme zugewiesen werden, während nach dem sogen[annten] Elberfelder System ein Pfleger für nicht mehr als 5 Arme zu sorgen hat.

Wie in Elberfeld verlangt man auch in Berlin, daß Männer in uneigennütziger Tätigkeit die Armenpflege ausüben; Vorbedingung ist allerdings, daß stets geeignete Kräfte in genügender Zahl sich bereit finden lassen, das Amt zu übernehmen; nur zu häufig erfolgt die Annahme aber in Hinblick auf § 74 der Städteordnung von 1853[3],

---

[19] Stenographischer Bericht über die Verhandlungen der vierzehnten Jahresversammlung des deutschen Vereins für Armenpflege und Wohlthätigkeit am 25. und 26. September 1894 in Köln (Schriften des deutschen Vereins für Armenpflege und Wohlthätigkeit, Heft 20), Leipzig 1894.

[1] Die national-konservativen „Berliner Neuesten Nachrichten" erschienen seit 1881 zwölfmal wöchentlich. Chefredakteur war Dr. Adolf Rosendorff.

[2] Geschäfts-Anweisung für die Armen-Commissionen der Stadt Berlin, Berlin 1884.

[3] Städte-Ordnung für die sechs östlichen Provinzen der Preußischen Monarchie vom 30.5.1853 (PrGS, S. 261).

wonach jeder stimmfähige Bürger verpflichtet ist, ein unbesoldetes Ehrenamt anzunehmen und mindestens drei Jahre lang zu verwalten, widrigenfalls er auf längere Zeit seines Bürgerrechts verlustig erklärt und zu den direkten Gemeindeabgaben stärker herangezogen werden kann. Die wachsende Schwierigkeit, stets passende Elemente für die Ausübung der Armenpflege in Berlin zu gewinnen, hat zum Teil ihren Grund in dem großen Bedarf an Männern für die ehrenamtliche Tätigkeit noch in vielen anderen Zweigen der Selbstverwaltung. Abgesehen davon, daß etwa 2 500 Bürger im Armenwesen tätig sind, wirken ehrenamtlich noch etwa 650 als Bezirksvorsteher, 1 700 als Waisenräte, 2 000 in Schulkommissionen und über 1 000 in Steuerkommissionen usw. Bereits vor 60 Jahren bemerkt ein Verwaltungsbericht des Magistrats richtig: Es habe immer schwer gehalten, geeignete Männer zu Armenkommissionsvorstehern zu finden, und oft sei man in die Notwendigkeit versetzt worden, bei mehreren Kommissionen die Vorstehergeschäfte durch Bürobeamte verwalten zu lassen; nicht minder zu bedauern sei, daß so viele gewählte Vorsteher, weil sie das Amt zu beschwerlich fänden, sich bald wieder zurückgezogen hätten, wie denn im Laufe eines Jahrzehnts bei fünf Armenkommissionen ein siebenmaliger, bei je einer ein acht- bzw. neunmaliger Vorsteherwechsel eintrat.[4] Auch heute müssen trotz des § 74 der Städteordnung etwa 19 % der Armenkommissionen von städtischen Bürobeamten, Gemeindeschullehrern usw. im Nebenamt verwaltet werden, weil andere geeignete und willfährige Personen nicht zu finden sind. Es mag zugegeben werden, daß das Amt eines Armenkommissionsvorstehers ein besonders beschwerliches, oft auch undankbares ist und daß man in der Auswahl wirklich geeigneter Kräfte beschränkt ist, da außer Lust und Liebe zum Amt selbst auch viel Geduld, große Selbstverleugnung, richtiger Takt im Verkehr mit den Armen sowohl als mit den Kommissionsmitgliedern, richtiges Abmessen der zu gewährenden Unterstützung erforderlich sind und somit große Anforderungen an jeden Armenpfleger, besonders aber den Vorsteher gestellt werden. Je weniger eingehend ein Armenpfleger seines Amtes waltet – und in Berlin kommen, wie erwähnt, etwa 20 Arme auf einen Pfleger – desto kostspieliger wird die Armenpflege und desto geringer wird trotzdem der Nutzen derselben ungeachtet der großen Aufwendungen. Man darf behaupten, daß nicht die Höhe der für Armenzwecke ausgegebenen Gelder über den Wert der Armenpflege in einer Gemeinde entscheidet, sondern der Grad von Hingebung, Sachkenntnis und Eifer, mit welchem die Armenpfleger ihres Amtes walten, wie dieses z. B. in der Stadt Elberfeld deutlich zutage tritt. Angesichts der zunehmenden Schwierigkeiten, geeignete Armenpfleger in Berlin zu finden, und bei dem bedeutenden Steigen der Ausgaben für die offene Armenpflege – im Jahre 1893/94 betrugen dieselben etwa 7 Millionen Mark – entsteht die Frage, ob nicht durch Einführung besoldeter Vorsteher für die Gemeinde sowohl für die Armen günstigere Verhältnisse zu erzielen wären. Was zunächst den Kostenpunkt betrifft, so würden anstelle der jetzt vorhandenen 230 Vorsteher durch Zusammenlegen mehrerer Kommissionen etwa 100 besoldete Vorsteher treten, welche den größten Teil ihrer Zeit den Armen zu widmen hätten; bei einer Besoldung von etwa 2 000 M. wären 200 000 M. erforderlich; nach Abzug von 41 300 M., welche schon jetzt die Vorsteher erhalten, würden 158 700 M. als Mehrkosten in Betracht kommen. Wir glauben, daß für das erwähnte Gehalt zahlreiche pensionierte Beamte, kleine Rentiers, Offiziere a. D. mit Leichtigkeit zu gewinnen wären.

---

4 Bericht über die Verwaltung der Stadt Berlin in den Jahren 1829 bis incl. 1840. Herausgegeben von den Städtischen Behörden, Berlin 1842, S. 155.

Ein großer Vorteil gegenüber den jetzigen Verhältnissen läge für die Armen schon darin, daß die Beamten täglich z. B. früh von 8–10 und nachmittags von 4–5 zu sprechen sein müßten, während jetzt stets nur eine Sprechstunde, mehrfach von 7–8 früh besteht, so daß bei Unterstützungs- oder Krankheitsfällen, die im Laufe des Tages sich ereignen und schnellere Hilfe erheischen, der Arme resp. Kranke vielfach rat- und hilflos dasteht bzw. bis zum nächsten Tag warten muß. Wenn eingewendet wird, daß einem besoldeten Vorsteher sich die unbesoldeten Mitglieder nicht gern unterordnen oder mit ihm zusammenarbeiten würden, so ist dieses insofern hinfällig, als auch in andern städtischen und staatlichen Verhältnissen vielfach besoldete und unbesoldete Beamte zusammenwirken. Es wird hier lediglich auf das taktvolle Benehmen des Vorstehers ankommen, um ein gutes Einvernehmen stets herbeizuführen. Vielleicht könnte man noch weitergehen und das Vorsteheramt mit dem des Armenarztes vereinigen. Jetzt müssen die erkrankten Armen erst zum Armenkommissionsvorsteher, dann zum Armenarzt gehen, womit unter Umständen viel Zeit verlorengeht; wenn z. B. der Vorsteher von 8–9, der Arzt von 4–5 zu sprechen ist, geht in jedem Fall mehr als ein halber Tag darüber hin, ehe den Kranken Hilfe wird.

Bei der Überfülle von Ärzten in Berlin glauben wir, daß es an Bewerbern um das neue Amt eines Armenwarts, der Vorsteher und Arzt zugleich wäre, nicht fehlen würde, selbst wenn die Jahresbesoldung 2700 M. wäre. Bei 100 Armenwarten wären 270000 M. Gehalt zu zahlen; da die bisherigen Armenärzte aber schon etwa 100000 M. erhalten und auch 41300 M. für die jetzigen Vorsteher fortfallen, bliebe nur ein Mehr von 128700 M. zu decken. Demgegenüber fällt ins Gewicht einmal für die Armen, namentlich in Krankheitsfällen, die schnellere Erledigung ihrer Angelegenheiten, die Möglichkeit, den Armenwart – der Arzt und Vorsteher zugleich ist – zweimal täglich zu sprechen; andererseits käme für die Armendirektion in Betracht, daß die Beamten die Verhältnisse der Armen mit strenger Gewissenhaftigkeit, aber objektiv kühler ansehen als Privatpersonen und sich bei Bewilligung von Unterstützungen nur auf das unbedingt Nötigste – mehr darf die gesetzliche Armenpflege nicht tun – beschränken, so daß vermutlich die Ausgaben für die offene Armenpflege etwas herabgehen würden.

Ergänzend soll daneben die Wohltätigkeitspflege eintreten, die in Berlin über reiche Mittel verfügt; außer den städtischen Stiftungen sind Hunderte von Vereinen bestrebt, auf den verschiedensten Gebieten alljährlich Not und Elend zu lindern bzw. ihnen vorzubeugen. Wichtig ist allerdings (und die neu gebildete städtische Stiftungsdeputation ist ja bestrebt, in diesem Sinne zu wirken), daß die Privatwohltätigkeit mit der städtischen Hand in Hand gehe, und eine Zentralstelle zu schaffen, bei der jeder Unterstützungsfall gemeldet wird, gleichviel ob von Behörden oder Privatvereinen die Unterstützung erfolgt, und bei der auch über jeden Bittsteller, sofern er schon unterstützt wurde, Auskunft zu erhalten ist. Nur so ist es möglich, die Gaben dauernd an die richtige Stelle zu leiten und eine zweckmäßige Verteilung der vorhandenen Hilfsmittel zu erreichen, die jetzt teilweise einzelnen im Übermaß gewährt werden.

Nr. 38

1895 Januar 5

Bericht[1] einer Kommission[2] des Magistrats der Stadt Frankfurt am Main an den Magistrat

Ausfertigung

[Bei größerem Umfang und längerer Dauer der Arbeitslosigkeit ist es ratsam, städtische Notstandsarbeiten durchzuführen; beschäftigt werden sollen nur Arbeiter, die schon länger in Frankfurt ihren Wohnsitz haben; die Arbeiten sollen nur im Winter durchgeführt werden; die Vergütung soll unter dem ortsüblichen Tagelohn liegen]

Nachdem in den letzten Wintern eine größere Anzahl arbeitsloser Personen wiederholt und längere Zeit hindurch auf städtische Kosten mit Steinklopfen, Erdarbeiten und Straßenreinigung beschäftigt worden ist, hat der Magistrat anläßlich der angeschlossenen Resolution einer am 15. Januar v. J. abgehaltenen Arbeitslosenversammlung[3] die unterzeichnete Kommission mit der Prüfung der Frage der Fürsorge für arbeitslose Personen beauftragt.[4]

Es darf als bekannt vorausgesetzt werden, daß diese nach vielen Richtungen hin schwierige Frage in letzter Zeit gleichzeitig in England von der Royal Commission of Labo[u]r[5] in ausführlicher Weise erörtert ist sowie daß in der Schweiz verschiedene gesetzgeberische Versuche zu ihrer Lösung beschlossen oder beantragt sind (St. Gallen, Basel-Stadt, Bern[6]).

Indem die Kommission nunmehr Bericht erstattet, glaubt sie, zuvörderst ausdrücklich hervorheben zu sollen, daß sie die ihr überwiesene Frage nur dahin versteht, ob und inwieweit eine derartige Fürsorge seitens der städtischen Verwaltung zu beschaffen wäre, da die weiter greifende Frage, ob und inwieweit andere (staatliche oder gewerbliche) Verbände in dieser Richtung eine Tätigkeit entfalten können, über die Grenze der lokalen städtischen Verwaltung hinausgeht.

Es wird daher auch die Frage einer obligatorischen Arbeitslosenversicherung[7] – wie letztere vor kurzem durch Staatsgesetz im Kanton St. Gallen zugelassen, freilich noch nicht verwirklicht ist und sich in Basel-Stadt und Zürich in Vorbereitung befin-

---

1 Institut für Stadtgeschichte Frankfurt am Main Magistratsakten T 182 Bd. 1, n. fol.

2 Die Kommission setzte sich zusammen aus Oberbürgermeister Dr. Franz Adickes, den besoldeten Stadträten Dr. Karl Flesch, Dr. Stephan Alexander Matti, Johann Daniel Mouson und dem Stadtverordneten Johann Heinrich Roth.

3 Vgl. Nr. 28.

4 Magistratsbeschluß vom 19.1.1894 (Institut für Stadtgeschichte Frankfurt a. M. Magistratsakten T 182 Bd. 1, n. fol.).

5 Anmerkung in der Quelle: *Vgl. Sozialpolitisches Centralblatt 1894, III. Jahrgang, Seite 545-548* (Emil Loew: Die Royal Commission on Labour).

6 Anmerkung in der Quelle: *Vgl. Schweizerische Blätter für Wirtschafts- und Sozialpolitik von* (Otto) *Wullschleger vom 2. Dezember 1894* (dort: Georg Adler, Die Arbeitslosen-Versicherung im Kanton Basel-Stadt, S. 361-368; Das Scheitern der Arbeitslosenversicherung im Kanton St. Gallen, S. 392).

7 Zur bisherigen Diskussion über die Schaffung einer Arbeitslosenversicherung in der Öffentlichkeit wie in der Regierung vgl. Nr. 27, Nr. 69-72 und Nr. 75 Bd. 1 der III. Abteilung dieser Quellensammlung.

det – eines weiteren Eingehens nicht bedürfen, da sie eben nur durch Staatsgesetz eingeführt werden kann.

Eine fakultative Arbeiterversicherung aber, wie sie in Bern versucht ist, scheint kaum Aussichten auf Erfolge zu eröffnen – wie denn auch in der Schweiz die neueren Vorgänge sich nur auf die obige Versicherung beziehen. Jedenfalls wird eine dem Zuzug so ausgesetzte Stadt wie Frankfurt a. M. einem Experiment in dieser Richtung sich um so eher verschließen müssen, als dadurch der Zuzug von außen nur gesteigert und die Lage der hiesigen Arbeiter nur verschlechtert werden könnte.

I.

Unter den großen Schwierigkeiten, welche die Materie auch in der erwähnten Begrenzung bietet, steht in erster Linie die Feststellung, wann Arbeitslosigkeit in dem Sinne, daß die Gemeinde eine besondere Fürsorge zur Abwendung derselben zu entwickeln hat, als vorhanden anzusehen ist.

Denn zunächst wird es keiner weiteren Begründung bedürfen, daß Arbeitslosigkeit an und für sich der Gemeinde nicht wohl Veranlassung zur Entfaltung besonderer Fürsorge bieten kann.

Wenn es sich nur darum handelt, daß einzelne mit ihrem Willen oder gegen denselben ihre Arbeitsstelle verloren haben, wird es Sache der Betreffenden sein müssen, sich anderweit Arbeit zu suchen oder aber – in Fällen besonderer Not – die öffentliche Armenpflege anzurufen.

Insoweit ferner Arbeitslosigkeit infolge von Arbeitseinstellungen oder Aussperrungen in Betracht kommt, wird eine Parteinahme der Gemeinde durch Arbeitsgewährung oder andere Unterstützung regelmäßig von selbst ausgeschlossen sein.

Ebensowenig wird die Gemeinde ohne weiteres deshalb eintreten können, weil die Überbesetzung einzelner Gewerbe die Erlangung von Arbeitsgelegenheit zeitweilig erschwert oder weil ein nur in einzelnen Teilen des Jahres betriebenes Gewerbe keinen für das ganze Jahr ausreichenden Verdienst verschafft. Vielmehr wird auch in diesen Fällen prinzipiell daran festzuhalten sein, daß wie im kaufmännischen Beruf, bei Bürobeamten, Schreibern und andern Berufen, so auch im gewerblichen Leben die Erlangung von Arbeit die Aufgabe der Arbeiter selbst ist, wenn auch die Gemeinde durch Einrichtung von Arbeitsnachweisstellen – wie eine solche hier bereits beschlossen ist – in gewissem Umfang vielleicht beihelfend einzugreifen vermag.

Im Gegensatz zu der eingangs erwähnten Resolution der Arbeiter wird hiernach eine Verpflichtung der Gemeinde zur Fürsorge für Arbeitslose schlechthin durchaus abzulehnen sein.

Wohl aber wird, wenn die Arbeitslosigkeit in größerem Umfang und mit längerer Dauer eintritt, eine solche Gestaltung der tatsächlichen Verhältnisse eintreten können, daß angesichts der schweren Bedenken, welche aus sittlichen wie sozialen Gesichtspunkten der öffentlichen Armenunterstützung arbeits- und erwerbsfähiger Personen entgegenstehen, es ratsam, ja allein richtig erscheint, durch Beschaffung sogen[annter] Notstandsarbeiten von Stadt wegen die Existenz der betroffenen Arbeiterfamilien aufrechtzuerhalten. Dies kann namentlich dann der Fall sein, wenn die Zeit der außergewöhnlichen Arbeitslosigkeit mit der die wirtschaftlichen Bedürfnisse der ärmeren Bevölkerung erheblich steigernden Winterszeit zusammenfällt.

II.

Bei der Organisation und Zuweisung derartiger Arbeiten wird aber die Gemeinde äußerst vorsichtig zu Werke gehen müssen, damit nicht das Übel, dem abgeholfen werden soll, durch Steigerung des Zuzugs zur Stadt vermehrt und erweitert und zugleich die Gefahr eines Rückgangs der Löhne dadurch herbeigeführt wird, daß die Arbeiter auf diese städtischen Einrichtungen als eine regelmäßige Erwerbsquelle hingewiesen werden können. Als maßgebende Gesichtspunkte kommen bei der Organisation solcher Arbeiten folgende in Betracht:

1. Die Stadtgemeinde darf nicht alle Arbeitslosen, welche sich melden, ohne weitere Feststellung der persönlichen Verhältnisse beschäftigen. Sie wird insbesondere nur solchen Leuten Arbeit geben können, die hier seit längerer Zeit wohnen oder wenigstens regelmäßig ihre Arbeitsstätte haben, also nur diejenigen, welche unter normalen Verhältnissen hier ihre Arbeit und ihren Unterhalt finden; Unverheiratete werden nur dann, wenn sie Ernährer ihrer Angehörigen sind, zuzulassen sein und Saisonarbeiter jedenfalls dann auszuschließen sein, wenn deren Lohn während der Arbeitsperiode so hoch bemessen ist, daß er auch für die Ruhezeit mit ausreicht.

2. Es ist daran festzuhalten, daß es sich bei diesen Notstandsarbeiten um eine ganz außergewöhnliche und vorübergehende Einrichtung handelt, welche behufs Vermeidung der Armenpflege eintritt und lediglich den Zweck verfolgt, den betreffenden Arbeiter über die Zeit der dringendsten Not hinwegzuhelfen.

Hieraus folgt zunächst, daß, wie bereits angedeutet, die Veranstaltung von Notstandsarbeiten – von ganz besonderen Fällen abgesehen – nur während der Winterszeit zu erfolgen hat, wo erfahrungsmäßig regelmäßige Arbeit schwerer zu finden ist und andererseits die Bedürfnisse gerade der ärmeren Bevölkerung naturgemäß zunehmen. Es wird ferner tunlichst zu vermeiden sein, regelmäßig jeden Winter derartige Notstandsarbeiten zu gewähren, vielmehr wird die Verwaltung nur bei einem Zusammentreffen wirtschaftlich besonders ungünstiger Verhältnisse einzugreifen haben, da sonst die Gefahr einer Gewöhnung der Arbeitgeber und der Arbeiter an diesen Zustand eintritt, welcher unter Umständen – wie oben angedeutet – zu einer unbeabsichtigten und ungerechtfertigten Lohnerleichterung der Arbeitgeber führen und für die Arbeiter einen Anlaß zu geringerer Sparsamkeit und Vorsorge während der besseren Jahres- und Arbeitszeit bieten kann. Überdies würde grade eine regelmäßige Beschaffung von Notstandsarbeiten die eben erwähnte Gefahr begründen, daß die Ansammlung überschüssiger Arbeitskräfte am Ort durch auswärtigen Zuzug noch verstärkt und damit die Lage gerade der arbeitenden Bevölkerung verschlechtert wird.

3. Aus dem erwähnten Charakter der Notstandsarbeit folgt ferner, daß die Vergütung für dieselbe nicht wie der sonstige Arbeitslohn die gesamten (einmaligen und dauernden) Bedürfnisse zu befriedigen hat, sondern nur die Bestreitung des täglich nötigen Lebensunterhalts ermöglichen soll und demgemäß den ortsüblichen Tagelohn gewöhnlicher Handarbeiter in der Regel nicht erreichen darf. Dies ist auch um deswillen geboten, weil andernfalls das Interesse der Beschäftigten an der Aufsuchung anderer lohnender Arbeit allzusehr abgeschwächt werden würde. Andererseits wird bei Feststellung der Arbeitsbedingungen auch der Schein zu vermeiden sein, als sollten die Arbeiter durch niedrigen Lohn ausgebeutet werden. Es wird also bei strenger Überwachung der Arbeiter doch durch eine angemessene Beschränkung der Zahl der Arbeitsstunden, durch möglichste Erleichterung der Aufsuchung anderer Arbeit und durch humane Gestaltung der äußeren Arbeitsbedingungen dafür zu sorgen sein, daß die Arbeit, die nicht so lohnend wie die freiwillige sein darf, doch nicht als ungerechte Zwangsmaßregel gegen unverschuldet Arbeitslose empfunden werde.

4. Anlangend die für Notstandsbeschäftigung geeigneten Arbeiten, so ist deren Auswahl allerdings gerade im Winter eine sehr beschränkte, da nicht nur die eigent-

liche Bautätigkeit, sondern auch der Wegbau und die Grabarbeiten, also gerade die einfachsten Arbeiten zur Zeit strenger Kälte nicht verrichtet werden können. Es wird daher zu erwägen sein, ob nicht einzelne Arbeiten, insbesondere das Steineklopfen in noch höherem Grade, als dies bisher bereits geschehen ist, vom Sommer auf den Winter verlegt werden kann. Allerdings ist nach dem anliegenden, uns zur Kenntnis überwiesenen und zurückerfolgenden Bericht des Tiefbauamts vom 24. April 1894[8] (Magistratsbeschluß vom 5. Mai 1894 Nr. 302)[9] hierbei nicht außer acht zu lassen, daß das Steinklopfen durch Arbeitslose der Erfahrung nach nicht nur wegen der quantitativ geringen Arbeitsleistung bedeutend teurer, sondern auch qualitativ unvorteilhaft ist, da auch beim Steinklopfen eine gewisse Kunstfertigkeit zur Erreichung eines gleichmäßigen Steinschlags nötig ist. Es wird ferner im Winter die Zahl der in einzelnen Arbeitszweigen tätigen Personen, z. B. bei der Straßenreinigung, auch um etwas erhöht werden können, da der an sich vielleicht nicht unbedingt erforderlichen Mehrarbeit doch ein gewisser Gegenwert in der der Bürgerschaft durch die häufigere Straßenreinigung geschaffenen Annehmlichkeit gegenübersteht.

Was die städtischen wirtschaftlichen Betriebe anlangt, so führt bei denselben naturgemäß der Winter regelmäßig zu einer Einschränkung der Arbeitstätigkeit, so z. B. bei der Hafen- und Lagerhausverwaltung infolge des Frostes und der dadurch bedingten Einstellung der Schiffstransporte, und ähnlich steht es bei den andern Betrieben. Es können daher hier nur wie bisher vorsorgliche Einrichtungen nach Maßgabe der Verhältnisse in der Richtung getroffen werden, daß mit möglichster Schonung und unter Berücksichtigung individueller Verhältnisse, nötigenfalls unter Verkürzung der Arbeitszeit, die harten Folgen des eintretenden Arbeitsmangels nach Möglichkeit vermieden werden.

5. Die weitere Frage, ob an der bis jetzt erfolgten Art der Auslohnung der mit Notstandsarbeiten Beschäftigten sowie der bisherigen Tätigkeit des Armenamts auf die Auswahl der einzustellenden Arbeiter Änderungen vorzunehmen sind, dürfte bis zu weiteren Erfahrungen auf diesem Gebiet zu verneinen sein. Es ist zu erwägen, wie vorsichtig bei der ganzen Einrichtung im Interesse der Arbeiter selbst vorgegangen werden muß und wie sehr manche anscheinende Härte ihren Grund gerade in dem Bedenken hat, daß ein allzu bereitwilliges Darbieten der Notarbeit schließlich die hiesigen Arbeiter selbst schädigen müßte.

Ebenso hat die Einführung eines Akkordlohnsystems, so naheliegend diese Änderung des bisher ausschließlich angewandten Stundenlohns scheint, manche große Schwierigkeit. Sie bedeutet, wenn sie allgemein, d. h. für alle Arbeitsuchenden eingeführt wird, eine Verschärfung der Härte der Arbeit gegenüber dem an die Arbeit nicht gewöhnten gewerblichen Arbeiter und vermindert gerade für die an derartige ungelernte Arbeit gewöhnten Leute den Anreiz, sich bei anderer, möglicherweise anstrengender Arbeit (z. B. der Eisernte) zu beschäftigen. Immerhin mag es wohl möglich sein, vielleicht gerade für die gewerblichen Arbeiter eine besondere Art der Löhnung zu versuchen, die auch auf das Maß der geleisteten Arbeit eine gewisse Rücksicht nähme.

---

8 Bericht des Stadtrats Dr. Rudolf Schrader an den Magistrat vom 24. April 1894 (Institut für Stadtgeschichte Frankfurt a. M. Magistratsakten T 182 Bd.1, n. fol.).

9 Magistratsbeschluß vom 5. Mai 1894 (Institut für Stadtgeschichte Frankfurt a. M. Magistratsakten T 182 Bd.1, n. fol.; der Bericht des Tiefbauamts sei der zur Prüfung der Frage der Fürsorge für arbeitslose Personen eingesetzten Magistratskommission mitzuteilen).

III.

Durch die allgemeinen Darlegungen unter I. und die Ausführungen über die Grenzen, innerhalb deren sich die Beschaffung von Notarbeit seitens der Stadt zu halten haben wird, sind bereits der Eingang der Resolution[10] und deren wichtigste Forderung (Nr. 4) erledigt.

Es verbleiben noch zu erörtern die Forderungen unter 1 – 3, betreffend Errichtung von Wärmehallen, täglich zweimalige Verabreichung warmer Speisen und Schaffung eines Asyls für Obdachlose.

1. Von diesen Forderungen ist auf die zweite überhaupt nicht einzugehen. Eine Notwendigkeit, die Tätigkeit des Armenamts und der wohltätigen Vereine in dieser Art zu ergänzen, ist hier noch nicht hervorgetreten.

Diejenigen Personen insbesondere, die aus an sich höchst ehrenhaften Motiven diesen Veranstaltungen fernbleiben, werden noch viel weniger sich zu solchen Verteilungen von Speisen herandrängen, bei denen die Scheidung zwischen Not und unverschuldeter Armut und zwischen Arbeitsscheu und sonstiger selbstverschuldeter Bedrängnis ganz unmöglich ist.

2. Anlangend „die Wärmehallen", so wird die bessere Organisation des Arbeitsnachweises von selbst dazu führen, daß Räume beschafft werden, in denen sich beschäftigungslose Leute, die nach Arbeit suchen, tagsüber aufhalten können. Ebenso wie in Lüttich die Einrichtung von Wärmehallen zum Ausgangspunkt für die Beschaffung eines städtischen Arbeitsnachweises geworden und wie sich der Berliner Verein für Arbeitsnachweis[11] veranlaßt gesehen hat, mit seinen Einrichtungen zum Arbeitsnachweis die Bereitstellung von Räumen für die Beschäftigungslosen in Verbindung zu bringen,[12] wird auch hier die auf Anregung der städtischen Behörden seit Jahren geplante, demnächst ins Leben tretende Errichtung des städtischen Arbeitsnachweises den Nebenvorteil haben, beschäftigungslosen Arbeitern einen vor der Witterung geschützten Aufenthalt zu bieten. Es mag nur noch bemerkt sein, daß im Frankensteinerhof[13] im Winter 1892 auf 1893 in Verbindung mit dem damals gemachten Versuch des Arbeitsnachweises eine Wärmehalle eingerichtet war, die indessen nur sehr wenig in Anspruch genommen wurde. Dies kann nicht darauf zurückgeführt werden, daß ihre Existenz unbekannt gewesen wäre, denn dieselbe ist in den hiesigen Zeitungen besprochen und abgebildet worden. Wäre das Bedürfnis nach Wärmehallen im engeren Sinne so unbestreitbar vorhanden wie vielfach behauptet wird, so würde auch der große, bequem zugängliche und mit Zeitungen, Landkarten, Fahrplänen usw. versehene Saal, in welchem die Volksküche Speisen und Getränke verabreichte, in höherem Grade benutzt worden sein.

3. Schwieriger steht die Frage bezüglich des beantragten Asyls für Obdachlose. Daß in sehr großen Städten wie Berlin, Paris, Hamburg, wo sich Tausende von unbekannten obdachlosen und existenzlosen Personen finden, Räume erforderlich sind, in welchen alleinstehende Leute, die sich eine Unterkunft nicht zu beschaffen vermochten, eine solche vorübergehend unentgeltlich finden können, ist sicher. Dagegen beweist die Erfahrung, daß in Städten mittlerer Größe, wo noch ein gewisser

[10] Vgl. Nr. 28.
[11] Vgl. Nr. 25 Anm. 3.
[12] Centralverein für Arbeitsnachweis in Berlin: Geschäftsbericht für das Jahr 1892, S. 21-25 (Institut für Stadtgeschichte Frankfurt a. M. Magistratsakten T 198 Bd. 1, n. fol.).
[13] Vgl. Nr. 24 Anm. 20.

Überblick über die persönlichen Bedürfnisse und Verhältnisse der ärmeren Bevölkerung möglich ist, eine geordnete Armenpflege diesen Mangel bis zu einem gewissen Grad zu ersetzen vermag, wie denn außer Berlin und Hamburg wohl kaum eine Stadt in Deutschland ein von dem Armenhaus und den sonstigen Einrichtungen der Armenpflege getrenntes Asyl für Obdachlose haben wird.[14]

Die Kommission konnte daher zur Zeit das Bedürfnis nach einem derartigen Asyl wenigstens nicht in dem Maße anerkennen, daß die Errichtung eines solchen von Stadt wegen zu befürworten wäre, was nicht ausschließt, daß die Stadt der Errichtung derartiger Asyle seitens Privatvereine fördernd gegenübersteht.

Die Kommission muß sich daher, vorbehaltlich weiter abzuwartender Erfahrungen, zur Zeit auf folgende Anträge beschränken:

1. An der bisherigen Weise der Annahme Arbeitsloser durch Vermittlung des Armenamts und der Beschäftigung derselben durch das Tiefbauamt und Feuer- und Fuhramt ist zunächst festzuhalten.

2. Das Tiefbauamt und das Feuer- und Fuhramt werden angewiesen, Anträgen des Armenamts auf die Einstellung von Arbeitslosen für Straßenreinigung, Erdarbeiten, Steinklopfen usw. nach Möglichkeit nachzukommen; zugleich hat das Tiefbauamt rechtzeitig dafür zu sorgen, daß derartige geeignete Arbeiten für die strenge Jahreszeit tunlichst zur Verfügung stehen.

3. Der Magistrat erklärt sich mit der bisherigen Handhabung der städtischen Hafenkommission, wonach zu Zeiten naturgemäßer Verminderung der Arbeit bei der Hafen- und Lagerhausverwaltung die unvermeidbaren Arbeiterentlassungen durch möglichste Schonung und Berücksichtigung individueller Verhältnisse, nötigenfalls unter Verkürzung der Arbeitszeit, gemildert bzw. nach Möglichkeit vermieden werden, ausdrücklich einverstanden.

4. Bei Errichtung der städtischen Arbeitsnachweisstelle[15] ist zugleich auf Bereitstellung geeigneter heizbarer Räume zum Aufenthalt für die Arbeitnachsuchenden des Tags über Bedacht zu nehmen.

5. Dieser Bericht ist abschriftlich dem Armenamt, dem Tiefbauamt, der städtischen Hafenkommission, dem Feuer- und Fuhramt sowie der Baudeputation und der Stadtkämmerei mitzuteilen.

---

[14] Einen Überblick über die Unterbringungsmöglichkeiten für Obdachlose in 181 Städten geben die Antworten auf eine Fragebogenaktion des Deutschen Vereins aus dem Jahr 1892 (Karl Lange, Referat [Die Fürsorge für Obdachlose], in: Die Fürsorge für entlassene Sträflinge … [Schriften des deutschen Vereins für Armenpflege und Wohlthätigkeit, Heft 16], Leipzig 1892, S. 291-457). Demnach wurden Obdachlose in zahlreichen Städten in Armenhäusern oder auch in Polizeigewahrsam untergebracht. Dennoch wurde aber auch öfter, als der abgedruckte Bericht erwarten ließe, von eigenen städtischen Obdachlosenasylen berichtet. Ein Beispielfall hierfür war Breslau, wo 1880 ein neues Obdachlosenasyl mit 150 Plätzen eröffnet worden war ([Albert] Pieles, Städtisches Asyl für Obdachlose, in: Magistrat der königl. Haupt- und Residenzstadt Breslau [Hrsg.], Gesundheits- und Wohlfahrtspflege der königl. Haupt- und Residenzstadt Breslau, Breslau 1912, S. 233-237).

[15] Vgl. Nr. 26.

Nr. 39

1895 Februar 17

Bericht[1] des Vorstands des bayerischen Statistischen Büros Karl Rasp[2] an den Innenminister Maximilian Freiherr von Feilitzsch[3]

Metallographie

[Überblick über die Einrichtungen der Kinder- und Jugendfürsorge in Bayern: Kleinkinderfürsorge, Fürsorge für verlassene, verwahrloste und verwaiste Kinder und Jugendliche im schulpflichtigen Alter, Einrichtungen für Kinder mit besonderen Beeinträchtigungen]

Die Fürsorge für die verlassene und verwahrloste Jugend erfreut sich in Bayern einer weitgehenden Pflege. Privatvereine wie Gemeinden, Distrikte und Kreise wetteifern in dem Bestreben, jene Aufgabe edelster Art lösen zu helfen.

Der Begriff der verlassenen und verwahrlosten Kinder umfaßt alle die Kinder, deren leibliches oder sittliches Wohl durch ihre häuslichen Verhältnisse, die Eigenschaften der Eltern und d[er]gl[eichen] gefährdet erscheint oder welche durch unsittliche oder verbrecherische Neigungen dem öffentlichen Wohl schädlich geworden sind oder zu werden drohen.

I.

Was die Obsorge für die kleinen Kinder betrifft, so kommen als Anstalten, welche jener sich widmen, in Frage: Krippenanstalten, Kleinkinderbewahranstalten, Kindergärten, Findelhäuser.

<u>Die Krippenanstalten</u> sind Säuglingsbewahranstalten, in denen Kinder vom jüngsten Alter von 3 Tagen bis zu demjenigen Alter – meist bis zum vollendeten 3. Lebensjahr – aufgenommen werden, in welchem sie, der besonderen körperlichen Pflegebedürftigkeit entwachsen, sich zum Übertritt in die Kinderbewahranstalt eignen. Aufnahme finden daselbst Kinder von armen oder doch dürftig lebenden Eltern, welchen hierdurch ermöglicht wird, außer Hause ihrer Arbeit nachzugehen.

<u>Die Kleinkinderbewahranstalten und Kindergärten</u> haben im allgemeinen den Zweck, 3- bis 6jährige Kinder von des Tages außer Hause beschäftigten Eltern zu bewahren und sittlich zu bilden. Meist wird eine Familien- und Volkserziehung nach Fröbelschen[4] Grundsätzen, geeignet, Leib und Geist zu kräftigen wie zu bilden, zu fördern gesucht. Die Kinder werden vom Morgen bis zum Abend bewahrt, beköstigt, beschäftigt. Mit den Kinderbewahranstalten sind nicht selten Kinderschulen verbunden; in letzteren wird zugleich im Spielen etwas unterrichtet, wobei namentlich auf den Gesang Wert gelegt wird.

---

1 Bayerisches Hauptstaatsarchiv München MInn 52830, n. fol.
Anlaß für den Bericht war eine Anfrage der italienischen Gesandtschaft in München an das bayerische Außenministerium vom 10.1.1895 gewesen. Der zuständige Innenminister Maximilian von Feilitzsch hatte darauf das Statistische Büro am 26.1.1895 beauftragt, Material über die Fürsorge für verlassene bzw. verwahrloste Kinder vorzulegen (BayHStA München MInn 52830, n. fol.).

2 Karl Rasp (1848-1927), Oberregierungsrat im bayerischen Innenministerium, seit 1887 Leiter des bayerischen Statistischen Büros.

3 Maximilian Freiherr von Feilitzsch (1834-1913), Jurist, seit 1881 bayerischer Innenminister.

4 Friedrich Fröbel (1782-1852), Pädagoge, Begründer der Kindergärten.

Die vorgeschilderten Krippen, Kleinkinderbewahranstalten und Kindergärten stehen teils unter der Verwaltung von Privatvereinigungen, welche solche ins Leben gerufen haben, teils – und das ist bei weitem die Mehrzahl – unter Verwaltung der Gemeinde bzw. der gemeindlichen Armenpflege.

Im einzelnen ergibt die Statistik in bezug auf Zahl, auf den Zweck verwendete Ausgaben, unterstützte Personen, rentierendes Vermögen der in Rede stehenden Anstalten folgendes:

I. Private II. Gemeindliche

Krippen- und Kleinkinderbewahranstalten

R[e]g[ierun]gs-bezirk	Zahl	Ausgaben auf den Zweck	Unter-stützte Personen[5]	Rentierendes Vermögen	Zahl	Ausgaben auf den Zweck	Rentierendes Vermögen
Oberbayern	33	117 657	3 836	587 275	41	37 593	236 603
Niederbayern	12	10 746	818	57 293	19	15 160	172 668
Pfalz	37	34 648	3 211	55 732	31	33 939	224 838
Oberpfalz	5	7 139	180	30 900	8	4 814	12 965
Oberfranken	15	20 774	1 154	74 073	6	4 458	35 948
Mittelfranken	18	37 212	1 591	150 514	35	53 218	199 773
Unterfranken	22	25 122	1 654	156 988	58	38 613	280 733
Schwaben	20	57 872	1 946	229 526	14	15 372	37 799
Königreich 1892	162	311 170	14 390	1 342 301	212	203 167	1 201 327

Die Gesamtzahl der Zöglinge, welche in den Kleinkinderbewahranstalten Aufnahme fanden, betrug im Jahre 1892: 34 759 (1891: 32 782, 1890: 31 819).

Bei den Kindergärten nach Fröbelschem Muster, geleitet von weltlichen Lehrerinnen (Diakonissinnen und dergleichen), war die Zahl der Zöglinge im Jahr 1892: 4 247 (3 977, 3 897).

Die Findelhäuser, in welchen für Findlinge gesorgt wird, stehen meist in enger Beziehung zu den Waisen- und Rettungshäusern und sind bisher in der Statistik von den letzteren nicht ausgeschieden worden; über ihre Ausdehnung gibt daher zum Teil mit die unten hinsichtlich der Rettungshäuser angeführte Statistik näheren Aufschluß.

Nicht alle kleinen Kinder, welche zu Hause der erforderlichen Obsorge entraten, werden in der vorerwähnten Weise verpflegt. Es kommt auch vor, daß Kinder anstatt an Anstalten obiger Art an Kostfrauen – meist ältere Frauen – übergeben werden, woferne sich nicht besondere Familien bereit erklären, dergleichen hilflose Kinder bei sich aufzunehmen. Erfolgt die Annahme fremder Kinder unter 8 Jahren in Pflege oder Erziehung gegen Bezahlung, so ist zur Annahme solcher Kostkinder seitens derjenigen, welche einen Erwerbszweig daraus machen, die Bewilligung der Distriktspolizeibehörde einzuholen; die letztere ist verpflichtet, vor Erteilung der Bewilligung sich genau in bezug auf die Verlässigkeit der betreffenden Personen jeweils zu informieren. Die Bewilligung ist jederzeit widerruflich und muß zurückgezogen werden, sobald sich Mißstände zeigen. Zu letzterem Behufe haben die

[5] Anmerkung in der Quelle: *Die Zahl der unterstützten Personen kann aufgrund der vorhandenen Statistik bei den gemeindlichen Krippen etc. nicht angegeben werden.*

Polizeibehörden von Zeit zu Zeit Kontrolle zu pflegen und namentlich auf etwaige Todesfälle von Kostkindern zu achten. (Artikel 41 des bayerischen Polizei-Strafgesetzbuchs vom 26. Dezember 1871[6])

II.

Die Fürsorge für die werktagsschulpflichtige (6.–13. Lebensjahr) Jugend, soweit letztere als verlassen oder verwahrlost erscheint, geschieht in Kinderhorten, Waisen- und Rettungshäusern, Suppenanstalten.

Die Kinderhorte, deren es besondere Knaben- und Mädchenhorte gibt, verfolgen den Zweck, werktagschulpflichtige Kinder unbemittelter Eltern während eines Teils der schulfreien Zeit durch geeignete Personen in bestimmten Lokalen zu beaufsichtigen, nützlich zu beschäftigen oder in Verstand und Gemüt anregender Weise zu unterhalten. Zu dem Ende ist in der Regel ein jüngerer Lehrer von dem betreffenden Hort beauftragt, gegen Entgelt einen gewissen Teil seiner freien Zeit den Zöglingen des betreffenden Hortes zu widmen.

Die Zahl der Knaben- und Mädchenhorte einschließlich der Hospizien und Lehrlingshorte, welche hier nicht ausscheidbar sind, betrug 1892: 40, 1891: 38, 1890: 35. Die Gesamtzahl der verpflegten Zöglinge bezifferte sich im Jahre 1892 auf 2821 (2725, 2335).

Eine gesetzliche Handhabe, um wider den Willen der Eltern oder Vormünder eine bessere Erziehung der verwahrlosten Kinder herbeizuführen, gibt Art[ikel] 81 des bayr[ischen] Polizeistrafgesetzbuchs; danach wird derjenige, welcher ihm angehörige oder anvertraute Kinder, Kranke, Gebrechliche, Blödsinnige oder andere hilflose Personen in bezug auf Schutz, Aufsicht, Verpflegung oder ärztlichen Beistand verwahrlost, an Geld bis zu 90 M. oder mit Haft bis zu 4 Wochen bestraft. Im Strafurteil kann ausgesprochen werden, daß die Polizeibehörde – das ist die Distriktspolizeibehörde der Heimat des betreffenden Verwahrlosten – ermächtigt sei, in anderer Weise für die Unterbringung dieser Person auf Kosten des Pflichtigen zu sorgen. Ferner kann nach Art[ikel] 36 des Armengesetzes vom 29. April 1869[7] der Armenpflegschaftsrat die Fortsetzung der Unterstützung von Kindern, deren Erziehung vernachlässigt wird, davon abhängig machen, daß ihm solche Kinder zur besseren Unterbringung und Erziehung überlassen werden, wobei bemerkt wird, daß nach Art. 10 Abs[atz] 2 Ziff[er] 4 des angeführten Gesetzes die Gemeinde u. örtlichen Armenpflegen allgemein verpflichtet sind, armen Kindern die erforderliche Erziehung u. Ausbildung zu verschaffen, u. daß nach Art. 38 Ziff. 4 desselben Gesetzes die Errichtung von Distriktsanstalten zur Erziehung armer verwahrloster Kinder zu den Aufgaben der Distriktsarmenpflege gehörten.

In vielen Fällen erfüllt Armenpflege oder Privatwohltätigkeit die Fürsorge für verwahrloste Kinder durch Unterbringung in Waisen- oder Rettungshäusern. Sie befolgen prinzipiell den Besserungszweck hinsichtlich ihrer Pfleglinge. Diesen Zweck suchen sie vornehmlich durch Unterricht, Seelsorge und Anleitung zur Arbeit zu erreichen und andererseits durch Fürsorge nach der Entlassung zu sichern. Häufig werden sogar bereits in die Lehre getretene Waisenknaben noch von der Anstalt mit

---

[6] Art. 41 des bayerischen Polizeistrafgesetzbuches bedrohte mit einer Geldstrafe, wer fremde Kinder unter acht Jahren ohne Bewilligung der Polizeibehörde gegen Bezahlung in Pflege oder Erziehung nahm oder nach entzogener Bewilligung behielt (Gesetz-Blatt für das Königreich Bayern 1871-1872, Sp. 9).

[7] Nr. 194 Bd. 7, 2. Halbband, der I. Abteilung dieser Quellensammlung.

Kleidern und Wäsche versehen und durch Geldbewilligung auf Rechnung des Waisenfonds untergebracht.

Die bestehenden Rettungsanstalten beruhen zumeist auf religiöser Grundlage, verdanken ihre Entstehung der Stiftung eines einzelnen oder eines Privatvereins, teilweise erfolgte ihre Gründung von Gemeinde oder Distrikts wegen.

Die Unterhaltung der Rettungsanstalten geschieht zunächst aus den freiwilligen Beiträgen der hiezu vereinigten Mitglieder, aus den Renten der hiefür etwa geschenkten Kapitalien, aus dem Ertrag, der von den Zöglingen gelieferten Handarbeiten und aus dem Kostgeld, welches für einzelne Pfleglinge von Privatpersonen oder Gemeinden und Armenpflegen an diese Anstalten entrichtet wird. Hiebei sind Gemeinde- und bzw. Armenpflege angewiesen, solche Anstalten teils durch Zuwendung der für dergleichen Zwecke bestimmten und nicht schon anderwärts verwerteten Stiftungsmittel, teils durch Übergabe von Pfleglingen gegen mäßiges Kostgeld zu unterstützen.

Daneben bestehen in mehreren größeren Orten gutdotierte Waisenfonds, welche in der Weise verwendet werden, daß arme Waisenkinder, welche in der betreffenden Stadt ihr Heimatrecht haben, aus Waisenfondsmitteln erforderlichenfalls bei Pflegeeltern oder in anderen Erziehungsanstalten untergebracht werden.

Über die Statistik der Erziehungs- und Rettungsanstalten, sowohl der privaten wie der gemeindlichen, insbesondere über die Zahl, über den auf den Zweck verwendedeten Kostenaufwand, über die Zahl der unterstützten Personen und das rentierende Vermögen gibt folgende Tabelle Aufschluß:

I. Private — II. Gemeindliche

Erziehungs- und Rettungsanstalten

Regierungsbezirke	Zahl	Ausgaben auf den Zweck	Unterstützte Personen[8]	Rentierendes Vermögen	Zahl	Ausgaben auf den Zweck	Rentierendes Vermögen
Oberbayern	16	400 639	1 485	742 225	12	143 682	2 270 128
Niederbayern	5	53 914	234	220 428	8	60 835	951 091
Pfalz	7	120 497	626	431 587	7	60 494	1 440 357
Oberpfalz	8	73 637	275	442 620	11	57 112	1 070 574
Oberfranken	7	50 032	241	226 364	8	55 391	681 524
Mittelfranken	9	151 190	404	719 688	12	115 780	1 174 199
Unterfranken	10	127 569	769	327 262	4	18 062	108 505
Schwaben	9	279 061	795	329 729	11	157 602	2 032 716
Königreich 1892	71	1 257 439	4 829	3 439 903	73	668 958	9 729 094

Was die Waisenstiftungen im speziellen angeht, so ergibt das Nähere über dieselben folgende Tabelle:

[8] Anmerkung in der Quelle: *Die Zahl der unterstützten Personen kann aufgrund der vorhandenen Statistik bei den gemeindlichen Erziehungs- und Rettungsanstalten nicht angegeben werden.*

Gemeindliche Waisenleistungen

Regierungsbezirk	Zahl	Ausgaben auf den Zweck/M.	Rentierendes Vermögen/M.
Oberbayern	15	32333	1316313
Niederbayern	3	1262	54378
Pfalz	3	3216	159555
Oberpfalz	6	3638	121629
Oberfranken	9	6031	385631
Mittelfranken	14	13904	369089
Unterfranken	13	6560	635312
Schwaben	27	20968	826890
Königreich 1892	90	87912	3868797

Die Zahl der in Rettungsanstalten verwahrten Kinder betrug im Jahre 1892 bei 33 Anstalten 3035 (1891: 2969, 1890: 3157).

Die Gesamtzahl der Zöglinge bei den Waisen- und Findelhäusern betrug 1892 bei 76 Anstalten 2879 (1891: 2821, 1890: 2885).

Was die Suppenanstalten betrifft, so haben dieselben, soweit sie sich mit der Fürsorge für die verwahrloste Jugend befassen, zumeist gemeindlichen Charakter, wenn schon auch mehrere dergleichen Anstalten unter Leitung von Privatvereinen stehen. Freie Suppe gewähren zwar auch manche Kinderhorte und Kleinkinderbewahranstalten ihren Pflegebefohlenen, indessen ihre Hauptbedeutung haben die Suppenanstalten, soweit sie zugunsten von Schulkindern bestehen. Solchen Schulkindern nämlich, welche das Schulhaus während der Mittagszeit nicht verlassen, wird als Ersatz für das Mittagessen eine warme Suppe gewährt, zu dem Behufe sind die betreffenden Anstalten in den größeren Städten, so in München, sämtlich in Schulhäusern untergebracht, und zwar sind im Parterre, teilweise im Souterrain, besondere Suppenküchen und Suppensäle eingerichtet.

Zur Beaufsichtigung und Beschäftigung der Kinder, welche den Mittagstisch in solchen städtischen Suppenanstalten genießen und während der Mittagszeit in den Schulräumen verweilen, werden in den einzelnen Schulen geeignete Persönlichkeiten – Hilfslehrer und Arbeitslehrerinnen – gegen besondere Vergütung angestellt.

Die Zahl der gemeindlichen Suppenanstalten betrug in Bayern anno 1892: 52 (1891: 53, 1890: 49). Hievon trafen auf Oberbayern 30, Niederbayern 11, Oberfranken 1, Mittelfranken 3, Unterfranken 1, Schwaben 6. Der Gesamtaufwand für den Zweck der Anstalten bezifferte sich auf 89863 M. (80829, 87762). Das rentierende Vermögen der sämtlichen Suppenanstalten belief sich auf 101863 M. (98962, 86475).

Für arme verlassene Kinder, Waisen und Findlinge wird sodann in der Weise gesorgt, daß die Armenpflege dieselben nach Befund und Gelegenheit bei gutgesinnten Nähreltern unterzubringen sucht. Zur Vermeidung der bei dieser Art von Unterkunft möglichen Mißstände werden jeweils die einschlägigen Verhältnisse genauestens geprüft. Dabei wird regelmäßig die Aufnahme und Verpflegung solcher Kinder bei Einzelfamilien von einer allgemeinen, von Zeit zu Zeit zu erneuernden ausdrücklichen Erlaubnis der vorgesetzten Distriktspolizeibehörde abhängig gemacht, und ist diese Erlaubnis bedingt durch ein vorgängiges Zeugnis des Armenpflegschaftsrats, bei dessen Ausstellung die Vorstände des Armenpflegschaftsrats erheben und prüfen sollen, ob die Aufführung und sonstigen Subsistenzmittel solcher Familien dergestalt sind, daß ihnen Kinder zur Pflege anvertraut werden können.

III.

Im übrigen wird die Fürsorge für die verlassene und verwahrloste Jugend durch besondere Vereine „zur Erziehung der verwahrlosten Jugend“ wahrgenommen. Ferner gehören die Staatserziehungs- und Besserungsanstalten hieher. An manchen Orten sind Sonderklassen für verwahrloste Kinder eingerichtet. Auch ist die Armenpflege in genannter Richtung weiterhin tätig und wird hiebei unterstützt von Distrikten und Kreisen.

Was die Zahl der Vereine zur Erziehung der verwahrlosten Jugend angeht, so bestanden deren im Jahre 1892 10 im Königreich; sie unterstützten 331 Personen durch einen Aufwand von 18 842 M. und verfügten über ein rentierendes Vermögen von 328 331 M.

Aufgrund eines strafrechtlichen Urteils erfolgt die Unterbringung verwahrloster Kinder in Erziehungs- und Besserungsanstalten gemäß § 56 des Reichsstrafgesetzbuchs[9]. Haben nämlich Angeschuldigte zu einer Zeit, wo sie das 12., aber nicht das 18. Lebensjahr vollendet, eine strafbare Handlung begangen, so ist nach dem zitierten § 56 im Urteil zu bestimmen, ob die betreffende Person ihrer Familie überwiesen oder in einer Erziehungs- oder Besserungsanstalt untergebracht werden soll; letzternfalls obliegt der Vollzug der Distriktspolizeibehörde, und hat die der betreffenden Erziehungs- und Besserungsanstalt vorgesetzte Kreisregierung, K[ammer] d[es] Innern, die Verwahrungsdauer festzusetzen. Dieselbe hat auch die Befugnis, die Entlassung vor Ablauf der Verwahrungsdauer zu verfügen, wenn der Erziehungszweck nicht erreicht werden kann. Die Einlieferung jugendlicher Personen in Erziehungsanstalten erfolgt regelmäßig nicht auf gewöhnlichem Schublieferungsweg, sondern durch verlässige Begleiter; die Einbehaltung des Kindes darf sich nicht über das vollendete 20. Lebensjahr desselben hinauserstrecken.

IV.

Die Fürsorge für Kinder, welche sich infolge körperlicher oder geistiger Gebrechen in einem besonderen Zustand der Verlassenheit oder Hilfsbedürftigkeit befinden, erstreckt sich im einzelnen auf taubstumme, blinde und krüppelhafte Kinder, zum Teil auf Kretinen, Epileptiker und sonstige Unheilbare.

Die Taubstummen erhalten eine Fürsorge in den Taubstummenanstalten. In bezug auf diese besteht in Bayern ein Zentral-Taubstummeninstitut[10] in München. Dasselbe ist eine Staatsanstalt und ist zugleich eine Taubstummen-Lehrerbildungsanstalt, welche dem Staatsministerium des Innern für Kirchen- und Schulangelegenheiten untersteht. Aufnahmefähig sind taubstumme Knaben und Mädchen, welche nicht unter 7 und nicht über 10 Jahre alt, bildungsfähig, gesund und frei von körperlichen Gebrechen sind. Der jährliche Unterhaltsbeitrag ist 390 M., Schulgeld 100 M., jährlicher Kleiderbeitrag 36 M., doch sind Freiplätze vorhanden. Außerdem sind noch 5 Kreis-Taubstummeninstitute und 7 Privatanstalten für Taubstumme in Bayern vorhanden.

---

[9] Der § 56 des StGB lautete: *Ein Angeschuldigter, welcher zu einer Zeit, als er das zwölfte, aber nicht das achtzehnte Lebensjahr vollendet hatte, eine strafbare Handlung begangen hat, ist freizusprechen, wenn er bei Begehung derselben die zur Erkenntnis ihrer Strafbarkeit erforderliche Einsicht nicht besaß. In dem Urteil ist zu bestimmen, ob der Angeschuldigte seiner Familie überwiesen oder in eine Erziehungs- oder Besserungsanstalt gebracht werden soll. In der Anstalt ist er so lange zu behalten, als die der Anstalt vorgesetzte Verwaltungsbehörde solches für erforderlich erachtet, jedoch nicht über das vollendete zwanzigste Lebensjahr.*

[10] Das Taubstummeninstitut war 1804 in Freising gemeinsam mit einer Stiftung für Freiplätze gegründet und 1826 nach München verlegt worden.

Die Gesamtzahl der Zöglinge in Taubstummenanstalten betrug 1892: 618 gegen 608 im Jahre 1891 und 605 im Jahre 1890.

Die Blinden erhalten eine Fürsorge in den Blindeninstituten. An deren Spitze befindet sich das Zentral-Blindeninstitut[11] in München; dasselbe besteht aus einer Erziehungsanstalt, einer Beschäftigungsanstalt und einer Versorgungsanstalt unter unmittelbarer Leitung des Kultusministeriums. Aufnahmsfähig sind Kinder im Alter von 7 – 12 Jahren mit völliger Erblindung, die erziehungs- und bildungsfähig sowie frei von Gebrechen sind. Die Aufenthaltsdauer beschränkt sich auf den elementaren und industriellen Unterricht, der bei begabten Kindern 10 – 12 Jahre umfaßt. Seit Januar 1893 ist mit dem Institut eine Versorgungsanstalt verbunden mit dem Zweck, ohne Unterschied des Glaubensbekenntnisses den weiblichen Zöglingen, welche sich nach ihrem Austritt aus dem Institut im Zustand der Hilflosigkeit oder Verlassenheit oder der sittlichen Gefährdung befinden, auf Lebensdauer Aufenthalt und Versorgung zu gewähren. An weiteren Anstalten sind in Bayern noch 3 vorhanden.

Die Zahl der Zöglinge betrug bei diesen 4 Blindeninstituten im Jahre 1892: 156 (1891: 181, 1890: 173).

Für krüppelhafte Kinder besteht in München eine „Zentralanstalt für Erziehung und Bildung krüppelhafter Kinder“[12] unter Leitung des Kultusministeriums. Es hat die Aufgabe, die mit den verschiedenartigsten Gebrechen behafteten Zöglinge durch Erziehung, Unterricht und körperliche Pflege mittels orthopädischer Behandlung so heranzubilden, daß diese beim Verlassen der Anstalt die Befähigung erlangt haben, ein Geschäft zu erlernen und so ihren Lebensunterhalt selbst sich zu verdienen. Die Aufnahme ist in der Regel auf 11- bis 14jährige Knaben und Mädchen beschränkt, welche sich in einem solchen Zustand der Krüppelhaftigkeit befinden, daß ihnen bei beendigter Werktagsschulpflicht der sofortige Eintritt in die Lehre nicht wohl möglich ist, mit keiner ansteckenden Krankheit behaftet sind, des Sehvermögens und des Gehörs nicht entbehren. Die Dauer des Aufenthalts in der Anstalt beträgt im allgemeinen 3 Jahre, doch kann dieselbe ausnahmsweise verlängert oder bei schnellerer, geistiger und leiblicher Entwicklung der Zöglinge verkürzt werden. Die Verleihung der aus Kreisfonds dotierten Freiplätze findet nur an solche krüppelhafte Kinder statt, welche dem betreffenden Regierungsbezirk durch Heimat angehören.

Weitere Anstalten zur Erziehung und Bildung krüppelhafter Kinder bestehen z[ur] Z[eit] in Bayern nicht, abgesehen von der eigenen Abteilung, welche an der Kranken- und Pflegeanstalt in Frankenthal für krüppelhafte Kinder eingerichtet ist.

Im Jahre 1892 betrug die Zahl der in den beiden genannten Anstalten vorhandenen Zöglinge 94 (1891: 98, 1890: 97).

Anstalten für Kretins, Epileptiker und Unheilbare sind in Bayern 20 an der Zahl vorhanden; dieselben sind teils Stiftungs-, teils Kreisanstalten. So finden in die Anstalt für männliche Unheilbare in Attl[13] zur Pflege Angehörige des Kreises Oberbay-

---

11 Das Königliche Zentralblindeninstitut war 1826 in Freising als Blindenerziehungsanstalt gegründet und 1837 mit angeschlossener Blindenbeschäftigungsanstalt nach München verlegt worden. Mit ihr war eine königliche Stiftung verbunden, die Freiplätze für arme Kinder finanzierte. Der Aufenthalt in der Anstalt endete mit dem 18. Lebensjahr.

12 Die Anstalt war 1832 von Johann Nepomuk Edler von Kurz als private Erziehungs-, Unterrichts- und Beschäftigungsanstalt für krüppelhafte Kinder gegründet und 1844 in eine staatliche Einrichtung umgewandelt worden.

13 Die Anlage der 1803 säkularisierten Abtei Attl war 1874 von den Barmherzigen Brüdern erworben und dort eine „Pflegeanstalt für männliche Unheilbare“ eröffnet worden.

ern Aufnahme, und zwar zeitweise oder auf Lebensdauer ohne Unterschied der Religion und des Alters nach dem 6. Lebensjahr. Zugelassen werden körperliche Kranke jeder Art, Schwache und Blödsinnige, auch Irrsinnige, wenn sie harmlos und für ihre Umgebung ungefährlich sind. Die Anstaltsleitung wird von Barmherzigen Brüdern besorgt, die Oberaufsicht führt die Kreisregierung.

Im Jahre 1892 befanden sich in 14 Anstalten der erwähnten Art 1 050 Pfleglinge (1891 in 12 Anstalten 992, 1890: 900).

Nr. 40

1895 März 27

Rede[1] des Oberlehrers Dr. Adolf Mannheimer[2] auf einer Armenpflegerversammlung in Frankfurt am Main

Druck

[Viele Minderbemittelte geraten durch die überhöhten Mietpreise in Not und müssen die Armenpflege in Anspruch nehmen; behoben werden kann die Wohnungsnot nur durch den Bau von preiswerten Zweizimmerwohnungen durch eine von der Stadt unterstützte Wohnungsbaugesellschaft]

Meine Herren! Die Frage der Mietzahlung für die Armen seitens der öffentlichen Armenpflege entbehrt noch der einheitlichen Regelung, außerdem fehlt es noch an vielen Stellen an der nötigen Erkenntnis der Wichtigkeit der Mietfrage in ihrem Zusammenhang mit den Aufgaben und der Ausgestaltung der Armenpflege überhaupt. Es wird um so nötiger sein, sich hier vor den versammelten Pflegern der Stadt Frankfurt a. M. mit dieser Frage eingehender zu beschäftigen, als sonst Gefahr vorhanden ist, daß falsche, in ihrer Tragweite unberechenbare Behauptungen unwidersprochen bleiben, wie die so oft geäußerte Meinung es ist: „Es gibt keine Wohnungsnot" oder „Die Stadt soll Wohnungen für ihre Armen bauen, wenn für diese keine vorhanden sind". Es ist Pflicht der Armenpfleger, gestützt auf ihre Erfahrungen, zu diesen und verwandten Fragen Stellung zu nehmen.

Sehr häufig wird die Ansicht geäußert, man müsse Gesuche um Zahlung der Miete Fall für Fall prüfen und nach den Umständen entscheiden. Ich will diese Art der Entscheidung der Frage die individuelle Methode nennen, welche Benennung überhaupt auf die Art der Bekämpfung der Armut paßt, welche den einzelnen Fall prüfen

---

[1] Herrscht in Frankfurt a. M. Wohnungsnot? Erörterung dieser Frage durch Reden öffentlicher Armenpfleger gehalten in der allgemeinen Armenpflegerversammlung am 27. März 1895. Herausgegeben von Dr. Adolf Mannheimer, Frankfurt a. M. 1895, S. 5-14 (Institut für Stadtgeschichte Frankfurt am Main Wohlfahrtsamt 1027, n. fol.).
Alljährlich einmal versammelten sich alle Frankfurter Armenpfleger, um die neu ernannten Pfleger formell zu verpflichten und zentrale Fragestellungen der Armenpflege zu erörtern.

[2] Dr. Adolf Mannheimer (1850-1917), Oberlehrer an der Philantropin (Schule der israelitischen Gemeinde) in Frankfurt a. M., Armenpfleger im 17. Bezirk. Dr. Mannheimer hatte Stadtrat Dr. Karl Flesch gegenüber in einem Schreiben vom 2.3.1895 angekündigt, daß er die Frage der Wohnungsnot *im Zusammenhang mit den soziologischen Gesichtspunkten behandeln würde, die sich aus der Armenpflege ergeben oder für diese ergeben* (Institut für Stadtgeschichte Frankfurt a. M. Wohlfahrtsamt 527, fol. 38-39 Rs.).

und heilen will. Ich möchte bei dieser Gelegenheit auf das Gefährliche resp. Unzulängliche dieser Methode hinweisen. Es ist doch recht auffallend, daß die Engländer, die doch sonst so sehr dafür sind, die Dinge sich selbst zu überlassen, ja daß selbst die eingefleischtesten Individualisten unter ihnen, wie der berühmte Herbert Spencer[3], gerade auf diesem Gebiet von der genannten Methode nichts wissen wollen.[4]

Wir können nun freilich diese Art der Bekämpfung der Armut nicht entbehren, aber sie hat nur sekundären Wert; in erster Reihe stehen die organischen Maßregeln, welche die Menschen nicht zu abhängigen Almosenempfängern machen, sondern ihnen die Grundlage zu selbständiger Existenz gewähren.

Die Wohltätigkeit in unserer Vaterstadt ist nun allerdings eine großartige, aber sie besteht doch überwiegend in einer solchen individuellen Bekämpfung der Armut, und Maßregeln, die eine organische Bekämpfung bedeuten, stoßen auf schier unbegreifliche Schwierigkeiten. Der Vorsitzende des Armenamts[5] hat lebhaft für die Verwirklichung der Absichten der Aktiengesellschaft für den Bau kleiner Wohnungen[6] gewirkt, und ich, der ich jeder Partei fernstehe und keinem Verein angehöre, der materielle Interessen seiner Mitglieder verficht, beklage es aufs tiefste, daß eine vorzugsweise von lokalen Interessen ausgehende Agitation[7] Schwierigkeiten einem Unternehmen geschaffen hat, welches ich nach meiner Erfahrung als unbedingt notwendig bezeichnen muß.

Die Hauptaufgabe der organischen Bekämpfung ist, um mich der Worte eines berühmten, übrigens durchaus konservativen Lehrers[8] der Volkswirtschaft zu bedienen: „daß jene zahlreichen Existenzen, welche am Rande des selbständigen Arbeitseinkommens schweben und jeden Augenblick in Gefahr geraten, zur Almosengenössigkeit herabzusinken, in ihrer Selbständigkeit befestigt und durch vorsorgende Maßregeln vor

---

3 Herbert Spencer (1820-1903), englischer Sozialphilosoph und Soziologe.

4 Anmerkung in der Quelle: *Dieser bemerkt: Gerade solche Maßregeln, die mit Rücksicht auf die „scheinbaren Umstände des einzelnen Falls" ergriffen werden, haben fast regelmäßig genau das Gegenteil von dem bewirkt, was damit beabsichtigt ward – die Erfahrung hat gelehrt, daß sie überhaupt Not und Elend aller Art vermehrt haben, statt vermindert. Einer der bedeutendsten Kenner der Armenverhältnisse, der Vorsitzende der Bradfield-Gesellschaft* (gemeint ist die Bradfield Poor Law Union als lokale Verwaltungseinheit der britischen Armenpflege; Vorsitzender des Bradfield Board of Guardians war Henry George Willink), *dringt auf solche Grundsätze, er sagt: Die Mehrzahl der Armen wird erst geschaffen durch häusliche Unterstützungen. (Spencer: Die Principien der Ethik II, 1* [1895], *p. 274.)*

5 Dr. Karl Flesch.

6 Die Aktienbaugesellschaft für kleine Wohnungen war 1890 als gemeinnütziges Unternehmen gegründet worden. Den Anstoß zur Gründung hatte ein Gutachten von Stadtrat Dr. Karl Flesch für den Verein für Sozialpolitik gegeben (Karl Flesch, Die Wohnungsverhältnisse in Frankfurt am Main, in: Die Wohnungsnoth der ärmeren Klassen in deutschen Großstädten und Vorschläge zu deren Abhülfe. Gutachten und Berichte, Bd. 1 [Schriften des Vereins für Socialpolitik, Bd. 30], Leipzig 1886, S. 57-91). Die Aktienbaugesellschaft setzte sich den Bau von gesunden und praktischen Wohnungen zum Ziel, mit Mietpreisen, die auch für weniger bemittelte Arbeiter und Angestellte erschwinglich sein würden. Sie verfügte 1895 über rund 200 Wohnungen.

7 Die Hausbesitzer hatten in und außerhalb der Stadtverordnetenversammlung einen vom Magistrat vorgelegten Pachtvertrag bekämpft, durch den die Aktienbaugesellschaft für kleine Wohnungen städtisches Gelände zum Bau kleiner Wohnungen erhalten sollte.

8 Dr. Gustav Cohn (1840-1919), Nationalökonom und Staatswissenschaftler, 1872-1873 sozialpolitischer Redakteur bei der „Frankfurter Zeitung", 1875-1884 Professor in Zürich, seit 1884 Professor in Göttingen.

solchem Herabsinken bewahrt werden".[9] Wie richtig dieses ist, lehrt uns die Erfahrung, daß, wer einmal in Armenpflege ist, fast niemals mehr aus ihr herauskommt.

Von diesem Gesichtspunkt aus habe ich mich als Armenpfleger in dem Bezirk, der in der Außenstadt vor Bornheim ist und die „Philosophenstraßen" enthält, mit den Wohnungsverhältnissen der Bevölkerung beschäftigt, d. h. mit jener Schicht, aus welcher meistens die Alumnen stammen, denn nur auf diese Weise werden wir die Ursachen erkennen, welche zur Armengenössigkeit führen oder verhindern, derselben wieder zu entrinnen.

Die Bevölkerungsschicht, aus welcher sich unsere Alumnen rekrutieren, ist keine Arbeiterbevölkerung, deren Beschäftigung immer noch den Charakter des Berufs hat und eine gewisse Dauer verbürgt, sondern sie ist eine erwerbsunsichere Bevölkerung – dieses erhöht die Schwierigkeit ihrer Lage und setzt sie desto mehr der Ausbeutung ihrer Notlage aus. Unverkennbar ist die Eigenart dieser Erwerbsschichten mit die Ursache, daß die Mietpreise nicht fallen. Sie ist die schwächste Schicht, sie ist nicht imstande, sich durch Koalition zu helfen, es ist keine Aussicht für sie vorhanden, daß Arbeitnehmer und Arbeitgeber Berufswohnungen herstellen, wie es in großen Fabrikstädten der Fall ist.

Die Lage gerade dieser Bevölkerungsschicht ist infolge der Mietverhältnisse eine verzweifelte. Wenn es die Pflicht der Armenverwaltung ist, die schwachen Punkte unseres wirtschaftlichen Lebens ausfindig zu machen, so darf sie es auch nicht dulden, daß durch Agitationen irgendwelcher Art organische Maßregeln aufgehalten oder gar unterdrückt werden. Gegen diese Agitationen bringe ich Ihnen den Notschrei einer Bevölkerung zum öffentlichen Ausdruck, die sonst nicht in der Lage ist, ihre Klagen in die große Öffentlichkeit gelangen zu lassen und für ihre Interessen durch Agitation zu wirken.

Ja, es ist ein Notschrei, meine Herren, der an uns ergeht und dem ich hiermit Ausdruck gebe. Ich will nun aufgrund meiner Erfahrungen ein Bild dieser Lage enthüllen, welches zeigen soll, daß die vornehmlichste Ursache des Massenelends die geradezu abenteuerlich hohen Mietpreise sind, die von den erwerbsschwächeren Existenzen gezahlt werden müssen. Man sagt: Es gibt keine Wohnungsnot, es stehen 3[000]–4000 Wohnungen leer. Um so erstaunter bin ich über die Zustände in meiner Pflegschaft, und um so gewisser ist mir das Resultat: Die wahre und eigentliche Wohnungsnot besteht nicht in dem Mangel an Wohnungen, denn diesem ist leicht abgeholfen, ja nicht einmal an dem Zustand der Wohnungen, sondern in dem Preis, der gezahlt werden muß. Und ich sage nicht zuviel: Der Kampf ums Dasein ist in dem Quartier, das ich vertrete, nichts als ein Kampf um die Miete – aber auch in den andern Quartieren ist das Verhältnis nicht anders, wie ich aus zahlreichen Mitteilungen befreundeter Armenpfleger ersehe. Schon vor Jahren hat der Vorsteher eines Bezirks in der Altstadt, Herr Adolf Baumann[10], eine Schrift über die Wohnungsverhältnisse[11] seiner Alumnen veröffentlicht – ich stieß aber auf Zustände, die meine durch diese Schrift erweckten Besorgnisse weit überstiegen.

---

9 Gustav Cohn, System der Nationalökonomie. Ein Lesebuch für Studierende. Erster Band: Grundlegung, Stuttgart 1885, S. 567 f.

10 Adolf Baumann (1842-1912), Kaufmann und Bankier in Frankfurt a. M., Armenpfleger im 4. Bezirk.

11 Adolf Baumann, Der IV. Armendistrikt in Frankfurt a. M. Versuch einer socialstatistischen Schilderung, Frankfurt a. M. 1887.

Folgende Mietpreise werden in meiner Pflegschaft gezahlt: Für die Zweizimmerwohnung im Parterre 30, auch 32 M., für die Dreizimmerwohnung 34–40 M. monatlich, einerlei in welchem Stock. Zu erwähnen ist, daß die Stockwerke dieser Häuser zweiteilig sind, also zwei Dreizimmerwohnungen enthalten, so daß noch im 3., ja im 4. Stock der Besitzer 75–80 M. Miete pro Stockwerk einnimmt. Da kommt es nun vor, daß der Hausbesitzer jede Wohnung noch einmal teilt, in der Dreizimmerwohnung hausen zwei Parteien, die je zwanzig Mark zahlen, oder er teilt sie sogar in drei Teile, die noch mehr einbringen. Für ein Zimmer im 2. Stock wird sogar 18 M. gezahlt. Ein Beweis, daß es sich um eine Notlage handelt, ist, daß im vierten Stock fast soviel gezahlt wird als im ersten und daß gerade diese Wohnungen fast nie leer stehen. In den Hinterhäusern werden für zwei elende Zimmerchen und eine sogenannte Küche fünfundzwanzig Mark gezahlt.

Es kommt hierbei aber weniger auf den Preis an und für sich an, sondern vor allem darauf, wer die Miete zahlt, denn die Mietfrage ist Lohnfrage. Dieses Wort des Leiters unsers Armenamts drängt sich mir immer von neuem auf, wenn ich mich mit den Wohnungsverhältnissen beschäftige.

Fragen wir uns also, in welchem Verhältnis der Mietpreis zum übrigen Lebensaufwand der Mieter steht, so ist dieses die entscheidende Frage. Es wäre ganz falsch, dieses Verhältnis in Prozenten ausdrücken zu wollen, obwohl es eine bittere Ironie ist, daß man berechnet hat, bei einem Einkommen von 12000 M. betrage die Miete 9 %, bei 900 M. 27 oder 30 % des Einkommens. Nach meiner Wahrnehmung ist die letztere Berechnung sogar falsch, sie beträgt in meiner Pflegschaft 40, 50 % und selbst mehr. Der Arbeiter des Tiefbauamts, der bei 3 M. Taglohn in einem Zimmer ohne Küche haust mit seiner Familie und 15 M. verwohnt, ist noch am besten daran, er hat noch etwa 750 M. für andere Bedürfnisse, aber wenn er Küchenanteil haben will, muß er bereits 20 M. für die Einzimmerwohnung zahlen. Doch dieses sind noch relativ günstige Verhältnisse, die ich beobachten konnte, im großen und ganzen sind diese viel ungünstiger. Der Schreiner, der bei 20 M. Verdienst wöchentlich eine monatliche Miete von 35 M. für drei Zimmer zahlt, steht sich, da man die Feiertage abrechnen muß, auf nicht viel mehr als 900 M., es bleiben ihm bei 400 M. Miete also 500, sagen wir 550 M. für das Leben, kein Wunder, daß er bei dem geringsten Mißgeschick Unterstützung des Armenvereins in Anspruch nehmen muß. Nun aber erst die zahlreichen Familien, die sich noch schlechter stehen! Ich kenne mehrere, die 38 M. Miete pro Monat zahlen und tatsächlich hungern. Die Miete haben sie bis jetzt pünktlich gezahlt. Die stereotype Rede dieser erwerbsunsicheren Leute, wie wir sie der Kürze wegen nennen wollen, ist: Wir müssen diese Miete zahlen, wir finden nichts anderes. Daran muß doch etwas Wahres sein! Es muß eine allgemeine Notlage vorhanden sein, welche diesen Zwang involviert.

Die Folgen dieser Mietverhältnisse sind traurig genug. Da die Miete pünktlich gezahlt werden muß, da nur selten Mietkredit gewährt wird, so kommt für den übrigen Lebensaufwand das so schädliche Kreditnehmen zur vermehrten Anwendung. Der Spezereihändler, die Abschlagszahlungsgeschäfte entschädigen sich für das Risiko in ihrer Weise durch minderwertige Ware sowie durch doppelt und dreifach erhöhte Preise ihrer Artikel.

Wer den Kredit nicht in Anspruch nehmen will oder keinen mehr erhält, kauft für minimale Preise: Er zahlt 35 M. monatlich Miete und kauft sich beim Kohlenhändler für 10 Pf. Steinkohlen, für welche ihm dieser einige Hände voll zuerteilt. Das Geld für die Miete aufzubringen, werden Verwandte, Freunde und Bekannte in Anspruch genommen.

Eine weitere Folge ist die Zunahme der Aftermiete, über deren demoralisierende Wirkung wir alle einig sind.

Ist nun anzunehmen, daß die Preise dieser Wohnungen, wie es mit den besseren Wohnungen der Fall war und ist, sinken werden? Ich verneine dieses, ja ich glaube eher für sie ein Anziehen der Preise als ein Sinken annehmen zu sollen. Die private Bautätigkeit läßt nach und wird gerade für diese Wohnungen nachlassen: Warum soll denn auch der einzelne Wohnungen für die in Rede stehende Menschenklasse bauen, wenn er keine Aussicht auf hohen Gewinn hat? Aber diese Aussicht ist eine ungünstigere geworden, und nicht zum wenigsten hat hieran die öffentliche Meinung schuld, die in dem Bau kleiner Wohnungen ein Wucherunternehmen erblickt, das berechnet ist, die Notlage der Armen auszubeuten.[12] Tatsächlich ist auch in bezug auf Bau, Besitz und Besitzwechsel der Häuser in meiner Pflegschaft nur Unerfreuliches zu berichten. Einige Häuser sind noch im Besitz eines berüchtigten Wucherers, der über diese Region soviel Unglück gebracht und sich dann ins Ausland salviert hat. Von dort aus leitet er die Verwaltung der Häuser, befiehlt auch, daß die eine oder die andere Familie in ein anderes seiner Häuser übersiedele, wie es ihm gerade paßt. Viele Hausbesitzer sind nur nominell die Eigentümer der Häuser, in Wahrheit sind sie die Opfer der hinter ihnen stehenden dunklen Ehrenmänner. Wegen einer unbedeutenden Summe verliert der eine sein Haus und gibt es in die Hände eines anderen kleinen Mannes, eines Schuhmachers, eines Schreiners, der in kurzer Zeit seine kleinen Ersparnisse daran verliert, dann folgt ein neuer Besitzer, dem es nicht besser ergeht. Der Kauf geschieht durchgehends von kleinen Leuten in der Voraussetzung, daß keine Mietzahlung entfällt, aber da schließlich denn doch ein Teil der

---

[12] *Anmerkung* (in der Quelle). *Ich erwähne hier kurz die Gründe, welche eine höhere Miete für kleine Wohnungen rechtfertigen sollen. Die Kosten sollen trotz schlechterer Einrichtung und Ausstattung verhältnismäßig höher sein, ebenso die Aufwendung für Straßenanlagen, Kanalisation, Wasserleitung, Feuersicherheit, Treppen etc. Verwaltung und Mieteinzug seien schwieriger, die Gefahr des Mietausfalls größer. Die Wohnungen werden, zumal bei starker Überfüllung, weniger schonend behandelt und mehr, insbesondere bei häufigem Umzug, beschädigt. Wegen der Schwierigkeiten und Unannehmlichkeiten der Verwaltung und des größeren Risikos ist das Angebot an kleineren Wohnungen verhältnismäßig klein. So wird denn bei starker Nachfrage der Preis noch mehr in die Höhe getrieben. Sucht man durch Weitervermietung an Aftermieter und Schlafleute die Wohnung zu verbilligen, so wird hierdurch auch das Risiko für die Vermieter erhöht, ihre Wohnung bei Rückstand und Ausfall von Zahlungen verteuert. Dazu kommt, daß gerade die Möglichkeit der Weitervermietung einen höheren Mietpreis erträglicher macht und so eine Steigerung vor Nachfrage und Preis bewirkt. – Die Häuser gehen durch mehrere Hände, und der Neuerwerber muß die Mietpreise steigern, um selbst eine Rente außer den Hypothekenzinsen zu erhalten. (Nach dem Handwörterbuch für Staatswissenschaft von* (Johannes) *Conrad u. a. Rubrik: Wohnungsnot.) Ich bemerke dagegen: Diese Tatsachen rechtfertigen nicht die exorbitanten Preise, welche die ärmeren Klassen gerade in Frankfurt a.M. für Miete zahlen müssen. Seitens der Hausbesitzer, die hierbei in Frage kommen, wird so gut wie nichts getan, die Häuser in bewohnbarem Zustand zu halten, selbst in fast neuen Häusern macht infolge ihrer schlechten Bauart und weniger wegen der Eigenart der Bewohner die Abnutzung ungehemmte Fortschritte, auf den Treppen liegt Mörtel von den Wänden, und die Zimmer zeigen bereits Spuren des Zerfalls; ganze Familien wohnen als Aftermieter in einer Stube, sie sowohl als die einzelnen zahlen ebenfalls unverhältnismäßig hohe Miete. Durch die Zunahme der Aftermiete wird anderseits die Zahl der völlig leerstehenden Wohnungen vergrößert: Überall zeigen sich die Folgen des Mangels an geeigneten kleinen Wohnungen und der Zwangslage eines Teils der Bevölkerung, zu Wohnungen seine Zuflucht zu nehmen, die für die einzelne Familie in Anbetracht ihrer wirtschaftlichen Lage zu groß und zu teuer ist.*

Mieter der allzu großen Last erliegt, trifft diese Voraussetzung nicht ein, und der Vermieter fällt dem nämlichen Geschick anheim wie jener. Der wahre Besitzer ist der Geldgeber und der Spekulant, der die Bauplätze parzelliert und die kleinen Leute zum Bauen verlockt. Der Bauwucherer ist noch gefährlicher als der Darlehenswucherer. Zu letzterem gehen gewöhnlich Leute, die schon wirtschaftlich ruiniert sind, zu ersterem Leute, die sich etwas Geld gespart haben. Wer zum Geldwucherer geht, weiß im voraus, wem er sich überliefert, der Bauwucherer gibt sich als den wohlwollenden Mann, der dem Klienten zu Besitz und Geld verhelfen will. Und dennoch finden sich Käufer, die, obwohl der Boden unter ihnen wankt und sie bereits in den Händen des Geldgebers zappeln, in neue Unternehmungen sich einlassen.

Auf solche Existenzen darf keine Rücksicht genommen werden, wenn es sich um das Wohl einer zahlreichen Klasse handelt. Für die solideren Existenzen wird aber eine Gesundung der Mietverhältnisse nur wohltätige Folgen haben, denn ihre Mieter werden zahlungskräftiger, und der Ausfall an Mieteingängen wird sicher in ihren Häusern geringer werden, wie ja auch der solidere Besitz von dieser Maßregel nicht tangiert werden wird. Der solidere Besitz hat schon nachgeben müssen. Eine sogenannte Selbstregulierung der Preise durch freie Konkurrenz ist für die in Rede stehenden Wohnungen nicht zu erwarten; ich könnte Häuser bezeichnen, deren Besitzer seiner Sache so gewiß ist, daß er Parteien mit Steigerung gedroht hat. Hier können nur Gesellschaften eingreifen und auch diese, wenn sie segensreich wirken sollen, nur mit kommunaler Unterstützung. Es muß Raum zur Ausdehnung für die erwerbsschwache Schicht gewonnen werden, sie muß Wohnungen finden, deren Preise sie nicht wirtschaftlich und moralisch ruinieren, sondern im Verhältnis zu ihrem Verdienen stehen. Ich spreche hier nicht aus der Theorie heraus, wohl aber veranlaßten mich meine Erfahrungen in der Praxis, diesen Erscheinungen nachzugehen; ich fand den Satz bestätigt, daß die Wohnungsverhältnisse der ärmeren Klassen demoralisierend und proletarisierend auf diese wirken. Die Wohnung ist kein Heim mehr, sondern eine Qual; das Gefühl der Zufriedenheit und der Lebensfreude nimmt ab; der Pauperismus, die Massenarmut nimmt zu, die Proletarisierung macht Fortschritte, die die Gesellschaft bei einigem guten Willen verhindern könnte. Was erstrebt werden muß, ist wohl in das eine Wort zu kleiden: Wiedergewinnung der Wohnungssicherheit. Woher soll aber diese kommen, wenn die Wohnung so wenig im Einklang mit den wirtschaftlichen Bedingungen steht, wie es in meinem und gewiß in allen anderen Bezirken der Fall ist? Die Dreizimmerwohnung paßt so wenig für die in Frage stehende Schicht wie die Einzimmerwohnung, es ist einzig und allein die Zweizimmerwohnung, die dem Bedürfnis entspricht. Wenn man sagt: Diese Leute sparen ja doch nicht, sie tragen ihr Geld in das Wirtshaus, so möchte ich diesen Einwurf mit dem Hinweis darauf entkräften, daß man heutzutage die Wirtschaftlichkeit und die Sittlichkeit nicht mehr als Voraussetzung ansieht, sondern als Ziel; dieses zu erreichen, muß dem einzelnen die Möglichkeit gegeben werden. Der Ärmere kann sich keine besseren Genüsse verschaffen, er kann sich keine Rücklage für schlechtere Zeiten anlegen, nicht zur Sparkasse gehen, wenn so hohe Mieten ihm die beste Kraft nehmen. Aber die Dreizimmerwohnung, die einmal vorherrscht, wird wohl immer zu teuer für die erwerbsschwachen und erwerbsunsicheren Klassen sein, für sie ist meines Erachtens nach der richtige Typus die Zweizimmerwohnung. Die Einzimmerwohnung läßt das Gefühl, ein Heim zu besitzen, nicht aufkommen; das Gefühl, in einem Notzustand zu sein, verläßt die Insassen nicht, sie verbietet sich außerdem aus sanitären und moralischen Gründen, dagegen entspricht die Zweizimmerwohnung den Gesichtspunkten, die wir für Wohnungen der schwächeren Klassen aufstellen müssen. Sie gibt nicht zuwenig, aber auch nicht zuviel. Und die Hilfe darf ferner nicht über ein gewisses Maß hinausgehen, sie darf dem Menschen nicht gewähren, was er sich selbst erringen kann. Will er eine bessere Wohnung als diese Wohnungen, bei welchen die Gesellschaft aus zwingenden Rücksichten unterstützend eingetreten ist, so muß er sie sich erringen, wie dem einzelnen überhaupt nicht erlassen werden kann, den seiner Erwerbskraft entsprechenden Mietzins zu erwerben; die billigere Wohnung soll es ihm ja ermöglichen, kein Almosenempfänger zu werden.

Ich will aber hierauf nicht weiter eingehen, sondern nur die Tatsache feststellen, daß hier in öffentlichen Versammlungen mit der größten Leichtigkeit diese so wichtigen Verhältnisse abgetan werden. Es werden einfach die Sätze aufgestellt: „Soundso viel Wohnungen stehen leer. Es ist kein Mangel an Wohnungen für Zahlende. Die Stadt soll Wohnungen für die Armen bauen." Ich habe demgegenüber geltend gemacht: Die Wohnungsnot liegt im Wohnungspreis, die schweren Bedenken, die letzteren Gedanken, Armenwohnungen zu bauen, unrealisierbar machen, sind denjenigen, die ihn äußern, nicht bekannt. Würde er realisiert, dann ließe sich durch ihn am klarsten das Gefährliche der individuellen Hilfe nachweisen: Der in das Armenviertel Gewiesene würde es nie mehr verlassen. Ich habe immer eine gewisse Sympathie für meine Alumnen, die nicht in das Armenhaus wollen und lieber das Äußerste riskieren – denn das Armenhaus bedeutet den bürgerlichen Tod. Dem Armen zugepaart ist nicht allein die Sorge, sondern auch die Hoffnung und das Gefühl, Mensch zu sein unter den Menschen, denen es bessergeht, und es ist doch nicht allein dasjenige des Neids, sondern auch der Mitberechtigung am menschenwürdigen Dasein, das in dem Armen herrscht, wenn er unter Menschen lebt, denen es bessergeht. Der unterstützte Arme soll nicht unter ebenfalls Unterstützten leben; auch aus diesem Grund sollte man nicht dulden, daß einzelne Hausbesitzer möglichst viele Alumnen der öffentlichen Armenpflege in ihre Häuser zu ziehen suchen.

Sollen wir den Alumnen die Miete zahlen, wenn es nicht angeht, Armenwohnungen aus öffentlichen Mitteln herzustellen? Wir hätten ja das Recht, jede Familie, die vor der Eventualität steht, obdachlos zu werden, in das Asyl, in den „Sandhof"[13] zu weisen, aber was wäre – von den Forderungen der Humanität abgesehen – damit erreicht? So zahlen wir also häufig genug die Miete oder veranlassen den Armenverein und die Privatwohltätigkeit zum Eingreifen, hierdurch befestigen wir aber nur die zur Zeit herrschenden ungesunden Verhältnisse, wir unterstützen die gekennzeichnete Kategorie von Hausbesitzern. Ferner enthält die Zahlung der Miete als Almosen in ganz besonders hohem Grade die Gefahr, welche die individuelle Bekämpfung der Armut überhaupt enthält: Der Arme betrachtet die Unterstützung als eine ihm gebührende Pension, und da wir die Hausmiete aus vielen Gründen direkt an den darob sehr erfreuten Vermieter bezahlen, ersparen wir dem Almosenempfänger auch die Beschämung. Die Zahlung der Miete seitens der Armenpflege enthält, mit einem Wort, nicht geringere Gefahren als die Weigerung, sie zu zahlen und das passive Verhalten enthalten, wenn ein Haushalt infolge der Unfähigkeit des Mieters, den hohen Mietbetrag zu zahlen, ruiniert wird.

[13] Der Sandhof, ein in Sachsenhausen gelegener ehemaliger Gutshof, war 1884 von der Stadt erworben, mit einem Neubau versehen, zum städtischen Armenhaus umgebaut und 1887 in Betrieb genommen worden. Neben einer Häuslings- und einer Krankenabteilung bestand hier auch eine kleine Abteilung für Wohnungslose. Der Sandhof bot Unterkunft für ca. 170 Personen.

An diesem Punkt wird es so recht deutlich, wie unzulänglich, ja verderblich die ganze Armenpflege ist, wenn nicht organische Maßregeln sie begleiten. Man sagt: Die beste Armenpflege ist diejenige, die sich selbst überflüssig macht, aber wie soll sie dieses fertigbringen, wenn sie mit so ungesunden Verhältnissen zu kämpfen hat, wie sie hier vorliegen? Es ist ferner klar, daß gerade die Armenpflege berufen und verpflichtet ist, auf solche Verhältnisse aufmerksam zu machen. Mich selbst hat sie zur Überzeugung geführt, daß die Vertreter der Ansicht recht haben: Die Wohnungsfrage ist die Kardinalfrage. Daher spreche ich hier an dieser Stelle in meiner Eigenschaft als Armenpfleger dem Leiter des Armenamts meinen Dank aus für seine rastlosen Bemühungen, organische Maßregeln zur Bekämpfung der Armut zu treffen, sowie den hochherzigen Mitbürgern, welche die Mittel zur Ausführung solcher Maßregeln aufgebracht haben. Ich halte es für meine Pflicht, darauf hinzuweisen, daß die Pläne der Aktiengesellschaft für den Bau kleiner Wohnungen im öffentlichen Interesse liegen wie selten diejenigen einer Privatgesellschaft und deshalb die Unterstützung durch die Kommune finden sollten.

Zum Schluß spreche ich es als meinen Wunsch aus, das Armenamt möge des öfteren Versammlungen der Pfleger einberufen, statt daß wie bisher nur eine Hauptversammlung zur Verpflichtung der neuen Pfleger stattfindet, da wir alsdann eingehender unsere Erfahrungen darlegen und unsere Forderungen zur Geltung bringen können.

Nr. 41

1895 Juni 11

Bericht[1] des Frankfurter Oberbürgermeisters Dr. Franz Adickes an den Wiesbadener Regierungspräsidenten Viktor von Tepper-Laski[2]

Entwurf

[Seitens der Stadt Frankfurt a.M. getroffene Maßnahmen gegen die Arbeitslosigkeit: Errichtung eines städtischen Arbeitsnachweises und Notstandsarbeiten]

Durch nebenbezeichnete Verfügung[3] werden wir an die Erledigung der Verfügung vom 1. Oktober 1894[4] PrIC 4607 erinnert. Wir erlauben uns, hierzu zu bemerken, daß uns unter diesem Aktenzeichen lediglich das vom Ministerium für Handel und Gewerbe am 31. Juli 1894 erlassene Rundschreiben[5] bezüglich der Maßnahmen

---

1 Institut für Stadtgeschichte Frankfurt am Main Magistratsakten T 182 Bd.1, n. fol.

2 Viktor von Tepper-Laski (1844-1905), Jurist, seit 1890 Regierungspräsident in Wiesbaden, 1880-1882 und seit 1894 MdPrAbgH (freikonservativ).

3 Verfügung des Wiesbadener Regierungspräsidenten Viktor von Tepper-Laski an den Magistrat der Stadt Frankfurt a. M. vom 26.5.1895 (Institut für Stadtgeschichte Frankfurt a. M. Magistratsakten T 182 Bd.1, n. fol.).

4 Die Verfügung vom 1.10.1894 befindet sich nicht in den Akten und lag der Stadtverwaltung nicht vor.

5 Ein Runderlaß des preußischen Innenministers Botho Graf zu Eulenburg und des Handelsministers Hans Freiherr von Berlepsch vom 31.7.1894 hatte die Regierungspräsidenten beauftragt, im Hinblick auf die gestiegene saisonale Arbeitslosigkeit in den Wintermonaten bei den Stadtverwaltungen auf die Errichtung gemeindlicher Arbeitsnachweise hinzuwirken, die nach Möglichkeit paritätisch verwaltet werden sollen; überdies sollen durch die

gegen die Arbeitslosigkeit mitgeteilt ward und daß wir nicht glaubten, uns zu demselben im einzelnen äußern zu sollen. Indem wir hiermit die verspätete Einreichung dieses Berichts zu entschuldigen bitten, bemerken wir zu dem Erlaß selbst lediglich, daß der Inhalt desselben in allen wesentlichen Punkten mit denjenigen Erfahrungen übereinstimmt, die uns bereits 1889 veranlaßten, der Frage der Errichtung eines städtischen Arbeitsnachweises näherzutreten, und die in den vielfach seitdem zutage getretenen Erörterungen von Versammlungen und Vereinen wie auch in den praktischen Versuchen einzelner Städte voll bestätigt worden sind.

Im einzelnen zerfällt der Erlaß in Erörterungen über die Errichtung von Arbeitsnachweisstellen und die Veranstaltung von Notarbeiten.

1. Zum ersten Punkt ist Ew. Hochwohlgeboren bekannt, daß inzwischen hierselbst im Wege des Ortsstatuts ein unentgeltlicher städtischer Arbeitsnachweis eingerichtet worden ist, der unter Leitung einer Kommission steht, deren Vorsitzender vom Magistrat und deren Mitglieder vom Gewerbegericht ernannt werden. Die Errichtung hat sich nur dadurch verzögert, daß leider der Bezirksausschuß[6] sowohl wie der Provinzialausschuß[7] geglaubt haben, derjenigen von uns auf Wunsch der von uns gehörten Arbeiter in den Statutenentwurf aufgenommenen Bestimmung die Genehmigung versagen zu sollen, wonach die Verwaltungskommission bei Arbeitseinstellungen und Aussperrungen über Einstellen ihrer Tätigkeit für den beteiligten Arbeitszweig beschließen konnte. Wir bedauern dies um so mehr, als u[nseres] E[rachtens], wie nach dem Urteil namhafter von uns gehörten Großindustriellen, an diese Bestimmung Gefahren irgendwelcher Art sich nicht anknüpfen konnten und als die Streichung derselben bei den Arbeitern ein Mißtrauen über die Motive der vorgesetzten Behörden und über deren Geneigtheit eine Benutzung der Arbeitsnachweisstelle zur Benachteiligung der Arbeiter bei etwaigen Lohnkämpfen zu hindern hervorgerufen hat. Das Mißtrauen ist bis jetzt noch nicht wieder beseitigt und wird die Nutzwirkung der Einrichtung im Sinne der allmählichen Linderung des Klassengegensatzes abschwächen. Wir halten uns um so mehr verpflichtet, dies auszusprechen, als in dem Erlaß mit vollem Recht auf die Wichtigkeit des Vertrauens der Arbeiter zu der Einrichtung hingewiesen ist, und wir halten dies volle Vertrauen um so notwendiger, als wie gleichfalls in dem Erlaß in u. E. höchst sachgemäßer Weise hervorgehoben ist, daß eine Hauptfunktion der Arbeitsvermittlungsstellen in der Vermittlung des statistischen Materials zur Frage der Ursache und des Umfangs der Arbeitslosigkeit gelegen ist. Es ist bekannt, daß statistisches Material insbesondere von denjenigen in gehässiger, leidenschaftlicher Weise ausgenützt zu werden pflegt, die Ursache zu haben glauben, der Objektivität der Sammelstellen zu mißtrauen.

2. Was fernerhin die Maßregeln zur Beschaffung von Notarbeit angeht, so dürfen wir wohl statt aller weiteren Ausführungen auf den beiliegenden Bericht[8] der von uns zur Prüfung dieser Frage niedergesetzten Kommission verweisen, der wir in allen Stücken beigetreten sind. Insbesondere machen wir darauf aufmerksam, daß wir bisher von einer engeren Verbindung der Notarbeiten mit der Armenverwaltung

---

Verlegung von städtischen Arbeiten auf die Wintermonate Arbeitsgelegenheiten geschaffen werden (Nr. 73 Bd. 1 der III. Abteilung dieser Quellensammlung).

6 Beschluß des Bezirksausschusses für den Regierungsbezirk Wiesbaden vom 17.7.1894 (Institut für Stadtgeschichte Frankfurt a. M. Magistratsakten T 198 Bd. 1, n. fol.).

7 Beschluß des Provinzialraths der Provinz Hessen-Kassel vom 28.12.1894 (Institut für Stadtgeschichte Frankfurt a. M. Magistratsakten T 198 Bd. 1, n. fol.).

8 Nr. 38.

nicht absehen zu können glaubten, um die Benutzung der Einrichtung nicht allzusehr zu erleichtern, und daß wir anderseits Leute, die hier nicht den Unterstützungswohnsitz, wohl aber ihre ständige Arbeitsstelle haben, prinzipiell nicht ausschließen, um nicht den Anreiz und die Verlockung zur Verlegung des Wohnsitzes aus den Vororten in die Stadt selbst zu erhöhen. Selbstverständlich wird allerdings die Beschäftigung derartiger auswärtiger Arbeiter tunlichst beschränkt.

Nr. 42

1895 Juni 28

Vorlage[1] des Beigeordneten Dr. Georg Schmidt[2] für die Mainzer Stadtverordnetenversammlung

Druck

[Im Zuge der anstehenden Neuordnung der Mainzer Armenpflege sollen erstmals auch die Unterstützungssätze („Ausschlußsätze") genauer festgelegt, systematisiert und vereinheitlicht werden]

I. Entwurf von Bestimmungen über die Bemessung der Höhe von Unterstützungen aus der städt[ischen] Armenkasse zu Mainz (Ausschlußsätze)

§ 1. Das wöchentliche Geldbedürfnis für Anschaffung des zum Unterhalt unabweislich Notwendigen, demnach für Nahrung, Kleidung, Obdach und Hausrat, ist in der Regel auf die nachstehenden höchsten Sätze zu bemessen:

1. für die alleinstehende Person oder das Familienhaupt, und zwar: wenn männlich auf 4 M. 50 Pf., wenn weiblich auf 3 M. 50 Pf.,
2. für die mit dem Familienhaupt in derselben Haushaltung lebende Person als Zusatz:

a) für die Ehefrau auf 2 M. – Pf.,
b) für das arbeitende und im Verdienst stehende Kind auf 3 M. – Pf., falls der Wochenverdienst diesen Betrag erreicht, sonst:
c) für jedes Kind über 10 Jahren auf 2 M. – Pf., für jedes Kind unter 10 Jahren auf 1 M. 50 Pf.

Diese Sätze unter c vermindern sich bei Vorhandensein von mehr als einem Kind wie folgt:

für das zweite Kind um	1/10	des Zusatzes für dasselbe,
für das dritte Kind um	2/10	des Zusatzes für dasselbe,
für das vierte Kind um	3/10	des Zusatzes für dasselbe,
für das fünfte Kind um	4/10	des Zusatzes für dasselbe,
für das sechste u. weitere um	5/10	des Zusatzes für dasselbe.

§ 2. Wird in einem Falle, wo das Einkommen einer Einzelperson oder Familie die Sätze des § 1 nicht erreicht, um städtische Unterstützung nachgesucht, so kann eine

1 Stadtarchiv Mainz Bestand 070 Nr.13129, n. fol.
Die Stadtverordnetenversammlung stimmte der Vorlage am 26.2.1896 und 11.3.1896 zu.

2 Dr. Georg Schmidt (1857-1912), Jurist, seit 1894 besoldeter Beigeordneter der Stadt Mainz und Leiter der Mainzer Armenverwaltung und Jugendfürsorge, seit 1899 Mitglied des Zentralausschusses des Deutschen Vereins für Armenpflege und Wohltätigkeit..

solche zwar gewährt werden; es bedarf jedoch diese Gewährung in jedem einzelnen Falle der besonderen Rechtfertigung[3], und es darf insbesondere nicht ohne weiteres bis zum Höchstbetrag der Unterstützung, d. i. bis zur Ergänzung jener Sätze, gegangen werden.

§ 3. Eine Überschreitung der Sätze des § 1 ist nur in folgenden Fällen zulässig:

1. im Falle der Krankheit insofern, als die der Armenkasse entstehenden Kosten für armenärztliche Behandlung und für Heilmittel nicht in Anrechnung gebracht werden;
2. wenn das Einkommen einer Familie ganz oder fast ganz aus dem Verdienst oder Einkommen von einem oder zwei Kindern besteht, so kann eine Unterstützung bis zu dem Ausschlußsatz gewährt werden, der sich ohne die im § 1 Ziffer 2 c vorgeschriebene Verminderung der Zusätze berechnet.
3. Diejenige Unterstützung, welche aus Wohltätigkeitsmitteln an eine bereits aus der Armenkasse unterstützte Person unter der Voraussetzung verabfolgt wird, daß die städtische Unterstützung deshalb nicht gekürzt werden dürfe, kann bei der Berechnung des Einkommens (§ 1) außer Rechnung gelassen werden.

§ 4. Der Deputation für die städtische Armenpflege wird alljährlich im Voranschlag durch die Stadtverordnetenversammlung ein Geldbetrag zur Verfügung gestellt, welcher zur Erhöhung von laufenden Unterstützungen über die Ausschlußsätze hinaus in Fällen, in welchen die Deputation dies für notwendig erachtet, im übrigen aber nur für einmalige Gaben verwendet werden darf. Bis zu anderweitiger Beschlußfassung soll für diesen Zweck eine Summe von M. 15 000 in den Voranschlag eingestellt werden.

II. Begründung

Nachdem mit dem 1. April 1895 in das Armenamt ein neuer Vorsteher eingetreten war und späterhin zwei weitere Hilfskräfte angenommen waren, konnte mit der Neuregelung der hiesigen Armenpflege begonnen werden. Zunächst wurde aufgrund eines neu eingeführten Fragebogens („Unterstützungsbogen") eine sorgfältige Untersuchung und Aufnahme der Verhältnisse sämtlicher in offener Armenpflege Unterstützter veranlaßt. Diese Aufnahme ergab eine außerordentliche Ungleichheit in der Höhe der verschiedenen Unterstützungen, worüber weiter unten das Nähere gesagt ist. Schon diese Ungleichheit ließ Bestimmungen wünschenswert erscheinen, nach welchen eine einheitliche und gerechte Regelung der Unterstützungen möglich war. Es kam aber ein zweites dazu. Die Deputation für die Armenpflege hat sich mit der Neuregelung der Armenpflege nach Maßgabe des sogen[annten] „Elberfelder Systems" einverstanden erklärt. Es ist daher unter anderem die Frage zu beantworten: Wie viele Armenpfleger sind erforderlich, wenn nach dem Grundsatz des „Elberfelder Systems" nicht mehr als höchstens vier Unterstützte einem Armenpfleger zur Fürsorge überwiesen werden? Zur Beantwortung ist die durchschnittliche Zahl der Unterstützungsfälle zu wissen nötig,

[3] *Anmerkung* (in der Quelle:) *Vgl. die Instruktion für die Bezirksvorsteher und Armenpfleger, wonach in jedem Falle auch zu prüfen und festzustellen ist, ob der um Unterstützung Nachsuchende sich nicht selbst das zum Unterhalt unabweislich Notwendige verschaffen kann, z. B. durch vollständige und richtige Verwertung seiner eigenen Arbeitskraft bzw. derjenigen seiner Familienangehörigen oder aus Spar- und sonstigen Vermögensmitteln oder aus Beihilfen alimentationspflichtiger Verwandten. Falls dies möglich ist, bleibt öffentliche Unterstützung ausgeschlossen.*

die sich, je nachdem die Ausschlußtaxen für Armenunterstützungen höher oder niedriger bemessen werden, höher- oder niedrigerstellt.

Bei Einführung der vorgeschlagenen Bestimmungen wären etwa 200 Armenpfleger erforderlich und 19 Bezirksvorsteher. Daß die nötige Anzahl Armenpfleger und Bezirksvorsteher sich zum Eintritt in die hiesige Armenpflege bereit erklärt, soll gleichzeitig mit der Vorlage der Satzungen über die Neuregelung der Armenpflege nachgewiesen werden. Endlich müssen vor Inkrafttreten der neuen Satzungen für die offene Armenpflege die Armenpfleger und Bezirksvorsteher mit den neuen Bestimmungen über das Maß der zulässigen Unterstützung eingehend vertraut gemacht werden, da sie in den Bezirksversammlungen, maßgeblich des „Elberfelder Systems", über die zu bewilligenden Unterstützungen selbständig und der Hauptsache nach endgültig entscheiden.

Wird die Zeit bis zur Fertigstellung der neuen Satzungen für die Armenpflege dazu benutzt, Bezirksvorsteher und Armenpfleger mit den Bestimmungen über das Maß der zulässigen Unterstützung vertraut zu machen, so können diese Satzungen seinerzeit sofort in Kraft treten.

Die Festsetzung von bestimmten Ausschlußsätzen für die Unterstützungen ist bei Regelung der Armenpflege nach dem sogen[annten] „Elberfelder System" nicht zu umgehen.[4] Sie bilden einen wesentlichen Bestandteil dieses Systems. Sollten in vereinzelten Fällen Unterstützungen wünschenswert erscheinen, welche über die vorgeschlagenen Ausschlußsätze hinausgehen, so steht für diese Fälle, falls nicht etwa Privat- oder Vereinswohltätigkeit helfend eingreift, der Armendeputation neben den ihr zufließenden Geschenkmitteln der nach § 4 der Bestimmungen ihr zu überweisende Betrag zur Verfügung.

Was die finanzielle Bedeutung dieser neuen Bestimmungen betrifft, so ist zu bemerken, daß nach einer durch das Armenamt für Mitte Juni 1895 aufgestellten Berechnung für die laufenden 580 Unterstützungsfälle eine Unterstützung

aus der Armenkasse im jährlichen Betrag von	73 476 M. 52 Pf.
aufgewendet wurde. Nach den neuen Bestimmungen würde es zulässig sein, für diese 580 Fälle eine Unterstützung aufzuwenden von	58 567 M. 60 Pf.
oder weniger	14 908 M. 92 Pf.

Unter diesen 580 Fällen sind nur 19 Fälle enthalten, in denen die Unterstützung übereinstimmt mit der Unterstützung, welche nach den neuen Bestimmungen zulässig wäre. In 393 Fällen geht die Unterstützung

über die Ausschlußsätze hinaus mit	24 926 M. 20 Pf.
Dagegen ist in 168 Fällen nach den neuen Bestimmungen eine Unterstützung zulässig, welche sich der Mitte Juni 1895 in diesen Fällen gewährten Unterstützung gegenüber höher beläuft um	10 017 M. 28 Pf.
Im ganzen also weniger wie oben	14 908 M. 92 Pf.

Diese Weniger-Ausgabe verringert sich um den Betrag, welchen die Deputation für die Armenpflege jährlich zur Erhöhung der laufenden Armenunterstützungen aus den ihr gemäß § 4 der Bestimmungen zur Verfügung zu stellenden 15 000 M. aufwendet. Ganz aufgewogen wird sie dagegen nicht, weil ein nicht unbedeutender Teil

[4] Bis zu diesem Zeitpunkt gab es in der Mainzer offenen Armenpflege keine feststehenden Unterstützungssätze, es hatte sich lediglich eine gewisse *Gewohnheitsskala* ausgebildet, wie der Berichterstatter der Mainzer Armen- und Krankenpflegedeputation Nathan Philipp Reis am 18.9.1895 in einem Bericht an die Stadtverordnetenversammlung erklärte (Stadtarchiv Mainz Bestand 070 Nr.13129, n. fol.).

der 15 000 M. zu einmaligen Gaben an nicht bereits laufend unterstützte Personen aufgewendet werden wird.

Erwähnt muß hierbei noch werden, daß bei der eingangs erwähnten Prüfung der laufenden Unterstützungsfälle durch Verzicht der Unterstützten, da diese die Unzulässigkeit der Unterstützung sofort selbst einsahen, 58 Unterstützungsfälle mit einem jährlichen Unterstützungsbetrag von 6 280 M. in Wegfall gekommen sind und daß ferner durch Deputationsbeschluß vom 4. Juni 1895 die Unterstützung in weiteren 67 Fällen mit einer jährlichen Unterstützung von 7 706 M. nach Bekanntgabe des Ergebnisses der angestellten Untersuchung als zweifellos unzulässig gestrichen wurde. In den obigen 580 Fällen sind die eben erwähnten 58 + 67 = 125 Fälle nicht enthalten.

Die Einführung obiger Bestimmungen wird im wesentlichen den verschämteren Armen zugute kommen, für die, auch wenn sie sich nicht selbst vordrängen, ausgiebiger gesorgt werden soll.

Bezüglich der obigen Bestimmungen ist dann noch im einzelnen zu bemerken, daß seither der Höchstbetrag der wöchentlichen Unterstützung für eine einzelne Person regelmäßig 1 M 50 Pf. neben einer ¼jährigen Mietunterstützung von 10 M., also wöchentlich ein Betrag von rund 2 M 30 Pf. war, während die vorgeschlagenen Ausschlußsätze eine Wochenunterstützung von 3 M 50 Pf. bzw. 4 M 50 Pf. zulassen. Was die in § 1 Ziffer 2 sub c der Bestimmungen vorgeschriebene Verminderung betrifft, so entspricht sie einerseits der Tatsache, daß mit einer größeren Anzahl von Kindern sich die auf das einzelne Kind fallenden allgemeinen Ausgaben (Mietzins, Feuerung, Beleuchtung usw.) vermindern, andererseits ermöglicht sie es, die Unterstützung für eine Familie mit nur einem Kind entsprechend höhergreifen zu können. Aus nachstehenden Beispielen möge sodann ersehen werden, wie hoch sich die Unterstützung für Familien mit Kindern belaufen könnte, eventuell bis zu welchem Betrag das vorhandene Einkommen ergänzt werden könnte.

Ausschlußsatz: 1. für Eheleute mit Kindern										2. für eine Witwe mit Kindern							
Anzahl der Kinder		a) falls die Kinder keinen Verdienst haben				b) im Falle des § 3 Ziff. 2 der Bestimmungen				a) falls die Kinder keinen Verdienst haben				b) im Falle des § 3 Ziff. 2 der Bestimmungen			
über	unter	wöchentl.		jährlich		wöchentl.		jährlich		wöchentl.		jährlich		wöchentl.		jährlich	
10 Jahren		M.	Pf.	M.	Pf.	M.	Pf.	M.	Pf.	M.	Pf.	M.	Pf.	M.	Pf.	M.	Pf.
1	0	8	50	442	–	9	50	494	–	5	50	286	–	6	50	338	–
2	0	10	30	535	60	11	50	598	–	7	30	379	60	8	50	442	–
3	0	11	90	618	80	13	50	702	–	8	90	462	80	10	50	546	–
0	1	8	–	416	–	–	–	–	–	5	–	260	–	–	–	–	–
0	2	9	35	486	20	–	–	–	–	6	35	330	20	–	–	–	–
0	3	10	55	548	60	–	–	–	–	7	55	392	60	–	–	–	–
0	4	11	60	603	20	–	–	–	–	8	60	447	20	–	–	–	–
1	2	11	05	574	60	12	50	650	–	8	05	418	60	9	50	494	–
1	3	12	10	629	20	14	–	728	–	9	10	473	20	11	–	572	–
2	2	12	55	652	60	14	50	754	–	9	55	496	60	11	50	598	–
2	3	13	45	699	40	16	–	832	–	10	45	543	40	13	–	676	–
3	3	14	60	759	20	18	–	936	–	11	60	603	20	15	–	780	–
3	4	15	35	798	20	19	50	1014	–	12	35	642	20	16	50	858	–
4	5	15	70	816	40	20	–	1040	–	12	70	660	40	17	–	884	–

Prüft man vorstehende Sätze anhand des ortsüblichen Tagelohns, der für Mainz 2 M. 20 Pf. beträgt und ein Wocheneinkommen von 13 M. 20 Pf. ergibt, so ist nach obiger Tabelle für eine Familie von 5 und mehr Kindern, deren einziges Einkommen der ortsübliche Tagelohn des Mannes ist, eine Armenunterstützung zulässig.

Es erübrigt nun, noch eine Vergleichung mit entsprechenden Bestimmungen anderer Städte anzustellen. Elberfeld, dessen Bestimmungen eine große Reihe von Städten, beispielsweise auch Darmstadt, k[urzer]h[and] herübergenommen haben, hat folgende höchsten Sätze bei einem ortsüblichen Tagelohn von 2 M. 40 Pf. aufgestellt.

„3 M. – Pf. für das Familienhaupt,
2 M. 50 Pf. für die bei dem Mann lebende Ehefrau,
3 M. – Pf. für ein Kind von 14 Jahren und darüber, welches arbeitet und verdient,
2 M. 20 Pf. für ein Kind von 14 Jahren und darüber, welches nicht arbeitet,
2 M. – Pf. für ein Kind von 10 bis zu 14 Jahren,
1 M. 60 Pf. für ein Kind von 5 bis zu 10 Jahren,
1 M. 40 Pf. für ein Kind von 1 bis 5 Jahren,
1 M. – Pf. für ein Kind von weniger als 1 Jahr,
16 M. 70 Pf. für eine aus den genannten Personen bestehende Familie und
3 M. 50 Pf. für eine einzelnstehende und allein wohnende Person."

Eine weitere Vergleichung soll die nachstehende Tabelle ermöglichen, welche Auskunft über die in einer Anzahl von Städten festgesetzten Ausschlußsätze für eine Einzelperson und für eine Familie von 8 Köpfen gibt und welche aus dem 19. Heft der Schriften des Deutschen Vereins für Armenpflege und Wohltätigkeit vom Jahre 1894[5] zusammengestellt ist.

Ord[nungs]nr.	Stadt Einwohnerzahl	Alleinstehende Person				Familie von 8 Köpfen																			
		männlich		weiblich		Familienhaupt		Die bei dem Mann lebende Ehefrau		Kinder über 14 Jahre, welche arbeiten		Kinder über 14 Jahren, welche nicht arbeiten		Kinder von 10-14 Jahren		Kinder von 5-10 Jahren		Kinder von 1-5 Jahren		Kinder unter 1 Jahr		Summa pro Woche		Summa pro Jahr	
		M.	Pf.	M.	Pf.	M.	Pf.	M.	Pf.	M.	Pf.	M.	Pf.	M.	Pf.	M.	Pf.	M.	Pf.	M.	Pf.	M.	Pf.	M.	Pf.
1	Elberfeld (125 899)	3	50	3	50	3	–	2	50	3	–	2	20	2	–	1	60	1	40	1	–	16	70	868	40
2	Barmen (116 248)	3	–	3	–	3	–	2	–	2	–	2	–	1	80	1	30	1	10	–	80	14	–	728	–
3	M.Gladbach (49 626)	3	–	3	–	3	–	1	90	1	70	1	70	1	50	1	10	–	90	–	80	12	60	655	20
4	Duisburg (58 148)	3	–	3	–	3	–	1	90	1	70	1	70	1	50	1	10	–	90	–	60	12	40	644	80
5	Wiesbaden (64 693)	4	50	4	50	4	50	2	–	2	–	2	–	2	–	1	50	1	50	1	–	16	50	858	–
6	Heilbronn (29 941)	7	–	5	–	3	–	2	50	3	–	2	50	2	–	1	60	1	40	1	–	17	–	884	–
7	Halle a. S. (100 348)	3	–	3	–	2	75	1	75	1	50	1	50	1	30	1	25	1	20	1	20	12	45	647	40

5 Willi Cuno, Grundsätze über Art und Höhe der Unterstützungen, in: ders./Ludwig von Dehn-Rothfelser, Grundsätze über Art und Höhe der Unterstützungen … (Schriften des deutschen Vereins für Armenpflege und Wohlthätigkeit, Heft 19), Leipzig 1894, S. 1-75, hier S. 31 f.

8	Leipzig (354 899)	3 6 Mark	60	3	60	3	–	2	–	1	70	1	70	1	60	1	40	1	20	1	10	13	70	712	40
9	Potsdam (54 125)	3	50	3	50	3	–	2	50	3	–	2	20	2	–	1	60	1	40	1	10	16	80	873	60
10	Erfurt (70 265)	3 5 Mark	50	3	50	3	–	2	–	1	–	1	–	1	–	1	–	1	–	1	–	11	–	572	–
11	Worms (26 000)	5	–	4	–	5	–	2	–	3	–	2	–	1	20	1	80	1	05	–	90	16	95	881	40
12	Frankfurt (180 000)	8 5*	–	8 5*	–	8 5*	– –	2	–	4	–	2	–	2	–	1	–	1	–	1	–	18	–	936	–
13	Köln (280 400)	4	70	4	70	4	70	2	10	2	10	2	10	1	40	1	40	1	40	1	40	16	60	863	20
14	Mainz (78 211)	4	50	3	50	4	50	2	–	3	–	2	–	1	05	1	20	1	05	–	90	16	45	855	40
	**	–	–	–	–	4	50	2	–	3	–	2	–	2	–	1	50	1	50	1	50	18	–	936	–

* Der Satz von 8 M. besteht wohl; es kommt aber eingezogenen Erkundigungen zufolge in der Regel der Satz von 5 M. zu Anwendung, weshalb auch der nach diesem Satz sich ergebende Betrag oben eingestellt wurde.

** Im Falle des § 3 Ziffer 2.

Nr. 43

1895 Juli 19

Bericht[1] des Oberpräsidenten der Rheinprovinz Berthold Nasse[2] an den preußischen Handelsminister Hans Freiherr von Berlepsch und den Innenminister Ernst von Köller[3]

Ausfertigung

[Überblick über die Einrichtungen der gewerblichen und nicht-gewerblichen Arbeitsvermittlung in der Rheinprovinz und die bei diesen beobachteten Mißstände; die städtischen Arbeitsnachweise verdienen weiter ausgebaut zu werden]

Ew. Exzellenzen beehre ich mich beifolgend die über die Frage der Arbeitsvermittlung von den Regierungspräsidenten erstatteten Berichte[4], zu einem Heft verei-

---

[1] GStA Berlin I. HA Rep.120 BB VII 1 Nr.3a Slg.1, fol. 721-730.
Zwei Erlasse des preußischen Innenministers Ludwig Herrfurth an die Regierungspräsidenten und Oberpräsidenten vom 31.7.1894 (Nr. 73 Bd. 1 der III. Abteilung dieser Quellensammlung; vgl. Nr. 41 Anm. 5) sowie des preußischen Handelsministers Hans Freiherr von Berlepsch und des Innenministers Ernst von Köller an die Oberpräsidenten vom 7.3.1895 (GStA Berlin I. HA Rep.120 BB VII 1 Nr.3a Bd.1, fol. 275-280) hatten eine möglichst vollständige Erfassung und Übersicht der verschiedenen Arten bestehender Arbeitsvermittlungseinrichtungen mit Hilfe von Zählkarten zum Ziel gehabt, dabei sollte auch über die festgestellten Mängel berichtet werden. Unterschieden wurde bei dieser Gelegenheit insbesondere zwischen gewerbsmäßigen und nicht-gewerbsmäßigen Einrichtungen.

[2] Berthold Nasse (1831-1906), Jurist, seit 1890 Oberpräsident der Rheinprovinz.

[3] Ernst von Köller (1841-1928), Jurist, 1889 Unterstaatssekretär des Innern im Ministerium für Elsaß Lothringen, seit 1894 preußischer Innenminister.

nigt, nebst sämtlichen Anlagen gehorsamst vorzulegen. Indem ich wegen der gegenwärtigen Lage der Arbeitsvermittlung in den einzelnen Bezirken auf die zum Teil ausführlichen tatsächlichen Angaben der Berichte Bezug nehmen darf, erlaube ich mir, zu den in den nebenbezeichneten hohen Erlassen berührten Fragen folgendes gehorsamst hervorzuheben.

I. Die aufgrund der dem königlichen Statistischen Büro bereits unmittelbar zugefertigten Zählkarten für die einzelnen Regierungsbezirke aufgestellten Tabellen C[5] ergeben, daß in der Rheinprovinz das gewerbliche Gesindevermieter- und Stellenvermittlungswesen im Verhältnis zur Einwohnerzahl im allgemeinen nur eine mäßige Ausdehnung gewonnen hat. In den Bezirken Aachen, Trier und Koblenz befinden sich nur 26 beziehungsweise 36 beziehungsweise 58 Gewerbetreibende dieser Art, und auch die industriereichen und teilweise dichtbevölkerten Bezirke Köln und Düsseldorf weisen nur 104 beziehungsweise 192 Stellenvermittler auf. Die Gesamtzahl der gewerbsmäßigen Stellenvermittler, von denen übrigens ein großer Teil das Gewerbe nur neben anderer Beschäftigung betreibt, beläuft sich in der Rheinprovinz auf 416. Davon gehören 268, also die größere Hälfte, dem weiblichen Geschlecht an. Wie sich diese Zahlen auf Stadt und Land verteilen, dürfte sich genau nur aus den hier nicht vorliegenden Zählkarten ersehen lassen, da die Zahlenangaben der Tabelle C nur für die Regierungsbezirke Köln, Koblenz und Aachen nach Kreisen getrennt sind. Indessen geht schon aus dem zur Verfügung stehenden Material mit ziemlicher Sicherheit hervor, daß das Stellenvermittlungsgewerbe nur in einigen größeren Städten der Provinz Verbreitung gefunden hat, den ländlichen Teilen dagegen fast vollständig ferngeblieben ist. Die Stellenvermittlung beschränkt sich vornehmlich auf die Unterbringung von städtischem Gesinde, während sie für ländliches Gesinde, Fabrikpersonal usw. deshalb von geringerer Bedeutung ist, weil diese Personen die Arbeitsgelegenheit meist selbst durch unmittelbare Nachfragen und Erkundigungen ohne Hilfe gewerbsmäßiger Vermittler suchen. Von dieser privaten Vermittlung sowie von Zeitungsinseraten wird übrigens selbst bei Anmietung städtischen Gesindes vielfach Gebrauch gemacht, so daß die Berufstätigkeit der gewerbsmäßigen Stellenvermittler in der Rheinprovinz überhaupt nur eine beschränkte bleibt. Beispielsweise betrug die Zahl der so vermittelten Stellen im Regierungsbezirk Düsseldorf[6] im Jahre 1894 nur 10500, d.h. durchschnittlich nur 55–60 Stellen für den einzelnen Gewerbetreibenden.

---

4 Berichte des Kölner Regierungspräsidenten Hugo Freiherr von Richthofen an den preußischen Handelsminister Hans Freiherr von Berlepsch und den Innenminister Ernst von Köller vom 25.6.1895 und 10.7.1895, Bericht des Koblenzer Regierungspräsidenten Dr. Richard Wentzel (gezeichnet von dessen Stellvertreter Karl Gustav Albert Koch) vom 25.6.1895; Berichte des Düsseldorfer Regierungspräsidenten Eberhard Freiherr von der Recke von der Horst vom 29.6. und 6.7.1895, Bericht des Aachener Regierungspräsidenten Julian von Hartmann vom 26.6.1895; Bericht des Trierer Regierungspräsidenten Adolf von Heppe vom 4.7.1895 (GStA Berlin I. HA Rep.120 BB VII 1 Nr.3a Slg.1, fol.587-601 Rs., fol.602-613, fol.614-642 Rs., fol.689-720 Rs., fol.757-757 Rs., fol.758-775 Rs. und fol.789-791).

5 Die Zählkarte C betraf die Zahl der am 31.12.1894 in den einzelnen Regierungsbezirken vorhandenen Gesindevermieter und Stellenvermittler (GStA Berlin I. HA Rep.120 BB VII 1 Nr.3a Slg.1, fol.737-738).

6 Bericht des Düsseldorfer Regierungspräsidenten Eberhard Freiherr von der Recke von der Horst an den preußischen Handelsminister Hans Freiherr von Berlepsch und den Innenmi-

Anlangend die bei dem Stellenvermittlungswesen beobachteten Mißstände, so haben die Ermittlungen für die Bezirke Düsseldorf, Koblenz, Aachen und Trier ergeben, daß, von mehr vereinzelten Klagen abgesehen, erhebliche Mißstände im allgemeinen nicht wahrgenommen worden sind. Hieraus dürfen aber wohl allzu günstige Schlüsse für die Zustände im Stellenvermittlungswesen überhaupt nicht gezogen werden. Im allgemeinen erfreuen sich die gewerbsmäßigen Stellenvermittler keines besonderen Ansehens, und hiermit steht es nur im Einklang, wenn sich, namentlich in den Bezirken Düsseldorf, Köln und Aachen, unter denselben eine verhältnismäßig recht große Zahl bestrafter und übel beleumundeter Personen befindet. Unter den insgesamt 416 Stellenvermittlern der Provinz werden nicht weniger wie 96 als bestraft oder in schlechtem Leumund stehend bezeichnet. Weiter liegt in dem gleichzeitigen Gewähren von Unterkunft oder Beköstigung an die Stellensuchenden eine schwere Gefahr für die Sittlichkeit, insbesondere bei dem weiblichen Dienstpersonal. Zwar ist dieses Nebengewerbe – von verschwindend geringen Ausnahmefällen in den anderen Bezirken abgesehen – nur im Regierungsbezirk Düsseldorf und in auffälligem Umfang in der Stadt Köln verbreitet, aber gerade im Hinblick hierauf erscheint es bemerkenswert, daß der Bericht[7] aus Köln die Zustände des Stellenvermittlungswesens in der Stadt Köln und die nachteiligen Einwirkungen desselben auf die Sittlichkeit in düsteren Farben schildert.

Bieten hiernach auch, wie ich in Übereinstimmung mit der Mehrzahl der Regierungspräsidenten annehmen möchte, die in der Rheinprovinz gemachten Erfahrungen zur Zeit keine gerade dringende Veranlassung zu einer Abänderung beziehungsweise Verschärfung der das gewerbsmäßige Stellenvermittlungswesen betreffenden Bestimmungen, so wird doch diesem Zweig gewerblicher Tätigkeit wie bisher ein besonders wachsames Auge zuzuwenden sein. Die energische polizeiliche Anwendung der Ministerialpolizeiverordnung vom 18. März 1885[8] gibt immerhin schon eine Handhabe, um den bedenklichsten Mißständen entgegenzuwirken. Auch glaube ich die bereits in meinem Bericht vom 21. August 1893 erörterte Verschärfung dieser Polizeiverordnung hinsichtlich der Ankündigung offener Dienststellen durch Zeitungen sowie hinsichtlich der Maßregeln zur Verhütung des Kontraktbruchs und der Beherbergung oder Beköstigung dienstsuchender Personen durch Stellenvermittler erneut gehorsamst zur Erwägung stellen zu sollen. Für ein etwaiges legislatives Vorgehen würde meines Erachtens, neben der auch jetzt wiederum von mehreren Seiten angeregten Einführung einer Gebührentaxe, vornehmlich die Konzessionierung der Stellenvermittler in Betracht zu ziehen sein. Zwar gewährt

---

nister Ernst von Köller vom 6.7.1895 (GStA Berlin I. HA Rep.120 BB VII 1 Nr.3a Slg.1, fol. 689-691 Rs., fol. 697-705 Rs., fol. 708-720 Rs. und fol. 757-757 Rs., hier fol. 689 Rs.-690).

7 Bericht des Kölner Regierungspräsidenten Hugo Freiherr von Richthofen an den preußischen Handelsminister Hans Freiherr von Berlepsch und den Innenminister Ernst von Köller vom 25.6.1895 (GStA Berlin I. HA Rep.120 BB VII 1 Nr.3a Slg.1, fol. 587-601 Rs.).

8 Der Erlaß des preußischen Handelsministers an die Regierungspräsidenten vom 18.3.1885, der für den Minister Otto Fürst von Bismarck von dem Minister ohne Geschäftsbereich (und Staatssekretär im Reichsamt des Innern) Dr. Karl Heinrich von Boetticher gezeichnet war, verpflichtete Gesindevermieter und Stellenvermittler zu einer bestimmten Buchführung über die Aufträge und deren Erledigung und erteilte den Polizeibehörden die Befugnis, jederzeit in die Geschäftsbücher und die Schriftstücke der Gesindevermieter und Stellenvermittler Einsicht nehmen zu können (Amtsblatt der königlichen Regierung zu Kassel Nr. 16 vom 8.4.1885, S. 66 f.).

§ 35 der Reichsgewerbeordnung[9] der Ortspolizeibehörde eine Klage auf Untersagung des Gewerbebetriebs gegen Stellenvermittler pp., indessen möchte ich diesem Mittel deshalb nur eine geringe praktische Wirksamkeit zuerkennen, weil die zur näheren Begründung der Klage erforderlichen, die Unzuverlässigkeit dartuenden einzelnen Tatsachen schwer und erst nach längerer polizeilicher Beobachtung festzustellen sind und weil auch die Durchführung des Prozesses durch die einzelnen Instanzen bis zur rechtskräftigen Entscheidung teilweise sehr erhebliche Zeit in Anspruch nimmt, während deren das unrechtmäßige Treiben des Vermittlers nicht gehindert werden kann. Da sich notorisch gerade diesem Gewerbe viele unlauteren Elemente zuwenden, würde meines Erachtens die Zulassung zu denselben zweckmäßig von einer vorherigen Erlaubnis (Konzession) abhängig zu machen und diese bei nachgewiesener sittlicher oder wirtschaftlicher Unzuverlässigkeit zu versagen sein.

II. Was nunmehr die in den Tabellen D[10] versuchte Zusammenstellung der vorhandenen, nicht gewerbsmäßigen Arbeits- und Stellennachweisanstalten anlangt, so kann ich, wenngleich mir die Zählkarten B[11] selbst nicht vorgelegen haben, dem Regierungspräsidenten[12] in Düsseldorf[13] doch nur darin beitreten, daß die Übersichten zweifellos lückenhaft sind und kein richtiges Bild von dem tatsächlichen Zustand gewähren. Abgesehen von der Kürze der Ermittlungsfrist, welche Rückfragen und genauere Feststellungen erschwerte, sowie von der vielfach mangelhaften Ausfüllung der Zählkarten selbst, ist wohl besonders zu berücksichtigen, daß die organisierte Arbeitsvermittlung, welche für gemeinsame Rechnung etwas übernimmt, was der einzelne gehörig auszuführen nicht imstande ist, als eine Maßregel sozialistischer Natur auch auf sozialdemokratischer Seite lebhaften Anklang gefunden hat. Die sozialdemokratische Propaganda hat, wie die Parteipresse offen anerkennt, nicht nur um des ihr sympathischen Prinzips willen, sondern wesentlich auch aus agitatorischen Rücksichten sich der Arbeitsvermittlung als eines willkommenen Werbemittels angenommen und im Laufe der letzten Jahre mit zahlreichen Arbeitervereinen Einrichtungen verbunden, welche den Zweck haben, Parteigenossen gut und in einer auch den Parteizwecken nützlichen Weise unterzubringen. Ein großer Teil dieser Organisationen ist wohl in den Übersichten nicht berücksichtigt, sei es, weil sie den Behörden unbekannt geblieben, sei es, weil sie von ihnen formell nicht als solche Nachweisstellen angesehen worden sind.

---

9 Nach § 35 der Gewerbeordnung war Stellenvermittlern die Ausübung ihres Gewerbes zu untersagen, wenn Tatsachen vorlagen, die deren Unzuverlässigkeit in der Ausübung des Gewerbebetriebs erkennen ließen.

10 Die Tabelle D erfaßte die Zahl der am 31.12.1894 in den einzelnen Regierungsbezirken vorhandenen Arbeits- und Stellennachweisanstalten (ohne gewerbsmäßige Gesindevermieter und Stellenvermittler) (GStA Berlin I. HA Rep.120 BB VII 1 Nr.3a Slg.1, fol. 739-740).

11 Mit der Zählkarte B sollten von den Ortspolizeibehörden die einzelnen Vereine und sonstigen Träger von Arbeits- und Stellennachweisanstalten (ohne gewerbsmäßige Gesindevermieter und Stellenvermittler) erfaßt und befragt werden (GStA Berlin I. HA Rep.120 BB VII 1 Nr.3a Bd.1, fol. 272).

12 Eberhard Freiherr von der Recke von der Horst (1847-1911), Jurist, seit 1889 Regierungspräsident in Düsseldorf.

13 Bericht des Düsseldorfer Regierungspräsidenten Freiherr von der Recke von der Horst an den preußischen Handelsminister Freiherr von Berlepsch und den Innenminister von Köller vom 6.7.1895 (GStA Berlin I. HA Rep.120 BB VII 1 Nr.3a Slg.1, fol. 689-720 Rs. und fol. 757-757 Rs., hier fol. 697 Rs.).

Von den festgestellten insgesamt 192 Arbeits- und Stellennachweisanstalten entfällt nach den Tabellen der größere Teil auf Innungen sowie kirchliche und Wohltätigkeitsvereine. Auch sind in Verfolg des hohen Erlasses vom 31. Juli 1894[14] eine Anzahl größerer Städte mit Errichtung städtischer Arbeitsnachweise, teilweise mit kollegialischem Vorstand, vorgegangen, während den Berichten der Regierungspräsidenten zufolge in anderen Städten, sei es infolge Widerstands der städtischen Behörden oder mangelnden Verständnisses für die gegebenen Anregungen, bisher etwas Positives nicht zu erreichen gewesen ist. Vielfach wird die geschäftliche Tätigkeit und der Erfolg dieser Nachweisstellen als geringfügig bezeichnet. Wenn jedoch hieraus und aus dem geringen Entgegenkommen mancher Städte von mehreren Seiten der Schluß gezogen wird, daß ein besonderes Bedürfnis nach Arbeitsvermittlung nicht vorhanden sei, so dürfte dieser Schluß doch nur in der Einschränkung auf die ländlichen und die Verhältnisse der kleineren Orte zutreffen. Im übrigen will es mir scheinen, daß die teilweise geringen Erfolge der gegenwärtig bestehenden Nachweisstellen mehr auf ihre vielfach mangelhafte Organisation, auf die den älteren Einrichtungen dieser Art anhaftenden, in dem hohen Erlaß vom 31. Juli 1894 näher erörterten Fehler und auf das leider noch mangelnde Verständnis für den Wert einer organisierten, planmäßigen Arbeitsvermittlung zurückzuführen sind. Wenn beispielsweise in einigen Städten des Düsseldorfer Bezirks der Arbeitsnachweis lediglich darin besteht, daß Arbeitsangebote und Gesuche auf öffentliche Tafeln[15] oder in offenliegende Listen eingetragen werden, so kann es nicht wundernehmen, daß von einer derartig primitiven Einrichtung kein Gebrauch gemacht worden ist. Naturgemäß kann der Arbeitsnachweis nur dann weiter gehenden, sozialpolitischen Aufgaben gerecht werden, wenn er auf dem Boden einer geordneten Organisation errichtet und von dem Vertrauen sowie von dem lebendigen Interesse der Arbeiter und der Arbeitgeber getragen wird. Dafür, daß auf diesem Wege etwas zu erreichen ist, sprechen die besseren, zum Teil erfreulichen Erfolge, welche mit den von den Stadtverwaltungen oder in engem Anschluß an dieselben errichteten Nachweisestellen in Trier, Burtscheid, Neuss, Rheydt, Duisburg, Krefeld, Elberfeld bereits erzielt worden sind. Auch die günstigen Ergebnisse der Zentral-Arbeitsnachweisestellen zu Düsseldorf[16] und Essen weisen darauf hin, daß bei zweckmäßiger Organisation und Verwaltung die Einrichtung an sich lebensfähig und fruchtbringend wirkt.[17] Wenn erstere in den Jahren 1892–461, 1893–799 und 1894–930, letztere in den ersten elf Monaten ihres Bestehens 1027 Stellen vermittelt hat, so läßt es sich wohl nicht bestreiten, daß dort tatsächlich ein Bedürfnis nach Arbeitsvermittlung vorhanden

---

14 Nr. 73 Bd. 1 der III. Abteilung dieser Quellensammlung.

15 Vgl. als Beispiel einer solchen Tafel die vom Bürgermeisteramt Rheydt veröffentlichte „Städtische Arbeitstafel" mit den Arbeitsangeboten von fünf Arbeitgebern und dem Arbeitsgesuch eines Arbeiters in der Rheydter Zeitung Nr. 142 vom 21.6.1895 (GStA Berlin I. HA Rep.120 BB VII 1 Nr.3a Slg.1, fol. 743-744 Rs., hier fol. 744 Rs.).

16 Die Stelle führte den Namen Zentral-Arbeitsnachweisstelle für Rheinland und Westfalen, ihre Tätigkeit war jedoch auf die Stadt Düsseldorf und Umgebung beschränkt. Sie bestand seit 1891, wurde von einem gemeinnützigen Verein getragen und von der Stadt Düsseldorf bezuschußt.

17 Bericht des Düsseldorfer Regierungspräsidenten Eberhard Freiherr von der Recke von der Horst an den preußischen Handelsminister Hans Freiherr von Berlepsch und den Innenminister Ernst von Köller vom 6.7.1895 (GStA Berlin I. HA Rep.120 BB VII 1 Nr.3a Slg.1, fol. 689-691 Rs., fol. 697-705 Rs., fol. 708-720 Rs. und 757-757 Rs., hier fol. 700 Rs.-702).

gewesen ist. Auch die Allgemeine Arbeitsnachweisanstalt in Köln, nach deren Vorbild gegenwärtig in der Stadt Aachen eine gleichartige Institution geschaffen wird,[18] hat eine ausgedehnte und nutzbringende Tätigkeit entfaltet.[19] Wenn es dem Arbeitsnachweis auch nicht gelingen kann, die namentlich bei Absatz- und Produktionskrisen auftretende Arbeitslosigkeit gänzlich zu beseitigen, so wird er doch zur Verminderung der letzteren wesentlich beitragen. Unter diesen Umständen halte ich es vom sozialpolitischen Standpunkt aus für sehr erwünscht, wenn die vorhandenen Arbeitsnachweisstellen auch ferner tunlichst gefördert und in ihrer Organisation ausgestaltet sowie die Bemühungen tatkräftig fortgesetzt würden, welche auf Errichtung zweckmäßig organisierter und auch finanziell leistungsfähiger städtischer Nachweisstellen, namentlich in größeren Städten, hinzielen. Die Einrichtung ist zwar noch neu, verspricht aber nach den bereits gemachten, zum Teil erfreulichen Erfahrungen eine nutzbringende und segensreich wirkende weitere Entwicklung.

---

[18] Vgl. den Bericht des Aachener Regierungspräsidenten Julian von Hartmann an den preußischen Handelsminister Freiherr von Berlepsch und den Innenminister von Köller vom 26.6.1895 (GStA Berlin I. HA Rep.120 BB VII 1 Nr.3a Slg.1, fol. 758-775 Rs., hier fol. 759-762 Rs.).

[19] Die Allgemeine Arbeitsnachweisanstalt in Köln war im Dezember 1894 eröffnet worden. Sie beruhte auf einem Zusammenschluß des Gewerbevereins, des Vereins selbständiger Handwerker, des Innungsausschusses, des katholischen Gesellenvereins, des evangelischen Arbeitervereins, des katholischen Arbeitervereins und des Gewerkschaftskartells, mit dem Zweck, gemeinsam einen unentgeltlichen paritätischen Arbeitsnachweis zu organisieren. Der Arbeitsnachweis wurde von der Stadt Köln finanziell unterstützt (Bericht der Allgemeinen Arbeitsnachweis-Anstalt in Köln vom 23.4.1895: GStA Berlin I. HA Rep.120 BB VII 1 Nr.3a Slg.1, fol. 621-622 Rs.).

Nr. 44

1895 Juli 27

Bericht[1] des Oberpräsidenten der Provinz Westfalen Dr. Konrad Studt[2] an den preußischen Handelsminister Hans Freiherr von Berlepsch und den Innenminister Ernst von Köller

Ausfertigung

[Das Bedürfnis nach Arbeitsnachweisen ist regional ungleich; Mißstände dürften öfter auftreten als den Behörden bekannt wird; bei Bedarf ist die Zentralisierung in einem städtischen Arbeitsnachweis anzustreben, gegebenenfalls auch gegen den Willen der kommunalen Vertretungen]

Ew. Exzellenzen beehre ich mich die Berichte der Regierungspräsidenten der Provinz mit sämtlichen Anlagen anbei gehorsamst zu überreichen.

In denselben ist die vorliegende Frage in verschiedener Weise beurteilt worden. Während die Regierungspräsidenten in Münster[3] und Minden[4] aus den tatsächlich bestehenden Verhältnissen einen Anlaß zur Neueinrichtung der Arbeitsnachweisstellen nicht finden zu sollen glauben, hat der Regierungspräsident zu Arnsberg[5] ungeachtet der ebenfalls ablehnenden Stellung der Mehrzahl der ihm nachgeordneten Behörden das Bedürfnis zu einer Regelung der Angelegenheit anerkannt. Diese gegensätzliche Auffassung kann nicht überraschen bei der Erwägung, daß die noch mehr konsolidierten Arbeiterverhältnisse in den erstgedachten Bezirken, in denen es an Industriezentren mit fluktuierender Arbeiterbevölkerung fast ganz mangelt und in denen die gewerbliche Arbeiterschaft, wie in der Minden-Ravensberger Tabakindustrie, zum großen Teil seßhaft gemacht ist, das Bedürfnis zu Arbeitsnachweisen wenig hervortreten lassen. Es ergibt sich dies auch aus den angeführten Zahlen. Nach den Berichten sind in der Provinz 112 gewerbliche Stellenvermittler und 159 anderweite Arbeitsnachweisanstalten vorhanden. Davon entfallen auf den Regierungsbezirk Arnsberg 81 bzw. 105 Nachweisstellen, also mehr als zwei Drittel, und hiervon wiederum mehr als die Hälfte auf die das Bergwerksgebiet umfassenden Kreise des genannten Bezirks.

---

1 GStA Berlin I. HA Rep.120 BB VII 1 Nr.3a Slg.1, fol. 495-499 Rs. Gezeichnet ist der Bericht in Vertretung von Oberpräsidialrat Dr. Eduard von Viebahn.
Zum Anlaß und Hintergrund des Berichts vgl. Nr. 43 Anm. 1.

2 Dr. Konrad Studt (1838-1921), Jurist, seit 1889 Oberpräsident der Provinz Westfalen.

3 Hermann Schwarzenberg (1830-1897), Jurist, seit 1890 Regierungspräsident in Münster; Bericht des Münsterer Regierungspräsidenten Hermann Schwarzenberg an den preußischen Handelsminister Hans Freiherr von Berlepsch und den Innenminister Ernst von Köller vom 29.6.1895 (GStA Berlin I. HA Rep.120 BB VII 1 Nr.3a Slg.1, fol. 515-525 Rs.).

4 Oskar von Arnstedt (1840-1914), Jurist, seit 1894 Regierungspräsident in Minden; Berichte des Mindener Regierungspräsidenten Oskar von Arnstedt an den preußischen Handelsminister Hans Freiherr von Berlepsch und den Innenminister Ernst von Köller vom 28.6.1895 und 30.6.1895 (GStA Berlin I. HA Rep.120 BB VII 1 Nr.3a Slg.1, fol. 500-514).

5 Wilhelm Winzer (1834-1919), Jurist, seit 1887 stellvertretender, seit 1889 Regierungspräsident in Arnsberg; Bericht des Arnsberger Regierungspräsidenten Wilhelm Winzer an den preußischen Handelsminister Hans Freiherr von Berlepsch und den Innenminister Ernst von Köller vom 7.7.1895 mit Anlagen (GStA Berlin I. HA Rep.120 BB VII 1 Nr.3a Slg.1, fol. 528-585 Rs.).

Wenn hiernach nahezu die Hälfte aller in der Provinz betriebenen Arbeitsvermittelungsanstalten im Industriebezirk wirken, so liegt bei den in letzterem bestehenden Arbeiterverhältnissen nahe, daß daselbst auch die meisten Erfahrungen auf diesem Gebiet gesammelt werden konnten. Nun haben sich nach Ausweis der dem Arnsberger Bericht beigefügten Anlagen zwar die betreffenden Lokalbehörden[6] übereinstimmend dahin geäußert, daß ihrerseits Mißstände in dem Betrieb – namentlich soweit die gewerblichen Stellenvermittler in Frage kommen – nicht wahrgenommen worden seien. Ich bin indessen geneigt, diese Auffassung nur auf die Tatsache zu beziehen, daß selten Bestrafungen gegen jene Gewerbetreibenden vorgekommen sind. Erfahrungsmäßig suchen aber Arbeitgeber und Arbeitnehmer in Fällen geschehener Übervorteilung oder anderweiter Unzuverlässigkeit seitens der Vermittler die gerichtliche Behandlung zu vermeiden, um den damit verbundenen Weiterungen zu entgehen und sich die etwa in Zukunft benötigte Vermittlung nicht zu verscherzen. In gleicher Weise wird die mißbräuchliche Verwertung der Arbeitsvermittlung zum Zweck der Beförderung der Unsittlichkeit nur in seltenen Fällen zur behördlichen Kenntnis gelangen.

Ich halte daher eine Verschärfung der Kontrollvorschriften im Sinne der von dem hiesigen Regierungspräsidenten S. 14 ff. gemachten Vorschläge[7] für erwägenswert, ohne indessen damit einverstanden zu sein, daß es zweckmäßig sein würde, die Zulassung der Gesindevermieter von dem vorhandenen Bedürfnis abhängig zu machen. Das letztere würde sich gerade in den Orten mit starker Bewegung der Bevölkerung der Natur der Sache nach kaum feststellen lassen.

Hinsichtlich der Beurteilung der nicht gewerblichen Stellennachweiseanstalten trete ich der Ansicht des Regierungspräsidenten zu Arnsberg im wesentlichen bei, ebenso in der Frage einer etwaigen gesetzlichen Regelung der Sache.[8] Zu letzterer etwa gestatte ich mir noch folgende gehorsamste Bemerkungen.

---

6 Abschrift eines Berichts des Dortmunder Oberbürgermeisters Wilhelm Schmieding an den Arnsberger Regierungspräsidenten Wilhelm Winzer vom 22.5.1895, Abschrift eines Berichts des Bochumer Oberbürgermeisters Karl Hahn an den Arnsberger Regierungspräsidenten Wilhelm Winzer vom 7.6.1895, Abschrift eines Berichts des Hagener Oberbürgermeisters August Prentzel an den Arnsberger Regierungspräsidenten Wilhelm Winzer vom 13.6.1895 (GStA Berlin I. HA Rep.120 BB VII 1 Nr.3a Slg.1, fol. 572-575 Rs., fol. 576-578 und fol. 579-584).

7 Regierungspräsident Hermann Schwarzenberg hatte insbesondere angeregt, gewerbsmäßigen Gesindevermietern zu untersagen, dienstsuchende Personen zu beherbergen und zu verköstigen; Bericht des Münsterer Regierungspräsidenten Hermann Schwarzenberg an den preußischen Handelsminister Hans Freiherr von Berlepsch und den Innenminister Ernst von Köller vom 29.6.1895 (GStA Berlin I. HA Rep.120 BB VII 1 Nr.3a Slg.1, fol. 515-525 Rs., hier fol. 521 Rs.-522).

8 Regierungspräsident Wilhelm Winzer hatte die Auffassung vertreten, daß die bestehenden Arbeitsnachweise keineswegs genügten, um einen raschen und billigen Ausgleich auf dem Arbeitsmarkt zu bewirken. Er hatte dabei auch das Bedürfnis nach öffentlichen Arbeitsnachweisen und nach deren Zusammenfassung durch Zentralstellen anerkannt und deshalb eine Regelung ähnlich wie im Gewerbegerichtsgesetz vom 29.7.1890 (Nr. 14 Bd. 4 der III. Abteilung dieser Quellensammlung) vorgeschlagen, bei der den Gemeinden die Befugnis gegeben werden sollte, Arbeitsämter durch Ortsstatut zu schaffen; gingen die Gemeinden auf Aufforderungen der Landeszentralbehörden zur Errichtung solcher Einrichtungen nicht ein, würden die Zentralbehörden eine solche anordnen können; Bericht des Arnsberger Regierungspräsidenten Wilhelm Winzer an den preußischen Handelsminister Hans Freiherr von Berlepsch und den Innenminister Ernst von Köller vom 7.7.1895 (GStA Berlin

Der Versuch einer Verbindung der in einer Stadt bestehenden Arbeitsnachweise aller Art zum Zweck des organischen Zusammenwirkens wird angesichts der verschiedenartigen Ziele der betreffenden Anstalten, ihrer konfessionellen und politischen Abweichungen auf die größten Hindernisse stoßen. Bevor hierzu geschritten wird, dürfte daher die Schaffung eines aus kommunalen Mitteln unterstützten Arbeitsamts erforderlich sein, welches vermöge der gebotenen Vorteile, zu denen in erster Linie die Unentgeltlichkeit des Stellennachweises zu zählen ist, die arbeitsuchende Bevölkerung soweit möglich an sich zieht. Auf diese Einrichtung wird aber nur da hinzuwirken sein, wo die Zentralisierung des Arbeitsnachweises nach den örtlichen Verhältnissen erwünscht ist. Bei der Auswahl der Städte dürfte nicht allein die Häufigkeit der Nachfrage und des Angebots ausschlaggebend sein, sondern auch die Erwägung, in welchen Händen gegenwärtig vorzugsweise die Arbeitsvermittlung beruht. Es muß verhindert werden, daß der Ausbau der letzteren sich unter dem Einfluß der sozialdemokratischen Anschauungen vollziehe. Meistens werden beide Gesichtspunkte – wenigstens soweit die Provinz Westfalen in Frage kommt – zusammenfallen.

Dem gesetzlich einzuführenden Zwang zur allgemeinen Einrichtung städtischer bzw. anderweiter kommunaler Arbeitsämter würde ich daher, wie sich aus dem Vorstehenden ergibt, nicht das Wort reden, dagegen erachte ich es für zweckentsprechend, der Behörde eine gesetzliche Handhabe zu schaffen, um im dringendsten Fall auch gegen den Willen der kommunalen Vertretungen die Einrichtung einer Arbeitsvermittlungsstelle durchzusetzen.

Das zielbewußte Vorgehen in der Stadt Siegen[9] und namentlich im Kreis Hörde[10] zeigt übrigens, wie ich schließlich gehorsamst bemerke, daß unter günstigen Verhältnissen auch auf dem Boden der bestehenden Gesetzgebung geeignete Einrichtungen zu ermöglichen sind.

I. HA Rep.120 BB VII 1 Nr.3a Slg.1, fol. 528-542 Rs. und fol. 585-585 Rs., hier fol. 541 Rs.-542 Rs.).

9 In Siegen war 1895 das Arbeitsnachweisbüro des Armenunterstützungsvereins zu einem städtischen Arbeitsamt erweitert worden.

10 Der Kreistag des Kreises Hörde hatte im März 1895 die Errichtung einer Zentral-Arbeitsnachweisanstalt beschlossen.

Nr. 45

1895 November 7

Sitzungsprotokoll[1] des Münchner Armenpflegschaftsrats

Druck, Teildruck

[Die Armenpflege wird durch die Arbeiterversicherung entlastet]

Vortrag des H[e]r[r]n R[echts]r[ats] Steinhäußer[2]: [...]

Es sei mir noch gestattet, mit wenigen Worten die Frage des Einflusses der sozialen Gesetzgebung über die Arbeiterversicherung auf der Armenpflege zu berühren. Daß die Armenpflege durch die Arbeiterversicherung teilweise entlastet wird, steht außer Zweifel, jedoch ist der Umfang der Entlastung ein verschiedener, je nachdem man die Kranken- oder die Unfall- oder die Alters- und Invalidenversicherung in Betracht zieht. Was zunächst die Krankenversicherung anbelangt, so springt die Entlastung nicht so sehr ziffernmäßig in die Augen, weil nämlich fast dieselben Kategorien von Arbeitern, welche nach dem Krankenversicherungsgesetz[3] versicherungspflichtig sind, auch schon nach dem bayr[ischen] Armengesetz[4] versicherungspflichtig[5] gewesen sind und also der Armenpflege schon seither nicht zur Last fielen; allein, es darf doch nicht übersehen werden, daß die Hilfeleistung jetzt eine viel ausgedehntere insofern ist, als auch die Angehörigen des Erkrankten, z. B. die Frau usw., eine Unterstützung erhält. Man kann also füglich wohl behaupten, daß das neue Krankenversicherungsgesetz eine wohltätige Wirkung auf die öffentliche Armenpflege übt. Hinsichtlich der Unfallversicherung[6] ist zu bemerken, daß zweifelsohne durch diese eine erheblichere Entlastung der Armenpflege eingetreten ist; denn es ist klar, daß viele verunglückte Arbeiter die Hilfe der Armenpflege und deren Angehörige die Unterstützung der Armenpflege hätten beanspruchen müssen, wenn sie nicht die Hilfe von der Unfallversicherung erhalten hätten. Ein halbwegs verlässiger Maßstab aber für eine ziffernmäßige Berechnung der Entlastung der Armenpflege ist nicht gegeben. Was dagegen die Alters- und Invalidenversicherung[7] betrifft, so kann eine wirkliche, immerhin nennenswerte Entlastung der Armenpflege

---

1 Stadtarchiv München Wohlfahrt Nr.264, n. fol.

2 Wilhelm Steinhäußer (1837-1908), seit 1872 rechtskundiger Magistratsrat in München und Armenreferent.

3 Gesetz, betreffend die Krankenversicherung der Arbeiter, vom 15.6.1883 (Nr. 32 Bd. 5 der II. Abteilung dieser Quellensammlung), nun in der Fassung vom 10.4.1892 als Krankenversicherungsgesetz (Nr. 21 Bd. 5 der III. Abteilung dieser Quellensammlung).

4 Gesetz, die öffentliche Armen- und Krankenpflege betreffend, vom 29.4.1869 (Nr. 194 Bd. 7, 2. Halbband, der I. Abteilung dieser Quellensammlung).

5 Nach Art. 20 des bayerischen Gesetzes, die öffentliche Armen- und Krankenpflege betreffend, vom 29.4.1869 waren die Gemeinden berechtigt, von Dienstboten, Gewerbegehilfen, Lehrlingen, Fabrik- und Lohnarbeitern, solange sie im Gemeindebezirk dienten oder arbeiteten, einen regelmäßigen Krankenkassenbeitrag zu erheben. Die Betroffenen erlangten im Gegenzug ein auf neunzig Tage befristetes Recht auf Gewährung der erforderlichen Krankenpflege, ärztlichen Hilfe und Heilmittel.

6 Unfallversicherungsgesetz vom 6.7.1884 (Nr. 186 Bd. 2, 1. Teil, der II. Abteilung dieser Quellensammlung).

7 Gesetz, betreffend die Invaliditäts- und Altersversicherung, vom 22.6.1889 (Nr. 148 Bd. 6 der II. Abteilung dieser Quellensammlung).

konstatiert werden. Ohne diese Versicherung würden zirka 150 Personen mehr, und zwar mit monatlich 7 bis 11 M., zu unterstützen sein und hiefür jährlich zirka 20 000 M. aufgewendet werden müssen.

Nach Vortrag der einzelnen Etatansätze wurde sodann der Etat mit folgenden Hauptabschlußziffern genehmigt:

Ausgaben	1 270 992 M.	52 Pf.,
Einnahmen	238 992 M.	52 Pf.,
Gemeindezuschuß	1 032 000 M.	– Pf.

B[ürger]m[eister] Borscht[8] spricht dem Herrn Referenten namens des Kollegiums den wärmsten Dank aus für die viele Umsicht und den großen Fleiß, welchen er auch in diesem Jahre wieder auf die Herstellung des Etats verwendet hat.

[...]

Nr. 46

1896 Februar

Blätter für das Hamburgische Armenwesen[1] Nr. 1 und 2
Der Einfluß der Armenunterstützung auf das öffentliche Wahlrecht

Druck

[Wer öffentliche Armenunterstützung bezieht oder im letzten Jahr vor der Wahl bezogen hat, verliert sein Wahlrecht; dies gilt jedoch nicht für alle Arten von Unterstützung; der wesentliche Grund für den Wahlrechtsentzug ist die Gefahr, daß der Empfänger seine Unabhängigkeit verliert und sein Wahlrecht nicht mehr unbeeinflußt ausüben kann]

Wir sind zu oft schriftlich und mündlich von Vorstehern und Pflegern angefragt worden, wie es sich denn eigentlich mit dem Verlust des Wahlrechts in der Armenpflege verhalte und ob jede, auch die kleinste öffentliche Unterstützung, den Verlust nach sich ziehe, daß wir es für geboten erachten, auch einmal an dieser Stelle den Gegenstand kurz zu behandeln. Einen äußeren Anlaß dazu bietet der Umstand, daß der Deutsche Verein für Armenpflege und Wohltätigkeit vor einiger Zeit eine besondere Kommission niedergesetzt hat,[2] welche das für die Frage des Wahlrechts in Betracht kommende Material für ganz Deutschland prüfen und Vorschläge wegen einheitlicher und zweckmäßiger Regelung dieses Rechtsverhältnisses machen soll. In

---

8 Wilhelm Borscht (1857-1943), Jurist, seit 1888 Zweiter Bürgermeister, seit 1893 Erster Bürgermeister von München.

1 Blätter für das Hamburgische Armenwesen. Amtliches Organ des Armen-Collegiums 4 (1896), S. 6 f. Die „Blätter für das Hamburgische Armenwesen" wurden vom Armenkollegium herausgegeben und erschienen seit 1893 in zwangloser Folge, meist aber monatlich. Die Blätter waren in erster Linie für die Bezirksvorsteher und Armenpfleger gedacht, die sie unentgeltlich zugestellt erhielten. Verantwortlicher Redakteur war Dr. Emil Münsterberg.

2 Die Einsetzung der Kommission durch den Zentralausschuß des Deutschen Vereins war in einer Ausschußsitzung vom 14.2.1894 auf Antrag des Frankfurter Stadtrats Dr. Karl Flesch beschlossen worden. Flesch hatte festgestellt, daß der Begriff Armenunterstützung sehr verschiedenartig, mal in einem ausdehnenden, mal einengenden Sinn benutzt wurde.

Erledigung dieses Auftrags hat die Kommission, welcher auch Herr Dr. Münsterberg angehört, Anfragen an eine bedeutende Zahl großer und kleiner Gemeinwesen erlassen, um festzustellen, welche örtlichen, das Wahlrecht betreffenden Gesetze neben dem vor allem wichtigen Reichsrecht bestehen und wie diese Gesetze praktisch gehandhabt werden.[3] Aufgrund der darauf erteilten Antworten hat nun kürzlich der Landrichter Dr. Aschrott[4] in Berlin einen vorläufigen Bericht[5] erstattet, an dessen Hand wir hier den Gegenstand betrachten wollen. Was zunächst die gesetzlichen Vorschriften betrifft, so kommt in Hamburg nur das Reichstagswahlrecht in Frage, weil für die Wahl zur Bürgerschaft der Besitz des Bürgerrechts die auf anderen Grundlagen beruhende Voraussetzung bildet.[6] Das Reichsgesetz[7] bestimmt nun, daß von der Berechtigung zum Wählen u. a. ausgeschlossen sein sollen Personen, welche eine Armenunterstützung aus öffentlichen oder Gemeindemitteln beziehen oder im letzten, der Wahl vorhergegangenen Jahr bezogen haben. Das klingt verhältnismäßig einfach, und doch hat sich in der Auslegung des Begriffs Armenunterstützung eine weitreichende Ungleichheit und Unsicherheit in den verschiedenen Teilen Deutschlands und in den einzelnen Gemeinden bemerkbar gemacht, die eine genauere Feststellung des Begriffs unerläßlich erscheinen lassen. Zwar ist der Begriff der Armenunterstützung insofern ohne Schwierigkeit, als man sagen kann, daß eben alles, was aus öffentlichen Mitteln im geordneten Wege der Armenpflege gewährt wird, eine öffentliche Armenunterstützung ist. Es würde aber außerordentlich hart sein, jede kleinste Gabe, wie eine Salbe, eine einzelne Arznei, die Gewährung von Mitteln zum Besuch der Schule an Kinder, mit der Folge des Verlustes des Wahlrechts zu belasten; ebenso würde jemand, der einen unglücklichen Angehörigen hat, eine Frau, die

---

3 Die Fragebögen sowie die Rundschreiben an die Mitgliedsstädte, Regierungen und Verwaltungsbehörden sind wiedergegeben in: Konrad von Massow/Karl Flesch, Vorbericht, in: Fürsorge für arme Schulkinder durch Speisung, beziehungsweise Verabreichung von Nahrungsmitteln ... (Schriften des deutschen Vereins für Armenpflege und Wohlthätigkeit, Heft 26), Leipzig 1896, S. 25-35.

4 Dr. Paul Felix Aschrott (1856-1927), seit 1888 Landrichter in Berlin, Sozialreformer und juristischer Schriftsteller, seit 1886 Mitglied des Zentralausschusses des Deutschen Vereins für Armenpflege und Wohltätigkeit.

5 Paul Felix Aschrott, Bericht (Handhabung der Bestimmungen betreffend den Verlust des Wahlrechts bei Empfang öffentlicher Armenunterstützung), in: Fürsorge für arme Schulkinder durch Speisung, beziehungsweise Verabreichung von Nahrungsmitteln ... (Schriften des deutschen Vereins für Armenpflege und Wohlthätigkeit, Heft 26), Leipzig 1896, S. 37-48.

6 Nach dem Gesetz, betreffend die Staatsangehörigkeit und das Bürgerrecht, vom 7.11.1864 konnte jeder volljährige männliche Staatsbürger das Bürgerrecht gegen Zahlung von 30 Mark erwerben (Sammlung der Verordnungen der freien Hanse-Stadt Hamburg 1864, S. 150). Von dem Besitz des Bürgerrechts abhängig waren die Wahlen in den Senat, in die Bürgerschaft und in die Verwaltungsbehörden; die Ausübung des Wahlrechts war wiederum davon abhängig, daß der Inhaber des Bürgerrechts Einkommensteuer zahlte und mit der Zahlung nicht im Rückstand war (Wahlgesetz für die Wahlen zur Bürgerschaft vom 19.1.1880 [Gesetzsammlung der freien und Hansestadt Hamburg 1880, I. Abteilung, S. 4]; vgl. auch den Entwurf eines Begleitschreibens zur Übersendung eines ausgefüllten Fragebogens von Dr. Emil Münsterberg als Leiter der Hamburger Armenverwaltung an Dr. Karl Flesch als Schriftführer der Kommission des Deutschen Vereins für Armenpflege und Wohltätigkeit zur Prüfung der Frage des Wahlrechtsentzugs vom Juni 1895: StA Hamburg 351-2 II Nr. 133, fol. 7-12).

7 Wahlgesetz für den Reichstag des Norddeutschen Bundes vom 31.5.1869 (§ 3 Ziffer 3) (BGBl, S. 145).

geisteskrank, ein Kind, das schwachsinnig ist und das daher für seine Lebenszeit in einer besonderen Pflegeanstalt untergebracht werden muß, neben seinem Unglück hart gestraft werden, wenn man ihm, der für eine gesunde Familie sehr wohl sorgen will, aber die Mittel für solche Anstaltspflege nicht aufbringen kann, mit dem Verlust des wichtigsten politischen Rechts bestrafen wollte. Daher denn der Wunsch, solche aus dem Wortlaut des Gesetzes sich ergebenden Härten abzumildern, und daher auch die je nachdem mehr oder weniger wohlwollende, aber in keinem Fall von Willkür freie Handhabung der Gesetzesvorschrift.

Will man nun zu einer einigermaßen dem Sinne des Gesetzes entsprechenden Praxis gelangen, so wird man sich doch fragen müssen: Was wollte denn das Gesetz? Mit Recht bemerkt der genannte Berichterstatter[8], daß die Entziehung eine Strafe im eigentlichen Sinne weder sein kann noch soll, da eine Strafe immer nur im Falle eines Verschuldens eintreten darf und ein solches Verschulden durchaus nicht immer nachgewiesen werden kann. Ebenso kann nicht angenommen werden, daß beabsichtigt sei, durch den drohenden Verlust des Wahlrechts einen größeren Teil der Bevölkerung von der Inanspruchnahme von Unterstützung abzuhalten, da bei einer geordneten Armenpflege ohnehin Mißbrauch ausgeschlossen sein muß und wirklich nur derjenige zugelassen werden darf, der der Unterstützung tatsächlich bedürftig ist. Der durchschlagende Grund für die Entziehung des Wahlrechts infolge öffentlicher Armenunterstützung kann vielmehr nur darin gefunden werden, daß der Unterstützte durch die Inanspruchnahme öffentlicher Hilfe seine Selbständigkeit verliert und in eine tatsächliche Abhängigkeit gerät und daß damit bei ihm jede Garantie für eine unbeeinflußte Ausübung des Wahlrechts schwindet. Jeder, der die Teilnahme an staatlicher Tätigkeit hoch und unbefleckt erhalten will, muß, gleichgültig, welcher politischen Anschauung er im übrigen ist, verlangen, daß diejenigen vom Wahlrecht ausgeschlossen werden, welche sich in einer so großen Abhängigkeit und Unselbständigkeit befinden, wie sie der Empfang öffentlicher Armenunterstützung naturgemäß mit sich bringt. Als charakteristisches und zugleich als abschreckendes Beispiel führt der Berichterstatter die Erfahrungen an, die in einzelnen amerikanischen Städten, wie Chicago, wo mit dem Empfang von Armenunterstützung der Verlust des Wahlrechts bei den städtischen Wahlen nicht verbunden ist, gemacht worden sind: Die Zahl der öffentlich Unterstützten wächst hier vor jeder Wahl in das Ungeheuerliche, weil die am Ruder befindliche Partei durch mehr als freigebige Gewährung von Unterstützungen Stimmen für sich zu fangen bestrebt ist. Dies Beispiel zeigte zur Genüge, wie berechtigt es ist, mit dem Empfang von Armenunterstützung den Verlust des Wahlrechts zu verbinden.

Hält man diese Gesichtspunkte fest, so wird man hieran einen gewissen Anhalt gewinnen, indem man nicht mit jeder Art von Unterstützung den Verlust des Wahlrechts verknüpft, sondern nur mit derjenigen, bei der die Gefahr, daß der Empfänger in Wahrheit in ein Abhängigkeitsverhältnis gerät, begründet ist. Hierhin gehören in erster Linie alle dauernden und einmaligen Geldunterstützungen, welche dem Empfänger für seine Person oder für seine mit ihm zusammenlebenden oder etwa von ihm hilflos verlassenen Familienangehörigen gewährt werden. Das gleiche muß auch

---

8 Paul Felix Aschrott, Bericht (Handhabung der Bestimmungen betreffend den Verlust des Wahlrechts bei Empfang öffentlicher Armenunterstützung), in: Fürsorge für arme Schulkinder durch Speisung, beziehungsweise Verabreichung von Nahrungsmitteln ... (Schriften des deutschen Vereins für Armenpflege und Wohlthätigkeit, Heft 26), Leipzig 1896, S. 37-48, hier S. 41.

gelten für eine aus den gleichartigen Gründen eintretende Anstaltspflege, namentlich für Waisenpflege an Kindern, welche der Vater hilflos verlassen hat und die an seiner Stelle von dem Gemeinwesen völlig versorgt werden. Immerhin wird der Begriff des Familienangehörigen insofern etwas beschränkt werden müssen, als es sich nur um solche handeln kann, welche von dem Vater noch direkt abhängig sind, also in erster Linie um schulpflichtige und dem schulpflichtigen Alter nahe Kinder. Dagegen würde dem Vater nicht zuzurechnen sein eine Fürsorge für Kinder, die schon das elterliche Haus behufs Gewinnung einer selbständigen Lebensstellung verlassen hatten und nur zeitweise, namentlich wegen vorübergehender Beschäftigungslosigkeit oder wegen Krankheit dorthin zurückkehren. Ganz besonders würde aber der Verlust des Wahlrechts auszuschließen sein, wenn es sich um Kinder jeden Alters handelt, welche wegen besonderer körperlicher oder geistiger Gebrechen einer dauernden Heil- und Anstaltspflege bedürfen, so namentlich blinde, taubstumme, idiotische und geisteskranke Kinder. Hier würde, da solche Kinder eine wirtschaftliche Selbständigkeit nie gewinnen können, das Wahlrecht für den Vater, der die Kosten der Anstaltspflege nicht oder nicht ganz völlig bezahlen kann, möglicherweise selbst für seine ganze Lebenszeit ruhen müssen.

Ebenso ist es unbedenklich, Krankenpflege und ärztliche Behandlung nicht unter die Verlustgründe zu zählen. Abgesehen davon, daß gerade für diejenigen Wahlberechtigten, welche von dieser Befugnis wirklich Gebrauch zu machen pflegen, die Fürsorge durch Krankenkassen allgemein ausgebildet ist, würde es in hygienischer Beziehung von Wichtigkeit sein, die Inanspruchnahme ärztlicher Behandlung nicht dadurch zu erschweren, daß der Verlust des Wahlrechts damit verknüpft wird. Das gleiche gilt von Heilmitteln, soweit sie dem unmittelbaren Heilzweck dienen; dagegen würde die fortdauernde Gewährung diätetischer Mittel, die übrigens meist mit Gewährung anderweiter Unterstützung verbunden zu sein pflegt, der laufenden Geldunterstützung gleichzustellen sein.

Endlich werden nicht zu zählen sein die Fälle, in denen durch Gaben aus öffentlichen Mitteln der Schulbesuch ermöglicht wird. Es würde in der Tat mit dem Prinzip des obligatorischen Schulunterrichts nicht vereinbar sein, einen Vater, welcher zur Erfüllung der ihm obliegenden Verpflichtung, seine Kinder zur Schule zu schicken und sie etwas lernen zu lassen, einer Unterstützung bedarf, deswegen aus der Wählerliste zu streichen. Und man wird im Interesse kultureller Bestrebungen gut tun, diese Ausnahme möglichst weit zu fassen und alle Beihilfe zur Kindererziehung von der Folge des Verlusts des Wahlrechts auszuschließen.

Für Hamburg speziell kommt noch eine eigentümliche Form der Unterstützung hinzu, die Beschäftigung als Veteran der Baudeputation.[9] Diese Beschäftigung wird allerdings durch die Armenpflege vermittelt; auch erstattet die Armenanstalt der Baudeputation die an Veteranen bezahlten Löhne in vollem Umfang. Gleichwohl soll diese Form der Unterstützung mehr die Bedeutung einer Arbeitsverschaffung als die einer Unterstützung haben, so daß sie in erster Linie würdigen und alten Männern zugute kommt, die in ihrem Gewerbe keine lohnende Beschäftigung mehr finden können. Es wird daher die Zahlung seitens der Armenanstalt mehr als Vergütung

---

9 Alte Arbeiter (Veteranen), denen sich besonders im Winter auf dem freien Arbeitsmarkt kaum Gelegenheit zur Beschäftigung bot, wurden in Hamburg auf Kosten der Allgemeinen Armenanstalt von der Baudeputation beschäftigt; Voraussetzungen waren Würdigkeit, Vollendung des 60. Lebensjahrs, hamburgische Staatsangehörigkeit, zehnjähriger Aufenthalt in Hamburg.

für Arbeitslöhne wie als Armenunterstützung betrachtet, so daß hier das Wahlrecht unberührt bleibt.

Schließlich muß auch noch gefragt werden, wie es mit dem Verlust des Wahlrechts in denjenigen Fällen steht, in denen die Unterstützung vor dem Tag der Wahl zurückgezahlt worden ist. Rechtlich kann die Antwort allerdings nicht zweifelhaft sein. Da jede Armenunterstützung nach dem Gesetz nur als Vorschuß gilt, der bei verbesserten Vermögensumständen zurückzuzahlen ist, so verliert die Gabe aus öffentlichen Mitteln den Charakter als Armenunterstützung nicht, auch wenn sie später zurückgezahlt wird. Aber es würde zweifellos sehr hart sein, wenn ein Mann von unabhängiger Gesinnung, der in der Not eine Unterstützung nachsuchen mußte und sich dann redlich bemühte, sich davon wieder freizumachen, die Notlage mit dem Verlust des Wahlrechts bezahlen müßte. Kann also regelmäßig die Rückzahlung der Unterstützung als Grund des Wiederauflebens des Wahlrechts betrachtet werden, so muß nur ein gewisser Schutz gegen Mißbrauch geschaffen werden. Der Mißbrauch kann namentlich darin bestehen, daß nach Auslegung der Wahlliste aus Parteimitteln die Unterstützungen zurückgezahlt werden, damit der Name des Wählers wiederhergestellt werde. Hiergegen wird die Feststellung eines bestimmten Zeitraums schützen, vor dessen Ablauf die Erstattung erfolgt sein muß. Aschrott schlägt vor, daß die Rückzahlung jedenfalls vor Auslegung der Wählerliste erfolgt sein müsse;[10] besser dürfte es noch sein, einen bestimmten Zeitraum, etwa 4–8 Wochen vor der Vollziehung der Wahl, festzustellen, bis zu dessen Beginn die Zurückzahlung geschehen sein müßte, um vor dem Verlust des Wahlrechts zu schützen.

Was nun die tatsächliche Handhabung des Gesetzes in Hamburg betrifft, so ist herkömmlicherweise in dem Sinne verfahren worden, wie es hier als zweckmäßig beschrieben worden ist. Es werden daher ärztliche Behandlung, Arzneien, dauernde Unterbringung von gebrechlichen Kindern in Pflegeanstalten, vorübergehende Verpflegung in Krankenanstalten, Beschäftigung als Veteran sowie endlich Gewährung von Gaben, welche den Schulbesuch ermöglichen sollen, namentlich also die von anderer Unterstützung nicht begleitete Gewährung von Schulbekleidung nicht als Unterstützungen betrachtet, welche den Verlust des Wahlrechts nach sich ziehen.[11]

Wohl aber bedarf, wie wir bei dieser Gelegenheit wiederholt hervorheben möchten, jeder Antrag auf Gewährung von Schulbekleidung, Unterbringung in Anstalten usw. der geschäftsordnungsmäßigen Behandlung wie jede andere Unterstützung, insbesondere also auch der Überweisung des Falles mittels Überweisungsscheins und Abhörbogens an den Pfleger durch Vermittlung des Büros der Allgemeinen Armenanstalt.

---

[10] Paul Felix Aschrott, Bericht (Handhabung der Bestimmungen betreffend den Verlust des Wahlrechts bei Empfang öffentlicher Armenunterstützung), in: Fürsorge für arme Schulkinder durch Speisung, beziehungsweise Verabreichung von Nahrungsmitteln … (Schriften des deutschen Vereins für Armenpflege und Wohlthätigkeit, Heft 26), Leipzig 1896, S. 37-48, hier S. 46.

[11] Wie Dr. Emil Münsterberg in dem Entwurf seines Schreibens an den Schriftführer der Kommission des Deutschen Vereins Dr. Karl Flesch vom Juni 1895 bemerkte, hatte allerdings in Hamburg in den Zweifelsfragen *eine feste Praxis bisher nicht bestanden* (...). *Nur die ganz zweifellosen Fälle, d. h. die Fälle des Empfangs von dauernder oder einmaliger Geldunterstützung, soweit sie sich zur Zeit der Aufstellung der Wahllisten ermitteln ließen, führten zur Streichung der Empfänger in den Wahllisten* (StA Hamburg 351-2 II Nr. 133, fol. 7-12). Vgl. zur weiteren Entwicklung dann Nr. 59.

Nr. 47

1896 Februar

Blätter für das Hamburgische Armenwesen[1] Nr. 1 und 2
Pflegerbericht

Druck

[Von der Gewährung eines Mietunterstützungsgesuchs wird abgeraten, da die Gesuchstellerin nicht zu haushalten verstehe und eine Unterstützung nicht verdiene]

Seit meiner ausgesprochenen Bitte ist Frau H. wieder bei mir gewesen, um sich nach dem Resultat des Mieteunterstützungsgesuchs zu erkundigen. Ich sagte ihr, daß sie schon sehr oft derartig unterstützt worden wäre und daß ich daher fände, daß sie nicht ordentlich mit dem Ihrigen hauszuhalten verstände, worauf sie mir ziemlich frech entgegnete, sie habe ihre Sachen sehr in Ordnung und immer sauber und gut, was ich nach meiner Erfahrung, die ich bei meinem Besuch bei ihr gemacht hatte, in Zweifel zog. Nun meinte sie, einen solchen Pfleger, wie ich bin, noch nicht gehabt zu haben, sämtliche übrigen Pfleger hätten ihr immer alles freundlich bewilligt, nur ich kränkte sie. Was für sie geschieht, faßt sie durchaus nicht als eine ihr erwiesene Wohltat auf, sondern nur als Pflicht des Staats. Bei einem Gespräch über die Führung ihres Hausstands ergab sich ihre Einnahme:

wöchentlich M. 5 eigner Verdienst,
wöchentlich M. 5 Zuschuß seitens der Tochter,
wöchentlich M. 3 Zuschuß seitens des Sohnes,
wöchentlich M. 2 Aftermiete-Einnahme,
wöchentlich M. 2 Armengeld,

doch erklärte sie: Ca. 2. M. koste allein schon das Mittagessen, dann sei alles jetzt so teuer, gute Butter koste 1,20–1,30 M. das Pfund, denn Margarine, „son Dreck", esse sie nicht; dieses sind kleine Beweise ihrer Unverschämtheit. Herr Hauptlehrer S., welcher einst ihre Tochter wegen Ungeziefer vom Schulbesuch ausgeschlossen hatte, hat auch die Unverschämtheit der Frau H. kennengelernt.

Fran T., ihre frühere Hauswirtin, schildert sie auch als unverschämt, „stets höchst nobel in der Toilette und nichts für die Miete"; als sie ihr vorgeschlagen habe, bei ihr eine billigere Wohnung zu beziehen, da sie die Miete ja nicht aufbringen könnte, erklärte Frau H., „nee dor achter mag ick nich wohnen". An die Taubstummenanstalt wandte ich mich mit der Frage, ob dieselbe für den taubstummen Sohn Johannes ein Kostgeld bezahle, und erhalte anliegende verneinende Antwort, welche es aber nicht klar ausdrückt, ob solches oder eine Unterstützung gewährt worden wäre, wenn Johannes die Abendstunden besucht hätte.

Nach allem glaube ich annehmen zu müssen, daß Frau H. eine erneute Mieteunterstützung nicht verdient, sondern daß es für sie besser ist, wenn sie einsehen muß, daß es nicht Staatspflicht ist, ihre Miete zu bezahlen, und bitte ich, das letzte Gesuch meinerseits abzulehnen. Frau H. wird sich, wenn sie wirklich in argen Schwierigkeiten ist, schon anderweitig das Notwendige zusammenbringen; um Worte, ihre grenzenlose Not zu schildern, ist sie wahrlich nicht verlegen.

---

[1] Blätter für das Hamburgische Armenwesen. Amtliches Organ des Armen-Collegiums 4 (1896), S. 7f.

Nr. 48

1896 März 6

Hamburger Nachrichten[1] Nr.56, Morgenausgabe
Stadt und Land

Druck

[Der Ort, wo die Hilfsbedürftigkeit entsteht, soll auch endgültig die Kosten dafür tragen]

Wir haben schon neulich darauf hingewiesen, daß, je weniger es nach Existenz der Handelsverträge[2] möglich ist, der Landwirtschaft mit großen Mitteln aus ihrer jetzigen Notlage zu helfen, man desto mehr darauf bedacht sein müsse, es mit kleinen Mitteln zu tun. Die Regierung hat die Neigung dazu mehrfach geäußert. Wir möchten in dieser Beziehung eine Anregung wiederholen, die wir früher schon einmal gegeben haben.

Von den Gegnern der Landwirtschaft wird behauptet, daß deren Freunde dem Arbeiter verwehren wollen, seine Arbeit dort zu verwerten, wo sie am besten bezahlt wird, mit anderen Worten, daß sie die Freizügigkeit aufheben wollten. Uns sind darauf bezügliche legislative Anträge nicht zur Kenntnis gekommen, wohl aber ist es Tatsache, daß auf seiten der Regierung auf die Seßhaftigkeit der Arbeiter in ihrer Heimat, soweit sie ohne Beschränkung der Wanderfreiheit erfolgen kann, kein Wert gelegt wird, sonst würde die Regierung nicht durch ihre Eisenbahntarife die Wanderlust der Arbeiter geopfert haben, namentlich nicht in der Richtung, daß dieselben den heimatlichen Herd, Frau und Kind, verlassen und die Pflege für ihre Familie den Heimatbehörden für die Zeit ihrer Wanderschaft anheimgeben.[3]

Wir glauben, daß von landwirtschaftlicher Seite noch schwerer als die Beweglichkeit der arbeitenden Klasse die Übel empfunden werden, welche aus der gegenwärtigen Behandlung des Unterstützungswohnsitzes hervorgehen. Der wandernde Arbeiter wird in seiner Dorfgemeinde geboren und in der Zeit, in welcher er ein unproduktives, lediglich der Pflege und Ernährung bedürftiges Mitglied der Gemeinde ist, dort erhalten. Wenn er sich selbständig erwerbsfähig fühlt, sagen wir mit 18 Jahren, so ergreift ihn die Wanderlust, der Drang in die Ferne, die unbestimmte Hoffnung auf besseres Fortkommen in der Stadt. Wird er militärpflichtig, so lernt er in der Garnison die Annehmlichkeiten des städtischen Lebens kennen und wird oft geneigt, sich dieselben nach Vollendung seiner Dienstzeit zu erhalten. Kommt er

---

[1] Die 1792 gegründeten „Hamburger Nachrichten" erschienen zwölfmal wöchentlich und standen den Nationalliberalen nahe. Seit seiner Entlassung als Reichskanzler bediente sich Otto Fürst von Bismarck der Zeitung als Sprachrohr. Eigentümer und Chefredakteur war Dr. Emil Hartmeyer. Die in dem abgedruckten Artikel vertretenen Auffassungen decken sich mit Äußerungen, die Bismarck in der Spätphase seiner Kanzlerschaft getan hatte (vgl. Nr. 157 Bd. 7, 1. Halbband, der I. Abteilung dieser Quellensammlung; Nr. 14 Bd. 7 der II. Abteilung dieser Quellensammlung).

[2] Eine Reihe von Handelsverträgen, die von Reichskanzler Leo Graf von Caprivi 1891 bis 1894 abgeschlossen worden waren, hatten zu einer Senkung der deutschen Agrarzölle geführt, um im Gegenzug eine Minderung der Einfuhrzölle für deutsche Industrieprodukte bei den Handelspartnern zu erreichen.

[3] Von seiten der östlichen Landwirtschaft wurde daran Anstoß genommen, daß die Eisenbahn besondere Tarifverbilligungen auf weite Entfernungen gewährte.

dabei zu Schaden durch Unfall oder Krankheit, so wird dafür die Rechnung seiner heimatlichen Gemeinde unterbreitet; die Summe derselben aber steht sehr oft im beklagenswerten Mißverhältnis zu den Mitteln der Gemeinde und belastet dieselbe mehr, als wenn der Arbeiter im verpflegungsbedürftigten Zustand zurückgekehrt wäre.

Wir sind der Meinung, daß es eine Ungerechtigkeit ist, den ländlichen Gemeinden nicht bloß die Züchtung der Arbeiter für die Städte zu überlassen, sondern auch die Assekuranz für alles Unglück, das den Arbeiter in der hundert Meilen entfernten Stadt, zu deren Vorteil seine Arbeitskraft verwertet wird, treffen kann. Es würde uns gerecht erscheinen, wenn die Unterstützung von Leuten, die außerhalb ihrer Heimat, da, wo sie Arbeit gesucht haben, hilflos werden, dort erfolgte, wo die Hilflosigkeit eintritt, nicht bloß nach rechtlichen Gesichtspunkten, sondern auch nach dem Billigkeitsgefühl, welches dafür spricht, daß die Gemeinde, welche den Arbeiter gesund und leistungsfähig empfangen und seine Arbeitskraft benutzt hat, auch die Kosten für die Schäden trägt, welche nicht selten mangelhafte Einrichtungen der betreffenden Arbeitsgemeinde zur Ursache haben. Wir glauben, daß bei einer Revision des Unterstützungswohnsitzgesetzes diese Einrichtung von seiten der bisher überlasteten ländlichen Gemeinden angestrebt werden sollten. Sie wäre gerechter und billiger als die heutige Praxis, nach welcher der Arbeiter, solange er gesund ist, mit seinen Kräften der Gemeinde dient, in der er arbeitet, und sobald er krank und invalide wird, seinem Heimatdorf in entfernter Provinz zur Aufnahme wieder zugewiesen wird. Die Gemeinden, welche die Anziehungskraft für den Zuzug durch ihre höheren Löhne und ihre städtischen Vergnügungsorte ausüben, sollten unserer Ansicht nach in der Lage sein, den Zuzug von Leuten, die ihnen zur Last fallen können, dadurch zu regulieren, daß sie die Bedingungen, unter denen sie neue Mitglieder aufnehmen, entsprechend gestalten und zur Erhebung von Einzugsgeld schreiten dürfen. Solange sie sich hilfsbedürftiger Arbeiter auf Kosten armer Landgemeinden nach Belieben durch Rückgriff auf den Unterstützungswohnsitz entledigen können, empfinden sie dafür kein Bedürfnis.

Der gute Wille der Regierung, für die Landwirtschaft zu sorgen, würde sich durch irgendwelche legislative Anregung in dieser Richtung mit sehr viel mehr Erfolg betätigen können als durch die wärmste Rhetorik, mit welcher vom Regierungstisch das Interesse für die Landwirtschaft proklamiert worden ist, ohne bei den Landwirten rechten Glauben zu finden. Das Prinzip der Freizügigkeit würde dadurch nicht berührt, sondern nur die ungerechte Verteilung der Lasten zwischen Land- und Stadtgemeinden, welche sich aus dem bisherigen schrankenlosen Walten der Theorie herausgestellt hat, ins Gleichgewicht gebracht. Die Dauer einer Frist zur Erwerbung des Unterstützungswohnsitzes ist gleichgültig im Vergleich mit der Ungerechtigkeit des Rückgriffs auf den ländlichen Unterstützungswohnsitz, sobald der bis dahin nützliche Arbeiter der Stadtgemeinde lästig wird.

Nr. 49

1896 März 30

Vortrag[1] des Beraters der Hamburger Armenverwaltung Dr. Emil Münsterberg vor Vertretern der Armenverwaltung und des Senats

Druck, Teildruck

[Bericht über die Tätigkeit der Armenverwaltung und ihre weiteren Aufgaben; Frauen sollen an der öffentlichen Armenpflege mitwirken können]

[...]

Drei Jahre sind verflossen, seit wir an der Armenpflege miteinander arbeiten,[2] und ich darf wohl sagen, daß die neuen Formen[3] jetzt in etwa eingelebt sind, wenn auch noch nicht so, daß Mißverständnisse nicht mehr möglich wären, oder gar so, daß die Form zur Schablone würde. Der Umfang der Tätigkeit war im verflossenen Jahr ein sehr großer; nahezu 10 000 neue Gesuche sind zu 9 500 vorhandenen Fällen gekommen, dauernde Unterstützung wurde in 15 200 Fällen, vorübergehende in 4 000 (gegen 4 700 in 1894) gewährt. Die vorübergehenden Unterstützungen[4] bieten einen gewissen Gradmesser für die Lage des wirtschaftlichen Lebens. Sie werden meist nur in äußersten Notfällen von Leuten in Anspruch genommen, die sich bis dahin noch über Wasser zu halten vermochten. Es ist zu hoffen, daß die leise Besserung der wirtschaftlichen Lage, die sich zum erstenmal seit 1893 in der geringeren Ziffer dieser Gesuche zeigt, anhalten wird. Daneben haben wir 40 000 Bekleidungs- und Gebrauchsgegenstände verabfolgt, 11 800 Kranke in Krankenhäusern verpflegen lassen, 2 200 Personen in Heilpflegeanstalten untergebracht und 500 Kinder in Heil-

---

1 Emil Münsterberg, Die Thätigkeit der Armenverwaltung während des verflossenen Jahres und die weiteren Aufgaben der Armen- und Wohltätigkeitspflege, insbesondere die Heranziehung der Frauen zur öffentlichen Armenpflege, in: Hamburgischer Correspondent Nr. 230 vom 31.3.1896. Der um 1710 begründete, seit 1869 unter diesem Titel erscheinende nationalliberale „Hamburgische Correspondent", erschien zwölfmal wöchentlich; Chefredakteur war der Direktor der Aktiengesellschaft „Neue Börsenhalle" Franz Xaver Rosatzin.
Zu Dr. Emil Münsterbergs Vortrag am 30.3.1896 hatten sich, wie es in einer hier nicht abgedruckten Einleitungspassage hieß, *mit sämtlichen Organen der Armenverwaltung viele Herren vom Senat und aus den Behörden sowie Damen in größerer Anzahl eingefunden.*

2 Dr. Emil Münsterberg hatte seinen Dienst bei der Hamburger Armenverwaltung am 1. September 1892 angetreten. Er war berufen worden, um die mit dem Armengesetz von 1892 (Nr. 16) in Angriff genommene Reform der Armenpflege durchzuführen.

3 Die Reorganisation der Hamburger Armenverwaltung infolge des Armengesetzes von 1892 zielte auf eine Vermehrung der Armenbezirke und der ehrenamtlichen Pflegekräfte, auf die Errichtung von Armenkreisen als Zwischeninstanz zwischen Zentrale und Armenbezirken, auf eine Dezentralisierung der Unterstützungstätigkeit und auf den Ausbau der zentralen Verwaltungsstelle zur Aktenführung und Registratur, Prüfung der dezentralen Entscheidungstätigkeit und Erledigung des amtlichen Schriftverkehrs.

4 Ähnlich wie in den anderen Großstädten unterschied auch die Hamburger Geschäftsordnung für die Armenpflege der Allgemeinen Armenanstalt von 1893 zwischen vorübergehender Unterstützung, die einmalig oder wiederholt, aber immer nur von Sitzung zu Sitzung der Bezirksversammlungen gewährt wurde, und dauernder Unterstützung, die auf längstens drei Monate gewährt wurde (StA Hamburg 351-2 II Nr. 31, fol. 11-28).

stätten und Ferienkolonien[5] geschickt. Aus dem bekannten Spezialfonds[6] sind in 250 von etwa 300 angemeldeten Fällen rund 25 000 M. bewilligt worden. Ausdrücklich betone ich, daß dieser Fonds mit der öffentlichen Armenpflege direkt nichts zu tun hat. Es kommt zwar nicht selten vor, daß unsere Pflegeorgane in geeigneten Fällen an diesen Fonds denken und mit Vorschlägen an die Kommission zur Verwaltung des Spezialfonds herantreten, aber dadurch bekommen Zuwendungen daraus doch nicht den Charakter öffentlicher Unterstützungen, sondern sie haben nur einen vorbeugenden Charakter, damit nicht das Eintreten der Armenpflege nötig werde.[7]

Die Ende des Jahres 1894 eingerichtete Auskunftsstelle[8] hat einen Erfolg gehabt, wie wir ihn kaum erwarten durften. Sie hat im verflossenen Jahr 5 000 Auskünfte erteilt, 2 000 an Private, 1 400 an Vereine und 1 400 an Stiftungen und außerdem zahlreiche an verschiedene Behörden. Bemerken möchte ich hier noch besonders, daß sie nicht zur Vermittlung von Unterstützungen bestimmt ist und auch nicht die Prüfung von Verhältnissen übernimmt, sondern sie gibt nur nach dem ihr zur Verfügung stehenden Material Auskünfte über das, was sie von der betreffenden Person weiß. Es handelt sich dabei natürlich nicht nur um die Entlarvung gewohnheitsmäßiger Bettler, sondern sehr häufig können auch würdige Personen der privaten Wohltätigkeit durch die Auskunft empfohlen werden. Zur Anstellung von Ermittlungen fehlt ihr das nötige Personal; nebenbei gesagt würde ich es auch nicht für richtig halten, daß sie den einzelnen die sorgfältige Prüfung abnähme, denn dadurch würde sich nur das Interesse an der privaten Wohltätigkeit vermindern. Ob vielleicht eine Verknüpfung mit privaten Vereinsorganen dahin möglich wäre, daß diese solche Erkundigungen übernähmen, läßt sich zur Zeit noch nicht entscheiden.

Sie sehen, daß es sich im vorigen Jahr um eine sehr bedeutende Tätigkeit innerhalb der Armenverwaltung gehandelt hat. Namentlich die Ziffern von Ab- und Zugang der Personen – im ganzen je sechstausend – liefern den deutlichen Beweis, wie aufmerksam die einzelnen Bezirke dem wirklichen Bedürfnis gefolgt sind und wie sie es verstanden haben, nicht mehr bedürftige Elemente zu beseitigen, dem wirklichen Bedürfnis dagegen die Tür zu öffnen.

Noch einen Punkt möchte ich hervorheben in bezug auf die Schulkleidung für Kinder. Es herrscht vielfach die Furcht, daß der Vater durch Annahme solcher Kleidung das Wahlrecht verliere. Das ist jedoch nicht der Fall. Wenn auch derjenige, der für sein Kind Schulkleidung haben will, sich an die Organe des Armenwesens wenden muß, so hat doch die Armenverwaltung stets mit vollem Bewußtsein die Auffas-

---

5 Als Ferienkolonien wurden Ferienlager am Stadtrand oder in ländlicher Umgebung für Kinder in schulpflichtigem Alter bezeichnet; sie sollten vor allem der körperlichen Stärkung der Kinder dienen. Der „Wohltätige Schulverein“ in Hamburg hatte 1876 erstmals in einer deutschen Stadt mit der Verschickung armer und kränklicher Schulkinder auf das Land begonnen.

6 Der Spezialfonds der Allgemeinen Armenanstalt war 1878 eingerichtet und aus privaten Schenkungen und Legaten ohne besondere Zweckbestimmung gespeist worden. Die allerdings bis Mitte der neunziger Jahre nur sehr begrenzten Mittel des Spezialfonds sollten über die engeren Zielsetzungen der öffentlichen Armenunterstützung hinaus für die Zwecke einer präventiv ausgerichteten Armenhilfe eingesetzt werden.

7 Das hieß besonders aber auch, daß der Entzug des Wahlrechts vermieden wurde.

8 1895 wurde in Hamburg zum Zweck des gegenseitigen Informationsaustausches über mögliche Bittsteller zwischen Privatwohltätigkeit und öffentlicher Armenpflege eine Auskunftsstelle für Wohltätigkeit eingerichtet. Im Jahr 1896 wurden hier rund 5 000 Anfragen von Privatpersonen, Wohltätigkeitsvereinen und Stiftungen bearbeitet.

sung gehabt, daß das Material schulpflichtigen Kindern zu liefern sei, ohne daß dies als Armenunterstützung im gewöhnlichen Sinne betrachtet werden dürfe. So werde es auch für die Zukunft bleiben.

Zu einer allgemeinen Bemerkung gibt das vorige Jahr noch Anlaß in bezug auf das Urteil Außenstehender über unsere Leistungen. Kürzlich hat der Senat der Bürgerschaft eine Mitteilung[9] über die Lage des Armenwesens zugehen lassen, aus der hervorging, daß seit der Reorganisation die Gesamtzahl der dauernd Unterstützten sich etwas vermindert hat, daß aber der Geldaufwand nicht völlig entsprechend gesunken ist, weil wir nicht mechanisch nach der Zahl der Fälle arbeiten, sondern dem wirklichen Bedürfnis jede Falles gerecht zu werden suchen. Wir bleiben nicht etwa mechanisch bei Unterstützungssätzen von 3, 5 oder 6 M. stehen, sondern gehen bei dringendem Bedürfnis oft viel weiter, wo eine kleinere Summe nicht wirklich helfen kann. Wenn z. B. ein Mann einen Unfall erlitten hat oder krank ist, so kann für die etwa vorhandenen 10 oder 12 Kinder ein Betrag von 3 bis 5 M. wöchentlich zur Ernährung nicht ausreichen, da müssen wir erheblich höhergehen. Zehn Augen sehen auch weit mehr als 2, und so ist es in unserem Fall. Wo früher 800 Augen tätig waren, da sind es jetzt 3[000] bis 4000.[10] Sie haben viel Mißbräuche gefunden und beseitigt, aber auch viel verborgenes Elend ans Licht gebracht. Deshalb ist auf einer Seite eine große Zahl von Fällen abgewiesen worden, während auf der andern recht viele zugekommen sind, für die wir jetzt erst recht sorgen. Es war nun frappant, zu bemerken, wie das Urteil zweier Parteien und Interessentenvertretungen über unsere Arbeit verschieden ausgefallen ist. Während die einen sagen, wir seien zu sparsam und trieben Pfennigfuchserei, behaupten die andern, wir gäben so viel Geld aus, daß dem Steuerzahler die Haare zu Berge stehen müßten. Diese Verschiedenartigkeit des Urteils kommt daher, daß jede der beiden Seiten nur das aus der Mitteilung herausnimmt, was ihren Zwecken dient. Das ist ja kein ungewöhnliches Manöver in der Parteitaktik, aber der Armenverwaltung geziemt es, stets beide Seiten zu beachten, weder zu sparsam noch zu reichlich zu geben, sondern grade soviel, wie der einzelne Fall erheischt. Zu sparsam sein würde nur dahin führen, daß der Notleidende verkümmern müßte und zum Betteln oder Stehlen getrieben würde, zuviel geben würde dem strebsamen Mann, der sich aus eigener Kraft schwer durcharbeitet, gradewegs auf den Gedanken bringen, er könne nichts Gescheiteres tun, als die Arbeit aufgeben und sich ebenso unterstützen lassen wie sein Nachbar. Wenn die öffentliche Armenpflege in der Verteilung von Gaben zu leicht verfährt, so fördert sie geradezu Faulheit und Leichtfertigkeit. Die drastischsten Belege dafür würden nicht schwer zu bringen sein. Wir müssen also einen Mittelweg gehen, indem wir sorgsam individualisieren und uns die einzelnen Unterstützungsbedürftigen recht genau ansehen. Witwen, Waisen, Gebrechliche und Kranke können wir reichlich unterstützen, ohne Gefahr zu laufen, daß andere etwa ähnliche Fälle für sich schaffen würden – wo aber ein solches äußeres Kriterium der Bedürftigkeit nicht vorhanden ist, sondern nur die Angabe des einzelnen vorliegt, daß er sich aus eigener Kraft nicht erhalten könne, da müssen wir mit größter Vorsicht verfahren. Ganz besonders schwierig sind die Fälle,

---

[9] Mitteilung des Senats an die Bürgerschaft Nr. 15 vom 10.2.1896 (Antrag, betreffend die Anstellung eines Direktors des öffentlichen Armenwesens, Anlage: Denkschrift des Senators und Präses des Armenkollegiums Dr. Gerhard Hachmann für den Senat über die Durchführung der Neuordnung des Armenwesens vom Januar 1896, in: Verhandlungen zwischen Senat und Bürgerschaft im Jahre 1896, Hamburg 1897, S. 37-46, hier S. 43).

[10] Es gab zu diesem Zeitpunkt in Hamburg rund 1700 Armenpfleger (ebenda, S. 37).

wo von ihren Ehemännern verlassene Frauen zu unterstützen sind. Wenn ein Mann sieht, daß eine verlassene Frau leicht Unterstützung bekommt, so ist das fast ein Anreiz zu gleichem Vorgehen. Die Zahl der Fälle ist gar nicht gering, daß ein Mann zwar von seiner Frau getrennt ist, aber nach wie vor doch in demselben Verhältnis mit ihr fortlebt und darin durch Gewährung von Unterstützung nur bestärkt würde.

Über die Verfolgung der Ansprüche der Armenanstalt an Unterstützte muß ich auch noch ein Wort sagen. Jeder von Ihnen weiß, wie wohlwollend im allgemeinen die Armenanstalt solchen Personen gegenübersteht, an die sie Ansprüche auf Rückzahlung von Unterstützungsgeldern hat. Von Waisen z. B., die etwas Vermögen besitzen, werden z. B. ohne weiteres Beträge bis zu 200 M. pro Kopf nicht eingefordert. Von einem Mann, dessen Familie während seiner Krankheit unterstützt werden müßte, wird die Invaliditäts- oder Unfallrente für die Zeit nie beansprucht. Einer Witwe, die durch den Tod ihres Mannes in ungeordnete Verhältnisse kommt, überlassen wir stets Sterbegeld und Nachlaß, da es nicht nur human, sondern auch wirtschaftlich vernünftiger ist, auf solche Einnahmen zu verzichten. Nur 2 Kategorien behandeln wir sehr scharf. Die eine ist der, daß ein Mann seine Familie verläßt und sie dadurch in die größte Not bringt, während er selbst mit einer fremden Person seinen Wochenlohn verlumpt. Die unglückliche Familie können wir nicht hilflos lassen, aber den Mann verklagen wir auf Zahlung von Alimenten und verfolgen und peinigen ihn mit allen Mitteln, die uns das Strafgesetzbuch[11] bietet. Daß darin nicht das Heilmittel gegen das Vorkommen solcher Fälle liegt, wissen wir sehr wohl, das ist nur auf ethisch-sittlichem Grunde zu finden. Wir suchen nur einem Leichtsinnigen und Böswilligen fühlbar zu machen, daß er seine Pflichten schmählich verletzt hat. Nicht so häufig tritt der zweite Fall ein, daß Kinder ihre Pflichten gegen ihre alten Eltern nicht erfüllen. Wenn ich Ihnen aus unseren Akten Namen nennen wollte von Leuten, die ihren Vater oder Mutter der Armenpflege überlassen, Sie würden sich ebenso wundern, wie wir es getan haben. Wir unterscheiden freilich sorgfältig, wo die Sache so liegt, daß die Unterstützung nicht ohne Schädigung der eigenen Existenz der Kinder erfolgen kann, und verzichten dann auf Einziehung der Beträge, aber wo es anders steht, sind wir unter Umständen sehr scharf und rücksichtslos. Damit handeln wir nicht etwa nur im Interesse des Fiskus, sondern noch erheblich mehr im sozialen Interesse. Mit der Phrase vom fiskalischen Interesse kann man uns überhaupt nicht fangen. Was bedeuten denn die paar Tausend Mark, die man auf diesem Weg einbringen könnte, gegen das Budget von über 4 Millionen Mark? Der Staat würde die 40 000 M., um die es sich etwa handelt, sehr leicht entbehren. Ausschlaggebend ist lediglich die soziale und sittliche Wirkung. Wenn wir ungestraft solches Vorgehen leichtfertiger Männer und hartherziger Kinder duldeten, so ließen wir einen sozialen Schaden zu, dessen Tragweite unabsehbar wäre.

In diesem Zusammenhang, die soziale Wirkung betreffend, will ich noch einen Zweig des öffentlichen Armenwesens, die Waisenpflege, kurz besprechen. Im „Echo“[12] war kürzlich eine Bemerkung über unsere Waisenpflege gemacht, in der gesagt wurde, es herrsche darin allein der Geist des Muckertums. Wer nicht „fromm“ sei, erwarte vergebens Hilfe, und Leuten von freier Richtung würden wiederum gegen

---

[11] Einschlägig war hier vor allem der durch das Gesetz, betreffend die Änderung des Gesetzes über den Unterstützungswohnsitz und die Ergänzung des Strafgesetzbuchs, vom 12.3.1894 in das StGB neu eingefügte § 361 Ziffer 10 mit der Androhung einer Haftstrafe für Unterhaltssäumige (Nr. 31).

[12] Hamburger Echo Nr. 63 vom 14.3.1896.

ihren Willen die Kinder abgenommen, und die Eltern versuchten vergeblich, sie zurückzubekommen. Diese Auslassungen sind deshalb beachtenswert, weil sie aus den Kreisen stammen, denen wir helfen wollen; sie sind ein Zeichen dafür, wie in gewissen Kreisen[13] unser Tun beurteilt wird. Ich habe mich ehrlich geprüft, ob in dem Vorwurf irgendeine Wahrheit liegt, und kann behaupten, daß absolut nichts darin wahr ist. Noch nie ist in einer Akte der Armenverwaltung ein Antrag damit nach der einen oder anderen Seite motiviert worden, daß jemand ein guter oder schlechter Kirchenbesucher sei, daß er einen guten oder mangelhaften Verkehr mit dem Geistlichen halte. Aus solchem Grund ist also auch nie jemandem eine Unterstützung versagt oder entzogen worden. In den Berichten lesen wir aber viel von Liederlichkeit, Faulheit, Trunksucht der Eltern. Es heißt da nicht, die Mutter ginge nicht zur Kirche, aber leider oftmals, sie treibe sich auf dem Tanzboden umher und ließe die Kinder verwahrlosen, und wenn sie sie nicht etwa direkt zum Betteln oder gar Stehlen anhalte, dulde sie es doch. Da entsteht für uns die Frage, ob wir die Kinder in Waisenpflege nehmen sollen? Von den beiden Übeln, die dabei zur Wahl stehen, ob wir die Kinder der Verwahrlosung preisgeben oder durch Abnehmen den liederlichen Eltern eine Art Prämie für ihren Lebenswandel bezahlen, wählen wir dann das kleinere, indem wir uns der Kinder annehmen. Haben wir das aber einmal getan, so ist es allerdings schwer, die Kinder von uns zurückzubekommen. Armen- und Waisenpflege stehen dann mit der Vormundschaftsbehörde[14] einmütig zusammen, aber der Geist des Muckertums hat nicht das geringste damit zu tun.

Wenn wir aber auch mit den verschiedenartigsten Mitteln von außen helfen, so ist doch die Seite unserer Tätigkeit, die von innen das Übel angreift, die viel wertvollere. Trunksucht und Liederlichkeit sind nicht das Charakteristikum der unteren Bevölkerungskreise, und auch Verbrecher gibt es nicht etwa nur unter ihnen, sondern keine Gesellschaftsklasse ist davon frei. Daß die Armenanstalt wegen verbrecherischer Vorgänge eingreifen muß, ist im großen und ganzen sehr selten, die weitaus überwiegende Zahl von Fällen rührt von einer ganzen Reihe sozialer Ursachen her. In dunklen, muffigen Wohnungen leben die Familien, die Eltern sind auf Arbeit und schließen ihre Kinder ein, die sich dann selbst überlassen und schlecht genährt sind, besonders wenn die Erwerbsverhältnisse schwanken. Wie soll da die Wohnung ein Familienheim sein, in dem sich die einzelnen Glieder wohlfühlen? Im Gegenteil treibt viel sie hinaus, wenig hinein. Eine der traurigsten Seiten des sozialen Lebens der unteren Klassen liegt in dem Umstand, daß die Mädchen, die heiraten, vielfach nichts von den ihnen damit erwachsenden Aufgaben verstehen. Unordnung in der Wohnung und schlecht bereitete Nahrung treibt den Mann hinaus, er gewöhnt sich ans Wirtshausleben, und nur ein Schritt trennt ihn noch vom Trunkenbold. Die Kinder sind dann förmlich aufs Betteln und Stehlen angewiesen. Also nicht, weil die Leute von Natur Erzhalunken sind, sondern weil die Verhältnisse sie treiben, kommen sie zu solchen Zuständen.

Ich will nicht von den großen sozialen Fragen sprechen, die hier in Betracht kommen, sondern nur darüber, wie die vorbeugende Armenpflege ein Scherflein zur

---

[13] Das „Hamburger Echo" war politisch der Sozialdemokratie zuzuordnen.

[14] Die Vormundschaftsbehörde war ein gemischtes Entscheidungsgremium für Angelegenheiten des Vormundschaftswesens, zusammengesetzt aus ausgebildeten Richtern und von der Bürgerschaft gewählten ehrenamtlichen Laien. Die Vormundschaftsbehörde fungierte einerseits als Verwaltungsbehörde, andererseits als Vormundschaftsgericht und behandelte Fragen wie den Sorgerechtsentzug, die Verhängung von Zwangserziehung oder die Ein- und Absetzung von Vormündern.

Besserung solcher Zustände beitragen kann. Das Haus ist der natürliche Boden für sittliche und soziale Wohlfahrt, die Familie der Grundstein der sittlichen und staatlichen Ordnung. Diese zu erhalten, gilt es in erster Linie, und dazu rufe ich die geborenen Hüterinnen des Hauses, unsere Frauen, auf. Nur die Frau ist imstande und geschickt, das Hauswesen der Armen zu pflegen und zu fördern, in ihrer Tätigkeit auf diesem Gebiet liegt ein noch lange nicht gehobener Schatz. Im Haushalt der ärmeren Familien ist es von noch viel größerer Bedeutung als in den besseren Ständen, daß die Hausfrau zu wirtschaften versteht, daß sie gut kochen und flicken kann, die Kinder behütet, daß sie nicht krank werden, und sie oder den Mann pflegt, wenn doch einmal eine Krankheit sich eingenistet hat. Weil so unendlich viele Mädchen davon nichts gelernt haben, gibt es so unendlich viel Elend, das doch im Keim erstickt werden könnte. Man hat in neuerer Zeit den Hauswirtschaftsunterricht eingerichtet, um die heranwachsenden Mädchen in den Anfangsgründen der häuslichen Dinge zu unterweisen. Die ganze Bewegung steckt noch in den Anfängen, aber ich habe alle Hoffnung, daß es damit gehen wird wie mit der Volksschule. Vor 100 Jahren stellten die Philanthropen den ganz neuen Satz auf, man müsse dem Elend vorbeugen, indem man die Kinder etwas lernen lasse, und daraufhin gründete man Armenschulen[15]. Später hat dann die allgemeine Volksschule die Armenschulen aufgenommen, und der Schulunterricht ist obligatorisch geworden. So wird es hoffentlich dereinst auch mit dem Haushaltungsunterricht der Mädchen werden.

Vorläufig ist das freilich nur ein Wunsch, ein Zukunftsgedanke, und wir haben uns mit der Gegenwart zu beschäftigen. Es sind heute in der Tat sehr viele Frauen vorhanden, die nichts von der Hauswirtschaft verstehen, daneben Kranke, Wöchnerinnen usw., und in allen solchen Fällen droht der Hausstand sich ganz aufzulösen. Da muß geholfen werden, und dazu haben wir verschiedene Hilfsmittel, Krippen, Bewahranstalten für die kleinen Kinder, den Schutz der weiblichen Jugend in Mädchenhorten und die Arbeitsvermittlung. Aber alle reichen nicht aus, wirkliche Hilfe zu bringen, dafür müssen wir systematisch weitergehen. Drei Hauptforderungen sind zu stellen: 1. die Fortbildung der privaten Bestrebungen für den Haushaltungsunterricht, 2. die Einordnung der Frauentätigkeit in die öffentliche Armenpflege und 3. die geeignete Vorbildung unserer Frauen und Mädchen für die Arbeiten der Wohlfahrtspflege. Wir haben hier ja schon mancherlei Frauenvereine, die ausgezeichnet arbeiten, aber ich glaube, daß ich den Damen nicht zu nahetrete, wenn ich sage, daß weder die Zahl noch die Organisation dieser Vereine völlig genügt. Es kommen meist auf jede einzelne Dame zu viele Fälle, die Tätigkeit der Vereine deckt sich auch häufig zu sehr mit der der öffentlichen Armenpflege, und die spezifisch weibliche Hilfstätigkeit tritt nicht genug in den Vordergrund. Vor allen Dingen ist es wünschenswert, daß die Tätigkeit der Frauenvereine in enge, bewußte Verbindung mit der öffentlichen Armenpflege

---

[15] Armenschulen waren Schulen für Kinder mittelloser Eltern gewesen, die das Schulgeld nicht hatten aufbringen können. In Hamburg waren in den Armenschulen der Allgemeinen Armenanstalt 1862 rund 4300 Kinder unterrichtet worden. Mit der Einführung der allgemeinen Schulpflicht, der Einführung von Schulgeldbefreiungen für Unbemittelte bzw. des unentgeltlichen Volksschulunterrichts waren die Armenschulen im Laufe des 19. Jahrhunderts obsolet geworden; in Hamburg waren sie mit dem Gesetz, das Unterrichtswesen betreffend, vom 11.11.1870 in die Volksschulen überführt worden (Gesetz, betreffend das Unterrichtswesen, vom 11.11.1870 [Gesetzsammlung der freien und Hansestadt Hamburg 1870, I. Abteilung, S. 117]).

trete. In der Gemeindepflege[16] haben wir eine überaus wertvolle Tätigkeit. Ich kenne keinen Zweig der Armenpflege, der sich so staunenswert entwickelt hätte wie die evangelische Diakonie. Etwa 2000 Diakonissinnen sind auf etwa 1200 Arbeitsgebieten in der Gemeindepflege tätig. Die katholischen Schwestern sind etwa auf die doppelte Zahl zu schätzen. In Hamburg arbeiten 20–30 evangelische Diakonissinnen, die besonders auf dem Gebiet der Hausstandspflege sehr viel leisten, aber die Zahl genügt noch lange nicht, und vor allen Dingen stehen die Schwestern noch nicht in der richtigen organischen Verbindung mit den Frauenvereinen und der öffentlichen Armenpflege. Ich denke dabei in erster Linie daran, daß die Bezirkseinteilung der einzelnen Institutionen sich decken müßte. Das ist in Elberfeld, Kassel, Krefeld, Stettin und an anderen Orten bereits der Fall. In Kassel[17] und Stuttgart[18] nehmen auch Frauen direkt an der öffentlichen Armenpflege teil. Es sind da besondere Sektionen gebildet, deren leitendes Mitglied auch der Armenkommission angehört. In Elberfeld[19] sind die Beziehungen zur öffentlichen Armenpflege ganz organisch durchgebildet. In allen den Fällen, wo eine einfache Gabe nicht genügt, wird die Frauentätigkeit hinzugezogen. In Krefeld[20] sind die Mitglieder des Vaterländischen Frauenvereins nur dann für die öffentliche Armenpflege mittätig, wenn sie von den Bezirken aufgefordert werden. In Breslau[21] wird gerade jetzt eine Organisation versucht, und es scheint mir, daß sie auch in Hamburg ebenso möglich wie erforderlich wäre.

---

[16] Als Gemeindepflege im engeren Sinne bezeichnete Münsterberg an anderer Stelle die an die Pflege von Hauskranken anschließende offene Armenpflege; im weiteren Sinne zählte er dazu jede an die Armen- und Krankenpflege angegliederte Hilfstätigkeit. Die Gemeindepflege wurde von Diakonissen und barmherzigen Schwestern ausgeübt, meist angelehnt an kirchliche Pfarrämter oder kirchliche Vereine; zum Teil wurde sie auch von den Schwestern vom Roten Kreuz betrieben (Emil Münsterberg, Weibliche Hülfskräfte in der Wohlfahrtspflege, in: Entwicklung und gegenwärtiger Stand der Frage des Arbeitsnachweises. Weibliche Hülfskräfte in der Wohlfahrtspflege. Vorberichte und Verhandlungen der Konferenz vom 11. und 12. Mai 1896 in Berlin [Schriften der Centralstelle für Arbeiter-Wohlfahrtseinrichtungen Nr. 10], Berlin 1896, S. 57-105, hier S. 78).

[17] In den Bezirkskommissionen der Kasseler Armenpflege waren männliche wie weibliche Armenpfleger gleichberechtigt vertreten, letztere allerdings in der Minderzahl. Die Armenpflegerinnen wurden vor allem bei der Betreuung von alleinstehenden Frauen, Familien mit vielen Kindern und bei Krankheitsfällen eingesetzt. Mit dem Vaterländischen Frauenverein war man übereingekommen, daß jeder Bezirkskommission mindestens eine dem Verein angehörige Pflegerin zugewiesen werden sollte, die förmlich von der Armendirektion bestellt wurde.

[18] Männliche wie weibliche Mitglieder des Stuttgarter Lokalwohltätigkeitsvereins, der seit Beginn des 19. Jahrhunderts bestehenden, die private Wohltätigkeit dominierenden Wohltätigkeitsorganisation in Stuttgart (vgl. Nr. 27 Bd. 7 der II. Abteilung dieser Quellensammlung), arbeiteten auch in der öffentlichen Armenpflege mit.

[19] In Elberfeld war 1879 durch einen Aufruf der Armenverwaltung der „Elberfelder Frauenverein" gegründet worden. Der Verein lehnte seine Organisationsstrukturen (Einteilung in Bezirke) eng an die der städtischen Armenpflege an, die neu eingehenden Unterstützungsgesuche ließ er zunächst durch deren Armenpfleger prüfen. Der Verein sollte vor allem dort tätig werden, wo dem Einschreiten der städtischen Armenpflege aufgrund der Bestimmungen der Armenordnung Grenzen gezogen waren; seine Unterstützungstätigkeit sollte die städtische Armenpflege auf diese Weise ergänzen.

[20] In Krefeld galten sehr ähnliche Grundsätze wie in Elberfeld.

[21] In Breslau war kurz zuvor der „Breslauer Armenpflegerinnenverein" gegründet und die Zusammenarbeit zwischen diesem und der städtischen Armenpflege im Februar 1896 in einem Reglement in ähnlicher Weise wie bei dem Elberfelder Vorbild festgelegt worden;

Ich höre schon den Einwand der Armenpfleger, was wir denn mit den Frauen in unseren Versammlungen tun sollten? Man möge doch die Einmischung der Frauen in das öffentliche Leben tunlichst beiseite lassen. Aber wie machen es die Herren denn in ihrem eigenen Haus? Kümmern sie sich da auch um den Einkauf der wirtschaftlichen Kleinigkeiten, um die Gesindebeaufsichtigung und die Kinderpflege? Der Mann muß natürlich das Rückgrat des Hausstands sein, indem er die Mittel liefert, die von der verständigen Frau im einzelnen bestens verwendet werden. Im eigenen Haus will man die Frau sowohl schalten lassen, aber von den Häusern der Bedürftigen möchte man sie fernhalten. Freilich doch nicht in allen Fällen. Ich habe mir erzählen lassen, daß in dem einen oder andern Bezirk Bezirksvorsteher eigentlich die Vorsteherin sei. Sie stehe tüchtig mit in der Armenpflege und helfe besonders überall da, wo es sich um besondere Frauenleistungen handele. Das scheint mir auch das richtige Verhältnis zu sein, denn damit wird das, was im eigenen Haus so segensreich wirkt, auf das bedürftige fremde Haus erstreckt.

Ich könnte mir denken – aber fürchten Sie nicht, daß es so schnell zur Wahrheit werden wird – daß der Pfleger selbst die erste Prüfung der Fälle vornähme und feststellte, in welchem Umfang Unterstützung zu gewähren sei, daß er dann aber seiner Frau oder Tochter das Geld zur eigentlichen Verwendung übergäbe und sich darüber nur Rechenschaft legen ließe. Die Hilfe würde in zahllosen Fällen eine unendlich viel wirksamere werden, denn die Frauen würden imstande sein, einen Haustand vor dem Verfall zu schützen und sogar einen schon zum größten Teil verfallenen durch Beispiel und praktisches Zugreifen wieder in die Höhe zu bringen. Nicht minder bedeutungsvoll kann auch ihr Eingreifen bei alten gebrechlichen Leuten sein. Wir haben davon viele in Pflege, denen es eine Festfreude ist, wenn der Pfleger einmal bei ihnen vorspricht und sich eine Stunde zu ihnen niedersetzt. Ich weiß, daß dies heute schon vielfach geschieht und daß auch die Frauen sich dabei beteiligen, aber die Tätigkeit wäre doch noch sehr zu erweitern. Die Pflegerin müßte sich förmlich einleben mit den Pflegebefohlenen, und das kann nicht das Werk kurzer Stunden sein. Wenn ich die Anordnungen zu treffen hätte, so würde ich die Tätigkeit der Frauenvereine in der ganzen Stadt zunächst mit der staatlichen Bezirkseinteilung in Einklang bringen. Die vorhandenen Vereine müßten sich auf ein bestimmtes Gebiet beschränken oder sich zu einem allgemeinen Verein zusammentun, ein Kartell miteinander schließen und eine Zentralstelle schaffen, in der die Ziele festgestellt und die Erfahrungen ausgetauscht würden. Das würde das zur Verbindung mit der öffentlichen Armenpflege geeignete Organ sein. Über die Einzelheiten der Frauenpflege würde ich vielleicht später ausführlich zu den Damen sprechen, die dann unten im Saal sitzen würden, während die Herren die Logen einnähmen, vorausgesetzt, daß es mir vergönnt wäre, meine Tätigkeit hier weiter fortzusetzen. Einen Punkt würde ich dann ganz besonders ausführlich behandeln, nämlich den, daß die Kunst der Armenpflege den Draußenstehenden sehr leicht erscheint, während sie doch außerordentlich schwer ist. In der organisierten Frauentätigkeit, die zum Helfenkönnen erzogen ist, liegt aber noch ein anderer, tieferer Reiz. Tausenden Frauen und Mädchen könnte durch planmäßige Übung der Wohlfahrtspflege ein Lebensinhalt gegeben werden, der sie innerlich befriedigt und beglückt.

---

vgl. Paul Chuchul, Die Heranziehung von Frauen zur öffentlichen Armenpflege, in: Rudolf Osius/ders., Die Heranziehung von Frauen zur öffentlichen Armenpflege (Schriften des deutschen Vereins für Armenpflege und Wohlthätigkeit, Heft 25), Leipzig 1896, S. 41-54, hier S. 49 f.

Für heute kann ich nicht weiter auf das Thema eingehen, sondern muß zum Schluß eilen. Es ist heute wie immer, wenn wir auseinandergehen nach einer solchen Aussprache, so bleibt das Gefühl, daß man noch tausend Fäden weiterspinnen möchte, aber die knappe Zeit für einen Vortrag gestattet nur, im allgemeinen die Richtung und Andeutungen über die Einzelheiten zu geben. Als wesentlichstes Ziel aller unserer Arbeit leuchte uns stets die Aufgabe voran, so zu helfen, daß sich der Bedürftige möglichst bald wieder selbst helfen kann. Wir müssen von der roheren Form des Almosengebens fortschreiten zum innerlichen Stützen des Hilfsbedürftigen. Viel richtiger ist es, einen Erkrankten wieder gesund zu machen und dann gesund zu halten, als ihn zu Tode zu pflegen. Wenn die Frauenvereine von der Wichtigkeit dieses Grundsatzes durchdrungen sind, daß ihnen gerade die Mittel zu Gebote stehen, ihm gerecht zu werden, dann wird die Armenpflege einen unvergänglichen Gewinn davon haben.

Ich habe nicht vermeiden können, darauf hinzudeuten, daß es fraglich sei, ob ich hierbleiben würde. Sie wissen, daß dies in Frage steht. Wird durch Annahme der Senatsvorlage[22] in der Bürgerschaft[23] mein Bleiben ermöglicht, so werde ich mich mit freudiger Hoffnung an der Weiterentwicklung der Wohlfahrtspflege beteiligen. Auf den Fall aber, daß der Antrag abgelehnt wird, gestatten Sie mir heute ein Wort des Abschieds, wobei ich der Genugtuung Ausdruck gebe über das gute Einvernehmen, das bis heute in der Armenpflege zwischen der ehrenamtlichen und der beruflichen Tätigkeit bestanden hat. Eine so große soziale Aufgabe ist mächtiger als der einzelne Mensch, heute treiben wir eine ganz andere Art von Armenpflege als vor hundert Jahren, und immerfort ist noch zu fördern und zu bessern. Daß Hamburgs Armenpflege stets auf diesem Weg weiter fortschreiten möge, das ist der lebhafte Wunsch, mit dem ich meine heutigen Ausführungen schließe.

[...]

---

22 Mitteilungen des Senats an die Bürgerschaft Nr. 15 vom 10.2.1896 (Antrag, betreffend die Anstellung eines Direktors des öffentlichen Armenwesens, in: Verhandlungen zwischen Senat und Bürgerschaft im Jahre 1896, Hamburg 1897, S. 35-46). In dem explizit auf eine Weiterbeschäftigung Dr. Emil Münsterbergs – der 1892 nur vorläufig zur Durchführung der Hamburger Armenreform angestellt worden war – zielenden Antrag war die Anstellung eines Direktor des Armenwesens mit einem Jahresgehalt von 12 000 Mark beantragt worden, da die bisher einzige Stelle eines juristischen Oberbeamten nicht mehr ausreiche, um neben den täglichen Aufgaben der laufenden Verwaltung *die auf absehbare Zeit für alle Staaten im Vordergrund stehende Frage der allgemeinen sozialpolitischen Fürsorge in Schrift und Tat zu bearbeiten, in der umfänglichen Literatur und den an anderen Orten gesammelten Erfahrungen auf dem laufenden zu bleiben und nach allen Seiten ratend und anregend zu wirken.*

23 Die Hamburger Bürgerschaft lehnte den Antrag des Senats allerdings ab, worauf Münsterberg seine Tätigkeit in Hamburg beendete (Mittheilungen der Bürgerschaft an den Senat aus deren 15ten Sitzung vom 15.4.1896, in: Verhandlungen zwischen Senat und Bürgerschaft im Jahre 1896, Hamburg 1897, S. 184). Dabei spielten zumindest vordergründig Sparsamkeitsgründe und Zweifel an der Notwendigkeit einer solchermaßen dotierten Stelle eine wesentliche Rolle. Dr. Münsterberg sah im Hintergrund allerdings auch die Abneigung der Grund- und Hausbesitzer gegen die Armenverwaltung Wirkung zeigen, die die Zahlung rückständiger Mieten eingeschränkt und sich gegen das Retentionsrecht an den Sachen des Mieters ausgesprochen hatte. Daneben habe, so Münsterberg, auch der ausgeprägte Hamburger Partikularismus – die Abneigung gegen Nicht-Hamburger in öffentlichen Positionen – eine Rolle gespielt (Emil Münsterberg, Die Gründe meines Ausscheidens aus dem Hamburgischen Staatsdienst, Berlin 1896, S. 13 f.).

Nr. 50

1896 Mai 8

Schreiben[1] des Leiters des Frankfurter Armenamts Dr. Karl Flesch an den Hauspflegeverein

Entwurf

[Die Frauen des Vereins sollen bei ihren Bewilligungen nicht zu weit gehen; ein Zuviel der Hilfe, von dem verschiedene Distriktsvorsteher berichten, kann schädlich sein]

Wir finden uns hierdurch veranlaßt, dem verehrl[ichen] Verein mitzuteilen, daß seitens verschiedener Distriktsvorsteher behauptet worden ist, die Damen Ihres Vereins gingen in den Bewilligungen, die sie entweder selbst machten oder beim Armenpfleger beantragen, weiter, als mit den Aufgaben der Armenpflege vereinbar und als an sich wünschenswert ist. Es sei wiederholt vorgekommen, daß Leute längere Zeit mit Hauspflegerinnen versehen worden seien, denen sehr wohl zugemutet werden konnte, daß sie auch die häuslichen Arbeiten selbst oder durch Hilfe ihrer größeren Kinder verrichteten, und es sei ferner bemerkt worden, daß einzelne Frauen weit länger als notwendig sich die Pflegerinnen gefallen ließen und unter Berufung auf die gewährte Hauspflege auch sonstige Unterstützung in Anspruch nahmen. In manchen Fällen sei es fast anzunehmen, daß die Pflegerinnen mit der erkrankten Frau gemeinschaftlich es auf die möglichst lange Ausdehnung der Pflege absehen.

Wir bitten hiernach den verehrl. Verein, das Damen-Komitee zu tunlichst eingehender Prüfung der Notwendigkeit des Eintretens u. der Fortdauer der Hauspflege zu veranlassen. Insbesondere wäre vielleicht darauf zu achten, daß da, wo der Mann infolge seines Berufs vielfach zu Hause anwesend ist, und da, wo halberwachsene Kinder sind, höchstens nur Aufsicht über die Führung des Haushalts, aber keine regelmäßige Hauspflegerin gewährt wird, u. daß die Hauspflege sofort beendet wird, sowie der Erkrankten die Fortführung ihrer Arbeit im Haushalt irgend möglich ist. Wir gehen bei diesem Ersuchen davon aus, daß das Damen-Komitee des verehrl. Vereins mit uns der Ansicht ist, daß in der Armenpflege auch das Zuviel schädlich sein kann und daß es für das Gedeihen des Vereins nützlich ist, wenn bei den Organen der öffentlichen Armenpflege die Überzeugung bestehe, daß der verehrl. Verein auch in dieser Beziehung im Einklang mit der öffentlichen Armenpflege zu arbeiten gewillt ist.

---

1 Institut für Stadtgeschichte Frankfurt am Main Wohlfahrtsamt 244, fol. 9-9 Rs.

Nr. 51

1896 Mai

Bericht[1] des Stadtrats Franz Tourbié[2] an den Berliner Oberbürgermeister Robert Zelle[3]

Druck, Teildruck

[Eine erhebliche Zunahme der Armenausgaben hat stattgefunden; Eltern, die zu ihren Kindern nach Berlin ziehen, erhöhen die Armenzahlen; eine Kommission wurde eingesetzt mit dem Ziel, einen Unterstützungstarif aufzustellen; gegen die Einführung des Elberfelder Systems spricht u. a. die hohe innerstädtische Mobilität der Armenbevölkerung; die Wohlhabenden haben oft wenig Neigung, sich an der Armenpflege zu beteiligen; an der Praxis der Armenkommissionen ist einiges bedenklich]

I. [...]

Wie die [...] von je vorhandenen Mängel der Gesamtorganisation gerade jetzt sehr fühlbar werden, so deutet auch der Grad, in welchem die Ausgaben für die offene Armenhilfe in den letzten Jahren gestiegen ist, darauf hin, daß ungewöhnliche Anlässe zu dieser Steigerung mitgewirkt haben bzw. bereits früher vorhandene sich heute stärker geltend machen.

Die nachfolgende Übersicht der Ausgaben für die am Ort gezahlten Almosen und baren Extraunterstützungen nebst Pflegegeldern aus den letzten Finanzjahren läßt vom Jahre 1891/92 ab für die beiden ersten Unterstützungsarten ein sprungweises Steigen dieses Aufwands erkennen. Bekanntlich beschlossen die Kommunalbehörden,[4] den Armenkommissionen nachzulassen, für die 4 Monate Dezember 1891 bis März 1892 wegen der herrschenden Teuerung die Almosen und Pflegegelder um ein Drittel zu erhöhen und auch Extraunterstützungen in entsprechend höherem Maße zu gewähren.

Es stellten sich die Ausgaben für Almosengeld, Extraunterstützungen und Pflegegelder in den Jahren 1888/89 bis 1894/95 folgendermaßen:

Jahr	Almosengeld M.	Almosengeld Prozent[uale] Zunahme gegen das Vorjahr	Extraunterstützungen für Almosen- u. Pflegegeldempfänger M.	Extraunterstützungen Zunahme in %	Pflegegelder M.	Pflegegelder Zunahme in %
1888/89	2 531 347	–	294 069	–	551 347	–
1889/90	2 669 565	+ 5,4	310 192	5,5	556 215	0,9
1890/91	2 819 258	+ 5,5	360 673	+ 16,3	556 761	0,1

[1] Landesarchiv Berlin A Rep.000-02-01 Nr.1489, n. fol.

[2] Franz Tourbié (1847-1910), 1886-1892 Magistratsassessor, seit 1892 besoldeter Stadtrat in Berlin, seit 1894 Vorsitzender der Armendirektion, seit 1894 Mitglied des Zentralausschusses des Deutschen Vereins für Armenpflege und Wohltätigkeit.

[3] Robert Zelle (1829-1901), Jurist, seit 1892 Oberbürgermeister von Berlin, Mitglied der Deutschen Freisinnigen Volkspartei.

[4] Auszug aus dem Sitzungsprotokoll der Stadtverordneten-Versammlung vom 19.11.1891 (LA Berlin A Rep.000-02-01 Nr.1502, n. fol.).

1891/92	3 014 144	+ 6,9	–	–	–	–
Teuer[ungs]-zul[age]	344 730	+ 12,2	–	–	–	–
S[umm]a 1891/92	3 358 874	+ 19,1	495 431	+ 37,3	636 203	+ 14,2
1892/93	3 340 612	– 0,54	655 601	+ 32,5	609 074	– 4,2
1893/94	3 636 616	+ 8,8	639 470	– 2,5	643 416	+ 5,6
1894/95	3 869 949	+ 6,4	698 369	+ 9,2	655 224	+ 1,8
1888/89 94/95 Zunahme in 6 Jahren	1 338 602	+ 52,9	404 295	+ 137,1	103 877	+ 18,8

Die Almosensummen der Jahre 1888/89 bis 1890/91 zeigen noch die damals normale Steigerung um 5,4 oder 5,5 %, welcher Satz den der regelmäßigen Bevölkerungszunahme übrigens schon immer nicht unerheblich überstieg. Dagegen steigt der Almosenaufwand im Jahre 1891/92 – schon ohne die einmonatliche Teuerungszulage! – im Verhältnis zum Vorjahr um 6,9 %. Noch ungünstiger erscheint die verhältnismäßige Zunahme der außerordentlichen, nicht laufenden Geldunterstützungen, der sog[enannten] Extraunterstützungen, welche sowohl Almosenempfänger und Pflegegeldempfängerinnen für außerordentliche Notfälle wie auch bisher noch nicht oder nur vorübergehend Unterstützte erhalten können. Nicht ganz so auffallend ist die Zunahme der Ausgaben im Jahre 1891/92 bei den Pflegegeldern, d. h. bei den regelmäßigen Beihilfen für die bei der verwitweten oder eheverlassenen Mutter befindlichen Kinder unter 14 Jahren. Die Armenkommissionen haben hier vorhandene Not jedenfalls durch direkte Extraunterstützungen an die Mutter ausgeglichen. Während nun im folgenden Jahre 1892/93 die Extraunterstützungen, wenn auch nicht prozentual, so doch ziffernmäßig noch stärker anwachsen als im sog. Teuerungsjahr – der Zuwachs betrug 160 170 M. – steht auch das geringe Sinken der Almosen und Pflegegelder in keinem Verhältnis zu dem Wegfall der Teuerungszulage des Vorjahres. Die stoßweise Erhöhung der Ausgaben des Winters 1891/92 war eben nicht mehr aus der Welt zu schaffen. Wenn den Armenkommissionen beim Beginn des folgenden Winters 1892/93 auf ihre Anfragen auch mitgeteilt wurde, daß die Gewährung einer allgemeinen festen Teuerungszulage nicht mehr in Aussicht genommen sei, so erging doch am 12. November 1892 mit Genehmigung des Magistrats eine Verfügung, welche als Regel den Mindestbetrag des monatlichen Almosens von 3 auf 6 und den des Pflegegeldes für das einzelne Kind von 4 auf 6 M. erhöhte. Ein ungefähres Bild der in der Praxis bewirkten Verschiebung der Höhenlagen der Almosen und Pflegegelder mag eine Gegenüberstellung der Finanzjahre 1890/91 und 1894/1895 bieten:

Im März 1891 erhielten:				Im März 1895 erhielten:			
a) von 19 610 Almosenempfängern in monatlichen Beträgen:				a) von 24 903 Almosenempfängern in monatlichen Beträgen:			
20	Personen bis	3 M.	0,10 %	4	Personen bis	3 M.	0,01 %
1 932	Personen über	3 M. bis 6 M. =	9,85 %	1 625	Personen über	3 M. bis 6 M. =	6,56 %
3 171	"	6 M. bis 9 M. =	16,17 %	3 118	"	6 M. bis 9 M. =	12,52 %
5 374	"	9 M. bis 12 M. =	27,40 %	6 789	"	9 M. bis 12 M. =	27,26 %
5 575	"	12 M. bis 15 M. =	28,40 %	6 655	"	12 M. bis 15 M. =	26,72 %
2 619	"	15 M. bis 18 M. =	13,36 %	4 344	"	15 M. bis 18 M. =	17,44 %
715	"	18 M. bis 21 M. =	3,65 %	1 796	"	18 M. bis 21 M. =	7,21 %
106	"	21 M. bis 24 M. =	0,54 %	283	"	21 M. bis 24 M. =	1,13 %

59	"	24 M. bis 27 M. =	0,32 %		179	"	24 M. bis 27 M. =	0,71 %
31	"	27 M. bis 30 M. =	0,17 %		92	"	27 M. bis 30 M. =	0,37 %
8	"	30 M. =	0,04 %		18	"	30 M. =	0,07 %
			100,00 %					100,00 %

b) 5 167 Pflegemütter bei 8 024 Kindern:			b) 5 739 Pflegemütter bei 8 939 Kindern:		
für 138 Kinder je 3 bis	4 M. =	2,09 %	für 30 Kinder je 3 bis	4 M. =	0,34 %
für 131 Kinder je	4,50 M. =	1,63 %	für 19 Kinder je	4,50 M. =	0,21 %
für 1 381 Kinder je 5 bis	5,50 M. =	17,21 %	für 84 Kinder je 5 bis	5,50 M. =	0,94 %
für 5 783 Kinder je 6 bis	6,50 M. =	72,08 %	für 7 864 Kinder je 6 bis	6,50 M. =	87,97 %
für 515 Kinder je 7 bis	10 M. =	6,42 %	für 835 Kinder je 7 bis	10 M. =	9,34 %
für 46 Kinder über	10 M. =	0,57 %	für 107 Kinder über	10 M. =	1,20 %
8 024 Kinder		100,00 %	8 939 Kinder		100,00 %

Bei den Almosen fällt in die Augen, daß der Prozentsatz der Empfänger von Almosen in Höhe von über 15 bis 18 und über 18 bis 21 M. zu Ende des Rechnungsjahres 1894/95 gegen das Finanzjahr 1890/91 um 3 bis 4 % gestiegen ist, während bei den Pflegegeldern das prozentmäßige und kopfweise Sinken der niedrigeren 3 Stufen und das ebenmäßige Steigen der höheren noch greifbarer ist. Dagegen ist das Wachsen des Almosenaufwandes in den Lagen von über 21 M. ab mit den dargelegten Anlässen des Steigens der mittleren Schichten nicht in Verbindung zu bringen. Hier wirkten Ursachen mit, deren weiter unten Erwähnung geschieht.

Das monatliche Durchschnittsalmosen (bei welchem die Extra- und Naturalunterstützung nicht eingerechnet sind) beträgt in Berlin pro Kopf (1894/95) 13,36 M. gegen 13,14 M. im Vorjahr. Zur Vergleichung mag auf andere Städte hingewiesen werden, vorausgesetzt, daß sich aus ihren Verwaltungsberichten die richtigen Zahlen ermitteln lassen.

Monatliches Durchschnittsalmosen		
Stadt Charlottenburg	1893/94	6,00 M.
	1894/95	6,30 M.
Stadt Posen	1893/94	5,90 M.
	1894/95	5,90 M.
Stadt Magdeburg	1893/94	6,50 M.
	1894/95	8,50 M.
Stadt Görlitz	1893/94	5,20 M.
Stadt Halle a[n der] S[aale]	1894/95	8,30 M.

Selbstverständlich ist auch das Verhältnis der Zahl der dauernd Unterstützten zur Einwohnerzahl in Berlin, als dem Zentralpunkt des Landes und Reiches, mit den Verhältnisziffern anderer Städte nicht zu vergleichen. Es hatten beispielsweise im Jahre 1894/95

bei einer mittleren Zivil-Einwohnerzahl von:			dauernd unterstützte Erwachsene
203 000	Frankfurt a. M.		1 507 = 0,74 %
357 596	Breslau		5 176 = 1,45 %
310 973	Köln		2 100 = 0,68 %
1 624 735	Berlin	24 132	
	dazu Pflegekinder	8 675	
		32 807	= 2,00 %

Im einzelnen läßt sich, soweit es möglich ist, auf je 100 Einwohner reduziert, folgende Tabelle aufstellen:

Stadt	Jahr	Mittlere Zivilbevölkerung	Almosenempfänger Zahl (Durchschnitt)	Almosenempfänger auf 100 Einwohner	Pflegekinder Zahl	Pflegekinder auf 100 Einwohner	Überhaupt laufend Unterstützte auf 100 Einwohner
Berlin	1892/93	1 595 722	21 737	1,36	8 399	0,53	1,89
	1893/94	1 609 149	23 132	1,44	8 654	0,54	1,98
	1894/95	1 624 735	24 132	1,48	8 675	0,53	2,01
Köln	1892/93	295 865	2 093	0,71	–[5]	–	–
	1893/94	303 790	2 106	0,69	–	–	–
	1894/95	310 973	2 100	0,68	–	–	–
Breslau	1892/93	342 085	5 145	1,56	–	–	–
	1893/94	348 853	5 082	1,46	–	–	–
	1894/95	357 596	5 176	1,45	–	–	–
Frankfurt a. M.	1892/93	190 000	1 373	0,73	–	–	–
	1893/94	195 000	1 391	0,71	–	–	–
	1894/95	203 000	1 507	0,74	–	–	–

Hierbei sei hervorgehoben, daß die häufig aufgeworfene Frage, ob denn nicht die Reichsversicherungsgesetzgebung eine Erleichterung der Armenlasten herbeigeführt habe, für den Orts- und Landarmenverband Berlin ohne Bedeutung ist und daß eine ziffernmäßige statistische Feststellung anscheinender Entlastung, wenn sie überhaupt möglich wäre, wertlos sein würde. Es liegt in der Natur der Dinge, daß, wenn ein Kulturniveau erstrebt wird, wie es der sog. Reichsversicherungsgesetzgebung wenigstens der Idee nach zugrunde liegt, daß dann in großen Gemeinwesen eine in gewissem Grade etwa eintretende Erleichterung der Armenlasten sowohl durch Verwendung der vorhandenen Mittel zu reichlicherer Unterstützung der verbleibenden Bedürftigen oder minderbedürftig Gewordenen als auch dadurch wettgemacht wird, daß sich bisher vernachlässigten, spezifischen Arten der Not größere Aufmerksamkeit zuwendet. Es wäre daher auch verfehlt, den oben ziffernmäßig aufgezeigten Umstand, daß die für den einen Winter 1891/92 gewährte Teuerungszulage augenscheinlich der Anstoß zu dauernd reichlicheren Gaben der Barunterstützungen geworden ist, von vornherein als einen Mißstand zu bezeichnen. Ob dabei etwa in nennenswertem Umfang allzu reichliche oder unnötige Unterstützungen mit unterfließen, vermögen wir bei dem Mangel kontrollierender Mittelinstanzen zwischen den Armenkommissionen und der Direktion, und da die zur Kenntnis der Armendirektion gelangenden Einzelfälle zu einem Durchschnittsurteil nicht berechtigen, weder zu bejahen noch zu verneinen. Mehr an der Oberfläche liegen andere, die Ausgaben steigernde Gründe. Ganz abgesehen davon, daß Berlin eine besondere Anziehungskraft für Erwerbslose zu haben scheint, wohin auch der Zuzug von Wit-

[5] Anmerkung in der Quelle: *Köln, Breslau und Frankfurt a. M. konnten die entsprechenden Angaben nicht machen; Breslau teilt mit, daß die Mütter, die für ihre bei ihnen befindlichen Kinder Unterstützung erhalten, Pflegekinder im Sinne des Berliner Sprachgebrauchs, dort nicht besonders gezählt werden; in Frankfurt a. M. ist die Zahl der Pflegekinder nicht zuverlässig bekannt.*

wen mit Kindern zu rechnen ist, für welche nach 2 Jahren Pflegegeld nachgesucht wird, wird häufig wahrgenommen, daß jüngere Personen aus den östlichen und nördlichen Landesteilen nach Gründung eines Hausstands einen überlebenden Elternteil, namentlich die Mutter, haben nachkommen lassen, die ihnen in den ersten Jahren ein Kinder- oder Dienstmädchen ersetzt hat und dann bei fortschreitender Betagtheit und bei Vergrößerung der Familie der Armenhilfe anheimfällt. Hiergegen eine besondere gesetzliche Repressionsmaßregel zu erstreben, etwa eine Bestimmung dahin, daß über ein bestimmtes Lebensalter hinaus am Zuzugsort ein neuer Unterstützungswohnsitz nicht mehr erworben werden dürfe, halten wir schon deshalb für nicht empfehlenswert, weil dies eine Vermehrung der Zurücktransporte in die Heimat verursachen würde, die, ganz abgesehen von den praktischen Schwierigkeiten der Durchführung, bei älteren Personen in der Regel inhuman sein würden. Berlin muß sich wohl oder übel in die Rolle finden, einen Teil der Armenlasten des ganzen Landes zu tragen, ohne Rücksicht darauf, ob es ihm gedankt wird oder nicht. Hierzu sei noch bemerkt, daß in den letzten Jahren die Almosenempfänger weiblichen Geschlechts 74 bis 75 % betrugen; darunter befanden sich an 58 bis 59 % Witwen. Eine fernere lokale Ursache des Steigens des Einzelaufwandes muß darin gefunden werden, daß auch in den entlegeneren Stadtteilen ein Bedürftiger sich eine Unterkunft zu einem geringeren Mietpreis als 10 M. monatlich kaum beschaffen kann. Eine Jahresmiete von 120 M. ist für den einzelnen Armen zu hoch und zieht in der Regel die neben dem laufenden Almosen von Zeit zu Zeit gegebenen Extraunterstützungen nach sich. Endlich hat, wie oben angedeutet, das Steigen des Almosenaufwandes in Beträgen von monatlich 21 M. ab seine eigene Ursache. Hier kommen meistenteils bresthafte Personen in Frage, welche, wenn sie aufgehört haben, Gegenstand der Krankenhausbehandlung zu sein, von den Verwaltungen der Armenhäuser zur Außenpflege mit einem höheren Almosen als dem gewöhnlichen empfohlen werden. Auch gehören hierher die Wirkungen eines bereits im Jahre 1885 mit der Verwaltung der Irrenanstalten getroffenen Abkommens, nach welchem für diejenigen aus der Anstaltspflege entlassenen Geisteskranken, welche der psychiatrischen Aufsicht nicht mehr bedürfen, die offene Armenverwaltung einzutreten hat. Werden solche Geisteskranken nicht in ihre Familien entlassen, müssen sie vielmehr bei fremden Familien in Pflege gegeben werden, so entläßt die Irrenverwaltung dieselben in die nach gutachtlicher Äußerung der Armenkommission als geeignet erachtete Pflegestelle unter Zahlung eines in der Regel 30 M. für den ersten Monat betragenden Pflegegeldes, auf dessen entsprechende Herabminderung unter Berücksichtigung der etwa wiedereingetretenen Arbeitsfähigkeit des Pfleglings die Organe der offenen Armenpflege nach Verlauf einiger Monate Bedacht nehmen können.

II. Im Frühjahr 1895 ließ die Armendirektion die Armenkommissionsvorsteher nach Standesamtsbezirken zur Wahl von 15 Vertrauensmännern zusammentreten und setzte eine Kommission zur vorläufigen Beratung von Organisationsfragen nieder, die aus jenen 15 Deputierten und den sieben ältesten Mitgliedern der Armendirektion besteht.

Vorweg sei bemerkt, daß als nächste Aufgabe dieser Kommission für den Winter 1896/97 in Aussicht genommen ist, an der Hand des zu diesem Zwecke kürzlich unter Mitwirkung der Armenärzte aufgenommenen Materials, welches noch der statistischen Bearbeitung harrt, den Versuch zu machen, bei der Gewährung der Unterstützungen mehr Gleichmäßigkeit durch Aufstellung eines Tarifs herbeizuführen, der aus dem Alter der Bedürftigen, dem Grad ihrer Arbeitsfähigkeit und der

Zahl ihrer unversorgten Kinder zu kombinieren wäre. Aus dem Verlauf der bisherigen Beratungen dieser Kommission wird unter Beifügung der unentbehrlichsten statistischen Daten und an der Hand der tatsächlichen Verhältnisse folgendes hervorgehoben.

Zunächst herrschte völliges Einvernehmen darin, daß jede Neuorganisation z[ur] Z[eit] mit den zur Verfügung stehenden Personalkräften rechnen und sich derart an die vorhandene Verfassung anlehnen müsse, daß eine Überführung des Bestehenden in neue Formen allmählich und ohne Erschütterung vor sich gehen könne. Was dann das bei der Vorlegung des Armenetats im Winter 1894/95 in der Stadtverordnetenversammlung laut gewordene Verlangen nach der Einführung des sog. Elberfelder Systems anlangt, so wurde hervorgehoben, daß die entgegenstehenden und von jeher im Schoße unserer Armenverwaltung erhobenen Einwände auch heut noch unverändert ihre Geltung hätten. Diese Bedenken, welche, wie bekannt, auch vor Jahrzehnten schon in den englischen Seestädten erhoben wurden, bestanden namentlich darin, daß die Armenbevölkerung zu einem großen Teil die Neigung besitzt, in kurzen Zwischenräumen umzuziehen und daß es in den Quartieren, in welche die Armenbevölkerung sich vorzugsweise zusammendrängt, an der nötigen Zahl solcher Personen fehlen würde, welche zu Pflegern geeignet wären. So offenkundig der erstere Umstand auch ist, so würde er doch zweifellos an Gewicht verlieren, wenn eine Vergrößerung der Armenbezirke möglich wäre, da erfahrungsmäßig das Wechseln der Wohnungen seitens der Armenbevölkerung sich nicht in großen räumlichen Abständen zu vollziehen pflegt. Wenn im übrigen der eigentliche Grundgedanke des sog. Elberfelder Systems sich als eine derart organisierte Hausarmenpflege bezeichnen läßt, daß in der Regel auf 4 Arme bzw. arme Familien[6] ein Pfleger kommt, der in unmittelbaren Verkehr mit den ihm überwiesenen Bedürftigen tritt und wo es angeht, das Ziel verfolgt, den Pflegebefohlenen dahin zu bringen, daß er sich selbst weiterhelfe und seinen Mitbürgern nicht mehr zur Last falle, so vermag die Tabelle I[7] des Anhangs einiges Licht auf die Erheblichkeit des zweiten Einwandes werfen. Die Aufnahme, deren Ergebnisse für die vorliegenden Zwecke auch heut noch zutreffen, datiert vom 1. Januar 1894 und ist nicht wiederholt worden, weil die Steuerdeputation das einschlägige Material für die Zwischenzeit nicht liefern konnte. Diese Tabelle I faßt die Armenkommissionen und die betreffenden Stadtbezirke nach den vorhandenen größeren Einheiten, den Medizinalbezirken, zusammen und läßt zum Teil eine gruppenweise Veranlagung der Zensiten des Bezirks zur Einkommensteuer erkennen sowie auch, wieviel Unterstützte durchschnittlich in diesen größeren Bezirken auf ein Armenkommissionsmitglied überhaupt und wieviel durchschnittlich auf diejenigen Mitglieder entfallen, welche sich an der Auszahlung beteiligten. Jedenfalls ist nun, als mit den tatsächlichen Verhältnissen nicht vereinbar, die heutzutage öfter laut werdende Meinung abzuweisen, es müßten in einer Stadt wie Berlin nur Personen zur Mithilfe an der Armenpflege herangezogen werden, welche ein Jahreseinkommen von über 3000 M. haben. In etwa der Hälfte der Medizinalbezirke übersteigt die Zahl der Unterstützten die Zahl der mit mehr als 3000 M. Veranlagten um das Doppelte, Dreifache, Vierfache, ja im 48. Medizinalbezirk um mehr als das

6 Anmerkung in der Quelle: *In Breslau bis auf 6 laufend Unterstützte; Hamburg unterscheidet zwischen der Zuweisung 5 gewöhnlicher Pflegefälle an einen Pfleger und von 12 mehr als 60jähriger oder unter Umständen jüngerer erwerbsunfähiger Personen an sog. Pfleglingspfleger.*

7 Hier nicht abgedruckt.

Fünffache, im 50. um mehr als das Sechsfache, im 30. und 69. um mehr als das Siebenfache, im 71. um das Neunfache, im 65. um mehr als das Zehnfache, im 67. um mehr als das Zwölffache. Wenn danach in den letzteren Bezirken, was gar nicht angänglich ist, sämtliche zu mehr als 3 000 M. Veranlagten sich zur Armenpflege heranziehen ließen, würde kein erheblich anderes Resultat erreicht sein als das Durchschnittsmaß der ganzen Stadt, nach welchem auf ein Armenkommissionsmitglied etwa 15 Unterstützte kommen. Andrerseits scheint gerade in solchen Stadtteilen, in welchen die Zahl der mit mehr als 3 000 M. Veranlagten die der Unterstützten, zum Teil sogar erheblich, übersteigt, unter den Wohlhabenderen wenig Neigung zu bestehen, sich an der öffentlichen Armenpflege zu beteiligen. Gerade in einzelnen solcher überwiegend wohlhabende Mitglieder aufweisenden Bezirken sind die Armenkommissionen nicht vollauf mit Mitgliedern besetzt, welche ihrer amtlichen Tätigkeit gleichmäßig die nötige Zeit widmen können. Darauf deutet der Umstand, daß in solchen Bezirken nur verhältnismäßig wenig Mitglieder sich an den Auszahlungsgeschäften beteiligen, ein Übelstand, der um so mehr ins Gewicht fällt, wenn man erwägt, daß neben den aus besonderen Anlässen sich ergebenden Recherchen und neben der einmal im Jahr vorgeschriebenen Revision die Auszahlung der Unterstützungsgelder der regelmäßige Anlaß ist, bei welchem die Mitglieder der Armenkommissionen mit den Unterstützten in persönliche Beziehung treten. In dieser Beziehung sei auf den 6., 7., 20., 41. und 46. Medizinalbezirk verwiesen, in welchen durchschnittlich auf ein auszahlendes Mitglied 68 bzw. 44, 35, 37, 70 Unterstützte kommen. Im großen und ganzen wird der gegenwärtige Zustand, da die Armenkommissionsmitglieder von den recherchierenden Stadtverordneten vorgeschlagen werden, dem auf diesem Wege in den einzelnen Stadtteilen Erreichbaren entsprechen. Im Dezember 1895 stellte sich die Veranlagung von 2 783 Armenkommissionsmitgliedern folgendermaßen:

Geschätztes Einkommen M.	Zahl der Mitglieder und Vorsteher überhaupt	Darunter			
		Bäcker, Schlächter, Restaurateure, überh[aupt] mit Lebensmitteln Handelnde		in allen anderen Berufsklassen	
		überhaupt	zugleich Hausbesitzer	überhaupt	zugleich Hausbesitzer
bis 2000 M.	793	139	23	654	184
2000 – 3000 M.	608	136	41	472	198
3000 – 4000 M.	340	65	23	275	135
4000 und mehr	1 042	169	113	873	605
Überhaupt	2 783	509	200	2 274	1 122
in Prozenten	100	18,29	–	81,71	–

Insgesamt befanden sich der Berufs- und Lebensstellung nach unter den Armenkommissionsmitgliedern: Landwirte, Ökonomen, Gärtnereibesitzer 21; Produzenten von Nahrungs- und Genußmitteln wie Bäcker, Schlächter, Molkereibesitzer 216; Händler mit Nahrungs- und Genußmitteln 293 (darunter 135 Kolonialwarenhändler); Kaufleute (Buchhalter, Agenten etc.) 259; sonstige Gewerbtreibende 346; Zimmerer-, Maurer-, Malermeister 255; andere Handwerksmeister 473; Techniker, Ingenieure 129; Apothekenbesitzer, Ärzte 60; Staatsbeamte 93; Gemeindebeamte 246, darunter 169 Gemeindelehrer; Korporationsbeamte 8, ferner ohne Beruf: Rentiers, Pensionäre 384. Zu der Frage nach dem Vorhandensein der nötigen Anzahl der zu

Armenpflegern geeigneten Personen in den einzelnen Bezirken tritt erschwerend hinzu, daß, wenige Kommissionen ausgenommen, nicht selten eine größere Zahl Armer gleichzeitig in demselben Haus zu wohnen pflegt; eine Tatsache, welche einer individualisierenden Armenhilfe unter Umständen sehr hinderlich sein kann. Nach einer für das Rechnungsjahr 1894/95 gemachten und nur auf die Almosenempfänger bezüglichen Aufstellung wohnten, wenn man die Fälle, in denen bis 4 Almosenempfänger dasselbe Haus bewohnten, beiseite läßt:

					Häus[er] Arm[en]-komm[issions]mit-gl[iedern] gehörten
je	5 Almosenempf[änger] in	317 Häus[ern], von welchen	57		
je	6 Almosenempf[änger] in	224 Häus[ern], von welchen	37	"	
je	7 Almosenempf[änger] in	136 Häus[ern], von welchen	17	"	
je	8 Almosenempf[änger] in	78 Häus[ern], von welchen	10	"	
je	9 Almosenempf[änger] in	61 Häus[ern], von welchen	14	"	
je	10 Almosenempf[änger] in	41 Häus[ern], von welchen	3	"	
je	11 Almosenempf[änger] in	49 Häus[ern], von welchen	2	"	
je	12 Almosenempf[änger] in	21 Häus[ern], von welchen	2	"	
je	13 Almosenempf[änger] in	13 Häus[ern], von welchen	1	"	
je	14 Almosenempf[änger] in	9 Häus[ern], von welchen	1	"	
je	15 Almosenempf[änger] in	11 Häus[ern], von welchen	1	"	
je	16 Almosenempf[änger] in	6 Häus[ern], von welchen	1	"	
je	17 Almosenempf[änger] in	6 Häus[ern], von welchen	1	"	

Außerdem wohnten je 19 Almosenempfänger in vier, je 21 in drei, je 23 in vier Häusern und je 20, 24, 27, 28 und 52 Almosenempfänger in einem Hausgrundstück. Diese Aufnahme ist für den Monat Dezember 1895 bezüglich sämtlicher durch Geld unterstützten Personen wiederholt worden. Die Tabelle II[8] gibt das Resultat des Zusammenwohnens der Unterstützten in einzelnen Häusern nach Armenkommissionen wieder. Als höchste Anzahl ergeben sich 51 und 61 dasselbe Haus bewohnende Unterstützte. Ergänzend tritt die Tabelle III[9] hinzu, welche über das Zusammenwohnen von Armenkommissionsmitgliedern mit Unterstützten in einem und demselben Haus Auskunft gibt.

Nach derselben wohnten, wenn man nur die höchsten Ziffern in Betracht zieht,

33 Armenkommissionsmitglieder	mit	10,
14 Armenkommissionsmitglieder	mit	11,
5 Armenkommissionsmitglieder	mit	12,
6 Armenkommissionsmitglieder	mit	13,
5 Armenkommissionsmitglieder	mit	14,
5 Armenkommissionsmitglieder	mit	16,
2 Armenkommissionsmitglieder	mit	17,
1 Armenkommissionsmitglied	mit	18,
3 Armenkommissionsmitglieder	mit	19,
2 Armenkommissionsmitglieder	mit	20,
1 Armenkommissionsmitglied	mit	23

Unterstützten in demselben Haus. Da die Tabellen II und III Anhaltspunkte für die mündliche Beratung der Kommunalbehörden bieten sollen, wird hier jede weitere

8 Hier nicht abgedruckt.
9 Hier nicht abgedruckt.

Schlußfolgerung unterlassen und an dem schon betonten Übelstand wieder angeknüpft, daß bei einer großen Zahl von Kommissionen nur sehr wenig Mitglieder an der Auszahlung der baren Unterstützungen teilnehmen, obwohl § 46 der Instruktion vorschreibt, „daß möglichst jedes Mitglied sich daran beteiligen solle". Eine im Frühjahr 1895 nach Armenkommissionen (nicht Medizinalbezirken) vorgenommene Aufnahme ergab, daß auf ein auszahlendes Mitglied nicht selten 40 bis 50 allein dauernd Unterstützte kommen; in einem Fall sogar 106. Infolgedessen wurden 70 bis 80 Kommissionen, bei welchen die Zahl der auszahlenden Mitglieder 5 und weniger betrug, aufgefordert, die Gründe mitzuteilen, welche die übrigen Mitglieder verhinderten, an der Auszahlung teilzunehmen. Sehr vereinzelte Kommissionen antworteten,[10] daß sich das Mißverhältnis der Zahl der auszahlenden Mitglieder zu der der übrigen dadurch mildere, daß bei ihnen jährlich die auszahlenden Mitglieder wechselten; andere dagegen hielten einen Wechsel im Interesse des Geschäftsgangs für verderblich, da die Armen jedesmal beim Vorsteher sich erkundigen müßten, an wen sie sich zur Empfangnahme zu wenden hätten, überdies beim Wechsel auch betrügerische Manipulationen vorkommen könnten, während die ein für allemal Auszahlenden die einzelnen Personen genau kennengelernt hätten; davon abgesehen, wurde fast durchgängig als Grund der begrenzten Heranziehung der Mitglieder zum Auszahlungsgeschäft angegeben, daß die Nichtbeteiligten entweder in den letzten Tagen des Monats dienstlich oder geschäftlich behindert seien oder daß sie keinen zur Auszahlung genügenden Wohnraum besäßen bzw. daß ihre Hauswirte das Zusammenströmen der Bedürftigen nicht duldeten.

Tatsächlich werden gegenwärtig die Auszahlungen von 24 Armenkommissionen in Gemeindeschullokalen geleistet, während 3 in solchen sogar die Sprechstunden abhalten. Die auszahlenden Mitglieder waren den §§ 11, 13, 14 der Instruktion entgegen überwiegend, in 25 Kommissionen sogar durchweg, Hausbesitzer, Schlächter, Bäcker, Kolonialwarenhändler oder Restaurateure. Eingeschaltet sei hier, daß eine im Februar 1895 ergangene Nachfrage ergab, daß in 57 Armenkommissionen 101 Mitglieder mit der Lieferung von Naturalien betraut waren, und zwar lieferten 49 Mitglieder, meist Bäckermeister, Brot; 28, meist Molkereibesitzer, Milch und 24 Schlächtermeister Fleisch; andere Mitglieder, deren Zahl in Ermangelung einer darauf gerichteten Fragestellung nicht genau festzustellen war, lieferten Kolonialwaren. Die Armendirektion nahm hieraus Veranlassung, in der letzten Neuredigierung der Geschäftsanweisung die Einholung ihrer Genehmigung zu der Übertragung von Naturallieferungen an Kommissionsmitglieder vorzuschreiben; ein völliges Verbot unterblieb, weil der Einwand einzelner Kommissionen, die Bedürftigen hätten mit dem Bezug bewilligter Naturalien von Nichtmitgliedern böse Erfahrungen gemacht, nicht völlig von der Hand zu weisen war.

[...]

[10] Vgl. den Erlaß des Stadtrats Franz Tourbié an die Vorsteher der Armenkommissionen vom 16.5.1895 und die daraufhin eingegangenen Berichte (LA Berlin Rep.003-01 Nr.350, fol. 84-165).

Nr. 52

1896 September 17

Denkschrift[1] des Direktors des kaiserlichen Statistischen Amts Dr. Hans von Scheel[2] für den Staatssekretär des Innern Dr. Karl Heinrich von Boetticher

Ausfertigung, Teildruck

[Eine Befragung von Armenverbänden hat ergeben, daß ohne die Versicherungsgesetze eine noch stärkere Zunahme der unterstützten Personen und des nötigen Aufwands eingetreten wäre, als derzeit zu beobachten; die erhöhten Leistungen der Armenpflege gehen auch auf die gestiegenen Ansprüche der Unterstützungsbedürftigen zurück]

Die Einwirkung der Versicherungsgesetzgebung auf die Armenpflege

Auf dem Kongreß zu Hamburg am 25. September 1891 beschloß der deutsche Verein für Armenpflege und Wohltätigkeit,[3] die Frage, in welcher Weise die neue soziale Gesetzgebung auf die Aufgabe der Armengesetzgebung und die Armenpflege einwirkt, zum Gegenstand einer eingehenden Erhebung bei den Armenverwaltungen des Reiches zu machen.

In Ausführung dieses Beschlusses wurden besondere Fragebogen an zahlreiche Armenverwaltungen versendet.[4] Zugleich brachte der Verein bei dem Reichsamt des Innern eine Wiederholung der Armenstatistik von 1885[5] in Anregung und begründete diesen Wunsch damit, daß hierdurch die vom Verein veranstaltete Untersuchung über die Einwirkung der sozialpolitischen Gesetze auf die Armenpflege wesentlich gefördert und außerdem für die richtige Würdigung der Armengesetzgebung und der Leistungen der Armenpflege eine zweckdienliche Grundlage geschaffen würde.[6]

Dem genannten Wunsch konnte zwar – aus den von dem Herrn Staatssekretär des Innern im Erlaß vom 19. Mai 1894[7] dem Verein mitgeteilten Gründen – einstweilen eine Folge nicht gegeben werden. Jedoch hat der Herr Reichskanzler mit Rund-

---

1 BArch R 1501 Nr.101303, fol. 9-24 Rs.; hier fol. 9-9 Rs. und fol. 14 Rs.-24 Rs. Die Denkschrift wurde verfaßt von dem Regierungsakzessisten Dr. Friedrich Zahn.

2 Dr. Hans von Scheel (1839-1901), Nationalökonom und Geheimer Regierungsrat in Berlin, 1871-1877 Professor für Staatswissenschaften in Bern, seit 1877 Mitglied, seit 1891 Direktor des kaiserlichen Statistischen Amts.

3 Stenographischer Bericht über die Verhandlungen der zwölften Jahresversammlung des deutschen Vereins für Armenpflege und Wohlthätigkeit am 24. und 25. September 1891 in Hamburg (Schriften des deutschen Vereins für Armenpflege und Wohlthätigkeit, Heft 15), Leipzig 1891, S. 135-146.

4 Rundschreiben des Deutschen Vereins für Armenpflege und Wohltätigkeit vom Juni 1893 (BArch R 1501 Nr.101302, fol. 240-240 Rs.).

5 Statistik des Deutschen Reiches. Hrsg. vom Kaiserlichen Statistischen Amt, N.F. Bd. 29: Statistik der öffentlichen Armenpflege im Jahre 1885, Berlin 1887.

6 Eingabe des Vorstands des Deutschen Vereins für Armenpflege und Wohltätigkeit an das Reichsamt des Innern vom 7.6.1893 (BArch R 1501 Nr.101302, fol. 98-100 Rs.).

7 Als Gründe wurden vor allem methodische Bedenken, ob sich die Einflüsse der Versicherungsgesetzgebung auf die Armenpflege ziffernmäßig genau erfassen ließen, und die Arbeitsbelastung der an einer solchen Erhebung beteiligten Behörden geltend gemacht (Schreiben des Staatssekretärs des Innern Dr. Karl Heinrich von Boetticher an den Vorsitzenden des Deutschen Vereins für Armenpflege und Wohltätigkeit Ludwig Friedrich Seyffardt vom 19.5.1894: BArch R 1501 Nr.101302, fol. 180-182 Rs.).

schreiben vom 29. April 1894[8] bei den einzelnen Bundesregierungen Erhebungen eingeleitet, um den Einfluß der Versicherungsgesetze auf den Umfang und die Leistungen der öffentlichen Armenpflege, soweit jetzt schon möglich, klarzustellen. Zu diesem Behuf wurden den einzelnen Bundesregierungen zwei Fragebogen-Formulare[9] mit dem Ersuchen zugesandt, für Ausfüllung solcher Formulare durch eine Anzahl von Gemeinden, die nach Lage ihrer Verhältnisse den Landeszentralstellen zur Auskunftserteilung besonders geeignet erschienen, Sorge zu tragen.[10]

[...] *Erläuterungen zu den beiden Fragebogenformularen. Die von den Gemeinden mitgeteilten Zahlen zu Formular I sind für die Frage nach der Wirkung der Versicherungen auf die Armenpflege wenig aussagekräftig.*

Deswegen hat es sich besonders gelohnt, mit den Zahlennachweisungen eine Sammlung von Äußerungen zum Formular II zu verbinden.

Wie bereits bemerkt, wurde die Ausfüllung dieses Formulars II nur solchen Armenbehörden übertragen, von denen sich nach Lage der Verhältnisse erwarten ließ, daß sie über die in Betracht kommenden Tatsachen eine brauchbare Auskunft zu erteilen vermochten.

Die Zahl dieser Armenverwaltungen ist sehr beträchtlich, wenn sie auch mangels entsprechender Angaben seitens der einsendenden Stellen nicht ziffernmäßig hier angeführt werden kann. Beispielsweise wurden in der Provinz Brandenburg die Stadt Berlin, 63 weitere städtische und 38 ländliche Ortsarmenverbände, im Regierungsbezirk Stettin 14 städtische, 3 ländliche, im Regierungsbezirk Liegnitz 31 städtische, 53 ländliche Ortsarmenverbände, im Regierungsbezirk Düsseldorf 29 Ortsarmenverbände, im Regierungsbezirk Aachen die Armenbehörden der Städte mit über 10000 Einwohnern befragt. Bayern gab das Formular II an 10 Armenverwaltungen in jedem Regierungsbezirk, die möglichst zweckentsprechend aus städtischer und ländlicher Bevölkerung ausgewählt wurden. Sachsen befragte 28 städtische, 24 ländliche, Württemberg 99 beziehungsweise 254, Baden 5 städtische von über 20000 Einwohnern, 20 mit über 3000, 21 mit weniger als 3000 Einwohnern und 38 ländliche Armenverbände. Auch in den übrigen Bundesstaaten war man auf eine tunlichst umfassende Befragung von Armenverwaltungen über den Fragebogen II bedacht.

Es ist anzunehmen, daß die befragten Armenverwaltungen hinsichtlich ihrer Befähigung zu zweckentsprechenden Antworten gut ausgewählt wurden und daß die ländlichen und industriellen beziehungsweise städtischen Verhältnisse bei dieser Auswahl gleichmäßige Berücksichtigung fanden. Und so dürfen denn deren Antworten geeignet erscheinen, ein ungefähres Bild über die Einwirkung der Versicherungsgesetzgebung auf die Armenpflege zu gewähren, soweit ein Einblick in diese Verhältnisse jetzt schon überhaupt möglich ist.

Das Ergebnis dieser Antworten ist kurz folgendes:

---

8 Nr. 32.

9 Formular I ersuchte um statistische Angaben zur Zahl der unterstützten Personen und zum Aufwand der öffentlichen Armenpflege von 1884 bis 1893. Formular II fragte, ob die Armenpflege durch die drei *Arbeiterversicherungen* entlastet worden war (A), ob und warum sich die Zahl der Unterstützten und der Aufwand seit deren Einführung nicht vermindert hatte (B) und ob die Armenpflege ergänzend zu den Versicherungen oder vorläufig an deren Stelle eingesprungen war (GStA Berlin I. HA Rep.77 Tit.223 Nr.175, fol. 6-8 Rs.).

10 Als umfassende Schilderung der Ergebnisse (mit detaillierten Tabellen): Die Einwirkung der Versicherungs-Gesetzgebung auf die Armenpflege, in: Vierteljahrshefte zur Statistik des Deutschen Reichs N.F. 6 (1897), Heft 2, S. 1-54.

A.

Der weitaus größte Teil der befragten Armenverwaltungen konstatiert, daß die Versicherungsgesetzgebung auf die Armenpflege entlastend eingewirkt habe. Allerdings sei die Zahl der unterstützten Personen sowie der Aufwand für dieselben im allgemeinen keineswegs geringer geworden, jedoch würde diese Erhöhung eine noch viel beträchtlichere gewesen sein, wenn die sozialen Versicherungsgesetze nicht eingetreten wären. Ziffernmäßig könne diese entlastende Wirkung nicht nachgewiesen werden.

Vereinzelt suchen jedoch Verbände auch Zahlenbelege für diese Erleichterung beizubringen. So erklärt Frankfurt a[n der] O[der], in Summa jährlich etwa um 1 000 Mark entlastet zu sein. Im Landratsamt Hörde (Westfalen), dessen Seelenzahl vom Jahre 1885 bis 1893 von 74 469 auf 88 739 gewachsen ist, vermehrte sich die Unterstütztenzahl in der gleichen Zeit vom 1 385 auf 1 403, während sie nach dem Verhältnis des Bevölkerungszuwachses auf 1 650 hätte steigen müssen. Die Aufwandssumme ging von 119 913 Mark auf 118 116 Mark (1892) zurück.

Zugunsten dieses Einflusses der Versicherungsgesetzgebung wird hierbei betont, daß die Versicherten jetzt mehr wie früher im Fall der Krankheit und Erwerbsunfähigkeit vor wirtschaftlichem Ruin bewahrt blieben, der ohne die Versicherung durch notwendiges Schuldenmachen, Verpfändung des Hausrats, Verschleuderung des Nutzviehs etc. eingetreten wäre.

Neben der Erwähnung der großen Summen, welche jetzt von den Krankenkassen, den Berufsgenossenschaften sowie den Versicherungsanstalten an die versicherten Arbeiter gezahlt werden und welche allenthalben den betreffenden Gemeinden beträchtliche Ausgaben ersparen, wird also den Versicherungsgesetzen eine Art präventiver Einfluß[11] zugeschrieben, in dem Sinne, daß sie einen großen Kreis von Personen vor Verarmung schlechthin zu bewahren suchen und so ein Eingreifen der Armenpflege bezüglich dieser Personen möglichst auszuschließen bestrebt sind.

Nur eine kleine Gruppe von Armenverwaltungen, namentlich von ländlichen, konnte von einer entlastenden Wirkung der sozialen Gesetzgebung überhaupt noch nichts bemerken.

Dies gilt von den Armenverwaltungen des Regierungsbezirks Erfurt, dann von Schleswig-Holstein. Auch im Großherzogtum Hessen verneinte ungefähr die Hälfte der befragten Verbände eine Entlastung. Im Herzogtum Sachsen-Altenburg tun letzteres die größeren Städte; nach deren Bericht hat sich die Lebenslage nur solcher Personen, die nicht in den Bereich der Armenpflege fallen, durch die Versicherungsgesetzgebung gebessert, und sind im übrigen die durch die Versicherungsgesetzgebung erforderlichen Opfer der Gemeinden größer als die in geringem Maße zuzugebende Entlastung der Armenpflege.

Was die drei Versicherungsarten im einzelnen anlangt, so wird der Krankenversicherung ein mehr oder minder entlastender Einfluß auf die Armenpflege zugeschrieben, je nach dem städtischen oder ländlichen Charakter der betreffenden Armenverwaltungen und je nachdem die in Betracht kommenden Krankenkassenanstalten die gesetzlichen Mindestleistungen in erweitertem Umfang gewähren oder nicht.

Wenn eine Reihe ländlicher Ortsarmenverbände (besonders im Regierungsbezirk Oppeln) gar keine Entlastung der Krankenversicherung wahrzunehmen vermag, so beruht dies zumeist darauf, daß hier die land- und forstwirtschaftlichen Arbeiter – mangels eines entsprechenden Statuts – nicht in die Versicherung einbezogen sind.

---

[11] Randbemerkung Erich von Woedtkes: *Das war auch ihr Zweck.*

Am meisten macht sich die entlastende Wirkung der Krankenversicherung in den Städten geltend.

So berichtet Berlin, daß die Zahl der den städtischen Krankenhäusern überwiesenen Krankenkassenmitglieder gewachsen, dagegen die Zahl der durch die Armendirektion Überwiesenen wesentlich gefallen sei; beim Krankenhaus im Friedrichshain hätten sich letztere im Berichtsdezennium von 2 185 auf 1 389, in Moabit von 2 307 auf 1 780 vermindert, dagegen die ersteren im Friedrichshainer Krankenhaus von 498 auf 3 546, in Moabit von 66 auf 1 066 erhöht.

Daß von den Krankenkassenmitgliedern ein Teil der Armenpflege anheimgefallen wäre, folgert der Berliner Bericht daraus, daß nach Ablauf der Kassenpflicht jährlich noch 2,2 bis 2,3 % der Kranken dieser verbleiben.

Auch auf die offene Armenpflege sei der Einfluß der Krankenversicherung wahrnehmbar, denn die Hauskranken, die die städtischen Bezirksarmenärzte in Anspruch nehmen mußten, seien ihrer Zahl nach von 4,46 % der Bevölkerung im Jahre 1883 auf 2,79 % im Jahre 1887 bis 1888 gefallen, bis zum Jahre 1892/1893 seien sie zwar etwas wieder gestiegen, aber nur um 0,70 % gegenüber dem Jahre 1883, nämlich auf 3,76 %.

Weitere zahlenmäßige Belege über den entlastenden Einfluß der Krankenversicherung datieren von der Armenverwaltung Küstrin, welches diese Entlastung jährlich auf rund 2 000 Mark veranschlagt, aus Fürstenwalde, welches diese Summe auf 1 730 Mark berechnet. Die Stadt Breslau findet die die Armenpflege entlastende Wirkung der Krankenversicherung vor allem in der Abnahme der Kur-, Arznei- und Beerdigungskosten für auswärts und am Ort erkrankte Breslauer Arme; diese Kosten seien von 1884 auf 1892 fast in regelmäßiger Reihe von 46 385 auf 32 050 Mark gesunken, eine Abnahme, welche noch mehr in die Erscheinung getreten wäre, wenn nicht schon vor Inkrafttreten des Krankenversicherungsgesetzes freie Hilfskassen für kranke Arbeiter gesorgt hätten. Auch anderweitig wird vermutet, daß die Entlastung der Krankenversicherung noch fühlbarer wäre, wenn die Krankenfürsorge nicht schon vor Erlaß des Reichsgesetzes in den betreffenden Staaten bereits gut ausgebildet gewesen wäre; namentlich wird dies von Bayern und Sachsen-Altenburg betont.

Die Unfallversicherung hat nach den vorliegenden Berichten von den drei Versicherungsarten die geringste Erleichterung der Armenpflege gebracht. Man führt dies darauf zurück, daß für die in Betracht kommenden Personen schon früher – aufgrund des Haftpflichtgesetzes – bei Unfall Fürsorge getroffen war, ferner daß eine große Zahl der von Unfall betroffenen Personen nur teilweise erwerbsunfähig und daher nicht so hilfsbedürftig wird, um eine Armenhilfe ansprechen zu müssen. Endlich, wird hervorgehoben, erhalten die Armenverwaltungen nur selten davon Kenntnis, daß von Unfall betroffene Personen eine Rente beziehen, und sie sind daher nicht in der Lage, in ihrer etwaigen Hilfeleistung eine Einschränkung eintreten zu lassen. Indessen wird in letzterer Beziehung da und dort bereits Abhilfe geschaffen, indem, wie beispielsweise Hamburg berichtet, man den Grund der Hilfsbedürftigkeit näher prüft und veranlaßt, daß bei Rentenbezug die Unterstützung der Armenpflege entweder in Wegfall kommt oder eine entsprechende Ermäßigung erfährt.

Zahlenmäßige Belege über den Einfluß der Unfallversicherung auf die Armenpflege sind nur wenig eingegangen. Besonderer Erwähnung verdient, was die Stadt Berlin in dieser Beziehung berichtet. Es wird hier auf die Abnahme der Waisen- und Pflegekinder besonderes Gewicht gelegt, unter denen die ersteren sich von 3,51 % der Bevölkerung im Jahre 1886/1887 auf 2,91 % im Jahre 1892/1893, die letzteren von 0,57 % auf 0,52 % vermindert haben. Auch die wegen andauernder Krankheit unterstützten Almosenempfänger seien im Verhältnis zu denen, welche wegen hohen Alters unterstützt werden, weniger geworden, da 1883/84 die ersteren 32,44 %, die letzteren 50,12 % aller Unterstützten betrugen, 1892/1893 dagegen jene auf 53,25 % aller Unterstützten gestiegen, diese auf 28,57 % gesunken seien. Inwieweit freilich in diesen Zahlen tatsächlich eine Einwirkung der Unfallversicherung zu erblicken ist, dürfte dahingestellt bleiben.

Der merkbarste Einfluß auf die Armenpflege wird dem Alters- und Invaliditätsversicherungsgesetz beigelegt, indem ein großer Prozentsatz aller derer, die eine Invalidenrente beziehen, zu jenen zählen, für welche andernfalls die Armenpflege hätte eintreten müssen. Allerdings wird den Berichten zufolge in den einzelnen Fällen, wo erwerbsunfähige Personen in Frage kommen, die eine Alters- beziehungsweise Invalidenrente erhalten, wegen der Geringfügigkeit dieser Rente die Armenpflege von einer Hilfeleistung vielfach nicht vollständig befreit, doch sei diese Entlastung für die Gesamtzahl dieser Fälle eine beträchtliche, von der man zugunsten der Armenpflege noch mehr erwartet, wenn einmal das Alters- und Invaliditätsversicherungsgesetz nicht mehr bloß mit seinen Übergangsbestimmungen in Kraft getreten sei.

Von den zahlenmäßigen Nachweisungen über die entlastende Wirkung der Alters- und Invaliditätsversicherung sei hervorgehoben:

Küstrin beziffert seine Ersparnisse auf 1 020 Mark pro Jahr, Fürstenwalde auf 678 Mark (für jährlich 33 Personen), Charlottenburg auf 458 Mark für dreizehn Rentner. In Bromberg sind von 118 Personen, die eine Alters- beziehungsweise Invalidenrente beziehen, 11 aus der Armenpflege ausgeschieden. In Filehne (mit etwa 4 400 Seelen) – ebenfalls im Regierungsbezirk Bromberg – bezogen von 15 Alters- beziehungsweise Invalidenrentnern fünf Personen vor Gewährung dieser Renten Armenunterstützung im Betrag von 330 Mark. Die Stadt Breslau berichtet, daß 92 Alters- und Invalidenrentner, die vorher von der Armenpflege unterstützt wurden, und 17, die vor Bewilligung der Rente vorläufige Armenunterstützung genossen, seit ihrem Rentenbezug für die Armenpflege ganz in Wegfall kamen, und gibt der Überzeugung Raum, daß das Gesetz, je länger, je mehr, die Armenpflege entlasten werde.

B.

Wie bemerkt, hat die Zahl der Unterstützten und der Aufwendungen für dieselben seit der Einführung der Versicherungsgesetze sich im allgemeinen nicht nur nicht vermindert, sondern zum Teil sehr beträchtlich vermehrt. Als Gründe hierfür ergeben sich aus den Berichten folgende:

Eine Reihe der Hilfsbedürftigen wird von den Versicherungsgesetzen gar nicht oder nur zum Teil getroffen, zum Beispiel Dienstboten, landwirtschaftliche Arbeiter, selbständige Handwerker, die allein arbeiten. Die Scheu vor dem almosenartigen Charakter einer Armenunterstützung tritt zurück, und wird statt dessen die öffentliche Fürsorge von Nichtversicherten und Nicht-Rentenempfängern häufiger denn früher als ein Anspruch geltend gemacht, so zwar, daß sie selbst Privatwohltätigkeit zuweilen zurückweisen. Auch fühlen sich durch die Leistungen, welche den versicherten Personen seitens der Kassen zufließen, die Nichtversicherten versucht, bei den Armenverwaltungen um eine reichlichere Unterstützung, als ihnen bisher zuteil wurde, nachzusuchen, die sie nicht selten tatsächlich erreichen. Sodann wollen da und dort Armenverwaltungen eine gewisse Begehrlichkeit solcher Personen, die mit einem Rentenanspruch abgewiesen beziehungsweise wegen mangelnden Nachweises einen solchen nicht erheben können, beobachtet haben; diese Individuen verlangen von der Armenpflege Unterstützung oder, wenn sie eine solche bereits bezogen, begehren sie wegen ihres vermeintlichen Rentenanspruchs eine reichlichere Unterstützung. In mehreren preußischen Provinzen wird ferner geltend gemacht, daß das Gesetz vom 11. Juli 1891, betreffend Abänderung des Gesetzes zur Ausführung des Reichsgesetzes über den Unterstützungswohnsitz vom 8. März 1871,[12] eine erhebliche Vermehrung der Ausgaben für Armenzwecke herbeigeführt habe; nach diesem Gesetz sind nämlich die Landarmenverbände verpflichtet, für Bewahrung, Kur und Pflege der hilfsbedürftigen Geisteskranken, Idioten, Epileptiker, Taubstummen und Blinden, soweit dieselben der Anstaltspflege bedürfen, in geeigneten Anstalten Fürsorge zu treffen. Außerdem weist man auf die Erhöhung der Lebensmittelpreise und auf die Steigerung der Lebenshaltung der unteren Klassen als Grund für die Zunahme der Armenlasten hin.

Vereinzelt wird auch die Zunahme unehelicher Geburten zur Erklärung der erhöhten Armenlasten ins Feld geführt. Indessen dürfte dieser Grund der am wenigsten zutreffende sein, wie schon die Tatsache bekundet, daß die Gesamtzahl außerehelicher Geburten in der Zeit von 1884 bis 1893 im Reich von 9,5 % auf 9,1 % sich vermindert hat. Auch in den einzelnen Bundesstaaten ist von einer beträchtlichen Vermehrung unehelicher Geburten keine Rede; so hat sich beispielsweise die Zahl derselben in Bayern während des genannten Dezenniums nur von 13,3 % auf 14,1 % vermehrt.

Nach dem Vorbemerkten tritt eine freiwillige Geneigtheit der Armenbehörden, nach Entlastung des Armenbudgets durch die Versicherung der Armenfürsorge mehr auszudehnen und reichlichere Unterstützungen zu gewähren als früher, nicht besonders hervor. Vielmehr sind die intensiveren Leistungen, zu welchen sich jetzt die Armenverwaltungen tatsächlich verstehen, mehr durch die Natur der Verhältnisse, insbesondere durch die gesteigerten Ansprüche der Unterstützungsbedürftigen veranlaßt.

C.

Anlangend die Frage, ob die Armenpflege in häufigen Fällen ergänzend neben den Leistungen der Arbeiterversicherung und vorläufig anstelle derselben eingetreten ist, so ergeben die Berichte, daß dies allerdings öfter der Fall ist, jedoch zumeist, ohne daß diese seitens der Armenpflege beabsichtigt ist. Die Armenpflege hat vielfach nicht die erforderliche Kenntnis davon, daß der von ihr Unterstützte in eine Rente eingewiesen ist, und gewährt daher ohne Rücksicht auf einen derartigen Rentenbezug eine Unterstützung. Doch, wie oben bemerkt, gehen mehrere Armenverwaltungen bereits damit um, diese Verhältnisse in eine bessere Regelung zu bringen.

Sehr zahlreich sind die Fälle, in welchen der Armenverband aufgrund des § 57 Absatz 1 und 5 des Krankenversicherungsgesetzes[13] für den von den Krankenkassen nicht gedeckten Rest an erwachsenen Kurkosten und dergleichen aufzukommen hat. Ganz besonders wird dies aus der Provinz Sachsen berichtet, wo es heißt, daß neben der gesetzlichen Leistung der Krankenversicherungskassen der Landarmenverband

---

12 Nr. 4.

13 Nach § 57 des Krankenversicherungsgesetzes vom 10.4.1892 wurde die gesetzliche Verpflichtung der Armenverbände zur Unterstützung hilfebedürftiger Personen durch das Krankenversicherungsgesetz nicht berührt (Abs. 1). Etwaige Unterstützungsansprüche aus dem Krankenversicherungsgesetz gingen auf die Armenverbände über. Nach § 57 Abs. 5 galt in Fällen dieser Art die Hälfte des gesetzlichen Mindestbetrags des Krankengelds als Ersatz für Leistungen der ärztlichen Behandlung, Arznei, etc. (Nr. 21 Bd. 5 der III. Abteilung dieser Quellensammlung).

seine Fürsorge vielfach eintreten lassen muß, wenn dem vorläufig unterstützungspflichtigen Ortsarmenverband durch die Behandlung eines Kranken erhebliche Kosten erwachsen, die aber von der Krankenkasse nicht in voller Höhe eingezogen werden können, insbesondere, wenn die Krankenkasse, wie zum Beispiel bei Krankheiten infolge geschlechtlicher Ausschweifung, nur zu den gesetzlichen Mindestleistungen verpflichtet ist.

Zu wiederholten Malen finden sich außerdem Konstatierungen, daß Kranke nach Beendigung der versicherungsrechtlichen Fürsorge in die Armenpflege zu übernehmen sind; beispielsweise fallen von den Krankenkassenmitgliedern in Berlin jährlich 2,2 % bis 2,3 % nach Beendigung der Krankenfürsorge der Armenpflege anheim.

Auch davon ist die Rede, daß Angehörige von Kranken, die in Anstalten verpflegt wurden, ab und zu die Hilfe der Armenpflege ansprechen.

Was endlich solche Fälle betrifft, in denen die Armenpflege vor Beginn eines Rentenbezugs in Anspruch genommen wurde und hinterher die Kosten von Berufsgenossenschaften und Versicherungsanstalten zurückvergütet erhalten hat, so werden zwar solche mehrfach berichtet, doch häufig mit dem Hinzufügen, daß eine solche Erstattung unterbleibt, eben weil die Armenpflege von dem Eintritt einer Versicherungskasse nichts erfährt und um deswillen auch nicht Veranlassung nimmt, die ausgelegten Kosten sich ersetzen zu lassen.

Wie aus vorstehender Darlegung erhellt und hier zum Schluß noch besonders hervorgehoben werden soll, bestätigt die Enquete der Reichsregierung im wesentlichen das Ergebnis der Umfrage, welche der Verein für Wohltätigkeit und Armenpflege über die gegenständige Frage gehalten hat. Beide Erhebungen haben dargetan, daß ein wohltätiger Einfluß der sozialen Versicherung in mehrfacher Weise sich bereits bemerkbar macht und daß dieser Einfluß, wenn auch nicht ziffernmäßig feststellbar, so doch in erheblichem Maße insbesondere der Armenpflege zugute kommt.

Nr. 53

1896 Dezember 15

Eingabe[1] von Armenkommissionsvorstehern[2] an die Berliner Stadtverordnetenversammlung

Ausfertigung in Maschinenschrift mit handschriftlichen Korrekturen

[Protest gegen die beabsichtigte Hinzuziehung von Frauen als ehrenamtliche Armenpflegerinnen]

Die Unterzeichneten erheben im Namen der durch uns vertretenen Armenorganisationsvorsteher Berlins dagegen Protest, daß ohne dieselben, als die berufensten

[1] Landesarchiv Berlin A Rep.003-01 Nr.351, fol. 69-69 Rs.

[2] Unterzeichnet von dem Vorstand der Armenkommissionsvorsteher-Versammlung Schulleiter a. D. August Brestrich und den Armenkommissionsvorstehern Rentier Christian Ehrentreich, Stellmachermeister Adolf Elbe, Kaufmann Otto Fromholz, Kaufmann Karl Jäckel, Rentier Franz Jansen, Rentier Wilhelm Kloß, Kaufmann Albert Laß, Gemeindelehrer August Rex, Bildhauer August Vogel, Magistratsbeamten Paul Winckler und Rentier Albert Wodischeck.

Kenner des hiesigen Armenwesens, zu Rate zu ziehen, Beschlüsse[3] seitens der Stadtverordnetenversammlung gefaßt worden, die so einschneidender Art sind wie die z[ur] Z[ei]t vorliegenden.

Was zunächst die versuchsweise Errichtung von Armenämtern betrifft, so haben wir uns in den mit der Armendirektion stattgehabten Verhandlungen bereits zustimmend ausgesprochen und bedauern, daß nicht die anderen Punkte auch erst unserer Begutachtung unterbreitet wurden.

Wir erheben daher entschieden hiermit Protest gegen die öffentlich ausgesprochene Ansicht, daß es mit der Armenpflege in Berlin schlecht bestellt sei und daß nur in der Teilnahme der Frauen das Heil liege und daß durch die Hinzuziehung derselben zu den Armenkommissionen eine Besserung in irgendwelcher Beziehung zu erwarten ist.

In der Waisenpflege mag die Beteiligung der Frauen am Platze sein, während sie in der Armenkommission durch ihre ganze Veranlagung nur störend wirken könnte und so manches sogar unter Ausschluß der Frauen verhandelt werden müßte. Für außerordentliche Fälle stehen den Kommissionen bereits die Stadtschwestern zur Verfügung, und das genügt. Zur Annahme eines Amtes in den Armenkommissionen würden sich auch die allein praktisch verwendbaren Frauen des Mittelstands nur schwer entschließen, denn dieselben haben mit ihrer Familie zu tun, und es wäre ein großes Unrecht, wollte man sie dieser um eines eingebildeten Vorteils halber entziehen.

Dagegen dürften die im öffentlichen Leben zu derartigen Fragen Stellung nehmenden Frauen höherer Stände in der Praxis nicht verwendbar sein, und die schönen Worte, wenn es gilt, die Stätten des Elends aufzusuchen, würden nie zur Tat werden.

Wir sind der festen Überzeugung, daß, wenn der vorliegende Antrag angenommen werden sollte, die meisten der jetzt im Armenwesen tätigen Männer gekränkt ihr Amt niederlegen und neue Kräfte dann nur schwer zu finden sein dürften.

Ein guter Stamm von erfahrenen, sich mit Lust und Liebe dem schweren Amt widmenden Armenkommissionsvorstehern, die es verstehen, sich mit verständigen und tatkräftigen Helfern zu umgeben, und eine einsichtsvolle, entgegenkommende Verwaltung sind die beste Bürgschaft für eine gedeihliche Entwicklung des Armenwesens.

Die weiteren Punkte des Antrags der Kommission zur Vorberatung – die Höhe der Unterstützungen und Art der Zahlung betreffend – sind ebenfalls durchaus Interna der Armenverwaltung und nur von dieser in Gemeinschaft mit den Vorstehern zu lösen.[4]

---

3 Protokoll der Sitzung der Stadtverordneten-Versammlung vom 5.12.1896 (LA Berlin A Rep.000-02-01 Nr.1489, fol. 59-61): Die Stadtverordnetenversammlung hatte sich zum einen mit der Errichtung zweier Armenämter einverstanden erklärt, zum anderen den Magistrat um die Herbeiführung eines Gemeindebeschlusses ersucht, wonach für jede Armenkommission eine Anzahl von Frauen, die in den betreffenden Armenkommissionsbezirken wohnen sollten, zur Mitwirkung hinzuzuziehen waren.

4 Hingegen hatte am 23.11.1896 eine öffentliche Versammlung, auf der die Frauenrechtlerin Jeanette Schwerin über das Thema „Die öffentliche Armenpflege sonst und jetzt" vorgetragen hatte, in einer mit großer Mehrheit angenommenen Resolution die Gemeindebehörden von Berlin ersucht, Frauen zur öffentlichen Armenpflege zuzulassen und ihnen Sitz und Stimme in den Armenkommissionen zu gewähren (LA Berlin A Rep.003-01 Nr.351, fol. 66).

Nr. 54

1896 Dezember 16

Dr. Albert Levy[1]: Die Frauen in der öffentlichen Armenpflege[2]

Druck

[Die Heranziehung der Frauen in der Armenpflege hat mit der Frage der Emanzipation nichts zu tun; Frauen und Männer können sich in der Ausübung der armenpflegerischen Tätigkeit sehr gut ergänzen; eine entsprechende Initiative der Berliner Stadtverordneten ist zu begrüßen]

Wer auf sozialem Gebiet Umschau hält und Fortschritte auf demselben erstrebt, wird zu seiner innigen Befriedigung fortwährend die Beobachtung anstellen können, daß viele Dinge, die noch vor kurzem sehr anfechtbar und von höchst zweifelhaftem Nutzen erschienen, heute in ihrem Wert durchaus nicht mehr bestritten werden, ja fast als selbstverständlich gelten.

So wird es auch mit der Frage gehen, ob die Frau in der öffentlichen Armenpflege Beschäftigung finden soll.

Es werden erst wenige Jahre in Berlin verflossen sein, und man wird fast vergessen haben, daß die Frage, ob es richtig sei, die Frauen in der Armenpflege in den Dienst der städtischen Verwaltung zu stellen, überhaupt diskutiert worden ist.

Noch sind ja allerdings von unseren städtischen Behörden bezügliche Beschlüsse nicht gefaßt, aber die eigentlich überraschend günstige Entwicklung, welche die Erörterung dieser Frage genommen hat, seitdem sie zuerst in den Verhandlungen der Stadtverordnetenversammlung vom 12. November d. J.[3] auftauchte, läßt offen, daß die Anregung, von welcher Herr Dr. Langerhans[4] an jenem Tag gesagt hat, daß sie „ein großer Gedanke“ sei, bald in die Tat umgesetzt werde.

Der Ausschuß der Stadtverordnetenversammlung zur Vorberatung der Magistratsvorlage betreffend die Errichtung zweier Armenämter[5] hat bereits in letzter Lesung beschlossen, der Versammlung folgende Resolution zur Annahme zu empfehlen: Gleichzeitig ersucht die Versammlung den Magistrat um eine Vorlage zur Herbeiführung eines Gemeindebeschlusses, wonach für jede Armenkommission eine An-

---

1 Dr. Albert Levy (1862-1922), Historiker, Nationalökonom und Sozialpolitiker in Berlin, 1892 Mitbegründer der Deutschen Gesellschaft für ethische Kultur.

2 Berliner Tageblatt Nr. 639, Morgenausgabe, vom 16.12.1896.

3 In der Stadtverordnetenversammlung vom 12.11.1896 war eine Vorlage über die Errichtung zweier Armenämter beraten und an einen Ausschuß überwiesen worden; dabei war u. a. vom linksliberalen Stadtverordneten Dr. Edmund Friedemann gefordert worden, die Hilfe der Frauen in der städtischen Armenpflege in Anspruch zu nehmen (Stadtverordneten-Versammlung. Öffentliche Sitzung vom 12. November 1896, in: Berliner Volksblatt Nr. 535 vom 13.11.1896).

4 Dr. Paul Langerhans (1820-1909), praktischer Arzt in Berlin, seit 1875 Stadtverordneter, seit 1893 Vorsteher der Stadtverordnetenversammlung, seit 1877 MdPrAbgH (Fortschrittspartei/Deutsche Freisinnige Partei/Freisinnige Volkspartei), seit 1881 MdR (Fortschrittspartei/Freisinnige Volkspartei).

5 Vorlage des Berliner Magistrats betreffend die Errichtung zweier Armenämter vom 31.10.1896 (LA Berlin A Rep.000-02-01 Nr.1489, fol. 8).

zahl in den betreffenden Armenkommissionsbezirken vorhandener Frauen zur Mitwirkung zuzuziehen ist.

Es darf gesagt werden, daß man in beteiligten Kreisen mit großer Spannung den Beschlüssen der städtischen Behörden entgegensieht, und es kann versichert werden, daß alle, welche auf dem Gebiet der Armenpflege Erfahrungen gesammelt haben, von dem aufrichtigen Wunsch durchdrungen sind, es möge den Frauen in liberalster Weise dieses Feld eröffnet werden – im Interesse der Frauen, aber auch besonders im Interesse der öffentlichen Armenpflege.

Für zweifellos aber kann die Entwicklung der Angelegenheit deshalb noch nicht angesehen werden, weil auch hier der Tätigkeit der Frau ein Vorurteil in weiten Kreisen der Männer- und Frauenwelt anhaftet.

Es sei vorweg betont für ängstliche Gemüter, daß die Sache mit der sogenannten Frauenfrage absolut gar nichts zu tun hat. Man kann sogar den Forderungen der Frauen auf anderen Gebieten eifrigst entgegentreten, während man ihnen in dieser Frage wärmste Förderung angedeihen läßt, und die zahlreichen deutschen Kommunen[6], welche bereits seit mehr oder minder langer Zeit die Frauen in ihrem Armenwesen beschäftigen, denken dabei sicherlich nicht daran, die „Frauenemanzipation" fördern zu wollen.

Es handelt sich hier nicht um ein Gebiet, auf welchem die Frauen erst ihren Befähigungsnachweis zu erbringen hätten wie es auf anderen Gebieten, deren Erschließung sie verlangen, von den Männern so streng von ihnen gefordert wird; hier haben sie ihn längst erbracht, denn der Nutzen und Erfolg ihrer Tätigkeit in der Armenpflege überhaupt – der kirchlichen und privaten – ist ganz unbestritten. Man wird die etwa 10 000 evangelischen und 15 000 katholischen Schwestern in Deutschland gern als besonders geeignet zur Armenpflege anerkennen, und man wird zahllosen anderen Frauen, welche in Wohlfahrtseinrichtungen aller Art, die der Armenpflege obliegen, tätig sind, das Urteil nicht versagen, daß sie, wofern ihnen die auch auf diesem Gebiet zu nutzbringender Tätigkeit unerläßliche Intelligenz und Tüchtigkeit zu Gebote steht, Hervorragendes zu leisten imstande sind.

Und warum sollte das nun in der öffentlichen Armenpflege anders sein?

Wenn bei uns, wie erfreulicherweise konstatiert werden darf, allmählich richtigere Anschauungen in bezug auf Hilfstätigkeit sich Platz bahnen, wenn daher an die Stelle einer korrumpierender Almosenwirtschaft, die nur Gaben verteilt, ohne sich darum zu kümmern, wo diese bleiben, welche Wirkung sie haben, mehr und mehr eine planmäßige, die individuellen Eigenschaften der zu Unterstützenden ebenso in Betracht ziehende wie die sozialen Verhältnisse berücksichtigende Fürsorge treten soll, und wenn auch unsere öffentliche Armenpflege in Berlin – und, wie es die in der Stadtverordnetenversammlung zur Beratung stehende Vorlage betreffend die Errichtung von Armenämtern in ihrer Begründung deutlich zeigt – mehr und mehr an eine tiefere Erkenntnis des Zusammenhangs der Armutsverhältnisse mit den wirtschaftlichen und sozialen Zuständen anzuknüpfen bestrebt ist, dann wird man der Mitwirkung der Frauen auch hier länger nicht entraten können.

Das Zusammenwirken von Männern und Frauen kann hier große Erfolge zeitigen. Man denke sich die Beherrschung der verwaltungstechnischen Details durch die Männer ergänzt durch die Fähigkeiten der Frau im Bereich der Hauswirtschaft, man stelle sich vor, die Kenntnisse der Männer im Geschäfts- und öffentlichen Leben

---

[6] Vgl. Nr. 49.

treten in Verbindung mit der Opferfreudigkeit und der Energie der Frau, man lasse die im Beruf vielbeschäftigten Männer, die ihre Armenpflegerpflichten doch meist nur im Nebenamt versehen können und deren Blick doch immerhin auch nur ein begrenzter ist, entlastet werden durch die minder beschäftigten Frauen, die Zeit haben, sich in Wesen und Verhältnisse der Hilfsbedürftigen zu vertiefen – und man wird leicht einsehen, daß, unbeschadet vollster Anerkennung des auch bisher schon auf dem Gebiet unserer öffentlichen Armenpflege Geleisteten, doch noch viel Besseres erreicht werden kann. Öfter wird es dann auch mal gelingen, mit der Hilfe an der Stelle einzusetzen, von der aus dauernd geholfen werden kann.

Ja aber – das „gute Herz"! Werden nicht die Frauen zu weichherzig, zu milde in ihrem Urteil, zu freigebig auf Kosten des Stadtsäckels sein?! Nun, abgesehen davon, daß in den sozialen Nöten unserer Zeit auch das „gute Herz" der Frau sich vielfach in recht beachtenswerter Weise mit Kenntnissen der Urteilsfähigkeit gepanzert hat, sollen und werden doch von nun an die Frauen nicht etwa allein zu sagen haben! Das wäre natürlich wenigstens ebenso verkehrt wie der bisherige Zustand der ausschließlichen Wirksamkeit der Männer auf diesem Gebiet. Zusammenarbeiten sollen sie, ja und was der eine besser kann und weiß, daß soll der andere im Interesse der Sache willig und ohne Eigendünkel hinnehmen.

Ein anderer, gewichtiger Einwand wird daraus hergeleitet, daß die Frauen zu wenig vorgebildet seien auf diesen Gebieten und daß man keine Bürgschaft dafür habe, daß die in die Armenkommissionen zu wählenden Frauen auch Tüchtiges leisten würden. Was die Vorbildung angeht, so sind natürlich berufsmäßig hierfür die wenigsten Frauen vorgebildet. Aber sind das denn etwa die Männer, welche die Stadt in die Ehrenämter der Armenkommissionsvorsteher beruft, oder sind es die einzelnen männlichen Mitglieder der Armenkommissionen?! Dagegen muß betont werden, daß der soziale Geist, welcher auch unsere Frauen mächtig ergriffen, sehr viele von ihnen schon seit geraumer Zeit veranlaßt hat, sich eifriger Studien – theoretischer und praktischer – im Armenwesen zu befleißigen. Es sei nur an die von den Mädchen- und Frauengruppen für soziale Hilfsarbeit[7] ins Leben gerufenen Veranstaltungen und besonders an die Vortragskurse über „Armenpflege und Wohltätigkeit" des Herrn Dr. Münsterberg, des früheren Leiters der Hamburger Armenverwaltung, erinnert, die in diesem Winter für Frauen gehalten und sehr zahlreich besucht werden. (Wenn in diesem Zusammenhang von Frauen die Rede ist, sind natürlich immer Frauen und Mädchen gemeint.) Und gerade die, welche sich also unterrichtet und Kenntnisse erworben haben, arbeiten nachher mit Hochdruck daran, ihre noch in naiver Ahnungslosigkeit hinschlummernden Geschlechtsgenossinnen zu gleich vernünftigem Tun anzuregen.

Man darf also ruhig annehmen, daß sich genug Frauen finden werden, welche die nötigen Vorkenntnisse auf diesem Gebiet besitzen, und sicher ist, daß, wenn erst die öffentliche Armenpflege den Frauen eröffnet ist, die bezüglichen Bildungsbestrebungen bei ihnen einen starken Antrieb erfahren werden. Ist es den Frauen doch sicherlich ernst damit, wenn sie bei jeder Gelegenheit betonen, daß sie überzeugt

---

7 Die „Mädchen- und Frauengruppen für soziale Hilfsarbeit" in Berlin hatten sich im Dezember 1893 konstituiert und widmeten sich einem breiten Spektrum ehrenamtlicher Tätigkeiten im sozialen Bereich. Mit den praktischen Tätigkeiten war eine vorbereitende theoretische Unterweisung im Rahmen von besonderen Vorträgen verbunden, für die namhafte Redner wie Dr. Emil Münsterberg, Dr. Hugo Preuss, Prof. Dr. Max Weber und eben auch Dr. Albert Levy gewonnen werden konnten.

sind, noch vieles lernen zu müssen, und lernen sie doch auch sogar so manches, was praktisch zu verwerten ihnen voraussichtlich noch lange verwehrt sein wird.

Es sei noch betont, daß überall da, wo in privaten Veranstaltungen der Wohlfahrtspflege, in Vereinen etc. Männer und Frauen zusammenwirken, dieses Zusammenarbeiten ein überaus erfreuliches ist, daß da ein guter Geist gute Erfolge schafft.

Berufenste Sachverständige haben über diese Frage, welche jetzt auch unsere städtischen Behörden beschäftigt, im September dieses Jahres in Straßburg verhandelt. „Die Heranziehung der Frauen zur öffentlichen Armenpflege" stand auch auf der Tagesordnung der 16. Jahresversammlung des Deutschen Vereins für Armenpflege und Wohltätigkeit.[8] Dort erklärte unter anderen Rechtsanwalt Ruland[9], daß in Colmar die Ernennung der Frauen gegen seinen Widerspruch durchgeführt sei, daß er sich aber durch die Erfolge von der Heilsamkeit der Maßregel überzeugt habe; in Colmar liege es jetzt so, daß die Frauen ihren männlichen Kollegen als Muster vorgehalten würden.[10] Von anderer Seite wurde betont, daß eines der schwierigsten Probleme, die Verbindung der öffentlichen und der privaten Armenpflege, ohne Mitwirkung der Frauen gar nicht lösbar sei.[11]

Auf den Antrag der beiden Referenten in jener Versammlung wurde denn auch einstimmig beschlossen: die Heranziehung der Frauen zur öffentlichen Armenpflege ist als dringende Notwendigkeit zu bezeichnen.[12]

Möchte die Reichshauptstadt bald mit einer Reform in diesem Sinne vorgehen!

Wir sind überzeugt, der Versuch wird glänzend ausfallen. Die Frau als unbesoldeter Kommunalbeamter im Dienste der städtischen Armenverwaltung wird unserer Armenpflege zu dauerndem Nutzen gereichen.

---

[8] Stenographischer Bericht über die Verhandlungen der sechzehnten Jahresversammlung des deutschen Vereins für Armenpflege und Wohlthätigkeit am 24. und 25. September 1896 in Straßburg i. E. (Schriften des deutschen Vereins für Armenpflege und Wohlthätigkeit, Heft 28), Leipzig 1896, S. 86-120.

[9] Dr. Heinrich Ruland (1852-1930), Rechtsanwalt in Colmar (Elsaß), Mitglied des Armenrats.

[10] Ebenda, S. 110 f.

[11] Die Frage wurde auf der Straßburger Jahresversammlung am eingehendsten in dem Diskussionsbeitrag von Dr. Emil Münsterberg behandelt, vgl. ebenda, S. 93-101.

[12] Ebenda, S. 149.

Nr. 55

1896 Dezember 21

Hamburger Gesetz[1] betreffend die Beaufsichtigung des Kostkinderwesens

Druck

[Die Aufnahme von Kostkindern (Pflegekindern) gegen Entgelt ist genehmigungspflichtig; das Waisenhauskollegium übt durch seine Organe die Aufsicht über die Pflege der Kostkinder aus]

Der Senat hat in Übereinstimmung mit der Bürgerschaft beschlossen und verkündet hierdurch als Gesetz, welches an einem vom Senat zu bestimmenden und öffentlich bekanntzumachenden Tag in Kraft tritt, was folgt:

---

1 Gesetzsammlung der freien und Hansestadt Hamburg 1896, I. Abteilung, S. 131-134. Syndikus Dr. Werner von Melle hatte dem Senat im Juli 1893 eine Denkschrift mit dem Entwurf eines Gesetzes, betreffend die Beaufsichtigung des Kostkinderwesens, vorgelegt, in der es hieß: *Die Erfahrung aller größeren Städte hat gezeigt, daß ohne eine allgemeine Kontrolle des Kostkinderwesens zahllose Kinder in den ersten Lebensjahren einer sorglosen Vernachlässigung oder gar dem schändlichen Gewerbe der sog*(enannten) *Engelmacherei zum Opfer fallen. Dies nach Kräften zu verhindern, ist Pflicht des Staates, auch in Hamburg, wo es an traurigen Belegen für den allgemeinen Erfahrungssatz nicht gefehlt hat* (Syndikus Dr. Werner von Melle, Allgemeine Beaufsichtigung des Kostkinderwesens, 7.7.1893, Drucks[ache] für die Senatssitzung Nr. 172: Staatsarchiv Hamburg 352-3 II C 2 Bd.1, fol. 49-58 Rs., hier fol. 49). Nach dem Vorbild anderer Bundesstaaten sollte deshalb nun auch für Hamburg die Genehmigungspflicht für die Übernahme von Kostkindern eingeführt werden. Ein entsprechender Gesetzentwurf des Senats war im Mai 1894 der Bürgerschaft vorgelegt worden (Mittheilungen des Senats an die Bürgerschaft Nr. 75 vom 9.5.1894, in: Verhandlungen zwischen Senat und Bürgerschaft im Jahre 1894, Hamburg 1895, S. 371-382). Strittig zwischen Senat und Bürgerschaft waren in den anschließenden Verhandlungen vor allem die Reichweite und die Zuständigkeiten der Kostkinderaufsicht geblieben. Während sich der Senat auf eine Kontrolle der gegen Entgelt übernommenen Kostkinder bis zum Schulbesuch hatte beschränken wollen, hatte die Bürgerschaft die Aufsicht möglichst auch auf die schulpflichtigen sowie die unentgeltlich und nicht gewerbs- und gewohnheitsmäßig übernommenen Kostkinder ausdehnen wollen. Ferner hatte die Bürgerschaft die Zuständigkeiten für Aufsicht und Genehmigung dem Waisenhauskollegium zusprechen wollen, während der Senat hierfür die Polizeibehörde vorgesehen gehabt hatte (Bericht des von der Bürgerschaft am 11.7.1894 niedergesetzten Ausschusses über den Antrag des Senats, betreffend die Beaufsichtigung des Kostkinderwesens, Mai 1895: Staatsarchiv Hamburg 352-3 II C 2 Bd.1, fol. 81-86 Rs.; Mittheilungen der Bürgerschaft an den Senat aus der 30. Sitzung vom 30.10.1895, in: Verhandlungen zwischen Senat und Bürgerschaft im Jahre 1895, Hamburg 1896, S. 447-449). Man einigte sich in den weiteren Verhandlungen zwischen Senat und Bürgerschaft schließlich darauf, die Genehmigungspflicht und Aufsicht bis zum vollendeten achten Lebensjahr der Kostkinder dauern zu lassen, und teilte die Zuständigkeiten zwischen der Polizeibehörde als Genehmigungsbehörde und dem Waisenhauskollegium als Aufsichtsorgan auf (Zweiter Bericht des von der Bürgerschaft am 11.7.1894 zur Prüfung des Antrags des Senats niedergesetzten Ausschusses, und zwar über die Erwiderung und den Antrag des Senats [Nr. 92 vom Juli 1896] betreffend die Beaufsichtigung des Kostkinderwesens, Dezember 1896: Staatsarchiv Hamburg 352-3 II C 2 Bd.1, fol. 129-135; Mittheilungen der Bürgerschaft an den Senat aus der 38. Sitzung vom 16.12.1896, in: Verhandlungen zwischen Senat und Bürgerschaft im Jahre 1896, Hamburg 1897, S. 698-700).

§ 1

[1] Wer ein Kind vor dessen vollendetem achten Lebensjahr in Kost und Pflege nimmt oder bei Inkrafttreten dieses Gesetzes ein solches Kind in Kost und Pflege hat, bedarf, wenn die Verpflegung gegen Entgelt erfolgt oder wenn er gewerbs- oder gewohnheitsmäßig Kinder in Kost nimmt, zur Eingehung bzw. Fortsetzung des Kostverhältnisses einer obrigkeitlichen Erlaubnis.

[2] Die Erlaubnis wird für den Umfang ihres Bezirks durch die städtische Polizeibehörde, für das Gebiet der Landherrenschaft Ritzebüttel durch den Amtsverwalter und für die übrigen Teile des hamburgischen Staatsgebiets durch die zuständige Landherrenschaft erteilt. Die genannten Behörden haben die erforderlichen Ausführungsbestimmungen zu erlassen.

§ 2

Die zur Nachsuchung der Erlaubnis Verpflichteten (§ 1) haben den vollen Namen des Kindes, Ort, Tag und Jahr seiner Geburt, Namen und Wohnung seiner Eltern (bei unehelichen Kindern Namen und Wohnung der Mutter) und, wenn Vormünder für das Kind bestellt sind, auch die Namen und Adressen dieser anzugeben. Der Behörde sind auf Verlangen die zum Nachweis der Richtigkeit dieser Angaben erforderlichen Papiere vorzulegen. Die Behörde kann auch die Eltern bzw. die uneheliche Mutter des Kindes zur Beibringung der sie oder ihr Kind betreffenden Papiere anhalten.

§ 3

[1] Die im § 1 benannten Behörden sind befugt, vor Erteilung der Erlaubnis ein ärztliches Gutachten über die Kostgeber, das Kostkind sowie über die Wohnung der Kostgeber herbeizuführen.

[2] Die Erlaubnis ist nur zu versagen, wenn festgestellt wird, daß die Kostgeber nach ihren persönlichen Verhältnissen oder der Beschaffenheit ihrer Wohnungen zur Annahme eines Pflegekinds nicht geeignet erscheinen.

[3] Die einmal erteilte Erlaubnis, über welche eine Bescheinigung unentgeltlich verabfolgt wird, ist jederzeit widerruflich und erlischt von selbst, vorbehaltlich ihrer Erneuerung, bei jedem Wohnungswechsel des Kostgebers.

§ 4

[1] Das Waisenhauskollegium[2] beaufsichtigt durch seine Organe die Pflege derjenigen Kostkinder, welche nach der Bestimmung des § 1 nur mit obrigkeitlicher Erlaubnis aufgenommen werden durften, die Beaufsichtigung dauert bis zu dem Zeitpunkt, zu welchem das Kostkind das achte Lebensjahr vollendet.

[2] Ob und inwieweit das Waisenhauskollegium auch andere Personen mit der Beaufsichtigung betrauen will, ist seinem Ermessen vorbehalten.

---

2 Das Hamburger Waisenhauskollegium als von den städtischen Vertretungskörperschaften gewählte Deputation entwickelte sich weit über die im Namen bezeichnete Zielgruppe hinaus zur obersten staatlichen Jugendfürsorgebehörde. Bei ihm lag die Fürsorge für die armenrechtlich hilfsbedürftigen Kinder im Stadtgebiet, die gesetzliche Vormundschaft über alle in der öffentlichen Waisenpflege befindlichen unmündigen Kinder und mit dem Kostkindergesetz von 1896 nun eben auch die Überwachung der privat in Pflege gegebenen Kinder.

§ 5

Die Kostgeber sind verpflichtet, den Beamten der im § 1 bezeichneten Behörden sowie den vom Waisenhauskollegium mit der Beaufsichtigung beauftragten und mit einer Legitimation versehenen Personen den Zutritt zu ihren Wohnungen zu gestatten, jede von denselben gewünschte Auskunft zu erteilen, auch, falls es verlangt werden sollte, das Kostkind an einer von der Waisenhausverwaltung bestimmten Stelle vorzustellen.

§ 6

Von der Beendigung des Pflegeverhältnisses ist, sofern zu der betreffenden Zeit das Kostkind noch der Beaufsichtigung abseiten des Waisenhauskollegiums unterliegt, der im § 1 benannten Behörde innerhalb einer von dieser zu bestimmenden Frist seitens der Kostgeber Anzeige zu machen.

§ 7

[1] Die im § 1 bezeichneten Behörden sind, sofern gewichtige Gründe vorliegen, befugt, anzuordnen, daß ein Kostkind, welches nach der Bestimmung des § 4 Abs[atz] 1 der Beaufsichtigung nicht oder nicht mehr unterliegt, nach Maßgabe der Vorschriften der §§ 4, 5 und 6 beaufsichtigt wird.

[2] Die im § 1 bezeichneten Behörden sind ferner befugt, Kostgebern das Halten von Kostkindern – und zwar ohne Rücksicht darauf, ob die letzteren unter die Bestimmungen des § 1 fallen oder nicht – zu untersagen.

§ 8

[1] Die Vorschriften dieses Gesetzes kommen nicht zur Anwendung auf diejenigen Kostkinder, für welche eine Fürsorge abseiten der öffentlichen Armenpflege, sonstiger staatlicher Wohltätigkeitsanstalten oder der hier bestehenden anerkannten Religionsgemeinschaften erfolgt.

[2] Das Gesetz findet ferner keine Anwendung auf Kinder, die bei ihren Vormündern oder ihren nächsten Verwandten (Großeltern, Geschwistern und deren Ehegatten, Geschwistern der Eltern und deren Ehegatten) untergebracht werden oder bei Inkrafttreten dieses Gesetzes untergebracht sind.

[3] Privatstiftungen und Privatvereine können bezüglich der Kinder, welche sie in Kost und Pflege nehmen, durch die im § 1 bezeichneten Behörden von der Beobachtung der Vorschriften dieses Gesetzes dispensiert werden. Die Dispensation kann jederzeit zurückgenommen werden.

§ 9

Zuwiderhandlungen gegen die Bestimmungen dieses Gesetzes werden von den im § 1 bezeichneten Behörden mit einer Geldstrafe von M. 1 bis M. 100 bestraft. Kann die Geldstrafe nicht beigetrieben werden, so tritt entsprechende Haftstrafe an deren Stelle.

§ 10

Dieses Gesetz tritt an einem vom Senat zu bestimmenden Tag in Kraft.

Nr. 56

1897 Januar 21 und Februar 12

Karl von Mangoldt[1]: Armenpflege und Wohlthätigkeit[2]

Druck, Teildruck

[Es ist die Frage zu stellen, ob die Armenpflege unter rassenhygienischen Gesichtspunkten nicht schädlich wirkt; zu beachten ist dabei indes auch, daß sie zugleich rassenverbessernd wirkt; die Armenpflege stiftet insgesamt mehr Nutzen, als sie Schaden anrichtet]

[...] *Indem der Selbsterhaltungswille und das elterliche Pflichtgefühl geschwächt werden, schaden Armenpflege und Wohltätigkeit der Armenmoral; da die Armen als Landarme allerlei Schikanen ausgesetzt sind, verschlechtern sie in solchen Fällen auch die soziale Lage der ärmeren Klassen.*

Wir haben oben von den üblen Einwirkungen der Armenpflege und Wohltätigkeit auf die Moral der ärmeren Klassen geredet. Aber sie haben üble Einwirkungen auch auf die moralische Haltung der wohlhabenderen Klassen. Vor allem tragen sie viel dazu bei, jenen falschen Glauben zu erwecken, der sich in der immer wiederkehrenden Redensart kundgibt: „Aber es geschieht ja so viel!" Woran denken diese Herren und namentlich diese Damen, die einem immer wieder diese abgestandene Redensart auftischen? Sie denken vielleicht an die Versicherungsgesetzgebung, vielleicht auch an den Arbeiterschutz oder etwas dergleichen; aber vor allem denken sie doch an das, was als außerordentliche Guttat für die ärmeren Klassen auftritt: an die Kinder, die in die Ferienkolonien geschickt werden, an die Besuche, die sie selber in armen Familien machen, an die Beiträge, die sie für die Sammlungen der wohltätigen Vereine geben. Es ist eben neben mancherlei gemeinnützigen Einrichtungen vor allem die eigentliche Wohltätigkeit, namentlich die Vereinswohltätigkeit mit ihrem Schall und Schwall von Bitten und Danksagungen, die den Schein erwecken, als „geschähe so viel!". Denn ein Schein ist es nur! Zum Beweis wollen wir eine, wenn auch nur sehr unsichere Schätzung des Prozentsatzes wagen, den die wohlhabenden Klassen von ihrem Einkommen für Wohltätigkeit opfern. Nehmen wir an, daß für die Wohltätigkeit als Geber nur Leute mit einem Einkommen von mehr als 3 000 M. per Jahr in Betracht kommen. Nach der preußischen Einkommensteuerveranlagung für 1895/96 betrug das Einkommen dieser Leute rund 3 269 Millionen M. jährlich;[3] die

---

1 Dr. Karl von Mangoldt (1868-1945), Jurist und Volkswirtschaftler in Frankfurt a. M., seit 1895 Sekretär beim Institut für Gemeinwohl; von Mangoldt berichtete regelmäßig in der „Sozialen Praxis" über Wohnungsreform und Wohnungsfragen.

2 Artikelserie in 3 Teilen. 1. Teil: Karl von Mangoldt, Armenpflege und Wohlthätigkeit. Eine kritische Betrachtung, in: Soziale Praxis Nr. 13 vom 24.12.1896, Sp. 301-307 (hier nicht abgedruckt), 2. Teil: ders., Armenpflege und Wohlthätigkeit. Schuld- und Verdienstrechnung, in: ebenda Nr. 17 vom 21.1.1897, Sp. 412-421; 3. Teil: ders., Armenpflege und Wohlthätigkeit. Gesammturtheil und Reform, in: ebenda, Nr. 20 vom 12.2.1897, Sp. 487-491. Die „Soziale Praxis. Centralblatt für Sozialpolitik" erschien unter diesem Titel seit 1895 wöchentlich in Berlin. Herausgeber war Dr. Ignaz Jastrow. Die Zeitschrift war aus der Zusammenlegung des von Dr. Heinrich Braun herausgegebenen „Socialpolitischen Centralblatts" (1891-1895) mit den vom Frankfurter Institut für Gemeinwohl herausgegebenen „Blätter für Soziale Praxis" (1893-1895) entstanden.

3 Statistik der preußischen Einkommen- und Ergänzungssteuerveranlagung für das Jahr 1895/96, in: Finanzarchiv 13 (1896), S. 390-396, hier S. 394.

preußische Bevölkerung machte nach der neuesten Volkszählung rund 61 % derjenigen ganz Deutschlands aus. Demnach würde das Einkommen der Leute mit mehr als 3 000 M. in ganz Deutschland eine jährliche Summe von 5 359 Millionen M. darstellen. Die Aufwendungen der gesamten freiwilligen Wohltätigkeit schätzen wir nach den in der „Sozialen Praxis", lauf[ender] Jahrg[ang], Sp[alte] 302[4], gemachten Bemerkungen auf rund 100 Millionen M. jährlich. Dabei lassen wir zwar die Vermehrung der für Wohltätigkeit zinsbar angelegten Kapitalien per Jahr weg, andererseits aber betrachten wir auch den durch die Verzinsung der bereits vorhandenen Wohltätigkeitskapitalien pro Jahr aufgebrachten Betrag als aus dem Einkommen der für Wohltätigkeit Gebenden geopfert. Dies ist sehr günstig angenommen für diese, denn dieser letztere Betrag ist wahrscheinlich weit höher als jener erstere. Jene 100 Mill. sind nun aber 1,9 % jener obigen 5 359 Millionen. Das wäre also der Prozentsatz, den die Wohlhabenden in Deutschland von ihrem Gesamteinkommen für die eigentliche Wohltätigkeit (nicht Gemeinnützigkeit) opfern!

Tatsächlich aber ist dieser Prozentsatz noch geringer, da einerseits das Einkommen höher ist, als aus der Steuer hervorgeht, und andererseits auch viele Leute mit weniger als 3 000 M. Einkommen sich an der Wohltätigkeit beteiligen. Was bedeutet aber selbst ein freiwilliges Opfer von 1 bis 2 % des Einkommens gegenüber den großen Ungleichheiten und Ungerechtigkeiten der Einkommensverteilung! Wahrlich herzlich wenig! Dagegen ist der Schein, als „geschähe so viel", der mit diesem Opfer erreicht wird, ein großes Hindernis eines wirklichen Fortschritts. Was den ärmeren Klassen durch Gesetze oder durch bindende Sitte an Verbesserungen gewährt wird, das nimmt bald den Charakter eines Rechts an, auf welches sie Anspruch haben, und kann nicht mehr als besonderes Guthaben der oberen Klassen gebucht werden; was dagegen die Wohltätigkeit gibt, trägt immer den Charakter einer außerordentlichen Zuwendung, die anscheinend Zeugnis gibt von einem besonderen Edelmut der besitzenden Klassen, tatsächlich aber oft zum Schaden einer besseren Entwicklung nur eine krasse soziale Unterdrückung verhüllt.

Ein letzter, ganz besonders wichtiger Vorwurf gegen Armenpflege und Wohltätigkeit kann hier nur gerade skizziert werden. Es ist der, daß sie die Rasse verschlechtern. Dieser Vorwurf ist in den Kreisen der Armenpflege und Wohltätigkeit selbst noch kaum beachtet worden, und doch entspricht er einer breiten Geistesströmung unserer Tage und stützt sich auf ernste wissenschaftliche Forschungen, wenn auch nicht auf zwingende wissenschaftliche Ergebnisse.[5] Nehmen wir ein Beispiel: Wir haben vor uns einen der chronischen Kandidaten der Armenpflege. Der Mann ist gewöhnlicher Tagelöhner und keineswegs von besonderer Intelli-

---

4 Die dort vorgenommene grobe Schätzung beruhte auf der Extrapolation punktueller Daten, die Erhebungen der Armenstatistik des Großherzogtums Oldenburg für 1881, der Stadt Dresden für 1886 und bayerischer Daten entnommen wurden.

5 1895 war als früher Referenztext der Rassenhygiene ein Werk von Dr. Alfred Ploetz erschienen mit dem Titel: Die Tüchtigkeit unserer Rasse und der Schutz der Schwachen (Berlin 1895); es hatte den Begriff der Rassenhygiene in die Debatte eingeführt. In dem Werk hieß es unter anderem: *Wer sich dann in dem ökonomischen Kampf als schwach erweist und sich nicht erhalten kann, verfällt der Armut mit ihren ausjätenden Schrecken. Armenunterstützung darf nur minimal sein und nur an Leute verabfolgt werden, die keinen Einfluß mehr auf die Brutpflege haben. Solche und andere „humane Gefühlsduseleien" wie Pflege der Kranken, der Blinden, Taubstummen, überhaupt aller Schwachen, hindern und verzögern nur die Wirksamkeit der natürlichen Zuchtwahl* (S. 146 f.; zur kritisierten „kontraselektorischen" Wirkung der Sozialpolitik dort auch S. 187).

genz, er ist des öfteren krank, sehr häufig ohne Arbeit und hat bereits ein- oder zweimal im Gefängnis gesessen; die Frau ist von ähnlicher Beschaffenheit. Beide haben eine Menge Kinder, zu denen sich fortgesetzt noch neue gesellen. Diese Kinder sind kränklich, schwächlich und nach verschiedenen Richtungen hin erblich stark belastet. Was würde aus dieser Familie ohne Armenpflege und Wohltätigkeit werden? Das Leben der Eltern würde in Ermangelung dieser Hilfe sehr viel früher enden, und infolgedessen würden sie auch weniger Kinder haben. Die einmal zur Welt gekommenen Kinder würden weniger Hilfe und Unterstützung finden als heute, und infolge dieser beiden Umstände würde die Zahl der zum Aufwachsen gelangenden Nachkommen dieses Elternpaars bedeutend geringer sein. Tun Armenpflege und Wohltätigkeit unbedingt etwas Gutes, indem sie diese Zahl so vermehren? Belasten sie nicht vielmehr die Gesellschaft mit einer Reihe Existenzen, die fortgesetzt wieder anderen zur Last fallen, ohne selbst irgendwelche Freude am Dasein haben zu können? Mit einem Wort: Verschlechtern sie nicht die Rasse? Man findet leicht, daß es nicht viele Zweige der Armenpflege gibt, die solche rassenhygienischen Bedenken nicht wachriefen. Die Ferienkolonien ziehen gerade die schwächsten Kinder groß, die Arbeiterkolonien, die Gesellschaften zur Fürsorge für entlassene Sträflinge bemühen sich um Elemente, von denen man sehr häufig gewiß nicht wünschen sollte, daß ihre Anlagen sich auf Kinder forterben. Armenpflege und Wohltätigkeit überhaupt haben es vielleicht in der Mehrzahl der Fälle mit Leuten zu tun, die nicht nur von widrigen Umständen verfolgt sind, sondern die auch irgendwie körperlich, geistig oder moralisch defekt sind und eben deshalb einem Druck erliegen, den andere aushalten. Im Grunde genommen liegt hier ein Problem nicht nur der Armenpflege, sondern aller Politik vor, welche den „Schutz der Schwachen" zum Ziel hat, also der Sozialpolitik im weitesten Sinne. Dieses Problem ist so gewaltig und ernst und auch noch so neu und wenig durchgedacht, daß man es eigentlich nicht so im Vorübergehen behandeln sollte; es geschieht dies hier auch nur deshalb, weil man bei einer Übersicht der durch die Armenpflege verursachten Schädigungen den Vorwurf der Rassenverschlechterung unmöglich übergehen kann. Es kann nicht die Aufgabe des Sozialpolitikers sein, den Anwalt der Unbarmherzigkeit zu spielen. Sollte er deshalb zu der Überzeugung kommen, daß in der Sozialpolitik im allgemeinen oder auf einzelnen Gebieten, insbesondere z. B. eben dem der Armenpflege, starke rassenverschlechternde Tendenzen obwalten, so wird das noch lange kein Grund für ihn sein, seine humanitäre Tätigkeit zu verdammen und den grausamen Prozeß der Auslese vermittelst Hinwegtilgung der Schwächsten durch Not, Armut und Elend aller Arten als gut und notwendig anzuerkennen; vielmehr wird er darin nur einen Sporn erblicken, nach Mitteln Umschau zu halten, durch welche die humanitäre sozialpolitische Tätigkeit so ergänzt und umgestaltet werden kann, daß ihre rassenverschlechternden Tendenzen durch entgegengesetzte, rassenverbessernde Wirkungen aufgewogen und mehr als aufgewogen werden. Daß in der Armenpflege schon jetzt auch starke rassenverbessernde Tendenzen wirksam sind, kann kaum bezweifelt werden. Sie erhält nicht nur viele der Schwächsten am Leben, sondern sie wehrt auch von den Stärkeren, die auch ohne sie zur Entwicklung und zur Fortpflanzung gekommen wären, viele Schädlichkeiten ab oder hilft sie besser überwinden, die sonst eine erbliche, auf die Nachkommenschaft übergehende Verschlechterung herbeigeführt haben würden. So z. B., indem sie die Zahl der Krankheitsfälle, namentlich bei ansteckenden Krankheiten, vermindert und oft durch rechtzeitiges Eingreifen auch bei schweren Erkrankungen noch Heilung erzielt und Siechtum verhütet.[6]

Wir sind am Ende unserer Schuldrechnung. Es wird eine erquicklichere Aufgabe sein, ihr gegenüber in einem weiteren Artikel das reiche Verdienstkonto der Armenpflege und Wohltätigkeit aufzurollen. [...]

[7][...] *Auch wenn die Armenpfege mehr die Symptome als die Ursachen der Armut bekämpft: Zu einer systematischen Hebung der ärmeren Klasse gehört eine ausreichend ausgebaute Armenpflege.*

Man kann somit auch aus dem Charakter von Armenpflege und Wohltätigkeit als Palliativmitteln gegenüber den eigentlichen Ursachen der Not und Armut eine Verurteilung nicht ableiten. Es bleiben als Angriffspunkte die von ihnen ausgehenden direkten Schädigungen [...]. Diese Schädigungen sollen nun hier in keiner Weise geleugnet werden, aber es erscheint doch der ihnen gegenüberstehende Nutzen sehr viel größer. Gewiß werden auch heute noch oft gewerbsmäßige Bettler herangezogen und die moralische Widerstandskraft der mit schwierigen Umständen Ringenden in vielen Fällen geschwächt durch die Aussicht, auch bei geringerer Anstrengung im Notfall doch vielleicht bei Armenpflege und Wohltätigkeit noch einen ganz leidlichen Unterschlupf zu finden. Aber sind nicht häufiger und wichtiger jene unzähligen Fälle, wo durch die Einwirkung guter Armenpfleger die Niedergedrückten zu neuem erfolgreichen Anlauf ermutigt, schädliche Gewohnheiten ausgerottet, die heranwachsende Jugend vor mancherlei Gefahren bewahrt und ähnliche Erfolge mehr erzielt werden? Gewiß werden durch die aus der gegenwärtigen Einrichtung des Unterstützungswohnsitz- und Landarmenwesens folgenden Schikanen häufig noch selbständige, sich gegen die Armut tapfer wehrende Existenzen schwer geschädigt; aber diesen Fällen stehen gegenüber jene zahlreichen anderen, wo Bedrängten gründlich wiederaufgeholfen wird. Zweifellos werden die ärmeren Klassen durch Armenpflege und Wohltätigkeit in eine gewisse soziale Abhängigkeit gebracht; aber wiegt nicht schwerer, daß gleichzeitig auf diesem Wege die härtesten Möglichkeiten, welche sie sonst im sozialen Kampf treffen könnten – Verhungern, Erfrieren und dergl[eichen] – in weit minder harte umgewandelt werden? Niemand kann leugnen, daß Armenpflege und Wohltätigkeit sehr nachteilig wirken, indem sie den Eindruck erzeugen, als „geschähe so viel!"; aber kraftvoller und weittragender ist doch noch die entgegengesetzte Wirkung, welche sie durch das praktische Anschauen der Leiden und Bedrängnisse der Armut hervorrufen. Es gibt nur ein Bedenken, welches sich nicht so leicht erledigen läßt: das ist das rassenhygienische. Wird das allgemeine körperlich-geistige Niveau der Bevölkerung nicht heruntergedrückt dadurch, daß Armenpflege und Wohltätigkeit fortgesetzt die Reihen dieser Bevölkerung systematisch gerade durch die Schwächsten und Elendesten verstärken, denen sie ihre Hilfe angedeihen lassen? Man kann diesen Gedanken auch noch von einer anderen Seite fassen und in etwas anderer Richtung ausbauen: Schaffen Armenpflege und Wohltätigkeit nicht oft, indem sie Kranken und Schwachen zur Verlängerung ihres Lebens, zur

---

6 Anmerkung in der Quelle: *Hierbei wird allerdings vorausgesetzt, daß sich allgemeine konstitutionelle Veränderungen des Organismus, die sich als Verbesserungen oder Verschlechterungen charakterisieren lassen, eben auch als Verbesserungen oder Verschlechterungen vererben. Es muß zugegeben werden, daß diese Frage von der Wissenschaft noch nicht hinreichend geklärt ist. Dagegen scheint es unter den Ärzten nahezu allgemeine Überzeugung, daß eine Vererbung erworbener Eigenschaften in diesem Sinne stattfindet.*

7 Ab hier Nr. 20 vom 12.2.1897 (Teil 3: Gesammturtheil und Reform).

Fortpflanzung oder als Kindern überhaupt zum Aufwachsen verhelfen, mehr Leid als Freude? Mehr Leid für die Unterstützten selber, die nie zu einem vollen, gesunden Leben gelangen; mehr Leid für ihre Umgebung, die ihre Schmerzen und Sorgen teilt; mehr Leid für ihre Kinder, die von Anfang an schwer belastet ins Leben eintreten; mehr Leid schließlich auch, wenn man die Sache so ausdrücken will, für die Gesellschaft, deren Hilfe in einem großen Bruchteil der Fälle von diesen schwachen Existenzen in hohem Grade in Anspruch genommen wird und die oft, z. B. wenn es sich um Verbrecher handelt, sogar direkt geschädigt wird? Die Antwort auf diese Fragen ist eigentlich schon [...] gegeben worden. Sie hängen auf das engste zusammen mit dem großen Problem der Vererbung, und so lange auf dieses keine hinreichende Antwort gefunden ist, lassen sie sich auch nicht hinreichend beantworten. So muß man sich mit Wahrscheinlichkeiten begnügen. Und da darf man im Hinblick auf den günstigen Einfluß, den die Armenpflege nicht bloß auf die Schwachen, sondern auch auf viele Starke hat, sagen, daß man wahrscheinlich mit demselben Recht von einer Rassenhebung wie von einer Rassenverderbnis durch sie sprechen kann. Und was Freud und Leid anlangt, so ist doch nicht zu leugnen, daß, abgesehen von den Fällen der Begünstigung besonders schwerer Defekte, die Tätigkeit von Armenpflege und Wohltätigkeit eben doch im allgemeinen eine Erleichterungen schaffende, Freude spendende ist und daß durch sie die Gesellschaft in bezug auf wichtige Kategorien negativer Elemente, wie Krüppel, Verbrecher usw., mehr erleichtert als belastet wird. Jedoch wird es besser sein, diese Punkte als zuwenig geklärt überhaupt außer Ansatz zu lassen. Dann kann nicht zweifelhaft sein, daß der Nutzen, den Armenpflege und Wohltätigkeit stiften, den von ihnen angerichteten Schaden weit überwiegt. Es schließt somit auch bei der kritischsten und nüchternsten Prüfung die Hauptrechnung für Armenpflege und Wohltätigkeit mit einem bedeutenden Plus zu ihren Gunsten ab. Hierzu kommt aber, daß bei systematischem, treuem Vorwärtsarbeiten auf diesem Gebiet beinahe alle schädlichen Wirkungen bedeutend verringert, beinahe alle nützlichen bedeutend gehoben werden können. Dies gilt sogar von dem Punkt Rassenhygiene.

[...] *Abschließende Gedanken zur notwendigen Weiterentwicklung der Armenpflege.*

Nr. 57

1897 Januar 28

Sitzungsprotokoll[1] der Esslinger[2] Armendeputation[3]

Niederschrift, Teildruck

[Entscheidungen über einzelne Unterstützungsgesuche und -fälle]

§ 257. Ulmer, Karl, Zimmermann hier, geb[oren] 18. März 1826, Heppächer 1, hier u[nterstützungs]ber[echtigt], welcher von seiner Frau getrennt lebt, bittet um Hauszinsverwilligung. Derselbe bezieht monatlich 10 M. 40 Pf. Inval[iden]rente, 8 M. Unfallrente, hat aber sonst kein Einkommen. Angesichts der Tatsache, daß p[raedictus] Ulmer mit diesem Rentenbezug im Spital[4] versorgt werden könnte,

wird beschlossen: das Gesuch abzuweisen.

§ 258. Bronn, Karl August, geb[oren] 20. Juni 1888, vorehelicher Sohn der Ehefrau des Aug[ust] Salzer, Zeilenhauers hier. Armenverwalter Naß[5] hier, als Pfleger des Knaben, beantragt, denselben in der Anstalt Lichtenstern[6] unterzubringen, da er

---

1 Stadtarchiv Esslingen Wohlfahrtsamt 35, fol. 95 Rs.-119.
Anwesend: Oberbürgermeister/Stadtschultheiß Dr. Max Mülberger, ev. Stadtpfarrer Emil Demmler, Kaminfeger Philipp Abraham Jakob Berkhemer, Armenarzt Dr. Adolf Eyppert, Glasermeister Georg Frasch, Schneidermeister Jakob Hägele, kath. Pfarramtsverweser Franz Kappler.

2 Die Stadt Esslingen a. N. hatte Ende 1895 24031 Einwohner. Ein beträchtlicher Teil der in der Esslinger Industrie und im Gewerbe Beschäftigten entstammte der Fabrikarbeiterschaft, die bedeutendsten Gewerbezweige waren der Maschinenbau und die Metallverarbeitung.

3 Die Armendeputation der Stadt Esslingen a. N. war 1874 auf der Grundlage des württembergischen Ausführungsgesetzes zum Unterstützungswohnsitzgesetz vom 17.4.1873 eingerichtet worden; ihr Geschäftskreis wurde durch die 1896 beschlossene Armenordnung bestimmt (Armenordnung für die Stadt Esslingen und Statut der Armendeputation, Esslingen 1896, hier § 2). Ihr oblag die laufende Verwaltung des öffentlichen Armenwesens des Ortsarmenverbands der Stadt Esslingen. Seit 1896 war Esslingen in acht Armenbezirke eingeteilt, in denen jeweils eine Bezirksversammlung von sechs Armenpflegern über die zu gewährenden Unterstützungen entschied. Die Beschlüsse der Bezirksversammlungen mußten jedoch von der Armendeputation geprüft und genehmigt werden. Die Armendeputation bestand aus neun Mitgliedern: dem Stadtvorstand (Schultheiß) und dem ersten evangelischen Geistlichen als gemeinschaftlichen Vorsitzenden, dem katholischen Ortsgeistlichen und sechs gewählten Mitgliedern, von denen vier aus den bürgerlichen Kollegien und zwei aus dem Kreis der sonstigen Einwohnerschaft, gewählt aus der Mitte der Armenpflegebezirke, stammen mußten.

4 Für die geschlossene Armenversorgung sowie die stationäre Krankenverpflegung für Minderbemittelte war in Esslingen a. N. nach dem Abbruch des älteren St. Katharinenhospitals 1817 ein Spital eingerichtet worden, das auch noch am Ende des Jahrhunderts zum einen aus einer Armen-, zum anderen aus einer Krankenabteilung bestand. Die Armenabteilung war für vermögenslose, allenfalls beschränkt arbeitsfähige, jedoch nicht bettlägerige Personen bestimmt, die ohne Anstaltsversorgung zu verwahrlosen drohten. Die Krankenabteilung war für Personen gedacht, die infolge von Krankheit arbeitsunfähig waren, jedoch keine Leistungsansprüche aus der gesetzlichen oder einer sonstigen Krankenversicherung besaßen. Es handelte sich dabei in der Mehrzahl um zugereiste Personen.

5 Wilhelm Naß (1856-1914), Armenverwalter in Esslingen a. N.

6 Die Kinderrettungsanstalt Lichtenstern bei Heilbronn war 1836 von einem Trägerverein in einem ehemaligen Klostergebäude errichtet worden.

von seinen Eltern verwahrlost worden u. einer systematischen Erziehung dringend bedürftig sei. Der Knabe habe einige 100 M. Vermögen, doch sei die Armenbehörde insofern bei der Sache interessiert, als nach Aufbrauch dieses Vermögens die Armenkasse vielleicht noch für etwa 2 Jahre für das Kostgeld, das in der fragl[ichen] Anstalt 70 M. jährlich betrage, aufzukommen habe.

Beschluß: Gegen die Verbringung des Knaben in die Anstalt Lichtenstern mit einem jährl[ichen] Kostgeld von 70 M. nichts einzuwenden.

§ 259. Kauffmann, Gottlieb, Schuhmachers Frau, hier Krummenackerstr. 1, geb[oren] 13. Jan[uar] 1836, hier u[nterstützungs]ber[echtigt], welche seither in der Ziegelei von A. Brinzinger[7] gearbeitet u. sich damit durchgebracht hat, bittet um Unterstützung, da sie den ganzen Winter hindurch ohne Geschäft u. daher hilfsbedürftig sei. Der Mann bezieht ebenfalls fast keinen Verdienst, er ist Schuhmacher, infolge erlittenen Beinbruchs aber nicht zu jeder Arbeit fähig. Zu Hause befindet sich nur 1 Tochter, aber nur zum Schlafen, wofür sie 3 M. monatl[ich] bezahle, sonst habe die Frau kein Einkommen.

Es wird beschlossen: pro Januar u. Februar [18]97 je 10 M. Unterstützung zu verwilligen.

§ 260. Maier, Friedrich, Stadttaglöhner hier, geb[oren] 26. Febr[uar] 1859, hier u[nterstützungs]ber[echtigt], wurde mit seinem Unterstützungsgesuch pro Dez[em]b[e]r abgewiesen, weil er damals nicht als hilfsbedürftig erschien.

In letzter Zeit hat sich nun der Verdienst des Winters wegen erheblich reduziert, u. sucht er deshalb neuerdings um Unterstützung nach.

In Rücksicht auf die geringeren Einnahmen im Winter wird pro Januar [18]97 eine Unterstützung von 8 M. verwilligt.

§ 261. Laug, Christina, Ehefrau des Johann Georg Laug hier, bittet um Verwilligung einer Unterstützung. Der Mann ist erwerbsunfähig u. geistig leicht gestört, die Frau arbeitet in der Baumwollspinnerei Brühl[8] bei einem wöchentl[ichen] Verdienst von ca. 12 M.

Wenn die beiden erwachsenen Söhne außer Berechnung gelassen werden, so ergibt sich p[ro] Woche: Verdienst der Frau 12 M., Schlafgeld von 1 Sohn 3 M.; Mindestbedarf 6 M.,

bei dieser Sachlage wird beschlossen: das Gesuch abzuweisen.

§ 262. Waltenrath, Karl August, Gürtler hier, geb[oren] 11. Nov[ember] 1857, u[nterstützungs]ber[echtigt] hier, sollte vorübergehend unterstützt werden, bis das Geschäft wieder bessergeht. Der Mann, welcher in Stuttgart in Arbeit ist, verdient, da seit einiger Zeit nur 8 St[un]d[en] gearbeitet wird, 2 M. 72 Pf. täglich. Unter Zugrundelegung dieser Einnahme ergibt sich für die Familie aus Mann, Frau u. 8 Kindern eine Wocheneinnahme von 16 M. 32 Pf., dem ein Mindestbedarf von 18 M. 20 Pf. gegenübersteht.

Beschluß: für Januar u. Februar 1897 je 10 M. Zuschuß zu verwilligen.

---

7 Albert Brinzinger (1845-1918), Ziegeleibesitzer in Esslingen a. N., Gemeinderat.

8 Die Württembergische Baumwollspinnerei und Weberei in Brühl bei Esslingen bestand seit 1856; sie beschäftigte 1895 660 bis 670 Arbeiter und war damit der drittgrößte Arbeitgeber in Esslingen a. N.

§ 263. Haug, Gottlob, Weingärtners W[itw]e, geb[oren] 8. Juni 1829, hier unter-[stützungs]ber[echtigt], führt mit ihrem Sohn Josef Ladner, Stadttaglöhner, gemeinschaftlichen Haushalt. Die Frau ist ohne Einkommen, der Sohn, welcher bei der Stadt arbeitet, z[ur] Zeit aber nach dem vorl[iegenden] ärztl[ichen] Zeugnis erwerbsunfähig ist, bezieht pro Tag 1 M. 20 Pf. Krankengeld, daher Wocheneinn[ahme] 7 M. 20 Pf, der Mindestbedarf beträgt 6 M. Mit Rücksicht darauf, daß einmal die Versorgung der alten Frau in den Händen des Sohnes liegt, dann aber auch mit Rücksicht auf die Krankheit desselben wird zu dem Hauszins von jährl[ich] 100 M. für die Monate Januar u. Februar [18]97 ein Zuschuß von je 8 M. verwilligt.

§ 264. Friesch, Wilhelm, Taglöhner, Apothekergasse 7, hier unterst[ützungs]be-r[echtigt], leidet nach dem Zeugnis des Dr. Votteler[9] an chronischer Lungenerkrankung u. ist z[ur] Z[eit] wieder erwerbsunfähig, die Frau arbeitet in der Tuchfabrik bei einem tägl[ichen] Verdienst von 1 M. Von den 2 Kindern befindet sich das eine in Kost, das andere ist in der Krippe untergebracht.

Es wird beschlossen: pro Januar u. Februar 1897 je 7 M. Unterstützung zu verwilligen.

§ 265. Hägele, August, Stadttaglöhner, geb[oren] 2. Aug[ust] 1860, hier u[nterstützungs]ber[echtigt], ist hirnleidend u. kann nur periodisch arbeiten; er ist z[ur] Z[eit] wiederum ab u. zu arbeitsunfähig, bezieht aber kein Krankengeld, weil er innerhalb des letzten Jahrs bereits 13 Wochen die Krankenkasse in Anspruch nahm. In den letzten 7 Wochen hat er zus[ammen] 47 M. 76 Pf. verdient, tut pro Woche 6 M. 80 Pf., Mindestbedarf 8 M. 10 Pf.

Beschluß: pro Januar u. Februar 1897 je 7 M. zu verwilligen.

§ 266. Baur, Ludwig Ignaz, Agent u. Kellner, geb[oren] 10. März 1851, unterstützungsberechtigt in Pforzheim, welcher nach ca. 2monatlicher Ortsabwesenheit seit anfangs Januar d. J. wieder hier ist, bittet um Verwilligung seiner früheren Unterstützung von jährl[ich] 72 M.

Die Verhältnisse des Hrn. Baur sind gegen früher eher schlechter als besser geworden, da er seine frühere Beschäftigung als Kolporteur bei G. Aeckerle[10] infolge seiner 2monatl[ichen] Abwesenheit verloren hat und nun ganz auf fremde Hilfe angewiesen ist.

Beschluß: 1. dem Hrn. Baur als Unterstützung monatlich 6 M. vom 1. Jan[uar] 1897 ab fortlaufend zu bewilligen, 2. den Aufwand bei der Ortsarmenkasse Pforzheim zu liquidieren.

[Nachtrag am 30.1.1897] Baur ist neuerdings verhaftet wegen Betrugs, und es ist nebiger Beschluß daher illusorisch.]

§ 267. Spathelf, August, Gürtler hier, geb[oren] 31. Aug[ust] 1867, hier unterst[ützungs]ber[echtigt], dessen 5 Kinder für Armenrechnung in Kosthäusern untergebracht werden mußten, sucht darum nach, ihm eine Wohnung, die nötige Fahrnis und Unterstützung zu beschaffen, damit er seine Kinder wieder zu sich nehmen könne.

Vier der Kinder wurden bereits nach oben § 51 in öffentliche Fürsorge genommen, während das 5. Kind Karl Hermann Spathelf, geb[oren] 1. Nov[em]b[e]r 1896, seit 18. Dez[em]b[e]r 1896 bei Ludwig Landvater[11], Ob[ere] Bentau, mit einem jähr-

[9] Dr. Johannes Gotthilf Votteler (1857-1926), Oberamtswundarzt in Esslingen a. N.
[10] Wohl Gustav Aeckerle (1859-1922), Inhaber einer Kunstanstalt in Esslingen a. N.
[11] Ludwig Landvater (1859-1916), Heizer in Esslingen a. N.

l[ichen] Kostgeld von 144 M. untergebracht ist, so daß der ganze Aufwand auf die Familie derzeit 598 M. beträgt.

Angesichts der Tatsache, daß Spathelf im Jahr 1895 seine Haushaltungseinrichtung verkauft u. den Erlös für sich verbraucht u. die ihm sodann zu Ermöglichung der Wiederaufnahme des Familienlebens für Armenrechnung beschafften Fahrnisstücke wiederum größtenteils verkauft oder ins Leihhaus getragen hat,

wird beschlossen: 1. die Kinder vorerst in öffentlicher Fürsorge zu belassen u. das Gesuch des p[raedictus] Spathelf abzuweisen; 2. den mit Ludwig Landvater bezügl[ich] des jüngsten Kindes abgeschlossenen Kostvertrag d[e] d[ato] 22.12.[18]96 zu genehmigen.

§ 268. Bogner, Gottlieb Christof, Taglöhner hier, geb[oren] 1. Nov[ember] 1851, hier u[nterstützungs]ber[echtigt], ist z[ur] Zeit nach dem Zeugnis des Dr. Votteler an Emphysem mit Bronchialkatarrh erkrankt u. arbeitsunfähig. An Krankengeld bezieht er p[ro] Woche 8 M., Mindestbedarf 8 M. 50 Pf. Mit Rücksicht auf die Krankheit des Bogner u. den Winter

wird beschlossen: pro Januar u. Februar 1897 je 8 M. zum Hauszins zu verwilligen.

§ 269. Die Bruder, Theodor, Weißgerbers W[itw]e, geb[oren] 16. Nov[ember] 1858, hier unterstützungs[berechtigt], bittet um Anschaffung von 2 Paar Stiefeln für 2 ihrer Kinder für Rechnung der Armenkasse.

Der 18jährige Sohn ist zur Zeit erwerbslos u. wird voraussichtlich in die Fremde müssen, die Frau selbst ist seit einiger Zeit kränklich, kann also nichts verdienen, so daß die Familie, bestehend aus Mutter u. 9 Kindern außer dem tägl[ichen] Verdienst eines Sohnes mit 1 M. keine Einnahmen hat, abgesehen von der fortlaufenden Armenunterstützung von monatlich 15 M.

Sodann bittet der Schuhmacherm[ei]st[e]r Heinr[ich] Eberspächer hier um Übernahme einer Rechnung für gelieferte Schuhwaren vom Aug[ust] bis Okt[o]b[e]r 1896 auf die Armenkasse. P[raedictus] Eberspächer hat in der guten Meinung, daß er vom Pfleger der Kinder aus den gesammelten Beträgen Bezahlung erhalte, die Schuhmacherarbeiten besorgt. Mit Rücksicht darauf, daß diese Rechnung zu einer Zeit angefallen ist, wo p. Eberspächer Bezahlung aus den vorhandenen Sammlungen zu erhoffen hatte, u. in Anbetracht des weiteren Umstands, daß die Armenkasse von dem Vermögen 300 M. als Ersatz empfangener Armenunterstützungen für sich in Anspruch genommen hat,

wird beschlossen: 1. die Rechnung des Schuhm[acher]m[ei]st[er]s Eberspächer im Betrag von 23 M. auf die Armenkasse zu übernehmen und 2. die Armenpflege zu[r] Anschaffung von 2 P[aa]r Stiefeln für die beiden Knaben für Rechnung der Armenkasse zu ermächtigen.

§ 270. Fauth, Emilie, geb[oren] 24. Juli 1871 zu Zuffenhausen[12], landarm, wurde am letzten Dienstag, den 26. d. M., nachdem sie zuvor ¼ Jahr für Rechnung der Krankenkasse[13] von Merkel[14] u. Kienlin[15] im hies[igen] städtischen Krankenhaus

---

12 Heute Stadtbezirk von Stuttgart.

13 1831 von den Inhabern der Esslinger Kammgarnspinnerei Merkel & Wolf, später Merkel & Kienlin für die Arbeiterschaft gegründete Betriebskrankenkasse. Die 1830 gegründete Kammgarnspinnerei Merkel und Kienlin beschäftigte 1897 676 Arbeiter und war der zweitgrößte Arbeitgeber in Esslingen.

14 Oskar Merkel (1836-1912) und Richard Merkel (1841-1897), Mitinhaber der Kammgarnspinnerei Merkel und Kienlin in Esslingen a. N.

verpflegt worden, in den Spital aufgenommen. Da die Hilfsbedürftigkeit der Frau Fauth voraussichtlich eine dauernde sein wird, so sind die nötigen Schritte behufs Aufnahme derselben in das Samariterhaus Stammheim[16] eingeleitet worden, und gelangt nun heute die Armendeputation zu dem

Beschluß: 1. die Unterbringung der p. Fauth im Samariterhaus Stammheim gegen ein von der Landarmenbehörde für den Neckarkreis zu zahlendes Eintrittsgeld von 40 M. u. ein jährliches Kostgeld von 200 M. zu genehmigen; 2. die Überführung der Frau Fauth solle erst dann erfolgen, wenn ihr Krankheitszustand dies gestattet.

§ 271. Graf, David, Taglöhner hier, geb[oren] 15. Aug[ust] 1855, hier u[nterstützungs]ber[echtigt], klagt nach dem ärztlichen Zeugnis über Gliederschmerzen u. ist z[ur] Z[eit] noch nicht erwerbsfähig. Die aus Mann, Frau u. 5 Kindern bestehende Familie, welche in letzter Zeit in ihren Verhältnissen zurückgekommen ist, benötigt für den Augenblick eine Unterstützung. Da die Kinder einige 100 M. Vermögen besitzen, so ist es denkbar, daß der Aufwand erstattet werden kann, zu welchem Zweck bereits Schritte getan worden sind.

Beschluß: der Familie als Unterstützung zum Hauszins u. zum Leben für den Januar 1897 15 M. zu verwilligen.

§ 272. Schröder, Max, Strumpfwirker, geb[oren] 20. Dez[em]b[e]r 1858, hier u[nterstützungs]ber[echtigt], befindet sich derzeit nach den gemachten Erhebungen wegen Syphiliserkrankung im Spital in Stuttgart, so daß das dritte Kind Gertrud Ernstina Schröder, geb[oren] 8. Dez[em]b[e]r 1893, bis auf weiteres in öffentlicher Fürsorge zu bleiben hat; über das Schicksal der beiden anderen Kinder ist der Armenbehörde nichts bekannt.

Beschluß: der Kostreicherin des 3. Kindes, W. Fr[iedrich] Hahns Frau, werden für den Monat Januar 1897 10 M. Kostgeld verwilligt, vom 1. Febr[uar] d. J. ab ist jedoch das Kind dem Martin Haible[17] hier gegen das bisherige Kostgeld von monatl[ich] 10 M. in Pflege zu geben.

§ 273. Luithle, Karl, Schmieds Ehefrau Maria, geb[orene] Schar, hier, geb[oren] 4. Februar 1867, hier unterstützungsberechtigt, ist vor ca. 3 Wochen wegen Geistesstörung in die Dr. Landerersche[18] Irrenanstalt in Göppingen eingeliefert worden. Oberamtsarzt Dr. Späth[19] hat sich nach den Beobachtungen während der 17tägigen Verpflegung der p[raedictus] Luithle im hiesigen Spital dahin ausgesprochen, daß sie zweifellos an Verrücktheit (Paranoia) leide u. einer sorgfältigen sachverständigen Pflege in einer Anstalt dringend benötigt sei, auch daß es sich um eine wirkliche Geisteskrankheit handle, für welche der Landarmenverband den Pflegeaufwand trage. Von den 170 M. Bargeld, welches die p. Luithle bei sich geführt hat, wurden ihrem Mann auf sein Ansuchen zu[r] Bezahlung des Hauszinses etc. 55 M. ausgefolgt, während der Rest mit 115 M. mit seinem Einverständnis der Armenkas-

---

15 Albert Kienlin (1842-1915), Mitinhaber der Kammgarnspinnerei Merkel und Kienlin in Esslingen a. N.

16 Das Samariterhaus Stammheim war 1886 von einem im Jahr zuvor gegründeten „Verein zur Versorgung krüppelhafter und gebrechlicher Leute“ geschaffen worden und diente der Versorgung weiblicher Körperbehinderter und Siecher.

17 Martin Haible (1866-1927), Schraubenschneider in Esslingen a. N.

18 Dr. Gustav Landerer (1845-1920), Arzt in Göppingen, Leiter der Heil- und Pflegeanstalt Christophsbad.

19 Dr. Ernst Späth (1841-1921), Oberamtsarzt in Esslingen a. N.

se hier als teilweiser Ersatz des Aufwands auf Frau Luithle einverleibt worden ist.

Der Mann, welcher ersatzpflichtig ist, solle vorerst zu Leistung eines Beitrags zum Kostgeld nicht herangezogen werden, da er nach dem Zeugnis der gemeinderätl[ichen] Abteilung hier außer der Aushaltungsfahrnis[20] kein Vermögen besitzt u. mit seinem Verdienst noch für sein Kind zu sorgen hat. Zur Einlieferung der Kranken hat der Mann seine Zustimmung gegeben.

Bei dieser Sachlage wird beschlossen: 1. die Kosten der Verpflegung der Luithle in der Irrenanstalt Göppingen mit jährl[ich] 420 M. aus der Armenkasse zu bestreiten, sobald die vorhandenen 115 M. aufgezehrt sein werden; 2. den Ehemann zu einem Beitrag zum Kostgeld vorerst nicht beizuziehen; 3. um Aufnahme der p. Luithle in eine Staatsirrenanstalt u. um halbjährliche unentgeltliche Verpflegung daselbst nachzusuchen und zu diesem Zweck den Vorstand der Armendeputation mit Ausfertigung des erforderlichen Zeugnisses zu betrauen; 4. den entstehenden Aufwand vom Landarmenverband „als Aufwand auf Geisteskranke" ersetzt zu verlangen.

§ 274. Link, Max, Maler hier, geb[oren] 23. Okt[o]b[e]r 1860, hier u[nterstützungs]ber[echtigt], ist nach dem Zeugnis des Dr. Stieglitz[21] infolge von Bleivergiftung in Verbindung mit Alkoholismus an schwerem chron[ischen] Magen- u. Darmkatarrh erkrankt u. z[ur] Z[eit] und auch voraussichtlich noch einige Wochen gänzlich arbeitsunfähig. Die aus Mann, Frau u. 5 Kindern bestehende Familie hat eine Wocheneinnahme durch Krankengeldbezug von 7 M. 20 Pf. Der Mindestbedarf beträgt p[ro] Woche 12 M. 50 Pf.

Daher Beschluß: für die Monate Januar u. Februar [18]97 die bisherige Unterstützung von monatl[ich] 6 M. auf 23 M. zu erhöhen.

§ 275. Benz, Wilhelm, Fabrikarbeiter, geb[oren] 20. Jan[ua]r 1867, wohnh[aft] in Obertal[22], hier u[nterstützungs]ber[echtigt], bittet um Übernahme der Kurkosten auf die Armenkasse für sein in der Paulinenhilfe[23] in Stuttgart untergebrachtes Kind, Marie Benz, 7 Jahre alt.

Nach dem Zeugnis des Vorstands dieses Instituts, Dr. A. Roth[24], leidet das Mädchen linkerseits an Lähmung des ganzen Beins mit höchstgradiger Klumppferdfußstellung des l[inken] Vorfußes. Zur Vornahme der 1. Hilfe ist ein Anstaltsaufenthalt von mind[estens] 2–3 Wochen erforderlich, u. betragen die Kosten täglich 80 Pf.

Der Mann arbeitet in der hies[igen] Maschinenfabrik[25] bei einem tägl[ichen] Verdienst von 2 M. 20 Pf., dieser Betrag kann sich durch Überzeitarbeit oft bis 2 M.

---

20 Unter Aushaltung werden die Vorgaben verstanden, wie gefälltes Holz aufgearbeitet und eingeteilt werden soll. Unter Fahrnis werden bewegliche Sachen im Gegensatz zu Immobilien verstanden.

21 Dr. Otto Stieglitz (1862-1915), praktischer Arzt in Esslingen a. N.

22 Zu Esslingen a. N. gehörender Weiler.

23 Die Orthopädische Klinik Paulinenhilfe in Stuttgart war 1845 als erste Orthopädische Heilanstalt in Deutschland gegründet worden und nahm sich besonders mittelloser Körperbehinderter an. Benannt war sie nach Königin Pauline, der zweiten Ehefrau von König Wilhelm I. von Württemberg.

24 Dr. Albert Roth (1829-1910), Arzt in Stuttgart, seit 1878 Leiter der orthopädischen Armenheilanstalt Paulinenhilfe.

25 Die Maschinenfabrik Esslingen war 1846 als Aktiengesellschaft gegründet worden und produzierte Eisenbahnmaterial. 1898/1899 beschäftigte sie 1276 Arbeiter und Beamte. Die Maschinenfabrik war damit der größte Arbeitgeber in Esslingen.

60 Pf. steigern, sonst hat die Familie, die aus Mann, Frau u. 6 Kindern besteht, kein Einkommen. Der Mann hat in Oberthal ein eigenes Häuschen, das er vor 1 Jahr für 2 400 M. gekauft hat, worauf jedoch 2 200 M. Schulden haften.

Bei dieser Sachlage wird beschlossen: die durch die Übernahme des Kindes in der Paulinenhilfe Stuttgart erwachsenden Kurkosten auf die Armenkasse zu übernehmen.

§ 276. Lipp, Wilhelm, Lehrling, geb[oren] 25. Nov[ember] 1881, Sohn des verstorbenen Schmieds Georg Lipp, hier u[nterstützungs]ber[echtigt], war auf den im Sept[ember] 1896 erfolgten Tod des Vaters längere Zeit teilweise bei Wirt Hauser[26] zur Rennbahn u. bei G. Stegmaier[27] hier in Kost u. Pflege, wofür ersterer noch einen restl[ichen] Anspruch von 11 M., letzterer einen solchen von 7 M. 20 Pf. an die Armenkasse geltend macht.

Am 24. Dez[em]b[e]r v. J. ist der Lehrling von seinem Onkel Robert Lipp in Geislingen durch Vermittlung der hies[igen] Armenbehörde aufgenommen worden, wo derselbe in der dortigen Metallwarenfabrik[28] seine Lehrzeit vollends beendigen wird. Ein Aufwand für die Armenkasse wird wohl künftig nicht mehr erwachsen.

Daher Beschluß: die Auszahlung der beiden Rechnungen des Wirts Haußer mit 11 M. u. des G. Stegmaier mit 7 M. 20 Pf. aus der Armenkasse zu genehmigen.

§ 277. Brodhag, Christians Witwe hier, geb[oren] 6. März 1835, hier u[nterstützungs]ber[echtigt], befindet sich seit einiger Zeit im Spital u. hat die ihr zustehende Invalidenrente von 113 M. 40 Pf. pro Jahr als teilweisen Ersatz des erwachsenden Verpflegungsaufwands an die Armenkasse abgetreten. Sodann ist die p[raedictus] Brodhag Mitglied der Sterbekasse „Fides" in Mannheim[29] u. hat nun die bezügl[iche] Police-Nr. 1483/411 der Armenpflege übergeben, da sie nicht mehr in der Lage ist, die Versicherungsprämie mit jährl[ich] 10 M. 40 Pf. zu bezahlen. Die nach dem Tode der Frau fällige Versicherungssumme beträgt 98 M., u. entsteht nun die Frage, ob die Prämie seitens der Armenkasse weiterbezahlt werden soll.

Die Armendeputation, von der Erwägung ausgehend, daß die p. Brodhag bei ihrer schwachen u. krankhaften Konstitution wohl nicht mehr so lange leben wird, daß die Armenkasse pekuniär hierdurch etwas riskieren dürfte, faßt nun heute den

Beschluß: die Versicherungsprämie mit 10 M. 40 Pf. aus der Armenkasse zu bezahlen, u. solle die Armenpflege dafür besorgt sein, daß eine von der p. Brodhag unterschriebene Zession der Versicherungssumme an die Armenkasse zu den diesseit[igen] Akten gebracht wird.

§ 278. Kranz, Johannes, Schmieds W[itw]e, geb[oren] 8. März 1820, u[nterstützungs]ber[echtigt] in Cannstatt, welche in neuerer Zeit infolge Krankheit gänzlich erwerbsunfähig geworden ist, bittet um Erhöhung ihrer seitherigen ständigen Unterstützung von monatlich 9 M. auf 20 M.

---

26 Julius Haußer (1861-1899), Wirt „Zur Rennbahn" in Esslingen a. N.

27 Gottlieb Stegmaier (geb. 1854), Rotgerber in Esslingen a. N.

28 Die Württembergische Metallwarenfabrik (WMF) in Geislingen war 1880 aus der Fusion zweier Vorgängerfirmen hervorgegangen, deren eine die Esslinger Firma A. Ritter & Co. war. 1897 waren zählte der Standort Geislingen der WMF 2 466 Beschäftigte.

29 Gemeint ist die 1890 gegründete Erste Deutsche Kautions- und Allgemeine Versicherungsanstalt „Fides" in Mannheim, die später ihren Sitz nach Berlin verlegte und in die Allianz-Versicherungs-AG aufging.

Beschluß: 1. vom 1. Jan[ua]r 1897 ab an der p. Kranz eine fortlaufende monatliche Unterstützung von 20 M. zu bewilligen; 2. von der Armenkasse Cannstatt Ersatz dieses Aufwands zu verlangen.

§ 279. Walz, Karl, Säger hier, geb[oren] 12. Jan[ua]r 1864, hier u[nterstützungs]ber[echtigt], bittet um Hauszinsunterstützung, da er 14 Tage kein Geschäft hatte. Der Mann arbeitet nun bei Langglük[30] u. verdient 2 M. 50 Pf. pro Tag, sonst hat die Familie, die aus Mann, Frau u. 1 Kind besteht u. 150 M. Hauszins zu bezahlen hat, kein Einkommen. Wocheneinnahme 15 M., Mindestbedarf 7 M.

Daher Beschluß: das Gesuch abzuweisen.

§ 280. Herb, Georg Adam, Schmied hier, geb[oren] 16. Mai 1865, landarm, hat im Nov[em]b[e]r v. J. um Übernahme eines Teils der durch Verpflegung seiner Frau im Ludwigsspital Stuttgart[31] erwachsenden Kosten von täglich 2 M. gebeten, worauf die Armendeputation am 18. Nov[ember] 1896, oben § 220, beschlossen hat, um Ermäßigung des Verpflegungsgelds von 2 M. auf 1 M. 40 Pf. nachzusuchen und die Übernahme der hälftigen Kurkosten in Aussicht zu nehmen, endgültigen Beschluß aber erst zu fassen, wenn der Gesamtbetrag der Kosten bekannt sein werde.

Die Frau Herb, welche sich wegen einer Eierstockgeschwulst einer Bauchoperation unterzog, war 47 Tage, vom 27. Oktober bis 12. Dez[em]b[e]r 1896, im Ludwigsspital Stuttgart untergebracht, und beträgt der Aufwand hiefür bei einem täglichen Verpflegungsgeld von 2 M., da eine Ermäßigung desselben auf 1 M. 40 Pf. nicht berücksichtigt werden konnte, im ganzen 94 M.

Mit Rücksicht darauf, daß dem p[raedictus] Herb bei einem Verdienst von tägl[ich] 2 M. 80 Pf., wenn auch keine Kinder vorhanden sind, die Bezahlung der ganzen Kurkosten etwas hart ankommen würde, um so mehr, als er durch die Krankheit seiner Frau, die durch die Operation nicht gehoben worden, auch fernerhin finanziell noch zu leiden haben dürfte,

wird beschlossen: 1. dem p. Herb einen Beitrag von 25 M. zu den entstandenen Kurkosten von 94 M. zu verwilligen; 2. dem Landarmenverband diesen Aufwand als Ersatz aufzurechnen.

§ 281. Laible, August, Küfer hier, geb[oren] 11. Aug[ust] 1837, hier u[nterstützungs]ber[echtigt], legt ein Zeugnis von Dr. Votteler vor, wonach er im Aug[ust], Nov[em]b[e]r und vom 2. Dez[em]b[e]r 1896 an in Behandlung an Emphysem und Bronchialkatarrh war u. infolgedessen z[ur] Zeit arbeitsunfähig ist und dies noch den ganzen Winter bleiben wird; ebenso ist die Frau arbeitsunfähig. Der Mann bezieht ein Krankengeld von tägl[ich] 1 M. 20 Pf., wozu noch der Verdienst der Tochter mit 1 M. 10 Pf. p[ro] Tag kommt, so daß sich für die Familie eine Wocheneinnahme von 13 M. 80 Pf. ergibt, die sich jedoch in 10 Tagen auf 6 M. 60 Pf. reduziert, weil der Bezug des Krankengelds dann aufhört. Der Mindestbedarf beträgt 10 M. 50 Pf.

Mit Rücksicht auf die Krankheit beider Eheleute empfiehlt die Armenpflege, den Leuten wenigstens den Winter über aufzuhelfen.

Beschluß: pro Januar u. Februar 1897 je 8 M. zu verwilligen.

---

[30] Die Firma Langglük war eine Silberwarenfabrik und galvanische Versilberungsanstalt in Esslingen a. N.

[31] Das 1875 eröffnete Ludwigsspital „Charlottenhilfe" für arme kranke Württemberger in Stuttgart beruhte auf einer testamentarisch verfügten Stiftung des Staatsrats und königlichen Leibarztes Dr. Wilhelm von Ludwig.

§ 282. Hausch, Wilhelm Christian, Fleschners[32] W[itw]e, geb[oren] 31. März 1835, hier u[nterstützungs]ber[echtigt], Spritzeng[asse] 1, Witwe des am 15. Mai 1896 verstorbenen W. Hausch, hat keine Kinder u. muß nach Abzug der Aftermiete noch für 52 M. Hauszins jährlich aufkommen. Sie hat sich bisher mit ihrem Verdienst als Weißnäherin (zu Hause ohne Maschine) mit wöchentlich 3–4 M. durchgebracht, der Mindestbedarf beträgt 3 M. 50 Pf.–5 M. In letzter Zeit erkrankte nun die Frau an Lungenentzündung, u. ist daher augenblicklich ein Einschreiten der Armenbehörde notwendig.

Beschluß: der Frau Hausch für Januar u. Februar 1897 je 4 M. Unterstützung aus der Armenkasse zu bewilligen.

§ 283. Albrecht, Johannes, Taglöhners W[itw]e, geb[oren] 12. Okt[ober] 1846, hier u[nterstützungs]ber[echtigt], deren früheres Unterstützungsgesuch nach oben § 76 abgewiesen worden ist, bittet neuerdings wiederum um Verwilligung einer Unterstützung. Die Verhältnisse sind noch dieselben wie voriges Jahr. Die Familie, welche aus der Witwe, der Tochter u. 1 Kind der letzteren besteht, hat als Wocheneinnahme den Verdienst der Tochter mit 9 M., wozu noch einiger Verdienst der Witwe kommt. Wöchentl[icher] Mindestbedarf 6 M. 60 Pf.

Beschluß: das Gesuch unter Verneinung der Hilfsbedürftigkeit abzuweisen.

§ 284. Hirzel, Hermanns Witwe hier, geb[oren] 19. März 1835, landarm, deren frühere Unterstützung von monatl[ich] 3 M. vom 1. Mai 1896 ab mit ihrem Einverständnis gestrichen worden, bittet, da sie diese Beihilfe vorerst nicht entbehren könne, neuerdings wieder um Gewährung eines Beitrags zum Hauszins, mit dem sie bereits seit einigen Monaten im Rückstand sei.

Die Frau verdient mit Waschen, Putzen u. Säckflicken zusammen wöchentlich 4 M. 40 Pf. Davon muß sie u. ihr 11jähr[iger] Sohn leben und noch 72 M. jährlich Hauszins bezahlen.

Bei dieser Sachlage wird beschlossen: der p. Hirzel die frühere Unterstützung von jährl[ich] 36 M. vom 1. Januar 1897 ab wieder zu bewilligen gegen Ersatz vom Landarmenverband Ludwigsburg.

§ 285. Köstle, Christian, Taglöhner hier, geb[oren] 7. Juni 1848, unterstützungsber[echtigt] in Obertürkheim[33]. Die Ortsarmenbehörde Obertürkheim, für deren Rechnung p. Köstle eine Unterstützung von monatlich 6 M. 50 Pf. erhält, hat unterm 19. Sept[em]b[e]r 1896 dem p. Köstle durch Vermittlung der hies[igen] Armenbehörde eröffnen lassen, daß die fragl[iche] Unterstützung vom 1. Januar 1897 ab aufhöre, da nach den eingezogenen Erkundigungen die Familie nun in bessere Verhältnisse gekommen sei. Die Frau Köstle hat am 22. Sept[ember] 1896 hierauf Erklärung sich vorbehalten, da zur Beantwortung der Frage der Hilfsbedürftigkeit der Familie die am 1. Januar 1897 herrschenden Verhältnisse maßgebend sind.

Am 19. Dez[em]b[e]r 1896 hat nun die Frau Köstle um Weiterreichung der seitherigen Unterstützung gebeten, da sie bei ihren derzeitigen Verhältnissen nicht imstande sei, ihre aus 5 Köpfen bestehende Familie fortzubringen u. nebenbei noch den Hauszins von 140 M. jährlich zu bezahlen. Der Mann, welcher seither zum Unterhalt der Familie 6–8 M. pro Woche bezahlt habe, habe als Stadttaglöhner den Winter über keinen oder nur ganz geringen Verdienst, so daß in der Hauptsache die Kinder

[32] Fleschner = Blechflaschenhersteller, Klempner.
[33] Heute Stadtteil von Stuttgart.

für den Lebensunterhalt der Familie zu sorgen haben. Die Verhältnisse der Familie seien z[ur] Zeit die denkbar ungünstigsten, Betten u. Kleider habe die Frau versetzen müssen, 15 M. Hauszins seien noch rückständig u. Brennmaterial sei auch keines vorhanden, so daß, wenn jetzt die Unterstützung gestrichen werde, auch der fortlaufende Hauszins nicht mehr entrichtet werden könne. Obdachlosigkeit u. Aufnahme der ganzen Familie in den Spital seien dann die Folgen.

Die bisherige Einnahme der Familie ist folgende: Mann p[ro] Woche 8 M., Frau ohne Verdienst, 1 Tochter 20 J[ahre] alt, zahlt 10 M. in 14 T[a]g[en], 1 Sohn 16 J[ahre] verdient 6 M. in 14 T[a]g[en], 1 Sohn 14 J[ahre] verdient 60 Pf. täglich, woraus sich eine Wocheneinnahme von 20 M. für die Familie ergibt.

Es ist nun eine bekannte Tatsache, daß der Mann für seine Familie nicht genügend sorgt und daß in der Hauptsache die Versorgung derselben in den Händen der Kinder liegt; würde nun die Unterstützung jetzt entzogen, so ist mit Sicherheit anzunehmen, daß die Kinder das elterliche Haus verlassen, und wird die Familie dann in noch höherem Maße hilfsbedürftig als bisher.

Bei dieser Sachlage kommt die Armendeputation zu dem Beschluß: 1. die seitherige Unterstützung von 6 M. 50 Pf. monatlich bis 1. Juli 1897, bis zu welchem Zeitpunkt die Familie sich einigermaßen erholt haben dürfte, noch fortzureichen; 2. vom verpflichteten Armenverband Obertürkheim Ersatz dieses Aufwands zu verlangen.

§ 286. Haug, Georg Andreas, gewes[ener] Fabrikarbeiter hier, geb[oren] 23. April 1826, hier u[nterstützungs]ber[echtigt], bittet um Hauszinsverwilligung, da er den Winter über wenig erwerbsfähig ist. Die Frau ist kopfleidend u. nicht arbeitsfähig, so daß die beiden Leute z[ur] Zeit außer der monatlichen Pension von 24 M. bereits keine Einnahmen haben. Der Sohn hatte die Eltern bisher unterstützt, ist aber jetzt verheiratet u. hat für sich zu tun. Wocheneinnahme 5 M. 60 Pf., Mindestbedarf 6 M.

Mit Rücksicht auf den Winter u. die Arbeitsunfähigkeit beider Eheleute wird beschlossen: pro Januar u. Februar 1897 je 5 M. Unterstützung zum Hauszins zu bewilligen.

§ 287. Landvater, Ludwigs Witwe, geb[oren] 19. Febr[uar] 1826, hier u[nterstützungs]ber[echtigt], mußte wegen dauernder Erwerbsunfähigkeit vor einiger Zeit in den Spital aufgenommen werden, u. wurde infolgedessen ihre Fahrnis veräußert u. der Erlös hieraus mit 69 M. 75 Pf. für die Armenkasse als teilweisen Ersatz des entstehenden Verpflegungsaufwands vereinnahmt.

Es sind nun bei der Armenpflege noch 2 Rechnungen eingelaufen, welche kurz vor Aufnahme der p[raedictus] Landvater in den Spital entstanden sind, und zwar von Sophie Seibold, W[itw]e, für Weißen der Wohnung u. Miete pro Oktober 1896 10 M. 50 Pf. u. von Marie Berner in Wiflingshausen[34], für Milch 2 M. 45 Pf. Dieselben bitten um Bezahlung aus der Armenkasse, u. wird nun heute, da nach bisheriger Praxis von den vorhandenen Mitteln stets zunächst die Schulden bezahlt worden sind,

beschlossen: beide Rechnungen von dem für die Armenkasse vereinnahmten Fahrniserlös zu bezahlen.

§ 288. Die Frau des seit 29. Okt[o]b[e]r v. J. wegen Sittlichkeitsverbrechen inhaftierten Heubach, Wilhelm, Weißgerbers, geb[oren] 31. Jan[uar] 1870, hier u[nterstützungs]ber[echtigt], sollte weiterhin unterstützt werden, sie hat 2 kleine Kinder u. kann z[ur] Z[eit] nichts verdienen. Die bisherige Unterstützung beträgt 20 M. p[ro]

[34] Zu Esslingen a. N. gehörender Weiler.

Monat, aus 1. Febr[uar] d. J. bezieht sie eine ihren Verhältnissen entsprechende billigere Wohnung u. kann daher auch von da ab die Unterstützung etwas reduziert werden.
Beschluß: für Januar 20 M. u. für den Monat Februar 1897 15 M. zu bewilligen.

§ 289. Mönch, David, Schlossers Witwe hier, geb[oren] 26. Aug[ust] 1861, hier u[nterstützungs]ber[echtigt], hat 3 Kinder, wovon das älteste aufs Frühjahr konfirmiert wird, sie wohnt Bahnhofstr[aße] 10½, bezahlt 120 M. Hauszins und beschäftigt sich mit Waschen u. Putzen, womit sie ca. 3–4 M. p[ro] Woche verdient. Wocheneinnahme 4 M., Mindestbedarf 7 M. 20 Pf.
Beschluß: für Januar und Februar 1897 je 14 M. Unterstützung zu verwilligen.

§ 290. Kober, Heinrich, Metzgers W[itw]e hier, geb[oren] 2. Febr[uar] 1859, hier u[nterstützungs]ber[echtigt], wohnt jetzt im Hause des Metzgers Hafner[35] in der Landolinstraße, woselbst sie seit 1. Jan[ua]r d. J. einen Fleisch- u. Wurstwarenverkauf betreibt. Wie sich das Geschäft frequentiert, muß abgewartet werden, z[ur] Zeit beträgt die Wocheneinnahme 4–5 M., womit die Frau zu leben u. noch 5 Kinder zu versorgen hat. Mindestbedarf 10 M. 50 Pf.
Beschluß: für Januar u. Februar 1897 je 20 M. Unterstützung zu verwilligen.

§ 291. Richter, Georg Max, Kellner, geb[oren] 19. Juli 1877, von Leipzig, mußte im Dez[em]b[e]r v. J. auf der Durchreise wegen Krankheit in den Spital aufgenommen werden, u. beträgt der Aufwand hiefür bei 7täg[iger] Verpflegung á 1,40 M., zus[ammen] 9 M. 80 Pf., wovon der verpflichtete Armenverband Leipzig 7 M., also pro Tag nur 1 M., statt 1 M. 40 Pf. ersetzte,
so daß 2 M. 80 Pf. außer Rechnung zu bringen sind, was die Armendeputation heute genehmigt, weil der tatsächliche Aufwand den Betrag von 1 M. täglich nicht einmal erreicht.

§ 292. Dem Haug, Johannes, Stadttaglöhner, wohnh[aft] hier, geb[oren] 31. Okt[o]b[e]r 1837, hier u[nterstützungs]ber[echtigt], der bis 1. Sept[ember] 1896 an Armenunterstützung, im ganzen 543 M. 33 Pf. bezogen hat, ist in neuester Zeit von seinem verstorbenen Bruder eine Erbschaft von ca. 820 M. angefallen. Infolge des seitens der Armenverwaltung an diese Erbschaft bis zum Betrag der empfangenen Unterstützungen erhobenen Anspruchs, hat sich nun p[raedictus] Haug zu Protokoll der Armenpflege gegenüber freiwillig erboten, als teilweisen Ersatz der empfangenen Unterstützungen der Armenkasse den Betrag von 300 M. zuzuweisen, indem er zugleich bittet, den Rest der Erbschaft ihm zu überlassen; er sei derzeit u. so auch sonst häufig arbeitsunfähig und brauche das übrige Geld notwendig für sich, wenn er nicht Gefahr laufen wolle, aufs neue der Armenkasse anheimzufallen, von der er seit Frühjahr 1896 sich losgemacht habe.

Mit Rücksicht darauf, daß es fraglich ist, ob im Zwangsweg bei den nicht günstigen Verhältnissen der Haugschen Familie die Armenkasse überhaupt etwas erhalten würde, insofern Unterstützungen nur dann zurückzuerstatten sind, wenn der Unterstützte in eine Lage gekommen ist, welche ihm die Ersatzleistung unbeschadet der Sicherstellung seines u. der Seinigen Lebensunterhalt ermöglicht, kommt die Armendeputation zu dem

Beschluß: von der dem p. Haug angefallenen Erbschaft mit ca. 820 M. für die Armenkasse als teilweisen Ersatz der empfangenen Unterstützungen den Betrag von

[35] Paul Hafner (1844-1912), Metzgermeister in Esslingen a. N.

300 M. in Anspruch zu nehmen u. den Rest der Erbschaft dem p. Haug zur freien Verfügung zu überlassen.

§ 293. Brodbeck, Christian, Schuhmacher, hier u[nterstützungs]ber[echtigt], ist am 23. Nov[ember] 1896 im Spital gestorben. Nach einer Mitteilung des k[öniglichen] Gerichtsnotariats hier vom 22. Jan[ua]r 1897 besteht der Nachlaß in einer Lebensversicherungssumme von 85 M. Diesem Betrag stehen an Schulden gegenüber (Leichenkosten u. Kostgeld) 62 M. 80 Pf., so daß die Armenverwaltung hier von ihrem erhobenen Ersatzanspruch für entstandene Kurkosten mit 109 M. 20 Pf. nur den verbleibenden Rest mit 22 M. 20 Pf. erhalten könnte.

Bei dieser Sachlage wird beschlossen: sich mit dem verbleibenden Rest zu begnügen u. diese 22 M. 20 Pf. der Armenkasse zuzuweisen.

§ 294. Mangold, Friedrich Gottlieb, Schuhm[acher]m[ei]st[e]rs Witwe, Christina, kath[olisch], geb[orene] Mettler, hier u[nterstützungs]ber[echtigt], ist am 28. Okt[o]b[e]r 1896 hier gestorben. Der Nachlaß beträgt nach den Teilungsakten 128 M. 80 Pf. Die Doktor- u. Apothekerrechnung sowie die Verpflegungskosten belaufen sich auf 162 M. 56 Pf., so daß sich eine Unzulänglichkeit von 33 M. 76 Pf. ergibt und außerdem die von der Armenverwaltung angemeldete Forderung, Hauszinsunterstützung p[ro] 1870/75, mit 366 M. 84 Pf. durchfallen müßte.

Der Stiefsohn der Verstorbenen hat sich nun unter der Voraussetzung, daß die Armenverwaltung auf ihren Anspruch verzichtet, bereit erklärt, den vorhandenen Nachlaß zu übernehmen u. dagegen die Schulden, auch etwa nachkommende, zu bezahlen.

Unter den vorliegenden Verhältnissen wird beschlossen: auf die Hauszinsforderung mit 366 M. 84 Pf. zu verzichten.

§ 295. Die kürzlich hier verstorbene Hofmann, Philipp Jakob Friedrich, Tuchscherers Witwe, Christiane Katherina, geb[orene] Meyer, hier unterst[ützungs]ber[echtigt], hat Fahrnis im Anschlag von 22 M. 95 Pf. u. eine Forderung bei der Württ[embergischen] Sparkasse mit 105 M. 45 Pf., zus[ammen] also 128 M. 40 Pf., hinterlassen. Darauf ruhen Schulden: 1. der W[itw]e Marie Melber Darlehen 259 M., 2. dem Dr. Schaal[36] 17 M., 3. der Armenverwaltung Hauszinsunterstütz[un]g 1892/97 217 M. 50 Pf., zus[ammen] 493 M. 50 Pf.

Die Schwester der Verstorbenen Marie Melber, W[itw]e, bittet nun, es möchte die Armenverwaltung ihre Forderung zurückziehen u. ihr den vorhandenen Nachlaß als teilweisen Ersatz ihrer Forderung überlassen, sie habe auch die Leichenkosten bezahlt u. werde dann auch die Doktorrechnung bereinigen. Ihre Schwester hätte schon längst nichts mehr besessen, wenn sie ihr nicht immer Geld zu ihrem Lebensunterhalt gegeben hätte, auch habe sie die vorhandene Sparkasseneinlage nur deshalb zu Lebzeiten ihrer Schwester nicht an sich gezogen, damit diese, wenn sie nicht vor ihr gestorben wäre, noch einen Notpfennig gehabt hätte.

Bei dieser Sachlage u. mit Rücksicht darauf, daß die Frau Melber auch die Leichenkosten bezahlt hat,

wird beschlossen: die Hauszinsforderung der Armenverwaltung mit 217 M. 50 Pf. zurückzuziehen u. den ganzen Nachlaß der Frau Melber zu überlassen.

[36] Dr. Richard Schaal (1843-1910), praktischer Arzt in Esslingen a. N.

§ 296. Auf Antrag des Vorsitzenden Oberbürgermeister Dr. Mülberger[37] wird beschlossen: den Gottlob Wörner, Holzspälter u. Stadttaglöhner hier, zur Beobachtung seines Geisteszustands in den Spital zu verbringen, ebenso sollen bei der schon seit einiger Zeit im Spital untergebrachten Euchenhofer Friedrichs Witwe Beobachtungen bezügl[ich] ihres Geisteszustands gemacht werden, zu welchem Zweck die Armenpflege das Erforderliche veranlassen u. sich mit Herrn Mediz[inal]rat Dr. Späth ins Benehmen setzen solle.

[...]

§ 303. Der bisher bei Metzger Fischle[38] hier in Kost befindliche Dolch, Wilhelm, geb[oren] 30. Aug[ust] 1856, landarm, ist seit 1. Januar 1897 bei seinem Bruder Conrad Friedrich Dolch, Feilenhauer hier, gegen ein Kostgeld von jährlich 200 M. untergebracht.

Beschluß: 1. den mit Friedrich Dolch, Feilenhauer, abgeschlossenen Kostgeldvertrag, d[e] d[ato] 4. Jan[ua]r 1897, zu genehmigen, 2. den Aufwand vom Landarmenverband Ludwigsburg ersetzt zu verlangen.

§ 304. Unterm 22. Okt[o]b[e]r 1896 hat der Gemeinderat beschlossen, die 2 Kinder des Christian Rometsch, Zimmermanns hier, u. der ledigen Margarethe Ammerle aus Plochingen, nämlich Rometsch, Eugen, geb[oren] 17. Jan[ua]r 1886, Rometsch, Friedrich, geb[oren] 14. Jan[ua]r 1888, nicht mehr bei ihren Eltern zu belassen u. für dieselben wegen Verwahrlosung die Zwangserziehung zu verfügen.[39]

Auf die Vorstellung der Eltern bei k[öniglichem] Oberamt[40] hin hat sodann der Gemeinderat den Beschluß dahin abgeändert, daß die Zwangserziehung des Eugen Rometsch sofort verwirklicht werde, der jüngere Knabe Friedrich Rometsch dagegen bis zum Frühjahr den Eltern belassen u. bis dahin die Zwangserziehung desselben sistiert werden solle. Da nicht ausgeschlossen sei, daß die Eltern von jetzt ab sich vielleicht mehr um die Erziehung ihrer Kinder bekümmern.

In Vollziehung des letzteren Beschlusses des Gemeinderats hat nun die Armenpflege den Eugen Rometsch in der Rettungsanstalt Lichtenstern[41] untergebracht gegen ein Kostgeld von jährlich 100 M. u. ein Eintrittsgeld von 25 M. Der Knabe wurde am 22. Jan[ua]r 1897 der Anstalt übergeben, u. liegt heute der Betrag zur Genehmigung vor.

Beschluß: 1. den Kostgeldvertrag zu genehmigen, 2. dem Landarmenverband Ludwigsburg die Hälfte dieser Aufwendungen als Aufwand auf verwahrloste Kinder zum Ersatz aufzurechnen.

[...]

---

37 Dr. Max Mülberger (1859-1937), Jurist, seit 1892 Oberbürgermeister/Stadtschultheiß von Esslingen a. N.

38 Gottlieb Fischle (1850-1924), Metzger und Wirt in Esslingen a. N.

39 In Württemberg, wo erst 1900 ein besonderes Zwangserziehungsgesetz in Kraft trat, konnten Kinder, die von ihren Eltern der *sittlichen Verwahrlosung* preisgegeben wurden, durch Beschluß des Gemeinderats aufgrund des Art. 12 Abs. 1 des Polizeistrafgesetzbuchs auch gegen den Willen der Eltern in Erziehungsanstalten oder Pflegefamilien untergebracht werden (Gesetz, betreffend Änderungen des Polizeistrafrechts bei Einführung des Strafgesetzbuchs für das Deutsche Reich, vom 27.12.1871 [Regierungs-Blatt für das Königreich Württemberg, S. 391]).

40 Das Oberamt war Rekursinstanz bei Beschlüssen des Gemeinderats aufgrund Art. 12 Abs. 3 des Polizeistrafgesetzbuchs.

41 Zu Löwenstein gehöriger Weiler.

Nr. 58

1897 Februar 22

Dr. Edmund Friedemann[1]: Die Reform des Armenwesens[2]

Druck

[Wie in anderen Städten geschehen, muß auch das Berliner Armenwesen im Sinne einer individualisierenden Armenpflege neu geordnet werden; dafür sind auch die Frauen zur Mitarbeit heranzuziehen]

Die Vorlage[3], welche der Berliner Magistrat der Stadtverordnetenversammlung bezüglich der Errichtung von zwei Armenämtern[4] in jüngster Zeit gemacht hat, ist die Veranlassung gewesen, die Grundsätze, auf welchen unser Armenwesen beruht, einer eingehenden Prüfung zu unterwerfen und die Frage einer Reform desselben in Betracht zu ziehen. Eine solche Reform ist schon wiederholt bei den Etatberatungen der früheren Jahre in Anregung gebracht und von dem Vertreter des Magistrats in Aussicht gestellt worden.[5] Wenn auch wir für die Notwendigkeit von grundsätzlichen Verbesserungen hier eintreten, so soll damit keineswegs gegen unsere städtische Verwaltung ein Vorwurf erhoben werden, und wir bedauern, daß innerhalb gewisser Kreise, die praktisch in der kommunalen Armenpflege tätig sind, sich eine durchaus ungerechtfertigte Empfindlichkeit geltend gemacht hat. Wir erkennen im vollsten Maß an, daß die Mitglieder unserer Armenkommissionen mit einem Opfermut und mit einer Umsicht arbeiten, welche mit Recht die höchste Achtung beanspruchen dürfen. Gerade deshalb aber wünschen wir, daß die Bürger, die einen so großen Teil ihrer Kraft der Fürsorge ihrer unglücklichen Mitmenschen widmen, durch eine zweckmäßigere Organisation in den Stand gesetzt werden, ihre Tätigkeit in möglichst fruchtbringender Weise zu verwerten. Es wäre indes geradezu wunderbar, wenn ein Bau, dessen Ausgestaltung unter ganz anderen wirtschaftlichen und sozialen Verhältnissen erfolgt ist, nicht nach so langer Dauer des Bestehens einer Umwandlung bedürftig sein sollte. Nur darüber, in welchem Umfang eine solche Umgestaltung vorzunehmen sei, können unserer Ansicht nach die Meinungen auseinandergehen.

---

1 Dr. Edmund Friedemann (1847-1921), Rechtsanwalt und Dozent in Berlin, seit 1886 freisinniger Stadtverordneter.

2 Zeitgeist. Beiblatt zum Berliner Tageblatt Nr. 8 vom 22.2.1897. Das Beiblatt „Zeitgeist“ erschien als dreizehnte wöchentliche Ausgabe des freisinnigen „Berliner Tageblatts“.

3 Vorlage des Berliner Magistrats betreffend die Errichtung zweier Armenämter vom 31.10.1896 (LA Berlin A Rep.000-02-01 Nr.1489, fol. 8).

4 Im Norden und Nordwesten Berlins sollten versuchsweise zwei Armenämter errichtet werden, die jeweils die Arbeit einer ganzen Anzahl von Armenkommissionen koordinieren und eine einheitliche Unterstützungspraxis der dezentralen Armenpflegeorgane herbeiführen sollten. Die Armenämter, die auch die monatliche Rechnungskontrolle übernahmen, wurden als Zwischenglied zwischen Armendirektion und Armenkommissionen verstanden und wurden von einem Berufsbeamten geleitet.

5 Im Frühjahr 1895 hatte eine Kommission der Berliner Armendirektion zur vorläufigen Beratung von Organisationsfragen eine Reihe von Reformmaßnahmen zu beraten begonnen, darunter die probeweise Einführung von Armenämtern als Mittelinstanzen und die Einführung von Unterstützungstarifen. Die Kommission bestand aus 15 Deputierten der Armenkommissionsvorsteher und den sieben Mitgliedern der Armendirektion.

Als in der Mitte des vorigen Jahrzehnts die sozialpolitische Gesetzgebung eingeführt wurde, gab man sich der nicht unberechtigten Hoffnung hin, daß dieselbe zu einer wesentlichen Verminderung der kommunalen Armenlasten führen würde. Wenn nun auch in einer großen Anzahl anderer Städte diese Erwartung eingetroffen ist, so hat sich eine solche Hoffnung doch für Berlin nicht erfüllt. Die Armenlast ist hier nicht nur im ganzen gestiegen, ein Resultat, welches bei der schnellen Zunahme der Bevölkerung nichts Wunderbares haben würde, sondern sie hat sich auch relativ, d. h. im Verhältnis zur Kopfzahl der Bevölkerung, vermehrt. Dabei können wir andererseits nicht in Abrede stellen, daß das Maß der gewährten Unterstützungen im Einzelfall keineswegs die Grenze des Notwendigen überschreitet, ja daß die Hilfe, welche den Erwerbsunfähigen gewährt wird, oft hinter demjenigen zurückbleibt, was zur Erhaltung einer gesunden Existenz erforderlich ist. Wir gestehen von vornherein zu, daß die Erfahrungen anderer Städte nicht ohne weiteres auf eine Millionenstadt wie Berlin anzuwenden sind. Gleichwohl sollte man aber die höchst überraschenden Resultate, die eine Umgestaltung der Armenpflege in anderen Kommunen im Laufe der letzten Jahre zur Folge gehabt hat, einer eingehenden Untersuchung unterziehen und eine Prüfung vornehmen, ob und in welchem Umfang die dort in Wirksamkeit gesetzten Mittel auch in Berlin zur Anwendung gebracht werden könnten. Wenn wir den Verwaltungsberichten anderer Städte entnehmen, daß mit dem Augenblick der Durchführung einer planmäßigen, individualisierenden Armenpflege nicht nur die Belastung des Armenbudgets abgenommen, sondern auf der anderen Seite die Höhe der Unterstützung pro Kopf der Almosenempfänger zugenommen hat, so fordert dies doch zu ernstlichem Nachdenken heraus. Wir wollen in dieser Beziehung nur einzelne Beispiele herausgreifen.

Seit der Reorganisation der Armenpflege in Worms im Jahr 1886 ist die Durchschnittsunterstützung für den einzelnen Fall stetig gestiegen; sie betrug im Jahre 1886 pro Fall 125 Mark, im Jahre 1888/89 bereits 186 Mark und im Jahre 1892 erhöhte sie sich auf 221 Mark. Dagegen hat sich daselbst der städtische Zuschuß fast um die Hälfte vermindert.[6] In Leipzig ergab sich infolge der im Jahre 1882 vollzogenen Reform sofort eine Weniger-Ausgabe von 100 000 Mark, ohne das unmotivierte Härten bei der Bewilligung der Unterstützungen zu verzeichnen sind.[7] In Mainz verminderte sich infolge der neuerdings durchgeführten Reform die Zahl der Unterstützungsfälle von 760 auf 555, während sich der Betrag der Durchschnittsunterstützung für den einzelnen Fall von 161,01 Mark auf 167,33 Mark erhöhte.[8] Auch in Hamburg ist es gelungen, durch eine rationellere Gestaltung der Armenpflege ohne wesentliche Erhöhung des Budgets das Maß der Unterstützungen zu steigern.[9] Ähnliche Resultate werden uns aus anderen deutschen Städten berichtet, deren Aufzäh-

---

6 Die Zahlen stammen aus dem Bericht des vormaligen Leiters der Wormser Armenverwaltung, des nunmehrigen Mainzer Beigeordneten und Leiters der dortigen Armenverwaltung: Georg Schmidt, Die Neuordnung der offenen Armenpflege in Mainz, in: Soziale Praxis 6 (1896), Sp. 185-188, hier Sp. 186 (dort, Sp. 187, auch die folgenden Zahlen).

7 Victor Böhmert, Das Armenwesen in 77 deutschen Städten und einigen Landarmenverbänden, Spezieller Teil, Erste Abteilung, Dresden 1887, S. 102.

8 In Mainz waren 1896 die Armenverwaltung reorganisiert, die Entscheidung über die Unterstützungsgewährung dezentralisiert, das Quartiersystem eingeführt, ein einheitlicher Unterstützungstarif geschaffen und die Zahl der Armenpfleger deutlich erhöht worden.

9 Zur Hamburger Armenreform vgl. Nr. 12 und Nr. 16; zur Wirkung der Reformen vgl. Nr. 49.

lung im einzelnen an dieser Stelle zu weit führen würde.[10] Der wesentliche Kernpunkt aller der Reformen, welche diese überraschenden Resultate zur Folge gehabt, besteht in einer möglichst eingehenden Individualisierung der Armenfürsorge. Hierdurch wurde es ermöglicht, in erhöhterem Maße als bisher solche Personen auszuschließen, welche in Wirklichkeit der öffentlichen Fürsorge noch nicht bedurften. Indem man sich ferner nicht damit begnügte, lediglich ein Almosen zu geben, sondern denjenigen Erwerb zu verschaffen, welchen noch ein Rest der Arbeitsfähigkeit geblieben, verminderte man die Unterstützungen, und was man auf der einen Seite sparte, das war man imstande, zur wirksameren Fürsorge für die wirklich Bedürftigen zu verwenden.

Unter den hierzu angewandten Mitteln führen wir an: Die Verbindung der Armenverwaltung mit Arbeiternachweisebüros, wie eine solche beispielsweise in Elberfeld und Leipzig existiert,[11] ferner die Errichtung einer Zentralstelle für Wohltätigkeitseinrichtungen, zum Beispiel in Dresden,[12] oder eine rege Verbindung des Armenamts mit den privaten Vereinen und Stiftungen, wie dies in Frankfurt a. M.[13] und Karlsruhe[14] der Fall ist. Vor allen Dingen freilich werden bei solcher Individualisierung größere Anforderungen an die einzelnen Armenkommissionsmitglieder gestellt, welche nach diesem System zu eigentlichen Armenpflegern werden, deren Ehrgeiz darin besteht, die ihrer Obhut unterstellten Hilfsbedürftigen, soweit dies irgend möglich ist, wieder existenzfähig zu machen.

Daß eine derartige Individualisierung nur schwer und vielleicht unvollkommen in Berlin zu verwirklichen ist, verhehlen wir uns keineswegs, aber man sollte, soweit dies möglich ist, jedenfalls den Versuch machen. Freilich ist zu einer einigermaßen wirksamen Durchführung die Zuziehung neuer und vermehrter Kräfte zur Armenpflege erforderlich, denn bei der jetzigen Zahl der Armenkommissionsmitglieder würden die Anforderungen an Zeit und Kraft derselben zu groß werden. Und von diesem Standpunkt aus vor allem begrüßen wir die Resolution der Berliner Stadtverordnetenversammlung[15] mit Freuden, durch welche der Magistrat um die Zuziehung

---

[10] Anmerkung in der Quelle: *Wir verweisen über das weitere Detail auf die Veröffentlichungen des Vereins für Armenpflege und Wohltätigkeit, insbesondere auf das Septemberheft 1887.* Gemeint ist damit: Victor Böhmert, Das Armenwesen in 77 deutschen Städten und einigen Landarmenverbänden, Spezieller Teil, Erste Abteilung, Dresden 1887.

[11] Für Leipzig vgl. den Fragebogen unter Nr. 78 Frage 8. Die Leipziger Arbeitsnachweisungsanstalt war bereits 1843 vom dortigen Armenamt gegründet worden und unterstand weiterhin dessen Leitung. Ihre Aufgabe war es, bereits unterstützten Armen oder auch Personen, die wegen mangelnden Erwerbs der Armenpflege zur Last zu fallen drohten, Arbeit zu beschaffen. Die Anstalt wurde vorzugsweise von Frauen genutzt. In Elberfeld bestand seit 1894 ein städtischer Arbeitsnachweis; vgl. Nr. 66 Bd. 7 der II. Abteilung dieser Quellensammlung.

[12] Zur Zusammenarbeit von privater Wohltätigkeit und Armenamt in Dresden und zu der zu diesem Zweck errichteten Zentralstelle vgl. Nr. 55 Bd. 7 der II. Abteilung dieser Quellensammlung.

[13] Zur gemeinsamen Auskunftsstelle von Armenamt, privaten Wohltätigkeitsvereinen und Stiftungen in Frankfurt am Main vgl. Nr. 78 und Nr. 83 Bd. 7 der II. Abteilung dieser Quellensammlung.

[14] In Karlsruhe bestanden ein enger Kontakt und eine intensivere Zusammenarbeit vor allem zwischen der öffentlichen Armenpflege und dem Frauenverein.

[15] Die Stadtverordneten hatten den Magistrat um eine Vorlage ersucht, mittels derer ein Gemeindebeschluß herbeigeführt werden sollte, wonach für jede Armenkommission eine Anzahl in den betreffenden Armenkommissionsbezirken wohnender Frauen zur Mitwir-

der Frauen zur Armenpflege ersucht wird. Man mag über die Tätigkeit der Frau im öffentlichen Leben denken, wie man will; wenn es aber irgendein Gebiet gibt, wo die Frau am Platze ist, so ist es die Fürsorge für die Armen. Es gibt Verhältnisse, wo die Frau einen viel besseren Einblick hat als der Mann, und wenn man befürchtet, daß die Frauen etwa zu weichherzig seien, so kann durch das Zusammenarbeiten der Männer und Frauen eine heilsame Regulierung in dieser Beziehung jederzeit eintreten. Die günstigen Erfahrungen, die man an anderen Orten mit der Zuziehung der Frauen gemacht hat, bestätigen durchaus unsere Ansicht.

In England ist die Frau seit Jahrzehnten in der Kommunalverwaltung tätig, in Kassel sind Männer und Frauen in der öffentlichen Armenpflege völlig gleichgestellt, in Königsberg, Colmar, Biebrich, Blankenburg, Forbach, Metz, Liegnitz, Kosten, Elberfeld, Krefeld, Karlsruhe, Heidelberg, Breslau und Stuttgart hat man die Hilfe der Frauen in weiterem oder engerem Umfang nicht verschmäht.[16] Der Brief des Bürgermeisters von Kassel[17] der in der Berliner Stadtverordnetenversammlung zur Verlesung gekommen ist,[18] gibt ein Zeugnis davon, wie gut diese Hilfskräfte sich bewährt haben, und der Verwaltungsbericht von Colmar bezüglich des Jahres 1894/95 hebt sogar hervor, daß höchstens ein Drittel der männlichen Armenpfleger den weiblichen an Tüchtigkeit und Gewissenhaftigkeit gleichsteht. Wenn seitens eines Teils der Berliner Armenkommissionsvorsteher gegen die Zulassung der Frauen Front gemacht worden ist,[19] so bedauern wir dies; aber es ist erklärlich, daß diejenigen, die lange Jahre hindurch in einem bestimmten Geleis gewandelt sind, mißtrauisch sind, den bisherigen Weg zu verlassen. Findet man doch auch auf anderen Gebieten gerade in den Fachkreisen häufig Opposition gegen zeitgemäße Reformen. Wir hegen die feste Hoffnung, daß auch diese Kreise sich durch die Praxis von der Zweckmäßigkeit einer solchen Neuerung überzeugen und im Interesse der Sache ihre bewährte Mithilfe zur Durchführung desselben in vollem Maße leisten werden.

Ein Bedenken freilich könnten wir gegen die Zuziehung der Frauen zur öffentlichen Armenpflege haben, wenn nämlich dadurch zu befürchten wäre, daß die geeigneten Frauenkräfte sich infolgedessen aus der Tätigkeit in den privaten Wohltätigkeitsvereinen zurückziehen. Wir haben aber das volle Vertrauen auf die Hingebung und Opferwilligkeit unserer Frauen, daß sich genug freiwillige Kräfte finden werden, um mitzuschaffen an den Werken tätiger Nächstenliebe zum Heil der Armen und Elenden und zum Wohl der Gesamtheit.

---

kung hinzugezogen werden sollte (Auszug aus dem Sitzungsprotokoll der Stadtverordnetenversammlung vom 17.12.1896: LA Berlin A Rep.000-02-01 Nr.1489, fol. 74-75).

16 Vgl. Paul Chuchul, Die Heranziehung von Frauen zur öffentlichen Armenpflege, in: Rudolf Osius/ders., Die Heranziehung von Frauen zur öffentlichen Armenpflege (Schriften des deutschen Vereins für Armenpflege und Wohlthätigkeit, Heft 25), Leipzig 1896, S. 41-54.

17 Albert Westerburg (1846-1903), Jurist und Staatswissenschaftler, seit 1893 Oberbürgermeister von Kassel.

18 In dem Schreiben hatte es geheißen: *Wir sind dem praktischen Bedürfnis gefolgt, zum Segen für die der Armenverwaltung anheimfallenden Waisenkinder und für viele erwachsene Arme, bei welchen weibliche Armenpflege besser erscheint als männliche. Ich denke, hier denkt kein Mensch daran, die Frauen aus dieser segensreichen Tätigkeit je wieder zu verdrängen* (Auszug aus dem amtlichen stenographischen Bericht über die Sitzung der Stadtverordnetenversammlung am 17.12.1896: LA Berlin A Rep.000-02-01 Nr.1489, fol. 68-73, hier fol. 71).

19 Vgl. Nr. 53.

Nr. 59

1897 März 13

Beschluß[1] des Hamburger Armenkollegiums[2]

Druck

[Grundsätze, in welchen Fällen die Gewährung öffentlicher Unterstützung den Verlust des Wahlrechts des Familienhaupts nach sich zieht]

Für die Frage, welche Art von Armenunterstützung den Verlust des Wahlrechts nach sich zieht, gelten folgende Bestimmungen:

1. Für den Verlust des Wahlrechts kommt nur diejenige Armenunterstützung in Betracht, welche dem Unterstützten selbst oder einem alimentationsberechtigten Familienmitglied desselben in offener oder geschlossener Armenpflege gewährt ist.

Die Aufnahme unter die Veteranen der Baudeputation bewirkt den Verlust des Wahlrechts nicht, ebensowenig die eine öffentliche Armenunterstützung nicht darstellende Bewilligung von Mitteln aus dem Spezialfonds[3].

---

[1] Staatsarchiv Hamburg 351-2 II Nr. 134, fol. 97-97 Rs.
Vgl. Nr. 46.

[2] Das Hamburger Armenkollegium hatte in seiner Sitzung vom 8.10.1896 eine Kommission mit der Aufgabe eingesetzt, zu prüfen, was im Sinne des Reichstagswahlgesetzes und ähnlicher Wahlgesetze als öffentliche Armenunterstützung zu gelten hatte und damit den Entzug des Wahlrechts nach sich zog (StA Hamburg 351-2 II Nr. 134, fol. 14). Den Anstoß dazu hatten eine Umfrage des Deutschen Vereins für Armenpflege und Wohltätigkeit zum Wahlrechtsentzug und die anschließende Behandlung der Frage auf dessen Jahresversammlung 1896 gegeben (Stenographischer Bericht über die Verhandlungen der sechzehnten Jahresversammlung des deutschen Vereins für Armenpflege und Wohltätigkeit am 24. und 25. September 1896 in Straßburg i. E. [Schriften des deutschen Vereins für Armenpflege und Wohltätigkeit, Heft 28], Leipzig 1896, S. 120-139). Ein Bericht des Bürovorstehers der Verwaltung der Allgemeinen Armenanstalt Robert Kluge vom 7.9.1896 hatte im Anschluß bemerkt, im allgemeinen lasse man sich in dieser Frage *von liberalen Grundsätzen leiten und betrachtet geringe einmalige Geld- oder Naturalunterstützungen nicht als wahlbeeinflussend. Für Hamburg ist bisher eine feste Norm, welche Arten von Unterstützungen wahlbeeinflussend wirken sollen, nicht geschaffen worden.* Es sei deshalb *dringend geboten, in nächster Zeit bindende Bestimmungen darüber zu treffen* (StA Hamburg 351-2 II Nr. 134, fol. 1-7 Rs., hier fol. 2). Die darauf vom Armenkollegium eingesetzte Kommission hatte im Februar und März 1897 getagt und sich dabei ganz an die vom Deutschen Verein beschlossenen Leitsätze gehalten (vgl. [Konrad Massow/Karl Flesch,] Vorbericht [Handhabung der Bestimmungen, betreffend den Verlust des Wahlrechts bei Empfang öffentlicher Armenunterstützung], in: Fürsorge für arme Schulkinder durch Speisung, beziehungsweise Verabreichung von Nahrungsmitteln ... (Schriften des deutschen Vereins für Armenpflege und Wohlthätigkeit, Heft 26), Leipzig 1896, S. 25-35, hier S. 33; Sitzungsprotokolle der Kommission vom 9.2. und 6.3.1897: StA Hamburg 351-2 II Nr. 134, fol. 44-51 Rs.). Das Armenkollegium hatte sich den Beschlüssen der Kommission angeschlossen und sich darauf geeinigt, die als interne Entscheidungsgrundlage für die Behörden gedachten Richtlinien nicht zu veröffentlichen. Leichte Abweichungen zu den Leitsätzen des Deutschen Vereins ergaben sich nur durch die Hinzufügung des zweiten, hamburgspezifischen Absatzes unter Ziffer 1, eine präzisierende Fassung der Ziffer 2.c und durch geringfügige Ergänzungen unter Ziffer 3 (Auszug aus dem Protokoll der 66. Sitzung des Armenkollegiums vom 13.3.1897: StA Hamburg 351-2 II Nr. 134, fol. 67-69 Rs.).

[3] Zum Spezialfonds vgl. Nr. 49 Anm. 6.

2. Die einem alimentationsberechtigten Familienmitglied gewährte Unterstützung wird jedoch dem Familienhaupt dann nicht angerechnet,

a) wenn das Familienmitglied sich bereits in wirtschaftlich selbständiger Stellung außerhalb des Familienhaushalts befindet,

b) wenn das Familienmitglied sich infolge von Siechtum oder Gebrechen in voraussichtlich dauernder Verpflegung befindet,

c) wenn die Unterstützung lediglich durch Unterbringung von Kindern in Krippen, Warteschulen und ähnlichen Instituten erfolgt. Dagegen bewirkt die Unterbringung von Kindern in Waisenpflege und in andere Pflegeanstalten den Verlust des Wahlrechts.

3. Für den Verlust des Wahlrechts kommen diejenigen Unterstützungen nicht in Betracht, welche dem Unterstützten oder seinen Familienangehörigen in Form freier ärztlicher Behandlung, freier Entbindung, freier Verabreichung von Arzneien und Heilmitteln, freier Beerdigung oder der Aufnahme in eine Krankenanstalt gewährt werden.

4. Der Verlust des Wahlrechts tritt dann nicht ein, wenn die gewährte Unterstützung vor Ausschreibung der Wahl zurückgezahlt ist.

Nr. 60

1897 Mai 13

Dienstordnung[1] für die Schulärzte an den städtischen Elementar- und Mittelschulen zu Wiesbaden

Druck

[Anweisungen zur Überwachung des Gesundheitszustandes der Schüler]

Die Schulärzte haben die Aufgabe: den Gesundheitszustand der ihnen zugewiesenen Schüler zu überwachen und bei der ärztlichen Revision der zur Schule gehörenden Räumlichkeiten und Einrichtungen mitzuwirken, und sind demgemäß verpflichtet, alle in diese Aufgabe fallenden Aufträge des Magistrats auszuführen.

Insbesondere gelten hierbei die nachfolgenden Vorschriften:

1. Die Schulärzte haben die neu eintretenden Schüler genau auf ihre Körperbeschaffenheit und ihren Gesundheitszustand zu untersuchen, um festzustellen, ob sie einer dauernden ärztlichen Überwachung oder besonderen Berücksichtigung beim

---

[1] Zeitschrift für Medizinal-Beamte. Zentralblatt für gerichtliche Medizin, Hygiene, öffentliches Sanitätswesen und Medizinal-Gesetzgebung XI (1898), Beilage: Rechtsprechung und Medizinal-Gesetzgebung, S. 101-103. Die seit 1888 erscheinende Zeitschrift für Medizinal-Beamte wurde herausgegeben von dem Mindener Regierungs- und Medizinalrat Dr. Otto Rapmund und war das Organ des 1883 gegründeten Preußischen Medizinalbeamten-Vereins. Vgl. als weiteren Abdruck auch: Centralblatt für die gesammte Unterrichts-Verwaltung in Preußen 1898, S. 390-394.
Zum Hintergrund der Dienstordnung, zur Entstehung des Wiesbadener Schularztsystems und zu den Bemühungen des preußischen Kultusministers Dr. Robert Bosse, dieses den anderen preußischen Städten zur Nachahmung zu empfehlen, vgl. Nr. 72.

Schulunterricht (z. B. Ausschließung vom Unterricht in einzelnen Fächern, wie Turnen und Gesang, oder Beschränkung in der Teilnahme am Unterricht; Anweisung eines besonderen Sitzplatzes wegen Gesichts- oder Gehörfehlern usw.) bedürfen.

Über jedes untersuchte Kind ist ein dasselbe während seiner ganzen Schulzeit begleitender „Gesundheitsschein" auszufüllen. Erscheint ein Kind einer ständigen ärztlichen Überwachung bedürftig, so ist der Vermerk „Ärztliche Kontrolle" auf der ersten Seite oben rechts zu machen. Die Spalte betr[effend] „Allgemeine Konstitution" ist bei der Aufnahmeuntersuchung für jedes Kind auszufüllen, und zwar nach den Kategorien „gut, mittel und schlecht".

Die Bezeichnung „gut" ist nur bei vollkommen tadellosem Gesundheitszustand und „schlecht" nur bei ausgesprochenen Krankheitsanlagen oder chronischen Erkrankungen zu wählen. Die anderen Rubriken werden nur im Bedürfnisfall ausgefüllt, und zwar bei der Aufnahmeuntersuchung oder auch bei im Laufe der späteren Schuljahre bemerkbar werdenden Erkrankungen.

Die Wägungen und Messungen werden von den betreffenden Klassenlehrern vorgenommen und sind in jedem Halbjahr in die betreffende Spalte einzutragen. (Abrundung auf ½ cm und ¼ kg.) Brustumfang wird vom Arzt gemessen, jedoch nur bei Kindern, die einer Lungenerkrankung verdächtig sind.[2]

2. Alle 14 Tage – wenn ansteckende Krankheiten auftreten, auch häufiger – hält der Schularzt an einem mit dem Schulleiter vorher verabredeten Tag (z. B. dem 1. und 3. Donnerstag des Monats) in der Schule Sprechstunden ab. Zeit: vormittags 10 bis nicht über 12 Uhr. Hierzu ist, wenn irgend möglich, dem Arzt ein eigenes Zimmer zur Verfügung zu stellen. Wünscht der Arzt an einem anderen als dem verabredeten Tag die Schule zu besuchen, so hat er dies mindestens drei Tage früher dem Schulleiter mitzuteilen.

Bei unvorhergesehenen Behinderungen gilt der nächstfolgende Wochentag als Besuchstag. Die erste Hälfte der Sprechstunde dient zu einem je 10 bis 15 Minuten dauernden Besuch von 2 bis 5 Klassen während des Unterrichts. Jede Klasse soll, wenn möglich, zweimal während eines Halbjahrs besucht werden.

Bei diesen Besuchen werden sämtliche Kinder einer äußeren Revision unterzogen; bei besonderen, zu sofortiger Besprechung geeigneten Beobachtungen wird von dem Lehrer Auskunft gefordert und ihm solche auf Verlangen erteilt.

Erscheinen hierbei einzelne Kinder einer genaueren Untersuchung bedürftig, so ist diese nachher in dem ärztlichen Sprechzimmer vorzunehmen.

---

[2] Der Dienstordnung wurde in der überarbeiteten Fassung vom 5.7.1899 ein neuer § 2 eingefügt mit dem Wortlaut: *In derselben Weise wie unter 1 für die genaue Untersuchung neu eingetretener Schüler vorgeschrieben ist, haben die Schulärzte sämtliche Schüler des dritten, fünften und achten Jahrgangs zu untersuchen. Diese Untersuchungen sind im Monat Oktober oder November vorzunehmen. Es ist hierbei besonders zu beachten und in den Gesundheitsscheinen zu vermerken, ob und in welcher Weise früher bemerkte Erkrankungen sich geändert haben. Die Gesamtkonstitution und deren Änderung ist in jedem Fall anzugeben. Es ist erwünscht, daß nach Untersuchung der zur Entlassung kommenden Schüler des achten Jahrgangs ein abschließendes Urteil über die Gesamtentwicklung des Kindes während seiner Schulzeit in seinem Gesundheitsschein eingetragen werde, und zwar unter Berücksichtigung der während jener Zeit stattgehabten nennenswerten Erkrankungen, welche von den Klassenlehrern in die letzte Spalte zu notieren sind* (Staatsarchiv Hamburg 353-3 II S 7, fol. 75-77 Rs.).

Gleichzeitig dienen diese Besuche auch zur Revision der Schullokalitäten und deren Einrichtung sowie zur Kontrolle über Ventilation, Heizung, körperliche Haltung der Schulkinder pp.

Aus pädagogischen Rücksichten wird vom Arzt erwartet, daß er hierbei jedes Bloßstellen eines Lehrers vor seiner Klasse in taktvoller Weise vermeidet.

In der zweiten Hälfte der Sprechstunde sind etwa erforderliche genauere Untersuchungen vorzunehmen.

Auch sind hierbei Kinder aus anderen, an dem Tag nicht besuchten Klassen dem Arzt zuzuführen. Letztere jedoch nur in wirklich dringenden Fällen, besonders bei Verdacht auf ansteckende Erkrankungen.

Die Gesundheitsscheine sämtlicher zur Untersuchung kommenden Kinder sind von dem Klassenlehrer dem Arzt vorzulegen bzw. zu übersenden. Sind noch keine Scheine vorhanden, so sind die Kinder auf einer fortlaufenden Liste zu notieren, mit den Bemerkungen des Lehrers sowie mit einer Spalte für den ärztlichen Vermerk.

Der betreffende Klassenlehrer hat, wenn irgend angängig, bei der ärztlichen Untersuchung zugegen zu sein. Für Benachrichtigung der übrigen Klassen und Zuführung der betr. Kinder zu sorgen, ist Sache des Schulleiters.

Die ärztliche Behandlung erkrankter Schulkinder ist nicht Sache des Schularztes. Solche Kinder sind vielmehr an ihren Hausarzt oder den zuständigen Armenarzt resp. an einen Spezialarzt event[uell] die Poliklinik zu verweisen. Bei älteren Kindern kann dies mündlich geschehen.

Bei Erfolglosigkeit einer derartigen Ermahnung sowie bei jüngeren Kindern, sind die betreffenden gedruckten „Mitteilungen" auszufüllen.

Es hat dies jedoch nur bei ernsten, wichtigen Erkrankungen zu geschehen, wo das Interesse des Kindes oder der Schule es erfordert.

Bei Ausfüllung der betreffenden Formulare ist jede Härte resp. Schroffheit des Ausdrucks zu vermeiden.

Die Zusendung der Formulare an die betreffenden Eltern ist Sache des Schulleiters.

3. Die Gesundheitsscheine sind in den betr. Klassen in einem dauerhaften Umschlag aufzubewahren und bleiben, solange sie nicht von dem Schulinspektor eingefordert werden, in der Schule.

Die Scheine mit dem Vermerk „Ärztliche Kontrolle" sind dem Arzt bei jedem Besuch in der Klasse vorzulegen.

Tritt ein Kind in eine andere Schule über, so ist sein Gesundheitsschein dahin durch den Schulleiter zu übersenden.

4. Die Schulärzte haben auf Antrag des Schulleiters einzelne Kinder in ihrer Wohnung zu untersuchen, um, falls die Eltern kein anderweites genügendes ärztliches Zeugnis beibringen, festzustellen, ob Schulversäumnis gerechtfertigt ist.

5. Die Schulärzte haben mindestens einmal im Sommer, einmal im Winter die Schullokalitäten und deren Einrichtungen zu revidieren. Die hierbei wie bei den sonstigen Besuchen gelegentlich gemachten Beobachtungen über die Beschaffenheit der zu überwachenden Gegenstände sowie über Handhabung der Reinigung, Lüftung, Heizung und Beleuchtung und die etwa an diese Beobachtungen sich anschließenden Vorschläge, sind von den Schulärzten in das für diesen Zweck bei dem Schulleiter aufliegende Buch einzutragen.

6. Ein Recht zu selbstständigen Anweisungen an die Schulleiter und Lehrer sowie an die Pedellen und sonstigen Schulbediensteten steht den Schulärzten nicht zu. Glauben sie, daß den von ihnen in bezug auf die Behandlung der Kinder oder die Hygiene der Lokalitäten gemachten Vorschlägen nicht in genügender Weise Rechnung getragen wird, so lassen sie ihre bezüglichen Beschwerden durch ihren Vertreter in der Schulhygiene-Kommission zum Vortrag bringen.

In dringlichen Fälleu machen sie daneben Anzeige bei dem städtischen Schulinspektor und eventuell bei dem königlichen Kreisphysikus[3].

7. Behufs Erreichung eines möglichst zweckmäßigen, gleichartigen Vorgehens wird der Vertreter der Schulärzte in der Schulhygiene-Kommission seine Kollegen zu gemeinsamen Besprechungen versammeln, zu welchen der königl. Kreisphysikus insbesondere dann einzuladen ist, wenn es sich um die gesundheitlichen Verhältnisse der Lokalitäten handelt.

Im Winter werden die Schulärzte in den Lehrerversammlungen kurze Vorträge über die wichtigsten Fragen der Schulhygiene halten.

8. Die Schulärzte haben bis spätestens 15. Mai über ihre Tätigkeit in dem abgelaufenen Schuljahr einen schriftlichen Bericht dem ältesten Schularzt einzureichen.

Der letztere hat diese Einzelberichte, mit einem kurzen, übersichtlichen Gesamtbericht, bis spätestens 1. Juni dem Magistrat vorzulegen. Bei der Aufstellung der Berichte sind etwa folgende 7 Punkte zu berücksichtigen:

1. Tabellarische, ziffernmäßige Zusammenstellung der Resultate bei den Aufnahmeuntersuchungen.
2. Zahl der abgehaltenen Sprechstunden bzw. ärztlichen Besuche der Klassen.
3. Anzahl und Art der wichtigeren Erkrankungsfälle, die zur Untersuchung in den Sprechstunden gekommen sind.
4. Etwa erfolgte besondere ärztliche Anordnungen (Beschränkung der Unterrichtsstunden, des Turnens etc.).
5. Anzahl der an die Eltern gesandten schriftlichen „Mitteilungen".
6. Anzahl der unter „ärztlicher Kontrolle" stehenden Schulkinder.
7. Summarische Angabe über die in das Hygienebuch eingetragenen Beanstandungen bezüglich Lokalitäten etc.

9. Will ein Schularzt außerhalb der Zeit der Schulferien auf länger als eine Woche die Stadt verlassen, so hat er den Magistrat rechtzeitig hiervon zu benachrichtigen und für kostenlose geeignete Vertretung zu sorgen.

10. Für ihre Mühewaltung erhalten die Schulärzte aus der Stadtkasse ein in vierteljährlichen Raten postnumerando zahlbares Jahreshonorar.

11. Der Magistrat kann bei nachgewiesener Dienstvernachlässigung jederzeit die Entlassung des Schularztes verfügen. Im übrigen kann seitens des Schularztes sowie seitens des Magistrats der Dienstvertrag nur nach vorausgegangener vierteljährlicher Kündigung aufgehoben werden.

12. Der Magistrat behält sich vor, diese Dienstordnung abzuändern oder zu erweitern.

---

[3] Verbeamteter Kreisarzt mit Aufgaben vor allem im Bereich der Seuchenpolizei, gerichtsärztlichen Tätigkeit und Aufsicht über Hebammen und Apotheken.

Nr. 61

1897 Juli 1

Bekanntmachung[1] des Rats der Stadt Dresden

Druck

[Bedingungen für die Aufnahme eines Ziehkindes und Pflichten der Ziehmutter]

1. Wer ein noch nicht vierzehn Jahre altes Kind gegen Entgelt oder sonstige Vergütung zur Pflege und Erziehung bei sich aufnehmen will und nicht bereits als Inhaber von Erziehungs- oder Lehranstalten mit obrigkeitlicher Genehmigung versehen ist, bedarf hierzu der Erlaubnis des Armenamts.

2. Diese Erlaubnis wird nur auf Widerruf und nur solchen Personen weiblichen Geschlechts erteilt, die in jeder Hinsicht gut beleumundet sind und nach ihren persönlichen und häuslichen Verhältnissen zur Übernahme einer solchen Pflege ohne Gefährdung des leiblichen, geistigen oder sittlichen Wohles des Kindes geeignet erscheinen. Sie kann solchen Personen versagt werden, die

a) öffentliche Armenunterstützung beziehen,

b) in verrufenen oder in solchen Häusern wohnen, in denen Schankstätten oder Schnapsverkaufsstellen sich befinden, oder

c) bereits ein unter einem Jahr altes Kind in Pflege haben.

3. Die Erlaubnis ist in der Regel vor der Aufnahme des Kindes, spätestens aber binnen drei Tagen nach dessen Aufnahme nachzusuchen.

Bei Anbringung des Gesuchs sind

a) der Einwohnermeldeschein oder der Erlaubnisschein der Ziehmutter und die standesamtliche Geburtsurkunde des Kindes vorzulegen sowie

b) Name, Stand und Wohnung der Eltern des Kindes, bei außerehelichen Kindern Name, Stand und Wohnung der Mutter sowie des Vormunds anzugeben.

4. Im Falle der Genehmigung des Gesuchs ist der erteilte Erlaubnisschein von der Ziehmutter sorgfältig aufzubewahren und während der Dauer des Pflegeverhältnisses auf Erfordern den vom Armenamt beauftragten Pflegerinnen und Ärzten, den Aufsichtsdamen des Albertvereins[2] und den Stadtbezirksinspektoren vorzulegen.

5. Während der Dauer des Pflegeverhältnisses haben die Ziehmütter und deren Angehörige den unter 4 bezeichneten, zur Überwachung des Ziehkinderwesens berufenen Personen den Zutritt zu ihrer Wohnung jederzeit zu gestatten, auf alle das Ziehkind betreffenden Fragen bereitwilligst Auskunft zu erteilen und auf Erfordern das Kind vorzuzeigen.

6. Die Ziehmütter haben sich bei Erziehung und Pflege der ihnen anvertrauten Kinder nach der ihnen übergebenen gedruckten Anweisung und Belehrung über Kinderpflege in den ersten Lebensjahren zu richten, nicht minder auch den Rat und

---

1 Stadtarchiv Leipzig AFSA Nr.1321, fol. 14-16.

2 Der Albertverein war ein 1867 in Dresden gegründeter Frauenverein, dessen hauptsächliche Zwecksetzung in der Ausbildung von Krankenpflegerinnen für den Kriegsfall wie für Friedenszeiten lag. Im Frieden ruhte ein weiteres Hauptbetätigungsfeld in der Armenkrankenpflege. Der Dresdener Verein besaß ein eigenes Asyl, unterhielt eine Poliklinik und widmete sich durch seine Aufsichtsdamen der Überwachung der Ziehkinderpflege. Zweigvereine bestanden in anderen sächsischen Städten, insbesondere in Leipzig.

die Anweisungen der Pflegerinnen, der Ärzte und der Aufsichtsdamen des Albertvereins gewissenhaft zu befolgen.

7. Die erteilte Erlaubnis erlischt beim Wohnungswechsel der Ziehmutter. Vor solchem Wechsel ist daher die Erlaubnis zur etwaigen Fortsetzung des Pflegeverhältnisses nachzusuchen. Derartige Gesuche sind unter Rückgabe des Erlaubnisscheins entweder unmittelbar bei dem Armenamt oder bei dem Inspektor desjenigen Stadtbezirks anzubringen, zu dem die bisherige Wohnung gehört.

8. Die erteilte Erlaubnis kann zurückgenommen werden, wenn die Ziehmutter die ihr obliegenden Pflichten gegen das Ziehkind vernachlässigt oder wenn eine für das Ziehkind nachteilige Veränderung in den persönlichen oder häuslichen Verhältnissen der Ziehmutter eintritt, wenn die letztere sich weigert, die verlangte Auskunft den Pflegerinnen, den Ärzten oder den Aufsichtsdamen zu erteilen, wenn sie deren Anordnungen nicht befolgt oder sich ein ungebührliches Benehmen gegen dieselben zuschulden kommen läßt oder endlich, wenn sie öffentliche Armenunterstützung in Anspruch nimmt.

9. Wird das Pflegeverhältnis aufgegeben, so hat die Ziehmutter hiervon sofort entweder unmittelbar dem Armenamt oder der betreffenden Stadtbezirksinspektion unter Rückgabe der Erlaubnispapiere Anzeige zu erstatten und, wenn das Kind in andere Pflege übergeht, Namen und Wohnung der neuen Ziehmutter genau anzugeben.

10. Den Tod eines Ziehkindes hat die Ziehmutter binnen 24 Stunden dem Armenamt oder der betreffenden Stadtbezirksinspektion unter Rückgabe der Erlaubnispapiere und unter Vorlegung eines ärztlichen Zeugnisses über die Todesursache anzuzeigen.

11. Auf diejenigen Kinder, für welche die Fürsorge der öffentlichen Armenpflege oder sonstiger öffentlicher Wohltätigkeitsanstalten eintritt oder bereits eingetreten ist, finden diese Bestimmungen keine Anwendung. Ebensowenig werden von denselben diejenigen Kinder betroffen, die gegen Entgelt von ihren Verwandten oder von ihren obrigkeitlich bestätigten Vormündern in Pflege und Erziehung genommen werden. In derartigen Fällen sind die Kinder jedoch bei der betreffenden Bezirksmeldestelle der königlichen Polizeidirektion zu melden.

12. Zuwiderhandlungen gegen die Bestimmungen unter 1, 3 bis 7, 9 und 10 ziehen Geldstrafe bis zu 150 Mark oder Haftstrafe bis zu 14 Tagen nach sich.

Anweisung für Ziehmütter

§ 1. Ziehgelder. Die Ziehmütter haben bei Annahme von Ziehkindern mit deren Angehörigen wegen des Ziehgelds sich zu einigen, keineswegs aber sich darauf zu verlassen, daß ihnen seiten[s] des Armenamts entweder durch anderweite Unterbringung des Kindes oder durch Bezahlung des Ziehgelds werde Unterstützung geleistet werden.

§ 2. Die ihrer Pflege und Erziehung anvertrauten Kinder haben sie auf das sorgfältigste in Acht zu nehmen und in jeder Weise Mutterstelle an ihnen zu vertreten.

Um diese Verpflichtung erfüllen zu können, wird den Ziehmüttern nur ausnahmsweise gestattet, mehr als zwei Kinder zu gleicher Zeit bei sich in Pflege aufzunehmen.

Lagerstätte. Den Kindern ist ein Korb und nach vollendetem 18. Lebensmonat ein besonderes Bett zum Schlafen zu gewähren, keinesfalls dürfen Kinder mit Erwachsenen eine Lagerstätte teilen. Die Benutzung einer Wiege ist unstatthaft.

Kinder verschiedenen Geschlechts dürfen, wenn sie das sechste Lebensjahr überschritten haben, nur unter der Voraussetzung bei derselben Ziehmutter verbleiben, daß sie in besonderen Betten schlafen.

Namentlich haben die Ziehmütter für Erlangung einer gesunden, sonnigen und trockenen Wohnung Sorge zu tragen. Wenn sich die Wohnung bei der Erörterung als ungesund erweist, wird die Erlaubnis zur Annahme von Ziehkindern verweigert beziehentlich eine erteilte Erlaubnis zur Aufnahme von Ziehkindern wieder zurückgezogen werden.

§ 3. Benehmen der Ziehmütter. Insonderheit liegt den Ziehmüttern ob, die aufgenommenen Kinder mit den ihrem Alter und Gesundheitszustand angemessenen Nahrungsmitteln zu versehen, durch Ordnung und Reinlichkeit, gesunde Luft, Gelegenheit zur Bewegung usw. für deren leibliches Gedeihen zu sorgen und sich hierbei nach den Ratschlägen und Vorschriften der beigefügten Belehrung über Kinderpflege in den ersten Lebensjahren je nach den vorhandenen Umständen gewissenhaft zu richten, vor allem aber den Rat und die Anordnungen der vom Armenamt beauftragten Pflegerinnen und Ärzte sowie der Aufsichtsdamen des Albertvereins genau zu befolgen.

§ 4. Wenn ein Kind erkrankt, so muß die Ziehmutter unverzüglich einen Arzt herbeirufen.

Verhalten bei Erkrankung. Die Ziehmutter hat sich daher schon bei der Übernahme des Kindes mit dessen Mutter darüber zu verständigen, ob diese einen bestimmten Arzt gerufen wissen will. Ist dies nicht geschehen und ist die Mutter nicht in den Verhältnissen, auf eigene Kosten einen Arzt zu beschaffen, so hat die Ziehmutter die Verpflichtung, sofort die Hilfe des Distriktsarmenarztes ihres Stadtteils in Anspruch zu nehmen.

Zu diesem Zweck läßt sie sich von dem Obmann ihres Armenpflegervereins einen Kurschein ausstellen, den sie bei dem Distriktsarmenarzt entweder bei der Vorstellung des erkrankten Kindes in den Sprechstunden oder bei der Aufforderung zum Besuch vorzuzeigen hat.

Jede Ziehmutter hat sich daher beizeiten darum zu kümmern, wo sich die Wohnungen der genannten Herren befinden, und darf damit nicht so lange warten, bis Gefahr im Verzug ist. In ganz dringenden Fällen wird auch der betreffende Distriktsarmenarzt ohne Kurschein die erste Hilfe leisten.

Den Anordnungen des Arztes ist auf das genaueste nachzugehen.

Ziehmüttern, die es unter dem Vorwand, sogenannte Hausmittel zu gebrauchen, verabsäumen, ärztliche Hilfe zu suchen, wird die Erlaubnis zur Aufnahme von Ziehkindern entzogen, nach Befinden auch nachdrückliche Bestrafung zuteil werden, besonders wenn sich beim Tod eines Kindes herausstellen sollte, daß sie es versäumt haben, ärztliche Hilfe zu suchen. Stirbt ein Kind, so muß die Ziehmutter dessen Tod ärztlich bestätigen lassen.

§ 5. Erziehung. Die Ziehmutter hat die Ziehkinder durch möglichst gute Aufsicht und Anleitung zu Beschäftigungen vor Unarten zu bewahren und zu Gehorsam, Reinlichkeit, Ordnung und allem Guten durch liebevolle, verständige Belehrung wie durch Ernst und Strenge anzuhalten. Auch in späterer Zeit ist von den Ziehmüttern jede Gelegenheit zu benutzen und die tägliche Hausordnung darauf einzurichten, Gottesfurcht und Frömmigkeit in den Herzen der Kinder zu erwecken und zu befestigen, auch darauf Bedacht zu nehmen, daß sie, wenn sie im schulpflichtigen Alter stehen, die Schule und die Arbeitsstunden fleißig und ununterbrochen besuchen und die vom Lehrer ihnen aufgegebenen Arbeiten sauber und pünktlich anfertigen.

Sollte sich ein Kind eines groben Unfugs oder eines Schulversäumnisses schuldig machen und hierbei der Ziehmutter eine Nachlässigkeit in der Zucht oder Aufsicht nachgewiesen werden können, so hat die letztere wegen Verabsäumung der von ihr übernommenen Pflichten nachdrückliche Bestrafung und nach Befinden die Entziehung der Erlaubnis zur Aufnahme von Ziehkindern zu erwarten.

§ 6. In den Fällen, wo ein Ziehkind auf wiederholte ernste Ermahnungen nicht hört und eine andere Zurechtweisung sich nötig macht, kann die Ziehmutter dasselbe, soweit es sonst das Alter des Kindes gestattet, mit einer schwachen Birkenrute züchtigen, jedoch hat sie sich hierbei jedes Übermaßes und jeder Übereilung sowie namentlich aller Flüche und Schimpfreden zu enthalten.

Das Schlagen mit der Faust, mit Stöcken, Riemen, Stricken usw. ingleichen das Schlagen auf den Kopf, in das Gesicht, auf den Leib oder auf den Rücken ist schlechterdings unzulässig.

Sollte ein Kind irgendeines strenger zu ahndenden Ungebührnisses oder Vergehens sich schuldig machen, so hat die Ziehmutter hierüber bei dem betreffenden Stadtbezirksinspektor Anzeige zu machen.

§ 7. Die Aufsicht über Ziehmütter und Ziehkinder und über die Erfüllung der Pflichten der ersteren gegen die letzteren steht dem Armenamt zu. Dasselbe bedient sich hierzu der Stadtbezirksinspektoren, der Distriktsarmen- und Ziehkinderärzte und der angestellten Pflegerinnen, kann aber hierbei auch die Mitwirkung von Damen des Albertvereins und anderer achtbarer Frauen eintreten lassen. Es sind daher die Ziehmütter und deren Angehörige bei Vermeidung ernster Ahndung schuldig, sowohl den genannten Polizeibeamten, Ärzten und Pflegerinnen als auch den Aufsichtsdamen, sooft solche im Auftrag der Behörde sie besuchen, jederzeit mit Achtung zu begegnen und denselben auf ihr Verlangen sofort die Ziehkinder vorzuzeigen und die auf deren Pflege und Erziehung gerichteten Anfragen unverweilt und mit Bescheidenheit wahrheitsgemäß zu beantworten.

§ 8. Im übrigen haben die Ziehmütter den Vorschriften der dieser Anweisung vorgedruckten Bekanntmachung des Armenamts nachzugehen.

§ 9. Diese Anweisung, mit deren Inhalt sich die Ziehmütter ebenso wie mit dem der angefügten Belehrung über Kinderpflege in den ersten Lebensjahren genau bekanntzumachen haben, ist sorgfältig aufzubewahren und auf Verlangen den in § 7 bezeichneten Organen des Armenamts vorzuzeigen.

Nr. 62

1897 Juli 3

Rundschreiben[1] des Vorsitzenden der Charlottenburger Armendirektion Hans Samter[2] an die Armenpfleger

Druck

[Um die Bekämpfung der Tuberkulose zu verstärken, sollen alle Fälle beginnender Lungentuberkulose mitgeteilt werden, damit eine Heilstättenbehandlung eingeleitet werden kann]

Die ungeheure Verbreitung der Lungenkrankheiten, insbesondere der Lungentuberkulose, die alljährlich ungezählte Tausende, namentlich aus dem Kreis der arbeitenden Bevölkerung, dahinrafft, macht es auch den Armenverwaltungen zur Pflicht, ihre Tätigkeit nicht wie bisher auf die Gewährung unentgeltlicher ärztlicher Hilfe und die Unterbringung schwerer Erkrankter im Krankenhaus zu beschränken, sondern nach Kräften bemüht zu sein, da, wo sich die Krankheit erst im Anfangsstadium der Entwicklung befindet und daher eine Heilung möglich erscheint, mit allen zur Verfügung stehenden Mitteln auf sie hinzuwirken. Eine solche weiter gehende Fürsorge liegt im eigensten Interesse der Armenverwaltungen insofern, als ihnen unzweifelhaft, wenn auch im Augenblick vermehrte Aufwendungen erforderlich werden, in zahlreichen Fällen spätere dauernde Ausgaben für den Kranken und seine Familie erspart bleiben.

Wenn auch zurzeit für Charlottenburg von der Errichtung einer eigenen Heilstätte für Lungenkranke, wie sie die neuerdings immer weitere Kreise ergreifende Bewegung fordert, nicht die Rede sein kann, so ist doch die Möglichkeit gegeben, geeignete Kranke für längere oder kürzere Zeit in einer der bereits bestehenden Lungenheilstätten unterzubringen. Wir haben uns zu diesem Behufe mit der Verwaltung der Berliner Heimstätten für Brustkranke in Malchow[3] (für Männer) und Blankenfelde[4] (für Frauen) und mit der Verwaltung der Volksheilstätte des Roten Kreuzes am Grabowsee bei Oranienburg[5] (für Männer) in Verbindung gesetzt. Außerdem haben wir uns an den Vorstand der Invaliditäts- und Altersversicherungsanstalt der Provinz Brandenburg gewandt, dem nach gesetzlicher Bestimmung die Befugnis zusteht, sofern als Folge einer Krankheit die spätere Erwerbsunfähigkeit zu besorgen ist, das Heilverfahren einzuleiten. Die beiden Heilstättenverwaltungen haben uns die Aufnahme hiesiger Kranker zugesichert, und die Versicherungsanstalt hat uns erwidert, daß sie die Übermittlung derartiger Anträge, wenn sich der Vorstand auch die Ent-

---

1 Abdruck: Hans Samter, Die Aufgaben der Armenpflege bei der Bekämpfung der Tuberkulose, in: ders./Heinrich Kohlhardt, Die Aufgaben der Armenpflege bei der Bekämpfung der Tuberkulose (Schriften des deutschen Vereins für Armenpflege und Wohltätigkeit, Heft 68), Leipzig 1904, S. 1-120, hier Anlage 2: Aus der Praxis der Armenpflege, S. 81 f.

2 Hans Samter (1862-1929), Jurist, seit 1894 besoldeter Stadtrat in Charlottenburg und Vorsitzender der Armendirektion.

3 Die Berliner Heimstätte für männliche Brustkranke in Malchow (Landkreis Niederbarnim) war 1892 eröffnet worden und hatte rund 60 Betten.

4 Die Berliner Heimstätte für weibliche Brustkranke in Blankenfelde (Landkreis Niederbarnim) war 1893 eröffnet worden und hatte rund 60 Betten.

5 Die Volksheilstätte des Roten Kreuzes am Grabowsee bei Oranienburg war 1896 durch den Volksheilstättenverein vom Roten Kreuz gegründet worden, der Bau der Heilstätte wurde 1900 abgeschlossen.

schließung über die Art und den Umfang des Heilverfahrens von Fall zu Fall vorbehalten müsse, dankend begrüßen werde.

An alle in unserer Armenverwaltung tätigen Herren und Damen wenden wir uns nunmehr mit der Bitte, von dem in ihrer amtlichen oder außeramtlichen Tätigkeit in der Armenpflege zu ihrer Kenntnis kommenden Fällen beginnender Lungenkrankheiten uns oder dem zuständigen Stadtarzt Anzeige machen zu wollen. An die Herren Stadtärzte richten wir die fernere Bitte, sich gegebenenfalls über die ihnen überwiesenen oder anderweit bekanntgewordenen Kranken, insbesondere über die Aussicht einer Heilung oder wesentlichen Besserung, gutachtlich äußern und bei uns entsprechende Anträge stellen zu wollen.

Für die Aufnahme in die Heimstätten in Malchow und Blankenfelde ist die Ausfüllung besonderer Formulare vorgeschrieben, die wir aus unserem Büro zu entnehmen bitten. Für die Aufnahme in die Heilstätte am Grabowsee wird zurzeit eine endgültige Feststellung der Aufnahmefähigkeit in der Poliklinik der Geheimrat Gerhardtschen[6] Klinik oder durch den leitenden Arzt der Heilstätte erforderlich. Da die Heilstätten, insbesondere die in Malchow und Blankenfelde, stark in Anspruch genommen werden und nicht selten bis zur Aufnahme Wochen vergehen, empfiehlt es sich, gegebenenfalls die Anträge so früh als möglich zu stellen.

Nr. 63

1897 Oktober 18

Vorlage[1] des Direktors des Hamburger öffentlichen Armenwesens Dr. Adolf Buehl[2] für das Armenkollegium

Druck

[Hamburg gehört zu den wenigen Städten, welche die Frauen nicht zur Tätigkeit in der Armenpflege heranziehen; eine gleichberechtigte Beteiligung als Armenpflegerin würde auf zu große Widerstände stoßen; die ergänzende Heranziehung von Armenpflegerinnen soll in das Ermessen der Bezirke gestellt werden; Erörterung der geeigneten Tätigkeitsbereiche]

Der Deutsche Verein für Armenpflege und Wohltätigkeit hat die Frage der Heranziehung der Frauen zur öffentlichen Armenpflege auf seiner im Jahre 1896 stattgehabten 16. Jahresversammlung beraten und nach eingehender Erörterung folgenden Leitsatz angenommen: „Die Heranziehung der Frauen zur öffentlichen Armenpflege ist als dringende Notwendigkeit zu bezeichnen.“[3]

---

[6] Dr. Karl Gerhardt (1833-1902), Professor für Medizin in Berlin, seit 1885 Direktor der II. Medizinischen Klinik der Charité.

[1] Staatsarchiv Hamburg 351-2 II Nr.46, fol. 10-11 Rs.
Die Vorlage war vorbereitet worden durch einen Bericht des Bürovorstehers der Verwaltung der Allgemeinen Armenanstalt Hamburg Robert Kluge an Dr. Adolf Buehl vom 8.12.1896 (StA Hamburg 351-2 II Nr.46, fol. 3-8 Rs.).

[2] Dr. Adolf Buehl (1860-1948), Jurist, seit 1890 im hamburgischen Staatsdienst, seit April 1897 Direktor des öffentlichen Armenwesens der Allgemeinen Armenanstalt.

[3] Stenographischer Bericht über die Verhandlungen der sechzehnten Jahresversammlung des deutschen Vereins für Armenpflege und Wohlthätigkeit am 24. und 25. September 1896 in

Dieser Beschluß gründet sich nicht auf theoretische Erwägungen, sondern er stellt sich als das Produkt derjenigen günstigen praktischen Erfahrungen dar, welche an zahlreichen Orten Deutschlands in bezug auf die organisierte Frauentätigkeit in der Armenpflege gemacht sind, eine Tätigkeit, die schon jetzt viel umfangreicher ist, als gewöhnlich angenommen wird.

Man kann hier drei verschiedene Organisationsformen unterscheiden:

1. Die Frauen sind als Armenpflegerinnen mit völlig gleichen Rechten und Pflichten wie die Männer tätig. Dieses System ist durchgeführt in Kassel, Biebrich[4], Colmar i[m] E[lsaß], Blankenburg, Forbach[5], Metz, Heidelberg, Königsberg, Liegnitz und Kosten.[6]

2. Der für die Frauentätigkeit geeignete Teil der Armenpflege ist einem an die Armenverwaltung angeschlossenen Frauenverein übergeben. Elberfeld und Breslau haben diesen Weg eingeschlagen, indem sie einen besonderen, nur hierfür bestimmten Frauenverein neu bildeten, während man in einer großen Anzahl anderer Orte organischen Anschluß an einen bereits bestehenden Frauenverein gesucht hat. Dies trifft beispielsweise in Leipzig, Dresden, Darmstadt, München, Krefeld zu, während eine auf die Beaufsichtigung der auf öffentliche Kosten in Familien untergebrachten Kinder beschränkte Frauentätigkeit z. B. in Aachen, Berlin, Flensburg, Frankfurt a[n] d[er] O[der], Görlitz, Itzehoe, Mainz, Rendsburg, Segeberg und Wandsbek[7] stattfindet.[8]

3. Der betreffende Teil der Armenpflege ist ganz der Privatwohltätigkeit überlassen, diese jedoch mit der öffentlichen Armenpflege in nähere Verbindung gebracht. Hier mögen Stettin, Bernburg, Hannover, Merseburg, Bromberg, Posen und, mit Bezug auf die von dem bekannten Hauspflegeverein entwickelte Tätigkeit, auch Frankfurt a. M. genannt sein.[9]

Zu den wenigen Großstädten Deutschlands, die sich gegenüber solchen, auf Nutzbarmachung weiblicher Arbeitskraft im Interesse der öffentlichen Armenpflege abzielenden Bestrebungen bislang völlig ablehnend verhalten haben, gehört Hamburg. Aufgrund des Kostkindergesetzes[10] werden zwar hier die Koststellen vor ihrer Konzessionierung im Auftrag der Polizeibehörde durch Frauen auf ihre Tauglichkeit geprüft, auch hat man bei der dem Waisenhauskollegium obliegenden Beaufsichtigung der Kostkinder Frauen in beschränktem Umfang mit herangezogen, doch ist diese Tätigkeit keine armenpflegerische, da ihr gerade die Koststellen der der Fürsorge der öffentlichen Armenpflege anheimgefallenen Kinder entzogen sind.

Wenn nunmehr die Heranziehung der Frauen zur Mitarbeit in unserer öffentlichen Armenpflege angeregt wird, so geschieht dies nicht etwa, weil sich unsere männli-

---

Straßburg i. E. (Schriften des deutschen Vereins für Armenpflege und Wohlthätigkeit, Heft 28), Leipzig 1896, S. 86-120, hier S. 149.

4 Heute Stadtteil von Wiesbaden.

5 Kreishauptstadt in Elsaß-Lothringen.

6 Nach Paul Chuchul, Die Heranziehung von Frauen zur öffentlichen Armenpflege, in: Rudolf Osius/ders., Die Heranziehung von Frauen zur öffentlichen Armenpflege (Schriften des deutschen Vereins für Armenpflege und Wohlthätigkeit, Heft 25), Leipzig 1896, S. 41-54, hier S. 47-49.

7 Heute Stadtteil von Hamburg.

8 Nach Paul Chuchul, Die Heranziehung von Frauen zur öffentlichen Armenpflege, in: ebenda, S. 41-54, hier S. 49-52.

9 Ebenda, S. 52-54.

10 Nr. 55.

chen Armenpfleger ihrer Aufgabe nicht voll und ganz gewachsen gezeigt hätten, sondern lediglich in der Überzeugung, daß es in der Armenpflege weite Gebiete gibt, auf denen die Frauen, ihrer speziellen Veranlagung nach, zu segensreicher Arbeit besonders berufen erscheinen, so daß von ihrer planmäßigen Mitwirkung eine überaus wertvolle Ergänzung der männlichen Pflegetätigkeit erwartet werden darf.

In welcher Form diese Heranziehung zu bewirken ist, hängt, wie auch der Deutsche Verein für Armenpflege und Wohltätigkeit ausdrücklich anerkannt hat, wesentlich von den örtlichen Verhältnissen ab. Herr Dr. Münsterberg hat nach seinem Weggang von hier näher dargelegt, in welcher Weise er vorgegangen sein würde, wenn er an der Spitze der hiesigen Armenverwaltung verblieben wäre: Er würde die hiesigen Frauenvereine zu reorganisieren versucht und nötigenfalls einen neuen, in naher Verbindung mit der öffentlichen Armenpflege stehenden Verein geschaffen haben.[11] Dieser Weg dürfte sich jedoch gegenwärtig als nicht mehr gangbar erweisen. Eine Reorganisation der bestehenden Frauenvereine erfordert unter allen Umständen langwierige Verhandlungen, deren Ergebnis abzuwarten denjenigen 340 Damen, welche sich zur Mitarbeit in der Armenpflege bereit erklärt haben, nicht zugemutet werden kann. Die Gründung eines neuen Frauenvereins unter Begünstigung der Armenverwaltung würde bei den bestehenden Vereinen leicht die Empfindung hervorrufen, als sollte ihnen gewissermaßen Konkurrenz gemacht werden, was in keiner Weise beabsichtigt ist. Als gänzlich undurchführbar erweist sich endlich die sofortige Einordnung der Frauen als Pflegerinnen in den bestehenden Organismus der Armenpflege; ein solcher Plan müßte schon an dem Widerstand der männlichen Pflegeorgane scheitern.

Es wird sich daher empfehlen, zunächst in der Weise vorzugehen, daß man tunlichst jedem Bezirk einige Frauen zuteilt und es dem freien Ermessen des Bezirksvorstehers überläßt, ob er in den dazu geeigneten Fällen seinen Pflegern anheimstellen will, sich der Mitwirkung einer auf dem Überweisungsschein zu bezeichnenden Dame zu bedienen.

Anlangend die Verteilung der Frauen auf die Bezirke, so ist in erster Linie darauf Bedacht genommen worden, daß die Frau in dem betreffenden Bezirk wohnt; man hat aber auch besonderen Wünschen in der Weise Rechnung getragen, daß eine Dame, die in einem anderen Bezirk bereits gearbeitet hatte, diesem zugeteilt ist, wenn daselbst eine geeignete Anzahl von im Bezirk selbst wohnhaften weiblichen Kräften nicht zur Verfügung stand.

Im übrigen ist in Aussicht genommen, einer Frau in der Regel nicht mehr als drei Armenfälle zu übertragen, wobei zwei sogenannte Pfleglingsfälle für einen Fall gerechnet werden sollen. Ihren Bericht hat die Frau mündlich oder schriftlich ihrem Pfleger zu erstatten, welchen bei Meinungsverschiedenheiten die alleinige Entscheidung zusteht und dem auch die Auszahlung des Armengelds nach wie vor obliegt. Ein Erscheinen der Frau in der Bezirksversammlung, durch das unter Umständen die freie Aussprache beeinträchtigt würde, soll ausgeschlossen bleiben.

Eine besondere Vorbildung der Frauen, welche von beachtenswerter Seite als die notwendige Voraussetzung eines nützlichen Wirkens in der Armenpflege bezeichnet worden ist, wird nicht gefordert werden können, zumal da auch unsere männlichen Armenpfleger ohne solche allen berechtigten Anforderungen genügen.

---

[11] Emil Münsterberg, Wohlthätige Frauenvereine, in: Hamburgischer Correspondent Nr. 877 vom 13.12.1896.

Was nun Art und Umfang der den Frauen zuzuweisenden Tätigkeit betrifft, so wird davon auszugehen sein, daß eine Frau in den mannigfachen Notlagen des weiblichen Geschlechts besser Hilfe spenden kann als der Mann sowie daß sie überall da zum Eingreifen berufen erscheint, wo es sich um die Pflege und Erziehung der Kinder handelt. Daneben wird sich den Frauen auf dem ausgedehnten Gebiet der vorbeugenden Armenpflege ein weites Feld segensreicher Tätigkeit eröffnen.

Schon eine große Anzahl derjenigen Armenpflegefälle, in denen es sich um ganz oder teilweise erwerbsunfähige Personen weiblichen Geschlechts handelt, wird den Frauen zugewiesen werden können, welche nicht nur in der Lage sind, das Dasein jener Armen durch eine intensivere Fürsorge angenehmer zu gestalten, sondern auch unter Umständen durch Verschaffung geeigneter Handarbeit zu einer gewissen Entlastung der Armenpflege beizutragen. Daneben sind diese pflegerisch einfacher gearteten Fälle als Schulfälle von einiger Wichtigkeit, indem die Frauen, welche zum größeren Teil den begüterten Gesellschaftsschichten angehören, hier lernen können, wie sich mit einem Armengeld von etwa 16–24 M. alle Lebensbedürfnisse bestreiten lassen.

Unendlich mannigfaltige Aufgaben eröffnen sich den Frauen in der eigentlichen Familienpflege, wobei mit Rücksicht darauf, daß dieselben nicht alleine, sondern Hand in Hand mit einem männlichen Armenpfleger arbeiten sollen, ihre Tätigkeit keineswegs auf die Pflege von Frauen und Witwen mit Kindern beschränkt zu werden braucht, sondern auch auf Familien mit männlichem Familienhaupt wird erstreckt werden können, vorausgesetzt natürlich, daß der Mann kein Trunkenbold oder besonders roher Mensch ist, was der Pfleger zunächst festzustellen haben wird, ehe er von der weiblichen Hilfe Gebrauch macht.

Steht in der Familie des Armen die Geburt eines Kindes bevor, so wird die mit dem Pflegefall befaßte Frau der Frau des Armen bei den Vorbereitungen behilflich sein und für das Lager der Wöchnerin, für Kinderzeug, für Desinfektionsmittel und woran es sonst gebricht, sorgen, nötigenfalls unter Inanspruchnahme der Privatwohltätigkeit, die durch das Eingreifen der Frau in die öffentliche Armenpflege zu letzterer zweifellos mit der Zeit in näheren Zusammenhang gebracht werden wird.

Nach der Geburt des Kindes wird die Frau nicht nur um dessen Ernährung und Pflege, sondern auch darum besorgt sein, daß der Wöchnerin tunlichst die nötige Ruhe und Schonung zuteil werde. Es steht sogar zu hoffen, daß mit der Heranziehung der Frauen zur öffentlichen Armenpflege auch bei uns die Grundlage geschaffen sein wird, auf der sich ein Hauspflegeverein nach dem bekannten Frankfurter Muster aufbauen kann.

Sind bereits Kinder in der Familie des Armen vorhanden, so wird es sich darum handeln, die Unterbringung der kleineren in eine Warteschule oder Krippe in weiterem Umfang als dies bislang geschehen, anzuregen, die größeren vor Verwahrlosung zu behüten und die zweckentsprechende Fortbildung der Schulentwachsenen zu fördern; ist doch gerade der Mangel an wirtschaftlichen Kenntnissen bei der weiblichen Jugend in vielen Fällen die Ursache des späteren Verfalls des Familienlebens und damit der Verarmung. Als Ziel der Frauentätigkeit darf hier, neben der Förderung hauswirtschaftlicher Erziehung durch sachgemäße Anleitung oder durch Vermittlung entsprechenden Unterrichts, insbesondere die tunlichste Fernhaltung der Mädchen wie der Frauen von der Fabrikarbeit bezeichnet werden.

Auch für das Gebiet der Armenkrankenpflege ist von dem Eingreifen der Frauen in die Armenpflege Besserung zu erhoffen, indem die gegebene Anregung möglicherweise dahin führen wird, daß sich die eine oder andere der Damen, die sich nach einer wirklich befriedigenden Tätigkeit sehnt, durch Absolvierung eines Kursus in der eigentlichen Krankenpflege zur sogenannten Helferin ausbildet und dann in der Armenpflege als solche weiterwirkt; daneben wird voraussichtlich der Privatwohltätigkeit in weiterem Umfang als bisher Gelegenheit zur Gewährung der vielfach dringend gebotenen Rekonvaleszentenpflege vermittelt werden.

Eine ganz besondere Bedeutung dürfte dem Gebiet der prophylaktischen Tätigkeit, zu deren Ausübung sich den Frauen vielfach Gelegenheit bieten wird, beizumessen sein.

Hier mag auf günstigere Gestaltung der Wohnungsverhältnisse durch Gewöhnung an Lüftung, Sauberkeit und Ordnung, auf Beschaffung etwa nötiger besserer Verpflegung, auf Erziehung der Hausfrau zu ökonomischer Verwendung der Mittel, auf Förderung des Familienlebens und der Moralität, auf Verschaffung von Arbeitsgelegenheit als auf diejenigen sozialen Aufgaben hingewiesen werden, an deren Lösung mitzuarbeiten die Frauen mit in erster Linie berufen sind.

Da es häufig unangenehm empfunden wird, daß die der Gewährung von Gaben aus dem den Zwecken vorbeugender Wohltätigkeit dienenden Spezialfonds[12] vorhergehenden Ermittlungen durch die Organe der öffentlichen Armenpflege erfolgen, so wird auch auf diesem Gebiet für eine Beschäftigung der Frauen Raum gegeben sein.

Eine nicht zu unterschätzende Bedeutung ist endlich der Mitarbeit der Frauen für die Anbahnung eines besseren Verhältnisses der verschiedenen Bevölkerungsklassen zueinander beizumessen. Wenn es den Frauen gelingt, durch selbstlose und ausdauernde persönliche Hingabe sich das Vertrauen und die Freundschaft der in ihrer Pflege befindlichen Armen zu erwerben, so wird auf seiten der Armen eine unbefangenere Beurteilung der besitzenden Klassen, auf seiten der letzteren aber eine gerechtere Würdigung der ärmeren Volksschichten Platz greifen und damit ein wichtiger Schritt nach dem Ziel einer Ausgleichung der sozialen Gegensätze hin getan sein.

Das Armenkollegium wolle daher beschließen,

mit der Angliederung der Frauen an die öffentliche Armenpflege in der Weise vorzugehen, daß den Bezirken anheimgestellt wird, die ihnen zuzuteilenden Frauen in geeigneten Fällen zur Ergänzung der männlichen Pflegetätigkeit heranzuziehen sowie ferner den Referenten beauftragen,

den Zweck und die Ziele der Frauenarbeit in der hamburgischen Armenpflege in einem Vortrag, zu welchem außer den Frauen auch die Bezirksvorsteher und Pfleger eingeladen werden sollen, näher darzulegen.

12 Vgl. Nr. 49 Anm. 6.

Nr. 64

1897 November 2

Protokoll[1] der 73. Sitzung des Hamburger Armenkollegiums

Niederschrift, Teildruck

[Frauen sollen ergänzend zur Tätigkeit der männlichen Armenpfleger hinzugezogen werden; bisher sind vor allem Frauen aus den gehobenen Schichten gewonnen worden]

[...]

Der Direktor Dr. Buehl hat zufolge Beschlusses der vorigen Sitzung[2] die geplante Organisation wegen Heranziehung der Frauen zur öffentlichen Armenpflege den Herren Mitgliedern des Kollegiums in einer Druckvorlage[3] bekanntgegeben und erstattet an der Hand dieser Vorlage eingehenden erläuternden Bericht:

Die Erfahrungen, welche man in den verschiedenen Städten des Reichs auf diesem Gebiet und auf der Grundlage der im Eingang der Druckvorlage zusammengestellten herrschenden Organisationsformen[4] gemacht habe, seien nach den vorliegenden Berichten überall durchaus günstige gewesen. Wenn auch in Hamburg eine Mitwirkung der Frauen bei der eigentlichen öffentlichen Armenpflege bisher nicht stattgefunden habe, so lasse doch die hingebende und ersprießliche Wirksamkeit, welche dieselben von jeher hier in den verschiedenen Zweigen der privaten Wohltätigkeitspflege bestätigt hätten, erhoffen, daß die Nutzbarmachung weiblicher Arbeitskraft im Interesse der öffentlichen Armenpflege sich auch hier zu einer segensreichen entwickeln werde. Wenn er auch die Autorität des Herrn Dr. Münsterberg in der vorliegenden Frage rückhaltlos anerkenne, so möchte er doch der von diesem für Hamburg seinerzeit geplanten Organisation aus den in der Druckvorlage hervorgehobenen Gründen[5] nicht das Wort reden, sondern empfehlen, zunächst in der Weise vorzugehen, daß es dem freien Ermessen der Pflegerorgane überlassen wird, sich der den einzelnen Bezirken zugeteilten Damen in geeignet erscheinenden Fällen zu bedienen. Was die endgültige Verteilung der zur Verfügung stehenden Damen auf die einzelnen Bezirke beträfe, so erscheint es zweckmäßig, diese in einer Konferenz mit den Herren Kreisvorstehern unter Hinzuziehung des sachverständigen Rates der Frau von Begyats[6] vorzunehmen. Über die Qualität der Damen, welche ihre Dienste bis-

---

1 Staatsarchiv Hamburg 351-2 I Nr.9 Bd.57, fol. 58-66, hier fol. 58 Rs.-60 Rs.

2 Protokoll der 72. Sitzung des Hamburger Armenkollegiums vom 14.10.1897 (StA Hamburg 351-2 I Nr.9 Bd.57, fol. 52-56 Rs., hier fol. 56 Rs.).

3 Nr. 63.

4 In der Vorlage war unterschieden worden zwischen einer vollständig gleichberechtigten Tätigkeit der Frauen als Armenpflegerinnen und der Übergabe derjenigen Teile der Armenpflege, die für die Tätigkeiten der Frauen als geeignet angesehen wurden, entweder an einen eng an die Armenpflege angelehnten oder doch in näherer Verbindung zu dieser stehenden Frauenverein.

5 Dr. Emil Münsterberg hatte insbesondere an eine Reorganisation der bestehenden Frauenvereine und gegebenenfalls die Gründung eines neuen, in enger Verbindung zur Armenpflege stehenden Vereins gedacht. Dr. Buehl hatte dies als zu zeitaufwendig und im Ergebnis ungewiß angesehen.

6 Amalia von Begyats, geb. Bachmann (1833-1918), Armen- und Krankenpflegerin in Hamburg.

her freiwillig angeboten, hätten bereits einige der Herren Kreisvorsteher sich sehr befriedigend geäußert. Wenn es befremdlich erscheinen könne, daß bis jetzt vorzugsweise Damen aus den höheren Gesellschaftsschichten gewonnen worden seien, so sei der Grund hierfür wohl darin zu suchen, das eine offizielle Bekanntgabe der geplanten Organisation für weitere Kreise, insbesondere die Pflegerorgane, nicht erfolgt sei. Es stehe zu erwarten, daß auch die Damen der letzteren allmählich ihre Kräfte der guten Sache widmen würden und sich so eine genügende Ergänzung von selbst vollziehen werde. Die von Herrn Dr. Münsterberg[7] mehrfach betonte Notwendigkeit einer gewissen Vorbildung der Frauen für die öffentliche Pflegetätigkeit erscheine ihm für hiesige Verhältnisse nicht gegeben, wie solche sich ja auch bei unserem so sehr bewährten männlichen Pflegerpersonal erübrige. Für die Frage, für welche Gebiete der Pflegetätigkeit die Frauen vorzugsweise heranzuziehen sein möchten, empfehle es sich, zunächst kein bestimmtes Prinzip aufzustellen, da die Frauenarbeit eben nur durch Vermittlung der amtlichen Pflegerorgane in Anspruch genommen werde und die Auswahl geeigneter Fälle diesem überlassen bleiben solle. Dasselbe sei von der Zulassung der Frauen zu den ersten Recherchen zu sagen. Die Erfahrung werde über diese Frage bald genügende Klarheit schaffen. Bis auf weiteres könne man daher das freie Ermessen der Pflegerorgane walten lassen.

Für einzelne, mehr in den Bereich der privaten Wohltätigkeitspflege entfallende Aufgaben seien von der Mitarbeit der Frauen für die öffentliche Armenpflege die besten Erfolge zu erhoffen, so auf dem Gebiet der Fürsorge für Schwangere, der Kinderfürsorge, der Förderung hauswirtschaftlicher Erziehung, der Fortbildung der Schulentlassenen u. a. m. Für die Armenkrankenpflege hier charakteristisch sei eine vor kurzem von berufener Seite veranlaßte statistische Erhebung[8], welche ergeben habe, daß in Hamburg die Krankenhauspflege durchschnittlich 71 Tage, dagegen in Berlin nur 29 Tage andauere. Die Ursache hierfür dürfte wesentlich in dem Mangel einer genügenden Rekonvaleszentenpflege zu suchen sein, und gerade deshalb erscheine die Frauentätigkeit auf diesem Gebiet überaus wertvoll.

Nachdem der Herr Referent noch auf die Bedeutung der Frauentätigkeit für die Armenprophylaxe, für die der Gewährung von Gaben aus dem den Zwecken vorbeugender Wohltätigkeit dienenden Spezialfonds[9] vorhergehenden Ermittlungen anstelle der Organe der öffentlichen Armenpflege hingewiesen und der Hoffnung Ausdruck gegeben, daß die geplante Organisation auch ein besseres Verhältnis der verschiedenen Bevölkerungsklassen zueinander anbahnen werde, beantragt derselbe

1. zu beschließen, daß mit der Angliederung der Frauen an die öffentliche Armenpflege in der Weise vorgegangen wird, das den Bezirken anheimgestellt wird, die ihnen zuzuteilenden Frauen in geeigneten Fällen zur Ergänzung der männlichen Pflegetätigkeit heranzuziehen;

2. ihn zu beauftragen, den Zweck und die Ziele der Frauenarbeit in der hamburgischen Armenpflege in einem Vortrag, zu welchem außer den Frauen auch die Bezirksvorsteher und Pfleger eingeladen werden sollen, näher darzulegen.

---

7 Emil Münsterberg, Die weibliche Hülfsthätigkeit, in: Hamburgischer Correspondent Nr. 823 vom 22.11.1896.

8 Bericht des Bürovorstehers der Verwaltung der Allgemeinen Armenanstalt Hamburg Robert Kluge: Vergleichung der Verhältnisse der Armenverwaltung Berlin und Hamburg nach dem Stande vom 31. März 1896 (StA Hamburg 351-2 II Nr.127, n. fol.).

9 Vgl. Nr. 49 Anm. 6.

Herr Dr. Zacharias[10] wünscht, daß man davon absehen möge, daß die Frau auch in dem Bezirk wohne, welchem sie für ihre Pflegetätigkeit zugewiesen sei, da doch in dem Gebiet der inneren Stadt sich vielfache Gelegenheit für die Frauentätigkeit biete, während die zur Mitarbeit bereiten Frauen größtenteils in den Vororten wohnhaft seien. Für bedenklich erachte er, daß man die Tätigkeit der Frauen auf das Feld der sogenannten Diakonie[11] beschränken zu wollen scheine. Er befürchte, daß zahlreiche Frauen die Tätigkeit, welche die eigentliche Armenpflege erfordere, nicht genügend würden leisten können, während sie nach einer andern Richtung hin ein außerordentlich segensreiches Wirken zu entfalten in der Lage seien, so beispielsweise dadurch, daß sie in eigenem Haus den ihnen zugewiesenen Bedürftigen Gaben reichten und ihnen als treue Beraterinnen zur Seite ständen. Er bäte endlich auch, die Frauen an den Bezirk als solchen, nicht aber an einen bestimmten Pfleger anzugliedern.

Herr Dr. Wentzel[12] spricht sich in gleichem Sinne wie Herr Dr. Zacharias aus, möchte auch die Teilnahme der Frauen an den Bezirkssitzungen[13] nicht prinzipiell ausgeschlossen wissen.

Herr Dr. Moller[14] fürchtet, daß die geplante Organisation den erhofften günstigen Erfolg nicht bringen werde. Die Stimmung der Pflegerorgane in seinem Kreis sei dafür nicht gerade günstig zu nennen. Seines Erachtens werde der Verkehr der Pfleger mit Damen aus den besseren Gesellschaftsschichten die Unbefangenheit des Urteils und Vorgehens der Pfleger wenig günstig beeinflussen. Möglicherweise werde dadurch auch die Bereitwilligkeit der Pfleger zur Annahme des Amts ermatten.

Herr Gause[15] plädiert aufs wärmste für die Durchführung der Organisation im Sinne des Referats des Herrn Direktors Buehl.

Der Herr Präses[16] spricht sich gleichfalls im Sinne des Referats des Herrn Direktors Buehl und der von den Herren D[octo]res Zacharias und Wentzel vorgetragenen Wünsche aus. Es könne und dürfe sich mit Rücksicht auf die hierorts auf dem Gebiet der Vereinstätigkeit der Frauen sich geltend machenden verschiedenen Anschauungen nur um eine lose Gestaltung der Organisation unter Vermeidung jedes äußeren Zwangs handeln, derart daß es auch den Pflegerorganen ganz überlassen bleibe, ob

---

10 Dr. Adolf Nikolaus Zacharias (1858-1931), Rechtsanwalt in Hamburg, Vorsteher des I. Armenkreises, von der Bürgerschaft gewähltes Mitglied des Armenkollegiums der Allgemeinen Armenanstalt.

11 Gemeint sein dürfte hier allgemein die private ehrenamtliche Tätigkeit zum Wohl hilfsbedürftiger Menschen unter konfessionellen Vorzeichen.

12 Dr. Wilhelm Johannes Wentzel (1852-1919), Hausmakler in Hamburg, von der Bürgerschaft gewähltes Mitglied des Armenkollegiums der Allgemeinen Armenanstalt.

13 Die hier angesprochenen Armenbezirksversammlungen waren die Beratungs- und Entscheidungsorgane der Armenbezirke als unterster Ebene der Hamburger Armenverwaltung. In den Versammlungen entschieden die ehrenamtlichen Armenpfleger des jeweiligen Armenbezirks über die laufenden Natural- und Geldunterstützungen. Vgl. Nr. 16.

14 Dr. Ulrich Philipp Moller (1836-1926), seit 1895 Landgerichtsdirektor in Hamburg, Vorsteher des II. Armenkreises, Präses der Vormundschaftsbehörde, von der Bürgerschaft gewähltes Mitglied des Armenkollegiums der Allgemeinen Armenanstalt.

15 Georg Gause (1851-1914), Brennstoffhändler in Hamburg, von der Bürgerschaft gewähltes Mitglied des Armenkollegiums der Allgemeinen Armenanstalt.

16 Dr. Gerhard Hachmann (1838-1904), Jurist, seit 1885 hauptberuflicher Senator und Präses des Armenkollegiums der Allgemeinen Armenanstalt in Hamburg.

sie Frauentätigkeit in einzelnen Fällen in Anspruch nehmen wollen oder nicht. Er teile deshalb auch die von Herrn Dr. Moller gehegten Befürchtungen nicht, glaube vielmehr, daß die die männliche pflegerische Tätigkeit in mancher Hinsicht ergänzende und entlastende Frauenarbeit im Interesse des öffentlichen Gemeinwohls vorteilhaft wirken und das geistige Niveau der Trägerschaft günstig beeinflussen werde.

Herr Dr. Goverts[17] spricht den Wunsch aus, daß Herr Direktor Buehl in dem beabsichtigten Vortrag Gelegenheit nehmen möge, die Grenzen, welche der öffentlichen Armenpflege im Gegensatz zu der Privatwohltätigkeits- und der vorbeugenden Armenpflege gezogen seien, scharf zum Ausdruck zu bringen, um späteren Mißverständnissen bei dem gemeinsamen Wirken so nach Möglichkeit vorzubeugen.

Herr Direktor Dr. Buehl glaubt die von Herrn Dr. Zacharias in bezug auf die Wohnpflicht der Frauen in den Bezirken hervorgehobenen Bedenken dadurch beseitigt, daß bei der Zuteilung der Frauen an die Bezirke den lokalen Verhältnissen schon jetzt durchaus Rechnung getragen worden sei und dies auch fernerhin geschehen solle. Was die Teilnahme der Frauen an den Bezirkssitzungen beträfe, so mache er darauf aufmerksam, daß die Stimmung der Bezirksvorsteher gegen eine solche sei. Er danke im übrigen für die gegebenen wertvollen Anregungen und werde denselben bei der Durchführung der Organisation selbst sowie in seinem Vortrag die weitgehendste Berücksichtigung zuteil werden lassen.

Das Kollegium beschließt hierauf nach den Anträgen des Herrn Referenten.[18] Vereinzelten Wünschen, daß auch die Damen der Pfleger und Vorsteher zu dem Vortrag[19] eingeladen werden mögen, soll, den Raumverhältnissen des Vortragslokals angemessen, dadurch Rechnung getragen werden, daß den Bezirksvorstehern eine beschränkte Zahl von Karten zur entsprechenden Verwendung zur Verfügung gestellt wird.

[...]

---

17 Dr. Ernst Friedrich Goverts (1851-1932), seit 1889 Landrichter in Hamburg, von der Bürgerschaft gewähltes Mitglied des Armenkollegiums der Allgemeinen Armenanstalt.

18 Ein Rundschreiben des Präses des Armenkollegiums Senator Dr. Gerhard Hachmann an die Bezirksvorsteher und Armenpfleger vom 12.1.1898 teilte die Grundprinzipien bei der Heranziehung der Frauen mit. Danach sollten die Frauen erst auf Anordnung des Bezirksvorstehers und nur in Gemeinschaft mit einem männlichen Pfleger tätig werden, wobei sich ihre Tätigkeit in erster Linie auf die Kinder-, Kranken- und Wöchnerinnenpflege sowie die Alten- und Siechenpflege erstrecken sollte. Die Berichterstattung in den Bezirksversammlungen lag bei den männlichen Pflegern, der Bezirksvorsteher konnte die Frauen in geeigneten Fällen mit beratender Stimme hinzuziehen. Die Auszahlung der Unterstützung erfolgte durch den Armenpfleger (StA Hamburg 351-2 II Nr. 46, fol. 56-56 Rs.).

19 Der Vortrag Dr. Buehls, zu dem alle Bezirksvorsteher, Pfleger und Armenärzte geladen waren und dem auch die interessierten Frauen beiwohnten, fand am 29.11.1897 statt und wurde anschließend im amtlichen Organ des Armenkollegiums veröffentlicht: Adolf Buehl, Die Mitarbeit der Frauen in der Hamburgischen Armenpflege, in: Blätter für das Hamburgische Armenwesen 5 (1897), Nr. 12, S. 53-58. Vgl. Nr. 65.

Nr. 65

1897 November 30

Schreiben[1] der Frauenrechtlerin Lida Heymann[2] an den Direktor des Hamburger öffentlichen Armenwesens Dr. Adolf Buehl

Ausfertigung

[Scharfe Ablehnung des von Buehl entworfenen Modells weiblicher Mitarbeit]

Sehr geehrter Herr Dr. Buehl! Mit der festen Absicht, mich als Armenpflegerin zu melden, besuchte ich gestern Ihren Vortrag[3], wurde dort aber eines anderen belehrt. Sie verpflichten mich zu großem Dank, mich beizeiten über die Stellung der Armenpflegerin aufgeklärt zu haben. Kaum hielt ich es für möglich, daß man am Ende des 19. Jahrhunderts einer Frau anbietet, Handlangerin des Mannes zu werden und zu tanzen wenn dieser pfeift, aber dem war noch nicht genug, unausgebildet sollen wir abermals das neue Arbeitsfeld betreten.[4] Entschuldigen Sie geehrter Herr Dr., ich vergesse, daß wir Frauen nicht mit dem Verstand, sondern mit dem Herzen arbeiten,[5] und bringen wir dann noch, wie Sie ja gestern so geistreich ausführten, die genügende grüne Seife mit,[6] dann mag die Not des vierten Standes enden.

Die Stellung, welche man den Hamburger Damen anbietet, ist eine Schmach, ich hege nur den einen Wunsch, daß Hamburgs Frauen auf dem Posten sind, die so etwas vereiteln. In vorzüglicher Hochachtung ganz ergebenst Lida Heymann[7].

---

1 Staatsarchiv Hamburg 351-2 II Nr.55, fol. 2-3 Rs.

2 Lida Heymann (1868-1943), Frauenrechtlerin in Hamburg, seit 1896 Vorstandsmitglied des Allgemeinen Deutschen Frauenvereins.

3 Vgl. Nr. 64 Anm. 19 (gedruckt: Adolf Buehl, Die Mitarbeit der Frauen in der Hamburgischen Armenpflege, in: Blätter für das Hamburgische Armenwesen 5 [1897], Nr. 12, S. 53-58). Dr. Buehl hatte sich in seinem anderthalbstündigen Vortrag eingangs deutlich von allen politischen Emanzipationsbestrebungen der Frauenbewegung distanziert: *Die auf unbeschränkte politische und wirtschaftliche Gleichstellung der Frau mit dem Mann abzielende Frauen-Emanzipation ist als utopisch zu bekämpfen, weil sie diejenigen Schranken niederzureißen trachtet, welche die Natur selbst dem weiblichen Geschlecht gezogen hat* (S. 53).

4 Dr. Buehl hatte in seinem Vortrag neuerlich seine Auffassung bekräftigt: *Eine besondere theoretische oder praktische Vorbildung wird von den Frauen in keiner Weise gefordert* (ebenda, S. 55).

5 Dr. Buehl hatte gemeint: *Zu Recht sagt man, daß der Mann mehr mit dem Verstand, die Frau mehr mit dem Herzen arbeite*, und dem eine weitere geläufige Argumentationsfigur aus dem Diskurs über die Einbeziehung der Frauen in die Armenpflege hinzugefügt: *und so werden die Damen von diesem ihrem guten Herzen gewiß häufig über die der öffentlichen Armenpflege gesteckten Grenzen hinaus zu vorbeugender Tätigkeit gedrängt werden, für die finanziell aufzukommen der Staat außerstande ist* (ebenda, S. 56).

6 Grüne Seife ist ein anderer Begriff für Schmierseife. Dr. Buehl hatte davon gesprochen, die Frauen würden bei Fragen der Hauswirtschaft, Ordnung und Sauberkeit mehr ausrichten können als die Männer, und bemerkt: *Um dem stets wiederkehrenden Einwand zu begegnen, es fehle an Geld zum Ankauf von Seife, hat sie* (die Armenpflegerin) *vielleicht solche und auch die nötige Arbeitskraft gleich mitgebracht, oder sie faßt gar, um anzuspornen, selbst mit an* (ebenda, S. 57).

7 Dem Schreiben Heymanns in Duktus und Wortwahl sehr verwandt ist der mit R. gezeichnete Leserbrief „Zur Heranziehung weiblicher Hülfe bei der Armenpflege", in: Hamburger Nachrichten Nr. 283 vom 3.12.1897. Im Anschluß an Dr. Buehls Vortrag entstand in der

Nr. 66

1897 Dezember 1

Protokoll[1] einer Besprechung von Berliner Armenkommissionsvorstehern mit Vertretern der Armendirektion

Niederschrift, Teildruck

[Diskussion über die Zweckmäßigkeit einer Einführung von einheitlichen Tarifen für die Barunterstützung, die Vorsteher sprechen sich dagegen aus]

Ad. I. Der Vorsitzende der Armendirektion Stadtrat Tourbié gibt hierzu wenige ausführende Erläuterungen und betont besonders die Anstellung neuer Beamten, die in umfassendster Weise das Bezirksdezernat zu handhaben hätten.

Fritsch[2] stimmt dem Vorredner zu und schlägt vor, die Armendirektion zu ersuchen, hierzu praktisch erfahrene und in den Kommissionen tätig gewesene Leute heranzuziehen.

Ad. II. 1. St[adt]r[at] Tourbié führt aus, daß bezüglich der zu gewährenden Barunterstützungen unbedingt eine Gleichmäßigkeit herbeizuführen und es möglichst zu vermeiden sei, daß der Bezirksausschuß als Beschwerdeinstanz, welcher die Macht hat, die Unterstützungen zu erhöhen usw., nicht in die Lage käme, die Beschlüsse der Kommissionen zu ändern.

Wodischeck[3]. Anderweite Regelung, betreffend das Maß der von der Armenverwaltung zu gewährenden Barunterstützung, ist nicht angängig, es müsse bleiben wie bisher, und von Fall zu Fall seien die Unterstützungen festzustellen. Die Gründe selbstverständlich sind dem Beschluß der Armenkommission, welcher unbedingt feststeht und aufgrund eingehendster Recherchen gefaßt ist, anzugeben.

St[adt]r[at] Tourbié gibt die Richtigkeit der Angaben des Vorredners hinsichtlich der Festsetzung von Fall zu Fall zu und berührt kurz das Elberfelder System. Redner

---

Hamburger Presse eine Polemik, die sich über mehrere Tage hinweg fortsetzte. Genauso ablehnend, zum Teil in scharfem Ton gehalten sind als Leserbriefe von Frauen: („Eine Zuhörerin") Die Frauen und die öffentliche Armenpflege, in: Hamburgischer Correspondent vom 2.12.1897; F., Die Frauen und die öffentliche Armenpflege, in: ebenda vom 4.12.1897; H. B., Die Mitwirkung der Hamburger Frauen in der öffentlichen Armenpflege, in: ebenda vom 5.12.1897 (Helene Bonfort – Vorsitzende des Hamburger Ortsvereins des Allgemeinen Deutschen Frauenvereins); Helene Bonfort, Die Frauen im Armendienst, in: ebenda vom 14.12.1897 (die beiden Äußerungen von Bonfort sind im Ton vergleichsweise gemäßigt); D. A., Armenpflegerinnen, in: Hamburger Fremden-Blatt vom 4.12.1897; A. M. L., Die Mitarbeit der Frauen in der Hamburgischen Armenpflege, ebenda. vom 4.12. 1897; Z., Die Frauen in der öffentlichen Armenpflege, in: ebenda vom 5.12.1897; A. G., Die Frauen in der Armenpflege, in: ebenda Nr. 268 vom 7.12.1897; A., Ein offener Brief als Antwort, in: Hamburger Nachrichten vom 7.12.1897.

[1] Landesarchiv Berlin A Rep.003-01 Nr.352, fol. 63-66 Rs.
Sämtliche anwesenden Armenkommissionsvorsteher amtierten im XXI. Berliner Stadtteil „Wedding und Gesundbrunnen" bzw. in den dazugehörigen Stadtbezirken 305 bis 326 b. Die Bezirke 305 bis 318 gehörten zu Wedding, die Bezirke 319 bis 326 zu Gesundbrunnen.

[2] Oskar Fritsch (gest. um 1905), Apotheker in Berlin, Armenkommissionsvorsteher im Bezirk 326 a und 326 b.

[3] Albert Wodischeck (gest. um 1917), Rentier in Berlin, Armenkommissionsvorsteher im 314. Bezirk.

wirft jedoch die Frage auf, wie wird die Unterstützung im allgemeinen festgestellt. Bei Fragen könne nicht von Fall zu Fall gesprochen werden. Magistrat erwartet zu dieser Frage bestimmte Beantwortung.

Anklam[4] stimmt der Ansicht des H[er]rn Wodischeck zu und erklärt, es sei unmöglich zu bestimmen, wieviel jeder einzelne verdient, da die Einkünfte im Sommer andere sind als im Winter, auch von den Leuten nie die Wahrheit zu erfahren wäre.

Wodischeck erklärt, daß sowohl in seiner Kommission als auch in vielen anderen bei Bemessung von Unterstützungen Rechnungen aufgestellt werden und hiernach dann das zum Lebensunterhalt fehlende evtl. als Unterstützung gegeben würde bzw. bei zu großer Höhe der Differenz ein angemessener Betrag. Redner gibt eine Rechnung als Beispiel.[5] Hiernach müßte ein sehr hoher Betrag als Zuschuß gegeben werden, dem wohl die Armendirektion ihre Genehmigung versagen würde. Es bleibt sonach nichts anderes übrig, als nur von Fall zu Fall zu entscheiden und keinen Tarif festzusetzen.

St[adt]r[at] Tourbié bittet den Redner um Überlassung der aufgestellten Rechnung für die Armendirektion.

Wanzleben [recte: Wantzloeben[6]] führt an, daß in seiner Kommission derartige Rechnungen nicht aufgestellt werden.

Wenn Leuten eine Invalidenrente gegeben wird, so sollen sie doch davon leben und nicht noch Zuschüsse von der Gemeinde erhalten. Weshalb gibt denn der Staat den Leuten nicht so viel, als zum Lebensunterhalt erforderlich ist. Weshalb muß die Gemeinde da eintreten, wo der Staat seine Pflicht nicht tut. Von Privatzuschüssen, die die Unterstützungsbedürftigen beziehen, erfahren die Kommissionen in den seltensten Fällen etwas.

Anklam. Tritt den Auslassungen über die verschiedenen Verdienste in den einzelnen Monaten bei, ist gegen jeden Tarif und gegen Aufstellung der Rechnungen, wünscht nur Behandlung von Fall zu Fall.

---

4 Albert Anklam (1842-1931), Graveur und Stempelschneider in Berlin, stellvertretender Armenkommissionsvorsteher im Bezirk 326 a und 326 b.

5 *Aufstellung darüber, was eine Familie, bestehend aus 7 Köpfen, wovon der Mann arbeitsunfähig, die Frau arbeitsfähig ist, im Monat zum Lebensunterhalt gebraucht:*

a) Einnahme der Familie	
Rente des Mannes	*M. 13,40*
Verdienst der Frau pro Woche 5 M. gleich	*M. 20*
Extra-Unterh(al)*t von der Kommission*	*M. 24*
	M. 57,40
b) Verbrauch	
1. Miete pro Monat	*M. 17,50*
2. Frühstück tägl(ich) *25 Pf.*	*M. 7,50*
3. Mittagessen 1 M.	*M. 30,00*
4. Kaffee und Abendessen tägl. 70 Pf.	*M. 21,00*
5. Feuerung tägl. 10 Pf.	*M. 3,00*
6. Bekleidung, Wäsche	*M. 5,00*
	M. 84,00
ab obige	*M. 57,40*
fehlen	*M. 26,60*

(LA Berlin A Rep.003-01 Nr. 351, fol. 67).

6 Philipp Wantzloeben (gest. um 1938), Lehrer in Berlin, Armenkommissionsvorsteher im 316. Bezirk.

Drescher[7] spricht über das Verdienen der Schulkinder und die dadurch hervorgerufene Unaufmerksamkeit und Schulversäumnis.

Heyde[8] weist wegen Aufmachung der Rechnungen auf den neuen kleinen Fragebogen hin.

Busch[9]. Gibt an, daß die Fälle mit erwerbsfähigen Kindern in der Familie eigenartige sind, sobald die Kinder merken, daß ihr Erwerb zur Unterstützung der Eltern herangezogen werden soll, verlassen sie diese und mieten anderweitig eine Schlafstelle, so daß das, was sie den Eltern für Unterkommen u. Verpflegung etc. gegeben haben, wegfällt und sie dann von der Kommission unterstützt werden müssen. Den Verdienst eines Handwerkers und das, was derselbe für seine Person davon braucht, festzustellen, ist unmöglich, ebenso schwierig ist es, zu ermitteln, wieviel die Kinder ihren Eltern geben.

Wodischeck stellt die Beantwortung dahin fest:

Die Armenkommissionen sind nicht in der Lage, eine bestimmte Norm zu geben, und muß unbedingt von Fall zu Fall entschieden werden.

2. Die Versammlung lehnt die Heranziehung von Frauen zur Mitwirkung in der Armenpflege in jedem einzelnen Armenkommissionsbezirk ab.

[...]

---

7 Wilhelm Drescher (gest. 1913), Privatier in Berlin, Armenkommissionsvorsteher im 313. Bezirk.

8 Otto Heyde (gest. 1920), Tischlermeister in Berlin, Armenkommissionsvorsteher im 307. Bezirk.

9 Heinrich Busch (gest. um 1924), Lehrer in Berlin, stellvertretender Armenkommissionsvorsteher im 311. und 312. Bezirk.

Nr. 67

1898 Januar 6

Bericht[1] des Kriminalpolizeioffizianten Friedrich Zufall[2] an den Leiter der Hamburger Kriminal- und politischen Polizei Dr. Gustav Theodor Roscher[3]

Ausfertigung, Teildruck

[Auf einer Gewerkschaftsversammlung in Hamburg ist strittig, ob die gewerkschaftlichen Arbeitsnachweise bei von der Armenverwaltung überwiesenen Arbeitsuchenden, wie von städtischer Seite erbeten, Mitteilung über den Erfolg der Vermittlung machen sollen]

[...]

Hartwig, Fruchtallee 66, H[interhau]s 20. Im September ist von der Armenverwaltung sämtlichen Gewerkschaften ein Schreiben[4] zugeschickt, worin dieselbe ersucht, ob die Gewerkschaften gewillt sind, wenn ihnen von der Armenverwaltung Leute zugeschickt werden, die keine Arbeit haben, diesen Arbeit durch den Arbeitsnachweis[5] zuzuweisen und dann dorthin Mitteilung zu machen. Wir vom Holzarbeiterverband[6] haben uns damals nicht um dieses Schreiben gekümmert. Jetzt bekommen wir das zweite Schreiben, worin ersucht wird, ob die Vereine nicht geneigt seien, die ihnen von der Armenverwaltung zugewiesenen Arbeitslosen im Nachweis zu berücksichtigen und dann darüber Mitteilung machen zu wollen, mit welchem Erfolg sich diese gemeldet haben. Ich möchte gerne die Meinung der Gewerkschaften darüber hören, wie dieselben sich hierzu stellen. Nach meiner Ansicht will die Armenverwaltung diese Leute, welche Armenunterstützung beanspruchen, loswerden und sie hierdurch den Gewerkschaften auf den Hals schicken. Die Armenverwaltung will hierdurch entlastet werden, sonst hätte sie diesen Weg doch nicht eingeschlagen. Meiner Ansicht nach ignoriert man diese Anfrage, indem man keine Antwort gibt.

---

[1] Staatsarchiv Hamburg 351-2 II Nr.250, fol. 14-18 Rs.
Gegenstand des Polizeiberichts war eine öffentliche Versammlung des Hamburger Gewerkschaftskartells, einberufen durch den 1. Vorsitzenden Ernst Kretschmer. Der Bericht war dem Direktor des öffentlichen Armenwesens Dr. Adolf Buehl vom Leiter der II. Abteilung (Kriminal- und politische Polizei) der Hamburger Polizeibehörde Dr. Gustav Theodor Roscher am 12.1.1898 übersandt worden. Das Gewerkschaftskartell war 1891 als Vereinigung der sozialdemokratischen Hamburger Gewerkschaften gegründet worden, zu seinen Aufgaben gehörte dem Regulativ von 1893 zufolge, die Arbeitskämpfe zu lenken, statistische Erhebungen durchzuführen und sich um das Herbergswesen und die Arbeitsnachweise zu kümmern. Für die Durchführung von Streiks durch die einzelnen Fachvereine war die Zustimmung des Kartells erforderlich.

[2] Friedrich Zufall (1861-1944), Kriminalpolizeioffiziant in Hamburg.

[3] Dr. Gustav Theodor Roscher (1852-1915), Jurist, seit 1893 Polizeirat und Vorsteher der Kriminal- und politischen Polizei in Hamburg.

[4] Schreiben des Direktors des öffentlichen Armenwesens Dr. Adolf Buehl an sämtliche Hamburger Arbeitsnachweise vom 10.9.1897 (StA Hamburg 351-2 II Nr.250, fol. 4-5 Rs.).

[5] Eine ganze Reihe von Hamburger Gewerkschaften verfügte über eigene Arbeitsnachweise (1903 nicht ganz die Hälfte der 87 dem Hamburger Gewerkschaftskartell angehörigen Gewerkschaften, vgl. Hamburger Adreßbuch 1903, Hamburg o. J., Teil V, S. 59-62).

[6] In Hamburg bestand seit 1893 ein Zweigverein des Deutschen Holzarbeiterverbands.

Demuth[7], w[ie] v[or]. Ich bin selbst Armenpfleger, und die Sache ist nicht so, wie es von verschiedenen aufgefaßt wird. Malen Sie sich doch nicht alles, was von einer Behörde angeordnet wird, so schwarz aus und gehen sie, bevor Sie darüber sprechen oder beschließen, der Sache erst auf den Grund. Wenn ein Unterstützungsgesuch bei einem Bezirksvorsteher eingeht, so muß sich derselbe erst erkundigen, wie es mit dem betreffenden Gesuchsteller steht, ob alles auf Wahrheit beruht usw. Diese Erkundigung wird gewöhnlich bei den Nachbarn des Betreffenden gemacht, und da kann es leicht vorkommen, wenn der Betreffende nicht bei seiner Nachbarschaft beliebt ist, daß recht ungünstig gegen ihn ausgesagt wird, z. B. der Mann hat keine Lust, sich um Arbeit zu bemühen usw. Geht der Betreffende aber nach einer Gewerkschaft und läßt sich dort im Arbeitsnachweis einschreiben, so hat der betr[effende] Bezirksvorsteher aber die Gewißheit, daß sein Gesuchsteller sich um Arbeit beworben hat. Sie erweisen der Armenverwaltung doch nur eine Gefälligkeit, wenn sie auf das Geforderte eingehen. Ferner will ich noch bemerken, daß wir, die Organisationen, doch danach hinstreben, daß bei allen sozialen Fragen die Gewerkschaften, also die Arbeiter, von den Behörden mit befragt werden, und dieses geschieht hier doch, und nun wollen Sie nicht antworten, wenn die Behörde Sie fragt.

Schmidt[8], Schäferstraße 9, H[interhau]s 7. Wir[9] sind kurz über diese Anfrage hinweggegangen, wir haben unser Statut vom Arbeitsnachweis der Armenverwaltung eingeschickt. Ich glaube, der Staat will hierdurch auch gleichzeitig feststellen, ob und wie viele Arbeitsfaule darunter sind. Am besten ist, wir überweisen diese Angelegenheit der Kartellkommission[10] zur Prüfung.

Heller, Neuer Pferdemarkt 14, H[interhau]s 14. Ich glaube, der Staat will sich hierdurch die Arbeitslosen vom Hals schaffen, er will nichts mehr geben. Mein Vater ist Bürger und Staatsangehöriger, er hat auf sein Gesuch um Unterstützung nichts erhalten. Es wurde gesagt, wir Kinder sollten unsern Vater unterstützen. Nun, wir haben ja selber nichts. Wenn die Armenverwaltung solche Leute, die Bürger sind, nicht unterstützt, dann ist die Armenverwaltung für die Katz.

Zillmann[11], Marienstraße 16. Den Leuten, die sich bei uns gemeldet haben, haben wir erklärt, daß wir selbst keine Arbeit hätten, wenn solche vorhanden sei, wollen wir sie berücksichtigen. Hierdurch sieht der Staat, daß keine Arbeit vorhanden ist, und es werden auch keine mehr geschickt.

---

[7] Adolf Demuth, Buchdrucker in Hamburg, seit 1893 Verwalter des Buchdruckervereins in Hamburg-Altona.

[8] Hans Schmidt (gest. 1926), Buchbinder in Hamburg.

[9] Die Zahlstelle Hamburg des Deutschen Buchbinderverbands erklärte in einem Schreiben an die Allgemeine Armenanstalt vom 7.12.1901, daß sie zur Zusammenarbeit bereit war (StA Hamburg 351-2 II Nr.251, n. fol.). Da ihr Arbeitsnachweis bei der Arbeitsvermittlung aber in erster Linie Verbandsmitglieder berücksichtigte und *der Verband auch auf sozialdemokr*(atischen) *Parteitagen vertreten* war, zeigte sich die Armenanstalt an einer Zusammenarbeit nicht interessiert (Vermerk des Bürovorstehers der Verwaltung der Allgemeinen Armenanstalt Hamburg Robert Kluge vom 12.12.1901: StA Hamburg 351-2 II Nr.251, n. fol.).

[10] Die Kartellkommission war das Leitungsorgan des Gewerkschaftskartells und bestand aus fünf gewählten Mitgliedern.

[11] Wilhelm Zillmann (1863-1927), Kellner in Hamburg, seit 1892 Kassierer, seit 1897 Vorsitzender des Gastwirtsgehilfenverbands.

Grobleben[12], Pulverteich Nr. 25. Ich für meine Person könnte diesem aus menschlichen Gründen wohl zustimmen, und ich würde auch geantwortet haben, aber die Versammlung beschloß, nicht auf diesen Leim einzugehen.

Lehne[13]. Ich begreife nicht, daß man hier kommt und sagt, wir geben keine Antwort auf die Anfrage der Armenverwaltung. Fügt uns denn die Armenverwaltung durch solches Anerbieten irgendwelchen Schaden zu, wenn sie uns die Arbeitslosen herschickt? Ist genügend Arbeit am Ort vorhanden, warum sollten wir solchen Leuten keine Arbeit zukommen lassen, dadurch helfen wir doch den armen Teufeln, die durch die heutigen Verhältnisse brotlos geworden sind, wenn wir ihnen durch unsere Organisation Arbeit zuweisen. Ferner haben wir den Vorteil, daß diese Leute, wenn sie noch keiner Organisation angehören, dieser beitreten werden, und dann weiter bewahren wir davor, daß sie die bürgerlichen Rechte nicht verlieren. Weiter bekommt die Behörde hierdurch einen richtigen Einblick über die herrschende Not und Elend. Also Schaden haben wir auf keinen Fall davon, wenn wir solchen Leuten Arbeit geben. d. h. wenn solche vorhanden ist.

Demuth. Der Genosse Grobleben sagt, vom menschlichen Standpunkt aus sei es wohl angebracht, daß wir solchen Leuten, die in Not und Elend geraten sind, helfen, nun einen andern Standpunkt wüßte ich überhaupt nicht mehr, wenn wir notleidenden Menschen Hilfe gewähren. Ich will unsere Behörde nicht loben und nicht schlechtmachen, dazu ist hier nicht der Platz, aber wir vergeben uns in keiner Weise, wenn wir hier Auskunft geben. Wir streben ja danach, daß uns der Staat anerkennen soll, nun will der Staat uns anerkennen, und nun wollen wir nicht.

Ein Antrag auf Schluß der Debatte wird abgelehnt.

Bömelburg[14]. Ob der Inspektor der Armenverwaltung gut oder schlecht ist, da haben wir nichts mit zu tun. Vergessen wir nicht, daß die Armenverwaltung auch unwillkürlich mit der Armenunterstützung herumwerfen kann, und weiter haben die Armenpfleger auch mit Fällen zu tun, wo alle Gemütlichkeit aufhört, sie werden auf jede Art und Weise hintergangen, und letzteres kommt am meisten vor. Kürzlich spielte sich noch ein ähnlicher Fall hier vor unseren Gerichten ab, wo ein Mann die Kranken- und Armenkassen betrogen hat. Er hat Armengelder erhalten, und seine Frau hat ihm ein Sparkassenbuch von M. 4000 gestohlen; trotzdem er wenig gearbeitet hat, hatte er doch M. 4000 auf der Sparkasse. Das, was die Armenverwaltung an Unterstützung gewährt, reicht lange nicht aus, die Bedürfnisse zu befriedigen. Solange der Kapitalismus immer mehr Menschen auf den Markt wirft, ist der Staat nicht in der Lage, diesen durch Unterstützung zu helfen, es liegt im Wesen unserer heutigen Gesellschaft, daß die Armut immer mehr um sich greift und der Staat dieser auch nicht helfen kann. Ich weiß nun nicht, wie einzelne Gewerkschaften herkommen können und sagen, wir lassen uns auf solche Fragen nicht ein, wir haben mit der ganzen Sache nichts zu tun. Jeder Arbeitsnachweis hat doch ein Regulativ, und dieses besagt, daß die Mitglieder erst berücksichtigt werden. Es ist unter den Mitgliedern der hiesigen Gewerkschaften die Meinung vorherrschend, daß an der Spitze der Armenverwaltung Personen sitzen, die von der wirklichen Armut keine Ahnung

---

12 Hermann Grobleben (gest. 1946), Maler in Hamburg.

13 Gustav Lehne (1869-1940), Bildhauer in Hamburg, 2. Vorsitzender des Gewerkschaftskartells.

14 Theodor Bömelburg (1862-1912), Maurer, seit 1894 Vorsitzender des deutschen Maurerverbands.

haben. Nun, will der Staat die wirkliche Armut kennenlernen, so hat derselbe sich doch an der richtigen Stelle zu informieren, und diese Stelle ist doch die Gewerkschaft, die kenne die Verhältnisse am besten, alle anderen Stellen können keine Auskunft geben. Wir als Gewerkschaftler empören uns darüber, wenn die Regierung uns bei sozialen Fragen nicht berücksichtigt, also uns zu fragen, und wir pochen mit Recht darauf, daß wir gefragt werden wollen, und nun fragt man uns, da wollen wir dieses mir nichts, dir nichts von der Hand weisen. Fragt man uns, nun da wollen wir schon antworten, und wir können antworten. Also weisen Sie doch solche Fragen nicht ab, wir blamieren uns ja zu toll.[15]

Lehne. Anträge sind nicht hierzu gestellt worden.

Ich mache noch bekannt, daß der Lohntarif den Gewerkschaften zur Urabstimmung vorgelegt wird. Schluß 10.50 Uhr.

---

[15] Nur wenig später berichteten die „Blätter für das Hamburgische Armenwesen", daß sich die große Mehrzahl der in Hamburg bestehenden 78 Arbeitsnachweise zur Zusammenarbeit bereit erklärt hatte. Am stärksten in Anspruch genommen wurde seitens der Armenverwaltung der Arbeitsnachweis der Patriotischen Gesellschaft, die „Arbeitsnachweisungsanstalt" des Vereins zur Vermittlung der Arbeit von 1848 sowie der von den Arbeitgebern organisierte Arbeitsnachweis des Verbandes der Eisenindustrie Hamburgs. Auch wenn sich beispielsweise der Arbeitsnachweis des Hamburger Zweigs des Deutschen Holzarbeiterverbands inzwischen kooperativ zeigte, wurden die gewerkschaftlichen Arbeitsnachweise von der Armenverwaltung kaum in Anspruch genommen (Die Verbindung mit den Arbeitsnachweisen, in: Blätter für das Hamburgische Armenwesen 6 [1898], Nr. 4/5, S. 20; Die Verbindung mit den Arbeitsnachweisen, in: ebenda 7 [1899], Nr. 2, S. 8 f.; Die Verbindung der Allgemeinen Armen-Anstalt mit Arbeitsnachweisen und Arbeiterkolonien, in: ebenda 9 [1901], Nr. 3, S. 13-15).

Nr. 68

1898 Januar 10

Eingabe[1] der Vorsitzenden der Hamburger Ortsgruppe des Allgemeinen Deutschen Frauenvereins Helene Bonfort[2] an den Direktor des Hamburger öffentlichen Armenwesens Dr. Adolf Buehl

Ausfertigung

[Bitte um Einrichtungen zur Unterweisung der Frauen in die Armenpflege und um Zulassung der Armenpflegerinnen zu den Bezirksarmenversammlungen]

In Veranlassung der vom Armenkollegium ausgegangenen Vorschläge für Mitwirkung der Frauen in der öffentlichen Armenpflege hat der Vorstand des unterzeichneten Vereins[3], welcher sich der Förderung der Fraueninteressen zur Aufgabe macht, mit den größeren hamburgischen Vereinen für Armenpflege bezüglich der schwebenden Fragen Fühlung gesucht und gestattet sich, dem hochlöblichen Armenkollegium das Ergebnis hierdurch zu unterbreiten.

Die durch langjährige Übung im Privatarmendienst bewanderten Frauen betrachten es als dringende Notwendigkeit, daß Frauen im Auftrag der öffentlichen Armenanstalt betraut werden mit:

1. der Beaufsichtigung der Kindererziehung der Armen,

2. der Anleitung zu vorbeugender Gesundheitspflege und zur Pflege leichterkrankter Familienglieder,

3. der dauernden Beaufsichtigung des Hauswesens der Unterstützten, um die Arbeiterfrau zur Reinlichkeit und zur zweckmäßigen Wahl und Bereitung der Nahrungsmittel zu veranlassen.

Um solche Familien mit ungeordneter und häufig durch die Trunkfälligkeit des Mannes vollends verkommener Häuslichkeit zu wirtschaftlichem und sittlichem Gedeihen zurückzuführen, bedarf die Tätigkeit der Frauen im öffentlichen Armendienst nach ihrer Meinung gewisser Stützen und Stärkungsmittel, ohne welche sie sich den bezeichneten Aufgaben nicht gewachsen fühlen.

Nach einer eingehenden Diskussion der verschiedenen Möglichkeiten und Ansichten unter der Leitung der Frau Sanitätsrat Schwerin[4], Berlin, hat eine Versamm-

---

1 Staatsarchiv Hamburg 351-2 II Nr.46, fol. 48-50.

2 Helene Bonfort (1854-1940), Lehrerin in Hamburg, seit 1896 Vorsitzende der Hamburger Ortsgruppe des Allgemeinen Deutschen Frauenvereins.

3 Die Ortsgruppe Hamburg des Allgemeinen Deutschen Frauenvereins (ADF) war am 1.9.1896 von Helene Bonfort und ihrer Lebensgefährtin Anna Meinertz gegründet worden; 1898 besaß sie 362 Mitglieder. Als Gesamtverband bestand der ADF bereits seit 1865; er repräsentierte den gemäßigten Flügel der deutschen Frauenbewegung und trat insbesondere für Mädchen- und Frauenbildung und Förderung der weiblichen Berufsarbeit ein. Die Hamburger Ortsgruppe besaß u. a. Abteilungen für Rechtsschutz, Jugendschutz, Wohlfahrtspflege, Mädchenbildung und Kostkinderwesen.

4 Jeanette Schwerin, geb. Arbarbanell (1852-1899), Frauenrechtlerin in Berlin, seit 1896 Vorstandsmitglied des Bundes deutscher Frauenvereine, 1892 Mitbegründerin der Deutschen Gesellschaft für ethische Kultur und der Auskunftsstelle für Wohlfahrtseinrichtungen dieser Vereinigung (gemeinsam mit ihrem Ehemann, dem praktischen Arzt und Sanitätsrat Dr. Ernst Schwerin), Mitbegünderin und seit 1897 Leiterin der Mädchen- und Frau-

lung von Frauen der Armenpflegevereine sowie des unterzeichneten Vereins am 28. Dez[em]b[e]r 1897 mit allen Stimmen gegen zwei die folgende Resolution gefaßt, die wir hierdurch zur geneigten Kenntnisnahme ergebenst unterbreiten:

„Wir erklären, daß wir die Einrichtung regelrechter Unterweisung für die im Armendienst beschäftigten Frauen als überaus wünschenswert ansehen und das Armenkollegium um Beschaffung derselben bitten.

Im Interesse einer wirksamen Tätigkeit bitten wir ferner um die Zulassung der Armenpflegerinnen ohne Stimmrecht zu den Bezirksversammlungen, wo sie den von ihnen behandelten einzelnen Fall im Licht des Zusammenhangs mit der Gesamtwohlfahrtspflege betrachten lernen.“

Ergänzend bemerken wir zu dieser Resolution, daß die Frauenvereine bemüht sein werden, wenn ihre Bitte bezüglich der Unterweisung Gehör findet, durch Beschaffung von Material etc. diese Veranstaltung der Behörde nach Kräften zu unterstützen.

Bezüglich der Zulassung der Frauen zu den Bezirksversammlungen gestatten wir uns, zu erwähnen, daß in Berlin, wo dagegen dieselben Bedenken[5] erhoben wurden wie in Hamburg, jetzt in den Zentralisationsversammlungen die Männer und Frauen erfolgreich zusammenarbeiten, ohne daß die erwarteten Schwierigkeiten hervorgetreten wären.

Sollte sich das Widerstreben gegen die Anwesenheit der Frauen zunächst nicht in anderer Weise überwinden lassen, so wäre auch das schon als Fortschritt zu begrüßen, wenn die Frauen in der Bezirksversammlung über Fälle, welche dazu Veranlassung geben, referieren könnten, sich danach aber zurückzögen, um die Herren Pfleger in ihren Beratungen nicht zu beeinträchtigen. Auch hieraus würde sich wohl bald der so wünschenswerte Austausch in geregelten Formen und der für die Frauen notwendige Einblick in die Gesamttätigkeit ergeben.[6]

---

engruppen für soziale Hilfsarbeit in Berlin. Schwerin hatte am 2.12.1896 in Hamburg auf einer von Helene Bonfort organisierten Veranstaltung einen Vortrag zum Thema „Heranziehung der Frauen zur Armenpflege“ mit anschließender Diskussion gehalten, die im wesentlichen zwischen Bonfort und ihr stattfand (StA Hamburg 351-2 II Nr.54, fol. 9-22).

5 Vgl. Nr. 53.

6 Das Armenkollegium beriet die Eingabe auf seiner Sitzung vom 13.1.1898 und beschloß auf Antrag von Direktor Dr. Buehl, die in der Eingabe vorgetragenen Wünsche gemäß eines von Buehl entworfenen Beschlusses abzulehnen (Protokoll: StA Hamburg 351-2 II Nr.46, fol. 51 sowie 52-52 Rs.). Buehl schrieb in diesem Sinne am 20.1.1898 an Helene Bonfort, das Armenkollegium sehe sich nicht in der Lage, bestimmte Zweige der Armenpflege den Frauen zur selbständigen Bearbeitung zu übertragen. Ebenso erscheine die Einleitung von amtlicher Unterweisung in die Armenpflege nicht geboten. Schließlich müsse auch die Hinzuziehung der Armenpflegerinnen zu den Bezirksversammlungen weiterhin vom Ermessen der Bezirksvorsteher abhängig gemacht werden. Buehl schloß mit der Bemerkung, er könne nur wiederholt darauf hinweisen, daß die *weitere Entwicklung der ganzen Angelegenheit sich naturgemäß nur sehr langsam vollziehen* könne, es liege im Interesse der Frauen, sich *zu bescheiden u. in der Praxis zu beweisen, daß die Einräumung weiter gehender Befugnisse mit den Interessen der Armenpflege nicht nur vereinbar*, sondern geboten erscheint. Bevor der Beweis hierfür nicht erbracht sei, sei es unmöglich, eine Erweiterung der Befugnisse ins Auge zu fassen (StA Hamburg 351-2 II Nr.46, fol. 53-54 Rs.).

Nr. 69

1898 Januar 21

Sitzungsprotokoll[1] der Berliner Armenkommissionsvorsteherversammlung

Druck, Teildruck

[Zur Koordination der Tätigkeit der privaten Wohltätigkeitsvereine werden auf Bezirksebene regelmäßige Konferenzen durchgeführt, zu denen auch die Armenkommissionsvorsteher hinzugezogen werden]

[...]

Zu Punkt II der Tagesordnung: „Gewährung von Bekleidungsgegenständen" übergehend, teilt der Vorsitzende anläßlich eines vorliegenden Spezialfalls mit, daß die Armendirektion einem Vorsteher, der, ohne erst beim städtischen Obdach anzufragen, ob Kleidungsstücke vorhanden seien, einem Armen aus Kommissionsmitteln Hemden bewilligt habe, ein Monitum erteilt habe. Kollege Neckes[2] betont, daß der betreffende Kollege ganz richtig gehandelt habe und hält die Verfügung der Armendirektion mit Bezug auf das Monitum nicht für praktisch. Die Versammlung ist derselben Ansicht.

Sodann berichtet Herr Assessor Cuno über die Zentralisation der Wohltätigkeitsbestrebungen. Er weist hin auf die früheren bezüglichen Bestrebungen. In den sechziger Jahren sei es als das erstrebenswerte Ziel erschienen, alle Fälle, in denen nur gelegentlich, nicht laufend, Unterstützung in Anspruch genommen wurde, der privaten Wohltätigkeit zu überlassen und zu diesem Zwecke letztere zu organisieren. Diesen Bestrebungen sei der Verein gegen Verarmung[3] entsprungen, der aber, so Beachtenswertes er leistet, nicht über genügende Mittel verfüge, um die ihm gestellte Aufgabe zu erfüllen. In den 70er Jahren wurde erneut der Versuch gemacht, die Wohltätigkeitsvereine zu einem Verband zusammenzufassen, mit dem Ziel, einer Zentralstelle über die gewährten Unterstützungen Mitteilung zu machen.[4] An der Teilnahmslosigkeit der meisten Vereine scheiterte dieser Versuch. Sodann hat die Stiftungsdeputation[5] den Plan wiederaufgenommen, eine Zentralstelle zu schaffen, in

---

1 Landesarchiv Berlin A Rep.000-02-01 Nr.1502, n. fol.
Unterzeichnet von dem Vorsitzenden der Armenkommissionsvorsteherversammlung August Brestrich, deren Schriftführer Gustav Mohr und dem Magistratsassessor Willi Cuno.

2 Emil Neckes (gest. 1916), Buchdruckereibesitzer in Berlin, Armenkommissionsvorsteher im 218. Bezirk.

3 Der „Verein gegen Verarmung" war 1869 von Dr. Wolfgang Straßmann, dem langjährigen Vorsitzenden der Berliner Stadtverordnetenversammlung, in der Absicht gegründet worden, die private Wohltätigkeit zu bündeln und das Hausbetteln zu bekämpfen. Der Verein arbeitete eng mit der städtischen Armenverwaltung zusammen, viele seiner Mitglieder waren zugleich städtische Armenpfleger.

4 Der Verein gegen Verarmung hatte 1875 die Satzung für einen Gesamtverband der Berliner Wohltätigkeitsvereine vorgelegt mit dem Namen *Zentralstelle für Armenpflege und Wohltätigkeit in Berlin.* Die Zentralstelle sollte dem Austausch, der Koordination und der Anregung von Wohltätigkeitseinrichtungen dienen, fand aber nicht die erforderliche Resonanz bei den übrigen Berliner Wohltätigkeitsvereinen.

5 Die Stiftungsdeputation war 1895 mit der Aufgabe geschaffen worden, alle nicht der Verwaltung der Armendirektion unterstellten wohltätigen Stiftungen zu verwalten. Ihre Grün-

der alle Nachrichten über die in der öffentlichen Armenpflege, aus Stiftungen, von der privaten Wohltätigkeit sowie von Behörden und Privaten unterstützten Personen zusammenlaufen sollten. Die Zentralstelle hat ein großes Material angehäuft, das aber auf Vollständigkeit keinen Anspruch machen kann, weil nicht alle Vereine und Einrichtungen sich mit Meldung ihrer Unterstützungen beteiligen. Mit der Materialsammlung ist es aber nicht getan: Wichtiger ist es, daß, bevor eine Unterstützung gegeben wird, festgestellt wird, wie schon anderweit für die Person gesorgt ist. Daran mangelt es aber. Die Stiftungsdeputation macht in ihrem Bericht zwar keine Angaben darüber, wie oft von der Zentralstelle Auskunft erfordert ist.[6] Nach allen Erfahrungen sind aber diese Fälle wenig zahlreich. Danach bleibt das mit vieler Mühe und großen Kosten angehäufte Material eine tote Masse, die für die Übung der Armen- und Wohltätigkeitspflege wenig Bedeutung hat.[7] In den letzten Jahren ist nunmehr zunächst im Westen der Versuch gemacht worden, auf einem anderen Wege dem Ziel nahezukommen. Man sieht davon ab, für die ganze Stadt eine Zentrale zu schaffen, man will eine lokale Organisation schaffen in kleinen übersehbaren Bezirken.[8] Und man beschränkt sich nicht mehr wie früher darauf, die private Wohltätigkeit einschließlich der kirchlichen zusammenzufassen, sondern man will auch die öffentliche Armenpflege zur Mitarbeit gewinnen. Zu diesem Zweck sollen alle in dem Bezirk tätigen Wohltätigkeitsvereine allmonatlich zu Konferenzen zusammentreten, zu denen auch die Armenkommissionsvorsteher zugezogen werden, um die bei ihnen gemeldeten Fälle auszutauschen und zu besprechen. Als Ziel wird dabei betrachtet:

1. nachhaltige und vertiefte Fürsorge für die wirklich Bedürftigen herbeizuführen,
2. das Bettelwesen und den Mißbrauch der Wohltätigkeit planmäßig zu bekämpfen.

In ersterer Beziehung ist darauf hinzuweisen, wie schwer es oft für einen Bedürftigen ist, die rechte Stelle zu finden, die ihm wirksam helfen kann. Bei solchen Konferenzen werden die Vereine Fälle, die sie selbst nicht erledigen können, der zuständigen Stelle zuweisen. Anweisung wirklich Bedürftiger mit dem bedauernden Wort: für unsern Verein nicht passend, werden fortfallen. Ferner werden, wenn große Not vorhanden ist, mehrere Vereine planmäßiges gemeinsames Vorgehen verabreden. Auf der anderen Seite wird nun sofort aufgedeckt werden können, wenn Leute sich

---

dung diente auch dem Zweck, die Verwaltung der nicht explizit den Armen gewidmeten Stiftungen nach Möglichkeit äußerlich von der öffentlichen Armenpflege zu trennen.

6 Die Zentralstelle war seit 1.7.1896 wirksam und hatte vom 1.7.1896 bis März 1897 2956 Anfragen und 13555 Mitteilungen von Einrichtungen, Vereinen etc. sowie von der Armendirektion 34787 Mitteilungen verbucht; sie führte zu diesem Zeitpunkt 12861 Akten (Verwaltungs-Bericht des Magistrats zu Berlin für die Zeit vom 1. April 1896 bis zum 31. März 1897, Nr. 13: Bericht der Stiftungs-Deputation: LA Berlin A Rep.000-02-01 Nr.1502, n. fol.).

7 Von einer nur unbefriedigenden, dabei sogar rückläufigen Inanspruchnahme ist die Rede in: Bericht der städtischen Stiftungs-Deputation über die Tätigkeit der mit derselben verbundenen Centralstelle für die Controlle der Wohlthätigkeitspflege pro 1. April 1897 bis 31. März 1898, Berlin 1898 (BArch R 1501 Nr.101323, fol. 44-47); der Bericht bedauert lebhaft, *daß ein so großer Teil von Wohltätigkeitsorganen sich unserem gemeinnützigen Bestreben gegenüber so gänzlich interesselos verhält* (fol. 46).

8 Die Initiative war 1896 von Sophie Susmann vom Verein für häusliche Gesundheitspflege ausgegangen. Dem Vorbild der Vereinigung im Bezirk der Luthergemeinde im Berliner Westen waren in kurzer Zeit dreizehn weitere Vereinigungen auf Bezirksebene gefolgt.

professionsmäßig an alle Wohltätigkeitsvereine wenden; dem Bittschriftenschreiben wird ein Riegel vorgeschoben werden können, namentlich wenn auch Privatpersonen Unterstützungen nicht gewähren, ohne sich bei der Vereinigung erkundigt zu haben. Besonderer Vorteil ist aber zu erwarten von dem Zusammenwirken der Armenkommissionen als Organe der öffentlichen Armenpflege mit der privaten Wohltätigkeit, die sich bisher vielfach mißtrauisch gegenüberstehen, weil sie sich der Verschiedenheit der beiderseitigen Aufgaben und der richtigen Abgrenzung ihrer Wirksamkeit nicht bewußt sind. Einmal werden die Vertreter privater Wohltätigkeit in der persönlichen Aussprache über einzelne Fälle oft erfahren, daß doch die Armenkommissionsvorsteher die Verhältnisse ihrer Schutzbefohlenen recht genau kennen und, wo es angezeigt ist, warm für sie eintreten. Andererseits werden aber auch die Vorsteher von abweichenden Auffassungen anderer Kreise Kenntnis nehmen. Wenn auch wohl die meisten Vorsteher jetzt schon recht oft der Hilfe privater Wohltätigkeit sich bedient haben, insbesondere ohne die Gemeindeschwestern der evangelischen Armenpflege kaum arbeiten können, weil leider der Stadt bezahlte weibliche Hilfskräfte für die vielfach so nötige, durch Geldunterstützung nicht ersetzbare, werktätige Hilfe im Haus fehlen, so werden sie doch aus diesen Konferenzen erst ersehen, in welcher umfassenden Weise sie die private Wohltätigkeit für ihre Pfleglinge nutzbar machen können.

Den wesentlichsten Vorteil wird die private Wohltätigkeit selbst haben, indem anstelle eines oft ziellosen Arbeitens, ohne tieferes Verständnis für die Aufgaben und Grenzen der Wohltätigkeit, ein planmäßiges Handeln tritt. Nötig wird es allerdings sein, daß bei dem Zusammenarbeiten die einzelnen beteiligten Faktoren gegenseitig die Grundsätze der anderen achten und deren selbständiges Wirken unangetastet lassen.

Im Anschluß hieran wird allseitig aus der Versammlung heraus betont, daß ein Zusammenarbeiten seitens der Armenkommissionen mit den betreffenden Wohltätigkeitsvereinen für die Armenpflege von Nutzen sei und daß der weitere Ausbau dieser Organisation event[uell] etwas Segensreiches schaffen könne. Recht befremdend sei noch das Verhalten der Stiftungsdeputation. Es wurde von verschiedenen Kollegen hervorgehoben, daß auch die betreffende Deputation irgendeinen Modus finden möge, um nicht nur den Herren Bezirksvorstehern, sondern auch den betreffenden Herren Armenkommissionsvorstehern Mitteilung von einer aus einem Fonds unterstützten Person zugehen zu lassen, damit man Doppelunterstützungen vermeiden und die gewerbsmäßigen Bettler ausschließen könne.

Von einer bezüglichen Beschlußfassung wird abgesehen, nachdem der Ordner in Aussicht gestellt hat, die Wünsche der Armenkommissionen in bezug auf das Verhältnis zur Stiftungsdeputation in einer späteren Versammlung unter Zuziehung eines Vertreters der Stiftungsdeputation zu erörtern.

Kollege Hinz[9] teilt aus seiner Erfahrung mit, daß manche Wohlfahrtsvereine nicht ortsangehörige Personen nur so lange unterstützten, bis sie ortsangehörig seien, und dieselben alsdann den betreffenden Armenkommissionen überwiesen.

Magistratsassessor Cuno erwidert, daß gerade durch die Zentralisation solche Mißgriffe der privaten Wohltätigkeit verhindert werden würden. Die Stadt habe allerdings die Pflicht, sich gegen solche falsche Wohltätigkeit, die ihre gesetzlichen Lasten absichtlich vermehren, zu wehren und die Bürger vor Beteiligung an Wohltä-

---

9 Hermann Hinz (gest. um 1904), Zigarrenfabrikbesitzer in Berlin, Armenkommissionsvorsteher im 255. Bezirk.

tigkeitsvereinen zu warnen, welche auf die gesetzliche Ordnung der Verteilung der Armenlast keine Rücksicht nehmen.

Kollege Vogel[10] hält es für sehr zweckmäßig, daß seitens der betreffenden Vereine erst bei den Armenkommissionen angefragt werde, ob eine Person schon unterstützt sei.

Magistratsassessor Cuno erwidert, daß das dem weiteren Ausbau der Einrichtung zu überlassen sei. Im Armenamt XII[11], wo über jede im Bezirk in der Armenpflege und Wohltätigkeitspflege unterstützte Person ein Kartenregister geführt werde, geschehe das schon vielfach.

Der Vorschlag des Herrn Gerstmann[12], daß die Armendirektion die weitere Zentralisation der Wohltätigkeitsarmenpflege in die Hand nehmen möge, fand gar nicht die Zustimmung der Versammlung.

Herr Assessor Cuno wies nach, daß die ganze Sache alsdann ins Wasser fallen werde, weil nicht einer der beteiligten Faktoren dem anderen ein Übergewicht werde zugestehen wollen. Das praktische Zusammenarbeiten und die weitere Ausbildung der Organisation sei die Hauptsache.

Schließlich teilt Herr Assessor Cuno noch mit, daß die im Gemeindeblatt veröffentlichten Protokolle der Armenämter nicht Beschlüsse der Armendirektion seien, die dort für die Beschlußfassung des Armenamts entwickelten Grundsätze hätten das Zusammenwirken des Büros mit den Armenkommissionen zur Aufklärung aller tatsächlichen Verhältnisse zur Voraussetzung und könnten daher für die anderen Kommissionen nicht maßgebend sein; die Kommissionen sollten sich hierdurch nicht beirren lassen, sondern vorläufig nach den bisherigen Grundsätzen weiterverfahren.

Anwesend waren seitens der Armendirektion die Herren Magistratsassessoren Cuno und Milbradt[13]. Vertreten waren 103 Armenkommissionen.

---

10 August Vogel (1834-1908), Bildhauer in Berlin, Armenkommissionsvorsteher im 113. Bezirk.

11 Um eine Mittelinstanz zwischen zentraler Armendirektion und lokalen Armenkommissionen zu schaffen, waren 1897 versuchsweise zwei von besoldeten Beamten geleitete Armenämter eingerichtet worden, das Armenamt XII, Vorsteher war Willi Cuno, und das Armenamt XIII (die Zählung jeweils nach den Standesamtsbezirken, in denen die Ämter lagen), Vorsteher war Albert Milbradt. Vgl. auch Nr. 58 Anm. 4 und 5.

12 Siegmund Gerstmann (1829-1909), Verlagsbuchhändler in Berlin, Armenkommissonsvorsteher im 31. bis 34. Bezirk.

13 Albert Milbradt (1859-nach 1902), Magistratsassessor im Plenum der Armendirektion Berlin.

Nr. 70

1898 März 8

Runderlaß[1] des preußischen Innenministers Eberhard Freiherr von der Recke von der Horst[2] und des Handelsministers Ludwig Brefeld[3] an die Regierungspräsidenten

Druck, Teildruck

[Der Zusammenschluß von Arbeitsnachweisen zu Verbänden ist sinnvoll; viele der kommunalen Arbeitsnachweise in den kleineren Gemeinden genügen nicht den Anforderungen; in den größeren Städten wird meist noch eine paritätische Verfassung des Arbeitsnachweises abgelehnt; die Bedenken gegen solche Arbeitsnachweise lassen sich entkräften; auch unter den freien Gewerkschaften finden sich Befürworter]

Am 13. September v. J. hat in Karlsruhe die erste deutsche Arbeitsnachweis-Konferenz[4] stattgefunden, an der sich auch eine Reihe von Vertretern preußischer Arbeitsnachweis-Verwaltungen beteiligt hat. Auf der Konferenz sind eine Reihe von Punkten näher erörtert worden, die für die zweckmäßige Ausgestaltung des nicht gewerbsmäßigen Arbeitsnachweises von Bedeutung sind. Insbesondere hat auch der Zusammenschluß der einzelnen Arbeitsnachweisstellen eines Bezirks zu dauernden Verbänden den Gegenstand der Verhandlungen gebildet. Über die bereits in Deutschland (in Württemberg, Baden, Bayern und im Regierungsbezirk Düsseldorf) bestehenden Landesverbände sind besondere Referate erstattet, und im Anschluß daran ist von der Konferenz ein Beschluß angenommen worden, der die weitere Begründung ähnlicher Verbände als dringend wünschenswert bezeichnet und die Aufmerksamkeit der Staatsbehörden auf diesen Gegenstand hinlenkt. Über die Verhandlungen erscheint in nächster Zeit ein ausführlicher Bericht im Buchhandel (Druck und Verlag von H. S. Hermann, hier), worauf Sie die Magistrate der größeren Städte aufmerksam machen wollen.

Bereits in den Erlassen unserer Herren Amtsvorgänger vom 31. Juli 1894[5] und vom 7. März 1895[6] ist auf die große Bedeutung einer organischen Verbindung der einzelnen Arbeitsnachweise eines Bezirks untereinander für eine planmäßigere und umfassendere Ausgestaltung der Arbeitsvermittlung hingewiesen worden. Sie vermittelt den Ausgleich zwischen dem Arbeitsangebot und der Arbeitsnachfrage der einzelnen Orte und Gegenden, wobei zugleich durch geeignete Maßnahmen einer Verschiebung der Bevölkerung auf größere Entfernungen vorgebeugt werden kann,

---

1 Ministerial-Blatt für die gesammte innere Verwaltung in den Königlich Preußischen Staaten 1898, S. 77-80.

2 Eberhard Freiherr von der Recke von der Horst wurde 1895 preußischer Innenminister.

3 Ludwig Brefeld (1837-1907), Jurist, 1881 Ministerialdirektor in der Staatseisenbahnverwaltung im Ministerium der öffentlichen Arbeiten, 1895 Unterstaatssekretär, seit 1896 preußischer Handelsminister.

4 Ignaz Jastrow (Hg.), Die Einrichtung von Arbeitsnachweisen und Arbeitsnachweis-Verbänden. Verhandlungen der ersten deutschen Arbeitsnachweis-Konferenz (Karlsruhe, 13. September 1897), Berlin 1898.

5 Nr. 73 Bd. 1 der III. Abteilung dieser Quellensammlung.

6 Erlaß des preußischen Handelsministers Hans Freiherr von Berlepsch und des Innenministers Ernst von Köller an die Oberpräsidenten vom 7.3.1895 (GStA Berlin I. HA Rep.120 BB VII 1 Nr.3a Bd.1, fol. 275-280).

verstärkt die erfolgreiche Tätigkeit der einzelnen Arbeitsnachweise und gewährt einen besseren Überblick über die Lage und voraussichtliche Gestaltung des Arbeitsmarkts. Daneben fördert sie durch Austausch der Erfahrungen und vielfache Anregung allgemein die Entwicklung des nicht gewerbsmäßigen Arbeitsvermittlungswesens im Bezirk. In Preußen ist der erste Landesverband im vorigen Jahr mit meiner, des Ministers für Handel und Gewerbe, Beihilfe im Regierungsbezirk Düsseldorf begründet worden. Wenn auch über die unmittelbare Wirksamkeit des am 1. Juli v. J. ins Leben getretenen Zentralbüros für den Arbeitsnachweis[7] bei der Kürze der inzwischen verflossenen Zeit ein Urteil noch nicht abgegeben werden kann, so hat doch die Herstellung der Verbindung zwischen den einzelnen Nachweisstellen mittelbar unverkennbar günstig auf die Entwicklung des nicht gewerbsmäßigen Arbeitsnachweises im Regierungsbezirk eingewirkt. Abgesehen davon, daß bereits in einer Stadt eine neue Arbeitsnachweisanstalt begründet worden ist, hat die Errichtung des Zentralbüros namentlich das Interesse an der öffentlichen Arbeitsvermittlung in weiten Kreisen neu belebt und die Verbesserung der bestehenden Nachweisanstalten, insbesondere durch Verbindung der verschiedenen an demselben Ort vorhandenen Arbeitsnachweise, angeregt. Am 26. Januar d. J. ist zu Frankfurt a. M auf der zweiten Konferenz der öffentlichen Arbeitsvermittlungsstellen der Rhein- und Maingegend nunmehr auch für diese – zum Teil anderen Bundesstaaten angehörenden – Nachweisestellen die Begründung eines Verbandes mit einstweilen beschränkten Aufgaben beschlossen worden.

Damit auch in den übrigen Teilen des Staatsgebiets, namentlich in den Bezirken mit stärker hervortretendem gewerblichen Leben, eine ähnliche Entwicklung angebahnt werde, erscheint es erforderlich, zunächst der besseren Ausgestaltung des örtlichen Arbeitsnachweises erneut die Aufmerksamkeit zuzuwenden. In dieser Beziehung haben die Bemühungen der Regierungspräsidenten zur Ausführung des Erlasses vom 31. Juli 1894 bisher nicht überall den gewünschten Erfolg gehabt.

Allerdings hat ein Teil der kleineren Städte Gemeinde-Arbeitsnachweisestellen mit bürokratischer Verwaltung eingerichtet, wie sie für kleinere Gemeinden mit einfacheren und übersichtlicheren Arbeitsverhältnissen auch nach dem Erlaß in Aussicht genommen waren. Allein es muß zweifelhaft erscheinen, ob diese, wie namentlich auch die zahlreichen schon früher begründeten Gemeinde-Nachweisestellen, überall in ihrer Einrichtung und Verwaltung den notwendigen Anforderungen genügen. Wenigstens haben nur wenige dieser bürokratischen Nachweisestellen eine erhebliche Tätigkeit aufzuweisen gehabt. Vielfach sind sie gar nicht oder nur von wenigen Personen in Anspruch genommen worden. Zum Teil hat dies offenbar seinen Grund darin, daß der Arbeitsnachweis vielfach eng an die Armenpflege angeschlossen oder mit den Bestrebungen zur Bekämpfung der Bettelei in Verbindung gebracht ist. Der Arbeitsnachweis erhält dadurch eine Stellung, die seine Benutzung durch die Arbeitnehmer von vornherein ungünstig beeinflußt. Andererseits haben an manchen Orten auch die Erfahrungen, welche die Arbeitgeber mit den von solchen Arbeitsnachweisestellen ihnen zugewiesenen Arbeitern gemacht haben, ihre Neigung zur Benutzung der Stellen noch mehr verringert. Für eine erfolgreiche Wirksamkeit der Nachweisstellen kommt ferner in Betracht, was nicht überall beachtet zu sein scheint, daß sie tagsüber eine hinreichende Anzahl von Stunden regelmäßig geöffnet und daß diese zweckmäßig gewählt sein müssen. Ferner ist die richtige Auswahl des mit der Verwaltung der

---

[7] Vgl. Nr. 43 Anm. 16.

Stelle betrauten Beamten von besonderer Bedeutung. Er muß nach seiner ganzen Persönlichkeit dazu geeignet, mit den örtlichen Verhältnissen genau bekannt sein und zugleich ein gewisses Maß praktischen Verständnisses von den Arbeiten derjenigen Berufsarten besitzen, für die Arbeiter an dem in Frage kommenden Ort verlangt werden. Endlich erscheint es auch fraglich, ob bei den bestehenden bürokratischen Gemeinde-Nachweisestellen die Einrichtung der Listen oder Meldeblätter überall zweckmäßig getroffen ist, damit die Vermittlung möglichst den Bedürfnissen sowohl des Arbeitgebers wie des Arbeitnehmers entspricht.

Erscheinen hiernach die vorhandenen Gemeinde-Nachweisanstalten in manchen Beziehungen verbesserungsbedürftig, so fällt ferner vornehmlich ins Gewicht, daß die größeren Städte, die durch den Erlaß vom 31. Juli 1894 empfohlene Errichtung städtischer, unter gleichmäßiger Beteiligung von Arbeit[gebern] und Arbeitnehmern verwalteter – so genannter kollegialer – Arbeitsnachweisestellen in ihrer überwiegenden Mehrzahl bisher abgelehnt haben. Noch heute fehlt in mehr als der Hälfte der Städte mit über 100 000 Einwohnern und in den weitaus meisten Städten mit hochentwickeltem industriellen Leben eine solche Arbeitsnachweisestelle oder eine ihr gleichwertige zentrale Vermittlungsstelle.

Von welcher Bedeutung eine gut verwaltete kollegiale Gemeinde-Arbeitsnachweisanstalt für die nicht gewerbsmäßige Arbeitsvermittlung sein kann, zeigt das Beispiel des städtischen Arbeitsamts in Erfurt. Dieses hat bei einer ortsanwesenden Bevölkerung Erfurts von 78 174 Personen nach der Volkszählung vom 2. Dezember 1895 im Jahr 1896 bei 13 775 Gesuchen von Arbeitgebern und 36 231 Gesuchen von Arbeitnehmern im ganzen 12 088 Stellen vermittelt, davon 7 606 allein in der weiblichen Abteilung, die den Arbeitsmarkt für Gesinde fast vollständig beherrscht. Auch in anderen Städten, so in Frankfurt a. M. und Trier, haben sich die kollegialen Arbeitsnachweisanstalten durchaus bewährt.

Aber auch dort, wo nicht eigentliche städtische, sondern sogenannte Verbands-Arbeitsnachweisestellen – wie in Köln – eingerichtet worden sind, ist ein ähnlich günstiges Ergebnis zu verzeichnen gewesen. Bei diesen Nachweisen ist ein Verband der am Ort bestehenden Arbeitgeber- und Arbeitnehmervereine der Träger der Nachweisstelle, während sich die Stadtgemeinde durch einen einmaligen Zuschuß zur ersten Einrichtung und einen erheblichen laufenden Beitrag an den Kosten des Unternehmens beteiligt und sich ein gewisses Aufsichtsrecht vorbehält. Die Leitung und Verwaltung der Nachweisestelle liegt in letzter Hand bei der zu gleichen Teilen aus Vertretern der Arbeitgeber und Arbeitnehmer zusammengesetzten Verbandsversammlung, so daß auch bei diesen Nachweisanstalten die volle Unparteilichkeit gewährleistet ist. Hierauf muß aber im Interesse einer erfolgreichen Wirksamkeit der Einrichtung das entscheidende Gewicht gelegt werden, da erfahrungsmäßig nur unter dieser Voraussetzung eine ausgiebige Benutzung der Nachweisstellen namentlich auch durch die Arbeitnehmer erreicht werden kann. In Köln hat die Allgemeine Arbeitsnachweisanstalt im Jahr 1896 bei 13 647 Gesuchen von Arbeitgebern und 15 182 Gesuchen von Arbeitnehmern im ganzen 11 180 Stellen, davon 4 002 in der weiblichen Abteilung, vermittelt, ein Ergebnis, das im verflossenen Jahr mit etwa 13 400 vermittelten Stellen noch erheblich übertroffen worden ist. Diese Art Arbeitsnachweisanstalten haben vor den städtischen kollegialen Nachweisestellen insofern den Vorzug, als bei ihnen die Beteiligung der verschiedenen Arbeitgeber- und Arbeitnehmervereine günstig auf die Benutzung durch beide Teile einwirkt. Andererseits erscheinen solche Einrichtungen weniger geeignet, zu Zeiten umfassenderer wirtschaftlicher Streitigkeiten ihrer Aufgabe zu erfüllen. Wo daher anstelle solcher die Begründung von Verbands-Nachweisanstalten ins Auge gefaßt ist, kann von einer weiteren Anregung zur besseren Ausgestaltung des Arbeitsnachweises abgesehen werden.

Ein Teil der Städte hat die Errichtung kollegialer Arbeitsnachweisanstalten seinerzeit mit dem Hinweis darauf abgelehnt, das zunächst noch die erforderlichen Erfahrungen auf diesem Gebiet mangelten. Dieser Einwand kann nach dem Vorausgeschickten heute nicht mehr als stichhaltig angesehen werden. Aber auch manche der sonst von den städtischen Vertretungen für ihre ablehnende Haltung angeführten Erwägungen erscheinen nicht begründet. Mehrfach ist auf die Besorgnis hingewiesen worden, daß durch die Errichtung der städtischen Arbeitsnachweisestelle bei den Arbeitern die Vorstellung von einem Recht auf Arbeit und einer entsprechenden Verpflichtung der Stadt, für solche zu sorgen, hervorgerufen oder genährt werden könnte. Abgesehen davon, daß dieser Einwand den Verbands-Arbeitsnachweisanstalten gegenüber nicht Platz greift, kann er leicht dadurch entkräftet werden, daß nach dem Vorgang mancher Städte in das Statut eine ausdrückliche Bestimmung dahin aufgenommen wird, daß die Arbeitsnachweisanstalt eine Verpflichtung zur Nachweisung von Arbeit nur insoweit übernimmt, als Gesuche von Arbeitgebern und Zuweisung von Arbeit vorliegen. In ähnlicher Weise läßt sich die Besorgnis, durch den Arbeitsnachweis möchte ein vermehrtes Abströmen der ländlichen Bevölkerung in die Städte herbeigeführt werden, dadurch begegnen, daß die Vermittlung für ländliche Arbeitsuchende durch Statut eingeschränkt wird. Auch die mehrfach angeführte Rücksicht auf die bestehenden, der nicht gewerbsmäßigen Arbeitsvermittlung dienenden Einrichtungen, die durch Begründung einer städtischen Arbeitsnachweisestelle geschädigt werden würden, muß dem unzweifelhaft, namentlich in größeren Städten, vorliegendem Bedürfnis nach einer besseren Ausgestaltung des öffentlichen Arbeitsnachweises gegenüber zurücktreten. Namentlich die große Zahl der ungelernten Arbeiter erscheint auf ihn angewiesen, die erfahrungsmäßig und nach den Ergebnissen der im Jahr 1895 von Reichs wegen veranstalteten Erhebungen[8] über die beschäftigungslosen Arbeitnehmer im Deutschen Reich am leichtesten von der Arbeitslosigkeit betroffen werden und für die auch die gewerbsmäßige wie die genossenschaftliche Stellenvermittlung nur sehr unvollkommen sorgt. Daneben kommen in vielen Städten noch die Dienstboten besonders in Betracht, für die die nicht gewerbsmäßigen Einrichtungen für den Arbeitsnachweis vielfach nicht ausreichen und denen von den gewerbsmäßigen Stellenvermittlern häufig übermäßig hohe Vermittlungsgebühren abverlangt werden. Wenn ferner an manchen Orten Bedenken gegen die Wahl der Beisitzer durch das Gewerbegericht erhoben worden sind, so verweisen wir demgegenüber auf die Ausführungen des Erlasses vom 31. Juli 1894, wonach die Art der Wahl der Beisitzer ausdrücklich freigestellt ist. Tatsächlich werden diese auch in den verschiedenen Städten auf die verschiedenste Weise, insbesondere auch durch den Magistrat oder die Stadtverordnetenversammlung oder von dieser und den Gewerbegerichtsbeisitzern gemeinsam gewählt. Am erheblichsten erscheinen die Einwendungen, die aus der ablehnenden Haltung der Arbeiterschaft an einzelnen Orten gegen die Errichtung einer kollegialen städtischen Arbeitsnachweisestelle entnommen

[8] Die beschäftigungslosen Arbeitnehmer im Deutschen Reich am 14. Juni und 2. Dezember 1895, in: Vierteljahrshefte zur Statistik des Deutschen Reiches N.F. 5 (1896), Ergänzung zu Heft 4 (Zählung der Beschäftigungslosigkeit im Zusammenhang mit der reichsweiten Volkszählung und Berufszählung).

worden sind. Allein demgegenüber kommt in Betracht, daß einmal wesentlich nur die in den sozialdemokratischen Gewerkschaften organisierten Arbeiter den städtischen Arbeitsnachweisen grundsätzlich ablehnend gegenüberstehen, wie dies auch auf dem zweiten im Jahr 1896 zu Berlin abgehaltenen Gewerkschaftskongreß durch eine Resolution[9] zum Ausdruck gelangt ist, und daß ferner diese Haltung weder immer von den Gewerkschaften angenommen worden ist noch heute überall in ihnen geteilt wird. Die Gewerkschaften haben früher, beispielsweise noch im Jahr 1893 in Frankfurt a. M., die Errichtung städtischer kollegialer Arbeitsnachweisestellen selbst beantragt,[10] und auf dem Kongreß im Jahr 1896 ist eine beachtenswerte Strömung für diese Einrichtungen zutage getreten. Ähnlich wie in Köln und Aachen die Gewerkschaftskartelle den Allgemeinen Arbeitsnachweisverbänden angehören, hat auch noch kürzlich in Hörde[11] das Gewerkschaftskartell beschlossen, die vom Kreis errichtete kollegiale Nachweisestelle wenigstens vorläufig möglichst zu benutzen. Aber auch abgesehen von der Haltung der Gewerkschaften, darf mit Rücksicht auf die große Zahl der nicht organisierten, namentlich der ungelernten, Arbeiter angenommen werden, daß die Arbeitsnachweisestelle, wenn sie erst einmal in einer die unbedingte Unparteilichkeit der Verwaltung und den gleichmäßigen Einfluß der Arbeitnehmer auf sie gewährleisteten Weise eingerichtet ist, auch bald in ausgiebiger Weise benutzt werden wird.

Hiernach wird erneut in Erwägung zu ziehen sein, in welcher Weise auf eine bessere Ausgestaltung des öffentlichen Arbeitsnachweises im dortigen Bezirk hingewirkt werden kann. Die Verbesserung und Neubegründung städtischer Nachweisestellen erscheint wesentlich als eine Aufgabe der Zeiten mit gutem Geschäftsgang, damit für weniger günstige Zeiten Vorsorge getroffen ist. In erster Linie wird die Errichtung zentralisierter Arbeitsnachweise nach einem der beiden angegebenen Muster für alle Städte von mehr als 100 000 Einwohner anzustreben sein. Wieweit gleiche Einrichtungen auch in den kleineren Städten erneut angeregt werden sollen, überlassen wir Ihrer nochmaligen Erwägung.

Über das Ergebnis ihrer Bemühungen gewärtigen wir Bericht nach Jahresfrist. Mit diesem wollen Sie uns zugleich eine Übersicht über die im dortigen Bezirk am 1. Januar künftigen Jahres vorhandenen kommunalen oder mit kommunaler Unterstützung betriebenen allgemeinen Arbeitsnachweisestellen nach dem beiliegendem Muster einreichen. Eine gleiche Übersicht ist künftig alljährlich zum 15. Februar vorzulegen.

[...] *Muster einer Übersicht der kommunalen oder kommunal unterstützten Arbeitsnachweisstellen.*

---

9 Protokoll der Verhandlungen des zweiten Kongresses der Gewerkschaften Deutschlands. Abgehalten zu Berlin vom 4. bis 8. Mai 1896, Hamburg 1896, S. 124-128: *Grundsätzlich abzulehnen ist jede Erwägung der Möglichkeit einer gemeinsam geführten Arbeitsvermittlung zwischen Arbeiter und Arbeitgeber. Der naturgemäß unausgleichbare Gegensatz zwischen Kapital und Arbeit wird immer ausschlaggebend wirken, selbst dann, wenn durch einen scheinbar parteilosen kommunalen Arbeitsnachweis ein Kompromiß auf diesem Gebiet zustande gekommen ist. (...) Der zweite Kongreß der Gewerkschaften Deutschlands warnt deshalb die Arbeiter aller Orte vor jeglichem Experiment auf einer anderen Grundlage als der alleinigen Leitung von Arbeitsnachweisen durch die Organisation der Arbeiter* (S. 124 f.).

10 Eingabe des Vertrauensmanns des Frankfurter Gewerkschaftskartells Wilhelm Trompeter an den Magistrat vom 15.9.1893 (Institut für Stadtgeschichte Frankfurt a. M. Magistratsakten T 182 Bd.1, n. fol.); vgl. auch Nr. 25 Anm. 9.

11 Heute Stadtteil von Dortmund.

Nr. 71

1898 März 17

Sitzungsprotokoll[1] der Berliner Stadtverordnetenversammlung

Druck, Teildruck

[Debatte, ob und in welchem Maß die Alters- und Invalidenrenten auf die Armenunterstützung angerechnet werden sollen, ferner, wie bei der Heranziehung der Frauen zur Armenpflege zu verfahren und wie die Praxis der Armenkommissionen zu bewerten ist]

[...] Berichterstatter Stadtverordneter Liebenow[2]: Spezialetat 20, Armenwesen. Meine Herren, wie Sie aus dem Protokoll ersehen haben, sind zu dem Etat des Armenwesens Resolutionen nicht gefaßt worden, Änderungen auch nicht vorgenommen; ich möchte Sie also bitten, den Etat en bloc anzunehmen in Einnahme mit 693 500 M., in Ausgabe mit 8 286 250 M., also mit einer Mehrausgabe von 7 592 750 M.

Stadtverordneter Singer[3]: Meine Herren, ich möchte mir bei diesem Etat einige Bemerkungen erlauben, die sich zu Anfragen an den Magistrat verdichten werden. Mir ist mitgeteilt worden, daß in vielen Fällen die Alters- und Invalidenrenten, die erwerbsunfähigen Mitbürgern zugegangen sind, im Interesse der Armendirektion mit Beschlag belegt sind. Nun ist es ja richtig, daß ein gesetzlicher Hinderungsgrund, wenn man das Gesetz streng formalistisch auslegen will, dagegen nicht geltend gemacht werden kann. Indessen ich glaube doch, es entspricht den Anschauungen, die in der Versammlung und, wie ich hoffe, auch im Magistrat in bezug auf das Armenwesen herrschen, nicht, wenn man diese karge Rente, die aufgrund des Alters- und Invalidengesetzes, zu dessen Ausführung bekanntlich der Betreffende selbst die Hälfte der Beiträge zu zahlen hat, zugunsten der Armenunterstützung mit Beschlag belegt, einer Armenunterstützung, die sich in Sätzen bewegt, mit denen wir ja ohnehin nicht recht einverstanden sind und deren Erhöhung die Aufgabe einer ordentlichen Armenpflege bildet. Ich erinnere daran, daß ein großer Teil dieser Versammlung den geehrten Herrn[4], den wir in einigen Minuten das Vergnügen haben werden, in unserer Mitte zu sehen, gerade um deshalb gewählt hat, weil man von seiner Tätigkeit eine Reform des Armenwesens erhoffte, und ich glaube, meine Herren, daß wir diese Reform des Armenwesens nicht dadurch erschweren sollen, daß wir Zustände, wie ich sie eben geschildert habe, bestehenlassen.

Ich wäre nun neugierig, von dem Herrn Vertreter des Magistrats[5] für dieses Dezernat zu hören, mit welchen Gründen man das rechtfertigt, daß man die Armenunterstützung noch dadurch einschränkt, daß man die Alters- und Invaliditätsrente mit Beschlag belegt. Als das Gesetz im Reichstag gemacht wurde, waren es neben uns die Vertreter des Liberalismus[6], die darauf hinwiesen, daß eine der schädlichen Ein-

---

1 Landesarchiv Berlin A Rep.000-02-01 Nr.1502, n. fol.

2 Theodor Liebenow (gest. um 1925), Kaufmann in Berlin, seit 1891 Stadtverordneter.

3 Paul Singer (1844-1911), sozialdemokratischer Berufspolitiker in Berlin, seit 1884 Stadtverordneter, seit 1884 MdR (Sozialdemokrat).

4 Dr. Emil Münsterberg war nach Ausscheiden aus seinem Dienst in der Hamburger Armenverwaltung 1898 unbesoldeter Stadtrat in Berlin und Vorsitzender der Armendirektion geworden (ab 1901 besoldeter Stadtrat und Armendezernent); vgl. Nr. 49 Anm. 22 und 23.

5 Magistratsassessor Willi Cuno.

6 Vgl. die Ausführungen des Abgeordneten Karl Schrader von der Deutschen Freisinnigen Partei (10. Sitzung vom 7.12.1888, Sten.Ber. RT 7. LP IV. Session 1888/1889, S. 185).

wirkungen dieses Gesetzes sein würde, daß es, obgleich zu ganz andern Zwecken gemacht, tatsächlich zur Wirkung haben würde eine Entlastung der Städte in ihrer Verpflichtung zur Armenpflege. Ich bedauere, daß gerade unsere Stadt ein Beispiel für die Richtigkeit dieser Anschauung ist. Ich behaupte aber, daß das nicht der Sinn und Zweck des Gesetzes sein kann, und hoffe, daß die Anregung, die ich hiermit gebe und deren Beachtung ich dem Magistrat dringend empfehle, bei der Stadtverordnetenversammlung kaum einen Widerspruch finden wird und daß sie dahin führen wird, daß der Magistrat die Armendirektion anweist, dergleichen Beschlagnahmen für die Folge zu unterlassen.

Die zweite Angelegenheit betrifft eine Anfrage, ob der Magistrat oder die Armendirektion schon imstande ist, uns Auskunft zu geben über die Tätigkeit oder die Resultate der neugegründeten Armenämter[7]. Die Armenämter bestehen allerdings erst verhältnismäßig kurze Zeit, und es wird vielleicht erwidert werden können, man könne noch kein abschließendes Urteil aussprechen. Ich glaube aber: Soweit kann man bereits über die Wirksamkeit der Armenämter sprechen, als wir Auskunft darüber erbitten, ob die Übelstände innerhalb der Armenverwaltung, die zur Errichtung der Armenämter geführt haben, in der Tat durch diese Armenämter beseitigt sind. Die Armenämter sind zur Zeit noch eine provisorische Einrichtung für Berlin. Man hat mit zwei Armenämtern begonnen in der Absicht, sie über die ganze Stadt zu erstrecken. Einer der Gründe zur Errichtung der Armenämter war ja der, daß man glaubte, durch ein über den einzelnen Kommissionen stehendes Armenamt eine objektivere, der Sache förderlichere Entscheidung für gewisse Bestimmungen zu ermöglichen, die der Armenkommission obliegen. Also ob das gelungen ist oder ob es den Anschein hat, zu gelingen, darüber wäre mir eine Auskunft sehr erwünscht.

Dann möchte ich ferner bitten, mir die Fragen zu beantworten: erstens, ob die Heranziehung von Frauen zur Armenpflege[8] in diesen Armenämtern zur Wirklichkeit geworden ist; zweitens, ob auch nach der Richtung hin Erfahrungen bereits gemacht sind, um das, was ich für durchaus notwendig halte, die Ausdehnung der Teilnahme von Frauen an der Armenpflege, zu fördern. Ich habe mit großem Interesse neulich von den Verhandlungen gelesen, die unsere Waisenräte und Armenkommissionsvorsteher auf dem Rathaus gehabt haben. Ich habe mich gefreut, daß aus den Verhandlungen hervorgeht, daß auch in diesen Kreisen mehr und mehr die Ansicht sich durchdringt, daß für bestimmte Zweige der Armenpflege, soweit sie sich auf Kinder und Frauen erstreckt, die Teilnahme der Frauen nicht mehr zu entbehren ist. Ich glaube, wir sollen diese allgemeine Besprechung dazu benutzen, um den ausführenden Organen dringend die Bitte ans Herz zu legen, diesen Gedanken weiterzuverfolgen und dafür zu sorgen, daß die Teilnahme der Frauen an der Waisen- und Armenpflege nicht nur nicht zurückgehalten, sondern im Gegenteil möglichst gefördert werde. Ich werde mich freuen, wenn der Herr Magistratsvertreter in der Lage ist, befriedigende Auskunft zu geben. Namentlich mache ich darauf aufmerksam, daß es sehr erwünscht ist, über den ersten Punkt ausführliche Auskunft zu bekommen. Sollte das heute nicht möglich sein, dann werden wir uns vorbehalten müssen, durch bestimmte Anträge in der Richtung eine Beschlußfassung herbeizuführen.

---

7 Vgl. Nr. 58 Anm. 4 und 5.

8 Die Stadtverordnetenversammlung hatte am 17.12.1896 einer Resolution zugestimmt, in der der Magistrat aufgefordert wurde, einen Gemeindebeschluß herbeizuführen, durch den die Zuziehung und Mitwirkung der Frauen in der Armenpflege gesichert werde (LA Berlin A Rep.000-02-01 Nr.1489, fol. 68-73).

Vorsteher Dr. Langerhans[9]: Meine Herren, wir müssen die Verhandlungen jetzt unterbrechen; denn es ist 6 Uhr vorbei und wir kommen zur

Einführung des Stadtrats Dr. Münsterberg.

[...]

Wir fahren nun in unsern Verhandlungen fort.

Stadtrat Tourbié: Geehrte Herren, um Mißverständnissen vorzubeugen, bemerke ich zunächst, daß das Gesetz ja die Renten gegen Pfändbarkeit und Zession vollständig geschützt hat, das heißt die laufenden Renten. Es kann sich um laufende Renten niemals handeln bei der Beschlagnahme, während jemand sie bezieht. Wieviel wir beschlagnahmen, wenn wir während der Zeit unterstützen, in welcher die Rente aufgelaufen und noch nicht festgesetzt ist, kann ich mit Sicherheit noch nicht sagen; in unserm Kosteneinziehungsbüro werden die Alters- und Invaliditätsrenten von den Unfallrenten nicht geschieden.

Wenn nach dem Grund gefragt wird, so kann ich sagen: Der Grund ist die subsidiäre Natur der Armenhilfe überhaupt. Wenn die Stadtverordnetenversammlung nun den Wunsch ausdrückt, daß darin noch humaner verfahren werden soll als jetzt, so wird die Armendirektion nichts dagegen haben. Wenn aber Herr Singer sagt, die Armendirektion solle grundsätzlich keine Beschlagnahme vornehmen, so verstößt das gegen die individuelle Natur der Fälle. Nehmen Sie an, jemand ist 1 bis 2 Jahre mit Almosen unterstützt worden, nun sind 100 bis 200 Mark Renten aufgelaufen, der Mann hat seine Frau verlassen, lebt mit einer andern, folgt der Armenverwaltung nicht. Soll der nun als Prämie das Geld auf einmal bekommen? Glauben Sie doch nicht, daß Sie durch die beabsichtigte Weisung des Magistrats den Mann andersstellen werden! Wenn die Armenkommission weiß, er bekommt 200 Mark aus einer Versicherungsanstalt, so wird sie sich hüten, dem Mann in den nächsten 3 bis 6 Monaten noch eine Unterstützung zu geben, sondern sie wird ruhig rechnen, er soll erst das Geld verbrauchen.

Im übrigen wird bei den laufenden Renten so human verfahren, daß die Armenkommissionen niemals die Rente voll berücksichtigen. Wenn jemand noch weiterer Unterstützung bedarf, und er bekommt vielleicht eine Rente von 10 bis 12 Mark, so rechnet sie die Rente immer niedriger bei der Differenz, die sie zuschießen muß.

Es ist dann nach den Armenämtern gefragt worden. Sie haben in kurzer Zeit ihres Bestehens das Resultat[10] gezeitigt, daß wir den Armenämtern nachrühmen können: Das Aktenwesen ist besser geworden, es ist jetzt in tadelloser Ordnung; die Verfügungen der Armendirektion werden prompt und sicher überwacht; die Armenkommissionen gewöhnen sich unter Leitung des Armenamts viel mehr daran, bei der Unterstützung gemeinsame Grundsätze zu befolgen. Herr Singer sagt, das Maß der Unterstützungen wäre ihm zu niedrig gewesen, schon lange. Ja, das kommt doch immer wieder ganz auf die individuellen Fälle an. In den Armenämtern ist die Beobachtung gemacht worden, daß die Armenkommissionen das Richtige treffen bei alleinstehenden Personen, daß sie aber große Schwierigkeiten haben, wenn neben erwerbsunfähigen Eltern auch erwerbsunfähige Kinder da sind oder wenn neben erwerbsunfähigen Eltern erwerbende Kinder im Hause sind. Da ist es sehr schwer,

---

[9] Dr. Paul Langerhans.

[10] Stadtrat Franz Tourbié: Weiterer Bericht anläßlich der versuchsweise errichteten Armenämter vom 31.1.1898 (LA Berlin A Rep.003-01 Nr.351, n. fol.); Magistratsassessor Willi Cuno: Bericht über die Erfahrungen im Armenamt XII vom 28.2.1898 (LA Berlin A Rep.003-01 Nr.351, n. fol.).

den Gesamtbedarf zu berechnen. Wir haben den Armenkommissionen empfohlen: Legt doch für gewöhnlich den Maßstab an: Wieviel erwerben die Leute insgesamt in der Familie, wie groß ist der Bedarf, und seht zu, ob ihr die Differenz geben könnt! Nun zeigt sich bei dieser Gelegenheit noch ein Vorzug der Armenämter, der sich in ungeahnter Bedeutung herausgestellt hat, das ist die Eruierung der Verhältnisse der Unterstützten. Die Armenkommissionen geben selber zu, sie sind nicht imstande, durch ihr eigenes Recherchieren die Erwerbsverhältnisse usw. festzustellen. In dieser Beziehung sind die Armenämter ein großer Segen. Es sind zwar mannigfache Absetzungen erfolgt, dafür ist an andern Stellen, wo es nötiger war, weit reichlicher gegeben worden.

Es wird dann nach der Teilnahme der Frauen gefragt. Vor 18 Jahren hat Stadtrat Gilow[11], gewiß ein tüchtiger Mann, gesagt: Wer hier bei unsern untern Organen etwas Neues durchsetzen will, darf nicht plötzlich auftreten und sagen: Dies muß geschehen – sondern er muß allmählich die Leute gewinnen. Wir müssen doch den ganzen Charakter und die Natur unserer Armenkommissionsvorsteher in Betracht ziehen. Bei den Waisenräten sind Frauen schon beschäftigt. Als wir nun mit den Vertrauensmännern der Armenkommissionen darüber sprachen, sagten sie: Wir verlangen zunächst eine Reform der Waisenräte. Darauf sind wir an die Waisenverwaltung gegangen, und Herr Stadtrat Kaempf[12] war so freundlich, sich dafür zu interessieren. Wenn die Waisenräte den Armenämtern unterstellt würden, so springt ein großer Vorzug in die Augen, daß nämlich die Angelegenheiten der Armenverwaltung dann besser behandelt würden, und noch ein anderer, etwas unscheinbarer Vorzug, daß durch die Unterstellung der Waisenräte unter die Armenämter auch unsere Armenkommissionen den dort beschäftigten Frauen nähergestellt würden. Die Waisenverwaltung hat deshalb schon beschlossen, die Waisenräte den Armenämtern zu unterstellen. Nun sind wir bei der Sachlage nicht mit großen Vorschlägen gleich hervorgetreten und beabsichtigen, das auch für dies Jahr nicht zu tun. Wir haben in den Etat die Errichtung neuer Armenämter nicht eingestellt, sondern wir werden, sobald wir den Beschluß von der Waisenverwaltung erhalten haben, beim Magistrat beantragen, noch ein Zimmer hinzuzunehmen für jedes Amt und einen Beamten der Waisenverwaltung einzusetzen. Wir glauben ferner, daß, wenn wir uns 16 Armenämter eingerichtet denken, ein Assessor an der Spitze eines jeden ein Luxus sein würde; es ist sehr zu erwägen, ob nicht ein bürgerlicher Beamter nach Art des Standesbeamten sehr gut imstande wäre, ein Armenamt zu leiten, während die juristischen Sachen von tüchtigen Sekretären bearbeitet werden könnten.

Tatsächlich hat die Armendirektion den Vorschlag des Herrn Kollegen Liebenow akzeptiert, dahin zu wirken, daß zunächst in den beiden Armenämtern je ein Gehilfe angestellt werde, so daß jedesmal, wenn neue Armenämter geschaffen werden, diese Gehilfen da eintreten usw., so daß die ganze Einrichtung sukzessiv in vier Zeitabstufungen über die ganze Stadt getroffen werden könnte. Diese Anträge werden binnen kurzem an den Magistrat gelangen.

Stadtverordneter Dr. Friedemann[13]: Meine Herren, der Herr Kollege Singer ist mir zuvorgekommen in der Interpellation, betreffend die Pfändung der Alters- und Invaliditätsrenten. Daß das Gesetz wegen der Armenunterstützungen die Pfändung der

---

[11] Wilhelm Gilow (1814-1883), 1851-1883 besoldeter Stadtrat in Berlin.

[12] Johannes Kaempf (1842-1918), Bankier in Berlin, 1887-1892 und seit 1896 wieder besoldeter Stadtrat in Berlin.

[13] Dr. Edmund Friedemann.

rückständigen Renten gestattet, das wissen wir. Aber ich bin der Ansicht, daß die Armendirektion nicht eine Behörde ist, die lediglich formaljuristisch die Sachen zu beurteilen hat, sondern sie müßte es mit Freuden begrüßen, wenn irgendein Fonds geschaffen wird, um die Quellen der Armut selbst zu verstopfen. Wie liegt nun in dieser Beziehung die Sache? Es bekommt ein Almosenempfänger ein kleines rückständiges Kapital. Statt daß man sich freuen sollte, daß der Betreffende dadurch in die Lage kommt, sich eine Existenz zu begründen, nimmt die Armendirektion ihm das Geld weg. Daß die Leute, um die es sich hier handelt, nicht gut situiert sind, geht doch daraus schon hervor, daß sie Armenunterstützung bekommen haben. Sie brauchen also doch notwendig jeden Groschen. Diese Art des Verfahrens widerspricht somit durchaus dem Geiste des Alters- und Invaliditätsgesetzes.

Nun hat der Herr Magistratskommissar sowohl im Etatausschuß, wo er darüber interpelliert wurde, als auch hier erklärt, daß in durchaus humaner Weise verfahren werde und daß die Pfändung der Renten nur in Ausnahmefällen geschehe. Er hat freilich selbst das Bekenntnis hinzugefügt, daß er die Zahlenverhältnisse nicht kenne. Nun, ich bin in der Lage, dem Herrn Magistratskommissar diese Zahlenverhältnisse mitzuteilen, (Hört!) und zwar einfach aus dem Bericht der Alters- und Invaliditätsversicherungsanstalt[14], worin es klipp und klar steht. Im Jahre 1896 sind in 868 Fällen Invaliditätsrenten gezahlt worden, und in 354 Fällen ist wegen Armenunterstützung Beschlag gelegt worden. (Hört!) Wie da der Herr Magistratskommissar sagen kann, das geschehe nur in Ausnahmefällen und es werde in besonders humaner Weise verfahren, das verstehe ich, offengestanden, nicht. Ja, man geht noch weiter: Man pfändet nicht nur wegen derjenigen Armenunterstützung, die der Invaliditätsberechtigte selbst erhalten hat, sondern auch wegen der Renten, die seinen Angehörigen gezahlt sind. Hierüber haben Prozesse geschwebt, und das Landgericht Berlin hat in mehrfachen Fällen den Anspruch der Armendirektion als unzulässig zurückgewiesen. Die Armendirektion hätte sehr wohl ihr Gewissen dabei beruhigen können; sie ist aber weitergegangen an das Kammergericht, und dort ist aus rein formalen juristischen Gründen ihr Anspruch anerkannt worden. Also auch in solchen Fällen, wo es juristisch zweifelhaft war, ist die Armendirektion vorgegangen.

Meine Herren, ich habe mir vorgenommen, nach der Etatberatung einen besonderen Antrag zu stellen, wodurch die Versammlung den Magistrat ersucht, von dieser Praxis Abstand zu nehmen, und ich glaube, daß der Magistrat dem gern Folge geben wird, ja, daß auch der Herr Vertreter der Armendirektion dies gern tun wird. Ich nehme an, daß er nur aus juristischer Peniblität so, wie bisher, vorgegangen ist und daß er die Vorschläge, die die Versammlung in dieser Beziehung machen wird, mit Freuden akzeptieren wird.

Meine Herren, was die Armenämter und die Armenunterstützungen anbetrifft, so erinnere ich daran, daß am 17. Dezember 1896 schon die Stadtverordnetenversammlung eine Resolution[15] gefaßt hat, in welcher sie den Magistrat ersuchte, mit ihr in gemischter Deputation zu beraten, ob und inwieweit es notwendig erscheint, eine anderweite Regelung betreffend das Maß der von der Armenverwaltung zu gewährenden Barunterstützungen vorzunehmen.

---

14 Verwaltungsbericht der Invaliditäts- und Altersversicherungsanstalt Berlin für das Rechnungsjahr 1896, Berlin 1897, S. 8.

15 Auszug aus dem amtlichen stenographischen Bericht über die Sitzung der Stadtverordnetenversammlung am 17.12.1896 (LA Berlin A Rep.000-02-01 Nr.1489, fol. 68-73, hier fol. 73).

Obgleich nun fünf Vierteljahre seit diesem Beschluß verstrichen sind, ist die gemischte Deputation noch nicht zusammenberufen worden. Man sagt uns, es müsse die Wirksamkeit der Armenämter abgewartet werden. Ja, was soll denn die Wirksamkeit zweier Armenämter in dieser Beziehung so Außerordentliches ergeben? Außerdem haben uns die Berichte im Kommunalblatt immer vorgelegen. Ich habe dieselben aufmerksam verfolgt, und ich muß gestehen, daß ich eine Änderung der Praxis beziehungsweise der Armenunterstützungen darin nicht bemerkt habe. Solange es vorkommt, wie dies in den Protokollen der Armenämter verzeichnet ist, daß zwei völlig erwerbsunfähige Personen zusammen monatlich 30 M. erhalten, so lange kann auch nicht von einer annähernd hinreichenden Unterstützung die Rede sein. Ich muß leider behaupten, daß wir die Pflicht, die uns das Landrecht[16] auferlegt, nämlich die Leute vor Mangel und Untergang zu schützen, auf diese Weise nicht erfüllen. Ich halte es für dringend notwendig, daß die gemischte Deputation schleunig zusammentritt, um die Mittel und Wege zu beraten, wie diesen Übelständen abzuhelfen sei, denn ich fühle mich und uns alle verantwortlich dafür, wenn die Existenz von Menschen gefährdet wird, für die zu sorgen wir die gesetzliche Verpflichtung haben.

Was schließlich die Zuziehung von Frauen anbetrifft, so ist das langsame Tempo, in dem sich hier die Armendirektion bewegt, begreiflich angesichts des Widerstands, den die Armenkommissionen leisten. Ich wünschte aber doch, daß seitens der Armendirektion in dieser Beziehung mehr geschehen wäre als bisher. Es wird gesagt: Ja, bei den Waisenräten geht das, da haben auch schon Frauen bisher fungiert. Es muß doch aber auch einmal bei den Armenkommissionen angefangen werden. Wenn gar nichts geschieht, dann können auch keine Erfahrungen gemacht werden. Die Aussicht, die uns der Herr Magistratsvertreter eröffnet hat, daß die Waisenräte unter die Armenverwaltung gestellt werden, ist wenig trostreich; denn dann haben wir zu erwarten, daß die Wirksamkeit der Frauen, wie sie in den Waisenräten bisher schon in segensreicher Weise stattgefunden hat, durch die Armenkommissionen noch mehr paralysiert werde als bisher. Das wäre der schlechteste Weg, den die Verwaltung einschlagen könnte.

Stadtrat Tourbié: Ich gebe dem Herrn Vorredner zu, daß er klipp und klar die Zahlen vorgelesen hat, ich muß aber bezweifeln, ob sie richtig bzw. für unsern Zweck hier zu gebrauchen sind. Da sind Rentenrückstände mit den laufenden Renten zusammengeworfen. Im nächsten Jahr werden wir die Sachen einfach kontrollieren und Ihnen nach Ablauf des nächsten Rechnungsjahres genau das Bild geben.

Dann hat der Herr Vorredner sich darüber aufgehalten, daß die Frage auch juristisch zum Austrag gebracht worden ist, ob der Rentenrückstand auch in Beschlag genommen werden kann für Unterstützungen, die Familienmitglieder erhalten haben. Das soll eine juristische Peniblität sein. Der Herr Vorredner hat ja in den Prozessen, die geführt worden sind, die entgegengesetzte Ansicht vertreten. Es mag schmerzlich sein, namentlich wenn man von solchem Idealismus beseelt ist wie der Herr Vorredner, wenn die eigene Ansicht nicht durchdringt. Trotzdem können Sie es unsern Dezernenten nicht verdenken, wenn sie diesen Weg beschritten haben; sie haben nachher ja auch das abweichende Kammergerichtserkenntnis erstritten.

Der Herr Vorredner hat dann weiter von den Resolutionen des vorigen Jahres[17]

---

[16] Anspielung auf die staatliche Pflicht zur Armenpflege für diejenigen, die sich den Unterhalt nicht selbst und auch nicht von anderen Privatpersonen verschaffen können, nach dem Allgemeinen Landrecht für die Preußischen Staaten vom 1.6.1794, 2. Teil, 19. Titel § 1.

[17] Auszug aus dem amtlichen stenographischen Bericht über die Sitzung der Stadtverordnetenversammlung am 17.12.1896 (LA Berlin A Rep.000-02-01 Nr.1489, fol. 68-73, hier fol. 73).

gesprochen, zunächst bezüglich der Grundsätze, daß immer noch nicht über das Maß andere Bestimmungen getroffen seien. In dieser Beziehung habe ich gesagt, daß wir von der Schulung der Armenkommissionen ausgehen müssen. Sie werden mit den Anträgen, die wir an den Magistrat stellen werden, eine sehr ausführliche Ausarbeitung[18] des Herrn Assessors, jetzigen Stadtrats Cuno[19] in Königsberg bekommen, der sich auch darüber verbreitet hat, wie da nach seinen Erfahrungen vorzugehen ist.

Dann die andere Resolution, betreffend die anderweite Regelung des Auszahlungswesens. Das ist eine schwierige Sache, die ebenfalls nicht übers Knie gebrochen werden kann. Als wir mit den Armenkommissionsvorstehern sprachen, ist ein Magistratsmitglied aufgetreten und hat gesagt: Es ist einzig in der Welt, daß dieselbe Behörde, die bewilligt, auch zahlt; ihr steht ja viel höher und vornehmer da, wenn ihr das Geld nicht in die Hand nehmt; es ist vorzuziehen, wenn andere Beamte in einem Armenamt drei Tage lang auszahlen. Der Herr kam schön an. Er betrachtete die Sache vom Standpunkt der glatten Abwicklung eines Handelsgeschäfts im Interesse der Kunden. Unsere Armenkommissionsvorsteher machten geltend, daß die auszahlenden Mitglieder mehr Ansehen hätten bei den Armen, dadurch auch mit ihnen mehr in Berührung kommen. Unter den Armen gibt es bresthafte, denen es lieber ist, nicht im großen Haufen bezahlt zu werden und einen weiten Weg zu machen. Die Armenkommissionsvorsteher betonen, daß es sich hier in erster Linie um eine Personalfrage handle. Es gäbe etwa 60 Kommissionen, wo es nicht nur am Lokal, sondern auch an Mitgliedern fehle, welche gegen Ende des Monats zur Zahlung Zeit hätten. Sie kamen infolgedessen zu dem Beschluß, daß der Armenkommissionsvorsteher bei Vakanzen so schnell als möglich berichten, bestimmte Vorschläge machen solle und daß der Stadtverordnetenversammlung der Wunsch ausgesprochen werden solle, auch jedesmal die Vorschläge des Armenkommissionsvorstehers zu berücksichtigen, die er für die Vakanzen hat. Denn auf die Personalfrage kommt sehr viel an.

Stadtverordneter Bergemann[20]: Meine Herren, es gibt außer der staatlichen Altersversorgung noch wohlwollende Fabrikherren, die ihren Arbeitern im späteren Lebensalter Unterstützungen geben, und die Armenkommission hat ebenfalls Beschluß darüber gefaßt, daß da in der humansten Weise verfahren, daß die Armenunterstützung nicht zu karg neben ihrer Altersversorgung angesetzt werden soll. Meine Herren, es gibt eben Ansichten, die so voreingenommen sind gegen die Armenverwaltung, daß alle Belehrungen fruchtlos abprallen.

Vorsteher Dr. Langerhans: Herr Bergemann, davon habe ich nichts gehört; sonst würde ich eingeschritten sein. Es ist in keiner Weise der Armenverwaltung auch nur annähernd ein Vorwurf gemacht, es sind nur Vorschläge gemacht, ob man nicht so oder so verfahren kann.

Stadtverordneter Bergemann: Meine Herren, es kommt der Armenverwaltung auf jeden einzelnen Fall an, der nach allen Verhältnissen und Familienmitgliedern wohlerwogen werden muß. So muß verfahren werden, sonst kommen wir zu sehr hohen Unterstützungen. Der Herr Referent wird mir bestätigen, daß in der Armenverwaltung sehr human gehandelt wird.

Stadtverordneter Singer: Meine Herren, wenn der Herr Vorredner den Wunsch hat, daß Mitglieder der Stadtverordnetenversammlung, die nicht Mitglieder der Ar-

---

18 Magistratsassessor Willi Cuno: Bericht über die Erfahrungen im Armenamt XII vom 28.2.1898 (LA Berlin A Rep.003-01 Nr.351, n. fol.).

19 Willi Cuno wurde zum 1.4.1898 Stadtrat in Königsberg i. Pr.

20 Julius Bergemann (gest. um 1905), Rentier, seit 1883 Stadtverordneter in Berlin.

mendirektion sind, von den Mitgliedern der Armendirektion über ihre Tätigkeit belehrt werden, so würde ich vorschlagen, daß andere Lehrer in dieser Beziehung gewählt werden als er. (Heiterkeit) Ich kann nicht umhin, zu erklären, daß ich aus seinen Aufklärungen, die mit den Fragen, die verhandelt werden, vielfach nicht in Zusammenhang stehen, nicht klüger geworden bin als bisher.

Gegenüber den Erklärungen des Herrn Magistratsvertreters kann ich mich nicht befriedigt erklären. Ich will hoffen, daß die in Aussicht gestellten Berichte eingehender über die Sache informieren, als der Herr Magistratsvertreter es heute getan hat. Aber die Auffassung, die wir eben von ihm gehört, daß er aus juristischen Gründen die Beschlagnahme eines Teils der Rente von Familienangehörigen der Armenunterstützten für zulässig hält, kann ich nicht für gerechtfertigt halten. Es gibt doch kein Gesetz, welches die Armendirektion verhindert, von dieser Befugnis keinen Gebrauch zu machen, und es ist doch zweifellos im Interesse der Armenunterstützten, wenn man ihnen die Möglichkeit läßt, mit Hilfe eines durch irgendeinen Umstand in ihre Hände gekommenen kleinen Kapitals sich erwerbsfähig, sich selbständig zu machen. Zu dem Maße, wie das gelingt, verringert sich genau nachher die Leistung der Armenpflege. Es wäre also finanziell für die Armendirektion kein schlechtes Verlangen.

Dann noch ein kurzes Wort in bezug auf die Ausführungen über die Armenkommissionsvorsteher. Ich würde wünschen, daß die Armendirektion – ich glaube, man könnte seitens der Kommunalbehörden diesen Vorschlägen Unterstützung leihen – grundsätzlich verfügt, daß die Auszahlung der Armengelder von absolut unparteiischer Stelle aus zu geschehen habe. Ich glaube, daß die Einwendungen, die von der Armendirektion dagegen gemacht werden, mehr aus einem gewissen Autoritätsgefühl heraus kommen, die die verehrten Mitglieder der Armenkommission von den Armen zu fordern berechtigt zu sein glauben. Ich habe die Empfindung, als ob die Auszahlung der Gelder, wenn sie von den Mitgliedern der Armendirektion vorgenommen wird, dazu benutzt werden kann, um den Armen ihre Abhängigkeit von der Person des Auszahlenden fühlbar zu machen. Das, meine Herren, haben wir, glaube ich, keinen Grund zu unterstützen.

Andererseits, meine Herren, täuschen wir uns darüber nicht! Denken wir doch an die Fälle, die wir verhandelt haben, in denen in der Tat Armenkommissionsmitglieder, die mit der Auszahlung von Geldern betraut waren, mit der einen Hand Armengeld gezahlt haben und mit der andern Hand Waren aus ihrem Geschäft an die Armen verkauft haben; wir kennen doch die Fälle, wo ein Armenkommissionsmitglied für die Miete, die die Armen in seinem Haus schuldig waren, die Armengelder in Anspruch genommen hat. Man braucht den Armenkommissionen, die sich dem Dienste der Stadt opfern, nicht irgendwelche Vorwürfe zu machen, ohne deshalb blind zu sein gegen die Schäden, die sich eingeschlichen haben.

Darin bin ich mit dem Herrn Stadtrat einverstanden, daß er meint, die Stadtverordnetenversammlung solle in allen Fällen die Vorschläge, die von den Armenkommissionsvorstehern zur Vervollständigung der Armenkommission gemacht werden, berücksichtigen. Abgesehen davon, daß wir es einfacher haben könnten, wenn es den Armenkommissionen überlassen würde, zu kooptieren, daß wir auf unser Wahlrecht verzichteten – ganz abgesehen davon wünsche ich nicht, daß es zum Grundsatz erhoben wird, die Vorschläge der Armenkommissionsvorsteher müßten von vornherein genehmigt werden. Nein, wir haben uns zu hüten, daß wir einer gewissen Inzucht in den Armenkommissionen das Wort reden. Wir wollen nicht, daß die Armenkommissionen aus sich selbst heraus, wie Herr Stadtrat Tourbié will, sich ergänzen, sondern wir wollen, daß den Gemeindebehörden die Möglichkeit gegeben wird, durch die Zuführung frischen Blutes die Armenkommissionen zu ergänzen.

Meine Herren, die ganzen Grundsätze, die wir hier von Herrn Tourbié gehört haben, lassen mich allerdings auf einen von mir sehr bedauerten hohen Grad von Bürokratismus in der Armenverwaltung schließen. Ich habe den lebhaften Wunsch, daß die Stadtverordnetenversammlung mit regerem Interesse als bisher sich um diese Dinge kümmert; ich zweifle nicht, daß ein Teil auch erreicht wird durch die heutige Besprechung.

Stadtverordneter Dr. Friedemann: Die Art und Weise, in der es dem Herrn Magistratskommissar gefallen hat, auf meine sachlichen Erörterungen zu erwidern, nötigt mich, ihm zu replizieren.

Der Herr Magistratskommissar hat die Richtigkeit meiner Zahlenangaben bestritten. Ich bewundere die Sicherheit, mit der der Herr Magistratskommissar einen solchen Ausspruch tut. Ich habe hier den Verwaltungsbericht der Invaliditäts- und Altersversicherungsanstalt von Berlin vom Rechnungsjahr 1896 vor mir liegen – derselbe ist also vor beinahe einem Jahr bereits erschienen; darin steht auf Seite 8, daß im Jahre 1896 868 Invaliditätsrenten bewilligt sind und daß in 374 Fällen eine Beschlagnahme erfolgt ist, und zwar von der Armendirektion von Berlin allein in 354 Fällen. Ich hatte freilich angenommen, daß der Vorsitzende der Armendirektion von Berlin sich die Mühe genommen habe, den Bericht der Invaliditäts- und Altersversicherungsanstalt von Berlin wenigstens, soweit er seine eigene Armendirektion betrifft, zu lesen. Wenn er dies bisher unterlassen hat, so sollte er doch vorsichtiger sein, bevor er mir Unrichtigkeiten vorwirft.

Dann hat der Herr Magistratskommissar mit einer gewissen Ironie gesagt, er könne sich den Schmerz vorstellen, den ich über einen verlorenen Prozeß fühlte, besonders bei meinem Idealismus. Ich will tatsächlich bemerken, daß ich persönlich das Glück gehabt habe, gegen die Stadt den betreffenden Prozeß am Landgericht zu gewinnen und daß erst die zweite Instanz das Urteil abgeändert hat; das ist aber für die Sache unerheblich. Freilich, das muß ich gestehen: Ich habe Schmerz empfunden bei diesem Prozeß, aber nicht, weil derselbe verlorengegangen ist, sondern weil ich gesehen habe, in welcher formalistisch-juristischen Weise die Stadt Berlin, deren Vertretung ich anzugehören die Ehre habe, vorgeht und daß man derartige Sachen erst vor Gericht verfechten muß. Darüber, Herr Magistratskommissar, habe ich freilich Schmerz empfunden. Wenn Sie aber mit einer gewissen Ironie auf meinen Idealismus anspielen – ein Vorwurf den ich gern annehme –, so wünschte ich nur, daß der Vorsitzende der Armendirektion neben dem Bürokratismus, den er in reichem Maße besitzt, auch eine kleine Portion von diesem Idealismus besäße.

Stadtrat Tourbié: Ich habe selbstverständlich bezüglich der Zahlen nur meine persönliche Ansicht ausgedrückt. Es wäre nicht das erste Mal, daß Zahlen je nach der Gruppierung ein unrichtiges Bild geben. Ich habe loyalerweise gesagt, daß wir im nächsten Jahr durch das Kosteneinziehungsbüro die Probe machen werden.

Was das anbelangt, daß dem juristischen Dezernenten – ich selber führe die Prozesse nicht persönlich – nachgelassen wird, einmal eine Prinzipienfrage auszutragen, so weiß ich nicht, wie man ihm daraus einen Vorwurf machen will und gleich mit „Bürokratismus" etc. bombardiert. Denn die juristischen Dezernenten sind da zum Kosteneinziehen. Wenn wir ihnen sagen: Kosten sollen nicht mehr eingezogen werden, dann brauchen wir auch keine Armenverwaltung mehr; dann stellen wir etwa alle vierzehn Tage in jedem Bezirk eine Tonne mit Zwanzigmarkstücken auf, und da holt sich jeder [h]eraus, was er braucht, dann ist die Sache erledigt.

Berichterstatter Stadtverordneter Liebenow (Schlußwort):

Das Plenum der Versammlung ist den Kollegen Singer und Friedemann gewiß sehr dankbar, daß sie diese Frage hier angeschnitten haben. Wie Sie aber aus dem Protokoll ersehen haben, hat sich der Etatausschuß mit diesen Fragen, die die beiden Herren hier angeregt haben, ebenfalls sehr eingehend beschäftigt. Da aber Resolutionen dabei nicht beantragt waren, so glaubte ich, über dieses Referat hinweggehen zu können. Ich möchte jedoch den Etatausschuß in Schutz gegen den Anschein nehmen, als ob er gewissermaßen den Etat des Armenetats nicht eingehend behandelt hat.

(Die Versammlung stellt den Spezialetat 20, Armenpflege, en bloc nach dem Antrag des Etatausschusses fest.)

Nr. 72

1898 Mai 18

Runderlaß[1] des preußischen Kultusministers Dr. Robert Bosse[2] an die Regierungspräsidenten

Druck

[Das in Wiesbaden praktizierte System der schulärztlichen Untersuchungen hat sich bewährt und wird den anderen Städten zur Nachahmung empfohlen]

In der Anlage übersende ich auszugsweise Abschrift eines Reiseberichts, welchen meine Kommissare[3] mir über die Schularzteinrichtung in Wiesbaden erstattet haben.

Die in Wiesbaden gewonnenen Erfahrungen sind für die Beurteilung der Schularztfrage von Bedeutung und geeignet, als Anhaltspunkt für eine zweckdienliche Förderung der Schularzteinrichtung in Städten mit gleichen oder ähnlichen Verhältnissen wie in Wiesbaden zu dienen.

Reisebericht

Eine im Frühjahr 1895 durch den Magistrat der Stadt Wiesbaden veranlaßte ärztliche Untersuchung[4] von etwa 7 000 Schülern der Volks- und Mittelschulen ergab bei 25 % der Untersuchten körperliche Gebrechen und gesundheitliche Mängel, ja selbst ansteckende Krankheiten, und erwies hiermit die praktische Bedeutung der ärztlichen Untersuchung sowohl für das gesundheitliche und unterrichtliche Interesse der Kinder wie für die Schulbehörde.

---

1 Centralblatt für die gesammte Unterrichts-Verwaltung in Preußen 1898, S. 385-397. Metallographie: GStA Berlin I. HA Rep.76 VIII B Nr.2828, fol. 162-177.

2 Dr. Robert Bosse (1832-1901), Jurist, 1889 Unterstaatssekretär im Reichsamt des Innern, seit 1892 preußischer Kultusminister.

3 Geheimer Oberregierungsrat Dr. Theodor Hermann Brandi (1837-1914), Mitglied der Schulabteilung des preußischen Kultusministeriums, und Geheimer Medizinalrat Dr. Adolf Schmidtmann (1851-1911), Mitglied der Medizinalabteilung des Kultusministeriums.

4 Bericht der Stadtärzte Dr. Friedrich Cuntz, Dr. Emil Jung, Dr. Gustav Alexander Schellenberg und Dr. Ferdinand Schulz für den Magistrat der Stadt Wiesbaden über die ärztliche Untersuchung der Schulkinder vom 19.10.1895 (Staatsarchiv Hamburg 352-3 II S 7, fol. 84-85 Rs.).

In richtiger Würdigung dieses Ergebnisses ist auf den Antrag[5] des um diese Sache besonders verdienten Stadtrats Kalle[6] zunächst versuchsweise die Anstellung von 4 Schulärzten für die Volks- und Mittelschulen durch den Magistrat zu Wiesbaden im Jahre 1896 erfolgt.

Die den Schulärzten zugewiesenen Aufgaben, welche in einer Dienstordnung festgelegt wurden, umfaßten: die ärztliche Untersuchung aller neu aufgenommenen Schulkinder, soweit dieselben nicht einen anderweiten ärztlichen Ausweis über ihren Gesundheitszustand beibrachten, die Ausstellung und Führung eines Personalbogens für jedes kränklich befundene Kind, die Abhaltung einer Sprechstunde in jeder Schule alle 14 Tage nebst hygienischer Revision und Überwachung der Schulräume, ihrer Ausstattung, Beleuchtung, Lüftung, Reinigung und dgl. und schließlich die Verpflichtung zur Haltung kurzer Vorträge über schulhygienische Fragen in den Lehrervereinsversammlungen.

Für diese Mühewaltung wurde ein Honorar von jährlich je 600 Mark gewährt.

Diese versuchsweise Einrichtung bewährte sich so, daß die städtischen Behörden nach den Erfahrungen des ersten Jahres kein Bedenken getragen haben, sie zu einer dauernden zu machen und gleichzeitig statt der vier Schulärzte nunmehr sechs unter Aufwendung von 8 600 Mark jährlich anzustellen.

Von der Aufsichtsbehörde wird eine erkennbare gesundheitliche Förderung des Schulwesens in Wiesbaden durch die Schaffung der Schulärzte bestätigt.

Bei 4 % der Untersuchten konnte den Lehrern Anweisung für die spezielle Behandlung und Beaufsichtigung mit Rücksicht auf bestehende Kurzsichtigkeit, Schwerhörigkeit, Rückgratsverkrümmungen, Bruchanlage und dergleichen erteilt werden, 14 % gaben Anlaß, die ärztliche Behandlung, Reinigung von Ungeziefer und dgl. bei den Eltern, und zwar, wie die spätere Kontrolle erwies, zumeist mit Erfolg anzuregen.

Aufgrund der gewonnenen Erfahrungen ist nach Ablauf des Versuchsjahrs die Dienstordnung in einigen Punkten umgestaltet worden und ordnet (siehe Anlage A[7]) unter andern nunmehr die Ausfüllung eines Gesundheitsscheins nach vorgeschriebenem Muster (siehe Anlage B[8]) für jedes neu eintretende Schulkind an. Zur Feststellung der Größe und des Gewichts desselben ist in jeder Schule eine Meßvorrichtung und Dezimalwaage angebracht. Die Wägung und Messung des Kindes wird ebenso wie die Eintragung dieser Angaben in die hierfür vorgesehene Rubrik des Gesundheitsscheins durch den Klassenlehrer ausgeführt.

Eine seitens des Herrn Ministers zur näheren Ermittlung an Ort und Stelle entsandte Kommission je eines Mitglieds der Schul- und der Medizinalabteilung stellte am 15. Januar 1898 das hier Folgende fest.

Der ärztliche Besuch in den Schulklassen behufs äußerer Besichtigung der Kinder und gleichzeitiger Beobachtung der schulhygienischen Verhältnisse, der Temperatur,

---

5 Denkschrift und Antrag von Stadtrat Fritz Kalle an den Magistrat der Stadt Wiesbaden vom 25.11.1895 (Staatsarchiv Hamburg 352-3 II S 7, fol. 86-88 Rs.). Kalle hatte hier insbesondere auf ähnliche Einrichtungen in belgischen, Schweizer, französischen und schwedischen Städten sowie mit Abstrichen auch in Österreich verwiesen.

6 Fritz Kalle (1837-1915), Rentier in Wiesbaden, seit 1891 unbesoldeter Stadtrat, seit 1894 MdR (nationalliberal).

7 Vgl. Nr. 60.

8 Gesundheitsschein, Anlage B zu dem hier abgedruckten Runderlaß (Centralblatt für die gesammte Unterrichts-Verwaltung in Preußen 1898, S. 395 f.).

Ventilation und dgl. vollzog sich unter verständnisvoller Mitwirkung der Klassenlehrer ebenso wie die Abhaltung der Sprechstunde leicht und rasch, so daß eine störende Beeinträchtigung des Unterrichts nicht hervortrat. Der Vollzug dieser Tätigkeit wird durch einen Laufzettel, auf welchem von den einzelnen Lehrern alle der ärztlichen Untersuchung bedürftig erscheinenden Kinder vermerkt sind, wirksam vorbereitet. Die ärztlichen Untersuchungen haben regelmäßig einen verhältnismäßig bedeutenden Prozentsatz von ausgesprochenen oder beginnenden Rückgratsverkrümmungen (7,6 %)[9], von bis dahin zumeist nicht bemerkten Unterleibsbrüchen (9 %)[10], von Augenleiden (13,6 %)[11], von Gehörfehlern, von Folgen ungenügender Reinlichkeit sowie die mangelhafte Konstitution vieler Kinder bereits beim Eintritt in die Schule festgestellt. Diese Ermittlungen gewähren der Schulverwaltung einen Schutz gegen die gebräuchliche Beschuldigung, daß durch den Schulbesuch diese Leiden erst veranlasst werden. Dieselben bieten ferner die Möglichkeit, den Ausschluß von Kindern mit ansteckenden Krankheiten, Krätze, Ungeziefer und dergleichen rechtzeitig zu bewirken, die Hineintragung von Ansteckungskeimen in die Schulräume, die Infektion anderer Kinder zu verhindern und der Notwendigkeit eines hierdurch öfters herbeigeführten Schulschlusses erfolgreich vorzubeugen.

Um diese Vorteile für Schule und Schulkind zu sichern, wird die ärztliche Untersuchung auf übertragbare Leiden am besten vor Eintritt des Kindes in die Schule bei der Aufnahme vorgenommen.

Indem die erstmalige ärztliche Untersuchung und demnächstige fortdauernde Beaufsichtigung der Schulkinder auch zur Erkennung von Infektionsherden in den Familien führt, kann dieselbe über das engere Gebiet der Schule hinaus zu einer Kontrolle des öffentlichen Gesundheitszustands dienen, und dadurch, daß der Schularzt den mit der Überwachung der allgemeinen Gesundheit betrauten Organen durch Mitteilung allgemein wichtiger Feststellungen die Möglichkeit zur Ermittlung und Unterdrückung bisher unbemerkter Infektionsherde bietet, kann derselbe die öffentliche Gesundheitspflege wesentlich unterstützen.

Die Einrichtung des Schularztes gestaltet sich somit zu einer allgemein nützlichen hygienischen Maßnahme.

Wie auf gesundheitlichem Gebiet, so gewähren die schulärztlichen Feststellungen auch einen Einblick in die sozialen Verhältnisse und zeigen der allgemeinen Wohlfahrtspflege die Wege für eine wirkungsvolle Ausübung.

Von nicht zu unterschätzender Bedeutung war die Beobachtung bei der Untersuchung 1895, daß nur 45,7 % von 6 949 Kindern eine gute, 45,6 % dagegen eine mittlere und 8,7 % eine schlechte Körperkonstitution darboten.[12] Diese Zahlen lassen erkennen, daß in weiten Schichten der ärmeren Bevölkerung die Ernährung keine für die normale körperliche Entwicklung der Kinder genügende ist. Die Verabreichung eines warmen Frühstücks, bestehend aus Hafergrützsuppe und Brot, welche in den Volksschulen von Wiesbaden während der Monate Dezember bis März geübt und aus freiwilligen Beiträgen bestritten wird, ist hiernach vor der Verurteilung als einer

[9] Anmerkung in der Quelle: *Nach der Untersuchung im Jahre 1895.*

[10] Anmerkung in der Quelle: *Nach der Untersuchung im Jahre 1895.*

[11] Anmerkung in der Quelle: *Nach der Untersuchung im Jahre 1895.*

[12] Bericht der Stadtärzte Dr. Friedrich Cuntz, Dr. Emil Jung, Dr. Gustav Alexander Schellenberg und Dr. Ferdinand Schulz und für den Magistrat der Stadt Wiesbaden über die ärztliche Untersuchung der Schulkinder vom 19.10.1895 (Staatsarchiv Hamburg 352-3 II S 7, fol. 84-85 Rs., hier fol. 84).

überflüssigen Wohlfahrtseinrichtung geschützt, und die Tatsache, daß in einzelnen Stadtteilen bis zu 20 % der Gesamtzahl der Schüler sich zum Frühstück vor Schulbeginn einfinden, beweist in Übereinstimmung mit den schulärztlichen Erhebungen, daß hier einem wirklichen Bedürfnis entsprochen wird.

Ferner erweisen hierdurch Turnen, Spiel und Schulbad als geeignete Mittel zur Besserung der allgemeinen Konstitution und zur Förderung der gedeihlichen körperlichen Entwicklung ihre Berechtigung im Leben der Schule.

Die anfänglich vereinzelt bemerkte Abneigung der Eltern gegen den Schularzt ist geschwunden. Der Beschluß der städtischen Behörden, Schulärzte anzustellen, wurde den Eltern durch die nachstehend abgedruckte Mitteilung (siehe Anlage C)[13] bekanntgegeben. Das wachsende Verständnis für die Nützlichkeit der Einrichtung beweist die Tatsache, daß 1897 bei einer Aufnahme von 1700 Kindern nur 35 der schulärztlichen Untersuchung durch Vorlage ärztlicher Atteste entzogen wurden. Den Anregungen, welche die Eltern durch Vermittlung der Lehrer mündlich oder schriftlich auf vorgedrucktem Formular (siehe Anlage D)[14] für die Behandlung ihrer Kinder erhalten, wird, wie vorerwähnt, fast ausnahmslos willig Folge geleistet. Allein bei der Feststellung von Ungeziefer hat sich ein Widerstand bei manchen Eltern bemerkbar gemacht, der sich jedoch durch das bisher geübte umständliche und mit Kosten verknüpfte Verfahren zur Ungezieferbeseitigung einigermaßen erklärt und voraussichtlich bei entsprechender Änderung verschwinden wird.

Die von einigen Seiten gehegten Befürchtungen, daß Mißhelligkeiten zwischen Lehrer und Schularzt entstehen würden, haben sich nicht bestätigt. Die schulärztliche Tätigkeit ist von den Lehrern als eine die Schulzwecke unterstützende erkannt worden, und auch für den Schulbetrieb ist durch den Eintritt des Schularztes die von manchem Lehrer besorgte Störung nicht eingetreten.

Zu dieser erfreulichen Entwicklung haben die Schulärzte insofern beigetragen, als sie ihr Amt mit Takt ausgeübt und unerfüllbare Forderungen nicht gestellt haben. Etwaige Beschwerden der Schulärzte unterliegen der Prüfung in der Schulhygienedeputation, welche aus zwei Magistratsmitgliedern, drei Angehörigen der Schuldeputation und einem Schularzt gebildet ist.

Durch die Teilnahme der Lehrer an den ärztlichen Untersuchungen bei ihren Schülern und durch ihre Kontrolle über die für das hygienische Verhalten der Kinder sowie über Reinhaltung, Lüftung, Heizung und Beleuchtung der Schulräume gegebenen Anordnungen und Anregungen ist das Interesse der Lehrer in erfreulicher Weise geweckt und ihr Blick für diese Sache geschärft worden.

Die ärztlichen Anordnungen, welche, wie bemerkt, den Eltern oft durch den Lehrer persönlich übermittelt werden, haben in vielen Fällen erwünschte Beziehungen zwischen Schule und Elternhaus geschaffen.

Kompetenzstreitigkeiten mit den Medizinalbeamten wegen der Wahrnehmung der hygienischen Beaufsichtigung der Schullokalitäten und dergleichen seitens der Schulärzte sind nicht vorgekommen, da die letzteren durch ihre Instruktion auf die Anrufung des königlichen Kreisphysikus bei Feststellungen von allgemeiner und

---

[13] Mitteilung des Magistrats der Stadt Wiesbaden an die Eltern, Anlage C zu dem hier abgedruckten Runderlaß (Centralblatt für die gesammte Unterrichts-Verwaltung in Preußen 1898, S. 396 f.).

[14] Mitteilung des Magistrats der Stadt Wiesbaden an die Eltern, Anlage D zu dem hier abgedruckten Runderlaß (Centralblatt für die gesammte Unterrichts-Verwaltung in Preußen 1898, S. 397).

prinzipieller Bedeutung hingewiesen sind. Außerdem wird der Kreisphysikus zu den Verhandlungen der Schulhygienekommission über Fragen von größerer Tragweite regelmäßig zugezogen. Das verständnisvolle Zusammenwirken der Schulärzte und des Medizinalbeamten bei Ermittlung und Unterdrückung ansteckender Krankheiten hat sich sowohl für die öffentliche Gesundheitspflege wie für die Schule besonders vorteilhaft erwiesen.

Auch das kollegiale Verhältnis mit den praktischen Ärzten ist durch die Schaffung des Schularztes nicht getrübt worden, da durch die Bestimmung der Dienstordnung, nach welcher die ärztliche Behandlung erkrankter Schulkinder nicht Sache des Schularztes ist, den Eingriffen in die hausärztliche Praxis und in den Krankenkreis der anderen Ärzte gesteuert worden ist.

Die Ministerialkommissare faßten ihr Urteil über die Schularzteinrichtung in Wiesbaden dahin zusammen:

Die bisherigen Erfahrungen haben bewiesen, daß die Anstellung von Schulärzten für Volks- und Mittelschulen einen nicht zu unterschätzenden Nutzen für die Schule und die Schüler bietet, daß dieselbe mit den Schulzwecken wohl vereinbar und unter gleichen oder ähnlichen Verhältnissen wie in Wiesbaden ohne größere Schwierigkeiten praktisch durchführbar ist. Insbesondere ist nach dieser Untersuchung hervorzuheben, daß die bekannten gegen den Schularzt erhobenen Bedenken[15], die man auch in Wiesbaden gehegt hatte, durch die Erfahrung nicht bestätigt worden sind.

Es ist daher nur zu wünschen, daß das dankenswerte Vorgehen der städtischen Behörden in Wiesbaden zahlreiche Nachahmung[16] finden und daß damit die fortschreitende Entwicklung unseres preußischen Schulwesens auf diesem für die Volksgesundheit so wichtigem Gebiet der Schularzteinrichtung endgültig gesichert werden möge.

---

15 Medizinalrat Dr. Adolf Schmidtmann, einer der beiden Verfasser des Reiseberichts, hatte an anderer Stelle von einer *nicht zu unterschätzende*(n) *Gegensätzlichkeit bei den Pädagogen* berichtet, *sofern sie der Meinung huldigen, daß sich ein unberufener Einbruch in ein ihnen ausschließlich zugehöriges Gebiet vollziehe*, und der Hoffnung Ausdruck verliehen, *daß auch die in den Lehrerkreisen noch bestehenden Bedenken gegen den Schularzt schwinden werden und daß der Schularzt demnächst auch an dieser Stelle allseitig als willkommener Mitarbeiter begrüßt wird* (Adolf Schmidtmann, Der Schularzt in Wiesbaden, in: Vierteljahrsschrift für gerichtliche Medizin und öffentliches Sanitätswesen 3, Folge 16 (1898), S. 127-142, hier S. 127 und S. 131.

16 Über Wiesbaden hinaus wurden Schulärzte in der Folgezeit, vielfach in Anlehnung an das Wiesbadener Modell, in einer ganzen Reihe weiterer größerer Städte in Preußen angestellt, so etwa in Königsberg, Frankfurt a. M., Berlin, Danzig, Aachen, Bonn und Breslau. Außerhalb Preußens waren Schulärzte vor allem in Hessen (Offenbach und Darmstadt) und Sachsen (Dresden und Leipzig) angestellt worden, in Bayern in der Stadt Nürnberg (Bericht des Geheimen Obermedizinalrats Dr. Adolf Schmidtmann für den preußischen Kultusminister Dr. Konrad Studt vom 6.1.1900: GStA Berlin I. HA Rep.76 VIII B Nr.2828, fol. 414-433; Bericht des Dortmunder Polizeidezernenten Wilhelm Kienitz, in: Verhandlungen des 24. westfälischen Städtetages am 21. und 22. Juni 1901 in Oeynhausen, Dortmund 1902: GStA Berlin I. HA Rep.76 VIII B Nr.2835, fol. 145-146 Rs.). In Preußen wurde 1899 die gesundheitliche Überwachung aller der Aufsicht der Regierung unterstehenden öffentlichen und privaten Schulen zwar den staatlichen Kreisärzten übertragen, daneben die Anstellung von städtischen Schulärzten aber auch weiterempfohlen und gefördert.

Nr. 73

1898 August

Leitfaden[1] für Wohnungspfleger der Hamburger Behörde für Wohnungspflege

Druck, Teildruck

[Zusammenstellung der Grundsätze der Wohnungspflege für die ehrenamtlichen Wohnungspfleger unter gesundheitlichen Gesichtspunkten, insbesondere hinsichtlich der Zufuhr von Licht und Luft, der Abhilfe bei Feuchtigkeit, der Vermeidung von Überfüllung und der Verhinderung von Schmutz und Unordnung]

[...]

2. Die Fürsorge für gesunde Wohnungen

So leicht es vergleichsweise dem Staat ist, dafür zu sorgen, daß keine gesundheitswidrige Nahrung in den Verkehr gebracht wird, so schwierig ist es ihm, zu verhindern, daß der Bevölkerung gesundheitswidrige Wohnungen angeboten und von ihr benutzt werden. Denn während das einzelne verdorbene oder gesundheitsschädliche Nahrungsmittel nur einen geringen Wert vertritt und in kurzer Frist dem Untergang anheimfällt, dauern Wohnungen Jahrzehnte und Jahrhunderte und sie behalten, auch wenn sie schlecht sind, doch noch einen beträchtlichen Preis. Jedes ernstere Vorgehen in der Wohnungsfrage greift daher tief ein in die wirtschaftlichen Interessen der Menschen und in Zustände, die im Laufe der geschichtlichen Entwicklung allmählich entstanden und den Menschen gewohnt geworden sind. Daraus erklärt es sich, daß man erst in unseren Zeiten wachsenden Wohlstands nachdrücklich an diese Aufgabe herangetreten ist, und weiter, daß man in derselben trotz allen Eifers doch nur langsam und mit viel Geduld und nicht ohne manche Opfer vorwärtskommen kann. Doch je höher das Ziel, je schwieriger es zu erreichen, desto größer müssen die Anstrengungen sein.

In Hamburg hat die staatliche Fürsorge für gesunde Wohnungen mit dem Baupolizeigesetz vom 3. Juli 1865[2] begonnen, dem ein vollkommeneres Gesetz unter dem 23. Juni 1882[3] und später die wichtige Novelle vom 28. April 1893[4] gefolgt ist;

---

1 Staatsarchiv Hamburg 352-3 II G13, n. fol.
Die zum Teil sehr ausführlichen und detaillierten Fußnoten wurden nicht mit abgedruckt.
Der Leitfaden war von Medizinalrat Dr. Johann Julius Reincke verfaßt worden.
Der Hamburg Senat hatte nach vorheriger Beratung durch die Bürgerschaft – und nach der inhaltlichen Abschwächung des vorgelegten Gesetzentwurfs infolge des Widerstands der Haus- und Grundbesitzer in der Bürgerschaft – am 8.6.1898 ein Gesetz betreffend die Wohnungspflege verabschiedet (Gesetzsammlung der freien und Hansestadt Hamburg 1898, I. Abteilung, S. 98). Das Gesetz regelte die Organisation der staatlichen Aufsicht der Wohnungsverhältnisse und hielt die Grundsätze der Wohnungspflege im Hinblick auf die gesundheitliche Beschaffenheit und Nutzung der Wohnungen fest. Die Wohnungsaufsicht sollte danach, ähnlich wie die Armenpflege, durch ehrenamtliche Wohnungspfleger ausgeübt werden, die zusammen mit der neuen „Behörde für Wohnungspflege“ die Wohnungsaufsicht durchführten. Zu dieser Behörde vgl. Nr. 100.

2 Sammlung der Verordnungen der freien Hanse-Stadt Hamburg 1866, S. 234.

3 Baupolizei-Gesetz vom 23.6.1882 (Gesetzsammlung der freien und Hansestadt Hamburg 1882, I. Abteilung, S. 28).

4 Novelle zum Baupolizei-Gesetz vom 23. Juni 1882 vom 28.4.1893 (Gesetzsammlung der freien und Hansestadt Hamburg 1893, I. Abteilung, S. 11).

daneben ist unter dem 30. Dezember 1892 ein Gesetz betreffend den Bebauungsplan für die Vororte[5] erlassen, und jetzt befindet sich ein völlig neues Baupolizeigesetz in Vorbereitung. Alle diese aufeinanderfolgenden Gesetze bezwecken, nach einem steigenden Maßstab die Mindestforderungen an die Beschaffenheit neu zu erbauender Wohnungen festzulegen und eine gesundheitsgemäße Bebauung der Vororte zu sichern. Sie enthalten aber keine Bestimmungen über die Benutzung der Wohnungen, und sie sind wirkungslos gegen die große Masse der früher erbauten Wohnungen. Da soll die Wohnungspflege eingreifen, indem sie darüber wacht, daß die guten Wohnungen gesundheitsgemäß benutzt, die ungesunden in gesunde verwandelt oder von der Benutzung zum Wohnen ausgeschlossen werden und indem sie die ganze Bevölkerung allmählich zu immer höherem Verständnis und größerem Eifer für gesundes Wohnen erzieht.

Je kräftiger die Wohnungspflege diese Aufgabe anfaßt, desto mehr Wohnungen wird sie schließen müssen. Sie verfügt aber nicht über die Mittel, anstelle der alten und schlechten Wohnungen neue und gute Wohnungen zu setzen. Deshalb ist durch Beschluß vom 5. März/7. April 1897[6] eine gemischte Senats- und Bürgerschaftskommission für die Verbesserung der Wohnungsverhältnisse niedergesetzt worden. Auch dieser Kommission wird es leichter werden, ungesunde Wohnquartiere zu beseitigen, als den Bau guter Wohnungen in ausreichender Menge ins Leben zu rufen, da erfahrungsmäßig das Privatkapital sich von der Errichtung kleiner und kleinster Wohnungen zurückhält, während der Bedarf gerade nach solchen Gelassen infolge des ständigen Anwachsens der Bevölkerung immer größer und dringender wird. Darum sind noch weitere Schritte nötig. Die sind vorbereitet durch die Anträge[7] der gemischten Senats- und Bürgerschaftskommission für das Verkehrswesen vom 6. April 1898 auf Erbauung einer städtischen Lokalbahn, durch die Senatsanträge[8] vom 18. April 1898 betreffend eine Abfuhrordnung für die nicht an die Siele angeschlossenen Grundstücke und durch die bereits angekündigten Anträge auf Herstellung neuer Stammsiele, welche sämtlich dazu dienen sollen, weite und billige Baugründe am Rand der Stadt der Bebauung zu erschließen. Ob das ausreichen wird, muß die Zukunft lehren; nach Erfahrungen an anderen Orten muß man es bezweifeln. Darum ist man nicht nur in Hamburg, sondern allerorten an der Arbeit, weitere Mittel zur Lösung der

---

5 Gesetz, betreffend den Bebauungsplan für die Vororte auf dem rechten Elbufer, vom 30.12.1892 (Gesetzsammlung der freien und Hansestadt Hamburg 1892, I. Abteilung, S. 296).

6 Erwiderung und Antrag, betreffend die Verbesserung der Wohnungsverhältnisse in einzelnen Theilen der inneren Stadt sowie betreffend den Erlaß eines Gesetzes über die Wohnungsfrage (Mittheilungen des Senats an die Bürgerschaft Nr. 39 vom 5.3.1897, in: Verhandlungen zwischen Senat und Bürgerschaft im Jahre 1897, Hamburg 1898, S. 127-145; Mittheilungen der Bürgerschaft an den Senat aus deren 13ter Sitzung vom 7.4.1897, betreffend die Verbesserung der Wohnungsverhältnisse in einzelnen Theilen der inneren Stadt sowie betreffend den Erlaß eines Gesetzes über die Wohnungsfrage, in: Verhandlungen zwischen Senat und Bürgerschaft im Jahre 1897, Hamburg 1898, S. 249-250).

7 Erster Bericht der Senats- und Bürgerschafts-Commission für das Verkehrswesen (Mittheilungen des Senats an die Bürgerschaft Nr. 59 vom 6.4.1898, in: Verhandlungen zwischen Senat und Bürgerschaft im Jahre 1898, Hamburg 1899, S. 197-232).

8 Antrag, betreffend Maßnahmen zur Beseitigung der Abwässer und Fäkalien von den nicht oder nur zum Theil an die Siele angeschlossenen Grundstücken (Mittheilungen des Senats an die Bürgerschaft Nr. 66 vom 18.4.1898, in: Verhandlungen zwischen Senat und Bürgerschaft im Jahre 1898, Hamburg 1899, S. 269-284).

großstädtischen Wohnungsfrage zu suchen, die nur an der Hand gründlicher Erfahrungen über das gesamte Wohnungswesen gefunden werden können. Solche Erfahrungen sammeln zu helfen, ist eine weitere und wichtige Aufgabe für die Wohnungspflege.

3. Die Tätigkeit der Wohnungspfleger

Die in dem vorhergehenden Abschnitt genannten Aufgaben der Wohnungspflege sollen an der Hand des neuen Gesetzes[9] von den Wohnungspflegern erfüllt werden. Es fehlt aber noch an Vorschriften, wie dieselben sowohl im allgemeinen wie im Einzelfall vorzugehen haben, und es ist offenbar, daß solche Regeln sich nur allmählich an der Hand der praktischen Erfahrung herausbilden können. Insbesondere ist auch darauf hinzuweisen, daß die Wohnungspfleger auf manche sanitäre Mängel stoßen werden, welche nur durch das Eingreifen anderer Instanzen zu überwinden sind. Das ist bald die Medizinalbehörde, bald die Baupolizei, bald die Polizeibehörde oder die Gewerbeinspektion, bald sind es die Armenärzte, bald auch Privatärzte. Alle diese Beziehungen harren noch der Ordnung. Daher können einstweilen nur wenige allgemeine Empfehlungen ausgesprochen werden.

1. Nach § 7 unter 2 des Gesetzes haben die Wohnungspfleger das Recht, innerhalb ihres Bezirks an bestimmten Tagesstunden Zutritt zu den Wohnungen und Auskunft auf Befragen zu verlangen. Bei der ganzen Art unserer Bevölkerung werden sie indessen nur in den seltensten Fällen in die Lage kommen, sich auf dieses Recht zu berufen, da auf eine freundliche Bitte fast überall bereitwilligst Zutritt und Auskunft gewährt wird. Ebenso wird der Wohnungspfleger, wenn es ihm nur gelingt, den richtigen Ton zu treffen, bei Mietern wie Vermietern durch verständige Vorstellungen und gütliches Zureden sehr viel erreichen, während er sich selbst Schwierigkeiten bereitet, wenn er von vornherein die Gesetzesparagraphen zu sehr in den Vordergrund drängt.

2. Bei fast keiner Anordnung eines Wohnungspflegers kann man vorher wissen, welche Folgen sich aus derselben in Zukunft ergeben, sei es für das Verhältnis vom Mieter zum Vermieter, vom Bewohner zu seinem Nachbarn oder zu seinem Nachfolger in der Wohnung, sei es für das Vorgehen der Behörde in anderen Fällen. Deshalb sollte es Regel sein, über jede Anordnung eine kurze schriftliche Aufzeichnung zu machen. Voraussichtlich wird die Behörde für Wohnungspflege bald Listen und Formulare feststellen, welche den Pflegern diese Pflicht leicht- und bequem machen.

3. Sehr oft wird der Wohnungspfleger mit Berichten und Urteilen über den Einfluß der Wohnung auf die Gesundheit der Bewohner empfangen werden. Solchen Äußerungen gegenüber sollte stets großes Mißtrauen herrschen. Bald werden den Wohnungen alle möglichen Gesundheitsschädigungen aufgebürdet, um ein Recht zu gewinnen, die Wohnung zu verlassen und die Miete nicht zu zahlen oder aus Schikane gegen den Vermieter, bald werden offenbar schlechte Wohnungen als gesund bezeichnet, weil sie sehr billig sind und man sie daher nicht gern verlassen möchte. Auch ist sehr damit zu rechnen, daß die Menschen langgewöhnte Mißstände und Leiden schließlich wenig mehr zu empfinden pflegen und daß die große Mehrzahl der Menschen so glücklich veranlagt ist, überstandene Krankheiten und Leiden verhältnismäßig rasch zu vergessen. Wie oft hört der Arzt, daß die ganze Familie sich in einer Wohnung stets sehr wohl befunden habe, während ein genaueres Nachforschen

[9] Gesetz, betreffend die Wohnungspflege in Hamburg, vom 6.8.1898 (Gesetzsammlung der freien und Hansestadt Hamburg 1898, I. Abteilung, S. 98).

zeigt, daß soundso viel Kinder im Laufe der Zeit gestorben sind und daß die Erwachsenen diese und jene schwere oder lange Krankheit durchgemacht haben. Natürlich gibt es auch kräftige Naturen, deren Gesundheit selbst schlechten Wohnungen lange Widerstand leistet. Auf sie wird man sich bei der Wohnungspflege aber ebensowenig berufen dürfen wie bei der städtischen Wasserversorgung auf jene Leute, welche bis dahin ungestraft ungereinigtes Elbwasser getrunken haben. Vielmehr kann der Wohnungspfleger nur dann das Richtige treffen und nur dann alle Wohnungen mit dem gleichen, gerechten Maß messen, wenn er sich ohne Rücksicht auf das Befinden der Bewohner an den tatsächlichen Zustand der Wohnungen hält.

Um ihm bei Feststellung dieses tatsächlichen Zustands behilflich zu sein, sind die folgenden Blätter geschrieben worden.

B. Beschaffenheit der Wohnungen

4. Lichtzutritt

1. Ausreichendes Licht ist für die Gesundheit der Menschen unentbehrlich; sie verfallen bei dauerndem Aufenthalt in lichtlosen Wohnungsräumen in Siechtum.
2. In dunklen Räumen verderben sich viele Menschen die Augen.
3. In dunklen Räumen ist keine Reinlichkeit und Ordnung zu halten und der Sinn für beides geht allmählich verloren.
4. In dunklen Räumen kann der Mensch die Nahrung, die er zum Mund führt, nicht überwachen.
5. In dunklen Räumen gedeihen Schimmel und andere Pilze, während sie am direkten Sonnenlicht zugrunde gehen. Auch Krankheitskeime sterben im direkten Sonnenlicht ab.
6. Dunkle Räume sind von vornherein verdächtig, daß sie auch schlechte Luftzufuhr haben, da Luft und Licht in der Regel auf demselben Wege, durch das Fenster, in die Wohnungen eindringen.
7. In dunklen Räumen muß viel Licht gebrannt werden, das mit seinen Verbrennungsgasen die Luft verschlechtert.

Die Erleuchtung einer Wohnung durch Tageslicht hängt nicht nur von der Zahl und Größe der Fenster im Verhältnis zur Größe der zu erhellenden Zimmer ab, sondern oft noch viel mehr von dem Abstand der Fenster von gegenüberliegenden Gebäuden, welche den Zutritt von direktem Licht beeinträchtigen; deshalb muß in allen Fällen nach beiden Richtungen hin geprüft werden.

Das Gesetz verlangt „ausreichende" Beleuchtung durch Tageslicht (§ 11 Absatz 1), gibt aber keinen Maßstab dafür an, was als ausreichend anzusehen ist. Der Wohnungspfleger muß daher sein Urteil nach dem Gesamteindruck abgeben. Als Anhaltspunkte können ihm dabei dienen:

I. Angaben der Einwohner darüber,
   1. ob und wie oft sie genötigt sind, bei Tage Licht anzuzünden,
   2. ob und wie lange die Sonne ihnen ins Zimmer scheint;

II. eigene Untersuchung darüber,
   1. ob man überall im Zimmer gewöhnlichen Zeitungsdruck gut lesen kann oder in welchem Abstand vom Fenster dies möglich ist,
   2. ob und bis zu welchem Abstand vom Fenster ein Mensch mittlerer Grüße den Himmel sehen kann.

Bei gleicher Helligkeit müssen die Räume, in welche nie direktes Sonnenlicht fällt, ungünstiger beurteilt werden.

Manchmal kann es auch von Bedeutung sein, daß festgestellt wird, ob die vorhandene Beleuchtung durch Tageslicht für die Zukunft sichergestellt ist; das gilt namentlich von Räumen, die ihr Licht vom Nachbargrund beziehen, auf dem Bauten aufgeführt werden können, welche die Lichtzufuhr abschneiden.

Bei allen Untersuchungen auf Helligkeit muß die Tages- und Jahreszeit sowie die Witterung (Sonnenschein, Regen, Schnee, bedeckter Himmel) berücksichtigt werden.

Nicht nur die Wohnräume, sondern auch die Küchen sollten möglichst hell sein, damit die Beschaffenheit der Speisen und die Reinlichkeit von Koch- und Eßgeschirren (Saugflaschen der Kinder) gut überwacht werden kann. Auch kommt in Betracht, daß in den kleinen Wohnungen im Winter die vom Herd gewärmten Küchen als Wohnzimmer benutzt zu werden pflegen.

Ungenügende Beleuchtung von Räumen kann manchmal durch Beseitigung von Gardinen und Vorhängen, durch Kappen von Bäumen, welche vor den Fenstern stehen, durch Tapezieren oder Ausmalen der Räume in hellen Farben, durch hellen Farbenanstrich (Weißen) gegenüberliegender Wände, durch Anbringung von Spiegeln und Reflektoren verbessert werden. In anderen Fällen ist nur durch bauliche Änderungen Abhilfe zu schaffen. Wo auf keine Weise ausreichendes Tageslicht zu schaffen ist, müssen die Räume als ungeeignet für den dauernden Aufenthalt von Menschen bezeichnet werden.

[...] *Hinweise auf gesetzliche Bestimmungen und auswärtige Regelungen.*

5. Luftzufuhr

1. Menschen, welche in schlechter Luft leben, werden bleich, blutarm, appetitlos, sie leiden an Kopfschmerzen und anderen nervösen Beschwerden. Darüber werden sie körperlich und geistig schlaff und empfänglich für alle möglichen ernsten Krankheiten.
2. Schlecht gelüftete Räume sind in der Regel feucht und besitzen einen muffigen, an der Kleidung der Bewohner haftenden Geruch.
3. In schlecht gelüfteten Räumen erhalten sich die Keime von ansteckenden Krankheiten lange.
4. In schlecht gelüfteten Räumen gedeiht Ungeziefer, Schimmel, Schwamm.
5. In schlecht gelüfteten Räumen verderben die Speisen rasch.

Um diese Mißstände von den Wohnungen fernzuhalten, muß jede Quelle der Luftverderbnis soweit wie möglich verschlossen und gleichzeitig für regelmäßige und reichliche Zufuhr frischer Luft gesorgt werden.

a) Die <u>Luftverderbnis in den Wohnungen</u> stammt vor allem von dem Atmungsprozeß der Menschen, nächstdem von ihren Hautausdünstungen, Darmgasen usw. Deshalb wird die Luft am schlechtesten in den Räumen, in welchen die Menschen am längsten ohne Unterbrechung verweilen, vor allem in den Schlafzimmern, und um so rascher, je größer die Zahl der in einem Raum vereinten Personen ist.

Als weitere Luftverderber sind zu nennen: Feuchtigkeit der Wohnung, nasse und unreine Kleidungsstücke, jede Art von Unreinlichkeit, mangelhafte Heiz-, Abort- und Ausgußanlagen, Küchengerüche (Kochen von Kohl und Rüben), verdorbene Speisen, das Halten von Tieren, manche Arbeitsbetriebe usw.

Soweit diese Schädlichkeiten zu beseitigen sind, soll darüber in besonderen Abschnitten gesprochen werden.

b) Zur regelmäßigen und reichlichen <u>Zufuhr von frischer Luft</u> sind ausreichend große Fenster, welche völlig zu öffnen sind und auch regelmäßig geöffnet werden, unentbehrlich, da alle Methoden <u>künstlicher</u> Lufterneuerung in Privatwohnungen kaum in Betracht kommen. Je freier der Luftraum ist, gegen den die Fenster sich öffnen, desto bessere Luft liefern sie, während aus engen Luftspalten und Lichthöfen gute Luft nicht zu holen ist.

Alles Verkleben der Fenster im Winter verhindert die Lüftung und ist daher zu bekämpfen. Ähnlich sind Doppelfenster zu beurteilen, wenn nicht sehr aufmerksam für regelmäßiges Öffnen derselben gesorgt wird. Erfahrungsmäßig pflegt das selten zu geschehen.

Der Luftwechsel in den Wohnräumen ist um so ausgiebiger, je besser Durchzug gemacht werden kann; selbst eine kleine Gegenöffnung ist dafür wertvoll. Am ungünstigsten in dieser Beziehung sind viele Hofwohnungen, welche mit ihren Rückseiten an die Rückseiten der Häuser des Nachbarhofs stoßen und auch zu beiden Seiten je ein Haus stehen haben (Back to Back Houses der Engländer). Sie haben nur eine Hauswand, welche gegen die freie Luft gekehrt ist, während mindestens zwei Fensterwände frei sein sollten. Ungünstig sind auch manche Etagenwohnungen, bei denen der Gegenluftzug nur von dem eingeschlossenen Treppenhaus zu haben ist.

Eine wichtige Hilfe für den Luftwechsel besteht in dem Unterschied in der Temperatur zwischen der Außen- und Innenluft. Je größer der Unterschied ist, desto besser geht der Luftwechsel vonstatten, und zwar nicht nur durch die Fenster, sondern auch durch die Fugen und Ritzen und durch die Mauersteine, während bei gleicher Innen- und Außentemperatur und fehlendem Wind die Luft ruht. Deshalb ist im Winter in ungeheizten Zimmern die Luft häufig schlecht, während ein guter Ofen die Lufterneuerung außerordentlich fördert.

Zimmer ohne Fenster, welche ihre Luft nur aus Nebenräumen beziehen, haben in der Regel schlechte Luft und sind dann sehr ungesund. Nur wenn die Verbindung zwischen beiden Räumen sehr groß ist, wenn die Nebenräume selbst sehr gute Luft haben und die fensterlosen Räume im Verhältnis zum Nebenraum klein sind, können sie milder beurteilt werden.

Leider werden gerade solche luft- und lichtlosen Räume sehr oft zu Schlafzimmern benutzt, welche die beste Luft haben sollten. Die kleinen Kinder läßt man oft auch den Tag über dort in ihren Kinderwagen oder Bettchen stehen. Das geschieht oft selbst in solchen Wohnungen, wo ein sehr gutes luftiges Zimmer zur Verfügung stände, das aber als „bestes Zimmer" für seltene Gäste vorbehalten bleibt und in der Regel unbenutzt dasteht. Zur Bekämpfung dieser weitverbreiteten Unsitte können die Wohnungspfleger viel tun.

Die Bestimmungen des Gesetzes beschränken sich darauf, daß die Wohnungen mit Vorrichtungen zur Zuführung frischer Luft versehen sein müssen (§ 11 Absatz 1), worunter offenbar zu verstehen ist, daß diese Vorkehrungen „ausreichend" sein sollen, wie es in demselben Satz für die Erhellung durch Tageslicht ausdrücklich gefordert ist. Übrigens ist den Bewohnern genügende Lüftung zur Pflicht gemacht (§ 12 d), und es ist ferner bestimmt, daß die Zimmer der Einlogierer tunlichst täglich 1 – 2 Stunden zu lüften sind (§ 14 c).

[...]

6. Feuchtigkeit

1. In feuchten Räumen ist die Luft dumpf und schlecht, weil der natürliche Luftwechsel durch die Poren des Mauerwerks von dem eingedrungenen Wasser aufgehoben ist und weil im feuchten Mauerwerk und Holz wie im feuchten Tapetenkleister Schwamm, Schimmel und andere Pilze gedeihen, welche charakteristische üble Gerüche erzeugen.

2. Feuchte Räume sind kalt infolge der Verdunstung des Wassers und der guten Wärmeleitung der nassen Wände.

3. Der dauernde Aufenthalt in feuchten Räumen verursacht körperliches Unbehagen, Kopfschmerzen, Magenbeschwerden, Augenleiden, Rheumatismen und die Neigung zu Nierenerkrankungen.

4. In feuchten Räumen halten sich die Keime ansteckender Krankheiten länger als in trockenen Räumen.

5. Nahrungs- und Genußmittel schimmeln und verderben in feuchten Räumen rascher als in trockenen.

6. In feuchten Räumen werden auch die Kleidungsstücke und das Bettzeug feucht, wodurch die unter 3. erwähnten Gesundheitsgefahren erheblich wachsen. Gleichzeitig nehmen Betten und Kleider einen stockigen, muffigen Geruch an, sie werden brüchig und verderben.

7. Auch die Mobilien, Bilder, das Haus- und Wirtschaftsgerät, Bücher und Lederzeug überziehen sich in feuchten Räumen mit Schimmel, verrotten und verderben, Metallteile laufen an oder verrosten.

8. Durch die Feuchtigkeit löst sich der Klebstoff hinter den Tapeten, die sich infolgedessen von der Wand abheben und oft in Fetzen herabhängen; der Putz der Wand zerfällt durch Schimmelbildung; das Holzwerk an Fenstern und Türen und selbst die Balken des Hauses können durch Feuchtigkeit und Schwamm zerstört werden. Schornsteine in feuchtem Mauerwerk ziehen schlecht oder gar nicht.

9. Alle üblen Folgen der Feuchtigkeit wachsen, wenn sie mit Luft- und Lichtmangel zusammentreffen.

Feuchtigkeit in Wohnungen kann verursacht sein:

a) durch Eindringen von Wasser aus der Umgebung der Wohnung,

b) durch die bauliche Beschaffenheit der Wohnung,

c) durch unzweckmäßige Benutzung der Wohnung.

a) In Häusern, welche auf feuchtem Erdreich stehen und nicht durch gute bauliche Vorrichtungen geschützt sind, steigt das Wasser aus dem Boden im Mauerwerk empor. Dahin gehören die Häuser, welche am Wasser oder auf Marschgrund liegen, welche mit ihren Fundamenten in das Grundwasser reichen, welche sich mit einer Seitenwand an das Erdreich eines Abhangs lehnen, welche mit einer ihrer Kellerwände quer zum natürlichen Gefälle des Bodens stehen, so daß die über und in dem Boden abfließenden Niederschlagswässer gegen die Hauswand strömen. Die Nässe in den Wohnungen dieser Häuser pflegt um so größer zu sein, je näher sie dem feuchten Erdreich liegen; am übelsten sind daher die Keller daran, am günstigsten die oberen Geschosse. Gewisse Unterschiede ergeben sich auch daraus, ob der Untergrund dauernd oder nur zeitweilig naß ist.

In anderen Häusern wird die Feuchtigkeit durch Rückstau von Sielinhalt oder Drängwasser in die Keller erzeugt. Das tritt in manchen Stadtteilen (Süderteil von Alt- und Neustadt) bei Hochwasser ein, in anderen bei starken Regengüssen, wenn die Siele die Wassermengen nicht zu bewältigen vermögen. Manchmal kommen beide Ursachen gleichzeitig zur Wirkung. In allen diesen Fällen werden die Wohnungen nicht nur feucht, sondern es werden auch fäulnisfähige Stoffe mit dem Schmutzwasser, selbst Fäkalien in die Häuser getragen.

Es gibt auch Wohnungen, die so tief liegen, daß das Hochwasser direkt zu Türen, Fenstern und Kellertreppen hineinläuft, ferner Häuser, in denen der Fußboden des Erdgeschosses unter dem umgebenden Erdreich liegt, so daß Regenwasser von der

Straße oder dem Hof durch die schwellenlose Tür direkt in die Wohnung spülen kann.

b) Alle neu erbauten Häuser sind feucht durch den während des Baues hineingefallenen Regen und durch das Wasser, das beim Zubereiten des Mörtels und beim Anfeuchten der Backsteine zur Verwendung kommt. Je regenreicher das Baujahr war und je rascher der Bau vollendet wurde, desto größer ist die Feuchtigkeit. Sie hält sich auch länger, wenn die Verdunstung des Wassers durch frühzeitiges Verputzen der Wände, frühzeitiges Tapezieren oder Bemalen behindert wird. Die großen auf diese Weise in dem Mauerwerk aufgespeicherten Wassermassen müssen beseitigt sein, ehe die Wohnungen ohne Gefahr für die Gesundheit bezogen werden können. Wie dies zu geschehen hat, ist später zu erörtern.

Diese Auftrocknung der Häuser kann sehr erschwert werden, wenn sich in den Baumaterialien Stoffe (salpetersaure Salze, Chlorkalzium) befinden, welche die Eigenschaft besitzen, die Feuchtigkeit anzuziehen und zu bewahren. Auch wenn zeitweilig die Auftrocknung gelungen ist, wird bei feuchter Witterung von derartigem Mauerwerk immer aufs neue Wasser angezogen. Unter Umständen können aus undichten Entwässerungsanlagen salpetersaure Salze, welche aus der Umwandlung stickstoffhaltiger Substanzen entstehen, in das Mauerwerk hineingelangen und feuchte Stellen verursachen.

Der bauliche Zustand der Wohnungen kann weitere Feuchtigkeit dadurch bedingen, daß die Mauern an den Wetterseiten zu dünn sind, so daß der Regen hindurchschlägt, ferner durch Undichtigkeiten im Dach oder in den Fugen sowie durch mangelhafte Dachrinnen und Regenröhren. Bald sind diese durchfressen und geplatzt, so daß das Wasser durch die Risse direkt an oder in die Mauern dringen kann, bald sind sie durch altes Laub, Schmutz oder Eis verstopft, so daß das Wasser überläuft und auch wieder zum Mauerwerk hingelangt.

c) Auf vielfache Weise kann die Wohnung durch die Benutzung feucht gemacht werden. Die gröbste Art besteht darin, daß man beim Regen die Fenster nicht schließt, daß man Wasserhähne bei verschlossenem Wasserablauf fließen läßt, Leckstellen an Wasserleitungen und Abflußröhren nicht beachtet, Badewannen und Wassergefäße umschüttet oder beim Scheuern übermäßig spült. Wenn das letztere regelmäßig geschieht, können in den Zwischenfüllungen der Fußböden Fäulnisprozesse erzeugt werden, welche die Luft verderben.

Weit häufiger ist die Wohnungsfeuchtigkeit, welche durch die bei Benutzung der Wohnungen erzeugten Wasserdämpfe verursacht wird, indem diese Dämpfe sich auf dem kalten Mauerwerk niederschlagen. Dies geschieht, wenn der Wasserdampf nicht genügend durch ausgiebige Lüftung fortgeführt wird und um so stärker, je größer der Temperaturunterschied zwischen dem Wasserdampf und dem Mauerwerk ist. So werden alle Wände sofort feucht, wenn die Frauen im Winter in ungeheizten Räumen mit heißem Wasser waschen oder auf dem Herd viel Dampf erzeugen. Ebenso werden die Wände kühler, ungenügend gelüfteter Keller im Sommer sofort naß, wenn feuchte, warme Luft von außen hineindringt. Dasselbe findet statt in Häusern mit sehr dicken Mauern, welche sich sehr langsam erwärmen, und kommt auch in solchen Wohnungen vor, deren Wände durch starkes Lüften in kühlen Nächten immer wieder abgekühlt werden. In solchen Fällen kann, so widersinnig es klingen mag, durch zu starkes Lüften die Wohnung feucht und ihre Luft muffig gemacht werden. Auf metallenen Wasserleitungsröhren, deren Inhalt im Winter sehr kalt ist, schlägt sich oft so viel Wasser nieder, daß der Glaube entstehen kann, sie seien undicht. Unter ähnlichen Umständen werden überfüllte Räume von den großen Mengen des mit der Atmung der Menschen ausgeschiedenen Wasserdampfs feucht. Auch die Hautausdünstungen der Menschen und nasse Kleider können den Wasserdampf vermehren.

Der Nachweis der Feuchtigkeit ist in der Regel leicht durch das Gefühl und den charakteristischen Geruch zu führen, meist sind auch die feuchten, schimmeligen oder bröckelig zerfetzten Stellen an den Wandflächen deutlich zu sehen. In zweifelhaften Fällen kann man durch die aufgelegte flache Hand feuchte von trockenen Mauerstellen gut unterscheiden. Manchmal empfiehlt es sich, die Mobilien von der Wand abzurücken und an der Wand hängende Bilder abzunehmen, da an diesen vom Luftzutritt ausgeschlossenen Stellen die Feuchtigkeit geringere Gelegenheit hat, in die Zimmerluft zu verdunsten und daher leichter nachzuweisen ist. Aufgelegte Gelatinetäfelchen krümmen sich rasch auf feuchten Wänden und können so über eine zunächst nicht erkennbare, z. B. durch einen Ölfarbenanstrich nicht durchdringende Wandfeuchtigkeit belehren. Gelegentlich ist es nötig, ein Stück Tapete oder einen undurchlässigen Anstrich abzukratzen, um zu einem sicheren Resultat zu gelangen.

Schwieriger ist oft der Nachweis darüber, woher gefundene Feuchtigkeit stammt. Meistens ist dazu die Untersuchung durch einen technisch geschulten Beamten notwendig, wenn nicht der erste Augenschein (Feuchtigkeit an der Wetterseite, an der Zimmerdecke, längs des Regenrohrs usw.) oder ein zuverlässiger Bericht über die Entstehung der Feuchtigkeit sicheren Aufschluß bringt. Eine durch unzweckmäßige Benutzung entstandene Feuchtigkeit kann der Wohnungspfleger in der Regel daran erkennen, daß er unter der mit einem Messer abgekratzten feuchten Tapete oder unter einer bröckelig zerfetzten Maueroberfläche trockenes Mauerwerk findet. Diese letztere Art von Wohnungsfeuchtigkeit wird bisweilen auch absichtlich erzeugt, um einen Vorwand zum Verlassen der Wohnung und Nichtzahlen der Miete zu gewinnen. Sie verdient daher die besondere Aufmerksamkeit der Wohnungspfleger.

Die Abhilfsmaßregeln sind verschieden, je nach der Entstehungsursache der Feuchtigkeit.

a) Bei der Feuchtigkeit, welche durch Eindringen von Wasser aus der Umgebung der Wohnung entstanden ist, können in der Regel nur bauliche Änderungen dauernd helfen, die von einem Sachverständigen angegeben werden müssen und nötigenfalls aufgrund von § 10 unter 1 des Gesetzes[10] anzuordnen sind. Zeitweilig kann starkes Lüften und Heizen an kalten Tagen die Feuchtigkeit einschränken. Wohnungen, welche trotz aller Vorkehrungen fortdauernd in stärkerem Maße feucht bleiben, müssen als unbewohnbar erklärt werden. Durch Rückstau aus den Sielen feucht gewordene Wohnungen sollten nicht nur getrocknet, sondern auch gereinigt werden, ehe sie wieder bezogen werden. Den Inhabern von Häusern, welche häufigen Überflutungen durch Rückstau aus den Sielen ausgesetzt sind, sind gute Rückstauventile zu empfehlen.

Niemals darf man die Betten hart an feuchte Wände stellen.

b) Die den Neubauten anhaftende Feuchtigkeit muß durch Austrocknung mittelst energischer Heizung und wiederholten kurzen Lüftungen bekämpft werden. Ein

---

[10] § 10 Abs. 1 des Gesetzes, betreffend die Wohnungspflege, vom 8.6.1898 verpflichtete den Grundeigentümer, *die durch ungenügende Unterhaltung des Gebäudes verursachten, für die Bewohner gesundheitsschädlichen Zustände, sobald dieselben zu seiner Kenntnis gelangt sind, zu beseitigen.* Insbesondere war er verpflichtet, Vorkehrungen zum Schutz gegen Feuchtigkeit zu treffen.

kleiner Teil des aufgenommenen Wassers wird dem Mauerwerk auch durch die Kohlensäure der Luft entzogen, indem sich der Kalkhydrat des Mörtels in kohlensauren Kalk verwandelt. Um auch diesen Vorgang zu fördern, stellt man in Neubauten Kohlen- oder Koksöfen auf, die gleichzeitig wärmen und Kohlensäure erzeugen. Unter keinen Umständen tapeziere man eine Wohnung, ehe sie völlig trocken ist.

Ehe die Wohnungen lufttrocken sind, dürfen sie nicht bezogen werden. Der § 9[11] gibt dazu die ausreichende Vollmacht. Wie diese Bestimmung im einzelnen Fall zu handhaben ist, bedarf noch der Regelung. Dabei ist zu berücksichtigen, daß die Oberflächen der Wände zuerst trocknen und daß die in der Tiefe derselben noch zurückgebliebene Feuchtigkeit manchmal erst erkennbar wird, nachdem die Räume in Benutzung genommen sind. Andererseits sind die „Trockenwohner" zu beachten, die mit Bewußtsein in noch nasse Wohnungen ziehen, weil dann eine geringere Miete von ihnen verlangt wird.

Feuchtigkeit, welche von anderweitigen Mängeln der Wohnungen herrührt, muß nach Angabe von Sachverständigen mit den nötigen Anordnungen aufgrund von § 10 unter 1 bekämpft werden. Oft freilich werden dabei alle Bemühungen vergeblich sein, z. B. wenn die Ursache in mangelhaften Baumaterialien liegt.

c) Am besten zu überwinden ist die Wohnungsfeuchtigkeit, welche von verkehrter Benutzung der Wohnungen herrührt. Je nach den besonderen Umständen müssen die erforderlichen Anordnungen aufgrund von § 12 c getroffen werden. Dieselben werden sich in den meisten Fällen auf das Verhalten der Bewohner beziehen; oft sind aber auch die Lüftungsanlagen so mangelhaft, daß die beste Benutzung nichts nützt, wenn nicht bauliche Änderungen vorgenommen werden. Dazu genügt es nicht selten, eine Dunsthaube über dem Herd anzubringen oder durch Anlegung einer Gegenöffnung in der Wand besseren Luftzug herzustellen.

[...] *Bestimmungen zu verschiedenen baulichen Mängeln, Abortanlagen, Wasserversorgung, Kellerwohnungen und Dachwohnungen.*

12. Überfüllung

1. In überfüllten Wohnungen ist die Luft schlecht und ungesund, weil es selbst bei guten Lüftungsanlagen nicht möglich ist, sie so rasch zu erneuern, wie sie durch den Atmungsprozeß und die sonstigen Ausscheidungen vieler Menschen verdorben wird.

Besonders ungünstig wirkt die Überfüllung in den Schlafräumen, weil dort die Menschen sehr lange und ohne Unterbrechung den angegebenen Schädlichkeiten ausgesetzt sind.

2. In überfüllten Wohnungen ist es nicht möglich, Reinlichkeit und Ordnung aufrechtzuerhalten.

3. Überfüllte Wohnungen fördern das Gedeihen von Ungeziefer.

4. Nichts bietet der Ausbreitung ansteckender Krankheiten so günstige Bedingungen wie überfüllte Wohnungen. Dies gilt nicht nur von den großen Seuchen wie Cholera, Pocken, Fleckfieber, Typhus, Pest, sondern auch von den bei uns ständig heimischen Krankheiten wie Scharlach, Masern, Keuchhusten, Mumps, ansteckende Augenkrankheiten, Krätze, Tuberkulose.

5. In überfüllten Wohnungen entstehen leicht sittliche Gefahren aus dem engen Zusammenleben der Geschlechter.

---

[11] Nach § 9 des Wohnungspflegegesetzes durften neu hergerichtete Wohnungen erst in Benutzung genommen werden, *nachdem dieselben vollständig fertiggestellt und genügend ausgetrocknet waren.*

Um die üblen Zustände, welche durch Überfüllung eintreten, recht übersehen zu können, empfiehlt es sich, derartige Wohnungen morgens aufzusuchen, ehe die Erwachsenen an die Arbeit und die Kinder zur Schule gegangen sind.

Die Abhilfe kann nur darin bestehen, daß man an der Hand eines bestimmten Maßstabs vorschreibt, wieviel Menschen in jedem fraglichen Raum wohnen dürfen und daß man dann die Überzähligen zur Räumung nötigt. Oft genügt es, daß diese in einen anderen Raum derselben Wohnung übersiedeln und nur ihr Bett umstellen. Wenn dort aber auch kein Platz ist, müssen sie ausziehen, und wenn die Bewohner sich nicht trennen wollen oder können, müssen sie gemeinsam eine neue, größere Wohnung aufsuchen.

Daß solche Vorschriften nur durchzuführen sind, wenn man unter Umständen eine gewisse Milde walten läßt, versteht sich von selbst; im § 11 unter 5[12] ist das überdies ausdrücklich ausgesprochen. Auch in allen fremden Gesetzen und Verordnungen finden sich Ausnahmebefugnisse oder Übergangsbestimmungen.

Der für Hamburg gültige Maßstab findet sich in § 11 unter 2 des Gesetzes. Er verlangt in den Schlafräumen für jeden Erwachsenen 10 cbm, für jedes Kind unter 15 Jahren 5 cbm, wobei den Schlafräumen benachbarte, mit diesen in direkter Verbindung stehende Nebenräume, und zwar auch diesem Erfordernis entsprechende, zu der Wohnung gehörige Korridore usw., sofern dieselben den Benutzern der Schlafräume zur unbehinderten Verfügung stehen, in Anrechnung gebracht werden dürfen. Diese Mitberechnung der Nebenräume wird zur Folge haben, daß in sehr vielen kleinen Wohnungen der Gesamtraum der Wohnung als Schlafraum angerechnet werden muß.

Übrigens soll die Bestimmung nur Anwendung auf Schlafräume finden, welche an Aftermieter und Einlogierer abgegeben oder an Dienstboten, Arbeiter und Gewerbegehilfen des Haushaltungsvorstands überwiesen werden, so daß alle Familienschlafräume davon unberührt bleiben (§ 11 unter 2), mit Ausnahme der Schlafräume solcher Mietwohner, welche einen Teil ihrer Wohnungen an Aftermieter abgegeben haben (§ 13 unter 6[13]).

[...] *Weitere Detailerläuterungen und Verweise.*

13. Schmutz und Unordnung

1. In Wohnungen, in welchen keine Reinlichkeit und Ordnung herrscht, wird die Luft verdorben durch die Zersetzungsprodukte des Schmutzes, welcher an den Räumen und Geräten, am Leibe der Menschen und an ihren Kleidern haftet.

2. Schmutz und Unordnung bieten die günstigsten Bedingungen zur Übertragung ansteckender Krankheiten.

3. Bei Schmutz und Unordnung gedeiht alles Ungeziefer.

4. Schmutz und Unordnung führt zu gesundheitswidriger Zubereitung der Speisen.

5. Wo Unreinlichkeit und Unordnung herrscht, verfällt die Wohnung und der ganze Hausstand. Manches Mal haben auch die Nachbarwohnungen darunter zu leiden.

Oft unterscheiden sich die gleichen Wohnungen an derselben Treppe wie Tag und Nacht, weil in der einen eine reinliche und ordentliche Familie wohnt, in der andern eine schmutzige und unordentliche, und manche Wohnung ist nach dem Umzugstag

---

[12] § 11 Abs. 5 räumte den Organen der Wohnungspflege das Recht ein, im Einzelfall nach *billigem Ermessen* zu entscheiden.

[13] Gemeint ist § 13 Abs. b.

nicht wiederzuerkennen, weil anstelle von Unreinlichkeit und Unordnung Sauberkeit und Sorgfalt eingezogen sind oder weil der umgekehrte Wechsel inzwischen stattgefunden hat.

Die Pflicht, für Reinlichkeit und Ordnung zu sorgen, liegt in erster Linie der Frau ob, und es muß anerkannt werden, daß die eingeborene Hamburgerin wie die aus den umliegenden Provinzen zuziehenden Frauen niedersächsischen Stammes viel Sinn dafür haben. Aber die beste Hausfrau erlahmt zwischen vielen Kindern, bei Krankheit und sonstiger Not des Lebens oder in einer mangelhaften Wohnung. Da kann der Wohnungspfleger oft direkt durch sein Wort bei Mieter oder Vermieter vieles nützen, oft indirekt mit Hilfe von Frauenvereinen, Gemeinde- oder Armenpflege.

Viel schwieriger wird die Aufgabe gegenüber solchen Leuten, die von Haus aus nie Ordnung und Reinlichkeit kennengelernt haben. Daß indessen auch in solchen Fällen etwas zu erreichen ist, zeigen manche Höfe und Wohnungen, in denen ein tüchtiger Hauswirt oder sein „Vize" ein gutes und strenges Regiment führen. Wo solche Hilfe fehlt, muß aufgrund der §§ 12 und 16[14] mit Strafen vorgegangen werden.

Durch Schmutz unbewohnbar gemachte Wohnungen läßt die Polizeibehörde auf Befürwortung eines beamteten Arztes durch die Desinfektionsanstalten unentgeltlich desinfizieren. Dabei gefundenes Gerümpel sollte in der Verbrennungsanstalt vernichtet werden.

[...] *Weitere Bestimmungen u. a. zum Halten von Tieren, ansteckenden Krankheiten in Wohnungen, Einlogierern, Dienstboten und Aftermietern.*[15]

---

14 Der § 12 des Wohnungspflegegesetzes zählte einige Formen gesundheitswidriger und deshalb verbotener Nutzung von Wohnungen auf. Der § 16 drohte bei Zuwiderhandlungen gegen die behördlichen Anweisungen oder gegen die Bestimmungen des Gesetzes mit einer Geldstrafe von bis zu 60 Mark.

15 Zur Praxis der Hamburger Wohnungspflege vgl. Nr. 100.

Nr. 74

1898 November 26

Sitzungsprotokoll[1] der Hamburger Kommission zur Beratung eines Gesetzentwurfs über die öffentliche Wohltätigkeit

Maschinenschrift, Teildruck

[Der Armenverwaltung soll es ermöglicht werden, unterhaltspflichtige Personen, deren Angehörige unterstützt werden müssen, auf dem Verwaltungsweg in Zwangsarbeitsanstalten zu überweisen; es handelt sich um eine armenpolizeiliche, keine strafrechtliche Maßnahme; Diskussion über die Zusammensetzung der zur Entscheidung befugten Kommission]

Herr Dr. Buehl. Es wird bekannt sein, daß in 4 Bundesstaaten des Deutschen Reichs, und zwar in den Königreichen Sachsen[2], Württemberg[3] und in den Großherzogtümern Mecklenburg[4] und Oldenburg[5], die Verwaltungsbehörden in der Lage

---

[1] Staatsarchiv Hamburg 351-2 II Nr.8, fol. 18-27 Rs.
Anwesend waren: Direktor des öffentlichen Armenwesens Dr. Adolf Buehl, Landrichter Dr. Ernst Friedrich Goverts, Privatier Johann Karl August Jauch, Landrichter Eduard Kannengießer, Syndikus Dr. Werner von Melle, Landgerichtsdirektor Dr. Ulrich Philipp Moller, Rat der Allgemeinen Armenanstalt Dr. Paul Alfred Olshausen, Bäckermeister Heinrich Pienitz.

[2] Armenordnung für das Königreich Sachsen vom 22.10.1840 (Gesetz- und Verordnungsblatt für das Königreich Sachsen, S. 257). Wie der sächsische Innenminister Hermann von Nostitz-Wallwitz am 20.2.1889 seinem württembergischen Amtskollegen Karl Josef von Schmid in Anspielung auf § 27 dieses Gesetzes dargelegt hatte, hatte die Armenordnung für das Königreich Sachsen vom 22.10.1840 *den Polizei- und Armenversorgungsbehörden die Befugnis eingeräumt* (...), *arbeitsscheue Personen, welche der Armenversorgung anheimfallen, zwangsweise und nach Befinden in besonders dazu bestimmten Anstalten zu lohnender Arbeit anzuhalten, und zwar pflegt diese Zwangsmaßregel auch gegenüber denjenigen Individuen in Anwendung zu kommen, die in der Person ihrer Familienangehörigen öffentliche Armenunterstützung empfangen* (Nr. 111 Bd. 7 der II. Abteilung dieser Quellensammlung).

[3] Nach § 14 des württembergischen Gesetzes, betreffend die Abänderung einiger Bestimmungen des Gesetzes vom 17. April 1873 zur Ausführung des Reichsgesetzes vom 6. Juni 1870 über den Unterstützungswohnsitz, vom 2.7.1889 konnte, wer *für sich selbst oder in der Person seiner Ehefrau oder seiner noch nicht 14 Jahre alten Kinder öffentliche Unterstützung empfängt,* (...) *durch Beschluß der die Unterstützung gewährenden Armenbehörde verpflichtet werden, hiefür nach dem Maße seiner Kräfte diejenigen Arbeiten zu verrichten, welche ihm von der Armenbehörde innerhalb oder außerhalb einer öffentlichen Armenanstalt angewiesen werden* (Nr. 116 Bd. 7 der II. Abteilung dieser Quellensammlung).

[4] Wie eine Verordnung der Regierung des Großherzogtums Mecklenburg-Schwerin vom 18.5.1890 erläuterte, war es gestattet, Personen, die sich, obwohl arbeitsfähig, der Unterhaltspflicht entzogen, zwangsweise im Landarbeitshaus Güstrow unterzubringen, wenn diese Personen oder ihre Familienangehörigen von der öffentlichen Armenpflege unterstützt werden mußten (Verordnung, betreffend die Unterbringung von Ortsarmen im Landarbeitshaus zu Güstrow vom 18.5.1890 [Regierungs-Blatt für das Großherzogthum Mecklenburg-Schwerin 1890, S. 93]).

[5] Nach Art. 4 Ziffer 5 des oldenburgischen Gesetzes, betreffend die Zwangsarbeitsanstalt zu Vechta, vom 14.3.1870 konnten Personen, die wegen Unwirtschaftlichkeit unter Kuratel standen, in eine Zwangsarbeitsanstalt überwiesen werden, wenn sie durch Müßiggang oder unordentlichen Lebenswandel Gefahr liefen, in ihrer eigenen Person oder ihre Familien öffentlicher Armenunterstützung anheimfielen (Gesetzblatt für das Herzogtum Oldenburg von den Jahren 1869 und 1870, S. 277).

seien, Personen, die für sich oder ihre alimentationsberechtigten Angehörigen öffentliche Unterstützung erhalten, einer Zwangsarbeitsanstalt zu überweisen.

Auch in Preußen habe nach dem Gesetz vom Jahre 1855[6] diese Einrichtung bestanden, jedoch sei mit Rücksicht auf die damaligen sozialen Verhältnisse nur wenig Gebrauch von dieser Bestimmung gemacht worden, so daß man bei Erlaß des Ausführungsgesetzes[7] zum Unterstützungswohnsitzgesetz von Aufnahme einer gleichen Bestimmung wie vom Jahre 1855 Abstand genommen habe. Die sozialen Verhältnisse hätten sich aber seitdem wesentlich verändert, und schon in den 70er Jahren sei namentlich von den Armenverwaltungen eine lebhafte Agitation dafür ins Werk gesetzt worden, die Bestimmung vom Jahre 1855 wieder zur Geltung zu bringen.[8] Ein Beweis für die zeitliche u. örtliche Verschiedenheit der sozialen Lage sei aus der auf Veranlassung des Deutschen Vereins für Armenpflege und Wohltätigkeit veranstalteten und von Dr. Hirschberg[9] bearbeiteten Statistik[10] zu entnehmen, die ergeben habe, daß in Norddeutschland die Zahl der Fälle, in denen Ehemänner die Nährpflicht versäumten, eine erschreckend große sei, während man in Süddeutschland diese Fälle so gut wie gar nicht kenne.[11] Für Hamburg habe die Statistik ergeben, daß 140 Fälle auf 10000 Einwohner entfallen, während die entsprechende Zahl für München nur 4 betrage, ähnlich verhalte es sich auch für Nürnberg.[12] Man habe nach einer Erklärung der Ursachen dieser auffallenden Verschiedenheit gesucht und sogar vermutet, daß der Katholizismus dabei eine Rolle spiele, aber Nürnberg sei zu ¾ evangelisch, und es scheine, daß die Ursache in dem Volkscharakter liege; der Süddeutsche sei genügsamer und gemütlicher und habe mehr Familiensinn.[13] Auch zeitlich seien die Bedürfnisse verschieden, während in den 50er und 60er Jahren kein Bedürfnis für derartige Zwangsmaßregeln vorhanden gewesen sei, habe sich doch später dieses Bedürfnis sehr geltend gemacht. Im Deutschen Verein für Armenpflege und Wohltätigkeit sei bei Gelegenheit der Generalversammlung[14] in Berlin im Jahre 1881 dem Antrag[15] Drage [recte: Drape[16]] und Friedenthal[17], eine Bestimmung zu

---

6 Gesetz zur Ergänzung der Gesetze vom 31.12.1842 über die Verpflichtung zur Armenpflege und die Aufnahme neu anziehender Personen vom 21.5.1855 (Anhang Nr. 7 Bd. 7, 2. Halbband, der I. Abteilung dieser Quellensammlung).

7 Gesetz, betreffend die Ausführung des Bundesgesetzes über den Unterstützungswohnsitz vom 6. Juni 1870, vom 8.3.1871 (Nr. 86 Bd. 7, 1. Halbband, der I. Abteilung dieser Quellensammlung).

8 Vgl. Nr. 147, Nr. 152-153 und Nr. 156 Bd. 7, 1. Halbband, der I. Abteilung dieser Quellensammlung.

9 Dr. Ernst Hirschberg (1859-1906), Statistiker, Assistent im Statistischen Amt der Stadt Berlin.

10 Ernst Hirschberg, Bericht, in: ders./Wilhelm Jakstein/Emil Münsterberg, Zwangsmaßregeln gegen nährpflichtige Angehörige (Schriften des deutschen Vereins für Armenpflege und Wohlthätigkeit, Heft 36), Leipzig 1898, S. 1-46.

11 Vgl. auch Wilhelm Jakstein, Bericht, in: ebenda, S. 47-79, hier S. 50 und S. 66 f.

12 Ernst Hirschberg, Bericht, in: ebenda, S. 9; die Bezugsgröße in Hirschbergs Bericht sind allerdings 10000 Verheiratete, Nürnberg tritt in Hirschbergs Statistik nicht in Erscheinung.

13 Wilhelm Jakstein, Bericht, in: ebenda, S. 67, zitiert ausführlich ein Schreiben des Vorstands der Nürnberger Armenpflege vom 29.5.1898, das in diesem Sinne argumentiert.

14 Stenographischer Bericht über die Verhandlungen des deutschen Vereins für Armenpflege und Wohlthätigkeit am 11. und 12. November 1881 zu Berlin nebst den für diese Verhandlungen erstatteten Berichten und den Satzungen des Vereins, Berlin 1882.

15 Ebenda, S. 203 f.

16 Gustav Drape (um 1847-1915), Stadtsekretär in Hannover.

schaffen, nach welcher arbeitsfähige Personen, welchen zum eigenen Unterhalt oder zum Unterhalt für deren Familien Unterstützung gewährt werden müsse, ohne gerichtliche Prozedur zur Arbeit innerhalb und außerhalb des Arbeitshauses angehalten werden könnten, zugestimmt worden.

Im Jahre 1893 sei man auf die Sache zurückgekommen, nachdem seitens der Regierung ein Bescheid[18] ergangen war, daß es zulässig sei, die Materie partikularrechtlich zu ordnen. Der Deutsche Verein habe 1893[19] und neuerdings 1898[20] sich wiederum mit der Materie eingehend beschäftigt und sei jedesmal zu dem Beschluß gelangt, im Sinne der Anregung von Minister Friedenthal an die Reichsregierung den Antrag zu richten, bessere Zwangsmittel gegen pflichtvergessene Ehemänner zu schaffen.[21] Auch in anderen Korporationen[22] seien ähnliche Beschlüsse gefaßt worden, so namentlich auf Städtetagen[23], Versammlungen der Landesdirektoren[24] usw., und zumal in den Kreisen, die mit der Armenpflege zu tun haben, sei gefordert worden, daß den Verwaltungsbehörden die Rechte im Sinne des Gesetzes von 1855 wiedergegeben würden. Auch die ehrenamtlichen Organe der Armenverwaltung zu Hamburg ständen auf diesem Standpunkt, es sei ihm nicht einmal, sondern hundertmal in ähnlichen besonders krassen Fällen in den Bezirksversammlungen gesagt worden, daß eine verständige Armenpflege nicht möglich sei, wenn derartige Zwangsmittel nicht zu Gebote ständen. Er sei der Meinung, daß, wenn der Staat Zwangsarmenpflege einführe und eine öffentlich-rechtliche Verpflichtung anerkenne, den Notleidenden zu helfen, er auch mit energischen Machtmitteln gegen den Mißbrauch der Armenpflege ausgerüstet sein müsse. Das Hamburger Armengesetz[25] habe einen gewissen Anlauf in dieser Beziehung genommen, indem es in § 13

---

17 Dr. Rudolf Friedenthal (1827-1890), Jurist, Gutsbesitzer in Gießmannsdorf (Kreis Neisse), 1874-1879 preußischer Landwirtschaftsminister, 1867-1881 MdR (Altliberales Zentrum/ Deutsche Reichspartei).

18 Vgl. die Ausführungen des Regierungsrats im Reichsamt des Inneren Dr. Egon Kelch: Stenographischer Bericht über die Verhandlungen der dreizehnten Jahresversammlung des deutschen Vereins für Armenpflege und Wohlthätigkeit am 25. und 26. Mai 1893 in Görlitz (Schriften des deutschen Vereins für Armenpflege und Wohlthätigkeit, Heft 17), Leipzig 1893, S. 66f.

19 Ebenda, S. 56-72.

20 Stenographischer Bericht über die Verhandlungen der achtzehnten Jahresversammlung des deutschen Vereins für Armenpflege und Wohlthätigkeit am 29. und 30. September 1898 in Nürnberg (Schriften des deutschen Vereins für Armenpflege und Wohlthätigkeit, Heft 40), Leipzig 1899, S. 36-71.

21 Vgl. die Eingabe des Vorstands des Deutschen Vereins für Armenpflege und Wohltätigkeit an Reichskanzler Leo Graf von Caprivi vom 10.10.1893 (GStA Berlin I. HA Rep.77 Tit.223 Nr.167 Bd.4, fol. 83-83 Rs.).

22 Beipiele hierfür und für das folgende führt auf: Emil Münsterberg, Die deutsche Armengesetzgebung und das Material zu ihrer Reform, Leipzig 1887, hier S. 533.

23 Vgl. Protokolle des am 26. und 27. Juni 1893 zu Lüneburg abgehaltenen Städtetages des Hannoverschen Städte-Vereins, S. 54-59 (GStA Berlin I. HA Rep.77 Tit.223 Nr.167 Bd.4, fol. 125-163 Rs., hier fol. 151 Rs.-154); Eingabe des Vorstands des Brandenburgischen Städtetags an den preußischen Innenminister Ludwig Herrfurth vom 14.4.1891 (GStA Berlin I. HA Rep.77 Tit.223 Nr.167 Bd.3, fol. 72-73).

24 Vgl. den Bericht des Landesdirektors der Provinz Pommern Gerhard Hoeppner an den preußischen Innenminister Botho Graf zu Eulenburg vom 18.11.1893 über die Beschlüsse einer Konferenz der Landesdirektoren in Kassel vom 17. bis 19.8.1893 (GStA Berlin I. HA Rep.77 Tit.223 Nr.167 Bd.4, fol. 102-103 Rs.).

25 Nr. 16.

bestimme, daß der Arme zur Annahme ihm angewiesener Arbeit verpflichtet sei. Diese Bestimmung sei aber eine Lex imperfecta, da die Armenbehörde keine Machtmittel habe, sie durchzuführen, weshalb auch von dieser Bestimmung wenig Gebrauch gemacht worden sei. Sie sei nur insoweit praktisch, als dadurch die Arbeit im Werk- und Armenhaus[26] sich rechtfertigen lasse, aber ein weittragender Gebrauch dieser Bestimmung bestehe für das weite Gebiet der offenen Armenpflege nicht. Man habe im Reichsstrafgesetzbuch 2 Bestimmungen, und zwar § 361 [Ziffer] 5[27] und § 361 [Ziffer] 10[28], die die Machtmittel bilden sollten, welche der Behörde gegenüber solchen Personen zu Gebote stehen. Diese Waffen seien aber vollständig stumpf, die Bestimmung in § 361 [Ziffer] 5 des Strafgesetzbuchs sei durch eine Reihe gerichtlicher Entscheidungen[29] dahin ausgelegt worden, daß es zum „Zustand" nicht genüge, wenn der Betreffende nicht geben kann oder nicht geben will, sondern daß dieser Zustand eine moralische und physische Verkommenheit sein müsse, die den Betreffenden unfähig mache, für seine Angehörigen zu sorgen, er müsse sich also in einem Zustand vollständiger und absoluter Verkommenheit befinden, und gerade deshalb treffe diese Strafbestimmung die frivole Versäumung der Nährpflicht nicht. Im übrigen sei erforderlich, daß durch Vermittlung der Behörde fremde Hilfe in Anspruch genommen werde, daß also noch eine 2. Behörde – die Polizeibehörde – dazukommen müsse, welche die Armenbehörde anrufe. Dadurch seien von einer Strafverfolgung alle diejenigen Fälle ausgeschlossen, in denen die betreffenden Personen sich selbst an die Armenbehörde gewendet hätten oder selbst durch Trunkfälligkeit der öffentlichen Hilfe anheimgefallen seien. Man könne behaupten, daß mit dem § 361 [Ziffer] 5 des Reichsstrafgesetzbuchs nichts anzufangen sei.

Nun sei infolge der Novelle zum Unterstützungswohnsitzgesetz[30] der § 361 [Ziffer] 10 erlassen worden. Auch dieser § habe bei den Gerichten eine derartige Auslegung gefunden, daß mit ihm nichts anzufangen sei. Ihm liege eine Entscheidung vor, in welcher die Requisiten zu diesem § aufgestellt würden. – Die Entscheidung wird verlesen.

Hierauf wird ein Abschnitt einer Rede des Bürgermeisters Brinckmann [recte: Brinkmann[31]]-Königsberg verlesen, in welchem die Zustände, die durch den Mangel ausreichender gesetzlicher Bestimmungen geschaffen sind, drastisch geschildert werden.[32]

---

26 Vgl. Nr. 20 Anm. 5.

27 § 361 Ziffer 5 bedrohte mit Haft, wer aufgrund von *Spiel, Trunk oder Müßiggang* in einen Zustand geriet, daß zum Unterhalt für ihn oder für Personen, zu deren Ernährung er verpflichtet war, *durch Vermittlung der Behörde fremde Hilfe in Anspruch genommen werden* mußte.

28 Vgl. Nr. 31.

29 Vgl. dazu Wilhelm Jakstein, Bericht, in: Ernst Hirschberg/ders./Emil Münsterberg, Zwangsmaßregeln gegen nährpflichtige Angehörige (Schriften des deutschen Vereins für Armenpflege und Wohlthätigkeit, Heft 36), Leipzig 1898, S. 47-79, hier S. 57.

30 Vgl. Nr. 31.

31 Karl Brinkmann (1854-1901), Jurist, seit 1894 Zweiter Bürgermeister von Königsberg i. Pr., seit 1895 Mitglied des Zentralausschusses des Deutschen Vereins für Armenpflege und Wohltätigkeit.

32 Gemeint ist wohl der Redebeitrag Brinkmanns auf der Jahresversammlung des Deutschen Vereins 1895 unter dem Tagesordnungspunkt „Die Stellungnahme der Landesgesetzgebung zu den gegen alimentationspflichtige Angehörige zu treffenden Zwangsmaßregeln", in: Stenographischer Bericht über die Verhandlungen der fünfzehnten Jahresversammlung des deutschen Vereins für Armenpflege und Wohlthätigkeit am 26. und 27. September 1895 in Leipzig (Schriften des deutschen Vereins für Armenpflege und Wohlthätigkeit, Heft 23), Leipzig 1895, S. 53-56.

Es seien überdies nicht nur die Praktiker zu diesem Resultat gekommen, daß mit § 361 [Ziffer] 5 und § 361 [Ziffer] 10 nichts zu machen sei, sondern auch Theoretiker stimmten dieser Auffassung zu. Er habe in einer Schrift von Professor Hippel[33] die Bemerkung gefunden: „Die Nummern 5 und 8 von § 361 sind zu beseitigen, Nummer 7 von § 361 ist praktisch wertlos, an ihrer Stelle würde sich die Ausstattung der Armenbehörde mit weiteren Machtbefugnissen empfehlen."[34] Von den Gegnern seines Antrags[35] in Nürnberg sei ihn entgegengehalten worden, daß man durch Verschärfung des Strafrechts den Beschwerden abhelfen könne, daß aber ein Verwaltungszwang gegenüber Nährpflichtigen nicht mit den Bestimmungen des Strafgesetzbuchs in Einklang zu bringen sei.[36] Er habe damals schon entgegnet, und auch heute müsse er dem entgegenhalten, daß die Strafjustiz dem Übelstand nicht abhelfen könne.[37] Dieselbe könne nicht mit der Promptheit arbeiten, die notwendig sei, denn nach der Strafprozeßordnung ständen den Angeklagten zahlreiche Rechtsbehelfe zur Seite, die ihm ermöglichten, die Sache lange hinzuschleppen, und schließlich werde er zu 3 M. Geldstrafe verurteilt und entziehe sich überdies der Strafvollstreckung. Es müßten prompter wirkende Mittel zu Gebote stehen. Die Strafjustiz sei auch aus einem anderen Grunde nicht geeignet, da die Organe, welche jetzt zur Strafjustiz berufen seien, nicht immer über die soziale Bildung verfügten, die zur Beurteilung dieser Verhältnisse notwendig sei. Er selbst habe als Staatsanwalt kein Verständnis für die volle Tragweite dieses § besessen, und daß auch unsere Gerichte dieses Verständnis nicht besäßen, das zeigten die lächerlichen Strafmaße und die Interpretation der Obergerichte, die so einschränkend sei, daß vom § nichts übrigbleibe. Diesem Zustand der Machtlosigkeit der Behörden gegenüber sei auf die Größe des sozialen Übels hinzuweisen. Die vom Deutschen Verein bearbeitete Statistik erstrecke sich nur auf die Fälle, in denen der Ehemann die Fürsorge für seine Familie verabsäumt habe, und es habe sich dabei herausgestellt, daß in Hamburg in einem Jahr 1521 pflichtvergessene Ehemänner vorhanden gewesen seien. Der Gesamtdurchschnitt betrage auf 10000 Einwohner 64 Fälle, wäh-

---

[33] Dr. Robert von Hippel (1866-1951), 1892-1895 a.o. Professor für Strafrecht in Straßburg, seit 1895 in Rostock.

[34] So Robert von Hippel, Erscheinen die Bestimmungen des Reichsstrafgesetzbuches über die korrektionelle Nachhaft reformbedürftig?, in: Zeitschrift für die gesamte Strafrechtswissenschaft 13 (1893), S. 747-750 und S. 811-825, hier S. 748; vgl. auch ders., Die strafrechtliche Bekämpfung von Bettel, Landstreicherei und Arbeitsscheu. Eine Darstellung des heutigen Deutschen Rechtszustandes nebst Reformvorschlägen, Berlin 1895, S. 264.

[35] Dr. Adolf Buehl hatte auf der 18. Jahresversammlung des Deutschen Vereins in Nürnberg beantragt, in einer Resolution das Verwaltungszwangsverfahren bei der Arbeitshauseinweisung als *das geeignete Zuchtmittel gegen säumige Nährpflichtige* zu erklären: Stenographischer Bericht über die Verhandlungen der achtzehnten Jahresversammlung des deutschen Vereins für Armenpflege und Wohlthätigkeit am 29. und 30. September 1898 in Nürnberg (Schriften des deutschen Vereins für Armenpflege und Wohlthätigkeit, Heft 40), Leipzig 1899, S. 58-60, hier S. 60. Er hatte dabei betont, daß ein solcher Beschluß ihm bei der beabsichtigten Durchsetzung eines solchen Verfahrens in der Hamburger Armengesetzreform-Kommission den Rücken stärken würde. Die Versammlung hatte darauf einen im wesentlichen Buehls Antrag folgenden Beschluß gefaßt (S. 139).

[36] Als Hauptexponenten der Auffassung, daß ein schärferes Vorgehen gegen säumige Unterhaltspflichtige nicht primär durch stärkere Machtbefugnisse der Armenverwaltung, sondern durch Maßnahmen auf dem Gebiet des Strafrechts und Strafprozeßrechts angestrebt werden müsse, waren in der Diskussion der Frankfurter Stadtrat Dr. Karl Flesch und der Berliner Privatdozent Dr. Ignaz Jastrow aufgetreten (ebenda, S. 50-53 und S. 55-57).

[37] Ebenda, S. 39.

rend Hamburg 140 habe.[38] Die Verhältnisse seien hier besonders himmelschreiend. Auch die Individualstatistik[39], welche am 1.12.1897 aufgestellt sei, habe ergeben, daß unter 9 300 unterstützten Parteien sich 1 060 verlassene Ehefrauen befunden hätten, das sei ein kolossaler Prozentsatz, ungefähr 1/9–1/8 aller Fälle. Wenn man bedenke, daß die Ausgaben der Armenverwaltung ungefähr 5 Millionen betrügen, so entfalle ein ganz kolossaler Posten auf diese sozialen Übelstände, und wenn man dazu käme, eine Zwangsarbeitsanstalt zu bauen, so sei ein Abschreckungsmittel geschaffen, das sich auch finanziell gut rentieren würde. Zum Beweis hierfür könne man auf die Statistik von Dr. Hirschberg zurückgreifen, die sich auch auf die Erfolge erstrecke, welche bei Heranziehung der Angehörigen zur Erfüllung d[er] Nährpflicht erzielt worden seien. Es ergebe sich, daß in den Staaten, in denen die Zwangsarbeit bestehe, die Erfolge viel größer seien, während in Hamburg von allen Städten die geringsten Erfolge erzielt worden seien. Es würde sich die Zwangsarbeitsanstalt demnach auch schon rentieren, wenn sie leer stehe. Auch in bezug auf die Erfolge der Strafanträge stehe Hamburg am allerungünstigsten da. Es seien Strafanträge nur in 5 % aller Fälle gestellt worden, und von hundert Strafanträgen seien abgelehnt 55 % und schließlich seien nur 2 % der pflichtvergessenen Männer bestraft worden.[40]

Die Notwendigkeit und Zweckmäßigkeit des Arbeitszwangs erscheine ihm genügend begründet, es erhebe sich aber noch die weitere Frage, was von den Bedenken der Gegner zu halten sei. Die Gegner seien in Nürnberg mit ihm einverstanden gewesen, daß gewisse Zwangsmittel nötig seien, aber in bezug auf die Mittel selbst sei man verschiedener Meinung gewesen. Während die große Mehrzahl der Anwesenden der Ansicht gewesen sei, daß die Überweisung in Zwangsarbeit im Verwaltungsweg in erster Linie gefordert werden müsse, hätten die Gegner, unter denen sich auch Dr. Münsterberg[41] befunden habe, gemeint, daß sich eine solche Maßregel mit dem Strafrecht nicht vertrage.

Herr Dr. Münsterberg habe in dem Kommissionsbericht[42] erwähnt, daß nach verschiedenen Entscheidungen der Gerichte und Verwaltungsbehörden die Einführung des Arbeitszwangs im Verwaltungsweg nicht zulässig sei, doch habe er auf bezügliche Anfrage die Entscheidungen nicht angeben können und nur auf sein früher erschienenes Werk[43] verwiesen, in dem er die Sache eingehend behandelt habe. Aber auch da

---

38 Ernst Hirschberg, Bericht, in: ders./Wilhelm Jakstein/Emil Münsterberg, Zwangsmaßregeln gegen nährpflichtige Angehörige (Schriften des deutschen Vereins für Armenpflege und Wohlthätigkeit, Heft 36), Leipzig 1898, S. 1-46, hier S. 9.

39 Die Berufsarten der Unterstützungsempfänger, in: Blätter für das Hamburgische Armenwesen 7 (1899), Nr. 4, S. 18-20, hier S. 20.

40 Ernst Hirschberg, Bericht, in: ders./Wilhelm Jakstein/Emil Münsterberg, Zwangsmaßregeln gegen nährpflichtige Angehörige (Schriften des deutschen Vereins für Armenpflege und Wohlthätigkeit, Heft 36), Leipzig 1898, S. 1-46, hier S. 44 f.

41 Stenographischer Bericht über die Verhandlungen der achtzehnten Jahresversammlung des deutschen Vereins für Armenpflege und Wohlthätigkeit am 29. und 30. September 1898 in Nürnberg (Schriften des deutschen Vereins für Armenpflege und Wohlthätigkeit, Heft 40), Leipzig 1899, S. 48 f.

42 Emil Münsterberg, Schlußbericht des Kommissionsvorsitzenden, in: Ernst Hirschberg/ Wilhelm Jakstein/ders., Zwangsmaßregeln gegen nährpflichtige Angehörige (Schriften des deutschen Vereins für Armenpflege und Wohlthätigkeit, Heft 36), Leipzig 1898, S. 83-86, hier S. 85.

43 Emil Münsterberg, Die deutsche Armengesetzgebung und das Material zu ihrer Reform, Leipzig 1887, hier S. 528-536.

führe Dr. Münsterberg die gesuchten Entscheidungen nicht an. Gerichtsentscheidungen existierten nach seinen Ermittlungen überhaupt nicht. Was die angeblichen Entscheidungen des württembergischen und sächsischen Ministeriums anlange, so habe er aufgrund von Erkundigungen festgestellt, daß Entscheidungen für Württemberg nicht vorhanden seien. Die Entscheidung des sächsischen Ministeriums sei ihm bekannt, behandele aber einen anderen Fall. Die sächsischen Armenbehörden hätten als Prophylaxe die Überweisung in die Arbeitsanstalt auch in solchen Fällen ausgesprochen, in denen gar keine Unterstützung gewährt worden sei und sonach kein Armenpflegefall vorgelegen habe. Das sächsische Ministerium habe mit Recht darauf hingewiesen, daß ein solches Verfahren unzulässig sei, weil die Armenbehörde mit diesen Leuten nichts zu tun habe.[44]

Die Gegner des Arbeitszwangs hätten sich in verschiedenen Zeitungsartikeln gegen die Sache gewendet, und zumal seien es Dr. Jastrow[45] und der Stadtrat Flesch gewesen.[46] Man stützte sich auf den § 5 des Einführungsgesetzes zum Strafgesetzbuch.[47] Der Arbeitszwang habe aber mit dem Strafrecht nichts zu tun, und es komme ferner in Betracht, daß das Arbeitshaus im Sinne des Strafgesetzbuchs keine Strafe sei. Aufgrund § 362[48] des Strafgesetzbuchs habe die Landespolizeibehörde nach erfolgter Verurteilung die Befugnis, die Einlieferung in die Arbeitsanstalt auszusprechen. Die Einlieferung in das Arbeitshaus sei demnach keine gerichtliche Strafe, sondern eine Maßregel der Verwaltungsbehörde. Die Überweisung in eine Zwangsarbeitsanstalt stehe demnach auf gleicher Stufe mit dem Anhalten zur Arbeit. Die Herren verwechselten immer das armenpolizeiliche Gebiet mit dem strafgerichtl[ichen] Gebiet; Strafmaßregeln dürften nicht angedroht werden, strafrechtlich dürfe man landesgesetzlich nicht vorgehen, es sei aber der Armenbehörde unbenommen, im armenpolizeilichen Wege diejenigen Maßregeln zu treffen, die sie nach Lage der sozialen Verhältnisse für notwendig halte. Daß die im Gesetzentwurf vorgesehene Einlieferung in die Zwangsarbeitsanstalt keine Strafe sei, gehe an besten aus dem vorletzten Absatz des Entwurfs hervor, worin bestimmt sei, daß die Unterbringung in einer Zwangsarbeitsanstalt nur auf die Dauer der Unterstützung erfolgen solle. Auch könne die Zwangsarbeit aufgehoben werden, wenn die fernere Aufrechterhaltung nicht mehr erforderlich erscheine, während es zum Wesen der Strafe gehöre, daß sie auf bestimmte Zeit erkannt werde.

Sowohl von der Reichsregierung als von der Kommission des Reichstags, die sich mit der Novelle zum Unterstützungswohnsitzgesetz zu befassen gehabt hätten, sei

---

[44] Zur Haltung des sächsischen Ministeriums vgl. Nr. 111 Bd. 7 der II. Abteilung dieser Quellensammlung.

[45] Dr. Ignaz Jastrow (1856-1937), Historiker und Nationalökonom in Berlin, Privatdozent, 1898 Mitbegründer des Verbandes Deutscher Arbeitsnachweise, 1895-1897 Herausgeber der „Sozialen Praxis“, seit 1897 Herausgeber des „Arbeitsmarkts“, seit 1898 des „Gewerbegerichts“.

[46] Vgl. Anm. 36.

[47] Der § 5 des Einführungsgesetzes zum Strafgesetzbuch für den Norddeutschen Bund vom 31.5.1870 bestimmte, daß in landesgesetzlichen Vorschriften über Materien, die nicht Gegenstand des StGB waren, nur Gefängnis bis zu zwei Jahren, Haft, Geldstrafe, Einziehung einzelner Gegenstände und die Entziehung öffentlicher Ämter angedroht werden durfte (BGBl 1870, S. 195).

[48] Der § 362 StGB zielte auf die in § 361 Ziffer 3-8 mit Haftstrafe bedrohten Gruppen: Landstreicher, Bettler, Trinker und Müßiggänger mit unterstützungsbedürftigen Angehörigen, Prostituierte, arbeitsscheue Armenunterstützungsempfänger und Obdachlose.

anerkannt, daß strafrechtliche Maßnahmen nicht zulässig seien, daß es aber durchaus erlaubt und zulässig sei, den Arbeitszwang im Verwaltungsweg einzuführen. Er nehme Bezug auf die Zuschrift des Staatssekretärs von Boetticher an den Deutschen Verein vom Jahre 1893[49], in welcher ausgeführt sei, daß die Landesgesetzgebung auch nach Erlaß der neuen Strafvorschriften in der Lage sei, Personen, welche sich der Nährpflicht entziehen, im Verwaltungsweg zur Unterstützung ihrer Angehörigen zu nötigen. Einen ähnlichen Standpunkt habe auch bei Gelegenheit der Jahresversammlung des Deutschen Vereins im Jahre 1893 zu Berlin der Kommissar des Reichsamts des Innern Geheimrat Kelch[50] angenommen, auch die Reichstagskommission habe in ihrem Bericht über den 1. Entwurf der Novelle zum Unterstützungswohnsitzgesetz vom Jahre 1894[51] in gleicher Weise sich ausgesprochen. Es handele sich also darum, die Armenbehörde für Hamburg, die Allgemeine Armenanstalt, als Trägerin der Armenpolizei mit entsprechenden Machtmitteln auszurüsten.

Er wolle diese allgemeinen Bemerkungen nur vorausschicken, weil er glaube, daß die Vorschrift in § 21 des Gesetzentwurfs von anderer Seite lebhaft bekämpft werden würde. Das Echo[52] habe schon einen Artikel[53] der Hilfe[54] abgedruckt, und es sei eine energische Agitation noch zu erwarten. Je mehr er sich mit der Materie beschäftigt habe, je mehr habe er sich davon überzeugt, daß irgendwelche gesetzlichen Gründe gegen die Zulässigkeit des Arbeitszwangs nicht geltend gemacht werden könnten.

---

49 Der Staatssekretär des Innern Dr. Karl Heinrich von Boetticher hatte in einem Schreiben an den Vorsitzenden des Deutschen Vereins für Armenpflege und Wohltätigkeit Ludwig Friedrich Seyffardt vom 25.11.1893 bestätigt, daß die Landesgesetzgebung auch nach der beabsichtigten Novellierung des Unterstützungswohnsitzgesetzes und Strafgesetzbuchs (Nr. 31) in der Lage bleiben werde, *den Polizeibehörden Zwangsmittel an die Hand zu geben, um im Verwaltungswege pflichtvergessene Personen zum Unterhalt ihrer Angehörigen zu nötigen, soweit ein polizeilich zu schützendes öffentliches Interesse vorliegt* (BArch R 1501 Nr.101293, fol. 154-155); das Schreiben wird auch zitiert in: Wilhelm Jakstein, Die Stellungnahme der Landesgesetzgebung zu den gegen alimentationspflichtige Angehörige zu treffenden Zwangsmaßregeln, in: Die Stellungnahme der Landesgesetzgebung zu den gegen alimentationspflichtige Angehörige zu treffenden Zwangsmaßregeln ... (Schriften des deutschen Vereins für Armenpflege und Wohltätigkeit, Heft 22), Leipzig 1895, S. 1-18, hier S. 2.

50 Stenographischer Bericht über die Verhandlungen der dreizehnten Jahresversammlung des deutschen Vereins für Armenpflege und Wohlthätigkeit am 25. und 26. Mai 1893 in Görlitz (Schriften des deutschen Vereins für Armenpflege und Wohlthätigkeit, Heft 17), Leipzig 1893, S. 66 f.

51 Bericht der XIV. Kommission zur Vorberatung des Entwurfs eines Gesetzes, betreffend die Änderung des Gesetzes über den Unterstützungswohnsitz und die Ergänzung des Strafgesetzbuchs, vom 3.5.1894 (Sten.Ber. RT 8. LP II. Session 1892/1893, Drucksache Nr. 272, S. 1188).

52 „Hamburger Echo“: 1887 gegründete, sechsmal wöchentlich erscheinende Tageszeitung sozialdemokratischer Ausrichtung.

53 Königlich sächsische Freiheit, in: Die Hilfe Nr. 42 vom 16.10.1898, S. 2 f. Der Artikel griff die von der Majorität vertretene Auffassung auf der Nürnberger Jahrestagung des Deutschen Vereins an, insbesondere *die leichte Bereitwilligkeit, ohne Bedenken dem Armen seine persönliche Freiheit ohne die allen Staatsbürgern geltenden Rechtsformen zu nehmen. Wie bedenklich es ist, dem Armen schlechthin einen geringeren rechtlichen Schutz zu gewähren als den Reichen, fiel der Mehrheit nicht ein.*

54 „Die Hilfe“: von Friedrich Naumann 1895 gegründete und herausgegebene Wochenschrift für Politik, Literatur und Kunst.

Herr Landrichter Kannengießer[55]. Er habe sich mit der Materie noch nicht eingehend beschäftigt, er habe bisher den Eindruck gehabt, daß nur durch das Strafrecht jemand wider seinen Willen in einer Anstalt zurückgehalten werden könne. Er glaube ferner, daß ein formeller Verzicht des Insassen auf Unterstützung genügen müsse, um die Entlassung herbeizuführen.

Herr Dr. Buehl. Es muß jeder entlassen werden, der für seine Familie sorgen will und kann; wenn er selbst aus der Anstalt will, so muß er nachweisen, daß er Arbeit hat.

Herr Dr. Goverts. Er habe sich an der Hand des von Herrn Jackstein [recte: Jakstein[56]] erstatteten Berichts[57] ebenfalls über die Sachlage orientiert. Gegen den Bericht von Jackstein habe Dr. Münsterberg in seinem Schlußwort zum Kommissionsbericht allgemeine Einwendungen erhoben.[58] Herr Dr. Buehl habe schon erwähnt, daß Dr. Münsterberg der Auffassung sei, daß der Arbeitszwang nicht möglich sei, weil die Durchführung des Arbeitszwangs nicht zu trennen sei von der Zurückhaltung in der Anstalt gegen den Willen des Betreffenden. Nach seiner Überzeugung liege der wesentlichste Gesichtspunkt, den die Gegner des Arbeitszwangs verfolgen, in der Fassung des § 361 [Ziffer] 5 des Reichsstrafgesetzbuchs. Er sei jedoch der Meinung, daß § 361,5 keine so bestimmte Vorschrift enthalte, daß man ohne weiteres sich den Gegnern des Arbeitszwangs anschließen müsse. Für ihn komme in Betracht, ob es rechtlich möglich sei, den Arbeitszwang einzuführen. Für die Einführung des Arbeitszwangs spreche die vom Deutschen Verein veranstaltete Umfrage an mehr als 100 Städte, ob sie die Einführung des Arbeitszwangs wünschten. Es hätten sich nicht weniger als 70 Städte für die Einführung dieser Maßregel und Rückkehr zum Gesetz vom Jahre 1855 erklärt.[59] Der Berichterstatter halte für nachgewiesen, daß sich die Novelle zum Reichsstrafgesetzbuch nicht bewährt habe, und spreche sich dafür aus, daß nichts anderes übrigbleibe, als daß die einzelnen Staaten, und zumal die Hansastädte, sich entschließen müßten, Gesetze zu erlassen, um den hervorgetretenen Mißständen entgegenzuwirken. Wenn man auf der einen Seite sage, daß das jetzige geschriebene Recht nicht notwendig dazu zwinge, von Einführung einer solchen Maßregel Abstand zu nehmen, und wenn auf der anderen Seite eine Reihe von Praktikern auf dem Standpunkt stehe, daß es dringend wünschenswert sei, Bestimmung zu treffen, derzufolge Personen in das Arbeitshaus gebracht werden könnten, so sei er der Meinung, daß man sich in Hamburg über die Bedenken, die Preußen geäußert habe, hinwegsetzen und für die Sache eintreten könne. Auch von Eger[60] werde ausgesprochen, daß die aufgrund der Verhandlungen des preußischen Abgeordnetenhauses ausgesprochene Ansicht von der Unzulässigkeit

---

55 Eduard Kannengießer (1861-1933), seit 1895 Landrichter in Hamburg.

56 Wilhelm Jakstein (1845-1919), Jurist, Stadtrat in Potsdam, seit 1895 Mitglied des Zentralausschusses des Deutschen Vereins für Armenpflege und Wohltätigkeit.

57 Wilhelm Jakstein, Bericht, in: Ernst Hirschberg/ders./Emil Münsterberg, Zwangsmaßregeln gegen nährpflichtige Angehörige (Schriften des deutschen Vereins für Armenpflege und Wohlthätigkeit, Heft 36), Leipzig 1898, S. 47-79.

58 Emil Münsterberg, Schlußbericht des Kommissionsvorsitzenden, in: Ernst Hirschberg/ Wilhelm Jakstein/ders., Zwangsmaßregeln gegen nährpflichtige Angehörige (Schriften des deutschen Vereins für Armenpflege und Wohlthätigkeit, Heft 36), Leipzig 1898, S. 83-86.

59 Ernst Hirschberg, Bericht, in: ders./Wilhelm Jakstein/Emil Münsterberg, Zwangsmaßregeln gegen nährpflichtige Angehörige (Schriften des deutschen Vereins für Armenpflege und Wohlthätigkeit, Heft 36), Leipzig 1898, S. 1-46, hier S. 26.

60 Dr. Georg Eger (1848-1914), Regierungsrat in Breslau.

einer zwangsweisen Arbeitshausbeschäftigung im Verwaltungsweg von anderen deutschen Staaten, für welche auch das Reichsstrafgesetzbuch gelte, nicht geteilt werde.[61] Man stehe also vor der Tatsache, daß eine große Reihe von Staaten, welche doch auch von Juristen beraten seien, auf einem anderen Standpunkt wie Preußen stände. Er sehe nicht ein, wenn das Bedürfnis so groß sei, warum man sich nicht für die Einführung des Arbeitszwangs erklären solle, trotzdem die preußische Ministerialinstruktion vom 10.4.1871[62] ebenfalls auf dem gegnerischen Standpunkt stehe. Er müsse Herrn Dr. Buehl aufgrund seiner Erfahrungen als Schöffenrichter zustimmen, daß der § 361 [Ziffer] 5 des Strafgesetzbuchs nicht genüge und daß die verwaltungspolitische Bedeutung dieser Strafbestimmung nicht genügend bekannt sei. Hierzu komme noch, daß durch die Judikatur des Reichsgerichts der Richter derartig gebunden sei, daß er nur in seltenen Fällen zu einer Verurteilung kommen könne. Es sei noch zu berücksichtigen, ob durch eine Umänderung des Strafrechts eine Besserung der Verhältnisse herbeigeführt werden könne, doch sei daran nicht zu denken, so daß die Landesgesetzgebung die Übelstände selbst [zu] beseitigen streben müsse. Wenn er sich nun auf den Standpunkt von Jackstein stelle und für Einführung des Arbeitszwangs eintrete, so fordere er, daß die Verhängung des Arbeitszwangs mit ganz besonderen Kautelen verbunden sein müsse und daß deshalb für ihn die Frage, ob die Einführung des Arbeitszwangs erfolgen solle, unbedingt mit der Frage verbunden sei, wie die Stelle, die den Arbeitszwang regele, formiert werde. Würde ihm die Organisation dieser Stelle zu Bedenken Anlaß geben, so würde er lieber auf den Arbeitszwang verzichten. Eine gute Organisation dieser Stelle könne wesentlich dazu geeignet sein, die Bedenken, die von anderer Seite gegen den Arbeitszwang vorgebracht würden, zu beseitigen. Er stehe auf dem Standpunkt, daß die Verhandlungen vor dieser Stelle kontradiktorisch und öffentlich sein, auch das Erscheinen des zu Überweisenden mit einem Verteidiger zulässig sein müsse. Er sei der Auffassung, daß die in § 21 des Gesetzentwurfs vorgeschlagene Kommission ungeeignet sei. Er empfehle den Herren, den Artikel von Jakstein auch durchzulesen, und sie würden zu der Überzeugung kommen, daß die rechtlichen Bedenken nichts weiter seien als gewisse Redensarten, die einer festen Basis entbehrten.

Herr Syndikus Dr. von Melle[63]. Er halte die Zulässigkeit der Einführung des Arbeitszwangs mit Rücksicht auf das Strafrecht für zweifelhaft, doch gebe er zu, daß man mit Dr. Buehl dazu kommen könne, die Frage zu bejahen. Es sei notwendig, daß diese Rechtsfrage sehr eingehend ventiliert werde und daß ein umfangreiches Material beigebracht werde. Es werde empfehlenswert sein, die Frage über die Zulässigkeit des Arbeitszwangs bei den weiteren Beratungen zunächst außer acht zu lassen in der Annahme, daß die Einführung gesetzlich zulässig sei. Er bitte Herrn Landrichter Kannengießer, diese Frage in Gemeinschaft mit seinen Kollegen der Justizverwaltung auch noch zu prüfen, damit für die Beratungen im Senat die Justizverwaltung Schwierigkeiten nicht mache. Wenn man die Möglichkeit der Einführung des Arbeitszwangs zugebe, komme weiter die Frage der Ratsamkeit der Einführung in Betracht. Er müsse Herrn Dr. Goverts Recht geben, denn auch er bezweifle,

---

61 Georg Eger, Das Reichs-Gesetz über den Unterstützungswohnsitz vom 6. Juni 1870, 2. Auflage, Breslau 1884, S. 37.

62 Instruktion des preußischen Innenministers Friedrich Graf zu Eulenburg zum Gesetz vom 8.3.1871, betreffend die Ausführung des Bundesgesetzes über den Unterstützungswohnsitz, vom 10.4.1871 (PrMBliV 1871, S. 132-149).

63 Dr. Werner von Melle (1853-1937), Jurist, seit 1891 Senatssyndikus in Hamburg.

daß die im Entwurf vorgeschlagene Kommission die nötigen Garantien biete, und erachte es für notwendig, daß die Kommission etwas anders zusammengesetzt sei.

Herr Dr. Buehl. Das Gesetz von Württemberg habe noch eine andere Fassung, er habe aber mit Absicht 2 Nummern aufgestellt, um die beiden Kategorien von Personen kenntlich zu machen, die dem Arbeitszwang unterliegen sollten.

Er verliest den § 14 des württembergischen Gesetzes.[64]

Diese Fassung (d. h. die württemberg[ische]) sei eine so weite, daß jeder Unterstützungsempfänger unter den Arbeitszwang falle, das scheine ihm zu weit zu gehen.

Herr Dr. Olshausen[65] fragt an, ob auch der außereheliche Vater unter Nummer 1 falle.

Herr Dr. Buehl: Abs. 1 solle die außerehelichen Väter ebenfalls treffen, deshalb sei auch im Entwurf gesagt, „für deren Unterhalt zu sorgen sie gesetzlich verpflichtet sind". Im übrigen lege das Bürgerliche Gesetzbuch dem außerehelichen Vater weiter gehende Pflichten als jetzt auf.[66]

Er verweise auf das von Dr. Taube[67] in Leipzig herausgegebene Buch, worin sich eine Zuschrift von Christiania[68] abgedruckt befinde, nach welcher auch dort der außereheliche Vater mit Arbeitszwang bedroht werde, wenn er seiner Verpflichtung nicht nachkomme.

Hierauf wird unter Punkt 1 von § 21 das Wort „laufend" gestrichen.

---

[64] Vgl. Anm. 3.

[65] Dr. Paul Alfred Olshausen (1870-1938), Rat bei der Allgemeinen Armenanstalt in Hamburg.

[66] Die Pflichten des unehelichen Vaters waren in den §§ 1708-1718 des Bürgerlichen Gesetzbuchs geregelt; insbesondere bestimmte § 1708, daß der Vater eines unehelichen Kindes verpflichtet war, diesem bis zur Vollendung des 18. Lebensjahrs den der Lebenstellung der Mutter entsprechenden Unterhalt zu gewähren; der Unterhalt mußte die gesamten Lebensbedürfnisse des Kindes sowie die Kosten der Erziehung und Vorbildung zu einem Beruf umfassen.

[67] Dr. Max Taube (1851-1915), praktischer Arzt, Armenarzt und Geburtshelfer in Leipzig, seit 1883 Arzt der Ziehkinderanstalt.

[68] Der Direktor des Armenwesens in Christiania (heute Oslo) Nils Helmer Adolf Juell schrieb am 15.12.1886 an den Stadtrat Leo Friedrich Ludwig-Wolf: *Mit verbindlichster Danksagung für die in Ihrem geehrten vom 4. d. M. über die Verhalt*(en)*svorschriften, betreffend das Prostitutionswesen in Leipzig, gesandten Auskünfte, ist es mir gleichzeitig ein Vergnügen, Ihnen auf Ihre Frage, wie man nach norwegischem Recht mit dem Eintreiben der Beiträge außerehelicher Väter umgeht, folgendes mitzuteilen: Die Höhe des Beitrags wird von der höheren Obrigkeit festgestellt (von dem Amtmann oder bei den Militären, die eine feste Stellung haben, von dem Brigadechef). Der Beitrag dauert, bis das Kind sein 12. Jahr erfüllt hat und wird vierteljährlich bezahlt. Wird nicht bezahlt, wird der Beitrag der Personen, die öffentliche Löhnung, Pension oder Wartegeld haben, von den öffentlichen Kassen einbehalten, während der Beitrag anderer durch Auspfändung eingetrieben wird (ein summarisches Exekutionsmittel, das nicht prozessualischen Rechtshandels und folgenden Urteils bedarf, sondern in dem von der höheren Obrigkeit erlassenen Dekret seine Begründung hat). Wenn man auf diese Weise die Beiträge nicht erhalten kann, hat man gegen die Militärs kein weiteres Zwangsmittel, wogegen andere außereheliche Väter zur Zwangsarbeit angebracht werden können. Die Arbeit geschieht in Zwangsarbeitshäusern, die, ohne in Verbindung mit den Strafanstalten zu stehen, errichtet sind. Zwangsarbeit kann man jedoch nicht denjenigen Vätern, die eheliche Kinder zu versorgen haben, auflegen. Von der für die Arbeit stipulierten Bezahlung wird ein Drittel zur Erziehung des Kindes abgehalten. Sowohl die Auspfändung als die Zwangsarbeit kann nur für den Beitrag des letztverlaufenen Jahres, bevor die Hilfe der Obrigkeit verlangt ist, in Anwendung gebracht werden, während ältere Beiträge wie andere Schulden eingefordert werden können* (Max Taube, Der Schutz der unehelichen Kinder in Leipzig, Leipzig 1893, S. 51 f.).

Herr Dr. Buehl bemerkt noch, daß die gegnerischen Bestrebungen sich mehr gegen die Handhabung des Arbeitszwangs, zumal wie er in Leipzig ausgeführt werde, richten und Dr. Jastrow den in Leipzig zulässigen Lattenarrest und die Prügelstrafe besonders bekämpfe.[69] Derartige Einrichtungen müßten selbstverständlich hier vermieden werden.

Herr Dr. Moller bittet Herrn Landrichter Kannengießer bei der Prüfung der Rechtsverhältnisse auch dem Umstand größere Berücksichtigung angedeihen zu lassen, daß die anderen Bundesstaaten Zwangsarbeitsanstalten hätten, trotzdem es gesetzlich angeblich unzulässig sei.

Landrichter Kannengießer fragt an, ob auch gedacht sei, Personen, welche sich von Hamburg entfernt hätten, nach beschlossener Überweisung in die Zwangsarbeitsanstalt nach hier zurückzuholen.

Herr Dr. Buehl verneint die Frage. Trunkenbolde, die nach auswärts gehen, bekomme man ja leicht wieder, weil sie bald wieder hilfsbedürftig würden. Gegen Ehemänner, die von hier weggehen, ließe sich nichts machen. Allerdings müsse die Behörde gewisse gesetzliche Befugnisse haben, um die Leute zur Verhandlung vorführen zu lassen, damit das Ausnützen nicht zu sehr erleichtert werde.

Es werden hierauf Punkt 1 und 2 des § 21 angenommen.

Herr Dr. Moller regt die Frage an, ob die Zwangsarbeit auch außerhalb der Anstalt ausgeführt werden könne.

Herr Dr. Buehl. Ein solches Verfahren erscheine ausgeschlossen, da dadurch der abschreckende Erfolg verlorengehen werde. Er sei der Meinung, daß die Zwangsarbeit nur in geschlossener Anstalt ausgeübt werden könne, und zwar in einer besonderen Anstalt, damit das Odium nicht auf das Werk- und Armenhaus, das anderen Zwecken diene, übergehe. Bei einer Trennung des Werk- und Armenhauses würde sich eine Angliederung der Arbeitsanstalt an das Werk- und Armenhaus durchführen lassen, und würde er gar nichts einzuwenden haben, wenn der Arbeitszwang Herrn Direktor Moraht unterstellt werde.

Herr Dr. Goverts. Er müsse davor warnen, überwiesene Personen auch außerhalb der Anstalt, vielleicht zu Straßenbau und anderen gemeinnützigen Arbeiten, zu verwenden, da die Aufsicht durch uniformierte Beamte erfolgen müsse, woran ein großer Teil des Publikums Anstoß nehmen werde. Schon jetzt mache es böses Blut, daß die Korrigenden durch die Straßen geführt würden, um im Kurhaus Essen zu holen. Er sei für Beschäftigung der Personen innerhalb der Anstalt.

Herr Dr. Moller. Er habe nur mit seiner Anfrage andeuten wollen, daß eventuell die Gegner der Sache daran Anstoß nehmen würden, daß die Anstaltsbeschäftigung einer Gefängnisarbeit gleiche. Jedenfalls müßten die Leute doch auch im Freien beschäftigt werden.

Herr Dr. Buehl. In Dresden erfolge die Beschäftigung der untergebrachten Personen in mustergültiger Weise innerhalb der Anstalt.[70] Dort bestehe die Beschäftigung in Holzhacken, Besenbinden, Mattenflechten usw.

Herr Syndikus Dr. von Melle. Er glaube auch, daß die Zwangsarbeit praktisch nur in der Anstalt durchgeführt werden könne, es sei dieses doch besser, als wenn die Leute mit Straßenfegen beschäftigt würden.

---

[69] Stenographischer Bericht über die Verhandlungen der achtzehnten Jahresversammlung des deutschen Vereins für Armenpflege und Wohlthätigkeit am 29. und 30. September 1898 in Nürnberg (Schriften des deutschen Vereins für Armenpflege und Wohlthätigkeit, Heft 40), Leipzig 1899, S. 56.

[70] Vgl. Nr. 15 und Nr. 22.

Alsdann wird der 1. Satz des 2. Absatzes wie folgt festgestellt:

„Die Unterbringung der bezeichneten Personen erfolgt in der Zwangsarbeitsanstalt.“

Die Frage der Zuständigkeit der Kommission sei schon von Herrn Dr. Goverts kurz behandelt worden, und habe dieser erklärt, daß er seine Zustimmung nur von genügenden Garantien, die für eine gewisse Öffentlichkeit des Verfahrens zu treffen seien, abhängig mache. Er sei bereit, Herrn Dr. Goverts aufs weiteste entgegenzukommen, er werde jede Abweichung von seinem Vorschlag annehmen, wenn sie den Anforderungen entspreche, die an die Behörde gestellt werden müßten. Es sei zunächst erforderlich, daß die Behörde prompt arbeite, und er sei der Meinung gewesen, daß diese Promptheit nur dann gewährleistet werden könne, wenn die Kommission ihre Sitzungen in der Zentralstelle habe. Hier laufe das ganze Material zusammen. Komme z. B. eine Mitteilung der Pflegeorgane, wonach eine Person als reif für die Anstalt bezeichnet werde, so werde er, wenn ihm die Leitung der Kommission übertragen werde, 2 ehrenamtliche Organe herbeiholen und über die Sache eingehend verhandeln und, wenn angängig, sofort den Betreffenden der Anstalt überweisen. Wenn man 14tägige Termine für die Sitzungen ansetze, dann würden in der Zwischenzeit die betreffenden Personen verschwinden. Er weist weiter darauf hin, wie das Verfahren in anderen Bundesstaaten ist.

Es sei eine große Frage, ob eine Senatssektion geneigt sein würde, diese ziemlich unbedeutende Verwaltungstätigkeit zu übernehmen, und es lohne sich doch nicht, daß ein Senatsmitglied wegen eines Landstreichers belästigt werde. Durch Hinzuziehung 2er ehrenamtlicher Organe werde auch die Garantie geboten, daß keine Gewaltherrschaft Platz greife, und habe er sich gedacht, daß die Sektion die Berufungsinstanz sein solle.

Herr Dr. Goverts. Er sei der Meinung, daß, wenn man eine solche Maßregel einführe, man sie auch allenthalben mundgerecht machen müsse. Er halte den Direktor für das öffentliche Armenwesen nicht für die geeignete Instanz, eine solche verwaltungsrechtliche Judikatur auszuüben, er sei vielmehr der Meinung, daß dieser mehr die Rolle des Anklägers übernehmen müsse; Richter und Ankläger in einer Person könne er nicht sein. Er halte für richtig, an die Spitze der Kommission ein Senatsmitglied und möglichst ein Präsidialmitglied des Armenkollegiums zu stellen, dem 2 ehrenamtliche Organe der Armenpflege – Kollegiumsmitglieder, Vorsteher oder Pfleger – zur Seite stehen. Der Direktor solle die verwaltungsrechtliche Seite vertreten; dem zu überweisenden Mann müsse die Gelegenheit gegeben sein, sich durch einen Rechtsanwalt oder irgendeine andere Persönlichkeit vertreten zu lassen. Wenn eine solche Organisation der Kommission ins Leben trete, würden eine große Reihe von Bedenken gegen die Institution hinfällig werden, die sich lediglich im Innern der Armenanstalt abspiele. Wenn der Direktor berechtigt sei, spezielle oder generell ernannte ehrenamtliche Organe von Fall zu Fall heranzuziehen, so würde dieses zu einer großen Anzahl von Angriffen führen. Es werde der Vorwurf nicht ausbleiben, daß der Direktor sich nur solche ehrenamtlichen Organe heraussuche, die ihm geeignet scheinen, eine Überweisung in die Arbeitsanstalt auszusprechen. Um die Promptheit in der Tätigkeit der Kommission zu erreichen, lasse sich vielleicht die Einrichtung treffen ähnlich wie bei der Kommission des Spezialfonds[71].

Herr Dr. Moller gibt dem Bedenken Ausdruck, ob nach dem hiesigen Verwaltungsrecht ein Beamter solche wichtigen Entscheidungen fällen könne. Er sei der

---

[71] Nr. 49 Anm. 6.

Meinung, daß als Vorsitzender ein Senatsmitglied notwendig sei, er würde die Kommission aus 2 Kollegiumsmitgliedern und 3 Bezirksvorstehern zusammensetzen oder, wenn nur 3 Mitglieder der Kommission vorhanden sein sollten, schlage er vor: 1 Kollegiumsmitglied und 2 Bezirksvorsteher.

Herr Pienitz[72] ist der Meinung, daß es richtig sei, daß erst die Kreisversammlung die Überweisung in die Zwangsarbeitsanstalt beschließe.

Herr Dr. Buehl. Die Kommission bilde eine Rechtsgarantie auch nach der Seite hin, daß der Mann persönlich gehört werde. Eine Entscheidung könne nicht gut aufgrund der Akten erfolgen.

Da der Direktor des öffentlichen Armenwesens ein Jurist sei, so sei doch eine gewisse Garantie für eine sachgemäße Entscheidung vorhanden. Würde man dem Vorschlag des Herrn Dr. Goverts folgen, so nehme man die Rekursinstanz vorweg. Er wolle gerne die Segel vor den geltend gemachten Bedenken streichen, er glaube aber, daß man später selbst zur Ansicht kommen werde, daß der Direktor den Vorsitz der Kommission führen solle.

Syndikus Dr. von Melle. Auch er habe Bedenken, die Entscheidung in die Hand des Direktors zu legen und ihm die Auswahl der beisitzenden Organe zu überlassen. Er verweist auf eine ähnliche Einrichtung beim Seemannsamt, wo der Vorsitzende sich Sachverständige aufgrund einer großen Liste heranziehen könne.

Auch nach der Verwaltungsorganisation halte er für ausgeschlossen, daß der Direktor den Vorsitz habe, während die ehrenamtlichen Organe nur Beisitzer sein sollten. Er wünsche die Präsidialmitglieder von der Kommission fernzuhalten und sei der Meinung, daß ein Mitglied des Kollegiums – kein Kreisvorsteher – den Vorsitz übernehmen könne, doch wünsche er, daß der Direktor bei den Sitzungen zugegen sei, um das Staatsinteresse zu vertreten. Später komme vielleicht ein Verwaltungsgericht, dem man die Sache übertragen könne.

Herr Landrichter Kannengießer ist der Meinung, daß die Mitglieder der Kommission ständige sein müßten.

Herr Dr. Buehl. Er habe sich gedacht, eine Liste von 8 – 10 Herren aufzustellen und daraus die geeigneten Kräfte für die einzelnen Sitzungen zu wählen. Herr Senator Dr. Hachmann[73] habe übrigens ihm gesagt, er sei sehr für die Sache, es solle aber erwogen werden, ob man nicht gerichtliche Entscheidungen gegen den Beschluß der Kommission einführen könne und selbst, wenn dieses die Vormundschaftsbehörde sein sollte. Er habe aber gleich gesagt, daß es ein Zivilgericht für diesen Fall nicht gebe und daß die Strafgerichte mit der Sache nicht befaßt werden könnten, da es sich um keine strafrechtlichen Maßnahmen handele.

Herr Dr. Goverts kommt auf seinen früheren Antrag, ein Präsidialmitglied an die Spitze der Kommission zu stellen, zurück. Dem Antrag des Herrn Dr. Moller könne er nicht zustimmen, er würde übrigens auch dafür sein, daß das Mitglied des Kollegiums ein Jurist sein müsse. Er glaube aber doch, daß das ganze Ansehen der Sache im Publikum und bei den ehrenamtlichen Organen und den zu Überweisenden anders sein werde, wenn es hieße, die Entscheidung liegt in Händen eines Senatsmitglieds. Auch auf die Gegner der Sache würde dieses von Einfluß sein. Jedenfalls ließe sich eine Erleichterung für das Senatsmitglied dadurch schaffen, daß man die

---

[72] Heinrich Pienitz (1846-1909), Bäckermeister in Hamburg, Vorsteher des VI. Armenkreises, von der Bürgerschaft gewähltes Mitglied des Armenkollegiums der Allgemeinen Armenanstalt.

[73] Vgl. Nr. 49 Anm. 16.

Sitzungen der Kommission auf einen bestimmten Wochentag verlege, für den man sich bereithalten könne. Im Falle der Behinderung des Senatsmitglieds könne ein Mitglied des Armenkollegiums die Stellvertretung übernehmen. Herr Senator Dr. Hachmann habe erklärt, wenn es nicht anders sein könne, so würde sich auch die Zeit für die Kommissionssitzungen finden lassen.

Herr Pienitz regt an, die Sitzungen 2mal im Monat an festgesetzten Tagen stattfinden zu lassen.

Herr Dr. Buehl widerspricht dem, da dadurch dem zu Überweisenden die Gelegenheit geboten werde, sich seiner Überweisung rechtzeitig zu entziehen.

Herr Dr. Moller. Wenn man die Sache ganz mundgerecht machen wolle, müsse man ein ehrenamtliches Mitglied an die Spitze der Kommission stellen.

Es wird beschlossen, die Kommission aus einem Mitglied der Sektion als Vorsitzenden und 2 von der Sektion gewählten ehrenamtlichen Organen zusammenzusetzen.

Der 3. Absatz des § 21 wird angenommen. In den Motiven soll hervorgehoben werden, daß die Errichtung eines Verwaltungsgerichts erwünscht sei, dem die Entscheidung zu übertragen sein würde.

[...] *Beschlüsse zu einzelnen Abschnitten.*[74]

---

[74] Der hier erörterte Paragraph lautete schließlich in dem nach der anschließenden Diskussion im Armenkollegium vorgelegten Gesetzentwurf (dort als § 20):
Wer selbst oder in der Person seiner Ehefrau oder seiner minderjährigen Kinder aus öffentlichen Armenmitteln unterstützt wird, ist verpflichtet, die ihm von dem unterstützenden Armenverband oder von dessen Organen nach- oder angewiesene, seinen Kräften angemessene Arbeit zu verrichten.
Die zur Durchführung dieser Verpflichtung etwa erforderliche Unterbringung in einer Armenarbeitsanstalt kann gegen den Willen des Unterstützten nur dann vorgenommen werden, wenn derselbe a) die Hilfsbedürftigkeit durch Müßiggang, Liederlichkeit oder Trunksucht herbeigeführt hat oder b) die Fürsorge für seine Ehefrau oder seine minderjährigen Kinder beharrlich vernachlässigt, obschon seine Einkünfte oder Arbeitskräfte – wenn auch nur teilweise – zur Unterhaltsgewährung hinreichen.
Zur Feststellung dieser Voraussetzungen und zur Entscheidung über die danach erforderliche Unterbringung bedarf es des Beschlusses einer vom Armenkollegium für die Dauer eines Jahres im voraus zu wählenden Kommission, welche aus einem Senatsmitglied des Armenkollegiums als Vorsitzendem, zwei weiteren Mitgliedern des Kollegiums und zwei Armenbezirksvorstehern oder Armenpflegern besteht. Mindestens ein Mitglied der Kommission muß die Fähigkeit zum Richteramt besitzen.
Vor der Entscheidung ist derjenige, gegen den sich das Verfahren richtet, zu hören. Zu einer auf Unterbringung lautenden Entscheidung bedarf es einer Mehrheit von vier Stimmen. Gegen die Entscheidung, welche mit Gründen zu versehen ist, findet Beschwerde an den Senat statt, jedoch wird die Vollstreckung durch Einlegung der Beschwerde nicht aufgehalten.
Die Unterbringung kann auf die Höchstdauer eines Jahres angeordnet werden. Dieselbe ist aufzuheben, sobald die Hilfsbedürftigkeit, welche zur Einlieferung in die Anstalt geführt hat, in Fortfall gelangt; sie kann ferner jederzeit aufgehoben werden, sofern die weitere Aufrechterhaltung des Arbeitszwangs nicht mehr erforderlich erscheint.
Die vorstehenden Bestimmungen finden auch auf den Vater eines der öffentlichen Armenpflege zur Last gefallenen unehelichen Kindes Anwendung, sofern derselbe seine Vaterschaft nach § 1718 B(ürgerliches) *G*(esetz)*b*(uch) *anerkannt hat oder seine Unterhaltspflicht in einem vollstreckbaren Titel festgestellt ist* (Entwurf eines Gesetzes, betreffend die öffentliche Wohlthätigkeit [Mai 1898]: StA Hamburg 351-2II Nr.17 Bd.1, n. fol.). Das dann nach einer langen Vorbereitungszeit und beträchtlicher Beratungsdauer erst am

Nr. 75

1899 Februar 7

Protokoll[1] einer Besprechung von Vertretern des Hamburger Armenkollegiums mit Vertretern der privaten Wohltätigkeit

Maschinenschrift

[Eine vorbereitende Sitzung hat den Beschluß gefaßt, nach dem Vorbild des Frankfurter Vereins einen Hauspflegeverein zu gründen, um in Familien aus unbemittelten Kreisen während des Wochenbetts für die Führung des Haushalts Sorge zu tragen]

Auf Einladung des Herrn Präses des Armenkollegiums sind etwa 50 Damen und Herren zum Zwecke einer Besprechung über die Gründung eines Hauspflegevereins erschienen.

Herr Senator Dr. Hachmann begrüßt die Anwesenden und weist darauf hin, daß durch die beabsichtigte Vereinsgründung, für welche der seit einer Reihe von Jahren segensreich wirkende Hauspflegeverein zu Frankfurt a. M.[2] als Vorbild dienen könne, eine häufig fühlbare Lücke in der Organisation unserer Wohlfahrtseinrichtungen ausgefüllt werden solle.

Herr Direktor Dr. Buehl legt darauf die Notwendigkeit und Zweckmäßigkeit der Hauspflege eingehend dar, deren Ziel es sei, im Falle vorübergehender Behinderung der Hausfrau durch Abwesenheit, Erkrankung oder Wochenbett für die Aufrechterhaltung des Hausstands Sorge zu tragen. Besonders wichtig sei eine derartige Fürsorge während der Dauer des Wochenbetts, und müsse es aus Gründen hygienischer wie sozialer Natur als eine dringende Notwendigkeit bezeichnet werden, dem kleinen Mann, der aus eigenen Mitteln eine Hilfskraft meist nicht bezahlen könne, eine Vertreterin der Hausfrau zu stellen, um letzterer die Möglichkeit zu gewähren, sich wenigstens während der ersten 8–10 Tage nach erfolgter Entbindung zu schonen. Sei die Wöchnerin, wie das jetzt die Regel bilde, durch die Verhältnisse gezwungen, bereits am dritten Tag nach der Niederkunft – oder gar noch früher – ihre hauswirtschaftlichen Pflichten in vollem Umfang wieder zu übernehmen, so werde dadurch nur zu häufig der Grund zu Frauenleiden aller Art, ja vielleicht zu späterem Siechtum und damit zur Zerstörung des Glücks wie des bescheidenen Wohlstands der Familie gelegt.

Dieser das Wohl unseres Volks bedrohenden Gefahr einen wirksamen Damm entgegenzusetzen, sei die öffentliche Armenpflege außerstande, da dieselbe erst nach eingetretener Verarmung eingreifen könne. Die Aufgabe erscheine groß und wichtig genug, um die Gründung eines aus Damen und Herren zusammengesetzten besonde-

---

11.9.1907 verabschiedete Gesetz, betreffend das Armenwesen, enthielt die entsprechenden Bestimmung im § 21, wobei noch einmal einige Präzisierungen vorgenommen worden waren. Insbesondere wurde die im ersten Absatz ausgesprochene Arbeitsverpflichtung an die Bedingung geknüpft, daß sie zur Beseitigung oder Verminderung der bestehenden Hilfsbedürftigkeit notwendig war. Überdies war die Entscheidung der neu eingerichteten Kommission für das Armenarbeitswesen zur Unterbringung in einem Arbeitshaus nun auf dem Weg der Klage vor einem ordentlichen Gericht anfechtbar.

1 Staatsarchiv Hamburg 351-2 II Nr.148, fol. 64-65.

2 Nr. 17, vgl. auch Nr. 124.

ren Vereins zu rechtfertigen, dessen Aufgabe neben der Gewährung von Haus- evtl. Wochenpflege in der Verabfolgung von nahrhafter Kost an die Wöchnerin sowie von Zeug für die letztere und für das neugeborene Kind zu bestehen haben würde. Die eigentliche Hauspflege müsse durch Frauen geleistet werden, welche auf der gleichen sozialen Stufe wie die unterstützte Familie ständen, während den Vereinsdamen die doppelte Aufgabe zufalle, vor Bewilligung einer Pflege die Verhältnisse des Hilfesuchenden zu prüfen und ferner die Tätigkeit der Hauspflegerin zu beaufsichtigen.

Redner legt schließlich die Organisation des Frankfurter Vereins näher dar und ersucht die Versammelten, sich sogleich als Hauspflegeverein zu konstituieren, ein engeres Komitee von etwa 5 Damen und 5 Herren zu wählen und dasselbe mit dem Erlaß eines Aufrufs in der Tagespresse sowie mit der Ausarbeitung eines der demnächstigen Generalversammlung zur Genehmigung zu unterbreitenden Statuts zu beauftragen.

In der an das Referat sich anschließenden Besprechung erklärt Herr Dr. Wentzel, daß eine Tätigkeit der in Rede stehenden Art schon jetzt von verschiedenen Vereinen, so in Winterhude von einem Verein[3], dessen Vorstand er angehöre, geübt werde. Er halte es nicht für zweckmäßig, neben diesen örtlichen Vereinen noch einen das Stadtgebiet umfassenden neuen Verein zu gründen, vielmehr sei es richtiger, mit den einzelnen Vereinen in Verbindung zu treten und dieselben zu einem großen Verband zusammenzufassen.

Herr Dr. Buehl entgegnet, daß seines Wissens eine eigentliche Hauspflege nur in ganz geringem Umfang geübt werde, so daß es an den erforderlichen örtlichen Unterlagen für die Schaffung eines Verbands durchaus fehle und das angestrebte Ziel somit nur auf den Wege einer Neugründung erreicht werden könne.

Frau Pastor Halben[4] und Frau Professor Christensen[5] bestätigen, daß in den von ihnen vertretenen Stadtteilen Rothenburgsort und Hoheluft erst ganz schwache Anfänge mit der Hauspflege gemacht seien, und sprechen den Wunsch aus, dem vorhandenen Bedürfnis mit Hilfe der von dem neuen Verein zu erwartenden reichlicheren Mittel in größerem Umfang gerecht werden zu können.

Nachdem sich noch verschiedene andere Damen zugunsten der beabsichtigten Neugründung geäußert haben, erklärt Herr Präsident Hinrichsen[6], er begrüße die gegebene Anregung mit großer Freude und vermöge die ausgesprochene Befürchtung einer Schädigung der bereits vorhandenen, gleichartige Zwecke verfolgenden Vereinigungen nicht zu teilen, vielmehr glaube er, daß die letzteren in Anbetracht des umfassenden Bedürfnisses die Konkurrenz des neuen Vereins nicht zu fürchten brauchten.

Gegen den Vorschlag des Referenten, ein Komitee zwecks Veröffentlichung eines Aufrufs und Ausarbeitung eines Statuts zu wählen, erhebt sich kein Widerspruch. Nachdem sich Herr Senator Dr. Hachmann auf Anregung des Herrn Präsidenten Hinrichsen und der Frau von Begyats[7] bereit erklärt hat, dem Komitee beizutreten, werden in dasselbe gewählt:

---

[3] Gemeint ist der 1891 gegründete Winterhuder Frauenverein, der 1899 im fünf Jahre zuvor eingemeindeten Stadtteil Winterhude insgesamt 203 Familien hilfsbedürftiger Kranker unterstützte, darunter besonders auch von Wöchnerinnen.

[4] Auguste Halben (gest. um 1933), Ehefrau des Pfarrers Dr. Heinrich Halben in Hamburg.

[5] Wohl Anna Christensen, geb. Friedrich, Ehefrau des Prof. Dr. Heinrich Christensen in Hamburg, Lehrer am Wilhelm-Gymnasium in Hamburg.

[6] Siegmund Hinrichsen (1841-1902), Bankier in Hamburg, seit 1880 Vizepräsident, seit 1892 Präsident der Hamburger Bürgerschaft.

[7] Amalia von Begyats.

Frau Michahelles[8], Frau Dr. Glinzer[9], Fräulein Toni Petersen[10], Frau von Begyats, Frau Pastor Halben; Herr Präsident Hinrichsen, Herr Dr. Wentzel, Herr Edm. J. A. Siemers[11], Herr Strempel[12], Herr Dr. Buehl.[13]

Nr. 76

1899 März 13

Schreiben[1] des Leiters des Frankfurter Armenamts Dr. Karl Flesch an das Mitglied des Hauspflegevereins Meta Hammerschlag[2]

Entwurf

[Der zu gründende Stadtbund der Frankfurter Vereine für Armenpflege und Wohltätigkeit sollte vor allem die Aufgabe übernehmen, die Tätigkeit der Vereine zu koordinieren und aufeinander abzustimmen; er hat sich insbesondere die Frage zu stellen, für welche Kategorien von Armen noch Lücken der Vereinstätigkeit bestehen]

Ihrem Wunsch gemäß möchte ich zu der Frage der Aufgaben des Stadtbunds[3] und seines Verhältnisses zum Armenamt und zur Zentrale für private Fürsorge[4] folgendes bemerken:

---

8 Paula Michahelles, geb. Schroers (1887-nach 1943), Ehefrau des Kaufmanns Wilhelm Erwin Michahelles in Hamburg.

9 Marie Glinzer (1843-1921), Lehrerin an der Gewerbeschule für Mädchen in Hamburg.

10 Antonie (Toni) Petersen (1840-1909), Kunstförderin in Hamburg.

11 Edmund Siemers (1840-1918), Kaufmann in Hamburg, seit 1892 Mitglied der Hamburger Bürgerschaft.

12 Paul Alexander Strempel (1846-1930), Möbelfabrikbesitzer in Hamburg, von der Bürgerschaft gewähltes Mitglied des Armenkollegiums der Allgemeinen Armenanstalt.

13 Das Komitee richtete sich im März 1899 mit einem von ca. 300 Personen unterzeichneten Aufruf an die Öffentlichkeit, der sich namentlich an die Hamburger Frauen wandte, denen sich hier ein weites Feld ersprießlicher Tätigkeit eröffnet. 199 Männer und 275 Frauen traten dem Verein darauf bei, der sich am 20.6.1899 konstituierte. Die Mitglieder des Komitees bildeten den Vorstand, Vorsitzender wurde Senator Dr. Gerhard Hachmann, seine Stellvertreterin Toni Petersen, Schriftführer Direktor Dr. Adolf Buehl. Der Verein stellte Hauspflegerinnen ein, die bei Entbindungen oder Krankheit den Haushalt unbemittelter Familien führten. Im Jahr 1902 unterstützte er 1248 Familien, davon 1116 bei Entbindungen und 126 bei Krankheiten (Der Hauspflegeverein in Hamburg, in: Blätter für das Hamburgische Armenwesen 7 [1899], Nr. 9/10, S. 43-45; Der Hauspflegeverein in Hamburg, in: ebenda 11 [1903], Nr. 7, S. 32 f.). Die Allgemeine Armenanstalt und der Hauspflegeverein waren vielfältig miteinander verbunden und arbeiteten eng zusammen.

1 Institut für Stadtgeschichte Frankfurt am Main Wohlfahrtsamt 802, n. fol.

2 Meta Hammerschlag, geb. Heinrichs (1864-1954), Frauenrechtlerin in Frankfurt a. M., Mitglied des Frankfurter Hauspflegevereins.

3 Seit Anfang 1899 waren in Frankfurt Bestrebungen in Gang gekommen, einen Bund der Vereine für Armenpflege und Wohltätigkeit zu gründen, der als organisatorischer Mittelpunkt der zahlreichen wohltätigen Vereine für eine bessere wechselseitige Abstimmung sorgen sollte. Die Initiative ging insbesondere vom Hauspflegeverein aus. Der Bund sollte eine für alle Vereine gemeinsame Auskunftsstelle errichten und durch Konferenzen die Fühlung zwischen den Vereinen stärken; zudem sollte er weitere Kreise für die soziale

Die unbemittelte Bevölkerung erhält in denjenigen Fällen, in welchen das Einkommen des einzelnen zur Befriedigung seiner Bedürfnisse nicht ausreicht, hierorts Unterstützung entweder vom Armenamt oder von vereinzelten Privaten oder von den großen und kleinen Vereinen.

Das Armenamt ist am leichtesten in der Lage, zu übersehen, wen es unterstützt und die Verhältnisse der Unterstützten festzustellen; den Vereinen und den Privaten fällt dies weit schwerer. Andererseits ist das Armenamt auch am meisten veranlaßt, die Verhältnisse der Unterstützten zu prüfen, weil es keinen Bedürftigen zurückweisen darf. Im Gegensatz hierzu beschränkt sich bei jedem einzelnen Verein die Zahl derer, die er unterstützt, von selbst auf gewisse Kategorie der Unbemittelten und der Anlaß, zu geben, auf wenige in den Vereinsstatuten festgelegte Ursachen. Er braucht die Gesuche nur nach diesen 2 Gesichtspunkten zu prüfen, und es interessiert ihn relativ wenig, ob ein anderer Verein aus anderen, den dortigen Statuten entsprechenden Gesichtspunkten gleichfalls Unterstützung gewährt hat, während ihm diejenigen Unterstützungen, welche an andere Personenkategorien gegeben werden, überhaupt gleichgültig sind. Je kleiner also der Verein ist, um so weniger Interesse hat er an der Frage, welche Personen etwa andere Vereine unterstützen.

Die Zentrale für private Fürsorge endlich will verhüten, daß die Privatwohltätigkeit derjenigen Leute, welche große Beträge an Arme geben, mißbraucht wird. Ein einzelner Mann hat, je mehr seine Mildtätigkeit in Anspruch genommen wird, um so weniger die Möglichkeit der Prüfung des Gesuchs, insbesondere ist er hierzu lange nicht so imstande wie ein Verein, dem durch seine Statuten bestimmte Richtpunkte gegeben sind. Es ist daher ganz natürlich, daß die Zentrale besonderen Wert auf ihre Auskunftsstelle legt, und es wird wünschenswert sein, daß diese Auskunftsstelle vornehmlich diejenigen Personen berücksichtigt, welche nicht in dem Verzeichnis der ständig Unterstützten enthalten sind, das die öffentliche Armenpflege herausgibt. Würde hiernach der Stadtbund gleichfalls eine Auskunftsstelle errichten, so würde er Gefahr laufen, dasselbe zu tun, was die Zentralstelle tut. Will er das bei den Vereinen erwachsende Material der Zentralstelle zuwenden, so setzt er sich denselben Einreden aus, die erhoben werden, wenn die Erhebung zugunsten der öffentlichen Armenpflege stattfindet, und es besteht zugleich die Befürchtung, daß

Hilfsarbeit zu gewinnen suchen (vgl. Protokoll einer vertraulichen Vorbesprechung über eine Vereinigung der Frankfurter Wohltätigkeitsvereine vom 20.2.1899: Institut für Stadtgeschichte Frankfurt a. M. Wohlfahrtsamt 802, n. fol.; Bericht des Bundes der Frankfurter Vereine für Armenpflege und Wohlthätigkeit über seine Gründung und Thätigkeit im ersten Geschäftsjahre von Mai 1899 bis Mai 1900: ebenda; vgl. auch Nr. 86.)

4 Die Zentrale für private Fürsorge war am 4.3.1899 von prominenten Vertretern des Frankfurter Bürgertums mit dem Ziel gegründet worden, *im Anschluß an die bestehenden Wohltätigkeitseinrichtungen einer planmäßigen Organisation der Privatfürsorge* zu dienen (§ 1 der Satzungen der Centrale für private Fürsorge: Institut für Stadtgeschichte Frankfurt a. M. Magistratsakten V 514, n. fol.). Geburtshelfer waren der Metallindustrielle und Mäzen Wilhelm Merton und das von Merton 1890 gegründete Institut für Gemeinwohl. Dessen Zielsetzung lag wiederum darin, private und kommunale Initiativen im Bereich des Stiftungs- und Armenwesens zusammenzuführen und zugleich wissenschaftliche Untersuchungen und Publikationen zu fördern. Ohne selbst Unterstützungen aus eigenen Mitteln zu gewähren, führte die Zentrale für private Fürsorge die Prüfung und Begutachtung von Bittgesuchen durch und diente so als Auskunftsstelle über die Verhältnisse der Bedürftigen. Ihr Tätigkeitsfeld sollte sich bald auf weitere Aufgabenbereiche – besonders in der Kinderfürsorge, aber auch auf dem Gebiet der Ausbildung für die Fürsorgearbeit – ausweiten (vgl. Nr. 103 und Nr. 140).

ein wesentliches Resultat nicht gewonnen würde. Die Zahl derjenigen Personen, welche nur bei den Vereinen und nicht auch bei den Privatpersonen (Zentralstelle) oder der öffentlichen Armenpflege bekannt sind, mag ziemlich groß sein, aber die Zahl derer, welche durch Unterstützungen sich die Mittel zum Müßiggang verschaffen und sich hierbei ausschließlich auf Vereine (ausgenommen natürlich den Armenverein[5], der der Zentralstelle angeschlossen ist) beschränken, kann unmöglich erheblich sein. Die Arbeit, welche den Vereinen zugemutet wird, wenn sie alle ihre Pfleglinge nennen sollen, würde also nur ein ganz ungenügendes Resultat haben, ganz abgesehen davon, daß die Zumutung der Nennung aller Unterstützten, wie bereits bemerkt, als höchst lästig empfunden würde.

Hieraus entstehen 2 Fragen:

1. Was will der Verein tun, um in rationeller Weise zu unterstützen?
2. Welchen Zweck hat der Stadtbund, wenn er auf die Auskunftsstelle im wesentlichen verzichtet?

Zu 1 ist zu antworten, daß die Vereine, da, wo sie nicht sicher sind, die Verhältnisse zu kennen, das Material des Armenamts und der Zentralstelle zu Rate ziehen sollen. Erklärt das Armenamt die Unterstützung für unbedenklich und ist der Antragsteller der Zentralstelle unbekannt, so wird dies in den meisten Fällen genügen, um das Eingreifen eines Vereins als im schlimmsten Falle unschädlich erscheinen zu lassen.

Zu 2: Der Stadtbund könnte dahin wirken, daß die Vereine selbst sich zusammenschließen, nicht mehr jeder isoliert und jeder nach eigenen Grundsätzen arbeitet. Er könnte insbesondere die Frage beantworten, welche Kategorien von Armen bedürfen der Vereinsunterstützung bzw. welche Bedürfnisse der Armenpflege sind noch am wenigsten durch Vereinstätigkeit befriedigt, auf welchen Gebieten besteht Vereinsüberfluß und welche Lücken sind im Netz der Vereine enthalten.

Diese Fragen müßten in regelmäßigen Sitzungen des Stadtbunds behandelt werden; und es versteht sich von selbst, daß hierbei stete Fühlung mit der öffentlichen Armenpflege und der Zentralstelle bestehen müßte. Der Stadtbund müßte außerdem die Frage, wie die Vereinstätigkeit geregelt werden soll, fortwährend prüfen, und zwar nicht nur in dem engeren Sinne, wie sie sich zur öffentlichen Armenpflege verhalten soll, sondern auch in dem Sinne, daß die Technik der Armenpflege auf den verschiedenen Unterstützungsgebieten geprüft würde und daß diejenigen Gebiete gemeinsam unterstützt werden, bei welchen die bloße Wohltätigkeit in die soziale Fürsorge übergehen muß bzw. bei welchen die Vereinsmittel durch städtische oder staatliche Subventionen ergänzt und wie hier das Gesetz angerufen werden muß. Was in diesen Dingen bereits geschieht (vgl. z. B. das Ziehkinderwesen, die Fürsorge für die schulentlassene Jugend, die Rekonvaleszentenpflege, die Beschaffung künstlicher Gliedmaßen, besonders teurer Heilmittel und dergleichen), geschieht zufällig von dem einen oder anderen Verein oder wird von der öffentlichen Armenpflege angeregt. Erst die durch den Stadtbund geschaffene Vereinsvereinigung wäre imstande, hier fördernd einzugreifen.

Ich resümiere also dahin, daß dem Stadtbund ein ungemein großes Feld zur segensreichsten Arbeit frei bleibt, auch wenn er die relativ untergeordnete Tätigkeit der Beschaffung der Auskünfte über einzelne Arme der büromäßigen Erledigung überläßt, welche dieselbe beim Armenamt und der Zentrale findet.

---

[5] Vgl. Nr. 17 Anm. 2.

Nr. 77

1899 März 18

Vorwärts. Berliner Volksblatt[1] Nr. 66
Reform der städtischen Armenverwaltung

Druck

[Die Unterstützungssätze der Berliner Armenpflege sind unzulänglich; der Anstieg der Unterstütztenzahlen ist nicht die Folge größerer Liberalität in der Bewilligung, sondern die Folge wachsender Armut]

In die Armenverwaltung Berlins scheint, seit der neuerwählte Stadtrat Dr. E. Münsterberg den Vorsitz der Armendirektion übernommen hat, ein etwas frischerer Zug zu kommen. Bei der Wichtigkeit dieses Zweiges der städtischen Verwaltung wird man den Reformvorschlägen Dr. Münsterbergs mit Aufmerksamkeit zu folgen haben. In einer günstigen Position ist er insofern, als das Armenwesen Berlins sich in einem solchen Zustand befindet, daß jede Änderung eine Verbesserung bedeutet. Die Organisation, die den Verhältnissen vor Jahrzehnten entsprochen haben mag, ist der Entwicklung Berlins zur Millionenstadt nicht gefolgt, und es haben sich allmählich Zustände entwickelt, die länger nicht zu halten waren. Die Armendirektion hat je länger, je mehr jeden Zusammenhang mit den einzelnen Armenkommissionen und jede Kontrolle über die Geschäftsführung derselben verloren; infolge davon sind diese immer mehr dazu gekommen, sich als unumschränkte Gebieter und Herren über die in ihren Bezirken wohnenden Armen zu fühlen; und übel ist der Arme dran, der aus irgendwelchen Gründen sich das Mißfallen seiner Kommission zugezogen hat. Als Mißstand wurde es auch empfunden, daß die Vorsteher der Kommissionen, in deren Hand das Wohl und Wehe der Armen in erster Reihe liegt, mit übermäßigem Schreibwerk belastet sind, dadurch an Berufsfreudigkeit verlieren und ihrer eigentlichen pflegerischen Tätigkeit entzogen werden. Aus diesen und aus ähnlichen Erwägungen wurde vor zwei Jahren der Versuch gemacht, durch Errichtung von sogenannten Armenämtern[2] eine engere Verbindung der Armenpflegerorgane in kleineren örtlichen Bezirken und Mittelglieder zwischen Armendirektion und Armenkommissionen zu schaffen. Die Tätigkeit der beiden Armenämter jedoch, die am 1. April 1897 errichtet wurden, hat uneingeschränkten Beifall nirgends gefunden, trotzdem der Eifer und die Umsicht ihrer Leiter allseitig anerkannt werden. Von der Schaffung weiterer Armenämter hat man daher Abstand genommen.

Der neue Vorsitzende der Armendirektion hat nun zur Vorberatung der Reformfragen zwei Kommissionen zusammenberufen, von denen die eine aus Mitgliedern der Armendirektion, die andere aus einer Anzahl von Armenkommissionsvorstehern besteht. Der ersteren ist die Erörterung der eigentlichen Organisationsfragen, der anderen die Durchberatung der Geschäftsanweisung und die Umgestaltung des Formularwesens zugewiesen. Es soll keineswegs bestritten werden, daß für die bessere Gestaltung des Armenwesens in Berlin die Verkleinerung der Bezirke der einzelnen Armenkom-

---

1 Der „Vorwärts. Berliner Volksblatt" war das Zentralorgan der Sozialdemokratie. Die Zeitung erschien unter diesem Titel seit 1891 sechsmal wöchentlich in Berlin. Chefredakteur war Wilhelm Liebknecht.

2 Vgl. Nr. 58 Anm. 4 und 5.

missionen, die Vermehrung und Verjüngung ihrer Mitglieder, die Vereinfachung des Schreibwerks, die Regelung des Auszahlungswesens, die Schaffung wirksamer Mittelglieder zwischen der Armendirektion und den Kommissionen, Fragen von hoher Bedeutung sind. Insbesondere wird man die baldige Durchführung der letzteren Reform im Interesse der Armen wünschen müssen. Denn die Armendirektion, die nahezu ausschließlich auf die schriftlichen Berichte der Kommissionen angewiesen ist, kommt nur ausnahmsweise und in besonders krassen Fällen dazu, korrigierend einzugreifen, zumal das ängstliche Bestreben vorherrscht, die eifersüchtig über ihre Machtbefugnisse wachenden Kommissionen nicht durch nachträgliche Mißbilligung oder Änderung ihrer Beschlüsse zu verletzen oder vor den Kopf zu stoßen. Hier würde eine Mittelinstanz, bei der der Schwerpunkt auf dem unmittelbaren persönlichen Verkehr mit den Kommissionsvorstehern und in gemeinschaftlichen Beratungen und Beschlußfassungen liegt, nützlich wirken und bei den einzelnen Kommissionen anstelle der jetzigen Verschiedenheit eine größere Einheitlichkeit in der Bemessung der Unterstützungssätze herbeiführen können. Allein alle diese organisatorischen Umgestaltungen berühren den Kernpunkt der Reform, die Erhöhung der Unterstützungssätze[3], nicht. Sind bei der diesjährigen Etataufstellung keine Erhöhungen dieser Sätze vorgesehen, so kann das allenfalls damit entschuldigt werden, daß der neue Leiter der Armenverwaltung sich vor dem Beginn durchgreifender Reformen erst mit den Verhältnissen genau vertraut machen wollte. Für das nächste Jahr entfällt aber auch dieser Grund. Sätze wie die, welche armen Witwen und eheverlassenen Frauen zur Verpflegung und Erziehung ihrer unmündigen Kinder gezahlt werden, sind absolut unzulänglich. Was soll zum Beispiel eine arme Frau, die vier Kinder hat, mit den 18 Mark Pflegegeld anfangen, das sie auf diese vier Kinder monatlich erhält? Wie soll sie sie dafür beköstigen, bekleiden, beherbergen und erziehen? Über die zunehmende Verwilderung der heranwachsenden Jugend wird in gutgesinnten Blättern Tag für Tag gezetert. Wir bestreiten die Richtigkeit dieser Behauptung. Wer aber die Behauptung aufstellt und vertritt, der müßte vor allem den Ursachen, die solche Zustände zeitigen können, auf den Grund gehen, statt vor ihnen nach Möglichkeit die Augen zu schließen. Und ein Fachmann, gleichviel welchen Standpunkt er vertritt, sollte wohl ohne viel Studium zu der Erkenntnis von der Unzulänglichkeit dieser Pflegesätze gelangen.

Mit den Sätzen der Unterstützungen, die laufend an Bedürftige gezahlt werden, ist es nicht besser bestellt. Nach dem letzten Verwaltungsbericht des Magistrats betrug das sogenannte Almosengeld im Durchschnitt 13,85 M. pro Monat. Als Ursachen der Hilfsbedürftigkeit wurden in demselben Bericht bei 59,33 % der Unterstützten hohes Alter (über 65 Jahre) und bei 36,51 % andauernde Krankheit oder Siechtum aufgeführt. 96 % der Almosenempfänger befinden sich also körperlich in einem Zustand, der jede Erwerbsmöglichkeit ganz oder so gut wie ganz ausschließt! Nur bei 4 % der Unterstützten gibt der Bericht als Grund für die Unterstützung „nicht zureichende bzw. mangelnde Erwerbsfähigkeit" an. Hier also, bei den für die Verhältnisse in Berlin absolut unzulänglichen Unterstützungssätzen, hätte die Reform einsetzen müssen.

Auch die Behandlung, welche die dringliche Frage der Zuziehung von Frauen zur Armenpflege unter dem neuen Kurs finden wird, wird Interesse erregen. Unsere Leser wissen gewiß noch aus den Verhandlungen der Stadtverordnetenversammlung[4]

---

3 Vgl. Nr. 66, vgl. auch Nr. 20.

4 Auszug aus dem amtlichen stenographischen Bericht über die Sitzung der Stadtverordneten-Versammlung am 17.12.1896 (LA Berlin A Rep.000-02-01 Nr.1489, fol. 68-73).

im Dezember 1896, wie lau die Majorität der Stadtverordneten und wie schroff die Armenkommissionsvorsteher[5] dieser wichtigen Frage gegenüberstehen. In seinem Buch über die Armenpflege wünscht Dr. Münsterberg „zu den entschiedenen Gegnern der Ausschreitungen der Frauenbewegung“[6] gezählt zu werden, ohne indes anzugeben, was er unter „Ausschreitungen der Frauenbewegung“ versteht. Andererseits identifiziert er sich mit der im Herbst 1896 gefaßten Resolution[7] des Deutschen Vereins für Armenpflege und Wohltätigkeit, die besagt, daß die Heranziehung der Frauen zur öffentlichen Armenpflege als eine dringende Notwendigkeit zu bezeichnen ist. Man wird abzuwarten haben, ob Dr. Münsterberg genug Mut und Kraft zeigen wird, die Eingliederung der Frauen in die öffentliche Armenpflege mit gleichen Rechten und Pflichten wie die Männer gegen eine scharfe Opposition zu fordern und durchzusetzen. Die bisher eingeleiteten Reformen, so nützlich an sich sie auch sein mögen, sind dergestalt, daß sie an keiner Stelle, auch nicht bei denen, die in den alten Geleisen gemächlich dahinfahren, ernstlichen Widerstand finden können. Zu Kämpfen wird es erst kommen, wenn durchgreifendere Reformfragen zur Erörterung und Beschlußfassung gestellt werden, und dann erst wird sich zeigen, was das Armenwesen Berlins von seinem neuen Leiter zu erwarten hat.

Das Endziel jeder guten Armenpflege sollte bekanntlich sein, die Armenpflege selbst nach Möglichkeit überflüssig zu machen. Ein Blick in das statistische Jahrbuch der Stadt Berlin zeigt nun, daß in Berlin die Zahl der laufend unterstützten Personen stetig steigt. Während im Jahre 1887/88 die Almosenempfänger 1,24 % der gesamten Zivilbevölkerung ausmachten, ist dieser Prozentsatz in 1896/97 auf 1,60 % gestiegen.[8]

Wer die Verhältnisse kennt, weiß, daß die Steigerung dieser Ziffer nicht die Folge größerer Liberalität in der Bewilligung laufender Unterstützungen, sondern die Folge wachsenden Notstands ist. Die Zahl derjenigen, die aus Anlaß besonderer Notfälle sogenannte Extraunterstützungen erhielten, ist von 2,44 % der Zivilbevölkerung in 1887/88 auf 5,04 % in 1894/95 gestiegen, um in 1896/97 wieder auf 4,44 % zu sinken.[9] Aus der Zahl dieser Hilfsbedürftigen rekrutieren sich hauptsächlich die laufend unterstützten Personen. Die bewilligten Extraunterstützungen genügen gerade, um der krassesten augenblicklichen Not zu steuern, sind aber gänzlich ungenügend, um die Wunden zu heilen, welche Krankheit oder Tod eines Familienmitglieds, längere Arbeitslosigkeit, teilweise Erwerbsunfähigkeit oder sonstige Unglücksfälle dem Wirtschaftsleben der betreffenden Familie geschlagen haben. Hier vorbeugend in durchgreifender Weise zu helfen, die betreffenden Personen oder Familien vor dem gänzlichen Versinken in den Pauperismus zu bewahren und die Stadt von der Last neuer Almosenempfänger zu befreien, wäre in der Tat ein Beginnen, das als wirkliche Reform bezeichnet werden könnte.

---

5 Nr. 53.

6 Emil Münsterberg, Die Armenpflege. Einführung in die praktische Pflegethätigkeit, Berlin 1897, S. 180.

7 Stenographischer Bericht über die Verhandlungen der sechzehnten Jahresversammlung des deutschen Vereins für Armenpflege und Wohlthätigkeit am 24. und 25. September 1896 in Straßburg i. E. (Schriften des deutschen Vereins für Armenpflege und Wohlthätigkeit, Heft 28), Leipzig 1896, S. 149 f.

8 Statistisches Jahrbuch der Stadt Berlin, 23. Jg.: Statistik des Jahres 1896. Hrsg. von R(ichard) Böckh, Berlin 1898, S. 336.

9 Ebenda, S. 336.

Nr. 78

1899 April 7

Schreiben[1] des Leipziger Armendezernenten Karl Otto Hentschel an den Direktor des Hamburger öffentlichen Armenwesens Dr. Adolf Buehl

Ausgefüllter Fragebogen

[Bericht über Arbeitseinrichtungen in der Armenpflege]

1. Sind Einrichtungen getroffen, um Personen, welche in offener Armenpflege unterstützt werden, zur Arbeit anzuhalten?

2. Liegen diesen Veranstaltungen besondere landesgesetzliche oder ortsstatutarische Vorschriften zugrunde, durch welche Arme ausdrücklich zur Arbeitsleistung verpflichtet werden, und wie lauten evtl. diese Bestimmungen?

3. Werden nur Familienhäupter oder auch Mitunterstützte beschäftigt? Wie groß ist die Zahl der arbeitenden Personen und der Arbeitstage pro Jahr?

4. Von welcher Art ist die zu leistende Arbeit? Erstreckt sich die Beschäftigung auf das ganze Jahr oder beschränkt sie sich auf gewisse Zeiten?

5. Wird nur für städtische (staatliche) Betriebe oder auch für Privatpersonen

Zu 1 bis mit 5.

Die Frage zu 1 ist im allgemeinen zu verneinen. Bei der großen Anzahl der in offener Armenpflege unterstützten Personen würde die Beschaffung geeigneter Arbeit für die einzelnen mit den größten Schwierigkeiten verbunden sein. Zu erwähnen ist aber hierbei die hier bestehende Zwangsarbeitsanstalt, welche, abgesehen von anderen Zwecken, wie z. B. der Vollstreckung polizeilicher Strafen, nach § 1 a des für dieselbe bestehenden, von der Regierungsbehörde genehmigten Regulativs[2] ***„zur Unterbringung, angemessenen Beschäftigung und sittlichen Besserung arbeitsscheuer, der Trunksucht oder liederlichem Lebenswandel ergebenen Personen, welche die Gewährung öffentlicher Armenunterstützung, sei es an sie selbst, sei es an ihre Angehörigen, zu deren Erhaltung bzw. Miterhaltung sie verpflichtet sind, notwendig machen", dient.***

Von § 361 [Nr.] ***7 des Strafgesetzbuchs***[3] ***machen wir keinen Gebrauch. Bezüglich arbeitsscheuer Unterstützungsempfänger ist die erwähnte Unterbringung in der Zwangsarbeitsanstalt das wirksamste Mittel.***

Bezüglich der Beschäftigung der in der

---

[1] Staatsarchiv Hamburg 351-2 II Nr.141 Bd.3, n. fol.
Der Leipziger Armendezernent Karl Otto Hentschel hatte den ausgefüllten Fragebogen am 7.4.1899 dem Direktor des Hamburger öffentlichen Armenwesens Dr. Adolf Buehl übersandt, der für die kommende Jahrestagung des Deutschen Vereins für Armenpflege und Wohltätigkeit in Breslau als Berichterstatter einen Vorbericht zum Thema *Arbeitseinrichtungen zum Zwecke der offenen Armenpflege* vorbereitete.

[2] Abgeändertes Regulativ für die Zwangsarbeitsanstalt zu St. Georg zu Leipzig vom 15.4.1896 (StA Hamburg 351 2 II Nr.361, n. fol.).

[3] § 361 Ziffer 7 bedrohte mit Haft, *wer, wenn er aus öffentlichen Armenmitteln eine Unterstützung empfängt, sich aus Arbeitsscheu weigert, die ihm von der Behörde angewiesene, seinen Kräften angemessene Arbeit zu verrichten.*

(Unternehmer) gearbeitet, und ist stets genügend Arbeit vorhanden?

Zwangsarbeitsanstalt untergebrachten Personen und Zahl derselben sowie der Art der Beschäftigung usw. gestatten wir uns, auf den letzten Bericht[4] über die Anstalt auf das Jahr 1897 zu verweisen, welcher mit in dem in den Händen des dortigen Magistrats befindlichen Verwaltungsbericht der Stadt Leipzig auf das gedachte Jahr, S. 593 ff., enthalten ist.

6. Wird unter allen Umständen die gesamte Arbeitskraft der unterstützten Partei in Anspruch genommen, oder ist die verlangte Arbeitsleistung je nach der Höhe der Unterstützung verschieden bemessen?

Ist ein Arbeitspensum (Mindestleistung) vorgeschrieben?

Welches Verfahren greift Platz, wenn der Wert der Arbeitsleistung die gewährte Unterstützung übersteigt?

Es wird die gesamte Arbeitskraft des Untergebrachten in Anspruch genommen. Nach der Höhe der ihm vor der Unterbringung bzw. den Angehörigen noch nach derselben gewährten Unterstützung wird die Arbeitsleistung nicht bemessen.

Nach der Hausordnung fließt der Ertrag der zu leistenden Arbeiten im allgemeinen zur Anstaltskasse. Zur Förderung des Arbeitstriebes können jedoch den Detinierten als Belohnung für bewiesenen Fleiß, insbesondere wenn dieselben mehr als das vorgeschriebene Arbeitspensum leisten, nach bestimmten, je nach Art der Arbeit vom Oberinspektor im voraus festzusetzenden Sätzen Geldbeträge gutgeschrieben werden, welche bis zu zwei Zehntel des Gesamtertrags der betreffenden Arbeit steigen können. Einen rechtlichen Anspruch auf das Guthaben erwirbt der Detinierte nicht.

7. Wird, falls der Unterstützte die Arbeitsleistung verweigert, der § 361 Nr. 7 des Strafgesetzbuchs gegen ihn zur Anwendung gebracht?

Welche Erfahrungen sind mit dieser Strafbestimmung gemacht? (Gerichtliche Entscheidungen von Belang bitte ich evtl. in Abschrift beizufügen.)

Verweigerung der Arbeitsleistung zieht disziplinelle Bestrafung nach sich.

8. Gewährt die Armenverwaltung Hilfsbedürftigen Beschäftigung, um dieselben von der öffentlichen Armenpfle-

Mit dem Armenamt ist eine Arbeitsnachweisung verbunden, welche sich die Aufgabe stellt, teils solchen Armen, welche

[4] Verwaltungsbericht des Rathes der Stadt Leipzig für das Jahr 1897, Leipzig 1899, S. 593-605. Danach waren 1897 1846 Fälle von Polizeistrafgefangenen, 282 von Korrektionären und 63 von Obdachlosen zur Arbeitsleistung neu eingeliefert worden. In Arbeitstagen gemessen waren die wichtigsten Beschäftigungsarten: das Verlesen von Kaffee, Hülsenfrüchten etc., die Bearbeitung von Drogeriewaren, die Fabrikation von Schirmstöcken oder auch Zigarettenspitzen, aber auch Holzspalten, Haus- und Hofreinigungsarbeiten und bei den Frauen Arbeiten in der Anstaltswäscherei.

ge fernzuhalten?

bereits aus der Armenkasse unterstützt werden, teils aber auch solchen Armen, die Unterstützung noch nicht empfangen, die jedoch, wenn ihnen ein Broterwerb nicht verschafft wird, der öffentlichen Unterstützung zur Last fallen würden, Arbeit nachzuweisen.

Ein über die Anstalt im Jahre 1893, in welchem sie das 50. Jahr ihres Bestehens vollendete, veröffentlichter Bericht[5] liegt bei.

9. Bestehen diesbezügliche Abmachungen mit anderen Behörden oder mit Arbeitsnachweisen?

Nein. Es wird nur von Zeit zu Zeit in den Tagesblättern auf die Anstalt aufmerksam gemacht.

[5] Dem Bericht war zu entnehmen, daß von 2300 ausgeführten Arbeitsaufträgen der Leipziger Arbeitsnachweisungsanstalt 1893 30 an 17 Männer, hingegen 2270 – Waschen, Scheuern, Reinemachen – an 181 Frauen erteilt worden waren; der Arbeitsnachweis hatte für den lokalen Arbeitsmarkt also keine größere Bedeutung und diente vor allem als Erziehungsmittel für Almosenempfänger (Arbeitsnachweisungs-Anstalt. Übersicht über den Geschäftsgang im Jahre 1893: StA Hamburg 351-2II Nr.141 Bd.3, n.fol.). Vgl. auch Nr. 58 Anm. 11.

Nr. 79

1899 April 29

Schreiben[1] des Vorstands der Stuttgarter Ortsarmenbehörde Eugen Stockmayer[2] an den Direktor des Hamburger öffentlichen Armenwesens Dr. Adolf Buehl

Ausgefüllter Fragebogen

[Durchführung des Arbeitszwangs in der städtischen Armenbeschäftigungsanstalt]

1. Sind Einrichtungen getroffen, um Personen, welche in offener Armenpflege unterstützt werden, zur Arbeit anzuhalten?

2. Liegen diesen Veranstaltungen besondere landesgesetzliche oder ortsstatutarische Vorschriften zugrunde, durch welche Arme ausdrücklich zur Arbeitsleistung verpflichtet werden, und wie lauten evtl. diese Bestimmungen?

Ad 1 und 2. Ja, und zwar bestimmt hierüber Art[ikel] ***1 Abs***[atz] ***2 des württ***[embergischen] ***Ausführungsgesetzes***[3] ***vom 17. April 1873 zum Reichsgesetz über den Unterstützungswohnsitz: „Wenn jemand für seine Person oder seine nicht arbeitsfähigen Angehörigen (vgl. § 4 des Freizügigkeitsgesetzes vom 1. Nov***[em]***b***[e]***r 1867) Unterstützung in Anspruch nimmt, so kann solche mittels Unterbringung in einem Armen- oder Krankenhaus, geeignetenfalls mittels Anweisung der den Kräften der Hilfsbedürftigen entsprechenden Arbeiten außerhalb oder innerhalb eines solchen Hauses gewährt werden.“***

Diese Bestimmung hat sich jedoch in verschiedener Beziehung als unzulänglich erwiesen, und wurde dieselbe daher durch Art. 14 des württ. Gesetzes vom 2. Juli 1889[4] ***ergänzt.***

Dieser Artikel lautet:

„Wer für sich selbst oder in der Person seiner Ehefrau oder seiner noch nicht 14 Jahre alten Kinder öffentliche Unterstützung empfängt, kann durch Beschluß der die Unterstützung gewährenden Armenbehörde verpflichtet werden, hiefür nach dem Maße seiner Kräfte diejenigen Arbeiten zu verrichten, welche ihm von der Armenbehörde innerhalb oder außerhalb einer öffentlichen Armenanstalt angewiesen werden.

---

1 Staatsarchiv Hamburg 351 2 II Nr.141 Bd.3, n. fol.

2 Eugen Stockmayer (1850-1908), Rechtsanwalt in Stuttgart, seit 1895 zweiter besoldeter Gemeinderat, Vorsitzender des städtischen Arbeitsamts.

3 Gesetz zur Ausführung des Reichsgesetzes vom 6. Juni 1870 über den Unterstützungswohnsitz vom 17.4.1873 (Regierungs-Blatt für das Königreich Württemberg, S. 109).

4 Gesetz, betreffend die Abänderung einiger Bestimmungen des Gesetzes vom 17. April 1873 zur Ausführung des Reichsgesetzes vom 6. Juni 1870 über den Unterstützungswohnsitz, vom 2.7.1889 (Regierungs-Blatt für das Königreich Württemberg 1889, S. 217; Nr. 116 Bd. 7 der II. Abteilung dieser Quellensammlung).

Der Beschluß ist mit Gründen zu versehen. Gegen denselben steht dem davon Betroffenen die Beschwerde, und zwar gegen den Beschluß einer Ortsarmenbehörde an das Oberamt, gegen denjenigen einer Landarmenbehörde bzw. ihres Ausschusses an die Kreisregierung zu. Gegen die in der Beschwerdeinstanz getroffene Entscheidung findet eine einmalige weitere Beschwerde an die nächstvorgesetzte Behörde, jedoch ohne aufschiebende Wirkung statt.

Die Beschwerde (Abs. 2 und 3) ist bei Vermeidung des Verlusts des Beschwerderechts binnen einer Woche nach Eröffnung der angefochtenen Entschließung bei der Behörde, welche diese Entschließung erlassen oder die Eröffnung vollzogen hat oder bei der zur Entscheidung über die Beschwerde zuständigen Behörde anzubringen.

Der zur Entscheidung über die Beschwerde zuständigen Behörde steht es nach der besonderen Gestalt des Falles zu, die Vollziehung der Auflage auf Antrag oder von Amts wegen bis zur Entscheidung über die Beschwerde zu sistieren.

Die Verhängung des Arbeitszwangs kann von der Armenbehörde zu jeder Zeit wieder aufgehoben werden, wenn deren fernere Aufrechterhaltung als unzweckmäßig erscheint. Ebenso steht es den Beteiligten frei, deren Aufhebung jederzeit zu beantragen.

Im Falle der Abweisung eines auf die Wiederaufhebung der Arbeitsauflage gerichteten Gesuchs finden vorstehende Bestimmungen entsprechende Anwendung."

Für die Zwangsbeschäftigung kommt hier ausschließlich die städt[ische] *Armenbeschäftigungsanstalt für Männer und für Frauen in Betracht, und ist außerhalb dieser Anstalt eine solche nicht eingerichtet.*

Außerdem wird in der Armenbeschäftigungsanstalt solchen – meist alleinstehenden – Personen Arbeitsgelegenheit als Armenfürsorge geboten, welche angeblich durch Arbeitslosigkeit in hilfsbedürftige Lage gekommen sind oder von denen man weiß, daß sie nicht gern arbeiten wollen. Diese erhalten während ihres Aufenthalts in der Anstalt ihre volle Versorgung, aber keinen Verdienst, sie sind der Anstaltsordnung vollständig unterworfen u. als

Anstaltspfleglinge zu betrachten. Ihr Austritt kann jederzeit erfolgen.

Daneben werden in der Beschäftigungsanstalt noch je nach Bedarf Arbeiter mit Holzmachen gegen Bezahlung im Akkord beschäftigt, denen gegenüber aber die Anstaltsverwaltung nur als Arbeitgeberin in Betracht kommt.

In der Hauptsache werden diese Holzmacher mit ihren Familien öffentlich unterstützt, bzw. werden Unterstützte in erster Linie hierbei berücksichtigt.

3. Werden nur Familienhäupter oder auch Mitunterstützte beschäftigt? Wie groß ist die Zahl der arbeitenden Personen und der Arbeitstage pro Jahr?

Zwangsweise werden in der Regel nur Familienhäupter beschäftigt, und zwar: 1896/97: 9 Personen mit zus[ammen] *527 Arbeitstagen; 1897/98: 4 Personen mit zus. 591 Arbeitstagen, 1898/99: 9 Personen mit zus. 570 Arbeitstagen.*

Arbeitslose, aber arbeitsfähige Familienglieder werden bei der Strafe des Verlustes der Unterstützung des Familienhaupts angehalten, die Inanspruchnahme der städt. Arbeitsvermittlung nachzuweisen.

Näheres hierüber enthält das beiliegende Werk „Die Stuttgarter Armenbevölkerung im Lichte der Statistik“,[5] *Bemerkungen II, S. 56/57.*

4. Von welcher Art ist die zu leistende Arbeit? Erstreckt sich die Beschäftigung auf das ganze Jahr oder beschränkt sie sich auf gewisse Zeiten?

Die Arbeiten bestehen für Männer in der Verarbeitung (Sägen, Spalten u. Aufbeugen) von Brennholz sowie in der Abfuhr desselben an die Empfänger.

Die Weiber haben, soweit sie nicht durch Reinigungs- und Näharbeiten für die Anstalten in Anspruch genommen sind, hiebei mitzuhelfen.

Die Beschäftigung erstreckt sich auf das ganze Jahr.

5. Wird nur für städtische (staatliche) Betriebe oder auch für Privatpersonen/Unternehmer gearbeitet, und ist stets genügend Arbeit vorhanden?

Das verarbeitete Brennholz wird nicht bloß in den städt. Betrieben (Kanzleien, Schulen etc.) verwendet, sondern auch zum großen Teil an Private verkauft, von denen fortwährend Bestellungen einlaufen, so daß stets genügend Arbeit vorhanden ist.

---

[5] H(einrich) Rettich: Die Stuttgarter Armenbevölkerung im Lichte der Statistik. Beiträge zur Statistik der K. Haupt- und Residenzstadt Stuttgart (Württembergische Jahrbücher für Statistik und Landeskunde 1897, Heft 4), Stuttgart 1898. In Stuttgart hatte, wie bei Rettich geschildert wurde, 1896 eine Kommission des Gemeinderats die Beziehungen zwischen dem neuen städtischen Arbeitsamt und dem Armenamt geregelt. Dabei war für Fälle unbegründeter Ablehnung städtischer Arbeitsvermittlung oder der vermittelten Arbeit, neben den im Fragebogen genannten Regelungen, auch noch einmal festgehalten worden, daß bei einzelnstehenden Personen öffentliche Unterstützung zu verweigern, bei Familienvorständen mit Verhängung von Arbeitszwang vorzugehen war.

6. Wird unter allen Umständen die gesamte Arbeitskraft der unterstützten Partei in Anspruch genommen, oder ist die verlangte Arbeitsleistung je nach der Höhe der Unterstützung verschieden bemessen?

Ja, nach Maßgabe der individuellen Leistungsfähigkeit und ohne Rücksicht auf die Höhe der Unterstützung.

Ist ein Arbeitspensum (Mindestleistung) vorgeschrieben?

Die von allen Anstaltsangehörigen gleichmäßig einzuhaltende Arbeitszeit beträgt täglich mindestens 10 Stunden und im Winter, wenn die Tage kürzer sind, entsprechend weniger.

Welches Verfahren greift Platz, wenn der Wert der Arbeitsleistung die gewährte Unterstützung übersteigt?

Da von dem Wert der Arbeitsleistung, die nicht zu hoch angeschlagen wird, zunächst der persönliche Unterhaltungsaufwand des Anstaltsangehörigen in Abzug kommt, so ist von demselben die gewährte Unterstützung bis jetzt noch nicht überstiegen worden.

7. Wird, falls der Unterstützte die Arbeitsleistung verweigert, der § 361 Nr. 7 des Strafgesetzbuchs gegen ihn zur Anwendung gebracht? Welche Erfahrungen sind mit dieser Strafbestimmung gemacht? (Gerichtliche Entscheidungen von Belang bitte ich event[uel]l in Abschrift beizufügen.)

Seit der Einführung des oben zitierten Art. 14 des württemb[ergischen] *Gesetzes vom 2. Juli 1889, der, abgesehen von den Fällen einmaliger oder ganz vorübergehender Unterstützungen, gegen alle Familienhäupter, welche, gleichviel aus welchem Grund, entweder selbst unterstützt werden müssen oder durch Vernachlässigung ihrer gesetzlichen Alimentationspflicht ihre Angehörigen genötigt haben, öffentliche Armenfürsorge für sich in Anspruch zu nehmen, in Anwendung gebracht werden kann, fand der § 361 Ziff*[er] *7 Strafgesetzbuch hier fast keine Anwendung, um so weniger, als Gesuchstellern, welche als arbeitsscheu bekannt sind, für ihre Person eine andere Unterstützung als Aufnahme in die Armenbeschäftigungsanstalt bzw. in ein Krankenhaus von uns überhaupt nicht angeboten bzw. gewährt wird.*

8. Gewährt die Armenverwaltung Hilfsbedürftigen Beschäftigung, um dieselben von der öffentlichen Armenpflege fernzuhalten?

Ja, mit Holzmachen im städt. Holzgarten, insoweit der vorhandene Raum dies zuläßt, außerdem wird Arbeitslosen unter gewissen Voraussetzungen durch Vermittlung des städt. Arbeitsamts seitens der Stadtverwaltung Arbeitsgelegenheit mit Steinschlagen u. bei besonders großer Arbeitslosigkeit auch durch Notstands-(Grab-)Arbeiten geboten.

9. Bestehen diesbezügliche Abmachungen mit anderen Behörden oder mit Arbeitsnachweisen?

Ja, mit dem städtischen Arbeitsamt c[on]*f*[e]*r beil*[iegendes] *Werk „Die Stuttgarter Armenbevölkerung im Lichte der Statistik*[“], *S. 56/57.*[6]

[6] Vgl. Anm. 5.

Nr. 80

1899 September 2

Vermerk[1] des Expedienten des Leipziger Armenamts Walther Rost[2]

Entwurf, Teildruck

[Warnung vor einem Unterstützungsschwindler]

[...]

Der angebliche Paul Georg Bach ist zweifellos ein Schwindler. Schon im Mai d. J. hat er sich beim H[er]rn Armenpfleger Spohr[3] im 34. Distrikt 5 M. zu erschwindeln gewußt. In vergangener Woche hat er wieder in mehreren Armendistrikten unter Vorspiegelung falscher Tatsachen versucht, Geld zu erlangen, zum Teil auch solches erhalten. U. a. hat er beim Herrn Pfleger Schlobach[4], Plagw[itzer]str. 53, u. Herrn Pfleger Krost[5] (s[iehe] Beilage) unter Angabe falscher Wohnung um Unterstützungen gebeten. Da er, bevor man sich nicht über seine Person vergewissert hatte, Unterstützungen nicht sofort erhielt, so ist er trotz Wiederbestellung nicht erschienen.

Am 28. d. M. ist es ihm gelungen, auf gleiche Art 9 M. vom Herrn Armenpfleger Hinrichsen[6] im 40. Distrikt zu erhalten. Bach zieht es vor, in den Abendstunden die Herren Armenpfleger zu besuchen und gibt an, aus dem Krankenhaus entlassen zu sein und nach Frankfurt a. M., Zwickau oder Dresden reisen zu wollen. Trotzdem er schon längere Zeit in Leipzig aufhältlich, ist er weder polizeilich in Wohnung noch in Herbergen zur Anmeldung gekommen.

In den von Bach angegebenen Wohnungen ist er ebenfalls nicht bekannt.

Es dürfte sich empfehlen, sämtliche Herren Distriktsvorsteher hiervon in Kenntnis zu setzen und auf Bach Vigilanz zu eröffnen, da er zweifellos sein unehrliches Treiben fortsetzt.

Beschrieben wird Bach als junger Mann von 22–27 Jahren, groß, ungefähr 1,76, hageres, kränkliches Gesicht, Anflug von dunkelbraunem Schnurrbart und breitschultrig gebaut. Er trägt schokoladenbraunen Anzug, weißes Vorhemdchen mit einem schwarzen Knopf und macht den Eindruck eines anständigen Mannes. An den Schläfen hat er große gelbe Flecken.[7]

---

1 Stadtarchiv Leipzig AFSA Nr.1279, fol. 81-82.

2 Walther Rost (1854-um 1943), seit 1899 Expedient beim Leipziger Armenamt.

3 Max Spohr (1850-1905), Buchhändler in Leipzig, Armenpfleger im 34. Armendistrikt.

4 Otto Schlobach (1857-1906), Kaufmann in Leipzig, Vorsteher im 17. Armendistrikt.

5 Wohl Otto Hermann Krost (gest. um 1918), Prokurist in Leipzig, Armenpfleger im 12. Armendistrikt.

6 Henri Hinrichsen (1868-1942), Buch- und Musikalienhändler in Leipzig, Armenpfleger im 40. Armendistrikt.

7 Auf Anweisung des stellvertretenden Vorsitzenden des Armendirektoriums Dr. Johannes Karl Weber durch Randvermerk zu dem hier abgedruckten Schreiben wurden die Armendistrikte am 4.9.1899 von dem Expedienten Walther Rost durch Rundschreiben vor dem geschilderten Fall gewarnt (Stadtarchiv Leipzig AFSA Nr.1279, fol. 83). Zugleich ordnete Weber an, das Polizeiamt um Fahndung zu ersuchen, und ließ auch die Staatsanwaltschaft unterrichten.

Nr. 81

1900 Januar

Vorlage[1] des Vorsitzenden der Berliner Armendirektion Dr. Emil Münsterberg für den Magistrat

Druck, Teildruck

[Reformvorschläge für die Armenverwaltung: die Dezentralisierung durch Schaffung einer Mittelinstanz soll über ehrenamtlich besetzte Armenkreise statt über berufsmäßige Armenämter erfolgen; Heranziehung von Frauen als Armenpflegerinnen]

Den städtischen Behörden legt die unterzeichnete Armendirektion

a) den Entwurf einer Verordnung[2] über die Verwaltung der offenen Armenpflege – zur Beschlußfassung,

b) die von der Armendirektion beschlossene, an die Verordnung anschließende neue Geschäftsanweisung[3] – zur Kenntnisnahme vor.

Zur Erläuterung wird folgendes bemerkt.

I. Einleitende Bemerkungen

Abgesehen von den den städtischen Behörden bekannten inneren Umständen, die zu Erwägungen betreffend die Reform des Armenwesens führen mußten, ist auch eine äußere Veranlassung, auf diese Fragen zurückzukommen, in mehrfachen Beschlüssen der Stadtverordnetenversammlung gegeben. Diese Beschlüsse wurden anläßlich der Genehmigung der beiden Armenämter in der Sitzung vom 17. Dezember 1896[4] gefaßt; sie betrafen die Heranziehung der Frauen zur öffentlichen Armenpflege, die Regelung des Maßes der Unterstützung und die Regelung des Auszahlungswesens. Zu diesen in Form von Beschlüssen kundgegebenen Wünschen der Stadtverordnetenversammlung traten andere, aus Anlaß der letztjährigen Etatberatungen ausgedrückte Wünsche,[5] die sich namentlich auf die Anrechnung und Einziehung von Invalidenrenten bezogen und auch die Frage des Auszahlungswesens erneut berührten.

Die Armendirektion hatte den erstgenannten Beschlüssen gegenüber den Weg eingeschlagen, eine engere Kommission mit ihrer Beratung zu betrauen[6] und auch die Armenkommissionen[7], nach Standesamtsbezirken zusammengefaßt, zu ihrer Erörterung zu veranlassen. Außerdem traten beide Kommissionen zu gemeinschaftlicher Beratung über die erwähnten Fragen in zwei Sitzungen zusammen, wobei einige verwandte Fragen, namentlich Wert und Wirksamkeit der neu geschaffenen

---

1 Landesarchiv Berlin A Rep.003-01 Nr.352, fol. 67-74.

2 Entwurf einer Verordnung über die Verwaltung der offenen Armenpflege der Stadt Berlin (LA Berlin A Rep.003-01 Nr.352, n. fol.).

3 Geschäftsanweisung für die Armenpflege der Stadt Berlin (LA Berlin A Rep.003-01 Nr.352, n. fol.).

4 Auszug aus dem amtlichen stenographischen Bericht über die Sitzung der Stadtverordneten-Versammlung am 17.12.1896 (LA Berlin A Rep.000-02-01 Nr.1489, fol. 68-73).

5 Vgl. Nr. 71.

6 Aktennotiz Dr. Emil Münsterbergs über die Sitzung des Armendirektoriums vom 12.12.1898 (LA Berlin A Rep.003-01 Nr.352, fol. 2).

7 Die Berichte der Armenkommissionen finden sich in: LA Berlin A Rep.003-01 Nr.352, n. fol.

Armenämter[8] und der damit angestrebten Dezentralisation erörtert wurden. Zu einer bestimmten Beschlußfassung gelangte man damals nicht.

Das wesentliche Ergebnis der in jenen Beratungen zum Ausdruck gekommenen Auffassung läßt sich kurz etwa dahin zusammenfassen:

1. Die Dezentralisation. Die Meinungen über den Nutzen der Armenämter waren sehr geteilt. Von einigen Seiten wurde ihr Wert mit besonderer Beziehung auf die allgemeine Dezentralisation der städtischen Verwaltung betont und darauf hingewiesen, daß die an der Spitze der Armenämter stehenden Beamten sehr wohl auch für andere Verwaltungszweige nutzbar gemacht werden könnten. Die Notwendigkeit einer engeren Verbindung der Armenpflegeorgane in kleineren örtlichen Bezirken sowie die Herstellung von Mittelgliedern zwischen Armendirektion und Armenkommissionen wurde auch in diesen Beratungen allseitig anerkannt. Doch sprach sich die Mehrheit, namentlich der bürgerlichen Mitglieder der Armendirektion, entschieden dafür aus, daß nicht Berufsbeamte, sondern bürgerliche Dezernenten an die Spitze eines solchen Amts gestellt würden. Es wiederholte sich hier ein Vorgang, der schon früher bei der Einsetzung der sogenannten Armenassessoren beobachtet werden konnte. Das Bezirksdezernat, zu dessen Bearbeitung sie in erster Linie in Aussicht genommen waren, mußte auf Drängen der bürgerlichen Mitglieder der Verwaltung ihnen wieder abgenommen werden; später fand ihre für die Bewältigung der Arbeitslast unumgängliche Heranziehung auch für das Bezirksdezernat wieder statt.

2. Die Heranziehung der Frauen. Auch hier waren die Meinungen über Wert und Bedeutung der Frauentätigkeit sehr geteilt. Vielfach wurde die Fähigkeit der Frau zur Mitwirkung in der öffentlichen Armenpflege bezweifelt und im übrigen allseitig ausgesprochen, daß zur Zeit eine Eingliederung der Frauen in die öffentliche Armenpflege untunlich sei und ihre Tätigkeit in der Hauptsache auf die Mitwirkung in der Waisenpflege beschränkt bleiben müsse.

3. Das Maß der Unterstützung. Es wurde allseitig anerkannt, daß die Unterstützungen sehr ungleichmäßig bemessen würden und in vielen Kommissionen außerordentlich niedrig seien, daß vor allem aber feste Grundsätze über die Bemessung der Unterstützung fehlten, wie sie etwa in der Aufstellung eines Tarifs gefunden werden könnten.

4. Die Auszahlungen der Unterstützungen. Um die mit der Auszahlung verbundenen Mißstände zu beseitigen, wurde von einigen Seiten vorgeschlagen, die Besorgung der Auszahlungen besoldeten Beamten zu übertragen, wogegen namentlich von seiten der Kommissionsvorsteher geltend gemacht wurde, daß die Kommissionen gerade durch die Auszahlungen mit den Unterstützten in einer gewissen Fühlung blieben, deren Aufrechterhaltung um so notwendiger wäre, als die Verbindung mit den Unterstützten ohnehin zu wünschen übrigließe.

Bei näherer Betrachtung der vorstehend angedeuteten Ergebnisse der früheren Beratungen sowie desjenigen Materials, das sich in den Akten der Armendirektion betreffend die Organisation der Armenpflege angesammelt hat, überzeugt man sich, daß diese Erörterungen keineswegs alle Fragen erschöpften, die für eine etwaige Reform der Armenpflege in Betracht fallen, sondern daß Änderungen der bestehenden Vorschriften in Ansehung jener einzelnen Punkte notwendig zu Änderungen in Ansehung anderer Punkte führen mußten, m[it] a[nderen] W[orten], daß die gesamten, für die offene Armenpflege bestehenden Vorschriften auf ihre Reformbedürftigkeit zu prüfen waren.

---

8 Vgl. Nr. 58 Anm. 4 und 5 und Nr. 71.

Zur deutlicheren Veranschaulichung der Fragen, um die es sich hierbei handelt, wird man zweckmäßig den gesamten Stoff in vier Gruppen teilen.

Die erste Gruppe umfaßt die Maßregeln der allgemeinen Organisation, in deren Rahmen eine Erörterung der gesamten ehrenamtlichen Tätigkeit nicht nur in der Armenverwaltung, sondern auch in der Schulverwaltung, der Steuerverwaltung usw. gehören würde.

Der zweiten Gruppe gehören die Fragen der inneren Organisation an, soweit es sich um die eigentliche armenpflegerische Tätigkeit handelt, also die Frage, ob das sogenannte Pflegewesen nach Elberfelder System einzuführen ist, die Frage, in welchen Kreisen man die Organe der Armenpflege hauptsächlich zu suchen hat, ob und in welcher Weise diese Kreise gegenüber dem jetzt bestehenden Zustand erweitert werden können, ob und in welchem Maße Frauen zur Tätigkeit in der öffentlichen Armenpflege heranzuziehen sind und dergleichen mehr.

Für die dritte Gruppe kommt die Ausübung der Armenpflege im Betracht. Hierher gehören Art und Maß der Unterstützung, Regelung des Auszahlungswesens, Behandlung dringlicher Anträge, Krankenfürsorge usw., kurz alles das, was in den Geschäftsanweisungen für die Organe der Armenpflege enthalten zu sein pflegt.

Zur vierten Gruppe endlich zählen die Maßregeln der inneren Verwaltung, so die Regelung der Tätigkeit der Büros, die Behandlung des Aktenwesens, die Registratur, das juristische Dezernat usw.

Die Fragen der ersten Gruppe gehören nur zum Teil dem Gebiet der Armenpflege an. Sie berühren die gesamte ehrenamtliche Tätigkeit im Bereich der städtischen Verwaltung und müssen zum größeren Teil der zusammenfassenden Regelung durch die städtischen Behörden vorbehalten bleiben. Ebenso scheiden die Fragen der vierten Gruppe aus den Erörterungen der Reformfragen insofern aus, als es sich bei ihnen um die Gestaltung der inneren Verwaltung handelt, die sich den für die Organe der offenen Armenpflege getroffenen Einrichtungen anzupassen hat. Die hierher gehörigen Anordnungen wird die Armendirektion zu treffen haben, sobald die für die Verwaltung der Armenpflege selbst einzurichtende Organisation feststeht.

Dagegen enthalten die Fragen der Gruppen zwei und drei recht eigentlich den Kern der für eine Reform wichtigen Maßregeln. Wie aber schon angedeutet, lassen sie sich nicht einzeln, sondern nur in organischem Zusammenhang miteinander lösen. In dieser Erkenntnis trat die Armendirektion im Herbst 1898 erneut an die Aufgabe heran und beschloß, die gesamte Organisation der Armenpflege und die für die offene Armenpflege gegebene Geschäftsanweisung[9] einer vollständigen Durchprüfung zu unterziehen. Die früher ernannten Kommissionen, nämlich die engere Kommission der Armendirektion und die aus Vorstehern von Armenkommissionen bestehende Kommission wurden mit der Maßgabe wieder eingesetzt, daß beide im engsten Anschluß aneinander in Tätigkeit treten sollten.[10]

Die geschäftliche Bearbeitung fand daher in der Weise statt, das in der engeren Kommission[11] zunächst die allgemeinen Grundzüge der Reform beraten wurden und dann das gesamte Material der andern, von den Kommissionsvorstehern gebildeten

[9] Geschäfts-Anweisung für die Armen-Commissionen der Stadt Berlin, Berlin 1884.

[10] Aktennotiz Dr. Emil Münsterbergs über die Sitzung des Armendirektoriums vom 12.12.1898 (LA Berlin A Rep.003-01 Nr.352, fol. 2).

[11] 1. Sitzung der engeren Kommission der Armendirektion am 2.2.1899 (LA Berlin A Rep.003-01 Nr.352, fol. 36-38 Rs.); von den übrigen drei Sitzungen wurden keine Protokolle erstellt.

Kommission überwiesen wurde, die ihrerseits den Stoff in 13 Sitzungen[12] durcharbeitete. Das Ergebnis dieser Arbeit wurde in zwei Entwürfen niedergelegt, deren Titel den im Eingang dieser Denkschrift bezeichneten Beilagen[13] entsprechen. Demnächst gelangten die Entwürfe an die engere Kommission und von dieser an die Armendirektion.[14] Sie legt nunmehr die beiden Stücke, das erste zur Beschlußfassung, das andere zur Kenntnisnahme vor. Zur Ergänzung wird auf den den städtischen Behörden erstatteten Bericht der Armendirektion vom 31.1.[18]98[15] über die Armenämter und dessen Beilage hingewiesen.

II. Erläuterungen zu dem Entwurf betr. die Verwaltung der offenen Armenpflege

Wesentliche Änderungen in den Grundlagen der Organisation vorzuschlagen, hat die Armendirektion keine Veranlassung gefunden. Die Einteilung des Stadtgebiets in örtliche Bezirke mit einem Vorsteher an der Spitze entspricht gesunden Grundsätzen und stellt ein wesentliches Stück des sogenannten Elberfelder Systems dar. Neu ist dagegen der Vorschlag, die erwünschte Dezentralisation durch die Einrichtung von Armenkreisen herbeizuführen, denen wesentlich ist, daß sie gleichfalls eine ehrenamtliche Spitze haben. Die Armendirektion erkannte an, daß die Armenämter unter der tüchtigen und umsichtigen Leitung ihrer bisherigen Vorsteher zu einer Verbesserung der Armenpflege nicht unwesentlich beigetragen haben. Doch sprechen mannigfache und gewichtige Gründe dagegen, diese Einrichtung weiter und allmählich auf ganz Berlin auszudehnen. In der Tätigkeit der Armenverwaltung ist die pflegerische und die juristische Tätigkeit zu unterscheiden. Die juristische Tätigkeit kann aber nicht nur ebensogut bei der Zentralstelle der Armendirektion selbst geübt werden, sondern es ist für die Einheitlichkeit der Geschäftsführung von besonderem Wert, daß sie lediglich dort erfolgt. Die dann noch verbleibende pflegerische Tätigkeit erstreckt sich im wesentlichen auf die Zusammenberufung der Kommissionsvorsteher des Armenamts zu gemeinschaftlicher Beratung gewisser Angelegenheiten und auf die lebendige Beziehung von Vertretern der Armendirektion zu den Kommissionen. Beides kann durch bürgerliche, im Ehrenamt stehende Männer, die mit den praktischen Anforderungen des Lebens vertraut sind, besser geübt werden als durch lediglich juristisch geschulte Beamten, wobei aus dieser lediglich pflegerisch leitenden Tätigkeit eine Überlastung der Beteiligten nicht zu fürchten steht. Umgekehrt würde nach Zurückverlegung der juristischen Tätigkeit der Armenämter in die Armendirektion für Berufsbeamte eine hinreichende Arbeit nicht mehr übrigbleiben; auch würde eine Zersplitterung der Armenverwaltung unausbleiblich sein, wenn dem Vorbild der beiden Armenämter entsprechend künftig 15–20 Armenämter mit selbständiger berufsamtlicher Spitze gebildet würden. Dadurch, daß bisher nur 2 Ämter dieser Art vorhanden waren, mit denen der Vorsitzende der Armendirektion fortdauernde Fühlung gesucht hat, ist der Zersplitterung einigermaßen vorgebeugt worden. Endlich erachtet die Armendirektion den mit der Einrichtung so vieler Ämter verbundenen außerordentlich hohen Kostenaufwand nicht im Einklang zu den davon zu

---

12 Sammlung der Protokolle der Sitzungen des Ausschusses der Herren Armenkommissionsvorsteher in: LA Berlin A Rep.003-01 Nr.352, fol. 9-35 Rs.

13 Vgl. Anm. 2 und 3.

14 Ergebnisprotokolle der (sieben) Sitzungen der Armendirektion vom 20.11.1899 bis 15.1.1900 in: LA Berlin A Rep.003-01 Nr.352, fol. 57-65 Rs.

15 Stadtrat Franz Tourbié: Weiterer Bericht anläßlich der versuchsweise errichteten Armenämter vom 31.1.1898 (LA Berlin A Rep.003-01 Nr.351, n. fol.).

erhoffenden Erfolgen. Die im vorliegenden Entwurf vorgeschlagene Errichtung von Armenkreisen hat überdies den Vorzug, daß sie keine vollkommene Neuerung enthält; sie schließt unmittelbar an die bei der Armendirektion bestehende Einrichtung der sogenannten Bezirksdezernate an. Schon jetzt war jedem der bürgerlichen Mitglieder der Armendirektion eine Anzahl von Kommissionen zum Bezirksdezernat zugeteilt. Nur war bei der Größe der Stadt und den oft erheblichen Entfernungen der Wohnung des Bezirksdezernenten von dem Sitz der Kommissionen der Verkehr auf den schriftlichen Weg beschränkt, so daß die lebendige Beziehung beider Organe meist zu wünschen übrigließ. Vor allem fehlte aber eine gemeinsame Tätigkeit der Kommissionen eines engeren Gebiets, die eine größere Einheitlichkeit in der armenpflegerischen Tätigkeit herbeizuführen geeignet gewesen wäre. Nicht minder wichtig erscheint die Schaffung einer Beschwerdeinstanz, deren Mangel sich bei der Armendirektion mit dem Wachstum der Stadt immer empfindlicher geltend machte.

Der Vorschlag betreffend die Einrichtung von Armenkreisen ist, wie ausdrücklich hervorgehoben werden soll, nicht ohne Widerspruch in der Armendirektion selbst geblieben, wenn auch die weitaus größte Mehrheit ihrer Mitglieder den Entwurf billigte. Zur Klarstellung seien hier die wichtigsten Bedenken mitgeteilt, die von den die Minderheit bildenden Mitgliedern geltend gemacht wurden. In erster Linie befürchteten diese, daß die ehrenamtliche Tätigkeit für die Verwaltung eines Armenkreises nicht ausreiche, man vielmehr einer berufsamtlich tätigen Kraft, wie sie in Leitung der Armenämter tätig seien, nicht entbehren könne. Auch wurde der Zweifel laut, ob es gelingen werde, die erforderliche Zahl von ehrenamtlichen Kräften zu gewinnen. Der Kostenpunkt dürfe angesichts der Bedeutung der Sache nicht in Betracht fallen. Auch würde die Schaffung von weiteren Armenämtern der ohnehin auch auf anderen Gebieten notwendig werdenden Dezentralisation erfolgreich vorarbeiten. Endlich sei es unzweckmäßig, ein Organ gewissermaßen nur versuchsweise zu schaffen, während man doch ganze Arbeit machen wolle. Da die Armenämter sich bewährt hätten, so stelle ihr weiterer planmäßiger Ausbau eine solche ganze Arbeit dar.

Trotz dieser Bedenken wurden die zur Begründung der Vorlage hervorgehobenen Gesichtspunkte von der Mehrheit der Mitglieder der Armendirektion für richtig gehalten. Namentlich wurde gegenüber dem zuletzt bemerkten Einwand es gerade als ein Vorzug betrachtet, daß man vorsichtig und zunächst ohne Kostenaufwand den Versuch der Dezentralisation machen könne. Es sei sehr viel leichter, die Armenkreise in eine allgemeinere Form der Dezentralisation durch berufsamtliche Tätigkeit wie die Armenämter hinüberzuführen, als eine bedeutende, mit sehr erheblichen Kosten verbundene Organisation wieder zu beseitigen, mit der eine völlige Umgestaltung der gesamten Bürotätigkeit, Verlegung der Arbeit aus der Armendirektion in die einzelnen Ämter, Anmietung zahlreicher Amtsräumlichkeiten, Versetzung bzw. Neueinstellung zahlreicher Beamter, Hand in Hand gehen müßte.

Was die Aufgaben der Kreisvorsteher und der Kreisversammlung im einzelnen betrifft, so sollen sie gemäß §§ 3 und 10 des Entwurfs[16] tätig werden. Die Zulässigkeit der Wahl von älteren und erfahrenen Kommissionsvorstehern ist ebenfalls nicht

---

[16] Einschlägig war hier besonders § 10 des Entwurfs, wonach es zu den Aufgaben der Kreisversammlungen gehören sollte, über Unterstützungen, die die von der Armendirektion festgesetzten Höchstsätze überschritten, zu beschließen, über Beschwerden von Unterstützten in erster Instanz zu entscheiden und alle die Armenpflege und Wohltätigkeit in dem Armenkreis betreffenden Angelegenheiten zu erörtern.

ohne Beispiel, da auch gegenwärtig mehrere Kommissionsvorsteher als Mitglieder der Armendirektion zugleich Bezirksdezernenten sind.

Von den übrigen organisatorischen Bestimmungen ist es noch § 5[17], der gleichfalls im Schoße der Armendirektion selbst zu vielfachen Erörterungen Anlaß gab. Von der Minderheit wurde namentlich ganz allgemein das Bedenken erhoben, ob es nicht eine Verletzung der Städteordnung sei, wenn Nichtbürger zu unbesoldeten kommunalen Ämtern zugelassen würden. In dieser Beziehung ist jedoch zu bemerken, daß für die Verwaltung der Armenpflege durch das preußische Ausführungsgesetz vom 8. März 1871[18] eine bewußte Ausnahme gemacht worden ist, um die Teilnahme auch nichtbürgerlicher Mitglieder der Gemeinde zu ermöglichen, wie aus den nachfolgenden Ausführungen hervorgeht.

[...]

Es ist damit in Berücksichtigung der eigentümlichen Natur der Armenpflege, die in erster Linie auf zahlreiche freiwillige Kräfte angewiesen ist, eine Sonderstellung für die Armenverwaltung im Rahmen der Städteordnung geschaffen worden. Während in allen übrigen Verwaltungen der Besitz der Bürgereigenschaft die Voraussetzung des passiven Wahlrechts bildet, genügt für die Armenpflege die Eigenschaft des Einwohnens.

Da hiernach rechtliche Bedenken gegen § 5 des Entwurfs nicht vorlagen, beschloß die Armendirektion, § 5 Satz 1 in der vorliegenden Fassung in den Entwurf aufzunehmen.

Dagegen wurde in bezug auf die Zulassung weiblicher Personen ein mehr aus der Eigentümlichkeit der Armenpflege erwachsendes Bedenken geltend gemacht und der Antrag gestellt, den zweiten Satz wie folgt zu fassen: „Die Armendirektion wird ermächtigt, weibliche Personen den Armenkommissionen zuzuordnen." Es sollte damit die Angelegenheit eine interne Verwaltungsmaßregel der Armendirektion bleiben und nicht zugleich durch Gemeindebeschluß die volle Gleichberechtigung der Frauen festgelegt werden. Diese Bestimmung würde, wie die ihre Aufnahme vertretende Mindermehrheit meinte, der Armendirektion genügend Spielraum lassen und es ihr ermöglichen, zunächst mit der Zulassung der Frauen Erfahrungen zu sammeln.

Die Armendirektion hat in ihrer Mehrheit jedoch den § 5 Abs[atz] 2 in der vorliegenden Fassung in der Erwägung beschlossen, daß es von vornherein die Arbeitsfreudigkeit der weiblichen Mitglieder beeinträchtigen würde, wenn sie nur mit gleichen Pflichten, nicht aber mit gleichen Rechten herangezogen würden. Einschränkend wirkt ohnehin die Vorschrift, daß keine Pflegerin zugelassen werden darf, die nicht im Bezirk der Armenkommission wohnt, und daß die Übertragung des Vorsteheramts durch die Fassung des § 4 ausgeschlossen ist. Von praktischen Gesichtspunkten aus läßt sich überdies annehmen, daß die Stimmfähigkeit schon deswegen Nachteile für die Verwaltung mit sich führen könne, weil die naturgemäß geringere Zahl der weiblichen Mitglieder ohnehin den Stimmen der männlichen Mitglieder gegenüber in der Minderheit bleiben würde, wenn sie unzulässige oder unzweckmäßige Anträge stellen sollten. Im übrigen sind die Beschlüsse betreffend die Zulassung der Frauen zur Armenpflege überhaupt nahezu einstimmig gefaßt worden, da fast alle Mitglieder der Armendirektion gleichmäßig von dem Wert der Mitarbeit

---

[17] Nach § 5 des Entwurfs waren wählbar als Mitglieder der Armenkommission die volljährigen Angehörigen eines deutschen Bundesstaats, die im Besitz der bürgerlichen Ehrenrechte waren.

[18] Nr. 86 Bd. 7, 1. Halbband, der I. Abteilung dieser Quellensammlung.

von Frauen überzeugt sind. Daß der Wert auch an anderen Stellen anerkannt wird, zeigen die Beschlüsse des Deutschen Vereins für Armenpflege und Wohltätigkeit, der wiederholt über den Gegenstand verhandelt und in seiner Jahresversammlung von 1896 folgende Leitsätze[19] aufgestellt hat:

1. Die Heranziehung der Frauen zur öffentlichen Armenpflege ist eine Notwendigkeit.

2. Die Heranziehung wird am einfachsten und gründlichsten dadurch erzielt, daß neben den Armenpflegern auch Armenpflegerinnen in der erforderlichen Zahl bestellt werden.

3. Den Armenpflegern und Armenpflegerinnen sind gleiche Rechte und gleiche Pflichten zu gewähren.

4. Wo sich Hindernisse dieser Einrichtung entgegenstellen, ist die Mithilfe der Frauen in der öffentlichen Armenpflege in anderer Weise zu sichern.

Da der genannte Verein überwiegend aus Vertretern deutscher Gemeinde- und Armenverwaltungen besteht, so bildet er ohne Zweifel für diese Fragen der praktischen Armenpflege das sachverständigste Organ. Wo neuerdings die weibliche Mitarbeit in der Armenpflege eingeführt ist, so namentlich in Bonn, Kassel, Colmar, Danzig, Königsberg i. Pr., Posen, Breslau, wird durchweg von überraschend guten Erfolgen der Frauentätigkeit berichtet.[20] Dieser Tätigkeit die richtige Bahn zu weisen, wird, sofern die städtischen Behörden dem Entwurf zustimmen sollten, die Armendirektion sich besonders angelegen sein lassen.

[...][21]

---

19 Dr. Emil Münsterberg zitiert hier versehentlich die ersten vier von sechs Leitsätzen, die der Hauptreferent Dr. Rudolf Osius in seinem Vorbericht über die Heranziehung von Frauen zur öffentlichen Armenpflege für die Jahresversammlung des Deutschen Vereins vorgeschlagen hatte; Rudolf Osius, Die Heranziehung von Frauen zur öffentlichen Armenpflege, in: ders./Paul Chuchul, Die Heranziehung von Frauen zur öffentlichen Armenpflege (Schriften des deutschen Vereins für Armenpflege und Wohlthätigkeit, Heft 25), Leipzig 1896, S. 1-39, hier S. 39. Die dann tatsächlich von der Jahresversammlung beschlossenen Leitsätze hatten eine überarbeitete und gestraffte, in der Substanz aber nicht wesentlich andere Fassung (Stenographischer Bericht über die Verhandlungen der sechzehnten Jahresversammlung des deutschen Vereins für Armenpflege und Wohlthätigkeit am 24. und 25. September 1896 in Straßburg i. E. [Schriften des deutschen Vereins für Armenpflege und Wohlthätigkeit, Heft 28], Leipzig 1896, S. 120 und 149 f.).

20 Vgl. Paul Chuchul, Die Heranziehung von Frauen zur öffentlichen Armenpflege, in: Rudolf Osius/ders., Die Heranziehung von Frauen zur öffentlichen Armenpflege (Schriften des deutschen Vereins für Armenpflege und Wohlthätigkeit, Heft 25), Leipzig 1896, S. 41-54.

21 Die Vorlage wurde am 19.10.1900 vom Magistrat der Stadtverordnetenversammlung unterbreitet und nach der Behandlung in einem Ausschuß der Stadtverordnetenversammlung am 20.12.1900 in der Stadtverordnetenversammlung beraten (LA Berlin A Rep.003-01 Nr.352, fol. 116-116 und fol. 130-131); vgl. dann den zustimmenden Beschluß der Stadtverordnetenversammlung vom 20.12.1900 (LA Berlin A Rep.003-01 Nr.352, fol. 132).

Nr. 82

1900 Mai 6

Bericht[1] des Leiters der Leipziger Ziehkinderanstalt Dr. Max Taube an den Rat der Stadt

Entwurf

[Die Generalvormundschaft des Armenamtsleiters, die zunächst für die in fremder Pflege untergebrachten unehelichen Kinder gegolten hatte, ist auf alle unehelichen Kinder von Geburt an ausgedehnt worden; auf der neuen Rechtsgrundlage des Bürgerlichen Gesetzbuchs hat ein Stadtrat die Vormundschaft für zahlreiche Waisen übernommen; besoldete Pflegerinnen überwachen nun nicht mehr nur die Ziehkinder, sondern auch die Waisenkinder]

Die Ende des Jahres 1899 beschlossenen Umgestaltungen des Ziehkinder- und Waisenwesens in Leipzig konnten erst im Monat März dieses Jahres zur Ausführung gelangen, und ist aus diesem Grund eine bis Anfang Mai reichende Schilderung der jetzigen Verhältnisse, welche zwar noch in der Entwicklung begriffen sind, erforderlich.

Im Jahre 1883 und 1884 erlaubte ich mir in dem Bericht[2] an das Armendirektorium und die hohe königl[iche] Behörde darauf hinzuweisen, daß, wenn man einen wirklich heilbringenden Einfluß auf die unglücklichen Lebensbedingungen der unehelichen Kinder ausüben wolle, die Generalvormundschaft erforderlich sei, welche auf alle unehelichen Kinder von Geburt an ausgedehnt werden müsse. Im Beginn wurden in Leipzig, wie auch jetzt noch, überall nur die in fremder Pflege befindlichen Kinder überwacht. Die dringende Notwendigkeit für die Einführung der Generalvormundschaft ergab sich, wie ich oft nachwies, aus dem Durchschnittsschicksal der unehelichen Kinder. Ihr Leben und ihre Gesundheit müssen geschützt, die hohe Sterblichkeit, soweit als möglich, herabgesetzt gesucht werden. Sofort nach dem Eintritt in das Leben beginnen die großen, von mir in allen Berichten hervorgehobenen Gefahren, welche nur selten ein eheliches Kind bedrohen. Eine Mutter, welche keine Kenntnisse der Kinderpflege besitzt, das Kind als Last empfindet und nicht imstande ist, es durch ihren eigenen Arbeitsverdienst zu ernähren, ein Vater, der sich durch alle Mittel seinen Pflichten zu entziehen sucht, dieses sind die Eltern des Kindes. Um die notwendigen Mittel für die Ernährung zu schaffen, muß die Mutter bald wieder ihre Arbeit aufsuchen, das Kind wird in fremde Pflege oder auch bei Verwandten in Ziehe gebracht, wo wegen des oft mangelnden Ziehgeldes eine strenge, sachgemäße Kontrolle erforderlich ist. Dieses sind die Durchschnittsverhältnisse, mit welchen Staat und Gemeinde zu rechnen hat, es ist ihre Pflicht, die Schwachen zu schützen, niemand bedarf es mehr als diese unglücklichen Kinder.

Es wurde in Leipzig nach Einführung der Generalvormundschaft, die ihren segensreichen Einfluß immer mehr zeigte, dadurch Abhilfe zu schaffen gesucht, daß

---

[1] Stadtarchiv Leipzig AFSA Nr.1301, fol. 119-124.

[2] Vgl. Nr. 53 und Nr. 101 Bd. 7 der II. Abteilung dieser Quellensammlung; vgl. auch Bericht des ärztlichen Leiters der Leipziger Ziehkinderanstalt Dr. Max Taube über die Leipziger Ziehkinderanstalt im Jahre 1884 vom 27.2.1885 (Stadtarchiv Leipzig AFSA Nr.1297, fol. 93-115, hier fol. 108); vgl. ferner Max Taube, Bericht über das Jahr 1884, in: Das Armenwesen der Stadt Leipzig in den Jahren 1883 und 1884, Leipzig 1885, S. 116 f.; ders., Der Schutz der unehelichen Kinder in Leipzig. Eine Einrichtung zur Fürsorge ohne Findelhäuser, Leipzig 1893, S. 8-23, besonders S. 19 f.

die Kreise der bevormundeten Kinder immer mehr erweitert wurden, die bei Verwandten untergebrachten Kinder, auch die bei der Mutter befindlichen, welche nur am Tag in fremder Pflege sich befinden, erhielten den Vorteil der städtischen Vormundschaft und ihrer strengen Kontrolle, doch fehlte immer noch das wichtigste Moment, die Überwachung von der Geburt an, um die gefährdetste erste Lebenszeit zu beschützen und durch schnelle Heranziehung des Vaters die notwendigen Existenzmittel sicherzustellen und die Gemeinden zu entlasten. Die Rücksichtnahme des neuen deutschen Bürgerlichen Gesetzbuchs[3] auf die Leipziger Einrichtung hat diese Möglichkeit gegeben, und ist am 1. April dieses Jahres die Ausdehnung der Generalvormundschaft auf alle unehelichen in Leipzig geborenen Kinder ins Leben getreten.[4]

Die neue Bekanntmachung, das Ziehkinderwesen betreffend, lautet:

Die Fürsorge und Aufsicht des Armendirektoriums erstreckt sich von jetzt ab auf alle in Leipzig befindlichen unehelichen Kinder bis zur Entlassung aus der Schule.

Alle bei dem hiesigen Amtsgericht bevormundeten Kinder werden von der Generalvormundschaft bevormundet. Während bis jetzt das Ziehkinderamt dem Amtsgericht die Liste der von dem Ziehkinderamt beaufsichtigten Kinder übermittelte, überweist jetzt umgekehrt das Amtsgericht die Kinder dem Generalvormund zu.

Sonst findet die gleiche Behandlung wie vorher statt. Die Mutter wird dann vorgefordert und nach ihren Erwerbsverhältnissen und dem Beitrag des Vaters befragt; falls letzterer sich zu zahlen weigert, tritt Klage ein, welche in der ersten Instanz von seiten des Amts geführt wird. Durch das neue Bürgerliche Gesetzbuch hat der Vater sämtliche Erziehungskosten zu tragen. Es entsteht hier die Frage, ob nun die baren Auslagen der Mutter zu berechnen sind, welche sie hätte, wenn sie das Kind selbst verpflegte. Dieselben würden ungefähr 2½ Mark wöchentlich betragen. Doch wurde von juristischer Seite hervorgehoben, daß die Berechnung des Pflegegelds als Norm dienen müsse, da die Mutter, um sich selbst zu ernähren, gezwungen sei, daß Kind in fremde Pflege zu geben; es wird deshalb bei der Klage 15–18 Mark monatlich gefordert. Doch ist es schon häufig vorgekommen, daß die Mutter selbst einen niedrigeren Beitrag wünschte, und dürfte es notwendig sein, von Fall zu Fall zu entscheiden, da bei einem Vater mit geringem Verdienst, wenn das Kind bei Verwandten untergebracht ist, sicher ein geringerer Beitrag erforderlich wird.

Es könnte scheinen, als ob in manchen Fällen die Generalvormundschaft mit ihren beaufsichtigenden Organen auf das Familienleben für das bei der Mutter oder den Großeltern untergebrachte Kind störend einwirken könnte. Doch muß dieses aus

---

3 Das BGB hatte bei seiner Regelung des Vormundschaftsrechts im vierten Buch (Familienrecht, dort Abschnitt 3) die Berufs- bzw. Generalvormundschaft nicht erwähnt. Jedoch hatte das Einführungsgesetz zum BGB die landesrechtlichen Regelungen zur Anstalts- und Amtsvormundschaft für unberührt erklärt und die Ausdehnung auf alle unehelichen Kinder gestattet (Einführungsgesetz zum Bürgerlichen Gesetzbuch vom 18.8.1896 [RGBl, S. 604]). Damit war eine hinreichende Grundlage für die Weiterentwicklung der Berufs- bzw. Generalvormundschaft gegeben. Mit der Bestimmung, daß ein Beamter kraft Gesetzes Vormund sein konnte, sollte, wie es in den Protokollen der Kommission für die zweite Lesung des Entwurfs des BGB hieß, dem Zustand *Rechnung getragen werden, der an verschiedenen Orten im Reichsgebiet, namentlich in Leipzig, besteht* (Abdruck: Christian Jasper Klumker/Johannes Petersen, Berufsvormundschaft [Generalvormundschaft], 2. Bd.: Materialien [Schriften des deutschen Vereins für Armenpflege und Wohlthätigkeit, Heft 82], Leipzig 1907, S. 15-17, hier S. 16).

4 Rat der Stadt Leipzig, Bestimmungen des Rats, betreffend die gesetzliche Vormundschaft der Armenamtsvorsteher, vom 31.3.1900 (ebenda, S. 19).

unseren früheren Erfahrungen und die in diesem Monat hinzugekommenen sicher verneint werden. Die Verwandten sind im Durchschnitt mit der Kontrolle sehr einverstanden, erhalten sie doch noch das Äquivalent des Rates und der ärztl[ichen] freien Behandlung, nur schlechte Elemente suchen sich zu entziehen. Das gleiche gilt bei dem bei der Mutter oder, wenn dieselbe verheiratet ist, dem Stiefvater untergebrachten Kind. In den wenigen Wochen haben wir gerade hier die schlecht verpflegtesten Kinder gefunden, wie ich dieses mit Sicherheit erwartete. Ein erbärmliches, vollkommen verwachsenes Kind wurde mir von den Aufsichtsdamen überwiesen, dasselbe war 5 Jahre alt, und hatte die aus etwas gebildeten Kreisen wiederverheiratete Mutter nicht das geringste zur Heilung des unglücklichen Wesens bis jetzt getan.

Da sich der Stiefvater oft weigert, für das eingebrachte Kind zu sorgen, sucht ein großer Teil gerade dieser Mütter städtische Unterstützung nach und rekrutiert sich ein großer Teil der unehelichen Halbwaisen, welche 35 % betragen, aus diesen Kindern. Selbstverständlich muß auf diesem Gebiet mit großem Takt und nicht gleichmäßig bürokratisch vorgegangen werden, da Kinder, die bei nächsten Verwandten und der besser situierten Mutter sorgfältig erzogen werden, keiner fortlaufenden Kontrolle bedürfen, dieselben werden von mir selbst von Zeit zu Zeit besichtigt. Über diese ganzen Verhältnisse kann im nächsten Jahr genauer berichtet werden.

Die Arbeit des Amtes ist hierdurch bedeutend gewachsen und auch die der beaufsichtigenden Organe. Denn während im vorigen Jahr ein Bestand von 1400 Kindern vorhanden war, ist derselbe jetzt auf 2100 gestiegen, und wird sicher noch ein Zuwachs zu erwarten sein.

Eine weitere wichtige Einrichtung in der städtischen Kinderpflege wurde durch Herrn Stadtrat Weber[5] ins Leben gerufen. Die Beaufsichtigung der städtischen Waisenkinder fand bisher durch die Damen des Albertvereins[6] statt, mit denen Herr Waisenhausdirektor[7] zeitweise Konferenzen abhielt. Bei 750 Waisenkindern war eine große Anzahl Damen erforderlich, und wurde hierdurch die Verbindung mit dem Waisenamt sehr erschwert. Diese mußte aber jetzt eine sehr enge werden, weil durch das neue Bürgerliche Gesetzbuch Herr Stadtrat Weber die Vormundschaft über eine große Anzahl Waisen übernahm, dadurch aber auch über ihre Lebensverhältnisse stets genau und schnell unterrichtet werden mußte. Ferner kam es häufig vor, daß in der gleichen Familie sich ein Ziehkind befand und zugleich ein Waisenkind, beide wurden von verschiedenen Damen mit verschiedenen Ansichten gleichzeitig kontrolliert. Die genauen Ausfüllungen der Verpflegungsberichte und der sonstigen, durch das neue Gesetz hervorgerufenen vielfachen schriftlichen Arbeiten würden für die Damen des Albertvereins eine zu große Belastung herbeigeführt haben. Herr Stadtrat Weber beantragte aus diesem Grund auch für die Waisenkinder besoldete Pflegerinnen und Einreihung derselben unter die bisherigen Pflegerinnen der Ziehkinder, so daß die Pflegerinnen oder Aufsichtsdamen jede in ihrem Bezirk Zieh- und Waisenkinder zu beaufsichtigen haben. Für den Bestand von 750 Waisenkindern wurden 6 Pflegerinnen beantragt und, nachdem Herr Stadtrat Weber die Zustimmung von Rat und Stadtverordneten erhalten hatte, am 1. März 1900 angestellt. Herr Stadtrat Hentschel widmet wie bisher seine große Fürsorge den Ziehkin-

---

[5] Dr. Johannes Karl Weber (1859-1923), Jurist, seit 1898 besoldeter Stadtrat und Armendezernent in Leipzig, stellv. Vorsitzender des Armendirektoriums.

[6] Vgl. Nr. 61 Anm. 2.

[7] Dr. Gustav Hermann Meißner (1834-um 1917), praktischer Arzt in Leipzig, seit 1880 Direktor des Waisenhauses.

dern, Herr Stadtrat Weber den Waisenkindern, 2 Mitglieder des Armendirektoriums wurden als Waisenräte für diese Kinder gewählt.

Es sind jetzt in Leipzig 14 Pflegerinnen besoldet, ihr Gehalt beginnt von 500 Mark, er steigt alle 2 Jahre um 50 Mark bis 900 Mark. Es wurden nur gebildete Damen ausgewählt, welche nicht über 50 Jahre alt waren und in der Kinderpflege schon Erfahrung besaßen.

Schon jetzt habe ich das Urteil gewonnen, daß auch sie, wie die bisher angestellten Pflegerinnen, mit Freude und Eifer ihr Amt verwalten und die Kenntnisse, welche ich ihnen mitteile, zur Anwendung zu bringen suchen. Es herrscht hierdurch eine Gleichmäßigkeit der Anschauungen, die neusten Erfahrungen auf dem Gebiet der Kinderpflege werden den Ziehmüttern, also dem Volk beigebracht, ohne es zu Kurpfuscherei zu erziehen, und vor allem die Syphilis schnell erkannt und ihre Ausbreitung auf unbeteiligte Personen verhindert. Auch gegen die Tuberkulose wird streng vorgegangen. Die schwindsuchtverdächtigen Fälle von Zieheltern werden mir sofort angezeigt und, wenn es sich bewahrheitet, das Kind dann sofort entfernt.

Die uns zur Verfügung gestellten Konferenzzimmer des Armenamts konnte die große Zahl freitags nicht mehr aufnehmen und finden die An- und Abmeldungen sowie gesundheitlichen Anfragen in dem Saal des Lehrer-Vereinshauses statt; bei der großen Anzahl Kinder bietet sich immer viel Gelegenheit, die Kenntnisse der Aufsichtsdamen zu erweitern.

Nr. 83

1900 Juni 10

Bericht[1] der Stadtkölnischen Versicherungskasse gegen Arbeitslosigkeit im Winter

Druck, Teildruck

[Die Kasse wird nur mäßig in Anspruch genommen; jedoch stieg aufgrund der erschwerten Erwerbsverhältnisse infolge des frostigen Winters die Zahl der Anmeldungen; durch das Zusammenwirken mit der Arbeitsnachweisanstalt wird angestrebt, den Arbeitslosen Arbeit zuzuweisen]

Geschäftsbericht der Stadtkölnischen Versicherungskasse gegen Arbeitslosigkeit im Winter für die Betriebszeit vom 1. April 1899 bis 31. März 1900, erstattet in der ordentlichen Hauptversammlung im Hansasaal des Rathauses zu Köln am Sonntag, den 10. Juni 1900, vormittags 11 ½ Uhr

Nach § 30 unserer Satzungen ist der heutigen ordentlichen Hauptversammlung ein Jahresbericht des Vorstands[2] über die Wirksamkeit der Kasse im abgelaufenen

---

[1] Institut für Stadtgeschichte Frankfurt am Main Magistratsakten T 182 Bd.2, fol. 75-76 Rs. Gezeichnet ist der Geschäftsbericht von dem Kölner Industriellen und Stadtverordneten Friedrich Schmalbein, dem Vorsitzenden der Stadtkölnischen Versicherungskasse. Die Versicherungskasse war wesentlich auf Initiative Schmalbeins und nach dem Vorbild vor allem der kommunalen Arbeitslosenversicherung in Bern errichtet worden. Sie hatte 1896 als erste kommunale Versicherung dieser Art in Deutschland ihre Tätigkeit aufgenommen. Zum Vorstand gehörten neben zwölf gewählten Vertretern der Versicherten auch zwölf gewählte Vertreter der „Patronen" (die einen Mindestbeitrag von 300 Mark eingezahlt

Jahr sowie der Bericht des Schatzmeisters[3] unter Beifügung der ordnungsmäßig geprüften Jahresrechnung für das Geschäftsjahr 1899/1900 zu erstatten. Indem wir uns dieser Aufgabe hierdurch im nachfolgenden entledigen, bitten wir Sie, dem Vorstand und Schatzmeister Ihre Entlastung zu erteilen.

Aus dem Abschluß ersehen Sie den immer noch mäßigen Umfang, in welchem unsere Kasse auch im vorigen Jahr in Anspruch genommen worden ist, so daß unser Vermögensbestand, welcher am 1. April vorigen Jahres M. 116163,60 betrug, am 1. April dieses Jahres M. 120261,– erreichte.

Schon im vorigen Bericht[4] wiesen wir darauf hin, daß die schwache Inanspruchnahme der Versicherungskasse eine Folge der seit dem Bestehen unserer Kasse bis dahin so ungewöhnlich milden Winter, der andauernd ausgezeichnet günstigen Erwerbsverhältnisse und der selbst unter den Saisonarbeitern selten geringen Arbeitslosigkeit sei und daß diese Umstände die unverantwortliche Sorglosigkeit, welcher sich die Saisonarbeiter[5] bezüglich der nächsten Zukunft hingegeben haben, zwar erklären, aber nicht rechtfertigen, und daß erst ein durchgreifender Wandel eintreten werde, wenn die Saisonarbeiter, zu deren Gunsten die Kasse fürsorglich errichtet worden ist, beim Eintreten von vermehrter Arbeitslosigkeit infolge kalter Winter es bitter haben bereuen müssen, sich nicht rechtzeitig versichert zu haben. Diese Voraussicht hat sich im vorigen Winter bereits erfüllt, und ferner hat es sich bestätigt, wie wir in unserm letzten Bericht bereits ausführten, daß das Verständnis für den Segen der Kasse erst allgemein Platz greifen werde, nachdem man durch Schaden klug geworden sei. In der Tat wurde die Reue derjenigen Saisonarbeiter, welche sich nicht rechtzeitig versichert hatten, eine ziemlich allgemeine, als im vorigen Winter durch das Eintreten von Frostwetter die Arbeitslosigkeit unter denselben einen größern Umfang annahm wie früher, während die Versicherten dagegen den Segen der Kasse voll empfanden. Die Folge davon war die, daß schon gegen Ende der vorigen Kampagne zahlreiche Anmeldungen zur Versicherungskasse für das jetzt laufende Geschäftsjahr vom 1. April dieses Jahres bis 31. März 1901 eingingen, so daß heute bereits die Zahl der Versicherten eine erheblich größere ist als zur gleichen Zeit des Vorjahres und erwartet werden darf, daß der schließliche Bestand der Versicherten für das laufende Jahr den aller Vorjahre übersteigen werde. So dürfen wir also hoffen, daß das Verständnis für die Wohltat der Leistungen der Versicherungskasse immer weiter wachsen und die Voraussetzung, die

---

hatten) oder Ehrenmitglieder (die sich zur Entrichtung eines jährlichen Betrags von mindestens fünf Mark verpflichtet hatten). Von den gewählten „Patronen" und Ehrenmitgliedern waren sechs Arbeitgebervertreter (u.a. die Verleger Fridolin Bachem und Josef Neven DuMont), die anderen sechs durften weder den Reihen der Arbeitgeber noch denen der Arbeitnehmer entstammen (hierzu zählte z.B. der Reichstagsabgeordnete Karl Trimborn [Zentrum] und der Gewerbegerichtspräsident Clemens August Decker).

2 Friedrich Schmalbein (1839-1913), Seidenfabrikbesitzer in Köln, seit 1886 Stadtverordneter, Begründer und Vorsitzender der Stadtkölnischen Versicherungskasse.

3 Vincenz Karl Haverländer (1840-1915), Schatzmeister der Stadtkölnischen Versicherungskasse gegen Arbeitslosigkeit im Winter, Vorsitzender der Allgemeinen Arbeitsnachweisanstalt in Köln.

4 Geschäftsbericht der Stadtkölnischen Versicherungskasse gegen Arbeitslosigkeit im Winter für die Betriebszeit vom 1. April 1898 bis 31. März 1899, erstattet in der ordentlichen Hauptversammlung im Hansasaale des Rathauses zu Köln am 25. Juni 1899, Köln 1899, S. 1.

5 Die Versicherungskasse zielte vor allem auf Saisonarbeiter und hatte hauptsächlich Arbeiter aus dem Baugewerbe zu Mitgliedern. Für andere Arbeiterkategorien tat sie sich schwer, mit den Arbeitslosenunterstützungen der Gewerkschaften zu konkurrieren.

wir nur bei Gründung der Kasse gemacht haben, sich allmählich erfüllen werde. Wir wollen auch bei dieser Gelegenheit es nicht unterlassen, darauf hinzuweisen, daß wir nicht ermüden werden, die Arbeitnehmer über den Segen unserer fürsorglichen Einrichtung, welche dieselben in den Stand setzt, sich durch Selbsthilfe vor den materiellen und moralischen Folgen unverschuldeter Arbeitslosigkeit zu sichern, aufzuklären und daß es immer unsere Hauptsorge sein wird, den Versicherten bei eintretender Arbeitslosigkeit in erster Linie lohnende, möglichst passende Arbeit zuzuweisen.

Auch im vorigen Jahre ist uns letzteres in einem sehr nennenswerten Prozentsatz gelungen, so daß wir nur da, wo dies unmöglich war, an Tagegeldern im ganzen M. 4708,38 zu leisten hatten. Wie wir auch in den früheren Berichten es nachgewiesen haben, wurde und wird uns auch ferner diese Zuweisung von Arbeit an Arbeitslose in so erfreulichem Maße nur möglich dadurch, daß die Versicherungskasse gegen Arbeitslosigkeit angegliedert ist an die Allgemeine Arbeitsnachweisanstalt[6] und daß der geschätzte Vorsitzende der letzteren, Herr V. C. Hawerländer, der zugleich der Schatzmeister unserer Kasse ist, uns in so sachkundiger und nicht genug anzuerkennender Weise unterstützt. Wir können nicht umhin, Herrn Hawerländer dafür unseren ganz besondern Dank abzustatten. Nur durch das Zusammenwirken des Arbeitsnachweises mit unserer Kasse können und werden wir unsere soziale Aufgabe auch fernerhin erfüllen, und werden wir unsere Anstrengungen fortsetzen, um auch in Zukunft die versicherten Arbeitslosen, welche ja durch die eventuelle Zuweisung von Tagegeldern unter allen Umständen vor materieller Not geschützt sind, soweit möglich des Segens regelmäßiger Arbeit teilhaftig werden zu lassen.

[...] *Ausführungen zur Wahl und Zusammensetzung des Vorstands.*

Bericht des Schatzmeisters über das Geschäftsjahr 1899/1900

Für das Geschäftsjahr 1899/1900 meldeten sich 302 Personen zur Versicherung, davon wurden 46 zurückgewiesen, und zwar: 17 weil arbeitsunfähig, 11 weil selbständige Gewerbetreibende, 8 weil nicht im Stadtbezirk Köln ansässig und 10 weil noch nicht ein Jahr hier wohnhaft.

Abgeschlossen wurden Versicherungen mit 256 Personen, davon wurden nach Versicherungsabschluß 2 dauernd arbeitsunfähig, diesen wurden gemäß § 7 der Satzungen die gezahlten Beiträge zurückgezahlt.

Von den verbleibenden 254 Versicherten (hinsichtlich Berufs- und Familienstand verweise ich auf die Aufstellung am Schluß) kamen 28 den ihnen durch § 10 auferlegten Verpflichtungen nicht nach, sie blieben zum Teil auch mit den Wochenbeiträgen zurück, die 254 Versicherten hatten nämlich zusammen an Wochenbeiträgen (durch Markeneinkauf) zu leisten: 254 x M. 8,50 = M. 2159,–; der Markenverkauf betrug dagegen nur M. 2015,–.

Gemäß den §§ 10 und 16 der Satzungen waren also 226 Versicherte berechtigt, im Falle einer Arbeitslosigkeit während der Bezugszeit (15. Dezember bis 15. März) Ansprüche an die Versicherungskasse zu stellen.

Davon meldeten sich 154 in obiger Zeit als arbeitslos; 12 erhielten während der dreitägigen Wartezeit andauernde Beschäftigung, sie hatten Anrecht an die Kasse während 503 Tagen, die übrigen 142 hatten nach Abzug der Wartezeit ein Anrecht auf Arbeit oder Tagegeld an:

---

6 Im Herbst 1894 war in Köln die Allgemeine Arbeitsnachweisanstalt errichtet worden, ein Verband vereinsmäßig organisierter Arbeitsnachweise, in dessen Verbandsversammlung Arbeitgeber und Arbeitnehmer paritätisch vertreten waren.

zusammen	6481	Werktagen,
sie wurden beschäftigt an	3708 ½	Werktagen,
für die übrigen	2772 ½	Werktage

wurden Tagegelder ausbezahlt:

1. An 123 Verheiratete	1826 ½	Tage zu	M. 2,–	gleich	M. 3653,–
	540 ½	Tage zu	M. 1,–	gleich	M. 540,50
2. An 19 Unverheiratete	281	Tage zu	M. 1,50	gleich	M. 421,50
	124 ½	Tage zu	M. –,75	gleich	M. 93,38
3. Zusammen für	2772 ½	Tage			M. 4708,38

Davon entfallen auf:

52 Anstreicher und dergl[eichen]	M. 2028,–	(durchschnittlich M. 39,–),
60 Maurer und dergl[eichen]	M. 1709,50	(durchschnittlich M. 28,50),
4 div[erse] Handwerker	M. 122,–	(durchschnittlich M. 30,50),
26 Tagelöhner	M. 848,88	(durchschnittlich M. 32,65).

Von den 154 Versicherten, die arbeitslos wurden, empfingen, wie vorhin erwähnt:

12 keine Tagegelder, dagegen sofort dauernde Arbeit,
13 bezogen Tagegelder bis M. 8,50 (Gesamtbetrag der eingezahlten Wochenbeiträge)
27 bezogen Tagegelder von M. 8,50 bis M. 20,–
19 bezogen Tagegelder von M. 21,– bis M. 30,–
31 bezogen Tagegelder von M. 31,– bis M. 40,–
33 bezogen Tagegelder von M. 41,– bis M. 50,–
7 bezogen Tagegelder von M. 51,– bis M. 60,–
12 bezogen Tagegelder von M. 61,– bis M. 68,–

Das Alter der 254 Versicherten war:

18–20	21–30	31–40	41–50	51–60	61–70	Jahre
7	46	74	70	43	14	Personen

Beruf und Familienstand	Anstreicher und Tapezierer	Maurer und Verputzer	Verschiedene Handwerker	Tagelöhner, Erd- und Gartenarbeiter	Verheiratet	Unverheiratet
a) der gesamten 254 Versicherten	91	90	14	59	209	45
b) der 226 Versicherten, die ihren Verpflichtungen nachkamen (Bezugsberechtigten)	79	86	12	49	192	34
c) der 28 Versicherten, die ihren Verpflichtungen nicht nachkamen	12	4	2	10	17	11
d) der 154 bezugsberechtigten Versicherten, welche arbeitslos wurden	52	68	4	30	134	20
e) der 72 bezugsberechtigten Versicherten, welche nicht arbeitslos wurden	27	18	8	19	58	14
f) der 12 der ad d aufgeführten arbeitslosen Versicherten, welche kein Tagegeld, dagegen während der Wartezeit andauernde Beschäftigung erhielten	–	8	–	4	11	1
g) der übrigen 142 ad d aufgeführten arbeitslosen Versicherten, welche Arbeit und M 4 708,38 an Tagegeldern erhielten	52	60	4	26	123	19

[...] *Abrechnung und Vermögensübersicht für das Geschäftsjahr 1899/1900.*

Nr. 84

1900 November 3

Sitzungsprotokoll[1] des preußischen Staatsministeriums

Ausfertigung, Teildruck

[Von einer Novellierung des Unterstützungswohnsitzgesetzes, um die ländlichen Heimatgemeinden zu entlasten, ist einstweilen abzusehen; die Gefahr, die Industrie zu verärgern, soll vermieden werden, um das Einvernehmen von Landwirtschaft und Industrie in der Zolltariffrage nicht zu gefährden]

[...]

7. Der Herr Minister des Innern[2] hielt unter Bezugnahme auf seine Voten vom 31. März[3] und 10. Oktober d. J.[4] (St.M. 1238, 3233) Vortrag darüber, inwieweit den auf Abänderung des Freizügigkeitsgesetzes und des Unterstützungswohnsitzgesetzes gerichteten Beschlüssen des Abgeordnetenhauses[5], die aus den Debatten über die Leutenot auf dem platten Lande hervorgegangen seien, Rechnung zu tragen sei. Das Abgeordnetenhaus habe zum Freizügigkeitsgesetz gewünscht:

a) in Abänderung des § 2 die Herbeiführung von Bestimmungen, wonach junge Leute unter 18 Jahren nicht ohne ausdrückliche Genehmigung derjenigen, unter deren (väterlicher oder vormundschaftlicher) Gewalt sie stehen, und nicht ohne Nachweis eines festen Arbeitsverhältnisses aus ihrem Heimatort fortziehen dürfen;

b) zur Ergänzung des § 4 „die Gewährung des Rechts an die Gemeinden, die Abweisung neu Anziehender dann zu bewirken, wenn dieselben nicht den Nachweis einer den sittlichen und hygienischen Anforderungen entsprechenden Wohnung erbringen, wobei das Schlafstellenunwesen zu beschränken ist".

Unter den Ressorts, die sich zu der Angelegenheit geäußert hätten,[6] herrsche indessen Einstimmigkeit darüber, daß auf diese Vorschläge, die politisch bedenklich und praktisch unwirksam seien, nicht einzugehen sei.

---

[1] GStA Berlin I. HA Rep.90a B III 2b Nr.6 Bd.141, fol. 248-291, hier fol. 276 Rs.-288. Teilnehmer waren: Reichskanzler und Präsident des Staatsministeriums Dr. Bernhard Graf von Bülow, Staatssekretär im Reichsamt des Innern Dr. Arthur Graf von Posadowsky-Wehner, Finanzminister und Vizepräsident des Staatsministeriums Dr. Johannes von Miquel, Innenminister Georg Freiherr von Rheinbaben, Handelsminister Ludwig Brefeld, Minister der öffentlichen Arbeiten Karl von Thielen, Landwirtschaftsminister Ernst Freiherr von Hammerstein-Loxten, Justizminister Dr. Karl Heinrich Schönstedt, Kultusminister Dr. Konrad Studt, Kriegsminister Heinrich von Goßler, Staatssekretär im Reichsmarineamt Alfred von Tirpitz; Protokoll: Unterstaatsekretär Rudolf Freiherr von Seckendorff.

[2] Georg Freiherr von Rheinbaben (1855-1921), Volkswirtschaftler, 1883-1896 im Finanzministerium tätig, ab 1892 als Geheimer Oberfinanzrat, 1896 Regierungspräsident in Düsseldorf, seit 1899 preußischer Innenminister.

[3] Votum des preußischen Innenministers Georg Freiherr von Rheinbaben für das Staatsministerium vom 31.3.1900 (GStA Berlin I. HA Rep.77 Tit.223 Nr.167 Bd.4, fol. 258-267).

[4] Votum des preußischen Innenministers Georg Freiherr von Rheinbaben für das Staatsministerium vom 10.10.1900 (GStA Berlin I. HA Rep.77 Tit.223 Nr.167 Bd.4, fol. 268-272 Rs.).

[5] Die Beschlüsse waren in der 64. Sitzung des Abgeordnetenhauses vom 3.5.1899 anläßlich der Beratung eines Berichts der XIV. Kommission über einen Antrag der Abgeordneten Gamp und Genossen, betreffend die Maßregeln gegen die in der Landwirtschaft herrschende Arbeiternot, gefaßt worden (Sten.Ber. PrAbgH 19. LP I. Session 1899, S. 2046-2063).

[6] Die einzelnen Voten liegen vor in: BArch R 1501 Nr.101275.

Anders liege es mit dem zum Unterstützungswohnsitzgesetz vom Abgeordnetenhaus angeregten Gedanken, unter Änderung des geltenden Gesetzes die Verpflichtungen der Heimat- und Wohnsitzgemeinden durch stärkere Heranziehung der Arbeitsgemeinde zu erleichtern. Er halte, wie in seinen Voten näher ausgeführt, diesen Wunsch für sachlich berechtigt, und befürworte, ihm sowohl dadurch entgegenzukommen, daß die Altersgrenze, von der ab ein Unterstützungswohnsitz erworben werden kann, von 18 auf 16 Jahre und die Frist für den Erwerb und Verlust des Unterstützungswohnsitzes von 2 auf 1 Jahr herabgesetzt werde, als auch durch Änderung und Ergänzung des die Verpflichtungen der Arbeitsgemeinden speziell regelnden § 29 des Gesetzes. In letzterer Beziehung habe er – wie schon in seinen Voten ausgeführt – eine Erweiterung der Unterstützungspflicht der Arbeitsgemeinde in Aussicht genommen:

a) in sachlicher Hinsicht durch Ausdehnung der Unterstützungspflicht, die jetzt nur bei Erkrankung eintrete, auf alle Fälle der Hilfsbedürftigkeit unter Berücksichtigung aller – auch der kurzfristig – bestehenden Dienst- oder Arbeitsverhältnisse sowie derjenigen, welche innerhalb 3 Wochen vor dem Eintritt der Hilfsbedürftigkeit bestanden haben;

b) in örtlicher Hinsicht durch Ausdehnung der Unterstützungspflicht auf diejenigen Bedürftigkeitsfälle, welche außerhalb des Dienst- oder Arbeitsorts hervorgetreten sind, damit die vielfachen Prozesse und sonstigen Unzuträglichkeiten, die bisher aus der Beschränkung auf die am Arbeitsort selbst hervorgetretenen Krankheitsfälle entstanden seien, in Wegfall kämen;

c) in zeitlicher Hinsicht durch Ausdehnung des Unterstützungsverhältnisses von der jetzigen 13wöchigen Frist auf einen Zeitraum von 26 Wochen – dieselbe Zeit, wie sie im Reichsgesetz vom 13. Juli 1899[7] (§ 10) für die den Bezug der Invalidenrente bedingende Dauer der Erwerbsunfähigkeit bestimmt sei.

Gegen diese Vorschläge seien in den Voten der übrigen Herren Minister nur wenige Anstände erhoben worden. Der Herr Handelsminister[8] habe angeregt, ob nicht die Erweiterung der Unterstützungspflicht der Arbeitsgemeinden zu a und b auch für Lehrlinge vorzusehen sei – auf die die zeitliche Erweiterung zu c ohnehin Anwendung finden solle.[9] Indessen scheine ihm diese Anregung einerseits von geringer praktischer Bedeutung und andererseits deshalb bedenklich zu sein, weil sie die Grenzen dessen überschreiten würde, was das Abgeordnetenhaus in seinen Beschlüssen an Gesetzesänderungen gewünscht habe. Ferner habe der Herr Finanzminister, um die Arbeitsgemeinde nicht allzusehr zu belasten, einige einschränkende Bestimmungen befürwortet.[10] Gegen die erste derselben, wonach die Unterstützungsverpflichtung sich auf Fälle von Hilfsbedürftigkeit bei vorhandener Arbeitsfähigkeit nicht erstrecken solle, habe er, der Minister des Innern, Bedenken; wenn dagegen weiter die Festsetzung eines bestimmten Zeitabschnitts empfohlen sei, nach dessen Ablauf erst die Unterstützungsverpflichtung der Arbeitsgemeinde, soweit sie Verpflichtung ohne Erstattungsanspruch ist, beginnen solle, so möchte er diesem

---

[7] Invalidenversicherungsgesetz vom 13.7.1899 (Nr. 70 Bd. 6 der III. Abteilung dieser Quellensammlung).

[8] Ludwig Brefeld.

[9] Votum des preußischen Handelsministers Ludwig von Brefeld für das Staatsministerium vom 7.5.1900 (BArch R 1501 Nr.101275, fol. 212-213).

[10] Votum des preußischen Finanzministers Dr. Johannes von Miquel für das Staatsministerium vom 29.5.1900 (BArch R 1501 Nr.101275, fol. 215-217).

Gedanken insoweit Rechnung tragen, daß das Entstehen der besonderen Fürsorgepflicht der Arbeitsgemeinde von einer 8tägigen tatsächlichen Dauer des Arbeits- oder Dienstverhältnisses abhängig gemacht werde.

Mit dieser Maßgabe erbitte er für seine Vorschläge die Zustimmung des Staatsministeriums.

Der Herr Staatsminister Graf von Posadowsky[11] erklärte sich im allgemeinen mit den angeregten Änderungen des Unterstützungswohnsitzgesetzes, die im Interesse des platten Landes lägen, einverstanden, wenn er auch in einzelnen Punkten noch geringfügige sachliche Bedenken habe. Erheblicher seien vom politischen Standpunkte seine Bedenken gegen eine Vorlegung der Novelle im gegenwärtigen Moment. Denn die Industrie würde das Gesetz als gegen sich gerichtet ansehen. Da sie aber ohnehin wegen mancher neuerlichen gesetzlichen Maßnahmen unzufrieden zu werden beginne, so möge es vermieden werden, sie weiterzureizen, damit sie nicht in der für die nächste Zeit in den Vordergrund tretenden Frage der Erhöhung der Getreidezölle der Landwirtschaft Widerstand leiste.

Diese Anschauung werde auch in agrarischen Kreisen geteilt. Er empfehle deshalb dringend, in der bevorstehenden Session das Gesetz nicht zu bringen, zumal im Abgeordnetenhaus[12] und in der Presse der taktische Fehler gemacht worden sei, dasselbe mit Beschränkungen der Freizügigkeit in Zusammenhang zu setzen.

Noch eine zweite politische Frage möchte er zur Erwägung stellen, ob nämlich die Gesetzesvorlage seinerzeit nicht besser als preußischer Antrag im Bundesrat eingebracht würde als von Reichs wegen. Er betrachte den letzteren Weg, der in neuerer Zeit überwiegend eingeschlagen werde, für das Reichsinteresse nicht als günstig. Außer Preußen würden auch die übrigen Bundesstaaten mehr engagiert und schärfer mitverantwortlich gemacht, wenn ein Gesetzesvorschlag durch preußischen Antrag an den Bundesrat gebracht sei.

Der Herr Minister des Innern bemerkte, daß er zu der Frage des Zeitpunkts, in dem die Gesetzesvorlage zu machen sei, keine Stellung genommen habe. Es sei dabei in erster Reihe der Herr Landwirtschaftsminister[13] interessiert, der in dem Landtag die Stellungnahme der Regierung zu dessen Forderungen hauptsächlich zu vertreten haben werde; jedenfalls werde übrigens, auch wenn die Gesetzesvorlage hinausgerückt würde, dem Landtag über die bestehenden Absichten der Regierung sachliche Auskunft gegeben werden können.

Hinsichtlich der zweiten, vom Herrn Grafen Posadowsky berührten Frage sei er etwas zweifelhaft, ob hier gerade eine günstige Gelegenheit sich biete, daß Preußen mit einem eigenen Antrag den anderen Bundesstaaten gegenübertrete.

In der sich anschließenden weiteren Diskussion hielt I. in der Sache selbst der Herr Vizepräsident des Staatsministeriums die gesetzgeberischen Vorschläge des Herrn Ministers des Innern im wesentlichen für zweckmäßig und durchaus im Einklang stehend mit dem ursprünglichen Gedanken des Gesetzes von 1870. Bei der

---

[11] Dr. Arthur Graf von Posadowsky-Wehner (1845-1932), Jurist, 1893 Staatssekretär im Reichsschatzamt, seit 1897 (als Nachfolger von Boettichers) Staatssekretär im Reichsamt des Innern, Stellvertreter des Reichskanzlers und preußischer Minister ohne Geschäftsbereich.

[12] Vgl. die 64. Sitzung des Abgeordnetenhauses vom 3.5.1899 (Sten.Ber. PrAbgH 19. LP I. Session 1899, S. 2040-2069).

[13] Ernst Freiherr von Hammerstein-Loxten (1827-1914), Jurist, 1889 Landesdirektor der Provinz Hannover, seit 1894 preußischer Landwirtschaftsminister.

Vorberatung desselben im Bundesrat[14] und Reichstag[15] habe man schon über die Frist für den Erwerb und den Verlust des Unterstützungswohnsitzes gestritten, da gegen eine kürzere und insbesondere eine einjährige Frist von den Staaten des Heimatrechts heftiger Widerstand geleistet worden sei. Schließlich habe man sich auf 2jährigen Aufenthalt nach zurückgelegtem 24. Lebensjahr verglichen. Das Gesetz vom 12. März 1894[16] habe an die Stelle des 24. das 18. Lebensjahr gesetzt, und jetzt werde geplant, auf das 16. Lebensjahr und auf einjährigen Aufenthalt hinabzugehen. Dies werde möglicherweise im Reichstag auf Widerspruch stoßen, entspreche aber den veränderten Verhältnissen und dem vom Landtag geteilten Wunsch, die Heimatgemeinde zu entlasten. Durch die vorgeschlagenen Änderungen würden zweifellos auch viele der bisher unter den Gemeinden entstandenen Streitigkeiten ausgeräumt. Indes werde man die Mehrbelastung der Arbeitsgemeinde nicht übertreiben dürfen. Die jetzt vom Herrn Minister des Innern zugegebene Voraussetzung eines mindestens achttägigen Arbeitsverhältnisses erscheine noch nicht genügend; auch werde der Arbeitsgemeinde der Beweis freizulassen sein, daß die betreffende Person überhaupt nicht die Absicht gehabt habe, in der Gemeinde zu bleiben. Ebenso werde die Frage, inwieweit Hilfsbedürftigkeit trotz vorhandener Arbeitsfähigkeit anzunehmen sei, noch als eine offene zu betrachten sein. Alle diese Punkte würden in kommissarischen Beratungen vor völliger Fertigstellung der Vorlage, die den Grundsatz der Freizügigkeit ganz unangetastet lassen müsse, noch näherer Prüfung zu unterziehen sein.

Der Herr Landwirtschaftsminister trat dem, bezugnehmend auf sein Votum vom 5. Juli d. J.[17] (St.M. 2520), durchaus bei und erinnerte daran, daß er bei der vom Staatsministerium ihm überlassenen Beantwortung der Interpellation Szmula[18] und Gen[ossen] im April 1898 (Stenogr[aphische] Berichte des Abgeordnetenhauses S. 2073 ff.)[19] zwar unter anderen allgemeineren politischen Fragen, die über den Rahmen seines Ressorts hinausgingen, auch das Recht der Freizügigkeit habe berühren müssen, daß er damals aber nur eine Beschränkung einzelner Auswüchse dieses Rechts als erstrebenswert bezeichnet habe. Die jetzt beabsichtigten gesetzlichen Änderungen würden indirekt auch zur Bekämpfung solcher Auswüchse beitragen.

Der Herr Minister der öffentlichen Arbeiten[20] machte darauf aufmerksam, daß das Reichsgesetz von 1870 bzw. 1894 als unterstützungspflichtig nur in Betracht ziehe die Gemeinde, wo dem Gesetz gemäß der Unterstützungswohnsitz begründet sei, und die Arbeitsgemeinde. Durch die tatsächlichen Verhältnisse habe allmählich aber,

---

[14] Vgl. Nr. 35-37, Nr. 45 und Nr. 52 Bd. 7, 1. Halbband, der I. Abteilung dieser Quellensammlung.

[15] 45. Sitzung vom 14.5.1870 (Sten.Ber. RT des Norddeutschen Bundes 1. LP Session 1870, S. 915-920).

[16] Nr. 31.

[17] Votum des preußischen Landwirtschaftsministers Ernst Freiherr von Hammerstein-Loxten für das Staatsministerium vom 5.7.1900 (BArch R 1501 Nr. 101275, fol. 222-225).

[18] Julius Szmula (1829-1909), Major a. D., Rittergutsbesitzer in Friedewalde (Kreis Grottkau), seit 1886 MdPrAbgH, seit 1887 MdR (Zentrum). Die Interpellation des Abgeordneten Szmula und Genossen vom 12.2.1898 hatte die Beseitigung des Mangels an ständigen Dienstboten und landwirtschaftlichen Arbeitern in den östlichen Provinzen betroffen (Sten.Ber. PrAbgH 18. LP V. Session 1898, Drucksache 51).

[19] 63. Sitzung vom 20.4.1898, Sten.Ber. PrAbgH 18. LP V. Session 1898, S. 2073-2075.

[20] Karl von Thielen (1832-1906), Jurist, 1881 Präsident der Eisenbahndirektion in Elberfeld, 1887 in Hannover, seit 1891 preußischer Minister der öffentlichen Arbeiten.

namentlich in den Industriebezirken, auch eine dritte Gemeinde noch Bedeutung erlangt, nämlich die des faktischen Wohnsitzes, da die Industriearbeiter vielfach in anderen Gemeinden wohnten, als wo sie beschäftigt seien. Er stelle zur Erwägung, ob nicht auch jene dritte Gemeinde eine besondere Berücksichtigung im Gesetz erheische.

Der Herr Minister des Innern bezweifelte, ob dies notwendig sei, da der § 29 des Gesetzes den Zweck verfolge, sowohl die Wohnsitz- wie die Heimatgemeinden durch die Verpflichtung der Arbeitsgemeinde zu entlasten, gab aber die Klärung auch dieser Frage in den kommissarischen Beratungen anheim.

Bezüglich II., des taktischen Vorgehens, neigte der Herr Vizepräsident der Ansicht des Herrn Staatssekretärs des Innern zu, daß eine Einbringung des Entwurfs die Stimmung in industriellen Kreisen, die namentlich durch ungeschickte Operationen des Bundes der Landwirte[21] allmählich mißlich geworden sei, noch verschlimmern könnte und daß deshalb die Vorlage besser noch verschoben würde. Im Landtag würde man sich dann darauf zu beschränken haben, zu sagen, daß die Staatsregierung die gesetzgeberischen Anregungen des Abgeordnetenhauses in eingehende Erwägung gezogen und insbesondere auch im Interesse der Landwirtschaft zu dem Entschluß gekommen sei, das Recht der Freizügigkeit selbst nicht zu beschränken, hingegen erhebliche Änderungen des Unterstützungswohnsitzgesetzes vorzuschlagen, die in Vorbereitung begriffen seien.

Der Herr Landwirtschaftsminister war gleichfalls der Meinung, daß es der Regelung der Zolltariffragen im Einvernehmen zwischen Landwirtschaft und Industrie nur schaden könne, wenn der Gesetzentwurf alsbald weiterverfolgt würde. Die Regierung werde von diesem Gesichtspunkt aus wahrscheinlich auch die einflußreichen Führer der Agrarier im Landtag unter der Hand dazu bestimmen können, in der Angelegenheit nicht zu drängen, so daß sie fürs erste kaum angeschnitten werden würde. Sollte es dennoch geschehen, so würde die vom Herrn Vizepräsidenten empfohlene Antwort gegeben werden können.

Ebenso sprach sich der Herr Ministerpräsident[22], indem er sich sachlich mit der beabsichtigten gesetzlichen Änderung einverstanden erklärte, gegen die Einbringung einer entsprechenden Vorlage in diesem Winter aus. Mit Recht habe der Herr Graf Posadowsky betont, daß die Industrie sie ungünstig aufnehmen würde und daß man darin in weiten Kreisen eine reaktionäre Maßregel erblicken würde. Man könne gerade der Industrie gegenüber gegenwärtig nicht vorsichtig genug sein; diese würde sich voraussichtlich für höhere Schutzzölle, auch zugunsten der Landwirtschaft, gewinnen lassen, sei aber gegen Maßregeln, die sie als gegen sich gerichtete Nadelstiche betrachte, äußerst empfindlich und leicht zu verstimmen. Man werde also gut tun, alles derartige zu vermeiden, und könne erforderlichenfalls den Landtag durch die vorgeschlagene, im allgemeinen entgegenkommende Erklärung beruhigen.

---

[21] Der Bund der Landwirte war 1893 als agrarische Interessenorganisation gegründet worden und zählte um die Jahrhundertwende etwa 250 000 Mitglieder. Er setzte sich für den Schutz und die Stärkung der Landwirtschaft ein, auch gegen industrielle Interessen; seine Lobbyarbeit und Propaganda zielte insbesondere auf eine agrarprotektionistische Handelspolitik.

[22] Dr. Bernhard Graf von Bülow (1849-1929), Jurist, 1874-1897 im diplomatischen Dienst tätig, seit 1897 preußischer Außenminister, seit 17.10.1900 Reichskanzler und preußischer Ministerpräsident.

Für das spätere Beschreiten des Gesetzgebungswegs empfehle er mit dem Herrn Grafen Posadowsky die Form eines preußischen Antrags an den Bundesrat.

Nachdem der Herr Staatsminister Graf Posadowsky bemerkt hatte, daß in den der Fertigstellung des Entwurfs vorangehenden kommissarischen Beratungen noch diejenigen Punkte, in denen er sachlich nicht unbedenklich sei, geklärt werden könnten, beschloß das Staatsministerium

1. sich sachlich auf den Boden der Vorschläge des Herrn Ministers des Innern zu stellen,

2. von der Einbringung einer entsprechenden Gesetzesvorlage in der bevorstehenden Reichstagssession abzusehen,

3. dem Herrn Minister des Innern, in dessen Hand bisher die Vorarbeiten lagen, die weitere Durcharbeitung und Ausgestaltung des Gesetzentwurfs aufgrund kommissarischer Beratungen mit den beteiligten preußischen Ressorts und dem Reichsamt des Innern zu überlassen.[23]

[...]

---

[23] Kommissarische Beratungen zwischen den beteiligten preußischen Ressorts, dem Reichsamt des Innern und dem Reichsjustizamt führten zur Aufstellung eines Gesetzentwurfs, betreffend die Änderung des Gesetzes über den Unterstützungswohnsitz, der dem preußischen Staatsministerium am 17.1.1902 vorgelegt wurde. Danach sollte das Alter der Unterstützungsmündigkeit von 18 auf 16 Jahre gesenkt und die Frist für den Erwerb und Verlust des Unterstützungswohnsitzes von zwei auf ein Jahr vermindert werden (GStA Berlin I. HA Rep.77 Tit.223 Nr.167 Bd.4, fol. 273-288 Rs.; Sitzungsprotokolle der kommissarischen Beratungen vom 9.11.1901: BArch R 1501 Nr.101275, fol. 265-272 Rs.). Dem Reichstag den erarbeiteten Gesetzentwurf nunmehr vorzulegen, sah der Staatssekretär des Innern Dr. Arthur Graf von Posadowsky-Wehner im Frühjahr 1902 aber als politisch inopportun an, da man sich – vor dem Hintergrund der Suche nach einem für Industrie wie Landwirtschaft akzeptablen Kompromiß in der Frage der Handelszölle – in einer Zeit befinde, *wo es darauf ankäme, eine Verschärfung des zwischen der Industrie und der Landwirtschaft in manchen Punkten hervorgetretenen Gegensatzes zu vermeiden* (Schreiben des Staatssekretärs des Innern an die preußischen Staatsminister vom 2.2.1902: BArch R 1501 Nr.101276, fol. 15-15 Rs.). Der Gesetzentwurf, betreffend die Änderung des Gesetzes über den Unterstützungswohnsitz, vom 28.11.1905 wurde dann mit den genannten Abänderungspunkten in der 11. Legislaturperiode im Reichstag eingebracht, konnte allerdings nicht zu Ende beraten werden (Sten.Ber.RT 11. LP II. Session 1905/1906, Drucksache Nr. 28). In der 12. Legislaturperiode wurde der Gesetzentwurf dem Reichstag erneut vorgelegt und am 2.5.1908 nun auch verabschiedet (148. Sitzung vom 2.5.1908, Sten.Ber. RT 12. LP I. Session 1907/1909, S. 5033). Zugleich wurde das Unterstützungswohnsitzgesetz nun auch in Elsaß-Lothringen eingeführt (RGBl., S. 377).

Nr. 85

1900 Dezember

Blätter für das Hamburgische Armenwesen[1] Nr. 12
Die Bedeutung der Hausbesuche des Armenpflegers

Druck

[Hausbesuche bei den Armen sind regelmäßig durchzuführen, sie sind die wichtigste Aufgabe der Armenpfleger, deren bedeutendste Informationsquelle und beste Gelegenheit zum Erteilen von Ratschlägen]

Der die Bedeutung des Pflegeramts behandelnde § 10 der Geschäftsordnung macht es dem Armenpfleger zur Pflicht, jeden an ihn herantretenden Pflegefall auf das sorgfältigste zu prüfen und sich insbesondere durch persönlichen Besuch in der Wohnung des Armen von dem Zustand der betreffenden Person oder Familie zu überzeugen.

Während anderwärts nicht selten die Bestimmung besteht, daß der Pfleger die Unterstützung in der Wohnung des Armen diesem auszuzahlen hat, kennt Hamburg eine solche Vorschrift nicht, und zwar mit Recht, denn nur zu leicht könnte der Arme dadurch zu der Meinung gelangen, daß er auf die Überbringung seiner Unterstützung einen Anspruch habe.

Hat sonach unsere Geschäftsordnung darauf verzichtet, den Pfleger durch derartige Anordnungen zu allwöchentlicher Wiederholung des Hausbesuchs beim Armen gewissermaßen zu nötigen, so steht sie gleichwohl auf dem Standpunkt, daß dessen zeitweilige Wiederholung absolut notwendig sei; betont doch § 25 Abs[atz] 2 ausdrücklich, daß der Hausbesuch beim Armen, namentlich in zweifelhaften Fällen, so häufig zu wiederholen sei, als es die Umstände erfordern, jedenfalls aber vor Anbringung eines neuen Gesuchs oder vor Erneuerung des Antrags auf Fortsetzung einer Unterstützung. Und in der Tat kann nur auf diesem Weg das höchste Ziel einer individualisierenden Armenpflege erreicht werden, das § 10 der Geschäftsordnung treffend dahin charakterisiert, daß der Pfleger die ihm zugeteilten Armen kennen solle wie seine eigene Familie, ihre Wohnungen wie sein eigenes Haus.

Bei dem vielfachen Wechsel, welchem das Pflegepersonal in einer Großstadt wie Hamburg naturgemäß unterliegt, erscheint es daher nicht unangebracht, die Bedeutung des Pflegerbesuchs und seine Notwendigkeit kurz zu erörtern. Wir folgen dabei zunächst dem Gedankengang eines in einer Armenpflegerversammlung zu Worms von einem Armenpfleger gehaltenen Vortrags, der denselben Gegenstand behandelt.

Die regelmäßigen Hausbesuche werden in diesem Vortrag als unentbehrlich bezeichnet, einmal, weil sie eine ehrenamtliche Pflicht des Pflegers bilden, über deren gewissenhafte Erfüllung er dem Gemeinwesen, in dessen Dienst er steht, Rechenschaft schuldet, und weiterhin im Interesse der dem Pfleger anvertrauten Armen.

Der Armenpfleger hat ein öffentliches Amt durch Handschlag als Ehrenamt übernommen; er muß daher eine Ehre darin setzen, die ihm daraus erwachsenden Verpflichtungen gewissenhaft zu erfüllen. Der Hausbesuch ist die vornehmste Pflicht des Pflegers. Wer seiner mit gutem Gewissen glaubt entraten zu können, der hat seine übernommene Pflicht noch nicht erkannt, den inneren Wert und die wahre

---

[1] Blätter für das Hamburgische Armenwesen. Amtliches Organ des Armen-Collegiums 8 (1900), Nr. 12, S. 56 f.

Bedeutung des Pflegeramts noch nicht erfaßt. Ein gewissenhafter Pfleger bedarf daher triftiger Gründe, um den Ausfall eines Hausbesuchs vor sich selbst zu rechtfertigen. Mit wenigen Worten: Der Hausbesuch ist für den Armenpfleger als Träger eines Ehrenamts Gewissenssache.

Welches Interesse hat nun aber die Armenbehörde an den Hausbesuchen der Pfleger? Das denkbar größte. Sie sieht in diesen Hausbesuchen die gleichmäßig fließende Quelle aller ihrer Nachrichten und Erfahrungen und erwartet, daß sie rein fließe; andererseits erblickt sie darin aber auch die Mündung, den Ausfluß aller ihrer Tätigkeit, von der sie erwartet, daß sie nicht fruchtlos im Sande verlaufe. Der Pfleger schuldet also der Armenverwaltung nach zwei Seiten hin Rechenschaft. Er hat die äußeren Verhältnisse seiner Armen zu ermitteln und der Behörde der Wirklichkeit entsprechend darzustellen, ferner die von derselben bewilligten Mittel zur Linderung der Not so auszuteilen, daß sie ihren Zweck in möglichst vollkommener Weise erfüllen.

Welcher Pfleger könnte nun aber jene Ermittlung der äußeren Verhältnisse des Armen anstellen, ohne sich durch den Hausbesuch von den tatsächlichen Verhältnissen des Antragstellers zu überzeugen? Wie wollte er sich ein Urteil über dessen Bedürftigkeit bilden, wenn er die Gelegenheit nicht wahrnimmt, auf die Lebensweise, Kleidung, Nahrung und Wohnung zu achten, wenn er sich nur in seinen eigenen vier Wänden, behaglich sitzend, erzählen ließe von allen den Änderungen in der Familie des Unterstützten, die durch Krankheit, Unfall, Tod oder Geburt herbeigeführt werden? Nein, alles was zur Orientierung förderlich sein kann, wird am besten, weil am zuverlässigsten, durch den regelmäßigen Hausbesuch gefunden!

Ganz besonders wichtig ist daneben die möglichst vollständige Ermittlung der sonstigen Hilfsquellen des Armen. Was wird demselben etwa von nährpflichtigen Angehörigen zugewendet, was fließt ihm auf dem Wege der Privatwohltätigkeit zu, helfen die älteren Kinder schon durch Zeitungsaustragen oder dergl[eichen] mitverdienen? Der erfahrene Armenpfleger weiß zur Genüge, daß viele Unterstützte jede Verschlechterung ihrer Lage pünktlichst anzeigen, die Verbesserung dagegen am liebsten verschweigen. Da nun die Nichteinrechnung einer Einnahmequelle zu einer höheren Unterstützung führt, als sie zur Deckung des Notbedarfs erforderlich ist, so bedeutet jene Nichteinrechnung nicht nur ein Unrecht gegenüber anderen gleichgestellten Armen, deren Verhältnisse klarliegen, sondern sie involviert vor allem ein Unrecht gegenüber den Steuerzahlern, von denen mancher selbst nur mit Mühe seine Steuergroschen aufzubringen vermag.

Welchen Gewinn kann weiterhin der regelmäßige Hausbesuch dem Armen bringen? Abgesehen von der materiellen Hilfe, die ihm gebracht wird, soll ihm das Erscheinen des Pflegers zu einer steten Mahnung zur Ordnung, Reinlichkeit und Sparsamkeit werden. Selbst da, wo alles dies bereits angetroffen wird, ist der Hausbesuch nicht überflüssig, kann hier doch der Pfleger z. B. bei den kleinen Kindern auf Fehler und Krankheiten aufmerksam machen, die noch im Entstehen begriffen und darum leichter zu beseitigen sind als später, während er am Krankenbett durch freundlichen Zuspruch und herzliche Teilnahme oft mehr Freude zu erwecken vermag als durch die Geldgabe; denn niemand ist dankbarer für jede noch so kleine Freundlichkeit und Aufmerksamkeit als der Kranke. Kurz, es kann der Hausbesuch, wenn er so gepflegt wird, wie er es verdient, vor allem dazu beitragen, daß diejenigen, welche in Wahrheit der öffentlichen Armenpflege bedürftig sind, ermittelt werden, daß ihre vorhandene Not gemildert und daß ihnen die Möglichkeit gegeben wird, früher oder später wieder ohne Armenunterstützung auf eigenen Füßen zu stehen.

Daß die obigen Ausführungen nicht bloß der Ausfluß eines örtlichen Bedürfnisses sind, sondern daß die Belebung des persönlichen Verhältnisses zwischen dem Armenpfleger und dem Armen allgemein als geboten erachtet wird, zeigen die folgenden Ausführungen des Berichterstatters Dr. Kayser[2] bei Behandlung des Themas: „Die Stellung der ehrenamtlichen Organe in der Armenpflege" im Deutschen Verein für Armenpflege und Wohltätigkeit:

„Die Grundform, in welcher sich die Armenpflege, wie wir sie uns denken, vollzieht, ist der persönliche Verkehr des Pflegers mit dem Armen. Dieser Verkehr vollzieht sich naturgemäß am besten in der Wohnung des Armen; es ist der Pflegerbesuch, der fast von allen Armenverwaltungen dringend anempfohlen wird und ohne den alle Geldaufwendungen und alle Verbesserungsbestrebungen von zweifelhaftem Wert sind. Der Pflegerbesuch ist die geeignete Gelegenheit, bei welcher der Armenfreund alle Verhältnisse des Unterstützten und seiner Familie, früheres Leid und neue Hoffnungen besprechen kann, hier ist die Stelle, wo die Armenpflege von Mensch zu Mensch ausgeübt wird, hier kann sich die Macht der Persönlichkeit offenbaren, die einem ernsten und aufopfernden Pfleger innewohnt. Das ganze Tun und Treiben des Unterstützten, das vielleicht bei flüchtiger Besprechung dem Auge des Pflegers entgeht, spiegelt sich in seiner Wohnung, in den Äußerungen und oft auch in dem Schweigen der Familienglieder wieder. Bei unverhofftem Besuch, der auch da zuweilen stattfinden sollte, wo der Pfleger glaubt, felsenfest vertrauen zu dürfen, wird der Pfleger hier und da Familienglieder allein antreffen, die ihm dann mehr mitteilen werden, als sie in Gesellschaft tun. Jeder unverhoffte Besuch gibt dem Armenpfleger sofort Aufschluß über die Beschäftigung, mit welcher sich die Familie abgibt, und dies allein ist schon eine Tatsache, aus der sich eine ganze Kette anderer Ermittlungen ergeben kann – kurz der Armenfreund, welcher einmal den Wert des Pflegerbesuchs erkannt hat, wird dieses bewährte Mittel, sich ein Urteil zu bilden, nie mehr verlassen. Es gibt aber Pfleger, denen, wenn sie auch schon Jahre im Amt sind, das Verständnis hierfür noch nicht erwacht ist, und es ist die Aufgabe der Armenbehörden, bei jeder Gelegenheit die Pfleger auf diesen Weg, bei welchem sie sich selbst die Aufgabe erleichtern und sich mit Arbeitsfreudigkeit erfüllen, hinzuweisen."[3]

Vorstehende Darlegungen werden vielleicht dem einen oder anderen unserer Pfleger Anlaß zu der unwilligen Frage bieten: Wozu bedarf es bei uns derartiger Ausführungen? Legen nicht gerade die in diesen Blättern mitgeteilten Pflegerberichte[4] Zeugnis ab von der Gewissenhaftigkeit unserer Pfleger und ganz besonders von der Sorgfalt ihrer Nachforschungen an Ort und Stelle?

Wir verkennen gewiß nicht die großen Erfolge, welche unser Gemeinwesen den in der Armenpflege ehrenamtlich tätigen Bürgern zu verdanken hat. Doch kann nicht verschwiegen werden, daß auch Fälle vorgekommen sind, welche die erforderliche Pflichttreue vermissen ließen. So hat jüngst ein Pfleger einem darum bei ihm anhaltenden Angehörigen des Unterstützten die Unterstützung fortgezahlt, obwohl der

---

2 Dr. Gustav Kayser (1862-1930), Jurist, seit 1894 Beigeordneter in Worms, seit 1898 Mitglied des Zentralausschusses des Deutschen Vereins für Armenpflege und Wohltätigkeit.

3 Dr. Gustav Kayser, Die Stellung der ehrenamtlichen Organe der Armenpflege, in: Stenographischer Bericht über die Verhandlungen der zwanzigsten Jahresversammlung des deutschen Vereins für Armenpflege und Wohlthätigkeit am 20. und 21. September 1900 in Mainz (Schriften des deutschen Vereins für Armenpflege und Wohlthätigkeit, Heft 51), Leipzig 1901, S. 6-14, hier S. 10 f.

4 Vgl. Nr. 47.

letztere inzwischen in ein Krankenhaus überführt war, ja es sind Unterstützungsbeträge noch ausgezahlt worden, nachdem der Unterstützte bereits verstorben war. Solche Fälle bilden auch für uns eine eindringliche Mahnung an die absolute Unentbehrlichkeit gelegentlicher, ja möglichst häufiger Hausbesuche in der Wohnung des Armen. Gerade von diesem Gesichtspunkt aus darf daher von der zu Anfang dieses Monats durch die Pfleger bewirkten statistischen Aufnahme eine wesentliche Förderung wichtiger armenpflegerischer Interessen erwartet werden. Denn die vom Armenkollegium erforderte genaue Auskunft über die Wohnungsverhältnisse macht für den Pfleger wohl in den meisten Fällen einen Hausbesuch bei den ihm zugewiesenen Armen erforderlich, der ihm voraussichtlich nicht selten auch noch weiter gehende Einblicke in die Verhältnisse der Armen eröffnen wird.

Schließlich läßt sich aus den vorstehenden Ausführungen auch ein Argument für die Zweckmäßigkeit einer Ergänzung der pflegerischen Tätigkeit durch weibliche Hilfe entnehmen, indem der beruflich meist stark in Anspruch genommene Pfleger es als eine willkommene Entlastung betrachten wird, wenn er bei der häuslichen Beaufsichtigung seiner Armen von einer Frau unterstützt wird, von deren Erfahrung gerade in häuslichen Dingen er nicht selten Aufschlüsse wird erwarten dürfen, welche für die Beurteilung des Armenpflegefalls von wesentlicher Bedeutung sind.

Nr. 86

1900

Tätigkeitsbericht[1] des Frankfurter Stadtbunds der Vereine für Armenpflege und Wohltätigkeit

Druck, Teildruck

[Der Zusammenschluß dient dem Zweck, die Arbeit der Frankfurter Wohltätigkeitsvereine zu koordinieren; im ersten Jahr der Vereinstätigkeit wurde eine Auskunftsstelle eingerichtet und zahlreiche neue Helferinnen für die Vereine gewonnen; Frauen erstatten den Armen Hausbesuche und erteilen bedürftigen Kindern Nachhilfeunterricht]

Schon seit Jahren befestigte sich bei vielen tätigen Mitgliedern gemeinnütziger Vereine immer mehr die Überzeugung, daß eine nähere Verbindung, ein Zusammenschluß derselben für alle große Vorteile bieten müsse. Man erkannte immer deutlicher, daß bei dem ständigen Wachstum unserer Stadt, und namentlich ihrer ärmeren Bevölkerung, es einem einzelnen Verein nicht möglich sei, wirksam dem gewerbsmäßigen Bettel entgegenzutreten, den wirklich Bedürftigen aber ausreichend zu helfen. Man sah ein, daß unendlich viel Zeit und Mühe durch zweckmäßige Organisation erspart werden könne, wenn die Erfahrungen und die Personalkenntnis des einen Vereins auch anderen zugänglich gemacht würden.

Der Vorstand des Hauspflegevereins[2] hatte durch die besondere Art seiner Arbeit am dringendsten das Bedürfnis nach einer Organisation empfunden, die einen solchen Zusammenschluß möglichst vieler gemeinnütziger Vereine anstrebt, ohne deren

---

1 Institut für Stadtgeschichte Frankfurt am Main Magistratsakten V 523, n. fol.

2 Vgl. Nr. 17 und Nr. 50.

Selbständigkeit und Eigenart zu beeinträchtigen, die, in enger Fühlung mit dem Armenamt, ein Mittelpunkt sein könnte für alle Bestrebungen auf diesem Gebiet, ohne selbst direkte Unterstützung zu gewähren.

[...] *Ausführungen zum Verlauf der Gründung des Stadtbunds.*

Nachdem nun ein Jahr seit der Gründung des Bundes verflossen ist, müssen wir uns die Frage vorlegen, ob er in diesem Zeitraum durch erfolgreiche Tätigkeit seine Existenzberechtigung bewiesen hat, welche der ihm gestellten Aufgaben er in Angriff genommen hat und welche noch der Zukunft vorbehalten bleiben. Ein kurzer Bericht über das, was er bisher geleistet hat, soll darauf Antwort geben.

Die erste Arbeit des Bundes war die Zusammenstellung eines Zettelkatalogs mit den Namen derjenigen Armen, die von hiesigen Vereinen unterstützt werden und über welche dieselben Auskunft geben können. Viele der bedeutendsten Vereine haben in dankenswerter Weise ihre Listen zur Verfügung gestellt.

Im Anschluß an diesen Katalog wurde ein Verzeichnis angefertigt, welches einen Überblick über die Armen gibt, die zu gleicher Zeit von verschiedenen ähnlichen Vereinen unterstützt werden.

Von der Fertigstellung des Zettelkatalogs und der dadurch erlangten Möglichkeit schneller Auskunftserteilung wurden alle Bundesvereine in Kenntnis gesetzt mit der Bitte, bei neuen Fällen Auskunft in der Geschäftsstelle zu holen.

Leider machten diese von der Einrichtung noch nicht den wünschenswerten Gebrauch. Nur der Hauspflegeverein fragt bei jedem neuen Fall an und teilt die selbst gesammelten Erfahrungen über alle von ihm unterstützten Personen regelmäßig mit.

Immerhin wurden von Juni 1899 bis zum 9. April 1900 310 Auskünfte erbeten, und in 220 Fällen konnten dieselben in ausreichendem Maße erteilt werden.

Es muß hier bemerkt werden, daß die Vereine meist nur Auskunft wünschen, wenn der betreffende Fall von einem anderen Verein vorher behandelt ist; sonst ziehen sie es naturgemäß vor, selbst zu prüfen, obschon auch uns Rechercheure zur Verfügung stehen.

Selbstverständlich wird der Katalog täglich erweitert und vermehrt, ebenso wie alle ausführlichen Auskünfte sorgfältig gesammelt und dem Aktenmaterial der Zentrale einverleibt werden.

Die von dem Bund ausgehende Anregung zu sozialer Arbeit und persönlicher Mithilfe auf dem Gebiet der Armenpflege war vom besten Erfolg gekrönt.

Durch wiederholte dringende Aufforderung in den hiesigen Tagesblättern, durch Besprechungen in den Delegiertenversammlungen, durch oftmaligen Hinweis auf die innige Befriedigung, die diese Arbeit den Helfenden gewähre, und durch einen sehr gut besuchten Vortrag von Fräulein Salomon[3] wurden 94 Personen für die verschiedensten Gebiete der Liebestätigkeit gewonnen. Viele junge Mädchen, mehrere ältere Damen und einige Herren stellten sich zur Verfügung.

Allen konnten Arbeitsgebiete nach Neigung und Befähigung zugewiesen werden. Die Volkskindergärten, die Flickschulen, die Kinderhorte, die Kleinkinderschulen fanden durch Vermittlung des Bundes tüchtige Helferinnen. Auf der Geschäftsstelle sind täglich außer einem Vorstandsmitglied eine bis zwei Damen mit der Erledigung der laufenden Arbeiten beschäftigt.

---

3 Alice Salomon (1872-1948), 1893 Mitglied, seit 1899 Vorsitzende der Mädchen- und Frauengruppen für soziale Hilfsarbeit in Berlin, seit 1899 Vorstandsmitglied des Internationalen Frauenbunds.

Eine besondere segensreiche Tätigkeit konnte durch das Entgegenkommen von Fräulein P. Hohenemser[4] in Angriff genommen werden. Acht bis zehn junge Mädchen lernen bei ihr die Herstellung der Blindenschrift, wodurch die Anlegung einer Leihbibliothek für Blinde ermöglicht wird. Dieselbe soll Eigentum des Bundes werden und unter Leitung von Fräulein Hohenemser stehen. 67 Bände sind ihr schon zur Verfügung gestellt.

Verschiedene junge Mädchen besuchen regelmäßig alte, gelähmte, kränkliche oder blinde Arme und bringen durch ihr Kommen, ihr Vorlesen, ihre Erzählungen einen Lichtblick in das traurige Einerlei der Einsamen. Kein solcher Besuch wird von einem jungen Mädchen ausgeführt, ehe eine ältere Dame die Verhältnisse des Hauses und der Familie genau untersucht hat.

Andere Damen haben sich bereit erklärt, Kindern der Volksschulen, die durch Krankheit oder traurige häusliche Verhältnisse in der Schule zurückgekommen sind, Nachhilfestunden zu geben. Aus solcher Anteilnahme kann für ein armes Kind unendlicher Segen erwachsen, und diese Tätigkeit beglückt die jungen Damen ganz besonders.

Für die Vereine, welche Hausbeamtinnen oder jungen Mädchen, die in Stellung sind, sonntags eine anregende Geselligkeit und sittlich fördernde Erholung bieten wollen, fanden sich einige Damen, die ihre musikalischen Talente diesen Bestrebungen dienstbar machen.

Viel Hilfe tüchtiger und erfahrener Damen und Herren bedurfte und bedarf außerdem die Herstellung eines Nachschlagebuchs mit Angabe aller gemeinnützigen Vereine und Körperschaften Frankfurts, welches der Bund gemeinsam mit der Zentrale herausgeben will. Hoffentlich wird dieses Buch einem von allen in der Armenpflege tätigen Personen oft empfundenen Mangel abhelfen.[5]

In einer Delegiertenversammlung wurde von der Delegierten eines Bundesvereins angeregt, das Armenamt aufzufordern, im Anschluß an den Städtischen Arbeitsnachweis eine Vermittlung für kleine Wohnungen einzurichten, da bei der herrschenden Wohnungsnot das Suchen gerade für die Geringbemittelten sehr schwierig und zeitraubend ist. Infolge dieses allgemein gebilligten Vorschlags reichte der Bund ein ausführlich begründetes, von 28 größeren Vereinen unterschriebenes Gesuch an den Magistrat ein. Im April d. J. wurde in einer Sitzung der Stadtverordneten[6] über dieses Gesuch beraten und vom Magistrat beantragt, vorläufig 3 000 M. zu bewilligen, um einen Wohnungsnachweis mit der städtischen Arbeitsvermittlungsstelle zu verbinden; leider versagten die Stadtverordneten ihre Zustimmung, weil ähnliche private Unternehmungen existierten.

Diese an den Magistrat gerichtete Eingabe wie die mannigfachen Beziehungen aller Bestrebungen des Bundes zum Armenamt veranlaßten letzteres, die Zentrale und

4 Paula Hohenemser (1874-1944), Mitglied der Kommission zur Einführung junger Mädchen in soziale Arbeit im Bund der Frankfurter Vereine für Armenpflege und Wohltätigkeit.

5 Vgl. dann: Stadtbund der Frankfurter Vereine für Armenpflege und Wohlthätigkeit (Hrsg.), Die private Fürsorge in Frankfurt am Main. Ein Hand- und Nachschlagebuch, Frankfurt a. M. 1901.

6 15. Sitzung der Stadtverordneten-Versammlung vom 19.4.1900, in: Mittheilungen aus den Protokollen der Stadtverordneten-Versammlung der Stadt Frankfurt a. M., Bd. 33, Frankfurt a. M. 1900, S. 203 f. Stadtrat Dr. Karl Flesch hatte die geplante Einrichtung mit der Bemerkung befürwortet, man habe erfahren, daß ein solcher Wohnungsnachweis in Köln sehr gut funktioniere; die Gegner der Vorlage hatten argumentiert, dies sei eine Aufgabe, welche die Aktienbaugesellschaft für den Bau kleiner Wohnungen übernehmen könne.

den Bund zu einer Besprechung gemeinsamer Angelegenheiten einzuladen, die öfters wiederholt werden soll.[7] Der Vorstand folgte natürlich dieser Einladung, die freudigst begrüßt werden mußte, da sie ein möglichst einmütiges Vorgehen aller in der Armenpflege tätigen Organe bezweckt.

[...]

Nr. 87

1900

Jahresbericht[1] des Berliner Asylvereins für Obdachlose[2]

Druck, Teildruck

[Der Verein hält daran fest, daß in seinem Asyl das Prinzip der Anonymität gilt und die Aufnahme nicht von zu leistender Arbeit abhängig gemacht wird]

Wie wir gewohnt sind, am Ende eines jeden Jahres auf die Verwaltung unseres Vereins einen Rückblick zu werfen, so mag es am Schluß des Jahrhunderts, in dem der Berliner Asylverein für Obdachlose während mehr als drei Dezennien um die

---

7 Entwurf eines Schreibens von Stadtrat Dr. Karl Flesch an die Zentrale für private Fürsorge und den Bund der Frankfurter Vereine für Armenpflege und Wohltätigkeit; Protokoll einer Sitzung von Vertretern des Frankfurter Armenamtes, des Armenvereins, der Zentrale für private Fürsorge und des (Stadt-)Bundes der Frankfurter Vereine für Armenpflege und Wohltätigkeit vom 15.11.1899 (Institut für Stadtgeschichte Frankfurt a. M. Wohlfahrtsamt 803, n. fol.).

1 BArch R 43 Nr.2343, fol. 19-27.
Den Vorstand und Verwaltungsrat des Berliner Asylvereins für Obdachlose bildeten: Vorsitzender Bankier Gustav Thölde, stellv. Vorsitzende/r Rentier Robert Kreitling und Anna Wallich, Schatzmeister Bankier Oskar Nelke, stellv. Schatzmeister Bankier Dr. Paul Arons, Schriftführer Schriftsteller Dr. Heinrich Braun, Kurator des Männerasyls Stadtverordneter Paul Singer, Kurator des Frauenasyls Fabrikbesitzer Hermann Plischke; weiterhin Bankier und Handelsgeschäftsinhaber Alfred Boehm, Fabrikbesitzer Emil Cohn, Edith Fraenkel, Kaufmann Emil Friedberg, Direktor Eugen Goldheim, Wollgarnhändler Oskar Gottheil, Verlagsbuchhändler Hugo Heimann, Fabrikbesitzer Robert Kerb, Oberbürgermeister Martin Kirschner, Professor Dr. Louis Lewin, Rentier Max Meyer, Stadtrat Leo Mugdan, Bankier Adolph Schwabacher, Arzt Dr. Julius Stern, Baumeister Georg Töbelmann, Rechtsanwalt Albert Traeger, Professor für Pathologie und Anatomie Dr. Rudolf Virchow, Textil- und Immobilienhändler Ludwig Zeitler.

2 Der Berliner Asylvereine für Obdachlose war 1869 unter dem Eindruck des akuten Wohnungsmangels der späten sechziger Jahren und der damit verbundenen Folgeerscheinungen gegründet worden; er hatte sowohl ein Frauen- wie auch ein Männerasyl eröffnet. Von Anfang an gehörte die Wahrung der Anonymität der Obdachsuchenden zu seinen Prinzipien; überdies sollte die Polizei die Asyle nicht zu Kontrollzwecken betreten dürfen. Er bildete damit ein markantes Gegenmodell zur rigiden, primär an sicherheitspolitischen Gesichtspunkten orientierten Praxis der städtischen Obdachlosenfürsorge. Zu den Gründern des Vereins hatten bekannte Berliner Demokraten und Vertreter der Fortschrittspartei gehört, Kurator war seit 1875 der Sozialdemokrat Paul Singer. 1896 hatte der Verein im Wedding ein neues Männerasyl, die „Wiesenburg“, eröffnet, das Platz für 700 Obdachlose bot (während das 1887 eröffnete städtische Obdachlosenasyl eine Aufnahmekapazität von bis zu 5 000 Personen besaß).

Erfüllung seiner Aufgabe redlich bemüht war, am Platze sein, wieder einmal das Prinzip seiner Tätigkeit ins Auge zu fassen und sich zu fragen, ob es werbende Kraft gezeigt und inwieweit es seine Anerkennung durchzusetzen vermocht hat.

In den nunmehr abgelaufenen zweiunddreißig Jahren seiner Existenz hat die Verwaltung des Vereins vom ersten Augenblick an immer von denselben Grundsätzen sich leiten lassen und weder in ihrer allgemeinen Auffassung geschwankt noch in deren speziellen Anwendung sich irremachen lassen, obwohl es Zeiten gab, in denen das Dasein des Vereins gefährdet schien, weil er zu keinerlei Nachgiebigkeit in seinen leitenden Maximen sich bereit finden ließ.[3] Obenan stand stets die Ansicht, daß unsere Asyle nicht Institute lediglich freiwilliger Wohltätigkeit, sondern Organe für die Erfüllung unabweisbarer sozialer Verpflichtungen bilden sollen. Und es war ebensowohl die aus der allgemeinen Auffassung entspringende Konsequenz, wie die Voraussetzung einer ihrem Zweck entsprechenden praktischen Verwirklichung der gestellten Aufgabe, daß wir an dem Prinzip der Anonymität unter allen Umständen festhielten und auch die sogenannte moralische Legitimation, d. h. den Erweis eines berechtigten Anspruchs auf die Aufnahme ins Asyl durch eine ohne Entgelt zu leistende Arbeit, rundweg ablehnten. Diese Ablehnung erfolgte nicht nur, weil es technisch unausführbar ist, in einem in einer Großstadt gelegenen, selbst bei bedeutenden Mitteln immerhin auf relativ beschränkte Räume und Einrichtungen angewiesenen Asyl für mehrere Hunderte von Personen verschiedensten Alters, verschiedensten Berufes und verschiedenster Leistungsfähigkeit auch nur äußerlich die Möglichkeit angemessener Arbeit innerhalb des Asyls herzustellen. Wir wiesen die in bestimmten Sphären der Armenpflege durchaus berechtigten Forderungen der Individualisierung[4] und moralischen Legitimation insbesondere auch darum ab, weil sie den eigentümlichen Sinn unserer Aufgabe verkehrt und dazu geführt hätten, daß, statt wirksame Hilfe zu erhalten, die Obdachlosen direkt geschädigt und benachteiligt würden.

Man mache sich doch klar, um was es sich handelt. Die Obdachlosigkeit ist in den meisten Fällen ein seit langem sich entwickelnder persönlicher Notstand, bei dem in einem gegebenen Moment das Elend auf den höchsten Grad gestiegen ist; sie ist deshalb von einer imminenten Gefahr, wo es häufig um die Existenz der Betroffenen sich handelt, geradezu um ihre moralische oder physische Selbstbehauptung. Was solche Personen retten kann, wenn, sofern nur ein vorübergehender Zustand in Frage steht, sie überhaupt zu retten sind, ist unmittelbare, nicht verzögerte Hilfe. Unter diesen Umständen das Prinzip der Individualisierung anwenden wollen, ist ebenso logisch, wie wenn man einen Ertrinkenden nach seinem Paß fragte, ehe man ihn dem Wasser entreißt. Der rascheste, durch nichts gehemmte Beistand, der nicht nur materielle Unterstützung bietet, sondern auch die moralische Integrität des Leidenden schont, ist der erste Schritt zur Wiederaufrichtung einer normalen Existenz. Deshalb werden wir immer das Prinzip der Anonymität festhalten, und es wird mit unserem Verein stehen

---

3 Der Verein hatte mehrfach scharfe Konflikte mit dem Berliner Polizeipräsidium durchzustehen gehabt, nachdem die Polizei wiederholt versucht hatte, stärkere Kontrollbefugnisse im Asyl durchzusetzen.

4 Dr. Emil Münsterberg, seit 1898 als unbesoldeter Stadtrat mit der Leitung des Armenwesens in Berlin betraut, hatte den Grundsatz der Anonymität in der Obdachlosenfürsorge in seiner vielgelesenen Einführung in die Armenpflege aus dem Jahr 1897 unter Verweis auf die Berliner und Hamburger Verhältnisse als einen *Verstoß gegen den heiligen Geist der Individualisierung, dieses Grundgesetz der Armenpflege*, bezeichnet (Emil Münsterberg, Die Armenpflege. Einführung in die praktische Pflegethätigkeit, Berlin 1897, S. 135).

und fallen. Mit diesem ersten Schritt verbindet sich notwendig die Ablehnung jeder Forderung einer Arbeitsleistung von den Asylisten, und zwar auch in dem, gar nicht gegebenen, Fall der praktischen Möglichkeit. Wir vertreten diesen Standpunkt nicht etwa aus Sentimentalität, die den Müden und Abgehetzten in dem Frieden unseres Hauses einen Moment der Ruhe gewähren will, im Gegenteil in der Absicht, so schnell als möglich den Obdachlosen in den Stand zu setzen, regelmäßige, seinem Beruf entsprechende Arbeit wiederzufinden: das einzige zu dauernder Verbesserung seiner Lage geeignete Mittel. Halten wir den Asylisten, den wir doch nicht des Nachts beschäftigen könnten, während eines Teils des Tages zu unentgeltlicher Arbeitsleistung bei uns an, so schwindet ihm wenigstens für diesen Tag jede Gelegenheit, andere Arbeit zu finden. Er steht am Abend genau dort, wo er vor dem Eintritt in das Asyl sich befand, unsere Unterstützung war nicht nur vorübergehend, wie sie es der Natur der Sache nach sein muß, sondern auch zweckwidrig, und es macht unter diesen Umständen keinen Unterschied, ob das Asyl den Obdachlosen einmal oder viermal Aufnahme gewährt. Das Perpetuum mobile der Not scheint für den Obdachlosen in der Anwendung des Grundsatzes der moralischen Legitimation glücklich erfunden zu sein.

Man sollte meinen, daß theoretische Erwägungen und eine mehr als ein Menschenalter zurückreichende Erfahrung unseren Grundsätzen Geltung verschafft und die entgegengesetzte polizeiliche Auffassung überall zurückgedrängt hätten. Es ist nicht der Fall. Und ein merkwürdiges Beispiel bietet die amtliche, aus Anlaß der Pariser Weltausstellung verfaßte Schrift: „Soziale Wohlfahrtspflege in Deutschland". Im Auftrag des Gruppenvorstands der Deutschen Untergruppe für soziale Wohlfahrtspflege, herausgegeben von Prof. Dr. G. Albrecht[5], Berlin 1900, Sittenfeld. Diese Schrift ist eine Art räsonierenden Katalogs zu der von Deutschland auf dem bezeichneten Gebiet in Paris veranstalteten Ausstellung. Unter dem Stichwort: Asyle für Obdachlose heißt es dort S. 160 ff.:

„Das durchaus mit den Grundsätzen einer rationellen Armenpflege in Einklang stehende Prinzip, auf dem die Arbeiterkolonien und Naturalverpflegungsstationen begründet sind, ist verlassen worden bei einer Kategorie von Zufluchtsstätten, die in einigen Großstädten – Berlin, Hamburg, Breslau, Nürnberg – teils von kommunaler Seite, teils durch Vereine errichtet sind, und die grundsätzlich jedem Obdachlosen ohne Gegenleistung von Arbeit und ohne irgendwelche Legitimation von ihm zu verlangen, offenstehen. ... Gegen dieses System ist von maßgebender Seite, so u. a. von dem Deutschen Verein für Armenpflege und Wohltätigkeit mit Entschiedenheit Front gemacht. Es mag in großen Städten zugelassen werden, bis man etwas Besseres an die Stelle setzen kann, aber man sollte sich darüber klar sein, daß es sich nur um einen Notbehelf handelt, den man in anderer Weise zu ersetzen bestrebt sein muß..."

Die vorangehenden prinzipiellen Erörterungen entheben uns der Notwendigkeit, auf die zitierten Äußerungen des näheren einzugehen, wir beschränken uns auf die Bemerkung, daß es eine ungenaue Charakterisierung der in Betracht kommenden Verhandlungen des Vereins für Armenpflege und Wohltätigkeit (vgl. dessen Schriften, Heft 23,[6] S. 67 ff.) darstellt, wenn die Mitteilung unterlassen wird, daß hervorra-

---

5 Dr. Heinrich Albrecht (1856-1931), Staatswissenschaftler in Berlin, seit 1892 wissenschaftlicher Hilfsarbeiter bei der Zentralstelle für Arbeiterwohlfahrtseinrichtungen.

6 Stenographischer Bericht über die Verhandlungen der fünfzehnten Jahresversammlung des deutschen Vereins für Armenpflege und Wohlthätigkeit am 26. und 27. September 1895 in Leipzig (Schriften des deutschen Vereins für Armenpflege und Wohlthätigkeit, Heft 23), Leipzig 1895, S. 67-106.

gende Sozialpolitiker in jenem Verein gegen die am Schluß der betreffenden Verhandlung im Jahre 1895 angenommene Resolution[7] „mit Entschiedenheit Front gemacht“[8] haben. Nicht ohne besonderes Interesse ist es, daß die Ausstellung des Berliner Asylvereins für Obdachlose in Paris durch die Goldene Medaille[9] ausgezeichnet wurde, obwohl die erwähnte amtliche Schrift mit Nachdruck darauf hinwies, daß unser Verhalten mit „rationellen“ Grundsätzen nicht im Einklang stehe.

Viel größere Bedeutung als die Prämierung in Paris hat für uns eine andere Anerkennung unserer leitenden Prinzipien, die in dem Berichtsjahr einen erfreulichen Ausdruck fand. Das ist die Vollendung des genau nach dem Muster der unsrigen gestalteten Asyls in Frankfurt a. M.: der aus der Feder des Stadtrats Dr. K[arl] Flesch stammende erste Bericht des Vereins[10], der eine in ihrer Art bisher noch nicht vorhandene vorzügliche Darstellung der Theorien gibt, die für die Einrichtung von Obdachlosenasylen Geltung haben sollten und die bei der im Oktober 1900 aus Anlaß der Einweihungsfeier gehaltene Rede des Vorsitzenden Charles L. Hallgarten[11], die die Verdienste unseres Vereins lebhaft hervorhob. Wir können den an uns gerichteten Dank für die Unterstützung, die wir bei der Ausführung des Frankfurter Asyls leisten durften, nicht besser erwidern als mit dem Wunsch, daß dieses Asyl gedeihen möge und daß seine Leitung allen Anfechtungen zum Trotz an den gemeinsamen Grundsätzen ebenso festhalten möge wie wir seit 32 Jahren.

Die Vorgänge in dem letzten dieser langen Jahresreihe boten manches in gutem und auch traurigem Sinn Erwähnenswerte. Im ganzen genommen funktionierte der Apparat ohne Störung, obwohl im Männerasyl größere Reparaturen auszuführen waren und im Frauenasyl der Andrang ein so außergewöhnlich großer war, daß wir aus humanen Erwägungen trotz der damit verbundenen Inkonvenienzen den Warte-

---

[7] Die Resolution lautete: *Die Fürsorge für Obdachlose in den Städten wird, unter Scheidung zwischen Seßhaften und Nichtseßhaften, nach individualisierenden Grundsätzen geübt. In Ansehung der seßhaften Obdachlosen ist die Fürsorge in erster Linie Sache der geordneten Armenpflege, wobei der offenen Armenpflege der Vorzug vor der geschlossenen zu geben ist. Für Nichtseßhafte ist regelmäßig an der Forderung einer Legitimation bzw. deren Ersatz durch Arbeitsleistung festzuhalten. Der Grundsatz vollständiger Anonymität ist als unvereinbar mit dieser Forderung zu verwerfen* (ebenda, S. 105).

[8] Das Zitat findet sich nicht in der Diskussion der Jahresversammlung, sondern ist eine Anspielung auf das vorausgegangene Zitat von Dr. Heinrich Albrecht, in dem die Formulierung auftaucht. Auf der Jahresversammlung war es vor allem Dr. Karl Flesch gewesen, der sich gegen die Resolution gewandt und dabei insbesondere gegen die Forderung nach Arbeitsleistung und die Ablehnung von Anonymität Einspruch erhoben hatte. Daneben hatte Dr. Ignaz Jastrow bedauert, daß kein Vertreter des Berliner Asylvereins für Obdachlose als Adressat vertreten und zu Wort gekommen war (Stenographischer Bericht über die Verhandlungen der fünfzehnten Jahresversammlung des deutschen Vereins für Armenpflege und Wohlthätigkeit am 26. und 27. September 1895 in Leipzig [Schriften des deutschen Vereins für Armenpflege und Wohlthätigkeit, Heft 23], Leipzig 1895, S. 80-83 und S. 98-100).

[9] Vom 14.4. bis 10.11.1900 hatte in die Paris die Weltausstellung stattgefunden, auf der auch eine Ausstellung zur „Économie Sociale“ geboten wurde. Der Berliner Asylverein war hier mit einer bildlichen Darstellung seines Männerheims beteiligt gewesen. Er erlangte dafür als Auszeichnung eine von 546 Goldmedaillen, die deutsche Aussteller auf der Weltausstellung zugesprochen bekamen.

[10] Der Frankfurter Asylverein für Obdachlose war 1899 gegründet worden, Vorsitzender war der Bankier und Mäzen Charles Hallgarten.

[11] Charles Lazarus Hallgarten (1838-1908), Bankier, Philantroph und Sozialreformer in Frankfurt a. M.

raum in gewissen Ausnahmefällen mit Betten belegten. Unter der Ungunst der Zeiten hatte sich im Berichtsjahr die Frequenz des Männerasyls gleichfalls gesteigert, wenn auch relativ nicht annähernd in demselben Maß wie im Frauenasyl. 1900 fanden im Männerasyl 249 195 Personen Aufnahme gegen 237 027 in 1899, während im Frauenasyl im Jahre 1900 Frauen, Mädchen und Kinder in der Zahl von 45 877 beherbergt wurden, gegen 37 684 im vorhergehenden Jahr. Unter diesen Umständen ist es eine nicht zu umgehende Notwendigkeit, an die Erweiterung des Frauenasyls zu schreiten, um dem wachsenden Bedürfnis Genüge leisten zu können.

Im ganzen wurden in den beiden Asylen seit seinem Bestehen vier Millionen einundsiebzigtausendneunhundertneunundneunzig Personen beiderlei Geschlechts aufgenommen und in der bescheidenen Weise, in der es uns leider nur möglich ist, verpflegt, indem sie ein Nachtlager, abends beim Kommen und Morgens beim Gehen Verköstigung, die Gelegenheit zum Baden, zur Desinfektion und Ausbesserung der Kleider sowie einen zu unserem Bedauern sich in sehr engen Grenzen bewegenden und der Nachfrage gegenüber immer unzulänglichen Nachweis von Arbeit erhielten. Wahrlich, diese Ziffer von weit mehr als vier Millionen ist ein entsetzenerregendes Grenzzeichen zwischen zwei Jahrhunderten. Möchte es eindringlich die soziale Verpflichtung zum Bewußtsein bringen, die uns obliegt und in so ungenügendem Grad erfüllt wird. Denn sind Obdachlosenasyle an und für sich ein trauriges Auskunftsmittel, von dem man wünschen muß, daß es einmal überflüssig werde, wie unzureichend erwiesen sie sich dort, wo es solche gibt, gegen den Ansturm der Obdachlosen, und an wie vielen Orten fehlen sie gänzlich!

[...]

Nr. 88

1901 Februar 22

Runderlaß[1] des preußischen Innenministers Georg Freiherr von Rheinbaben an die Oberpräsidenten

Druck

[Die Landräte haben bei der Durchführung des neuen preußischen Fürsorgeerziehungsgesetzes eine hervorgehobene Rolle zu spielen; zur Erörterung der mit dem Gesetz verbundenen Maßnahmen sind auf der Ebene der Regierungsbezirke Beratungen mit den Landräten und anderen beteiligten Behörden abzuhalten]

In dem Gesetz vom 2. Juli 1900[2] über die Fürsorgeerziehung Minderjähriger ist durch § 4 Abs[atz] 1 den Landräten (in den Hohenzollernschen Landen den Oberamtmännern) Recht und Pflicht zur Stellung des Antrags auf Fürsorgeerziehung für die in ihren Kreisen der Fürsorgeerziehung bedürftigen Minderjährigen zugewiesen. Nach den Ausführungsbestimmungen vom 18. Dezember 1900 (Min[isterial-]Bl[att] 1901, S. 16)[3]

---

1 Ministerial-Blatt für die gesammte innere Verwaltung in den Königlich Preußischen Staaten 1901, S. 73-74. Entwurf des Geheimen Oberregierungsrats im preußischen Innenministerium Dr. Karl Krohne: GStA Berlin I. HA Rep.77 B Nr.1332, fol. 23-29 Rs.

2 Gesetz über die Fürsorgeerziehung Minderjähriger vom 2.7.1900 (PrGS, S. 264).

3 Ausführungsbestimmungen zu dem Gesetz vom 2. Juli 1900 über die Fürsorgeerziehung Minderjähriger vom 18. 12.1900 (PrMBliV 1901, S. 27-34).

haben sie darauf zu halten, daß die nachgeordneten Polizei- und Gemeindeorgane, die Waisenräte, Armenpfleger, ihnen stets Kenntnis geben, wenn Kinder von Eltern und Erziehern mißhandelt, vernachlässigt oder körperlich oder geistig verwahrlost werden, wenn Minderjährige eine strafbare Handlung begangen haben oder sich einem ungeordneten, liederlichen Lebenswandel ergeben, dem zu wehren die Kirche, die Schule und das Elternhaus machtlos sind. Sie haben ferner nach S. 18 der Ausführungsbestimmungen dem zuständigen Landesdirektor (Landeshauptmann) unverzüglich eine Mitteilung über die persönlichen, häuslichen und wirtschaftlichen Verhältnisse des Überwiesenen zu machen und dabei sich zugleich darüber gutachtlich zu äußern, ob die Unterbringung in einer Familie oder in einer Anstalt zweckmäßiger erscheint.

Sie haben ferner dahin zu wirken, daß die seitens des Vormundschaftsgerichts angeordnete vorläufige Unterbringung solcher Minderjähriger, für welche der Antrag auf Fürsorgeerziehung gestellt ist (§ 5 des Gesetzes), ohne Verzug und zutreffend ausgeführt werden kann (Ausführungsbestimmungen, S. 19).

Vermöge ihrer Stellung sind die Landräte verpflichtet, den Landesdirektoren auf Anfrage Auskunft zu geben über Familien, in denen Zöglinge untergebracht werden können, über Personen, die zu Fürsorgern bestellt werden sollen.

Durch die Anordnung, daß die Fürsorgezöglinge vorzugsweise auf dem Land oder in kleinen Städten untergebracht werden sollen (A[usführungs]b[estimmungen], S. 19, 20, 22), wird sich ergeben, daß in den Landkreisen sich eine ziemlich große Zahl solcher Zöglinge ansammelt, deren Behandlung und Führung einer gewissen Überwachung bedarf, damit etwaige Mißstände dem Kommunalverband, der sie untergebracht hat, mitgeteilt werden können.

Aus alledem ergibt sich, daß die Landräte in ganz hervorragender Weise zur Mitarbeit an der Durchführung dieses hochwichtigen Gesetzes berufen sind und daß die an dieses Gesetz geknüpften Hoffnungen sich zum großen Teil nicht erfüllen würden, wenn die Mitwirkung der Landräte versagte.

Es liegt auf der Hand, daß diese neue Aufgabe neben der ohnehin großen Arbeitslast, die den Landräten aufgelegt ist, von ihnen nur gelöst werden kann, wenn sie nicht nur die ihnen nachgeordneten Organe zur Hilfe heranziehen, sondern sich auch der Mitarbeit aller Personen, die für diese Sorge um die gefährdete, verlassene, verwahrloste Jugend ein Herz und ein Verständnis haben, insbesondere Geistliche, Ärzte, Lehrer, Mitglieder von Vereinen für Kindererziehung und Jugendschutz, versichern. Die Aufgabe des Landrats ist, nicht sowohl die Arbeit zur Durchführung des Gesetzes im einzelnen selbst zu tun, als sie in seinem Kreis zu organisieren. Es gilt vor allem zu verhindern, daß die mannigfachen Kräfte, welche auf diesem Gebiet schon tätig sind, sich nicht zersplittern, sondern dahin zu wirken, daß sie zu einmütigem, planmäßigem Zusammenwirken gebracht werden. Diese Organisation wird den eigenartigen Verhältnissen der einzelnen Kreise entsprechend zu gestalten sein.

Wie die Landräte sind auch die Gemeindevorstände der Städte mit mehr als 10 000 Einwohnern sowie der nach der Kreisordnung für die Provinz Hannover diesen gleichgestellten Städte und in Stadtkreisen die Gemeindevorstände und die Vorsteher der königlichen Polizeibehörden zur Stellung des Antrags auf Fürsorgeerziehung berechtigt und verpflichtet. Auch hier wird es darauf ankommen, Einrichtungen zu treffen, daß die der Fürsorgeerziehung bedürftigen Minderjährigen zum Zweck der Antragstellung sicher vermittelt werden.

Bei den Maßnahmen zur Durchführung des Fürsorgeerziehungsgesetzes wird aber nicht außer acht zu lassen sein, daß es nicht Zweck des Gesetzes ist, jeden in seiner

Erziehung gefährdeten, verlassenen oder verwahrlosten Minderjährigen in Fürsorgeerziehung zu bringen. Wie die Ausführungsbestimmungen S. 12 in Übereinstimmung mit der Begründung des Gesetzes[4] und den Verhandlungen des Landtags[5] dartun (Seite 12), soll diese Fürsorgeerziehung erst dann zur Anwendung kommen, wenn alle zur Verfügung stehenden Maßregeln, eine geordnete Erziehung herbeizuführen, versagen. Bevor die Fürsorgeerziehung in Aussicht genommen wird, ist daher sorgfältig zu prüfen, ob nicht durch Anwendung anderer Maßnahmen, der kirchlichen Einwirkung, der Schulzucht, der Armenpflege, freiwilliger Liebestätigkeit oder vormundschaftlicher Anordnungen, welche der § 1666 B[ürgerliches] G[esetz]b[uch][6] den weitesten Spielraum gewährt, der Verwahrlosung vorgebeugt oder ihr Fortgang aufgehalten werden kann. Hat die Verwahrlosung ihren Grund in wirtschaftlicher Not der Eltern oder Erzieher oder in mangelhafter Fürsorge für ein verwaistes Kind, so sind die verpflichteten Armenbehörden von Aufsichts wegen anzuhalten, ihre Schuldigkeit zu tun. Solche Maßregeln im Einzelfall ausfindig zu machen, ist ebensosehr Aufgabe der zur Stellung des Antrags berechtigten und verpflichteten Personen, Behörden und der unter ihrer Mitwirkung geschaffenen Organisationen als die Stellung des Antrags selbst.

Der zweite wesentliche Faktor in der Durchführung des Gesetzes ist das die Fürsorgeerziehung anordnende Vormundschaftsgericht. Es liegt auf der Hand, daß nur von einem einträchtigen Zusammenwirken der Verwaltungsbehörden mit den Vormundschaftsgerichten ein durchgreifender Erfolg des Gesetzes erwartet werden kann. Auf wenigen Gebieten des Staatsleben[s] ist ein so reges Zusammenwirken von Justiz und Verwaltung geboten als auf diesem, und daraus ergibt sich, daß sie in regem Meinungsaustausch untereinander stehen und über gemeinsame Grundsätze in der Handhabung des Gesetzes sich einigen müssen.

Um nach allen Seiten hin Aufklärung über die Bedeutung des Gesetzes sowie über die zweckmäßig zu ergreifenden Maßregeln zu schaffen, ist es notwendig, daß unter dem Vorsitz der Herren Oberpräsidenten oder Regierungspräsidenten für jeden Regierungsbezirk eine eingehende Beratung der Angelegenheit mit den Landräten und den Vertretern der sonst zur Stellung des Antrags berechtigten und verpflichteten Behörden stattfindet. Es wird sich empfehlen, zu diesen Beratungen nach Benehmen mit dem Oberlandesgerichtspräsidenten, Vormundschaftsrichter sowie Vertreter der Kirchen- und Schulbehörden und solche Persönlichkeiten des Bezirks, welche schon bisher auf dem Gebiet der Jugendfürsorge eine umfangreichere Tätigkeit entfaltet haben, einzuladen. Für die Erörterung geben folgende Schriften wertvolles Material:

1. Schmitz[7], Ludwig, Landgerichtsdirektor, Mitglied des Hauses der Abgeordneten, „Die Fürsorgeerziehung Minderjähriger, Gesetz vom 2. Juli 1900", Düsseldorf 1901.

---

4 Entwurf eines Gesetzes über die Zwangserziehung Minderjähriger (Sten.Ber. PrHH Session 1900, Drucksache Nr. 8).

5 61., 72. und 74. Sitzung des Abgeordnetenhauses vom 26.4., 21.5. und 23.5.1900 (Sten. Ber. PrAbgH 19. LP II. Session 1900, Sp. 3946-3996, Sp. 4562-4633 und Sp. 4737-4755).

6 Der § 1666 des Bürgerlichen Gesetzbuchs vom 1.1.1900 (RGBl, S. 195) bestimmte, daß das Vormundschaftsgericht die erforderlichen Maßnahmen zu ergreifen hatte, insbesondere die Kinder in geeigneten Familien oder Erziehungsanstalten unterbringen konnte, wenn das geistige und sittliche Wohl des Kindes in seiner Herkunftsfamilie dadurch gefährdet war, daß der Vater sein Sorgerecht mißbrauchte, das Kind vernachlässigte oder sich eines unsittlichen Verhaltens schuldig machte.

7 Ludwig Schmitz (1845-1917), Hauptmann a. D., Landgerichtsdirektor in Düsseldorf, seit 1892 MdPrAbgH (Zentrum).

2. Noelle[8], Landgerichtsrat, Mitglied des Hauses der Abgeordneten, „Das [preußiche] Gesetz, betreffend [recte: über] die Fürsorgeerziehung Minderjähriger vom 2. Juli 1900“, Berlin [1901], Verlag von Franz Vahlen.

3. Von Massow[9], Geheimer Oberregierungsrat, „Das preußische Fürsorgeerziehungsgesetz vom 2. Juli 1900 und die Mitwirkung der bürgerlichen Gesellschaft bei seiner Ausführung“, Berlin, Nicolaische Buchhandlung 1901.

Aufgrund dieser Beratungen werden dann die erforderlichen Anordnungen treffen sein.

Vor allem wird es darauf ankommen, in den einzelnen Kreisen diejenigen Minderjährigen zu ermitteln, bei denen die Fürsorgeerziehung in Frage kommen könnte, sowie ferner die Familien und Anstalten, welche zur Aufnahme von Fürsorgezöglingen geeignet sind, und diejenigen Personen, welche zur Übernahme des Fürsorgeamts bereit und befähigt sind.[10]

Nr. 89

1901 März 2

Schreiben[1] des Leiters des Frankfurter Armenamts Dr. Karl Flesch an den Schriftführer des Deutschen Vereins für Armenpflege und Wohltätigkeit Dr. Emil Münsterberg

Entwurf in Maschinenschrift mit handschriftlichen Korrekturen Fleschs, Teildruck

[Abstimmung über ein Referat Fleschs über die soziale Ausgestaltung der Armenpflege auf der Jahresversammlung des Deutschen Vereins]

Verehrter Herr Kollege! Ich bin sehr gerne bereit, das mir angebotene Referat[2] zu übernehmen, und hoffe auch, die Zeit zu finden, dasselbe schriftlich vorzubereiten.

Über die Aufgaben und Endziele des Referats gehe ich im allgemeinen mit Ihnen einig. Es muß vermieden werden, Einzelfragen zu erörtern. Wenn auch z. B. darauf hinzuweisen ist, daß für die Notarbeiten, die das Armenamt im Winter anstatt Unter-

---

[8] Ernst Otto Noelle (1856-1918), Oberleutnant a. D., Landgerichtsrat in Groß-Lichterfelde, seit 1895 MdPrAbgH (nationalliberal).

[9] Konrad von Massow (1840-1910), Geheimer Regierungsrat am Reichsrechnungshof in Potsdam, seit 1888 Mitglied des Zentralausschusses des Deutschen Vereins für Armenpflege und Wohltätigkeit.

[10] Vgl. dann Nr. 90.

[1] Institut für Stadtgeschichte Frankfurt am Main Wohlfahrtsamt 494, fol. 112-113 Rs.

[2] Dr. Emil Münsterberg als Schriftführer des Deutschen Vereins für Armenpflege und Wohltätigkeit hatte Dr. Karl Flesch in einem Schreiben vom 14.2.1901 mitgeteilt, daß der Zentralausschuß des Vereins, einem Vorschlag Fleschs folgend, das Thema „Die soziale Ausgestaltung der Armenpflege“ auf die Tagesordnung der kommenden Jahresversammlung gesetzt hatte. Flesch wurde das Hauptreferat angetragen. Nach Münsterbergs Bericht hatte dabei die Vorstellung vorgeherrscht, *daß gewisse Bestrebungen besonders erörtert werden, die dazu dienen können, den arbeitsfähigen und nur zeitweise bedürftigen Armen wieder zur selbständigen Existenz zurückzuführen* (Institut für Stadtgeschichte Frankfurt a. M. Wohlfahrtsamt 494, fol. 110-110 Rs.).

stützung zuweist, andere Grundsätze zur Anwendung kommen wie für sonstige städtische Arbeiten, daß die Fürsorge für Obdachlose etwas anderes ist als die Bereitstellung kleiner Wohnungen usw., so muß doch vermieden werden, die Diskussion auf derartige Einzelfragen abzulenken. Den Schwerpunkt muß das Referat darin finden,

1. daß die Armenpflege, das Wort im weitesten Sinne genommen, etwas anderes ist als Sozialpolitik,

2. daß die Aufgaben der Armenpflege, das Wort wieder in weitestem Sinne genommen, sich ändern und wechseln, je nach dem Maß der sozialpolitischen Fürsorge, die zu einer bestimmten Zeit in einem bestimmten Land gewährt wird,

3. daß historisch die Notstände, welche die Armenpflege beschäftigen, die also durch Privatwohltätigkeit oder öffentliche Unterstützungen gelindert werden, stets allmählich Gegenstand der gesetzlichen Fürsorge geworden sind. Hungersnot: Brotausteilung, Fürsorge für Beschaffung von Korn durch Ankauf, demnächst durch Vermehrung des Landbaus, endlich durch Verbesserung der Verkehrswege und der Erwerbsgelegenheiten; Krankheiten: Aufnahme einzelner Kranker in Hospitäler, Schaffung einer geordneten Krankenpflege, Förderung des Krankenkassenwesens, Krankenversicherung; Fürsorge für verwaiste Kinder: Unterbringung von Kindern in Findelhäusern und Waisenanstalten, planmäßige Kinderfürsorge, Kinderschutzgesetzgebung usw.

Ferner muß nachgewiesen werden, und darauf lege ich das Hauptgewicht, daß speziell die öffentliche Armenpflege und die kommunalen Armenämter diesen fortwährenden Wechsel in den ihnen zugewiesenen Aufgaben stets im Auge haben müssen. Sie sind nicht technische Behörden, wie die Baubehörden, Schulbehörden, Kommunal-Steuerverwaltungen usw., sondern regiminelle Behörden, die auf die gesamte städtische Verwaltung den erforderlichen Einfluß ausüben müssen, insbesondere die Aufgaben zu bezeichnen haben, welche reif sind, der öffentlichen Armenpflege abgenommen zu werden, oder auch welche reif sind, aus der gelegentlichen Behandlung in Vereinen usw. in die organisierte Armenpflege überzugehen. Es müssen also die Armenverwaltungen gewissermaßen die Rolle übernehmen, für die mitunter besondere sozialpolitische Deputationen gefordert werden. Sie sind hierzu sogar besser geeignet als z. B. die Gewerbegerichte, weil die Aufgaben, die von der Kommune zu lösen sind, über den Kreis hinausgehen, der von den im Gewerbegericht vereinigten Arbeitnehmern und Arbeitgebern gewährt wird.[3]

[...] *Zur Frage des Korreferenten.*

---

[3] Vgl. dann Nr. 92.

Nr. 90

1901 März 14

Sitzungsprotokoll[1] einer Versammlung von Landräten und Behördenvertretern des Regierungsbezirks Wiesbaden

Abschrift, Teildruck

[Beratung über die Umsetzung des preußischen Fürsorgeerziehungsgesetzes: Feststellung der in Frage kommenden Fälle von Minderjährigen; Ermittlung geeigneter Familien für die Unterbringung; Bestellung von Fürsorgern und Fürsorgerinnen als lokale Überwachungsorgane der Bezirksverwaltung; Kapazitäten der bestehenden Erziehungsanstalten]

Auf Einladung und unter dem Vorsitz des Herrn Oberpräsidenten der Provinz Hessen-Nassau[2] waren heute in dem Sitzungssaal der königlichen Regierung hier die in der

---

1 Hessisches Hauptstaatsarchiv Wiesbaden Abt.405 Nr.8608, fol. 20-35 Rs.
Der preußische Innenminister Georg Freiherr von Rheinbaben hatte durch Erlaß vom 22.2.1901 angeordnet, daß in den Regierungsbezirken Beratungen über die Ausführung des Fürsorgeerziehungsgesetzes vom 2.7.1900 stattfinden sollten, an denen neben den Landräten und Vertretern der sonstigen beteiligten Behörden auch weitere auf dem Feld tätigen Persönlichkeiten teilnehmen sollten (Nr. 88). Eine Sammlung der Beratungsprotokolle finden sich in: GStA Berlin I. HA Rep.77B Nr.1336.
Anwesend waren: der Vorsitzende Oberpräsident der Provinz Hessen-Nassau Dr. Robert Graf von Zedlitz-Trützschler aus Kassel, Landrat Heinrich von Achenbach aus Höchst a. M., Schuldirektor Heinrich Back aus Frankfurt a. M., Landrat Dr. Rudolf von Beckerath aus Dillenburg, Landrat Ferdinand Berg aus Sankt Goarshausen, Landrat Robert Büchting aus Marienberg, Amtsgerichtrat Wilhelm Christ aus Rüdesheim, Amtsrichter Gustav Ebel aus Nastätten, Konsitorialpräsident Dr. Walther Ernst aus Wiesbaden, Pfarrer Aloys Faxel aus Kirchähr, Stadtrat Dr. Karl Flesch aus Frankfurt a. M., Oberpräsidialrat Paul Fromme aus Kassel, Amtsgerichtsrat Wilhelm Fürer aus Wiesbaden, Pfarrer Johannes Gramig aus Usingen, Regierungsrat Dr. Ernst von Grimm aus Wiesbaden, Pfarrer Karl Gruber aus Wiesbaden, Professor Dr. Karl Haußen aus Herborn, Oberregierungsrat Karl Hempfing aus Wiesbaden, Regierungsassessor Gustav von Heyer aus Biedenkopf, Generalvikar Dr. Georg Hilpisch aus Limburg, Konsistorialrat Anton Jäger aus Bierstadt, Amtsgerichtsrat August Keiner aus Frankfurt a. M., Landrat Leberecht von Köller aus Langenschwalbach, Pfarrer Kilian Koenigstein aus Frankfurt-Bornheim, Landesrat August Krekel aus Wiesbaden, Stadtrat Ernst Lautenschlager aus Frankfurt a. M., Regierungsassessor Adolf Lex aus Weilburg, Regierungsrat Georg Lindig aus Wiesbaden, Beigeordneter Emil Mangold aus Wiesbaden, Landrat Dr. Wilhelm von Meister aus Homburg vor der Höhe, Polizeipräsident Wilhelm Freiherr von Müffling aus Frankfurt a. M., Direktor der Diözesan-Rettungsanstalt Marienstatt Pfarrer Matthäus Müller aus Aßmannshausen, Dekan Michael Müller aus Seck, Dekan Kaspar Naumann aus Hachenburg, Bürgermeister Viktor Palleske aus Höchst a. M., Landrat Wilhelm Rabe aus Limburg, Regierungsassessor Leopold Rademacher aus Westerburg, Polizeipräsident Dr. Karl Prinz von Ratibor und Corvey aus Wiesbaden, Geheimer Regierungsrat Dr. Michael Roß aus Wiesbaden, Landesdirektor Otto Sartorius aus Wiesbaden, Landrat Georg Graf von Schlieffen aus Wiesbaden, Pfarrer Wilhelm Schilo aus Eltville, Landrat Adolf Schmidt aus Montabaur, Pfarrer Otto Schmidtborn aus Nied a. Rh., Beigeordneter Dr. Eduard Schneweis aus Höchst a. M., Pfarrer August Stoll aus Winkel, Landgerichtspräsident Heinrich Stumpff aus Wiesbaden, Erster Bürgermeister Rudolf Vogt aus Biebrich, Landrat Alfred Wagner aus Rüdesheim a. Rh., Amtsgerichtsrat Konrad Westhoff aus Höchst a. M., Regierungspräsident Dr. Richard Wentzel aus Wiesbaden, Zweiter Bürgermeister August Wolff aus Biebrich und Regierungsreferendar Dr. Wilhelm Waldthausen als Protokollführer.

Anlage verzeichneten Personen zum Zwecke einer Beratung über die Bedeutung des Gesetzes über die Fürsorgeerziehung Minderjähriger vom 2. Juli 1900[3] und über die zu dessen Ausführung zweckmäßig zu ergreifenden Maßregeln zusammengetreten.

Der Herr Vorsitzende begrüßte zunächst die Erschienenen mit dem Ausdruck des Dankes für die durch das Erscheinen bewiesene Teilnahme und gab sodann einen kurzen Überblick über die hohe Bedeutung des Gesetzes. Das Gesetz stelle auf sittlichem und sozialem Gebiet große Aufgaben. Aber gerade der Umstand, daß es ein weites Maß der freien Ausgestaltung zulasse, bilde den Grund für besondere Schwierigkeiten, welche der weiteren Entwicklung entgegenständen. Staatlichen wie kommunalen Behörden würden wichtige Aufgaben zugewiesen. Es bedinge dies

1. eine Verständigung unter den Behörden, um zu praktischen Maßnahmen zu gelangen und

2. die Heranziehung freier Hilfskräfte in größtem Maßstab.

Auf fast keinem andern Gebiet beständen bisher zwischen der Justiz und Verwaltung so enge Beziehungen, wie sie zur Erreichung der Zwecke des Gesetzes angebahnt und gepflegt werden müßten. Demnach sei es dringend erwünscht, daß auch die Justizverwaltung in fortlaufender reger Beziehung zur praktischen Fürsorgeerziehung bliebe und gleichmäßige Grundsätze für das Beschlußverfahren herausbilde.

Eine ganz besondere Sorgfalt erfordere die Auswahl von Hilfskräften. Es sei notwendig, daß man eine allgemein anerkannte, für die verschiedenen Organe gültige Richtungslinie finde, in der man die zu Gebote stehenden Kräfte richtig verwerte und so einer unnötigen Zersplitterung derselben vorbeuge. Vor allem müsse man sich die Mitwirkung derjenigen Personen und Organe sichern, die sich bereits der freien Liebestätigkeit widmeten. Wenn dies nicht geschehe, so würde man zu bürokratischen Einrichtungen gelangen, die eine schwere Last für die Bevölkerung bedeuten würden. Damit aber würde dann die segensreiche Wirkung des Gesetzes in Frage gestellt sein.

Die Aufgabe der heutigen Besprechung sei, jene Richtungslinie zu gewinnen, und würde es sich empfehlen, der Besprechung folgende sechs Leitsätze zugrunde zu legen:

1. Wie sind einerseits in den Städten, andererseits auf dem platten Land die Fälle festzustellen, in denen die Fürsorgeerziehung einzutreten hat?

a) bei Einführung des Gesetzes,

b) fortlaufend.

2. Wie hat die Ermittlung geeigneter Familien zu erfolgen, in denen die Zöglinge untergebracht werden sollen?

3. Wer ist zu dem Amt der Fürsorger zu berufen und wer hat dieselben der Bezirksverwaltung in Vorschlag zu bringen?

4. Wie ist die Tätigkeit der Fürsorger dauernd zu überwachen?

5. Empfiehlt es sich, zur Erreichung der vorstehenden Ziele die Mitwirkung von bestehenden oder neu zu gründenden Vereinen in Anspruch zu nehmen?

6. Wie werden solche Fürsorgevereine zu organisieren sein?

Herr Oberpräsidialrat Fromme[4]: Das Fürsorgeerziehungsgesetz sei eine Erweiterung des Gesetzes vom 13. März 1878[5] über die Unterbringung verwahrloster Kin-

---

2 Dr. Robert Graf von Zedlitz-Trützschler, 1891-1892 preußischer Kultusminister, war seit 1898 Oberpräsident der Provinz Hessen-Nassau.

3 PrGS, S. 264.

4 Paul Fromme (1855-1929), Jurist, 1886-1898 Landrat des Dillkreises in Dillenburg, 1898-1900 Polizeidirektor in Aachen, seit 1900 Oberpräsidialrat in Kassel.

5 PrGS, S. 132.

der, namentlich nach der Richtung, daß der Kreis derjenigen Personen, auf welche es sich beziehe, eine wesentliche Erweiterung erfahren habe. Der § 1 des Gesetzes führe 3 oder eigentlich 4 Fälle[6] der Fürsorgeerziehung auf, welche alle darin gipfelten, daß ein Minderjähriger in Fürsorgeerziehung genommen werden solle, um sein völliges sittliches Verderben zu verhindern. Zu beachten sei jedoch, daß die Fürsorgeerziehung nur dann zur Anwendung gelangen solle, wenn alle anderen Maßnahmen versagten. Es sei daher zunächst sorgfältig zu prüfen, ob nicht der Verwahrlosung durch Einwirkung der Kirche, Schule oder Armenpflege vorgebeugt werden könne.

Die erste Maßnahme zur Ausführung des Gesetzes sei also, daß die im § 4 angeführten Antragsbehörden[7] feststellten, welche Fälle in ihren Bezirken vorhanden seien, in denen die Fürsorgeerziehung einzutreten habe. Aufgrund dieser Ermittlungen würden sie ihre Anträge beim Vormundschaftsgericht zu stellen haben. Daß ihnen hierbei die nachgeordneten Behörden zur Seite stehen müßten, sei selbstverständlich. Das genüge aber noch nicht. Sie müßten auch andere Personen, z. B. Geistliche, Lehrer, Waisenräte zu ihrer Hilfe heranziehen. Auch der bereits vorhandenen Erziehungsvereine könnten sie sich mit Erfolg bedienen. Wenn zur Zeit noch Lücken in der Vereinsorganisation vorhanden seien, so würde es doch nicht schwerfallen, dieselben auszufüllen. Jedenfalls müsse man bei der Behandlung dieser Fragen das platte Land und die Großstädte trennen, denn deren Verhältnisse seien zu verschieden, als daß sie gleichbehandelt werden könnten.

Herr Konsistorialpräsident Dr. Ernst[8]: Der Herr Oberpräsident habe die freien Hilfskräfte zur Unterstützung der amtlich berufenen Organe als unentbehrlich bezeichnet, auf dem gleichen Standpunkt hätten die Konsistorien von Wiesbaden und Frankfurt gestanden, denn die Antragsbehörden seien gewiß nicht immer in der Lage, die Fälle zu überblicken, in denen die Fürsorgeerziehung geboten erscheine. Daher habe dann auch das Konsistorium sämtliche Geistliche des Bezirks auf die Bedeutung des Gesetzes und die ihnen zufallende Mitwirkung bei der Erreichung seiner Ziele hingewiesen, speziell jeden Geistlichen in den Besitz einer Broschüre[9] gesetzt, welche das Gesetz selbst, seine Ausführungsbestimmungen, einen Erlaß des Oberkirchenrats und eine ausführliche Instruktion darüber enthalte, was seitens der Geistlichen erwartet werden könne. Damit glaube das Konsistorium, in den ihm unterstehenden Kreisen das Feld vorbereitet zu haben.

Hinsichtlich der Mitwirkung der Geistlichen sei eine Unterscheidung zwischen dem platten Land und den Städten nicht so geboten, denn auch in den Städten würde

---

[6] Diese drei bzw. vier Fälle waren: erstens die Verhütung der Verwahrlosung bei Kindeswohlgefährdung nach § 1666 BGB (vgl. Nr. 88 Anm. 6), zweitens die Verhütung der Verwahrlosung von Mündeln nach § 1838 BGB, drittens die Verhütung weiterer sittlicher Verwahrlosung beim Vorliegen einer strafbaren Tat von seiten eines strafunmündigen Minderjährigen und viertens die Verhütung des völligen sittlichen Verderbens eines Minderjährigen wegen Unzulänglichkeit der erzieherischen Einwirkung der Eltern, der sonstigen Erzieher oder der Schule.

[7] Antragsberechtigt waren der Landrat, in Gemeinden mit mehr als 10000 Einwohnern der Gemeindevorstand, in den Stadtkreisen der Gemeindevorstand und der Vorsteher der Polizeibehörde.

[8] Dr. Walther Ernst (1857-1928), Jurist, seit 1899 Konsistorialpräsident in Wiesbaden, seit 1900 nebenamtlich in Frankfurt a. M.

[9] Umschreiben des Central-Ausschusses für Innere Mission betreffend das Preußische Gesetz über die Fürsorgeerziehung Minderjähriger vom 2. Juli 1900, Berlin 1900.

man ein hinreichendes Vertrautsein des Geistlichen mit den Verhältnissen seines Bezirks voraussetzen dürfen.

Herr Generalvikar Hilpisch[10]: Auch der Herr Bischof[11] rechne auf die Mitwirkung der Geistlichen und werde an dieselben demnächst eine Bekanntmachung erlassen. Er habe zunächst die Ergebnisse der heutigen Besprechung abwarten wollen. Außerdem könnten die Erziehungsvereine und die in den größeren Städten gegründeten Vincenzvereine zur Mitwirkung herangezogen werden.

Der Herr Oberpräsident ersucht zunächst die Ermittlungsfragen zu besprechen.

Herr Landgerichtspräsident Stumpff[12]: Zu der Frage der Ermittlung der einzelnen Fälle habe die Justiz keine Veranlassung Stellung zu nehmen. Die Anträge müßten dem Vormundschaftsrichter in jeder Beziehung begründet vorgelegt werden, dazu gehöre auch, daß in denselben zum Ausdruck gebracht sei, ob Gefahr im Verzug sei. Auch die Religion des Minderjährigen müsse vorher festgestellt sein.

Herr Oberpräsident: Auch er sei der Ansicht, daß den Gerichten möglichst vorgearbeitet werden müsse. Denn wenn die Gerichte erst das Beweismaterial ergänzen müßten, so würde das vor allem den Nachteil haben, daß die Minderjährigen, hinsichtlich deren Anträge gestellt seien, in vielen Fällen zunächst vorläufig untergebracht werden müßten, was aus verschiedenen Gründen möglichst zu vermeiden sei.

Herr Stadtrat Flesch, Frankfurt/M.: Die Armenverwaltung könne das neue Gesetz auch nur mit Freuden begrüßen. Werde doch durch dasselbe eine Crux beseitigt, welche auf der Armenpflege bisher schwer gelastet habe. Denn in vielen Fällen hätten die Eltern die Verwahrlosung ihrer Kinder geradezu herbeigeführt, in der Absicht, daß dieselben von der Armenverwaltung übernommen und unterhalten würden. Wenn die Kinder aber dann das 14. Lebensjahr erreicht hätten, wären die Eltern gekommen und hätten sie wieder zu sich genommen, um sie zu Erwerbszwecken auszunutzen. So wäre auf die Faulheit und Liederlichkeit geradezu eine Prämie gesetzt gewesen. Durch das neue Gesetz werde aber den Eltern zum Bewußtsein gebracht, daß sie für das Wohl und den Unterhalt ihrer Kinder zu sorgen hätten. Wenn es auch nach seiner Ansicht noch nicht möglich sei, die Grenzen für die Armenpflege und die Fürsorgeerziehung genau festzusetzen, so könne doch schon jetzt mit Sicherheit gesagt werden, daß die Fürsorgeerziehung vielfach an die Stelle der bisherigen Armenpflege treten werde. Es würde somit voraussichtlich eine Entlastung der letzteren eintreten. Was die Stellung der Anträge betreffe, so rate er, in der ersten Zeit möglichst wenig Anträge zu stellen, da man auf dem neuen Gebiet erst Erfahrungen sammeln müsse.

Herr Bürgermeister Wolff[13], Biebrich: Er habe an den Beratungen des Abgeordnetenhauses teilgenommen und stehe nicht an, zu erklären, daß das vorliegende Gesetz eines der wichtigsten sei, die in den letzten Jahren erlassen worden wären. Die breitesten Schichten des Volkes, vornehmlich aber die Geistlichen, Bürgermeister und Lehrer müßten zur Mitarbeit gewonnen werden. Vor allen Dingen müsse verhütet werden, daß nun mit Volldampf Anträge auf Fürsorgeerziehung gestellt

---

[10] Dr. Georg Hilpisch (1846-1928), kath. Geistlicher, seit 1898 Generalvikar, seit 1899 Domdekan in Limburg.

[11] Dominikus Willi (1844-1913), 1890 Abt der Zisterzienser-Abtei in Limburg, seit 1898 katholischer Bischof von Limburg.

[12] Heinrich Stumpff (1838-1905), seit 1898 Landgerichtspräsident in Wiesbaden.

[13] August Wolff (1844-1914), seit 1898 Zweiter Bürgermeister von Biebrich (Landkreis Wiesbaden), seit 1898 MdPrAbgH (nationalliberal).

würden. Es müßten vielmehr zunächst alle anderen Maßnahmen versucht werden, um die verwahrlosten Jugendlichen wieder zu tüchtigen Menschen zu machen. Denn es könne keinem Zweifel unterliegen, daß denen, die der Fürsorgeerziehung überwiesen worden seien, in den Augen der großen Menge später ein Makel anhafte. Schon aus diesem Grunde müßte man vorzeitig eingreifen und der Verwahrlosung vorzubeugen suchen, eine Aufgabe, der sich auch die Armenverwaltung nicht entziehen dürfe.

Zur Unterstützung könne sich diese der an vielen Orten bestehenden Frauenvereine bedienen, wie denn überhaupt die Mitwirkung der Frau nicht hoch genug angeschlagen werden könne. Die Frau sei ja naturgemäß ganz anders in der Lage wie ein beschäftigter Mann, die Familien aufzusuchen und zu erkennen, wo es an etwas fehle. Auch durch freie Liebestätigkeit müßte vorsorgend gewirkt werden; wie häufig könnte z. B. der Verarmung und Verwahrlosung kinderreicher Familien dadurch vorgebeugt werden, daß man denselben geräumige Wohnungen zu mäßigen Preisen zur Verfügung stelle. Auf dem Lande müßten in der Hauptsache die Geistlichen darüber wachen, welche Kinder der Fürsorgeerziehung zu überweisen seien.

Herr Landesdirektor Sartorius[14] gibt einen Überblick über die durch das Gesetz gegenüber früher bedingten Änderungen. Der Kreis der Zöglinge werde sich erweitern. Noch in dem Entwurf des Gesetzes sei vorgesehen gewesen, daß auch die Kreise und die Gemeinden zu den Kosten herangezogen werden sollten. Indessen habe man erwogen, daß die Lehrer durch Stellung des Antrags den Gemeinden Kosten verursachen und sich dadurch mißliebig machen würden. Um dies zu vermeiden, sei von der Heranziehung der Gemeinden abgesehen worden. Die Mitwirkung der Geistlichkeit und Lehrerschaft könne nicht entbehrt werden, diese müßten aber alle ihnen zu Gebote stehenden Mittel zunächst versuchen. Er würde es daher freudig begrüßen, wenn die Anträge nur nach und nach eingingen. Was die Unterbringung der Zöglinge betreffe, so hoffe er, mit den bestehenden Anstalten noch recht lange auszukommen.

Herr Landrat Büchting[15]. Er glaube, daß vielmehr zu befürchten sei, daß die Landräte nicht genügend Fälle erführen. Namentlich auf dem Lande müßte darauf gedrungen werden, daß alle Fälle von Verwahrlosung auch zur Anzeige gelangten. In erster Linie sei man hierbei auf die Mitarbeit des Lehrers angewiesen. Die Polizeiverwaltung und die Gendarmen seien keine geeigneten Organe. Er mache daher den Vorschlag, die Kreisschulinspektoren mit der Hinweisung der Lehrer auf die Wichtigkeit des Gesetzes und ihrer Mitarbeit zu beauftragen.

Herr Landrat von Meister[16]: Er glaube, daß die hinsichtlich der Einführung des Gesetzes entstehenden Schwierigkeiten am besten dadurch überwunden würden, daß die Landräte in den einzelnen Gemeinden Umfragen veranstalteten. Er würde sich an die Pfarrer, Lehrer und Bürgermeister und sonstige tüchtige Gemeindeglieder wenden und, wenn ihm Fälle bekannt würden, sich auch persönlich mit den Beteiligten in Verbindung setzen. In allen Gemeinden gebe es jetzt schon Kinder, welche als verwahrlost allgemein bekannt seien.

Herr Oberregierungsrat Hempfing[17]: Die Kirchen- und Schulabteilung sei an dieser Frage insofern beteiligt, als sie die Schulaufsichtsbehörde bilde und die Lehrer,

---

14 Otto Sartorius (1831-1911), Jurist, seit 1881 Landesdirektor in Wiesbaden.

15 Robert Büchting (1861-1925), Jurist, seit 1896 Landrat des Oberwesterwaldkreises in Marienberg.

16 Dr. Wilhelm von Meister (1863-1935), Jurist, seit 1894 Landrat des Obertaunuskreises in Homburg vor der Höhe.

17 Karl Hempfing (1857-1930), Jurist, seit 1899 Oberregierungsrat in Wiesbaden.

wenigstens auf dem Lande, meist die Fälle zur Anzeige bringen müßten, da die Bürgermeister mit Rücksicht auf ihre Stellung nur selten Anträge stellen würden. In den Stadtgemeinden würden die Anzeigen dagegen wohl von der organisierten Armenverwaltung ausgehen. Im Gegensatz zum Herrn Landrat Büchting befürchte er bei den Lehrern, zumal den jüngeren, zu viel Initiative. Es sei daher von der Schulaufsichtsbehörde beabsichtigt, die Lehrer mit einer genauen Anweisung zu versehen, in der ihnen unter anderem zur Pflicht gemacht würde, ihre Anträge nur durch Vermittlung der Orts- und Kreisschulinspektionen zu stellen.

Der Herr Oberpräsident faßt das Ergebnis der Besprechung des Punktes 1 dahin zusammen:

a) es sei nicht wünschenswert, der Ermittlung der Fürsorgefälle einen polizeilichen Charakter zu geben. Denn die Fürsorgeerziehung wolle im Gegensatz zur Zwangserziehung die Kinder und Eltern nicht strafen;

b) auch darüber sei man sich klar, daß den staatlichen Antragsbehörden bestehende Vereine, die Organe der Kirche und Schule zur Seite treten müßten; in den Städten namentlich die organisierte Armenpflege.

Die Frage, zu welchem Zeitpunkt die Fürsorgeerziehung nach Erschöpfung der von der Armenverwaltung und den Organen der Kirche und Schule in Anwendung zu bringende Einwirkung in Antrag zu bringen sei, könne generell nicht beantwortet werden. Es sei dies eine Tatfrage, die vom Vormundschaftsrichter entschieden werden müsse. Denn in vielen Fällen sei die Fürsorgeerziehung ausgeschlossen, so z. B. dann, wenn nur eine Erhöhung der Existenzmittel geboten sei, um sittlicher Verwahrlosung vorzubeugen und somit die eingetretene Armut selbst eine Verwahrlosung nicht herbeigeführt habe. In zahlreichen anderen Fällen der Kombination von Armut und sittlichem Familienverfall müsse dagegen die Fürsorgeerziehung einsetzen, um zu verhüten, daß der Schaden weiter um sich greife, und da sei er allerdings persönlich der Auffassung, daß man lieber etwas zu weit als nicht weit genug gehen solle. Es bleibe ja immer als Korrektiv die Aufhebung der Fürsorgeerziehung zulässig. Das vom Landrat v. Meister beabsichtigte Verfahren bei Ermittlung der Fürsorgezöglinge halte auch er für zweckmäßig. Ganz besonders sympathisch berühre ihn der Gedanke des Herrn von Meister, persönlich in die Erörterung der betreffenden Verhältnisse einzutreten, nachdem er von den Vertretern der Gemeinde, Kirche und Schule oder sonst befragten Vertrauenspersonen auf das Vorhandensein in Frage kommender Fälle aufmerksam gemacht worden sein würde. Dringend sei ferner zu wünschen, daß die Antragsbehörden alles täten, um die Anträge in ihrer Hand zu konzentrieren. Am zweckmäßigsten sei es wohl, wenn alle Anträge durch die Hand des Landrats bzw. des Gemeindevorstands der größeren Städte gingen. Diese müßten auch dafür Sorge tragen, daß sie stets auf dem laufenden gehalten würden. Insbesondere müßten sie verhindern, daß sich die Meinung bilde, es bedürfe in jedem Falle eines Anstoßes von oben. Daß überhaupt eine Aufklärung aller Bevölkerungsschichten über das Gesetz und seine Ziele erforderlich sei, sei auch seine vollste Überzeugung. Danach erscheine ihm die Anregung des Herrn Bürgermeisters Wolff, durch gemeinfaßliche Vorträge in diesem Sinne zu wirken, sehr nützlich und beachtenswert.

Zu Punkt 2 referiert Herr Oberpräsidialrat Fromme aus dem Gesetz und den Ausführungsbestimmungen über die Frage, welche Voraussetzungen die Familie, in welcher der Zögling untergebracht werden solle, erfüllen müsse. Vor allen Dingen sei es erforderlich, daß Familien gefunden würden, welche sich der Aufgabe mit

Liebe widmeten. Die Familie solle dem Zögling das Elternhaus ersetzen. Er solle in ihr ein wirkliches Heim finden. Es sei deshalb für die Ausführung des Gesetzes von der größten Wichtigkeit, daß eine richtige Auswahl der Familien getroffen werde.

Herr Konsistorialpräsident Ernst: Eine Organisation zur Ermittlung geeigneter Familien bestehe bereits im hiesigen Bezirk. Neue Erziehungsvereine, die über den größten Teil des Bezirks verbreitet seien, befaßten sich mit der Ermittlung.[18] Der Kommunalverband habe sich denn auch bei der Unterbringung von Kindern zum Zwecke der Zwangserziehung regelmäßig der Mithilfe dieser Vereine bedient und dabei die denkbar besten Resultate erzielt. Es sei daher nur zu wünschen, daß auch hinsichtlich der Fürsorgeerziehung diese Organisation beibehalten werde. Diese Erziehungsvereine hätten einen evangelischen Charakter; der gleiche Ziele verfolgende Pestalozziverein[19] beruhe dagegen auf paritätischer Grundlage.

Herr Bürgermeister Wolff. Er könne sich dem Wunsch des Herrn Vorredners nur anschließen, wolle aber den Vorschlag machen, daß man in Zukunft eine größere Anzahl besserer Familien hinzuziehe. Denn es stände zu befürchten, daß sich viele ärmere Familien nur mit Rücksicht auf die Vergütung, welche ihnen zuteil würde, zur Aufnahme eines Zöglings bereit erklärten.

Herr Generalvikar Hilpisch: Auch die katholischen Erziehungsvereine wären angewiesen, an der Ermittlung der Familien teilzunehmen. Wo diese Vereine einer Ausgestaltung bedürften, würde die bischöfliche Behörde dieselbe in die Wege leiten.

Herr Landesrat Krekel[20]: Nach Erlaß des Gesetzes von 1878[21] habe die Landesdirektion[22] die Ermittlung geeigneter Familien selbst in die Hand genommen. Dies Verfahren habe sich aber nicht als durchführbar erwiesen; weshalb die Landesdirektion die Anregung zur Bildung evangelischer und katholischer Erziehungsvereine gegeben habe. Außer den genannten 9 evangelischen seien 4 katholische Erziehungsvereine gegründet worden, welche seit langen Jahren alle Kinder untergebracht hätten. Das Auffinden geeigneter Familien habe niemals Schwierigkeiten gemacht. Auch seien unter diesen stets wohlsituierte gewesen. Nach den guten Erfahrungen, welche die Landesdirektion mit den Erziehungsvereinen gemacht habe, wünsche sie auch hinsichtlich der Fürsorgeerziehung die Mitwirkung derselben.

---

18 Erziehungsvereine verfolgten den Zweck, arme, verlassene oder verwahrloste Kinder entweder in Anstalten oder in geeigneten Pflegefamilien unterzubringen (und im letzteren Fall ihre Pflege zu beaufsichtigen); der älteste solcher Erziehungsvereine in der Provinz Hessen-Nassau war 1846 gegründet worden.

19 Die Pestalozzivereine waren um die Jahrhundertmitte als Hilfsvereine für Lehrerwaisen und Lehrerwitwen gegründet worden. Ihre Aufgaben hatten sich seitdem vielfach erweitert. So widmete sich der 1846 gegründete Frankfurter „Pestalozziverein für arme, verlassene, körperlich und sittlich verwahrloste Kinder" der Erziehung vernachlässigter Kinder und verwaltete die 1865 gegründete Schuboth-Stiftung, die eine Erziehungsanstalt in Nieder-Erlenbach für 36 evangelische Jungen unterhielt.

20 August Krekel (1847-1921), Jurist, Geheimer Regierungsrat, seit 1888 Landesrat der Provinz Hessen-Nassau in Wiesbaden.

21 Gesetz, betreffend die Unterbringung verwahrloster Kinder, vom 13.3.1878 (PrGS, S. 132).

22 Der Landesdirektor (seit 1901: Landeshauptmann) stand dem Landesausschuß als Exekutivorgan des Bezirksverbands des Regierungsbezirks Wiesbaden vor. Der Bezirksverband widmete sich als Selbstverwaltungskörperschaft des Regierungsbezirks der kommunalen Selbstverwaltung auf Bezirksebene, er war Träger mehrerer Anstalten und besaß die Funktion eines Landarmenverbandes. Seit 1901 war er überdies beteiligt an der Kostenträgerschaft für die Fürsorgeerziehung.

Herr Pfarrer Gramig[23]: Auch er könne bezeugen, daß hinsichtlich der Ermittlung der Familien keine Schwierigkeiten beständen. Die Meldungen seien nicht so zahlreich, daß man unter den Familien die gerade geeignete herauswählen könne.

Herr Landrat von Meister spricht die Bitte aus, daß den Landräten eine genaue Liste der Erziehungsvereine zugestellt werde, und meint ferner, daß den Landräten wohl nicht zugemutet werden könne, daß sie auch im Interesse fremder Kreise eingehende Ermittlungen anstellten, da sie in ihren eigenen Kreisen schon genug Arbeit hätten.

Herr Oberpräsident: Die Landräte würden sich diesen Ermittlungen wohl nicht entziehen können, da das Gesetz den Bezirk als Ganzes betrachte und an eine lokale Gestaltung nicht gedacht sei. Es sei gerade die Absicht, die Zöglinge aus der Nähe ihrer Eltern zu entfernen.

Herr Dekan Naumann[24]: Auch er sei mit dem Bürgermeister Wolff der Ansicht, daß bei der Ermittlung der Familien in Zukunft größerer Wert auf besser situierte Familien gelegt werde.

Herr Oberregierungsrat Hempfing: Bei schulpflichtigen Zöglingen dürfte es sich empfehlen, daß der Kommunalverband vor der Unterbringung derselben feststelle, ob das Kind in der Gemeindeschule Aufnahme fände. Es könnten dadurch unerquickliche Streitigkeiten zwischen den nach § 19 des Gesetzes beteiligten Behörden[25] vermieden werden.

Herr Oberpräsident: Bezüglich des Punktes 2 sei folgendes festgestellt:

a) es mangele im Bezirk nicht an zuverlässigen Familien, welche Zöglinge aufnehmen würden,

b) die Ermittlung derartiger Familien sei bisher durch die auf evangelischer, katholischer oder paritätischer Grundlage bestehenden Erziehungsvereine mit Erfolg betrieben worden.

Die Bezirksverwaltung würde das gute Verhältnis zu diesen Vereinen auch weiterhin zu pflegen haben. Vielleicht sei auch die Gründung von Erziehungsvereinen in den Kreisen, in welchen sie noch nicht beständen, erwünscht. Eine unmittelbare Aufsicht dürften die Vereine über die Zöglinge jedoch nicht führen, das sei die Pflicht der vom Gesetz vorgesehenen Fürsorger. Aber diese könnten vielleicht von den Erziehungsvereinen vorgeschlagen und kontrolliert werden.

Herr Oberpräsidialrat Fromme referiert zu Punkt 3: Die Organe der Bezirksverwaltung in der Lokalinstanz seien die Fürsorger.[26] Das Gesetz verlange nun nicht,

---

23 Johannes Gramig (1855-1931), seit 1893 kath. Pfarrer in Usingen.

24 Kaspar Naumann (1839-1909), seit 1898 Dekan in Hachenburg, seit 1892 nebenamtlich Kreisschulinspektor.

25 Gemeint sein dürfte hier der § 19 des Gesetzes über die Fürsorgeerziehung Minderjähriger, nach dem die Ortsarmenverbände, in denen der Fürsorgeerziehungszögling seinen Unterstützungswohnsitz hatte, die Kosten für dessen Überführung in eine Familie oder Anstalt, die erste Ausstattung und die Rückführung zu tragen hatte, während die Kommunalverbände die übrigen Kosten des Unterhalts, der Erziehung und der nachsorgenden Fürsorge zu tragen hatten. Die Kommunalverbände erhielten hierfür einen Zuschuß aus der Staatskasse in Höhe von zwei Dritteln jener Kosten (Gesetz über die Fürsorgeerziehung Minderjähriger vom 2.7.1900 [PrGS, S. 264]).

26 § 11 des Gesetzes über die Fürsorgeerziehung Minderjähriger lautete: *Für jeden in einer Familie untergebrachten Zögling ist zur Überwachung seiner Erziehung und Pflege von dem Kommunalverband ein Fürsorger zu bestellen. Hierzu können auch Frauen bestellt werden.*

daß jeder Zögling einen Spezialfürsorger erhalte, vielmehr werde es sich aus praktischen Gründen empfehlen, für die in einer oder mehreren benachbarten Gemeinden untergebrachten Zöglinge eine geeignete Persönlichkeit als Fürsorger zu bestellen. Auch Frauen seien für das Amt in Aussicht zu nehmen. Die Aufgabe der Fürsorger sei eine sehr wichtige. Sie hätten die Führung, Erziehung und Behandlung der Zöglinge fortdauernd zu überwachen, dieselben von Zeit zu Zeit persönlich aufzusuchen und dafür zu sorgen, daß die Pflegefamilien die übernommenen Pflichten gewissenhaft erfüllten. Auch hätten sie darüber zu wachen, daß der Verdienst, den die Zöglinge etwa haben sollten, richtig verwandt würde. Über ihre Wahrnehmungen hätten sie halbjährlich dem Landesdirektor Bericht zu erstatten.

Die Frage sei nun:

1. wer Fürsorger sein,
2. wer sie dem Landesdirektor vorschlagen solle?

Auch hierbei seien die Behörden auf die Unterstützung der dazu berufenen Kreise der Bevölkerung angewiesen.

Herr Konsistorialpräsident Ernst: Bisher hätten die Erziehungsvereine die Erziehung der Zöglinge durch Agenten oder Vertrauenspersonen kontrolliert. Es würde sich daher auch in diesem Punkt empfehlen, an Bestehendes anzuknüpfen und den Erziehungsvereinen die Möglichkeit zum Vorschlag der Fürsorger zu geben. Außer Geistlichen und Lehrern würden namentlich viele Frauen sich zu Fürsorgern eignen, letztere besonders für jüngere Personen. Jedenfalls dürften nur durchaus zuverlässige Personen mit der Fürsorge betraut werden.

Herr Stadtrat Flesch: Der Fürsorger solle möglichst an dem Ort wohnen, an dem sich auch der Zögling aufhalte, da er beständig über denselben wachen müsse. Auch müßten bei der Auswahl der Fürsorger solche Personen vermieden werden, die mit dem Zögling aus dem gleichen Ort stammten.

Herr Landrat Krekel: Die Mitglieder der Erziehungsvereine seien an ihrem Wohnort zugleich die Vertrauenspersonen des Vereins, welche die in dem betreffenden Ort untergebrachten Zöglinge bisher beaufsichtigt und auch halbjährlich über dieselben Bericht erstattet hätten. Es sei daher zweckmäßig, die Fürsorger soweit wie möglich aus der Zahl der Vereinsmitglieder zu nehmen.

Herr Bürgermeister Wolff: In der Kommission des Abgeordnetenhauses habe man sich ebenfalls dahin ausgesprochen, daß der Fürsorger aus dem Ort zu nehmen sei, in welchem der Zögling untergebracht werden solle.

Herr Regierungsassessor v. Heyer[27]: Er stelle zur Erwägung, ob es nicht zweckmäßig sei, den Waisenräten das Amt der Fürsorger zu übertragen.

Herr Landrat Büchting: Bei kleineren Landgemeinden dürfte häufig die Wahl eines Fürsorgers schwerfallen und es sich daher empfehlen, Fürsorger für mehrere Personen und mehrere Gemeinden zu bestellen. Vielleicht könnten zu diesen die vom Zentralwaisenfonds[28] bestellten Kontrolleure gewählt werden.

Herr Landesrat Krekel: Dagegen sei nichts einzuwenden, nur könne das Amt der Fürsorger nicht durchgängig mit dem der Kontrolleure verbunden werden, da die

---

[27] Gustav von Heyer (1871-1919), Regierungsassessor, in Vertretung des Biedenkopfer Landsrats Friedrich von Heimburg.

[28] Der Zentralwaisenfonds war 1816 zu Zeiten des Herzogtums Nassau durch Zusammenlegung mehrerer Fonds und Zuweisung besonderer Einnahmen gegründet worden. Er wurde vom Bezirksverband des Regierungsbezirks Wiesbaden verwaltet und widmete sich auf einer breiten Grundlage der Waisenpflege.

Bezirke der letzteren viel zu groß seien. Kämen doch nur 3, 4 höchstens 5 Kontrolleure auf einen ganzen Kreis. Den Waisenräten den Vorschlag der Fürsorger zu übertragen, halte er nicht für praktisch; diese ständen den örtlichen Verhältnissen viel zu nahe.

Herr Oberpräsident: Der Fürsorger solle die Aufsicht über die Familie und den Zögling führen. Die Aufsicht könne aber nur dann gut wirken, wenn die beaufsichtigende Person intellektuell höherstehe als die beaufsichtigte. Es kämen infolgedessen namentlich in kleineren Gemeinden nur wenige Personen für die Stellung eines Fürsorgers in Betracht. Geistliche und Lehrer ausschließlich zu wählen, sei aber doch bedenklich, auch die vom Landesrat Krekel gegen die Waisenräte geäußerten Bedenken seien begründet, weshalb er es überhaupt lieber gesehen hätte, wenn die Aufsicht geeigneten Vereinen übertragen worden wäre. Da dies nun aber einmal gesetzlich unzulässig sei, so könnte die Bezirksverwaltung die Erziehungsvereine vielleicht in der Weise heranziehen, daß sie dieselben veranlaßte, Fürsorger in Vorschlag zu bringen.

Herr Professor Haußen[29]: Er sei der Ansicht, daß die Erziehungsvereine bei der Beaufsichtigung der Familien diesen viel objektiver gegenüberständen wie Leute aus dem gleichen Ort und auch die Beaufsichtigung viel gleichmäßiger handhaben würden. Er bitte daher, die Erziehungsvereine nicht außer acht zu lassen und an deren Ergänzung, da, wo es nötig sei, zu denken.

Herr Landesdirektor Sartorius: Er sei ganz damit einverstanden, wenn die Fürsorger von den Erziehungsvereinen vorgeschlagen würden.

Herr Oberpräsident stellt fest, daß die Mehrheit der Versammlung der Ansicht sei, daß die Auswahl wie die Kontrolle der Fürsorger im wesentlichen den Erziehungsvereinen zufallen werde.

Herr Oberpräsidialrat Fromme: Bezüglich der Überwachung der Tätigkeit der Fürsorger seien im Gesetz nur die halbjährlichen Berichte an den Landesdirektor vorgeschrieben.[30] Eine gewisse lokale Aufsicht könne aber doch nicht entbehrt werden, wenn nicht die Tätigkeit der Fürsorger erlahmen solle. Eine polizeiliche oder bürokratische Überwachung wäre jedoch im höchsten Maße ungeeignet. Es sei daher auch in dieser Beziehung die Mitarbeit von Vereinen und Privatpersonen nicht zu entbehren.

Herr Landesrat Krekel: Er glaube, daß die Beaufsichtigung der Fürsorger am besten durch die Erziehungsvereine ausgeübt werde. Dies sei hinsichtlich der in Zwangserziehung gegebenen Personen schon jetzt der Fall. Aber auch die Landesdirektion würde gelegentlich, wie das auch bisher geschehen, selbst die Kontrolle ausüben.

Herr Konsistorialpräsident Ernst: Nach einer Bestimmung der Ausführungsanweisung[31] zum Gesetz solle der Bezirksverband den Fürsorgern eine gedruckte Anweisung zustellen. Es wäre vielleicht zweckmäßig, wenn sich der Verband für die Abfassung derselben mit den Erziehungsvereinen in Verbindung setzte.

Herr Landesdirektor Sartorius: Er werde dieser Anregung folgen.

Herr Oberpräsident stellt fest: Die Aufsicht über die Fürsorger solle also in der Hauptsache durch die Erziehungsvereine ausgeübt werden; die Landesdirektion werde aber auch zuweilen selbst kontrollieren.

---

29 Dr. Karl Haußen (1855-1943), ev. Pfarrer in Herborn, seit 1898 Professor am Theologischen Seminar.

30 Diese Vorschrift war nicht in dem Gesetz über die Fürsorgeerziehung Minderjähriger enthalten, sondern im Abschnitt VII der Ausführungsbestimmungen vom 18.12.1900.

31 Abschnitt VII der Ausführungsbestimmungen zum Fürsorgeerziehungsgesetz vom 18.12. 1900.

Herr Oberpräsidialrat Fromme: Wie ein roter Faden ziehe sich durch das Gesetz, daß die Behörden auf die Unterstützung der Vereine und Privaten angewiesen seien. Die Organisation derselben sei daher von großer Wichtigkeit.

Herr Landrat Graf Schlieffen[32]: Nach seiner Ansicht würde das Gesetz versagen, wenn die Vereine nicht mitwirkten. Dazu sei aber eine geeignete Vereinsorganisation erforderlich. Er glaube, daß sich die Vereine am besten den örtlichen Verhältnissen anpaßten, daß das Schwergewicht der Vereinstätigkeit in die Gemeinde verlegt werde, während sich die Leitung außerhalb befinden könne.

Herr Konsistorialpräsident Ernst: Er glaube, daß eine Umgestaltung der Erziehungsvereine sich kaum ermöglichen lassen werde und auch nicht erforderlich sei. Der Sitz der Kreissynode, welche den Verein ins Leben gerufen habe, werde immer der Schwerpunkt für die Vereinstätigkeit bleiben müssen. Da aber das Netz der Erziehungsvereine noch nicht geschlossen sei, so müßten noch Vereine an den Orten gegründet werden, an denen der Bezirksverband eine Gründung für wünschenswert hielte. Für Homburg sei schon jetzt die Gründung eines Vereins in Aussicht genommen.

Herr Oberpräsident: Wenn man, wie der Graf Schlieffen vorschlüge, an jedem Ort einen Verein bilden würde, der alle Geschäfte besorgte, so würde das ein Abweichen von der bestehenden Organisation bedeuten. Diese könne vielleicht zweckmäßig Erweiterungen erfahren, aber mit neuen Organen Versuche anzustellen, sei doch bedenklich.

Herr Landrat Büchting: Auch er sei der Meinung, man müsse die bestehende Organisation behalten, evtl. noch neue Erziehungsvereine gründen. In kleinen Gemeinden sei überhaupt eine besondere Vereinsbildung ausgeschlossen.

Herr Pfarrer Schilo[33]: Er glaube, daß mit dem neuen Gesetz nicht mehr erreicht werden könne, als die Erziehungsvereine schon jetzt erreicht hätten.

Herr Direktor Back[34] Frankfurt a. M.: In Frankfurt hätte sich die vom Jugendfürsorgeverein getroffene Einrichtung der Aufenthaltssäle sehr bewährt. Namentlich sonntags würden dieselben gut besucht und böten Gelegenheit zur Beaufsichtigung der jungen Leute.

Herr Regierungsassessor v. Heyer: In Biedenkopf bestände schon seit dem Jahre 1857 ein Fürsorgeverein, durch dessen Vermittlung alle Zwangszöglinge untergebracht worden seien.

Herr Landrat Graf Schlieffen fragt an, ob denn die Erziehungsvereine auch bereit seien, die Ermittlung der Familie, den Vorschlag der Fürsorger usw. zu übernehmen, und an welchen Verein man sich zu wenden habe.

Herr Konsistorialpräsident Ernst: Die Landräte hätten sich stets nur an den Kommunalverband zu wenden, welcher seinerseits mit den Erziehungsvereinen in Verbindung stehe.

Herr Landrat Graf Schlieffen: Das sei ein Irrtum. In der Praxis würde sich der Kommunalverband gerade umgekehrt an die Landräte wenden, und diesen läge dann die Ermittlung der Familien und der zu Fürsorgern geeigneten Personen ob.

Herr Konsistorialpräsident Ernst: Er glaube nicht, daß sich die Tätigkeit der Landräte auch hierauf erstrecke.

---

32 Georg Graf von Schlieffen-Renard (1860-1944), Jurist, seit 1894 Landrat in Wiesbaden.

33 Wilhelm Schilo (1848-1920), seit 1896 kath. Pfarrer in Eltville.

34 Heinrich Back (1856-1928), seit 1890 Direktor der gewerblichen Fortbildungsschule in Frankfurt a. M.

Herr Landrat Schmidt[35]: Er sei überzeugt, daß die Erziehungsvereine sich freuen würden, ihre Aufgaben noch vermehrt zu sehen und daß sie daher die von ihnen erwartete Mitwirkung nicht ablehnen würden.

Herr Oberpräsident: Es sei richtig, daß die Landräte die Initiative hätten zur Durchführung des Gesetzes. Die Ermittlung der Familien, Auswahl der Fürsorger usw. sei aber Sache der Bezirksverbände, und es sei anzunehmen, daß sich der Landesdirektor der Mitwirkung der Landräte nur in seltenen Fällen bedienen würde. Er ziehe aus der Debatte den Schluß, daß man die Entwicklung des Vereinswesens vom Bedürfnis abhängig machen und sich im übrigen an die bestehenden Vereine anschließen wolle.

[...] *Erörterung der vorläufigen Unterbringung der Minderjährigen.*

Herr Konsistorialpräsident Ernst: Es sei noch die Frage zu erörtern, ob neue Anstalten ins Leben gerufen werden müßten oder ob die bestehenden den Anforderungen der Fürsorgeerziehung genügen würden. Er glaube, daß zur Zeit ein Bedürfnis für neue Anstalten nicht vorhanden sei, später würde vielleicht eine Erweiterung der bestehenden Anstalten der Neuerrichtung vorzuziehen sein.

Für die Unterbringung schulpflichtiger Kinder ständen augenblicklich folgende Anstalten zur Verfügung:

1. das Rettungshaus bei Wiesbaden,[36] in welchem sich z[ur] Z[ei]t 50 Knaben und 10 Mädchen befänden,

2. die unter Leitung des Pestalozzivereins stehenden Anstalten[37]:

a) die Schuboth-Stiftung,

b) der Reinhardshof in Niedererlenbach[38]; erstere für Knaben, letzterer für Mädchen. Als Anstalten für die Unterbringung nicht mehr schulpflichtiger Personen kämen vielleicht insbesondere diejenigen des für Hessen-Nassau und das Großherzogtum Hessen bestehenden Verbandes von Rettungshäusern in Betracht:

1. das Lehrlingsheim in Dillenburg,[39]

2. die Aumühle bei Darmstadt,[40] in welcher die Personen eine landwirtschaftliche Ausbildung genössen,

3. das Frauenheim Elisabethenhof in Eckenheim[41]. Alle diese Anstalten seien einer weiteren Entwicklung fähig.

Herr Generalvikar Hilpisch: Katholischerseits bestände für schulpflichtige Knaben die Diözesan-Rettungsanstalt Zum Heiligen Joseph in Marienhausen[42], für

---

35 Dr. Adolf Schmidt (1858-1912), Jurist, seit 1894 Landrat des Unterwesterwaldkreises in Montabaur.

36 Das Rettungshaus in Wiesbaden war 1853 gegründet worden und im Besitz des evangelischen Vereins im Konsistorialbezirk Wiesbaden.

37 Vgl. Anm. 19.

38 Der Reinhardshof bei Nieder-Erlenbach, einem Dorf im Kreis Friedberg (heute Stadtteil von Frankfurt a. M.), war 1889 eröffnet worden und nahm 20-30 evangelische Mädchen auf.

39 Das evangelische Lehrlingsheim in Dillenburg war 1896 gegründet worden und im Besitz des Verbandes von Rettungshäusern und verwandten Anstalten und Vereinen im Großherzogtum Hessen und der Provinz Hessen-Nassau; es verfügte über 30 Plätze.

40 Der Gutshof Aumühle war 1899 von der Inneren Mission erworben und zu einer Erziehungseinrichtung für schwererziehbare Jungen gemacht worden.

41 Das Frauenheim Elisabethenhof in Eckenheim, einem Dorf im Landkreis Frankfurt (heute Stadtteil von Frankfurt a. M.), war 1899 gegründet worden.

42 Die Diözesan-Rettungsanstalt Zum Heiligen Joseph war 1864 in einem ehemaligen Zisterzienserkloster bei Aulhausen (heute Stadtteil von Rüdesheim) gegründet worden und im Besitz der katholischen Kirche, sie verfügte über 200 Plätze.

schulentlassene Knaben sei allerdings noch nicht gesorgt, und beabsichtige die bischöfliche Behörde, diese den Barmherzigen Brüdern in Hadamar bis zum April 1903 zu überweisen. Die schulentlassenen Mädchen würden in einer Anstalt in Marxheim[43] untergebracht werden.

Herr Landesrat Krekel: Die Landesdirektion beabsichtige, zunächst keine neuen Anstalten zu errichten, und hoffe, auch später etwa vermehrtem Bedürfnis durch Erweiterung der bestehenden abhelfen zu können. Dies treffe wenigstens hinsichtlich der schulpflichtigen Kinder zu. Außer den von dem Herrn Konsistorialpräsidenten und dem Herrn Generalvikar genannten Anstalten beständen für schulpflichtige Kinder noch folgende:

1. das evangelische Elisabethenstift in Katzenelnbogen,[44]
2. das Magdalenenasyl in Frankfurt a. M.,[45]
3. das Asyl in Wiesbaden,

ferner die katholischen Anstalten in Königstein [im Taunus], Seck[46] und Oberursel[47].

Für die Unterbringung der schulentlassenen Knaben müsse aber noch viel geschehen. Bis zum April 1903 beabsichtige man dieselben den Korrigendenanstalten zu überweisen, in denen 300 Plätze vorhanden, aber augenblicklich nur 80 belegt seien.

Herr Oberpräsident: Er konstatiere, daß die Bezirksverwaltung neue Anstalten nicht errichten wolle, sondern mit den bestehenden nach evtl. Erweiterung auszukommen gedenke.

Herr Konsistorialpräsident Ernst: Die Ausführungsbestimmungen des Gesetzes schrieben getrennte Anstalten für männliche und weibliche Zöglinge vor oder doch eine absolute Trennung der Geschlechter in derselben Anstalt. Eine strikte Befolgung dieser Vorschrift würde für das hiesige Rettungshaus lähmend wirken. Fast unmöglich sei ein getrennter Schulunterricht, und auch bezüglich getrennter Speiseräume würden sich Schwierigkeiten ergeben. Vielleicht sei es möglich, wenigstens für schulpflichtige Kinder Ausnahmen zuzulassen.

Herr Oberpräsident: Nach den gesetzlichen Bestimmungen seien Ausnahmen durchaus unzulässig.

Herr Oberpräsidialrat Fromme: Der Herr Minister habe ausdrücklich verlangt, daß das Gesetz nach jeder Richtung hin, insbesondere auch bezüglich der Trennung der Geschlechter, strikt befolgt werde.

Herr Konsistorialpräsident Ernst: Die Leiter der Anstalten seien häufig in der größten Verlegenheit, für ihren Schulunterricht Lehrpersonen zu finden. Wenn auch allgemein ein empfindlicher Lehrermangel bestände, so hätten doch die Anstalten, da ihre Schulen als Privatschulen angesehen würden, ganz besonders darunter zu leiden. Er ersuche daher die Schulaufsichtsbehörde, von ihrem Recht, die Seminaristen von der Verpflichtung, 5 Jahre im öffentlichen Schuldienst zu verbringen, zu entbinden, im Interesse der Anstalten zuweilen Gebrauch machen zu wollen.

---

[43] Die Schwestern vom Guten Hirten hatten in dem Dorf im Kreis Höchst a. M. (heute Stadtteil von Hofheim am Taunus), 1891 eine Erziehungsanstalt eröffnet.

[44] Das evangelische Elisabethenstift in Katzenelnbogen war 1887 gegründet worden und im Besitz der rheinisch-westfälischen Pastoralgehilfenanstalt in Duisburg; es verfügte über 60 Plätze.

[45] Das Asyl des Magdalenenvereins in Frankfurt a.M. war 1877 eröffnet worden und nahm bis zu 25 „gefallene Mädchen" auf.

[46] Dorf im Kreis Westerburg, heute Ortsgemeinde von Rennerod.

[47] Das 1893 gegründete Kinderheim Johannisstift in Oberursel war im Besitz der Schwestern von der göttlichen Vorsehung in Mainz. Es diente als Heim für verwaiste, verlassene und verwahrloste katholische Kinder beiderlei Geschlechts und verfügte über 150 Plätze.

Herr Oberpräsident: Er nehme an, daß in Zukunft den Anstaltsschulen, an deren Unterricht die der Fürsorgeerziehung überwiesenen Kinder teilnähmen, insoweit wenigstens der öffentliche Charakter zuerkannt werde, daß den Lehrern rücksichtlich ihres Eintritts in dieselben keine Schwierigkeiten bereitet würden.

Herr Oberregierungsrat Hempfing: Die Schulaufsichtsbehörde werde jederzeit die Dispensation gern erteilen, vorausgesetzt, daß der augenblicklich bestehende Lehrermangel nachlasse.

Herr Konsistorialpräsident Ernst: Die Erklärung des Herrn Oberpräsidenten genüge ihm.

Herr Landrat v. Meister bittet um Mitteilung der Anstalten und ihrer konfessionellen Grundlagen.

Herr Landesdirektor Sartorius: Er sei bereit, den Landräten eine Liste der Anstalten und ihrer Aufnahmebedingungen zukommen zu lassen.

Herr Oberpräsident schließt hierauf die Versammlung, indem er seinem Dank für die rege Beteiligung an die Beratungen und der Hoffnung Ausdruck gibt, daß das neue Gesetz auch im hiesigen Bezirk segensreich wirken werde.

Nr. 91

1901 März 19

Runderlaß[1] des preußischen Handelsministers Ludwig Brefeld, des Kultusministers Dr. Konrad Studt und des Innenministers Georg Freiherr von Rheinbaben an die Regierungspräsidenten

Druck

[Zur Beseitigung der Mißstände im Wohnungswesen sollen von den Gemeinden Maßnahmen zur Förderung des Baus von kleinen und billigen Wohnungen ergriffen werden; geeignete Möglichkeiten bestehen im Bau von Wohnungen für städtische Arbeiter und Beamte, in der Förderung gemeinnütziger und genossenschaftlicher Bauträger, in der Erleichterung des Pendelverkehrs mit den großstädtischen Außenbezirken und im Erwerb von Grundstücken und deren Nutzbarmachung für den Wohnungsbau]

In vielen Teilen des Staatsgebiets, in fast allen größeren, in zahlreichen mittleren und kleineren Städten und namentlich in den Industriebezirken herrschen zum Teil

---

[1] Ministerial-Blatt der Handels- und Gewerbe-Verwaltung 1901, S. 12-15.
Der Erlaß war ein Ergebnis der in der preußischen Staatsregierung geführten Beratungen über ein Wohnungsgesetz. Der Vizepräsident des Staatsministeriums Dr. Johannes von Miquel hatte in den Sitzungen des Staatsministeriums vom 3.11. und 8.12.1900 angeregt, unabhängig vom Gesetzesweg eine Zirkularverfügung an die Provinzialbehörden hinsichtlich der auf dem Verwaltungsweg zu veranlassenden Maßnahmen zur Verbesserung der Wohnungsverhältnisse zu erlassen. In der Sitzung vom 3.11. hatte er dabei darauf verwiesen, daß eine Veränderung der bestehenden Verhältnisse sehr wohl auch auf dem Weg der Polizeiverordnungen erfolgen könne, wie dies in Frankfurt a. M. geschehen sei; es sei auf diesem Weg sogar leichter etwas zu erreichen als durch ein Landesgesetz, das nur Mindestanforderungen stellen könne (Sitzungsprotokolle des preußischen Staatsministeriums vom 3.11. und 8.12.1900: GStA Berlin I. HA Rep.90a B III 2b Nr.6 Bd.141, fol. 248-291 Rs., hier fol. 267-276 Rs., und fol. 296-331, hier fol. 330-330 Rs.).

Mißstände im Wohnwesen der minderbemittelten Bevölkerungsklassen, deren Beseitigung sowohl im gesundheitlichen wie insbesondere im sozialen und sittlichen Interesse dringend geboten erscheint. Wenn sich auch ein durchgreifender Erfolg in dieser Beziehung nach Lage der Verhältnisse nur durch ein umfassendes gesetzliches Vorgehen auf den verschiedenen in Frage kommenden Verwaltungsgebieten erreichen lassen wird, so erscheint es doch wünschenswert, daß schon vor den in Vorbereitung befindlichen Änderungen der Gesetzgebung im Verwaltungsweg alle diejenigen Maßnahmen getroffen werden, die bereits nach dem gegenwärtigen Stand der Gesetzgebung in befriedigender Weise durchführbar sind und geeignet erscheinen, den bestehenden Wohnungsmißständen, wenigstens zu einem Teil, abzuhelfen. In dieser Beziehung kommen namentlich solche Maßregeln in Betracht, die auf die Beförderung der Herstellung gesunder, in sittlicher und sozialer Beziehung einwandfreier, billiger, kleiner Wohnungen abzielen. Durch sie wird nicht nur unmittelbar dem allerorts hervortretenden Bedürfnis der minderbemittelten Bevölkerungskreise entsprochen, sondern zugleich mittelbar die Möglichkeit geschaffen, für die Zukunft mehr als bisher gegen die Benutzung von Wohnungen, die nach ihrer Beschaffenheit zum Wohnen ungeeignet erscheinen oder die nach der Art ihrer Benutzung zu Bedenken Anlaß geben, zwangsweise einzuschreiten.

1. Soweit die Beschaffung geeigneter Wohnungen zu angemessenen Preisen für die in Staatsbetrieben beschäftigten Arbeiter und die gering besoldeten Staatsbeamten an manchen Orten auf Schwierigkeiten stößt, ist es bereits durch die Gesetze vom 13. August 1895, 2. Juli 1898, 23. August 1899 und 9. Juli 1900, betreffend die Bewilligung von Staatsmitteln zur Verbesserung der Wohnungsverhältnisse von Arbeitern, die in staatlichen Betrieben beschäftigt sind, und von gering besoldeten Staatsbeamten (Ges[etz]s[ammlung], S. 521, 137, 165, 293), als eine Aufgabe des Staats anerkannt worden, für die Verbesserung der Wohnungsverhältnisse dieser Arbeiter und Beamten Sorge zu tragen. Demgemäß werden aufgrund jener Gesetze an solchen Orten, wo die private Bautätigkeit das Bedürfnis an kleinen Wohnungen nicht befriedigt, wo die Mieten unverhältnismäßig hoch oder gute Wohnungen zu angemessenen Preisen nicht zu erhalten sind, kleine Mietwohnungen hergestellt und den staatlichen Arbeitern und gering besoldeten Beamten zur Benutzung dargeboten. Ferner werden zu gleichen Zwecken aus den durch jene Gesetze bereitgestellten Mitteln Baudarlehen, insbesondere an Baugenossenschaften, bewilligt.

In ähnlicher Weise wie der Staat haben auch bereits manche Städte für ihre Arbeiter und unteren Beamten kleine, gesunde Wohnungen errichtet. Indessen wird in dieser Beziehung von den Gemeinden noch erheblich mehr als bisher geschehen müssen. Die gleichen Erwägungen, die für die moralische Verpflichtung des Staats zur Fürsorge für das Wohnbedürfnis seiner eigenen Arbeiter und niederen Angestellten sprechen, treffen auch für die Gemeinden, insbesondere die größeren Stadtgemeinden, in ihrer Eigenschaft als Arbeitgeber dann zu, wenn die Wohnungsverhältnisse am Ort ungünstig sind. Sie wollen daher ungesäumt eine eingehende Prüfung vornehmen, inwieweit diese Voraussetzung, namentlich in den größeren Städten ihres Bezirks, vorliegt und auf die hiernach in Frage kommenden Stadt- und Landgemeinden mit allem Nachdruck dahin einwirken oder durch die Aufsichtsbehörde einwirken lassen, daß sie für ihre geringer besoldeten Angestellten und die Arbeiter der Gemeindebetriebe gesunde und zweckmäßige Wohnungen zu tunlichst billigem Mietpreis herstellen. In der Regel wird es sich empfehlen, daß die Gemeinde selbst, sei es in Regie oder durch Privatunternehmer, die Wohnungen errichtet. Sofern einzelne Gemeinden es jedoch vorziehen sollten, Baugenossenschaften ihrer Angestellten und Arbeiter ins Leben zu rufen oder, soweit solche bestehen, zu unterstützen oder die Herstellung der Wohnungen durch gemeinnützige Baugesellschaften bewirken zu lassen, wird darauf hinzuwirken sein, daß die von der Gemeinde gewährte finanzielle Unterstützung hinreichend hoch bemessen ist, um in absehbarer Zeit die Errichtung einer dem Bedürfnis entsprechenden Zahl geeigneter einwandfreier Wohnungen sicherzustellen sowie darauf, daß Vorsorge dafür getroffen wird, daß die Wohnungen nicht später ihrem ursprünglichen Zweck entzogen oder in unzulässiger Weise zur Aufnahme von Abmietern und Kost- und Quartiergängern benutzt werden. Wegen der in dieser Beziehung für Häuser, die von Bauvereinen mit Kaufanwartschaft vermietet werden, in Frage kommenden baulichen Benutzungs- und Veräußerungsbeschränkungen verweisen wir auf den vom Rheinischen Verein zur Förderung des Arbeiterwohnungswesens zu Düsseldorf[2] aufgestellten Entwurf eines Mietvertrags mit Kaufanwartschaft[3], von dem 5 Abdrucke hierneben angeschlossen sind.

2. Eine vermehrte Herstellung kleiner, gesunder und preiswerter Wohnungen für die minderbemittelten Klassen wird von den Gemeinden dadurch befördert werden können, daß sie überall dort, wo ungünstige Wohnungsverhältnisse bestehen, den gemeinnützigen Baugesellschaften und Baugenossenschaften die tunlichste Unterstützung angedeihen lassen. Voraussetzung für die Unterstützung durch die Gemeinde wird ohne Rücksicht auf die von den Bauvereinen gewählte rechtliche Form lediglich sein müssen, daß die Bauvereine nach ihrem Statut ausschließlich den Zweck verfolgen, gering bemittelten Familien gesunde und zweckmäßig eingerichtete Wohnungen in eigens erbauten oder angekauften Häusern zu billigen Preisen zu verschaffen und daß durch Statut die an die Gesellschafter zu verteilende Dividende auf höchstens 4 Prozent ihrer Anteile beschränkt, auch den Gesellschaftern für den Fall der Auflösung der Gesellschaft nicht mehr als der Nennwert ihrer Anteile zugesichert, der etwaige Rest des Gesellschaftsvermögens aber für gemeinnützige Zwecke bestimmt wird (vgl. § 5 g des Stempelsteuergesetzes vom 31. Juli 1895).[4] Auch wird zu erwägen sein, inwieweit und unter welchen Voraussetzungen etwa die gleichen Vergünstigungen, die den gemeinnützigen Bauvereinen gewährt werden, auch für andere Unternehmer Platz greifen sollen, die kleine, gesunde und zweckmäßig eingerichtete Wohnungen zu billigem Mietpreis herzustellen beabsichtigen.

In Frage kommt für die Unterstützung der Baugenossenschaften und Bauvereine zunächst der völlige oder teilweise Nachlaß der Straßen- und Kanalbaukosten sowie die Stundung der zu zahlenden Beträge auf längere Zeit. Hierbei empfiehlt es sich, in

---

2 Der Rheinische Verein zur Förderung des Arbeiterwohnungswesens war 1897 mit Sitz in Düsseldorf gegründet worden und rekrutierte sich zu guten Teilen aus Unternehmerkreisen. Allein bis 1900 hatte er an der Gründung von 50 bis 60 gemeinnützigen Bauvereinen mitgewirkt, die er bei der Geldbeschaffung unterstützte.

3 Muster eines Mietvertrags mit Kaufanwartschaft des Rheinischen Vereins zur Förderung des Arbeiterwohnungswesens: GStA Berlin I. HA Rep.76 VIII B Nr.2089, fol.42-46 Rs. Bei der Veröffentlichung des Erlasses nicht mit abgedruckt. Ein Abdruck des vom Rheinischen Verein zur Förderung des Arbeiterwohnungswesens aufgestellten Normalmietvertrags mit Kaufanwartschaft findet sich in: Heinrich Albrecht, Handbuch der Sozialen Wohlfahrtspflege in Deutschland, Berlin 1902, S. 288-299.

4 Die hier genannten Voraussetzungen wurden im § 5 g des preußischen Stempelsteuergesetzes vom 31.7.1895 als Bedingungen für die Befreiung von der Stempelsteuer genannt (PrGS, S. 413).

dem Gemeindebeschluß vorzusehen, daß die nachgelassenen Beträge dann nachgezahlt werden müssen, wenn die Wohnungen zu einem anderen als dem ursprünglichen Zweck verwandt werden, und daß die entsprechende Verpflichtung als eine dingliche Last auf die Grundstücke eingetragen wird. Auch der Erlaß der für Prüfung der Baugesuche zu entrichtenden Baupolizeigebühren bedeutet eine erwünschte Erleichterung. Die Gemeinden vermögen ferner die Bestrebungen der Baugenossenschaften und gemeinnützigen Bauvereine dadurch wirksam zu unterstützen, daß sie ihnen den Rat und die Mitwirkung der Gemeindebaubeamten unentgeltlich zur Verfügung stellen. Bei dem erfahrungsmäßig nur geringen eigenen Kapital, das namentlich die Arbeiter-Baugenossenschaften in der Regel aufzubringen vermögen, kommt für die Förderung der Genossenschaften und Vereine vornehmlich in Betracht, daß die Gemeinden selbst Geschäftsanteile oder Aktien zeichnen und die billige Beschaffung der Hypotheken, insbesondere soweit sie über die mündelsichere Grenze hinaus gegeben werden müssen, zu günstigen Bedingungen hinsichtlich Tilgung und Kündbarkeit nach Möglichkeit erleichtern. Soweit hierfür nicht andere Beträge zur Verfügung stehen oder von der Gemeindevertretung bereitgestellt werden, können namentlich die Überschüsse der kommunalen Sparkassen zu diesen Zwecken eine besonders geeignete Verwendung finden. Die Erleichterung der Kapitalbeschaffung für die Genossenschaften und Vereine wird aber auch dann, wenn die Gemeinde aus eigenen Mitteln zur finanziellen Beteiligung oder zur Hergabe von Darlehen nicht in der Lage ist, unschwer in der Weise erreicht werden können, daß die Gemeinde bei der Landesversicherungsanstalt Gelder zu den angegebenen Zwecken aufnimmt, für die sie der Versicherungsanstalt gegenüber Schuldnerin bleibt. Die Versicherungsanstalten pflegen namentlich für die Darlehensvermittlung an Baugenossenschaften und gemeinnützige Bauvereine vielfach besonders günstige Bedingungen zu gewähren,[5] so daß die Gemeinde auch bei Hinzurechnung eines geringen Zinsaufschlags von ¼ %, der zur Deckung etwa entstehender Verluste dient, dem Bedürfnis der Bauvereine nach billiger und weitgehender Beleihung ihrer Liegenschaften zu entsprechen vermag. Ferner können die Gemeinden den Vereinen die Beschaffung der Darlehen auch dadurch erleichtern, daß sie für diese, wie dies namentlich manche rheinische Gemeinden[6] getan haben, die Bürgschaft übernehmen. In diesen Fällen gehen einzelne Versicherungsanstalten erheblich über die sonst übliche Höchstgrenze der Beleihung hinaus. Für die Förderung der Baugenossenschaften und gemeinnützigen Bauvereine kann endlich unter gewissen Voraussetzungen (vgl. Ziffer 4) auch die billige Überlassung von Gemeindegrundstücken und die Stundung des Kaufpreises in Frage kommen.

---

[5] Vgl. Nr. 22 und Nr. 24 Bd. 6 der III. Abteilung dieser Quellensammlung; vgl. auch: Allgemeine Grundsätze des Vorstandes der Landesversicherungsanstalt Rheinprovinz für die Gewährung von Darlehen zum Zweck der Förderung gemeinnütziger, auf die Herstellung geeigneter Arbeiterfamilienwohnungen und Arbeiterhospize gerichteter Bestrebungen vom 9.1.1900, in: Heinrich Albrecht, Handbuch der Sozialen Wohlfahrtspflege in Deutschland, Berlin 1902, S. 266-270.

[6] Im Regierungsbezirk Köln waren dies insbesondere die Städte Köln, Bonn, Mülheim am Rhein. Vor allem im Regierungsbezirk Düsseldorf jedoch war diese Form der Förderung des Wohnungsbaus weitverbreitet, so z. B. in Essen, Kleve, Krefeld, Benrath, Duisburg, Elberfeld, Velbert, Oberhausen, Emmerich, Opladen, Solingen, Barmen, Lennep, Wermelskirchen und Neuss (Die Wohnungsfürsorge im Reiche und in den Bundesstaaten. Denkschrift, bearbeitet im Reichsamt des Innern, Berlin 1904, S. 95-108: Sten.Ber. RT 11. LP I. Session 1903/1904, Drucksache Nr. 471).

3. Ein weiteres Mittel, wodurch schon heute mit Erfolg auf eine Verbesserung der Wohnungsverhältnisse hingewirkt werden kann, ist die Erleichterung des Verkehrs nach den Außenbezirken der größeren Gemeinden. Es wird deshalb überall dort, wo Mißstände im Wohnungswesen bestehen, auf eine zweckentsprechende Entwicklung der kommunalen Verkehrsmittel, zugleich aber namentlich darauf Bedacht zu nehmen sein, daß für den Verkehr von und nach den Außenbezirken der Arbeiterbevölkerung, insbesondere auch für die Schulkinder, die erforderlichen Erleichterungen gewährt werden. Soweit die Gemeinden neue Genehmigungen für Straßenbahnen, Pferdebahnen u[nd] dergl[eichen] erteilen, wird grundsätzlich eine entsprechende ausdrückliche Bedingung in den Vertrag aufzunehmen sein.

4. Von durchgreifender Bedeutung für eine bessere Gestaltung der Wohnungsverhältnisse ist endlich eine zweckmäßige Bodenpolitik der Gemeinden. Die heute herrschenden Mißstände haben ihre Hauptquelle in der ungesunden Bodenspekulation, die sich freilich zum Teil mit Erfolg nur nach Abänderung der Gesetzgebung bekämpfen lassen wird. Ein wirksames Mittel, um sie in Schranken zu halten, bietet sich aber auch gegenwärtig schon in der Erwerbung tunlichst vieler Grundstücke durch diejenigen Gemeinden, deren stetiges Anwachsen das umliegende Acker- und Gartenland in immer zunehmendem Maße in Bauland verwandelt. In welcher Weise die Grundstücke, die in der Regel dauernd im Eigentum der Gemeinde zu erhalten sein werden, für die Bebauung nutzbar gemacht werden sollen, ob insbesondere die Gemeinde selbst, in Regie oder durch Privatunternehmer, Wohnungen darauf errichten und diese im Wege der Vermietung oder des Erbbaurechts[7] abgeben will oder ob die Bebauung im Wege des Erbbaurechts herbeigeführt werden soll, wird der näheren Erwägung der einzelnen Gemeinden überlassen bleiben können. Einer gesunden Bodenpolitik entspricht es insbesondere, wenn auch da, wo gegenwärtig Wohnungsnot herrscht, die im Eigentum der Gemeinden befindlichen, für billige Wohnungen geeigneten Grundstücke grundsätzlich nicht veräußert werden. Eine Veräußerung von Gemeindegrundstücken zur Bekämpfung der Wohnungsnot kann wohl vorübergehend den Erfolg haben, daß Wohnungen in größerer Anzahl und zu billigeren Preisen hergestellt und angeboten werden; auf die Dauer nützt sie aber nur der Terrainspekulation. Nur dann wird die Veräußerung von Gemeindegrundstücken zur Herstellung kleiner Wohnungen zugelassen werden können, wenn der Gemeinde ein dingliches Vorkaufsrecht vorbehalten wird oder wenn sonst hinreichende Sicherheit dafür gegeben ist, daß die Grundstücke der Privatspekulation entzogen bleiben. In dieser Beziehung verweisen wir namentlich auf die Tätigkeit derjenigen Baugenossenschaften und gemeinnützigen Bauvereine, welche die Häuser nicht zum Eigentumserwerb, sondern ausschließlich zum Vermieten herstellen, und auf die in dem beiliegenden Mietvertragsentwurf des Rheinischen Vereins zur Förderung des Arbeiterwohnungswesens[8] für den Fall der Vermietung mit Kaufanwartschaft in der An-

---

7 Beim Erbbaurecht wurde dem Erbbauberechtigten das Recht zugestanden, auf dem Grundstück eines Eigentümers ein Bauwerk zu errichten oder zu unterhalten. Bei in der Regel befristeter Laufzeit des Erbbauvertrags entrichtete er dafür einen Erbbauzins. Dadurch, daß der Erbbauberechtigte sich zur Bebauung des Grundstücks verpflichtete, sollte die Bodenspekulation ausgeschaltet werden; vgl. am Frankfurter Beispiel auch Nr. 101.

8 Mietvertrag mit Kaufanwartschaft des Rheinischen Vereins zur Förderung des Arbeiterwohnungswesens, Abdruck in: Heinrich Albrecht, Handbuch der Sozialen Wohlfahrtspflege in Deutschland, Berlin 1902, S. 288-299, hier S. 293 f. Die beschränkte persönliche Dienstbarkeit zielte als Rechtsinstitut in diesem Fall darauf, für den Eigentümer des bela-

merkung 19 zu § 12 vorgesehene Eintragung einer beschränkten persönlichen Dienstbarkeit zugunsten der Gemeinde.

Wir ersuchen Sie, auf die Gemeinden Ihres Bezirks nach den vorstehend unter Ziffer 2 bis 4 entwickelten Gesichtspunkten gleichfalls fortdauernd und mit dem durch die gesundheitliche, sittliche und soziale Bedeutung der Maßnahmen gebotenen Nachdruck einzuwirken und durch die Aufsichtsbehörden einwirken zu lassen. Die unter Ziffer 2 aufgeführten Maßnahmen kommen zum Teil, wie namentlich die Förderung der Baugenossenschaften und der gemeinnützigen Bauvereine durch Erleichterung der Kapitalbeschaffung und durch die Bereitstellung der Baubeamten zur unentgeltlichen Unterstützung und Beratung dieser Vereine, auch für die Kreise in Betracht. Sie wollen daher auch in dieser Beziehung das Erforderliche veranlassen.

Die unter Ziffer 4 hinsichtlich der Veräußerung von Gemeindegrundstücken entwickelten Grundsätze ersuchen wir Sie bei der Genehmigung von Grundstücksveräußerungen der Stadtgemeinden im Bezirksausschuß zu vertreten, auch die Landräte wegen eines gleichmäßigen Verfahrens im Kreisausschuß bei der Genehmigung von Grundstücksveräußerungen der Landgemeinden zu verständigen.

Zum 1. März künftigen Jahres wollen Sie uns über den Erfolg Ihrer Bemühungen berichten.[9]

---

steten Grundstücks bestimmte Nutzungsarten auszuschließen bzw. umgekehrt vorzuschreiben. So durften nach dem hier herangezogenen Vertrag ohne Genehmigung des Verkäufers keine Neubauten, Aufbauten und Anbauten vorgenommen werden und in den verkauften Häusern nur Familien von Arbeitern oder diesen sozial gleichgestellte Personen wohnen. Die Wohnung sollte so als Arbeiterwohnung erhalten bleiben.

9 Als Beispiel für die Berichterstattung vgl. Nr. 101.

Nr. 92

1901 April 24

Schreiben[1] des Leiters des Frankfurter Armenamts Dr. Karl Flesch an den Kieler Stadtrat Dr. Friedrich Soetbeer[2]

Entwurf in Maschinenschrift mit handschriftlichen Korrekturen Fleschs

[Sozialpolitik und Armenpflege beruhen auf entgegengesetzten Voraussetzungen – hier Prüfung des Einzelfalls, dort allgemeine Normen, hier individuelle, dort soziale Ursachen der Not]

Verehrter Herr Kollege, ich habe über die Frage, in welcher Art Referat und Korreferat verteilt werden, bisher noch nicht nachgedacht und mache nur ganz unmaßgeblich folgende Bemerkungen:

Wie Sie richtig annehmen, hatte ich einen anderen Wortlaut für das Thema vorgeschlagen und wollte denselben auch im Anfang meines Referats wiederherstellen. Die Armenpflege individualisiert, die neue Richtung in Politik und Volkswirtschaft sozialisiert.

Die Frage ist, wie das sozialisierende Prinzip, das z. B. in dem Zwangsversicherungsgesetz zum vollsten Ausdruck kommt, auf die Armenpflege einwirkt, deren Ziel das Entgegengesetzte, nämlich das Individualisieren ist. Ich wollte hiernach Armenpflege und Sozialpolitik nach ihrer Aufgabe und ihren Mitteln vergleichen – und bemerke hierzu nur, daß sie sich verhalten wie Medizin und öffentliche Gesundheitspflege und daß das Haupt<u>mittel</u> der Sozialpolitik, die Gesetzgebung, die allgemeine Norm für die Armenpflege fast völlig versagt, während das Hauptmittel der Armenpflege, die Prüfung des Einzelfalls, das Anpassen der Hilfe an die besonderen Ursachen des Notstands, sozialpolitisch fast wertlos ist, wie ja auch umgekehrt die Armut vielfach aus rein persönlichen Eigenschaften des Verarmten (Charaktermängel usw.) entsteht, während zugleich die größten individuellen Vorzüge gegen die Folgen sozialer Übelstände nicht zu schützen vermögen. Die Betonung der sozialen Ursachen der Not führt also ein Moment in die Betrachtung, das dem rein armenpfleglichen Interesse prinzipiell gegenübersteht. Die Armenpflege muß sich mit dieser ganz veränderten Sachlage abfinden; sie ist nicht mehr das einzige Mittel, das der Staat den Bedürftigen zur Verfügung stellt; mit der Unterstützung Bedürftiger betrauten Organe müssen sich derartig umwandeln, daß sie auch jedes andere Mittel in Gebrauch zu setzen verstehen, und müssen zugleich prüfen, in welchem Fall sie das eine Mittel: die Armenpflege, oder das andere: die sozialpolitischen Maßnahmen anzuwenden haben. Hieraus ergeben sich eine Reihe von Folgerungen, von denen ich nur einige kurz andeute:

1. <u>Verfassung der Armenpflege</u>. Die rein bürokratische Form der Armenpflege, welche in der Armut einen dauernden, wesentlich unveränderlichen Zustand sieht,

---

[1] Institut für Stadtgeschichte Frankfurt am Main Wohlfahrtsamt 494, fol. 117-118 Rs.
Zum Kontext vgl. Nr. 89 Anm. 2. Als Korreferent zum Thema der „sozialen Ausgestaltung" der Armenpflege auf der Jahrestagung des Deutschen Vereins für Armenpflege und Wohltätigkeit 1901 hatte Dr. Friedrich Soetbeer den Hauptreferenten Dr. Karl Flesch am 15.4.1901 in der Absicht angeschrieben, die Grundausrichtung der Referate abzustimmen und die gemeinsame Arbeitsteilung abzusprechen (Institut für Stadtgeschichte Frankfurt a. M. Wohlfahrtsamt 494, fol. 115-116 Rs.).

[2] Dr. Friedrich Soetbeer (1865-1922), Jurist, seit 1895 Stadtrat in Kiel.

muß auch aus der privaten, kirchlichen u. stiftungsmäßigen Armenpflege verschwinden; insbesondere die öffentliche Armenpflege hat sich nicht als einen abgesonderten Teil der städtischen Verwaltung zu betrachten, sondern als dasjenige Organ, das auf allen Gebieten der Verwaltung den Interessen der notleidenden Bevölkerung Rechnung zu tragen sucht.

2. Bauwesen. Bauordnungen und Alignements; Linderung der Wohnungsnot, Verlegung von Arbeiten vom Sommer in die arbeitsstille Zeit, Betonung der besonderen Aufgabe der öffentlichen Korporationen als Arbeitgeber (fair wages!) und bei der Vergebung von Arbeiten Berücksichtigung des Kleinhandwerks bei Submissionen.

3. Finanzwesen. Berücksichtigung der unteren Klassen bei Beordnung von Kommunalsteuern, Taxen und Gebühren wie bei Beordnung der städtischen Betriebe (Schlachthäuser, Straßenbahn usw.).

4. Schulwesen. (Frage der Schulgelderhebung, der freien Lehrmittel, Schulen für Schwachbefähigte, der Fortbildungsschulen und der Fürsorgeerziehung).

Das Register ließe sich noch weiter fortsetzen, jedoch werden die einzelnen Forderungen nicht um ihrer selbst willen, sondern als Beispiel des Zusammenhangs der sozialpolitischen Maßnahmen mit den Aufgaben der Armenpflege aufgeführt. Umgekehrt ist aber auch Aufgabe der Armenpflege, aus ihrem Gebiet heraus die Bestrebungen zu fördern, welche sozial bedeutsam sind, wie sich ja aus der offenen Armenpflege die Hauspflege, aus der geschlossenen Armenpflege die Fürsorge für Genesende und für Lungenkranke, aus der Kinderpflege das Gebiet der Fürsorgeerziehung tatsächlich entwickelt hat.

Wir sind bei dieser Auffassung des Themas, wie ich nicht zweifle, vollständig einer Meinung, und es ist ersichtlich, daß sich daraus eine äußerst fruchtbare Verhandlung entwickeln läßt; vielleicht könnten wir uns in dieselbe in der Art teilen, daß der eine Referent die allgemeine Erörterung und die allgemeinen Aufgaben der Armenverwaltung sowie die allgemeinen Anforderungen an die Organisation der Armenpflege entwickelt, während der andere die Bedeutung schilderte, welche die Berücksichtigung des sozialen Moments in jedem einzelnen Ressort für die Armenpflege haben muß.

Nr. 93

1901 Mai 8

Schreiben[1] des Kieler Stadtrats Dr. Friedrich Soetbeer an den Leiter des Frankfurter Armenamts Dr. Karl Flesch

Abschrift in Maschinenschrift

[Die Armenpflege muß zwischen verschuldeter und unverschuldeter Armut unterscheiden und im letzteren Fall nicht nur das Existenzminimum, sondern einen auskömmlichen Lebensunterhalt gewähren]

Erst heute komme ich dazu, Ihr freundliches Schreiben v[om] 24. v. M.[2] zu beantworten.

---

1 Institut für Stadtgeschichte Frankfurt am Main Wohlfahrtsamt 494, fol. 119-120.
2 Nr. 92.

Ich ersehe aus demselben, daß Sie insofern das Thema anders auffassen und zu gestalten suchen, als Sie wesentlich auf eine andere sozialreformatorische Umformung der Armenpflegeverwaltung u. Verfassung hinauswollen und aus der Armenverwaltung sozusagen einen preußischen Finanzminister im kleinen zu machen bestrebt sind, die sich in alle übrigen Ressorts der Stadtverwaltung hineinmischen und unter Umständen ihr gebieterisches Veto einlegen soll. Gewiß läßt sich hierfür sehr vieles sagen, da ja die Armenverwaltung in der Tat die allermeisten Berührungspunkte mit den Bedürfnissen der Bevölkerung hat. Ich möchte jedoch Zweifel daran hegen, ob die Armenverwaltung dazu berufen und jeweilig auch dazu befähigt ist, in dieser Weise sich zu betätigen, und ob sie sich doch nicht mehr als eine selbständige, mit eigenartigen Aufgaben betraute Verwaltung betrachten muß. Dabei soll sie natürlich das gesamte städtische Interesse mit im Auge behalten und durch ihren Vorsitzenden ihre Anschauungen im Magistrat nachdrücklich zur Geltung bringen. Eine direkte Mitwirkung und Mitarbeit möchte ich ihr doch nicht ohne weiteres zugestehen.

Ich habe meinerseits das Thema anders aufgefaßt. Ich habe zunächst die verschiedenen Bedeutungen des Wortes „sozial" untersucht und mich dann der Frage zugewandt, ob die eigentlichen Leistungen der Armenpflege, sozialpolitisch betrachtet, befriedigend sind, und dabei bin ich fast unwillkürlich dazu gekommen, gegen das in Nürnberg proklamierte Existenzminimum[3] vorzugehen, und habe als sozial notwendig gefordert, daß die Armenpflege einen Unterschied machen müsse zwischen verschuldeter u. unverschuldeter Armut, zwischen Würdigkeit und Unwürdigkeit – dies wurde damals vom Hauptreferenten Schmidt-Mainz[4] als unzulässig bezeichnet –, und daß sie sich im Falle unverschuldeter Armut nicht darauf beschränken dürfe, das Existenzminimum, also nur das zu gewähren, was vor dem Verhungern schützt, sondern daß sie einen auskömmlichen Lebensunterhalt darreichen müsse. Soweit bin ich bis jetzt gelangt. Die Fortsetzung ist mir noch unklar. Das Thema ist so unerschöpflich, daß eigentlich kein Anfang und kein Ende dabei ist. Deshalb beschränke ich mich lieber auf das Notwendigste. Doch auch hier fällt es mir wohl sehr schwer. Jedenfalls wollte ich erst auf die Wohnungsfrage los und auf den Versuch hinweisen, der hier jetzt gemacht werden soll, nämlich den Bau von Wohnungen direkt für Armenpfleglinge, damit die Armenverwaltung nicht unter Umständen gezwungen ist, Miete zu zahlen für Wohnungen, welche nicht menschenwürdig sind.

Ich fürchte übrigens fast, daß ich mit meinen Ausführungen, sofern sie sich insbesondere gegen das sogenannte Existenzminimum richten, bei dem Vorstand wenig Freude erregen werden, zumal mir zu einer wirklichen Durcharbeitung in der Tat die Zeit fehlt. Es würde daher für mich doppelt von Wert sein, Ihre geschätzte Meinung hierüber zu hören. Es ist mir selten eine Aufgabe so in die Quere gekommen wie dieser Streitbericht. Ich hätte ihn lieber gar nicht erst übernehmen sollen und hatte inzwischen schon mal die Absicht, wieder davon zurückzutreten. Indessen habe ich schließlich mich doch dazu entschlossen, das Meinige wenigstens doch zu tun und das andere dann dem Vorstand oder dem Verein zu überlassen. Ich erwarte aber alles von Ihrem Bericht.

---

[3] Stenographischer Bericht über die Verhandlungen der achtzehnten Jahresversammlung des deutschen Vereins für Armenpflege und Wohlthätigkeit am 29. und 30. September 1898 in Nürnberg (Schriften des deutschen Vereins für Armenpflege und Wohlthätigkeit, Heft 40), Leipzig 1899, S. 98-105.

[4] Dr. Georg Schmidt, in: ebenda, S. 101.

Nr. 94

1901 Mai 13

Runderlaß[1] des preußischen Innenministers Hans Freiherr von Hammerstein-Loxten[2] und des Handelsministers Theodor Möller[3] an die Oberpräsidenten

Druck

[Die Arbeitsnachweise in den Industriegebieten sollen Kontakt mit den landwirtschaftlichen Nachweisen aufnehmen, um frei werdende Arbeitskräfte wieder dem Land zuzuführen; die Arbeiterkolonien sind auszubauen]

In den auf unseren Runderlaß vom 17. Februar v. J. erstatteten Berichten hat die Frage, ob und in welcher Weise die Fürsorge für Arbeitslose im Wege der Gesetzgebung zu regeln sei, eine sehr verschiedene Beurteilung erfahren. Indem wir uns über diese Frage unsere Entschließung vorbehalten, nehmen wir Veranlassung, Euerer Exzellenz Aufmerksamkeit erneut auf die Förderung der freiwilligen Tätigkeit auf dem Gebiet der Fürsorge für Arbeitslose hinzuweisen, insbesondere auf die weitere Ausgestaltung der Arbeitsnachweise und der Arbeiterkolonien.

Bei Schaffung und Erweiterung organischer Verbindungen zwischen den einzelnen Arbeitsnachweisestellen (vgl. die Runderlasse vom 31. Juli 1894[4] und vom 8. März 1898[5] Min[isterial-]Bl[att] 1894 S. 216 u. 1898 S. 77) wird namentlich dahin zu wirken sein, daß die in den Industriegebieten vorhandenen allgemeinen Nachweiseanstalten mit denjenigen der landwirtschaftlichen Bezirke und überhaupt mit den von den Landwirtschaftskammern und den von den Handwerkskammern, Innungen und dergl[eichen] eingerichteten Nachweisestellen Fühlung suchen, um bei dem Freiwerden von industriellen Arbeitskräften diese tunlichst wieder der Landwirtschaft und dem Handwerk zuzuführen. Bei dem auf dem platten Lande und vielfach auch in den kleinen Städten herrschenden Mangel an Arbeitern ließe sich eine immerhin nicht unerhebliche Zahl Arbeitsloser auf diese Weise unterbringen.

Soweit die Arbeitsvermittlung versagen sollte, ist in den Arbeiterkolonien ein Mittel gegeben, um den Arbeitslosen bis zur Beschaffung neuer Arbeitsgelegenheit ein Unterkommen zu beschaffen. Wenn auch die vorhandenen Arbeiterkolonien in ihrer gegenwärtigen Gestalt nicht ausreichen, um bei wirtschaftlichen Krisen einen

---

1 Ministerial-Blatt für die gesammte innere Verwaltung in den Königlich Preußischen Staaten 1901, S. 148f. Der Erlaß ist in Vertretung gezeichnet vom Unterstaatssekretär im preußischen Innenministerium Alexander von Bischoffshausen und vom Unterstaatssekretär im Handelsministerium Theodor Lohmann.

2 Hans Freiherr von Hammerstein-Loxten (1843-1905), Jurist, 1883-1901 Bezirkspräsident von Lothringen in Metz, seit 6.5.1901 preußischer Innenminister.

3 Theodor Möller (1840-1925), Maschinenfabrikbesitzer in Brackwede, seit 6.5.1901 preußischer Handelsminister.

4 Erlaß des preußischen Innenministers Botho Graf zu Eulenburg und des Handelsministers Hans Freiherr von Berlepsch an die Regierungspräsidenten vom 31.7.1894 (PrMBliV 1894, S. 216-218); vgl. Nr. 41 Anm. 5.

5 Erlaß des preußischen Innenministers Eberhard Freiherr von der Recke von der Horst und des Handelsministers Ludwig Brefeld an die Regierungspräsidenten vom 8.3.1898 (PrMBliV 1898, S. 77-80).

nennenswerten Teil der Arbeitslosen Unterkunft zu gewähren, so wird es doch möglich sein, durch eine Vergrößerung derselben oder durch die Neubegründung weiterer Arbeiterkolonien und event[ue]l auch durch die Anlage von besonderen Notstandskolonien auf urbar zu machenden Ödländereien denjenigen Arbeitslosen vorübergehend Beschäftigung zu geben, für deren Aufnahme die jetzigen Arbeiterkolonien nicht ausreichen. Um die in diesen Anstalten aufgestauten Arbeitskräfte so bald als möglich dem wirtschaftlichen Verkehr wieder zuführen zu können, werden die Anstalten mit Arbeitsnachweisen zu verbinden und diese den Arbeitsnachweisverbänden anzugliedern oder mit geeigneten, nicht gewerbsmäßigen Arbeitsnachweisestellen in dauernde Verbindung zu setzen sein. Nötigenfalls wird auf die Provinzialverbände dahin einzuwirken sein, daß sie die Mittel zur Verfügung stellen, um die Arbeiterkolonien zu erweitern und durch die Neubegründung von weiteren Arbeiterkolonien und von Notstandskolonien zu ergänzen. Nach den bisherigen Erfahrungen steht zu erwarten, daß sich die in Betracht kommenden Verbände sachentsprechenden Anregungen Euerer Exzellenz gegenüber entgegenkommend verhalten werden.

Für den Aufenthaltswechsel zum Antritt der durch die Arbeitsnachweise vermittelten auswärtigen Arbeitsstellen und ebenso für die Beförderung der Arbeitslosen zu den Arbeiterkolonien und Notstandskolonien verdient in der großen Mehrzahl der Fälle die Eisenbahnfahrt den Vorzug vor dem Wandern auf der Landstraße. Behufs Erleichterung der Eisenbahnbeförderung in solchen Fällen hat der Herr Minister der öffentlichen Arbeiten[6] sich grundsätzlich damit einverstanden erklärt, Arbeitsnachweisestellen, welche die nötige Bürgschaft bieten, widerruflich die Vergünstigung zu gewähren, daß sie Gutscheine ausstellen, für welche von den Fahrkartenausgabestellen Fahrkarten verabfolgt werden und über die monatlich zwischen den Nachweisestellen und der Eisenbahnverwaltung abgerechnet wird.

Wir nehmen in dieser Hinsicht auf den in Abschrift beiliegenden Runderlaß an die Regierungspräsidenten vom 13. Mai d. J. (Anl[age] a)[7] Bezug, dessen Inhalt nach den neuesten Bestimmungen des Herrn Ministers der öffentlichen Arbeiten insofern noch zu ergänzen ist, als die Vergünstigung auch auf die Ausstellung von Gutscheinen für Fahrkarten nach der nächstbelegenen Arbeiterkolonie oder Notstandskolonie erstreckt werden kann.

---

6 Karl von Thielen.

7 Runderlaß des preußischen Handelsministers Theodor Möller und des Innenministers Hans Freiherr von Hammerstein-Loxten an die Regierungspräsidenten vom 13.5.1901 (PrMBliV 1901, S. 149).

Nr. 95

1901 Mai 15

Denkschrift[1] des Direktors des Hamburger öffentlichen Armenwesens Dr. Adolf Buehl[2] für das Armenkollegium

Druck

[Die Tätigkeit der Frauen als Hilfsarmenpflegerinnen wird nach einer Umfrage bei den Armenbezirken mehrheitlich positiv bewertet; an die Stelle der bisherigen untergeordneten Stellung der Frauen in der öffentlichen Armenpflege sollte eine gleichberechtigte Stellung treten; eine ganze Reihe von Städten hat damit gute Erfahrungen gemacht; jedoch sollten nicht mehr als ein Drittel der Armenpfleger in einem Bezirk Frauen sein]

Durch Beschluß vom 2. November 1897[3] hat sich das Armenkollegium im Prinzip für die Heranziehung von Frauen zur öffentlichen Armenpflege ausgesprochen. Die Stellung, die den Frauen zugewiesen wurde, war die von Helferinnen, welche in geeigneten Fällen – zumal im Interesse einer intensiveren Kinder-, Kranken- und Wöchnerinnenfürsorge sowie zur Überwachung des Hauswesens – nach dem Ermessen des Bezirksvorstehers und auf dessen Ersuchen zur Ergänzung der männlichen Pflegetätigkeit in Funktion treten sollten.

Jedem Kreis wurde eine entsprechende Anzahl zur Mitarbeit bereiter Frauen überwiesen, deren Verteilung auf die Bezirke den Kreisen überlassen blieb. Während zunächst sämtliche Kreise jedem einzelnen Bezirk bestimmte Frauen unmittelbar angliederten, hat der dritte Kreis die Zuweisung der Frauen an die Bezirke nach kurzer Zeit wiederaufgehoben und statt dessen die im Kreis wirkenden Helferinnen zu einer dem Kreis direkt unterstellten (neuerdings in zwei Gruppen geteilten) Körperschaft vereinigt, welche durch zwei vermittelnde Frauen in regelmäßiger Verbindung mit sämtlichen Bezirksvorstehern des Kreises steht. Die vermittelnden Frauen erhalten von den Vorstehern die Aufträge, wählen die geeignete Helferin aus und übermitteln ihr den Auftrag. Die Wirksamkeit der Frauen hat sich im dritten Kreis auch in materieller Hinsicht insofern anders wie in den übrigen Kreisen gestaltet, als sich die Frauen dort nicht auf das Gebiet der öffentlichen Armenpflege beschränkt, sondern daneben auch eine umfassende Privatwohltätigkeit zur zweckmäßigen Ergänzung der staatlichen Fürsorge entfaltet haben.

Die Zahl der zur Mitarbeit bereiten Frauen betrug im Jahre 1898 317, im Jahre 1899 305, im Jahre 1900 309.

Am 14. Juni 1900 beschloß das Armenkollegium[4], veranlaßt durch die in Bremen aufgrund des Gesetzes, betreffend die stadtbremische Armenpflege, vom 25. April 1900[5] erfolgte Zulassung von Frauen zum Pflegeramt und in der Erwägung, daß,

---

1 Staatsarchiv Hamburg 351-2 II Nr.46, fol. 92-95.

2 Dr. Adolf Buehl war seit 1897 Direktor des öffentlichen Armenwesens in Hamburg.

3 Nr. 64.

4 Auszug aus dem Protokoll der 106. Sitzung des Armenkollegiums vom 14.6.1900 (StA Hamburg 351-2 II Nr.46, fol. 68-68 Rs.).

5 Gesetz, betreffend die stadtbremische Armenpflege, vom 25.4.1900 (Gesetzblatt der Freien Hansestadt Bremen 1900, S. 191). Angestoßen durch die Abschrift des Artikels „Definitiv als Armenpflegerinnen zugelassen", der über die neue Regelung in Bremen berichtete und der Zeitschrift „Frauen-Arbeit" vom 25.5.1900 entnommen war, schrieb Dr. Adolf Buehl am 30.5.1900 an Senator Dr. Gerhard Hachmann: *Ich kann nicht umhin, meiner schon frü-*

wenn die Frauentätigkeit nicht allmählich ganz in den Hintergrund gedrängt werden solle, belebende Maßnahmen geboten seien, der Frage einer organischen Eingliederung von Frauen in die hiesige öffentliche Armenpflege vorbereitend dadurch näherzutreten, daß über den Umfang und die Erfolge der seitherigen Frauentätigkeit eine Umfrage[6] an die Kreise und Bezirke gerichtet wurde.

Nach dem Ergebnis der Umfrage sind in 77 Armenbezirken etwa 140 Frauen in ungefähr 350 Armenpflegefällen tätig gewesen, während 31 Bezirke Frauen zur Mitarbeit nicht herangezogen haben.[7] Die Tätigkeit der Frauen bestand in der Hauptsache in der Fürsorge für kinderreiche Familien, Wöchnerinnen und Kranke sowie in der Vermittlung von Arbeit; daneben ist ihnen nicht selten die schwierige Aufgabe gestellt worden, verwahrlosten Hausständen aufzuhelfen und durch deren fortgesetzte Kontrolle auf die Schaffung geordneter Zustände und damit auf den Fortfall der Ursache der Verarmung hinzuwirken. Um ein Bild von der vielseitigen Verwendbarkeit weiblicher Hilfskräfte in der öffentlichen Armenpflege zu geben, füge ich den bereits zu Anfang des Jahres 1899, also etwa ein Jahr nach erfolgter Heranziehung von Frauen, verfaßten Bericht eines Bezirksvorstehers als Anlage 1[8] bei.

Die Kreise III, IV, V und VIII haben die Frauen verhältnismäßig häufig beschäftigt, während letztere in den übrigen Kreisen seltener zur Mitarbeit herangezogen worden sind. Am intensivsten hat sich die weibliche Tätigkeit im dritten Kreis entwickelt, doch verdankt sie hier ihre Erfolge wesentlich der umfassenden Aufwendung privater Mittel. Eine derartige Mitarbeit kann aber naturgemäß nur von wohlhabenden Frauen geleistet werden, wie sie speziell dem dritten Kreis infolge der persönlichen Beziehungen seines derzeitigen Vorstehers[9] zur Verfügung stehen, während von einer Übertragung dieser Organisation auch auf die übrigen Kreise, wie solches allerdings von 2 Bezirken empfohlen worden ist, nicht wohl die Rede wird sein können. Zur näheren Charakterisierung der weiblichen Tätigkeit im dritten Kreis ist der Bericht einer der vermittelnden Frauen über die im Laufe der Monate März bis Mai 1899 behandelten Fälle als Anlage 2[10] beigegeben.

Die Frage, ob sich die Tätigkeit der Frauen als zweckmäßig bewährt hat, ist von 44 Bezirken bejaht, von 9 Bezirken verneint worden; die übrigen Bezirke haben

---

her geäußerten Meinung bei dieser Gelegenheit erneuten Ausdruck zu geben, daß, wenn die Frauentätigkeit in der hiesigen Armenpflege nicht allmählich einschlafen soll, irgendwelche belebenden und auffrischenden Maßnahmen getroffen werden müssen. Es werde *zu überlegen sein, ob nicht auch hier der Zeitpunkt für eine organische Eingliederung des weiblichen Elements in unsere Armenpflege gekommen ist* (StA Hamburg 351-2 II Nr.46, fol. 66-67).

6 Das Umfragematerial liegt vor in: StA Hamburg 351-2 II Nr.58.

7 Die folgenden Ausführungen Dr. Adolf Buehls beruhen auf einer zusammenfassenden Auswertung der angeführten Umfrage durch den Registrator in der Allgemeinen Armenanstalt Hans Peter Claussen für Buehl vom 11.3.1901 (StA Hamburg 351-2 II Nr.46, fol. 77-78 Rs.).

8 Anlage 1: Bericht eines (nicht genannten) Bezirksvorstehers über die Mitarbeit in seinem (ungenannten) Bezirk vom 5.3.1899 (StA Hamburg 351-2 II Nr.46, fol. 95 Rs.-97). Das Original liegt vor als Bericht des Vorstehers des Armenpflegebezirks 81 b, Dr. Hermann Joachim, für die Allgemeine Armenanstalt vom 5.3.1899 (StA Hamburg 351-2 II Nr.57, fol. 8-15).

9 Seit 1897 war das der Rechtsanwalt Dr. Adolf Nikolaus Zacharias.

10 Anlage 2: Bericht über die Tätigkeit der Damen in der öffentlichen Armenpflege (III. Kreis) vom März bis Mai 1899 (StA Hamburg 351-2 II Nr.46, fol. 97 Rs.-99). Das Original liegt vor als Bericht von Maria Brandis über die Tätigkeit der Damen in der öffentlichen Armenpflege im III. Kreis (StA Hamburg 351-2 II Nr.57, fol. 16-21).

entweder Frauen zur Mitarbeit nicht herangezogen oder zu jener Frage mangels ausreichender Erfahrungen keine Stellung genommen.

Eine regelmäßige Teilnahme der Frauen an der Bezirksversammlung hat nur in 4 Bezirken (18, 28, 41 und 86) stattgefunden, die sich übereinstimmend dahin äußern, daß dadurch weder die freie Aussprache beeinträchtigt noch ein sonstiger Nachteil herbeigeführt worden sei.

Was die in bezug auf die weitere Entwicklung der weiblichen Tätigkeit gemachten Vorschläge anlangt, so haben sich die Herren Kreisvorsteher Dr. Zacharias und J. C. Aug. Jauch[11] sowie 14 Bezirke (14, 20, 23, 26, 27, 31, 61 b, 62, 80 a, 80 b, 81 a, 81 b, 83 und 38 a) für die Bestellung von Frauen als vollberechtigte Pflegerinnen ausgesprochen resp. ihre Bereitwilligkeit, Armenpflegerinnen in ihre Mitte aufzunehmen, erklärt, während die Kreisversammlung IV zwar ein diesbezügliches Bedürfnis verneint, sich aber gleichzeitig dahin geäußert hat, daß, wenn eine Mitarbeit von Frauen auch im Bereich der öffentlichen Armenpflege für zweckmäßig erachtet werden sollte, die Frauen den Pflegern völlig gleichgestellt werden müßten, da die bisherige Stellung derselben ihrer Würde als Frauen nicht entspreche. Jenes übereinstimmende Votum einer größeren Anzahl von Bezirken gewinnt an Bedeutung durch den Umstand, daß im Fragebogen eine bezügliche Frage nicht ausdrücklich gestellt war, daß es sich also um eine spontane Meinungsäußerung handelt.

Einige Bezirke haben erklärt, daß sie der Mitarbeit der Ehefrauen ihrer eigenen Pfleger den Vorzug gäben, weil dabei Differenzen zwischen Pfleger und Helferinnen vermieden blieben; ein Bezirk regt die Heranziehung der Frauen der Pfleger in der Art, wie solche in der Waisenpflege üblich ist, an, während ein anderer Bezirk sich entschieden gegen die Verwendung der Ehefrauen der Pfleger ausspricht, weil darunter die Selbständigkeit in der Beurteilung des Pflegefalls leiden müsse.

Von verschiedenen Seiten ist endlich darauf hingewiesen worden, daß bei den gesteigerten Anforderungen, welche in Ehrenämtern der verschiedensten Art gerade in Hamburg an die Leistungsfähigkeit der Bürger gestellt würden, die Beschaffung geeigneter männlicher Pflegekräfte sich immer schwieriger gestalten dürfte und daß dem daraus für die öffentliche Armenpflege sich ergebenden Übelstand mit dauerndem Erfolg nur durch Heranziehung weiblicher Hilfe werde begegnet werden können.

Aufgrund vorstehender Darlegungen darf das Resultat der Umfrage als ein der Frauentätigkeit im allgemeinen recht günstiges bezeichnet werden, besonders wenn man bedenkt, wie gering die Sympathien waren, welche der neuen Einrichtung abseiten der Pflegeorgane zunächst entgegengebracht wurden.

Die vorliegenden Erfahrungen haben aber weiterhin auch den Weg bezeichnet, auf welchem die Beseitigung der der jetzigen Organisation anhaftenden Mängel und insbesondere eine bessere Ausnutzung der bislang nur vereinzelt zu voller Entfaltung gelangten weiblichen Arbeitskraft im Interesse der Allgemeinheit zu erzielen sein wird.

Die bisherige Organisation hatte von vorneherein den Charakter eines Provisoriums. Sie sollte den Frauen Gelegenheit gewähren, ihre Befähigung auch in bezug auf die Aufgaben der öffentlichen Armenpflege darzutun und zugleich einen Prüfstein für die Möglichkeit eines gedeihlichen Zusammenwirkens beider Geschlechter in der öffentlichen Armenpflege abgeben. Ihre wesentlichsten Mängel lagen einerseits in der bei gemeinsamer Behandlung eines und desselben Falls durch Pfleger und Helfe-

---

[11] Johann Karl August Jauch (1848-1930), Privatier in Hamburg, 1893-1895 und seit 1898 Notabelnabgeordneter der Bürgerschaft, Vorsteher des VIII. Armenkreises, von der Bürgerschaft gewähltes Mitglied des Armenkollegiums der Allgemeinen Armenanstalt.

rin unvermeidlichen Schwerfälligkeit des Verfahrens und andererseits in dem untergeordneten Charakter der den Frauen zugewiesenen Stellung. Das Bewußtsein, nur „Pfleger zweiter Klasse“ zu sein, mußte auf die Frauen, zumal bei tüchtigen Leistungen, verstimmend und lähmend wirken, und zudem blieb ihnen die Bezirksversammlung und damit diejenige Stelle durchweg verschlossen, wo sie allein die zur Entfaltung einer ersprießlichen und vollwertigen Tätigkeit in der öffentlichen Armenpflege unentbehrliche praktische Schulung erlangen konnten.

Das alles gestaltet sich anders, sobald die Frauen den in der Armenpflege tätigen Männern gleichberechtigt an die Seite treten. Ist in der Vergangenheit darüber Klage geführt worden, daß der Bezirk die rechte Fühlung mit den ihm zugeteilten Frauen nicht habe finden können, so bleibt dergleichen voraussichtlich vermieden, sobald der Bezirk durch Bildung des Wahlaufsatzes maßgebenden Einfluß auf die Wahlhandlung gewinnt. Sachliche Meinungsverschiedenheiten, deren Aufkommen bisher leicht zu Differenzen zwischen Pfleger und Helferin führen konnte, kämen künftig vor dem Forum der Bezirksversammlung im Wege der Abstimmung zu sachgemäßem Austrag. Endlich würden der Armenpflege bei Gleichstellung der Frauen mit den Pflegern nicht nur zahlreiche brauchbare Arbeitskräfte zugeführt, die jetzt durch die Unmöglichkeit selbständiger Betätigung zurückgehalten werden, sondern es müßten auch mit dem Gefühl selbständiger Verantwortlichkeit und mit der Gelegenheit, die eigene Ansicht vor dem Bezirk zu vertreten, Umsicht, Erfahrung und soziales Verständnis der Frauen eine erfreuliche Steigerung erfahren.

Gerade das jetzt in Hamburg eingeführte Bezirkssystem (im Gegensatz zu dem früheren Quartiersystem) bietet die Möglichkeit, die weiblichen Pflegekräfte <u>an der passenden Stelle</u> zu verwenden. Wenn von verschiedenen Bezirken der Mangel an geeigneten Pflegefällen als Grund für die unterbliebene Beschäftigung der zur Verfügung stehenden Frauen angeführt worden ist, so erscheint dies nicht recht verständlich, wenn man in Betracht zieht, daß nach der individualstatistischen Aufnahme vom 1. Dezember 1897[12] unter 9 361 laufend unterstützten Parteien nur 1 792 Familienhäupter (bzw. Einzelpersonen) dem männlichen, dagegen 7 569 dem <u>weiblichen</u> Geschlecht angehörten, daß sich unter den letzteren 1 060 getrennt lebende Ehefrauen und 5 468 Witwen befanden und daß im Haushalt der 9 361 Parteien 8 113 Kinder im Alter bis zu 14 Jahren und 791 <u>erwerbslose</u> Kinder im Alter von 14–16 Jahren vorhanden waren. Abgesehen hiervon führt aber auch eine genauere Betrachtung der Zustände und der Ursachen der Armut in den übrigen Fällen meist zu der Erkenntnis, daß sie mit dem Haus und dem häuslichen Leben aufs engste zusammenhängt und daß daher jede wirksame Hilfe an das Haus und an das innere häusliche Leben anknüpfen muß. Alles aber, was mit dem Haus zusammenhängt, liegt dem Verständnis und den Fähigkeiten der Frau weit näher als denen des Mannes; hier findet sie ihr natürliches Arbeitsgebiet. Man kann daher den Ausführungen eines für die Gleichstellung der Frauen mit den Männern eintretenden Armenbezirks (38 a) nur beipflichten, wenn er sagt:

„Die Frauen bringen für das Pflegeramt mindestens ebensoviel Verständnis mit wie die Männer, denn wenn ihnen die Kenntnis des gewerblichen Lebens zum Teil abgeht, so haben sie dafür die Kenntnis der Haushaltsführung. Eine Kenntnis der Technik des Armenwesens besitzen die neu eintretenden Männer in der großen Mehrzahl ebensowenig wie die Frauen. Sollten die Frauen Neigung zu großen Geld-

---

12 Individualstatistik, in: Blätter für das Hamburgische Armenwesen 6 (1898), Nr. 12, S. 56 f.

ausgaben haben, so ist die Bezirksversammlung oder deren Vorsteher zur Überwachung und Korrektur da."[13]

Charakteristisch ist, daß der Widerstand gegen die Heranziehung der Frau zur öffentlichen Armenpflege ganz allgemein nicht von den Verwaltungen, sondern von den Pflegeorganen ausgeht, die davon eine Beeinträchtigung ihrer Tätigkeit sowie sonstige Unbequemlichkeiten befürchten und deshalb geneigt sind, diese Bestrebungen mit weiblichen Emanzipationsgelüsten zu identifizieren. Dem ist zunächst entgegenzuhalten, daß die Frau, indem sie Betätigung auf dem Gebiet der öffentlichen Armenpflege sucht, die ihr gezogenen natürlichen Grenzen nicht überschreitet, sondern durchaus innerhalb der Sphäre ihres Frauenberufs bleibt. Zudem handelt es sich hier weniger darum, ob den Frauen ein neues Arbeitsgebiet zu erschließen sei oder nicht, sondern vor allem um die Frage, ob den Armen selbst durch die Tätigkeit der Frauen geholfen und unter Umständen wirksamer geholfen werden kann als durch die Tätigkeit der Männer.

Will man zu einem zutreffenden Urteil über den Wert der weiblichen Hilfe in der öffentlichen Armenpflege gelangen, so werden die im übrigen Deutschland gemachten Erfahrungen nicht außer Betracht bleiben dürfen. Nachdem sich der Deutsche Verein für Armenpflege und Wohltätigkeit in den Jahren 1881[14] und 1895 [recte: 1885][15] dahin ausgesprochen hatte, es sei dahin zu streben, daß eine regere Beteiligung der Frauen an der öffentlichen Armenpflege erreicht und daß, wo Frauenvereine bestehen, eine geregelte Verbindung mit denselben hergestellt werde, wurden im Jahre 1896 folgende Leitsätze angenommen:

„1. Die Heranziehung der Frauen zur öffentlichen Armenpflege ist als dringende Notwendigkeit zu bezeichnen.

2. Sie ist je nach den örtlichen Verhältnissen durchzuführen: in erster Linie durch Eingliederung der Frauen in die öffentliche Armenpflege mit gleichen Pflichten und Rechten wie die Männer; in zweiter Linie durch Ermöglichung einer ergänzenden, mit der öffentlichen Armenpflege eng verbundenen Tätigkeit, überall aber durch Herstellung geordneter Verbindung zwischen der öffentlichen Armenpflege und den Vertretern weiblicher Hilfstätigkeit."[16]

Während bis dahin nur in Kassel und Colmar Frauen als vollberechtigte Armenpflegerinnen erfolgreich tätig gewesen waren, hat seitdem der Wert der Frauentätigkeit in immer weiteren Kreisen Anerkennung gefunden. Als Städte, in welchen Frauen als vollberechtigte Armenpflegerinnen wirken, seien außer Kassel und Colmar noch Danzig, Glogau, Mannheim, Bonn, Posen, Erfurt, Königsberg und Bremen

---

13 Beantwortung der Umfrage des Präses des Armenkollegiums Dr. Gerhard Hachmann vom 15.8.1900 durch den Vorsteher des Bezirks 38a, Dr. Wilhelm Ludwig Peters, am 28.10.1900 (StA Hamburg 351-2 II Nr.46, n. fol.).

14 Stenographischer Bericht über die Verhandlungen des deutschen Vereins für Armenpflege und Wohlthätigkeit am 11. und 12. November 1881 zu Berlin nebst den für diese Verhandlungen erstatteten Berichten und den Satzungen des Vereins, Berlin 1882, S. 206-223, hier S. 222 f.

15 Stenographischer Bericht über die Verhandlungen am 16. und 17. September 1885 in Bremen, S. 85-95, hier S. 95 (Bibliothek der Frankfurter University of Applied Science, Historische Sondersammlung Soziale Arbeit und Pflege ZS D 106).

16 Stenographischer Bericht über die Verhandlungen der sechzehnten Jahresversammlung des deutschen Vereins für Armenpflege und Wohlthätigkeit am 24. und 25. September 1896 in Straßburg i. E. (Schriften des deutschen Vereins für Armenpflege und Wohlthätigkeit, Heft 28), Leipzig 1896, S. 148 f.

genannt; neuerdings ist ihre Einordnung in den Organismus der Armen- und Waisenpflege auch in Berlin beschlossen.[17] Überall sind die Erfahrungen durchaus günstige. So äußert z. B. der Leiter der Danziger Armenverwaltung[18]:

„Nach den bisherigen Erfahrungen sind die weiblichen Mitglieder, 39 an der Zahl, mit sehr großem Eifer in der Armenpflege tätig; sie besuchen die monatlichen Sitzungen fleißig, übernehmen mit Freuden die Prüfung der ihnen übertragenen Fälle und nehmen sich der Armen, die ihnen zugewiesen sind, teilnehmend und fürsorgend an. Namentlich für die Aufrechterhaltung oder Wiederherstellung der Ordnung im Haushalt und für die richtige Erziehung der Kinder zeigen sie reges Interesse. Dabei ist die Befürchtung, daß die Frauen die Armenpflege verteuern würden, bisher im allgemeinen nicht wahr geworden. Insbesondere ist die anfänglich hervorgetretene Abneigung der Männer, in ihren Sitzungen mit Frauen zusammenzuarbeiten, rasch geschwunden. Diejenigen Armenkommissionsvorsteher, welche weibliche Mitglieder in ihren Kommissionen haben, arbeiten jetzt sehr gerne mit ihnen und erkennen ihren Eifer und oft auch ihr Geschick bereitwillig an. Danzigs Armenpflege hat an innerem Gehalt, an der liebevollen Versenkung in die Eigenart des einzelnen Falls, an verständiger Hilfe mit den richtigen Mitteln beträchtlich gewonnen."[19]

Der Verwaltungsbericht der Stadt Bonn bemerkt über die Erfahrungen mit weiblichen Pflegeorganen:

„Die Bestellung von Pflegerinnen neben Pflegern hat sich bisher durchaus bewährt. Die Pflegerinnen zeigen fast ausnahmslos großen Eifer und meist auch praktisches Verständnis. Die Unterstützungsgesuche werden zunächst in den meisten Fällen bei den Pflegern angebracht, weil diese bekannter und in der Regel in den Bezirken wohnhaft sind. In den gemeinsamen Bezirkssitzungen, an denen die Pflegerinnen recht gewissenhaft teilnehmen, findet gewöhnlich eine Verständigung darüber statt, ob Pfleger oder Pflegerin vorzugsweise die etwa noch nötigen Ermittlungen anstellen und die Besuche bei den Unterstützten machen soll. Den Pflegerinnen werden in der Regel kinderreiche Familien und einzelne Frauenspersonen überwiesen. Unzuträglichkeiten irgendwelcher Art aus dem Nebeneinanderwirken männlicher und weiblicher Pflegekräfte haben sich nicht ergeben."[20]

Besonderes Interesse bietet der Verlauf der Dinge in Bremen, wo der Senat bei der Bürgerschaft beantragt hatte, Frauen mit beratender Stimme dem Armenvorstand und den Armenbezirken zuzuordnen.[21] Er hatte hierzu eine ausführliche Denkschrift[22]

---

17 Vgl. Nr. 81.

18 Gemeint ist Dr. Hugo Bail (1863-1942), seit 1895 Stadtrat in Danzig, Armendezernent und Reorganisator der Danziger Armenpflege.

19 Die Frauen in der Danziger Armenpflege, in: Hamburgischer Correspondent Nr. 177 vom 16.4.1899 (ein Bericht über die Ausführungen Dr. Bails in einer Danziger Armenpflegerversammlung über die Erfahrungen, die dort mit Frauen als Armenpflegerinnen gemacht worden waren).

20 Zitiert nach: Dr. Gustav Kayser, Die Stellung der ehrenamtlichen Organe in der Armenpflege, in: ders./Hermann Hildebrand, Die Stellung der ehrenamtlichen Organe in der Armenpflege (Schriften des deutschen Vereins für Armenpflege und Wohlthätigkeit, Heft 49), Leipzig 1900, S. 1-59, hier S. 21.

21 Dr. Buehl folgt hier wörtlich der Schilderung von Emil Münsterberg, Die Frauen in der öffentlichen Armen- und Waisenpflege, in: Die Jugendfürsorge 1 (1900), S. 401-407, hier S. 404.

22 Mitteilung des Senats der Stadt Bremen an die Bürgerschaft vom 9.3.1900 mit anliegendem Bericht des Leiters der stadtbremischen Armenpflege Hermann Hildebrand an den Bremer Senat vom 23.2.1900 (StA Hamburg 351-2 II Nr.46, fol. 81 Rs.-84).

gegeben, die die Vorzüge der Frauenarbeit in sehr warmer Weise erörterte. Die Bürgerschaft ist dann über den Antrag des Senats noch hinausgegangen und hat beschlossen, den Frauen statt beratender Stimme beschließende Stimme zu gewähren. Der Senat ist demnächst diesem Beschluß beigetreten, so daß er zum Gesetz erhoben worden ist.[23]

Aufgrund der gemachten Erfahrungen hat sich auch der Preußische Städtetag am 30. Januar 1901[24] dahin ausgesprochen, daß die Heranziehung der Frauen zur öffentlichen Armen- und Waisenpflege dringend erwünscht sei und daß dieses Ziel am besten dadurch erreicht werde, daß Frauen als Armen- oder Waisenpflegerinnen direkt in die Organisation der Armen- und Waisenverwaltung eingeordnet würden. Im Laufe der Verhandlungen war übrigens noch darauf hingewiesen worden, daß eine ähnliche Bewegung, wie sie gegenwärtig in Deutschland bestehe, durch alle Kulturländer, zumal England, Amerika, Frankreich, Belgien, Holland und die Schweiz gehe und daß insbesondere in England seit der Local Act von 1894[25] die Zahl der Armenpflegerinnen bereits auf über 1 000[26] angewachsen sei.

Was nun die näheren Modalitäten betrifft, unter denen sich die Einordnung der Frauen in die diesseitige öffentliche Armenpflege zu vollziehen hätte, so wird, wenn auch in manchen Bezirken das anfängliche Mißtrauen aufgrund der gemachten Erfahrungen geschwunden ist, in Betracht zu ziehen sein, daß eine erhebliche Anzahl von Bezirken auch heute noch auf einem ablehnenden Standpunkt steht und daß jede Oktroyierung weiblicher Kräfte unter allen Umständen zu vermeiden, deren Heranziehung vielmehr lediglich von dem Wunsch und der eigenen Initiative der Bezirke abhängig zu machen ist.

An dem in bezug auf die männlichen Pfleger aufgestellten Erfordernisse, daß sie die Reichsangehörigkeit besitzen und im Armenbezirk oder in dessen Nähe wohnen (oder ihr Geschäftslokal haben) müssen, wird auch in bezug auf die weiblichen Pflegekräfte schon im Hinblick darauf festzuhalten sein, daß den gleichen Rechten auch gleiche Pflichten korrespondieren sollten. Aber auch aus dem materiellen Grund wird auf diese Bestimmung nicht verzichtet werden können, weil der Pfleger der treueste Freund und Berater der ihm zugeteilten Armen sein soll und diese demgemäß jederzeit in der Lage

[23] Gesetz, betreffend die stadtbremische Armenpflege, vom 25.4.1900 (Gesetzblatt der Freien Hansestadt Bremen 1900, S. 191).

[24] Dritter Allgemeiner Preußischer Städtetag, in: Hamburgischer Correspondent Nr. 52, Abendausgabe vom 31.1.1901. Berichterstatter war der Berliner Stadtrat Dr. Emil Münsterberg gewesen.

[25] Seit dem Local Government Act von 1894 (56 § 57 Vict. c. 73) war der Besitz eines bestimmtes Vermögens nicht mehr Voraussetzung, um zum *Poor Law Guardian* gewählt werden zu können. Das ermöglichte nun auch Frauen, sich als *Guardian* wählen zu lassen.

[26] Dies berichtete Dr. Emil Münsterberg, Die Frauen in der öffentlichen Armen- und Waisenpflege, in: Die Jugendfürsorge 1 (1900), S. 401-407, hier S. 402. Münsterberg berichtete 1901 allerdings auch, es sei die *Heranziehung von Frauen zur Armenpflege, die zunächst nach dem Local Government Act von 1894 gute Fortschritte machte,* (...) *zu einem Stillstand, wenn nicht zu einem Rückschritt gekommen.* (...) *Wie der im Juni 1901 erschienene 19. Bericht der Society for Promoting the Return of Qualified Women as Poor Law Guardians hervorhebt, muß die Zahl als so lächerlich klein bezeichnet werden (absurdly small), daß sie einen Schluß auf das tief eingewurzelte und unvernünftige Vorurteil zuläßt, das jetzt noch in einer Reihe von Bezirken vorhanden ist* (Emil Münsterberg, Das ausländische Armenwesen. Übersicht über die neueren Bestrebungen auf dem Gebiete der Armenpflege in den für uns wichtigsten Staaten des Auslands [Schriften des deutschen Vereins für Armenpflege und Wohlthätigkeit, Heft 52], Leipzig 1901, S. 81).

sein müssen, ihren Pfleger aufzusuchen, was bei großer räumlicher Entfernung der beiderseitigen Wohnungen ausgeschlossen wäre. Freilich würde eine Vorschrift dieses Inhalts, z. B. für den III. Kreis, einem Verzicht auf vollberechtigte Armenpflegerinnen nahezu gleichzuachten sein, da von den 47 jetzt im III. Kreis tätigen Frauen keine einzige im Kreis selbst wohnhaft ist, während allerdings im I. Kreis von 21 Frauen 17, im II. Kreis von 16 Frauen 10 in der inneren Stadt wohnen. Den wünschenswerten Ausgleich bietet hier der fakultative Charakter der Wahl weiblicher Pflegekräfte und die dadurch gegebene Möglichkeit, eine Organisation, die sich – wie diejenige der Frauenhilfe im III. Kreis – bewährt hat, auch in Zukunft beizubehalten.

Schließlich dürfte eine Bestimmung des Inhalts, daß die Anzahl der in einem Bezirk fungierenden Armenpflegerinnen nicht mehr als ein Drittel der Gesamtzahl der Pflegekräfte überhaupt betragen darf, zweckmäßig erscheinen, schon weil taktische Erwägungen gewisse Kautelen gegen unzweckmäßige Beschlüsse etwaiger weiblicher Majoritäten nahelegen. Zu bemerken ist in dieser Richtung noch, daß auch das Gesetz, betreffend die stadtbremische Armenpflege, vom 25. April 1900 die Frauen nicht unbeschränkt, sondern nur in einer vom Vorstand der Armenpflege nach Anhörung der Bezirksvorsteher zu bestimmenden Anzahl als Armenpflegerinnen zuläßt.[27]

Aufgrund vorstehender Erwägungen wird empfohlen, die vom Pflegeramt handelnden gesetzlichen Bestimmungen (§ 15 des Entwurfs eines Gesetzes, betreffend die öffentliche Wohltätigkeit[28]) durch folgenden Absatz 2 zu ergänzen:

„Auch Frauen können gewählt werden, jedoch darf die Zahl der in einem Bezirk fungierenden Armenpflegerinnen nicht mehr als ein Drittel der Gesamtzahl der in dem Bezirk überhaupt tätigen Pflegekräfte betragen."[29]

---

[27] § 17 des Gesetzes, betreffend die stadtbremische Armenpflege, vom 25.4.1900.

[28] Vgl. dann entsprechend den § 11 im Entwurf eines Revidierten Gesetzes, betreffend das Armenwesen (StA Hamburg 351-2 II Nr.46, fol. 101-117 Rs.). In Hamburg waren inzwischen erste Beratungen über ein neues Armengesetz in Gang gekommen, vgl. auch Nr. 74.

[29] In der Sitzung des Armenkollegiums vom 13.6.1901 wurde der in Dr. Adolf Buehls Denkschrift unterbreitete Vorschlag gebilligt, die konkrete Weiterverfolgung der Angelegenheit jedoch mit der Überarbeitung des Armengesetzes verknüpft (Sitzungsprotokoll der 117. Sitzung des Armenkollegiums vom 13.6.1901: StA Hamburg 351-2 II Nr.46, fol. 100-100 Rs.). Es dauerte dann noch bis zum Oktober 1904, ehe der Senat der Bürgerschaft – gemeinsam mit Vorlagen für ein neues Zwangserziehungsgesetz, ein Jugendfürsorgegesetz und ein Stiftungsgesetz – eine Vorlage für ein neues Armengesetz zukommen ließ (Mitteilungen des Senats an die Bürgerschaft Nr. 182 vom 3.10.1904, in: Verhandlungen zwischen Senat und Bürgerschaft im Jahre 1904, Hamburg 1905, S. 597-601). Indes sah die Gesetzesvorlage, was die Heranziehung der Frauen anbelangte, weiterhin lediglich vor, daß auf Antrag eines Armenbezirks Frauen als Helferinnen an der Armenpflege beteiligt werden konnten, auch wenn die Bezirksvorsteher den Frauen nun einzelne Fälle zur selbständigen Erledigung übertragen konnten. Von einer Gleichstellung konnte also noch immer keine Rede sein (Adolf Buehl, Die neue hamburgische Gesetzgebung, betreffend das Armenwesen und die Jugendfürsorge, in: Zeitschrift für das Armenwesen 5 [1904], S. 353-369). Erst in den anschließenden Ausschußberatungen der Bürgerschaft wurde dann dafür Sorge getragen, daß das am 11.9.1907 schließlich verabschiedete Gesetz über das Armenwesen die Frauen als Armenpflegerinnen mit gleichen Rechten und Pflichten wie die Männer ausstattete. Noch immer bestand jedoch eine erhebliche Blockademöglichkeit, da für die Aufnahme von Frauen in die jeweilige Wahlliste zum Armenpflegeramt eine Dreiviertelmehrheit in der Bezirksversammlung notwendig war (Adolf Buehl, Die neue hamburgische Gesetzgebung, betreffend das Armenwesen und die Jugendfürsorge, in: Zeitschrift für das Armenwesen 8 [1907], S. 294-305). Die aktive Beteiligung von Frauen an der öffentlichen Armenpflege war deshalb künftig minimal.

Nr. 96

1901 Mai 24

Schreiben[1] des Leiters des Frankfurter Armenamts Dr. Karl Flesch an den Leipziger Stadtrat Leo Friedrich Ludwig-Wolf[2]

Entwurf in Maschinenschrift

[Armenpflege muß dort eintreten, wo Arbeitsvertrag und Familie ihre soziale Funktion nicht erfüllen; wo dies unverschuldet der Fall ist, hat sie reichlicher zu geben als dort, wo dies durch Verschulden der Beteiligten geschieht]

Ich werde ausführen[3], daß die soziale Ausgestaltung der Armenpflege nicht darin bestehe, daß die Armenpflege im einzelnen Fall das zu tun versuche, was die Sozialpolitik generell leistet, dies würde zur willkürlichen Handhabung der Armenpflege führen. Auszugehen ist vielmehr davon, daß die Armenpflege eintreten muß, wo Unvermögenden weder der Arbeitsvertrag noch die Familie die nötige Hilfe geben. Armenpflege wird vermieden, wenn Arbeitskräftigen [sic!] durch den Arbeitsvertrag und Arbeitsunfähigen (Kinder) durch die Familie die Mittel zum Unterhalt beschafft werden. Die Armenpflege hat also alle Maßregeln zu befördern, welche den Arbeitsvertrag und die Familie tauglich machen zur Erfüllung der ihr nach unserer Gesellschaftsordnung zufallenden Funktionen; und sie hat ebenso auf Mängel in dieser Beziehung (zu geringe Lohnhöhe einzelner Arbeiter, schlechte Wohnungsverhältnisse, mangelnde Hauspflege, die kein Familienleben zulassen) aufmerksam zu machen.

Armenpflege muß andererseits eintreten, wenn ein Arbeitsvertrag nicht möglich ist (dauerndes Siechtum, Krankheit usw.) oder wo die Familie zerstört bzw. nicht vorhanden ist (es muß unterstützt werden die Witwe mit Kindern, der Witwer, der keine Haushälterin bezahlen kann, die uneheliche Mutter). Armenpflege muß aber ferner eintreten, wo der Abschluß von Arbeitsverträgen verweigert wird (Faulheit, Liederlichkeit des Familienvorstands) oder wo die Familie nicht funktioniert (der Ehemann treibt sich außer dem Haus herum, die Ehefrau vernachlässigt die Haushaltung usw.). Die Armenpflege wird bemüht sein müssen, sich in beiden Fällen verschieden zu verhalten: Wo die Familie nicht mehr vorhanden ist, der Arbeitsvertrag unmöglich ist, wird sie in anderer Form und reichlicher zu geben bemüht sein, als da, wo der Arbeitsvertrag oder die Familie durch Schuld der Beteiligten ihre Aufgabe nicht erfüllen. Es ist nur gerechtfertigt, wenn in den letzteren Fällen die Familienvorstände, welche ihre staatlichen Pflichten nicht erfüllen, in den staatlichen Rechten (Wahlrechten) gekürzt werden. Diese Benachteiligung müßte sogar auch eintreten, wo durch Schuld der Eltern Fürsorgeerziehung notwendig wird, sie müßte aber unterbleiben in den Fällen der ersteren Art, d. h. wo Arbeitsverträge nicht mehr geschlossen werden können und die Familie nicht mehr vorhanden ist. Die soziale Ausgestaltung der Armenpflege besteht darin, daß sie von sich abweist, was durch

---

1 Institut für Stadtgeschichte Frankfurt am Main Wohlfahrtsamt 494, fol. 121-123 Rs.

2 Leo Friedrich Ludwig-Wolf (1839-1935), Jurist, seit 1877 Stadtrat in Leipzig, 1878 Vorsitzender, 1890-1897 stellv. Vorsitzender des Armendirektoriums, seit 1885 Mitglied des Zentralausschusses, seit 1901 Vorsitzender des Deutschen Vereins für Armenpflege und Wohltätigkeit.

3 Zum Kontext vgl. Nr. 89 und Nr. 92-93.

sozialpolitische Maßregeln geleistet werden kann, und daß sie individualisiert, indem sie da reichlicher gibt, wo die Armenpflege (d. h. die Leistungsunfähigkeit von Arbeitsvertrag und Familie) eine unverschuldete ist, als da, wo dies nicht der Fall ist.

Anlage 1 zum Schreiben v[om] 24. Mai 1901

I.

Armenpflege und Sozialpolitik – beide zugleich Wissenschaften und Verwaltungsaufgaben – sind den Arbeitsgebieten, den Arbeitsmethoden und dem Ziel nach verschieden.

Die Armenpflege kann daher nicht sozial ausgestaltet werden, da die Sozialpolitik etwas wesentlich anderes als die Armenpflege ist, wohl aber hat die Armenpflege mehr als die anderen Gebiete des öffentlichen Lebens und die anderen Zweige der staatlichen und kommunalen Verwaltung die Verpflichtung, die Ergebnisse der sozialpolitischen Forschung zu verfolgen und für ihr spezielles Arbeitsgebiet nutzbar zu machen.

II.

Armenpflege und Sozialpolitik berühren sich insofern, als alle sozialpolitischen Fortschritte, die sich auf dem Gebiet des wirtschaftlichen Lebens bewegen, die Beschaffung von mehr als dem unentbehrlichen Unterhalt für die beteiligten Volkskreise bezwecken, also innerhalb ihres Bereichs die Armenpflege nur noch für ausnahmsweise Verhältnisse (Unglücksfälle, verschuldete Armut) notwendig sein wird.

IV.[4]

Da sozialpolitische Maßnahmen solche sind, welche nicht nur die Beschaffung des unentbehrlichen Unterhalts an Notleidende, sondern die Milderung der zwischen den verschiedenen Bevölkerungsklassen bestehenden Gegensätze zur Aufgabe haben, so sind sie im Interesse der Allgemeinheit erstrebenswerter als Maßregeln der Armenpflege. Es ist Aufgabe der Armenpflege, bei jeder Art der Unterstützung, die von ihr verlangt wird, zu prüfen, ob nicht die öffentliche Unterstützung oder das Almosen durch sozialpolitische Maßnahmen ersetzt bzw. unnötig gemacht werden kann.

V.

Die Armenpflege hat die einzelnen Unterstützungsfälle individuell zu behandeln. Sie darf sich also keineswegs jedem Unterstützungsantrag gegenüber gleichmäßig auf das Existenzminimum beschränken. Im Gegensatz hierzu hat die Sozialpolitik die Aufgabe, die durch die Besitzunterschiede trotz der vorhandenen Rechtsgleichheit hervorgerufenen Klassengegensätze durch solche generelle Maßnahmen tunlichst auszugleichen, welche [auf] die bessere Befriedigung der materiellen, kulturellen und politischen Anforderungen der unbemittelten Klassen hinzielen. Die Wirkungskreise beider Aufgabengebiete schneiden sich also, insofern durch sozialpolitische Maßnahmen materieller oder kultureller Art einzelnen Bedürfnisse[n] der unteren Klassen genüge geleistet werden soll, zu deren Befriedigung diese jetzt auf den Arbeitslohn als einzige Erwerbsquelle u. mangels desselben auf die Armenpflege angewiesen sind.

---

4 Ein Absatz III fehlt.

VI.

Solange die Armenpflege das einzige Mittel ist, welches den Unbemittelten und Arbeitsunfähigen zur Gewinnung des notwendigsten Unterhalts gegeben ist, ist sie gehindert, mehr als eben das Existenzminimum zu gewähren, mithin nicht in der Lage, in richtiger Art zu individualisieren. Aufgabe der Armenverwaltung ist es daher, neben möglichst vollkommener Organisation der Armenpflege die nötigen sozialpolitischen Maßregeln zu bezeichnen. Aufgabe der organisierten Privat-Armenpflege ist namentlich die Erprobung u. Vorbereitung der als notwendig erkannten sozialpolitischen Maßnahmen. Außerdem müßte die Organisation der gesamten Armenpflege (der öffentlichen wie der privaten) derart gestaltet werden, daß sie den sozialpolitischen Aufgaben des Staats dient, indem sie die Unbemittelten mit den Begüterten in direkt persönliche Berührung bringt.

VII.

Anwendungen der obigen Sätze sind z. B.

a) die offene Armenpflege:

Die durch die Versicherungsgesetze herbeigeführte Besserung der materiellen Lage der Arbeiter macht das Eintreten der offenen Armenpflege in vielen Fällen unnötig und erleichtert die besondere Fürsorge für einzelne Notleidende.

Die ungenügende Beachtung der Vorbedingungen für das Gedeihen des Familienlebens, die namentlich in der ungenügenden Wohnungsfürsorge, in dem ungenügenden Schutz des notwendigen Mobiliars gegen Pfändung durch die Gläubiger und leichtfertiger Verschleuderung durch einen der Eheteile zum Ausdruck kommt, ist eine der wesentlichsten Ursachen der Verarmung. Sozialpolitische Maßnahmen, welche die Besserung der Wohnungsverhältnisse, den Schutz des für Haushaltungsvorstände erforderlichen Mobiliars sowie der Ausbildung der Frauen in der Hauswirtschaft und den Schutz des Haushalts gegen vorübergehende Arbeitsbehinderung der Frau (Hauspflege) bezwecken, sind vom Standpunkt der Armenpflege aus dringend notwendig, damit diese für ihre eigentlichen Aufgaben frei wird.

b) Geschlossene Armenpflege:

Die öffentliche Armenpflege hat die notwendige Pflege in Krankheitsfällen zu gewähren. Die Ergänzungen der Krankenpflege während der Rekonvaleszenz (Fürsorge für Genesende) und die Verhütung des Eintretens von Krankheitsfällen, insbesondere durch Überwachung des Arbeitsverhältnisses, durch Sicherung der nötigen Erholung für Wöchnerinnen oder für Leute, die in ungesunden Verhältnissen arbeiten, sind Anforderungen, die von der Armenpflege nur ausnahmsweise erfüllt werden können, deren allgemeine Bereitstellung durch sozialpolitische Maßnahmen, aber im speziellen Interesse der geschlossenen Armenpflege durchaus erforderlich ist.

c) Kinderpflege:

Aufgabe der Armenpflege ist die Fürsorge für Kinder, deren Ernährer nicht mehr leben oder tatsächlich durch Krankheit, Abwesenheit usw. an der Erfüllung ihrer Pflichten gehindert sind. Jede Erweiterung dieses Aufgabenkreises, insbesondere Fürsorge für Verwahrloste oder der Verwahrlosung ausgesetzten Kinder ist insofern bedenklich, als die Eltern solcher Kinder hierin eine Ermunterung zur Beharrung im Leichtsinn und eine Aufforderung zur weiteren Verwahrlosung ihrer Kinder erblicken. Alle Maßregeln, welche auf sozialpolitischem Feld eine bessere Fürsorge für die Kinder herbeiführen (Fürsorgeerziehung, Fürsorge für Schulentlassene) stehen zur Armenpflege in unmittelbarer Beziehung und müssen von ihr soweit als tunlich angeregt werden.

d) Armenverwaltung:
Die Armenverwaltung hat als Teil der städtischen Verwaltung die im Interesse der Armenpflege notwendigen oder wünschenswerten sozialpolitischen Einrichtungen in allen Verwaltungszweigen, in denen Raum für solche ist, anzuregen und sollte stets gehört werden, wenn Einrichtungen, welche auf die Lage der unbemittelten Klassen einwirken, getroffen werden sollen.

Nr. 97

1901 August 27

Bericht[1] des Leiters der Leipziger Ziehkinderanstalt Dr. Max Taube an den Stadtrat Dr. Johannes Karl Weber

Eigenhändige Niederschrift

[Auch die ehelichen Kinder, die in fremder Pflege untergebracht sind, sollen bis zum sechsten Lebensjahr von der Ziehkinderanstalt beaufsichtigt werden]

Bezüglich der Beaufsichtigung ehelicher Kinder erlaube ich mir folgendes anzuführen:

Schon in den letzten Jahren hatte ich, da in Dresden diese Beaufsichtigung besteht,[2] darauf geachtet, ob auch in Leipzig diese Notwendigkeit vorläge, doch waren bis vor kurzem dringende Fälle uns nicht zur Beobachtung gekommen. In der letzten Zeit erst hat sich mehrfach gezeigt, daß eine begrenzte Beaufsichtigung solcher Kinder erforderlich wird. Die Ursache scheint in mehreren Ursachen zu beruhen. Einesteils trägt die Schuld die Ausdehnung der Großstadt, es kommt häufiger vor, daß Eltern ihre Kinder in fremde Pflege geben, andererseits mehren sich aber auch die Beispiele, daß schlechte Zieheltern, denen das Halten von Ziehkindern unehelicher Geburt untersagt wurde, eheliche Kinder in Pflege nehmen, ohne daß sie denselben die notwendige Pflege zuteil werden lassen. Schon der Gleichmäßigkeit wegen ist deshalb eine Beaufsichtigung ehelicher Kinder wünschenswert. Es fragt sich nun, wie weit dieselbe gehen soll. Die Lage der ärmeren Klassen bringt es mit sich, daß ein nicht zu kleiner Teil derselben, besonders auch von Witwen, ihre Kinder am Tage in Pflege gibt. Eine Beaufsichtigung aller dieser Kinder würde wegen der Zahl und des Wohnungswechsels vollkommen unmöglich sein, besonders auch, weil die Unterbringung häufig nur für einige Wochentage erfolgt, die Aufnahme oft nur gegen geringes Entgelt mehr freundschaftlich stattfindet. Eine Notwendigkeit der Beaufsichtigung dieser Kinder liegt auch deshalb nicht so vor, weil sie beinahe stets etwas älter sind und die Mutter dieselben abends zu sich nimmt. Die Kontrolle sol-

---

1 Stadtarchiv Leipzig AFSA Nr.1321, fol. 9-10 Rs.

2 In Dresden wurden seit 1884 alle Ziehkinder im Alter bis zu 14 Jahren beaufsichtigt (Bekanntmachung des Dresdener Armenamtes 18.1.1884, abgedruckt in: Verwaltungs-Bericht des Rathes der Königlichen Haupt- und Residenzstadt Dresden für das Jahr 1884, Dresden 1885, S. 199 f.). Im Alter bis zu fünf Jahren geschah dies durch regelmäßige Besuche von drei hauptberuflichen Pflegerinnen, bei über fünf Jahre alten Kindern durch Aufsichtsdamen des Dresdener Albert-Vereins (Das Ziehkinderwesen der Stadt Dresden, in: Soziale Praxis 7 [1897/98], Sp. 1311-1312); vgl. auch Nr. 61.

cher Kinder würde auch die Gefahr bringen, daß viele solcher Familien vor der Aufnahme zurückschreckten. Es kommen dagegen die ehelichen Kinder in Betracht, welche Tag und Nacht bei Fremden untergebracht sind, ohne daß die Eltern daselbst wohnen. Die Gründe für diese auswärtige Unterbringung sind mehrerer Art. Nicht zu selten geschieht es, daß junge Eheleute sich noch die fehlende Ausstattung verdienen wollen und deshalb beide fortarbeiten, oft reicht auch der Verdienst des Mannes nicht aus, die Frau gibt ihre Arbeit nicht gern auf, oder eine Witwe ist in fester Stellung und dadurch gezwungen, ihr Kind in fremde Pflege zu geben. Mehrfach konnten wir auch beobachten, daß auswärtige Eltern die Großstadt benutzen, um ein vor der Ehe erzeugtes, aber ehelich gesprochenes Kind daselbst bei Fremden unterzubringen. Für diese Kinder ist eine strenge Kontrolle erforderlich, weil es zumeist kleine Kinder, oft Säuglinge, sind und die dauernde Beaufsichtigung der Eltern nicht vorhanden ist. Auch hier fragt es sich, wie weit die Ausdehnung der Kontrolle gehen soll, um dieselbe nicht unnötigerweise bei Verwandten und Pensionen in Anwendung zu bringen. Es dürfte notwendig sein, nur die obigen Fälle zu treffen und schlechte Ziehmütter ausschalten zu können, dazu genügt vollkommen, die in fremder Pflege Tag und Nacht befindlichen Kinder bis zum 6. Jahr zu beaufsichtigen, nach dem 6. Jahre tritt die Schule hier ein. Das Wort „gegen Entgelt" dürfte auch hier lieber nicht anzuwenden sein, da sich schlechte Elemente dann dahinter verbergen können und eine Bezahlung nicht nachzuweisen ist. Die wenigen Fälle, in denen Familien eheliche Kinder zu späterer Adoption bei sich aufnehmen, können sofort von der Kontrolle befreit werden. Die Zahl der zu beaufsichtigenden Kinder ist nach den Berechnungen, die ich diesen Sommer anstellen ließ, nicht so groß und wird kaum mehr als 100 betragen, es würde deshalb die Anstellung einer Pflegerin genügen.

Nr. 98

1901 September 12

Protokoll[1] der 21. Jahresversammlung des Deutschen Vereins für Armenpflege und Wohltätigkeit[2]

Druck, Teildruck

[Diskussion über die Frage, ob die Unterscheidung zwischen verschuldeter und unverschuldeter Armut für die Ausgestaltung des Armenwesens maßgeblich zu sein hat]

Berichterstatter Stadtrat Dr. Flesch (Frankfurt a. M.): [...] Wir müssen zunächst das Verhältnis untersuchen, in dem die Armenpflege zu den anderen Tätigkeiten steht, die im Staat angeordnet oder zugelassen sind. Wir sorgen in der Armenpflege für Bedürftige; wovon leben diese aber, wenn wir nichts tun? Welche Mittel hat ein vermögens-

[1] Stenographischer Bericht über die Verhandlungen der 21. Jahresversammlung des deutschen Vereins für Armenpflege und Wohlthätigkeit am 12. und 13. September 1901 in Lübeck (Schriften des deutschen Vereins für Armenpflege und Wohlthätigkeit, Heft 56), Leipzig 1901, S. 30-34, S. 45-47 und S. 53-59.

[2] Verhandlungsgegenstand der Jahresversammlung des Deutschen Vereins für Armenpflege und Wohltätigkeit war, was den hier abgedruckten Ausschnitt angeht, die „Soziale Ausgestaltung der Armenpflege"; vgl. Nr. 89, Nr. 92-93 und Nr. 96.

loser Mensch, um sich den Lebensunterhalt zu erwerben? Nur zwei: Entweder er schließt einen Arbeitsvertrag, er arbeitet; oder, wenn er nicht arbeitsfähig ist, so findet sich jemand, der ihn unterhält. Hier Arbeitsvertrag, dort Familienschutz; wo die beiden nicht eingreifen, da bleibt für die Vermögenslosen nichts als eben die Armenpflege innerhalb der Gesellschaft und das Verbrechertum, das Räubertum etc. in allen Formen, von den entlaufenen Sklaven im alten Rom bis zu den armen Kindern, die sich zu Scharen in London des Nachts herumtreiben – den Streets Arabs – außerhalb der Gesellschaft.

[...] *Armenpflege ist eine vom Staat zugeteilte Pflichtaufgabe.*

Also ich sage, hierin, in der Fürsorge für die Unbemittelten, welchen weder der Arbeitsvertrag noch die Familie zu Gebot steht, ist die allgemeine Aufgabe der Armenpflege belegen. Daraus ergibt sich aber ohne weiteres, wann sie vermieden werden kann, wann sie eintreten muß und in welcher Form sie eintreten soll.

Sie kann vermieden werden, wenn Arbeitsvertrag und Familie ihre Pflicht tun. Da, wo gearbeitet werden kann, wo ausreichend gearbeitet wird, wo gearbeitet werden will, da kommt die Armenpflege selten hin. Da, wo Not herrscht, trotzdem gearbeitet wird – infolge zu geringer Löhne, infolge Mangels genügender Arbeit, infolge ungesunder Berufsverhältnisse, schlechter hygienischer Zustände –, und da, wo Not herrscht, weil nicht gearbeitet wird, einerlei aus welchem Grund, da muß die Armenpflege eingreifen zum Schutz der Kranken, der Notleidenden, der Arbeitsunfähigen. Sie hat aber die Aufgabe, darauf hinzuweisen, warum sie nötig wird, ob wegen ungenügender Arbeitsbedingungen oder aus welchen anderen Gründen; und sie hat diese anderen Faktoren zu kennzeichnen. Und ebenso steht es mit der Familie. Ja, wo die Familie versorgt ist, weil der Mann arbeitet, die Frau die Kinder erzieht, werden wir als Armenpfleger im allgemeinen wenig zu tun haben. Man gebraucht uns, wenn der Mann seine Pflicht, der Familie die Mittel zu schaffen, oder die Frau ihre Pflicht, die nötige Arbeit in der Familie zu schaffen, vernachlässigt, in welch' beiden Fällen natürlich das Elend in die Familie kommt. Wir können dem entgegenarbeiten, indem wir Abneigung gegen das schwere Verbrechen der böswilligen Schädigung der Familie erwecken durch strenge Strafen; wir müssen aber auch verhüten, daß z. B. die Frauen von ihrer wichtigsten Aufgabe in der Familie ferngehalten werden, daß sie ihr Erziehungsamt nicht ausüben können. Die Bestimmungen der Gewerbeordnung gegen übermäßige Frauenarbeit,[3] die des B[ürgerlichen] G[esetz]-b[uchs] über wucherische Arbeitslöhne,[4] durch welche die Frauenarbeit unvermeidlich gemacht wird, sind ebenso wichtig wie die des Strafgesetzbuchs gegen Müßiggang[5]. Es gehört zum Familienleben aber ferner als materielle Unterlage die Woh-

---

[3] Der § 137 der Gewerbeordnungsnovelle vom 1.6.1891 hatte die maximale Arbeitszeit für Arbeiterinnen in Fabriken auf elf Stunden begrenzt und auch ein Nachtarbeitsverbot für diese eingeführt (Nr. 70 Bd. 3 der III. Abteilung dieser Quellensammlung).

[4] Nach § 138 des BGB waren Rechtsgeschäfte nichtig, durch die sich jemand unter Ausbeutung der Notlage, des Leichtsinns oder der Unerfahrenheit eines anderen für eine Leistung Vermögensvorteile versprechen oder gewähren ließ, die in einem auffälligem Mißverhältnis zu der Leistung standen. Der Paragraph zielte insbesondere auch auf den Schutz der Schwächeren vor wucherischer Ausbeutung bei Lohn- und Mietverträgen. Bei einem Arbeitsvertrag lag ein wucherisches Lohnverhältnis dann vor, wenn zwischen dem Wert der Arbeitsleistung und der Höhe des Lohns ein auffälliges Mißverhältnis bestand.

[5] § 361 Ziffer 5 des Strafgesetzbuchs bedrohte mit Haft, wer aufgrund von *Spiel, Trunk oder Müßiggang* in einen Zustand geriet, daß zum Unterhalt für ihn oder für Personen, zu deren Ernährung er verpflichtet war, *durch Vermittlung der Behörde fremde Hilfe in Anspruch*

nung, der Raum, in dem die Familie leben muß; sodann der Hausstand – ein bloßes Zimmer ist keine Wohnung –, die Hauspflege, die fortwährende, unausgesetzte Arbeit am Gedeihen des Hausstandes. Wo diese Dinge nicht sind, kann keine Familie existieren, und alle moralischen Betrachtungen darüber, daß ein tüchtiger Mann und eine ordentliche Frau es schon zu Wege bringen werden, die helfen nichts; die Armenpflege muß eintreten, wo diese sehr realen Dinge fehlen; und die Armenpflege hat daher allen Grund, darauf aufmerksam zu machen und auf diese Dinge hinzuweisen, überall da, wo sie eintreten muß, trotzdem Arbeitsverträge geschlossen werden können und geschlossen werden, trotzdem die Familie und die Neigung zum Familienleben vorhanden ist. Sie muß auf die Mängel in der Organisation von Arbeitsvertrag und Familie hinweisen: „Bessert an diesen Verhältnissen; je mehr dort gebessert wird, desto weniger werde ich zu tun haben."

Wir haben eben gesehen, wie die Armenpflege verhütet werden kann; wir können ebenso sehen, wann sie eintreten muß. Gerade umgekehrt oder vorher: Sie muß eintreten, wo der Arbeitsvertrag nicht ist, wo die Familie nicht ist, mitunter auch noch aus anderen Gründen; wir gehen aber von der Mehrzahl der Fälle aus. Also ich sage: Wo der Arbeitsvertrag nicht funktioniert, sei es, daß er dauernd unmöglich ist (der Ernährer ist tot), sei es zeitweise (es ist keine Arbeit da) und wo eine Familie dauernd nicht funktionieren kann (einer der Eheleute ist tot oder derartig verwildert oder verlumpt, daß auf seine Mitwirkung nicht mehr zu rechnen ist, ein Kind ist derartig verwahrlost, daß es nicht mehr in der Familie bleiben kann), welche Hilfe gibt es da! Die Armenpflege! Ebenso aber auch da, wo die Not für die Kinder besteht: Sie können nicht die erforderte Pflege und Erziehung finden, wegen der Lumperei des Mannes, der Liederlichkeit der Frau. Bisher hat freilich in solchen Fällen das Gesetz in Preußen erklären müssen, dies sei keine Aufgabe der öffentlichen Armenpflege. Jetzt hat aber gerade hier der Staat eingegriffen durch das Fürsorgegesetz, welches erklärt: Auch dann, wenn Mann und Frau arbeiten können, auch dann, wenn sie äußerlich ein Familienleben führen könnten, wenn aber die Verhältnisse so sind, daß das Kind in dieser Familie mit Notwendigkeit der Verwahrlosung entgegengehen muß, dann tritt öffentliche Hilfe ein[6] – nicht die Armenpflege des Unterstützungswohnsitzes, aber doch staatliche Hilfe, die eben mit der Armenpflege jedenfalls die allergrößte Ähnlichkeit hat.

Die Armenpflege muß also eintreten, wenn Arbeitsvertrag und Familie dauernd nicht funktionieren; aber auch dann, wenn sie vorübergehend unterbrochen werden durch Krankheit des Mannes oder Arbeitsunlust oder Arbeitsmangel. Wir haben nun durch sozialpolitische Einrichtungen (Arbeiterversicherung, Unfallversicherung etc.) den Arbeitsvertrag ergänzt und dadurch dafür gesorgt, daß wenigstens Krankheit nicht die Armenpflege notwendig herbeiführen muß – die den Arbeitslohn regulierende, den Arbeitsvertrag ergänzende Zwangsversicherung hat sich freilich nicht auf alle Bevölkerungsschichten erstreckt. Aber für die übrigen Hemmungen des Arbeitsvertrags bestehen solche Einrichtungen nicht; für sie muß also, ganz einerlei, ob dann die Not herbeigeführt worden ist durch Krankheit (der Mann kann nicht zur Arbeit, weil die Frau erkrankt ist, ein Kind an ansteckender Krankheit leidet usw.) oder durch Arbeitslosigkeit oder durch Liederlichkeit – wenn immer Not da ist, muß die Armenpflege eintreten. Und ebenso bei Leistungsunfähigkeit der Familie: ganz

---

genommen werden mußte (Strafgesetzbuch für das Deutsche Reich vom 15.5.1871 [RGBl, S. 127]).

6 Gemeint ist hier das Gesetz über die Fürsorgeerziehung Minderjähriger vom 2.7.1900 (PrGS, S. 264).

einerlei, ob die Tätigkeit der Armenpflege erforderlich geworden ist ohne Schuld der Familienvorstände (die Familie hat keine Wohnung gefunden; trotz der größten Anstrengung sind ihr die Möbel veräußert worden, so daß sie nicht mehr die notwendigsten Substrate für eine geordnete Lebensführung hat) – oder ob die Hemmung in der Leistung der Familie geschehen ist durch Liederlichkeit der Frau oder dadurch, daß sie zeitweise verhindert ist, vielleicht durch eine Gefängnisstrafe usw.: Es muß Hilfe eintreten, weil die Leistungen der Familie nie, auch nur auf Stunden, unterbrochen werden können und weil nicht etwa, wie oft geglaubt wird, der Arbeitsvertrag die Aufgaben der Familie mit übernehmen kann. Will die Frau arbeiten, in die Fabrik gehen, so hört ihre Leistung in der Familie auf, und es tritt Not ein; will der Mann die Kinder erziehen und auf Arbeit verzichten, so ist es dasselbe. In allen diesen Fällen also muß die Armenpflege eintreten, und hier kommt natürlich die Frage: Wie, in welcher Form und Ausdehnung soll sie eintreten?

Zunächst sieht man, daß man vollständig unterscheiden muß zwischen verschuldetem und unverschuldetem Eintritt der Not. Bei unverschuldetem Eintritt der Notwendigkeit der Armenunterstützung – ja, wenn wir lauter solche Fälle hätten, es wäre ein Vergnügen, in der Armenpflege tätig zu sein. Leider sind das aber die geringere Anzahl der Fälle; in der Mehrzahl ist bei dem Eintritt der Armut, bei der Unterbrechung der Wirkung des Arbeitsvertrags und der Familie, Mitschuld vorhanden von seiten des Unterstützten. Nun, meine verehrten Damen und Herren, unsere Gesellschaft beruht auf Arbeitsvertrag und Familie, nicht auf der Armenpflege. Jede Art der Armenpflege, die es erleichtert oder gar dazu verlockt, daß jemand die Unterhaltung der Seinen von sich abwälzt, ist schädlich und verderblich im höchsten Grade. Die Notwendigkeit der äußerst knappen Armenpflege da, wo irgendeine Schuld des Beteiligten vorhanden ist; die Notwendigkeit, die Unterstützung so zu gestalten, daß der schuldhaft Arme auch merkt, daß er in Armenpflege ist, liegt sofort auf der Hand, wenn wir die Armenpflege nicht als unbedingte Ergänzung des zu kleinen Einkommens oder als den Ausfluß humanitärer oder edler Empfindungen, sondern als eine Staatsinstitution betrachten, die heutzutage unvermeidlich ist, die aber, wie jede andere staatliche Einrichtung, eben nur ein bestimmtes, scharf abgegrenztes Feld auszufüllen hat.

Es handelt sich dann noch um die Form, der Ausübung der Armenpflege. Wir wissen, daß das Übel, an dem unsere Zeit am meisten krankt, dasjenige ist, von dem auch im Referat des Herrn Kollegen Münsterberg die Rede war: die Entfremdung zwischen den Unbemittelten und den Bemittelten; jede staatliche Institution soll innerhalb ihres Bereichs diesem Übel zu steuern suchen. Man hat in Belgien, wie wir gehört haben,[7] in das Gesetz hineingeschrieben: Es müssen Arbeiter, also Angehörige der unbemittelten Bevölkerungsklassen, dem Armenrat angehören.[8] Gut, jeden-

---

[7] Emil Münsterberg, Bericht über das ausländische Armenwesen, in: Stenographischer Bericht über die Verhandlungen der 21. Jahresversammlung des deutschen Vereins für Armenpflege und Wohlthätigkeit am 12. und 13. September 1901 in Lübeck (Schriften des deutschen Vereins für Armenpflege und Wohlthätigkeit, Heft 56), Leipzig 1901, S. 17-27, hier S. 24. Münsterberg hatte dort von einer parlamentarischen Kommission berichtet, die das belgische Armenwesen aufgrund des Gesetzes über das Armenwesen vom 27.11.1891 (Loi du 27 novembre 1891 sur l'assistance publique [Moniteur belge Nr. 337 vom 3.12.1891]) untersucht und einen umfassenden Bericht sowie die Grundzüge eines Neuordnungsvorschlags unterbreitet hatte (Réforme de la Bienfaisance en Belgique. Résolution et rapport général de la Commission spéciale. Rapporteur: Cyrille van Overbergh, Brüssel 1900).

[8] Die Regelung war nicht Bestandteil des belgischen Armengesetzes von 1891, sondern des Neuordnungsvorschlags der in Anm. 7 genannten Kommission.

falls können wir auch ohne einen solchen gesetzlichen Zwang dazu tun, daß wir dieser Entfremdung zu unserem Teil entgegenarbeiten, indem wir nicht eine rein bürokratische Armenpflege einrichten, sondern die ehrenamtliche. Die Herbeiziehung nichtbeamteter Personen, von Angehörigen der vermögenden Stände, also von Bürgern, von Frauen, entspricht ganz der Auffassung der Armenpflege als einer im Rahmen der anderen staatlichen Anstalten stehenden Einrichtung, die sich den staatlichen Notwendigkeiten bestens anzupassen hat. Es ist also ganz natürlich, daß das, was man neuerdings Elberfelder System genannt hat, sich überall schon früher aufgedrängt hat, wo man sich des Unterschieds zwischen bloßer Barmherzigkeit und zwischen Armenpflege als öffentlicher Aufgabe bewußt ward. Namentlich wo man in den norddeutschen Staaten nach der Reformation die früher rein kirchliche Armenpflege anders gestaltete, mit dem Bewußtsein, es müsse fortab von städtischer Seite etwas übernommen werden, was früher die kirchlichen Anstalten freiwillig, aber nach eigenem Ermessen gemacht hatten.

So weit bezüglich der allgemeinen Gesichtspunkte, die ich aufgestellt habe. Ich möchte nur noch zwei Worte sagen, zunächst über die kommende Diskussion und dann über die Thesen.

[...] *Die ehrenamtliche Organisation der Armenpflege kann der Entfremdung zwischen Unbemittelten und Bemittelten entgegenarbeiten.*

Dr. Klumker[9], Geschäftsführer der Zentrale für private Fürsorge[10] in Frankfurt a. M. Verehrte Anwesende! Gestatten Sie mir, daß ich nicht auf das Allgemeine des gesamten Themas eingehe, sondern ein paar Fragen aus denen, die hier berührt worden sind, herausgreife; ich glaube, es wird ja doch das Ergebnis unserer Erörterungen nicht eine allgemeine Gesamtanschauung sein, sondern es werden nur verschiedene Anschauungen ohne Entscheidung nebeneinander zur Aussprache kommen können.

In den Referaten der Herren Berichterstatter[11] scheint mir von hervorragender Bedeutung der Hinweis, daß die Armenpflege vielfach für sozialpolitische Zwecke Vorarbeiten auf ihrem vielgestaltigen Arbeitsfeld liefern kann.[12] Ich brauche Sie nur

---

[9] Dr. Christian Jasper Klumker (1868-1942), Theologe und Nationalökonom, seit 1897 am Institut für Gemeinwohl in Frankfurt a. M. tätig, seit 1899 Geschäftsführer und Vorstandsmitglied der Zentrale für private Fürsorge.

[10] Vgl. Nr. 76 Anm. 4.

[11] Neben dem Referat von Dr. Karl Flesch war dies das Korreferat des Kieler Stadtrats Dr. Friedrich Soetbeer gewesen (Stenographischer Bericht über die Verhandlungen der 21. Jahresversammlung des deutschen Vereins für Armenpflege und Wohlthätigkeit am 12. und 13. September 1901 in Lübeck [Schriften des deutschen Vereins für Armenpflege und Wohlthätigkeit, Heft 56], Leipzig 1901, S. 28-35 u. S. 35-41); vgl. auch die Vorberichte der beiden Referenten: Karl Flesch/Friedrich Soetbeer, Sociale Ausgestaltung der Armenpflege (Schriften des deutschen Vereins für Armenpflege und Wohlthätigkeit, Heft 54), Leipzig 1901.

[12] Dr. Karl Flesch und Dr. Friedrich Soetbeer hatten ihre Ausführungen in gemeinsamen Leitsätzen zusammengefaßt, die im wesentlichen auf Flesch zurückgingen: *Armenpflege wird notwendig insbesondere da, wo der Arbeitsvertrag und die Familie, als diejenigen Institutionen, auf die unsere Staats- und Gesellschaftsordnung die Unvermögenden hinweist, zum Schutz gegen Mangel aus irgendwelchem Grund nicht ausreichen. Indem die Sozialpolitik die Zahl dieser Fälle vermindert, erleichtert sie die Armenpflege; soziale Aufgabe der Armenpflege ist daher die Bezeichnung der Fälle, in denen die Sozialpolitik eintreten kann, sowie die Gestaltung ihres eigenen Wirkens und ihrer Organisation in einer Art, welche, solange keine sozialpolitische Fürsorge getroffen ist, wenigstens gestattet, unverschuldeter Armut besondere Berücksichtigung zu gewähren, sowohl was das Maß als auch was die Art der Unterstützung anbelangt* (Stenographischer Bericht über die Verhandlun-

darauf hinzuweisen, wie sehr die Armenpflege und ihre Erfahrungen bei unserer neueren sozialpolitischen Gesetzgebung, bei der Unfall- und Krankenversicherung, benutzt worden sind. Ich erinnere ferner daran, wie bisher noch jede Individual-Armenstatistik ergeben hat, wie bitter nötig uns eine Ergänzung der Invaliditätsversicherung durch eine Witwen- und Waisenversicherung ist,[13] wie die Armenstatistik mit harten, unerbittlichen Zahlen die Forderung dieses sozialpolitischen Fortschritts begründen hilft. Ich glaube, schon dieser Hinweis genügt hier zum Beweis, daß eine ganze Reihe Tatsachen vorgebracht werden können auf dem Gebiet der öffentlichen wie privaten Armenpflege, die für die Beurteilung sozialpolitischer Maßnahmen von größtem Wert sind. Und da, glaube ich, sollte man energischer, als es geschehen ist, betonen, daß gerade unsere private Tätigkeit, unsere Vereins- und Stiftungstätigkeit, leider einen großen Abscheu, eine verhängnisvolle Abneigung gegen die Öffentlichkeit hat. Wer vielfach Berichte von Wohltätigkeitsvereinen liest, begegnet immer und immer wieder denselben Redewendungen, ohne daß in den meisten Fällen auch nur der Versuch gemacht würde, die Erfahrungen der Praxis anschaulich herauszuschälen.

Und doch liegt gerade in den Erfahrungen dieser Vereine eine Fülle wertvollen Materials, dessen gründliche Verarbeitung und Darstellung wie zur Förderung der Armenpflege so auch zur Prüfung und Anregung sozialpolitischer Maßregeln wichtige Fingerzeige geben kann. Ich glaube, daß nach der Richtung durch die Arbeit der Vereine selbst oder mehr noch durch Enqueten und Studien wissenschaftlicher Kräfte eine ganze Menge brauchbaren Stoffes für sozialpolitische Verwertung zutage gefördert werden könnte, und das würde ich als eine Art sozialpolitischer Ausgestaltung der Armenpflege ansehen. Eine energische Betonung dieser Forderung, ein Aufruf an alle Organisationen der Armenpflege, ihre Erfahrungen eingehender und systematischer zu veröffentlichen, ihr Material dem Forscher unbeschränkt zugänglich zu machen, halte ich bei diesem Thema für die erste Aufgabe unseres Vereins. Weniger Geheimniskrämerei! Keine Scheu vor der Öffentlichkeit.

In einem anderen Punkt muß ich den beiden Referenten und den anderen, die bisher gesprochen haben, entgegentreten. Ich kann in der Unterscheidung zwischen verschuldeter und unverschuldeter Armut in keiner Weise eine soziale Ausgestaltung der Armenpflege erblicken. (Sehr richtig!)

Auf den Gebieten, die am meisten des Fortschritts bedürfen, ist man zu wirklichen Fortschritten hauptsächlich dadurch gekommen, daß man diesen Unterschied hat zurücktreten lassen; ich erinnere an die Kinderpflege, an die Krankenpflege, auf welchen beiden Gebieten die Frage nach der Würdigkeit und nach dem Verschulden fast verschwunden ist; ich erinnere an die Irrenpflege und an das Thema der Trunksucht und der Trunksüchtigen – nichts hat auf diesem Gebiet eine wirksame Betätigung mehr gehindert als die ewige Beurteilung von moralischen Gesichtspunkten aus; ein Fortschritt hat sich erst angebahnt, als man diesen Gesichtspunkt zurückgedrängt und andere Gesichtspunkte in den Vordergrund gestellt hat. Wenn auch diese

---

gen der 21. Jahresversammlung des deutschen Vereins für Armenpflege und Wohlthätigkeit am 12. und 13. September 1901 in Lübeck [Schriften des deutschen Vereins für Armenpflege und Wohlthätigkeit, Heft 56], Leipzig 1901, S. 41).

13 Dr. Klumker war zu diesem Zeitpunkt mit Fragen der Individualarmenstatistik befaßt (Nr. 36 Anm. 16) und veröffentlichte im Jahr darauf im Auftrag des Instituts für Gemeinwohl in Frankfurt a. M. die auf einer Erhebung der Konferenz deutscher Städtestatistiker basierende Materialsammlung: Armenstatistik einiger deutscher Städte für das Jahr 1896/97, Jena 1902.

moralische Beurteilung schon durch das unwillkürliche Gefühl des Armenpflegers und als Hilfsmittel für andere Unterscheidungen stets ihre Bedeutung behalten wird, so kommt sie für die sozialpolitische Ausnutzung und Ausgestaltung der Armenpflege erst in letzter Linie in Frage. Viel wichtiger scheint mir die Frage der Heilbarkeit oder Unheilbarkeit eines Falles. Darum handelt es sich zunächst bei jedem sozialpolitischen Fortschritt auf unserem Gebiet, daß in allen den Fällen, wo wirklich dauernde Hilfe geschafft werden kann, das Eintreten der öffentlichen Fürsorge wie der privaten (sie sei organisiert oder nicht) nach diesem Gesichtspunkt eingerichtet werde. Nicht ob der einzelne Arme sein Elend selbst verschuldet hat oder nicht, sondern die Frage: Kann ich diesem Mann wirklich helfen? ist das wichtigste. Ich halte es auch geradezu für ein Unrecht, wenn ich einem Armen, der vollständig sein Elend verschuldet, dem ich diese Verschuldung in jedem Stück nachweisen kann, dem ich aber – selbst mit Aufwendung bedeutender Mittel – wirklich wieder zu einer neuen Existenz verhelfen kann, diese Beihilfe abschlage, weil er sein Elend verschuldet hat. (Bravo!)

In allen diesen Fällen sollte man nur nach dem Gesichtspunkt der Heilbarkeit gehen und nach Würdigkeit oder Unwürdigkeit erst in zweiter Linie fragen, soweit jene Beurteilung dadurch beeinflußt wird. Ich habe ein klein wenig das Gefühl, daß man bei der grundsätzlichen Hervorhebung der Unschuld (die sehr selten wirklich nachzuweisen ist) die Mängel der Weltordnung mit ein bißchen mehr Wurst zum trockenen Brot nachträglich ausbessern und der Gerechtigkeit Gottes etwas nachhelfen möchte. Sozialpolitisch ist dieser Gesichtspunkt durchaus unfruchtbar.

Über diese Fälle hinaus, wo Heilbarkeit möglich ist, kann eine soziale Ausgestaltung auch bei den Fällen in Frage kommen, wo es sich um dauernde Unterstützung, um Versorgung des Betreffenden handelt. Da scheint mir neben anderen doch ein sehr wichtiger Gesichtspunkt die Rücksichtnahme bei der Versorgung der Armen auf ihre sozialen Gewohnheiten, ihre gesellschaftlichen Anschauungen, ihre Sitten und Gebräuche. Dieser Gesichtspunkt ist mir heute morgen im Heiligen-Geist-Spital lebendig vor die Augen getreten. Ich habe gefunden, daß hier auf die subjektiven Gewohnheiten des einzelnen Armen ein Maß von Rücksicht genommen wird, wie man es bei Versorgungsanstalten gewöhnlich nicht findet. Und das scheint mir auch nicht ohne sozialen Wert.

Es wären noch eine Reihe verschiedenster Gesichtspunkte hervorzuheben; mir scheint aber immer das Hauptstück zu sein, daß eine Scheidung in der Armenpflege nicht nach Schuld oder Unschuld, sondern nach Heilbarkeit und Nichtheilbarkeit stattfindet, und daß eine Aufwendung selbst reichlichster Mittel in all den Fällen stattfindet, wo eine Heilung wirklich noch zu erreichen ist. Dieser Unterschied muß die Grundlage bilden für alle soziale Ausgestaltung der Armenpflege. (Lebhaftes Bravo.)

[...]

Beigeordneter Dr. Schmidt[14] (Mainz): Meine Damen und Herren! Der Herr Mitberichterstatter[15] hat Ihnen schon gesagt, daß die Anschauung der Herren Referenten im Widerspruch stehe mit den Grundsätzen, die seinerzeit im Jahre 1898 in Nürn-

---

14 Dr. Georg Schmidt.

15 Dr. Friedrich Soetbeer (Stenographischer Bericht über die Verhandlungen der 21. Jahresversammlung des deutschen Vereins für Armenpflege und Wohlthätigkeit am 12. und 13. September 1901 in Lübeck [Schriften des deutschen Vereins für Armenpflege und Wohlthätigkeit, Heft 56], Leipzig 1901, S. 38).

berg bezüglich des Existenzminimums aufgestellt worden sind.[16] Der Herr Berichterstatter Dr. Flesch hat Ihnen ferner gesagt, er müsse dahin streben, um seine Anschauungen konsequent auszuführen, daß der Unterschied zwischen öffentlicher und privater Armenpflege verwischt werde,[17] und der Herr Mitberichterstatter hat ganz besonders betont, daß durchweg bei der Armenpflege zwischen verschuldeter und unverschuldeter Not zu unterscheiden sei.

Meine Herren, ich halte es für absolut unzulässig, daß wir in der öffentlichen Armenpflege diesen Unterschied machen. (Bravo!)

Diese Unterscheidung in der öffentlichen Armenpflege ist aber zweifellos in den Leitsätzen[18] der Herren Referenten gemacht, indem auch hier auf eine besondere Behandlung der unverschuldeten Armut hingewiesen wird. Meine Herren, ich verstehe das von den Herren Referenten Angestrebte so: Wenn die unverschuldete und die verschuldete Armut bei der öffentlichen Armenpflege unterschiedlich behandelt werden sollen, dann müßte im Gesetz folgendes stehen: Der Staat ist verpflichtet, den unentbehrlichen Lebensunterhalt zu gewähren, außerdem ist aber ein Unterschied zu machen, ob der, der den unentbehrlichen Lebensunterhalt nicht hat, verschuldeter- oder unverschuldeterweise ihn nicht hat. Und das ist ganz unmöglich, das in das Gesetz hineinzuschreiben. Sie haben von Herrn Stadtrat Dr. Münsterberg schon zu Anfang der heutigen Verhandlung gehört, wie schwer es fällt, daß die kleineren Gemeinden der geringen Verpflichtung, das Existenzminimum zu gewähren, nachkommen.[19] Meine Herren, wenn man nun auch die öffentliche Armenpflege

---

16 Gemeint ist hier vor allem der Grundsatz, daß zwischen verschuldeter und unverschuldeter Armut kein Unterschied gemacht werden dürfe. Die Grundsätze, auf die sich auch der Mitberichterstatter Soetbeer bezogen hatte, waren zwar nicht in den auf der Nürnberger Jahresversammlung verabschiedeten Leitsätzen enthalten gewesen; er war jedoch aus Dr. Georg Schmidts Referat zu Beginn der dortigen Debatte hervorgetreten (Stenographischer Bericht über die Verhandlungen der achtzehnten Jahresversammlung des deutschen Vereins für Armenpflege und Wohlthätigkeit am 29. und 30. September 1898 in Nürnberg [Schriften des deutschen Vereins für Armenpflege und Wohlthätigkeit, Heft 40], Leipzig 1899, S. 128 f. und S. 140 [Leitsätze] sowie S. 101 f. und S. 105 [Referat Dr. Georg Schmidts]).

17 Dr. Karl Flesch hatte indes lediglich betont, es sei auch die private wie die öffentliche Armenpflege *nur eine vom Staat zugelassen Tätigkeit, (...) sie beruht jetzt auf der staatlichen Zulassung und hat an der der Armenpflege gesetzten Aufgabe mitzuarbeiten* (Stenographischer Bericht über die Verhandlungen der 21. Jahresversammlung des deutschen Vereins für Armenpflege und Wohlthätigkeit am 12. und 13. September 1901 in Lübeck [Schriften des deutschen Vereins für Armenpflege und Wohlthätigkeit, Heft 56], Leipzig 1901, S. 31).

18 Vgl. Anm. 12.

19 Dr. Emil Münsterberg hatte sich bis dahin freilich nur mit einen Bericht über das ausländische Armenwesen zu Wort gemeldet gehabt und bei dieser Gelegenheit nach dem Protokoll in einer Nebenbemerkung konstatiert, daß für das ländliche Armenwesen und manches städtische Armenwesen in Deutschland eine andere Staatsaufsicht, so wie sie in anderen Ländern zu beobachten war, ebenfalls angemessen wäre (Stenographischer Bericht über die Verhandlungen der 21. Jahresversammlung des deutschen Vereins für Armenpflege und Wohlthätigkeit am 12. und 13. September 1901 in Lübeck [Schriften des deutschen Vereins für Armenpflege und Wohlthätigkeit, Heft 56], Leipzig 1901, S. 17-27, hier S. 23). Schmidts Bemerkung paßt sehr viel besser zu Münsterbergs Redebeitrag anläßlich der Diskussion auf der Nürnberger Jahresversammlung 1898 (Stenographischer Bericht über die Verhandlungen der achtzehnten Jahresversammlung des deutschen Vereins für Armenpflege und Wohlthätigkeit am 29. und 30. September 1898 in Nürnberg [Schriften des deutschen Vereins für Armenpflege und Wohlthätigkeit, Heft 40], Leipzig 1899, S. 124 f.).

noch sozial ausgestalten wollte, wo ist es dann möglich, der kleinen Gemeinde nun auch noch aufzuerlegen, daß sie die öffentliche Armenpflege mit den weiter gehenden Verpflichtungen, die die soziale Ausgestaltung auferlegt, erfüllen soll? Der Staat hat dafür zu sorgen, daß niemand in dem Staat verhungert, diese Aufgabe hat die öffentliche Armenpflege zu erfüllen, und dabei darf sie nicht unterscheiden, ob er verhungert aus Schuld oder Nichtschuld – er darf einfach nicht verhungern! Ich habe deshalb damals in meinem Referat über das Existenzminimum ganz ausdrücklich betont, daß bei der öffentlichen Armenpflege ein Unterschied zwischen verschuldet und unverschuldet nicht gemacht werden kann[20] – ich habe nicht die Zeit, hierauf zurückzukommen; ich will nur darauf hinweisen.

Meine Herren, es ist deswegen nicht gesagt – das habe ich auch damals betont[21] –, daß die Armenverwaltung als öffentliche Behörde nicht weitergehen könnte und daß die Armenverwaltung darauf beschränkt sein müsse, nur das Existenzminimum, nur den unentbehrlichen Lebensunterhalt zu gewähren, sowohl dem Verschuldeten als dem Nichtverschuldeten. Auf dem Wege der öffentlichen Armenpflege kann sie nur das Existenzminimum gewähren. Aber auf dem Wege der freiwilligen Armenpflege kann sie mehr tun. Wir wissen: Den Gemeinden werden überall – zumal den städtischen Gemeinden – durch Geschenke und sonstige Stiftungen reichliche Mittel zur Verfügung gestellt, die es ihnen ermöglichen, auch weiterzugehen, als die öffentliche Armenpflege dies erlaubt. Aber dieses Weitergehen ist freiwillige Armenpflege, und ich bin immer noch der Ansicht, daß die freiwillige und die öffentliche Armenpflege streng auseinandergehalten werden sollen; wir werden auf theoretische Erörterungen uns niemals einlassen können, wenn wir nicht auf dieser Grundlage arbeiten. Es ist tatsächlich ein wesentlicher Unterschied zwischen öffentlicher und privater Armenpflege.

[...] *Änderungsvorschläge für die zur Diskussion stehenden Leitsätze.*

Berichterstatter Stadtrat Dr. Flesch (Frankfurt a. M.) – (Schlußwort): Meine Herren, ehe ich auf die Ausführungen der einzelnen Redner eingehe, möchte ich zwei Mißverständnisse berichtigen, die vielleicht dadurch möglich geworden sind, daß ich mich etwas zu streng an die Vorschriften des Herrn Vorsitzenden[22] gehalten habe und die den Referenten gegönnte Viertelstunde so genau einhielt.

Zunächst ist bezüglich des Arbeitsvertrags seitens des Herrn Geheimrats Böhmert[23] gesagt worden: Der Zigarrenmacher schließe keinen Arbeitsvertrag und der Bauer auch nicht.[24] Ich habe aber mit dem Wort natürlich nicht den Rechtsbegriff gemeint – der heißt ja im bürgerlichen Gesetzbuch auch nicht Arbeitsvertrag, sondern Dienstvertrag oder Werkvertrag –, sondern den wirtschaftlichen Begriff, nach welchem Arbeitsvertrag jeder Vertrag ist, der zu einer wirtschaftlich nützlichen entgeltlichen Tätigkeit verpflichtet.

---

20 Ebenda, S. 105.

21 Ebenda, S. 101.

22 Leo Friedrich Ludwig-Wolf.

23 Dr. Viktor Böhmert (1829-1918), Nationalökonom, 1875-1895 Direktor des königlich sächsischen Statistischen Büros, seit 1875 Professor für Nationalökonomie und Statistik in Dresden, Vorsitzender des Dresdener Vereins gegen Armennot und Bettelei, seit 1886 Mitglied des Zentralausschusses des Deutschen Vereins für Armenpflege und Wohltätigkeit.

24 Stenographischer Bericht über die Verhandlungen der 21. Jahresversammlung des deutschen Vereins für Armenpflege und Wohlthätigkeit am 12. und 13. September 1901 in Lübeck (Schriften des deutschen Vereins für Armenpflege und Wohlthätigkeit, Heft 56), Leipzig 1901, S. 43.

Dann ist aber ein Einwand geltend gemacht, der mich frappiert hat. Es wurde mit großer Energie und unter Beifall ausgesprochen: Ihr Referenten dürft keinen Unterschied zwischen verschuldeter und unverschuldeter Not machen. Da ist zunächst eines hervorzuheben: Wir werfen dem geltenden Gesetz allerdings vor, daß es diesen Unterschied in einer Art macht, die nach allgemeinem Urteil im höchsten Grade schädlich ist. Meine Herren, Nachteile treffen jeden, der Armenpflege bezieht: Jeder, der z. B. ein Kind ins Spital schickt, verliert das Wahlrecht, und dem verlumpten Menschen, der seine Kinder mißhandelt und sie verwahrlosen läßt, werden die Kinder auf Staatskosten abgenommen, und er verliert das Wahlrecht nicht. Die verschuldete Armenpflege wird anders, besser, günstiger behandelt als die unverschuldete! Wenn sich einer dieser Tatsache gegenüber dahinter versteckt, daß er sagt, jener – der Vater des kranken Kindes – sei in öffentlicher Armenpflege und der andere nicht, so antworte ich: Wir haben doch nicht gesprochen von der Schuldefinition der Armenpflege aufgrund des U[nterstützungs]w[ohnsitz]g[esetzes], wir arbeiten nicht mit den elementaren Anfangsgründen unserer Wissenschaft! Nein, wir haben eine Tatsache hervorgehoben, die die allerernsteste Aufmerksamkeit verdient; es muß zunächst, wenn man die öffentlichen Rechte beeinträchtigen will, ein Unterschied gemacht werden, ob derjenige, der die Seinen der fremden Fürsorge überläßt, das tut aus unglücklichen Verhältnissen, weil er nicht dazu imstande ist, weil ihn allgemein schwere Mißstände getroffen haben oder aus frivoler Liederlichkeit, Trunksucht usw. – und dieser Unterschied kann bei der praktischen Handhabung der Armenpflege überhaupt nicht übersehen werden! Gewiß, es können Fälle vorkommen, wo es schwer festzustellen ist, ob die Armenpflege verschuldet oder unverschuldet eintreten muß. Aber das sind die Ausnahmen. Und es kann, wie in allen menschlichen Dingen, auch hierfür ein Verfahren eingerichtet werden, das über solche Zweifelsfälle entscheidet, z. B. ob der X in der Wahlliste gestrichen werden soll. Aber in der Mehrzahl der Fälle ist es vollständig klar; wir sehen aus unseren Vorakten, mit wem wir es zu tun haben – wir hören es von den Armenpflegern. Wenn die Herren uns heute gesagt haben: nur ja kein Unterschied zwischen verschuldeter und unverschuldeter Armenpflege! Ja aber, verehrte Damen und Herren, unser Grundprinzip ist die Individualisierung; wie und nach welchem Gesichtspunkt wollen Sie denn individualisieren? Wollen Sie einfach abzählen 3, 4, 5, 6 Kinder, also 3, 4, 5, 6 Mark wöchentlich? Das nenne ich keine Individualisierung, sondern Schablone! Das Grundprinzip der Individualisierung besteht eben darin, daß Sie den einzelnen Fall ansehen, daß Sie sich sagen: Hier müssen wir uns mehr Mühe geben, und hier dürfen wir uns auf die, ich möchte sagen, polizeilichen Mindestleistungen der Armenpflege beschränken.

Also, indem ich dieses Mißverständnis dahin berichtige, daß wir selbstverständlich in unseren Thesen nicht haben sagen wollen, daß da, wo verschuldete Armut ist, keine Armenpflege gegeben werden soll – indem ich dieses Mißverständnis berichtige und hoffe, daß wenigstens dieser Punkt bereinigt ist, komme ich dann zu den anderen vorgebrachten Punkten.

Herr Dr. Klumker hat ein anderes Prinzip an die Stelle des angeblich fälschlich von uns vertretenen gesetzt: „Nein – hat er gesagt –, es darf nicht unterschieden werden zwischen verschuldeter und unverschuldeter Armut; zwischen heilbaren und unheilbaren Fällen muß unterschieden werden“! Er will also sagen: Ich unterscheide nach der Zukunft; ist Aussicht auf Heilung, so gebe ich reichlich – wenn ich glaube, daß nichts zu machen ist, gebe ich knapp. Ja, ich habe den Herrn beneidet um den guten Glauben, daß er das unterscheiden könne. Ich stehe ziemlich lange in der Armenpflege; je länger ich darin stehe, um so mehr zweifle ich daran, die Zukunft eines Falles zu ergründen – wenn's Herr Dr. Klumker kann, kann es mir, der ich in einer Stadt mit ihm arbeite, sehr angenehm sein. Im übrigen würde ich es bedauern, wenn in einer Stadt sich die private Armenpflege in Gegensatz zu der öffentlichen dadurch setzte, daß sie sagt: Wir unterstützen nach der Heilbarkeit des Falles. Wir können nur nach bestem Wissen die Fälle individualisieren; und objektiv ist wohl das sicherste Merkmal für die Individualisierung das Vorleben der Verarmten. Gestatten Sie mir, Ihnen da ein Beispiel vorzuführen – es wurde ja eben von den Lungenerkrankungen gesprochen. Da kommt ein Mensch zu mir – wir haben ja alle die Fälle erlebt –, der Mann erklärt mir, daß er lungenkrank sei, und der Arzt hat gesagt, er müsse in die Lungenheilstätte, sonst würde sein Leben verkürzt usw. Aufgabe der öffentlichen Armenpflege ist es nicht, hier in allen Fällen einzugreifen, insbesondere nicht, solange keine völlige Arbeitsunfähigkeit und völlige Not vorliegt, das ist von verschiedenen Herren betont worden. Nun gut, jetzt sehe ich aus meinen Vorakten: Es ist ein Mensch, der seit Jahren sich herumtreibt, die Krankheit sich als Vagabund erworben hat, der 20mal bestraft ist wegen der verschiedensten Delikte, der an Frau und Kindern nur so wie ein schlechter Mensch handelt; der kommt nun und sagt: Ihr müßt für mich etwas ganz Besonderes tun; denn der Arzt hat gesagt: Wenn ihr mich nicht mit Aufwendung von Hunderten von Mark in die Heilanstalt schickt, so ist mein kostbares Leben gefährdet. Ja, meine Herren, da wir beschränkte Mittel haben – Herr Kollege Pütter[25] hatte vollständig recht, es ist keine Aufgabe der öffentlichen Armenpflege, und ich darf nicht jedem diese Heilung angedeihen lassen[26] –, wäre es nicht ganz richtig und nützlich, daß wir auch diesem Moment – dem Vorleben – Berücksichtigung schenken, daß wir sagen: Es sind nur soundso viel Plätze in der Anstalt – wenn wir diesen aufnehmen, dann kommt morgen ein anderer, den wir sonst aufnehmen würden, der sich ehrlich für seine Kinder abgemüht hat und den wir nun nicht aufnehmen können, weil wir diesen Herrn aufgenommen haben? Das hindert nicht, daß wir mit dem Mann, wenn er auch durch seine Schuld verkommen ist, menschliches Mitleid haben; aber als Beamter sowohl der öffentlichen wie der privaten Armenpflege haben wir auch zu rechnen – ich habe vorhin diese ganz zutreffenden Äußerungen aus Nathan dem Weisen verlesen[27] –, sonst ist auf einmal das Geld zu Ende, gerade da, wo wir es am nötigsten brauchen.

Also: Die Individualisierung, die wir verlangen, geht nicht dahin, daß wir sagen: Wo wir nach unserem subjektiven Gefühl Schuld wittern, da wollen wir nichts geben. Wir stehen absolut nicht auf dem Standpunkt, der vor 3 Jahren auf der Nürnberger Versammlung gekennzeichnet wurde, daß nämlich die subjektive Ansicht des

---

[25] Ernst Pütter (1864-1942), Jurist, seit 1896 Stadtrat und stellv. Vorsitzender der Armendirektion und des Waisenrats in Halle (Saale), seit 1899 Vorsitzender derselben und der Armenverwaltung, seit 1901 Mitglied des Zentralausschusses des Deutschen Vereins für Armenpflege und Wohltätigkeit.

[26] Stenographischer Bericht über die Verhandlungen der 21. Jahresversammlung des deutschen Vereins für Armenpflege und Wohlthätigkeit am 12. und 13. September 1901 in Lübeck (Schriften des deutschen Vereins für Armenpflege und Wohlthätigkeit, Heft 56), Leipzig 1901, S. 51.

[27] Ebenda, S. 29 f. Die Stelle in Gotthold Ephraim Lessings „Nathan der Weise" handelt von der Armenpflege des Sultans Saladin, die er durch den zu seinem Schatzmeister berufenen Derwisch Al-Hafi ausüben läßt. Al-Hafi empfindet es jedoch als Torheit, im einzelnen Fall als Menschenfreund scheinen zu wollen, wenn zugleich Hunderttausende leiden und für eine durchgreifende Hilfe die Mittel fehlen.

Vorsitzenden der Armenverwaltung genügen solle, um einen Armen einer zuchthausähnlichen Strafe – der Einsperrung ins Arbeitshaus – zu unterwerfen;[28] aber wir verlangen, daß individualisiert werde und daß das Moment der moralischen Würdigkeit namentlich da in Berücksichtigung komme, wo die öffentliche Armenpflege ihr Werk getan hat und es sich nun darum handelt, ob an die Unterstützung sich schwerwiegende Folgen für den Unterstützten anknüpfen sollen: Und wir beklagen, daß gerade in dieser Beziehung nach dem jetzigen Gesetz nicht individualisiert werden kann. Auch Kollege Schmidt wird mir ohne weiteres zustimmen, daß diese schablonenhafte Gleichheit, die keinen Unterschied macht zwischen verschuldeter und unverschuldeter Not, beseitigt werden muß. Er erklärt ja selbst, daß er wolle, daß das Gesetz den Unterschied macht; und wir unsererseits haben nirgends behauptet, daß schon das jetzt bestehende Gesetz das gestattet; sonst hätten wir nicht nötig gehabt, die Forderung in eine These aufzunehmen.

Ich habe dann nur noch wenige Punkte zu besprechen. Zunächst hat der verehrte Herr Geheimrat Böhmert eine andere These eingebracht und hat mich aufgefordert, mich zu derselben zu äußern.[29] Ja, Herr Geheimrat Böhmert ist ein Herr, vor dem wir alle und ich persönlich die höchste Ehrerbietung haben, und ich kann nur erklären: Ich bin ganz überzeugt, daß er materiell dasselbe sagen möchte, was wir gesagt haben, daß er von dem Standpunkt eines human denkenden Armenpflegers ausgehend gerade unsere Forderung hat zu Papier bringen wollen. Und doch, ich möchte daran erinnern, wie es im „Faust" heißt: Ungefähr sagt das der Pfarrer auch, nur mit ein bißchen andern Worten.[30]

Er sagt dasselbe wie wir; durch seine Sprache aber, die sich durchaus an herkömmliche, seit langem durch politische und sonstige Diskussionen sich hinziehende Worte und Begriffe anschließt, wird es etwas ganz anderes! Wir haben ausgeführt, daß nach den tatsächlich bestehenden sozialen Verhältnissen die Armenpflege das Korrelat zum Arbeitsvertrag und zur Familie ist; und daraus folgt gewiß, daß man milde sein, daß man auf die Verhältnisse Rücksicht nehmen, daß man individualisieren soll, ganz in der Weise, wie er es gesagt hat. Aber wir machen einen Rückschluß, und in den Thesen ist dieser Rückschluß klar ausgesprochen. Warum ist diese reichliche, unbestimmt abgezweigte Ausübung der Armenpflege notwendig? Weil es sich nicht handelt um etwas Unbestimmtes, Unklares (Menschlichkeit, Wohltun, Mitleid

---

28 Stenographischer Bericht über die Verhandlungen der achtzehnten Jahresversammlung des deutschen Vereins für Armenpflege und Wohlthätigkeit am 29. und 30. September 1898 in Nürnberg (Schriften des deutschen Vereins für Armenpflege und Wohlthätigkeit, Heft 40), Leipzig 1899, S. 36-71. Gegenstand der Diskussion waren die Zwangsmaßregeln gegen unterhaltssäumige Angehörige gewesen; bei schuldhafter Versäumung der Nährpflicht sollte hier die Arbeitshauseinweisung auf dem Verwaltungsweg angedroht werden.

29 Prof. Dr. Viktor Böhmert hatte eine Resolution vorgeschlagen, nach der für die soziale Ausgestaltung der Armenpflege vor allem zweierlei erforderlich sein sollte: Einerseits sollte sie bei einzelnen Hilfsbedürftigen nicht nur das in der Gegenwart wirkende Elend lindern, sondern auch die in Zukunft drohende Not durch Verbesserung der Arbeits-, Ernährungs-, Wohnungs- und Bildungsverhältnisse vorbeugend abwenden. Zum anderen sollte *nicht nur der leiblichen, sondern auch der geistigen und sittlichen Not entgegengewirkt werden* (Stenographischer Bericht über die Verhandlungen der 21. Jahresversammlung des deutschen Vereins für Armenpflege und Wohlthätigkeit am 12. und 13. September 1901 in Lübeck [Schriften des deutschen Vereins für Armenpflege und Wohlthätigkeit, Heft 56], Leipzig 1901, S. 44 f.).

30 Goethe, Faust I, Vers 3460 (Marthens Garten).

usw.), sondern um klare Begriffe, mit denen wir zu rechnen haben, um die Ungenügendheit der einzigen staatlichen Organisationen, welche z[ur] Z[eit] den Unbemittelten zu Gebote stehen, um die mangelhafte Organisation des Arbeitsvertrags, um die ungenügende rechtliche Ausstattung der Familie. Und gerade das möchte ich wenigstens zum Ausdruck gebracht haben, wenn überhaupt abgestimmt wird.

Wie gesagt, ich habe aus der Diskussion die große Beruhigung geschöpft und mit großer Freude vernommen, daß eine Reihe von Kollegen – die Herren Pütter (Halle), Seltsam[31] (Wien), Schmidt (Mainz) – prinzipiell auf demselben Standpunkt stehen; ich bin dadurch sicher, daß die Theorie, die wir aufgestellt haben, wenn nicht heute mit unseren Worten, so doch morgen und in einer anderen Art ihren Weg finden wird in die Wissenschaft und Praxis der Armenverwaltung. Denn es handelt sich eben nicht um eine bloße theoretische Schulfrage, sondern um eine ungeheuer praktische Frage. Ein Armenpfleger, der lediglich ein paar Familien zu überwachen hat, braucht von der Streitfrage, die wir aufgerollt haben, allerdings nichts zu wissen; aber wer literarisch in diesen Dingen arbeitet, wer in der Leitung eines Armenamts ist, wer ein Urteil über die Gesamtentwicklung der Armenpflege und Sozialpolitik haben will, der muß wissen, wie er sich zu diesen neuen Gesichtspunkten zu verhalten hat, und unsere Leitsätze geben ihm vielleicht einen gewissen Anhalt bei seinen Entscheidungen.

[...] *Weitere Bemerkungen zu einzelnen Diskussionsbeiträgen.*[32]

Nr. 99

1901 Oktober

Blätter für das Hamburgische Armenwesen[1] Nr. 10
Die Ergebnisse der am 1. December 1900 aufgenommenen Statistik über die dauernd Unterstützten und deren Wohnungsverhältnisse

Druck

[Ergebnisse einer statistischen Erhebung zur Zusammensetzung und zu den Wohnverhältnissen der Unterstützungsempfänger in der öffentlichen Armenpflege]

I.

Die am 1. Dezember 1900 mittelst besonderer Zählformulare von den Herren Armenpflegern aufgenommene Statistik erstreckte sich neben Feststellung der Zahl der Selbst- und Mitunterstützten[2] und des Familienstands der Unterstützten vornehmlich

---

[31] Dr. Ferdinand Seltsam (1841-1917), Jurist, Magistratsrat in Wien, seit 1896 Vorsteher der Magistratsabteilung für Armenkinderpflege.

[32] Am Ende der Debatte dieses Tagesordnungspunkts erfolgte gegen die sonstigen Gepflogenheiten bei den Jahresversammlungen des Deutschen Vereins keine formelle Abstimmung über die Leitsätze.

[1] Blätter für das Hamburgische Armenwesen. Amtliches Organ des Armen-Collegiums 9 (1901), S. 47-49.

[2] Als Selbstunterstützte galten diejenigen aus öffentlicher Armenpflege unterstützten Personen, die das 18. Lebensjahr vollendet hatten, auch wenn sie wirtschaftlich nicht selbständig

auf die Wohnungsverhältnisse der in offener Armenpflege befindlichen Personen, wobei nicht nur die Größe der Wohnung und die Höhe des Mietpreises, sondern auch die Belegung der Wohnung mit Personen in Betracht gezogen wurde. Nach dem Ergebnis der Zählung befanden sich am 1. Dezember 1900 in offener Pflege 8 819 Parteien, und zwar gab es 1 505 (17,07 %) männliche und 7 314 (82,93 %) weibliche Unterstützungsempfänger, während sich diese Zahlen 1897 auf 1 792 (19,14 %) männliche und 7 569 (80,86 %) weibliche Personen gestellt hatten. Nach dem Familienstand waren vorhanden

ledig	123	männliche Personen,
	863	weibliche Personen,
Ehepaare zusammenlebend	1 003	
getrennt lebend[3]	61	männliche Personen,
	994	weibliche Personen,
gerichtlich geschieden	15	männliche Personen,
	236	weibliche Personen,
verwitwet	303	männliche Personen,
	5 221	weibliche Personen.

In Verhältniszahlen umgerechnet und mit den entsprechenden Ergebnissen der Erhebung vom Jahre 1897 verglichen, ergibt sich bezüglich des Familienstands der Parteihäupter folgendes:

a) männliche Familienhäupter

Es waren	von den unterstützten Männern		von den unterstützten Parteien überhaupt	
	1897	1900	1897	1900
ledig	7,58 %	8,17 %	1,45 %	1,39 %
verheiratet und zusammen lebend	71,93 %	66,64 %	13,77 %	11,37 %
verheiratet, aber getrennt lebend	3,35 %	4,05 %	0,64 %	0,69 %
geschieden	0,95 %	1,00 %	0,18 %	0,17 %
verwitwet	16,19 %	20,14 %	3,09 %	3,44 %

waren. Als Mitunterstützte galten diejenigen wirtschaftlichen unselbständigen Familienmitglieder, deren Unterstützungswohnsitz durch denjenigen des Familienhauptes bestimmt wurde.

3 Dr. Emil Münsterberg bemerkte zu diesem Ausschnitt aus der Hamburger Statistik in einem weiteren Überblicksartikel über die 169seitige, im Auftrag des Armenkollegiums durchgeführte Untersuchung an: *Mit Recht wird besonders die Aufmerksamkeit auf die hohe Zahl der getrennt lebenden Personen gerichtet, die übrigens seit 1897 um ein kleines zurückgegangen ist. Die Feststellung des Aufenthaltsorts des getrenntlebenden Ehemanns ergab, daß fast die Hälfte, nämlich 437 von 994, unbekannten Aufenthalts war, während sich 111 in Anstaltspflege und 79 in Haft befanden, 53 sich im Ausland, 83 im übrigen Deutschland und 231 in Hamburg aufhielten. Speziell wird für Hamburg darauf aufmerksam gemacht, daß die in der Ergreifung des Seemannsberufs gegebene Gelegenheit, sich aller Verbindlichkeiten wirksam zu entledigen, einen gewissen Anreiz und damit zugleich die Erklärung für die große Zahl pflichtvergessener Ehemänner gerade in Hamburg bildet* (Die Ergebnisse der am 1. Dezember 1900 erfolgten statistischen Erhebung über die im Gebiete der Stadt Hamburg in offener Armenpflege unterstützten Personen, unter besonderer Berücksichtigung der Wohnungsverhältnisse, in: Zeitschrift für das Armenwesen 3, Okt./Nov. 1902, S. 41-43, hier S. 42).

b) weibliche Familienhäupter

Es waren	von den unterstützten Frauen		von den unterstützten Parteien überhaupt	
	1897	1900	1897	1900
ledig	11,19 %	11,80 %	9,05 %	9,79 %
verheiratet und zusammen lebend	14,00 %	13,59 %	11,32 %	11,27 %
geschieden	2,69 %	3,23 %	2,18 %	2,68 %
verwitwet	72,12 %	71,38 %	58,32 %	59,20 %

Die 8 819 unterstützten Parteien hatten im Haushalt 7 814 Kinder bis zum 14. Lebensjahr und 710 Kinder vom 14.–16. Lebensjahr. Unter Berücksichtigung der Zahl der Ehefrauen der unterstützten Ehepaare und der Kinder bis zum 14. Lebensjahr betrug die Kopfzahl der Partei 1,95 (1897: 2,03), während sich unter Einrechnung auch der Kinder vom 14.–16. Lebensjahr die Kopfzahl der Partei auf 2,04 (1897: 2,12) stellte. Gegenüber den Ergebnissen der Statistik vom 1. Dezember 1897[4] ist also die Kopfzahl in beiden Fällen zurückgegangen. Der Grund hierfür liegt in erster Linie in dem Rückgang der Zahl der unterstützten Ehepaare. Während im Jahre 1897 13,77 % aller unterstützten Parteien Ehepaare waren, betrug diese Zahl im Jahr 1900 nur 11,37 %, also über 2 % weniger. Man wird nicht fehlgehen, diesen Rückgang den besseren Erwerbsverhältnissen des Jahres 1900 zuzuschreiben. Dagegen hat sich entsprechend der Zunahme der Bevölkerung eine Zunahme der Zahl verwitweter Männer und Frauen, letztere hauptsächlich in höherem Lebensalter stehend und deshalb ohne Kinder bis zu 14 bzw. 16 Jahren, bemerkbar gemacht. Im Jahre 1897 wurden verwitwete Männer 3,09 % aller Parteien und verwitwete Frauen 58,32 % gezählt, während diese Kategorien im Jahre 1900 3,44 % bzw. 59,20 % aufwiesen. Auf 1 Armenpartei entfielen im Jahre 1897: 0,95 und im Jahre 1900: 0,92 Kinder.

Das Verhältnis der Zahl der Selbst- und Mitunterstützten zur Gesamtbevölkerung Hamburgs in den einzelnen Stadtteilen ist aus nachfolgender Tabelle ersichtlich:

Armen-kreis	Stadtteile	Gesamtbevölkerung		Selbst- u. Mitunterstützte (bis z. 16. Lebensjahr		Prozentverhältnis der Unterstützten zur Gesamtbevölkerung	
		Dezember 1897	Dezember 1900	1897	1900	1897	1900
I.	Altstadt-Nord u. -Süd	51 038	49 238	1 656	1 731	3,24 %	3,52 %
II.	Neustadt-Nord	48 029	48 459	2 227	1 939	4,64 %	4,00 %
III.	Neustadt-Süd	40 375	41 524	1 838	1 703	4,55 %	4,10 %
IV.	St. Georg-Nord, Hohenfelde	67 139	71 595	1 616	1 486	2,41 %	2,08 %
V.	St. Pauli	73 561	76 328	2 124	1 806	2,89 %	2,37 %
VI.	Rotherbaum, Harvestehude, Eimsbüttel, Eppendorf	124 491	141 476	2 716	2 691	2,18 %	1,90 %
VII.	Barmbek	44 379	48 201	1 368	1 223	3,08 %	2,54 %
VIII.	Borgfelde, Eilbeck, Hamm, Horn	70 008	78 043	2 107	1 881	3,01 %	2,41 %

4 Individualstatistik, in: Blätter für das Hamburgische Armenwesen 6 (1898), Nr. 12, S. 56f.

IX.	Billwärder Ausschlag, Steinwärder, Kl[eine] Grasbrook, Veddel	40 339	42 747	1 202	1 001	2,98 %	2,34 %
X.	St. Georg-Süd (Hammerbrook)	50 308	53 060	1 415	1 112	2,81 %	2,10 %
XI.	Uhlenhorst, Winterhude	44 393	47 692	1 528	1 377	3,45 %	2,89 %
	S[umm]a	653 960	698 363	19 797	17 950	3,03 %	2,57 %

Von den 8 819 unterstützten Parteien waren: 5 663 ohne Kinder bis zu 16 Jahren, d. h. zumeist wegen Alters, wegen eines Gebrechens oder zufolge Krankheit erwerbsunfähige Personen,

876 hatten je 1 Kind,
897 hatten je 2 Kinder,
645 hatten je 3 Kinder,
396 hatten je 4 Kinder,
193 hatten je 5 Kinder,
93 hatten je 6 Kinder,
40 hatten je 7 Kinder,
8 hatten je 8 Kinder,
und 8 hatten je 9 Kinder.

Von den unterstützten Parteien hatten 1890 also 21,43 % Einlogierer, und betrug deren Gesamtzahl 2 912, wovon 1 967 männliche und 945 weibliche Personen waren. Auf jede Unterstützungspartei, welche Einlogierer hatte, entfielen also im Durchschnitt 1,54 Einlogierer. Die 2 912 Einlogierer wohnten in 2 496 Zimmern, so daß auf jedes Zimmer im Durchschnitt 1,17 Einlogierer kamen. Die meisten Einlogierer waren im X. Armenkreis (Hammerbrook) vorhanden, nämlich 1,71 pro Partei, es folgen dann der V. Kreis (St. Pauli) mit 1,64, der VII. Kreis (Barmbeck) mit 1,63 und der IV. Kreis (St. Georg-Nord und Hohenfelde) mit 1,62 pro Partei. Den Räumlichkeiten entsprechend waren die Einlogierer am dichtesten vertreten in Kreis I mit 1,25, in den Kreisen III und VII mit je 1,24 und im Kreis X mit 1,21 Einlogierer auf 1 Zimmer.

Von den 8 819 Parteien hatten, wie aus der nachstehend abgedruckten Tabelle ersichtlich ist, 4 469 selbständige Wohnung, während 3 222 in Aftermiete wohnten, bzw. sich im Dienstverhältnis befanden und 1 128 eine Freiwohnung innehatten. Die Wohnungen lagen mit 52,85 % in Vorder- und mit 47,15 % in Hinterhäusern und bestanden insgesamt aus 11 254 heizbaren, 3 662 nicht heizbaren Zimmern, 2 673 Dielen, 55 Werkstätten und 4 990 Küchen, von denen 4 053 zur alleinigen Benutzung des Wohnungsinhabers und 937 nur zur Mitbenutzung mit anderen Bewohnern zur Verfügung standen. Unter den Wohngelassen befanden sich 769 dunkle Räume.

Über die Verteilung der Wohnungen auf Vor- und Hinterhäuser, die Zahl der Zimmer und die Durchschnittspreise in den einzelnen Armenkreisen gewährt die folgende Tabelle näheren Aufschluß:

Kreis	Die Wohnung liegt im		Von je 100 Wohnungen liegen im		Räumlichkeiten der Wohnung							Besitzverhältnisse der Wohnung						Gesamtbetrag der verwohnten Miete pro Jahr	Eine bezahlte Wohnung kostete im Durchschnitt pro Jahr
					heizbare	nicht heizbare	Diele	Werkstelle	Küche zur		vorhandene dunkle Räume	eigene Wohnung	Aftermiete		Inhaber im Dienstverhältnis	Freiwohnung, und zwar			
									alleinigen	Mit-			mit	ohne		gänzlich frei	geringe Vergütung		
	Vorderhaus	Hinterhaus	Vorderhaus	Hinterhaus	Zimmer				Benutzung				Mobilien im eigenen Besitz					M.	M.
I	360	502	41,76	58,24	956	430	276	4	475	112	122	565	148	51	8	86	4	144 525	188,18
II	544	433	55,68	44,32	1 211	449	246	10	429	91	104	597	232	66	12	70	–	175 470	196,06
III	374	510	42,31	57,69	975	402	259	9	391	82	98	519	227	64	6	67	1	151 767	187,14
IV	473	303	60,95	39,05	985	384	200	6	377	46	104	350	206	46	7	98	69	116 111	173,04
V	487	474	50,68	49,32	1 236	415	227	3	373	128	78	432	378	84	4	62	1	172 384	192,61
VI	650	590	52,42	47,58	1 717	459	424	8	562	125	111	547	427	58	21	154	33	201 931	189,61
VII	384	197	66,09	33,91	765	212	201	4	253	55	23	269	208	31	1	70	2	83 267	163,27
VIII	471	455	50,86	49,14	1 225	353	295	3	455	107	40	426	244	27	2	177	50	119 595	160,10
IX	294	185	61,38	38,62	596	185	137	1	226	80	20	231	163	13	6	66	–	68 684	168,76
X	379	181	67,68	32,32	749	190	162	–	226	43	53	229	235	37	3	56	–	95 432	190,48
XI	245	328	42,76	57,24	839	183	246	7	286	68	16	304	172	26	9	62	–	89 569	178,42
Zus. I-IX	4 661	4 158	52,85	47,15	11 254	3 662	2 673	55	4 053	937	769	4 469	2 640	503	79	968	160	1 418 735	182,54

Die Höhe des von den Unterstützten zu zahlenden jährlichen Mietzinses beträgt also 1418735 M., und unter Berücksichtigung derjenigen Armenparteien, welche mietefrei wohnen, ergibt sich, daß im Gesamtdurchschnitt jede Armenpartei in Hamburg 182,54 M. Miete pro Jahr zu zahlen hat. Die Durchschnittsmietpreise weichen in den verschiedenen Stadtteilen von dem Gesamtdurchschnittspreis wesentlich ab und betragen in der Reihenfolge der Höhe

im Kreis	II	196,06 M.,
im Kreis	V	192,61 M.,
im Kreis	X	190,48 M.,
im Kreis	VI	189,61 M.,
im Kreis	I	188,18 M.,
im Kreis	III	187,14 M.,
im Kreis	XI	178,42 M.,
im Kreis	IV	173,04 M.,
im Kreis	IX	168,76 M.,
im Kreis	VII	163,27 M.,
im Kreis	VIII	160,10 M.

Die innere Stadt, St. Pauli und Hammerbrook erweisen sich hiernach als die teuersten Stadtteile, während die östlichen Vororte (Kreis IX, VII u. VIII) die billigsten sind.

Nr. 100

1901 Dezember 17

Sitzungsprotokoll[1] der Hamburger Behörde für Wohnungspflege[2]

Maschinenschrift, Teildruck

[Beschlußfassung über als mangelhaft angesehene Wohnungen]

[...]

4. Herr Gérard[3] produziert Protokollauszug des I. Kreises[4] vom 12. d. M., betreffend die beiden Wohnkeller in dem Haus Rosenstraße 17. Dieselben hätten die Kreisversammlung schon wiederholt beschäftigt, sie seien dort für unbewohnbar erklärt, doch habe der Grundeigentümer sich weder veranlaßt gesehen, die Mieter aus den Kellern zu entfernen, noch letztere in einen bewohnbaren Zustand zu verset-

1 Staatsarchiv Hamburg 352-3 II G 14 Bd. 1, fol. 57-59 Rs., hier fol. 58 Rs.-59 Rs.

2 Die Behörde für Wohnungspflege war durch das Gesetz, betreffend die Wohnungspflege, vom 8.6.1898 geschaffen worden (vgl. Nr. 73 Anm. 1). Sie wurde kollegialisch aus zwei Senatsmitgliedern und sämtlichen Kreisvorsitzenden als Vertretern der Unterorgane der Behörde gebildet. Der Behörde unterstand ein Inspektor für Wohnungspflege, der ebenso wie der Medizinalrat beratend an deren Sitzungen teilnahm, ferner waren ihr zwei bautechnische Assistenten beigegeben. Vorsitzender war Senator Dr. Karl August Schröder.

3 Amandus Gérard (1835-1912), Agentur- und Kommissionsinhaber in Hamburg, von der Bürgerschaft gewähltes Mitglied der Behörde für Wohnungspflege.

4 Aufgrund des Wohnungspflegegesetzes war das Stadtgebiet zum Zweck der Wohnungsaufsicht in neun Kreise und diese wieder in neun Pflegebezirke aufgeteilt worden, für die

zen. Der Mangel dieser Wohnungen bestehe hauptsächlich in ihrer außerordentlichen Feuchtigkeit.

Beschlossen: nunmehr diese beiden Keller für unbewohnbar zu erklären.

5. Herr Inspektor Gründler[5] produziert Protokollauszug des VIII. Kreises vom 9. September d. J., betreffend die beiden Kellerwohnungen des Hauses Borstelmannsweg Nr. 146. Beide Wohnungen seien ganz außerordentlich feucht; es handele sich hier um aufsteigende Grundfeuchtigkeit, die sogar durch die Holzwände sichtbar durchschlage. Die Fußböden hätten sehr gelitten, seien teilweise zerfallen und zeigten Löcher. Die Fenster seien morsch und undicht. In der linksseitigen Wohnung befände sich außerdem ein Klosett ohne Entlüftung in der Küche. Diese Wohnungen müßten in ihrem gegenwärtigen Zustand als ungeeignet zur Beherbergung von Menschen bezeichnet werden.

Die Behörde trat diesen Ausführungen bei und beschloß, beide Wohnkeller für unbewohnbar zu erklären.

6. Herr Dr. Voigt[6] produziert Protokollauszug des IV. Kreises vom 21. v. M., betreffend das Ausklopfen von Teppichen aus den Fenstern von Etagenhäusern sowie auf Balkons, die nicht an den Straßenfronten angebracht sind. Der Herr Präses[7] weist darauf hin, daß die §§ 64 und 69[8] der heutigen Straßen- und §§ 66 und 75 des Entwurfs der neuen Straßenordnung[9] den Übelständen im wesentlichen wohl abhelfen dürften, daß aber ein Hinausgehen über diese Bestimmungen nicht ratsam sei. Der Erlaß besonderer polizeilicher Bestimmungen werde vermutlich nichts anderes herbeiführen als wie eine Unzahl von Denunziationen; letztere seien hier aber um so bedenklicher, als die Möglichkeit einer polizeilichen Kontrolle fehle. Am ehesten seien die Hauswirte in der Lage, durch Erlaß von Hausordnungen eine verständige Regelung der Angelegenheit herbeizuführen.

Die Behörde trat diesen Ausführungen bei und beschließt, der Anregung keine weitere Folge zu geben.

7. Herr Dr. Voigt teilt mit, daß er in einem Zivilprozeß, betreffend Unbewohnbarkeit eines Kellers, vor das Amtsgericht Hamburg, Abteilung 9, als Zeuge und Sachverständiger geladen worden sei.

---

jeweils ein Wohnungspfleger und ein Stellvertreter bestellt wurden. Die Kreisvorsteher beriefen und leiteten die Kreisversammlung, in der sich alle ehrenamtlichen Wohnungspfleger des Kreises trafen, um die von ihnen auf gütlichem Weg nicht erledigten Angelegenheiten zu erörtern und darüber Beschluß zu fassen. Führten auch die von den Kreisversammlungen unternommenen Versuche zu einer gütlichen Einigung zu keinem Erfolg, wurde die Angelegenheit an die Behörde für Wohnungspflege überwiesen, welche die Beseitigung gesundheitlicher Mißstände, die Durchführung von Reparaturen oder auch die Räumung und Schließung von Wohnungen unter Strafandrohung anordnen konnte.

5 Georg Ferdinand Gründler (1853-1922), seit 1899 Inspektor bei der Behörde für Wohnungspflege.

6 Dr. Thaddeus Leonhard Voigt (1835-1925), Arzt und Oberimpfarzt in Hamburg, von der Bürgerschaft gewähltes Mitglied der Behörde für Wohnungspflege.

7 Dr. Johann Otto Stammann (1835-1909), Jurist, seit 1886 Senator in Hamburg, seit 1901 Präses der Behörde für Wohnungspflege.

8 Straßenordnung vom 26.10.1881 (Gesetzsammlung der freien und Hansestadt Hamburg 1881, I. Abteilung, S. 94).

9 Siehe dann: Straßenordnung vom 7.7.1902 (Gesetzsammlung der freien und Hansestadt Hamburg 1902, I. Abteilung, S. 62).

Der Herr Präses erinnert daran, daß ausweise Zusicherung des Landgerichtspräsidenten[10] die Bestellung von Wohnungspflegern zu Sachverständigen nach Möglichkeit vermieden werden solle, und teilt mit, daß er vom vorliegenden Fall dem Landgerichtspräsidenten bereits Kenntnis gegeben habe.

8. Herr Gérard produziert Protokollauszug des I. Kreises vom 10. d. M., betreffend die Verhältnisse in dem Haus Mohlenhofstraße Nr. 6 und führt aus.

Das ganze Haus mache einen verwahrlosten Eindruck und sei als Mietwohnung so sehr wie irgend möglich ausgenutzt. Die I., II. und III. Etage enthalte je 4, die Dachetage nur 2 Wohnungen, d. h. jede Wohnung des ganzen Hauses bestehe nur aus einem Raum, welcher den Bewohnern als Wohn-, Schlaf-, Koch- und Trockenraum diene. In einem der nach der Mohlenhofstraße in der II. Etage belegenen Zimmer wohne der Arbeiter Seidowski nebst Frau und 7 Kindern, trotzdem dieser Raum nur 27,61 cbm umfasse. Daneben hause ein gewisser C. Rauch mit seiner Haushälterin Johanna Reimers. Es sei im Interesse der Wohnungspflege sehr zu wünschen, daß gegen diese Zustände eingeschritten werde.

Der Herr Präses führte aus, daß es fraglich erscheine, ob das Gesetz, betreffend die Wohnungspflege, eine ausreichende Handhabe biete,[11] doch sei vielleicht die Polizei in der Lage, Wandel zu schaffen.

Beschlossen: Die Akten s[ub] p[etitione] r[emis] der hochlöblichen Polizeibehörde zur gefälligen Kenntnisnahme zuzustellen.

[...]

Nr. 101

1902 Januar 24

Bericht[1] des Leiters des Frankfurter Waisen- und Armenamts Dr. Karl Flesch an den Wiesbadener Regierungspräsidenten Dr. Richard Wentzel[2]

Entwurf in Maschinenschrift

[Von den städtischen Behörden ergriffene Maßnahmen gegen die Wohnungsnot: Wohnungsbau für städtische Bedienstete und Förderung des gemeinnützigen und genossenschaftlichen Wohnungsbaus unter Nutzung des Erbbaurechts]

Entsprechend den in dem Erlaß[3] des Herrn Ministers für Handel und Gewerbe[4], der geistlichen, Unterrichts- und Medizinalangelegenheiten[5] sowie des Herrn Mini-

---

[10] Julius Engel (1842-1926), seit 1900 Landgerichtspräsident in Hamburg, seit 1887 Mitglied der Bürgerschaft.

[11] Nur für Schlafräume von Untermietern und Einlogierern sowie von Dienstboten, Arbeitern und Gewerbegehilfen des Haushaltsvorstands machte das Wohnungspflegegesetz genaue Mindestangaben über die Kubikzahl des für jede Person erforderlichen Raums (§ 11 Abs. 2); in diesen Fällen wäre etwa der Wohnraum, welcher der genannten Familie Seidowski zur Verfügung stand, bei weitem zu gering gewesen.

[1] Institut für Stadtgeschichte Frankfurt am Main. Magistratsakten T 862 Bd.2, fol. 98-101.

[2] Richard Wentzel (1850-1916), Jurist, 1895-1898 Regierungspräsident in Koblenz, seit 1898 Regierungspräsident in Wiesbaden.

[3] Nr. 91.

sters des Innern[6] vom 19. März 1901 unter Ziffer 2 bis 4 entwickelten Gesichtspunkten sind seitens der städtischen Behörden mannigfache Maßnahmen zur Linderung der Wohnungsnot getroffen worden.

I. Für die geringer besoldeten städtischen Angestellten und Arbeiter sind einschließlich der im Bau befindlichen Häuser insgesamt 48 Wohnhäuser mit 254 Wohnungen von je 2 und 3 Zimmern beziehungsweise einer Wohnung von 4 Zimmern errichtet worden. Die Mietpreise belaufen sich für die Zweizimmerwohnungen auf monatlich 21 Mark bis 24 Mark, für die Dreizimmerwohnungen auf monatlich 34 Mark bis 38 Mark.

Diese Mietpreise sind erheblich geringer als diejenigen, welche für anderweite, Privatleuten gehörige, größtenteils nicht so gesunde und nicht so zweckmäßige Wohnungen gezahlt werden.

Außerdem sicherte sich die Stadt durch die weiter unten zu besprechenden Verträge ein Vorrecht auf Ermietung von 203 Wohnungen für ihre Beamten und Arbeiter, so daß sich die Gesamtzahl der für die städtischen Angestellten und Bediensteten ausschließlich verfügbaren Wohnungen auf 457 beläuft.

II. In ausgedehntem Maße wurde, wie nachstehend im einzelnen nachgewiesen wird, die vermehrte Herstellung kleiner, gesunder und preiswerter Wohnungen für die minderbemittelten Klassen durch die den gemeinnützigen Baugesellschaften und Baugenossenschaften gewährte Unterstützung gefördert.

Bei den in Betracht kommenden gemeinnützigen Baugesellschaften und Baugenossenschaften trifft die im ministeriellen Erlaß zu II gedachte Voraussetzung, daß die Bauvereine nach ihrem Statut ausschließlich den Zweck befolgen, geringer bemittelten Familien gesunde und zweckmäßig eingerichtete Wohnungen in eigens zu erbauenden oder anzukaufenden Häusern zu billigen Preisen zu verschaffen, zu; auch wird durch das Statut der Vereine bestimmt, daß die an die Gesellschafter zu verteilende Dividende auf höchstens 4 % ihrer Anteile beschränkt, auch den Gesellschaftern für den Fall der Auflösung der Gesellschaft nicht mehr als der Nennwert ihrer Anteile zugesichert wird, während der etwaige Rest des Gesellschaftsvermögens für gemeinnützige Zwecke bestimmt ist.

Abgesehen von der den Vereinen gewährten finanziellen Unterstützung hat die Stadt denselben umfangreiches Gelände in Erbbaurecht gegeben; auch sind die unter Position 4 des ministeriellen Erlasses enthaltenen Ausführungen über eine zweckmäßige Bodenpolitik der Gemeinden schon seit längerer Zeit für die Gemeindeverwaltung leitend gewesen.

a) An den Unternehmungen der Aktienbau-Gesellschaft für kleine Wohnungen[7] hat sich die Stadt im Jahre 1899 durch Zeichnung von 200 000 Mark in Aktien beteiligt. Außerdem überläßt die Stadt der Gesellschaft an der Stoltzestraße Gelände

---

4 Ludwig Brefeld.

5 Dr. Konrad Studt war seit 1899 preußischer Kultusminister.

6 Georg Freiherr von Rheinbaben.

7 Vgl. Nr. 40 Anm. 6. In den Baublöcken der Aktienbaugesellschaft für kleine Wohnungen wurden Mieterausschüsse mit gewissen Beteiligungsrechten an der Verwaltung der Blöcke eingerichtet, die zugleich aber auch der Disziplinierung der Mieter dienen sollten. Zudem bestand ein Wohlfahrtsfonds, der als Grundkapital zu einer Einkaufsgenossenschaft der Bewohner fungieren sollte, die so verbilligt Kohlen und Kartoffeln bezogen. Neben weiteren Gemeinschaftseinrichtungen wurde auch eine Hauspflegekasse geschaffen (vgl. dazu Nr. 124).

zwecks Errichtung von 64 kleinen Wohnungen zu Erbbaurecht[8] zu einem jährlichen Mietzins von 5 000 Mark, das ist 2½ % Zinsen aus dem, mit Rücksicht auf den gemeinnützigen Zweck des Unternehmens, mäßig angenommenen Grund- und Bodenwert von 158 000 Mark. Für städtische Angestellte sind 16 Wohnungen zu reservieren.

b) Der „Gemeinnützigen Baugesellschaft"[9] wurde in Bornheimer Gemarkung im sogenannten Prüflingsgelände zur Errichtung von 50 Dreizimmerwohnungen und 86 Zweizimmerwohnungen Gelände im Wert von rund 154 000 Mark zum jährlichen Pachtzins von 4 000 Mark, das ist zu einer 2,6%igen Verzinsung des Grund- und Bodenwerts auf 80 Jahre, zu Erbbaurecht überlassen. Zugleich hat die Stadt 470 Aktien der Gesellschaft à 420 Mark, mithin für insgesamt 197 400 Mark übernommen.

Zur Festsetzung der Mietzinsen für die Wohnungen der gemeinnützigen Baugesellschaft ist die Genehmigung des Magistrats erforderlich; auch sind demselben 33 Wohnungen für städtische Beamte und Bedienstete zur Verfügung zu stellen.

c) Dem Volks-Bau- und Sparverein[10] wurde Gelände an der Rohrbachstraße im Wert von 57 000 Mark zu einem jährlichen Pachtzins von 1 429 Mark, das ist zu einer 2½%igen Verzinsung des Grund- und Bodenwerts, zur Errichtung von 6 Häusern mit 54 Wohnungen für die Dauer von 63 Jahren zu Erbbaurecht überlassen und außerdem dem Verein zur Bestreitung der Kosten ein mit 4 % jährlich verzinsliches Darlehen von 225 000 Mark gewährt.

d) Durch einen zwischen der Stadt und der Internationalen Baugesellschaft abgeschlossenen Vertrag wurde die Wohnungsgesellschaft „Hellerhof"[11] ins Leben gerufen. Nach diesem Vertrag, welcher die Herstellung von 762 Wohnungen von 1, 2 und 3 Zimmern im Laufe der nächsten drei Jahre zur Folge hat, wird die Gesellschaft „Hellerhof" gegründet und mit einem Kapital von 900 000 Mark, von denen die Internationale Baugesellschaft 800 000 Mark, die Stadt 100 000 Mark nimmt. Dazu werden 3 400 000 Mark Obligationen ausgegeben, für welche die Stadt in bezug auf Kapital und Zinsen die Garantie übernimmt. Als Entgelt für die hierdurch gewährten Vorteile erhält die Stadt einen Gewinnanteil, welcher zum allmählichen Erwerb der Aktien durch die Stadt benutzt werden muß. Außerdem dürfen die Mieten – abgesehen von besonderen Umständen wie Erhöhung der Steuern u[nd] a[nderes] m[ehr] – nicht ohne Zustimmung des Magistrats erhöht werden.

---

8 Das Erbbaurecht war als Rechtsinstitution durch das BGB (§§ 1012-1017) eingeführt und in Frankfurt a. M. erstmals für den gemeinnützigen Wohnungsbau genutzt worden. Die Stadt als Eigentümerin überließ der Baugesellschaft auf die Dauer von (beispielsweise) 80 Jahren das zu bebauende Grundstück, auf dem von der Gesellschaft kleine Wohnungen errichtet werden sollten. Die Baugesellschaft war so von der Aufbringung des Kapitals für die Beschaffung von Grund und Boden entlastet. Nach Beendigung des Erbbauverhältnisses sollten alle von der Gesellschaft auf dem Grundstück errichteten Gebäude sowie sonstigen Anlagen unentgeltlich in das Eigentum der Stadt übergehen. Die Aktienbaugesellschaft schloß außer mit der Stadt auch Erbbauverträge mit der Stiftung St. Katharinenstift und Weißfrauenstift ab. Seit 1902 stellte die Stadt bei einer zweiten Gruppe von Erbbauverträgen dann auf Darlehensbasis auch einen erheblichen Teil des Baukapitals zur Verfügung.

9 Die Frankfurter Gemeinnützige Baugesellschaft war unter Federführung des Arztes Dr. Georg Varrentrapp 1860 als Aktiengesellschaft gegründet worden.

10 Der Volksbau- und Sparverein war 1901 als GmbH gegründet worden. Die Baugenossenschaft zählte 180 Mitglieder, welche jeweils Anteilscheine erworben hatten. Die Wohnungen wurden nur an Genossen vermietet, die in der Regel einer höheren sozialen Schicht angehörten als die Mieter der Aktienbaugesellschaft.

11 Die Aktiengesellschaft „Hellerhof" war 1901 gegründet worden.

Die städtische Sparkasse hat das Unternehmen durch Ankauf von Obligationen im Betrag von 500 000 Mark unterstützt.

e) Nach einem mit der Aktiengesellschaft „Frankenallee"[12] (Grundkapital 520 000 Mark) abgeschlossenen Vertrag errichtet dieselbe 544 Wohnungen im Erbbaurecht auf einem der Stadt und Waisenhausstiftung gehörigen Gelände; die Stadt übernimmt die Garantie für Kapital und Zinsen der im Betrag von 2 100 000 Mark auszugebenden Obligationen. Die Bauten gehen seinerzeit, wie bei jedem Erbbauvertrag, in das Eigentum der Stadt über. Die Stadt hat ein Vorrecht auf Ermietung von 154 Wohnungen für ihre Beamten und Arbeiter.

Die städtische Sparkasse hat auch diese Gesellschaft durch Ankauf von Obligationen im Betrag von 300 000 Mark gefördert.

Nachfolgend geben wir eine Übersicht über die sämtlichen seitens gemeinnütziger Gesellschaften sowie seitens Baugenossenschaften, der Aktiengesellschaft „Hellerhof" und „Frankenallee" errichteten beziehungsweise vorbereiteten Wohnungen.

I. Gemeinnützige Gesellschaften

Fertiggestellt	Wohnhäuser	Wohnungen	darunter Wohnungen mit			
			1	2	3	4 u. mehr
			Zimmern			
1. Frankfurter gemeinnützige Baugesellschaft (seit 1860)	62	317	65	158	62	32
2. Bau- und Sparverein (seit 1872)	31	148	–	65	63	20
3. Gesellschaft zur Beschaffung billiger Wohnungen (1872-1900) (jetzt mit Nr. 4 verschmolzen)	24	54	–	52	–	2
4. Aktienbaugesellschaft für kleine Wohnungen (seit 1890)	51	514	13	371	130	–
5. Verein Arbeiterheim Niederrad (1894)	38	46	–	34	12	–
Zusammen	206	1079	78	680	267	54
Dazu im Bau befindlich oder vorbereitet (an der Throner- und Gronauerstraße durch G[emeinnützige] B[au]g[esellschaft], im Westen und an der Nordend- und Winkelmannstraße durch A[ktien]b[au]g[esellschaft] f[ür] kl[eine] W[ohnungen]	73	415	–	266	149	–
Summa	279	1494	78	946	416	54

II. Stadtgemeinde

Fertiggestellt	Wohnhäuser	Wohnungen	darunter Wohnungen mit			
			1	2	3	4 u. mehr
			Zimmern			
1. Häuser an der Siemensstraße (1888)	3	24	–	24	–	–
2. Häuser an der Willemerstraße (1892)	4	39	–	39	–	–
3. Häuser an der Burgstraße (für Feuerwehrleute) (1900)	3	11	–	6	4	1
4. Häuser an der Saalburgstraße (1900)	7	32	–	26	6	–
Zusammen	16	106	–	95	10	1

[12] Die Aktiengesellschaft Frankenallee war von dem Bankier Cäsar Strauß gegründet worden.

Dazu im Bau befindlich oder vorbereitete Häuser an der Haide-, Germania- und Emserstraße sowie für Trambahnbedienstete in Sachsenhausen	32	148	–	112	36	–
Summa	48	254	–	207	46	1

III. Rein wirtschaftliche Unternehmungen

In Durchführung begriffen	Wohnhäuser	Wohnungen	darunter Wohnungen mit			
			1	2	3	4 u. mehr
			Zimmern			
Aktiengesellschaft „Hellerhof“	75	762	106	450	206	–
Aktiengesellschaft „Frankenallee“	76	544	20	372	104	48
Summa	151	1306	126	822	310	48

IV. Baugenossenschaften

In Vorbereitung	Wohnhäuser	Wohnungen	darunter Wohnungen mit			
			1	2	3	4 u. mehr
			Zimmern			
Volks-Bau- und Sparverein (Erbbau-Projekt an der Rohrbachstraße)	6	32	8	16	8	–

Von einer Unterstützung der Baugenossenschaften und Bauvereine durch völligen oder teilweisen Nachlaß der Straßen- und Kanalbaukosten sowie der Stundung der zu zahlenden Beträge auf längere Zeit wurde als nicht den Interessen der Stadt entsprechend und mit Rücksicht auf die konkurrierende Privat-Bautätigkeit abgesehen.

Die Stadt ist jederzeit bereit, auch privaten Unternehmern, die kleine, gesunde und zweckmäßig eingerichtete Wohnungen zu billigen Mietpreisen herzustellen beabsichtigen, ähnliche Vergünstigungen zu bewilligen wie den gemeinnützigen Bauvereinen gewährt wurden, insbesondere zu diesem Zweck Gelände zu mäßigem Preis und mäßiger Verzinsung zu Erbbaurecht zu überlassen, auch die Beschaffung der erforderlichen Baugelder durch Gewährung von Hypotheken zu mäßigem Zinsfuß zu erleichtern, jedoch ist von diesen Vergünstigungen seitens Privater ein Gebrauch bis jetzt nicht gemacht worden.

Auch die städtische Sparkasse betätigt seit Jahren ihr Interesse an Schaffung gesunder und billiger Wohnungen der minderbemittelten Bevölkerung dadurch, daß sie unter Ausschluß auswärtiger Gesuche bei den Immobiliar-Beleihungen vorwiegend den Kleinbürger-, unteren Beamten- usw. Stand berücksichtigt.

Sie ist ferner mit gemeinnützigen Baugesellschaften, Wohnungsgenossenschaften und dergleichen wegen Einrichtung bequemen Sparverkehrs für die Gesellschaften und für die Wohnungsinhaber sowie wegen hypothekarischer Beleihung ständig in Fühlung und hat in letzterer Beziehung z. B. dem Beamten-Wohnungsverein[13], bei welchem städtische Beamte neben Staatsbeamten beteiligt sind, mit ratenweiser Auszahlung je nach dem Fortschreiten des Baus 65000 Mark hypothekarisch bewilligt.

---

[13] Der Beamten-Wohnungsverein war 1899 als Genossenschaft einer Anzahl von Beamten gegründet worden, Genossen mußten einen Geschäftsanteil von 500 Mark erwerben. Sie besaß in sieben Häusern 40 Wohnungen.

Nr. 102

1902 April 3

Vortrag[1] des Direktors des Hamburger öffentlichen Armenwesens Dr. Adolf Buehl auf der Jahresversammlung der Organe der Armenverwaltung

Druck

[Überblick über das erweiterte Aufgabenfeld der Armenpflege in Hamburg: Armenpflege und Sozialpolitik sind verschiedener Natur; Armenpflege ist aber ebenfalls zunehmend vom sozialen Gedanken der Vorbeugung von Armut und Beseitigung der Verarmungsursachen geprägt; wichtige neue Tätigkeitsfelder z. B.: Arbeitsvermittlung, hauswirtschaftliche Unterweisung der Frauen, Wohnungsfürsorge, Krankenfürsorge, Kinderfürsorge; aber auch: Prüfung der Arbeitswilligkeit, Bekämpfung wachsenden Unterhaltssäumigkeit, Trunksucht]

Ich will heute zu Ihnen sprechen über: „Soziale Aufgaben der Armenpflege", und da möchte ich zunächst mit einigen einleitenden Worten das Thema etwas näher erläutern und umgrenzen.

Worin im allgemeinen die Aufgaben der Armenpflege bestehen, das bedarf eigentlich an dieser Stelle keiner näheren Darlegung. Die öffentliche Armenpflege hat bekanntlich für den einzelnen Hilfsbedürftigen und seine Familie das unbedingt Notwendige in bezug auf Wohnung, Kleidung und Nahrung zu gewähren, ferner die erforderliche Pflege in Krankheitsfällen und endlich ein angemessenes Begräbnis. Die Privatarmenpflege findet ihre Aufgabe einerseits auf dem weiten Feld der vorbeugenden Fürsorge, während sie andererseits berufen ist, die öffentliche Armenpflege in der Weise zu ergänzen, daß sie dem Notwendigen, das diese gewährt, das Wünschenswerte und Nützliche hinzufügt.

Ganz anders geartet ist das Arbeitsfeld der Sozialpolitik. Die Sozialpolitik hat es nicht wie die Armenpflege mit dem einzelnen Fall zu tun, sondern sie sucht die auf der Verschiedenheit des Besitzes beruhenden Gegensätze auszugleichen und greift zu dem Zweck in die Verhältnisse aller Unbemittelten bessernd ein. Sie fragt daher nicht wie die Armenpflege nach der Bedürftigkeit und Würdigkeit des einzelnen, sondern sie will den Widerstreit zwischen Reich und Arm generell mildern, indem sie dem wirtschaftlich Schwachen für gewisse Fälle einen Rechtsanspruch auf staatliche Fürsorge zugesteht, um ihn, zumal beim Eintritt von Krankheit, Unfall, Invalidität oder Alter, vor dem Anheimfall an die Armenpflege zu bewahren.

Armenpflege und Sozialpolitik sind also durchaus verschiedenartiger Natur, und zwar nicht nur im Hinblick auf den Personenkreis, für den sie wirken wollen, sondern auch nach der Art und dem Umfang der angewendeten Mittel. Ja, es läßt sich, in Rücksicht auf diese Begrenzung der beiderseitigen Arbeitsgebiete, sehr wohl die Frage aufwerfen, ob denn überhaupt Wechselbeziehungen zwischen Armenpflege und Sozialpolitik bestehen in dem Sinne, daß von sozialen Aufgaben der Armenpflege gesprochen werden kann.

---

[1] Adolf Buehl, Soziale Aufgaben der Armenpflege, in: Blätter für das Hamburgische Armenwesen. Amtliches Organ des Armen-Collegiums 10 (1902), Nr. 4, S. 19-24.

Ein geistvoller Sozialpolitiker[2] hat gesagt: Armenpflege und Sozialpolitik verhalten sich zueinander wie Medizin und Hygiene. Die Armut ist die Krankheit, die durch die Armenpflege im einzelnen Fall beseitigt, aber nur durch eine weise Sozialpolitik im ganzen zurückgedämmt werden kann. Und wie der Arzt stets zu untersuchen hat, inwieweit die Krankheit, die er heilen soll, ihren Ursprung in allgemeinen Verhältnissen nimmt, so hat auch die Armenpflege die Einwirkung der allgemeinen Ursachen auf den einzelnen Unterstützungsfall zu verfolgen und die Konsequenzen, zu denen die sozialpolitische Erkenntnis gelangt ist, für ihr eigentliches Arbeitsfeld nutzbar zu machen.

Dementsprechend erblicke ich die Quintessenz unserer sozialen Aufgaben darin, daß wir einerseits die tiefer liegenden Verarmungsursachen als solche durch geeignete Verwaltungsmaßnahmen zu beseitigen bestrebt sind, während wir andererseits den einzelnen Armen durch intensive pflegerische Einwirkung so zu heben suchen, daß er – wenn irgend möglich – seine wirtschaftliche Selbständigkeit wiedergewinnt. Dieses soziale – d. h. also ausgleichende, versöhnende, ich möchte sagen: jenseits der Grenze des Notwendigen liegende – Moment in unserer Armenpflege aufzusuchen und zu verfolgen, das soll die Aufgabe meiner heutigen Betrachtungen sein.

Schon die beiden Grundpfeiler, auf denen das Gebäude unserer öffentlichen Armenpflege ruht, unsere Armengesetzgebung und unser Armenpflegesystem, weisen ein entschieden soziales Gepräge auf.

Im Gegensatz zur Armengesetzgebung der älteren Zeit, die einen überwiegend repressiven Charakter trug, wie er namentlich in den zahllosen Bettelverboten und Strafgesetzen wider den Bettel zum Ausdruck kam, stellt das heutige Recht die Versorgung des Armen auf einen festen gesetzlichen Boden, indem die Aufenthaltsgemeinde rechtlich verpflichtet ist, dem Hilfsbedürftigen das zum Leben unbedingt Notwendige zu gewähren.

Und was das Armenpflegesystem anlangt, so ist der soziale Gedanke nirgendwo lebendiger, als in dem auch bei uns herrschenden sog. Elberfelder System, dessen Urheber bekanntlich die Begründer unserer Allgemeinen Armenanstalt gewesen sind.[3] Die Grundprinzipien dieses Systems sind:

1. Dezentralisation, d. h. Selbstverwaltung der Armenpflege durch ehrenamtliche Organe innerhalb räumlich begrenzter Armenbezirke;

2. Individualisierung, d. h. liebevolle, eingehende Behandlung jedes einzelnen Armenpflegefalls nach seiner besonderen Art.

Diese beiden Grundprinzipien ermöglichen in der Tat am besten eine von lebhaftem Verantwortlichkeitsgefühl getragene Fürsorge von Mensch zu Mensch und damit die Erfüllung unserer sozialen Aufgaben in dem obenbezeichneten Sinne.

Wenn sonach sowohl in der Armengesetzgebung als auch im Armenpflegesystem eine soziale Tendenz unverkennbar obwaltet, so fragt es sich weiter, ob die Praxis dieser Tendenz auch gerecht geworden ist oder in welchem Umfang etwa eine Neubelebung oder Stärkung des sozialen Gedankens geboten oder wünschenswert er-

---

2 Karl Flesch, Die sociale Ausgestaltung der Armenpflege, in ders./Friedrich Soetbeer, Sociale Ausgestaltung der Armenpflege (Schriften des deutschen Vereins für Armenpflege und Wohlthätigkeit, Heft 54), Leipzig 1901, S. 1-30, hier S. 5 f.

3 Bei der auf Initiative der „Patriotischen Gesellschaft" erfolgten Gründung der Hamburger Allgemeinen Armenanstalt 1788 waren bereits die Grundprinzipien zum Tragen gekommen, die später kennzeichnend für das „Elberfelder System" wurden.

scheint. Um die Antwort auf diese Frage zu finden, wollen wir die verschiedenen Arbeitsgebiete unserer Armenpflege etwas näher ins Auge fassen.

Die Bezirksversammlung, als das zur praktischen Ausübung der Armenpflege berufene Organ, wird den an sie herantretenden schweren und mannigfachen Aufgaben um so leichter und um so vollkommener gerecht werden können, je mehr die Gewähr besteht, daß in jedem einzelnen Fall ein Pfleger gefunden wird, der gerade für diesen speziellen Fall besonders geeignet ist, d. h. der die Fähigkeit und den festen Willen mitbringt, dem Armen diejenige eingehende, opferwillige Fürsorge zuteil werden zu lassen, die erforderlich ist, um den gekennzeichneten sozialen Aufgaben nach der leiblichen, sittlichen und wirtschaftlichen Seite hin in vollem Umfang gerecht zu werden. Ich bin gewiß der Letzte, der den ausgezeichneten Leistungen unserer Pflegeorgane in oft recht schwieriger Situation die gebührende Anerkennung versagen wollte. Aber wenn man bedenkt, daß unter den am 1. Dezember 1900 in dauernder Unterstützung stehenden 8 819 Armenparteien 7 314 oder fast 83 % weibliche Parteihäupter sich befanden, daß ferner im Haushalt der 8 819 Parteien 7 418 Kinder unter 14 Jahren und 710 Kinder von 14 – 16 Jahren vorhanden waren[4] und daß endlich auch bei den unterstützten Familien mit männlichem Parteihaupt nur zu oft die Ursache des Notstands in den häuslichen Verhältnissen, insbesondere in mangelhafter Wirtschaftsführung der Frau, zu suchen ist, so meine ich, daß es gerade vom sozialen Standpunkt aus ein wesentlicher Gewinn für unsere Armenpflege wäre, wenn der weiblichen Mitarbeit ein etwas weiterer Spielraum eingeräumt würde.

Wie Sie wissen, sind seit Frühjahr 1898 in unserer Armenpflege Frauen als Helferinnen in der Weise tätig, daß sie in geeigneten Fällen auf Ersuchen des Bezirksvorstehers zur Ergänzung der männlichen Pflegetätigkeit in Funktion treten,[5] und ich darf aussprechen, daß die Frauen da, wo ihnen Gelegenheit zu intensiverer Betätigung gegeben wurde, durchweg Vortreffliches geleistet haben. Ihr Wirken hat sich, wie das Armenkollegium in einem seiner Jahresberichte aussprach, „nicht nur zur Vertiefung und weiteren Ausgestaltung der Armenpflege dienlich erwiesen, sondern auch nicht selten dazu geführt, die Privatwohltätigkeit dahin zu lenken, wo es galt, ein wirkliches Bedürfnis zu befriedigen“[6].

Wenn die Sache – abgesehen vom dritten Armenkreis, wo die Verhältnisse besonders geartet sind – trotz jener Anerkennung nicht recht weitergekommen ist, so waren hierfür zwei Gründe maßgebend. Der eine ist der, daß man vielfach vor dem ersten Schritt auf dem Weg zur Zulassung der Frauen zu eigentlichen Gemeindeämtern zurückschreckt, indem man den berechtigten Wunsch der Frauen nach vermehrter Betätigung auf dem Gebiet der Armenpflege zu Unrecht identifiziert mit den Emanzipationsbestrebungen des radikalen linken Flügels in der Frauenbewegung. Der zweite Grund liegt auf organisatorischem Gebiet. Das bisherige Verfahren litt einmal an einer bei gemeinsamer Behandlung eines und desselben Falles durch Pfleger und Helferin unvermeidlichen Schwerfälligkeit; weiterhin mußte das Bewußtsein, nur „Pfleger zweiter Klasse“ zu sein, auf die Frauen, zumal bei tüchtigen Leistungen, verstimmend und lähmend wirken, und endlich blieb ihnen die Bezirksver-

---

4 Vgl. Nr. 99.

5 Vgl. Rundschreiben an die Herren Bezirksvorsteher und Pfleger, betreffend die Mitarbeit der Frauen in der öffentlichen Armenpflege, in: Blätter für die Hamburgische Armenwesen 6 (1898), Nr. 1, S. 1; vgl. auch Nr. 63-65 und Nr. 95.

6 Jahresbericht des Armen-Collegiums für das Jahr 1898, in: Jahresberichte der Verwaltungsbehörden der freien und Hansestadt Hamburg 1898, Hamburg 1899, Kapitel 30, hier S. 1.

sammlung und damit diejenige Stelle durchweg verschlossen, wo sie allein die zur Entfaltung einer ersprießlichen und vollwertigen Tätigkeit unentbehrliche praktische Schulung erlangen konnten. Der bestehende Zustand war übrigens von vorneherein nur als ein Provisorium gedacht. Nachdem nunmehr die Frauen den Befähigungsnachweis auch für die öffentliche Armenpflege erbracht haben und nachdem weiterhin die Möglichkeit eines gedeihlichen Zusammenwirkens beider Geschlechter als erwiesen gelten kann, ist das Armenkollegium seinerseits durchaus geneigt, Frauen als vollberechtigte Armenpflegerinnen zuzulassen.

Selbstverständlich sollen aber denjenigen Armenbezirken, die nicht mit Frauen arbeiten wollen, keine Frauen aufgedrungen werden. Das ist dadurch ausgeschlossen, daß die Bildung des Wahlaufsatzes nach wie vor in der Hand des Bezirks verbleibt. Wer also nicht mit Armenpflegerinnen zu arbeiten wünscht, der braucht bloß keine Frauen auf den Aufsatz zu bringen, dann können solche auch nicht gewählt werden. Es haben sich aber schon jetzt 14 Bezirke zur Aufnahme vollberechtigter Armenpflegerinnen bereit erklärt, und wenn die Sache sich da bewährt, werden ganz gewiß bald weitere Bezirke nachfolgen.

Ob Senat und Bürgerschaft der bezüglichen Anregung des Armenkollegiums entsprechen werden, bleibt natürlich abzuwarten.

Und nun noch ein weiteres Wort über die Zusammensetzung der Armenbezirke. Dieselbe gilt uns dann als eine besonders glückliche, wenn möglichst alle Stände und Berufsklassen vertreten sind. Wir sind in dieser Beziehung, wie die Statistik erweist, sehr reich assortiert. Ein sehr wichtiger Stand indessen ist bei uns noch gar nicht vertreten, der Arbeiterstand, und das halte ich gerade vom sozialen Standpunkt aus für bedauerlich. Niemand weiß die Bedürfnisse des an die Armenpflege herantretenden Arbeiters besser zu beurteilen als der Arbeiter, und ich möchte hier der Hoffnung Ausdruck geben, daß bald auch gereifte, verständige Leute aus Arbeiterkreisen in größerer Anzahl zu Armenpflegern gewählt werden möchten. Interessant ist in dieser Beziehung, daß nach dem Entwurf des neuen belgischen Armengesetzes[7] jedem Armenbezirk mindestens ein Arbeiter angehören muß, dem sogar Ersatz für Versäumnisse zugesichert wird, sofern sein Arbeitgeber ihm infolge der Teilnahme an den Sitzungen Abzüge machen sollte. In der Begründung dieses Vorschlags heißt es:

„Die Anwesenheit eines Arbeiters wird den Erfolg haben, der arbeitenden Bevölkerung, die doch hauptsächlich an dem Werk der Wohltätigkeit interessiert ist, Vertrauen einzuflößen. Zu häufig bestehen heutzutage unter den Armen Argwohn und Mißtrauen; nichts wird besser dazu dienen können, die Vorurteile zu zerstreuen und Beschwerden ein Ende zu machen als die Anwesenheit von Arbeitern, die an der Kontrolle teilnehmen, mitreden und ihre Ansicht aussprechen dürfen. Andererseits wird gerade der Arbeiter die Kommission über die Bedürfnisse der Armen, aber auch über die Mißbräuche bei Erlangung von Unterstützung aufklären können."

Wenden wir nunmehr unsern Blick den Aufgaben der Armenpflege in bezug auf die einzelnen an sie herantretenden Fälle zu, so gilt es mit Recht als das höchste Ziel der Armenpflege, sich selbst überflüssig zu machen. Wenn es daher gelingt, dem Hilfesuchenden durch vorbeugende Maßnahmen ohne Gewährung von Armenunterstützung zu helfen, so ist eine solche Lösung schon im Hinblick auf die mit dem

---

7 Emil Münsterberg, Das ausländische Armenwesen. Übersicht über die neueren Bestrebungen auf dem Gebiete der Armenpflege in den für uns wichtigsten Staaten des Auslands (Schriften des deutschen Vereins für Armenpflege und Wohlthätigkeit, Heft 52), Leipzig 1901, S. 268 – dort auch das nachfolgende Zitat. Vgl. Nr. 98.

Bezug von Armenunterstützung verbundenen Nachteile – ich erinnere nur an den Verlust des Wahlrechts[8] – gerade in sozialer Hinsicht eine besonders glückliche. Wir sind nun erfreulicherweise in der Lage, über nicht unerhebliche Geldmittel zur Abwendung drohender Verarmung verfügen und mit Hilfe unseres sog[enannten] Spezialfonds[9] zahlreiche, vom wirtschaftlichen Untergang bedrohte Existenzen über Wasser halten zu können. Während ursprünglich Personen, welche bereits der öffentlichen Armenpflege verfallen waren, aus dem Spezialfonds nicht unterstützt werden durften, läßt das neue Statut auch solche Personen zu, wofern nur zu erwarten steht, daß sie mit Hilfe des Spezialfonds zu einer selbständigen Existenz zurückgelangen. Daß die Gaben aus dem Spezialfonds nach besonderer gesetzlicher Vorschrift nicht als Armenunterstützung im Sinne der Reichsgesetze gelten,[10] wird Ihnen allen bekannt sein. Verausgabt sind im Jahr 1901 zu Zwecken vorbeugender Armenfürsorge rund 60 000 M., und zwar ungefähr zu gleichen Teilen zur Hebung eines augenblicklichen Notstands und zu Zwecken vorbeugender Gesundheitspflege. Recht erfreulich ist, daß sich die Kommission für den Spezialfonds in steigendem Maße der verständnisvollen Mitarbeit von Stiftungen und anderen Wohltätigkeitsanstalten zu erfreuen hat. Ich möchte der Hoffnung Ausdruck geben, daß bald weitere Stiftungen und Vereine dem Beispiele der Gaiser[11]-Stiftung[12] und der Pfählerschen[13] Stiftung[14] nachfolgen, von denen namentlich die erstere alljährlich eine beträchtliche Summe gemeinsam mit dem Spezialfonds zur Verhütung drohender Verarmung verwendet. Den betr[effenden] Verwaltungen bleibt bei solchem Zusammenwirken die Selbständigkeit ihrer Entschließung vollständig gewahrt, während wir ihnen andererseits in der Mitarbeit und in den reichen Erfahrungen unserer 1 700 ehrenamtlichen Organe die denkbar größte Garantie für die Erreichung des beabsichtigten Zweckes zu bieten in der Lage sind.

Wir dürfen es weiterhin als ein Stück sozialer Arbeit bezeichnen, wenn wir solchen Unterstützten, welchen ein Anspruch auf Invaliden- oder Altersrente zusteht, die diesen Anspruch aber aus Unkenntnis oder wegen Fehlens der Mittel zur nachträglichen Beschaffung nicht geklebter Beitragsmarken nicht realisieren konnten, zur Erlangung einer Rente behilflich sind. Gestützt auf die durch die Pflegeorgane bewirkten statistischen Aufnahmen von Dezember 1897 und 1900 konnten wir über 200 Unterstützten zu einer Rente verhelfen und infolgedessen einen Teil dieser Personen aus der Armenpflege entlassen,

---

[8] Vgl. Nr. 46 und Nr. 59.

[9] Nr. 49 Anm. 6.

[10] Nach §§ 24 und 25 des hamburgischen Gesetzes, betreffend das Armenwesen, vom 18.5.1892 blieb es der Allgemeinen Armenanstalt unbenommen, besondere Kapitalien für den Zweck der vorsorgenden Wohltätigkeit jenseits der Armenunterstützung anzusammeln und zu verwalten (Nr. 16).

[11] Dorothea Henriette Margarethe Gaiser, geb. Brettschneider (1825-1900), Witwe des Hamburger Ölkaufmanns Gottlieb Leonhard Gaiser.

[12] Die Stiftung war 1901 ins Leben getreten, verfügte anfänglich über ein Kapital von 775 000 Mark und überwies dem Spezialfonds der Allgemeinen Armenanstalt jeweils jährlich einen vom Stiftungsvorstand zu bestimmenden Betrag.

[13] Wilhelm Hermann Pfähler (1819-1894), Agentur- und Kommissionsinhaber in Hamburg.

[14] Die Stiftung war 1900 gegründet worden, sie diente der Mietunterstützung hilfsbedürftiger Personen mit Unterstützungswohnsitz in Hamburg und verfügte über ein Kapital von 930 000 Mark.

Auch die Übertragung der Anfertigung der Gebrauchsstücke auf die Frauenvereine kann als ein Akt sozialer Armenfürsorge bezeichnet werden. Von den auf den ortsüblichen Satz erhöhten Löhnen kommen jetzt ¾, d.h. rund 12000 M. jährlich, nicht unterstützten Personen zugute.

Daß daneben die Pflegeorgane eifrig und vielfach mit Erfolg bemüht sind, durch Gewährung oder Vermittlung von Arbeit Hilfesuchende von der Armenpflege fernzuhalten, ist anerkennend hervorzuheben. Es erweist sich in dieser Richtung als außerordentlich vorteilhaft, wenn größere Arbeitgeber, zumal Bauunternehmer, selbst in der Armenpflege tätig sind oder wenn wenigstens die Armenpflege mit ihnen in Fühlung steht.

Schließlich ist an dieser Stelle noch des Abkommens mit den Arbeitsnachweisen zu gedenken, welche bekanntlich die ihnen von der Armenpflege überwiesenen Personen in gleicher Weise wie die sonstigen Arbeitsuchenden berücksichtigen.[15] Bis zum Ende des letzten Jahres waren im ganzen 1241 Rückanmeldungen von den Arbeitsnachweisen eingegangen, von denen 312, also rund 25 %, zu einer Arbeitsvermittlung geführt hatten. Dieses Resultat darf, zumal im Hinblick auf die häufig geschwächte Konstitution gerade unserer Schützlinge, als ein recht günstiges bezeichnet werden.

Sowohl die Arbeitsvermittlung durch die Pflegeorgane als auch die Inanspruchnahme des Arbeitsnachweises versagt natürlich zu Zeiten allgemeiner Arbeitslosigkeit. Da aber die Arbeitslosen, wenn sie wirklich keine Arbeit finden können, in Ermangelung sonstiger Subsistenzmittel armenrechtlich hilfsbedürftig sind, so wird sich eine sozial fühlende Armenpflege beim Vorliegen eines ausgesprochenen Notstands der Aufgabe nicht entziehen können, der Kalamität unter möglichster Schonung der wirtschaftlichen Selbständigkeit der Arbeitslosen, d.h. durch Schaffung von Arbeit, entgegenzuarbeiten. Im verflossenen Winter war freilich ein solcher Notstand in unserer Armenpflege nicht erkennbar. Die Zahl der Armenparteien betrug nach der statistischen Aufnahme vom 1. Dezember 1897: 9361, nach derjenigen vom 1. Dezember 1900: 8819, also 542 Parteien weniger. Die Zahl der männlichen Parteihäupter, bei der sich im Falle größerer Arbeitslosigkeit die Zunahme gerade zeigen müßte, war im gleichen Zeitraum von 1792 auf 1505 zurückgegangen. Wie viele männliche Parteihäupter am 1. Dezember 1901 vorhanden waren, wissen wir leider nicht, da wir die Herren Pfleger nicht alljährlich mit statistischen Aufnahmen bemühen wollen. Die Armenziffer aber betrug am 1. Dezember v.J. 8966 Parteien, und wenn man selbst die ganze Zunahme gegenüber 1900 mit 147 Parteien auf das Konto des männlichen Geschlechts setzt, so bleiben wir immer noch hinter der im Jahre 1897 gefundenen Zahl männlicher Unterstützter erheblich zurück.[16] Das Plus an Armenparteien gegenüber dem Vorjahr betrug im Januar d.J. 155, im Februar 202, im März 231 Parteien. Eine solche Zunahme um rund 2½ % entspricht aber lediglich dem normalen Wachstum der Bevölkerung und läßt sich daher in keiner Weise verwerten, um das Vorliegen eines größeren, durch Arbeitslosigkeit hervorgerufenen Notstands darzutun. Zu einem Antrag auf Einrichtung von Notstandsarbeiten lag also bisher keinerlei Anlaß vor, und zwar um so weniger, als erfahrungsmäßig jede Vermehrung der lokalen Arbeitsgelegenheit wiederum den Zuzug von außerhalb steigert. Wir

---

15 Vgl. auch Nr. 67 (besonders Anm. 15) sowie: Die Verbindung der Allgemeinen Armen-Anstalt mit Arbeitsnachweisen und Arbeiterkolonien, in: Blätter für das Hamburgische Armenwesen 9 (1901), Nr. 3, S. 13-15.

16 Vgl. Nr. 99.

werden aber selbstverständlich die Lage des Arbeitsmarktes scharf im Auge behalten und geeignetenfalls rechtzeitig mit den nötigen Anregungen hervortreten.

Wenn es nicht möglich ist, den Hilfesuchenden durch Verweisung an andere Stellen oder durch vorbeugende Maßnahmen von der Armenpflege fernzuhalten, tritt die spezifisch armenpflegerische Tätigkeit in ihr Recht. Wie sich in neuerer Zeit, unter der Einwirkung eines gesteigerten sozialen Empfindens, der Kreis der staatlichen Pflichten gegenüber dem wirtschaftlich Schwachen überhaupt erweitert hat, so haben auch die besonderen Aufgaben der Armenverwaltung wie des einzelnen Armenpflegers eine wesentliche Erweiterung erfahren. Von solchem sozialen Geist ist vor allem der von der Bedeutung des Pflegeramts handelnde § 10 unserer Geschäftsordnung[17] durchweht. Der Pfleger soll – so heißt es da – der treueste Freund und Berater des Armen sein und ihm auch über die Gewährung einer Unterstützung hinaus mit Rat und Tat zur Seite stehen. Der persönliche Verkehr des Pflegers mit dem Armen ist also die Grundform, in welcher sich die Armenpflege zu vollziehen hat, und es ist vor allem der persönliche Besuch in der Wohnung des Armen[18], der dem Pfleger die Gelegenheit bietet, die Verhältnisse des Hilfsbedürftigen und seiner Familie genau kennenzulernen. Hier lassen sich früheres Leid und neue Hoffnungen besprechen, hier ist die Stelle, wo die Armenpflege von Mensch zu Mensch geübt wird und wo sich die Macht offenbaren kann, die der Persönlichkeit eines ernsten und aufopfernden Pflegers innewohnt.

Die mannigfachen, dem Pfleger sich enthüllenden Ursachen der Hilfsbedürftigkeit lassen sich im allgemeinen in zwei Gruppen sondern, die eine verschiedenartige Behandlung erheischen. Arbeitsvertrag und Familienschutz[19] sind es, denen der Vermögenslose die Mittel zum Unterhalt verdankt, und demgemäß ist als hilfsbedürftig derjenige zu erachten, welcher seinen Unterhalt weder durch Arbeit erwerben kann noch ihn von dritter Seite, insbesondere von seinen Familienangehörigen, erhält.

Als Gründe für das Versagen des Arbeitsvertrags kommen hauptsächlich in Betracht: körperliche Arbeitsunfähigkeit und Arbeitslosigkeit bei körperlicher Arbeitsfähigkeit.

Bei körperlicher Arbeitsunfähigkeit wird dem Hilfsbedürftigen in der Regel ein Anspruch auf Rente oder Krankengeld zustehen; aber gleichwohl kann – zumal bei zahlreicher Familie – die Armenpflege in die Lage kommen, ergänzend eingreifen zu müssen. Da handelt es sich zunächst um die Frage der Anrechnung der Rentenbezüge auf die Unterstützung. Während anderwärts vielfach die Regel gilt, daß die Unterstützung um den vollen Betrag derselben zu kürzen sei, soll nach unserer milden Praxis der Rentenempfänger günstiger stehen[20]: Er soll sich der Wohltat des Rentenbezugs, der ja zum Teil auf seinen eigenen Leistungen beruht, bewußt werden. Weiterhin tritt an den Pfleger die schwierige Frage heran, ob zwischen verschuldet und unverschuldet in Not geratenen Armen unterschieden und den letzteren eine höhere Unterstützung zugebilligt werden darf als den ersteren. Die armenrechtliche Theorie

---

17 Geschäftsordnung für die Armenpflege der Allgemeinen Armenanstalt, Hamburg 1893 (StA Hamburg 351-2 II Nr.31, n. fol.).

18 Vgl. Nr. 85.

19 Auch dieser Gedanke nach Karl Flesch, Die sociale Ausgestaltung der Armenpflege, in ders./Friedrich Soetbeer, Sociale Ausgestaltung der Armenpflege (Schriften des deutschen Vereins für Armenpflege und Wohlthätigkeit, Heft 54), Leipzig 1901, S. 1-30; vgl. auch Nr. 96 und Nr. 98.

20 Vgl. zu dieser Problematik Nr. 35.

verneint jene Frage. Sie sagt: Die öffentliche Armenpflege hat allen Hilfsbedürftigen das Existenzminimum, den notwendigen Lebensunterhalt, zu gewähren, aber auch nur diesen, und eine Unterscheidung nach der Würdigkeit ist unzulässig. Viele Armenverwaltungen haben demgemäß feste Tarife aufgestellt, die nach der Kopfzahl der Familie bemessen sind und auch bei noch so würdigen Armen nicht überschritten werden dürfen. Unsere Geschäftsordnung bestimmt dagegen in § 35,

„daß schuldlos in Armut geratenen Personen ein menschenwürdiges Dasein ermöglicht werden muß und diese durch Gewährung einer ganz unzulänglichen Unterstützung nicht lediglich vor dem Verhungern geschützt werden dürfen“.[21]

Daß wir dieser sozialen Pflicht innerhalb der uns gezogenen Grenzen gerecht werden, ergibt sich daraus, daß, wie angenommen werden darf, bei uns die höchsten Unterstützungssätze von ganz Deutschland gezahlt werden. Nach einer seinerzeit aufgemachten vergleichenden Statistik unserer Verhältnisse mit denjenigen der Reichshauptstadt war am 31. März 1896 die Zahl der mit mehr als 30 M. pro Monat dauernd unterstützten Personen hier erheblich größer als in dem mehr als doppelt so großen Berlin; überdies stand das Gros der Armen in Berlin in der Klasse von 12–16 M., bei uns in der von 16–20 M.[22] Daß uns gerade die letzten Jahre mit ihrer Preiserhöhung, zumal für Wohnungen, eine Steigerung der Unterstützungssätze gebracht haben, geht daraus hervor, daß sich die Prozentzahl, mit welcher die dauernd Unterstützten an den Kreisbewilligungen beteiligt sind, von 42 im Jahre 1897 auf 64 im Jahre 1901 erhöht hat.

Das schwierige Problem der Arbeitslosigkeit habe ich bei Besprechung der vorbeugenden Maßnahmen bereits gestreift. Hier soll noch mit einem Wort von der Behandlung des einzelnen Arbeitslosen die Rede sein. Wollten wir jedem an die Armenpflege herantretenden Arbeitslosen ohne weiteres das Existenzminimum aus Armenmitteln gewähren, so hieße das – wenigstens bei normaler Lage des Arbeitsmarkts – geradezu die Faulheit prämieren. Der Armenpflege liegt daher – wie ich nochmals betone, unter der Voraussetzung normaler Arbeitsverhältnisse – die ernste Pflicht ob, bei Arbeitsfähigen durch knappe Bemessung der Unterstützung die Arbeitslust anzuspornen und wachzuerhalten. Zudem besitzen wir in dem Abkommen mit den Arbeitsnachweisen[23] einen wichtigen Prüfstein der Arbeitswilligkeit. Denn

---

[21] Geschäftsordnung für die Armenpflege der Allgemeinen Armenanstalt, Hamburg 1893 (StA Hamburg 351-2 II Nr.31, n. fol.).

[22] Bericht des Bürovorstehers der Verwaltung der Allgemeinen Armenanstalt Hamburg Robert Kluge: Vergleichung der Verhältnisse der Armenverwaltung Berlin und Hamburg nach dem Stande vom 31. März 1896 (StA Hamburg 351-2 II Nr.127, n. fol.). Dort hieß es aber auch relativierend, es sei *doch in Hamburg die Lebenshaltung insbesondere der Wohnung teuerer als in Berlin. Wenn aus den verschiedenen wirtschaftlichen Verhältnissen beider Städte schon auf die Notwendigkeit höherer Unterstützungen in Hamburg zu schließen ist, so haben die höheren Unterstützungsbeträge noch ihren weiteren Grund darin, daß hier verhältnismäßig viel Familien mit Kindern unterstützt werden, während die Zahl der in Unterstützung befindlichen alten Leute gegenüber Berlin geringer ist.*

[23] Seit dem 1.7.1898 bestand eine Absprache der Allgemeinen Armenanstalt mit der Mehrzahl der Hamburger Arbeitsnachweisen, daß diese die mit Hilfe eines Formulars von der Armenbehörde überwiesenen Arbeitslosen in die Liste der Arbeitsuchenden aufnehmen und versuchen würde, ihnen Arbeit zu vermitteln. Das Erscheinen und die eventuelle Vermittlung von Arbeit war der Allgemeinen Armenanstalt mitzuteilen, die sich so die Arbeitswilligkeit prüfen zu können versprach (Die Verbindung mit den Arbeitsnachweisen, in: Blätter für das Hamburgische Armenwesen 7 [1899], Nr. 2, S. 8 f.).

wenn die Karte vom Arbeitsnachweis nicht zurückkommt, so wissen wir, daß der Betreffende sich gar nicht um Arbeit bemüht hat. Hat sich dagegen der Armenpfleger überzeugt, daß es an der nötigen Arbeitsfreudigkeit nicht fehlt, daß aber trotz aller aufgewandten Mühe Arbeit nicht zu erlangen ist, so ist der Fall des oben erwähnten § 35 gegeben und ausgiebige Unterstützung am Platze.

Wenn wir nunmehr zu denjenigen Fällen übergehen, in welchen die Hilfsbedürftigkeit durch Versagen des Familienschutzes hervorgerufen ist, so begegnen wir da zunächst einem schweren und bei uns besonders schlimm grassierenden Übel, nämlich der absichtlichen, frivolen Versäumung der Nährpflicht. Wir sind zwar nach Kräften bemüht, solche säumigen Angehörigen zur Erfüllung ihrer Unterhaltspflicht anzuhalten; aber die uns dabei zu Gebote stehenden Mittel sind leider durchaus unzulänglich. Fast in jeder Bezirksversammlung ertönt daher die Klage, daß die Armenverwaltung, zumal gegenüber den Ehemännern und Vätern, welche sich ihrer Nährpflicht mit Vorbedacht entziehen, mit größeren Machtbefugnissen ausgestattet und insbesondere in der Lage sein müßte, dieselben unter Umständen auch gegen ihren Willen zur Arbeit für ihre aus öffentlichen Mitteln unterstützte Familie anzuhalten. Der Deutsche Verein für Armenpflege und Wohltätigkeit hatte vor einigen Jahren eine Statistik über den Umfang der Nährpflichtversäumnis veranlaßt und diese ergab, daß in Hamburg in dem Jahr vom 1. Juli 1896 bis 30. Juni 1897 in nicht weniger als 1521 Fällen die Armenpflege hatte eintreten müssen, weil der unterhaltspflichtige Ehemann oder Vater seinen Pflichten nicht nachkam.[24] Diese Zahl überstieg den Durchschnitt in den 20 an der Statistik beteiligten deutschen Großstädten um mehr als das Doppelte. Um nun festzustellen, ob nicht seitdem eine Besserung eingetreten sei, habe ich eine erneute Statistik für die Zeit vom 1. Juli 1900 bis zum 30. Juni 1901 aufnehmen lassen, die jedoch leider eine weitere Verschlechterung nachweist. Die Zahl dieser Fälle ist von 1521 auf 1822 gestiegen oder mit einer Verhältniszahl ausgedrückt: Die ihre Nährpflicht versäumenden Männer bildeten im Jahre 1897 16,84 %, im Jahre 1901 dagegen 20,71 % der laufend unterstützten Armenparteien. Die dem Staat hierdurch auf den verschiedenen Gebieten der öffentlichen Armenpflege erwachsenden Kosten sind pro Jahr auf etwa 400000 M. zu veranschlagen. Gerade in heutiger Zeit, wo der Ruf nach größerer Sparsamkeit überall laut wird, ist es die Pflicht der Armenbehörde, auf diesen sozialen Krebsschaden hinzuweisen, um weitere Kreise mit der Überzeugung zu durchdringen, daß hier Abhilfe not tut. Auf die geeigneten Mittel näher einzugehen, würde an dieser Stelle zu weit führen.

Unter den Faktoren, welche den Anlaß zur Nährpflichtverletzung geben, steht in erster Linie die Trunksucht. Die Wirkung der Trunksucht als Verarmungsursache erstreckt sich aber noch viel weiter. Zahlreiche Armenfälle, in denen Arbeitslosigkeit, Unfall, Krankheit, Strafverbüßung, Verwaisung, Verwahrlosung usw. als Unterstützungsursache angeschrieben stehen, sind in letzter Linie auf den Alkohol zurückzuführen. So hat man unter den Irren ca. 30 % und unter den Strafgefangenen ca. 40 % Trunksüchtige gezählt,[25] während in unseren Staatskrankenhäusern im Jahr

---

[24] Ernst Hirschberg, Bericht (Statistik der Versäumung der Unterhaltspflicht), in: ders./Wilhelm Jakstein/Emil Münsterberg, Zwangsmaßregeln gegen nährpflichtige Angehörige (Schriften des deutschen Vereins für Armenpflege und Wohlthätigkeit, Heft 36), Leipzig 1898, S. 1-46, hier S. 9.

[25] Hans Samter, Die Aufgaben der Armenpflege gegenüber trunksüchtigen Personen. Bericht, in: Eduard von Hollander, Die Fürsorge für Erhaltung des Haushalts, insbesondere durch

1895: 542, 1896: 876 und 1897: 995 Personen wegen Alkoholismus Aufnahme gefunden haben.[26]

Obwohl nun die öffentliche Armenpflege ein außerordentlich großes, zahlenmäßig nachweisbares Interesse daran hat, die Trunksucht eingedämmt zu sehen, so liegt die Bekämpfung des Alkoholismus im wesentlichen außerhalb ihres eigentlichen Arbeitsfelds. Wir erkennen zwar die Pflicht an, soweit sich die Trunksucht im Einzelfall als Krankheit darstellt, Heilbehandlung, geeignetenfalls in Trinkerheilstätten[27], eintreten zu lassen. Wir werden auch unheilbare Trunksüchtige in Anstaltspflege nehmen und sie in ihrem eigenen Interesse entmündigen lassen, um sie in der Anstalt festhalten und vor weiterem geistigen und körperlichen Verfall bewahren zu können. Der eigentliche Kampf gegen die Trunksucht ist indessen auf dem Gebiet der Vorbeugung zu führen. Immerhin ist aber eine sozial ausgestaltete Armenpflege in diesem Kampf ein nicht zu unterschätzender Machtfaktor, zumal wenn sie mit den Enthaltsamkeitsvereinen Hand in Hand arbeitet. Schon heute weiß mancher Armenpfleger von Fällen zu berichten, in denen entweder durch Trunk heruntergekommene und der öffentlichen Armenpflege bereits anheimgefallene Personen mit Hilfe der Guttempler oder des Blauen Kreuzes[28] eine selbständige Existenz zurückgewonnen haben oder in denen Trinker, deren Verfall an die öffentliche Armenpflege in sicherer Aussicht stand, durch die Enthaltsamkeitsvereine vor der Verarmung bewahrt geblieben sind. Der sozialgesinnte Armenpfleger wird daher gut tun, mit dieser Bewegung Fühlung zu suchen und ihr seine Schützlinge geeignetenfalls zuzuführen.

Nicht immer freilich liegt die Ursache der Armut auf seiten des Mannes. Selbst da, wo die Verarmung unmittelbar durch Leichtsinn, Trunksucht oder Müßiggang des Mannes hervorgerufen ist, drängt sich dem Tieferblickenden die Überzeugung auf, daß der Mann nicht auf jene Abwege geraten wäre, wenn es die Frau verstanden hätte, für die Ernährung der Familie, für die Kindererziehung, für die Erhaltung des Hauswesens angemessen zu sorgen und dem Mann die bescheidene Wohnung zu einem gemütlichen Heim auszugestalten. Ich habe im vorigen Jahr an dieser Stelle des näheren dargelegt, daß die Arbeiterfrau für Haus und Familie zurückgewonnen werden müsse und daß es dazu vor allem einer planmäßigen hauswirtschaftlichen Unterweisung der heranwachsenden Generation bedürfe. Das Armenkollegium hat sich diesen Erwägungen angeschlossen und die Einführung des Haushaltungsunterrichts an zuständiger Stelle befürwortet, indem es in seinem Gutachten betonte, daß, wenn jene Ausbildung allen Mädchen, auch den ärmsten, zugute kommen solle, sie in das letzte Schuljahr verlegt werden müsse, da für den freiwilligen Fortbildungsun-

---

Hauspflege (Schriften des deutschen Vereins für Armenpflege und Wohlthätigkeit, Heft 55), Leipzig 1901, S. 77-134, hier S. 82-84.

26 Julius Waldschmidt, Die Aufgaben der Armenpflege gegenüber trunksüchtigen Personen. Korreferat, in: ebenda, S. 135-165, hier S. 141.

27 Die erste Vorläufereinrichtung der Trinkerheilanstalten in Deutschland war 1851 in Lintorf am Rhein eröffnet worden; die meisten der bestehenden Anstalten gehörte zur Inneren Mission oder auch zum Deutschen Verein gegen Mißbrauch geistiger Getränke; in Dresden bestand eine städtische Trinkerheilanstalt.

28 Der Guttempler-Orden und das Blaue Kreuz waren Abstinenz-Bewegungen, die sich der Bekämpfung des Alkoholismus widmeten, beide besaßen internationalen Charakter. Beide begannen seit den achtziger Jahren auch in Deutschland Fuß zu fassen. Die Guttempler hatten sich zunächst in Norddeutschland verbreitet, Hamburg hatte sich seit den neunziger Jahren zu einem Zentrum der Bewegung in Deutschland entwickelt. Auch eine Ortsgruppe des christlich orientierten Blauen Kreuzes bestand seit 1894 in Hamburg.

terricht erfahrungsgemäß nur ein ganz kleiner Teil der Mädchen zu haben, auf die Einführung des obligatorischen Fortbildungsunterrichts für Mädchen dagegen in absehbarer Zeit nicht zu rechnen sei.

Selbst wenn nun aber der Mann für den Unterhalt der Seinigen arbeitet und die Frau willens und imstande ist, für das Hauswesen ordentlich zu sorgen, so kann das Familienleben nicht gedeihen, wenn ihm die materielle Unterlage, die Wohnung, fehlt. Die Wohnungsfrage steht heute überall im Vordergrund des öffentlichen Interesses, und daß auch bei uns ein erheblicher Mangel an kleinen Wohnungen herrscht, ergibt die bekannte Gesetzesvorlage, welche diesem Mangel abzuhelfen bestimmt ist. Die wirtschaftlich Schwächsten haben unter diesem Notstand am meisten zu leiden. Denn unter mehreren Reflektanten wird sich der Hauswirt natürlich nicht gerade den ärmsten aussuchen. So hatten wir leider nicht ganz selten Fälle zu verzeichnen, in denen kinderreiche Familien auseinandergerissen werden mußten, weil sie eine Familienwohnung nicht finden konnten, obwohl die Armenpflege zur Pränumerando-Zahlung der Monatsmiete bereit war.

Unsere Geschäftsordnung ist von der Wahrheit des Satzes durchdrungen, daß gute Sitte und Ordnung, Zufriedenheit und Mut im Kampf ums Dasein ihre Wurzel zum großen Teil in menschenwürdigen Wohnungsverhältnissen haben. Wenn § 22 bestimmt, daß die pflegerischen Ermittlungen sich stets auf den Zustand der Wohnung zu erstrecken haben, und wenn insbesondere § 10 vom Armenpfleger fordert, daß er die Wohnungen seiner Armen kennen solle wie sein eigenes Haus, so ist die Tendenz dieser Vorschriften eben die, den Armen körperlich und sittlich zu heben, damit er sich tunlichst auch wirtschaftlich wieder emporrichte. Leider wird durch den bestehenden Wohnungsmangel die Tätigkeit der Armenpflege nach dieser Richtung gelähmt, weil selbst die schlechteste Wohnung immer noch besser ist als gar keine.

Was die Armenpflege tun kann, um auf die Gestaltung der Wohnungsverhältnisse bessernd einzuwirken, ist das, daß sie die innerhalb der Armenbevölkerung bestehenden Zustände klarstellt. Von diesem Gesichtspunkt aus sind die Wohnungsverhältnisse in den Bereich unserer letzten statistischen Erhebung einbezogen worden, deren Ergebnisse in einer über 10 Bogen starken Druckschrift jetzt abgeschlossen vorliegen. Ich kann mich leider hier über diese höchst interessante Enquete[29] nicht näher verbreiten; nur soviel sei erwähnt, daß am 1. Dezember 1900 nicht weniger als 30 % aller Armenparteien trotz Besitzes eigenen Mobiliars, das doch ein gewisses Anrecht auf eine eigene Wohnung gewährt, in Aftermiete wohnten, daß fast 20 % der Parteien mit Kindern ohne eigene Wohnung waren, daß ferner bei nicht weniger als 232 Parteien die ganze Wohnung nur aus einem nicht heizbaren Zimmer bestand, welches bis zu 7 Personen beherbergte, und daß endlich die Zahl der Einlogierer bei dem Armen sich seit 1897, also im Laufe der letzten 3 Jahre, um etwa 50 % vermehrt hat.

Zu den Aufgaben der öffentlichen Armenpflege gehört, wie ich eingangs erwähnte, auch die erforderliche Pflege in Krankheitsfällen. Gerade dieser Teil der Fürsorge ist mehr als jeder andere von den modernen Fortschritten beeinflußt. Vor allem wird mehr und mehr die Tatsache gewürdigt, daß Krankheit die erste und wichtigste Ursache der Verarmung bildet und daß daher eine umfassende und rechtzeitige Krankenfürsorge unter den der Armut vorbeugenden Maßregeln an erster Stelle steht.

Daß unsere Staatskrankenhäuser, in denen im Jahre 1901 nicht weniger als 12447 Personen auf Kosten der Allgemeinen Armenanstalt behandelt sind, auf der Höhe

[29] Vgl. Nr. 99.

der Zeit stehen, bedarf keiner näheren Ausführung; und ebensowenig lassen die Einrichtungen der verschiedenen Privatkrankenhäuser etwas zu wünschen übrig, mit welchen wir in Verbindung stehen und in denen im letzten Jahr etwa 1250 Personen auf unsere Kosten untergebracht waren.

Den Gegenstand unserer besonderen Fürsorge bilden in steigendem Maße die Lungenkranken. Für diese ist meist der Spezialfonds eingetreten, dessen Aufwand für Kurzwecke sich im Jahre 1901 gegenüber dem Vorjahr fast verdreifacht hat. Neuerdings hat übrigens das Bundesamt für das Heimatwesen in einem von der Allgemeinen Armenanstalt erstrittenen Erkenntnis[30] anerkannt, daß die Behandlung in einer Lungenheilstätte dann Aufgabe der öffentlichen Armenpflege sei, wenn diese Behandlungsweise allein geeignet sei, einen wesentlichen Heilerfolg zu versprechen. Das Erkenntnis wird jedenfalls eine Ausdehnung dieses wichtigen Fürsorgezweigs zur Folge haben.

Überdies haben Allgemeine Armenanstalt und Spezialfonds in zahlreichen Fällen solchen Kranken, welche auf Kosten der Versicherungsanstalt in einer Lungenheilstätte untergebracht werden sollten, durch Beschaffung der Ausrüstung die Heilbehandlung ermöglicht.

Ein dankbares Feld sozialer Betätigung erwächst den Pflegeorganen, den Helferinnen, wie überhaupt allen, die mit den ärmeren Kreisen Fühlung haben, in bezug auf Lungenkranke namentlich nach zwei Richtungen, und zwar:

1. insofern, als sie in jedem zu ihrer Kenntnis gelangenden tuberkuloseverdächtigen Fall tunlichst eine ärztliche Untersuchung herbeiführen und eventuell geeignete Schritte zur frühzeitigen und darum aussichtsvollen Einleitung der Heilbehandlung tun;

2. indem sie auf möglichst strikte Befolgung der den Entlassenen für ihr späteres Leben mit auf den Weg gegebenen ärztlichen Ratschläge hinwirken, die sich auf Wohnung, Ernährung, Körperpflege, Arbeitsverhältnisse usw. erstrecken.

Eine weitere wesentliche Förderung werden unsere Bestrebungen auf diesem Gebiet dadurch erfahren, daß in diesem Frühjahr eine hamburgische Heilstätte[31] für lungenkranke Frauen und Kinder eröffnet wird, die wir bislang mit erheblich größerem Kostenaufwand in fremden Heilstätten unterzubringen genötigt waren. Soweit es sich dabei um die Unterbringung von Familienmüttern handelt, wird der Hauspflegeverein[32], dessen Fürsorge für die Erhaltung des Hausstands im Falle der Entbindung oder Erkrankung der Hausfrau von geradezu unschätzbarer sozialer Bedeutung ist, für deren Vertretung sorgen, so daß sich die in der Heilstätte befindliche Hausmutter nicht mit der bangen Frage zu beschäftigen braucht, in welchem Zustand sie wohl Mann, Kinder und Hauswesen bei ihrer Rückkehr wiederfinden werde.

---

[30] Das Bundesamt für das Heimatwesen hatte in dem Fall einer Klage des Ortsarmenverbands Hamburg gegen den Ortsarmenverband Schönebeck am 19.10.1901 entschieden, daß die Kosten für Unterbringung eines lungenkranken Arbeiters in der Heilanstalt eines Luftkurorts unter Abzug der Verwaltungskosten des Krankenhauses zu erstatten waren, nachdem ein Oberarzt des Allgemeinen Krankenhauses in Hamburg und der Physikus als Sachverständige befunden hatten, daß dies das einzige Mittel war, das einen wesentlichen Heilerfolg erwarten ließ (Zeitschrift für das Heimatwesen 7 [1902], S. 172; vgl. auch die Abschrift der Entscheidung des Bundesamts für das Heimatwesens vom 19.10.1901: BArch R 1501, Nr. 111791, n. fol.).

[31] Die Heilstätte Edmundsthal in Geesthacht bei Hamburg, die auf eine private Stiftung des Reeders Edmund Siemers zurückging und 1899 den Betrieb aufgenommen hatte, eröffnete 1902 auch eine Abteilung für Frauen und Kinder.

[32] Vgl. Nr. 75.

Endlich ist an dieser Stelle auch noch eines bedeutsamen Schritts zu gedenken, den kürzlich die Hanseatische Versicherungsanstalt getan hat und der auch in bezug auf nicht rentenberechtigte Lungenkranke nachahmenswert erscheint. Ich meine die Errichtung eines Invalidenhauses[33] für unheilbare Lungenkranke, das den Kranken sachgemäße Pflege bietet und vor allem die, zumal in beschränkten Wohnungsverhältnissen, so schwerwiegende Ansteckungsgefahr beseitigt.

Aber auch bezüglich der in der sog. offenen Krankenpflege ambulatorisch Behandelten sind wir bemüht, allen berechtigten Anforderungen gerecht zu werden. 51 Armenärzte sind tätig, daneben haben sich zahlreiche hervorragende Spezialisten der Armenanstalt zur unentgeltlichen Behandlung armer Kranker zur Verfügung gestellt; auch für zahnärztliche Behandlung ist gesorgt.

An diätetischen Heil- und Stärkungsmitteln werden Milch, Kakao, Wein, Fleisch usw. verschrieben, Bäder der verschiedensten Art gewährt und Bandagen, künstliche Gliedmaßen etc. verabfolgt. Neuerdings erhalten Wöchnerinnen und Kranke sogar Bett- und Kissenbezüge leihweise geliefert.

Ein Wunsch freilich, der nicht aus dem Kreis der Armen, sondern aus dem der Armenärzte an das Armenkollegium[34] herangetreten ist, hat keine Erfüllung finden können. Es handelt sich dabei um die der sozialen Bedeutung nicht ganz ermangelnde Frage der freien Ärztewahl[35] in der Armenpraxis. Ich verkenne nicht, daß es ein wünschenswerter Zustand wäre, wenn auch der Arme sich an denjenigen Arzt wenden könnte, zu dem er besonderes Vertrauen besitzt. Eine unbeschränkt freie Ärztewahl verbietet sich indessen schon durch die räumlichen Verhältnisse. Denn es liegt auf der Hand, daß sich z. B. ein Armer in Barmbeck nicht von einem Arzt in Eimsbüttel behandeln lassen kann. Aber auch gegen die sog. beschränkt freie Ärztewahl – etwa die freie Wahl unter sämtlichen Armenärzten eines Armenkreises – erheben sich die schwersten Bedenken. Nach unserer Geschäftsordnung sollen Armenbezirk und Armenarzt Hand in Hand arbeiten, und vor allem muß der Pfleger jederzeit wissen, an welchen Arzt er sich zu wenden hat, wenn er über einen seiner Armen eine medizinische Auskunft zu haben wünscht. Dieser notwendige Zusammenhang zwischen Pfleger und Arzt wird unterbrochen, wenn der Pfleger nicht mehr mit einem bestimmten Arzt, sondern mit 4 oder 6 Ärzten zu rechnen hat.

---

[33] Das von der Landesversicherungsanstalt der Hansestädte errichtete Invalidenheim für tuberkulöse Männer Großhansdorf bei Hamburg, das der Pflege und Isolation von Schwertuberkulösen dienen sollte, wurde 1903 eröffnet, wegen ungenügender Belegung aber schon nach wenigen Jahren umfunktioniert. Neben dem Invalidenheim bestand in Großhansdorf ein Genesungsheim der hanseatischen Landesversicherungsanstalt.

[34] Auszug aus dem Protokoll der 115. Sitzung des Armenkollegiums vom 11.4.1901 (StA Hamburg 351-2 II Nr.219, fol. 4-5 Rs.).

[35] Der Hamburger Armenarzt Dr. Moritz Fürst hatte in einem Artikel (Die Krankenpflege in der Armenpraxis, in: Zeitschrift für Krankenpflege 22 [1900], S. 543-549, S. 604-610 und S. 656-665, hier S. 548 f.) die Einführung des in Bremen bestehenden Systems der beschränkten freien Arztwahl empfohlen, bei dem die Armen auf der Ebene der einzelnen Armenbezirke zwischen den Armenärzten frei wählen konnten. Dr. Buehl hatte dies in der Sitzung abgelehnt und die Nachteile des vorgeschlagenen Systems darin gesehen, daß es *nur einen lockeren Zusammenhang zwischen den ehrenamtlichen Organen und dem Arzt ermögliche und jede engere Fühlungnahme verhindere, ferner in der Gefahr der Herausbildung eines gewissen Nepotismus durch einseitige Bevorzugung gewisser Ärzte und nicht zum wenigsten auch in der Gefahr der Verteuerung der ärztlichen Versorgung der Armen.* Das Armenkollegium war seinem Votum gefolgt (Auszug aus dem Protokoll der 115. Sitzung des Armenkollegiums vom 11.4.1901: StA Hamburg 351-2 II Nr.219, fol. 4-5 Rs., hier fol. 4 Rs.).

Daß auch unser Armenbegräbnis ein angemessenes ist, daß die sehr würdig ausgestatteten Leichenhallen die vom hygienischen Standpunkt aus erwünschte zeitige Entfernung von Leichen aus engen Wohnungen ermöglichen, daß wir in den Fällen, wo das Sterbegeld der Armenanstalt zufällt, 75 M. zur Beschaffung der Beerdigung freilassen, das sei nur kurz erwähnt.

Wenn ich mich nun noch mit einem kurzen Wort zur geschlossenen Armenpflege wenden darf, so ist leider zu konstatieren, daß diejenigen Wünsche, denen ich vor 3 Jahren an dieser Stelle Ausdruck gab, im wesentlichen heute noch der Erfüllung harren. Die Überfüllung des Werk- und Armenhauses[36] hat nachgerade einen solchen Umfang angenommen, daß die Aufnahmen eingeschränkt werden mußten, und ich kann im Interesse unserer Armenpflege nur erneut der Hoffnung Ausdruck geben, daß die geplante teilweise Verlegung der Anstalt nach Farmsen baldigst in Angriff genommen werden möchte. Die dringendsten Wünsche der Armenpflege glaube ich, wie folgt, zusammenfassen zu können. Es ist geboten:

1. die Beseitigung der an den früheren Zusammenhang mit den Gefängnissen erinnernden Bezeichnung „Werk- und Armenhaus";
2. die Schaffung besserer Unterkunftsräume, wodurch eine weitgehendere Sonderung der verschiedenen, in der Anstalt vorhandenen Elemente ermöglicht wird;
3. die Aufhebung der Trennung nach Geschlechtern in bezug auf alte würdige Ehepaare.

Alle diese Wünsche werden sich unschwer erfüllen lassen, sobald erst ausreichende Räumlichkeiten zur Verfügung stehen.

Und nun zum Schluß noch einige Worte über das wichtige Gebiet der Kinderpflege oder richtiger der Fürsorge für Minderjährige.

Da ist zunächst der wachsenden Inanspruchnahme von Krippen und Warteschulen sowie der Heranziehung von Arzt und Helferin bei Auswahl von Koststellen durch die Armenpflegeorgane zu gedenken. Daneben sind die Schulspeisung, die Versorgung der Kinder der Armen mit soliden, die Herkunft nicht erkennbar machenden Kleidungsstücken und endlich die Bereitstellung der Mittel zur Unterbringung von etwa 1200 Kindern pro Jahr in Heilstätten und Ferienkolonien hervorzuheben. Die Auswahl der Kinder erfolgt lediglich nach dem Grad ihrer Kurbedürftigkeit und wenn die Zahl keine größere ist, so tragen daran nicht Sparsamkeitsrücksichten die Schuld, sondern lediglich der Platzmangel in den Heilstätten.

Daß ferner unsere Waisenpflege in ihrem Bestreben, ihre Pfleglinge zu ordentlichen, brauchbaren Menschen heranzubilden, die richtigen Wege eingeschlagen hat, das haben die kürzlich stattgehabten bürgerschaftlichen Verhandlungen für jeden Unbefangenen außer Zweifel gestellt. Eine wesentliche Stütze finden diese Bestrebungen in der die Vormundschaft oder Pflegschaft des Waisenhauskollegiums[37] bis zur Mündigkeit ausdehnenden Vorschrift unseres Ausführungsgesetzes[38] zum Bürgerlichen Gesetzbuch. Der Umfang der Leistungen unserer Waisenpflege kann nicht besser charakterisiert werden als durch Anführung der Tatsache, daß im Jahre 1897/98 der Aufwand für Kinderpflege nach meinen Berechnungen bei uns 1,37 M. pro Kopf der Bevölkerung betrug, während er in den übrigen deutschen Großstädten zwischen 20 und 55 Pfennig schwankte.

---

36 Vgl. Nr. 20 Anm. 5.

37 Zum Waisenhauskollegium vgl. Nr. 55 Anm. 2.

38 § 75 des Gesetzes, betreffend die Ausführung des Bürgerlichen Gesetzbuches, vom 14.7.1899 (Gesetzsammlung der freien und Hansestadt Hamburg 1899, I. Abteilung, S. 69).

Was uns aber auf diesem Gebiet noch fehlt, das ist ein Fürsorgeerziehungsgesetz zur Verhütung der Verwahrlosung jugendlicher Personen. Fast alle deutschen Bundesstaaten haben solche Vorschriften erlassen, und die Wirkung wird allenthalben als eine überaus segensreiche geschildert. Möchte daher auch uns bald ein solches sozial hochbedeutsames Gesetz beschieden sein![39]

Der Umfang des Stoffes, den ich heute zu bewältigen hatte, gestattete es mir leider nicht, den einzelnen Fragen diejenige eingehende Behandlung zuteil werden zu lassen, die ihrer Wichtigkeit entsprochen hätte. Soviel aber werden Sie auch aus meinen summarischen Ausführungen entnommen haben, daß unsere Armenpflege sich dem Hauch des sozialen Geistes, der die heutige Zeit durchweht, nicht entzogen hat. Ja, ich glaube, wir dürfen es aussprechen: Schreitet die soziale Entwicklung so fort wie in den letzten 10 Jahren, so wird unsere Armenpflege in steigendem Maß berufen sein, erfolgreich mitzuwirken an der Lösung der großen sozialen Aufgaben unserer Zeit und uns näherzubringen dem hohen, aber leider noch recht fernen Ziel der sozialen Versöhnung.

Nr. 103

1902 April 10

Schreiben[1] des Vorsitzenden der Zentrale für private Fürsorge Wilhelm Merton[2] an den Leiter des Frankfurter Waisen- und Armenamts Dr. Karl Flesch

Ausfertigung in Maschinenschrift

[Die Zentrale für private Fürsorge will eine Sammelvormundschaft für uneheliche Kinder einrichten]

Durch die Einführung der Generalvormundschaft für die Pflegekinder des Armenamts[3] ist die Fürsorge für diese Kinder bedeutend gefördert worden. Um so stärker wird in Zukunft die mißliche Lage der übrigen Kostkinder hervortreten. Die Übelstände, die hierbei sich gezeigt haben, sind so oft erörtert worden, daß wir nicht näher darauf einzugehen brauchen. Der beste Weg zur Abhilfe wäre es, wenn die Vormundschaft über sie einer Organisation übertragen würde, die aufgrund der vor-

---

[39] Das neue Gesetz über die Zwangserziehung Minderjähriger, nunmehr mit einer solchen präventiven Zielsetzung versehen, wurde in Hamburg dann allerdings erst am 11.9.1907 verabschiedet (Gesetzsammlung der freien und Hansestadt Hamburg 1907, I. Abteilung, S. 209).

[1] Institut für Stadtgeschichte Frankfurt am Main Wohlfahrtsamt 987, fol. 81-82.

[2] Wilhelm Merton (1848-1916), Metallindustrieller in Frankfurt a. M., 1890 Mitbegründer des Instituts für Gemeinwohl, Begründer und Vorsitzender der dortigen Zentrale für private Fürsorge.

[3] In Frankfurt a. M. war am 19.2.1900 vom Magistrat auf der Grundlage des Art. 78 § 4 des Ausführungsgesetzes zum BGB durch Ortsstatut bestimmt worden, daß ein vom Magistrat bestimmtes Magistratsmitglied als Generalvormund für die in Armenpflege befindlichen Minderjährigen fungieren sollte (Nachtrag zur Armenordnung vom 19.2.1900, in: Anzeige-Blatt der städtischen Behörden zu Frankfurt am Main 1900, Frankfurt a. M. o. J., S. 285-286). Die Regelung wurde im Juli 1902 wirksam, erster Generalvormund war Stadtrat Dr. Wilhelm Woell, sein Vertreter Stadtrat Dr. Karl Flesch.

mundschaftlichen Rechte eine gründliche Aufsicht über die Pflegestellen ausüben könnte, einerlei ob die Kinder hier oder auswärts untergebracht sind.

Um einen Versuch nach dieser Richtung zu machen, bitten wir um die freundliche Mitwirkung des Gemeindewaisenrats[4]. Auf Vorschlag des Gemeindewaisenrats würde das Vormundschaftsgericht gewiß bereit sein, unseren Geschäftsführer, Herrn Dr. Christian J. Klumker zum Vormund für eine größere Anzahl von unchelichen Kindern zu ernennen. Die Zentrale würde dann die erforderliche Organisation schaffen, um nicht nur die rechtlichen Ansprüche der Kinder energisch zu verfolgen und sicherzustellen, sondern auch, um die Pflegestellen zu beaufsichtigen. Wir hoffen, daß dann durch rechtzeitige Heranziehung in vielen Fällen das Armenamt entlastet würde. Vor allem aber legen wir Wert darauf, durch einen solchen Versuch der Verschleppung der Kostkinder in schlechte Pflegestellen nach auswärts entgegenzuwirken. Die Praxis muß zeigen, ob sich dieser Weg bewährt und wie er durch Verbindung mit den Erziehungsvereinen der Umgegend, durch Heranziehung ausgebildeter Pflegekräfte usw. verbessert werden muß.

Unser Gesuch geht also dahin, der Gemeindewaisenrat wolle in geeigneten Fällen, deren Zahl wir vorerst auf höchstens 50 zu beschränken bitten, Herrn Dr. Klumker zum Vormund unehelicher Kinder vorschlagen.

Falls dieser Vorschlag von Ihnen angenommen wird, wäre es uns lieb, wenn unser Beamter Herr E. Heinemann[5] auf einige Zeit auf der Kinderpflegeabteilung[6] des Armenamts arbeiten dürfte, um sich einzuschulen und Ihre Arbeitsweise kennenzulernen. Wir glauben, daß durch eine solche persönliche Berührung unserer Beamten eine freundliche Zusammenarbeit unserer Organisationen, wie sie bisher auf anderen Gebieten stattfand, auch für dieses neue Arbeitsfeld gefördert werden wird.[7]

---

[4] Der Gemeindewaisenrat war ein durch das BGB reichsweit eingeführtes Hilfsorgan des Vormundschaftsgerichts nach dem Vorbild der preußischen Vormundschaftsordnung vom 5.7.1875 (PrGS, S. 431). Er hatte das Vormundschaftsgericht durch die Benennung von geeigneten Einzelvormündern zu entlasten (§ 1849 BGB); er hatte zudem darüber zu wachen, daß die Vormünder ihren Aufgaben pflichtgemäß nachkamen (§ 1850 BGB). Die Organisation des Gemeindewaisenrats blieb der Landesgesetzgebung überlassen; Preußen ließ den Gemeinden weitgehend freie Hand. In Frankfurt waren die Aufgaben des Gemeindewaisenrats durch einen Nachtrag zur Armenordnung vom 17.4.1900 dem Armenamt übertragen worden; es firmierte seit Juli 1901 als Waisen- und Armenamt (Armen-Ordnung für die Stadt Frankfurt am Main samt Nachtrag zur Armenordnung und den ergänzenden Beschlüssen der städtischen Behörden, Frankfurt a. M. 1900: Institut für Stadtgeschichte Frankfurt a. M. Stadtverordneten-Versammlung, Nr. 1923, n. fol.).

[5] Ernst Heinemann (1863-nach 1930), Sekretär der Abteilung für Kinderfürsorge der Zentrale für private Fürsorge in Frankfurt a. M.

[6] Im Frankfurter Waisen- und Armenamt war am 1.8.1900 für die Kinderpflege eine selbständige Abteilung geschaffen worden. Sie hatte vor allem für die der öffentlichen Armenpflege anheimfallenden Kinder, die sich nicht in den Familien der Angehörigen befanden, zu sorgen (Bericht des Magistrats an die Stadtverordneten-Versammlung, die Verwaltung und den Stand der Gemeinde-Angelegenheiten im Verwaltungsjahr 1900 betreffend, Frankfurt o. J., S. 662-665).

[7] Dr. Karl Flesch leitete das Schreiben am 12.4.1902 an Stadtrat Dr. Woell weiter und versah cs mit dem Randvermerk: *m*(eines) *E*(rachtens) *ist der Versuch nicht sehr aussichtsreich, sollte aber nicht behindert werden.* Das Waisen- und Armenamt beschloß in seiner Sitzung vom 23.4.1902, das Ersuchen der Zentrale für private Fürsorge um Sammelvormundschaft für Dr. Christian J. Klumker anzunehmen und nach sechs Monaten zu prüfen, ob sich das Verfahren bewährt hat (Institut für Stadtgeschichte Frankfurt a. M. Wohlfahrtsamt 987, fol. 83). Zur weiteren Entwicklung vgl. auch Nr. 139.

Nr. 104

1902 Oktober 30

Protokoll[1] einer Besprechung von Vertretern der Stadtverwaltungen südwest- und mitteldeutscher Städte in Frankfurt am Main

Druck, Teildruck

[Erfahrungsaustausch über städtische Notstandsarbeiten für Arbeitslose]

[...]

Nachdem Oberbürgermeister Adickes die Erschienenen begrüßt hatte, wurde beschlossen, die Beratungen als vertraulich zu betrachten und sie auf diejenigen Punkte, welche in dem den Stadtverwaltungen schriftlich zugegangenen Programm angeführt sind, zu beschränken. Die Programmpunkte lauten:

1. Es ist zunächst auf Beschaffung vermehrter Arbeitsgelegenheit durch Vergebung städtischer Arbeiten hinzuwirken und dabei durch geeignete Vergebungsbedingungen dafür zu sorgen, daß der Zuzug Auswärtiger vermieden und die Arbeit tunlichst den Einheimischen vorbehalten bleibt.

2. Über die eigentlichen Notstandsarbeiten behufs Beschäftigung von Leuten, die sonst keine Arbeit finden.

a) Werden sie überall in städtischer Regie ausgeführt oder auch durch Unternehmer, und wie sind in letzterem Fall die Übernahmebedingungen?

b) Welcher Art sind die eröffneten Notstandsarbeiten? Erdarbeiten? Steinschlagen? Anderes? Insbesondere bei strengem Frost?

---

[1] Institut für Stadtgeschichte Frankfurt am Main Magistratsakten T 186, n. fol.
Teilnehmer: Vertreter der Stadt Frankfurt a. M.: Oberbürgermeister Dr. Franz Adickes, die Stadträte Paul Hin und Ernst Lautenschlager und die Stadtbauräte Gustav Behnke und Karl Kölle, der Direktor des Statistischen Amts Dr. Heinrich Bleicher; Vertreter der Stadt Darmstadt: Oberbürgermeister Adolf Morneweg, Bauinspektor Heinrich Keller; Vertreter der Stadt Hanau: Oberbürgermeister Dr. Eugen Gebeschus, Stadtbaurat Otto Schmidt; Vertreter der Stadt Heidelberg: Bürgermeister Friedrich Karl Wielandt; Vertreter der Stadt Karlsruhe: der Direktor des Statistischen Amts Dr. Friedrich Schäfer; Vertreter der Stadt Kassel: Oberbürgermeister August Müller, Stadtbaurat Paul Höpfner; Vertreter der Stadt Mainz: Oberbürgermeister Dr. Heinrich Gaßner, Beigeordneter Dr. Georg Schmidt, Baurat Ferdinand Kuhn; Vertreter der Stadt Mannheim: Oberbürgermeister Otto Beck, Bürgermeister Eduard von Hollander; Vertreter der Stadt Offenbach a. M.: Oberbürgermeister Karl Adolf Wilhelm Brink, die Beigeordneten Georg Gerhäuser und Felix Walter, die Stadtverordneten Leonhard Eißnert und Gregor Schmitt; Vertreter der Stadt Straßburg i. E.: Bürgermeister Otto Back, Regierungsassessor Alexander Dominicus; Vertreter der Stadt Wiesbaden: Beigeordneter Theodor Körner; Vertreter der Stadt Worms: Oberbürgermeister Heinrich Köhler, Beigeordneter Dr. Gustav Kayser.
Im Winter 1901/1902 war es, wie Oberbürgermeister Dr. Adickes in seinem Einladungsschreiben vom 19.8.1902 an die Magistrate und Bürgermeistereien der Nachbarstädte bemerkte, in Frankfurt wie in den meisten anderen Städten notwendig geworden, Arbeitsgelegenheiten für unterstützungsbedürftige Erwerbslose zu schaffen. Aufgrund der dabei von Ort zu Ort unterschiedlich getroffenen Regelungen sei in der Presse und in Versammlungen die eine Stadt gelegentlich gegen die andere ausgespielt worden. Es erscheine deshalb nützlich, die Frage der Arbeitsbeschaffung einer gemeinsamen Erörterung zu unterziehen (Institut für Stadtgeschichte Frankfurt a. M. Magistratsakten T 186, n. fol.).

c) Wo und wie erfolgt die Annahme der Arbeitslosen? Werden auch Unverheiratete berücksichtigt, die nicht Ernährer von Familien sind?

d) Wie sind bei der Regie-Arbeit die Arbeitsbedingungen geregelt? Stundenweise Zahlung – Akkord – Gemischtes System?

Wie wird zwischen Verheirateten und Unverheirateten unterschieden?

e) Wie sind die Versicherungsverhältnisse geregelt?

f) Welche Wohlfahrtseinrichtungen sind zu treffen? (Essen, Unterkunftsräume?)

3. Besteht daneben eine Zuweisung von Arbeit als Form öffentlicher Unterstützung?

4. Erscheint es möglich, für einen größeren Kreis von Städten und das benachbarte Land fortlaufend – etwa nach Stuttgarter Muster[2] – Erhebungen über die Arbeitslosen zu organisieren?

Zu Punkt 1 teilten die Vertreter verschiedener Städte ihre Erfahrungen mit. Arbeiten aller Art werden in Kassel[3] und Straßburg[4] vergeben, in Mannheim[5] handelt es sich ausschließlich und in Straßburg überwiegend um Erdarbeiten. Die Unternehmer, welchen diese Erdarbeiten übertragen werden, mußten sich verpflichten, unter gewissen Bedingungen die von der Stadtverwaltung zugewiesenen Arbeitslosen zu beschäftigen. Dabei wurde in Mannheim – wo übrigens diese Notstandsarbeiten in gewissem Umfang mit den unter 2 behandelten Arbeiten zusammenfallen – die Wahrnehmung gemacht, daß die Arbeitslosen einer direkten Beschäftigung bei der Stadt den Vorzug gaben vor der Beschäftigung bei privaten Unternehmern. In Straßburg war man mit dem System des Minimallohnes, dessen Ausbezahlung seit Februar d. J. den Unternehmern aufgrund der Festsetzungen einer gemischten Lohnkommission auferlegt wird, im allgemeinen bis jetzt zufrieden. Übereinstimmung herrschte darüber, daß es erwünscht sei, so viel wie möglich städtische Arbeiten für die Winterszeit zur Vergebung an private Unternehmer vorzubereiten und darauf hinzuwirken, daß in möglichst weitem Umfang einheimische Arbeiter beschäftigt werden.

Zu Punkt 2 wurde übereinstimmend mitgeteilt, daß die eigentlichen Notstandsarbeiten sich auf Steinschlagen und Erdarbeiten beschränken, wozu in Kassel noch Holzzerkleinern kommt. Bei strengem Frost bleiben nur das Steinschlagen und allenfalls Ausheben von Baumgruben und Herstellung von Waldwegen übrig. Dagegen sei die Ausführung von Erdarbeiten für Straßen und Kanäle bei strengem Frost unmöglich; in Mannheim sei den Gemeindevertretern, die auch bei strengem Frost Erdarbeiten ausgeführt haben wollten, Gelegenheit geboten worden, durch eigenes Probieren sich von der Unmöglichkeit zu überzeugen.

---

2 Der Gemeinderat Stuttgart hatte am 19.2.1902 beschlossen, jährlich zu drei Terminen eine regelmäßige Arbeitslosenzählung auf der Basis freiwilliger Meldungen durchzuführen (sie wurde u. a. wegen unbefriedigender Beteiligung 1903 schon wieder eingestellt; vgl. Richard Herbst, Die Methoden der deutschen Arbeitslosenstatistik, Leipzig/Berlin 1914, S. 89).

3 Vgl. das Schreiben des Kasseler Stadtbaurats Paul Höpfner an den Magistrat der Stadt Frankfurt vom 6.9.1902 (Institut für Stadtgeschichte Frankfurt a. M. Magistratsakten T 186, n. fol.).

4 Vgl. Regierungsassessor Alexander Dominicus: Bericht an den Gemeinderat betreffend die Notstandsarbeiten der Stadt Straßburg im Winter 1901/02 (Institut für Stadtgeschichte Frankfurt a. M. Magistratsakten T 186, n. fol.).

5 Vgl. auch: Die Beschäftigung von Arbeitslosen im Winter 1901/02 (Vorlage von Bürgermeisters Otto Beck für den Bürgerausschuß der Stadt Mannheim, o. D.) (Institut für Stadtgeschichte Frankfurt a. M. Magistratsakten T 186, n. fol.).

Von Mainz teilte man mit, daß gerade bei strengem Frost die Zahl der Arbeitslosen abnehme, weil die Eisgewinnung auf dem Rhein vielen Arbeitskräften lohnende Beschäftigung gewähre. Die Arbeit des Schneeschaufelns, wie es jetzt namentlich in Kassel geschieht, allgemein nicht als Notstandsarbeit zu entlohnen, erschien bedenklich, insofern die Entfernung des Schnees nicht aus Verkehrsrücksichten, sondern zum Zweck der Beschäftigung Arbeitsloser vorgenommen wird.

Die Amtsstellen, bei denen die Annahme der Arbeitslosen erfolgt, sind in den einzelnen Städten verschieden; in der Regel sind die Geschäfte dem Tiefbauamt übertragen. Überall findet eine sorgfältige Prüfung der persönlichen Verhältnisse der Arbeitslosen, insbesondere über Familienverhältnisse, über die Dauer des Aufenthalts und die letzte Beschäftigung statt. Erst wenn die Prüfung, bei der regelmäßig auch das Armenamt beteiligt wird, abgeschlossen ist, erfolgt die Einberufung zur Arbeit. Im allgemeinen werden nur Verheiratete und diejenigen unverheirateten Personen zu Notstandsarbeiten angenommen, welche ihre Angehörigen zu ernähren haben. Doch wurden in einigen Städten, namentlich in Mainz, auch andere Unverheiratete, soweit Arbeitsgelegenheit vorhanden war, zu den Notstandsarbeiten zugelassen.

Übereinstimmend erkannte man an, daß die Notstandsarbeiten im allgemeinen unwirtschaftlich seien, namentlich sind in Mannheim mit dem Steinschlagen ganz schlechte Resultate erzielt worden. Was die Lohnzahlung anbelangt, so wurde ausgesprochen, daß Stücklohn dem Zeitlohn vorzuziehen sei, daß aber sowohl ein Minimallohn als ein Maximallohn festzusetzen sei, letzterer deshalb, damit die Arbeitslosen nicht den Anreiz verlieren, sich um bessergelohnte Privatarbeit zu bemühen. Zu empfehlen sei die bisher schon in mehreren Städten eingeführte Übung, daß die Arbeitslosen beim Steinschlagen zur Erleichterung des Einarbeitens während der ersten Zeit Stundenlohn erhalten sollen. Übereinstimmung war auch darüber vorhanden, daß der Lohn für Notstandsarbeiter nicht danach bemessen werden könne, was der Arbeitslose zum Unterhalt für sich und seine Familie bedürfe, vielmehr müsse der Lohn stets so bemessen werden, daß er unter dem regelmäßigen Lohn, den ungelernte Arbeiter bei längerer Beschäftigung in der betreffenden Stadt erhalten, bleibe. Dabei wurde betont, daß der behördlich festgesetzte ortsübliche Taglohn sich nicht immer mit diesem Lohn decke. Soweit der Lohn für die Notstandsarbeit für den Unterhalt der Familie nicht ausreiche, müsse gegebenenfalls Armenunterstützung aushelfen. Nur ein Vertreter Offenbachs erklärte, daß der Lohn der Notstandsarbeiter nicht unter dem sonst üblichen Lohn bleiben dürfe; es wurde aber konstatiert, daß es tatsächlich in Offenbach nicht so gehalten werde; übrigens seien dort das ganze Jahr über Notstandsarbeiter beschäftigt, darunter viele nicht voll arbeitsfähige.

Was die Bezahlung der Versicherungsbeiträge anbelangt, so werden in Offenbach und Mannheim die gesamten Beiträge von der Stadt getragen, in Straßburg geschieht dies für bestimmte Kategorien von Notstandsarbeitern. Eine einheitliche Regelung für alle Städte wurde nicht vorgeschlagen.

In Mannheim werden den Steinschlägern Holzschuhe, Handschuhe und Schutzbrillen leihweise unentgeltlich geliefert. Von den gleichfalls gelieferten Schutzwänden haben die Steinschläger wenig Gebrauch gemacht. In Darmstadt[6] stellt die Stadt allen Erdarbeitern im Wald eine geheizte Schutzhütte mit Küche, in der eine stadtseitig angestellte Köchin die von den Arbeitern mitgebrachten Vorräte zubereitet. Es wurde angenommen, daß der Umfang der Wohlfahrtseinrichtungen von der Lage in

---

[6] Vgl. den Bericht des Tiefbauamts der Stadt Darmstadt für die Bürgermeisterei vom 19.9.1902 (Institut für Stadtgeschichte Frankfurt a. M. Magistratsakten T 186, n. fol.).

den einzelnen Städten und an den einzelnen Arbeitsplätzen – z. B. ob entfernt von der Stadt – abhänge.

Zu Punkt 3 herrschte Übereinstimmung, daß zur Notstandsarbeit nicht alle Arbeitslosen zugelassen werden dürfen, daß vielmehr an gewisse Kategorien von Arbeitslosen Arbeit nur als öffentliche Armenunterstützung zu gewähren sei.

Von Karlsruhe[7] wurde mitgeteilt, dort hätten die Arbeiter selbst verlangt, daß von den Notstandsarbeitern Stromer und mit Zuchthaus vorbestrafte Personen ausgeschlossen werden. In Straßburg ist beabsichtigt, auch die hochbezahlten Saisonarbeiter, welche die erforderlichen Rücklagen für die stille Zeit zu machen in der Lage sind, von der Notstandsarbeit auszuschließen und der Armenarbeit zuzuweisen.

Zu Punkt 4 kam eine Einigung dahin zustande, daß Arbeitslosenzählungen, die auf die Städte beschränkt werden, den größten Bedenken unterliegen. Erhebungen über weitere Bezirke können aber nur von den Landesregierungen vorgenommen werden. Den Städten ist zu empfehlen, genaue Erhebungen über die Personen, welche sich zu Notstandsarbeiten melden, zu machen, und zwar nach einem einheitlichen, von den statistischen Ämtern der beteiligten Städte gemeinsam aufzustellenden Muster.

Nr. 105

1902 November 14

Bericht[1] des Frankfurter Oberbürgermeisters Dr. Franz Adickes an die Stadtverordnetenversammlung

Druck, Teildruck

[Umfang und Organisation der winterlichen Notstandsarbeiten]

Die großen Geldaufwendungen, welche im vorigen Jahr infolge der Arbeitslosigkeit der Stadt zur Last gefallen sind, und die lebhaften Erörterungen, welche sich an die Beschäftigung der Arbeitslosen geknüpft haben, gaben dem Magistrat Veranlassung, die Frage, welche Maßnahmen die Stadt bei eintretender Arbeitslosigkeit zu ergreifen habe, einer erneuten eingehenden Prüfung zu unterziehen. Die hierbei in Betracht kommenden Gesichtspunkte sind an und für sich keine solchen, welche hier oder in andern Städten neu für die städtischen Behörden hervorgetreten sind. Ihre

---

[7] Vgl. auch das Schreiben des Karlsruher Ersten Bürgermeisters Karl Siegrist an den Magistrat der Stadt Frankfurt vom 25.8.1902 mit dem beigefügten Bericht des Tiefbauamts der Stadt Karlsruhe über die dortigen Notstandsarbeiten vom 11.3.1902 (Institut für Stadtgeschichte Frankfurt a. M. Magistratsakten T 186, n. fol.).

[1] Vortrag des Magistrats an die Stadtverordnetenversammlung städtische Maßnahmen für den Fall außergewöhnlicher winterlicher Arbeitslosigkeit betr(effend), in: Mittheilungen aus den Protokollen der Stadtverordneten-Versammlung der Stadt Frankfurt a. M., Bd. 35, Frankfurt a. M. 1902, S. 600-608.
Dem Bericht waren als Anlagen „Bestimmungen über die Beschäftigung Arbeitsloser im Winter 1902/03“ und die „Arbeitsordnung für die Notstandsarbeiten zu Frankfurt a. M. im Winter 1902-03“ beigefügt (ebenda, S. 609-611).

Behandlungsweise ist nur von derjenigen in früheren Zeiten in wesentlichen Beziehungen verschieden, und zwar nicht nur deshalb, weil alle Fragen, welche die Arbeiterwelt betreffen, in erhöhtem Maße die Aufmerksamkeit auf sich gezogen haben, sondern vor allem deshalb, weil die Fragen der Arbeitslosigkeit in immer stärkerem Maße parteipolitisch verwertet werden, um die Verwerflichkeit der jetzigen Wirtschaftsordnung vor Augen zu führen.[2] Die Behauptung des Vorhandenseins von Arbeitslosigkeit wird deshalb nicht nur in ungünstigen wirtschaftlichen Zeiten, sondern alljährlich aufgestellt und gleichzeitig die Forderung städtischer Beschäftigung der Arbeitslosen gestellt. Bezeichnend hierfür ist, daß diese Forderung sogar in dem sehr günstigen Winter (Januar) 1898 in einer mit zahlreichen Unterschriften versehenen, in der „Volksstimme" vom 29. Januar[3] energisch unterstützten Petition erhoben wurde. Der ablehnende Bescheid des Magistrats vom 15. Februar 1898 ist unten abgedruckt.[4]

Um so notwendiger ist es, mit völliger Objektivität diese Frage zu behandeln, und der folgende Bericht wird bestrebt sein, sowohl den Forderungen weitgehender Hu-

---

[2] Anmerkung in der Quelle: *Es seien hier beispielsweise zwei dem Magistrat übersandte Resolutionen aus den Jahren 1891 und 1894 erwähnt: Im November 1891 faßte eine „Versammlung der Arbeitslosen" den noch sehr allgemein gehaltenen Beschluß, in Anbetracht der großen Arbeitslosigkeit den Magistrat der Stadt Frankfurt a. M. zu ersuchen, den Arbeitslosen Beschäftigung zu geben oder denselben in entsprechender Weise Brot und Unterhalt zu beschaffen* (Institut für Stadtgeschichte Frankfurt a.M. Magistratsakten T 182 Bd.1, n. fol.). *Dann heißt es aber in einer Resolution vom 15. Januar 1894 folgendermaßen: „Die heutige öffentliche Arbeitslosenversammlung erklärt: Die Ursache der Arbeitslosigkeit und alle ihre Folgen liegen in der kapitalistischen Produktionsweise. Deshalb verlangen wir die Beseitigung derselben. Solange aber die heutige Produktionsweise besteht, solange das arbeitende Volk durch das sich notwendig aus ihr ergebende Elend der Arbeitslosigkeit bedrückt wird, ist der Staat und die Gemeinde verpflichtet, Abhilfe zu schaffen. Die vom Frankfurter Stadtmagistrat getroffenen Vorkehrungen zur Beschäftigung der Arbeitslosen sind aber vollständig ungenügend. Wir verlangen daher von der städtischen Verwaltung zur Beseitigung der größten Not folgendes: 1. an mehreren Punkten der Stadt öffentliche Wärmehallen zu errichten; 2. wenigstens zweimal täglich unentgeltlich warme Speisen zu verabreichen; 3. Schaffung eines Asyls für Obdachlose; 4. allen arbeitslosen Arbeitern und Arbeiterinnen Beschäftigung zu verschaffen oder denselben Unterstützung zu gewähren, daß sie nebst Familie davon leben können."* (Institut für Stadtgeschichte Frankfurt a.M. Magistratsakten T 182 Bd.1, n. fol.) *In gleichem Sinne erschienen alljährlich Artikel wie in anderen Parteiblättern, so auch in der hiesigen „Volksstimme".*

[3] Theorie und Praxis in der kommunalen Arbeiterfürsorge, in: Volksstimme. Sozialpolitisches Organ für die Interessen des Volkes im Maingau, der Wetterau und des Taunus Nr. 24 vom 29.1.1898.

[4] Anmerkung in der Quelle: *Es ist den Antragstellern, z*(u) *H*(änden) *des erstunterzeichneten Herrn Chr*(istian) *Hoffmann, zu erwidern, daß in diesem Winter bei der anhaltend milden Witterung, welche insbesondere den fast ungestörten Fortgang aller Bauarbeiten gestattet habe, ein Anlaß zur Einrichtung besonderer Notstandsarbeiten nicht gegeben sei. Es müsse den einzelnen Antragstellern überlassen bleiben, sich im Fall der Unterstützungsbedürftigkeit an das Armenamt zu wenden, welches die erforderliche Unterstützung nach Beschaffenheit des einzelnen Falles durch Zuweisung von Arbeit oder in sonst geeigneter Art eintreten lassen werde. Übrigens seien weitaus die Mehrzahl der Antragsteller ledige, alleinstehende junge Leute oder Leute, die nur eine kleine Familie zu versorgen hätten; einzelne zudem erst seit ganz kurzem hier aufhältlich* (Magistratsbeschluß Nr. 2622 vom 15.2.1898, die Beschäftigung bei sog. Notstandsarbeiten betreffend: Institut für Stadtgeschichte Frankfurt a.M. Magistratsakten T 182 Bd.1, n. fol.).

manität als den berechtigten Ansprüchen der Bürgerschaft auf eine zweckmäßige und wirtschaftliche Verwendung städtischer Mittel zu entsprechen.

Es wird sich empfehlen, zunächst das seitens der städtischen Verwaltung im vorigen Winter Geleistete noch einmal zusammenzufassen, wobei auf das bereits in der Stadtverordnetenversammlung mitgeteilte Schreiben an den Herrn Präsidenten des Reichstags[5] vom 21. Januar 1902[6] und die darin gemachten Angaben hingewiesen sein mag (vgl. „Mitteilungen aus den Protokollen der Stadtverordnetenversammlung" 1902, S. 55 und 56).

Die vorjährigen Maßnahmen bestanden in folgendem:

1. Um in der eingetretenen, namentlich für die Eisenindustrie empfindlichen Geschäftsstille nach dem Maß der unserer Verwaltung zu Gebot stehenden Mittel durch Erteilung von Aufträgen eingreifen zu können, sind von den städtischen Behörden rund 360 000 M. für Beschaffung von Betriebsmitteln für die städtischen Kleinbahnen, und zwar großenteils über das augenblickliche Bedürfnis hinaus, bewilligt worden.

Wenn diese Bestellungen auch nur zu einem Teil unmittelbar auf den hiesigen Arbeitsmarkt wirkten, so waren sie doch von Bedeutung, weil die Arbeitslosigkeit kein lokales Übel war und bei dem Zusammenhang wirtschaftlicher Verhältnisse jede Belebung industrieller Tätigkeit erwünscht sein mußte.

2. Zu den im Etat bereits vorgesehenen Krediten wurden Zusatzkredite in Höhe von 772 000 M. beantragt und bewilligt, um durch Arbeiten an den Geleisen, Gebäuden und Betriebsmitteln der städtischen Straßenbahnen, ferner an Kanälen, Straßen und öffentlichen Anlagen sowie durch Abbruchs- und Gebäudeunterhaltungsarbeiten neue und erweiterte Arbeitsgelegenheiten zur Winterzeit zu schaffen.

Hierdurch ist ein Doppeltes erreicht worden: Einerseits ist es möglich gewesen, die sämtlichen zu Anfang des Winters bei den betr. städtischen Amtsstellen im Dienst befindlichen unständigen Arbeiter im Dienst zu behalten, so daß die Zahl der unmittelbar von der städtischen Verwaltung beschäftigten Arbeiter – zu denen überdies viele neu angenommene hinzutraten – im Winter um 466 Arbeiter höher war, als sie ohne diese besonderen Veranstaltungen gewesen wäre. Anderseits ist hierdurch Unternehmern Gelegenheit zur Beschäftigung von Arbeitern in noch erheblich höherer Zahl gegeben worden.

3. Die vom Tiefbauamt zu besorgende Beschaffung der für städtische Bedienstete erforderlichen Kleidungsstücke, Mützen und Stiefel wurde – im Gegensatz zu früher – erstmals als Winterarbeit im Gesamtbetrag von ca. 30 000 M. an hiesige Meister

---

[5] Franz Graf von Ballestrem (1834-1910), Wirklicher Geheimer Rat, Rittmeister a. D. in Breslau und Plawniowitz bei Rudzinitz (Kreis Tost-Gleiwitz), seit 1892 MdPrAbgH, 1872-1893 und seit 1898 wieder MdR (Zentrum), seit 1890 erster Vizepräsident, seit 1898 Präsident des Reichstags.

[6] Entwurf eines Schreibens des Magistrats der Stadt Frankfurt a. M. an den Reichstagspräsidenten Graf von Ballestrem vom 21.1.1902 (Institut für Stadtgeschichte Frankfurt a. M. Magistratsakten T 182 Bd.2, n. fol.); Protokollauszug aus der Sitzung des Magistrats vom 21.1.1902 (ebenda, n. fol.). (Das Schreiben an den Reichstagspräsidenten schilderte aus Anlaß von Bemerkungen, dic während der Reichstagsdebatten vom 17. bis 20.1.1902 über die Arbeitslosenfrage zum Verhalten der Gemeindebehörden in Frankfurt gegenüber dem Problem der Arbeitslosigkeit gefallen waren, zur Richtigstellung den Umfang der Notstandsarbeiten in Frankfurt [120. Sitzung vom 17.1.1902, Sten.Ber. RT 10. LP II. Session 1900/1902, S. 3441 und S. 3449, 121. Sitzung vom 18.1.1902, S. 3478 f., und 122. Sitzung vom 20.1.1902, S. 3501 f. und 3510 f.]).

mit der ausdrücklichen Auflage übertragen, die Arbeiten nicht im Unterakkord an auswärtige Werkstätten zu vergeben, sondern in Frankfurt selbst durch einheimische Arbeiter anfertigen zu lassen.

Dieser Vorschrift ist nach der Kontrolle des Tiefbauamts tatsächlich auch entsprochen und dadurch – allerdings nicht ohne Opfer für die Stadtkasse – zahlreichen Arbeitern der genannten Geschäftszweige lohnender Verdienst geschaffen worden.

4. Ferner war, wie schon in früheren Wintern, Arbeitsgelegenheit zuerst auf dem für 300 Arbeiter bestimmten und niemals vollbesetzten Steinschlagplatz im Ostend sowie dann auf einem zweiten, für 150 Arbeiter bestimmten gleichartigen Platz am Sandhof eröffnet.

5. Endlich sind im Stadtwald sowohl als auf dem Holzplatz am Sandhof in außerordentlichem Umfang Holzschlagarbeiten eingerichtet worden.

Trotz dieser Bereitstellung und Verwendung ausgedehnter Geldmittel wurde von sozialdemokratischer Seite die Tätigkeit der Stadtverwaltung als durchaus ungenügend bezeichnet und auch von anderer Seite die Forderung erhoben, daß nicht nur Tief-, sondern auch Hochbau-(insbesondere Weißbinder und Schreiner-)Arbeiten in umfassenderem Umfang im Winter ausgeführt würden.

Ehe aber hierauf und auf die unter Berücksichtigung der vorjährigen Erfahrungen für den nächsten Winter zu ergreifenden Maßnahmen eingegangen wird, seien zunächst diejenigen grundsätzlichen Gesichtspunkte wiederholt, welche der Magistrat aufgrund eingehender kommissioneller Beratungen im Januar 1895 in bezug auf Arbeitslosigkeit und Notstandsarbeiten festgestellt hat.[7]

„Unter den großen Schwierigkeiten, welche die Materie bietet, steht in erster Linie die Feststellung, wann Arbeitslosigkeit in dem Sinne, daß die Gemeinde eine besondere Fürsorge zur Abwendung derselben zu entwickeln hat, als vorhanden anzusehen ist.

Denn zunächst wird es keiner weiteren Begründung bedürfen, daß Arbeitslosigkeit an und für sich der Gemeinde nicht wohl Veranlassung zur Entfaltung besonderer Fürsorge bieten kann.

Wenn es sich nur darum handelt, daß einzelne, mit ihrem Willen oder gegen denselben, ihre Arbeitsstelle verloren haben, wird es Sache der Betreffenden sein müssen, sich anderweit Arbeit zu suchen oder aber – in Fällen besonderer Not – die öffentliche Armenpflege anzurufen.

Insoweit ferner Arbeitslosigkeit infolge von Arbeitseinstellungen oder Aussperrungen in Betracht kommt, wird eine Parteinahme der Gemeinde durch Arbeitsgewährung oder andere Unterstützung regelmäßig von selbst ausgeschlossen sein.

Ebensowenig wird die Gemeinde ohne weiteres deshalb eintreten können, weil die Überbesetzung einzelner Gewerbe die Erlangung von Arbeitsgelegenheit zeitweilig erschwert oder weil ein nur in einzelnen Teilen des Jahres betriebenes Gewerbe keinen für das ganze Jahr ausreichenden Verdienst verschafft. Vielmehr wird auch in diesen Fällen prinzipiell daran festzuhalten sein, daß, wie im kaufmännischen Beruf, bei Bürobeamten und anderen Berufen so auch im gewerblichen Leben, die Erlangung von Arbeit die Aufgabe der Arbeiter selbst ist, wenn auch die Gemeinde durch Einrichtung von Arbeitsnachweisstellen in gewissem Umfang vielleicht beihelfend einzugreifen vermag.

---

[7] Vgl. Nr. 38, dort Abschnitt I bis Abschnitt II.3.

Im Gegensatz zu der eingangs [...] erwähnten Resolution der Arbeiter wird hiernach eine Verpflichtung der Gemeinde zur Fürsorge für Arbeitslose schlechthin durchaus abzulehnen sein.

Wohl aber wird, wenn die Arbeitslosigkeit in größerem Umfang und mit längerer Dauer eintritt, eine solche Gestaltung der tatsächlichen Verhältnisse eintreten können, daß angesichts der schweren Bedenken, welche aus sittlichen wie sozialen Gesichtspunkten der öffentlichen Armenunterstützung arbeits- und erwerbsfähiger Personen entgegenstehen, es ratsam, ja, allein richtig erscheint, durch Beschaffung sogen[annter] Notstandsarbeiten von Stadt wegen die Existenz der betroffenen Arbeiterfamilien aufrechtzuerhalten. Dies kann namentlich dann der Fall sein, wenn die Zeit der außergewöhnlichen Arbeitslosigkeit mit der die wirtschaftlichen Bedürfnisse der ärmeren Bevölkerung erheblich steigernden Winterzeit zusammenfällt.

Bei der Organisation und Zuweisung derartiger Arbeiten wird aber die Gemeinde äußerst vorsichtig zu Werke gehen müssen, damit nicht das Übel, dem abgeholfen werden soll, durch Steigerung des Zuzugs zur Stadt vermehrt und erweitert, zugleich die Gefahr eines Rückgangs der Löhne dadurch herbeigeführt wird, daß die Arbeiter auf diese städtischen Einrichtungen als eine regelmäßige Erwerbsquelle hingewiesen werden können. Als maßgebende Gesichtspunkte kommen bei der Organisation solcher Arbeiten folgende in Betracht.

1. Die Stadtgemeinde darf nicht alle Arbeitslosen, welche sich melden, ohne weitere Feststellung der persönlichen Verhältnisse beschäftigen. Sie wird insbesondere nur solchen Leuten Arbeit geben können, die hier seit längerer Zeit wohnen oder wenigstens regelmäßig ihre Arbeitsstätte haben, also nur diejenigen, welche unter normalen Verhältnissen hier ihre Arbeit und ihren Unterhalt finden. Unverheiratete werden nur dann, wenn sie Ernährer ihrer Angehörigen sind, zuzulassen, Saisonarbeiter jedenfalls dann auszuschließen sein, wenn deren Lohn während der Arbeitsperiode so hoch bemessen ist, daß er auch für die Ruhezeit mit ausreicht.

2. Es ist daran festzuhalten, daß es sich bei diesen Notstandsarbeiten um eine ganz außergewöhnliche und vorübergehende Einrichtung handelt, welche behufs Vermeidung der Armenpflege eintritt und lediglich den Zweck verfolgt, den betr. Arbeiter über die Zeit der dringendsten Not hinwegzuhelfen.

Hieraus folgt zunächst, daß, wie bereits angedeutet, die Veranstaltung von Notstandsarbeiten – von ganz besonderen Fällen abgesehen – nur während der Winterzeit zu erfolgen hat, wo erfahrungsmäßig regelmäßige Arbeit schwerer zu finden ist und anderseits die Bedürfnisse gerade der ärmeren Bevölkerung naturgemäß zunehmen. Es wird ferner tunlichst zu vermeiden sein, regelmäßig jeden Winter derartige Notstandsarbeiten zu gewähren, vielmehr wird die Verwaltung nur bei einem Zusammentreffen wirtschaftlich besonders ungünstiger Verhältnisse einzugreifen haben, da sonst die Gefahr einer Gewöhnung der Arbeitgeber und der Arbeiter an diesen Zustand eintritt, welcher unter Umständen – wie oben angedeutet – zu einer unbeabsichtigten und ungerechtfertigten Lohnerleichterung der Arbeitgeber führen, für die Arbeiter aber einen Anlaß zu geringerer Sparsamkeit und Vorsorge während der besseren Jahres- und Arbeitszeit bieten kann. Überdies würde gerade eine regelmäßige Beschaffung von Notstandsarbeiten die obenerwähnte Gefahr begründen, daß die Ansammlung überschüssiger Arbeitskräfte am Ort durch auswärtigen Zuzug noch verstärkt und damit die Lage gerade der arbeitenden Bevölkerung verschlechtert wird.

3. Aus dem erwähnten Charakter der Notstandsarbeit folgt ferner, daß die Vergütung für dieselbe nicht wie der sonstige Arbeitslohn die gesamten (einmaligen und dauernden) Bedürfnisse zu befriedigen hat, sondern nur die Bestreitung des täglich nötigen Lebensunterhalts ermöglichen soll, demgemäß den ortsüblichen Tagelohn gewöhnlicher Handarbeiter in der Regel nicht erreichen darf. Dies ist auch um deswillen geboten, weil andernfalls das Interesse der Beschäftigten an der Aufsuchung anderer lohnender Arbeit allzusehr abgeschwächt werden würde. Anderseits wird bei Feststellung der Arbeitsbedingungen auch der Schein zu vermeiden sein, als sollten die Arbeiter durch niedrigen Lohn ausgebeutet werden. Es wird also bei strenger Überwachung der Arbeiter doch durch eine angemessene Beschränkung der Zahl der Arbeitsstunden, durch möglichste Erleichterung der Aufsuchung anderer Arbeit und durch humane Gestaltung der äußeren Arbeitsbedingungen dafür zu sorgen sein, daß die Arbeit, die nicht so lohnend wie die freiwillige sein darf, doch nicht als ungerechte Zwangsmaßregel gegen unverschuldet Arbeitslose empfunden werde."

Diese Ausführungen halten wir im allgemeinen auch heute noch für maßgebend. Die inzwischen gesammelten Erfahrungen machen es aber notwendig, diese grundsätzlichen Auffassungen nach einigen Teilen hin noch weiter zu präzisieren.

Zunächst ist die Stadt in gewissem Umfang in der Lage – und sie hat im vorigen Winter entsprechend gehandelt – in stiller Geschäftszeit Aufträge zu geben. Dies ist um so bedeutungsvoller, als gerade die in günstiger Zeit vom Staat und großen Verbänden gegebenen Aufträge in hervorragender Weise zu der überstürzten Ausdehnung der Betriebe Anlaß gegeben haben. Auch wenn gewisse Zinsverluste und andere Mehrausgaben durch Vorausbestellung Platz greifen, werden diese reichlich durch die allgemeinen Vorteile solchen Vorgehens aufgewogen.

[...] *Ablehnung einer besonderen Fürsorge für Saisonarbeiter.*

Was sodann die Erfahrungen des letzten Jahres, in welchem die Beschaffung von Arbeitsgelegenheit zur winterlichen Zeit in besonders weitem Umfang in die Wege geleitet war, betrifft, so bieten dieselben zunächst den Anlaß zu zwei Bemerkungen allgemeiner Art.

Erstens hat sich gezeigt, daß ein Zusammenarbeiten derjenigen Personen, welche sich als arbeitslos gemeldet haben und dann einem der technischen Ämter überwiesen waren, mit den ständigen Arbeitern dieser Ämter sich in keiner Weise bewährt hat. Allseitig ist darüber Klage geführt worden, daß diese mit ständigen Arbeiterkolonnen vermischten fremden Elemente störend, verlangsamend und verteuernd gewirkt haben. Man ist daher darin einig, daß, wenn die Notwendigkeit zu größerer Arbeitsbeschaffung für Arbeitslose hervortreten sollte, es dann notwendig ist, nach zwei verschiedenen Richtungen hin Fürsorge zu treffen. Einmal wird nämlich in möglichst ausgedehntem Umfang vermehrte Arbeitsgelegenheit zu schaffen und dabei zu bestimmen sein, daß – soweit angängig – nur hiesige oder hier dauernd beschäftigte Arbeiter von den mit städtischen Arbeitsaufträgen betrauten Unternehmern verwandt werden dürfen. Soweit aber hierdurch Arbeit nicht verschafft werden kann, insbesondere weil die Arbeitsuchenden zu diesen Arbeiten nicht qualifiziert sind, wird es notwendig sein, für diese Arbeitslosen ganz besondere Vorkehrungen zu treffen.

[...] *Ausführungen zum Kreis der in Frage kommenden Arbeiten.*

Zweitens hat die Erfahrung des letzten Winters wie in anderen Städten so auch hier von neuem und in verstärktem Maße gezeigt, daß unter den sich als arbeitslos Meldenden sich nicht lediglich Leute befinden, welche ernstlich arbeiten wollen, sondern daß in größerer oder geringerer Zahl darunter auch viele Leute sind, welche dauernde Arbeit überhaupt nicht suchen, vielmehr von der Hand in den Mund lebend, bald hier bald dort zeitweilig Arbeit übernehmen und infolge ihrer ganzen Lebensführung zu Ausschreitungen jederzeit geneigt sind. Es hat sich daher als notwendig herausgestellt, die Arbeitsgelegenheit so zu teilen, daß die Arbeitswilligen, ohne Gefahr der Störung durch die andern, für sich beschäftigt werden können, für letztere aber die Art der Arbeitsorganisation wesentlich straffer eingerichtet werden muß. Auch liegt kein Grund vor, die den letzteren gewährte Arbeitsgelegenheit nicht als Armenunterstützung zu charakterisieren, während nach wie vor an dem bisher befolgten Grundsatz festzuhalten sein wird, daß die Zuweisung von Arbeit für die Arbeitswilligen nicht als Armenunterstützung angesehen werden soll.[8]

Zum Schluß dieser Ausführungen ist nochmals darauf hinzuweisen, daß die von der Stadt im vorigen Jahre geübte Fürsorge nur ein Notbehelf gewesen ist und daß sie auch in den folgenden Jahren, falls sie wieder notwendig werden sollte, immer nur ein Notbehelf bleiben kann, daß es daher dringend erwünscht wäre, wenn anderweite Einrichtungen gefunden werden könnten, welche der Arbeitslosigkeit oder ihren Folgen in besserer und wirksamerer Weise entgegentreten.

Von verschiedenen Seiten ist in dieser Beziehung die Versicherung gegen Arbeitslosigkeit vorgeschlagen, und wir haben uns eingehend mit der Frage beschäftigt, ob es nicht angezeigt sei, hier von Stadt wegen einen Versuch mit der Schaffung solcher Versicherungseinrichtungen zu machen. Wir haben uns jedoch im Hinblick auf die noch im vollen Fluß befindliche Diskussion und den in keiner Weise ausgeglichenen Widerstreit der Meinungen nicht entschließen können, Vorschläge über Einführung einer Arbeitslosenversicherung in hiesiger Stadt zu machen. Irgendwelche Garantie für eine gedeihliche und den Opfern entsprechende Wirksamkeit einer solchen, welche nach Lage der Gesetzgebung nur fakultativ sein könnte, ist nach den anderweit gemachten Erfahrungen in keiner Weise gegeben. Auch ist wohl zu beachten, daß die bei Arbeitslosigkeit pro Tag zu zahlende Summe immer mehr oder weniger erheblich unter dem üblichen Tagelohn bleiben muß, wie dies u[nseres] W[issens] auch bei den Arbeitslosenunterstützungen aller Gewerkschaften der Fall ist.

Vielleicht noch wichtiger ist eine gedeihliche Lösung der Wohnfrage. Es ist nicht möglich, daß die Arbeiter ihren Winterunterhalt immer auch da finden, wo sie im Sommer beschäftigt werden. Wie zahlreiche andere Arbeiter ihren sommerlichen Verdienst nicht an ihren Wohnstätten finden, so müssen auch die Saisonarbeiter, welche im Sommer in den Städten arbeiten, damit rechnen, daß sie nicht das ganze Jahr hindurch in den Städten Arbeit finden können. Und da winterliche Beschäftigungslosigkeit [...] auf dem Lande im eigenen Besitztum viel leichter zu ertragen ist, so ist es von höchster Bedeutung, daß möglichst viele dieser nur zeitweilig in den Städten beschäftigten Arbeiter draußen in der Umgegend auf eigener Scholle wohnen. Die Wichtigkeit dieses Gesichtspunktes ist so groß, daß er auch an dieser Stelle noch einmal kurz gestreift werden mußte. Denn nichts wäre so verhängnisvoll als die durch städtische wenn auch noch so gutgemeinte Maßnahmen beförderte Zusammenziehung von Arbeitermassen in Städten, in denen sie dauernde Beschäftigung nicht finden können.

---

8 Im Hintergrund stand dabei vor allem der Umstand, daß mit dem Empfang von Armenunterstützung der Entzug des Wahlrechts verbunden war.

Die in vorstehendem entwickelten Gesichtspunkte haben den Magistrat dahin geführt, für den laufenden Winter folgende Maßnahmen – jedoch lediglich als Ausnahmemaßregeln – vorzubereiten.

1. Zunächst galt es, in möglichst ausgedehntem Umfang Arbeitsgelegenheit mit der Maßgabe zu gewähren, daß die von der Stadt mit Arbeitsaufträgen betrauten Unternehmer – soweit angängig – nur hiesige oder hier regelmäßig beschäftigte Arbeiter verwenden dürfen.

Diese Form der Beschäftigung hat folgende außerordentlich große Vorteile: Die Arbeit erscheint nicht als Notstandsarbeit, behält vielmehr völlig die Eigenschaft freier Arbeit und gewährt deshalb auch den vollen üblichen Lohn. Zugleich behält der Arbeiter die Gewöhnung, selbst für die Erlangung von Arbeit zu sorgen und sich nicht auf die Stadt zu verlassen.

Es ist dies ferner der einzige Weg, um den gelernten Arbeitern in ihrem Fach, soweit tunlich, Arbeit zu verschaffen.

Den einzelnen Ämtern stehen zu diesem Zweck in ihren Etats bereits erhebliche Mittel zur Verfügung, deren Verwendung vorsorglich bis zum Winter hinausgeschoben ist; andere zusätzliche Kredite sind nachträglich bewilligt oder beantragt.

[...] *Ausführungen zu den im einzelnen vorgesehenen Arbeiten.*

Wir haben jedoch

2. auch eigentliche Notstandsarbeiten vorgesehen, und zwar Erdarbeiten für 40 000 M. (Herstellung von Baumlöchern und Anlagen auf dem Hohenzollernplatz sowie Steinschlägerarbeiten, letztere besonders für die Frostzeit).

Da diese Arbeiten, wie gesagt, nach den Erfahrungen aller Städte sehr unwirtschaftlich sind, indem für die als Arbeitsvergütung gezahlten Summen unverhältnismäßig geringe Werte geschaffen werden, so stellen sich diese Arbeiten in Wirklichkeit zu einem großen Teil als Unterstützungen dar, welche aus Steuermitteln zu dem besonderen Zweck aufgewandt werden, um die hierdurch beschäftigten Arbeiter vor der politisch und moralisch nachteiligen Armenfürsorge zu bewahren. Eben deshalb aber ergibt sich die Pflicht, diese Arbeiten tunlichst zu beschränken und sie nur denen zugänglich zu machen, deren Bewahrung vor der Armenpflege durch besondere Gründe gerechtfertigt erscheint. Eine strenge Ausschließung arbeitsunlustiger Elemente ist zudem gerade im Interesse der Arbeitswilligen geboten, um das allgemeine Niveau der Notstandsarbeiter tunlichst hochzuhalten. Neben diesen sogen[annten] Notstandsarbeiten sind daher

3. auch andere Arbeiten als Form der öffentlichen Armenunterstützung vorgesehen, nämlich Holz- und Steinschlägerarbeiten sowie häusliche Arbeiten auf dem Sandhof.

[...] *Es folgen Ausführungen über die Gründe, warum von der Einsetzung einer Notstandskommission, wie von den Sozialdemokraten beantragt, ebenso wie von der Durchführung einer Arbeitslosenzählung abgesehen werden soll.*

Nr. 106

1902 November 15

Bericht[1] des zweiten Vorsitzenden der Armendeputation Fritz de Greiff[2] an den Krefelder Oberbürgermeister Ernst Küper[3]

Ausfertigung

[Ein Bedürfnis, Frauen als Armenpflegerinnen einzusetzen, besteht nicht, die Folge würden noch höhere finanzielle Aufwendungen sein]

Die städtische Armendeputation kann bei den hierorts bestehenden Einrichtungen ein Bedürfnis für die Zuhilfenahme weiblicher Personen für unsere städtische Armenpflege nicht anerkennen.

Der hiesige Zweigverein des Vaterländischen Frauenvereins entwickelt seine Hauptttätigkeit statutgemäß im engsten Anschluß an unsere städtische Armenpflege; er unterstützt selbständig und über die für die städtische Armenpflege erlaubten Sätze hinaus und greift helfend auch sonst immer mit ein, wenn seine Hilfe seitens eines Armenpflegers angerufen wird.

Die Zahl der Fälle, in welchen materielle Unterstützung seitens des Vaterländischen Frauenvereins in den letzten Jahren gewährt wurde, belief sich:

1898 auf 404,
1899 auf 392,
1900 auf 360,
1901 auf 467 Fälle.

Der hiesige Frauenverein für Wöchnerinnen unterstützt durch Zuwendung von Speise und Bekleidungsstücken in Wochenbettfällen und läßt, wo es ihm nötig erscheint, Pflegedienste durch geeignete Personen für Wöchnerin und Haus eintreten.

Wenn wir nun auch nicht verkennen wollen, daß es trotz der Tätigkeit obengenannter Vereine doch noch manche Fälle in unserer Armenpflege immer geben wird, in denen ein fortgesetztes Eingreifen und Kontrollieren einer in Armenverhältnissen erfahrenen Frau gewiß von segensreichen Folgen begleitet sein würde, so glauben wir trotzdem heute noch, von der Einführung von Armenpflegerinnen in unserer städtischen Armenpflege abraten zu müssen und erst dann dieser Frage vielleicht näherzutreten, wenn sich die städtische Armendeputation darüber Klarheit verschafft haben wird, aus welchen Gründen unsere städtische Armenpflege – im Vergleich zu anderen Städten, wir nennen hierbei in erster Linie Elberfeld – einer so besonders hohen Unterstützungssumme in der offenen Armenpflege gegenübersteht.

---

[1] Stadtarchiv Krefeld Bestand 4 Nr.678, n. fol.
Der Düsseldorfer Regierungspräsident Hans Dietrich von Holleuffer hatte in einem Runderlaß vom 9.7.1902 die Landräte sowie Oberbürgermeister und Bürgermeister der Stadtkreise ersucht, sich möglichst für die Verwendung von Frauen in den Armenkommissionen und als Armen- und Waisenpflegerinnen einzusetzen sowie Bericht über diese Angelegenheit zu erstatten. Oberbürgermeister Ernst Küper hatte die Armendeputation daraufhin am 14.7.1902 gebeten, darüber zu berichten (Stadtarchiv Krefeld Bestand 4 Nr.678, n. fol.).

[2] Fritz de Greiff (1839-1915), Bankier, seit 1893 zweiter Vorsitzender der Krefelder Armendeputation, seit 1884 unbesoldeter Beigeordneter.

[3] Ernst Küper (1835-1913), Jurist, seit 1882 Oberbürgermeister von Krefeld.

Diese Frage muß für uns erst gelöst und außerdem die Unterstützung in normalere Bahn zurückgeleitet sein; denn zweifellos für uns ist, daß der Eintritt von Armenpflegerinnen in unsere städtische Armenpflege unbedingt noch höhere Ansprüche an die städtische Armenpflege zeitigen wird.

Ein Bedürfnis für die Heranziehung weiblicher Kräfte für die hiesige Waisenpflege liegt u[nseres] E[rachtens] nicht vor.[4]

Nr. 107

1902 November 18

Runderlaß[1] des preußischen Innenministers Hans Freiherr von Hammerstein-Loxten und des Handelsministers Theodor Möller an die Regierungspräsidenten

Druck

[Die kommunalen und paritätischen Arbeitsnachweise müssen auch auf die mittleren Städte ausgedehnt werden; sie sollen mit den übrigen Nachweisen in engere Fühlung treten; insbesondere die Facharbeiternachweise sind den allgemeinen Nachweisen anzugliedern]

Seit dem Erlaß vom 8. März 1898 (M[inisterial-]Bl[att] f[ür] d[ie] ges[ammte] i[nnere] V[erwaltung in den Königlich Preußischen Staaten] 1898, S. 77)[2] haben von den preußischen Großstädten mit mehr als 100000 Einwohnern fünf weitere, nämlich Magdeburg, Stettin, Charlottenburg, Königsberg und Kassel, kommunale Arbeitsnachweisestellen, die unter gleichmäßiger Beteiligung von Arbeitgebern und Arbeitern verwaltet werden, neu errichtet. In Posen und Essen sind die bisher von einem Verein betriebenen Arbeitsvermittlungsstellen neuerdings in städtische Verwaltung übergegangen, wobei für die städtische Arbeitsnachweisestelle in Essen eine besondere Verwaltungsdeputation gebildet worden ist, der außer dem Oberbürgermeister oder dem von ihm bestimmten Beigeordneten als Vorsitzenden je vier Vertreter der Arbeitgeber und der Arbeiter sowie vier Bürger, die weder Arbeitgeber noch Arbeitnehmer sind, angehören. In Barmen ist im verflossenen Jahr eine Verbandsarbeitsnachweisestelle mit paritätischer Verwaltung errichtet, deren Kosten neben Zuschüssen der Handelskammer und des Bergischen Vereins für Gemeinwohl[3] die Stadtgemeinde trägt. In Danzig wird die im vorigen Jahre geschaffene

---

[4] Oberbürgermeister Küper berichtete in diesem Sinne am 20.11.1902 an den Regierungspräsidenten; er betonte zwar, daß er selbst es als erwünscht und nützlich ansah, Frauen in der Armenpflege heranzuziehen, schloß sich aber aus den im Bericht der Armendeputation genannten Gründen doch dem Wunsch an, derzeit davon abzusehen (Stadtarchiv Krefeld Bestand 4 Nr.678, n.fol.).

[1] Ministerial-Blatt für die gesammte innere Verwaltung in den Königlich Preußischen Staaten 1902, S. 224f.

[2] Nr. 70.

[3] Der 1885 von Industriellen und Beamten aus dem Raum Elberfeld, Barmen, Solingen und Remscheid gegründete Bergische Verein für Gemeinwohl ging auf eine Anregung des Düsseldorfer Regierungspräsidenten Hans Freiherr von Berlepsch zurück. Vorsitzender

städtische Arbeitsvermittlungsstelle einstweilen in der bisherigen Weise weitergeführt; die Beschlußfassung über die endgültige Gestaltung der Stelle ist zunächst ausgesetzt. Wegen der Errichtung eines paritätisch verwalteten städtischen oder Verbandsarbeitsnachweises in den Städten Hannover, Altona und Düsseldorf, die von den staatlichen Aufsichtsbehörden erneut angeregt worden ist, sind die Verhandlungen gleichfalls noch nicht abgeschlossen.

Nachdem somit für die überwiegende Mehrzahl der preußischen Großstädte das in dem Erlaß vom 8. März 1898 bezeichnete Ziel erreicht ist oder seine Verwirklichung doch in absehbarer Zeit erwartet werden darf, erscheint es angezeigt, wiederholt in Erwägungen darüber einzutreten, inwieweit auch für diejenigen mittleren Städte mit 100 000 bis 20 000 Einwohnern, welche noch keine leistungsfähige, nicht gewerbsmäßige Arbeitsvermittlungsstelle besitzen, eine solche ins Leben zu rufen sein wird. Daß auch in diesen Städten, namentlich soweit sie ein reger entwickeltes gewerbliches Leben aufweisen, vielfach ein Bedürfnis nach einer besseren Ausgestaltung des Arbeitsnachweiswesens besteht und sich für einen gut eingerichteten und zweckmäßig verwalteten öffentlichen Arbeitsnachweis ein umfangreiches Feld der Tätigkeit gewinnen läßt, kann nach den bisherigen Erfahrungen nicht wohl bezweifelt werden. In dieser Beziehung kommt in Betracht, daß der Arbeitsmarkt an solchen Orten häufig gleichfalls wenig übersichtlich ist, daß für die ungelernten Arbeiter sowie für einen nicht unerheblichen Teil auch der gelernten Arbeiter eine organisierte Arbeitsvermittlung so gut wie völlig fehlt und diese daher fast ausschließlich auf die Umschau und das Zeitungsinserat mit ihren von den Arbeitnehmern schwer empfundenen Mängeln angewiesen sind, daß die gewerbsmäßige Stellenvermittlung, soweit sie sich für die einzelnen Berufe überhaupt findet, mancherlei Mißstände aufweist und daß auch der genossenschaftliche Arbeitsnachweis häufig nur einen Bruchteil der in Frage kommenden Personen umfaßt und vielfach infolge seiner Zersplitterung wenig wirksam ist. Ferner bleibt zu beachten, daß die nicht gewerbsmäßigen allgemeinen Arbeitsnachweisestellen, wie die an vielen Orten gemachten günstigen Erfahrungen zeigen, bei geeigneter Einrichtung sehr wohl imstande sind, auch die Vermittlung gelernter Arbeitskräfte mit Erfolg zu betreiben. Ein dankenswertes Feld der Tätigkeit bietet sich für solche Nachweisestellen namentlich auch in der Vermittlung hauswirtschaftlicher Arbeitskräfte, insbesondere von Dienstboten, die sich überall dort, wo sie bisher eingerichtet ist, als eine wertvolle Ergänzung des gegen die bestehenden Mißstände auf dem Gebiet der Gesindevermittlung gerichteten repressiven Vorgehens erwiesen hat. Welche erfolgreiche Tätigkeit nicht gewerbsmäßige allgemeine Vermittlungsstellen selbst in Mittelstädten von geringerer Einwohnerzahl zu entfalten vermögen, zeigen u. a. die in der letzten Übersicht über die in Preußen vorhandenen kommunalen oder mit kommunaler Unterstützung betriebenen Allgemeinen Arbeitsnachweisestellen (Beilage zu Nr. 13 des Ministerial-Blatts der Handels- und Gewerbe-Verwaltung vom 25. Juni d. J.) mitgeteilten Ergebnisse der Vermittlungsstellen zu Göttingen und Quedlinburg. Danach betrug im Jahr 1901

war der Elberfelder Textilfabrikbesitzer Dr. Abraham Frowein. Der Verein setzte sich zum Ziel, das Wohl der arbeitenden Klassen zu fördern, das Verhältnis der Arbeiter zu den Arbeitgebern zu verbessern und Bestrebungen, die den sozialen Frieden gefährdeten, zu bekämpfen.

	Die Zahl der Gesuche		der
	der Arbeitgeber	der Arbeitnehmer	vermittelten Stellen
bei der Arbeitsnachweisestelle zu Göttingen	3925	6432	2738
bei der Arbeitsnachweisestelle zu Quedlinburg	2815	3644	2256

Im Interesse einer zweckdienlichen Wirksamkeit sowohl der neu zu errichtenden wie der bereits bestehenden allgemeinen Arbeitsnachweisestellen wird neben der Wahl einer geeigneten Geschäftstelle an günstiger Lage und einer zweckmäßigen, die volle Unparteilichkeit der Vermittlungsstelle gewährleistenden Gestaltung der äußeren und inneren Organisation, worauf bereits in dem Erlaß vom 8. März 1898 hingewiesen worden ist, namentlich darauf Gewicht zu legen sein, daß die kommunalen oder Verbandsnachweisestellen mit den übrigen an demselben Ort bestehenden, nicht gewerbsmäßigen Arbeitsvermittlungsstellen, insbesondere den Facharbeitsnachweisen der Arbeitgeber und Arbeiter, in tunlichst enge Fühlung treten, damit auf die einfachste und schnellste Weise im Wege telefonischer Verständigung Überschuß und Mangel an Stellenangeboten und Arbeitsgesuchen ausgeglichen werden können. Am erfolgreichsten wird sich die Tätigkeit der öffentlichen Vermittlungsstellen dann gestalten, wenn es gelingt, über die regelmäßige Mitteilung der offenen Stellen und unerledigten Arbeitsgesuche hinaus eine engere Angliederung der Facharbeitsnachweise an die allgemeine Nachweisestelle herbeizuführen, wodurch zugleich eine wesentliche Ersparnis an Zeit, Mühe und Geld erzielt wird, welche sonst für die Facharbeitsnachweise – und zwar vielfach nicht im Einklang mit dem Umfang der Vermittlungstätigkeit –, aufgewendet werden müssen. In einzelnen größeren und mittleren Städten haben insbesondere auch die Innungen bereits mit Erfolg ihre Stellenvermittlung den allgemeinen Arbeitsnachweisestellen übertragen. Die engere Angliederung der Facharbeitsnachweise an die allgemeinen Nachweisestellen kann sowohl in der namentlich für größere Städte geeigneten Weise erfolgen, daß jene als gesonderte Abteilung mit einem besonderen fachmännischen Leiter an die Vermittlungsstelle angeschlossen werden als auch in der Weise, daß diese die Verwaltung des Facharbeitsnachweises durch ihre vorhandenen Kräfte mit übernimmt. Nach den bisherigen Erfahrungen darf angenommen werden, daß bei passender Auswahl der mit der Verwaltung der Nachweisestelle betrauten Persönlichkeit, geeigneter Geschäftsverteilung unter den ihm etwa beigegebenen Hilfskräften und zweckmäßiger Gestaltung der Meldeformulare die Verwaltung des Facharbeitsnachweises durch die allgemeinen Arbeitsnachweisestellen allen berechtigten Ansprüchen der Beteiligten gerecht werden wird. Der Einfluß der beteiligten Berufskreise auf die Verwaltung des Facharbeitsnachweises kann dabei, soweit er sich nicht schon durch die Zusammensetzung der für den allgemeinen Arbeitsnachweis eingesetzten Verwaltungskommission herbeiführen läßt, erforderlichenfalls in der Weise erreicht werden, daß zur Beaufsichtigung ein besonderer, aus einer gleichen Zahl von Arbeitgebern und Arbeitern des Gewerbes unter einem unparteiischen Vorsitzenden gebildeter Ausschuß eingesetzt wird. Als Vorsitzender wird zweckmäßigerweise der mit der Leitung der allgemeinen Nachweisestelle betraute Unparteiische in Aussicht zu nehmen sein. Bei Übertragung des Arbeitsnachweises durch die Innungen wird die Aufsicht durch die gesetzlichen Innungsorgane in der Regel ausreichen. Für eine umfassende Inanspruchnahme der allgemeinen Arbeitsnachweisestellen ist ferner von Wichtigkeit, daß die beteiligten Kreise fortdauernd auf die Tätigkeit der Stellen und ihre Vorteile aufmerksam gemacht und insbesondere die größeren Arbeitgeber nach Möglichkeit veranlaßt werden, sich ebenso wie die staatlichen und Gemeindebehörden in Bedarfsfällen der Nachweisestellen zu bedienen. Hinsichtlich der besonderen Gesichtspunkte, die bei der Vermittlung von weiblichen Personen und Dienstboten zu beachten sind, verweisen wir auf die beachtenswerten Verhandlungen auf der zweiten Verbandsversammlung und Arbeitsnachweiskonferenz des Verbands Deutscher Arbeitsnachweise (Schriften des Verbandes Deutscher Arbeitsnachweise Nr. 3, Seite 11 bis 49).[4]

Wir ersuchen Sie, der weiteren Ausgestaltung des Arbeitsnachweises in Ihrem Bezirk hiernach fortdauernd Ihre gesamte Aufmerksamkeit zu widmen und uns über den Erfolg Ihrer Bemühungen zum 1. November k[ommenden] Jahres zu berichten. Den Bericht wollen Sie mir, dem Minister für Handel und Gewerbe, einreichen.

Nr. 108

1903 April

Ausgefüllter Fragebogen[1] des Leipziger Armendezernenten Dr. Johannes Karl Weber für den Direktor des Hamburger öffentlichen Armenwesens Dr. Adolf Buehl

Abschrift

[Informationen zum Armenhaus Leipzig-Connewitz]

1. Welche Zweckbestimmung hat die Anstalt? Welche verschiedenen Abteilungen bestehen innerhalb derselben, und für welche Kategorien von Hilfsbedürftigen sind dieselben bestimmt?	***Die Anstalt[2] soll Personen aufnehmen, die infolge von Alter oder körperlicher Schwäche für ihren Unterhalt oder ihr Unterkommen nicht oder nicht genügend sorgen können und auch von ihren Angehörigen hierbei nicht oder nicht genügend unterstützt werden können. Im Unterschied von dem Versorghaus in L*[eipzig]*-Eutritzsch[3] werden nach Connewitz hauptsächlich Personen gewiesen, die wegen***

4 Zweite Verbandsversammlung und Arbeitsnachweiskonferenz vom 23. bis 26. September 1900 in Köln (Schriften des Verbandes Deutscher Arbeitsnachweise, Heft 3), Berlin 1901.

1 Stadtarchiv Leipzig AFSA Nr.1423, fol. 19-20 Rs.

2 Der Direktor des öffentlichen Armenwesens in Hamburg Dr. Adolf Buehl hatte zur Vorbereitung eines Berichts über die geschlossene Armenpflege auf der Jahresversammlung des Deutschen Vereins für Armenpflege und Wohltätigkeit im Jahr 1903 Fragebogen versandt (Buehl war seit 1899 Mitglied des Deutschen Vereins). Das Leipziger Armenamt hatte den Fragebogen sowohl für das Armenhaus Leipzig-Connewitz wie auch für das Armenhaus Leipzig-Eutritzsch ausgefüllt (vgl. Nr. 109). Connewitz war 1891 in die Stadt Leipzig eingemeindet worden. Das dortige Armenhaus bestand seit 1886/87.

3 Vgl. Nr. 109.

	ihrer Vergangenheit (Trunksucht, Vagabundieren usw.) Bedenken erregen, oder solche Genesende aus dem Pfleghaus (Armenkrankenhaus), die wieder an Arbeit gewöhnt werden sollen. Es werden fast nur Männer in Connewitz verpflegt. Frauen gehören nur zu den Insassen, um die hauswirtschaftlichen Arbeiten versorgen zu können.
2. Wie groß war im letzten Jahr die Zahl der Insassen in der Anstalt bzw. in den einzelnen Abteilungen?	*160.*
3. Unter welchen Voraussetzungen erfolgt die Verweisung (Aufnahme) in die geschlossene Pflege, und durch welches Organ des Armenverbands wird sie angeordnet?	*Die Aufnahme erfolgt 1. durch Überweisung der Genesenen aus den Pfleghäusern, 2. auf Antrag der Armendistrikte, 3. durch Überweisung von Personen, die sich obdachlos oder mittellos auf dem Armenamt melden, soweit nicht für sie eine andere Versorgung – Exmittiertenhaus, Zwangsarbeitsanstalt[4] – in Frage kommt. Die Aufnahme beschließt das Armendirektorium. Tatsächlich ordnet aber der Vorsteher die Aufnahme an und stellt den Aufnahmeschein für die Verwaltung aus.*
4. Können statistische Mitteilungen über die Ursache des Eintritts der geschlossenen Pflege gemacht werden?	*Nein.*
Ist der Prozentsatz der aufgenommenen Alkoholiker ermittelt?	*Nein. Die Ursachen des Eintritts in geschlossene Pflege lassen sich in wenigen Fällen einheitlich ermitteln. Alkoholiker bilden einen hohen Prozentsatz der Insassen.*
5. Wird darauf hingewirkt, daß die Anstaltspflege baldtunlichst wieder in Fortfall kommt? Besteht insbesondere eine Kontrolle hinsichtlich der Fortdauer der Hilfsbedürftigkeit der nicht dauernd erwerbsunfähigen Insassen? Welche besonderen Einrichtungen sind etwa getroffen, um den noch arbeitsfähigen Insassen ein Fortkommen außerhalb der Anstalt zu ermöglichen? (z. B. Vermittlung von Landarbeit)	*Ja. Die Insassen werden von Zeit zu Zeit dem Anstaltsarzt vorgestellt, der ihre Erwerbsfähigkeit prüft. Sind sie für erwerbsfähig erklärt worden, stellt ihnen die Verwaltung eine Frist, innerhalb deren sie sich Arbeit zu suchen haben, geht ihnen auch mit Rat und Weisung dabei zur Hand. Zeigen sie sich säumig im Suchen nach Arbeit oder nehmen sie ihnen gebotene Arbeit nicht an, werden sie dem Armenamt zur Anzeige gebracht, das nötigenfalls sie nach der Zwangsarbeitsanstalt überweist. Die Verwaltung ist angewiesen, Angebot von Arbeit für Insassen, das an sie herantritt, zu prüfen, vermittelt auch in beschränktem Umfang Landarbeit.*

4 Seit 1872 diente in Leipzig das St. Georgenhaus dem Rat der Stadt als städtische Zwangsarbeitsanstalt; vgl. Nr. 45 Bd. 7 der II. Abteilung dieser Quellensammlung.

6. Erfolgt die Entlassung nur auf Antrag des Insassen selbst oder auch auf Anordnung der Armenbehörde, wenn diese die Fortdauer der Anstaltspflege nicht mehr für notwendig erachtet? Wer hat über den Entlassungsantrag zu entscheiden? Ist demselben sogleich zu entsprechen, oder darf unter gewissen Voraussetzungen (evtl. welchen?) dem darum nachsuchenden geschäftsfähigen Insassen die Entlassung verweigert werden?	*Die Entlassung erfolgt 1. auf Antrag der Insassen. Dem Antrag des Insassen wird sofort entsprochen, wenn weder vom Anstaltsarzt noch vom Amt Bedenken vorliegen. Die Entlassung geschieht aber 2. durch Ausweisung seitens des Armenamts auf Antrag des Vorstehers, wenn der Grund der Unterbringung in geschlossener Pflege weggefallen ist.*
7. Besteht in den den Zwecken der öffentlichen Armenpflege dienenden Anstalten die Möglichkeit, bei Ehepaaren von einer Trennung nach Geschlechtern abzusehen?	*In einzelnen kleinen Stübchen werden Ehepaare untergebracht. Trennung von Ehepaaren wird vermieden.*
8. Nach welchen Grundsätzen erfolgt innerhalb der Anstalt die Individualisierung der Insassen? Wird insbesondere bei der Verteilung auf die einzelnen Abteilungen oder Räume nur die Arbeitsfähigkeit oder daneben auch die Würdigkeit (Vorleben, Führung in der Anstalt) berücksichtigt?	*Die Anstalt hat größere Schlafräume – Schlafsäle und eine Reihe zwei- oder einfenstriger Stübchen. In den Sälen werden die Elemente untergebracht, die einer genaueren Aufsicht bedürfen, in den Stübchen die zuverlässigeren Insassen. Verlegung in einen Schlafsaal ist Strafe, Gewährung des Aufenthalts in einem Stübchen Belohnung.*
9. Sind außer den Schlafräumen besondere Tagesräume vorhanden? Wie stark sind die einzelnen Schlafräume belegt? Wieviel cbm Luftraum entfallen in den Schlaf- bzw. Tagesräumen auf den einzelnen Insassen?	*Neben den Schlafsälen sind Arbeitsräume, Tagesräume vorhanden.*
10. Bestehen für die Bespeisung der Insassen bestimmte Grundsätze (oder feste Kostformen) und welche? Wer entscheidet über ihre Festsetzung und Anwendung? Haben die Insassen die Möglichkeit, sich Zusatznahrungsmittel zu verschaffen und aus welchen Mitteln?	*Es besteht eine genaue Kostordnung. Den Speisezettel bestimmt der Vorsteher.* *Die Insassen können sich von ihrem Arbeitsverdienst, von Legaten usw. Zusätze zur Kost verschaffen.*
11. Tragen die Insassen ihre eigene Kleidung, oder ist Anstaltskleidung vorgeschrieben?	*Die Insassen tragen im wesentlichen eigene Kleidung. Alte Männer, die an Blasen- oder Mastdarmschwäche leiden, erhalten waschbare Beinkleider von der Anstalt.*
12. Werden die arbeitsfähigen Insassen regelmäßig beschäftigt? Welche Arbeitsbetriebe sind eingerichtet? Findet auch sog[enannte] Außenarbeit statt?	*Die arbeitsfähigen Insassen werden regelmäßig beschäftigt – natürlich soweit Arbeit vorhanden ist. Sie kleben Tüten, legen Makulatur auseinander, zupfen Mako, entwirren Stricke usw. Je nach Fähigkeit und Arbeitsangebot*

	will man die Arbeit der Individualität anpassen. Gelegenheitsarbeiten werden auch außerhalb des Hauses von geeigneten Leuten verrichtet.
13. Wird von den beschäftigten Insassen eine bestimmte Mindestleistung (Arbeitspensum) gefordert?	*Nein. Im allgemeinen wird nur auf entsprechenden Fleiß gesehen und Trägheit getadelt.*
14. Wie groß ist die Zahl der in den einzelnen Arbeitszweigen beschäftigten Insassen?	–
15. Wird nur für Anstaltszwecke oder auch für andere städtische Zwekke bzw. für Privatunternehmer, denen die Arbeitskräfte der Insassen verdungen sind, gearbeitet? Welche finanziellen Ergebnisse werden in den einzelnen Betrieben erzielt?	*Die Insassen besorgen Arbeiten für das Armenamt, Möbelräumen usw.*
16. Erhalten die Insassen einen gewissen Anteil am Ertrag ihrer Arbeit (Arbeitsprämie)? Wie hoch ist dieser Anteil bemessen, und steht dem Insassen darüber die freie Verfügung zu?	*Die Insassen erhalten ¾ ihres Arbeitsverdienstes, ¼ geht in die Kasse der Anstalt. Über diese ¾ ihres Verdienstes haben die Insassen insoweit freie Verfügung, als sie sich Zusätze zur Kost verschaffen dürfen – Alkohol ist ausgeschlossen. Auch zu Kleidung usw. kann das Geld verwendet werden. Mehr wie 3 M. hat der Insasse nicht in der Hand. Das übrige verwahrt die Verwaltung. Der Insasse hat ein von der Verwaltung zu ergänzendes Rechnungsbuch über seine Mittel in der Hand. Beim Ausscheiden aus der Anstalt wird ihm der Rest ausgezahlt.*
17. Wem liegt die obere Leitung der Anstalt und wem die laufende Anstaltsverwaltung ob? Welcher Einfluß ist etwa dem ehrenamtlich tätigen bürgerlichen Element eingeräumt?	*Die obere Leitung der Anstalt liegt in der Hand des Armendirektoriums u*[nd] *d*[es] *Leiters des Armenamts II, die laufende Verwaltung führt im Ehrenamt ein Mitglied des Armendirektoriums als Vorsteher.*
18. Wer übt die Disziplinargewalt über die Insassen aus, und welche Strafmittel gelangen zur Anwendung?	*1. der Verwalter, 2. der Vorsteher, 3. der Leiter des Armenamts II.* *Strafmittel: 1. Verweis und Rüge, 2. Entziehung des Ausgangs, 3. Entziehung der 1. Kostklasse, 4. Arrest, 5. Versetzung nach der Zwangsarb*[eit]*sanstalt.*
19. Ist ein eigener Anstaltsarzt vorhanden, oder wird die ärztliche Versorgung der Insassen nebenamtlich wahrgenommen? Wie hoch ist das Arzthonorar bemessen?	*Der Anstaltsarzt übt seine Tätigkeit im Nebenamt aus und erhält jährlich 500 M.*
20. Ist geschultes Wärterpersonal angestellt, bzw. in welchem Umfang	*Kranke oder schwerere Fälle von Siechtum werden im Pfleghaus behandelt. Der Wärter-*

finden Insassen im Wärterdienst Verwendung?	*dienst wird von Insassen besorgt.*
Ist für Sieche die sog. „Schwesternpflege“ eingeführt?	–
21. Finden auch sog. Selbstzahler (Pensionäre) Aufnahme und evtl. gegen welchen Verpflegungssatz?	*Selbstzahler kommen ins Versorghaus.*
22. Welche besonderen Bestimmungen bestehen etwa in betreff minderjähriger Pfleglinge?	–
23. Wie hoch stellten sich die reinen Verpflegungskosten im Tagesdurchschnitt des letzten Jahres?	*Beköstigung 0,38 M.,* *Gesamtaufwand für die Insassen 0,55 M.,* *der Anstalt 0,70 M.* *(Mietzins, Amortis*[ation] *od*[er] *dergl*[eichen] *nicht berechnet.)*
24. Erfolgt in geeigneten Fällen eine Unterbringung einzelner Insassen außerhalb der Anstalt in sog. Kostpflege? Auf dem Lande oder auch in der Stadt? Wie hoch stellt sich der Kostgeldsatz, und welche Erfahrungen sind mit dieser Form der Fürsorge gemacht?	*Nein.*
25. Welche größeren, von der kirchlichen oder privaten Wohltätigkeit unterhaltenen Altersversorgungshäuser, Stifte, Siechenhäuser u. dgl. für würdige Arme sind dort vorhanden? Wird die öffentliche Armenpflege durch diese Anstalten wesentlich entlastet? Besteht für die öffentliche Armenpflege die Möglichkeit, besonders würdige Hilfsbedürftige dort unterzubringen und evtl. gegen welchen Verpflegungssatz?	–

Nr. 109

1903 April

Ausgefüllter Fragebogen[1] des Leipziger Armendezernenten Dr. Johannes Karl Weber für den Direktor des Hamburger öffentlichen Armenwesens Dr. Adolf Buehl

Abschrift

[Informationen zum Armenhaus Leipzig-Eutritzsch]

1. Welche Zweckbestimmung hat die Anstalt[2]? Welche verschiedenen Abteilungen bestehen innerhalb derselben, und für welche Kategorien von Hilfsbedürftigen sind dieselben bestimmt?	***Es sollen Personen aufgenommen werden, die infolge von Alter und körperlicher Schwäche für Unterkommen und Unterhalt nicht oder nicht genügend zu sorgen imstande sind und auch von ihren Angehörigen hierbei nicht oder nicht genügend unterstützt werden können. Abteilungen bestehen nicht.***
2. Wie groß war im letzten Jahr die Zahl der Insassen in der Anstalt bzw. in den einzelnen Abteilungen?	***Im Durchschnitt 91 Insassen.***
3. Unter welchen Voraussetzungen erfolgt die Verweisung (Aufnahme) in die geschlossene Pflege, und durch welches Organ des Armenverbands wird sie angeordnet?	***Antrag auf Aufnahme stellt die Person selbst beim Armenamt, Abteilung II., oder der betr***[effende] ***Armendistrikt. Aufnahme beschließt das Armendirektorium.***
4. Können statistische Mitteilungen über die Ursache des Eintritts der geschlossenen Pflege gemacht werden? Ist der Prozentsatz der aufgenommenen Alkoholiker ermittelt?	***Nein.***
5. Wird darauf hingewirkt, daß die Anstaltspflege baldtunlichst wieder in Fortfall kommt? Besteht insbesondere eine Kontrolle hinsichtlich der Fortdauer der Hilfsbedürftigkeit der nicht dauernd erwerbsunfähigen Insassen? Welche besonderen Einrichtungen sind etwa getroffen, um den noch arbeitsfähigen Insassen ein Fortkommen außerhalb der Anstalt zu ermöglichen? (z. B. Vermittlung von Landarbeit)	***Das Versorghaus ist im wesentlichen zur Aufnahme von Personen bestimmt, die dauernd untergebracht werden müssen.***
6. Erfolgt die Entlassung nur auf Antrag des Insassen selbst oder auch	***Die Entlassung kann erfolgen auf Antrag des Insassen oder Anordnung der Armenbehörde.***

[1] Stadtarchiv Leipzig AFSA Nr.1423, fol. 21-22 Rs.

[2] Zum Kontext vgl. Nr. 108. Eutritzsch war 1890 in die Stadt Leipzig eingemeindet worden. Das dortige Armenhaus bestand seit Mitte der achtziger Jahre des 19. Jahrhunderts.

auf Anordnung der Armenbehörde, wenn diese die Fortdauer der Anstaltspflege nicht mehr für notwendig erachtet? Wer hat über den Entlassungsantrag zu entscheiden? Ist demselben sogleich zu entsprechen, oder darf unter gewissen Voraussetzungen (evtl. welchen?) dem darum nachsuchenden geschäftsfähigen Insassen die Entlassung verweigert werden?	***Im ersten Fall entscheidet der Vorsteher der Anstalt, im letzten Fall der Dezernent des Armenwesens, nötigenfalls nach Gehör des Armendirektoriums.***
7. Besteht in den den Zwecken der öffentlichen Armenpflege dienenden Anstalten die Möglichkeit, bei Ehepaaren von einer Trennung nach Geschlechtern abzusehen?	***Ehepaare bewohnen ein gemeinsames Stübchen.***
8. Nach welchen Grundsätzen erfolgt innerhalb der Anstalt die Individualisierung der Insassen? Wird insbesondere bei der Verteilung auf die einzelnen Abteilungen oder Räume nur die Arbeitsfähigkeit oder daneben auch die Würdigkeit (Vorleben, Führung in der Anstalt) berücksichtigt?	***Bei der Aufnahme ins Versorghaus wird das Vorleben berücksichtigt. Es werden nur bessere Arme aufgenommen.***
9. Sind außer den Schlafräumen besondere Tagesräume vorhanden? Wie stark sind die einzelnen Schlafräume belegt? Wieviel cbm Luftraum entfallen in den Schlaf- bzw. Tagesräumen auf den einzelnen Insassen?	***Tageräume sind nicht vorhanden. Je eine oder zwei Personen bewohnen die verschieden großen Zimmer.***
10. Bestehen für die Bespeisung der Insassen bestimmte Grundsätze (oder feste Kostformen) und welche? Wer entscheidet über ihre Festsetzung und Anwendung? Haben die Insassen die Möglichkeit, sich Zusatznahrungsmittel zu verschaffen und aus welchen Mitteln?	***Für die Insassen gilt eine Kostordnung. Der Speisezettel wird vom Vorsteher wöchentlich genehmigt. Der Anstaltsarzt entscheidet über die Zuteilung der 1. oder 2. Kostklasse. Im Versorghaus wird in der Regel 1. Kostklasse gewährt.*** ***Den Insassen ist gestattet, für die ihnen gewährten Legate, für den ihnen überlassenen Teil des Arbeitsverdienstes, für Geschenke oder Taschengelder sich Nahrungs- und Genußmittel zu beschaffen.***
11. Tragen die Insassen ihre eigene Kleidung, oder ist Anstaltskleidung vorgeschrieben?	***Eigene Kleidung.***
12. Werden die arbeitsfähigen Insassen regelmäßig beschäftigt? Welche Arbeitsbetriebe sind eingerichtet? Findet auch sog[enannte] Außenarbeit statt?	***Die arbeitsfähigen Insassen beschäftigen sich mit Tütenkleben, Federnreißen. Einzelne gehen mit Erlaubnis der Verwaltung auch außerhalb der Anstalt auf Arbeit. Im wesentlichen verrichten sie Gelegenheitsarbeiten.***

13. Wird von den beschäftigten Insassen eine bestimmte Mindestleistung (Arbeitspensum) gefordert?	*Nein.*
14. Wie groß ist die Zahl der in den einzelnen Arbeitszweigen beschäftigten Insassen?	–
15. Wird nur für Anstaltszwecke oder auch für andere städtische Zwekke bzw. für Privatunternehmer, denen die Arbeitskräfte der Insassen verdungen sind, gearbeitet? Welche finanziellen Ergebnisse werden in den einzelnen Betrieben erzielt?	*Arbeiten sind nicht verdungen worden.*
16. Erhalten die Insassen einen gewissen Anteil am Ertrag ihrer Arbeit (Arbeitsprämie)? Wie hoch ist dieser Anteil bemessen, und steht dem Insassen darüber die freie Verfügung zu?	*Die Insassen erhalten von dem Ertrag der für Auswärtige geleisteten Arbeiten drei Viertel zu eigner Verfügung. Ein Viertel wird zur Anstaltskasse abgeliefert. Freie Verfügung haben die Insassen hierüber nur insoweit, als es sich um Anschaffungen für erlaubte Eßwaren usw. handelt.*
17. Wem liegt die obere Leitung der Anstalt und wem die laufende Anstaltsverwaltung ob? Welcher Einfluß ist etwa dem ehrenamtlich tätigen bürgerlichen Element eingeräumt?	*Die obere Leitung der Anstalt liegt dem Armendirektorium ob, das sie durch einen Vorsteher im Ehrenamt verwaltet.*
18. Wer übt die Disziplinargewalt über die Insassen aus, und welche Strafmittel gelangen zur Anwendung?	*Die Disziplinargewalt übt zunächst der Verwalter aus (Verweis – Entziehung des Ausgangs bis 14 Tage). Der Vorsteher verhängt Entziehung des Ausgangs bis 4 Wochen, Arrest bis zu 10 Stunden bei gröbster Renitenz, tätlichem Vorgehen gegen Hausbeamte. Der Vorsitzende des Armendirektoriums oder der Dezernent des Armenamts II Entziehung des Ausgangs über 4 Wochen. Verweisung in die Zwangsarbeitsanstalt geschieht durch den Dezernenten des Armenamts. Entziehung der sog*[enannten] *1. Kostklasse und Versetzung in die 2. Kostklasse geschieht nach Einholnung eines ärztlichen Gutachtens.*
19. Ist ein eigener Anstaltsarzt vorhanden, oder wird die ärztliche Versorgung der Insassen nebenamtlich wahrgenommen? Wie hoch ist das Arzthonorar bemessen?	*Der Anstaltsarzt versieht sein Amt im Nebenamt und erhält eine Vergütung von 500 M.*
20. Ist geschultes Wärterpersonal angestellt, bzw. in welchem Umfang finden Insassen im Wärterdienst Verwendung?	*Eine geschulte Wärterin, frühere Diakonissin, eine nicht geschulte Wärterin, drei Insassinnen als Hilfskräfte.*

Ist für Sieche die sog. „Schwesternpflege“ eingeführt?	–
21. Finden auch sog. Selbstzahler (Pensionäre) Aufnahme und evtl. gegen welchen Verpflegungssatz?	***Selbstzahler werden gegen einen Satz von 1,00 M. für den Tag aufgenommen.***
22. Welche besonderen Bestimmungen bestehen etwa in betreff minderjähriger Pfleglinge?	–
23. Wie hoch stellten sich die reinen Verpflegungskosten im Tagesdurchschnitt des letzten Jahres?	***Bekögstigung*** ***0,74 M.*** ***Gesamtaufwand für die Insassen der Anstalt*** ***0,62 M.*** ***0,82 M.*** ***(Mietzins, Amortis***[ation] ***od***[er] ***dergl***[eichen] ***nicht berechnet.)***
24. Erfolgt in geeigneten Fällen eine Unterbringung einzelner Insassen außerhalb der Anstalt in sog. Kostpflege? Auf dem Lande oder auch in der Stadt? Wie hoch stellt sich der Kostgeldsatz, und welche Erfahrungen sind mit dieser Form der Fürsorge gemacht?	***Nein.***
25. Welche größeren, von der kirchlichen oder privaten Wohltätigkeit unterhaltenen Altersversorgungshäuser, Stifte, Siechenhäuser u. dgl. für würdige Arme sind dort vorhanden? Wird die öffentliche Armenpflege durch diese Anstalten wesentlich entlastet? Besteht für die öffentliche Armenpflege die Möglichkeit, besonders würdige Hilfsbedürftige dort unterzubringen und evtl. gegen welchen Verpflegungssatz?	–

Nr. 110

1903 Juli 6

Bericht[1] des Armenpflegers Oskar Hugo Erich[2] an die Hamburger Allgemeine Armenanstalt

Abschrift in Maschinenschrift

[Einblicke in das Haushaltsbudget einer Armenfamilie, deren Wohnung wegen Mietrückstände gekündigt worden ist]

Am 27. Juni 1905 meldet sich die Frau Wollweber mit neuem Überweisungsschein, da sie wegen rückständiger Miete gekündigt seien und ausgesetzt werden sollen, Termin 7. Juli c[ur]r[entis], und beantragt Gewährung einer einmaligen Mietebeihilfe von 37,50 M. Nachdem ich mit dem Mann nähere Rücksprache über seinen Verdienst usw. genommen, muß ich diesen Antrag unbedingt ablehnen, da es total zwecklos sein würde und man nur den Hauswirt unterstützen würde, ohne den Leuten zu helfen. Sie würden doch ausgesetzt (7 bis 8 Kinder) und wären nach einem Monat wieder soweit. Ich verlangte also genaue Abrechnung über den Verbrauch der Familie, und ist das Ergebnis wieder wie früher, daß die Frau mir vorrechnet, daß sie nicht in der Lage sei, jemals von dem Verdienst des Mannes Miete zu zahlen, da derselbe gänzlich zum Lebensunterhalt daraufginge. Der Mann verdient 22–23 M. die Woche, davon gibt er 19 M. der Frau, den Rest braucht er selbst. Die Frau verbraucht: 5,50 M. für Brot, 1,20 M. für Milch, 9 M. beim Krämer (Hülsenfrüchte, Margarine, Schmalz, Speck, Mehl usw.), 1,50 M. zur Abzahlung auf Maschine und Uhr, die auch unentbehrlich sind. Es bleiben 1,80 M., wofür Kartoffeln (5 L[iter] den Tag), Fleisch und Fische gekauft werden, was jedenfalls nicht ausreicht. Unnatürlich hoch erscheint der Verbrauch an Brot, Kartoffeln und Hülsenfrüchten. Die Kinder essen abnorm viel, auch der Mann soll nach Aussage der Frau unglaubliche Mengen verzehren. Daß die Summen ungefähr stimmen, habe ich durch Erkundigungen bei den Händlern festgestellt. Wenn ich nun auch der Ansicht bin, daß die Familie bei richtiger Einteilung und Beschränkung unnatürlicher Gelüste mit erheblich weniger auskommen müßte und könnte, so weiß ich doch keine Mittel, das zwangsweise zu erreichen, es sei denn, daß uns (den Pflegern) als Hilfsmittel ein Maximalgeldbetrag für den Kopf und die Woche aufgegeben würde, wonach wir die Maximalunterstützung für den Lebensunterhalt zu berechnen hätten als Normal für solche außergewöhnlichen Fälle und das wir den überforderten Ansprüchen als Grundlage der Berechnungen entgegenhalten können.

Somit glaube ich als einzig mögliches Mittel der dauernden Hilfe in diesem Falle eine regelmäßig dauernde Unterstützung von 25 M. den Monat zur Deckung der Miete beantragen zu sollen, die natürlich unmittelbar an den Hauswirt zu zahlen ist, damit die Frau das Geld nie in die Hände bekommt. Inzwischen erfahre ich nun, daß die Familie in den Dr. Wentzelschen Häusern eine billige Wohnung zum 1. Oktober erhalten habe, daß also vorerst nur bis dahin zu sorgen ist. Schulkleidung für zwei Kinder ist ebenfalls wieder dringend erforderlich.

Die Wohnung in den Dr. Wentzelschen Häusern ist angeblich nicht genügend für die Familie.

---

1 Staatsarchiv Hamburg 351-2 II Nr.167 Bd.1, fol. 30-30 Rs.

2 Oskar Hugo Erich (1851-1904), Ingenieur, Armenpfleger im 64. Bezirk.

Nr. 111

1903 August 31

Schreiben[1] des Mitglieds der Berliner Armendirektion Oskar Heller[2] an den Münchner Armenpflegschaftsrat[3]

Ausfertigung

[Unterrichtung über die Grundsätze und Höhe der Berliner Armenunterstützungen]

Über die bei uns übliche Höhe der Armenunterstützungen teilen wir folgendes mit:

I. Erwachsene Personen

Bei Einführung von allgemeinen Grundsätzen für die Höhe der im Wege der Armenpflege zu gewährenden Unterstützungen ist hier nicht wie bei der dortigen Verwaltung zunächst eine grundlegende Einteilung der Hilfsbedürftigen nach bestimmten Gruppen mit abgegrenzten Normalsätzen erfolgt; vielmehr waren folgende Gesichtspunkte maßgebend:

Als unterstützungsbedürftig ist jeder zu erachten, der infolge mangelnder oder verminderter Erwerbsfähigkeit oder infolge Verlustes des Ernährers außerstande ist, sich und seiner Familie das für Nahrung, Kleidung pp. Unentbehrliche durch eigene Arbeit oder aus eigenem Vermögen zu beschaffen; außerdem liegt Unterstützungsbedürftigkeit auch dann vor, wenn gesetzlich zum Unterhalt verpflichtete Personen oder Organe ihrer Pflicht nicht nachkommen. Art und Höhe der Unterstützung sind unter Berücksichtigung der Lage des einzelnen Falles nach freiem Ermessen festzusetzen; die Würdigung der einschlägigen Verhältnisse wird sich in zweiter Linie also etwa in derselben Weise abstufen und bemerkbar machen, wie es dort grundsätzlich geschieht; namentlich wird das Maß der Erwerbsunfähigkeit usw. für die Höhe der Unterstützungen mit den Ausschlag geben; der Arbeitsverdienst der im Haushalt lebenden Angehörigen, die Einkünfte aus Pensionen pp., das Alter, der Gesundheitszustand, die Zahl der Familienmitglieder pp. werden in billiger Weise zu berücksichtigen sein. Feste Bezüge aus der Versicherungsgesetzgebung kommen auch hier in der Regel zur Hälfte in Anrechnung,[4] Bezüge aus Stiftungen, Vereinen pp. werden gleichfalls in billiger Weise berücksichtigt.

---

[1] Stadtarchiv München Wohlfahrt 3858, n. fol.

[2] Oskar Heller (1844-1906), seit 1896 unbesoldeter Stadtrat in Berlin und Mitglied des Armendirektoriums. Vorsitzender des Armendirektoriums war Dr. Emil Münsterberg.

[3] Magistratsrat Wilhelm Steinhäußer hatte sich als Referent für das Armenwesen am 22.8.1903 an die Armenverwaltungen einer Reihe von Städten, darunter auch Berlin, gewandt, mit der Bitte, Auskunft über die dort übliche Höhe der Unterstützungssätze zu erteilen (Stadtarchiv München Wohlfahrt 3858, n. fol.). Die Erkundigungen dienten der Vorbereitung eines Beschlusses der zuständigen städtischen Gremien über eine Neufestlegung der in München geltenden Sätze.

[4] Nach § 49 des Invalidenversicherungsgesetzes vom 13.7.1899 durfte von den Armenverbänden nur die halbe Rente als Ersatz für geleistete Unterstützungen in Anspruch genommen werden (Nr. 70 Bd. 6 der III. Abteilung dieser Quellensammlung). Bei der Berechnung der Unterstützungshöhe wurde deshalb in München die Hälfte der Rente auf den Unterstützungssatz angerechnet.

Wenn hiernach eine Aufstellung fester Höchstsätze vermieden ist, so hat auch bei uns eine gewisse Einschränkung, allerdings nur hinsichtlich der Zuständigkeit unserer Organe stattgefunden. Unsere Organe sind einerseits die über die ganze Stadt verteilten Armenkommissionen und andererseits die aus einzelnen Kommissionen gebildeten Armenkreise resp. Armenämter. Die Kreisversammlungen sind nun u. a. zuständig zur Genehmigung von Almosen und Pflegegeldern, wenn bei einzelnen Personen der Betrag von 20 M., bei kinderlosen Ehepaaren der Betrag von 30 M., bei Familien mit unerwachsenen Kindern der Betrag von 36 M. monatlich überschritten oder wenn für ein Kind mehr als 9 M. Pflegegeld gezahlt werden soll, sowie zur Beschlußfassung, wenn die Bezüge zusammen mit einer Unfallinvaliden- oder Altersrente resp. sonstigen dauernden Einkünften bei einzelnen Personen den Betrag von 25 M., bei kinderlosen Ehepaaren den Betrag von 35 M., bei Familien mit unerwachsenen Kindern den Betrag von 40 M. übersteigen.

Auch nach unseren Grundsätzen gilt das Familienhaupt als Empfänger der Unterstützungen; außerdem sind Witwen und geschiedene, auch verheiratete Frauen als solche zu erachten, wenn der Ehemann auf längere Zeit durch Unterbringung in einer Pflegeanstalt, Verbüßung einer länger dauernden Freiheitsstrafe pp. von der Familie getrennt oder wenn er sich unter Verlassen der Familie aus Berlin entfernt hat oder verschollen ist. Die angeblich von den Ehemännern verlassenen Frauen werden nicht sogleich dauernd in Armenfürsorge übernommen, vielmehr zunächst vorübergehend unterstützt; ihre Verhältnisse werden nach kurzer Zeit nochmals eingehend geprüft.

II. Kinder

Hier wird ein grundsätzlicher Unterschied gemacht zwischen den Voll- und Halbwaisen, den Kindern, die bei ihren Eltern resp. Müttern verbleiben und den wegen vorübergehender Behinderung der Unterhaltspflichtigen bei anderen Leuten pp. untergebrachten Kindern.

Die Waisenkinder werden von unserer Waisenverwaltung in verschiedenen Anstalten gegen verschieden bemessene Kostgelder resp. in Privatpflege außerhalb untergebracht, während für die übrigen Kinder im Wege der offenen Armenpflege Pflegegeld an die Eltern, Mütter, fremde Personen pp. gezahlt wird.

Auch die Höhe des Pflegegeldes ist in das pflichtmäßige Ermessen unserer Organe unter Berücksichtigung aller maßgebenden Verhältnisse, wie Erwerbsfähigkeit der Angehörigen pp., gestellt; die Zuständigkeit im einzelnen ist in der oben bezeichneten Weise abgegrenzt.

Zu I und II

Um bei dem Mangel an festen Höchstgrenzen dennoch der dortigen Verwaltung einen Anhalt für den Umfang der hier gewährten Unterstützungen zu bieten, erwähnen wir, daß am 1. April 1903 hier gezahlt wurden

a) Almosen, d. h. laufende Unterstützungen, an Erwachsene

3 374 im Betrag von je 3 – 9 M. monatlich,
7 644 im Betrag von je 9 – 12 M. monatlich,
6 681 im Betrag von je 12 – 15 M. monatlich,
5 951 im Betrag von je 15 – 18 M. monatlich,
6 208 im Betrag von je 18 – 21 M. monatlich,
3 158 im Betrag von je 21 – 30 M. monatlich,
144 im Betrag von über 30 M. monatlich.

b) Pflegegelder

für 184 Kinder im Betrag von je	3 –	5,50 M.	monatlich,
für 6 683 Kinder im Betrag von je	6 –	6,50 M.	monatlich,
für 3 684 Kinder im Betrag von je	7 –	10,00 M.	monatlich,
für 594 Kinder im Betrag von	über	10,00 M.	monatlich.

Zu III – momentane Unterstützungen

a) Unsere Armenkommissionen sind ermächtigt, an die von ihnen empfohlenen Hilfsbedürftigen sogenannte Winterunterstützungen zur Beschaffung von Brennmaterial pp. im Betrag von je 6 – 10 M. unter Innehaltung eines höchsten Durchschnitts von 8 M. zu zahlen. Von dieser Unterstützung sind die hier nicht ortsangehörigen, ferner nicht würdige und nicht bedürftige Personen grundsätzlich und unbedingt ausgeschlossen.

b) Abgesehen von diesen Winterunterstützungen sollen sogenannte Zusatzunterstützungen an dauernd unterstützte Personen nur dann gewährt werden, wenn ein besonderer Notstand vorliegt, der bei Bemessung der Höhe des Almosens pp. nicht wohl hat vorgesehen werden können. Auch hier ist zwar die Höhe der Zuwendungen in das Ermessen der Armenkommissionen gestellt, doch soll es unserer resp. der Genehmigung des Armenkreises bedürfen, wenn diese Extraunterstützungen zusammen mit den laufenden Bezügen

a) bei Einzelpersonen 25 M.,
b) bei kinderlosen Ehepaaren 35 M.,
c) bei Familien mit Kindern 40 M.

monatlich übersteigen. Eine Beschränkung hinsichtlich der Wiederholung derartiger Zusatzunterstützungen ist hier vermieden.

c) Soll bei anderen Personen als Almosen- pp. Empfängern der sonst dem freien Ermessen überlassene Betrag einer einmaligen Unterstützung von 20 Mark überschritten werden, so bedarf es unserer Genehmigung. – Auch die Zahl dieser Zuwendungen innerhalb eines Jahres ist nicht beschränkt worden; es hat vielmehr die Praxis dahin geführt, daß vor Bewilligung einer dauernden Unterstützung die Hilfsbedürftigen sich längere oder kürzere Zeit mit derartigen einmaligen Unterstützungen behelfen müssen.

Nach vorstehenden Ausführungen sind wir nicht recht in der Lage, die Frage, wie hoch hier eine einzelne Person ohne Rente zu stehen kommt, in dieser gestellten Form zu beantworten, immerhin werden diese Ausführungen den dortigen Wünschen entsprechen.

Wir bemerken schließlich noch, daß wir außerdem in Krankheitsfällen freie Arznei, ärztliche Behandlung, Krankenhauspflege, ferner Naturalien, wie Kleidung Wirtschaftsgegenstände, Milch, Stärkungsmittel, Brillen, Bandagen, künstliche Gliedmaßen pp. verabfolgen. Hinsichtlich dieser Zuwendungen und mancher anderen Grundsätze für die Ausübung der hiesigen Armenpflege nehmen wir Bezug auf anliegende „Anweisung betreffend die Verwaltung der offenen Armenpflege“, die auch über Organisation, Geschäftsführung alles Nähere enthält.

Nr. 112

1903 September 11

Schreiben[1] des Vorstehers des Stuttgarter Armenamts Jakob Müller[2] an den Münchner Armenpflegschaftsrat

Ausfertigung

[Bericht über die in Stuttgart herrschenden Regelungen bei der Bemessung der Unterstützung]

Für den Umfang der dauernden Unterstützung erwachsener Personen sind hier keine Klassen festgesetzt, auch keine Tarife aufgestellt, überhaupt keine bestimmten Grenzen gezogen.

Soweit Armenfürsorge nicht in geschlossener Pflege geübt wird, überlassen wir in fast allen Fällen die Invalidenrente dem Rentenberechtigten ganz und stellen bei Beantwortung der Frage, ob und in welchem Umfang demselben Unterstützung gewährt werden soll, den vollen Rentenbetrag als Einnahme des Gesuchstellers in Rechnung. Diese Behandlungsweise entspricht nach unseren Wahrnehmungen den Wünschen der Rentner wie dem Interesse der öffentlichen Armenpflege. Wir haben wiederholt die Erfahrung gemacht, daß Personen, die vor Feststellung ihrer Renten mit monatlichen Unterstützungen bedacht werden mußten und bei Inanspruchnahme der hälftigen Rente wohl mit einem diese übersteigenden Betrag hätten weiter unterstützt werden müssen, von Empfang der Renten an auf fernere Armenfürsorge verzichteten, dies namentlich dann, wenn ihnen – was auf Ersuchen wiederholt geschehen – auch die Rentennachzahlung ganz belassen wurde und sie so in die Lage versetzt waren, mit derselben Verbindlichkeiten zu befriedigen oder Lücken in der nötigsten Haushaltungseinrichtung zu ergänzen.

Bei Bemessung der Unterstützung wird der einzelne Fall darauf geprüft, wie viele Ausgaben der Hilfsbedürftige notwendigerweise zu machen hat und welche Einnahmen er aus Verdienst, Reichungen Dritter tatsächlich hat oder bei richtiger Anwendung seiner Kräfte und den vorhandenen Erwerbsgelegenheiten noch erreichen kann. Der hienach sich ergebende notwendige Zuschußbedarf wird in der Regel als öffentliche Unterstützung gewährt; er bewegt sich bei einzelnstehenden Personen in bar von etwa 8 M. bis höchstens 20 M. pro Monat.

Die Einrichtung, daß bei Familienunterstützung der Betreff jedes einzelnen Familienglieds festgestellt wird, besteht hier ebenfalls nicht; es wird eben für die ganze Familie die Einnahme und Ausgabe gegenübergestellt unter Berücksichtigung des Umstands, daß im elterlichen Haushalt befindlichen erwachsenen Kindern billigerweise zuzugestehen ist, daß sie einen kleineren Teil ihres Verdienstes zu besonderen Aufwendungen für sich selbst verwenden.

Für Kinder werden Erziehungsbeiträge an Eltern nicht verwilligt (vgl. das eben Gesagte), wohl aber Pflegegelder an Familien oder Anstalten, in denen sie untergebracht werden, bezahlt, und zwar bei Kindern bis zu 2 Jahren jährl[ich] bis zu 150 M., bei älteren Kindern in der Regel 80 bis 100 M. p[ro] Jahr; für in Familien untergebrachte Kinder werden Schulgeld, wenn solches erhoben wird, und in Krank-

---

1 Stadtarchiv München Wohlfahrt Nr. 3858, n. fol.

2 Jakob Müller (gest. 1939), Ratsschreiber und seit 1903 Vorsteher des städtischen Armenamts in Stuttgart.

heitsfällen Arzt und Apotheke, wenn die Krankheit nicht unbedeutend ist, auch Zulagen zum Pflegegeld bezahlt.

Ein eigenes städt[isches] Waisenhaus besitzt Stuttgart nicht.[3]

Momentane Unterstützungen werden je nach Bedarf, sowohl was die Zahl der Fälle als was die Höhe des Aufwands betrifft, gewährt. Neben der Geldunterstützung wird an Einzelstehende wie an Familien auch noch Armenkost, Brot und im Winter Brennmaterial und auf armenärztliche Verordnung Krankenkost, Wein, Milch verabreicht.

Es ist gegenüber einzelnstehenden Personen Übung, daß – von ganz besonders liegenden Fällen abgesehen – offene Armenfürsorge für die Zukunft abgelehnt und Armenpflege nur noch durch Aufnahme in die städtische Versorgungs- u. Pflegeanstalt (Bürgerhospital)[4] gewährt wird, wenn einige Zeit (Monate) hindurch bei Nichtrentenberechtigten der Aufwand der öffentlichen Armenpflege allein, bei Rentenberechtigten dieser Aufwand und die Rente zusammengerechnet einen Betrag von 350–400 M. pro Jahr erreichen.

Die Abneigung altersgebrechlicher Leute, in eine städtische Armenanstalt einzutreten, besteht auch in Stuttgart, wie es uns scheinen will aber nicht mehr in dem Maße wie früher.

Nr. 113

1903 September 15

Schreiben[1] des Vorsitzenden des Dresdener Armenamts Richard August Kuhn an den Münchner Armenpflegschaftsrat

Ausfertigung in Maschinenschrift

[Bericht über die in Dresden herrschenden Unterstützungsregeln]

Auf die Zuschrift vom 22./25. August 1903[2], betr[effend] die Höhe der Armenunterstützungen, teilen wir folgendes mit.

I.

Bei der Begutachtung der Erwerbsfähigkeit sind hier Erwachsene nach folgenden 4 Klassen zu beurteilen:

Es werden zugeteilt der Klasse

I solche, die geeignet sind, schwere leibliche Arbeit zu verrichten,

II solche, die weniger kräftig sind oder durch Gebrechen an der Übernahme schwerer Arbeiten gehindert werden, sich aber durch Verrichtung mittelschwerer Arbeit einen mäßigen Erwerb zu verschaffen vermögen,

III solche, die nur zu ganz leichter Arbeit fähig sind, und

---

3 Seit 1712 bestand in Stuttgart allerdings ein Waisenhaus, das aus Stiftungs-, Staats- und Kirchenmitteln finanziert wurde und unter staatlicher Aufsicht stand.

4 Vgl. Nr. 33.

1 Stadtarchiv München Wohlfahrt 3858, n. fol.

2 Vgl. Nr. 111 Anm. 3.

IV solche, die auch zur Verrichtung der leichtesten Arbeit unfähig sind.

Je nachdem die Erwerbsfähigkeit weniger oder mehr beschränkt oder ganz aufgehoben ist, gewähren wir Erwachsenen laufende Unterstützung (Almosen) von wöchentlich mindestens 1 M. bis 4 M. 20 Pf. Letzteren Betrag erhöhen wir noch bis auf 7 M., wenn der Almosenempfänger krank zu Hause darniederliegt und außer der ärztlichen Behandlung dauernder Krankenpflege bedarf.

Handelt es sich darum, daß Familien unterstützt werden müssen, so geschieht dies in der Weise, daß für jede einzelne Person der Betrag der Unterstützung festgestellt und bewilligt wird.

II.

Auch bei uns erhalten arme Eltern zu der Erziehung ihrer in eigener Pflege befindlichen Kinder Beihilfen, und zwar wöchentlich 85 Pf. bis 1 M. 10 Pf. für das Kind. Daneben werden natürlich noch freier Schulunterricht, ärztliche Behandlung und Heilmittel gewährt. Diese Erziehungsbeihilfe wird bis zur Konfirmation oder Schulentlassung gezahlt.

Für die in fremder Pflege befindlichen Kinder wird anstelle der Erziehungsbeihilfe ein monatliches oder wöchentliches Pflegegeld gezahlt, dessen Höhe sich nach dem Alter und dem Aufenthaltsort des Kindes richtet. So beträgt das monatliche Pflegegeld bei Kindern im 1. Lebensjahr, und zwar bei Brustkindern, d. h. Säuglingen, die mit Frauenmilch ernährt werden müssen, 21 M., bei Flaschenkindern, d. h. Säuglingen, zu deren Ernährung Kuhmilch genügt, 18 M., im 2. Lebensjahr 15 M., im 3. und 4. Lebensjahr 12 M., im 5. bis mit 14. Lebensjahr 10 M. auf dem Lande, während für Kinder der Stadtpflege, die zumeist bei Verwandten untergebracht zu sein pflegen, 1 M. 50 Pf. bis 2 M. 80 Pf. für die Woche gezahlt werden. Daneben werden aber wiederum freier Schulunterricht, ärztliche Behandlung und Heilmittel bewilligt. Dieses Pflegegeld wird ebenfalls bis zur Konfirmation oder Schulentlassung gezahlt.

Weiter wird aber auch häufig für Knaben, die die Schule bereits verlassen haben und in Lehre stehen, während der Dauer ihrer Lehre, jedoch nicht über 3 Jahre hinaus, ein jährliches Kostgeld bis zu 50 M. gezahlt.

III.

Neben der in I. und II. geschilderten laufenden Geldunterstützungen werden auch einmalige Unterstützungen, und zwar sowohl in Geld als auch durch Gewährung von Naturalien (z. B. Brot, Speisemarken, Milchmarken, Holz-, Kohlenzettel, Kleidungsstücke) bewilligt. Diese werden insbesondere bei vorübergehenden Notständen zum Lebensunterhalt bis zum Betrag von 10 M., zur Bezahlung der Miete bis zum Betrag eines Monatszinses, womöglich nicht über 20 M., gewährt.

Wenn natürlich auch möglichst vermieden werden soll, allzuhäufig derartige einmalige Unterstützungen zu gewähren, so ist dies doch nicht ausdrücklich bestimmt. Es kommt darum sogar vor, daß Mietzinsunterstützungen mehrmals im Jahre gewährt werden.

Außerdem wird bei Krankheitsfällen Armenkur, d. h. freie ärztliche Behandlung und Heilmittel oder Krankenanstaltspflege, bewilligt.

Endlich erhalten die Kinder gelegentlich ihrer Schulentlassung zum besseren Fortkommen im Erwerbsleben noch Ausstattungen oder Beihilfen zur Beschaffung solcher bis zum Betrag von 25 bis 40 M.

IV.

Alten Leuten wird hier meist die Aufnahme in das städtische Versorghaus, noch arbeitsfähigen, aber sittlich minderwertigen Leuten vielfach die in die städtische Arbeitsanstalt angeboten.

V.

Nach dem Ausgeführten würde eine einzelnstehende, vollkommen erwerbsunfähige Person im Höchstfalle hier erhalten können 7 M. Wochenalmosen für 1 Jahr – 365 M.

Hierzu würden nach Befinden noch 12mal Mietzinsbeihilfe und auch einmalige Beihilfen zum Lebensunterhalt treten können. Es läßt sich dies aber auch schätzungsweise kaum näher angeben.

Nr. 114

1903 September 25

Rede[1] des Direktors des Hamburger öffentlichen Armenwesens Dr. Adolf Buehl auf der Jahresversammlung des Deutschen Vereins für Armenpflege und Wohltätigkeit

Druck, Teildruck

[Gestaltung der geschlossenen Armenpflege: Das englische Arbeitshausprinzip wird abgelehnt; die Anstaltsfürsorge ist gleichwohl unentbehrlich; ein Übelstand sind die ländlichen Armenhäuser; die Anstaltsfürsorge ist auf größere Verbände zu verlagern; die Differenzierung der Anstaltsarten ist oft noch nicht weit gediehen; die Zwangsfürsorge in Anstalten ist notwendig; auch innerhalb der Anstalten muß das Individualisierungsprinzip zur Geltung kommen; die Beschäftigung der Insassen mit Arbeit gehört zu den wesentlichen Grundsätzen]

[...]

Wir kommen nunmehr zu Punkt 4 der Tagesordnung: die geschlossene Armenpflege.

Ich erteile das Wort dem Herrn Berichterstatter Direktor Dr. Buehl (Hamburg).

Berichterstatter Dr. Buehl, Direktor des öffentlichen Armenwesens in Hamburg: Meine hochgeehrten Damen und Herren! Wie Sie wissen, haben wir alljährlich auf unseren Kongressen in ausgiebiger Weise Fragen aus dem Bereich der offenen Armenpflege erörtert; dagegen hat der Verein das Gebiet der geschlossenen Armenpflege seit vielen Jahren so gut wie gar nicht mehr berührt. Zuletzt hatte man sich

---

1 Stenographischer Bericht über die Verhandlungen der 23. Jahresversammlung des deutschen Vereins für Armenpflege und Wohltätigkeit am 24. und 25. September 1903 in Elberfeld (Schriften des deutschen Vereins für Armenpflege und Wohltätigkeit, Heft 67), Leipzig 1903, S. 72-84; vgl. auch Adolf Buehl, Die geschlossene Armenpflege, in: ders./ Franz Curt Reinhard Esche, Die geschlossene Armenpflege (Schriften des deutschen Vereins für Armenpflege und Wohltätigkeit, Heft 65), Leipzig 1903, S. 1-96.

auf den Jahresversammlungen von 1883[2], 1884[3] und 1885[4] mit der Einrichtung und den Vorzügen der Armenarbeitshäuser und Bezirksarmenanstalten beschäftigt und sodann im Jahre 1886[5] die jene Anstalten gewissermaßen ergänzende privatwohltätige Einrichtung, die Arbeiterkolonien, einer Betrachtung unterzogen. Aber das alles war geschehen im wesentlichen unter den speziellen Gesichtspunkten, welche die zu Anfang der 80er Jahre grassierende Bettler- und Vagabundennot nahelegte. Niemals ist hingegen in unserem Verein bislang die geschlossene Armenpflege im allgemeinen betrachtet, nie die Anstaltspflege nach ihrer prinzipiellen Bedeutung, nach Art und Umfang ihrer Anwendung und nach ihren technischen Einrichtungen zum Gegenstand zusammenfassender Berichterstattung gemacht worden.

Wenn es unter diesen Umständen, meine Damen und Herren, gewiß gerechtfertigt war, die Aufmerksamkeit einmal auf das Gebiet der geschlossenen Armenpflege hinzulenken, so ist eine andere Frage die, ob das Thema – bei dessen Aufstellung ich übrigens selbst so erheblich mitgewirkt habe, daß ich mich schließlich nolens volens durch Übernahme des Referats als Vater zu meinem Kinde habe bekennen müssen – ob, sage ich, dieses Thema nicht etwas zu allgemein gefaßt ist. Denn trotz Ausscheidung der Anstaltspflege für Kranke, Irre und Gebrechliche verbleibt noch ein Rest von so kolossalem Umfang, daß in der Tat, wenn man den üblichen Raum nicht weit überschreiten will, es kaum möglich ist, dem Gegenstand in einem einzigen Bericht voll gerecht zu werden. Deshalb, meine Damen und Herren, möchte ich auch meinen gegenwärtigen Bericht lediglich betrachtet wissen als eine allgemeine Orientierung und als Unterlage und Anregung zu weiterer Spezialberichterstattung, für die ich zunächst das praktisch außerordentlich bedeutsame Thema der zweckmäßigen Einrichtung und Ausgestaltung der Arbeitsbetriebe innerhalb der Anstalten dem Verein zu näherer Betrachtung empfohlen haben möchte.

Meine Damen und Herren, ein allgemeines Referat über die „geschlossene Armenpflege" hat sich naturgemäß zunächst mit der prinzipiellen Bedeutung der Anstaltspflege als Unterstützungsform abzufinden. Es ist bekannt, daß nicht nur im Bereich der fakultativen Armenpflege das Hospital den Ausgangs- und Mittelpunkt der gesamten Armenfürsorge bildet, sondern daß auch im Rechtsgebiet der Zwangsarmenpflege die Anstaltspflege vielfach dominiert, ja, daß das Armenwesen Eng-

---

2 Deutscher Verein für Armenpflege und Wohlthätigkeit: Stenographischer Bericht über die Verhandlungen am 5. und 6. Oktober 1883 zu Dresden, S. 36-48 (Bibliothek der Frankfurter University of Applied Science, Historische Sondersammlung Soziale Arbeit und Pflege ZS D 106).

3 Deutscher Verein für Armenpflege und Wohlthätigkeit: Stenographischer Bericht über die Verhandlungen am 3. und 4. Oktober 1884 in Weimar, S. 89-98 (Bibliothek der Frankfurter University of Applied Science, Historische Sondersammlung Soziale Arbeit und Pflege ZS D 106).

4 Deutscher Verein für Armenpflege und Wohlthätigkeit: Stenographischer Bericht über die Verhandlungen am 16. und 17. September 1885 in Bremen, S. 73-83 (Bibliothek der Frankfurter University of Applied Science, Historische Sondersammlung Soziale Arbeit und Pflege ZS D 106).

5 G(eorg) Berthold, Die deutschen Arbeiterkolonien, in: Stenographischer Bericht über die Verhandlungen der siebenten Jahresversammlung des deutschen Vereins für Armenpflege und Wohltätigkeit am 21. und 22. September 1886 in Stuttgart, Heft 2, Leipzig 1886, S. 106-108; ausführlich dann ders., Die Entwicklung der deutschen Arbeiterkolonien (Schriften des deutschen Vereins für Armenpflege und Wohlthätigkeit, Heft 3), Leipzig 1887.

lands und der Vereinigten Staaten von Nordamerika von dem Arbeitshausprinzip, im Gegensatz insbesondere zu Deutschland, geradezu beherrscht wird.

Wenn nun zumal in England der Grundsatz, daß jeder Hilfsbedürftige seine Bedürftigkeit durch Unterwerfung unter den Zwang des Werkhauses[6] zu erhärten hat, heute in Geltung ist, so verdient dieser Umstand schon im Hinblick auf die hoch angesehene Stellung der englischen Armenpflege, die in bezug auf die Einheitlichkeit und Gleichmäßigkeit ihrer Handhabung sowie auf den Umfang ihrer Leistungen die Armenpflege aller anderen Kulturstaaten bei weitem übertrifft, besondere Beachtung. Es kommt hinzu, daß es in England nicht sowohl theoretische Erwägungen, sondern vielmehr praktische Erfahrungen sind, welche nach mannigfachen Versuchen immer wieder zu dem System der Anstaltspflege zurückgeführt haben. Erst in allerjüngster Zeit haben sich wieder zwei parlamentarische Kommissionen[7] in England mit dem Prinzip der Anstaltspflege im Gegensatz zum Prinzip der offenen Armenpflege beschäftigt, und man ist zu dem Ergebnis gelangt, daß die Anstaltspflege vor der offenen Armenpflege aus armentechnischen, erzieherischen und wirtschaftlichen Gesichtspunkten den Vorzug verdiene. Man sagte:

1. Allein die Anstaltspflege bietet die Gewähr dafür, daß der Hilfsbedürftige das Existenzminimum, aber auch nicht mehr erhält.

2. Die Furcht vor der mit der Anstaltspflege verbundenen Beschränkung der persönlichen Freiheit befördert die Arbeitsenergie und den Sparbetrieb und:

3. Nur die Anstaltspflege schließt jede Konkurrenz des Unterstützten mit der freien Arbeit und damit eine Herabdrückung der Arbeitslöhne aus.

Man wird nun an der Frage, ob diese Gesichtspunkte ganz allgemein, also auch für Deutschland, zutreffen, nicht wohl vorübergehen können; denn wenn das englische Urteil richtig wäre, so würden wir die Notwendigkeit einer Abschwenkung nach der geschlossenen Armenpflege hin auch unsererseits pflichtgemäß in Erwägung ziehen müssen.

Soviel, meine geehrten Damen und Herren, ist allerdings richtig, daß die großen Schwierigkeiten, welche die richtige Bemessung des Existenzminimums in der offenen Armenpflege bereitet und die auch gestern in dem Vortrag[8] des Herrn Kollegen

---

6 Werk- bzw. Arbeitshäuser (Workhouses) für die Armen waren in England seit dem 17. Jahrhundert entstanden. Indem arbeitsfähigen Armen statt „Outdoor-Relief" nur „Indoor-Relief" in den von einem strengen Arbeitsregiment, rigiden Regeln und spartanischen Lebensumständen geprägten Einrichtungen gewährt wurde, sollte das Arbeitshaus eine abschreckende Funktion ausüben. Seit den 1830er Jahren und dem neuen Poor Law von 1834 waren Hunderte neuer Arbeitshäuser entstanden. Eine jegliche Unterstützung von Armen von dem „Workhouse-Test" abhängig zu machen, wie es zeitweilig beabsichtigt gewesen war, ließ sich jedoch nicht umsetzen.

7 Das Select Committee of the House of Lords on Poor Law Relief war 1888 eingesetzt worden, sein Bericht 1888 erschienen: Poor Law Relief. Report from the Select Committee of the House of Lords together with the proceedings of the Committee, minutes of evidence and appendix, London 1888. Die Royal Commission on the Aged Poor war 1892 eingesetzt worden, ihr Bericht 1895 erschienen: Report of the Royal Commission on the Aged Poor: appointed to consider whether any alterations in the system of poor law relief are desirable, in the case of persons whose destitution is occasioned by incapacity for work resulting from old age, or whether assistance could otherwise be afforded in those cases, London 1895.

8 Emil Münsterberg, Das Elberfelder System, in: Stenographischer Bericht über die Verhandlungen der 23. Jahresversammlung des deutschen Vereins für Armenpflege und Wohl-

Münsterberg bei Berührung der Tariffrage gestreift worden sind, bei der Anstaltspflege fortfallen. Wenn wir aber auf der andern Seite hören, daß infolge strenger Durchführung des Werkhausprinzips beispielsweise in dem Londoner Stadtteil Whitechapel[9] die Gesamtzahl der Unterstützten von 6758 im Jahre 1870 auf 1437 im Jahre 1898 zurückgegangen ist, so kann es keinem Zweifel unterliegen, daß bei einem solchen System nicht nur Schmarotzer, sondern auch wirklich Bedürftige durch die in der Anstaltspflege liegenden Härten zurückgeschreckt werden und ohne die erforderliche Hilfe verbleiben. Diese Härten auszugleichen, gilt in England als die besondere Aufgabe der Privatwohltätigkeit. Damit ist aber meines Erachtens gerade dargetan, daß das Werkhausprinzip keineswegs allgemein das Existenzminimum gewährleistet, sondern nur für diejenigen Personen, welche sich tatsächlich seinem Zwang unterwerfen, während die übrigen Hilfsbedürftigen allen den Nachteilen ausgesetzt bleiben, deren Vermeidung die eigentliche armentechnische Basis des ganzen Systems bildet.

Auch die erziehliche Einwirkung des Werkhausprinzips sollte nicht überschätzt werden. Gewiß kann die Furcht vor der mit der Anstaltspflege verknüpften Beschränkung der persönlichen Freiheit geeignet sein, sowohl das einzelne, von der Verarmung bedrohte Individuum selbst zu äußerster Kraftanstrengung anzuspornen als auch gelegentlich die Angehörigen zu pünktlicherer Erfüllung ihrer Unterhaltungspflicht zu veranlassen. Indes das gilt keineswegs allgemein; vielmehr wird dem Leichtfertigen oder Unfleißigen gegenüber nicht selten auch der Popanz des Werkhauses seine Wirkung versagen, während anderseits der Tüchtige und Strebsame die Berührung mit der öffentlichen Armenpflege in jeglicher Form scheut, weil ihn sein höher entwickeltes Ehrgefühl auch schon den Genuß von Barunterstützung, ganz abgesehen von den politischen Wirkungen, als eine soziale Deklassierung empfinden lassen würde.

Und was endlich die Befürchtung der Lohndrückerei anlangt, so ist zunächst zu erwägen, daß in normalen Zeiten – anormale Zeiten erfordern natürlich auch anormale Maßnahmen – etwa neun Zehntel aller Unterstützten für den Arbeitsmarkt überhaupt gar nicht in Betracht kommen, teils weil sie objektiv arbeitsunfähig sind, teils weil sie durch häusliche Pflichten – das gilt namentlich von den Witwen und Ehefrauen – an der Verrichtung von Lohnarbeit verhindert werden. Im übrigen bietet heutzutage das erstarkte Klassenbewußtsein des Arbeiters ein wirksames Korrektiv gegen eine Herabdrückung des Lohnes unter das Niveau des Existenzminimums, während, wenn der Lohn zwar unter den Normalsatz heruntergedrückt ist, aber noch oberhalb des Existenzminimums liegt, die Armenpflege selbst in der Einstellung der Unterstützung ein wirksames Gegenmittel besitzt. Natürlich ist hier Voraussetzung, daß die Armenpflege durch ihre Organe in der Lage ist, sich über die Arbeitsverhältnisse des Unterstützten in fortlaufender Kenntnis zu erhalten, was ja bei dem Elberfelder System ganz gewiß zutrifft.

Wenn hiernach, meine Damen und Herren, die Vorzüge des Werkhausprinzips nur bedingt auf Anerkennung rechnen dürfen, so haften ihm anderseits gegenüber

---

tätigkeit am 24. und 25. September 1903 in Elberfeld (Schriften des deutschen Vereins für Armenpflege und Wohltätigkeit, Heft 67), Leipzig 1903, S. 6-16, hier S. 12.

9 Die folgenden Zahlen nach: Das Werkhausprinzip in England, in: Soziale Praxis 8 (1899), Sp. 501 f. Hatten in Whitechapel 1870 21 Prozent der Unterstützten in geschlossener Pflege und 79 in offener Pflege gestanden, so 1898 98 in geschlossener Pflege und 2 Prozent in offener Pflege.

dem System der offenen Armenpflege die allerschwerwiegendsten Mängel an. Die Abschreckung wirklich Bedürftiger habe ich bereits hervorgehoben. Hinzu kommt die Zerreißung des Familienbandes, die Abstumpfung des Ehrgefühls und vor allem die Beeinträchtigung der Tatkraft und damit der Möglichkeit einer Wiedergewinnung wirtschaftlicher Selbständigkeit. Gerade in bezug auf die Erreichung dieses letzten und höchsten Zieles jeder Armenpflege bietet die offene Armenpflege infolge der größeren Differenzierung ihrer Hilfsmittel und der damit gegebenen erhöhten Anpassungsfähigkeit an die gegebenen Verhältnisse weitaus günstigere Chancen!

Daß wir daher in Deutschland nicht daran denken werden, uns von dem Prinzip der offenen Armenpflege nach dem Werkhaussystem abdrängen zu lassen, das ist bereits in den Verhandlungen[10] unseres Vereins über das Thema „Geld- und Naturalunterstützung" zum Ausdruck gelangt. Wenn jetzt mein verehrter Herr Korreferent, Herr Dr. Eschle[11], an verschiedenen Stellen seines Berichts[12] davon spricht, daß sich in neuerer Zeit eine Annäherung an das Prinzip der geschlossenen Armenpflege auch in Deutschland vollzieht, so halte ich das für mißverständlich; richtig ist, daß die Zahl der Anstalten dem Bedürfnis entsprechend zunimmt, weil man mehr und mehr bestrebt ist, diejenigen Hilfsbedürftigen, die der Anstaltspflege benötigen, auch dieser Fürsorgeform teilhaftig werden zu lassen. Aber aus der Vermehrung der Anstalten darf nicht geschlossen werden, daß wir im Begriff stehen, mit unserem System der offenen Armenpflege zu brechen. Das Prinzip als solches bleibt von dieser Vermehrung vollständig unberührt. Weitere Worte, meine Damen und Herren, glaube ich über diesen letzteren Punkt nicht verlieren zu sollen, nachdem hier gestern das hohe Lied des Elberfelder Systems, also eines Systems der offenen Armenpflege, in so vollen Tönen erklungen ist.[13]

Aber anderseits, meine geehrten Damen und Herren, ist auch die geschlossene Armenpflege selbstverständlich nicht zu entbehren; sie ist ein überaus wichtiger Faktor in der Organisation unseres Armenwesens. Sie ist nicht zu entbehren nicht allein für Sieche und Alte, deren Zustand eine intensivere Fürsorge und Beaufsichtigung, wie sie nur eine Anstalt bieten kann, erfordert, sondern sie ist vor allem auch nicht zu entbehren als Zucht- und Zwangsmittel gegenüber arbeitsscheuen, unbotmäßigen, unwirtschaftlichen, trunksüchtigen oder mit sonstigen sittlichen Defekten behafteten Personen. Ja, ich spreche es offen aus: Diesen Personen gegenüber bildet die geschlossene Armenpflege geradezu das notwendige Korrelat der allgemeinen Unterstützungspflicht, wie sie für uns durch das Unterstützungswohnsitzgesetz, für Bayern durch die Heimatgesetzgebung festgelegt ist.

---

[10] Georg Martius, Geld- und Naturalunterstützung. Korreferat, in: Gustav Kayser/ders., Natural- und Geldunterstützung (Schriften des deutschen Vereins für Armenpflege und Wohlthätigkeit, Heft 42), Leipzig 1899, S. 73-110, hier S. 90 f. Georg Martius war Stadtrat und Vorsitzender der Armendirektion in Breslau.

[11] Dr. Franz Kurt Reinhard Eschle (1859-1919), Arzt, seit 1902 Direktor der Kreispflegeanstalt Sinsheim (Kreis Heidelberg), zuvor Direktor der Kreispflegeanstalt der Kreise Karlsruhe und Baden.

[12] Franz Kurt Reinhard Eschle, Die geschlossene Armenpflege, in: Adolf Buehl/ders., Die geschlossene Armenpflege (Schriften des deutschen Vereins für Armenpflege und Wohltätigkeit, Heft 65), Leipzig 1903, S. 97-138.

[13] Emil Münsterberg, Das Elberfelder System, in: Stenographischer Bericht über die Verhandlungen der 23. Jahresversammlung des deutschen Vereins für Armenpflege und Wohltätigkeit am 24. und 25. September 1903 in Elberfeld (Schriften des deutschen Vereins für Armenpflege und Wohltätigkeit, Heft 67), Leipzig 1903, S. 6-16.

Ich habe mich nun mit dem geehrten Herrn Korreferenten auf die von mir am Schluß meines Berichts aufgestellten Thesen[14] mit einer kleinen Änderung, auf die ich demnächst noch zurückkomme, geeinigt, und wir empfehlen Ihnen daher, zunächst aufgrund dieser auf die erste These bezüglichen Ausführungen diese erste These anzunehmen, welche lautet:

Die geschlossene Armenpflege ist nur da anzuwenden, wo Arbeitszwang unter Aufsicht sich als notwendig erweist oder wo der körperliche oder geistige Zustand des Armen eine intensivere Beaufsichtigung oder Pflege erfordert, wie sie nur in einer Anstalt geboten werden kann.

Wenn, meine Damen und Herren, die geschlossene Armenpflege in dem vorbezeichneten Umfang durchgeführt werden soll, so bedarf es dazu natürlich einer erheblichen Anzahl von Anstalten. Man wird aussprechen dürfen, daß im allgemeinen in den Groß- und Mittelstädten die nötigen Einrichtungen in ausreichendem Maße vorhanden sind, wobei allerdings in bezug auf die Anwendung der geschlossenen Pflege im Verhältnis zur offenen recht erhebliche Schwankungen, die zwischen 5 und 35 % liegen, hervortreten, wie ich das in der Tabelle S. 36 f.[15] meines schriftlichen Berichts des näheren dargelegt habe.

Sehr viel ungünstiger als in den Groß- und Mittelstädten liegen zweifellos die Verhältnisse in den Landstädten und auf dem platten Lande. Am besten scheint nach meinen Wahrnehmungen für die Zwecke der geschlossenen Armenpflege gesorgt zu sein im Königreich Sachsen und in der preußischen Provinz Schleswig-Holstein, während relativ günstige Verhältnisse in Bayern, Württemberg, Baden, Oldenburg und Reuß, j[üngere] L[inie], obwalten. Dagegen ist wohl im weitaus größten Teil Deutschlands noch heute das Armenhaus die einzige Stätte der Betätigung ländlicher Armenfürsorge, das Armenhaus, wo dann Männer und Frauen, Alter und Jugend, Würdige und Unwürdige, ungesondert nach der Art des ihnen Nötigen, ungesondert auch nach der Entstehungsursache ihrer Hilfsbedürftigkeit, zu einem trostlosen Dasein zusammengepfercht sind. (Sehr richtig!)

Fragen wir, meine Damen und Herren, nach der Ursache dieses die pflegebedürftigsten Armen natürlich am härtesten treffenden Übelstands, so liegt als solche Ursache die Leistungsunfähigkeit der kleinen Armenverbände klar zutage. Es ist schlechterdings ausgeschlossen, daß die einzelne kleine Landgemeinde, die vielleicht nicht einmal regelmäßig der Anstaltspflege bedürftige Arme hat, ein Armen- oder Siechenhaus und das zur sachgemäßen Aufsicht erforderliche Personal zu unterhalten vermag. Wo aber, meine Damen und Herren, der einzelne zu schwach ist, um die ihm durch die Verhältnisse gestellten Aufgaben zu erfüllen, da pflegt ja heute eine größere Gemeinschaft einzutreten, und das ist es ja gerade, was wir den sozialen Zug unserer Zeit nennen.

Diesem sozialen Zug der Zeit folgend, ist im Laufe der letzten Jahrzehnte die Landesgesetzgebung auch auf dem Gebiet der Armen- und Krankenpflege allenthalben vorgegangen, indem sie beispielsweise den Gemeinden die Lasten der Anstaltspflege für Irre und Gebrechliche zu einem wesentlichen Teil abgenommen und sie leistungsfähigeren Verbänden, meist den Landarmenverbänden, auferlegt hat.[16] Viel-

---

14 Adolf Buehl, Die geschlossene Armenpflege, in: ders./Franz Curt Reinhard Eschle, Die geschlossene Armenpflege (Schriften des deutschen Vereins für Armenpflege und Wohltätigkeit, Heft 65), Leipzig 1903, S. 1-96a, hier S. 96a.

15 Ebenda, S. 36 f.

16 Vgl. unter Nr. 4 das preußische Gesetz vom 11.7.1891.

fach sind ferner Kreiskrankenhäuser errichtet worden, um den Kreiseingesessenen die erforderliche Krankenhauspflege zu gewährleisten. Und wenn nun auch zuzugeben sein wird, daß bei Hilfsbedürftigen, welche mit Irrsinn, schweren Gebrechen oder ansteckenden Krankheiten behaftet sind, die Anstaltspflege dringlicher ist als zum Beispiel bei Siechen und Versorgungsbedürftigen, so kann sich unser Zeitalter, welches gerade die Fürsorge für die Armen, für die wirtschaftlich Schwachen auf seine Fahne geschrieben hat, der Pflicht, auch für die Alten und Siechen in angemessener Weise zu sorgen, doch unmöglich entziehen!

Gleichwertige Armenfürsorge in Stadt und Land und demgemäß die Einrichtung großer, leistungsfähiger Armenverbände, wo solche noch fehlen, ist daher die Forderung, die wir, wie schon vor 20 Jahren unser unvergeßlicher Seyffardt[17], auch heute wieder zu erheben haben. (Bravo!)

Die Möglichkeit, größere Verbände zu bilden oder sich für Zwecke der Anstaltsfürsorge zusammenzuschließen, ist nach der Lage der Gesetzgebung[18] durchweg vorhanden; in wie geringem Maße aber von dieser Befugnis Gebrauch gemacht wird, zeigt die Zusammenstellung, die ich im zweiten Abschnitt meines gedruckten Berichts Ihnen zu geben mir erlaubt habe. Man scheut offenbar die augenblickliche Mehrbelastung, ohne zu bedenken, daß die angemessene Versorgung der Siechen und Alten eine gesetzliche und soziale Pflicht, die Anhaltung Arbeitsscheuer und Trunkfälliger zur Arbeit in letzter Linie aber auch eine Quelle finanzieller Entlastung nach den verschiedensten anderen Richtungen hin bedeutet. Sachsen ist hier in vorbildlicher Weise vorgegangen. Dort hatten sich um die Mitte des vorigen Jahrhunderts und unter dem Druck der Verhältnisse zunächst freiwillige Assoziationen der einzelnen Heimatbezirke zum Zwecke der Errichtung von Armen- und Arbeitsanstalten gebildet; späterhin hat die Gesetzgebung Bezirksverbänden zu dem gleichen Zweck vorgesehen.[19] So bestehen denn heute in Sachsen, abgesehen von den städtischen Anstalten, etwa 30 Bezirksarmenanstalten, welche Siechen und Altersschwachen entsprechende Versorgung bieten und welche sich zugleich als gute Waffe zur Bekämpfung von Bettel, Müßiggang und Trunksucht erwiesen haben.[20]

Deshalb, meine geehrten Herrschaften, lautet die zweite These dahin:

Da die für die Zwecke der geschlossenen Armenpflege erforderlichen Anstalten nur von finanziell leistungsfähigen Körperschaften errichtet und unterhalten werden

---

17 Die Organisation der Armenpflege in den Gemeinden, insbesondere in den kleineren Verbänden. Bericht des Herrn Seyffardt-Crefeld auf dem Armenpfleger-Kongreß 1882, in: Annalen des Deutschen Reichs für Gesetzgebung, Verwaltung und Statistik 10 (1882), S. 704-713.

18 Vgl. die §§ 11-12 und 31-32 des preußischen Ausführungsgesetzes zum Unterstützungswohnsitzgesetz vom 8.3.1871 (Nr. 86 Bd. 7, 1. Halbband, der I. Abteilung dieser Quellensammlung).

19 Vgl. § 30 der Armenordnung für das Königreich Sachsen vom 22.10.1840 (Gesetz- und Verordnungsblatt für das Königreich Sachsen 1840, S. 257) und § 21 des Gesetzes, betreffend die Bildung von Bezirksverbänden, vom 21.4.1873 (Gesetz- und Verordnungsblatt für das Königreich Sachsen 1873, S. 284).

20 Vgl. Victor Böhmert, Zur Statistik der sächsischen Bezirksarmenanstalten, in: Zeitschrift des K. Sächsischen Statistischen Bureaus 29 (1883), S. 151-183; Rudolf Ziller, Ueber die Einrichtung von Bezirks-(Kreis-)Armenhäuser, in: Deutscher Verein für Armenpflege und Wohlthätigkeit, Stenographischer Bericht über die Verhandlungen am 16. und 17. September 1885 in Bremen (Bibliothek der Frankfurter University of Applied Science, Historische Sondersammlung Soziale Arbeit und Pflege ZS D 106); vgl. auch Nr. 93 Bd. 7 der II. Abteilung dieser Quellensammlung.

können, so ist, soweit nicht bereits entsprechende Maßnahmen getroffen sind, die Bildung von Gesamtarmenverbänden oder von Zweckverbänden nach sächsischem Muster anzustreben.

Die Anstalten nun, welche für die geschlossene Armenpflege im Sinne des vorliegenden Berichtes in Betracht kommen, lassen sich in drei Gruppen scheiden, und zwar:

1. Armenarbeitsanstalten, d.h. Anstalten mit dem ausgesprochenen Charakter, solche Bedürftige aufzunehmen, zu beschäftigen und tunlichst zu bessern, welche unwirtschaftlich, bescholten oder der Arbeitsscheu verdächtig sind;

2. Siechenhäuser zur Aufnahme und Versorgung siecher, altersschwacher und mit körperlichen oder leichteren geistigen Gebrechen behafteter Personen; und

3. Altersversorgungsanstalten, wie sie vereinzelt, von den vorgenannten Anstalten getrennt, zu dem Zwecke bestehen, um infolge ihres Alters erwerbsunfähig gewordene, würdige Personen aufzunehmen und bis an ihr Lebensende zu verpflegen.

Alle drei Kategorien von Anstalten existieren nur in verhältnismäßig wenigen Städten scharf ausgeprägt nebeneinander. Häufiger findet man je ein Armenarbeits- und ein Siechenhaus. In der großen Mehrzahl der Städte ist dagegen nur eine einzige, allen Zwecken der geschlossenen Armenpflege dienende Anstalt vorhanden, die mitunter sogar darüber hinaus noch für Zwecke der Kranken- und Rekonvaleszentenpflege, der Kinderpflege und der Obdachlosenfürsorge Verwendung findet. Von dem wesentlichsten Einfluß ist natürlich auf diesem Gebiet die Entwicklung der Privatwohltätigkeit, die sich in weitem Umfang der Versorgung würdiger alter Personen gewidmet hat, die aber nicht selten auch ihre Aufgabe in der Siechenpflege findet. Ich habe mir erlaubt, auf die Leistungen der Privatwohltätigkeit, soweit es das Material gestattete, im vierten Abschnitt meines gedruckten Berichts[21] einen kurzen Blick zu werfen.

Eine besondere Unterart der geschlossenen Pflege bildet dann noch die Unterbringung in Kost- oder Familienpflege, womit namentlich in Hamburg die allergünstigsten Erfahrungen gemacht worden sind. Die Leute werden bei geeigneten Familien auf dem Lande untergebracht, sind zu mehreren der Aufsicht eines sogenannten Vertrauensmanns – Geistlichen, Ortsvorstehers, Lehrers, oder wer sonst Interesse für die Sache hat – unterstellt, sie arbeiten da; die Kostenersparnis beträgt gegenüber der Anstaltsversorgung in Hamburg etwa 40 % und dazu kommt noch die ziemlich naheliegende Möglichkeit des Ausscheidens aus der Armenpflege, falls – was nicht ganz selten eintritt – der Kostgeber sich bereit findet, den Pflegling ohne Entgelt zu behalten oder gar einen Dienstvertrag mit ihm abzuschließen.

Die Entscheidung über die Aufnahme in Anstaltspflege erfolgt in der Regel durch die Armenverwaltung, nur vereinzelt durch die ehrenamtlichen Pflegeorgane. Diese Pflegeorgane werden vielfach – wenn die mir gewordenen Berichte richtig sind – nicht einmal gutachtlich gehört, und das sollte doch meines Erachtens eigentlich überall der Fall sein; denn die Frage, ob offene oder geschlossene Pflege am Platze ist, liegt sehr häufig auf des Messers Schneide und kann eigentlich in sehr vielen Fällen ohne eingehende pflegerische und zumeist auch ärztliche Begutachtung in zutreffender Weise kaum gelöst werden.

Von erheblicher Bedeutung ist hier, ob die Armenpflege in der Lage ist, einen geschäftsfähigen Hilfsbedürftigen gegen seinen Willen und ungeachtet seiner Verzicht-

---

[21] Adolf Buehl, Die geschlossene Armenpflege, in: ders./Franz Curt Reinhard Eschle, Die geschlossene Armenpflege (Schriften des deutschen Vereins für Armenpflege und Wohltätigkeit, Heft 65), Leipzig 1903, S. 1- 96a, hier S. 93-96.

leistung auf Armenfürsorge in jeglicher Form in Anstaltspflege zu nehmen. Wenn einzelne Armenbehörden eine solche Befugnis schon aufgrund ihrer Berechtigung, Art und Maß der Unterstützung zu bestimmen, für sich in Anspruch nehmen, so halte ich das nicht für gerechtfertigt, weil an und für sich gegen seinen Willen niemand gezwungen werden kann, sich Unterstützung aus öffentlichen Mitteln gefallen zu lassen. Wohl aber glaube ich, daß die Armenbehörden unter bestimmten, allerdings gesetzlich näher zu umgrenzenden Voraussetzungen, mit der Befugnis zur Gewährung einer – wenn ich so sagen soll – Zwangsfürsorge in Anstalten ausgerüstet werden können, weil, ganz abgesehen von dem polizeilichen Interesse, auch durch die Armenunterstützung als solche nicht nur dem privaten Interesse des Unterstützten, sondern zugleich einem öffentlichen Interesse genügt werden soll.

Was von der Aufnahme gilt, trifft auch für die Entlassung zu. In vier Bundesstaaten, Sachsen[22], Württemberg[23], Mecklenburg-Schwerin[24] und Oldenburg[25], ist den Armenbehörden die Möglichkeit gegeben, die Entlassung unter gewissen Umständen zu verweigern; es beruht das auf landesrechtlichen Vorschriften. Es scheint allerdings, daß eine solche Zurückhaltung von Insassen wider Willen auch außerhalb der genannten vier Bundesstaaten von nicht ganz wenigen Verwaltungen aus praktischen Rücksichten geübt wird, wofern nämlich anzunehmen steht, daß der zu Entlassende alsbald wieder der Armenpflege anheimfallen wird. Für richtig kann ich dies Verfahren nicht halten. (Zustimmung.)

Gewiß ist es höchst unerquicklich, wenn sich die persönliche Freiheit lediglich in dem bekannten circulus vitiosus: „Armenhaus, Branntweinschenke, Krankenanstalt, Armenhaus" betätigt; aber diesem unliebsamen Zustand abzuhelfen, ist nicht Sache der Verwaltung, sondern lediglich der Gesetzgebung. (Zustimmung.)

Der Verwaltung stehen meines Erachtens keine anderen Mittel als die Androhung gewisser Nachteile bei selbstverschuldetem Wiedereintritt in die Anstalt, polizeiliche Unterkommensauflage nach § 361 [Ziffer] 8 des Strafgesetzbuchs[26] und eventuell Entmündigung[27] zu Gebote. Daneben hat die Armenverwaltung aber selbstverständlich die Pflicht, weil jede Armenfürsorge nur so lange gewährt werden darf, als armenrechtliche Hilfsbedürftigkeit vorliegt, auch ihrerseits die Entlaßbarkeit der Insassen auf das sorgfältigste zu überwachen, und sie tut gut, wenn sie in geeigneter Weise sich bemüht, für dazu fähige Insassen Arbeitsstellen zu vermitteln. Wir haben in diesem Frühjahr in Hamburg einen derartigen Versuch gemacht, der außerordentlich gut gelungen ist, indem es durch Insertion in den Kreisblättern des benachbarten Landgebiets möglich geworden ist, etwa 50 Insassen unseres Werk- und Arbeitshauses in zum Teil ganz gut gelohnten Arbeitsstellen unterzubringen.

Wenn nun, meine geehrten Damen und Herren, die Aufnahme des Armen in Anstaltspflege erfolgt, so sind damit ja allerdings der Familienzusammenhang und alle

---

[22] Vgl. Nr. 74 Anm. 2.

[23] Vgl. Art. 14 des württembergischen Abänderungsgesetzes zum Ausführungsgesetz zum Gesetz über den Unterstützungswohnsitz vom 2.7.1889 (Nr. 116 Bd. 7 der II. Abteilung dieser Quellensammlung).

[24] Vgl. Nr. 74 Anm. 4.

[25] Vgl. Nr. 74 Anm. 5.

[26] § 361 Ziffer 8 bedrohte mit Haft, wer nach Verlust seines bisherigen Unterkommens sich binnen einer behördlich gesetzten Frist kein anderweitiges Unterkommen verschafft hatte bzw. nicht nachweisen konnte, daß ihm dies trotz seines Bemühens nicht möglich gewesen war.

[27] Das Verfahren zur Entmündigung war in §§ 593-620 der Zivilprozeßordnung (Zivilprozeßordnung vom 30.1.1877 [RGBl, S. 83]) geregelt.

sonstigen Beziehungen zur Außenwelt im wesentlichen gelöst; der Lebenslauf des Insassen regelt sich hinfort nicht mehr nach seinem freien Willen, sondern nach den Anstaltsgesetzen, aber diese durch die Anstaltsdisziplin bedingte Beschränkung der Persönlichkeit des Armen bedeutet nicht etwa die Vernichtung seiner Individualität. Er ist mit dem Eintritt in die Anstalt nicht zur bloßen Nummer degradiert, wie der Zuchthäusler, der Gefangene, sondern er soll auch in der geschlossenen Pflege der Gegenstand individualisierender Fürsorge bleiben. Das gilt, meine Damen und Herren, nicht nur da, wo die Möglichkeit besteht, die wirtschaftliche Selbständigkeit ihm wiederzugewinnen, sondern auch dann, wenn nach dem Zustand des Armen der Fortfall öffentlicher Fürsorge nicht mehr zu erwarten ist. Auch dann – ja, ich sage: gerade dann – heißt es, dem Armen die seiner ganzen Persönlichkeit entsprechende Fürsorge in einer Form angedeihen zu lassen, die ihn seine Hilflosigkeit möglichst wenig empfinden läßt. Gewiß wird die Individualisierung im Bereich der Anstaltspflege dadurch wesentlich erleichtert, daß das freie Erwerbsleben mit seiner unendlichen Vielgestaltigkeit vor den Anstaltsmauern Halt macht. Dafür ist aber anderseits die Fürsorge für die individuellen Bedürfnisse des Armen in der Anstaltspflege eine viel weitgehendere als in der offenen Pflege. In der offenen Pflege besitzt auch der Arme trotz seiner geringen Mittel noch eine gewisse eigene Bewegungsfreiheit, kraft deren er sich einer ihm unbequemen Nachbarschaft durch Wohnungswechsel zu entziehen, seine Beköstigung innerhalb seiner beschränkten Mittel nach seinem Gutdünken zu beschaffen oder eine ihm nicht zusagende Arbeitsstelle oder Beschäftigungsart mit einer anderen zu vertauschen imstande ist. Der Anstaltsinsasse hingegen bleibt oft auf Jahre hinaus, vielfach sogar bis an sein Lebensende, an die von der Anstaltsleitung in bezug auf Unterbringung, Beköstigung und Beschäftigung für ihn geschaffenen Verhältnisse gebunden. Der einschneidenden Bedeutung der diesbezüglichen Anordnungen für das Wohl und Wehe jedes einzelnen Insassen entspricht daher meines Erachtens eine erhöhte Verantwortung der Anstaltsleitung, der sie durch eingehende Wertung der Persönlichkeit jedes einzelnen Armen gerecht werden muß.

Die Anerkennung dieses Prinzips, meine Damen und Herren, stellt nun die Anstaltsleitung vor die schwierige Frage, nach welchen Gesichtspunkten denn individualisiert werden soll. In dieser Richtung besteht zwischen dem Herrn Korreferenten und mir eine kleine Meinungsverschiedenheit, indem Herr Dr. Eschle eine Sonderung lediglich unter dem Gesichtspunkt der Arbeitsfähigkeit eintreten lassen will, während ich daneben dem persönlichen Moment der Würdigkeit eine wesentliche Bedeutung beimesse. (Sehr richtig!)

Der für das Wohl der Insassen selbst bei weitem wichtigste Faktor in der geschlossenen Armenpflege ist ihre Unterbringung. Nicht allerdings so sehr für die Arbeitsfähigen, die tagsüber beschäftigt sind und bei den Mahlzeiten wie auch während der der Erholung gewidmeten Stunden in der Lage sind, solchen Anstaltsgenossen, mit denen sie keine Berührung wünschen, aus dem Wege zu gehen, um so mehr aber für die Siechen und Versorgten. Da hängt es in der Tat von der Art und der Belegung der einzelnen Räume ganz wesentlich ab, ob den Insassen ein friedlicher Lebensabend beschieden sein soll oder ob man dem würdigen verarmten Bürger, der hilflosen, alten Witwe die letzten Tage dadurch verbittert, daß man wahllos jenem einen alten Zuchthäusler oder Trunkenbold, dieser eine frühere Dirne an die Seite legt. (Sehr wahr!)

Ich gebe daher schon im Interesse der Individualisierung dem Pavillonsystem, welches eine Sichtung der Insassen nach größeren Gruppen von vornherein gewährleistet, vor dem Kasernensystem den Vorzug, und ich wünsche ferner für die Siechen kleine gemütliche Räume von vier, höchstens sechs Betten und daneben Einzelzimmer für unruhige oder unverträgliche Sieche sowie für solche Versorgte, welche sich ein eigenes Zimmerchen wünschen und sich durch ihre Vergangenheit und durch ihre tadellose Anstaltsführung dieser Vergünstigung würdig erwiesen haben.

Neben der Unterbringung, meine Damen und Herren, spielt im Anstaltsleben die Beköstigungsfrage eine sehr große Rolle, wobei ich, abgesehen von der eigentlichen Krankenkost, schon im Interesse der Vereinfachung der Verwaltung der Beschränkung auf möglichst wenige Kostformen das Wort reden möchte. Ich halte zwei Kostformen, eine für die arbeitenden Insassen und eine andere für die alten, meist durch Zahnlosigkeit in ihrer Verdauung beeinträchtigten Personen, für genügend. Hier gebührt das entscheidende Wort dem Arzt, der sein Augenmerk namentlich darauf zu richten haben wird, daß die Kost die erforderlichen Nährstoffe in einer dem Körperzustand des einzelnen Insassen entsprechenden Form enthält.

Von der größten Bedeutung für das Wohl und Wehe der Insassen ist endlich auch die Gestaltung der Hausordnung. Als allgemeiner Grundsatz gilt hier allenthalben die Trennung nach Geschlechtern; das ist ein an sich berechtigtes Prinzip. Aber ebenso berechtigt ist es, daß von der öffentlichen Meinung nachdrücklich die Durchbrechung dieses Prinzips zugunsten alter, würdiger Eheleute gefordert wird. (Sehr richtig!)

Allerdings, meine Damen und Herren, sind Fälle dieser Art nicht allzu häufig; ich kann Ihnen da mit einigen Worten die Erfahrungen mitteilen, die wir in unserm Werk- und Armenhaus[28] gemacht haben, wo wir in diesem Frühjahr drei Einzelzimmer für Ehepaare hergerichtet haben. Mehr als drei Ehepaare kamen nämlich von den acht oder zehn, die im ganzen in der Anstalt vorhanden waren, wegen mangelnder Rüstigkeit nicht in Betracht. Von diesen drei Einzelzimmern ist gegenwärtig nur noch eins mit einem Ehepaar belegt. Das eine Ehepaar hatte das Schicksal, daß der Mann die ihm gewährte größere Freiheit benutzte, um sich in Besitz von Schnaps zu setzen und seine Frau derartig prügelte (Heiterkeit), daß das Zusammenleben nicht mehr aufrechterhalten werden konnte. Im zweiten Falle hat sich die Frau Schnaps verschafft; sie hat zwar ihren Mann nicht geprügelt (Heiterkeit), aber sie ist selbst krank geworden; infolgedessen mußte auch in diesem Falle das Zusammenleben gelöst werden. Wenn man bedenkt, daß eine gewisse Rüstigkeit für die Unterbringung in Einzelzimmern die notwendige Voraussetzung bildet, so, meine ich, kann der Fall nicht allzuhäufig eintreten; denn wenn diese Rüstigkeit noch einigermaßen vorliegt, dann können die Leute in der offenen Armenpflege entsprechend unterstützt werden, und die offene Pflege verdient doch im Prinzip vor der geschlossenen den Vorzug. Die offene Pflege ist auch erheblich billiger als die geschlossene. Also viele Fälle dieser Art werden nicht vorkommen; wo aber die Umstände dementsprechend liegen, da ist es in der Tat eine Forderung der Humanität, daß man den alten Leuten, die ihr ganzes langes Leben zusammen verbracht haben, es ermöglicht, auch ihren Lebensabend noch zusammen zu verbringen.

Wenn für die verschiedenen Zwecke der geschlossenen Armenpflege getrennte Anstalten bestehen, so wird ganz von selbst die Hausordnung jeder einzelnen Anstalt dem speziellen Charakter derselben näher angepaßt sein. Mißlicher gestaltet sich die Sachlage, wenn nur eine einzige Anstalt existiert, wie das beispielsweise sogar noch in Hamburg der Fall ist, wo wir lediglich das Werk- und Armenhaus für alle Zwecke der geschlossenen Armenpflege besitzen. Wird in solchen Fällen die gemeinsame Haus-

[28] Vgl. Nr. 20 Anm. 5.

ordnung auf die Siechen und Alten zugeschnitten, so leiden darunter leicht Arbeitsbetrieb und Disziplin, während, wenn man die Verhältnisse der meist lasterhaften Arbeitsfähigen zugrunde legt, darin wieder eine gewisse Härte für die Siechen und Versorgten zu erblicken sein würde. In der Tat ist ja auch der Zweck der Anstaltspflege hier und dort ein ganz verschiedener. Die Siechen und Alten sollen bewahrt und gepflegt, die Trunkenbolde und Müßiggänger dagegen beschäftigt und durch Arbeitszwang gebessert werden. Und da sage ich: andere Zwecke, andere Mittel!, und ich fordere deshalb auch da, wo nur eine einzige Anstalt besteht, Absonderung der sogenannten antisozialen Elemente, der Trinker und Müßiggänger, von den würdigen Siechen und Versorgten sowie eine mildere Hausordnung für die letzteren, wobei namentlich Ausgang, Besuchsempfang, Bekleidung und Beschäftigung sowie die Anstaltsdisziplin verschieden zu regeln sein werden. Daß ich auf ausdrückliche Hervorhebung dieses letzten Punktes in den gemeinsam von uns aufgestellten Thesen verzichtet habe, lag, wie Sie aus meinen Ausführungen gesehen haben, nicht daran, daß ich meine Ansicht geändert habe, sondern ich habe das getan, um die Aufstellung gemeinsamer Thesen zu ermöglichen, die nur unter der Voraussetzung des Verzichts auf diesen – übrigens ja mehr interpretierenden – zweiten Satz in der These 3 zu ermöglichen war.

Wie nun im einzelnen zu individualisieren ist, dafür lassen sich feste Regeln schwer aufstellen. Wie in der offenen Pflege, so soll auch in der geschlossenen die ganze Persönlichkeit des Armen ins Auge gefaßt werden, und da darf allerdings sich die Anstaltsleitung keine Mühe verdrießen lassen, um durch das Studium des vorhandenen Aktenmaterials und durch intensive eigene Beobachtung zu einem möglichst richtigen Urteil über jeden einzelnen Insassen zu gelangen.

Demgemäß lautet die dritte These nur ganz allgemein:

Auch im Rahmen der geschlossenen Armenpflege ist nach Möglichkeit zu individualisieren. Von einer Trennung nach Geschlechtern ist bei alten, würdigen Ehepaaren Abstand zu nehmen.

Und nun noch ein Wort über die vierte These, über die Beschäftigung. Die Beschäftigung spielt neben Unterbringung, Beköstigung und Behandlung eine Hauptrolle, und sie richtig zu gestalten, ist daher eine wichtige Sorge jeder weiterblickenden Anstaltsleitung.

Die rationelle Ausnutzung der vorhandenen Arbeitskraft entspricht zunächst einem wesentlich armenpflegerischen Interesse. Soll der Müßiggänger, der Trunkenbold zu selbständiger Existenz zurückgeführt werden, so ist das nur möglich, indem man ihn an regelmäßige Tätigkeit gewöhnt. Und in der Tat sind in dieser Richtung mancherlei Erfolge zu verzeichnen.

Groß ist ferner die Bedeutung der Arbeit für das individuelle Wohl des einzelnen Insassen. Ich gehe zwar nicht so weit wie mein geehrter Herr Korreferent[29], für den die Arbeitsfähigkeit die Basis jeder Spezialisierung bildet und der in seinem Arbeitssanatorium – wie er es selbst genannt hat – jedem Pflegling die seiner Individualität am besten entsprechende Arbeit zuweisen möchte, die dann nicht nur den Kräften und Fähigkeiten des Armen, sondern auch seinen Neigungen angepaßt, zudem nicht geisttötend und schließlich in ihrem Produkt von realem Wert sein soll.[30] Nach mei-

---

[29] Dr. Franz Curt Reinhard Eschle.

[30] Franz Curt Reinhard Eschle, Die geschlossene Armenpflege. Korreferat, in: Adolf Buehl/ Franz Curt Reinhard Eschle, Die geschlossene Armenpflege (Schriften des deutschen Vereins für Armenpflege und Wohltätigkeit, Heft 65), Leipzig 1903, S. 97-138, hier S. 124 f.

ner Meinung ist eine so feine Differenzierung in bezug auf das Durchschnittspublikum unserer Armen- und Siechenhäuser weder nach der subjektiven noch nach der objektiven Seite durchführbar. Wohl aber erkenne ich rückhaltlos den großen Wert der Arbeit als Heilfaktor, z. B. bei Unfallverletzten und Nervösen, an, ferner ihre ganz außerordentliche Bedeutung zur Abwendung geistiger Verkümmerung, welcher die noch einigermaßen arbeitsfähigen Insassen bei fortgesetztem tatenlosen Hindämmern naturgemäß entgegengehen. Übrigens ist die Arbeit auch vom Standpunkt der Anstaltsdisziplin keineswegs zu unterschätzen; auch hier gilt der Satz: Müßiggang ist aller Laster Anfang. Nur zu leicht führt die Beschäftigungslosigkeit zu Zänkereien und Querelen und allerlei sonstigen Überschreitungen der Hausordnung.

Endlich muß einer rationellen Ausnutzung der vorhandenen Arbeitskräfte auch vom finanziellen Gesichtspunkt aus eine gewisse Bedeutung beigemessen werden, weil es auf diesem Wege möglich wird, die durch die Anstaltspflege entstehenden Kosten wenigstens teilweise zu decken. Recht anregend auf die Arbeitsleistung wirkt dabei erfahrungsmäßig die Bewilligung einer kleinen Arbeitsprämie, die aber natürlich nicht so bemessen werden darf, daß sie den Insassen einem freien Arbeiter ungefähr gleichstellt, wie das vereinzelt vorkommt.

Bei Auswahl der einzelnen Beschäftigungszweige spielen natürlich die örtlichen Verhältnisse eine sehr große Rolle. Im allgemeinen wird man sagen dürfen, daß die Beschäftigung in Garten- und Landwirtschaft nach allen Richtungen, und zwar ganz besonders in bezug auf die Möglichkeit der Wiedergewinnung wirtschaftlicher Selbständigkeit, recht günstige Erfolge verspricht, daß aber daneben naturgemäß gewisse gewerbliche Arbeitsbetriebe unentbehrlich sind, bei deren Auswahl auf Vermeidung der Konkurrenz mit den freien Gewerben tunlichst Rücksicht genommen werden sollte. In Hamburg – wenn ich das noch sagen darf – hat sich die Heranziehung von Insassen zu Wärterdiensten ganz außerordentlich gut bewährt.

Unsere vierte These lautet demgemäß:

Eine angemessene Beschäftigung aller arbeitsfähigen Insassen erscheint aus armenpflegerischen, individuellen und finanziellen Gründen geboten; für die rüstigeren ist in erster Linie landwirtschaftliche und Gartenarbeit zu empfehlen.

Meine Damen und Herren, es war für mich keine sehr angenehme Aufgabe, das weite Gebiet der geschlossenen Armenpflege hier in 30 oder – dank Ihrer gütigen Nachsicht 40 Minuten – zu behandeln. Die Darstellung konnte nicht in die Tiefe dringen, sondern sie mußte sich wesentlich an der Oberfläche bewegen, wie ja auch die Thesen, der weiten Fassung des Themas entsprechend, ziemlich allgemein gehalten sind. Wenn die in meinem Bericht verarbeiteten Erfahrungen aus etwa 180 deutschen Anstalten aller Kategorien bei passender Gelegenheit Beachtung finden und wenn weiterhin mein Bericht dahin führt, daß in der nachfolgenden Diskussion oder in späteren Sonderreferaten die eine oder andere der vielen wichtigen, im Thema liegenden Spezialfragen zu eingehenderer Behandlung gelangt, so erachte ich den Zweck meiner Berichterstattung als erfüllt. Für heute bitte ich um möglichst einstimmige Annahme der von dem Herrn Korreferenten und mir aufgestellten vier Thesen.[31] (Lebhafter Beifall.)

[...]

---

31 Die Thesen wurden angenommen (Stenographischer Bericht über die Verhandlungen der 23. Jahresversammlung des deutschen Vereins für Armenpflege und Wohltätigkeit am 24. und 25. September 1903 in Elberfeld [Schriften des deutschen Vereins für Armenpflege und Wohltätigkeit, Heft 67], Leipzig 1903, S. 101).

Nr. 115

1903 Dezember 10

Schreiben[1] des anhaltischen Ministerpräsidenten Johann von Dallwitz[2] an den Reichskanzler Dr. Bernhard Graf von Bülow

Abschrift in Maschinenschrift

[Es ist beabsichtigt, gesetzlich die Möglichkeit zu schaffen, Personen, die durch Trunksucht, Müßiggang oder Arbeitsscheu die Hilfsbedürftigkeit ihrer unterhaltsberechtigten Angehörigen verursacht haben, auf dem Verwaltungsweg zwangsweise in ein Armenhaus einzuweisen]

Der § 1 des anhaltischen Ausführungsgesetzes zum Reichsgesetz über den Unterstützungswohnsitz[3] enthält nachstehende, mit dem gleichen Paragraphen des preußischen Ausführungsgesetzes vom 8. März 1871[4] wörtlich übereinstimmende Vorschriften:

„Jedem hilfsbedürftigen Deutschen ist von dem zu seiner Unterstützung verpflichteten Armenverband Obdach, der unentbehrliche Lebensunterhalt, die erforderliche Pflege in Krankheitsfällen und im Falle seines Ablebens ein angemessenes Begräbnis zu gewähren.

Die Unterstützung kann geeignetenfalls, solange dieselbe in Anspruch genommen wird, mittelst Unterbringung in einem Armen- oder Krankenhaus sowie mittelst Anweisung der den Kräften des Hilfsbedürftigen entsprechenden Arbeiten außerhalb oder innerhalb eines solchen Hauses gewährt werden.

Gebühren für die einem Unterstützungsbedürftigen geleisteten geistlichen Amtshandlungen sind die Armenverbände zu entrichten nicht verpflichtet.“

Auf Anregung des Magistrats der Stadt Dessau, welcher auf die in neuerer Zeit eingetretene erhebliche Steigerung der kommunalen Armenlasten und auf das fortgesetzte Anwachsen der Zahl von Müßiggängern und Trunkenbolden, die sich der Unterhaltspflicht gegenüber ihren Familienangehörigen entziehen, schon wiederholt hingewiesen hat, beabsichtigen wir, dem im Februar 1904 zusammentretenden Landtag des Herzogtums eine Gesetzesvorlage zu machen, durch welche zwischen dem zweiten und dritten Absatz des oben angeführten § 1 ein neuer Absatz mit folgendem Wortlaut eingeschoben werden soll: „Wer durch Trunksucht, Müßiggang oder Arbeitsscheu die Hilfsbedürftigkeit von Familienangehörigen, die zu seinem Hausstand gehören und zu deren Unterhalt er verpflichtet ist, herbeigeführt hat, kann zum Zwecke der Verrichtung angemessener Arbeit in einem Armenhaus so lange untergebracht werden, als die Familienangehörigen der Unterstützung des Armenverbands bedürfen. Die Unterbringung darf die Dauer von zwei Jahren nicht übersteigen und ist nur in einem solchen Armenhaus zulässig, das von der Aufsichtsbehörde des Armenverbands hierzu für geeignet erklärt und in dem die Art und die tägliche Zeitdauer der Beschäftigung durch eine von der Aufsichtsbehörde zu bestätigende Haus-

---

1 BArch R 1501 Nr.101267, fol. 101-102.

2 Johann von Dallwitz (1855-1919), Jurist, seit 1902 anhaltischer Staatsminister, seit 1903 Ministerpräsident.

3 Gesetz, die Ausführung des Bundesgesetzes über den Unterstützungswohnsitz betreffend, vom 29.6.1871 (Gesetz-Sammlung für das Herzogthum Anhalt, S. 1755).

4 Nr. 86 Bd. 7, 1. Halbband, der I. Abteilung dieser Quellensammlung.

ordnung geregelt worden ist. Die Unterbringung erfolgt auf Antrag des Armenverbands durch Beschluß des Kreisausschusses und in den vier Hauptstädten durch Beschluß des Stadtausschusses. Gegen diesen Beschluß findet binnen zwei Wochen, von der Zustellung ab gerechnet, die Beschwerde bei der Regierung, Abteilung des Innern, statt, welche endgültig entscheidet. Die Beschwerde hat keine aufschiebende Wirkung."

Es würde nun von großem Wert für uns sein, wenn wir vor Einbringung dieser Vorlage eine gefällige Auskunft Euerer Exzellenz darüber erhalten könnten, ob Hochdieselben unserer Auffassung, daß eine landesgesetzliche Bestimmung vorstehenden Inhalts mit dem Reichsrecht, insbesondere mit dem Strafgesetzbuch nicht im Widerspruch stehen würde, zustimmen.

Wir gehen von der Ansicht aus, daß es sich hier nicht um eine Strafe handelt, sondern daß durch die beabsichtigte neue Bestimmung die Möglichkeit geboten werden soll, solche Personen, welche infolge von Trunksucht, Müßiggang oder Arbeitsscheu die Hilfsbedürftigkeit ihrer Familienangehörigen herbeigeführt und dadurch den Armenverband belastet haben, durch Unterbringung in einem Armenhaus zwangsweise zur Arbeit anzuhalten und durch Ausnutzung ihrer Arbeitskraft den Armenverband wieder zu entlasten. Gleichzeitig kommt dabei das sittliche Motiv in Betracht, Arbeitsscheue zur Arbeit erziehen und dadurch zur Erfüllung ihrer Unterhaltspflicht anleiten und wieder befähigen zu lassen.

Die bisherige Bestimmung des Absatz 2 reicht nicht aus, denn diese findet nur da Anwendung, wo der Hilfsbedürftige für sich selbst Unterstützung in Anspruch nimmt und selbige ihm in der Form der Aufnahme in ein Armenhaus gewährt werden soll, während der neue Absatz die Unterbringung in einem Armenhaus auch für den Fall vorsieht, wo nicht der Müßiggänger pp. für seine Person Armenunterstützung in Anspruch nimmt, sondern mit seinen mittellosen Familienangehörigen dem Armenverband zur Last fällt. Der Zweck dieser Maßnahmen weist von selbst darauf hin, daß die Unterbringung nur so lange dauern darf, als der Armenverband zur Unterstützung der Familienangehörigen genötigt ist. Um aber auch für solche Fälle, wo die Hilfsbedürftigkeit einer Familie lange anhält, eine zeitliche Maximalgrenze für die Unterbringung zu ziehen, soll deren äußerste Dauer auf zwei Jahre beschränkt werden.

Indem wir uns beehren, Ew. Exzellenz um eine gefällige Rückäußerung ergebenst zu ersuchen, sprechen wir für geneigte Erfüllung unserer Bitte im voraus unseren verbindlichsten Dank aus.[5]

---

[5] Vgl. Nr. 119.

Nr. 116

1903 Dezember 16

Rundschreiben[1] des Vorsitzenden der Kölner Armendeputation Beigeordneten Philipp Brugger[2] an die Armenbezirksvorsteher, Armenpfleger und Armenpflegerinnen

Druck

[Lungenkranke Personen, die hilfsbedürftig sind, sollen, wenn sie ortsangehörig sind, auf Kosten von Stiftungen in Heilstätten untergebracht werden, wenn dies das einzig erfolgversprechende Mittel ist; bei Fällen, wo eine solche Maßnahme keinen Heilerfolg mehr verspricht, soll die Armenpflege gewährleisten, daß sie innerhalb der Familien möglichst isoliert werden]

Von der Armendeputation ist schon seit längerer Zeit die Frage erörtert worden, in welcher Weise und in welchem Umfang auch die öffentliche Armenpflege mitberufen sei, im Kampf gegen die Volkskrankheit der Tuberkulose mitzuwirken.

Wenn bisher auch schon viel geschehen ist, insbesondere durch Unterbringung Lungenkranker in Landpflege sowie durch Errichtung einer Lungenheilstätte, so reicht dieses doch nicht entfernt aus, weil die Fürsorge sich in der Hauptsache nur auf solche Kranke beschränkt, für welche die nicht unerheblichen Kosten eines längeren Aufenthalts in Landpflege, einem Badeort oder einer Lungenheilstätte entweder von Krankenkassen, Invalidenversicherung oder Privatvereinigungen gezahlt wurden. Für die armenrechtlich Hilfsbedürftigen geschah mit wenigen Ausnahmen nichts, einesteils weil man eine derartige Fürsorge als nicht zu den Ausgaben der öffentlichen Armenpflege gehörend betrachtete, andernteils es aber auch bis zur Eröffnung der stadtkölnischen Lungenheilstätte in Rosbach an der Sieg an einer geeigneten Anstalt mangelte.

In neuerer Zeit hat jedoch das Bundesamt für das Heimatwesen als oberste Spruchbehörde in Armensachen den Grundsatz ausgesprochen, daß auch die Unterbringung in eine Heilstätte dann mit zu den pflichtmäßigen Aufgaben der öffentlichen Armenpflege gehört, wenn eine solche Unterbringung nach ärztlichem Gutachten das einzige, einen wesentlichen Heilerfolg verheißende Mittel ist.[3]

In Übereinstimmung mit den Oberärzten der städtischen Krankenanstalten und den Armenärzten hat daher die Armendeputation folgendes beschlossen:

1. Lungenkranke Personen, welche armenrechtlich hilfsbedürftig sind und für welche weder Krankenkassen noch eine Versicherungsanstalt, noch dritte Personen einzutreten haben, sind in einer Heilstätte unterzubringen, wenn durch ärztliches Gutachten dargetan ist, daß die Heilstättenbehandlung das einzige, einen wesentlichen Heilerfolg verheißende Mittel ist. Da die Heilstättenpflege nicht nur im Interesse der einzelnen Personen, sondern auch in demjenigen der gesamten Bevölkerung geschieht, so erscheint es angezeigt, die Kosten der Heilstättenpflege nicht aus öffentlichen Mitteln zu bestreiten, um das Odium, welches mit der Gewährung von Armenunterstützungen verknüpft ist, zu beseitigen, die Kosten vielmehr aus Stiftungsmitteln zu entnehmen.

---

[1] BArch R 1501 Nr.111791, n. fol.

[2] Philipp Brugger (1865-1943), Jurist, 1896 Gerichtsassessor in Leipzig, 1898 Zweiter Bürgermeister von Oppeln, seit 1900 Beigeordneter in Köln und Vorsitzender der Armendeputation.

[3] Vgl. Nr. 102 Anm. 30.

Soweit freilich hier nicht ortsangehörige Personen in Betracht kommen, ist die Verwendung von Stiftungsmitteln ausgeschlossen, die Bestreitung der Kosten muß vielmehr aus öffentlichen Mitteln erfolgen, damit von den verpflichteten Ortsarmenverbänden Erstattung der aufgewendeten Mittel gefordert werden kann.

2. Da der Kampf um die Krankheit um so erfolgreicher ist, je frühzeitiger dagegen eingeschritten wird, so empfiehlt es sich, in dem Fall, wo Verdacht vorliegt, sich Gewißheit zu verschaffen durch Untersuchung des Sputums durch das bakteriologische Laboratorium der Stadt Köln. Die Untersuchung ist auf Antrag der Armenärzte unentgeltlich vorzunehmen.

3. In den Familien, in denen nachweisbar Tuberkulose herrscht, sind periodisch Wohnungsdesinfektionen vorzunehmen, jedenfalls aber bei vorkommenden Todesfällen und bei Wohnungswechsel. Die Armenpfleger haben die Aufgabe, die Vornahme der Desinfektion bei dem Bezirk anzuregen, der den Antrag bei der Armenverwaltung zu stellen hat.

4. Soweit tuberkulosekranke Personen wegen der Natur ihres Leidens in einer Heilanstalt Aufnahme nicht finden, muß auf eine möglichste Isolierung innerhalb der Familie hingewirkt werden. Diese kann erreicht werden:

a) dadurch, daß besondere Eß- und Trinkgeschirre sowie Spucknäpfe und Spuckflaschen seitens der Armenverwaltung geliefert werden;

b) dadurch, daß dem Kranken das Schlafen nicht nur in einem besonderen Bett, sondern auch in einem besonderen Zimmer ermöglicht wird. In dem letzteren Fall muß daher über die für die Mietsätze der Armen sonst geltenden Grundsätze hinweggesehen, unter Umständen sogar zu einer Erhöhung der Barunterstützung übergegangen werden, allerdings mit der Vorsorge, daß der Zweck dieser Maßnahme, nämlich die Beschaffung eines besonderen Zimmers, gesichert wird.

Kranke Personen, welche an vorgeschrittener Tuberkulose leiden und deshalb für ihre Umgebung eine besondere Gefahr bilden, sind zu bestimmen, ihre Aufnahme in Hospitalpflege nachzusuchen.

Wegen der Verabreichung guter Krankenkost und Milch schweben noch Verhandlungen, über deren Ergebnis s[einer]z[ei]t Mitteilung folgen wird, ebenso wird über die weitere Anregung, die Zahl der alljährlich im Sommer zu einer mindestens 30tägigen Kur nach Bad Kreuznach zu sendenden skrophulösen Kinder – bisher 40 – zu erhöhen, im nächsten Frühjahr das Weitere veranlaßt.

Sollen die unter 1 bis 4 erwähnten Maßnahmen Erfolg haben, so bedarf es vor allem der Ermittlung derjenigen Personen, welche an Tuberkulose leiden und für welche weder eine Krankenkasse noch die Invalidenversicherung gesetzlich einzutreten verpflichtet ist, die also armenrechtlich hilfsbedürftig sind.

Zu dieser Ermittlung sind hauptsächlich und in erster Linie die in der öffentlichen Armenpflege tätigen Bürger und Bürgerinnen berufen, weil sie durch ihre ehrenamtliche Tätigkeit den besten Einblick in die Verhältnisse der in Betracht kommenden Personen haben.

Im Vertrauen auf die stets bewährte Mitarbeit auf dem Gebiet der öffentlichen Armenpflege ersuchen wir daher alle Armenbezirksvorsteher, Armenpfleger und Armenpflegerinnen ergebenst, uns von jedem zu ihrer Kenntnis gelangenden Fall des Vorliegens von Tuberkulose oder auch nur des Verdachts auf solcher sofort Mitteilung zu machen, damit unsererseits geprüft werden kann, welche Art des Eingreifens angebracht erscheint.

Nr. 117

1903 Dezember 28

Runderlaß[1] des preußischen Kultusministers Dr. Konrad Studt an die Regierungspräsidenten und den Berliner Polizeipräsidenten Dr. Georg von Borries[2]

Metallographie

[Es wäre wünschenswert, ähnlich den französischen und belgischen Dispensaires auch in den geeigneten preußischen Städten „Wohlfahrtsstellen für Lungenkranke" zu errichten]

In der Anlage übersende ich ergebenst eine auszugsweise Abschrift des Reiseberichts[3], welchen mein Fachreferent, der Geheime Obermedizinalrat Professor Dr. Kirchner,[4] über die Besichtigung des Dispensaire antituberculeux in Lille erstattet hat. Nach einem Bericht, welchen der Privatdozent an der hiesigen Universität, Prof[essor] Dr. Paul Jacob[5], in der „Deutschen medizinischen Wochenschrift" 1903 Nr. 44 und 45 über „Die Dispensaires in Belgien und Frankreich" veröffentlicht hat, befinden sich ähnliche, wenn auch nicht ebenso vollkommene Einrichtungen in verschiedenen Orten der genannten beiden Länder. Allem Anschein nach sind sie wertvolle Hilfsmittel im Kampf gegen die Tuberkulose und in hohem Grade geeignet, die segensreichen Wirkungen der Lungenheilstätten zu unterstützen.

Es wäre sehr wünschenswert, wenn ähnliche Einrichtungen, und zwar tunlichst in organischer Verbindung mit einer Lungenheilstätte, auch bei uns ins Leben gerufen werden könnten. Außer den Städten mit mehr als 100 000 Einwohnern wären in erster Linie Universitätsstädte und solche Orte dazu geeignet, in denen sich ein hygienisches Institut oder eine ähnliche bakteriologische Untersuchungsanstalt

---

[1] GStA Berlin I. HA Rep.76 VIII B Nr.4142, fol. 164-164 Rs. Entwurf von der Hand des Geheimen Obermedizinalrats Professor Dr. Martin Kirchner: GStA Berlin I. HA Rep.76 VIII B Nr.4142, fol. 159-160 Rs.

[2] Dr. Georg von Borries (1857-1922), Jurist, 1891-1902 Landrat in Herford, seit 1902 Polizeipräsident von Berlin.

[3] Abschrift des Auszugs aus einem Reisebericht Prof. Dr. Kirchners, o. D. (GStA Berlin I. HA Rep.76 VIII B Nr.4142, fol. 165-165 Rs.). Darin hieß es, die in Deutschland besonders gepflegten Lungenheilstätten seien *nicht imstande, für sich allein die Lungentuberkulose in ausreichender Weise zu bekämpfen, da sie nur für die Leichtkranken sorgen, die Schwerkranken aber sich selbst überlassen. Vom Standpunkt der öffentlichen Gesundheitspflege sind aber gerade die Schwerkranken am gefährlichsten, weil sie in ihrem Auswurf enorme Mengen von Tuberkelbazillen von sich geben.* Die französischen Dispensaires, die lediglich die Krankheit diagnostizieren, nicht aber behandeln würden, die die Betroffenen zudem belehren würden und ihnen durch Desinfektion und sonstige Unterstützungen zur Seite stünden, würden hier einen Weg weisen. *Es wäre sehr zu wünschen, daß man in Deutschland in ähnlichem Sinne vorginge, namentlich in den großen Städten.*

[4] Dr. Martin Kirchner (1854-1925), seit 1898 Geheimer Medizinalrat und Vortragender Rat im preußischen Kultusministerium, seit 1900 Professor für Hygiene und Staatsarzneikunde, seit 1901 Geheimer Obermedizinalrat.

[5] Dr. Paul Jacob (1871-1923), 1895 Assistenzarzt, seit 1896 Oberarzt an der I. Medizinischen Klinik der Berliner Charité, seit 1899 Privatdozent für Innere Medizin in Berlin.

befindet, deren Leiter die Einrichtung und technische Leitung des Dispensaire oder, wie man es zweckmäßig nennen könnte, der „Wohlfahrtsstelle für Lungenkranke“ gewiß gerne übernehmen würde. Die Kosten der ersten Einrichtung und der laufenden Unterhaltung dieser Wohlfahrtstellen würden sich voraussichtlich unschwer durch Heranziehung der öffentlichen Wohltätigkeit beschaffen lassen, insoweit sie nicht von den Invaliditätsanstalten, Krankenkassen und ähnlichen Verbänden übernommen werden.[6]

Ich gebe hiervon mit dem ergebensten Ersuchen Kenntnis, die Frage der Begründung von „Wohltätigkeitstellen für Lungenkranke“ einer gefälligen Prüfung zu unterziehen, die geeignet erscheinenden Schritte zur Verwirklichung des Gedankens vorzubereiten und über das Veranlaßte und die damit etwa erzielten Erfolge binnen Jahresfrist zu berichten.[7]

---

6 Obermedizinalrat Prof. Dr. Martin Kirchner machte auch auf der 28. Versammlung des Deutschen Vereins für öffentliche Gesundheitspflege vom 16. bis 18.9.1903 in Dresden, die sich u. a. mit der Frage notwendiger Ergänzungen der bestehenden Maßnahmen zur Bekämpfung der Tuberkulose befaßte, Werbung für eine Nachahmung der Dispensaires auch in Deutschland. Um für Kranke im fortgeschrittenen Stadium sorgen zu können, bedürfe es einer solchen Ergänzung der Heilstätten. Die Dispensaires gingen über die in Deutschland bestehenden Polikliniken hinaus, sie vereinigten den Charakter von Sprechstunden mit dem von Wohlfahrtseinrichtungen und sorgten dafür, daß die Tuberkulösen auch außerhalb der Heilanstalt *in einigermaßen gesundheitsgemäße Verhältnisse* kämen (Deutsche Vierteljahrsschrift für öffentliche Gesundheitspflege 36 [1904], S. 34 f.).

7 Die Berichte sind gesammelt in: GStA Berlin I. HA Rep.76 VIII B Nr.4153; vgl. Nr. 138.

Nr. 118

1903

Dr. Karl Böhme[1]: Die Ergebnisse der Arbeitslosen-Zählung in Frankfurt a. M. vom 1. Februar 1903[2]

Druck, Teildruck

[Charakter der modernen, industriellen Arbeitslosigkeit; die Ergebnisse der Erhebung nach den Kriterien Geschlecht, Familienstand, Alter, Ansässigkeit, Dauer der Arbeitslosigkeit, Beruf und Beschäftigung]

[...]

Kapitel I. Das Wesen der modernen Arbeitslosigkeit

Die Arbeitslosenzählung ist eine moderne Forderung; Arbeitslosigkeit selbst hat es bereits in früheren Zeiten bei allen Kulturvölkern gegeben, so im Altertum bei Griechen und Römern. In Deutschland beginnt sie erst zu Anfang des neunzehnten Jahrhunderts infolge des großen Wachstums der Bevölkerung sich fühlbar zu machen. In den zwanziger und dreißiger Jahren des neunzehnten Jahrhunderts nimmt namentlich im preußischen Osten die Erörterung der Arbeitslosigkeit des Landproletariats einen breiten Raum in der Provinzialliteratur ein, Philanthropen aus allen Schichten, Großgrundbesitzer, Angehörige der bürgerlichen Kreise, Nationalökonomen bemühen sich vergeblich um eine Lösung der Frage.

In den vierziger und fünfziger Jahren haben wir dann im Südwesten Deutschlands eine ähnliche Übervölkerung, große Massen, die nur ungenügende Beschäftigung und unzureichenden Lebensunterhalt fanden. In beiden Fällen hat erst die durch Verbesserung und Verbilligung der Verkehrsmittel ermöglichte Aus- oder Abwanderung den Übelständen abhelfen können.

---

1 Dr. Karl Böhme (1877-1940), Nationalökonom, Assistent der Zentrale für private Fürsorge in Frankfurt a. M.

2 Institut für Stadtgeschichte Frankfurt am Main Magistratsakten T 182 Bd.3, n. fol. Deckblatt: Die Ergebnisse der Arbeitslosen-Zählung in Frankfurt a. M vom 1. Februar 1903. Herausgegeben im Auftrage des Notstands-Ausschusses der Centrale für private Fürsorge von Dr. Karl Böhme, Frankfurt a. M. 1903.
Die Anregung zu der Arbeitslosenzählung ging vom Frankfurter Gewerkschaftskartell aus (Schreiben des Gewerkschaftskartells an den Magistrat der Stadt Frankfurt vom 24.9.1902: Institut für Stadtgeschichte Frankfurt a. M. Magistratsakten T 182 Bd.2, n. fol.). Nachdem der Magistrat die Durchführung einer solchen Zählung mit denselben Argumenten abgelehnt hatte, wie schon 1893 (Bericht des Magistrats vom 14.11.1902 für die 45. Sitzung der Stadtverordneten-Versammlung vom 25.11.1902, in: Mittheilungen aus den Protokollen der Stadtverordneten-Versammlung der Stadt Frankfurt a. M., Bd. 35 [1902], Frankfurt a. M., S. 608; für die Argumentation im Jahr 1893, vgl. Nr. 24, gelang es dem Gewerkschaftskartell, die Unterstützung des Notstandsausschusses der Zentrale für private Fürsorge für eine private Zählung zu gewinnen. Die Zentrale machte dafür zur Bedingung, daß die wissenschaftliche Bearbeitung bei dem Assistenten der Zentrale, Dr. Karl Böhme, liegen würde (Schreiben Charles Hallgartens an Oberbürgermeister Dr. Franz Adickes vom 3.12.1902: Institut für Stadtgeschichte Frankfurt a. M. Magistratsakten T 182 Bd.2, n. fol.). Die technische Durchführung der Zählung lag bei einer gemeinsamen Kommission des Gewerkschaftskartells und des Notstandsausschusses. Die Zählung fand am 1.2.1903 durch eine Befragung von Haus zu Haus statt.

In der Gegenwart ist für die Landwirtschaft schon lange das Problem der Arbeitslosigkeit von dem Problem des Arbeitermangels abgelöst worden.

Die Arbeitslosigkeit ist aber trotzdem bestehengeblieben, nur hat sie ihren Standort gewechselt und ist in die Industrie übergegangen, ihr Charakter ist aber ein wesentlich anderer geworden.

Sie hat, das dürfte wohl der bedeutsamste Unterschied von der ländlichen Arbeitslosigkeit sein, einen sprunghaften Charakter angenommen.

Diese Verschiedenheit der Arbeitslosigkeit der Landbevölkerung und der der industriellen Arbeiterschaft, es soll unter ersterer, um den Gegensatz schärfer erkennen zu können, speziell die Landbevölkerung im preußischen Osten zu Anfang des 19. Jahrhunderts gemeint sein, ist schon begründet in der Entstehung der betreffenden Bevölkerungsklassen. Das Landproletariat setzte sich aus drei Schichten zusammen, der an Zahl äußerst geringen Arbeiterklasse, die schon vor den Agrarreformen weder selbst ein kleines Stück Land besaß noch am Gemeindeland beteiligt war, der erheblich zahlreicheren Landarbeiterschaft, die durch die Agrarreformen um ihren Besitz und Anteil am Gemeindeland gekommen war, und schließlich aus den durch Krieg und Agrarreformen vernichteten bäuerlichen Existenzen. Diese Massen fanden nicht genügende Beschäftigung, weil die Landwirtschaft infolge der langen Kriegsperiode fast völlig von Kapital entblößt war, um die Arbeitskräfte sämtlich beschäftigen zu können, und weil die Fortschritte der landwirtschaftlichen Technik auch nur allmählich einen größeren Bedarf an Arbeitskräften hervorriefen.

Der Charakter der Arbeitslosigkeit war dementsprechend auch ein stetiger, zwei Generationen eines schlechtgenährten Proletariats lebten ohne jedes Klassenbewußtsein in dauernd dürftigen Verhältnissen, von den wirtschaftlichen Konjunkturen weder in ihrer Lebenslage noch in ihrer Zahl erheblich beeinflußt. Nicht staatliche Reformen noch die verderblichen Folgen langer Kriegsperioden haben die in der Gegenwart unter der Arbeitslosigkeit leidenden Bevölkerungsschichten entstehen lassen, sondern vielmehr der glänzende wirtschaftliche Aufschwung. Die moderne Arbeitslosigkeit ist lediglich eine Folge der wirtschaftlichen Entwicklung und ihrer vornehmsten Seite, der Verflechtung der nationalen Volkswirtschaft mit der Weltwirtschaft. Je größer die Massen der im Ausland abgesetzten industriellen Produkte werden, um so stärker machen sich die Einflüsse aller Störungen bemerkbar, die irgendwo in der Welt den ruhigen Gang der Entwicklung hemmen. Jeder Krieg zwischen kleinen Staaten, jeder Zolltarif, der irgendwo Gesetz wird, jede Erschließung eines Absatzgebiets, sie schaffen Arbeit und Brot, aber sie werfen auch unzählige Existenzen auf die Straße. Die Stetigkeit in der Entwicklung hat aufgehört. – Es ist in der Gegenwart unendlich schwer, voraussagen zu wollen, wo und welcher Teil der Bevölkerung wieder unter einer Krisis zu leiden haben dürfte, und es ist schon deshalb für den Staat fast unmöglich, vorbeugende Maßregeln zu treffen. Die betroffenen Bevölkerungsschichten aber verlangen nach Abhilfe. Es sind vielfach nicht an langjähriges Elend gewöhnte Proletarier, sondern hochstehende Arbeiter, die unter einem fast beispiellosen Steigen der Löhne emporgekommen sind, deren Lebensgewohnheiten den Vergleich mit denen vieler Kreise des Bürgertums um die Mitte des neunzehnten Jahrhunderts nicht zu scheuen brauchen. Diese Schichten erleben jetzt einen plötzlichen Wechsel ihrer Lebenslage, und je höher sie standen, um so schmerzlicher kommt er ihnen zum Bewußtsein. Aber auch diejenigen, die selbst noch nicht unter einer Krisis zu leiden haben, erkennen an dem Schicksal ihrer unglücklicheren Genossen, wie unsicher ihre eigene Stellung ist. Das Bewußtsein Proletarier zu sein, gewinnt auch in ihrem Innern an Stärke, mögen auch ihre augenblicklichen Einkommensverhältnisse ihnen eine Stellung in den vorderen Reihen des selbständigen Mittelstands anweisen.

Es ist daher durchaus falsch, wenn einzelne Nationalökonomen immer wieder den Unterschied zwischen gelerntem und ungelerntem Arbeiter betonen und ersteren in den Mittelstand aufnehmen wollen, der Unterschied ist nur ein gradueller, im Grunde sind beide Proletarier jeder Konjunktur unterworfen und jeden Augenblick in Gefahr, arbeitslos zu werden. Mit zwingender Notwendigkeit mußte daher bei beiden Schichten proletarisches Bewußtsein, und zwar noch stärker bei den bessergestellten Arbeitern, entstehen. Soweit diese Kreise nun ihre Forderungen im Rahmen des bestehenden Staates zu erfüllen hoffen konnten, war das Verlangen nach Versorgung bei Krankheit, Invalidität, Unfall, Alter, aber auch nach Versicherung gegen Arbeitslosigkeit etwas naturgemäß Gegebenes.

Der Gang der wirtschaftlichen Entwicklung, nicht die Theorien und Bemühungen der Philanthropen haben die ländliche Arbeitslosigkeit beseitigt, eine Milderung der modernen Arbeitslosigkeit dürfte eher von staatlichen Reformen zu erwarten sein, denn für diese tritt mit berechtigtem Egoismus die betroffene Klasse selbst ein.

Eine Milderung, eine dauernde Beseitigung der Arbeitslosigkeit kann auch die vollkommenste Arbeitslosenversicherung nicht herbeiführen. Die Unterstützungen werden nie auch nur annähernd die Höhe des Arbeitslohns erreichen dürfen, um nicht Trägheit und Gleichgültigkeit zu wecken; in der Form eines Notbehelfs können sie aber das Gefühl der Unsicherheit in der Existenz nicht beseitigen. Denn gewissen Entbehrungen ist ein Mann von relativ geringem Einkommen, der in demselben verkürzt wird, auch dann ausgesetzt, und deshalb wird er sich auch stets als Proletarier fühlen. Außerdem wird eine derartige Fürsorge sich nur ermöglichen lassen, wenn die Vermehrung der proletarischen Existenzen nicht ins Ungemessene fortgeht, vielmehr durch eine gesunde Wirtschaftspolitik derjenige Faktor, der noch weitere zahlreiche Arbeitskräfte dauernd und sicher beschäftigen kann, die Landwirtschaft, in die Lage versetzt wird, die dafür notwendigen hohen Löhne zu zahlen und der Bevölkerungszuwachs durch eine starke innere Kolonisation in der Hauptsache dem ländlichen Mittelstand erhalten wird. Nur dann, wenn die Grundlagen unserer Volkswirtschaft wieder mehr in das Inland verlegt werden und die Arbeitslosigkeit einen weniger sprunghaften und wechselnden Charakter annimmt, werden auch die Vorbedingungen für eine Arbeitslosenversicherung gegeben sein. Nur dann werden auch die Arbeitslosenzählungen nicht nur wissenschaftlich interessante, sondern auch praktisch nützliche Unternehmungen sein.

[...] *Als Methode wurde die Zählung von Haus zu Haus gewählt.*

Kapitel III. Die Ergebnisse der Zählung vom 1. Februar 1903

Die Zählung erstreckte sich auf Frankfurt a. M. und seine Vororte Sachsenhausen, Bockenheim, Oberrad, Niederrad und Seckbach, die insgesamt eine Einwohnerschaft von 304 000 Seelen zählten, ausgeschlossen waren vier Stadtbezirke des westlichen Villenviertels, in denen nur ganz vereinzelt Arbeitslose gewohnt haben können. Die von der Kommission festgesetzte Zählkarte hatte folgenden Wortlaut:

Arbeitslosenzählung
Beschäftigungslose Arbeitnehmer in Frankfurt a. M. am 1. Februar 1903

Zählbezirk: .... Zähler: ....
Straße Nr.: .... Stockwerk: ....

1. Vor- und Zuname des Arbeitslosen ....
2. Geschlecht .... 3. Geburtsjahr ....
4. Geburtsort (Kreis) ....
5. Seit welchem Datum wohnen Sie in Frankfurt? ....
6. Sind Sie verheiratet, ledig oder verwitwet? ....
7. Wieviel Kinder unter 16 Jahren haben Sie? ....
   a) Wieviel davon besuchen noch nicht die Schule? ....
   b) Wieviel davon sind schulpflichtig? ....
8. Gelernter Beruf ....
9. Art der letzten Beschäftigung (falls Sie zuletzt nicht in Ihrem Beruf tätig) ....
10. Name und Adresse des letzten Arbeitgebers ....
11. Arbeiteten Sie zu Hause für ein Geschäft? ....
12. Seit welchem Datum sind Sie ohne Arbeit? ....
13. Sind Sie arbeitslos geworden durch Krankheit, Invalidität oder Unfall, eigene Kündigung, Kündigung durch den Arbeitgeber, Aufhören der Saisonarbeit oder wodurch sonst? (Das Zutreffende zu unterstreichen) ....
14. Falls Saisonarbeiter: Wodurch verdienten Sie sonst in der stillen Zeit Ihren Unterhalt? ....
15. Sind Sie gewerkschaftlich organisiert? ....
16. Beziehen Sie von Ihrer Gewerkschaft Arbeitslosenunterstützung? ....
17. Ist Ihre Frau regelmäßig erwerbstätig? ....
18. Ist sie gegenwärtig und seit wann erwerbslos? ....

Im ganzen wurden 3 728 ausgefüllte Zählkarten, diejenigen Karten, die bei den Nacherhebungen hinzukamen, mit eingerechnet, eingeliefert. Nach genauer Durchsicht wurden 3 146 Karten als gut und im ganzen vollständig befunden, während 582 Karten als offenbar falsch, zweifelhaft oder unvollständig einer Nachprüfung unterzogen wurden. Von diesen mußten 86, weil die betreffenden Personen selbständig waren, 48, weil nur irrtümlich Arbeitslosigkeit angegeben war, 110, weil die betreffenden Leute entweder verzogen oder nicht aufzufinden waren, in Summa 244 Karten ausgeschieden werden. Die nunmehr als gut befundenen 3 484 Karten wurden in der Weise nachgeprüft, daß bei 300 Arbeitslosen, die Kündigung durch den Arbeitgeber als Grund der Arbeitslosigkeit angegeben hatten, Nachfragen bei den Arbeitgebern veranstaltet wurden. Es stellte sich hierbei heraus, daß nur bei 12 Personen, also vier Prozent, die Angaben entweder falsch oder zweifelhaft waren. Es blieben somit 3 472 Karten übrig. Ziehen wir davon 4 % ab, so würden etwas über 3 300 ermittelte Arbeitslose übrigbleiben. Erwägen wir jedoch, daß, wie die Nachprüfungen ebenfalls zeigten, auch an verschiedenen Stellen Arbeitslose übersehen worden waren; nehmen wir an, daß sich auch in den vier Westend-Vierteln vereinzelt Arbeitslose befunden haben werden, daß unter den 110 als zweifelhaft ausgeschiedenen Karten ein Teil von wirklich Arbeitslosen herrührte, so gehen wir wohl nicht fehl, wenn wir die Mindestzahl der in Frankfurt wirklich vorhandenen Arbeitslosen auf 3 500, die Maximalzahl auf 3 800 anschlagen. Für die statistische Verarbeitung können natürlich nur die wirklich ausgefüllten 3 472 Karten Verwendung finden. Die

Zahl der Arbeitslosen ist niedriger als die am 2. Dez[ember] 1895 ermittelte, es wurden damals gezählt 4696 Arbeitslose.[3] Ein Vergleich beider Zahlen lehrt, daß die Arbeitslosigkeit in dem Winter 1902/03 in Frankfurt doch erheblich geringer war als 1895. Am 2. Dezember 1895 kamen auf 100 Einwohner 2,05, nach Abzug der nicht erwerbsfähigen 1,28 Arbeitslose; am 1. Februar 1903 sind die entsprechenden Zahlen 1,14 und 0,90, die entsprechenden Durchschnittszahlen im ganzen Reich waren damals 1,48 und 1,06, in den 28 Großstädten 2,43 und 1,61. Dabei muß berücksichtigt werden, daß im allgemeinen Ende Januar, Anfang Februar die Arbeitslosigkeit am stärksten zu sein pflegt, während Anfang Dezember sich bereits die Weihnachtssaison in einer größeren Inanspruchnahme von Arbeitskräften fühlbar macht.

Ein Vergleich mit der Arbeitslosigkeit anderer Großstädte während des Winters 1902/03 ist nicht möglich, da mit Ausnahme von Stuttgart keine Erhebungen stattgefunden haben. In Stuttgart ist aber die Arbeitslosigkeit vom 10. November 1902 nach dem Selbstzählungssystem festgestellt worden, das, wie in Kapitel II nachzuweisen versucht wurde, ein erschöpfendes Bild nicht geben kann. Trotzdem mögen die Zahlen hier wiedergegeben werden.

Von den 1088 Personen, die von der Zählung Gebrauch gemacht hatten,[4] wie es sehr richtig in dem Bericht des städtischen Statistischen Amts von Stuttgart heißt, hatten sich 737 Personen als gänzlich arbeitslos bezeichnet, das würden auf 100 Einwohner 0,42 Arbeitslose sein. (Stuttgart hatte nach der Volkszählung vom 2. Dezember 1900 176699 Einwohner.)

Am 2. Dez[ember] 1895 betrugen die entsprechenden Zahlen für Stuttgart 1,19 und 0,85, also auch damals lagen die Verhältnisse dort erheblich günstiger als in Frankfurt. Berücksichtigen wir jedoch das 1902 angewandte System, so wird man dasselbe vom letzten Winter nicht unbedingt behaupten können.

Im ganzen ist jedenfalls die Arbeitslosigkeit auch in Frankfurt relativ zurückgegangen, die absolute Zahl der Arbeitslosen aber immerhin so hoch, daß ein Brachliegen derartiger Arbeitskräfte nicht nur einen erheblichen wirtschaftlichen Verlust für die gesamte Volkswirtschaft bedeutet, sondern auch die schwersten sozialen Schäden zur Folge hat.

Die Fragen der Zählkarte sind natürlich in zahlreichen Fällen nicht sämtlich beantwortet worden, daher konnte bei der Aufstellung der Tabellen nicht immer die Gesamtheit, sondern oft nur ein mehr oder minder großer Teil der 3472 Karten berücksichtigt werden. Sehr mangelhaft waren die Fragen 14–18 beantwortet worden, und mußte daher von ihrer Bearbeitung Abstand genommen werden. Ebenso war der Bearbeiter dadurch, daß ihm infolge seines Weggangs von Frankfurt für die Nachprüfungen und die Verarbeitung des Materials nur die Zeit bis zum 1. April zur Verfügung stand, verhindert, weitere Tabellen unter Ausscheidung der wegen Krankheit,

---

3 Die beschäftigungslosen Arbeitnehmer im Deutschen Reich am 14. Juni und 2. Dezember 1895, in: Vierteljahrshefte zur Statistik des Deutschen Reiches N.F. 5 (1896), Ergänzung zu Heft 4, hier S. 24*. 1895 war im Zusammenhang mit der reichsweiten Volkszählung und Berufszählung auch eine methodisch eher schlichte Zählung der Beschäftigungslosigkeit durchgeführt worden; sie blieb die einzige umfassende Erhebung dieser Art auf Reichsebene vor 1914.

4 Anmerkung in der Quelle: *Vgl. Bericht des städtischen Statistischen Amts über das definitive Ergebnis der Arbeitslosenzählung vom 10. Nov*(ember) *1902 im Amts- und Anzeigeblatt der Stadt Stuttgart, Jahrgang 1902, Nr. 288.*

Invalidität und Unfall Arbeitslosen aufzustellen.[5] Dies ist nur bei Tabelle III[6] geschehen. Außerdem wurden bei den wichtigsten Fragen durch Nachprüfung die vorhandenen Lücken ausgefüllt, so daß die gesamten 3472 Karten zur Verarbeitung gelangen konnten, so bei der Frage nach Alter und Familienverhältnissen der Arbeitslosen (vgl. Tabelle I[7]).

Von den 3195 Männern (92 % der Gesamtzahl der Arbeitslosen) hatten sich 1756 oder 55 % als ledig, 1439 oder 45 % als verheiratet, verwitwet, geschieden oder getrennt, von den 277 Frauen (8 % der Gesamtzahl der Arbeitslosen) 193 oder 70 % als ledig, 84 oder 30 % als verheiratet etc. bezeichnet. Der Prozentsatz der verheirateten Frauen ist natürlich deshalb sehr viel niedriger als der der verheirateten Männer, weil die verheirateten Frauen, wenn irgend möglich, überhaupt nicht auf Arbeit gehen. Werden sie aber durch die Not dazu gezwungen, so suchen sie andererseits unter allen Umständen ihre Stelle festzuhalten. Daraus erklärt sich auch, daß bei den Frauen der Prozentsatz der wegen Krankheit arbeitslosen ein ungleich höherer ist wie bei den Männern (vgl. Tabelle IV[8]). Bei der Betrachtung der Altersklassen, zunächst der Männer, ergibt sich, daß die jugendlichen Arbeiter bis zur Vollendung des 18. Jahres nur 5 % der Arbeitslosen, die Klasse vom 18. bis vollendeten 25. Jahre 32 %, vom 25. bis vollendetem 50. Jahre 51 %, über 50 Jahre 12 % der Gesamtzahl ausmachen. Wenn wir aber die Zahl der Arbeitslosen, die auf den einzelnen Jahrgang entfallen, in Betracht ziehen, so wird das Bild ein ganz anderes. Es kommen dann bei den 16–18 Jahre alten Arbeitern auf den Jahrgang 62 Arbeitslose, eine nicht hohe Zahl, die sich aus dem Einfluß des elterlichen Hauses und daraus erklärt, daß eine große Anzahl dieser jugendlichen Arbeiter Lehrlinge sind. Dann aber erhalten wir sofort die höchste Anzahl von Arbeitslosen pro Jahrgang für die Gruppe der im Alter von 18–25 Jahren stehenden Arbeiter, 147,1. Dieses Alter ist zweifellos am geneigtesten, auch leichtsinnig das Arbeitsverhältnis zu lösen, es kommt dazu, daß die Militärzeit und die Beendigung der Lehrjahre, die beide in diese Altersklassen fallen, störenden Einfluß auf die Stetigkeit des Arbeitsverhältnisses ausüben und die Zahl der Arbeitslosen vermehren. Aber andererseits nimmt der Militärdienst eine sehr erhebliche Zahl von jungen Leuten dieser Altersklassen in Anspruch, und deshalb erscheinen die hohen Zahlen um so mehr bedenklich. Überhaupt liegen neben den traurigen Folgen, die aus der Arbeitslosigkeit des Ernährers für die Familien entstehen, die größten Gefahren gerade in der Arbeitslosigkeit von jugendlichen Personen, deren Charakter erst in der Entwicklung begriffen ist. Namentlich wird auch für den Reservisten, der nach dem anstrengenden Dienst plötzlich zu wochenlanger Untätigkeit verurteilt ist, diese oft der Anlaß und Anfang zu seinem dauernden Ruin werden. Verheiratet sind in dieser Altersklasse nur 8 %, auf die Familie kommen 1,05 Kinder unter 16 Jahren.

In den Jahresklassen von 25–50 Jahren, die 51 % aller männlichen Arbeitslosen umfassen, ist die Zahl derselben pro Jahrgang nur noch 65,1. Hier wirken schon das Alter und Familienverhältnisse günstig auf den Willen des Arbeiters ein, möglichst an seinem Arbeitsverhältnis festzuhalten; 63 % dieser Gruppe sind verheiratet, und

---

5 Die Ausscheidung der wegen Krankheit, Invalidität oder Unfall Arbeitslosen diente der Eingrenzung der Fälle auf die aus wirtschaftlichen Gründen Arbeitslosen.

6 Tabelle III: Dauer der Arbeitslosigkeit, im Anhang zu dem abgedruckten Bericht (S. 25).

7 Tabelle 1: Alter und Familienverhältnisse der Arbeitslosen, im Anhang zu dem abgedruckten Bericht (S. 24).

8 Tabelle IV: Gründe der Arbeitslosigkeit, im Anhang zu dem abgedruckten Bericht (S. 26).

es entfallen 1,9 Kinder auf die Familie. In der traurigsten Lage werden sich, wie ein Blick auf die Tabelle lehrt, im allgemeinen die arbeitslosen Familienväter im Alter von 30–40 Jahren befinden. Die Zahl der Kinder ist nicht nur an und für sich die höchste, sondern diese werden überdies in den meisten Fällen in einem Alter sein, in dem sie schon sehr erhebliche Kosten verursachen, ohne daß auch nur ein Teil von ihnen mitverdient. Letzteres wird in den Familien der 40–50 Jahre alten Arbeiter doch schon z[um] T[eil] der Fall sein, während in den Familien, deren Ernährer 25–30 Jahre alt sind, die Kinder wenig zahlreich sind und in einem Alter sich befinden, in dem zwar mehr Wartung erforderlich, die Ausgaben für Essen und Kleidung aber noch sehr gering sind. Von den Männern über 50 Jahre sind 90 % verheiratet, und es kommen nur noch 0,95 Kinder auf die Familie. 26,1 Arbeitslose ist der Durchschnitt, der auf den Jahrgang des Alters von 50–60 Jahren entfällt. In dieser Altersklasse wird die Unterstützung von seiten der Kinder vielfach doch recht erheblich sein. Dagegen werden die über 60 Jahre alten Arbeitslosen sich deshalb wieder in der bedauernswerten Lage befinden, weil die Kinder dann fast stets für eine eigene Familie zu sorgen haben werden.

Im ganzen erscheint also die Arbeitslosigkeit bei den Männern am meisten schädlich im Alter von 18–25 Jahren aus moralischen und sozialen Gründen, weil die Gefahr der Verwahrlosung vorliegt, im Alter von 30–40 Jahren, weil dann in der Regel Familienväter in einer Zeit verdienstlos werden, in der die Aufwendungen für die Kinder am größten sind, nach dem 60. Jahr, weil der alte Arbeiter dann oft keinen Rückhalt an seinen Kindern hat, kränklich ist und daher selbst sehr schwer Arbeit findet.

Bei den Frauen enthalten die Altersklassen bis zum 25. Jahr 47 % der Gesamtzahl aller Arbeitslosen, davon sind nur 2 % verheiratet. In den Altersklassen von 25–50 Jahre, die 40 % der Gesamtzahl umfassen, beträgt der Anteil der verheirateten, verwitweten, geschiedenen und getrennten Frauen bereits 50 %. Hier sind die verheirateten Frauen vielfach durch den für die starken Familien unzureichenden Verdienst des Mannes darauf angewiesen, selbst etwas zu verdienen. Tritt dann Arbeitslosigkeit ein, so ist die Lage der betreffenden Familie eine sehr traurige. Die Frauen über 50 Jahre machen 13 % der Gesamtzahl aus, noch stärker als in der vorhergehenden Gruppe tritt hier mit 70 % dieser Altersklasse der Anteil der verheirateten, verwitweten, geschiedenen und getrennten Frauen hervor. Die Stütze, die sie an ihren Kindern hatten, ist in den meisten Fällen nicht mehr vorhanden, ebensohäufig fehlt der Mann, von dessen Verdienst sie mitleben könnten. Sie müssen daher in steigendem Maße für sich selbst sorgen, finden aber ihres Alters wegen nicht mehr leicht Stellung. Im ganzen wird auch von den Frauen gelten müssen, was wir von den Männern sagten, am bedenklichsten ist die Arbeitslosigkeit der Familienmütter von 30–40 Jahren, weil sie für die größte Kinderzahl zu sorgen haben, und dann besonders die der alten alleinstehenden Witwen, deren Kinder bereits selbst verheiratet sind. Dagegen wird die Arbeitslosigkeit der jungen Mädchen unter 25 Jahren doch nicht in dem Maße bedenklich sein als die der gleichaltrigen Männer, da sie in den meisten Fällen in innigerem Zusammenhang mit ihrem Elternhaus stehen und sich auch mehr an die Familie anschließen, bei der sie wohnen.

Die Frage nach dem Geburtsort und der Länge des Aufenthalts in Frankfurt hatten 3135 Männer und 267 Frauen beantwortet (vgl. Tabelle II[9]). Davon sind 27 % der

9 Tabelle II: Der Aufenthalt in Frankfurt a.M., im Anhang zu dem abgedruckten Bericht (S.25).

Männer und 29 % der Frauen in Frankfurt geboren, 73 % bzw. 71 % außerhalb. Von der Gesamtzahl der Männer sind 11 %, von der der Frauen 4 % seit einem Monat in Frankfurt anwesend. Es ist anzunehmen, daß gerade diejenigen Arbeitslosen, bei denen infolge früher Abreise die nachträgliche Vervollständigung der Karte nicht möglich war, dieser Kategorie angehört haben werden. Seit 1 – 7 Monaten befinden sich in Frankfurt 10 % der Männer und 7 % der Frauen, 7 Monate bis 2 Jahre und 1 Monat 9 % der Männer und 11 % der Frauen. Im Besitz des Unterstützungswohnsitzes sind 70 % der Männer und 77 % der Frauen. Länger als 12 Jahre waren in Frankfurt ansässig 48 % der Männer und 53 % der Frauen. Es ist also im wesentlichen doch die seit längerer Zeit ansässige Bevölkerung, die von der Arbeitslosigkeit betroffen worden ist.

Über die Dauer der Arbeitslosigkeit hatten 3 168 Männer und 277 Frauen Angaben gemacht (vgl. Tabelle III). Natürlich ergeben dieselben kein erschöpfendes Bild der wirklichen Länge der Arbeitslosigkeit, da die Zeit der Arbeitslosigkeit nach dem 1. Februar nicht festgestellt werden konnte. Nur kürzere Zeit, 1 – 14 Tage, sind arbeitslos 15 % der Männer und 19 % der Frauen. Dagegen mußte zu erheblichen Störungen der wirtschaftlichen Verhältnisse einer Familie bereits eine Arbeitslosigkeit von 15 Tagen bis 2 Monaten, wie sie 39 % der Männer und 40 % der Frauen aufweisen, führen. Noch mehr wird dies der Fall gewesen sein bei einer Arbeitslosigkeit von 2 – 6 Monaten, die bei 35 % der Männer und 27 % der Frauen festgestellt wurde. Unter dieser Gruppe befindet sich auch eine gewisse Anzahl von Arbeitern, die seit ihrer Entlassung vom Militär im September 1902 keine Arbeit gefunden hatten. Auf diese noch im jugendlichen Alter stehenden Personen kann eine derartig lange Untätigkeit nur demoralisierend wirken. Länger wie 6 Monate sind 11 % der Männer und 14 % der Frauen arbeitslos, in diese Gruppe fallen namentlich die wegen Invalidität, Unfall und längerer Krankheit arbeitslos Gewordenen.

Gründe für ihre Arbeitslosigkeit hatten, wie Tabelle IV zeigt, 3 179 Männer und 277 Frauen angegeben. Die Frage nach der Ursache der Arbeitslosigkeit war gestellt worden, obwohl man sich der Bedenken, die sie hatte, sehr wohl bewußt war. Es hat sich nun in der Tat bei den Nachprüfungen ergeben, daß sie doch zu hohe Anforderungen an das objektive Urteil der Arbeitslosen enthält. Außerdem sind sich die Befragten nicht über den Begriff Saisonarbeit klargewesen. Eine sehr große Zahl von Arbeitern, die wegen des darniederliegenden Geschäftsgangs entlassen wurden, haben als Grund Saisonarbeit angegeben, obwohl ihr Gewerbe gar kein Saisongewerbe war. Wir begnügen uns daher mit der Wiedergabe der Tabelle, ohne ihr besonderen Wert beizumessen. Als bemerkenswert und auch durchaus dem Charakter der Frau entsprechend soll jedoch hervorgehoben werden, daß nur 17 % der Männer, dagegen 34 % der Frauen als Grund der Arbeitslosigkeit Krankheit angegeben haben. Die Frau ist als konservative Natur viel weniger dem Wechsel des Arbeitsverhältnisses zugeneigt. Außerdem ist der Arbeitsmarkt für die Frau auch nicht in dem Maße von den allgemeinen wirtschaftlichen Verhältnissen abhängig wie für den Mann.

Über den Beruf der Arbeitslosen und über die Art der letzten Beschäftigung vor Beginn der Arbeitslosigkeit gibt Tabelle V[10] Auskunft. Daselbst sind die gelernten

---

[10] Tabelle V a: Wechsel in der Berufstätigkeit der gelernten männlichen Arbeiter, im Anhang zu dem abgedruckten Bericht (S. 27-31).
Tabelle V b: Wechsel in der Berufstätigkeit der gelernten weiblichen Arbeiter, im Anhang zu dem abgedruckten Bericht (S. 32).

Berufen angehörigen Arbeitslosen, 2 235 Männer und 159 Frauen, aufgeführt. Es bilden demnach die gelernten Arbeiter und höheren Berufe 70 % der Gesamtzahl bei den Männern und 57 % bei den Frauen, die ungelernten dementsprechend 30 % und 43 %. Im Beruf blieben tätig bis zum Eintritt der Arbeitslosigkeit bei den Männern 1 391 oder 62 %, es hatten sich einer anderen Beschäftigung zugewandt 664 oder 30 %, es war die Art der letzten Tätigkeit nicht zu ermitteln bei 180 oder 8 %; bei den Frauen sind die entsprechenden Zahlen 89 oder 56 %, 38 oder 24 %, 32 oder 20 %.

Bei den Männern, die eine andere Beschäftigung aufzusuchen gezwungen waren, ist in der ungeheuren Mehrzahl der Fälle dies der Beruf des ungelernten Arbeiters gewesen, wie die Tabelle zeigt. Es hat also bereits ein Absteigen auf der sozialen Stufenleiter stattgefunden, bei den Frauen tritt das nicht in dem Maße hervor. Von den einzelnen Berufen, die starke Arbeitslosigkeit aufweisen, tritt besonders hervor die Gruppe der Kaufleute mit 154 Arbeitslosen, dann zwei spezifische Saisongewerbe, die Kellner mit 123 und die Schneider mit 126 Personen, es folgen die Baugewerbe, die ebenfalls von der Saison beeinflußt sind, Maurer mit 89, Maler mit 77, Weißbinder mit 119, Spengler mit 55, z[um] T[eil] gehören zu den Saisongewerben auch die Schlosser mit 212 und die Schreiner mit 156 Arbeitslosen. Aus dauernder Übersetzung des Gewerbes dürfte die starke Zahl der 99 Arbeitslosen bei den Bäkkern zu erklären sein. Bei den Frauen stehen die Verkäuferinnen mit 43, die Köchinnen mit 27 und die Näherinnen und Schneiderinnen mit 22 und 21 Personen im Vordergrund.

Eine wertvolle Ergänzung erhalten diese Zahlen durch die Erhebungen, die das Gewerkschaftskartell durch seine Vertrauensmänner bezüglich der Beschränkungen der Arbeitszeit veranstalten ließ. Soweit die Berichte einliefen, ergab sich folgendes Bild[11]: „1 535 männliche und 172 weibliche, zusammen 1 707 Beschäftigte, arbeiten wöchentlich 17,023 Stunden weniger wie in normalen Zeiten. 122 männliche und 22 weibliche in der Konfektion Beschäftigte, arbeiten statt der früheren regelmäßigen Arbeitszeit ‚nach Bedarf', wobei der Verdienst bis auf ein Drittel vermindert ist; 31 männliche Arbeiter derselben Branche setzen abwechselnd aus. Diese Feststellungen umfassen 44 Firmen mit 1 882 beschäftigten Personen." Das auch im einzelnen freundlich zur Verfügung gestellte Material zeigt, daß es in erster Linie die Baugeschäfte, besonders die Zimmerergeschäfte sind, die erhebliche Verkürzungen der Arbeitslosigkeit aufweisen, und ebenso die Metall- und Maschinenindustrie.

Durch diese beiden sich ergänzenden Erhebungen ist es möglich gewesen, ein allgemeines Bild von der in Frankfurt a. M. herrschenden Arbeitslosigkeit zu gewinnen. Hätte für eine allgemeine Nachprüfung und eine speziellere Verarbeitung des Materials die genügende Zeit zur Verfügung gestanden, so wäre auch im einzelnen manche interessante Beobachtung zu machen gewesen. Aber auch ohne ein Eingehen aufs Detail wird das allgemeine Resultat der Zählung einen wertvollen Beitrag zur Erkenntnis des Wesens der modernen Arbeitslosigkeit liefern.

---

[11] Anmerkung in der Quelle: *Vgl. Vierten Jahresbericht des Arbeiter-Secretariats zu Frankfurt a. M., Frankfurt a. M. 1903, S. 77.*

Nr. 119

1904 Januar 12

Schreiben[1] des Staatssekretärs der Justiz Dr. Rudolf Arnold Nieberding[2] an den Staatssekretär des Innern Dr. Arthur Graf von Posadowsky-Wehner

Ausfertigung in Maschinenschrift

[Die von der anhaltischen Regierung beabsichtigte Einführung der gesetzlichen Möglichkeit, Personen, die durch Trunksucht, Müßiggang oder Arbeitsscheu die Hilfsbedürftigkeit ihrer unterhaltsberechtigten Angehörigen verursacht haben, auf dem Verwaltungsweg zwangsweise in ein Armenhaus einzuweisen, stößt auf gewisse Bedenken; bei einer geringfügig veränderten Fassung entfielen diese Bedenken jedoch]

Das herzoglich anhaltische Staatsministerium hat den Herrn Reichskanzler[3] um Auskunft darüber ersucht,[4] ob eine in Aussicht genommene Ergänzung des anhaltischen Ausführungsgesetzes[5] zum Reichsgesetz über den Unterstützungswohnsitz, wonach Personen, die durch Trunksucht, Müßiggang oder Arbeitsscheu die Hilfsbedürftigkeit ihrer unterhaltsberechtigten Angehörigen herbeigeführt, haben, von der Verwaltungsbehörde zwangsweise bis zur Dauer von zwei Jahren in einem Armenhaus untergebracht und zur Arbeit angehalten werden können, mit dem Reichsrecht, insbesondere mit dem Strafgesetzbuch im Einklang stehe. Das Nähere ergibt sich aus dem Schreiben vom 10. Dezember v. J.[6], welches in Abschrift beigefügt ist.

Meines Erachtens gibt der in dem Schreiben mitgeteilte Entwurf der neuen Bestimmung, so wie er gefaßt ist, in der Tat zu Bedenken Anlaß.

Was die Rechtslage in den übrigen Bundesstaaten betrifft, so enthält das preußische Ausführungsgesetz zum Unterstützungswohnsitzgesetz vom 8. März 1871 (Ges[etz]-samml[ung für die Königlichen Preußischen Staaten], S. 130)[7], eine Bestimmung der in Frage stehenden Art nicht. In der Begründung des dem Herrenhaus vorgelegten Gesetzentwurfs[8] – Verhandlungen des Herrenhauses 1870/71, Anl[age] Nr. 6, S. 20 – war ausgeführt, daß die bis dahin in Geltung gewesenen armenpolizeilichen Bestimmungen der Artikel 11 bis 15 des Gesetzes vom 21. Mai 1855[9] (Ges[etz]samml[ung für die Königlichen Preußischen Staaten], S. 311) in den Entwurf deshalb nicht aufgenommen seien, weil es im Hinblick auf § 362 des Reichsstrafgesetzbuchs[10] fraglich

---

1 BArch R 1501 Nr.101267, fol. 97-100.

2 Dr. Rudolf Arnold Nieberding (1838-1912), Jurist, 1889-1893 Direktor der II. Abteilung im Reichsamt des Innern, seit 1893 Staatssekretär im Reichsjustizamt.

3 Dr. Bernhard Graf von Bülow.

4 Nr. 115.

5 Gesetz, die Ausführung des Bundesgesetzes über den Unterstützungswohnsitz betreffend, vom 29.6.1871 (Gesetz-Sammlung für das Herzogthum Anhalt, S. 1755).

6 Nr. 115.

7 Nr. 86 Bd. 7, 1. Halbband, der I. Abteilung dieser Quellensammlung.

8 Nr. 82 Bd. 7, 1. Halbband, der I. Abteilung dieser Quellensammlung.

9 Gesetz zur Ergänzung der Gesetze vom 31. Dezember 1842 über die Verpflichtung zur Armenpflege und die Aufnahme neu anziehender Personen vom 21.5.1855 (Nr. 7 im Anhang zu Bd. 7, 2. Halbband, der I. Abteilung dieser Quellensammlung).

10 Der § 362 StGB bestimmte in Abs. 1, daß die wegen Landstreicherei, Bettelei, Unterstützungsbedürftigkeit aufgrund von Spiel, Trunk und Müßiggang, unerlaubter Prostitution arbeitsscheue Arme oder fortwährender Obdachlosigkeit (§ 361 Ziffer 3-8) Verurteilten in-

erschienen sei, ob den Verwaltungsbehörden die Befugnis, Arbeitsscheue pp. auch ohne gerichtliche Autorisation im Arbeitshaus unterzubringen, erteilt werden dürfe.

Der im Herrenhaus unternommene Versuch, die erwähnten Vorschriften in das neue Gesetz zu übernehmen – Verhandlungen des Herrenhauses 1870/71, Anl[age] Nr. 16[11], S. 43 f[ol]g[ende], Stenographische Berichte, S. 52 ff. – scheiterte an dem Widerspruch der Staatsregierung und des Hauses der Abgeordneten – Verhandlungen des Abgeordnetenhauses 1870/71, Anl[age] Nr. 109, S. 256 bis 258; Stenographische Berichte, S. 593 ff.

Das preußische Recht kennt somit einen administrativen Arbeitszwang nicht (§ 1 Abs[atz] 2 des Ausführungsgesetzes von 8. März 1871 und die Instruktion des Ministers des Innern vom 10. April 1871 – M[inisterial-]Blatt f[ür] d[ie gesammte] i[nnere] V[erwaltung in den Königlich Preußischen Staaten], S. 133).

Während die meisten Bundesstaaten hierin dem preußischen Vorbild gefolgt sind, haben Sachsen, Württemberg und Mecklenburg-Schwerin in mehr oder minder weitem Umfang einen solchen Zwang zugelassen.

In Sachsen ist durch § 1 Abs. 2 der Ausführungsverordnung vom 6. Juni 1871 (Ges[etz-] u[nd] Ver[ordnungs-]Bl[att für das Königreich Sachsen], S. 82) der § 27 der Armenordnung vom 22. Oktober 1840 (Ges[etz-] u[nd] Ver[ordnungs-]Bl[att für das Königreich Sachsen], S. 257) aufrechterhalten, wonach „der Zwang des arbeitsscheuen Armen zur Arbeit zum Beruf der Polizei gehört".

Württemberg hat in Artikel 14 des Gesetzes vom 2. Juli 1889 (Reg[ierungs]bl[att für das Königreich Württemberg], S. 217)[12] bestimmt, daß derjenige, der „für sich selbst oder in der Person seiner Ehefrau oder seiner noch nicht 14 Jahre alten Kinder öffentliche Unterstützung empfängt", durch Beschluß der die Unterstützung gewährenden Armenbehörde verpflichtet werden kann, hiefür nach dem Maße seiner Kräfte diejenigen Arbeiten zu verrichten, welche ihm von der Armenbehörde innerhalb oder außerhalb einer öffent[lichen] Armenanstalt angewiesen werden.

In Mecklenburg-Schwerin endlich ist es zufolge der Verordnung vom 18. Mai 1890 (Reg[ierungs-]Bl[att für Mecklenburg-Schwerin], S. 93) in Verbindung mit § 4 Nr. 4 der Verordnung vom 20. Februar 1871 (Reg[ierungs-]Bl[att für Mecklenburg-Schwerin], S. 187)[13] den Ortsarmenverbänden in der Ritterschaft und den Städten gestattet, denjenigen über 18 Jahre alten Hilfsbedürftigen, für welche, „sei es für sie selbst oder für ihre Angehörigen", öffentliche Armenunterstützung gewährt werden muß, die Unterstützung mittels Unterbringung in dem Landarbeitshaus zu Güstrow zu gewähren, falls sie in der Lage sind, zu ihrem und ihrer Familie Unterhalt beizutragen, sich dieser Verpflichtung aber entziehen.

Im Reichstag hat der Abgeordnete Dr. Herzfeld[14] in der Sitzung vom 5. Februar 1901 die Gültigkeit der mecklenburgischen Vorschriften angefochten. – Stenogra-

---

ner- oder außerhalb der Strafanstalten zu Arbeiten angehalten werden konnten. In Abs. 2 wurde bestimmt, daß bei der Verurteilung zugleich auf Überweisung der Verurteilten an die Landespolizeibehörden nach verbüßter Strafe erkannt werden konnte. Die Landespolizeibehörde erhielt dadurch die Befugnis, die Verurteilten bis zu zwei Jahre in einem Arbeitshaus unterzubringen oder sie bei gemeinnützigen Arbeiten einzusetzen.

11 Bericht der Achten Kommission zur Vorbereitung des Gesetzentwurfes, betreffend die Ausführung des Bundesgesetzes über den Unterstützungswohnsitz, vom 14.1.1871.

12 Nr. 116 Bd. 7 der II. Abteilung dieser Quellensammlung.

13 Nr. 84 Bd. 7, 1. Halbband, der I. Abteilung dieser Quellensammlung.

14 Dr. Joseph Herzfeld (1853-1939), Rechtsanwalt in Berlin, seit 1898 MdR (Sozialdemokrat).

phische Berichte 1900/03, Bd. 2, S. 1132 f[ol]g[ende]. – Im Gegensatz hierzu ist die Zulässigkeit polizeilicher Zwangsmaßnahmen neben den Bestimmungen der §§ 361, 362 des Strafgesetzbuchs sowohl von den verbündeten Regierungen wie auch im Reichstag wiederholt anerkannt worden, ohne daß allerdings ein Anlaß bestanden hätte, die Rechtsgültigkeit einzelner bestimmter Vorschriften dieser Art zu erörtern.

Schon bei der Beratung des Strafgesetzbuchs im Reichstag hat der Bundeskommissar Dr. Friedberg[15] auf eine Anfrage des Abgeordneten von Saltzwedell[16] über die fortdauernde Gültigkeit der Bestimmungen in den Artikeln 11 bis 15 des obenerwähnten preußischen Gesetzes vom 21. Mai 1855 eine Äußerung abgegeben, die mindestens nicht als Verneinung der Frage aufgefaßt werden kann – Stenographische Berichte 1870, Bd. 2, S. 763.

Sodann ist in der Begründung zum Artikel 2 des dem Reichstag am 21. November 1893 vorgelegten Entwurfs eines Gesetzes, betreffend die Änderung des Gesetzes über den Unterstützungswohnsitz und die Ergänzungen des Strafgesetzbuchs – Verhandlungen des Reichstages 1893/94, Anlageb[an]d 1, S. 470 – ausdrücklich betont worden, daß die Landesgesetzgebung, auch ohne besondere reichsgesetzliche Ermächtigung befugt bleibe, den Polizeibehörden Zwangsmittel an die Hand zu geben, um im Verwaltungsweg pflichtvergessene Personen zum Unterhalt ihrer Angehörigen zu nötigen, soweit ein polizeilich zu schützendes öffentliches Interesse vorliege.

Der gleichen Auffassung hat als Berichterstatter der Kommission des Reichstags, der Abgeordnete Schroeder[17], in der Sitzung vom 26. Januar 1894 Ausdruck gegeben – Stenographische Berichte 1893/94, Bd. 2, S. 900 A. – Auch der Kommissionsbericht über den nicht verabschiedeten, inhaltlich gleichen Entwurf vom 28. Februar 1893 hatte das volle Einverständnis der Kommission mit den Vertretern der verbündeten Regierungen über den Fortbestand derartiger Zwangsmittel neben dem Reichsstrafrecht festgestellt. – Verhandlungen des Reichstags 1892/93, Anl[age]b[an]d 2, S. 1188.

Ebenso sind bei der Beratung der beiden Entwürfe im Plenum des Reichstags die in mehreren Bundesstaaten bestehenden zwangspolizeilichen Bestimmungen von verschiedenen Rednern in den Kreis der Erörterung gezogen und als rechtsgültig behandelt worden. – Stenographische Berichte 1892/93, Bd. 3, S. 1709, 1713; 1893/94, Bd. 2, S. 992, 993.

Auch nach meiner Ansicht unterliegt es keinem Zweifel, daß die Vorschriften des § 361 Nr. 5, 10 und des § 362 des Strafgesetzbuchs die Landesgesetzgebung nicht hindern, die Polizei zu ermächtigen, durch Anwendung geeigneter Zwangsmaßregeln auf die Erfüllung einer gesetzlichen Unterhaltspflicht hinzuwirken, soweit dies durch das öffentliche Interesse geboten erscheint.

Allein die von der anhaltischen Regierung in Aussicht genommene Bestimmung geht über den Rahmen solcher Zwangsmaßregeln hinaus. Die darin vorgesehene Unterbringung im Armenhaus hat, wie das anhaltische Staatsministerium selbst hervorhebt, nicht den Zweck, die Erfüllung der dem Betreffenden gesetzlich obliegenden Unterhaltspflicht unmittelbar zu erzwingen, sie hat vielmehr nur die Ausnutzung der Arbeitskraft desselben im Interesse des Armenverbands und seine eigene

---

15 Dr. Heinrich von Friedberg.

16 Gustav von Saltzwedell (1808-1897), Rittergutsbesitzer in Pötschendorf (Kreis Rastenburg/Ostpreußen), 1846-1851 Regierungspräsident in Gumbinnen, 1867-1871 MdR (konservativ).

17 Hugo Schröder (1829-1899), Kammergerichtsrat in Berlin, Redakteur der Nationalzeitung, 1874-1877, 1881-1884 und 1890-1898 MdR (nationalliberal/Liberale Vereinigung/Freisinnige Vereinigung).

Besserung im Auge. Dem im Armenhaus Eingesperrten wird sogar die Unterhaltung seiner Familie erst möglich, wenn er wieder entlassen ist.

Der Zwangsaufenthalt im Armenhaus unterscheidet sich somit nach Anlaß, Inhalt und Zweck der Maßnahme nicht wesentlich von der im § 362 des Strafgesetzbuchs vorgesehenen Nachhaft im Arbeitshaus, und der Eindruck, daß die mit dem Entwurf beabsichtigte Zwangsmaßregel tatsächlich einen strafrechtlichen Charakter habe, wird noch verstärkt durch die fast wörtliche Übereinstimmung ihrer rechtlichen Voraussetzungen mit dem Tatbestand des § 361 Nr. 5 des Strafgesetzbuchs. Als Strafe kann aber die Unterbringung im Armenhaus nach den Vorschriften des Einführungsgesetzes zum Strafgesetzbuch und der Strafprozeßordnung weder von den Landesgesetzen angedroht noch von den Verwaltungsbehörden verhängt werden.

Die hervorgehobenen Bedenken lassen sich indessen durch eine Einschränkung der Vorschrift beseitigen, welche deren praktischen Erfolg nur wenig beeinträchtigt. Es genügt hierzu, die Voraussetzungen für die Zwangsunterbringung im Armenhaus in ähnlicher Weise zu bestimmen, wie dies in Württemberg geschehen ist.

Das württembergische Gesetz vom 2. Juli 1889 beschränkt, wie bereits erwähnt, die gedachte Zwangsmaßregel auf Personen, die für sich selbst oder in der Person ihrer Ehefrau oder ihrer noch nicht 14 Jahre alten Kinder öffentliche Unterstützung empfangen. Eine derartige Bestimmung findet ihre Grundlage in dem § 8 des Reichsgesetzes über den Unterstützungswohnsitz vom 6. Juni 1870, welcher es der Landesgesetzgebung überläßt, die Art der im Falle der Hilfsbedürftigkeit zu gewährenden Unterstützung zu bestimmen, und sie steht im Einklang mit der Rechtsprechung des Bundesamts für das Heimatwesen, wonach die Unterstützung, welche eine armenrechtlich unselbständige Person empfängt, rechtlich dem Familienhaupt gewährt wird, dieses selbst also im Falle der Unterstützung der seinen Unterstützungswohnsitz teilenden Angehörigen mittelbar als hilfsbedürftig gilt.

Da ein etwaiger Verzicht des Familienhauptes den Armenverband von seiner Pflicht zur Unterstützung der hilfsbedürftigen Angehörigen nicht entbindet, so kann unbedenklich die dem Familienhaupt in der Person seiner Angehörigen zu gewährende Unterstützung auch gegen seinen Willen und bis zur Beseitigung der Hilfsbedürftigkeit der Angehörigen in der Weise bewirkt werden, daß die Arbeitskraft des Familienhauptes mittels seiner Unterbringung in einem Armenhaus dazu benutzt wird, um den Betrag, welchen der Armenverband aus eigenen Mitteln zur Unterstützung aufwenden muß, zu vermindern.

Hiernach wäre ich geneigt, dem anhaltischen Staatsministerium die Wahl einer möglichst dem württembergischen Gesetz entsprechenden Fassung anheimzugeben.

Bevor ich demgemäß das Schreiben der anhaltischen Regierung beantworte, lege ich Wert darauf, mich des Einverständnisses Euerer Exzellenz zu versichern. Da der Landtag, dem der Gesetzentwurf vorgelegt werden soll, schon im Februar zusammentritt, wäre ich dankbar, wenn Euere Exzellenz mir baldtunlichst Ihre Auffassung mitteilen wollten.[18]

---

[18] Der Staatssekretär des Innern Dr. Arthur Graf von Posadowsky-Wehner erklärte sich in einem Schreiben vom 21.1.1904 mit den Ausführungen des Staatssekretärs der Justiz Dr. Rudolf Arnold Nieberding einverstanden (BArch R 1501 Nr.101267, fol. 103-103 Rs.). Nieberding nahm in seinem Antwortschreiben an die anhaltische Staatsregierung vom 27.4.1906 entsprechend dem hier abgedruckten Schreiben Stellung (BArch R 1501 Nr.101267, fol. 110-112 Rs.).

Nr. 120

1904 Februar 24

Bericht[1] des Leiters der Leipziger Ziehkinderanstalt Dr. Max Taube an den Rat der Stadt

Eigenhändige Ausfertigung, Teildruck

[Leipziger System der Ziehkinderaufsicht: Die Aufsicht der Ziehkinderanstalt erstreckt sich auf alle unehelichen Kinder bis 14 Jahre, die Generalvormundschaft des Amtes erfaßt einen Großteil der beaufsichtigten Kinder; Bericht über die Mortalität der beaufsichtigten unehelichen Kinder; in späteren Jahren tritt neben die Gesundheitsfürsorge die Aufsicht über die Erziehung; die Ziehkinderanstalt beaufsichtigt auch die Waisenkinder]

Das Jahr 1903 hat einen schweren Verlust für das Leipziger Ziehkinderwesen zu verzeichnen. Herr Stadtrat Hentschel, der langjährige Leiter und gesetzliche Vormund der unehelichen Kinder hat sich in den Ruhestand begeben. Er hat den unehelichen Kindern Leipzigs die größte Fürsorge gewidmet, und unter seiner Leitung sind die wichtigsten Veränderungen des hiesigen Systems zum Schutz der unehelichen Kinder gegründet worden. Den Schlußstein legte er durch die Ausdehnung der städt[ischen] Beaufsichtigung auf alle in Leipzig befindlichen unehelich geborenen Kinder bis zur Entlassung aus der Schule. Mit der Verbesserung der Existenzverhältnisse dieser Kinder wird der Name von Herrn Stadtrat Hentschel auf immer verbunden bleiben – als Nachfolger von Herrn Stadtrat Hentschel trat bei der Ziehkinderpflege Herr Stadtrat Dr. Pallmann[2] ein und übernahm zugleich das Waisenamt, so daß sich jetzt die gesamte städtische Kinderfürsorge unter einer Leitung befindet.

Im Jahre 1903 wurde der innere Ausbau fortgesetzt. Fasse ich in wenigen Sätzen den Inhalt des Leipziger Systems zusammen, da noch keine andere Gemeinde eine vollkommenere Nachahmung ermöglicht hat, sondern nur Einzelheiten einführte, so besteht es aus 3 Teilen:

1. Aufsicht über alle in Leipzig befindlichen unehelichen Kinder, wo sich dieselben auch befinden, bei der Mutter, Großeltern, Verwandten oder in fremder Pflege, bis zum 14. Jahr;[3]

2. die gesetzliche Vormundschaft über diese Kinder durch den städtischen Vorgesetzten;[4]

[3.] Beaufsichtigung der Kinder im Hause durch angestellte Ärzte und besoldete Aufsichtsdamen.[5]

---

1 Stadtarchiv Leipzig AFSA Nr.1302, fol. 83-93.

2 Dr. Theodor Bernhard Pallmann (1868-1914), Jurist, seit 1903 besoldeter Stadtrat in Leipzig, Dezernent für Waisen- und Ziehkinderpflege und Waisenratssachen.

3 Verordnung des Rats der Stadt Leipzig und des Polizeiamts über das Ziehkinderwesen vom 31.3.1900, in: Christian Jasper Klumker/Johannes Petersen, Berufsvormundschaft (Generalvormundschaft), 2. Bd.: Materialien (Schriften des deutschen Vereins für Armenpflege und Wohltätigkeit, Heft 82), Leipzig 1907, S. 19).

4 Für die Anfänge der Leipziger Generalvormundschaft 1886 vgl. Nr. 101 Bd. 7 der II. Abteilung dieser Quellensammlung; für den Stand seit 1900: Rat der Stadt Leipzig, Bestimmungen des Rats, betreffend die gesetzliche Vormundschaft der Armenamtsvorsteher, vom 31.3.1900, in: Christian Jasper Klumker/Johannes Petersen, Berufsvormundschaft (Generalvormundschaft), 2. Bd.: Materialien (Schriften des deutschen Vereins für Armenpflege und Wohltätigkeit, Heft 82), Leipzig 1907, S. 19.

Auch in diesem Jahr war die Arbeit des Ziehkinderamts eine bedeutende. So fanden statt 338 Klagen mit 481 Terminen, 718 Väter zahlen an das Amt; 16483 Eingänge, 17144 Abgänge, 24363 Registranden-Nr. Die Höchstzahl der gemeldeten Leute betrug an einem Tag 106.

Unter der gesetzlichen Vormundschaft (Generalvormundschaft) befinden sich gegen 80 % der beaufsichtigten Kinder. Wichtig vor allem ist die bedeutende Anzahl Väter (718), welche ihre Beiträge direkt an das Amt zahlen, entweder weil sie durch gerichtlichen Beschluß dazu genötigt wurden oder schon vorher durch die behördliche Aufforderung von seiten des Amts ihre Beiträge dahin entrichteten oder auch weil sie mit der Mutter selbst nichts mehr zu tun haben wollten. Eine große Summe würde ohne die Leipziger Einrichtung verlorengegangen sein und trägt besonders dazu bei, die Zahl der Waisenkinder zu vermindern, welche auch in diesem Jahr nur eine geringe, der Größe der Stadt nicht entsprechende Zunahme zeigte. Die größere Anzahl von Terminen hat ihren Grund in den Bestrebungen der Männer, alles daran zu setzen, um die Vaterschaft zu verleugnen. Jeder Eingeweihte auf diesem Gebiet mußte dieses durch die Einführung des neuen Bürgerl[ichen] Gesetzbuchs befürchten,[6] und bildete es gleichfalls ein Grund, den hilflosen Müttern so zeitig als möglich beizustehen. Um dieses schnell zu ermöglichen, wurden durch Herrn Stadtrat Dr. Pallmann die Arbeitskräfte bedeutend vermehrt, so daß jetzt trotz der bedeutenden Anzahl von Kindern sofort die notwendigen Erörterungen stattfinden können.

Die Beaufsichtigung findet auf die bekannte Weise statt. Freitags sind 3 Ärzte, 24 Aufsichtsdamen und die Beamten des Waisen- und Ziehkinderamts zugegen, und genügen kaum 4 Stunden, um das gewaltige Material der Kinderuntersuchungen und Aktenbesprechungen zu erledigen. Die Tätigkeit der Aufsichtsdamen ist eine sehr große. Früh vergeht der Vormittag durch Hausbesuche, ein Teil des Nachmittags und Abends muß zu Aufzeichnungen in ihren Büchern und Kontrollblättern verwendet werden. Wie wichtig unsere Notizen in den Ziehkinderbüchern, deren jede Ziehmutter eines für jedes Kind besitzt, sind, zeigte jetzt ein Alimentenprozeß, bei dem durch unsere Eintragung nachgewiesen wurde, daß das Kind, im Gegenteil zur Behauptung des Vaters, ein ausgetragenes, vollkommen gesundes und kräftiges gewesen war. Auch in diesem Jahr haben drei besoldete Aufsichtsdamen alles getan, um den an sie gestellten Anforderungen gerecht zu werden. Da im Sommer durch ihre gegenseitige Vertretung ihre Arbeit kaum zu bewältigen ist, hat das Armendirektorium unter Zustimmung von Rat und Stadtverordneten beschlossen, 2 Hilfskräfte für die heißen Monate anzustellen.

Die ganze Arbeit für Arzt und Aufsichtsdamen ergibt sich aus folgenden Zahlen, welche zugleich die verschiedene Unterbringung der Kinder zeigen mögen.

	–1 J[ahr]	1–2 J[ahre]	2–6 J[ahre]	6–14 J[ahre]
Bestand 31.12.1902: 5837	983	940	1877	2097
Durchgang 1903: 2805	1911	323	305	266
Zuzug aus anderen Bezirken: 2048	499	512	581	455
Bestand 31.12.1903: Summe 6056	882	1058	1084	2303

5 Vgl. Nr. 53 Bd. 7 der II. Abteilung dieser Quellensammlung.

6 Den Hintergrund bildeten hier die verschärften Unterhaltspflichten, die der § 1708 BGB den Vätern unehelicher Kinder auferlegte.

Abmeldungen

zu den verheirateten Eltern	628,
nach auswärts	847,
Schulentlassene	240,
ins Waisenhaus	29,
ins Krankenhaus	129,
Umzug in andere Bezirke	2291,
zusammen:	4214. [recte: 4164]

Todesfälle

–1 J[ahr]	1–2 [Jahre]	2–6 [Jahre]	6–14 [Jahre]	Zus[ammen]
362	36	18	4	420

Pflegewechsel in dem eigenen Bezirk kam außerdem 607mal vor.

Von den 4853 Kindern befanden sich im Jahre 1903:

bei der Mutter oder deren Eltern	= 2052	Kinder,
bei dem Stiefvater	= 460	Kinder,
bei dem Vater oder dessen Eltern	= 182	Kinder,
in fremder Pflege	= 2159	Kinder.

Der Bestand von 1903, den 31. Dezember zeigte:

bei der Mutter oder deren Eltern	= 2644	Kinder,
bei dem Stiefvater	= 1137	Kinder,
bei dem Vater oder dessen Eltern	= 259	Kinder,
in fremder Pflege	= 2016	Kinder.

Es wurden daher im Jahre 1903 8642 Kinder beaufsichtigt, hinzu tritt noch als vermehrte Besuche, welche sofort zu erledigen sind, der Pflegewechsel mit 2084 Kindern. In diesem Jahr hat nur ein geringer Zuwachs von 219 Kindern stattgefunden, worin sich die von auswärts nach hier verzogenen befinden.

Sehr verändert haben sich die Verhältnisse gegen früher betreffend die Unterbringung der Kinder in der eigenen Familie der Mutter, bei ihr selbst oder ihren Eltern, was jetzt in viel größerer Zahl geschieht. Der Grund ist in verschiedenen Ursachen zu suchen. Leichtere Beurteilung der unehelichen Geburten in den unteren Ständen, so daß die Eltern den Fehltritt schnell verzeihen und das Enkelkind bei sich aufnehmen, vor allem aber die billigeren Verpflegungssätze, welche bei Verwandten zu bezahlen sind.

Das Ziehgeld ist bedeutend gestiegen. Während noch vor 10 Jahren in Leipzig gute Zieheltern für 16 Mark zu finden waren, fordern dieselben jetzt durchschnittlich 20 Mark für die monatliche Verpflegung.

Gestorben sind von 8642 Kindern 420.

Darmkatarrh = 167, Krämpfe Stimmritze = 74, Lungenerkrankung = 55, Tuberkulose = 28, Atrophie Lues = 60, Masern = 5, Keuchhusten = 6, Scharlach = 5, Erisipel = 3, Diphterie = 9, Herzleiden = 2, Nierenleiden = 2, Epilepsie = 1, überfahren = 1, Beckenoperation = 1, ertrunken = 1.

Betrachte ich die Säuglingssterblichkeit für sich, so starben von im Jahr 1903 geborenen Kindern, welche wir beaufsichtigten, 259 oder 14½ %.

Die Sterblichkeit in den verschiedenen 24 Bezirken ist ziemlich die gleiche, in 3 Bezirken findet scheinbar eine höhere Mortalität statt, doch machen sich hier zufällige Faktoren, schwächliche Kinder, Zwillinge, geltend. Interessant ist, daß gerade die ältesten Stadtteile mit ihren ungünstigen Wohnungen keine schlechten, eher eine bessere Säuglingssterblichkeit bieten als besonders in den nach Westen gelegenen Vororten, wo allerdings viele neue und feuchte Wohnungen vorhanden sind. Die nachfolgende Tabelle bietet ein Bild über die Verpflegung der gestorbenen Kinder.

Kind kräftig				Kind schwach			
Wohnung und Ziehmutter gut	Wohnung gut, Ziehmutter schlecht	Wohnung schlecht, Ziehmutter gut	Wohnung und Ziehmutter schlecht	Wohnung und Ziehmutter gut	Wohnung gut, Ziehmutter schlecht	Wohnung schlecht, Ziehmutter gut	Wohnung und Ziehmutter schlecht
148	4	8	2	224	23	5	6

Bei 35 Kindern konnte danach, und zwar in der Mehrzahl bei der eigenen Mutter, teils Unkenntnis, teils auch Armut die Schuld an dem Tod mittragen, Ziehmüttern dieser Art wurde sofort die Berechtigung, Kinder bei sich aufzunehmen, entzogen. Eine junge Mutter hatte z. B., obgleich sie sich zu Hause befand und ausreichende Brustnahrung besaß, nur aus Bequemlichkeit dem neugeborenen Kind eine so unzweckmäßige Milchmischung verabreicht, daß das Kind schon im Sterben lag, als wir es zuerst besuchten. Von Beginn meiner Tätigkeit hob ich hervor, daß zur Herabsetzung der Sterblichkeit und zur Verbesserung des Daseins des Kindes dringend erforderlich ist, daß dasselbe so bald als möglich nach der Geburt unter die behördliche Aufsicht und Kontrolle gelangt. Wir erhalten jetzt schon durch die Standesämter die unehelichen Geburten prognos[ti]ziert, doch vergehen dadurch immer noch einige Wochen, und entstehen für die Aufsichtsdamen durch Tod oder Wegzug der Kinder viele vergebliche Besuche, so daß eine Anmeldung direkt durch die Hebamme in das Auge gefaßt ist, nur auf diesem Wege kann eine wirkliche Abhilfe gebracht werden. Denn auch dieses Jahr sahen wir, daß die größte Hilflosigkeit, Armut und Unkenntnis bei den oft in dem größten Elend außer der Anstalt gebärenden Müttern vorhanden ist, auch wenn sie manchmal in der eigenen Familie niederkommen; oft sind nicht die notwendigsten Windeln vorhanden, in einer elenden Stube ohne jede Wartung kommt das Kind zum Leben.

Es geschieht von uns alles, um den Müttern und Pflegemüttern die richtige Aufbewahrung und Mischung der Säuglingsmilch einzuprägen, so daß unter den von uns beaufsichtigten Säuglingen die obige geringe Sterblichkeit besteht.

Während in den jüngeren Jahren die Nahrung und Verpflegung, ist es später die Erziehung, welche außer der Gesundheit unsere Tätigkeit in Anspruch nimmt. Wenn wir sahen, wie in den gebildeten Familien die Großstadt die Erziehung erschwert, so ist es kein Wunder, daß ein bedeutender Prozentsatz dieser Kinder, welche den größten Teil der freien Zeit auf sich selbst angewiesen sind und zu Hause das Schlechteste sehen und roh behandelt werden, zuletzt in die größte Versumpfung geraten. Anlage und Mangel an Erziehung sind die beiden Faktoren, welche hier zusammenwirken.

Bei mangelndem Ziehgeld sind die Kinder der Familie eine Last und werden als eine solche behandelt, sie verlottern und geraten immer mehr in den moralischen Niedergang. Kann man es diesen Unglücklichen zur Last legen? Der Mangel an Zucht und die minderwärtige Anlage erschwert das Denken, es tritt Furcht vor der

Schule, Nichtbesuchen derselben, Lügen, Furcht vor Züchtigung, Herumtreiben Tag und Nacht, Stehlen ein.

Leider häufige Beobachtungen auf unserem Gebiet. Die schlimmsten Fälle werden in städtische Verpflegung genommen und zuerst im Waisenhaus untergebracht. Wir sehen hier, daß bei dem größten Teil eine Besserung eintritt und die Kinder durch das Waisenamt in Einzelpflege auf dem Land statt in Besserungsanstalten gebracht werden können. Die Schule ist hier nicht imstande, allein zu helfen, die Direktoren begrüßen oft dieses Zusammenwirken mit großer Freude, da viel leichter auf diese Weise ein Kind der menschlichen Gesellschaft erhalten werden kann. Es ist deshalb vollkommen falsch, wenn manche Gemeinden das Hauptgewicht auf die Herabsetzung der Sterblichkeit legen, welche bei unehelichen Kindern nur bis zu einem gewissen Grad vermindert werden kann, und die Kinder nur bis zum 2. Jahr beaufsichtigen lassen, ebenso wichtig ist die strenge Kontrolle der Erziehung in der späteren Zeit, womöglich bis zur Mündigkeit, was leicht durch das Leipziger System bewirkt werden kann. Die städtische Fürsorge hat auch in diesem Jahr gezeigt, daß den unehelichen Kindern Hilfe gebracht werden kann.

Mit wenigen Worten will ich noch die Beaufsichtigung der Waisen- oder besser Gemeindekinder erwähnen. Durch Herrn Stadtrat Dr. Weber[7] wurde bewirkt, daß dieselbe gleichfalls durch uns stattfindet und auf diese Weise eine vollkommene Gleichmäßigkeit geschaffen worden ist. Dieselbe ist dringend notwendig, da häufig das gleiche Kind bald als Ziehkind, bald als Waisenkind verpflegt wird. Bei einer freiwilligen Aufsicht kann das Waisenamt nun die schnelle und eingehende Besichtigung erhalten, als es hier der Fall ist.

Bestand der in der Stadt in Familien befindliche Waisenkinder
d[atum] 31.12.[19]02 764 Kinder,
d[atum] 31.12.[19]03 833 Kinder,
Zuwachs nur 69 Kinder.

Bei der Mutter oder deren Eltern	76 Kinder,
dem Stiefvater	48 Kinder,
bei dem Vater oder dessen Eltern	4 Kinder,
in fremder Pflege	398 Kinder.

Abmeldungen

zu den Eltern	35,
nach auswärts	46,
Schulentlassene	66,
Waisenpflege nach auswärts	91,
in das Krankenhaus	9,
Umzug in einen anderen Bezirk	457,
gestorben	21,

darunter 14 Kinder unter einem Jahr zumeist an Darmerkrankungen und Atrophie.

Da die Familien vorher untersucht waren, befinden sich die Kinder fast immer in günstiger Pflege, und nur wenigen Familien mußte das Kind entzogen werden. Wichtig ist, daß der städtische Kinderarzt zugleich behandelnder Arzt im Waisenhaus geworden ist, da eine fortdauernde Verbindung mit den außerhalb befindlichen Zieh- und Waisenkindern stattfindet.

---

7 Dr. Johannes Karl Weber.

Seit 2 Generationen war es festes Prinzip, daß der Direktor des städtischen Waisenhauses ein Arzt war und zugleich die Gesundheit der Kinder zu überwachen hatte. Nachdem sich der verdienstvolle Leiter Herr Direktor Dr. Meißner[8] jetzt pensionieren ließ, wurde mit diesem System gebrochen und 2 Brüder von Moritzburg, der eine[9] als stellvertretender Inspektor, der andere als Gehilfe für die Knabenabteilung, ferner eine Oberin[10] für die Mädchenabteilung und eine Gehilfin für die Aufnahmestation außer dem bediensteten Personal angestellt. Ein Arzt hat die Gesundheit der Kinder zu überwachen. Jedes aufgenommene Kind wird untersucht und muß zur Ausschaltung ansteckender Erkrankungen 14 Tage in der Aufnahmestation verbleiben. Nach einer weiteren Untersuchung gelangt es in die oberen Stationen des schönen neuen Hauses. Schwer erkrankte Kinder werden wegen Mangel an Pflegepersonal und Krankenzimmern dem Kinderkrankenhaus überwiesen. Ein Haus ist erst ¾ Jahr bezogen, und fand ein Durchgang von 220 Kindern darin statt. In das Kinderkrankenhaus wurden 21 geschrieben, darunter 9 aus der Aufnahmestation. 33 schwere Fälle, welche aber keine zu große Pflege erforderten, wurden im Haus behandelt, besonders eine Anzahl Rötelnfälle und Luftröhrenkatarrhe. Die Kinder werden zu einem großen Teil in einem hohen Grad verwahrlost und mit Ungeziefer bedeckt aufgenommen, viele zeigten eine geistige Minderwertigkeit. Das äußere Aussehen besserte sich aber bald, und konnten wir bei fast allen eine körperliche Kräftigung und Gewichtszunahme feststellen.

Das neue Kinderheim neben dem städtischen Waisenhaus steht gleichfalls in Verbindung mit der städtischen Kinderfürsorge, da in dessen Säuglingsheim die städtischen Säuglinge bis zum 2. Jahr Aufnahme finden, bevor sie in Einzelpflege gelangen.

Bestand der Waisenkinder am	
d[atum] 31.12.[19]02	= 21,
Aufnahme [19]03	= 86,
in äußere Pflege	= 45,
zur Mutter	= 18,
gestorben	= 10,
Spital	= 12,
Bestand d[atum] 31.12.[19]03	= 22.

Die Sterblichkeit muß als äußerst günstig bezeichnet werden, da nur die schwächsten Kinder im Haus zurückbehalten werden und eine Keuchhustenepidemie die Sterblichkeit dieser schwachen Kinder erhöhte. Die schönen, gesunden, neuen Räume und die sorgfältige Verpflegung bewirkten den günstigen Erfolg.

[...] Unsere Zeit erkennt immer mehr, daß es Pflicht der Gemeinde ist, die wehrlose Jugend an Körper und Geist zu schützen und vor Verwahrlosung zu bewahren; aus der obigen Schilderung geht hervor, daß die Behörde Leipzig allen Anforderungen auf diesem Gebiet gerecht wird und bahnbrechend wirkt.

---

8 Der praktische Arzt Dr. Gustav Hermann Meißner war von 1880 bis 1903 Direktor des Waisenhauses.

9 Karl Theodor Röber (gest. um 1941), 1900-1902 Ratsregistrator beim Armenamt Leipzig, seit 1903 Erziehungsinspektor für Waisen- und Ziehkinderpflege und Waisenratssachen.

10 Lina Theile (1867-nach 1943), Kindererzieherin in Leipzig, seit 1903 Oberin im städtischen Waisenhaus.

Nr. 121

1904 Februar

Bericht[1] des Direktors des Hamburger öffentlichen Armenwesens Dr. Adolf Buehl an das Armenkollegium

Reinschrift in Maschinenschrift, Teildruck

[Schätzung der Zahl körperbehinderter Menschen in Hamburg; Überblick über die Einrichtungen der „Krüppelfürsorge" in Deutschland; Tätigkeit der „Krüppelanstalten"; in Hamburg besteht kein Bedarf an staatlichen „Krüppelheimen"; diese bereitzustellen soll der privaten Initiative vorbehalten bleiben]

Das Armenkollegium hat in seiner Sitzung vom 9. Juli 1903[2] den Berichterstatter beauftragt, Erhebungen über die Zahl der in Hamburg befindlichen Krüppel zu veranlassen sowie in eine Prüfung der Frage einzutreten, ob eine geordnete Krüppelfürsorge für Hamburg erforderlich sei.

Beide Untersuchungen hängen eng miteinander zusammen. Denn natürlicherweise ist für die Entscheidung der Frage, ob eine Krüppelfürsorge notwendig ist, die Anzahl der in Hamburg aufhältlichen Krüppel ein wichtiger Faktor. Über diese Anzahl ist nun eine Umfrage an diejenigen hamburgischen Behörden ergangen, bei welchen man das Vorhandensein von statistischem Material eventuell annehmen durfte. Der Begriff „Krüppel" war in dieser Umfrage dahin definiert, daß darunter solche – sowohl jugendliche und noch bildungsfähige, als auch erwachsene – vollsinnige Personen verstanden werden sollten, welche durch Verlust oder Gebrauchsunfähigkeit eines oder mehrerer Glieder in ihrer Erwerbsfähigkeit gänzlich behindert oder wenigstens beschränkt sind. Es hat sich aber gezeigt, daß das vorhandene Material auch nicht annähernd genügte, um die Zahl der Krüppel festzustellen. Eine eigene Statistik ist nirgends geführt worden. Das Krankenhauskollegium erklärt, daß relativ viele Kinder zur operativen Behandlung kommen, welche nach vollzogener Operation als Krüppel zu betrachten sind, ebenso gelangten relativ viele Kinder mit inoperablen Lähmungen und dgl. zur Aufnahme. Die Polizeibehörde kennt 22 Krüppel, welche sich durch Hausieren und dgl. ernähren. Die Oberschulbehörde teilt mit, daß von den die höheren Schulen besuchenden Kindern fünf als Krüppel zu bezeichnen seien. Bei den Volksschulen sei die Anzahl minimal. In den Alsterdorfer Anstalten befinden sich 70–80 Krüppel, von denen jedoch 50–60 Idioten und Epileptiker

---

1 Staatsarchiv Hamburg 111-1 Cl. VII Lit. Qa Nr. 3 Vol. 18 Fasc. 38 b, n. fol.

2 Protokoll der 140. Sitzung des Armenkollegiums vom 9. Juli 1903 (StA Hamburg 351-2 I Nr. 9 Bd. 63, fol. 39-47, hier fol. 39 Rs.-41 Rs.). Gegenstand der Beratungen war die Frage gewesen, ob der Senat der 1898 vom Direktor der Diakonissenanstalt Altona, Theodor Schäfer, begründeten, 1902 eröffneten Heil-, Erziehungs- und Pflegeanstalt für verkrüppelte Kinder „Alten-Eichen" in Stellingen, in der etwa 50 Jungen und Mädchen untergebracht werden konnten, eine erbetene Bezuschussung gewähren sollte. Während der Zuschuß bewilligt worden war, war zugleich aus dem Kreis der Armenkollegiumsmitglieder (Friedrich Adolf Döhner) unterstrichen worden, die Krüppelfürsorge sei ein *so beachtenswerter Zweig armenrechtlicher und sozialer Fürsorge*, daß eine Feststellung der Zahl der in Hamburg befindlichen Krüppel erforderlich und der Frage näherzutreten sei, *ob selbständig eine geordnete Krüppelfürsorge einzurichten sein werde* (fol. 40 Rs.). Direktor Dr. Buehl wurde darauf beauftragt, eine Prüfung dieser Frage vorzunehmen.

und auch die übrigen von geminderter Intelligenz sind. Etwa 10 geistig gesunde Krüppel werden in den Alsterdorfer Anstalten für den Hausdienst als Aufseher und dgl. verwandt. Vom Waisenhaus waren erschöpfende Angaben noch nicht zu erlangen. Nach einem mitgeteilten Verzeichnis sind unter den Zöglingen der öffentlichen Waisenpflege 43 Krüppel (von denen sich 9 im Waisenhaus selbst befinden) ermittelt, doch stehen noch zahlreiche Antworten auswärtiger Vertrauensmänner auf ein von der Waisenhausdirektion erlassenes diesbezügliches Rundschreiben aus. Das Medizinalamt und das Statistische Büro der Steuerdeputation konnten keine sachdienlichen Mitteilungen machen.

War es sonach mangels einer einheitlichen Statistik nicht möglich, die Anzahl der in Hamburg befindlichen Krüppel auf direktem Wege festzustellen, so ist noch zu untersuchen, ob sich etwa Rückschlüsse aus Statistiken anderer Städte bzw. Länder ziehen lassen. Zunächst liegt eine Reihe einzelner Angaben vor, welche nicht auf staatlichen Erhebungen zu beruhen scheinen. Nähere Unterlagen für dieselben fehlen, so daß man ihnen volles Vertrauen kaum wird entgegenbringen können. So soll Brandenburg, inkl[usive] Berlin, bei 4 Millionen Einwohnern 1700 Krüppel haben, = ca. 0,04 %; Schlesien[3] bei 4½ Millionen Einwohnern 10000 Krüppel, = ca. 0,22 %, Finnland bei 2½ Millionen Einwohnern (1889) 8000 Krüppel, = ca. 0,32 %.

[...] *Vorstellung der im Deutschen Reich durchgeführten regionalen Erhebungen über die Zahl der Krüppel.*

Schleswig-Holstein[4] hat (1897) bei 1,3 Millionen Einwohnern 4770 Krüppel, = ca. 0,367 %, die Rheinprovinz[5] bei einer Bevölkerungszahl von rund 5760000 Seelen nicht weniger als 49500 Krüppel, = ca. 0,86 %! Daß diese Zahlen höher sind, als es der Wirklichkeit entspricht, kann nicht angenommen werden, denn es erscheint ausgeschlossen, daß bei einer staatlichen Erhebung gesunde Personen als Krüppel angegeben werden, viel eher ist das Gegenteil möglich.

Auch hier ist kaum festzustellen, warum Schleswig-Holstein von der Rheinprovinz um mehr als das Doppelte übertroffen wird. Allerdings spielt die größere Unfallgefahr der Rheinprovinz augenscheinlich bei dem Ergebnis eine Rolle. In der Rheinprovinz haben sich 17800 Personen die Verkrüppelung durch einen Unfall zugezogen, = ein gutes Drittel aller Krüppel; in Schleswig-Holstein 1066, d.h. weniger als ein Viertel, ca. (9/40). Aber offenbar wird hierdurch allein die große Divergenz nicht erklärt.

Um für Hamburg Rückschlüsse aus den gewonnenen Resultaten zu ziehen, dürfte es das Nächstliegende sein, den Durchschnitt der Krüppel beider Provinzen zugrunde zu legen. Allein es besteht die Gefahr, daß hierdurch ein zu günstiges Ergebnis erzielt wird. Es ist zu bedenken, daß Hamburg bei seiner reichentwickelten Industrie und den Gefahren des Seemannsberufs wie der Hafenbetriebe ein ganz besonders geeignetes Feld für Unfälle bietet. Überhaupt dürfte bei ländlicher Bevölkerung die Gefahr der Verkrüppelung bedeutend geringer sein als in der Stadt: ein Umstand, der das Verhältnis zuungunsten Hamburgs als Stadtstaat verschieben muß. Man wird

---

3 Zu ähnlichen Werten kommt: Statistik der verkrüppelten Kinder in der Provinz Schlesien im Jahre 1901/02, in: Jahrbuch der Krüppelfürsorge 3 (1901), S. 46-49.

4 Statistik der Verkrüppelten in Schleswig-Holstein, in: Jahrbuch der Krüppelfürsorge 1 (1899), S. 44 f.

5 Die neue westdeutsche Heil-, Bildungs- und Werkstätte für Verkrüppelte zu Kreuznach und die Nachweisung über Zahl und Lage der Verkrüppelten in der Rheinprovinz. Hrsg. von der Direktion der Diakonissenanstalt zu Kreuznach, Kreuznach 1903, S. 4.

deshalb für Hamburg wohl unbedenklich die in der Rheinprovinz vorgenommene Erhebung als Maßstab annehmen können. Legt man nun für Hamburg den in der Rheinprovinz gefundenen Prozentsatz zugrunde, so ergibt sich für das Staatsgebiet, die Bevölkerungsziffer auf 800000 Seelen angenommen, eine Anzahl von 6880 Krüppeln.

Für das deutsche Reichsgebiet würde sich bei dem Prozentsatz der Rheinprovinz eine Anzahl von ca. ½ Millionen Krüppeln ergeben. Diese Zahl ist wohl zweifellos zu hoch gegriffen, da in großen Gebieten des Reichs die Gefahr der Verstümmelung nicht so groß ist wie in den Industriebezirken. Nimmt man für das Reich den Durchschnitt der beiden Provinzen – 0,614 % – als maßgeblich an, so würde man eine Anzahl von ca. 370000 Krüppeln erhalten.

Angesichts dieser erschreckend großen Anzahl von Krüppeln ist ganz gewiß die Frage berechtigt, was bisher im Deutschen Reich auf dem Gebiet der Krüppelfürsorge geschehen ist und ob das Geleistete den Bedürfnissen genügt.

Verhältnismäßig spät hat in Deutschland der Gedanke einer geordneten Krüppelfürsorge Boden gefaßt. Vielleicht ist dies in Zusammenhang zu bringen mit der altgermanischen Rechtsauffassung, nach welcher Krüppel überhaupt Menschen minderen Rechts waren, wie solches in dem bekannten Satz des Sachsenspiegels:

„Uffe altvile unde twerge erstirbit weder Lehn noch Erbe noch uffe Kruppelkind“[6] zum Ausdruck gelangt.

Die Hauptstadt Bayerns darf es sich zum Ruhm anrechnen, das erste deutsche Krüppelheim errichtet zu haben. Es ist die 1832 aus Privatmitteln durch Johann Nepomuk Edler von Kurz[7] ins Leben gerufene, jetzt „Königlich Bayrische Zentralanstalt für Erziehung und Bildung krüppelhafter Kinder“. Die Anstalt will verkrüppelten Kindern geeigneten Unterricht gewähren und die Erlernung eines geeigneten Berufs ermöglichen.[8] Sie ist 1844 verstaatlicht. Sie wird teils vom Kreis, teils aus Dotationen und Kostgeldern unterhalten. Sie zählte im Jahre 1902: 81 Plätze, welche für Kreisangehörige im Bedürfnisfall frei sind.

Sehr lange dauerte es, bis das Vorgehen Münchens befruchtend wirkte. Erst im Jahre 1879 entstand das zweite Krüppelheim, das im Anschluß an die Dr. Wernerschen[9] Kinderheilanstalten in Ludwigsburg (Württemberg) von der Prinzessin Wilhelm[10] ins Leben gerufene Maria-Martha-Stift für krüppelhafte Mädchen. 1892

---

6 Übersetzung aus dem Mittelhochdeutschen: „An Altevile (Blödsinnige, wird bisweilen allerdings auch als Zwitter übersetzt) und an Zwerge fällt weder Lehn noch Erbe, noch an ein Krüppelkind.“ (Paul Kaller, Der Sachsenspiegel. In hochdeutscher Übersetzung, München 2002, S. 22.) Nach der Formulierung von Art. 4 des ersten Buchs des Sachsenspiegels, der Rechtsaufzeichnung des Eike von Repgow aus dem 13. Jahrhundert (entstanden zwischen 1215 und 1235), waren demnach Menschen mit geistigen Behinderungen, Kleinwüchsige und körperlich behinderte Kinder von Erbe und Lehensfolge ausgeschlossen.

7 Johann Nepomuk Edler von Kurz (1783-1865), Konservator im statistisch-topographischen Büro in München, 1833 Begründer der Kurz'schen praktisch-technisch-industriellen Privat-, Unterrichts-, Erziehungs- und Beschäftigungsanstalt für arme krüppelhafte Kinder in München, der 1844 verstaatlichten Königlich Bayerischen Erziehungsanstalt für krüppelhafte Kinder.

8 Seit 1876 wurden hier auch Mädchen aufgenommen.

9 Dr. August Hermann Werner (1808-1882), Arzt und Pädagoge in Ludwigsburg, dort Begründer und Leiter einer Heilanstalt für arme, skrophulöse und gebrechliche Kinder.

10 Marie, geb. Prinzessin zu Waldeck und Pyrmont (1857-1882), Prinzessin von Württemberg (Ehefrau des Prinzen Wilhelm von Württemberg), 1879 Stifterin und Protektorin des

kam eine ergänzende Abteilung für Knaben hinzu, das Wilhelmstift. Beide Abteilungen zusammen enthalten 63 Plätze. Es wird ein Verpflegungsgeld von M. 120 erhoben, das im Falle der Bedürftigkeit auf M. 80 ermäßigt werden kann.

Jm Jahre 1894 errichtete das Oberlinhaus[11] in Berlin (recte: Nowawes bei Potsdam) die hochbedeutende Krüppelanstalt in Nowawes[12]. Sie bietet 150 Krüppeln Unterkunft und erfreut sich einer vortrefflichen Leitung durch ihren Vorsteher Pastor Hoppe[13].

In den darauffolgenden Jahren ist eine ganze Anzahl mehr oder weniger umfangreicher Krüppelanstalten in Deutschland entstanden. Die bedeutendsten sind das Johannisstift[14] in Cracau bei Magdeburg und das Kinderkrüppelheim in Angerburg[15] in Ostpreußen, beide mit 200 Plätzen. Für Hamburg von besonderem Interesse ist das Krüppelheim Alten-Eichen[16] in Stellingen, 1902 eingeweiht. Leiter des Instituts ist Pastor D. Schäfer[17]; 50 Plätze stehen in dem Haus Verkrüppelten zur Verfügung.

Im ganzen zählt das Deutsche Reich heute 23 Krüppelheime mit ca. 1500 Plätzen.[18] Die süddeutschen Bundesstaaten, außer Hessen, ferner fast alle preußischen Provinzen haben ihre eigenen Anstalten, ebenso Mecklenburg-Schwerin, Königreich Sachsen, endlich Schwarzburg-Rudolstadt.

[...] *Tabellarische Auflistung der bestehenden Anstalten der Krüppelfürsorge in Deutschland; knappe Bemerkungen zur Krüppelfürsorge im Ausland.*

Wenn oben die Zahl der Krüppel in Deutschland auf 370000 geschätzt und dabei erwähnt wurde, daß für dieselben in den sämtlichen, etwa 20, Krüppelheimen nur etwa 1500 Plätze zur Verfügung stehen, so erscheint dies auf den ersten Blick als ein bedauerliches Mißverhältnis. Allein diese beiden nackten Ziffern sind nicht geeignet, als Maßstab für die Notwendigkeit einer geordneten Krüppelfürsorge zu dienen. Zunächst wird es eine Reihe Anstalten geben, welche sich mit der Krüppelpflege

---

Martha-Maria-Stifts zur Betreuung von körperbehinderten („krüppelhaften") Mädchen als Zweig der Dr. Wernerschen Anstalten.

11 Seit 1879 bestehendes Diakonissenmutterhaus, dessen Schwestern Hausbesuche bei Hilfsbedürftigen machten, sowie mit vielfältigen Betreuungseinrichtungen für Kinder.

12 Heute Babelsberg (Potsdam). Auch die Anstalt in Nowawes mit ihren etwa 150 Plätzen verband ärztliche Pflege mit Schulbildung und Berufsausbildung. Die Arbeit mit behinderten Kindern hatte bereits 1886 eingesetzt, 1894 war ein neu errichtetes „Krüppelheim" eröffnet worden.

13 Theodor Hoppe (1846-1934), ev. Theologe, seit 1879 Pfarrer und Direktor des Diakonissenmutterhauses Oberlinhaus in Nowawes (Kreis Teltow), 1894 Begründer des zugehörigen „Krüppelheims", das beispielgebend für die nachfolgenden Anstaltsgründungen wirkte.

14 Das seit 1899 dem 1889 gegründeten Siechenhaus Johannisstift (ab 1902: Pfeiffersche Stiftungen) angeschlossene „Samariterhaus für gebrechliche Kinder" galt um die Jahrhundertwende als größte und modernste „Krüppelanstalt" im Deutschen Reich; ursprünglich für ganz Norddeutschland geplant, reichte es bald jedoch nur noch für die Körperbehindertenfürsorge in der Provinz Sachsen.

15 1897 gegründet; das Heim „Bethesda" war das einzige in Deutschland, in dem die Kinder durchweg unentgeltlich verpflegt wurden.

16 Vgl. Anm. 2.

17 Dr. Theodor Schäfer (1846-1914), ev. Theologe und Pfarrer in Altona, seit 1872 Direktor der Schleswig-Holsteinischen Diakonissenanstalt in Altona, Mitbegründer des Krüppelheims „Alten-Eichen" in Stellingen, seit 1899 Herausgeber des „Jahrbuchs der Krüppelfürsorge".

18 Die Zahl wie die vorangegangenen Angaben nach: Der gegenwärtige Stand der Krüppelfürsorge in Deutschland, in: Jahrbuch für Krüppelfürsorge 3 (1904), S. 32.

befassen, ohne daß dieser Zweck der einzige und in dem Namen der Anstalt ausgesprochen ist. Ein solches Institut ist z. B. die Arbeiterkolonie Hamburg, in welche nach Art[ikel] 3 Ziffer 6 der Statuten[19] alle arbeits- und ausbildungsfähigen männlichen Krüppel Hamburgs aufgenommen werden. Der Jahresbericht von 1895 sagt: „In dem verflossenen dritten Arbeitsjahr der Kolonie haben wir auch mehrere Krüppel zur Erlernung eines Handwerks gehabt. Diese hoffen, sich einmal später dadurch selbständig ihr Brot verdienen zu können. Wir bitten, uns alle irgendwie ausbildungsfähigen Krüppel Hamburgs zuzuführen, sobald diese Neigung zum Eintritt in die Kolonie und zur Erlernung eines Handwerks haben. Für eine besondere Behandlung derselben wollen wir gerne Sorge tragen."[20]

Eine Feststellung, wie viele Anstalten im Deutschen Reich ähnliche Nebenzwecke verfolgen und in welchem Maße hierdurch Krüppeln geholfen wird, ist ohne sehr umfassende Erhebungen nicht möglich. Gewiß darf angenommen werden, daß die Anstalten in erheblichem Maße die Tätigkeit der Krüppelheime ergänzen; dennoch können sie mit Rücksicht auf ihre ziffermäßig völlig unkontrollierbare Wirksamkeit bei den folgenden Betrachtungen nicht mit berücksichtigt werden.

Aufgabe der Krüppelfürsorge ist es nicht etwa, Krüppelasyle zu schaffen. Daß der Staat kein Interesse daran hat, alle Personen, welche verkrüppelt sind, in Anstalten einzuschließen, ist ohne weiteres einleuchtend. Was eine staatlich angeordnete Krüppelpflege bezwecken will und kann, ist ein ganz bestimmter Zweig der vorsorgenden Wohltätigkeit. Es sollen solche – an sich einer Ausbildung fähigen – Personen, denen es infolge ihrer körperlichen Gebrechen nicht möglich ist, ohne einen besonderen technischen Unterricht sich ihren Unterhalt zu verdienen, diesen Spezialunterricht in der Krüppelanstalt erhalten und so davor bewahrt werden, in späterer Zeit mangels Erwerbsfähigkeit der Armenpflege anheimzufallen.

[...] *Die Gewährung einer Ausbildung für bedürftige blinde Kinder und Jugendliche gehört zu den Unterstützungsleistungen der Armenverwaltung.*

Allerdings beschränken sich die bestehenden Krüppelanstalten nicht lediglich auf jenen engeren Zweck der Ausbildung für einen Beruf; vielmehr wird den Zöglingen auch Unterricht in den Elementarfächern sowie orthopädische Behandlung gewährt. Allein beides ist nichts der Krüppelanstalt Eigentümliches. Der Volksschulunterricht soll jedem Menschen, ob verkrüppelt oder unverkrüppelt, zuteil werden; seit Jahren ist im hamburgischen Staatsbudget die Summe von 2800 M. vorgesehen, um solchen Kindern, denen infolge ihres körperlichen Zustands der Schulbesuch unmöglich ist, speziellen Unterricht zu Hause zu erteilen. Die orthopädische Behandlung aber bildet einen Faktor der modernen Krankenfürsorge und gehört damit schon zu den Aufgaben der öffentlichen Armenpflege; für Hamburg reichen die bestehenden Institute für eine zweckmäßige Orthopädie vollkommen aus. Eine Anstalt, welche sich besonders der Heilbehandlung von Krüppeln widmet, wie z. B. das in obiger Tabelle[21] mit aufgeführte Haus „Paulinenhilfe"[22] bei Stuttgart, ist nicht lediglich Krüppelanstalt im technischen Sinne, sondern mehr ein besonders geartetes Krankenhaus.

---

19 Satzungen der Hamburger Arbeiter-Kolonie, März 1895, in: Jahrbuch der Hamburger Arbeiter-Kolonie und der Heimath-Kolonie Schäferhof 1903, S. 33-35 (StA Hamburg 351-2 II Nr.357, n. fol.).

20 Jahrbuch der Hamburger Arbeiter-Kolonie, April 1894, S. 7 (StA Hamburg 351-2 II Nr.357, n. fol.).

21 Gemeint ist eine hier nicht mit abgedruckte tabellarische Auflistung der bestehenden Anstalten der Krüppelfürsorge.

Mit Rücksicht auf den charakteristischen Zweck des Krüppelheims, die Ausbildung eines Krüppels zu einem bestimmten Beruf, um ihn vor Verarmung zu behüten, bestimmen die meisten Krüppelheime, daß der Zögling ein gewisses Lebensalter nicht überschritten haben darf, um Aufnahme zu finden. So ist z. B. in der Münchener Anstalt die obere Altersgrenze das 14., in den Wernerschen Anstalten das 18. Lebensjahr. Die Zöglinge machen einen vollständigen Kursus durch und werden regelmäßig nach einer bestimmten Anzahl von Jahren – z. B. in München 3 – entlassen. Eine Verlängerung der Lehrzeit aus besonderen Gründen ist nicht ausgeschlossen. Der technische Unterricht erstreckt sich auf die Ausbildung als Schreiber oder die Erlernung aller möglichen Handwerke, so des Tischlers, Schneiders, Buchbinders, Kürschners, Zigarrenmachers, Musterzeichners, Bürstenbinders, Rohrflechters, Papparbeiters etc. etc., je nach den Fähigkeiten des einzelnen.

Mehrere Anstalten befassen sich noch mit der Unterstützung des Krüppels nach seiner Entlassung, z. B. durch Verschaffung von Absatzgelegenheit, indem sie den Verkauf seiner Produkte selbst übernehmen.

Überschaut man nun das, was von den bestehenden Krüppelheimen in richtiger Erkenntnis des Zweckes einer solchen Anstalt geleistet wird, so ist es offenbar, daß für große Kategorien von Krüppeln die Krüppelanstalt im technischen Sinne keinerlei Bedeutung hat. Zunächst scheiden alle diejenigen aus, welche infolge weiterer – körperlicher oder geistiger – Gebrechen durchaus untauglich sind, an dem Unterricht mit Erfolg teilzunehmen. So z. B. die blinden Krüppel, für welche das Fehlen des Augenlichts stets das größere Hindernis zur Erlernung eines Berufs sein wird. Ihre Ausbildung muß von einer Blindenanstalt geleitet werden. Ferner die idiotischen und epileptischen Krüppel, die sich zur Erlernung eines auf technischem Können basierenden Berufs wohl überhaupt nicht eignen.

Von den in der Rheinprovinz aufhältlichen 49 500 Krüppeln sind in der obengenannten Statistik ca. 2 100 = 4,24 % als geistig nicht gesund bezeichnet.[23] Nach dem gleichen Prozentsatz bemessen würden von den 6 880 Hamburger Krüppeln 292 als geistig nicht gesund für das Krüppelheim nicht in Betracht kommen. Fast die gleiche Anzahl von Krüppeln ist nach der genannten Statistik blind (2 011). 761 Krüppel sind zugleich Epileptiker = ca. 1 ½ %. Auch die Taubstummen werden infolge der Schwierigkeit, sich im Verkehr verständlich zu machen, häufig zur Erlernung eines Berufs ungeeignet erscheinen. Ihre Anzahl beträgt ca. 1 660 = gut 3 ⅓ %.[24] Da nun in vereinzelten Fällen mehrere dieser Gebrechen bei demselben Krüppel vereinigt sein werden (z. B. Idiotie mit Epilepsie), so wird man von der Summe der oben gewonnenen Prozentsätze einen Teil abziehen müssen, um die Anzahl derer zu ermitteln, welche infolge konkurrierender Gebrechen für eine Aufnahme in ein Krüppelheim ungeeignet erscheinen. Die Anzahl dürfte etwa 10 %, für Hamburg also ca. 690 betragen.

Des ferneren ist die Anordnung einer Krüppelfürsorge unnötig für diejenigen Personen, welche sich trotz ihrer Verkrüppelung selbständig ernähren. Eben dadurch,

---

22 Die orthopädische Armenheilanstalt „Paulinenhilfe“ in Stuttgart war 1845 von den Ärzten Dr. Johann Wilhelm Camerer und Dr. Karl Heller gegründet worden. Protektorin war Königin Pauline von Württemberg. Die „Paulinenhilfe“ war lange Zeit die einzige orthopädische Klinik für Arme in Deutschland geblieben.

23 Die neue westdeutsche Heil-, Bildungs- und Werkstätte für Verkrüppelte zu Kreuznach und die Nachweisung über Zahl und Lage der Verkrüppelten in der Rheinprovinz. Hrsg. von der Direktion der Diakonissenanstalt zu Kreuznach, Kreuznach 1903, S. 4.

24 Ebenda, S. 8 f.

daß sie ihr Brot auch ohne spezielle technische Erziehung finden, zeigen sie ja, daß für sie ein Institut, durch welches sie vor Verarmung geschützt werden, unnötig ist. Nach der Statistik der Rheinprovinz erhalten von 8580 Verkrüppelten unter 16 Jahren den Unterhalt durch Verwandte 8184; von diesen werden 4847 gut, der Rest ärmlich unterhalten.[25] Also nur 1/20 der verkrüppelten Kinder fällt der privaten oder öffentlichen Armenpflege anheim. Diese Ziffern sind allerdings für die Frage der Erwerbsfähigkeit der Krüppel kaum zu verwerten, denn bei Kindern unter 16 Jahren wird die Hilfsbedürftigkeit kaum auf der eigenen Verkrüppelung, sondern auf den pekuniären Verhältnissen der Eltern beruhen.

Um einen Anhalt für die Erwerbsfähigkeit des Krüppels zu bekommen, müssen die Erwerbsverhältnisse der erwachsenen Krüppel geprüft werden, und hier ergibt sich folgendes Bild.

Die Anzahl der erwachsenen Krüppel in der Rheinprovinz beträgt 41703 = ca. 80 %. Von diesen ernähren sich selbst 28963, und zwar 16295 gut, 9915 ärmlich und 2753 mit Unterstützung[26]. Daß sich von den erwachsenen Krüppeln 28963, d.h. fast ¾ selbst versorgen, ist leicht erklärlich. Denn wenn auch sehr viele Arten von Verkrüppelungen zwar objektiv die Herabsetzung der Arbeitsfähigkeit des Menschen bedingen, so lassen sie ihn dieses oder jenes bestimmte Gewerbe ohne jedes Hindernis betreiben, so z.B. werden Rückgratsverkrümmungen, Klumpfüße, Lähmungen eines Beins den Krüppel keineswegs an der Erlernung solcher Handwerke hindern, bei denen es auf Geschicklichkeit der Hände ankommt; ebensowenig braucht ein solcher Krüppel dem gesunden Menschen an der Fähigkeit, sich dem Kaufmannsberuf, einem Studium, der Beamtenlaufbahn zu widmen, nachzustehen.

Von den 12740 nicht selbst erwerbsfähigen Krüppeln werden 10058 von ihren Eltern oder Verwandten ernährt, und zwar zu 2/3 gut, zu 1/3 ärmlich. Nur 2682 werden aus Mitteln der öffentlichen oder privaten Armenpflege unterhalten, d[as] i[st] 1/15 – 1/16 der erwachsenen Krüppel.

Das Gesamtergebnis ist demnach das, daß in der Rheinprovinz von 49500 Krüppeln 3144, das sind etwa 6,36 %, Unterstützung beziehen. Hiervon erhalten rund 300 Personen nur private Unterstützung; es bleiben ca. 5,74 %, welche öffentliche Armenunterstützung erhalten.

In welchem Verhältnis steht nun diese Zahl zur Anzahl der überhaupt Unterstützten? Diese Frage drängt sich auf, da ja bei den bestehenden sozialen Verhältnissen stets ein gewisser Prozentsatz der Bevölkerung auf Armenunterstützung angewiesen ist, hinsichtlich eines gleichen Prozentsatzes von Krüppeln also anzunehmen ist, daß die Hilfsbedürftigkeit mit dem körperlichen Zustand nicht in kausalem Zusammenhang steht. In Hamburg wurden 1902 im Durchschnitt 9066 Parteien mit 18500 Köpfen bei einer Gesamtbevölkerung von 727721 Seelen in offener Pflege laufend unterstützt. Dazu kommen etwa 2200 Insassen des Werk- und Armenhauses[27] und sonstiger Pflegeanstalten (exkl[usive] Kranken- und Irrenpflege) sowie 3000 nicht konfirmierte Zöglinge des Waisenhauses. Insgesamt sind danach ca. 3,214 % der Bevölkerung der öffentlichen Armenpflege anheimgefallen.

---

25 Ebenda, S. 9. Zu den Verwandten wurden auch die Eltern gezählt.

26 Ebenda, S. 9.

27 Im Hamburger Werk- und Armenhaus waren 1904 1750 Insassen untergebracht, vornehmlich Sieche und Personen, deren Unterstützung in offener Armenpflege den Verantwortlichen des Hamburger Armenwesens aufgrund ihres Lebenswandels untunlich erschien; vgl. im übrigen Nr. 20 Anm. 5.

Aus diesen Angaben geht hervor, daß verkrüppelte Personen in nicht einmal doppelter Anzahl aus öffentlichen Mitteln unterstützt werden müssen als gesunde Menschen.

Nimmt man an, daß in Hamburg der gleiche Prozentsatz von Krüppeln (6,36) der öffentlichen oder privaten Armenpflege anheimfällt, so ergibt sich für das Staatsgebiet eine Anzahl von ca. 440 erwerbsunfähigen Krüppeln. Allerdings wird daneben eine große Anzahl von Krüppeln, die sich „ärmlich" ernähren, das Hausierergewerbe betreiben und sich nicht viel vom gewerbsmäßigen Bettler unterscheiden, in welcher Richtung die Statistik der Rheinprovinz leider kein Material erbringt. Ob man einen derartigen Zustand als notwendiges Übel hinzunehmen oder Unterbringung im Armenhaus, wo der Krüppel leicht den Rest der Wertschätzung seiner Persönlichkeit verliert, anzustreben hat, mag zumal im Hinblick auf die Kriegsinvaliden und Unfallkrüppel zweifelhaft erscheinen. Vom Standpunkt des öffentlichen Interesses aus würde es allerdings wünschenswert sein, daß die dem verschleierten Bettel obliegenden Krüppel sämtlich von der Straße verschwinden, doch wird dazu in der Regel die Handhabe fehlen, weil der Krüppel meist das Leben in der Freiheit vorziehen und daher einen Antrag auf Eintritt der Armenpflege nicht so leicht stellen wird.

Es bleiben also nach dem oben Gesagten etwa 440 Krüppel, hinsichtlich deren die Notwendigkeit der Errichtung eines Krüppelheims weiter zu prüfen wäre. Da nun, wie oben gesagt, das Krüppelheim in erster Linie einen Ersatz der Lehrjahre bieten soll, so kommen regelmäßig solche Krüppel nicht in Betracht, die über diese Jahre hinaus sind. Wohl von diesem Gesichtspunkt aus teilt die Statistik der Rheinprovinz die gesamten Krüppel in solche über und unter 16 Jahren. Etwa 41 000 Krüppel sind über 16 Jahre alt, das sind ungefähr 5/6 aller Krüppel. Es mag ungerechtfertigt erscheinen, ohne weiteres jeden über 16 Jahre alten Menschen von den Wohltaten eines Krüppelheims auszuschließen; ein Siebzehnjähriger, dessen rechter Arm gelähmt wird, dürfte sehr wohl imstande sein, noch in der Anstalt das Schreiben mit der linken Hand zu erlernen. Allein ebenso gewiß ist es, daß Leute, welche in fortgeschritteneren Jahren eine Verkrüppelung erleiden, sich zur Erlernung eines neuen Berufs in der Regel nicht mehr eignen. Es dürfte somit zu hoch gegriffen sein, wollte man 5/6 der unterstützungsbedürftigen Krüppel als wegen zu hohen Alters für die Krüppelanstalt ungeeignet hinstellen. Nimmt man 3/4 als zutreffend an, so würden für Hamburg von obigen 440 Krüppeln etwa 330 ausscheiden, weil ihr Alter zu hoch ist, um sie noch zu einem neuen Beruf auszubilden. Es bleiben somit 110. Berücksichtigt man nun, daß bei diesem relativ geringen Rest sich alle diejenigen befinden, welche an sich zur Erlernung eines Berufs total ungeeignet sind – also die nicht so geringe Anzahl von armen epileptischen oder idiotischen oder solchen Krüppeln, welche wegen ihres Leidens überhaupt keinen Beruf ergreifen können –, berücksichtigt man ferner, daß, wie oben schon angedeutet, eine gewisse Anzahl von Krüppeln der Armenpflege anheimfallen würde, ohne daß die Verkrüppelung in ursächlichem Zusammenhang mit der Hilfsbedürftigkeit steht, so kommt man zu dem Resultat, daß eine geschlossene Schar von Krüppeln, für die die Einrichtung eines Krüppelheims notwendig ist, kaum vorhanden ist. Vielmehr treten die Fälle, in denen die Krüppelanstalt zur Übernahme der Erziehung bestimmungsgemäß berufen ist, nur sporadisch auf.

Mit diesem, auf Grund einer kritischen Betrachtung der Statistik gewonnenen Resultat stimmen die Erfahrungen der hamburgischen Behörden vollständig überein.

Besondere Beachtung verdient folgender Umstand. Im Budget der Oberschulbehörde, III. Sektion, ist, wie schon oben erwähnt, seit Jahren ein Posten von M. 2 800 ausgesetzt, aus welchem der Spezialunterricht solcher Kinder bestritten werden soll, die infolge eines körperlichen Leidens nicht imstande sind, die Schule zu besuchen. Dieser Posten ist bisher niemals angegriffen worden, und ist daher im Budget für 1904 die Streichung erfolgt. Allerdings ist gerade jetzt der Fall eingetreten, daß ein anscheinend unterrichtsfähiges Kind wegen progressiver Muskelatrophie – übrigens einer Krankheit, welche in wenigen Jahren zum Tod führt – im Hause unterrichtet werden muß; auch hat kürzlich ein Volksschullehrer für sein Kind die Unterstützung der Behörde zur Unterbringung in Alten-Eichen nachgesucht. Es scheint damit nachgewiesen, daß Fälle, in denen Kinder wegen Verkrüppelung am Schulbesuch verhindert sind, nur ganz vereinzelt auftreten. Die Ausbildung in den Elementarfächern wird aber in der Regel das Kind zur Ergreifung eines Berufs fähig machen.

Ferner dürften folgende Mitteilungen des Waisenhauses von Interesse sein.

Von 43 in Waisenpflege befindlichen Krüppeln sind 26 noch Kinder, so daß sich über ihre spätere Erwerbsfähigkeit noch nichts Bestimmtes sagen läßt; 3 sind in Stellingen untergebracht, 2 sind ohne Beruf, die anderen erlernen einen Beruf ohne besondere Krüppelpflege.

Auf Kosten der öffentlichen Armenpflege sind gegenwärtig 3 jugendliche Personen in einem Krüppelheim untergebracht; außerdem wird ein Mädchen teilweise auf Kosten des Spezialfonds[28] im Krüppelheim „Annastift“[29] bei Hannover verpflegt.

Nach obigen Untersuchungen muß die Frage, ob die Einrichtung einer geordneten Krüppelfürsorge für Hamburg erforderlich sei, verneint werden. Für die vereinzelten Fälle, in denen das Bedürfnis nach Erziehung durch ein Krüppelheim herantritt, werden die in Norddeutschland bestehenden Krüppelheime, insbesondere Alten-Eichen und die Arbeiterkolonie in Hamburg, völlig ausreichen, selbst wenn man annimmt, daß die Krüppelpflege mit den Bekanntwerden ihrer guten Erfolge an Popularität gewinnen und demgemäß die Zahl der an die Armenpflege herantretenden diesbezüglichen Anträge wachsen wird.

Aber selbst wenn eine zur Füllung eines eigenen hamburgischen Krüppelheims ausreichende Anzahl von Krüppeln ständig vorhanden wäre, würde gleichwohl der Errichtung einer staatlichen Krüppelanstalt aus finanziellen Rücksichten nicht das Wort geredet werden können. Das Kostgeld beträgt in Alten-Eichen 400 M. p[er] a[nno], wofür Wohnung, Kost, Kleidung, ärztliche Behandlung, Pflege, Unterricht sowie Maschinen, Apparate und Bandagen bis zum Höchstbetrag von 100 M. gewährt werden. Für diesen Betrag vermag die Waisenhausverwaltung nicht einmal ein normales Kind im Hause selbst zu unterhalten. Nach den in der Denkschrift 1893/1902[30], Seite 62, angeführten statistischen Daten betrug 1902 der Aufwand für 511 Hauskinder 232 301 M., was einen Betrag von ca. 454 M. pro Kind entspricht (gegen 201,05 M. in der Familienpflege). Dabei würden die Kosten, welche der einzelne Krüppel in einer Spezialanstalt dem Staat machen würde, unter allen Umständen noch bedeutend höhere sein, wie sie die Verpflegung und Erziehung normal veranlagter Kinder bzw. Jugendlicher im Waisenhaus verursacht. Denn da die Fähigkeiten des einzelnen Krüppels durch Art und Umfang seines Leidens bedingt sind, so muß die Ausbildung auch in jeder Beziehung individuell sein. Sie steht in

---

28 Nr. 49 Anm. 6.

29 Das „Annastift“ in Kirchrode war 1897 gegründet worden.

30 Das öffentliche Armenwesen in Hamburg während der Jahre 1893-1902. Darstellung seiner Reorganisation und weiteren Entwickelung. Hrsg. vom Armen-Kollegium, Hamburg 1903.

direktem Gegensatz zum Schulunterricht, bei welchem mit ungefähr gleicher Lernfähigkeit aller Schüler gerechnet wird. Jeder Krüppel muß einen gerade seinen Fähigkeiten und seinem körperlichen Zustand entsprechenden technischen Unterricht erhalten; auch der Elementarunterricht, z. B. Schreiben, wird bei den einzelnen Schülern in verschiedener Weise erteilt werden müssen. Da ist es nötig, daß die Anstaltsleitung die freieste Hand hinsichtlich der Ausbildung der Pfleglinge hat, und die mit einer staatlichen Institution notwendig zu verbindenden strengeren Reglements, Haus- und Geschäftsordnungen könnten die Wirksamkeit der Anstalt nur hemmen. Da andererseits besonders überzeugende Gründe für eine staatliche Leitung kaum sprechen, so dürfte gerade der Zweig der Krüppelpflege ein für die Privatwohltätigkeit besonders geeignetes Feld bieten. Übrigens ist auch nicht allein der weitaus größte Teil aller Krüppelanstalten in privaten Händen, sondern man hat in Hamburg bisher auch die der staatlichen Regelung entschieden besser zugänglichen Zweige der Blinden-, Taubstummen-, Idioten- und Epileptikerfürsorge der Privatwohltätigkeit überlassen und damit für alle beteiligten Stellen durchaus günstige Erfolge erzielt.

Privatkrüppelanstalten bieten schließlich auch noch einen weiteren besonderen Vorteil. Sie können mit dem Krüppelerziehungsinstitut bequem eine Krüppelbewahranstalt verbinden. Zweifellos beeinträchtigen die vielen durch Straßen- und Hausierhandel ihr Leben fristenden Krüppel nicht allein in ästhetischer Hinsicht das Straßenbild, sondern sie wecken durch ihre Existenz die gerade für Hamburg besonders irrige Vorstellung, als ob staatliche und private Armenpflege es an der nötigen Fürsorge fehlen ließen und dadurch arme Krüppel auf die Bahn des versteckten Bettels trieben. Dazu kommt noch, daß die erziehliche Beeinflussung des Volks, soweit sie auf das Unterlassen kritikloser Almosenspenden gerichtet ist, gerade durch die mehr oder weniger versteckte Straßenbettelei verkrüppelter Personen in ihrem Erfolg beeinflußt und daß mit dem guten Auskommen, welches solche Krüppel in der Regel erzielen dürften, für andere arbeitsunlustige Individuen geradezu ein schädlicher Anreiz zum Bettel geschaffen wird.

Nun stehen den Behörden freilich Zwangsmittel, um diese Unglücklichen von der Straße zu entfernen, solange sie nicht der Armenpflege anheimfallen, nicht zu Gebote. Gerade eine private Anstalt wird aber infolge der von ihr gebotenen größeren Freiheiten von einem Krüppel eher aufgesucht werden als eine staatliche Anstalt vom Charakter des Werk- und Armenhauses. Auch dieser Umstand läßt die private Krüppelfürsorge einer staatlichen überlegen erscheinen, wobei noch besonders darauf hingewiesen sein mag, daß die Anstalt Alten-Eichen tatsächlich eine Verbindung von Krüppelheim und Krüppelbewahranstalt darstellt, indem § 1 der Satzungen des Vereins Krüppelheim[31] in Altona von 1902, welchem diese Anstalt gehört, dahin lautet:

„Der Verein Krüppelheim in Altona hat den auf christlicher Wohltätigkeit beruhenden Zweck:

1. Verkrüppelte Kinder … aufzunehmen, um sie … zu erziehen, ihre körperlichen Gebrechen durch ärztliche Behandlung zu heilen oder zu mildern und sie, soweit es möglich ist, für ihr späteres Leben erwerbsfähig zu machen;

---

[31] Der Verein Krüppelheim in Altona war rechtlicher Vertreter und Eigentümer des „Krüppelheims“ Alten-Eichen in Stellingen; Vorsitzender war Stadtschulrat Georg Wagner. Neben dem Trägerverein war 1902 noch ein „Hilfsverein für das Krüppelheim“ Alten-Eichen gegründet worden.

2. Erwachsenen der vorbezeichneten Art Gelegenheit zu schaffen, ihre körperlichen Kräfte und Fähigkeiten unter zweckentsprechender Anleitung und Hilfe nutzbringend zu verwerten, nötigenfalls auch solche in der Anstalt zu verpflegen."[32]

Erscheint es somit richtiger, die Krüppelpflege der privaten Wohltätigkeit zu überlassen, so wird der Staat doch stets diesem Gebiet ein warmes Interesse entgegenbringen und das Wohl der betreffenden Anstalten zu fördern suchen, wie solches der hamburgische Staat in allerletzter Zeit durch die in Aussicht genommene Subvention der Krüppelanstalt Alten-Eichen durch eine einmalige Unterstützung von 5 000 M. auf das nachdrücklichste betätigt hat. Wie fördernswert die Wirksamkeit der Krüppelheime ist, zeigt eine in München aufgrund sorgfältiger Nachforschungen aufgestellte Statistik[33] über die Erwerbsfähigkeit der aus dem Münchner Krüppelheim entlassenen Zöglinge, welche ergibt, daß 92 % derselben imstande waren, sich selbständig zu ernähren.

Die Allgemeine Armenanstalt wird daher, wie bisher so auch für die Zukunft, ihr Bestreben dahin zu richten haben,

a) die Ausbildung jugendlicher Krüppel, soweit dadurch eine wenn auch vielleicht nur beschränkte Erwerbsfähigkeit erreicht werden kann, nach Kräften zu fördern, womit zugleich eine gewisse Aussicht, für eine spätere Zukunft die Straßen von verkrüppelten Bettlern und Händlern zu säubern, eröffnet wird;

b) erwachsene, für eine dauernde Anstaltspflege geeignete Krüppel tunlichst einer Bewahranstalt zu überweisen;

c) die Pflegeorgane entsprechend zu belehren, zu welchem Zweck der – eventuell auszugsweise – Abdruck dieses Berichts in den Blättern für das Hamburgische Armenwesen[34] in Aussicht genommen ist.

---

32 Satzung und Vorstand des Vereins Krüppelheim in Altona 1902, in: Jahrbuch der Krüppelfürsorge 3 (1901), S. 58-61.

33 Theodor Schäfer, Das Krüppelheim in München, in: Jahrbuch der Krüppelfürsorge 3 (1901), S. 3-6, hier S. 6.

34 Vgl. Die Fürsorge für Krüppel, in: Blätter für das Hamburgische Armenwesen 13 (1905), Nr. 6, Nr. 7 und Nr. 9, S. 40 f., S. 43-45 und S. 56-58.

Nr. 122

1904 April 5

Schreiben[1] des Staatssekretärs des Inneren Dr. Arthur Graf von Posadowsky-Wehner an den preußischen Kultusminister Dr. Konrad Studt und den Innenminister Hans Freiherr von Hammerstein-Loxten

Druck

[Die Unterbringung in Lungenheilstätten scheitert bisweilen, weil die öffentliche Armenpflege aufgrund ihrer abschreckenden Wirkung nicht in Anspruch genommen wird; um dies zu vermeiden, können Stiftungsmittel oder besondere Fonds genutzt werden]

In dem Kampf gegen die Tuberkulose spielt seit einigen Jahren die Heilstättenbehandlung der Lungenkranken eine wichtige Rolle. Die Anwendung dieses Mittels hat durch eine unterm 19. Oktober 1901 ergangene Entscheidung des Bundesamts für das Heimatwesen[2] wesentliche Förderung erfahren. In dieser Entscheidung ist ausgesprochen worden, daß die Unterbringung in einer Heilstätte dann mit zu den pflichtmäßigen Aufgaben der öffentlichen Armenpflege gehört, und somit die Erstattung der hierfür aufgewendeten Kosten von dem endgültig verpflichteten Armenverband verlangt werden kann, wenn eine solche Unterbringung nach ärztlichem Gutachten das einzige, einen wesentlichen Heilerfolg verheißende Mittel bildet.

Trotzdem scheitert zuweilen die Verbringung in eine Heilstätte an dem Umstand, daß der Kranke es vermeiden will, die öffentliche Armenpflege in Anspruch zu nehmen, zumal der Bezug von Armenunterstützung bekanntlich gewisse Nachteile öffentlich-rechtlichen Charakters (Verlust der Wahlberechtigung und Wahlfähigkeit usw.) zur Folge hat. Um diesen Schwierigkeiten zu begegnen, haben sich neuerdings verschiedene große Stadtgemeinden dazu entschlossen, für die Unterbringung bedürftiger Lungenkranker in Heilstätten in möglichst weitgehendem Maße Stiftungsgelder verfügbar zu machen. Wo dies mangels geeigneter Stiftungen nicht zu ermöglichen ist, würde es im Interesse einer wirksamen Bekämpfung der verheerenden Volkskrankheit von größtem Wert sein, wenn seitens der Gemeinden oder weiterer kommunaler Verbände zu dem angegebenen Zweck besondere Fonds, deren Verwendung für Unterbringung Lungenkranker in Heilstätten nicht das Merkmal der Armenunterstützung an sich tragen würde, flüssiggemacht werden möchten.[3]

Bei der hohen Bedeutung dieser Frage habe ich nicht unterlassen wollen, die Aufmerksamkeit auf dieselbe zu lenken, und der gefälligen Erwägung anheimzuge-

---

1 Ministerialblatt für Medizinal- und medizinische Unterrichts-Angelegenheiten 1904, S. 245, sowie Zentralblatt für die gesamte Unterrichts-Verwaltung in Preußen 1904, S. 413. Entwurf: BArch R 1501 Nr.111791, n. fol.

2 Zu dieser Entscheidung: Nr. 102 Anm. 30 und Nr. 116.

3 In einem weiteren in dieser Sache an den preußischen Kultusminister Dr. Konrad Studt und den Innenminister Hans Freiherr von Hammerstein-Loxten gerichteten Schreiben Graf von Posadowskys vom 21.10.1904 bemerkte dieser hierzu: *Erfahrungsgemäß bedarf es zuweilen nur einer Anregung, um Geldmittel, insbesondere Stiftungsgelder, die in althergebrachter, aber nicht immer zweckmäßiger Art Verwendung finden oder mangels eines geeigneten Verwendungszwecks angesammelt werden, für gemeinnützige, den heutigen Anschauungen entsprechende Einrichtungen flüssigzumachen* (GStA Berlin I. HA Rep.76 VIII B Nr.4155, fol. 69-69 Rs.).

ben, ob es sich nicht empfehlen möchte, bei den dortigen in Betracht kommenden Kreisen die Ergreifung gleichartiger Maßnahmen in Anregung zu bringen.

Abschrift dieses Schreibens habe ich den Herren Ministern der Finanzen[4], des Handels pp.[5], der öffentlichen Arbeiten[6], des Krieges[7] und für Landwirtschaft pp.[8] zugehen lassen.[9]

---

4 Georg Freiherr von Rheinbaben war 1899 bis 1901 preußischer Innenminister und seit Mai 1901 preußischer Finanzminister. Von Rheinbaben machte in einem Schreiben an den preußischen Innenminister von Hammerstein-Loxten vom 27.5.1904, das von diesem am 10.9.1904 an von Posadowsky-Wehner weitergeleitet wurde, Bedenken geltend. Der Finanzminister befürchtete, wenn das Bundesamt für das Heimatwesen an seiner Auffassung festhalten werde, *dürfte diese Praxis zu einer neuen und sehr erheblichen Belastung der Armenverbände führen, die in zahlreichen Fällen vielleicht die Leistungsfähigkeit der Gemeinden überschreiten würde. Vom Standpunkt der Gemeindeaufsicht wird meines Erachtens daher kaum eine Veranlassung vorliegen, die öffentlich-rechtlichen Wirkungen der Armenunterstützung zu beseitigen und dadurch die Möglichkeit der Inanspruchnahme der Gemeinden durch Lungenkranke noch zu erweitern, zumal die Belastung der Gemeinden zu sonstigen Zwecken gegenwärtig vielfach bereits einen besorgniserregenden Umfang angenommen hat.* Der Staatssekretär des Innern von Posadowsky-Wehner vermochte sich in einem an den preußischen Kultusminister Dr. Konrad Studt und den Innenminister gerichteten Schreiben vom 21.10.1904 diesen Bedenken nicht anzuschließen. Er verwies darauf, es hätten ihn *nicht nur humanitäre, sondern auch wirtschaftliche Gesichtspunkte geleitet. Denn zweifellos muß es als ein erheblicher wirtschaftlicher Gewinn angesehen werden, wenn es durch die Behandlung Tuberkulöser in den Lungenheilanstalten gelingt, der Volkswirtschaft Arbeitskräfte, die verlorenzugehen drohten, wieder zuzuführen oder zu erhalten* (GStA Berlin I. HA Rep.76 VIII B Nr.4155, fol. 17-17 Rs., fol. 69-69 Rs. und fol. 70-71).

5 Theodor Möller.

6 Hermann Budde (1851-1906), Generalmajor, seit 1902 preußischer Minister der öffentlichen Arbeiten.

7 Karl von Einem (genannt Rothmaler) (1853-1934), Generalmajor, seit 1903 preußischer Kriegsminister.

8 Viktor von Podbielski (1844-1916), Generalmajor z. D., seit 1901 preußischer Landwirtschaftsminister.

9 Der preußische Kultusminister Dr. Konrad Studt übersandte das Schreiben des Staatssekretärs des Innern Arthur Graf von Posadowsky-Wehner am 10.5.1904 an die Oberpräsidenten mit dem Ersuchen, *dieser für die Volksgesundheit wichtigen Frage* ihr besonderes Interesse zuzuwenden und für die Bildung besonderer Fonds zur Unterbringung bedürftiger Lungenkranker in Heilstätten bei den Gemeinden einzutreten (GStA Berlin I. HA Rep.76 VIII B Nr.4155, fol. 5-6). Die 1905 eingegangenen Berichte der Oberpräsidenten leiteten der preußische Kultusminister Dr. Studt und der Innenminister von Hammerstein-Loxten am 4.12.1905 an das Reichsamt des Innern weiter (BArch R 1501 Nr.111791, n. fol.). Ein zusammenfassender Bericht des Präsidenten des Kaiserlichen Gesundheitsamts Dr. Franz Bumm für das Reichsamt des Innern wies auf die Verschiedenartigkeit der vor Ort bestehenden Regelungen hin. In den Provinzen Ostpreußen, Westpreußen, Pommern, Posen, Schleswig-Holstein und Hannover seien besondere Geldmittel für die Heilstättenfürsorge, die das Merkmal der Armenunterstützung ausschlossen, nur in bescheidenem Maße verfügbar. Etwas günstiger gestellt seien die Provinzen Brandenburg und Schlesien, erheblich günstiger die Provinzen Sachsen, Westfalen, Hessen-Nassau und die Rheinprovinz. Besondere Fonds seien nur in sehr beschränktem Umfang und meist durch Städte und Kreise geschaffen worden; nur in wenigen Fällen stünden reichere Geldmittel aus bereits bestehenden milden Stiftungen zur Verfügung. Dem tatsächlichen Bedürfnis entsprechende Geldmittel stünden auch nicht annähernd bereit (BArch R 1501 Nr.111791, n. fol.).

Nr. 123

1904 April 22

Sitzungsprotokoll[1] der Stettiner Gesundheitshauptkommission

Abschrift, Teildruck

[In Stettin wird in der Tuberkulosefürsorge von Vereinen Ähnliches geleistet wie durch die französischen und belgischen Dispensaires]

[...]

2. Vom königlichen Polizeipräsidenten[2] ist auf Anregung[3] des Herrn Ministers der geistlichen pp. Angelegenheiten[4] ein Schreiben eingegangen, worin der Magistrat um Bericht über den Stand der Lungenfürsorge ersucht wird; es wird ferner angefragt, ob der Magistrat gedenkt, „Wohlfahrtsstellen für Lungenkranke" hier einzurichten oder zur Einrichtung derselben mit Anschluß an eine Lungenheilanstalt beizutragen, event[uel]l in welcher Weise. Einige Exemplare eines Reiseberichts[5] zur Besichtigung französischer und belgischer Dispensaires sind an die Mitglieder der Kommission verteilt, ebenso einige Exemplare des Sonderabdrucks aus der Berliner klin[ischen] Wochenschrift 1904 Nr. 10 „Die Fürsorgestelle in der Charité" von Prof. Dr. Paul Jacob, Berlin, die dieser uns auf unsere Bitte bereitwilligst zur Verfügung gestellt hatte.

Herr Sanitätsrat Dr. Freund[6] berichtet über den hiesigen Stand der Angelegenheit folgendes: Es sei hier bereits auf privatem Wege vor Beginn der Dispensaire-Bewegung Ähnliches geschaffen u. soweit ausgestattet, daß die hiesige Einrichtung mindestens den Dispensaires gleichkäme. Die Lungenheilanstalten hätten sich im allgem[einen] nur mit heilbaren Tuberkulösen, d. h. solchen in den ersten Krankheitsstadien, befaßt, während die hier bestehende Fürsorgestelle gerade den schon im weiteren Krankheitsstadium befindlichen Hilfe bringen u. die für andere bestehende Ansteckungsgefahr bekämpfen wolle. Dieser Verein (zur Fürsorge für unbemittelte Lungenkranke) unterstütze jährlich im Durchschnitt 80 Familien, 4–5 Monate hindurch. Um Kranken in den verschiedensten Phasen der Krankheit helfen zu können u. mit Rücksicht hierauf individualisieren zu können, habe sich der Verein mit der Armenpflege in Verbindung gesetzt, die also mit der Privatwohltätigkeit Hand in Hand gehe.[7]

---

1 GStA Berlin I. HA Rep.76 VIII B Nr.4153, fol. 81-82 Rs. Anlage zum Bericht des Regierungspräsidenten Heinrich Otto Guenther an den preußischen Kultusminister Dr. Konrad Studt vom 9.1.1905 (GStA Berlin I. HA Rep.76 VIII B Nr.4153, fol. 55-58 Rs.).
Anwesend waren: Stadtrat Dr. Albert Collas, Stadtverordneter Sanitätsrat Dr. Ludwig (Louis) Freund, Stadtrat Ferdinand Henry, Stadtbaurat Konrad Maß, Regierungsassessor Georg Rauschning, Geheimer Medizinalrat Kreisarzt Dr. Barnim Schulze, Stadtverordneter Ewald Vogtherr, Kreisassistenzarzt Dr. Johannes Voigt, Stadtverordneter Dr. Hermann Wimmer.

2 Bernhard von Puttkamer (1858-1941), seit 1903 Polizeipräsident von Stettin.

3 Nr. 117.

4 Dr. Konrad Studt.

5 Wohl: Prof. Dr. Paul Jacob, Die Dispensaires in Belgien und Frankreich, in: Deutsche medizinische Wochenschrift 29 (1903), S. 809-811 und S. 836-839; vgl. Nr. 117.

6 Dr. Ludwig (Louis) Freund (1846-1922), praktischer Arzt und Sanitätsrat in Stettin, Stadtverordneter.

7 Vgl. Nr. 126.

Es wurden unterschieden:

1. leicht Kranke, bei denen noch nicht ein wirtschaftlicher Verfall eingetreten sei; diese erhielten vom Verein eine monatliche Unterstützung, erhielten auch Rat, an welche Behörden (z. B. Landesversicherungsanstalt) und Vereine sie sich zu wenden hätten u. dergl[eichen],
2. schwer Kranke; dies seien meist solche, die sich bereits im wirtschaftlichen Verfall befänden, bei denen meist bereits die Armenpflege eingetreten sei. Für diese sei eine stärkere Inanspruchnahme der Armenpflege durch den Dezernenten[8] zugesagt. Der Verein übergebe diese einem Vertrauensmann (dem Ouvrier Enquêteur entsprechend), der die Armenakten einzusehen und sich mit dem Armenpfleger persönlich in Verbindung zu setzen habe. Durch dessen Vermittlung erhalte der Kranke je nach Bedarf Geld- oder Naturalienunterstützung, Milch oder Eßmarken, es werde die Wohnung desinfiziert, Betten geliefert, damit ein Zusammenschlafen des Kranken mit Gesunden in einem Bett vermieden werde, Löffel, Zahnbürste usw. beschafft, sonstige Verhaltungsmaßregeln gegeben, auch zur Ermöglichung einer besseren Wohnung Mietzuschüsse gezahlt, die Wäsche regelmäßig abgeholt und gereinigt, alles auf Kosten der Armenpflege, u. endlich das Leben des Kranken durch den Vertrauensmann, der selber aus Arbeiterkreisen stamme und geheilter Tuberkulöser sei, überwacht.

Herr Regierungsassessor Rauschning[9] erklärt diese Anregung daraufhin als erledigt.

Beschlossen: Es soll dem Polizeipräsidium Mitteilung über den Stand der Fürsorge für Lungenkranke in Stettin gegeben werden.[10]

---

8 Friedrich Roth (1865-1934), Jurist, seit 1900 Bürgermeister von Stettin und Vorsitzender der Armendirektion.

9 Georg Rauschning (1876-1956), seit 1902 Regierungsassessor in Stettin.

10 Nachdem der Stettiner Polizeipräsident Felix von Wuthenau in einem Schreiben vom 7.6.1904 moniert hatte, der Stettiner Lungentuberkulosefürsorge fehle, um als gleichwertig mit den französischen Dispensaires angesehen werden zu können, eine Station, in der sich jedermann unentgeltlich untersuchen lassen könne, verwies die Gesundheitshauptkommission in ihrer Sitzung vom 22.8.1904 darauf, daß dies seit Jahren bereits an der Poliklinik des Städtischen Krankenhauses möglich sei. Das Sitzungsprotokoll hielt weiter fest: *Demnach ist für alle gesorgt. Für die wirtschaftlich Unfähigen durch die Armenpflege, für die wirtschaftlich Schwachen durch den Verein zur Bekämpfung der Tuberkulose (c*(on)*f*(e)*r Bericht); die Zahlungsfähigen müssen für sich selber sorgen durch Annahme von Ärzten, Aufsuchen von Heilstätten od*(er) *dergl*(eichen); Sitzungsprotokoll der Gesundheitshauptkommission der Stadt Stettin vom 22.8.1904 (Anlage zum Bericht des Regierungspräsidenten Heinrich Otto Guenther an den preußischen Kultusminister Dr. Konrad Studt vom 9.1.1905: GStA Berlin I. HA Rep.76 VIII B Nr.4153, fol. 83-84 Rs.).

Nr. 124

1904 Mai 16

Vortrag[1] des Vorstandsmitglieds des Frankfurter Hauspflegevereins Elise Hochstädter[2] auf einem Ausbildungskurs der Zentrale für private Fürsorge

Druck, Teildruck

[In die Haushalte von Unbemittelten, in denen die Frau krankheitsbedingt die Hausarbeit nicht erledigen kann, werden als Hilfen Frauen aus Arbeiterkreisen geschickt; die bezahlten Pflegerinnen werden von Inspektionsdamen überwacht; der Verein war der erste seiner Art in Deutschland und hat in anderen Städten als Vorbild für ähnliche Gründungen gedient]

[...]

Der Zweck des Vereins, dessen Name „Hauspflegeverein"[3] erst bei seinem Entstehen in das deutsche Wörterbuch aufgenommen werden mußte, besteht in erster Linie in der Fürsorge für das Hauswesen, wenn dessen glatter, geordneter Verlauf eine Störung erfährt. Alle, die in der Armenpflege tätig sind, wissen, daß das mittlere Einkommen eines Arbeiters gerade ausreicht, eine nicht allzu große Familie zu ernähren. Tritt aber irgendeine Störung des täglichen Urkreislaufs ein, so reicht der Verdienst nicht mehr aus, außerordentliche Bedürfnisse zu bestreiten. Hier helfend und vorbeugend einzugreifen, bemühen sich viele Anstalten, die Krankenkassen, Stiftungen und dergleichen. Eine Störung, die die schlimmste Schädigung für die ganze Familie bedeutet, ist die Krankheit der Frau und Mutter, durch die ein geordneter Haushalt in kurzer Zeit dem Untergang nahegebracht werden kann. Hier war eine Lücke in der allgemeinen Fürsorge, auf die bereits im Jahre 1892 das Frankfurter Armenamt hinwies;[4] doch kein bestehender Verein war imstande, die große Aufgabe zu seiner bisherigen Tätigkeit zu übernehmen.[5] Da fanden einige Frauen Frankfurts Mittel und Wege, dem Übel zu steuern. Heute ist das Wort „Hauspflege" ein bekannter Begriff, dem man in der deutschen und außerdeutschen Armenpflege oft begegnet. Der Zweck des Vereins wird in § 1 seiner Satzungen mit folgenden Worten bezeichnet:

Der Hauspflegeverein hat den Zweck, unbemittelten Familien Hilfe zur Aufrechterhaltung des Hausstands während solcher Zeiträume zu gewähren, in welchen die

---

1 Elise Hochstädter, Der Hauspflege-Verein in Frankfurt a. M., in: Centrale für private Fürsorge Frankfurt am Main, Ausbildungskurse in der Fürsorgearbeit 1904, Frankfurt a. M. 1904, S. 43-54 (Stadtarchiv Leipzig AFSA Nr. 1254, fol. 260-265 Rs.).

2 Elise Hochstädter (1871-1940), Kassenführerin des Hauspflegevereins in Frankfurt a. M.

3 Vgl. Nr. 17.

4 Vgl. vielmehr bereits im Jahr 1890: Schreiben des Vorsitzenden des Armenamts Dr. Karl Flesch an die Vorsitzende des seit 1813 bestehenden (Allgemeinen) Frauenvereins Pauline Finger vom 6.1.1890 (Institut für Stadtgeschichte Frankfurt a. M. Wohlfahrtsamt 674, fol. 11-13).

5 Vgl. das ablehnende Antwortschreiben des „Konsulenten" des Frauenvereins Dr. Adolf Fester an das Armenamt vom 19.2.1890, in dem die Anregung, als ständige Einrichtung Aushilfen für Unbemittelte zur Führung des Haushalts in Abwesenheit der Frau bereitzustellen, begrüßt, aber zugleich beteuert wird, daß dem Verein die Mittel und die geeigneten Organe fehlen würden, um seinerseits diese Aufgabe zu übernehmen (Institut für Stadtgeschichte Frankfurt a. M. Wohlfahrtsamt 674, fol. 15-16 Rs.); vgl. auch den Auszug aus dem Protokoll der Sitzung des städtischen Armenamts vom 1.3.1890 (Institut für Stadtgeschichte Frankfurt a. M. Wohlfahrtsamt 674, fol. 17).

Ehefrau, insbesondere durch Wochenbett oder Krankheit oder deren Folgen, vorübergehend außerstande ist, ihrem Hauswesen selbst vorzustehen.

Wie der Verein diesen Zweck zu erfüllen sucht, möchte ich Ihnen im folgenden darzustellen versuchen, Ihnen vorher aber beschreiben wie es war, ehe der Verein zu arbeiten anfing, oder wie es noch vielfach dort sein wird, wohin er seine Tätigkeit nicht erstrecken kann.

Der Frankfurter Verein begann seine Arbeit zuerst bei Wöchnerinnen, da es in diesen Fällen besonders angebracht erschien, der Frau des Unbemittelten, die oft selbst noch mitverdienen muß, einige Tage der Ruhe und Erholung zu verschaffen. Man denke sich einen Arbeiterhaushalt mit 4 oder 5 Kindern, deren Mutter niedergekommen, in demselben Raum ihrer Genesung entgegensieht, in dem die Kinder ungewartet und unbeaufsichtigt umhertollen, in einem Raum, der nicht gesäubert wird, umgeben von gebrauchter Wäsche, die nicht gewaschen werden kann. Man stelle sich die Sorgen einer Mutter vor, wenn die Kinder hungern und sie nicht in der Lage ist, die Mahlzeit zu bereiten. Da wird man es dem Mann nicht allzusehr verübeln dürfen, wenn er, müde von der Arbeit heimgekehrt, sich wieder von der unwirtlichen Schwelle wendet, ins Wirtshaus geht und dort Ersatz für das im Hause Vermißte sucht. Abgesehen von den größeren Geldausgaben liegt dann aber auch die Gefahr nahe, daß diese Wirtshausbesuche zur Gewohnheit werden und dadurch den Frieden in der Familie untergraben. Zu früh wird unter diesen Umständen eine gewissenhafte Frau ihr Lager verlassen und dadurch leicht Schäden an ihrer Gesundheit davontragen, die zu einem Siechtum werden können, das immer schwerer auf der Familie lasten wird. Nun meint man oft, die Hauspflege nehme den Verwandten, den Nachbarn eine Verpflichtung ab, die von diesen leicht übernommen werden könne. Die Hilfe der Nachbarin, die oft selbst einem großen Hauswesen vorzustehen hat, oft mitverdienen muß, ist meist illusorisch und vor allem durchaus nicht zuverlässig; und die Angehörigen, die Mutter, erwachsene Geschwister, gehören sie nicht meist selbst der ärmeren Bevölkerung an? Sie müssen ebenfalls verdienen und können, selbst wenn sie auch wollen, ihre Hilfe nicht ohne Bezahlung leisten.

Ein anderes Bild bietet sich, wenn der Hauspflegeverein seine Arbeit beginnt. Frauen aus den Arbeiterkreisen werden in die Familien gesendet; sie tun genau die Arbeit, die die Hausfrau vorübergehend liegenlassen muß. Die Zimmer werden geordnet, die Kinder zur rechten Zeit in die Schule geschickt; der Mann findet bei seiner Heimkehr eine ordentliche Mahlzeit zubereitet, die Wäsche wird gewaschen und dergl[eichen] mehr. Der Friede in der Familie bleibt erhalten, weil die Ordnung erhalten geblieben ist; mit verhältnismäßig kleinen Mitteln wird hier erreicht, was Anstaltspflege nicht vermag.

Es hat sich in der Praxis des Frankfurter Vereins herausgestellt, daß zur Erfüllung des Zwecks keine geschulten Krankenpflegerinnen zu gebrauchen sind; daß Frauen aus denselben Kreisen wie unsere Verpflegten sich am meisten dazu eignen, im Sinne der Hauspflege zu arbeiten. Frauen, die als tüchtig im eigenen Haushalt erprobt sind, selbst keine große Familie haben, sind vollkommen geeignet, die Stelle der erkrankten Hausfrau und Mutter sowohl in deren Abwesenheit zu ersetzen als ihr auch die notwendigen Hilfeleistungen im Wochen- oder Krankenbett zu leisten, die ihr vom Arzt, der Hebamme und dem ab- und zugehenden geschulten Pflegepersonal vorgeschrieben werden. Krankenpflege im eigentlichen Sinn muß Sache der Hebamme, der Diakonissen oder der Barmherzigen Schwestern bleiben; sie würde sich auch nicht vereinigen lassen mit den Verrichtungen, die für die Hauspflegerin die wichtigeren sind. Wer am Herd steht, wer zu putzen und zu waschen hat, der kann mehr schaden als nutzen, wenn er auch an der Patientin Dienste tut, die Sachkenntnis und größte Reinlichkeit erfordern. Überdies bleibt immer noch genügend zu tun; es erfordert Kraft, Überlegung und Umsicht, einen Arbeiterhaushalt so zu führen, daß alles in Ordnung bleibt und die beschränkten Mittel, die zur Verfügung stehen, ausreichen. Wer sich nicht mit der inneren Einrichtung eines Arbeiterhaushalts beschäftigt hat, würde über die winzigen Zahlen staunen, mit denen hier gerechnet werden muß. Der hiesige Verein hat schon einige Male von seinen Inspektionsdamen und Pflegefrauen Budgets und Küchenzettel aufstellen lassen, die, so einfach sie auch sind, doch gerade knapp aus dem Durchschnittseinkommen eines Tagelöhners bestritten werden können. Es gehört natürlich nicht in den Rahmen dieses Referats, eingehend über die Ziffern dieser Budgets zu sprechen. Sie befinden sich in den Berichten des Vereins 1895 und [18]96 und sind auch in dem Buch des Herrn Professors Max Flesch[6] („Die Hauspflege, ihre Begründung und Organisation", Verl[ag] v[on] Fischer in Jena [1901]) aufgestellt, das überhaupt als ein guter Lehrmeister gelten kann, um die Tätigkeit der Hauspflege kennenzulernen. Da der Frankfurter Verein der erste seiner Art war und vorbildlich für viele Städte in Deutschland und im Ausland geworden ist, so ist es wohl berechtigt, Ihnen einiges über seine Tätigkeit zu sagen. Nur in der allerersten Zeit seines Wirkens konnte er seine Fürsorge auf Wöchnerinnen beschränken; bald schon wurde die Notwendigkeit eingesehen, die Hilfe auch auf Familien auszudehnen, deren Hausfrau erkrankt war und entweder zu Haus oder im Krankenhaus ihrer Genesung entgegensah. Hier ist seine Tätigkeit noch erfolgreicher, da die Zerrüttung des Haushalts um so größer wird, je länger er der sorgenden Hausfrau entbehrt.

Die Organe des Frankfurter Vereins, auf deren Kraft der Schwerpunkt seiner Tätigkeit liegt, sind:

1. ein arbeitender Ausschuß, der aus Vorstandsmitgliedern besteht,
2. die Inspektionsdamen,
3. die Pflegerinnen.

Der Verein ist zentralisiert; seine Geschäftsstelle, in der jeden Vormittag die Sekretärin und eine freiwillige Helferin anwesend sind, befindet sich mit mehreren Wohlfahrtseinrichtungen zusammen im Haus der Zentrale für private Fürsorge[7], so daß ein gemeinsames Arbeiten der verschiedenen Anstalten möglich ist. Etwa 40 Damen haben sich in den Dienst unserer Sache gestellt und die Untersuchung der Fälle sowie die Beaufsichtigung der Pflegerinnen übernommen. Leute, die eine Pflegerin wünschen, melden sich in der Geschäftsstelle, worauf hier ihre Personalien aufgenommen werden: Bei Wochenbettfällen ist Anmeldung 4 Wochen vorher erwünscht, bei Krankheitsfällen ein ärztliches Attest erforderlich. Jeder Pflege geht eine Untersuchung über die Verhältnisse des Haushalts voraus, bei der die nötigen Ermittlungen über Lohnverhältnisse, Kinderzahl und Alter, über die hygienische und sonstige Beschaffenheit der Wohnung angestellt werden; die Untersuchung wird an der Hand eines gedruckten Formulars gemacht und bildet, da sie von geübten Frauen ausgeführt wird, den wichtigsten Bestandteil unseres Aktenmaterials.

Über die Gewährung von Pflegen entscheidet der aus 4–6 Damen bestehende Ausschuß, der wöchentlich eine Sitzung hält. Maßgebend für die Bewilligung ist in

---

6 Dr. Max Flesch (1852-1943), Gynäkologe in Frankfurt a. M., Mitbegründer des 1892 gegründeten Frankfurter Hauspflegevereins. Dr. Max Flesch war der Bruder des Leiters des Armenamts Dr. Karl Flesch.

7 Vgl. Nr. 76 Anm. 4.

erster Linie die Kinderzahl und die Beschaffenheit des Haushalts. Es wird dabei von dem Grundsatz ausgegangen, daß ein Hauswesen, das durch schlechtes Familienleben, unsolide Lebensführung der Frau und dergl[eichen] heruntergekommen ist, durch eine vorübergehende Fürsorge nicht mehr geordnet werden kann. Die Kranke eines solchen verwahrlosten Hauswesens gehört in das Krankenhaus oder in die Wöchnerinnenanstalt, die Kinder tunlichst in Krippen, Kindergärten oder ähnliche Anstalten. Was die Kinderzahl anbetrifft, so lassen wir in der Regel Hauspflege erst dann eintreten, wenn schon 2 Kinder in der Familie sind. Wir gehen von dem Standpunkt aus, daß ein in geordneten Verhältnissen lebender Arbeiter selbst sorgen soll, wenn seine Familie noch derart klein ist; auch kann im Notfall die Frau in ein Asyl gebracht werden und der Mann selbst für seinen Unterhalt sorgen. Doch sind Ausnahmen von dieser Gepflogenheit nicht selten. In dieser Ausschußsitzung wird ferner aufgrund der Voruntersuchung bestimmt, ob die Pflegerin in der verpflegten Familie mitessen kann oder ob sie vom Verein ein angemessenes Kostgeld erhält oder ob die Familie in der Lage ist, außer der Kost noch einen Beitrag zu den Pflegekosten zu leisten, der dann der Pflegerin unmittelbar bezahlt und ihr bei der Auszahlung ihres Lohns abgezogen wird. Auch die Dauer der Pflege wird, soweit sie vorauszusehen ist, in dieser Sitzung festgesetzt; bei Wochenbettpflegen werden in der Regel 4 ganze und 4 halbe Tage vorgesehen. Ist die Pflege bewilligt, so wird die Familie benachrichtigt und meldet sich nach erfolgter Niederkunft in der Geschäftsstelle, wo dem Boten die Adresse einer Pflegerin übergeben wird. (Es wird zu diesem Zweck eine Liste der verfügbaren Frauen geführt.) Die Pflegerin hat sich sofort nach der Benachrichtigung zu der Patientin zu begeben. Sie findet auf dem ihr von dem Boten übergebenen Formular, das die gedruckte Anweisung ihrer Obliegenheiten enthält, alles was sie zu wissen nötig hat, vor allem die Zeitdauer, die für die Pflege vorgesehen ist, sowie die Angabe über die Beköstigung, Adresse der Aufsichtsdame und dergl[eichen]. Letztere wird ebenfalls von dem Beginn der Pflege benachrichtigt und beaufsichtigt nun durch wöchentlich etwa 2 Besuche die Pflegerin, die sich ihren Anordnungen zu fügen hat. Einmal wöchentlich zu festgesetzter Stunde kann die Pflegerin ihren Lohn an der Kasse abheben. Bei Krankheitsfällen ist der Gang ähnlich, nur wird der Beginn der Pflege ohne vorherige Anmeldung aufgrund eines ärztlichen Attestes sofort auf Widerruf in der Geschäftsstelle angeordnet, während die notwendigen Ermittlungen erst, nachdem die Pflege begonnen hat, gemacht werden.

Die Ausgaben für einen ganzen Pflegetag betragen, wenn die Pflegerin in der Familie mitißt, für den ganzen Tag 1,80 M., für einen halben Tag 1 M.; wird die Kost vom Verein vergütet, so erhöht sich der Betrag um 70 bzw. 40 Pf. Eine normale Wochenbettpflege stellt sich danach etwa auf 15 – 16 M., da meistens am Ende der Pflege halbe Tage genügen. Bei weitem höher stellen sich die Ausgaben bei Krankheitsfällen; hier kann oft der Verein aus eignen Mitteln nicht ausreichend helfen. Er sucht darum, wenn eine vierwöchentliche Pflege nicht genügt hat, nach Ablauf dieser Zeit nach einer Beihilfe zu den Kosten. Denn eine Pflege zu unterbrechen, ehe die Frau ganz hergestellt ist, würde den bereits erzielten Erfolg zunichte machen. Hie und da kann wohl die verpflegte Familie etwas beisteuern, manchmal helfen Vereine oder Private, die sich für die Kranke interessieren, durch einen Beitrag, das begonnene Werk zu Ende zu führen. Ganz besonders traurig ist es, und wir stehen den Fällen fast machtlos gegenüber, wenn unsere Hilfe von einer chronisch Erkrankten in Anspruch genommen wird. Hier reichen unsere Mittel nicht aus, da eine Pflege von Monaten vorauszusehen ist, und gerade hier, wenn die Frau lange leidet, oft wissend, daß Heilung ihr versagt ist, wenn sie körperlich und seelisch fast Übermenschliches erträgt, wäre unsere Hilfe am allernotwendigsten. Für diese Zwecke einen besonderen, nicht leicht zu erschöpfenden Fonds zur Verfügung zu haben, ist seit lange der Wunsch des Vereins. Stehen die Verpflegten bereits in öffentlicher Armenpflege, so übernimmt wohl das Armenamt nach Ablauf von 4 Wochen einen Teil der Pflegekosten. Aber es sind noch viele und meistens die besseren Elemente, die die öffentliche Armenpflege scheuen, und ihnen können wir oft nicht ausreichend helfen. Sind die Kinder größer oder besuchen sie Krippen und Kindergärten, so behelfen sich die Familien mit Monatsfrauen, die oft mehrere Monate hintereinander bewilligt werden können. Diese Einrichtung ist praktisch, wenn die Hausfrau zu ihrer Genesung auswärts ist und keine Hilfeleistung braucht. Die Monatsfrau kommt 2–3 Stunden täglich und erhält dafür im Monat 12–14 Mark, die Zeit genügt, die Wohnung in Ordnung zu bringen und die Kinder zu besorgen, zur Wäsche wird ihr wöchentlich ein Tag besonders bewilligt. Diese Art der Hilfe ist bedeutend billiger und kann daher, wo sie genügt, auf längere Zeit ausgedehnt werden. Häufig kann eine Hausfrau zwar ihren Haushalt besorgen, aber sie ist zu schwächlich oder von einer überstandenen Krankheit noch nicht genügend erholt oder, ein oft wiederkehrender Fall, rheumatisch, so daß sie die Wäsche nicht besorgen kann. Solchen Frauen stellt der Verein ein- bis zweimal monatlich eine Waschfrau. Eine wie willkommene Einrichtung die Gewährung des Waschtags ist, zeigt sich in der stattlichen Zahl von rund 5400 ganzen und 3600 halben Waschtagen, die im letzten Jahr bewilligt worden sind. Um vor Mißbrauch möglichst geschützt zu sein und nicht etwa der Faulheit Vorschub zu leisten, ist ein ärztliches Attest notwendig, das von Zeit zu Zeit erneuert werden muß.

Außer der Beihilfe bei langen Pflegen gewährt das Armenamt den von ihm unterstützten Familien, wenn es nötig ist, Hauspflege. Es hat zu diesem Zweck ein Abkommen mit dem Verein[8] getroffen, wonach dieser alle Fälle, die ihm vom Armenarzt oder Armenvorsteher zugewiesen werden, ungeprüft übernimmt und sie auf Kosten des Armenamts durchführt, solange der Arzt es für nötig hält. Die Pflegerinnen werden, wie bei den anderen Fällen, von den Aufsichtsdamen überwacht. Im letzten Vereinsjahr wurden etwa 50 Fälle vom Armenamt zugewiesen, wofür etwa 2500 Mark gezahlt wurden.

Je mehr man die Notwendigkeit der Hauspflege einsieht, desto mehr kommt einem zum Bewußtsein, daß ihre Gewährung nicht als Almosen empfunden werden sollte. In dieser Erkenntnis hat sich vor Jahren der Verein an die Ortskrankenkasse mit dem Antrag gewendet, Hauspflege in das Gebiet der Versicherung aufzunehmen. Die Kasse, zu jener Zeit stark in Anspruch genommen, ging auf den Vorschlag nicht ein.[9] Als einen Schritt vorwärts können wir es nun begrüßen, daß die Aktienbaugesellschaft für kleine Wohnungen in den Häusern ihrer Blocks eine Hauspflegekasse gegründet hat, deren Mitglieder das Recht haben, Hauspflege in Anspruch zu nehmen, ohne daß sie durch Fragen nach ihren Verhältnissen und dergl[eichen] von dem Verein belästigt werden. Die Mitglieder zahlen einen Monatsbeitrag von 30 Pf. in

8 Schreiben der Vorsitzenden des Hauspflegevereins Hella Flesch an das Armenamt der Stadt Frankfurt a.M. vom 27.5.1901 (Institut für Stadtgeschichte Frankfurt a.M. Wohlfahrtsamt 244, fol. 24).

9 Vgl. dazu auch Eduard von Hollander, Die Fürsorge für Erhaltung des Haushalts, insbesondere durch Hauspflege, in: ders., Die Fürsorge für Erhaltung des Haushalts, insbesondere durch Hauspflege … (Schriften des deutschen Vereins für Armenpflege und Wohlthätigkeit, Heft 55), Leipzig 1901, S. 1-76, hier S. 49 f.

die Hauspflegekasse und verpflichten sich außerdem, der Pflegerin das Essen zu geben oder ihr statt der Kost täglich 50 Pf. zu zahlen. Die Kosten der Pflege werden zum größeren Teil von der Gesellschaft bzw. Hauspflegekasse, teilweise vom Verein getragen. Die Anmeldungen erfolgen, wie bei den anderen Fällen, in der Geschäftsstelle des Vereins. Im ersten Jahr des Bestehens der Hauspflegekasse wurden etwa 60 Pflegen geleistet; das Zusammenarbeiten ist ein erfreuliches, und es wäre zu wünschen, daß auch andere Verbände, große Fabriken und Betriebe ihren Angestellten die Annehmlichkeit der Versicherung für Hauspflege einrichten würden. In anderen Städten[10] bestehen bereits ähnliche Vereinbarungen zwischen den Vereinen für Hauspflege und großen Betrieben.

Es versteht sich fast von selbst, daß der Verein seinen Patientinnen außer der Pflege auch sonst mancherlei Erleichterungen verschafft.

Eine Organisation, die sehr gut funktioniert, ist die Beschaffung von Kost für die Kranken, die ohne Aufwand großer Mittel, ja ohne nennenswerte Ausgaben für den einzelnen, viel Gutes leistet und von den Empfängerinnen als große Wohltat empfunden wird. Etwa 150 Familien der wirtschaftlich bessergestellten Klasse haben sich bereit erklärt, mehrere Male im Jahr dem Verein auf seinen Wunsch an 10 aufeinanderfolgenden Tagen Mittagessen für eine Person zur Verfügung zu stellen, das von der Pflegerin abgeholt wird. Findet die Inspektionsdame bei ihrem ersten Besuch, daß bessere Kost für die Kranke notwendig ist, so bittet sie in der Geschäftsstelle um Essen für sie; die Sekretärin fragt darauf bei einer der aufgeschriebenen Familien an, ob es ihr jetzt gerade paßt, und veranlaßt bei bejahender Antwort die in der Pflege tätige Pflegefrau, das Essen abzuholen, das oft weit länger als die festgesetzten 10 Tage geliefert wird. Es besteht ferner ein Fonds für Gewährung von Milch und eine Niederlage von Wäsche, die dem Verein von Freunden, gebraucht oder neu, geliefert wird und die er bei großer Armut zur Verfügung stellt, manchmal in unordentlichen Haushaltungen nur leihweise während des Krankenlagers. Die Inspektionsdamen nehmen sich auch außerhalb ihrer Aufsichtstätigkeit der verpflegten Familien an. Sie sind bereit, andere Vereine auf die Notlage der Bedrängten aufmerksam zu machen, und sorgen dafür, daß ihnen Hilfe auch von anderer Seite wird. Auf diese Weise steht der Verein mit den meisten Wohlfahrtseinrichtungen und mit dem Armenamt in regem Verkehr. Den Aufsichtsdamen ist Gelegenheit geboten, sich in den verschiedensten Gebieten der Armenpflege umzusehen, so daß auch hier ein Erfolg zu verzeichnen ist, der, wenn er auch nicht zu dem eigentlichen Arbeitsfeld des Vereins gehört, diesem und der gesamten Fürsorgetätigkeit der Stadt zustatten kommt. Die zahllosen Besuche in den Häusern der Armen, die Verhandlungen mit den Leitern der verschiedenen Vereine und den Armenverbänden sind nicht zu unterschätzende Mittel zur Ausbildung für die soziale Tätigkeit der Frau.

---

10 Der Berliner Verein Hauspflege hatte im März 1903 mit 27 Fabriken und größeren Betrieben (darunter z. B. Siemens & Halske, die Allgemeine Elektricitäts-Gesellschaft, Ludwig Loewe & Co., Borsig und die Berliner Maschinenbau AG) Abkommen getroffen, in denen sich die Unternehmen verpflichteten, für Auslagen ihrer Arbeiterfamilien, die durch die Hauspflege entstanden waren, aufzukommen (Schreiben von Margarete Kirschner und Anna Wallich, Vorsitzende und stellvertretende Vorsitzende des Berliner Hauspflegevereins, an Stadtrat Dr. Karl Flesch vom 24.3.1903, mit einer Liste der Fabriken, mit denen der Hauspflegeverein ein Abkommen getroffen hatte: Institut für Stadtgeschichte Frankfurt a. M. Wohlfahrtsamt 674, fol. 63-67). Allerdings bestand hier nicht, wie in Frankfurt, ein Recht der Arbeiter auf Inanspruchnahme der Hauspflegekasse aufgrund der getätigten Einzahlungen.

Zwei verschiedene Gebiete sind es, auf die sich unsere Arbeit erstreckt. Indem wir den gefährdeten Haushalt aufrechterhalten, schaffen wir der arbeitsuchenden Frau eine Arbeit, die ihr zusagt, die sie leisten kann; dadurch wird das Geld unter Umständen auch in den Fällen nicht nutzlos verwendet, in denen die Pflege Unwürdigen zuteil geworden ist. Noch ist das, was wir leisten, nur ein Bruchteil dessen, was wir leisten möchten, aber welcher Anstalt, die auf beschränkte, nicht einmal ganz sichere Mittel angewiesen ist, ist es vergönnt, überall zu helfen, wo Hilfe nottut?!

Zehn Jahre sind es her, daß wir anfingen; seitdem ist Hauspflege in vielen deutschen Städten und im Ausland unter verschiedenen Formen eingeführt worden. Der Zweck bleibt in jeder Gestaltung derselbe, möge er immer mehr unseren bedrängten Mitmenschen zugute kommen und dadurch in Zukunft in großem Maße dem Volkswohl dienen. Denn was kann der heranwachsenden Jugend mehr nutzen als gesunde Mütter und ein geordnetes Familienleben!

Nr. 125

1904 Mai 18

Schreiben[1] des Leiters des Frankfurter Waisen- und Armenamts Dr. Karl Flesch an die Bremer Deputation wegen Errichtung eines städtischen Arbeitsnachweises

Entwurf in Maschinenschrift

[Die Erwartung, der städtische paritätische Arbeitsnachweis werde zu einer Zentralisation der Arbeitsvermittlung führen, hat sich nicht erfüllt; die durchweg sozialdemokratischen Arbeitervertreter haben ihre Verwaltungstätigkeit nicht als Kampfmittel mißbraucht]

Der städtische Arbeitsnachweis hat hier eine sehr gedeihliche Wirksamkeit entfaltet, indem er sowohl Arbeitern und Arbeitgebern den Abschluß von Arbeitsverträgen erleichtert. Er wird, wie auch die im angeschlossenen letzten Jahresbericht enthaltenen Tabellen zeigen, von gewerblichen Arbeitern nicht weniger benutzt als von den nichtgewerblichen und hat namentlich vielfach dazu geführt, Arbeitern, die von auswärts hierher gekommen waren, zu Arbeit in auswärtigen Arbeitsplätzen zu helfen. Wenn er hiernach wohl als gemeinnützige Einrichtung betrachtet werden kann, so haben sich doch die Erwartungen, die in sozialpolitischer Richtung an ihn geknüpft wurden, bis-

---

[1] Institut für Stadtgeschichte Frankfurt am Main Magistratsakten T 184 Bd.1, fol. 127-128. Von der Bremer Deputation wegen Errichtung eines städtischen Arbeitsnachweises, einer gemeinschaftlichen Deputation von Senat und Bürgerschaft, war in einem Schreiben an den Magistrat der Stadt Frankfurt a. M. vom 29.4.1904 angefragt worden, ob sich dort die Auffassung der Gegner eines solchen städtischen Arbeitsnachweises bestätigt habe, *die Errichtung öffentlicher paritätischer Arbeitsnachweise sei nicht geeignet, den sozialen Frieden zu fördern. Die Arbeiterschaft würde dabei nur eine neue Forderung erheben in der Richtung, sich weiteren Einfluß auf die Gestaltung der Betriebe zu sichern und den Betriebsunternehmern das Heft mehr und mehr aus den Händen zu winden. Auch würde die Errichtung des Arbeitsnachweises geradezu als Kampfmittel benutzt werden, indem die Arbeitnehmer ihren ganzen Einfluß in den Arbeitsnachweis aufbieten würden, um auch dessen Geschäftsführung wesentlich unter den Gesichtspunkt der Arbeiterinteressen zu bringen* (Institut für Stadtgeschichte Frankfurt a. M. Magistratsakten T 184 Bd.1, fol. 127-128, fol. 126).

her nicht erfüllt. Diese Erwartungen bestanden darin, daß man in sozialpolitisch interessierten Kreisen hoffte, durch die paritätischen Arbeitsnachweise allmählich zu einer Zentralisation des Arbeitsnachweises und zur Ausbildung von Facharbeitsnachweisen zu gelangen, die für die einzelnen wichtigeren Gewerbe gebildet und durch einen Unterausschuß verwaltet würden, welcher von den Arbeitern und Arbeitgebern des Gewerbes gemeinschaftlich gewählt würde. Eine solche Ausbildung hat bisher nicht stattgefunden. Im Gegenteil haben sowohl die Arbeitgeber als die Arbeitnehmer, die im Besitz eigener Arbeitsnachweise waren, den städtischen Arbeitsnachweis als Gegner betrachtet, so die Gastwirtsinnung, der Verband der Metallindustriellen einerseits, der Arbeitsnachweis der Dachdeckergehilfen, der Gastwirtsgehilfen usw. andererseits. Auch im Baugewerbe, wo es bisher an jeder Arbeitsnachweisorganisation fehlt, waren unsere Bemühungen zur Bildung eines Arbeitsnachweises vergeblich.

Andererseits sind aber auch die dort geäußerten Befürchtungen nicht eingetreten.

Die Verwaltungskommission der städtischen Arbeitsvermittlungsstelle wird hier vom Gewerbegericht gewählt. Die gewerkschaftlich organisierten Arbeiter, die politisch fast ausnahmslos der Sozialdemokratie angehören, beherrschen das Gewerbegericht auf der Arbeitnehmerseite, so daß in die Verwaltungskommission ausschließlich sozialdemokratische Arbeiter gelangen. Diese wurden durch die lokalen Führer veranlaßt, die Mitgliedschaft in der Kommission niederzulegen, weil der Magistrat es abgelehnt hatte, einen von ihnen vorgeschlagenen Genossen für eine Hilfsarbeiterstelle zu wählen, und es entspann sich hierüber eine durch mehrere Jahre fortgehende, in der gehässigsten Weise geführte Anfeindung des städtischen Arbeitsnachweises, welche Anfeindung indes auf die stetig zunehmende Benutzung des Arbeitsnachweises durch Arbeitgeber und Arbeitnehmer ohne Einfluß blieb. Seit etwa einem Jahr haben diese Angriffe in der Öffentlichkeit aufgehört, während die Aufforderungen an die Arbeiter zur Bildung eigener, allein in der Verwaltung der Arbeiter stehender Arbeitsnachweise im Anschluß an die Gewerkschaften immer weitergehen. Es ist sicher, daß diese gewerkschaftlichen Arbeitsnachweise namentlich von den berufsmäßigen Agitatoren begünstigt werden, weil sie als Kampfmittel dienen sollen, wie dies im dortigen Schreiben ausgeführt ist. Es kann aber nicht behauptet werden, daß die Arbeiter, welche der Kommission als Mitglieder angehörten, an dieser Verwaltungstätigkeit je versucht haben, Beschlüsse in diesem Sinne herbeizuführen. Es erfolgte vielmehr die Tätigkeit der Kommission stets in durchaus sachlicher Art, insbesondere auch innerhalb des letzten Jahres, während welcher die Kommission auf der Arbeiterseite ausschließlich mit Sozialdemokraten besetzt war. Wenn es also auch möglich sein mag, daß manche Elemente auf der Arbeiterseite die Kommunalarbeitsnachweise gefordert haben, um für die Arbeiter ein Machtmittel zu erlangen, so hat sich doch diese Erwartung, wenn sie vorhanden wäre, in keiner Weise erfüllt, im Gegenteil ist der Kommunalarbeitsnachweis ein nützliches Gegengewicht gegen die Alleinherrschaft von Arbeitsnachweisen, die einseitig den Arbeitgeber- oder Arbeitnehmerstandpunkt vertreten. Die Statuten[2] der hiesigen Arbeitsvermittlungsstelle liegen hier bei. Wir bemerken zu denselben nur, daß die hiesige

---

2 Liegen in der Akte nicht vor; vgl. Ortsstatut, betr. die Errichtung einer städtischen Arbeitsvermittlungsstelle in Frankfurt a. M., vom 18.1.1895, in: Anzeige-Blatt der städtischen Behörden zu Frankfurt am Main Nr. 7 vom 23.1.1895, S. 52; Bekanntmachung: Zusatz-Bestimmung vom 11.12.1896 zum Ortsstatut, betr. die Errichtung einer städtischen Arbeitsvermittlungsstelle in Frankfurt a. M., vom 18.1.1895, in: Anzeige-Blatt der städtischen Behörden zu Frankfurt am Main Nr. 1 vom 3.1.1897, S. 7.

Einrichtung, welche die Wahl der Kommissionsmitglieder durch das Gewerbegericht vorsieht, sich insofern nicht bewährt hat, als – wie oben bemerkt – die Arbeitermitglieder des Gewerbegerichts sich ohne Grund zeitweilig geweigert haben, die Wahlen zu vollziehen.

Nr. 126

1904 Juni 3

Rundschreiben[1] des Vorsitzenden der Stettiner Armendirektion Bürgermeister Friedrich Roth an die Armenkommissionen

Druck

[Die Armenverwaltungen haben ihre Tätigkeit auf dem Gebiet der Fürsorge für Lungenkranke zu vertiefen, die Heilstättenbehandlung allein genügt nicht; die vorbeugende und kontrollierende Tätigkeit wird in Zusammenarbeit mit einem privaten Träger der Tuberkulosefürsorge auf eine neue Grundlage gestellt]

In der letzten Sitzung der Herren Armenkommissionsvorsteher und der Herren Stellvertreter hat der Unterzeichnete eine Darstellung gegeben von der Ausbreitung der Tuberkulose, von ihrer engen Verbindung mit der Armut und von den Wegen, auf denen auch unsere städtische Armenpflege in Erfüllung ihrer gesetzlichen Aufgaben noch mehr wie bisher gegen die Tuberkulose ankämpfen kann, in enger Verbindung mit öffentlichen Einrichtungen und insbesondere mit der Privatwohltätigkeit.

Um sämtlichen Herren Kommissionsmitgliedern eine schriftliche Unterlage zu geben, ist das von dem unterzeichneten Vorsitzenden am 18. Mai Ausgeführte von ihm nachstehend zusammengefaßt.

Die Armendirektion hat in Übereinstimmung mit ihrem Beschluß vom 18. März 1904 in der heutigen Sitzung einstimmig beschlossen, die Armenkommission zu ersuchen, nach den unter Nr. II entwickelten Grundsätzen zu verfahren. Die Armendirektion übernimmt die Verantwortung dafür.

I. Die Tuberkulose ist seit Jahrhunderten der stärkste Würgengel der Menschheit gewesen. Nach genauen statistischen Erhebungen stirbt in Deutschland noch an der Tuberkulose jeder siebte Mensch, unter den im erwerbsfähigen Alter stehenden sogar jeder dritte. Und doch ist auf diesem Gebiet, besonders seit Einführung der sozialen Gesetzgebung, vieles besser geworden als früher. Durch das Krankenversicherungsgesetz wurde eine allgemeine ärztliche Behandlung ermöglicht, und durch das Invaliditäts- und Altersversicherungsgesetz wurden ungeheure Mittel geschaffen, um besondere Lungenheilstätten zu bauen.[2]

---

1 GStA Berlin I. HA Rep.76 VIII B Nr.4153, fol.85-86Rs. Anlage zum Bericht des Regierungspräsidenten Heinrich Otto Guenther an den preußischen Kultusminister Dr. Konrad Studt vom 9.1.1905 (GStA Berlin I. HA Rep.76 VIII B Nr.4153, fol. 55-58 Rs.).

2 Vgl. etwa zur Planung einer 1897 dann eröffneten Lungenheilanstalt durch die Hanseatische Versicherungsanstalt für Invaliditäts- und Altersversicherung Nr. 36 Bd. 6 der III. Abteilung dieser Quellensammlung.

Solche gibt es für Minderbemittelte z[ur] Z[ei]t 60 mit rund 7[000]–8000 Betten, während weitere 20 im Bau begriffen oder projektiert sind. Die Zahl der Lungenkranken, welche gewöhnlich einer dreimonatlichen Heilbehandlung unterworfen werden können, beträgt z.Zt. jährlich ungefähr 30000[3], von denen etwa 7000 ihre Gesundheit wiedererlangen, während mindestens ebensoviele zwar nicht geheilt, aber doch wesentlich gebessert und infolgedessen ihren Familien als Ernährer für längere Jahre erhalten bleiben.

Dem Segen, welchen die Heilstätten sonach für die Volksgesundheit verbreiten, tritt zur Seite ihr volkswirtschaftlicher Nutzen. Man hat die durch die Tuberkulose verursachte Schädigung des Nationalwohlstands für das Deutsche Reich wohl nicht zu niedrig auf 140–150 Millionen Mark jährlich veranschlagt und weiterhin herausgerechnet, daß, wenn bei 50 % der in Heilbehandlung genommenen Schwindsüchtigen die Arbeitsfähigkeit nur um 3 Jahre verlängert würde, dies bei Zugrundelegung eines Jahreseinkommens von bloß 500 Mark einen wirtschaftlichen Gewinn von 22 Millionen Mark ergäbe.

Die Heilstättenbehandlung, hinsichtlich deren Deutschland an der Spitze aller Völker steht, hat aber doch 3 Mängel:

1. Sie verursacht den Krankenkassen und Versicherungsanstalten ganz gewaltige Kosten: Die unmittelbaren Kosten der Verpflegung betragen durchschnittlich täglich 4–4,50 Mark pro Mann,
2. sie wird nur solchen, die noch heilbar sind,
3. sie wird nur Versicherten erteilt. Alle übrigen Unbemittelten: Kinder, Nichtversicherte oder unheilbare Versicherungspflichtige, d.h. die ungeheure Mehrheit aller Kranken, sind auf die Behandlung außerhalb der Heilstätten, hauptsächlich auf private und öffentliche Wohltätigkeit angewiesen.

Der öffentlichen und der privaten Wohltätigkeit, zum Teil auch den Krankenkassen und der Versicherungsanstalt, ist damit ein gewaltiges Feld der Tätigkeit, und zwar gemeinsamer, geblieben. Geschehen ist auf diesem Gebiet schon vieles, es muß aber noch planmäßiger gearbeitet werden wie bisher.

Wir dürfen uns nicht darauf beschränken, den Lungenkranken und deren Familien den notdürftigen Unterhalt und ärztliche Behandlung und Medizin zu gewähren, sondern alle Beteiligten müssen auch dahin wirken, daß die Kranken und deren Familien in den Stand gesetzt und erzogen werden, ihr Leben unter gesundheitlich günstigeren Lebensbedingungen zu führen. Wir dürfen uns nicht bloß mit den vorliegenden Krankheitsfällen abfinden, sondern wir müssen zukünftige zu vermeiden suchen. Die Gesunden müssen vor Ansteckung möglichst geschützt werden, ohne das Familienleben aufzuheben.

In dieser Beziehung, d.h. vorbeugend, haben die in Frankreich und Belgien hauptsächlich von der Privatwohltätigkeit – Frankreich kennt keine Armenfürsorgepflicht des Staats oder der Gemeinden[4] – eingerichteten Dispensaires (Fürsorgestellen) segensreich gewirkt. Ihr Zweck ist hauptsächlich folgender:

---

[3] Vgl. Th(eodor) Weyl, Die Abwehr gemeingefährlicher Krankheiten, in: ders. (Hrsg.), Soziale Hygiene (Handbuch der Hygiene, Bd. 4), Jena 1904, S. 27-80, hier S. 43.

[4] Immerhin war durch das Loi sur l'assistance médicale et gratuite vom 15.7.1893 jedem mittellosen Franzosen im Fall von Krankheit ein Anspruch auf unentgeltliche Pflege entweder zu Hause oder, wenn dies nicht genügte, in einer Anstalt zugestanden worden. Die Durchführung lag bei den Gemeinden (Bulletin des Lois de la République Francaise 1893, S. 841).

1. den Krankheitszustand festzustellen und dem Kranken den nötigen ärztlichen Rat nebst Heilmitteln zu erteilen,
2. den Kranken und dessen Familien durch beständige Kontrolle zu einer gesundheitsgemäßen Lebensweise anzuhalten und ihm die dabei notwendigen kleinen Apparate, z. B. Spuckflaschen, kleine Desinfektionsmittel usw., zu gewähren,
3. dem Kranken entweder finanziell zu helfen oder ihn an wohltätige Vereine zu weisen, von denen er vielleicht Geld oder ähnliche Unterstützungen bekommen kann.

Jeder mit der deutschen Versicherungs- und Armengesetzgebung Bekannte ersieht hieraus, daß die vielgepriesenen Dispensaires nur vieles machen, was in Deutschland Krankenkassen, Armenärzte, Armenpfleger und Armenverwaltungen bereits getan haben.

Neu ist nur Punkt 2. Er ist von größter Wichtigkeit und kann auch bei uns durchgeführt werden, ohne daß Krankenkassen, Armenärzten und Armenkommissionen in ihre Tätigkeit hineingepfuscht wird. Im Gegenteil können gerade auf diesem Gebiet öffentliche und private Wohltätigkeit segensreich zusammenwirken.

Bei vielen unserer heutigen humanen Bestrebungen wird die erzieherische Seite viel zu wenig berücksichtigt. Will man aber gerade auf dem Gebiet der Bekämpfung der Tuberkulose viel erreichen, dann ist dies nur möglich, wenn man die Kranken und die durch sie Gefährdeten zu einer gesundheitsgemäßen Lebensweise anhält.[5] Das wird nicht von heute nach morgen und auch nicht überall erreichbar sein, aber es wird doch in vielen Fällen gelingen, und dann ist schon ungeheuer viel erreicht.

Natürlich müssen auch die äußeren Verhältnisse so sein, daß eine Ansteckungsgefahr vermeidbar ist. Wenn ein lungenkranker Mann mit Frau und 8 Kindern in einer aus Stube und Küche bestehenden Kellerwohnung zusammenwohnt, dann ist die Ansteckungsgefahr gar nicht auszuschließen. Die Familie muß also in eine andere Wohnung, in der der lungenkranke Mann einen abgetrennten, wenn auch kleinen Raum für sich hat, vor allen Dingen muß er aber ein Bett für sich allein haben.

Mit Recht wird die Tuberkulose eine Wohnungskrankheit genannt. Denn es ist erwiesen, daß sich die Übertragung vornehmlich vollzieht unter Menschen, welche in schlecht gelüfteten und mangelhaft gereinigten Räumen dichtgedrängt leben, arbeiten oder schlafen. In welchem Umfang mit der Wohndichte die Tuberkulosesterblichkeit wächst, ist kürzlich in Mannheim festgestellt; dieselbe hat dort bei weniger als 2 Köpfen auf 1 Zimmer 23,4 %, bei weniger als 3 Köpfen auf ein Zimmer 34 % und bei 3 und mehr Köpfen auf 1 Zimmer sogar 42,2 % der gesamten, auf Personen über 6 Jahre entfallenden Todesfälle betragen.[6]

Es ist unzweifelhaft Pflicht der Armenverwaltungen, armen Lungenkranken eine zweckentsprechende Wohnung zu gewähren. Andererseits kann den Armenkommis-

---

5 So auch die Schilderung der besonderen Fürsorge für Lungenkranke in: Verwaltungsbericht der Stadt Stettin vom 1. April 1904 bis dahin 1905. II. Special-Berichte, Stettin 1906, S. 23: *Denn es handelt sich hier nicht allein darum, gute Einrichtungen zu treffen oder zweckmäßige Dinge zu beschaffen, mit einem Wort, finanzielle Opfer für gute Zwecke zu bringen, sondern auch darum, Menschen zu einer vernünftigen Lebensweise zu erziehen und anzuhalten.*

6 Vgl. Julian Marcuse, Die Wohnung in ihrer Beziehung zur Tuberkulose. Auf Grund einer Wohnungsenquete in Mannheim, in: Deutsche Vierteljahrsschrift für öffentliche Gesundheitspflege 36 (1904), S. 493-507, hier S. 499.

sionsmitgliedern und Armenärzten die ständige gesundheitliche Kontrolle der voraussichtlich teureren Wohnung nicht zugemutet werden. Wird aber die in Rücksicht auf vorhandene Lungenkrankheit bewilligte teurere Wohnung bewußt oder unbewußt unrichtig benutzt, dann hat sie ihren Zweck verfehlt, und die Mehrausgabe ist nutzlos gemacht. Berücksichtigt man ferner, daß viele arme Familien in den 58 Armenkommissionsbezirken beständig hin- und herziehen, so ergibt sich die Notwendigkeit einer ständigen, über das ganze Stadtgebiet sich erstreckenden einheitlichen Kontrolle.

Bei den Besprechungen mit dem Verein zur Fürsorge für unbemittelte Lungenkranke[7] hat sich ferner herausgestellt, daß der Verein sehr oft über die seitens der städtischen Armenverwaltung einzelnen Lungenkranken gewährten Unterstützungen ebenso im unklaren gewesen ist wie die Armenkommissionen über die Aufwendungen des Vereins. Hier muß Wandel geschaffen werden, einerseits um dem Bettel zu steuern, andererseits um den wahrhaft Bedürftigen besser wie bisher zu helfen.

II. Um ein planmäßiges Zusammenarbeiten herbeizuführen, ist von dem unterzeichneten Vorsitzenden der Armendirektion im Einverständnis mit dieser mit dem Vorstand des Vereins zur Fürsorge für unbemittelte Lungenkranke hierselbst, bestehend aus den Herren: Sanitätsrat Dr. Freund[8], Sanitätsrat Dr. Neumeister[9], Direktor Jahn[10], Direktor Dr. Neisser[11], Stadtrat Wigand[12], Landesrat Müller[13], Professor Dr. Haeckel[14], Justizrat Wehrmann[15], Stadtrat Herrmann[16], Direktor Schiering[17], Regierungs- und Medizinalrat Vanselow[18], Rentier Cäsar Schmidt[19] folgende Abrede getroffen:

1. Der Verein übt seine Tätigkeit aus im Einverständnis mit der Armendirektion und deren Organe, insbesondere den Armenärzten und Armenkommissionen.
2. In die Fürsorge für unbemittelte Lungenkranke und deren Familien teilen sich Verein und städtische Armenpflege in der Weise, daß die Armenpflege den nötigen Lebensunterhalt, Medikamente, Spuckflaschen und Desinfektionsmittel gewährt, der Verein dagegen für Unterweisung und Kontrolle der Lungen-

---

[7] Der 1895 in Stettin gegründete Verein zur Fürsorge für unbemittelte Lungenkranke unterstützte jährlich im Schnitt 80 Familien, dabei in erster Linie Familien von Tuberkulösen während des Aufenthalts in der Heilstätte, in zweiter Linie auch solche Tuberkulöse, für die ein Heilverfahren durch die Landesversicherungsanstalt nicht in Betracht kam.

[8] Dr. Ludwig Freund.

[9] Dr. Emil Neumeister (um 1856-1929), Sanitätsrat in Stettin, seit 1900 chirurgischer Assessor am Medizinalkollegium der Provinz Pommern.

[10] Fritz Jahn (1863-1931), ev. Pfarrer in Stettin, seit 1888 Direktor der Züllchower (Erziehungs-)Anstalten bei Stettin, Publizist über Gesellschaftsspiele und deren Sammler.

[11] Dr. Ernst Neisser (1863-1942), Professor für Innere Medizin in Stettin, seit 1895 Direktor der inneren Abteilung des städtischen Krankenhauses.

[12] Gerhard Wigand (1856-1944), seit 1890 Stadtrat in Stettin.

[13] Erich Müller (1878-1923), seit 1900 Landesrat der Provinz Pommern in Stettin.

[14] Dr. Heinrich Haeckel (1859-1922), Arzt in Stettin, seit 1902 Direktor der chirurgischen Abteilung des städtischen Krankenhauses.

[15] Paul Wehrmann (1855-1922), Justizrat, Rechtsanwalt und Notar in Stettin, seit 1898 Stadtverordneter.

[16] Karl Emil Herrmann (gest. 1918), seit 1897 Stadtrat in Stettin.

[17] Otto Schiering (um 1857-1909), seit 1895 Direktor der Chemischen Produkten-Fabrik in Pommerensdorf (Stettin).

[18] Dr. Paul Vanselow (1849-1910), seit 1898 Regierungs- und Medizinalrat in Stettin.

[19] Wohl Adolph Cäsar Albert Schmidt (1840-um 1920), Rentier in Stettin.

kranken sorgt, ihnen auch gelegentlich kleinere Hilfsmittel oder Gerätschaften aus Vereinsmitteln gewährt.

3. Zur genauen Prüfung der einzelnen Unterstützungsfälle, Anbahnung gesundheitlich genügender Lebensbedingungen für den Lungenkranken und dessen Familie, zu seiner Unterweisung und Kontrolle (siehe 1 und 2) stellt der Verein einen in der Tuberkulose-Hygiene, im praktischen Leben und auf dem Gebiet [der] sozialen und Armengesetzgebung bewanderten Mann an, der gegen angemessene Bezahlung seine ganze Arbeitskraft dem vorgenannten Zweck widmet. Dieser Herr – Fürsorger – hat auch den Anweisungen des Vorsitzenden der Armendirektion Folge zu leisten.

Der Verein hat in der Person des Herrn Ziemer[20], Friedrichstraße 16, 2. Tr[eppe], einen geeigneten Mann gefunden. Herr Ziemer ist Schlosser, wurde lungenkrank, ist durch sachgemäße Behandlung und Lebensweise geheilt, muß aber zur Zeit Arbeit am Feuer noch meiden und ist deshalb in die Dienste des Vereins getreten. Er ist durch Herrn Kontrollbeamten Hagemann[21] von der Landesversicherungsanstalt Pommern mit den Bestimmungen des Unfall-, Kranken- und Invaliditätsversicherungsgesetzes bekanntgemacht, versteht sich auch in armenrechtlichen Angelegenheiten zurechtzufinden.

Der Geschäftsgang wird der folgende sein:

Die an den Verein gelangenden mündlichen oder schriftlichen Gesuche unbemittelter Lungenkranker werden unter möglichst genauer Angabe der Personalien von den Herren Dr. Freund (als Vorsitzenden) oder Ziemer aufgenommen. Letzterer läßt sich sofort auf den Büros der Armendirektion das etwa vorhandene Aktenmaterial vorlegen, nimmt dann Rücksprache mit dem zuständigen Armenkommissionsvorsteher und untersucht dann, wenn der Kommissionsvorsteher es wünscht, mit diesem zusammen, schleunigst die Verhältnisse des Antragstellers. Über das Ergebnis der Untersuchung nimmt der Fürsorger (Herr Z[iemer]) einen bestimmten Fragebogen auf.

Glaubt der Fürsorger genügend informiert zu sein und sind seiner Ansicht nach noch höhere Geldaufwendungen nötig, um dem Kranken und seiner Familie eine gesundheitsgemäße Lebenshaltung, wenn auch in den bescheidensten Grenzen zu ermöglichen, so wendet sich der Fürsorger mündlich an den Armenkommissionsvorsteher und bespricht mit ihm den Fall. In den meisten Fällen wird sich die Wohnung als ungenügend erweisen. Es muß, wenn irgend tunlich, darauf gehalten werden, daß der lungenkranken Persönlichkeit, Mann oder Frau oder Kind, ein besonderer Raum zum Schlafen zur Verfügung steht, sei er auch klein. Der Fürsorger hat dem Kranken aufzugeben, sich nach einer geeigneten Wohnung umzusehen. Im Notfall hat er es selbst zu tun. Die Mehrkosten müssen bewilligt werden.

In vielen Fällen werden Lungenkranke mit Gesunden in einem Bett zusammenschlafen müssen, weil es an Betten fehlt. Die Armendirektion hat eine Anzahl guter vollständiger Betten mit dreifacher Bettwäsche (zum Wechseln) aus einem besonderen Fonds beschafft. Diese werden leihweise abgegeben werden.

Oft wird es der Familie an den nötigsten Unterhaltungsmitteln fehlen. Diese müssen bewilligt werden. Jedenfalls richten wir an die Herren Kommissionsmitglieder

---

20 Erich Ziemer (gest. um 1927), Vertrauensmann des Vereins zur Fürsorge für unbemittelte Lungenkranke in Stettin.

21 Franz Hagemann (um 1855-1931), Kontrollbeamter der Landesversicherungsanstalt Pommern in Stettin.

das dringende Ersuchen, das für die hilfsbedürftigen Lungenkranken und deren Familien Notwendige unbedingt aus städtischen Armenmitteln zu bewilligen und dabei nicht vor scheinbar hohen Summen zurückzuschrecken.

Die Armendirektion wird in dieser Hinsicht für die Kommissionen durchaus eintreten und die Verantwortung mit übernehmen.

Stellt es sich heraus, daß den Unterstützten von anderer Seite Zuwendungen zustehen oder zufließen, so kann immer noch herabgesetzt werden.

Jedenfalls wollen wir Personen, die von Rechts wegen aus Armenmitteln unterstützt werden müssen, nicht teilweise auf Privatwohltätigkeit, d. h. auf das Herumbetteln verweisen, sondern wir wollen auch ganz von Stadt wegen für sie eintreten. Wir wollen ganze Arbeit machen, auch nach der Richtung hin, was ferner werden soll, z. B. ob ein schon angestecktes Kind den Ferienkolonien überwiesen werden soll usw. Dies soll sich der Fürsorger überlegen, er soll auch im Einverständnis mit dem Armenkommissionsvorsteher die nötigen Schritte tun, Anträge stellen usw.

Der Fürsorger soll ferner:

a) bei Auszug von lungenkranken Familien die betreffenden Hausbesitzer veranlassen, rechtzeitig bei dem Magistrat, Büro I, den Antrag auf Desinfektion der verseuchten Wohnungen zu stellen. Diese Desinfektion erfolgt unentgeltlich, falls der Hausbesitzer zu einem Einkommensteuersatz von nicht mehr als 3 000 Mark veranlagt ist,
b) feststellen, welche Ansprüche der Lungenkranke gegen Kassen, Versicherungsanstalten, Berufsgenossenschaften usw. hat, und soll dem Lungenkranken zur Verwirklichung dieser Ansprüche behilflich sein,
c) feststellen, welche Unterstützungen Lungenkranken von privater Seite gegeben werden, und soll für gerechte Verteilung sorgen,
d) die Lungenkranken kontrollieren, insbesondere nach der Richtung, ob sie die ärztlichen Ratschläge befolgen und ob sie die schon gewährten Hilfen und Unterstützungen ordnungsgemäß verwenden.

Geschieht dies nicht und nutzen die Ermahnungen nichts, dann hat der Fürsorger dem Verein wie dem Kommissionsvorsteher wie der Armendirektion Anzeige zu machen, und dann werden wir unsere Maßnahmen treffen.

An alle Herren Kommissionsmitglieder richten wir die Bitte, freundlich an diese Angelegenheit heranzutreten und sich nicht durch diese oder jene Enttäuschung abschrecken zu lassen. Wer jahrelang in der Armenverwaltung arbeitet, bleibt ja vor trüben Erfahrungen nicht bewahrt.

Wir wollen aber nicht vergessen, daß das, was wir tun, nicht bloß den Kranken selbst, sondern auch deren heranwachsender Nachkommenschaft zugute kommen soll und wird, und daß die beste und auf die Dauer auch die billigste Armenpflege die ist, die nicht bloß den Ansprüchen der Gegenwart genügt, sondern auch für die Zukunft vorbeugend wirkt. Die paar Tausend Mark, die wir so vielleicht jährlich mehr ausgeben, spielen bei unseren Hunderttausenden für die öffentliche Armenpflege keine Rolle und werden sich in der Zukunft vielfältig bezahlt machen.

Nr. 127

1904 Juni 15

Antrag[1] des Senats der Stadt Hamburg an die Bürgerschaft

Druck, Teildruck

[Um die Aufsicht der in Pflegefamilien untergebrachten Kostkinder zu verbessern, sind berufliche Waisenpflegerinnen anzustellen]

[...]

Die Fürsorge des Waisenhauskollegiums[2] beschränkt sich nicht auf die in dem Waisenhaus selbst untergebrachten Kinder, sondern erstreckt sich auch auf die in Familienpflege gegebenen Kinder, und zwar sowohl auf diejenigen, welche im Waisenhaus auf öffentliche Kosten in Familien untergebracht sind, wie auf diejenigen, welche von den Müttern oder sonstigen Angehörigen auf deren eigene Kosten in Kost gegeben sind und nach § 4 des Gesetzes, betreffend die Beaufsichtigung des Kostkinderwesens, vom 21. Dezember 1896[3] der Aufsicht des Waisenhauskollegiums unterstehen. Die Behörde übt die Aufsicht durch ihre ehrenamtlichen Organe, im Stadtgebiet durch die sog[enannten] Waisenpfleger aus. Die zunehmende Arbeitslast dieser Organe, insbesondere ihre starke Inanspruchnahme durch die Geschäfte des Gemeindewaisenrats[4] läßt die Frage berechtigt erscheinen, ob sie zur Beaufsichtigung der ihnen überwiesenen Kinder fortdauernd in dem Umfang imstande sind, in welchem dieses im Interesse namentlich der jüngsten, noch im Säuglingsalter stehenden Kinder geboten ist. Ein gegenwärtig die öffentliche Meinung lebhaft beschäftigender Strafrechtsfall[5], in welchem mehrere Kinder auf nicht aufgeklärte Weise verschwunden sind, hat Veranlassung zu der Prüfung geboten, ob durch eine intensivere Beaufsichtigung der Personen, welche sich mit der Pflege von Kostkindern befassen, solchen Vorkommnissen vorgebeugt werden kann.[6] Es ist nicht zu

---

1 Mitteilungen des Senats an die Bürgerschaft Nr. 114 vom 15.6.1904: Antrag, betreffend Verbesserung der Säuglingsfürsorge im Waisenhause, in: Verhandlungen zwischen Senat und Bürgerschaft im Jahre 1904, Hamburg 1905, S. 389-393.

2 Zum Waisenhauskollegium vgl. Nr. 55 Anm. 2.

3 Nr. 55. Nach § 4 beaufsichtigte das Waisenhauskollegium durch seine Organe die Pflege der gegen Entgelt oder gewerbsmäßig in Kost genommenen Kinder (für die eine obrigkeitliche Erlaubnis erforderlich war) bis zum achten Lebensjahr.

4 Die Aufgaben des Gemeindewaisenrats, wie sie das 1900 in Kraft getretene BGB bestimmte, waren in Hamburg 1899 dem Waisenhauskollegium als von den Vertretungskörperschaften gewählter Deputation übertragen worden (Bekanntmachung, betreffend die Wahrnehmung der Geschäfte des Gemeindewaisenrats, vom 2.12.1899 [Gesetzsammlung der freien und Hansestadt Hamburg 1899, II. Abteilung, S. 176 f.]). Zu diesen Aufgaben gehörten insbesondere die Suche nach geeigneten Vormündern und deren Kontrolle; der Gemeindewaisenrat verfügte über ein Netz an ehrenamtlichen Waisenpflegerinnen.

5 Vgl. die Abschrift des Berichts des Polizeiinspektors Johann Karl Theodor Ekhoff, Abt. V (Wohlfahrtspolizei) der Polizeibehörde, an den Abteilungsvorstand Dr. Wilhelm Otto Stürken vom 22.1.1904 zum Anklagefall Elisabeth Wiese wegen Betrugs und Kindesmords (StA Hamburg 352-3 II C 2 Bd.2, fol. 38-41 Rs.). Wiese hatte sich als Pflegemutter ausgegeben.

6 Auszug aus dem Protokoll der Sitzung des Waisenhauskollegiums vom 7.11.1903 (StA Hamburg 352-3 II C 2 Bd.2, fol. 51-52); Protokoll einer kommissarischen Beratung von

verkennen, daß die Waisenpfleger durch die Pflichten ihres bürgerlichen Berufs vielfach so stark in Anspruch genommen sind, daß ihnen zu einem regelmäßigen, in kurzen Zwischenräumen wiederholten Besuch der einzelnen Koststellen und für den Fall, daß die Kinder nicht vorgefunden werden, zu einer Nachprüfung der über den Verbleib der Kinder gemachten Angaben nicht immer die genügende Zeit bleibt. Erfahrungsgemäß werden auch die Koststellen oder die Wohnung der Kosteltern oft gewechselt, in solchen Fällen vergeht, namentlich bei nachlässiger Erfüllung der Meldepflicht, in der Regel ein beträchtlicher Zeitraum, bis auf dem Umweg über die Direktion des Waisenhauses der betreffende Fall einem neuen Pfleger überwiesen und die Aufsichtstätigkeit wiederaufgenommen werden kann. Hinzukommt, daß die männlichen Waisenpfleger nicht immer die nötige Erfahrung besitzen können, um sich lediglich durch eigene Beobachtung von dem Gesundheitszustand gerade der kleinsten Kinder überzeugen zu können und auf das Auftreten von Krankheitserscheinungen rechtzeitig aufmerksam zu werden. Wenn auch das Waisenhauskollegium nach Möglichkeit darauf hinwirkt, daß den Waisenpflegern deren weibliche Familienangehörige als Helferinnen zur Seite stehen, so sind diese doch vielfach an das eigenen Haus gebunden, so daß ihnen die für eine erfolgreiche Ausübung jener Tätigkeit erforderliche Zeit nicht immer zur Verfügung steht. Eine wirksame Abhilfe vermag deshalb das Waisenhauskollegium nur darin zu erblicken, daß nach dem Vorgang anderer Städte zur dauernden Beaufsichtigung der in Familienpflege oder Koststellen untergebrachten Säuglinge der Behörde weibliche Hilfskräfte als Kinderpflegerinnen zur Seite gestellt werden, welche für ihre Tätigkeit eine angemessene Vergütung empfangen und dafür der Behörde ständig zur Verfügung stehen. Ihre wesentliche Aufgabe würde darin bestehen, daß sie sich durch häufige Besuche von dem Wohlbefinden der ihrer Obhut unterstellten Kinder überzeugen und von jeder ein behördliches Eingreifen erfordernden Wahrnehmung der Behörde sofort Mitteilung machen. Geht man davon aus, daß eine in dieser Weise eingerichtete Beaufsichtigung sich jedenfalls nicht über das zweite Lebensjahr der Kinder zu erstrecken braucht, in vielen Fällen aber mit Rücksicht auf die Beschaffenheit der Pflegestelle und den Gesundheitszustand der Kinder schon erheblich früher eingestellt werden kann, so werden, soweit sich dieses schon jetzt übersehen läßt, im Durchschnitt etwa 200 Kinder zu beaufsichtigen sein. Jede Pflegerin würde nach den an anderen Orten gesammelten Erfahrungen die Aufsicht über etwa 2000 Kinder führen können. Es würden also sechs derartige Kinderpflegerinnen zu beschäftigen sein. Als angemessene Vergütung hat das Waisenhauskollegium die Zahlung eines Betrags von jährlich M. 1000 für jede Pflegerin in Aussicht genommen.[7]

[...]

Vertretern des Medizinalkollegiums, des Waisenhauskollegiums und der Polizeibehörde über das Kostkinderwesen vom 26.4.1904 (StA Hamburg 352-3 II C 2 Bd.2, fol. 56-57).

7 Ein von der Bürgerschaft eingesetzter Ausschuß stimmte der Senatsvorlage zu (Dr. H[einrich] von Reiche, Bericht des von der Bürgerschaft am 22.6.1904 niedergesetzten Ausschusses zur Prüfung des Antrags des Senats [Nr. 114] betreffend Verbesserung der Säuglingsfürsorge im Waisenhause, Oktober 1904: StA Hamburg 352-3 II C 2 Bd.2, fol. 63b-63c Rs.). Die Bürgerschaft nahm den Antrag darauf ohne Debatte an (Protokoll der Sitzung der Bürgerschaft vom 9.11.1904, in: Hamburgischer Correspondent Nr. 529, Morgenausgabe, vom 10.11.1904). Gesucht wurden laut Stellenausschreibung des Waisenhauskollegiums vom 10.11.1904 *gebildete Damen gesetzten Alters* (Öffentlicher Anzeiger Nr. 267 vom 12.11.1904).

Nr. 128

1904 Juni 21

Bericht[1] des Königsberger Regierungspräsidenten Nikolaus von Werder[2] an den preußischen Innenminister Hans Freiherr von Hammerstein-Loxten und den Kultusminister Dr. Konrad Studt

Ausfertigung in Maschinenschrift

[Mangels hygienischer Kenntnisse werden die ehrenamtlichen Waisenpflegerinnen der Aufgabe der Überwachung der Pflegekinder nicht vollauf gerecht; die Anstellung von vier beruflichen Aufsichtsdamen ist erforderlich, die vom Staat besoldet werden sollten]

Die Beaufsichtigung der entgeltlichen Pflegestellen zur Unterbringung von Kindern unter 6 Jahren hat in Gemäßheit der Erlasse Euer Exzellenzen vom 18. Juli 1874[3] und 20. März 1896[4] und der Polizeiverordnung des Herrn Oberpräsidenten[5] der Provinz Ostpreußen vom 20. Januar 1884 (A[mts]bl[att der Königlichen Preußischen Regierung zu Königsberg], S. 32) in der Stadt Königsberg bis vor einigen Jahren ausschließlich durch Schutzmänner stattgefunden. Die Erfahrung, daß diese Organe nach ihrer Vorbildung und ihren sonstigen Aufgaben zur Ausführung dieser Aufsicht sich nicht in genügendem Maße als geeignet erwiesen, hat, wie die [in] anderen Städten, so auch hier, seit einigen Jahren dazu geführt, daß die städtischen Waisenorgane der Überwachung der Pflegekinder besondere Aufmerksamkeit zuwandten, ferner auch von seiten der Stadt Maßnahmen getroffen wurden, welche eine dauernde Beaufsichtigung der Kinder mit Bezug auf ihren Gesundheitszustand ermöglichten.

Diese Überwachung erfolgt zur Zeit durch ehrenamtlich beschäftigte Waisenpflegerinnen, welchen durch den beamteten Arzt eine Belehrung über die Zwecke und Ziele der Kinderpflege, insbesondere der Säuglingspflege zuteil geworden ist. Zur dauernden ärztlichen Kontrolle haben sich unentgeltlich vier hiesige Kinderärzte, Leiter von Polikliniken, zur Verfügung gestellt, welchen die Kinder je nach dem Alter in Zeiträumen von je ein, drei und sechs Monaten regelmäßig vorgestellt werden. Das städtische Waisenamt erhält durch das Standesamt täglich Abschriften der unehelichen Geburtsmeldungen und führt eine Liste guter Pflegestellen. Ein Unterausschuß von Waisenpflegerinnen vermittelt und prüft die erste Unterbringung der Pfleglinge, indem seine Mitglieder sich in bestimmter Folge noch in den ersten Tagen nach der Entbindung mit den unehelichen Müttern in Verbindung setzen, um ihr entweder eine Pflegestelle aus der Zahl der vorher geprüften zu empfehlen oder, falls

---

1 GStA Berlin I. HA Rep.77 B Nr.1745, fol. 79-81. Das Schreiben ist in Vertretung unterzeichnet von Oberregierungsrat Robert Busenitz.

2 Nikolaus von Werder (1856-1917), Jurist und Rittergutsbesitzer, seit 1903 Regierungspräsident in Königsberg i. Pr.

3 Runderlaß des preußischen Innenministers Friedrich Graf zu Eulenburg und des Kultusministers Adalbert Falk an sämtliche Bezirksregierungen und Landdrosteien und an den Berliner Polizeipräsidenten vom 18.7.1874 (PrMBliV 1874, S. 173-174).

4 Runderlaß des preußischen Kultusministers Dr. Robert Bosse und des Innenministers Eberhard Freiherr von der Recke von der Horst an die Regierungspräsidenten vom 20.3.1896 (PrMBliV 1896, S. 67).

5 Friedrich von Moltke (1852-1927), Jurist, seit 1903 Oberpräsident der Provinz Ostpreußen.

sie schon eine solche hat, sofort die Pflegestelle aufzusuchen und deren Verhältnisse zu prüfen. Eine bestimmte Waisenpflegerin besucht täglich die geburtshilfliche Station der Frauenklinik, um mit den Müttern behufs schneller Unterbringung der Säuglinge in Beziehung zu treten. Der Polizeipräsident hat sein Einverständnis damit erklärt, daß nur den von dem Ausschuß für geeignet befundenen Personen die Erlaubnis zum Halten von Pflegekindern polizeilich erteilt werde. Der beamtete Arzt führt im Rahmen der Dienstanweisung für die Kreisärzte die Aufsicht über die gesamte Überwachung und stellt erforderlichenfalls auf Ersuchen von Pflegerinnen oder Ziehkinderärzten Ermittlungen über die Verhältnisse der Pflegestelle persönlich an.

Diese Organisation, bezüglich deren ich im übrigen auf die beigefügte Darstellung des Kreisassistenzarztes Dr. Ascher[6] (Anlage 1)[7] verweise, hat sich bisher als durchaus erfolgreich erwiesen. Es hat sich indes ergeben, daß die ehrenamtlichen Waisenpflegerinnen der übernommenen Aufgabe nicht in vollem Umfang gerecht werden können und insbesondere bei der Beaufsichtigung der jüngsten Pflegekinder versagen. Diese erfordert, um die Kinder in dem besonders gefährdeten Säuglingsalter gesund zu erhalten, eine über die Kenntnisse des gebildeten Laien hinausgehende Einsicht in die hygienischen Grundsätze der Kinderwartung und -ernährung. Ein Mangel dieser Einsicht macht sich bei der Überwachung der Pflegekinder doppelt fühlbar, da diese meist unehelich geboren, infolge der Notlage der Mutter während der Schwangerschaft schwächlich und zu Krankheiten prädisponiert, auch bei ungebildeten und in ärmlichen Verhältnissen lebenden Ziehmüttern untergebracht sind und deshalb einer ganz besonders sorgfältigen und geschulten Aufsicht bedürfen. Ein weiterer Übelstand der ehrenamtlichen Überwachung hat sich insofern fühlbar gemacht, als im Sommer ein Teil der als Waisenpflegerinnen beschäftigten Damen regelmäßig auf Erholungsreisen abwesend ist. Die Zahl der Pflegerinnen ist daher grade zu derjenigen Zeit, welche wegen der Häufigkeit des Brechdurchfalls der Säuglinge an ihre Beaufsichtigung die meisten Anforderungen stellt, verringert, und es hat sich trotz opferwilliger Mehrarbeit der zurückbleibenden Pflegerinnen nicht ermöglichen lassen, die entstehenden Lücken in einigermaßen genügender Weise auszufüllen.

Da sich diese auch in anderen Städten hervorgetretenen Übelstände vorzugsweise bei der Überwachung der jüngsten Pflegekinder gezeigt haben, schlägt der Magistrat vor, mit der Überwachung der Kinder bis zum 2. Lebensjahr besoldete, hierfür besonders vorgebildete Aufsichtsdamen zu betrauen, während er die älteren Kinder nach wie vor durch die ehrenamtlichen Waisenorgane überwachen will, welche sich bisher dieser Aufgabe als gewachsen gezeigt haben. Er ist deshalb an mich mit der Anregung herangetreten, die Anstellung staatlicher besoldeter Aufsichtsdamen in die Wege zu leiten.[8]

Ich vermag diesen Vorschlag nur zu befürworten. Die Verpflichtung des Staates, in Städten mit königlicher Polizeiverwaltung eigene Organe zur Überwachung der Pflegekinder zu bestellen, kann nicht in Zweifel gestellt werden, da diese Überwa-

---

[6] Dr. Ludwig Ascher (1865-1942), Stadtwundarzt in Königsberg i. Pr., seit 1901 Kreisassistenzarzt.

[7] Ludwig Ascher, Das Haltekinderwesen in Königsberg i. Pr., Sonderdruck aus: Vierteljahrsschrift für gerichtliche Medizin und öffentliches Sanitätswesen 3, Folge 25 (1903) Heft 1 (GStA Berlin I. HA Rep.77 B Nr.1745, fol. 84-89 Rs.).

[8] Schreiben des Magistrats der Stadt Königsberg i. Pr. an das Königsberger Polizeipräsidium vom 29.11.1903 (GStA Berlin I. HA Rep.77 B Nr.1745, fol. 82-83).

chung nach den eingangs erwähnten Ministerialerlassen und der Polizeiverordnung vom 20. Januar 1884 sich als eine polizeiliche Angelegenheit darstellt. In Berlin, dessen Verhältnisse den hiesigen im wesentlichen entsprechen dürften, hat diese Verpflichtung bereits durch die Anstellung besoldeter Aufsichtsdamen seitens des Staats Anerkennung gefunden.[9] Die vom Magistrat vorgeschlagene Teilung zwischen den staatlichen und städtischen Aufsichtsorganen erscheint mir durchaus zweckmäßig, da sie einerseits die Stadt in einem ihrer Verpflichtung als Waisen- und Armenbehörde entsprechenden Maßstab an der Überwachung der Pflegekinder beteiligt, andererseits aber doch vermeidet, daß besoldete und unbesoldete, staatliche und städtische Aufsichtsorgane bei der Überwachung derselben Pflegestelle nebeneinanderarbeiten, was nicht ohne Bedenken sein könnte.

Zur Anstellung geeignete Personen sind in genügendem Maße vorhanden. Für die Vorbildung, den Dienstvertrag und die Abgrenzung des Pflichtenkreises der Aufsichtsdamen können die Berliner Einrichtungen als Vorbild dienen. Die Regelung des Verhältnisses der Ziehkinderärzte, an deren fernerer unentgeltlicher Mitwirkung Zweifel nicht bestehen, würde keinen Schwierigkeiten unterliegen. Als Jahresgehalt erscheint ein Betrag von 600 Mark ausreichend und angemessen. In Kontrolle befinden sich zur Zeit 675 Pflegestellen. Es ist deshalb anzunehmen, daß die Zahl der kontrollpflichtigen Stellen tatsächlich erheblich größer ist, etwa auf 1 000 geschätzt werden kann, und daß durch die oben dargelegten Nachforschungen aufgrund der Standesamtsanzeigen mit der Zeit die Zahl der tatsächlich ermittelten Pflegestellen steigen wird. Von den Pflegekindern werden die Hälfte bis zwei Drittel den beiden jüngsten Lebensaltern angehören, so daß zur Zeit die Anstellung von 4 Aufsichtsdamen genügen wird, deren jede dann etwa 120 – 150 Pflegekinder zu beaufsichtigen hätte.

Indem ich noch bemerke, daß die städtischen Behörden bei der schlechten Finanzlage der Stadt und den großen an diese dauernd herantretenden dringenden Anforderungen, insbesondere aber aus der Überzeugung, daß die Verpflichtung des Staates in vorliegenden Fragen die vorherrschende ist, zur Zeit keine Neigung zur Anstellung eigener besoldeter Waisenpflegerinnen haben, bitte ich Euere Exzellenzen, im nächsten Staatshaushaltsetat die Anstellung von 4 besoldeten Aufsichtsdamen zur Überwachung der Pflegekinder mit einem Gesamtaufwand von 2 400 M. bei dem hiesigen Polizeipräsidium vorzusehen.[10]

---

[9] Von der Berliner Polizei waren seit Dezember 1901 zehn in vierwöchigen Kursen an der Kinderstation der Charité besonders ausgebildete, aus der Staatskasse besoldete Aufsichtsdamen angestellt worden, die den „besseren Ständen" entstammen sollten. Jeder Aufsichtsdame wurde ein bestimmter Bezirk zugewiesen, Haltefrauen mit Säuglingen hatte sie vierzehntägig, alle anderen einmal im Monat bis zum vierten Lebensjahr des Haltekindes zu besuchen. 1903 war die Zahl der angestellten Aufsichtsdamen auf 14 erhöht worden.

[10] Nach Genehmigung durch das preußische Innenministerium wurden 1906 in Königsberg i. Pr. drei besoldete Aufsichtsdamen nach dem Muster des Dienstvertrags der Berliner Aufsichtsdamen auf Kosten der Staatskasse angestellt (Bericht des Königsberger Regierungspräsidenten Nikolaus von Werder an den preußischen Innenminister Theobald von Bethmann Hollweg vom 9.10.1906: GStA Berlin I. HA Rep.77 B Nr.1745, fol. 261-262 Rs.). Bereits am 11.2.1905 hatte ein Runderlaß des preußischen Kultusministers Dr. Konrad Studt und des Innenministers Dr. Theobald von Bethmann Hollweg den Regierungspräsidenten aufgetragen, den Ortsbehörden auch der Gemeinden mit kommunaler Polizeiverwaltung, in deren Bezirk ein entsprechender Bedarf bestand, die Berliner Regelungen der Haltekinderaufsicht mit Hilfe besoldeter Aufsichtsdamen als nachahmenswert zu empfehlen (GStA Berlin I. HA Rep.77 B Nr.1745, fol. 110-111 Rs.).

Nr. 129

1904 Juni

Vortrag[1] des wissenschaftlichen Mitarbeiters Dr. Othmar Spann[2] auf einem Ausbildungskurs der Zentrale für private Fürsorge in Frankfurt am Main

Druck

[Die berufsmäßige Generalvormundschaft hat viele Vorzüge gegenüber der mit zahlreichen Mängeln behafteten Einzelvormundschaft; sie sollte bis zur Volljährigkeit fortgeführt werden; die allein bei ihrer Mutter aufwachsenden unehelichen Kinder weisen große körperliche, berufliche und moralische Defizite auf]

Vaterlosen Kindern wird gegenwärtig behördlicherseits eine private Person als Vormund bestellt, wir nennen diese Einrichtung die Einzelvormundschaft. Inwiefern die Einzelvormundschaft bei ehelichen Kindern ihre Aufgaben erfüllt oder nicht, wollen wir hier nicht untersuchen; die Frage, der wir uns hier zuwenden, ist vielmehr nur die, wieweit bei unehelichen Kindern die Einzelvormundschaft den Anforderungen entspricht, die an sie gestellt werden müssen.

Zu diesem Behufe wollen wir zunächst einerseits die Person, welche in der Regel die Vormundschaft über das uneheliche Kind ausübt, ins Auge fassen, und uns andererseits auf die Pflichten und Aufgaben, welche dem Vormund in der Oberleitung über die körperliche und geistige Erziehung des Mündels zufallen, besinnen, um aus dieser Gegenüberstellung die Leistungsfähigkeit und den Wert der Einrichtung der Einzelvormundschaft beurteilen zu können.

Auf die Vormundschaft eines unehelichen Kindes hat gesetzlich nur der Großvater mütterlicherseits Anspruch. Erfahrungsgemäß wird jedoch davon wenig Gebrauch gemacht, so daß entweder die uneheliche Mutter selbst oder irgendeine dem Kind fremde Person zum Vormund bestellt wird.

Daß eine dem Kind gänzlich fremde Person in der Sorge für dasselbe meistens nicht sehr weit gehen und ihm keine großen Opfer bringen wird, leuchtet ein. Häufig kennt der Vormund sein Mündel überhaupt persönlich gar nicht oder doch nur flüchtig. In vielen Fällen wieder fehlt es weniger an gutem Willen als an Mitteln und Wegen, insbesondere an den nötigen rechtlichen Kenntnissen und Erfahrungen in der Kinderpflege und -erziehung, um für das Kind das zu tun, was notwendig erscheint. Was die Mutter anbelangt, so vermag diese ihren Beruf als Vormund gleichfalls nicht zu erfüllen; darin sind alle, die praktische Erfahrung auf diesem Gebiet haben, einig. Solche Fälle, in denen sich die Mutter ihres unehelichen Kindes entledigen will, dürften ja nicht allzu häufig sein; aber immerhin erfüllt die Mutter auch da ihre Pflichten als Vormund wenig, wo z. B. ihre Existenzlage eine sehr beschränkte ist. Überhaupt mangelt es den unehelichen Müttern meistens an dem für die Erziehung nötigen Weitblick und der Energie.

---

1 Othmar Spann, Über die Aufgaben und die Bedeutung der Berufsvormundschaft für uneheliche Kinder, in: Centrale für private Fürsorge Frankfurt am Main, Ausbildungskurse in der Fürsorgearbeit 1904, Frankfurt a. M. 1904, S. 93-101 (Stadtarchiv Leipzig AFSA Nr. 1254, fol. 285-289).

2 Dr. Othmar Spann (1878-1950), österreichischer Staatswissenschaftler und Philosoph, wissenschaftlicher Hilfsarbeiter der Zentrale für private Fürsorge in Frankfurt a. M., u. a. mit der Durchführung statistischer Untersuchungen der unehelichen Bevölkerung betraut.

Wenden wir uns kurz der Betrachtung der Aufgaben, die der Vormundschaft gegenüber unehelichen Kindern zufallen, zu.

Die unehelichen Kinder werden nach ihrer Geburt infolge der schlechten Pflege- und Ernährungsbedingungen, unter denen sie stehen, ganz besonders in ihrem Leben bedroht. Ihre Sterblichkeit ist weitaus größer als die der ehelichen Kinder.

Im Durchschnitt der Jahre 1890 – 18[91] starben von 100 Lebendgeborenen im ersten Lebensjahr bei den

	ehelichen	unehelichen
in Preußen	19,27	35,73
in Berlin	22,76	41,27
in Frankfurt a. M.	14,28	29,44

Die Sterblichkeit der Unehelichen ist also ungefähr doppelt so groß als die der Ehelichen. Diese Zahlen reden eine deutliche Sprache. Sie stellen dem Vormund des Kindes schwere Aufgaben. Soll die Sterblichkeit der Unehelichen vermindert werden, so muß vor allem eine sachverständige Auswahl und eine strenge Kontrolle der Pflegestellen, in der die Kinder sich befinden, vorgenommen werden. Es muß dem Kind eine sorgsame Behandlung und eine gesunde, sachgemäße Ernährung gesichert werden. Ferner ist der uneheliche Vater zur Anerkennung der Vaterschaft und zur Zahlung der Alimente heranzuziehen. Denn von der Höhe und der regelmäßigen Zahlung des Pflegegelds hängt naturgemäß die bessere Pflege und Versorgung des Kindes in hohem Grade ab.

Diese Aufgaben zu erfüllen, ist der private Einzelvormund recht oft nicht imstande. Ist der Vormund eine dem Kind fremde Persönlichkeit, so wird er sich um dasselbe wahrscheinlich wenig kümmern. Ist der Großvater oder die Mutter selbst Vormund, so wird oft der durch die uneheliche Geburt eingetretene Zwiespalt in der Familie oder aber die geringe Liebe der Mutter zu ihrem Kind gleichfalls eine diesem ungünstige Lage herbeiführen. Wenn aber auch der gute Wille vorhanden ist, so fehlt es doch einerseits an den nötigen rechtlichen Kenntnissen und der nötigen Energie dem unehelichen Vater gegenüber, andererseits an dem nötigen Verständnis für die Wichtigkeit der Pflegebedingungen, unter die das Kind kommt. Wäre dem nicht so, so wären die Sterblichkeitsverhältnisse der unehelichen Kinder nicht so erschreckend viel ungünstiger als die der ehelichen Kinder.

In der Erkenntnis dieser Dinge haben unter dem Vorantritt Leipzigs[3] bereits viele deutsche Städte sogenannte „Ziehkinderämter“[4] errichtet, welche alle Pflegestellen unehelicher Kinder einer ärztlichen Kontrolle unterwerfen. Dadurch, daß sie eine sachgemäße, von unverständigen Vorurteilen befreite Ernährung und Behandlung des Kindes herbeiführen, haben sie sehr erfreuliche Erfolge erzielt und die Sterblichkeitsziffer wesentlich herabgemindert. Gleichzeitig wurde in Leipzig eine Generalvormundschaft errichtet.[5] Diese wird beruflich von einer hierzu bestellten, an der Spitze des Ziehkinderamts stehenden Amtsperson ausgeübt. Sie besteht darin, daß das Ziehkinderamt von Haus aus Vormund jedes unehelichen Kindes ist, das dort geboren wird und sich in fremder Pflege befindet. Jeder uneheliche Vater wird von dem Generalvormund unmittelbar nach der Niederkunft der Mutter – bisweilen schon vorher – zur Anerkennung der Vaterschaft und zur Zahlung der Alimente herangezogen bzw., wenn er dieselbe verweigert, sofort gerichtlich belangt. Dies ist von großer Wichtig-

---

3 Vgl. Nr. 53 Bd. 7 der II. Abteilung dieser Quellensammlung.

4 Vgl. zum Leipziger Amt Nr. 53 Anm. 2 Bd. 7 der II. Abteilung dieser Quellensammlung.

5 Vgl. Nr. 101 Bd. 7 der II. Abteilung dieser Quellensammlung.

keit, weil, wie schon erwähnt, die regelmäßige Zahlung des Pflegegelds erfahrungsgemäß einen großen Einfluß auf die Qualität der Pflege des Kindes hat.

Die schönen Erfolge dieser Generalvormundschaft, als deren bloßer Bestandteil ja das Ziehkinderamt anzusehen ist, lassen keinen Zweifel darüber offen, daß die Einzelvormundschaft, wenigstens im Säuglingsalter, ihre Aufgaben in keinem auch nur annähernd zufriedenstellendem Maße erfüllen kann.

Leider huldigt man aber nun – und zwar auch in Fachkreisen – allgemein der Meinung, daß über das Säuglingsalter hinaus der Einzelvormund schon in der Lage sei, seine Pflichten hinreichend zu erfüllen; deshalb wird mit Beendigung des Säuglingsalters, günstigstenfalls bei Beginn der Schulpflicht, in allen Städten, in denen die Generalvormundschaft (bzw. „Kollektivvormundschaft") eingeführt ist, vom Generalvormund das Amt der Vormundschaft niedergelegt.

Das ist ein verhängnisvoller Irrtum. Denn von nun an beginnen neue schwierige Aufgaben, nämlich die sittlichen, geistigen und sozialen Aufgaben der Erziehung. Die nachfolgenden Erörterungen werden dies näher dartun.

Über die Lage der unehelichen Kinder während des schulpflichtigen Alters wissen wir leider wenig Bestimmtes, denn es existieren darüber keinerlei statistische oder sonstige Untersuchungen. Hingegen kennen wir so ziemlich die Verhältnisse der Unehelichen im militärpflichtigen Alter, über welche kürzlich von der Zentrale für private Fürsorge eingehende statistische Untersuchungen angestellt wurden.[6] Die wichtigsten der hier in Frage kommenden Ergebnisse dieser Untersuchungen sind folgende:

Von den erwachsenen Unehelichen sind 3 Gruppen zu unterscheiden:

1. solche Uneheliche, deren Mütter sich nach ihrer unehelichen Niederkunft noch mit einem anderen Mann als dem Vater ihrer unehelichen Kinder verheirateten. Diese Kinder wachsen also unter der Obhut eines Stiefvaters auf, und wir nennen sie daher Stiefkinder. Über ein Drittel aller erwachsenen unehelichen Kinder sind Stiefkinder;

2. solche Uneheliche, deren Mütter starben, ohne sich zu verehelichen: uneheliche Waisen;

3. solche Uneheliche, deren Mütter am Leben blieben, aber sich nach ihrer unehelichen Niederkunft nicht mehr verheirateten, also die eigentlichen Unehelichen, die bloß unter der Obhut ihrer Mutter heranwachsen.

Es zeigte sich nun, daß die unehelichen Stiefkinder in bezug auf ihre körperlichen Verhältnisse (Militärtauglichkeit) und in bezug auf ihre beruflichen Verhältnisse den ehelichen gleichen Standes im wesentlichen gleichkommen, daß aber jene unehelichen, welche nur unter der Obhut ihrer Mutter heranwachsen, geradezu erschreckende Verhältnisse in bezug auf ihre körperliche Tüchtigkeit (Tauglichkeit) und ihre berufliche Ausbildung zeigen.

Die untersuchten Frankfurter unehelichen Stiefkinder verteilten sich auf die einzelnen Tauglichkeitsgruppen folgendermaßen:[7]

---

6 Anmerkung in der Quelle: *Ein erster Teil davon wurde in der „Zeitschrift für Socialwissenschaft"* (7. Jg., Berlin 1904, S. 539-578), *herausgegeben von Prof. Dr. Jul*(ius) *Wolf, vom Verfasser unter dem Titel veröffentlicht: „Die Stiefvaterfamilie unehelichen Ursprunges",* (zugleich eine Studie zur Methodologie der Unehelichkeits-Statistik) *mit einem Nachwort von Dr. Ch*(ristian) *J*(asper) *Klumker. (Auch als selbständige Broschüre bei G*[eorg] *Reimer, Berlin* [1904], *erschienen.)*

7 Anmerkung in der Quelle: *Für die Unterlagen dieser und der späteren Zahlen vgl. des Verfassers „Stiefvaterfamilie unehel*(ichen) *Ursprungs", Zeitschrift für Socialwissenschaft, Jahrgang 1904, Heft 8, Seite 556ff. u. 565ff.*

Tauglich	51,0 Prozent	der Gesamtmasse
Ersatzreserve	24,0 Prozent	der Gesamtmasse
Landsturm und untauglich	25,0 Prozent	der Gesamtmasse
	100,0 Prozent	

Die eigentlichen Unehelichen (deren Mütter unverehelicht am Leben blieben), zeigten hingegen folgende Verteilung auf die Tauglichkeitsgruppen:

Tauglich	32,6 Prozent	der Gesamtmasse
Ersatzreserve	29,9 Prozent	der Gesamtmasse
Landsturm und untauglich	38,5 Prozent	der Gesamtmasse
	100,0 Prozent	

Während also von den Stiefkindern die volle Hälfte (51 Prozent) tauglich ist, und sie damit auf gleiche Stufe mit den Ehelichen zu stehen kommen, ist von den eigentlichen unehelichen Kindern kaum ein Drittel (32,6 Prozent) tauglich!

Die Berufsgliederung zeigt womöglich noch schlechtere Verhältnisse. Am bezeichnendsten und wichtigsten ist das Verhältnis der gelernten zu den ungelernten Arbeitern:

Bei den ehelichen Militärpflichtigen
kommen auf 100 gelernte 27,18 ungelernte Arbeiter;
bei den unehelichen Stiefkindern
kommen auf 100 gelernte 29,23 ungelernte Arbeiter;
bei den eigentlichen Unehelichen (deren Mütter unverehelicht am Leben blieben)
kommen auf 100 gelernte 43,83 ungelernte Arbeiter.

Während also bei den Ehelichen und bei den unehelichen Stiefkindern nur etwas über ¼ ungelernter gegenüber gelernten Arbeitern vorhanden ist, ist bei den eigentlichen Unehelichen fast die Hälfte ungelernt (gegenüber den Gelernten)!

Aber nicht nur körperliche und berufliche, sondern auch moralische Degeneration zeigen die eigentlichen Unehelichen in erschreckendem Maße. Die starke Kriminalität, auf welche wir hier ziffernmäßig nicht mehr eingehen können, ist aber nur eine Folge, eine Funktion des Mangels eines gelernten Berufs. So kommen

bei den bestraften unehelichen Stiefkindern
auf 100 gelernte 55,7 ungelernte Arbeiter;
bei den bestraften Nicht-Stiefkindern
auf 100 gelernte 71,42 ungelernte Arbeiter;
bei den Unehelichen im Gesamtdurchschnitt
auf 100 gelernte 37,5 ungelernte Arbeiter;
bei den bestraften Unehelichen im Gesamtdurchschnitt hingegen
auf 100 gelernte 53,6 ungelernte Arbeiter.

Bei den Unehelichen überhaupt und bei den bestraften Stiefkindern sind also ungefähr ein Drittel ungelernter gegenüber gelernten Arbeitern, von den bestraften Unehelichen hingegen machen die ungelernten Arbeiter mehr als die Hälfte der gelernten Arbeiter aus; von den bestraften Nicht-Stiefkindern hingegen (eigentlichen Unehelichen) sind ca. 70 Prozent ungelernter gegenüber gelernten Arbeitern! Der Mangel einer Berufsausbildung ist also die Hauptursache der hohen Kriminalität der Unehelichen.

Das beschämendste Ergebnis jener Untersuchung aber war, daß die unehelichen Waisen bessere körperliche und berufliche Verhältnisse zeigen als diejenigen Unehelichen, die unter der Obhut ihrer am Leben aber unverehelicht gebliebenen Mütter heranwachsen, so daß es also für die unehelichen Kinder besser ist, ihre Mutter stirbt, als sie bleibt am Leben, ohne sich zu verehelichen!

Diese Erscheinung kommt dadurch zustande, daß sich der verwaisten Unehelichen die öffentliche Waisenpflege annimmt; sie beweist gleichzeitig, wie unglaublich wenig einerseits die Einzelvormundschaft leistet und wieviel sozial und sittlich Wertvolles andererseits die Berufsvormundschaft vollbringen könnte, wieviel Arbeit ihrer harrt!

Die wichtigste soziale Aufgabe, welche nach den angeführten Zahlen der Vormundschaft zufällt, wird darin bestehen, neben der körperlichen vor allem die berufliche und damit auch die moralische Degeneration der Mündel zu verhindern. Die Berufsvormundschaft müßte daher bis zur Volljährigkeit währen; denn das elementare und erste Erfordernis, das sie zu erfüllen haben wird, ist ja, die Mündel mindestens zu gelernten Arbeitern (Professionisten) zu erziehen, da die ungelernten Arbeiter wegen ihrer unsicheren Existenz unter allen Berufsgruppen im allerhöchsten Maße der moralischen Verkommenheit anheimfallen.

Kann die private Einzelvormundschaft diese Aufgaben erfüllen?

Das ist unbedingt zu verneinen, denn die oben statistisch aufgedeckten Tatsachen reden eine zu gebieterische Sprache. Sie bestätigen es deutlich, was allen, die auf dem Gebiet der Fürsorge für uneheliche Kinder praktisch gearbeitet und über diese Fragen ernstlich nachgedacht haben, schon bewußt war: Daß die Einzelvormundschaft durch eine berufliche Generalvormundschaft, welche bis zur Volljährigkeit dauert, ersetzt werden müsse.

Nr. 130

1904 Juli 9

Sitzungsprotokoll[1] des Arbeitsausschusses der Auskunfts- und Fürsorgestellen für Lungenkranke in Berlin

Abschrift in Maschinenschrift

[Es sollen fünf Fürsorgestellen für Tuberkulosekranke eingerichtet werden; die Grundsätze für deren Tätigkeit werden umrissen, insbesondere hinsichtlich des Verhältnisses zu den behandelnden Ärzten]

Der Arbeitsausschuß konstituiert sich.[2]

Auf Ersuchen übernimmt Herr Pütter[3] die Leitung der Geschäfte bis auf weiteres.

---

1 Staatsarchiv Hamburg 352-3 III G 5c Bd. 1, fol. 4-5.
Anwesend: Geheimrat Ernst Pütter, Stadtrat Dr. Emil Münsterberg, Sanitätsrat Dr. Sally Alexander, Landesrat Friedrich Meyer; entschuldigt Direktor Dr. Richard Freund.

2 In Berlin wurde 1904 unter maßgeblicher Beteiligung von Dr. Richard Freund, Vorstandsvorsitzender der Landesversicherungsanstalt Berlin (bis 1900: Invaliditäts- und Altersversicherungsanstalt für den Stadtkreis Berlin), Friedrich Althoff, Ministerialdirektor im preußischen Kultusministerium, und Ernst Pütter, Verwaltungsdirektor der Charité, ein Zentralkomitee der Auskunfts- und Fürsorgestellen für Lungenkranke gegründet. Der Arbeitsausschuß war das Organ der frühen Planungen.

3 Ernst Pütter war seit 1904 Geheimer Regierungsrat und Verwaltungsdirektor der Charité in Berlin sowie Vorsitzender des Zentralkomitees der Auskunfts- und Fürsorgestellen für Lungenkranke.

Der Arbeitsausschuß beschließt, alle dem Komitee zufließenden Gelder dem Leiter des Arbeitsausschusses zu überweisen und ermächtigt diesen, die erforderlichen Zahlungen anzuweisen.

Herr Pütter gibt sodann eine Darstellung der Tätigkeit und Maßnahmen des Arztes sowie der Schwester bei der Inanspruchnahme der Auskunfts- und Fürsorgestellen unter Zugrundelegung der in Halle[4] bei der Schwindsuchtsbekämpfung gemachten Erfahrungen. Es wird prinzipiell beschlossen, die Tuberkulosefürsorge in Berlin im wesentlichen nach dem Muster der Halleschen zu gestalten, an die Spitze jeder Fürsorgestelle einen Arzt zu stellen und nur auf bedürftige Familien die Tätigkeit der Fürsorgestellen zu erstrecken.[5]

Zur Erlangung von Unterstützungen für Kranke ist mit der Armenverwaltung und den Wohltätigkeitsvereinen Fühlung zu nehmen. Die Regelung der Unterstützungen im Einzelfall hat durch die Fürsorgestellen der einzelnen Bezirke zu erfolgen. Hinsichtlich des Verhältnisses der Fürsorgestellen zu den behandelnden Ärzten wurde prinzipiell beschlossen, daß die eigentliche Behandlung der die Fürsorgestellen aufsuchenden Patienten den behandelnden Ärzten selbst verbleiben soll.

Bei denjenigen Patienten, die bereits in ärztlicher Behandlung stehen, soll der behandelnde Arzt von seiten der Fürsorgestellen um Einsendung eines Krankheitsberichts (auf vorgedrucktem Formular) ersucht werden, zugleich mit der ausdrücklichen Mitteilung, daß die Behandlung dem Arzt verbleibt. Die Fürsorgestelle beschränkt sich in solchen Fällen nur auf die erforderliche materielle Unterstützung des Patienten. Was die Ausstellung der Krankheitsberichte betrifft, so sind die Armendirektion und die Krankenkassen anzugehen, für unentgeltliche Ausstellung der Atteste Sorge zu tragen. Aufnahmegesuche für Heilstätten sowie die erforderlichen Atteste sind von der Fürsorgestelle für den behandelnden Arzt vorzubereiten; der behandelnde Arzt selbst aber hat dieselben zu unterschreiben.

Es wird ferner beschlossen, Fürsorgeschwestern anzustellen, welche in den einzelnen Bezirken den Fürsorgedienst, insbesondere in den Wohnungen, übernehmen.

Eine Zentral-Auskunftsstelle behufs Übermittlung der freien Plätze in Krankenhäusern, Heilstätten, Walderholungsstätten ist zu schaffen. Es wird beschlossen, sich zu diesem Zweck mit der Zentrale der Rettungsgesellschaft in Verbindung zu setzen.

Der Arbeitsausschuß schlägt vor, zunächst nur fünf Auskunfts- und Fürsorgestellen einzurichten, und zwar: Für Berlin N[ord]w[est]: Königliche Charité; für Berlin N[ord] u[nd] Z[entrum]: Universitäts-Poliklinik von Geheimrat Dr. Wolff[6], z[ur] Z[ei]t Luisenstraße 8, später Ziegelstraße; für Berlin S[üd]w[est]: Fürsorgestelle des Roten Kreuzes; für Berlin W[est]: Ärztliche Fürsorgestelle des Vereins der frei ge-

---

[4] In Halle (Saale) war 1899 unter Federführung Ernst Pütters, des damaligen Leiters der dortigen Armenverwaltung, auf Vereinsbasis die erste Tuberkulosefürsorgestelle in Deutschland gegründet worden; vgl. Nr. 138.

[5] Eingehender dann: Vorlage des Geheimen Regierungsrats Ernst Pütter für die zweite Sitzung des Arbeitsausschusses der Auskunfts- und Fürsorgestellen für Lungenkranke in Berlin am 2.8.1904: Die Einrichtung und Unterhaltung von Auskunfts- und Fürsorgestellen für Lungenkranke in Berlin und seinen Vororten (StA Hamburg 352-3 III G 5c Bd. 1, fol. 6-11).

[6] Dr. Max Wolff (1844-1933), Geheimer Medizinalrat in Berlin, seit 1899 Direktor der Universitäts-Poliklinik für Lungenleidende.

wählten Kassenärzte Potsdamerstraße 36/37; für Berlin O[st]: Fürsorgestelle des Berlin-Brandenburger-Heilstätten-Vereins (Geheimrat Fränkel[7]).

Es sollen die Kosten aufgestellt werden, welche durch die Einrichtung und den Betrieb einer Auskunfts- und Fürsorgestelle entstehen unter Berücksichtigung der Remuneration für Arzt und Schwester, prinzipiell sollen sich die Fürsorgestellen nicht in der Behausung der Ärzte befinden.

Außer den vorgenannten Stellen sollen noch die Vereine zur Bekämpfung der Schwindsucht in Schöneberg[8], Charlottenburg[9] und Rixdorf[10] angefragt werden, ob sie nach Maßgabe der oben aufgestellten Grundsätze Auskunfts- und Fürsorgestellen einrichten oder im Anschluß an das Zentralkomitee weiterbetreiben wollen und ob sie dazu auf Zuschüsse seitens des Zentralkomitees rechnen. In letzterem Fall soll um Angabe der einmaligen Einrichtungskosten sowie der laufenden Betriebskosten ersucht werden.

Die von der Landesversicherungsanstalt zu Berlin in Aussicht gestellte Summe von M. 10000 ist zunächst nur für organisatorische Zwecke zu verwenden und die übrigbleibenden Mittel zur materiellen Unterstützung für Kranke.

Der Arbeitsausschuß hält die Anstellung eines Generalsekretärs für unumgänglich. Dem Zentralkomitee sollen diesbezügliche Vorschläge unterbreitet werden.

Der Generalsekretär hat gleichzeitig eine Zentral-Auskunftsstelle in Verbindung mit der Zentrale der Rettungsgesellschaft zu unterhalten.

Schluß der Sitzung um 9 ¼ Uhr.

---

7 Dr. Eugen Fränkel (1853-1925), Arzt in Berlin, seit 1879 Leiter des Pathologisch-Anatomischen Instituts und der Bakteriologischen Abteilung des Eppendorfer Krankenhauses.

8 Der Verein zur Bekämpfung der Tuberkulose in Schöneberg war im März 1904 gegründet worden und betrieb bereits seit April 1904 eine Fürsorgestelle.

9 Der Vaterländische Frauenverein in Charlottenburg betrieb seit 1902 eine Tuberkulosefürsorgestelle; vgl. auch Nr. 132 Anm. 5.

10 Der Verein zur Bekämpfung der Tuberkulose in Rixdorf war im März 1904 gegründet worden; er schloß sich dem Berliner Zentralausschuß der Auskunfts- und Fürsorgestellen für Lungenkranke an.

Nr. 131

1904 Juli

Denkschrift[1] des Nürnberger Referenten für Armenpflege Wilhelm Fleischmann[2] für den Armenpflegschaftsrat

Druck, Teildruck

[Die Organisation der Nürnberger Armenpflege ist hinter den Ansprüchen der Armenpflege zurückgeblieben; das zeigt der Vergleich mit der Elberfelder Armenpflege; zum Zweck der Individualisierung der Armenpflege muß die Zahl der Armenpfleger drastisch erhöht werden; ebenso sollen Tarifsätze eingeführt werden]

[...]

1. Die heutige Armenpflege in Nürnberg entspricht dem Wortlaut, aber nicht dem Sinne des Gesetzes. Sie mag zur Zeit ihrer Organisation den herrschenden Verhältnissen entsprochen haben; heute ist das nicht mehr der Fall, sie ist schablonenhaft und bürokratisch geworden.

Der Sinn des bayerischen Armenrechts ist weniger aus dem Wortlaut des derzeit geltenden Armengesetzes[3] zu schöpfen, welches sich auf knappe Zusammenstellung von Rechtssätzen beschränkt und namentlich bezüglich der Pflichten der Armenpflegeorgane selbst nur sehr kurz gefaßt ist, als vielmehr aus seiner Begründung und aus früheren Gesetzen, welche in dieser Richtung sich einer umfänglichen Ausführlichkeit befleißigten. Die königliche Verordnung vom 17. November 1816 (R[egierungs]bl[att], S. 779)[4] widmet der Art und Weise der Hilfeleistung für Arme 20 Artikel, welche eingehende Einzelvorschriften enthalten, und der Aufsicht über die Armen und den Maßregeln gegen den Eintritt der Verarmung 15 Artikel, welche letzteren besonders ein ganz richtiges System individualisierender Armenpflege entwickeln. Nach der Meinung dieser Verordnung stehen die Armen unter sittlicher und polizeilicher Vormundschaft der Pflegschaftsräte.[5] Diese sollen sorgen, daß die Kinder der Armen fleißig zum Schul- und Religionsunterricht kommen, daß die Armen arbeiten, daß sie einen ordentlichen Lebenswandel führen und daß Bettler, Müßiggänger und Scheinarme streng bestraft werden. Der ganze Gang des Armenwesens soll mit unablässiger Aufmerksamkeit verfolgt werden,[6] um die auf das Wachstum und die Verbreitung der Armut einwirkenden Ursachen zu entdecken und rechtzeitig Abhilfe zu schaffen. Familienvätern, welche durch unverschuldete Umstände in die Gefahr häuslichen Umsturzes kommen, soll man durch Rat und Tat beistehen und

---

[1] Wilhelm Fleischmann, Denkschrift zur Neugestaltung der öffentlichen Armenpflege in Nürnberg (Stadtbibliothek Nürnberg Nor. 2. 1165).

[2] Wilhelm Fleischmann (1865-1935), seit 1888 Rechtsrat in Nürnberg, Referent für Armenpflege, seit 1899 Mitglied des Zentralausschusses des Deutschen Vereins für Armenpflege und Wohltätigkeit.

[3] Gesetz, die öffentliche Armen- und Krankenpflege betreffend, vom 29.4.1869 (Nr. 194 Bd. 7, 2. Halbband, der I. Abteilung dieser Quellensammlung).

[4] Allgemeine Verordnung, das Armenwesen betreffend, vom 17.11.1816 (Anhang Nr. 1 Bd. 7, 2. Halbband, der I. Abteilung dieser Quellensammlung).

[5] Das folgende bezieht sich auf die Art. 44-52 der Allgemeinen Verordnung, das Armenwesen betreffend, vom 17.11.1816.

[6] Das folgende bezieht sich auf die Art. 55-58 der Allgemeinen Verordnung, das Armenwesen betreffend.

Wege zur Rettung eröffnen. Leichtsinnige Hausväter soll man zur Sparsamkeit anhalten. Spar- und Leihkassen sollen gegründet und gefördert, Krankenversicherungsverbände angestrebt werden.

Man sieht, wie sehr dem Gesetzgeber daran gelegen war, innige Beziehungen zwischen dem Armen und seinem Pfleger herzustellen. Kein späteres Gesetz enthält mehr eine so eingehende Instruktion, vielmehr stellen sich die späteren Verordnungen und Gesetze (1833,[7] 1850[8] und 1869) kurzweg auf den gewonnenen Boden und beschränken sich mehr auf materiellrechtliche Vorschriften, ohne aber den geistigen Inhalt der Armenpflege, wie er früher gesetzlich normiert war, anzutasten oder gar aufzugeben. Das heutige Armengesetz gibt über die Ziele der Armenpflege und die Aufgaben des einzelnen Armenpflegschaftsrats nur wenige kurze Normen, sieht aber gleichzeitig das Pflegeramt vor und gibt so für eine im Geiste der alten, keineswegs überholten oder etwa als unrichtig bezeichneten Normen einer sachgemäßen individualistischen Armenpflege weiten Spielraum. Die Begründung des jetzigen Gesetzes[9] verfehlt nicht, auf ein richtiges Pflegesystem aufmerksam zu machen. Sie betont es ausdrücklich, daß eine Armenpflege ihre Aufgabe nur dann gedeihlich lösen könne, wenn die Unterstützungen streng auf die wahrhaft Bedürftigen und auf das unerläßliche Maß beschränkt werden und wenn zugleich die Möglichkeit persönlicher Einwirkung auf die Almosenempfänger gegeben ist. Sie erkennt, daß hiezu entsprechende Organe erforderlich sind, welche die Bedürftigkeit der Hilfesuchenden genau ermitteln können, und betont die Notwendigkeit steter Beaufsichtigung und sittlichen Hebung der Bedürftigen. Ganz besonders hervorgehoben wird die Unzweckmäßigkeit und Kostspieligkeit einer zentralisierten Armenpflege. Es darf hier vielleicht an die jetzt wohl als geschichtliche Merkwürdigkeit zu bezeichnende Verordnung vom 22. Februar 1808[10] erinnert werden, welche, eine unverkennbare Frucht der Revolutionsideen, die gemeindliche Armenpflege aufhob und die Armenpflege in eine Staatsanstalt der Wohltätigkeit verwandelte. Der fremdländische Setzling gedieh nicht auf deutschem Boden und die nie zu rechtem Leben gekommene Verordnung beschloß schon nach wenigen Jahren ihr kurzes Dasein, ersetzt durch die schon erwähnte Verordnung von 1816, welche den geistigen Inhalt einer sachgemäßen Armenpflege ganz anders zu fassen wußte.

Die heutige Nürnberger Armenpflege, welche ruhig als zentralisiert und bürokratisch bezeichnet werden darf, entspricht nun den geschilderten gesetzlichen Erfordernissen ihrem geistigen Inhalt nach keineswegs mehr. Ihre Einrichtungen mögen vielleicht noch genügt haben, als Nürnberg noch eine mäßig große Stadt war wie im Jahre 1870, wo es 81 290 Einwohner zählte und die Bevölkerung noch etwas seßhafter war als heute. Sie können aber nicht mehr genügen, wo die Bevölkerung und die räumliche Ausdehnung der Stadt um ein Vielfaches gewachsen sind.

---

7 Instruktion über die Behandlung des Armenwesens vom 24.12.1833 (Georg Döllinger, Sammlung der im Gebiete der inneren Staats-Verwaltung des Königreich Bayerns bestehenden Verordnungen, 12. Bd., München 1837, S. 303-374).

8 Gesetz über die Unterstützung und Verpflegung hilfsbedürftiger und erkrankter Personen vom 25.7.1850 (Gesetzblatt für das Königreich Bayern, S. 341).

9 Vgl. die Allgemeinen Bemerkungen in den Motiven des Regierungsentwurfs eines Gesetzes über die öffentliche Armenpflege vom 19.1.1867 (Nr. 167 Bd. 7, 2. Halbband, der I. Abteilung dieser Quellensammlung).

10 Allgemeine Verordnung, die Armenpflege betreffend, vom 22.2.1808 (Königlich-Baierisches Regierungsblatt, S. 593).

Es ist ein offenes Geheimnis, daß die Armenpflege in Nürnberg heute und schon recht lange auf zwei Augen steht, deren Schärfe und Wachsamkeit allerdings zu bewundern ist. Die Kräfte der Armenpflegschaftsräte werden im Übermaß beansprucht zum Schaden der Sache. Ein Grundfehler gegen eine individualisierende Armenpflege wurde hier fortgesetzt begangen. Die Armenbezirke wurden immer erst dann geteilt, wenn ein Armenpflegschaftsrat am Ende seiner Leistungsfähigkeit angelangt war. Danach, was an Personalmehrung im Interesse der Armen notwendig sei, wurde nie gefragt. Die bürokratisch-zentralistische Schablone saß zu fest.

Man kann den Männern, welche unter dem verfehlten System ohne jegliche Hilfe in Bezirken, deren Bewältigung im Sinne einer zielbewußten und verständigen Armenpflege zum großen Teil nachgerade zur Unmöglichkeit geworden ist, ausharrten und noch ausharren, nur Dank und hohe Anerkennung zollen. Aber es ist hohe Zeit zur Reform geworden. Es ist ein Ding reiner Unmöglichkeit, daß ein Armenrat, in dessen Bezirk 100 und mehr arme Parteien wohnen (im Jahre 1902 wurden in Nürnberg allein 3 602 Personen ständig mit Geld unterstützt; Zahl der Armenpflegschaftsräte: 33!), eine wirkliche Pflege dieser Armen betreibe. Er wird sie mit der Zeit gerade dem Namen nach kennenlernen, auch über ihre Verhältnisse mit Hilfe seiner Aufzeichnungen im allgemeinen Bescheid sagen können. Aber von irgendwelchen näheren menschlichen Beziehungen zwischen Armen und Pflegern kann unter solchen Umständen keine Rede sein oder gar von einer irgendwie nachhaltigen persönlichen Einwirkung auf die Pflegebefohlenen. Die ganzen Beziehungen reduzieren sich darauf, daß der Arme weiß, der und jener ist der Herr Rat, zu welchem ich gehen muß, wenn ich etwas brauche.

Die sehr zweckmäßige und wohlbegründete Forderung einer steten Beaufsichtigung und sittlichen Hebung der Bedürftigen ist bei den derzeitigen Verhältnissen und den äußerst lockeren Beziehungen zwischen Pflegern und Armen schlechthin unerfüllbar, von den übrigen heute noch gültigen Forderungen, welche in der Verordnung von 1816 aufgestellt sind, ganz zu schweigen. Die Übung einer vorbeugenden Armenpflege, welche das Gesetz ausdrücklich vorschreibt, ist bei solchen Verhältnissen rein ausgeschlossen.

Diese inneren Fehler treten erst recht klar vor Augen, wenn man die anderwärts bestehenden, der Forderungen moderner Armenpflege entsprechenden Einrichtungen zum Vergleich benutzt. Antragsteller hat sich seit Jahren bemüht, bezügliche Beobachtungen zu machen, und besonders der Besuch der Versammlungen des Deutschen Vereins für Armenpflege und Wohltätigkeit, welche jeweils mit dem Studium der in den verschiedenen Städten getroffenen Einrichtungen unter sachkundiger Führung verbunden sind,[11] hat ihm reiches und wertvolles Material geliefert. Über den Verdacht, ein blinder Bewunderer alles Fremden zu sein, weiß sich Antragsteller völlig erhaben.

Auffälliger als die schweren inneren Mängel sind schon einige äußere. Dazu gehört die außerordentlich große räumliche Ausdehnung der Armenbezirke. In Mögeldorf[12] und St. Jobst[13] wohnende Arme finden ihren Armenpflegschaftsrat am Laufertorgra-

[11] Vgl. für 1904: Albrecht Heerdegen/Wilhelm Fleischmann, Bericht über die im Januar 1904 unternommene Reise nach Berlin zur Besichtigung der dortselbst bestehenden Einrichtungen der Armenpflege (Stadtbibliothek Nürnberg Nor. 2. 1164). Die Reise hatte aus Anlaß der Jahresversammlung des Deutschen Vereins für Armenpflege und Wohltätigkeit in Berlin stattgefunden.

[12] Östlicher Stadtteil von Nürnberg, 1899 eingemeindet.

[13] Östlicher Stadtteil von Nürnberg, 1899 eingemeindet.

ben[14]. Der Bezirk Johannis-Wetzendorf-Schniegling[15] wurde gelegentlich in aller Seelenruhe mit einem am äußeren Lauferplatz[16] wohnenden Rat besetzt. Heute noch wohnen verschiedene Armenpflegschaftsräte weitab von ihren Bezirken. Der Pfleger für den Wöhrder Bezirk[17] wohnt in Gostenhof[18], Steinbühlerstraße. Der Pfleger für Schweinau[19] ist zwar von seinem Bezirk nicht gar so weit entfernt. Haben aber seine Armen Anliegen, so müssen sie in das Zentrum der Stadt kommen, wo „ihr" Herr Armenpflegschaftsrat Sprechstunde abzuhalten gezwungen ist. Derselbe schwere Mißstand besteht für eine Reihe anderer Bezirke. Es wohnen derzeit von 33 Armenpflegschaftsräten nur zehn in ihren Bezirken! Zu bewundern ist nur die Arbeitsfreudigkeit der berufenen Herren, welche trotz der angehäuften Hindernisse und Schwierigkeiten ihr lästiges Amt führen. An ihnen liegt es gewiß nicht, wenn sie in die Verhältnisse ihrer Pflegebefohlenen nicht so eindringen können, wie es unbedingt gefordert werden muß, und wenn der Armenpflege tausend Dinge verborgen bleiben, welche sie recht dringend notwendig zu wissen braucht, und wenn endlich den Scheinarmen bei solchen Zuständen alle Türen offen stehen und wirkliche Armut in vielen Fällen nicht richtig erkannt wird. Man müßte absichtlich nicht sehen wollen, wenn man sich der Anschauung verschließen würde, daß gerade die Scheinarmen, die Müßiggänger und Trinker es recht gut wissen, daß sie nicht genügend überwacht sind und sich bei den bestehenden Zuständen recht wohlfühlen. Soll man aber das systematische Ertöten des Verantwortlichkeitsgefühls und der Ehrenhaftigkeit weiter ruhig mit ansehen?

Abhilfe tut dringend not!

Einige Zahlen mögen zur Erhärtung der aufgestellten Sätze dienen. Es mag bemerkt werden, daß in Anbetracht der nicht immer unbedenklichen Vergleichung von Zahlen mit aller Vorsicht verfahren werden soll.

Elberfeld hatte nach der mitgeteilten Übersicht bezüglich der Unterstützungen mit Geld, Naturalien und der Kinderpflegekosten in den Jahren 1855–1861 über 10 (17,6–10,6) Unterstützungsfälle auf 1000 Einwohner. Von 1862 an wurde die Verhältniszahl 10 nicht mehr erreicht. Im Jahre 1873 war der tiefste Stand mit 5,6 zu verzeichnen, im übrigen ist der Durchschnitt seit 1862: 7,6; seit 1870: 7,35. Die Geldunterstützung bildet in Elberfeld die Regel.[20]

Für Nürnberg ergibt sich folgendes Bild:

Jahr	Einwohnerzahl	Mit Geld fortlaufend unterstützte Personen	Verpflegte Kinder	Auf 1000 Einwohner unterstützte		Jahr	Einwohnerzahl	Mit Geld fortlaufend unterstützte Personen	Verpflegte Kinder	Auf 1000 Einwohner unterstützte	
				Erwachsene	Kinder					Erwachsene	Kinder
1871	82660	1215	399	14,7	4,8	1887	120360	1191	428	9,9	3,8
				19,5						13,7	
1872	84310	1223	430	14,5	5,1	1888	125990	1153	435	9,1	3,5
				19,6						12,6	

[14] Östlich der Nürnberger Altstadt gelegen.
[15] Wetzendorf, Schniegling sind nordwestliche Stadtteile von Nürnberg, 1899 eingemeindet.
[16] Östlich der Nürnberger Altstadt gelegen.
[17] Wöhrd ist ein östlicher Stadtteil von Nürnberg, 1825 eingemeindet.
[18] Südwestlicher Stadtteil von Nürnberg, 1825 eingemeindet.
[19] Südwestlicher Stadtteil von Nürnberg, 1899 eingemeindet.
[20] Zahlen für Elberfeld auch in: Victor Böhmert, Das Armenwesen in 77 deutschen Städten und einigen Landarmenverbänden, Allgemeiner Teil, Dresden 1886, S. 62.

1873	86220	1104	429	12,8 4,9 17,7	1889	133010	1235	430	9,3 3,2 12,5
1874	88180	1154	415	13,8 4,8 17,9	1890	139640	1282	387	9,2 2,8 12,0
1875	89920	1244	416	13,8 4,6 18,4	1891	145550	1430	389	9,8 2,6 12,4
1876	91870	1235	442	13,4 4,8 18,2	1892	148370	1705	309	11,5 2,1 13,6
1877	93400	1316	464	14,1 4,9 19,0	1893	149850	1700	303	11,4 2,0 13,4
1878	95010	1435	468	15,1 4,9 20,0	1894	153960	1842	456	12,0 2,9 14,9
1879	97180	1527	535	15,7 5,5 21,2	1895	159530	1999	352	12,6 2,2 14,8
1880	98870	1581	531	16,1 5,3 21,4	1896	166310	1912	363	11,5 2,2 13,7
1881	101500	1626	571	16,1 5,6 21,7	1897	175580	2015	383	11,5 2,2 13,7
1882	104510	1595	607	15,3 5,8 21,1	1898	192120	2089	411	10,9 2,1 13,0
1883	106310	1491	556	14,1 5,2 19,3	1899	240640	2342	615	9,7 2,6 12,3
1884	108810	1344	413	12,4 3,8 16,2	1900	254080	2721	636	10,7 2,5 13,2
1885	112760	1172	434	10,5 3,9 14,4	1901	262980	3128	602	11,9 2,3 14,2
1886	116550	1171	427	10,1 3,7 13,8	1902	268500	3602	605	13,5 2,3 15,7

Hiernach berechnet sich der Durchschnitt für erwachsene Personen und Familien seit 1871 auf 12,5, für Kinder auf 3,7; also zusammen auf 16,2, weit mehr als das Doppelte von Elberfeld! Der Unterschied kann durch wirtschaftliche und örtliche Verhältnisse allein unmöglich erklärt werden, zumal er eigentlich noch größer anzusetzen ist, weil bei den Nürnberger Ziffern die vorübergehend mit Geld und die mit Naturalien unterstützten Personen gar noch nicht in Rechnung gezogen sind.

In Nürnberg betrugen die Ausgaben für die mit Geld ständig unterstützten Personen und die Pflegekinder:

Jahr	im ganzen	auf den Kopf der Bevölkerung	Jahr	im ganzen	auf den Kopf der Bevölkerung
1871	116680	1,41	1887	172081	1,43
1872	120186	1,43	1888	170788	1,36
1873	119898	1,39	1889	173945	1,31
1874	143002	1,62	1890	190879	1,37
1875	152338	1,70	1891	217049	1,49
1876	163615	1,77	1892	231724	1,58
1877	140397	1,48	1893	239072	1,60
1878	151946	1,59	1894	262566	1,71
1879	162836	1,67	1895	268432	1,68
1880	178717	1,79	1896	271432	1,63
1881	189212	1,86	1897	272349	1,55

1882	183 592	1,76	1898	287 625	1,50
1883	184 212	1,72	1899	334 856	1,39
1884	184 246	1,70	1900	390 005	1,54
1885	199 423	1,77	1901	442 986	1,58
1886	194 794	1,69	1902	511 517	1,92

Der Durchschnitt beträgt also in Nürnberg an solchen Ausgaben auf den Kopf der Bevölkerung seit 1871: 1 M. 95 Pf., in Elberfeld 1 M. 43 Pf. Dabei sind in Nürnberg wiederum die Naturalgaben, Unterrichtsbeisteuern und andere kleinere Ausgaben gar nicht eingerechnet.

Der Unterschied ist zwar nicht so sehr groß, muß aber doch auffallen, weil Elberfeld mit Stiftungen, welche doch sicherlich zur Entlastung der Armenpflege geeignet sind, weit weniger gesegnet ist als das in dieser Richtung millionenreiche Nürnberg.[21]

Übrigens eignen sich gerade diese Zahlen ja auch weniger zum Vergleich, weil sie aus Faktoren zusammengesetzt sind, welche sehr verschieden sein können. Insbesondere spielen hier die örtlichen Lebensmittel- und Wohnungspreise eine Rolle.

Hierzu kommt in Betracht, daß diese Zahlen eine gewisse Höhe haben müssen, wenn sie auch beweisen sollen, daß die Armen genügend unterstützt werden. Letzteres ist sicherlich der Fall. Es wurden in Elberfeld im Jahre 1902 bei einer Gesamtbevölkerung von 159 600:

Außenarme 2 828
Pfleglinge in geschlossenen Anstalten 563
im ganzen also 3 391 Personen

mit zusammen 741 777 M. 98 Pf. unterstützt, so daß auf den Kopf der Bevölkerung 4 M. 65 Pf. treffen, auf den Kopf der unterstützten Person aber ca. 217 M.

In Nürnberg, welches 268 500 Einwohner aufwies, betrugen 1902 die Gesamtausgaben der Armenpflege 867 256 M. 66 Pf., also auf den Kopf der Bevölkerung nur 3,23 M. Die Gesamtzahl aller Unterstützten war 23 729, also der Höhesatz für den einzelnen ca. 36,55 M. Diese letzten Ziffern müssen aber mit größter Vorsicht verglichen werden, da sie sehr verschieden zusammengesetzt sind und die Hauptsumme in Elberfeld z. B. auch die ganze Rechnung der etwa 1 Million betragenden Armenstiftungen mit ca. 40 000 M. Einnahmen und Ausgaben enthält, während in Nürnberg unter der Zahl der Unterstützten z. B. 10 779 Empfänger von Brennmaterial und 6 574 von Kleidern enthalten sind. Jedenfalls beweisen die Ziffern eine weitaus größere Konzentration der Gaben in Elberfeld.

Die besser vergleichbaren ausgeschiedenen Ziffern zeigen, daß im Jahre 1902 in Elberfeld für 1 183 mit Geld unterstützte Personen und Pflegekinder verausgabt wurden 265 115 M, also auf den Kopf 224 M. 10 Pf., während in Nürnberg für die ständig mit Geld unterstützten Personen, 3 602 an der Zahl, und die Pflegekinder (605), also zusammen 4 207 Personen, 511 517 M., d. h, auf den Kopf 121 M. 59 Pf., aufgewendet wurden.

2. Was nun die Reform selbst anlangt, so möge niemand erwarten, daß etwa alles Bestehende einfach über Bord geworfen werden wollte oder sollte. Die Reform wird sich sehr wohl an die bestehenden Einrichtungen anlehnen können, wenngleich sie den Gedanken der Individualisierung und Dezentralisation so gut als möglich durchgeführt sehen möchte.

---

[21] Anmerkung in der Quelle: *Elberfeld besitzt etwa 1 Million an Wohltätigkeitsstiftungen für Bedürftige, Nürnberg über 13 Millionen.*

Wie schon bemerkt, sieht das bayerische Armengesetz das Armenpflegeramt selbst vor, und es bestimmt, daß die Bezirkspfleger, deren Amt widerruflich ist, unter Leitung des Armenpflegschaftsrats bei der Armenpflege „mitzuwirken“ haben (Art[ikel] 24). Damit und in der Vorschrift, daß die Pfleger hinsichtlich der Wählbarkeit die gleichen Bedingungen erfüllen müssen wie die Armenpflegschaftsräte, sind die Schranken erschöpft, welche das Gesetz hinsichtlich der Organisation und Zuständigkeiten zieht.

Es besteht also kein Hindernis, so viele Pfleger zu bestellen (ein förmlicher Wahlakt ist nicht nötig), als erforderlich sind. Die Annahme der Wahl kann nur aus besonders festgelegten gesetzlichen Gründen verweigert werden (Art. 25 A[rmen]g[esetz], Art. 80, 109, 127, 174 G[emein]deo[rdnung])[22].

Es wird vorgeschlagen, in erster Reihe für Bestellung der erforderlichen Zahl von Bezirksarmenpflegern zu sorgen, und zwar in der Art, daß unter Beibehaltung der bisherigen Armenbezirke für jeden derselben von dem zuständigen Armenpflegschaftsrat eine Vorschlagsliste aufgestellt wird, in welche nur im Bezirk wohnende Männer aufgenommen werden dürfen. Die Zahl wäre so zu bemessen, daß auf einen Pfleger durchschnittlich etwa 7 Arme treffen. Bei den Vorschlägen wäre darauf zu sehen, daß die Gemeindewaisenräte und Distriktsvorsteher tunlichst gleichzeitig zu Armenpflegern bestellt werden. Außerdem dürfte besonders auf seßhafte Bürger Rücksicht zu nehmen sein, welche der Wahrscheinlichkeit nach lange oder längere Zeit hindurch im Bezirk wohnhaft bleiben werden, also Haus- und Geschäftsbesitzer. Dieses wird sich deshalb empfehlen, weil ein zu häufiger Wechsel im Interesse der Amtsführung sowohl, als auch besonders der anzubahnenden engeren Beziehungen zwischen Armen und Pflegern unerwünscht scheint. Darum ist aber die Wahl anderer geeigneter Personen keineswegs ausgeschlossen, insbesondere bildet der Stand eines einzelnen keinen Ausschließungsgrund. Gleichzeitig wäre nebenher eine Bekanntmachung zu erlassen, welche zu freiwilliger Meldung zum Pflegeramt auffordert. Diese Aufforderung wäre ausdrücklich damit zu begründen, daß gerade für das Amt eines Armenpflegers freiwillige Hilfskräfte am geeignetsten erscheinen.

Nach entsprechender Prüfung der Listen und Meldungen wäre die endgültige Pflegerliste für die einzelnen Bezirke herzustellen und dem Armenpflegschaftsrat zur Beschlußfassung vorzulegen. Die sodann bestellten Pfleger wären unter dem Vorsitz des zuständigen Armenpflegschaftsrats zu Bezirksausschüssen zu vereinigen.

Insoweit die nötige Zahl der Pfleger nach den Listen und Meldungen nicht erreicht werden sollte, wären durch einen zu bildenden besonderen Ausschuß weitere Vorschläge einzuholen. Dieser Ausschuß könnte auch die Aufgabe übernehmen, die Einteilung der Bezirke und eine etwa nötige Zusammenlegung von solchen zu begutachten. Vorläufig soll aber am Bestehenden möglichst wenig geändert werden.

Der Wirkungskreis der Armenpfleger ist nach bayerischem Recht eingeschränkt.[23] Die Dezentralisation kann hier nur in beschränktem Maße durchgeführt werden.

Die Leitung der Armenpflege bleibt dem Armenpflegschaftsrat, und die Tätigkeit der Pfleger kann nach dem Gesetz nur in einer Mitwirkung bestehen. Die regelmäßige Bescheidung von Unterstützungsgesuchen kann den Pflegern und Ausschüssen nicht zugewiesen werden. Darum ist ihre Tätigkeit doch die wichtigste. Sie haben in

---

22 Gesetz, die Gemeindeordnung für die Landesteile diesseits des Rheins betreffend, vom 29.4.1869 (Gesetzblatt für das Königreich Bayern 1866-1869, S. 865).

23 Nach Art. 29 Abs. 1 des bayerischen Armen- und Krankenpflegegesetzes beschloß der Armenpflegschaftsrat über Umfang, Dauer und Art der Unterstützungen.

erster Linie an Ort und Stelle die Verhältnisse ihrer Armen zu untersuchen, eventuell die Gaben zu verteilen, und können ihre genaue Kenntnis der Verhältnisse zur Herstellung der Voranschläge und in Gutachten über den Stand und die Ursachen der Armut in nutzbringendster Weise verwerten. So wird ihre Stimme, wenn auch nicht förmlich, so doch tatsächlich für die Bewilligung von Unterstützungen von ausschlaggebender Bedeutung sein.

Daß den Pflegern für Fälle ganz dringender Not ein selbständiges Recht auf Bewilligung kleiner Gaben mit Vorbehalt nachträglicher Genehmigung einzuräumen ist, bedarf keiner Ausführung, ebenso wie ihnen in gleicher Weise die Befugnis eingeräumt werden muß, Unterstützungen vorläufig einzuziehen.

Die Rechte und Pflichten der Pfleger sind in einer sorgfältig auszuarbeitenden Dienstanweisung genau darzulegen, welche über den formellen Geschäftsgang eingehende Vorschriften enthalten muß, außerdem auch die Tariffrage u. a. regeln kann, also eine förmliche Armenordnung darstellt. Eine solche wird nach grundsätzlicher Beschlußfassung vorgelegt werden.

Die Zusammensetzung des Armenpflegschaftsrats soll die bisherige bleiben. Es wird nur zu erwägen sein, ob nicht im Interesse einer förderlichen Zusammenwirkung der privaten und öffentlichen Armenpflege von der gesetzlichen Befugnis (Art. 22 Abs. 3) Gebrauch gemacht werden soll, Vorsteher von (bedeutenderen) Wohltätigkeitsvereinen in den Armenpflegschaftsrat zu berufen. Es könnte dadurch erreicht werden, daß die Vereine für die im öffentlichen Interesse notwendigen Vereinigungsbestrebungen (Auskunftsstelle!) mehr Sinn und Verständnis gewinnen, als dies bisher der Fall ist. Eine Belastung der Sitzungen wäre nicht zu befürchten, da bei der neuen Einrichtung die Plenarsitzungen ohnehin an Zahl beschränkt werden können und die Sitzungsgegenstände selbst der Zahl nach sich vermindern werden. Das Plenum wird und kann sich auch eine summarische Prüfung der Unterstützungsvorschläge, welche von den Bezirksausschüssen kommen, und auf eingehendere Behandlung zweifelhafter oder streitiger Fälle beschränken.

Hinsichtlich der Beiziehung von Frauen kann hier nur bemerkt werden, daß nach bayerischem Recht Frauen weder in den Armenpflegschaftsrat gewählt noch zu amtlichen Pflegerinnen bestellt,[24] sondern nur etwa als freiwillige Helferinnen zugezogen werden können. Die Frage scheidet bei der Organisation also aus. Sie wird in einer besonderen Abhandlung gewürdigt werden.[25]

Grundsätzlich zu regeln wird die Tariffrage sein. Ein Pflegersystem ohne Tarif wird sich im Interesse der Einheitlichkeit und Kontrolle nicht denken lassen. Dabei ist gleich zu bemerken, daß der Tarif zwar zwingende Bedeutung haben muß, dennoch aber nicht im Sinne einer starren, unbeugsamen Vorschrift. Aber gerade bei der Neueinrichtung erscheint der Tarif notwendig, da man noch keine geschulten Pfleger zur Verfügung hat und diesen eine feste Handhabe bieten muß. Der Tarif wird Unsicherheit, aber auch Willkür verhindern und ein wirksames Abschreckungsmittel gegen solche Elemente bilden, welche trotz genügenden Einkommens Luft hätten, von der Armenpflege zu zehren. Ein gesetzliches Hindernis gegen den Tarif besteht nicht und kann nicht bestehen, weil der Tarif genau unter Beachtung der gesetzlichen

[24] Nach Art. 23 Abs. 3 und Art. 24 Abs. 1 des bayerischen Armen- und Krankenpflegegesetzes konnten nur männliche Einwohner zum Armenpflegschaftsrat oder zum Armenpfleger gewählt bzw. aufgestellt werden.

[25] Wilhelm Fleischmann, Die Heranziehung von Frauen zur öffentlichen Armenpflege, August 1904 (Stadtbibliothek Nürnberg Nor. 2. 1166).

Vorschriften aufgestellt wird. Alle anderen Fragen, wie die Frage, welche Zahlungsfristen einzuführen sind, ob nach wie vor nur bei der Hauptkasse oder auch durch die Pfleger oder an anderen Stellen, etwa in den Meldestellen bezahlt wird, ob man bei Zuteilung der Armen nach dem Bezirks- oder Quartiersystem verfahren will, treten hinter die Hauptfrage zurück, ob das Pfleger- und Tarifsystem eingeführt werden soll. Ein Teil dieser Fragen taucht auch erst dann auf, wenn die Hauptfrage bejaht ist. Es muß deshalb auch zunächst davon abgesehen werden, den Entwurf einer Armenordnung vorzulegen, denn eine solche erscheint beim jetzigen Verfahren weder notwendig noch durchführbar, sie wird es erst, wenn wirklich systematische Armenpflege getrieben wird.

Der Berichterstatter weiß, daß er mit seiner Neuerung vielen Widerstrebenden begegnen wird und daß mancher derselben vielleicht aus Patriotismus oder nur von alter Gewohnheit eingelullt von der Überzeugung nicht abzubringen sein wird, daß das Nürnberger Verfahren in der Armenpflege das beste auf der ganzen Welt ist, allein er weiß auch aufgrund eingehender Beschäftigung mit der einschlägigen Literatur und Beobachtungen an fremder Praxis, daß die Nürnberger Armenpflege auf dem besten Wege ist, gänzlich zu versumpfen. Die bisherige Systemlosigkeit muß in Anbetracht der wachsenden Größe der Stadt und der enormen Steigerung der Armenlasten einer festen Ordnung und Gliederung weichen; der bestehenden Gefahr, eines schönen Tages beim Mangel des gewohnten Führers vor einem unaufhaltsamen Zusammenbruch zu stehen, muß vorgebeugt werden, solange es noch Zeit ist.

Denjenigen, welche geneigt sind, alles Fremde abzulehnen, sei versichert, daß das, was vorgeschlagen wird, tatsächlich gar nichts Fremdes ist, daß es insbesondere nicht etwa einfach eine Kopie des Elberfelder Systems ist. Dieses System kann man zwar bei der Erörterung einer Reform niemals übergehen, allein es ist nicht an dem, als ob das System den Anspruch machte, überall ohne weiteres unbesehen nachgeahmt zu werden, es müßte denn sich selbst und seiner Grundidee der Individualisierung vorher völlig untreu werden.

Wer sich die Mühe nimmt, die Begründung des bayrischen Armengesetzes[26] zu lesen, wird sich überzeugen, daß das, was vorgeschlagen wird, vielmehr ein echtes bayrisches Armenpflegesystem ist, dessen Grundgedanke der Teilung und Individualisierung allerdings mit den Forderungen des Elberfelder Systems übereinstimmt. Die Münchener Organisation mit ihren Bezirkspflegekommissionen und Distriktspflegern ist auf denselben, wenn auch nicht völlig entwickelten Grundsätzen aufgebaut.[27] Wie gezeigt, war dieser Grundgedanke in Bayern längst vorher ausgesprochen, der Elberfelder Armenpflege aber war es vorbehalten, ihn folgerichtig und planmäßig zuerst in die Praxis einzuführen.

Man wende auch nicht ein, daß ein Sprung ins Dunkle gemacht werden wolle oder solle, denn es will nur von einem durchweg erprobten Systeme das Beste und für die örtlichen Verhältnisse Geeignete entnommen werden; den Beweis für die Probe der Güte des Systems glaubt Verfasser nicht schuldig geblieben zu sein.

Schließlich bedenke man noch, daß die Neuzeit die Rechte des Individuums und die Pflichten der Allgemeinheit gegen das Individuum ganz anders betont und viel weiter ausgebildet hat, als es die Vorzeit tat. Diesem modernen Standpunkt muß

---

[26] Regierungsentwurf eines Gesetzes über die öffentliche Armenpflege mit Motiven vom 19.1.1867 (Nr. 167 Bd. 7, 2. Halbband, der I. Abteilung dieser Quellensammlung).

[27] Vgl. die Satzung für die öffentliche Armenpflege in München vom 9.9.1885 (Nr. 74 Bd. 7 der II. Abteilung dieser Quellensammlung).

besonders auch in der Armenpflege Rechnung getragen werden. Wenn es ein Armenpflegesystem gibt, welches solcher neuzeitlichen Forderung zu ihrem Recht verhilft, den Armen Mensch sein und bleiben läßt und ihm die Bürde seiner Armut dadurch erleichtert, gleichzeitig aber alle Gewähr für die Ausmerzung unwürdiger Armenkostgänger bietet, so soll man es begrüßen und nicht bekämpfen.

Nach Maßgabe dieser Darlegungen wird beantragt, zu beschließen:

1. Die Nürnberger Armenpflege wird nach dem Armenpfleger- und Tarifsystem umgestaltet.

2. Referent wird beauftragt, eine auf diesem System aufgebaute Armenordnung zu entwerfen.[28]

Nr. 132

1904 August 25

Rede[1] des Vorsitzenden der Charlottenburger Armendirektion Hans Samter auf der Jahresversammlung des Deutschen Vereins für Armenpflege und Wohltätigkeit

Druck

[Unter den großen Volkskrankheiten ist es vor allem die Tuberkulose, die zu bekämpfen sich die Armenpflege zur Aufgabe machen muß; besonders geeignet dazu sind die Fürsorgestellen für Lungenkranke, wichtig ist neben der Fürsorge in den Wohnungen auch die Heilstättenbehandlung; die Armenpflege soll diese ermöglichen, wenn die Kosten der Heilstättenbehandlung für die Unterstützten nicht erschwinglich sind; die Fürsorge für Lungenkranke ist nicht als Armenunterstützung im Sinne der Wahlgesetze zu verstehen]

Berichterstatter Stadtrat Samter (Charlottenburg): Meine hochverehrten Damen und Herren! Wenn ich auch vielleicht hoffen darf, daß unser verehrter Herr Vorsitzender[2] freundliche Nachsicht üben und mich nicht auf die sonst übliche Redezeit von nur 10 Minuten beschränken wird, so ist der Gegenstand, über den ich Ihnen zu berichten habe, doch so umfangreich, daß es kaum möglich sein wird, in einem Referate Ihnen etwas mehr zu geben als einige Andeutungen. Von allen Einzelheiten muß ich unter Hinweis auf meinen gedruckten Bericht[3] Abstand nehmen.

Der Wandel, der sich in wenig mehr als einem Menschenalter in den Anschauungen über die Aufgaben der Armenpflege vollzogen hat, läßt sich vielleicht nicht besser illustrieren als durch die einfache Tatsache, daß ich die Ehre habe, heute vor

---

[28] Als Reaktion auf die Denkschrift vgl. dann Nr. 134.

[1] Stenographischer Bericht über die Verhandlungen der 24. Jahresversammlung des deutschen Vereins für Armenpflege und Wohltätigkeit am 25. und 26. August 1904 in Danzig, (Schriften des deutschen Vereins für Armenpflege und Wohltätigkeit, Heft 71), Leipzig 1905, S. 6-17.

[2] Leo Friedrich Ludwig-Wolff.

[3] Hans Samter, Die Aufgaben der Armenpflege bei der Bekämpfung der Tuberkulose, in: Hans Samter/Heinrich Kohlhardt, Die Aufgaben der Armenpflege bei der Bekämpfung der Tuberkulose (Schriften des deutschen Vereins für Armenpflege und Wohltätigkeit, Heft 68), Leipzig 1904, S. 1-120.

Ihnen über „Die Aufgaben der Armenpflege bei der Bekämpfung der Tuberkulose" zu sprechen. An die Stelle des bloßen Almosengebens ist heute eine Armenpflege getreten, für die der Arme nicht mehr ein lästiger Bettler ist, den man so rasch als möglich wieder loszuwerden bemüht ist, sondern ein hilfebedürftiger Mensch, dem werktätige Hilfe durch Rat und Tat zuteil werden muß. Und die moderne Armenpflege wartet nicht erst ab, bis jemand ihr erst völlig verfallen ist: Sie ist vielmehr bemüht, ihn durch rechtzeitiges vorbeugendes Eingreifen davor zu schützen, daß er ihr ganz verfalle. Neben den alten Grundsatz: daß doppelt gibt, wer schnell gibt, ist der neue getreten, daß zehnfach gibt, wer zur rechten Zeit eingreift.

Das Bestreben, in diesem Sinne vorbeugende Armenpflege zu üben, zeigt sich auf allen Gebieten, ganz besonders aber in der Armenkrankenpflege.

Mit den Fortschritten der ärztlichen Wissenschaft sind hier auch für die Armenpflege zum Teil völlig neue Aufgaben erwachsen. Und es darf als ganz besonders erfreulich bezeichnet werden, daß auch der oberste Gerichtshof in Armenstreitsachen, das Bundesamt für das Heimatwesen, sich dem sozialen Empfinden unserer Zeit nicht verschlossen und diese Praxis vorbeugender Armenpflege in zahlreichen Entscheidungen gebilligt hat.

Von den großen Volkskrankheiten ist es vor allem die Tuberkulose, die es auch der Armenpflege zur Pflicht macht, nicht länger hintan zu stehen, sondern mit aller Kraft in den Kampf einzutreten. Nicht zuletzt in ihrem eigensten finanziellen Interesse: Denn auf ihren Schultern ruht in letzter Linie die Last der Fürsorge für die mittellosen Kranken und ihre Familien. Handelt es sich doch um die mörderischste aller Volkskrankheiten, die noch heute, obwohl bereits eine wesentliche Besserung eingetreten ist, allein in Deutschland alljährlich mehr als 100 000 Menschen, zumeist im blühendsten Alter dahinrafft und gerade in den Kreisen, die der Armenpflege nahestehen, ihre meisten Opfer sucht.

Die Waffen, die die Armenpflege in diesem Kampf anwenden kann, können naturgemäß keine anderen sein, als die, mit denen die Seuche auch sonst bekämpft werden muß.

Solange die Tuberkulose als unheilbar und von ihr befallen zu werden als ein unabwendbares Schicksal galt, konnte auch die Armenpflege nichts weiter tun, als Schwerkranken die nötige ärztliche Hilfe und Pflege zuteil werden zu lassen. Heute ist jene fatalistische Anschauung, die jeden Kampf gegen die Seuche hoffnungslos erscheinen lassen mußte, überwunden. An ihre Stelle sind zwei neue Leitsätze getreten: „Die Tuberkulose ist vermeidbar!" und „die Tuberkulose ist heilbar!", und die Verminderung der Tuberkulosesterblichkeit in Deutschland in den letzten 10 Jahren zeigt, daß der Weg, den unser Vaterland und mit ihm alle zivilisierten Nationen zur Bekämpfung der Krankheit auf dieser Grundlage beschritten haben, der richtige ist.

Die Tuberkulose – so kann man die heutige Anschauung der ärztlichen Wissenschaft etwa zusammenfassen – ist eine Infektionskrankheit.[4] Ihre Verbreitung erfolgt hauptsächlich durch die Übertragung der Tuberkelbazillen, die von Kranken in geschlossenen Räumen ausgeschieden werden, auf Gesunde. Die Tuberkulose ist aber keine einfach ansteckende Krankheit: Zu der Übertragung der Krankheitskeime muß die Disposition hinzutreten, der Nährboden, auf dem der Bazillus erst gedeihen kann.

Als Infektionskrankheit ist die Tuberkulose nach den Grundsätzen zu bekämpfen, die sich bei der Bekämpfung anderer Seuchen bewährt haben.

---

[4] Den Tuberkulose-Erreger hatte 1882 Dr. Robert Koch entdeckt.

Die Maßnahmen, die sich daraus ergeben, sind daher in der Hauptsache: Die möglichst frühzeitige Ermittlung der Kranken, die Vernichtung der von ihnen ausgestreuten Krankheitskeime und die Absonderung der Kranken von den Gesunden, solange sie Krankheitskeime aus ihrem Körper ausscheiden; und auf der anderen Seite bei den gefährdeten Personen die möglichste Beseitigung der Krankheitsanlagen, die Hebung des Allgemeinbefindens und die Verbesserung der Lebensverhältnisse überhaupt, um die Bevölkerung widerstandsfähiger gegen die Krankheit zu machen.

Für die Armenpflege, wie für jeden, der es mit dem Kampf gegen die verheerende Krankheit ernst meint, ergibt sich daraus zunächst die zwingende Pflicht, dafür Sorge zu tragen, daß die Krankheitsfälle so früh als möglich zu ihrer Kenntnis gelangen. Was hier durch Wort und Schrift, durch Erweckung des Interesses für die Sache mit den Organen der Armen- und Waisenpflege, durch die Verbindung mit der Schule, den Krankenkassen, den Versicherungsanstalten, den Militärbehörden usw. geschehen kann, habe ich im einzelnen versucht, in meinem gedruckten Bericht darzulegen.

Als ein besonders geeignetes Hilfsmittel hierbei haben sich die neuerdings in wachsender Zahl entstandenen Fürsorgestellen für Lungenkranke erwiesen, deren Aufgaben freilich über die bloße Ermittlung der Kranken weit hinausgehen. Da ich nicht voraussetzen darf, daß Ihnen allen, meine Damen und Herren, das Wesen der Fürsorgestellen näher bekannt ist, darf ich wohl mit einigen Worten darauf eingehen.

Die Fürsorgestellen für Lungenkranke haben, kurz zusammengefaßt, die Aufgabe, die Lungenkranken zu ermitteln, sie und ihre Familie ärztlich zu untersuchen, sie hygienisch und ärztlich zu beraten, sie wirtschaftlich zu unterstützen und, wo es angezeigt, ihre rechtzeitige Aufnahme in die jeweilig geeigneten Heilstätten zu vermitteln.

An der Spitze einer Fürsorgestelle steht in der Regel ein Arzt, der wöchentlich ein- bis zweimal Sprechstunden für Lungenkranke abhält, in denen er die sich Meldenden untersucht und ihren Krankheitszustand feststellt. Absolut notwendig ist jedoch die ärztliche Leitung nicht. Die Aufgaben lassen sich, wie die Charlottenburger Fürsorgestelle[5] zeigt, die ich zu leiten die Ehre habe, sehr wohl auch ohne die ärztliche Spitze lösen. Voraussetzung ist dann aber natürlich, daß die Fürsorgestelle stets Hand in Hand mit dem den Kranken behandelnden Arzt vorgeht und, wo ein solcher nicht vorhanden, dafür sorgt, daß der Armenarzt helfend eintritt.

Die praktische Hauptarbeit in der Fürsorgestelle liegt auf den Schultern einer Krankenschwester, die in den deutschen Fürsorgestellen an die Stelle des in den Fürsorgestellen der romanischen Länder tätigen Ouvrier enquêteur, des Krankenbesuchers aus dem Arbeiterstand, getreten ist. Sie hat die Kranken, die sich melden oder von irgendeiner Seite gemeldet werden, gleich nach der Meldung aufzusuchen und sich über die häuslichen Verhältnisse zu unterrichten und dann mit dem Arzt der Fürsorgestelle oder dem behandelnden Arzt darüber zu beraten, was zweckmäßig für die Familie zu geschehen haben wird. Sie sorgt dann in erster Reihe dafür, daß der Kranke von den noch nicht von der Krankheit betroffenen Familienmitgliedern, insbesondere den Kindern, in der Wohnung abgesondert wird und belehrt die Familie im einzelnen, wie sie sich zu verhalten hat, um die weitere Übertragung der Krank-

---

5 In Charlottenburg hatte der Vaterländische Frauenverein 1897 eine Ermittlungs-, Beratungs- und Unterstützungsstelle für Lungenkranke geschaffen, die nach der Anstellung einer ersten hauptberuflichen Krankenschwester im Mai 1902 zur ersten Tuberkulosefürsorgestelle in Deutschland ausgebaut wurde (der Lungenkrankenfürsorge vom Roten Kreuz), die „Familienfürsorge" anbot.

heit zu vermeiden. Wo Verständnis dafür vorhanden ist, ergänzt sie die mündliche Belehrung durch kleine belehrende Schriften. Wo es angezeigt ist, sorgt sie dafür, daß, sooft es nötig, eine Desinfektion der Wohnung erfolgt. Hat der Kranke Auswurf, so übergibt sie ihm eine Spuckflasche mit den nötigen Desinfektionsmitteln zur Benutzung.

Neben dieser mehr hygienischen Fürsorge unterläßt die Fürsorgestelle aber auch nicht, materiell für die Familie zu sorgen, um das Allgemeinbefinden des Kranken und der gefährdeten Angehörigen zu heben. Je nach Lage des Falles erhält der Kranke und seine Familie Milch, Fleisch, Eier, Kakao, Krankenkost und sonstige Stärkungsmittel; ist er Mitglied einer Kasse, so veranlaßt die Schwester ihn, sich solche Mittel von der Kasse, steht er in Behandlung des Armenarztes, von diesem zu erbitten. Wird weitere materielle Hilfe nötig, so setzt sie sich mit dem Armenkommissionsvorsteher oder mit den einzelnen Wohltätigkeitsvereinen in Verbindung. Ist besondere Pflege erforderlich oder die Wirtschaft während der Erkrankung der Hausfrau oder ihrer Abwesenheit in der Heilstätte zu versehen, so vermittelt sie das Eintreten des Hauspflegevereins, der Gemeindeschwestern und ähnlicher Organisationen.

Die möglichst enge Fühlung mit allen Organisationen der Privatwohltätigkeit und der öffentlichen Armenpflege ist deshalb die wichtigste Voraussetzung für die Tätigkeit der Fürsorgestellen.

Besondere Aufmerksamkeit wird gefährdeten Kindern gewidmet. Das Hauptaugenmerk aber wird darauf gerichtet, die Kranken, Erwachsene wie Kinder, bei denen nach dem ärztlichem Urteil eine Behandlung in der Heilstätte, auf die ich gleich komme, Erfolg verspricht, so bald als möglich dieser Behandlung zuzuführen. Zu diesem Zweck tritt die Fürsorgestelle mit der Armenverwaltung, mit der Versicherungsanstalt, mit den Krankenkassen in Verbindung. Bei Kranken, die sich für die Heilstätte nicht mehr eignen, vermittelt sie die Aufnahme in ein Krankenhaus oder ein Pflegeheim und im Sommer in eine Walderholungsstätte[6].

Nach der Entlassung aus der Heilstätte ist es die Aufgabe der Fürsorgestelle, den Entlassenen weiter zu überwachen und nach Möglichkeit dafür zu sorgen, daß die Frucht des Heilverfahrens nicht wieder verlorengeht.

Die Schwester setzt ihre Besuche bei den Familien in regelmäßigen Zwischenräumen ständig fort, stets gern gesehen, weil sie gewöhnlich nicht mit leeren Händen kommt.

Es ist, wie Sie sehen, eine weitverzweigte und nicht immer ganz leichte Tätigkeit, die der Fürsorgestelle und ihrer Hauptträgerin, der Schwester, obliegt. Der Schwerpunkt liegt nicht sowohl in der materiellen Unterstützung, so wichtig sie auch ist, als in der hygienischen Erziehung der Kranken und ihrer Familien.

Fürsorgestellen solcher Art, deren Tätigkeit ich versucht habe, Ihnen kurz zu skizzieren, bestehen in Deutschland bisher in Halle[7], Kassel[8], Posen, Köln[9], Bremen,

---

6 Für Tuberkulöse, die nicht in einer Heilstätte Aufnahme fanden, wurden seit etwa der Jahrhundertwende in der Nähe der Städte Erholungsstätten im Wald errichtet, in denen die Tuberkulösen über Tag Liegekuren in frischer Luft durchführen konnten. Die erste Einrichtung dieser Art in Berlin entstand durch den Volksheilstättenverein vom Roten Kreuz 1900. Zu den Walderholungsstätten auch weiter unten im Text.

7 Vgl. Nr. 130.

8 In Kassel betrieb der Verein zur Bekämpfung der Schwindsuchtgefahr in der Provinz Hessen-Nassau und dem Fürstentum Waldeck seit 1901 Familienfürsorge bei Lungenkranken; 1903 hatte er seine Tätigkeit erweitert.

Berlin[10] und Charlottenburg. In Hamburg steht ihre Errichtung in naher Aussicht.[11] Berlin wird, wie zu hoffen, in kurzer Zeit mit einem vollständigen Netz solcher Stellen überzogen sein, nachdem jetzt ein größeres Komitee[12] die Sache in die Hand genommen hat.

Die Begründung und möglichste Förderung solcher Fürsorgestellen möchte ich den Armenverwaltungen dringend ans Herz legen.

Bei der Schilderung des Arbeitsgebietes der Fürsorgestellen habe ich einen großen Teil dessen, was zu tun ist, um die Übertragung der Krankheitskeime zu verhindern, schon erwähnt. Einmal möglichst häufige Desinfektion, und zwar, wo es irgend durchführbar, unentgeltlich und daneben, und fast noch wichtiger, die Erziehung der Kranken durch eindringliche Belehrung und Unterweisung zur größtmöglichen Vorsicht und Sauberkeit. Ein unreinlicher Tuberkulöser bildet eine stete Gefahr für seine ganze Umgebung; ein reinlicher Tuberkulöser, der gelernt hat, wie er andere vor der Übertragung der Krankheitskeime durch seinen Auswurf zu schützen hat, ist für die Umgebung in der Regel ungefährlich.

Um die dringend notwendige möglichste Absonderung des Kranken von den Gesunden in der Wohnung zu ermöglichen, wird die Armenpflege sodann nötigenfalls für besonderes Eß- und Trinkgeschirr für den Kranken, für besondere Lagerstätten für Kinder, die sonst etwa mit ihm zusammen schlafen müßten, und, wenn es geboten erscheint, für die Hinzumietung eines weiteren Zimmers zur besseren Absonderung des Kranken Sorge tragen müssen.

Wie die Schwester der Fürsorgestelle werden auch die Organe der Armen- und Waisenpflege bei ihren Wohnungsbesuchen hier eine dankenswerte Überwachungstätigkeit üben können.

Wo die Enge der häuslichen Verhältnisse die bloße Absonderung in der Wohnung nicht als ausreichend erscheinen läßt, um weitere Ansteckungen zu verhüten, bleibt nur übrig, den Kranken ganz aus der Wohnung zu entfernen.

Kranke, bei denen eine Heilung ausgeschlossen ist, deren Absonderung also hauptsächlich deshalb geboten erscheint, weil sie für ihre Umgebung einen ständigen Ansteckungsherd bilden, werden am besten in besonderen Pflegeheimen untergebracht. Sie erfordern wesentlich geringere Herstellungs- und auch Betriebskosten als die allgemeinen Krankenanstalten. Ihre Errichtung wird gerade für die Armenpflege am dringendsten sein, wenn der Tuberkulose der Boden abgegraben werden soll, weil gerade bei ihrer Klientel das Wohnungselend am schlimmsten und daher die dauernde Ansteckungsgefahr am größten ist – wie denn ohne eine gründliche Besserung der Wohnungsverhältnisse der Kampf gegen die Tuberkulose immer nur auf halben Erfolg wird rechnen können.

---

9 In Köln wurde 1903 in Anschluß an die städtische Armendirektion eine Zentralstelle zur Bekämpfung der Lungentuberkulose gegründet.

10 Zu den Auskunfts- und Fürsorgestellen der Stadt Berlin und seiner Vororte vgl. Nr. 130.

11 In Hamburg bestand bei der Allgemeinen Armenanstalt seit Juli 1902 eine Fürsorgestelle, die für eine Heilbehandlung auf öffentliche Kosten geeignete Tuberkulosekranke ausfindig machen und sich um die Nachsorge für die aus den Heilstätten Entlassenen kümmern sollte. Ihr Aufgabenkreis war also ein enger umgrenzter als der der Fürsorgestellen nach dem Modell der Dispensaires und beschränkte sich auf den Kreis der Kranken, welche die Hilfe der Armenanstalt in Anspruch nahmen; 1903 wurden 95 Personen auf öffentliche Kosten in Heilstättenbehandlung untergebracht.

12 Vgl. Nr. 130.

Für die Kranken in allen Stadien der Krankheit haben sich zur Absonderung, aber auch zur Besserung des Zustands, die Walderholungsstätten ausgezeichnet bewährt. Die geringen Kosten sowohl ihrer Einrichtung als ihres Betriebes lassen sie gerade der Armenpflege als willkommene Hilfsmittel erscheinen, wenn sie auch, weil bloßen Tagesaufenthalt gewährend, für heilbare Kranke die Behandlung in der Heilstätte niemals ganz ersetzen können. Sie dienen den Kranken, die in die Heilstätte kommen sollen, bis ihre Aufnahme erfolgen kann, und nach ihrer Entlassung, um den erzielten Erfolg zu festigen; aber auch den Kranken, die die Heilstätte aus irgendwelchen Gründen nicht aufsuchen können, insbesondere denen, bei deren Zustand eine Behandlung in der Heilstätte keinen wesentlichen Erfolg mehr verspricht. Auch bei ihnen kann der ständige Aufenthalt in guter frischer Waldluft bei kräftiger Ernährung wenigstens das schnelle Fortschreiten des Krankheitsprozesses hemmen; und gerade solche Kranke, die sonst in der Hauptsache auf ihre engen, dumpfigen Wohnungen angewiesen sind, finden in den Erholungsstätten häufig noch eine manchmal überraschende zeitweilige Besserung. Ganz besonders günstige Erfolge haben die Walderholungsstätten für Kinder aufzuweisen. Die Erfolge, die in den beiden Berliner Kindererholungsstätten in Sadowa und Schönholz[13] erzielt worden sind, haben die Stadt Charlottenburg veranlaßt, in diesem Sommer noch einen Schritt weiter auf diesem Wege zu gehen und eine solche Kindererholungsstätte, verbunden mit einer sechsklassigen Schule, im Grunewald[14] zu errichten. Die Herren Kollegen, die ihr Rückweg über Berlin führt, nehmen vielleicht Gelegenheit, diese neue in ihrer Art bisher einzige Waldschule zu besichtigen.

„Die Tuberkulose ist vermeidbar", war der eine Satz, den ich meinen Ausführungen vorangestellt habe. Was ich bisher erörtert habe, galt, wenn hier und da auch schon darüber hinausgegangen werden mußte, der Verhütung der Weiterübertragung der Krankheit.

Aber nicht minder wichtig ist der andere Leitsatz: „Die Tuberkulose ist heilbar".

Was die Armenpflege zur Heilung der ihr bekanntgewordenen Frühfälle – denn sie allein kommen dabei in Frage – tun kann, kann sehr verschieden sein. Es gibt Fälle, die bei verständiger Lebensweise und geeigneter Ernährung von selbst ausheilen; es gibt andere, bei denen schon die Gewährung eines Landaufenthalts, verbunden mit hygienisch-diätetischer Behandlung Hilfe bringt; auch der Aufenthalt in den Walderholungsstätten bringt manche Heilungen zustande. Das beste Mittel aber zur Heilung ist heute – das hat neuerdings auch das Ausland gegenüber den Erfolgen der deutschen Heilstättenbewegung anerkannt – die frühzeitige, möglichst langdauernde Unterbringung des Kranken in einer Heilstätte für Lungenkranke. Es gibt kein anderes Mittel, das einen so großen Prozentsatz klinischer Heilungen aufzuweisen hätte, wie die Heilstätten. Und noch viel größer ist, wie zahlreiche einwandfreie Statistiken erwiesen haben, der Prozentsatz der wirtschaftlichen Heilungen, d. h. der Wiederherstellung der vollen Erwerbsfähigkeit.

Ich kann leider auf die Einzelheiten nicht näher eingehen; nur die wirtschaftliche Seite möchte ich mit einem Wort streifen.

---

[13] Die Kindererholungsstätte für Mädchen in Schönholz (gegr. 1902) und für Jungen in Sadowa (1903) waren vom Volksheilstättenverein vom Roten Kreuz eingerichtet worden. Die Berliner Armendirektion übernahm die Verpflegungs- und Fahrkosten.

[14] Die Kindererholungsstätte Westend war vom Charlottenburger Vaterländischen Frauenverein 1903 im Grunewald errichtet worden; hier war seit 1904 eine Waldschule untergebracht.

Die Kosten der Heilstättenbehandlung betragen heute etwa 360 M. für den einzelnen Fall. Gelingt es der Behandlung, nur bei der Hälfte aller Behandelten die Erwerbsfähigkeit nur auf drei Jahre zu verlängern, und nimmt man an, daß ein erwerbsfähig Gebliebener nur 500 M. im Jahre verdient, so ergibt sich schon daraus ein volkswirtschaftlicher Gewinn von mehr als dem Doppelten dessen, was das gesamte Heilverfahren kostet.

Was der Heilstätte aber neben diesen eigentlichen Heilerfolgen ihre besondere Bedeutung verleiht, ist der erzieherische Einfluß, den sie auf die Kranken ausübt. Sie haben in ihr gelernt, wie sie sich zu verhalten haben, um das weitere Fortschreiten des Leidens zu verhindern; und nicht selten sind die Fälle, wo bei klinisch nicht völlig geheilt Entlassenen nachträglich völlige Heilung eintritt, zu der in der Heilstätte der Grund gelegt worden ist.

Mit der bloßen Behandlung freilich in der Heilstätte allein ist es nicht getan, und es wäre in den meisten Fällen ein wirtschaftlicher Fehler, wollte die Armenpflege die für die Heilstätte bestimmten Kranken bis zur Aufnahme, die sich ja immer einige Zeit hinzieht, und nach der Entlassung sich selbst überlassen, ohne sich um sie zu kümmern. Soll die Behandlung in der Heilstätte wirklichen Dauererfolg haben, so muß auf der einen Seite verhütet werden, daß sich der Zustand des Kranken bis zur Aufnahme verschlimmert, und auf der anderen dafür Sorge getragen werden, daß durch eine geeignete Nachbehandlung, kräftige Ernährung, reichliche Milchdiät usw. der erzielte Erfolg befestigt wird. Die sofortige Rückkehr in den Beruf wirft, namentlich wenn dieser an sich gesundheitsschädlich ist, oft alle Erfolge der Kur über den Haufen, und die Armenpflege wird daher bemüht sein müssen, so schwer gerade diese Aufgabe oft sein wird, im Verein mit anderen geeigneten Stellen zu versuchen, den als geheilt Entlassenen, wenn möglich, zu einem weniger gesundheitsschädlichen Beruf überzuführen.

Noch ein anderer Punkt ist bei der Heilstättenkur nicht außer acht zu lassen. Auch das psychische Moment ist auf den Erfolg von großem Einfluß: Soll die Kur daher vollen Erfolg haben, so wird dafür gesorgt werden müssen, daß der Kranke in der Heilstätte nicht von Sorge um den Unterhalt seiner Familie, die Mutter nicht von Sorge um das Ergehen ihrer Kinder gequält wird. Hier wird durch Gewährung ausgiebiger Unterstützungen, durch Heranziehung der Hauspflegevereine, der Gemeindeschwestern, nötigenfalls auch durch Inpflegenahme von Kindern Vorsorge zu treffen sein.

Die einmalige Heilstättenkur wird nicht immer schon den vollen Erfolg herbeiführen. Erst die Wiederholung der Kur – darüber besteht unter den ärztlichen Autoritäten, ich nenne nur Geheimrat von Leyden[15], kein Zweifel – wird häufig die volle Heilung bringen. Auch die Armenpflege wird daher, wenn sie wirkliche Dauererfolge erzielen will, Gewicht darauf legen müssen, nötigenfalls einen Kranken erneut in die Heilstätte zu senden.

Ganz besonderen Erfolg hat die Heilstättenbehandlung bei lungenkranken Kindern aufzuweisen. Noch mehr als bei den Erwachsenen ist hier die möglichste Ausdehnung der Heilbehandlung angebracht: Das zeigen die geradezu glänzenden Resultate der französischen Kinderheilstätten mit ihrer sechs bis acht Monate fortgesetzten Behandlung.

---

[15] Dr. Ernst von Leyden (1832-1910), Professor für Medizin und Internist in Berlin, 1876 Direktor der II. Medizinischen Klinik, seit 1885 Direktor der I. Medizinischen Klinik der Charité.

Gerade bei den Frühformen der Tuberkulose im Kindesalter und ihrer Vorstufe, der Skrofulose, wird die Armenpflege den meisten Dank für ihre Tätigkeit ernten, wenn sie die bereits von der Krankheit ergriffenen oder stark krankheitsverdächtigen, von den Eltern her erblich belasteten Kinder aus den elenden häuslichen Verhältnissen herausnimmt und kräftigt und dadurch gegen die Ansteckungsgefahr widerstandsfähiger macht, die sie ganz besonders bedroht.

Wie es überall in der modernen Armenpflege angestrebt wird, alle Stellen, die helfen können, zur Hilfe heranzuziehen, damit wirksam geholfen werde, wird die Armenpflege auch bei dem Kampf gegen die Tuberkulose Bundesgenossen zu suchen haben. Wie eine solche gemeinsame Aktion vorzunehmen sein wird, wird von den besonderen örtlichen Verhältnissen abhängen. Beispiele, wie Armenpflege und Landesversicherungsanstalt zusammenarbeiten, um dadurch die Aufnahme möglichst vieler Kranker in die Heilstätten möglich zu machen, habe ich in meinem Bericht mitgeteilt.[16]

Zwei Fragen bleiben aber noch zu erörtern, die vielleicht schon früher zu behandeln gewesen wären:

Geht eine so weitgehende Fürsorge, wie sie die Entsendung in die Heilstätte darstellt, nicht über den Rahmen der Armenpflege hinaus?

Oder anders ausgedrückt: Ist die öffentliche Armenpflege überhaupt und, wenn es der Fall, für welchen Kreis von Personen verpflichtet, die Heilstättenbehandlung eintreten zu lassen?

Nach der Rechtsprechung des Bundesamts[17] wird diese Verpflichtung dann anzuerkennen sein, wenn die Heilstättenbehandlung als das einzige Mittel erscheint, das Erfolg verspricht und mindestens wesentliche Besserung erwarten läßt. Diese Verpflichtung beschränkt sich aber nach der Rechtsprechung des Bundesamts weiter nicht nur auf Personen, die der Armenpflege bereits anheimgefallen sind. Die Frage ist vielmehr lediglich so zu stellen: Sind die Beteiligten, auch wenn sie sonst ihren Unterhalt ohne jede Armenunterstützung bestreiten, imstande, die erheblichen Kosten des Heilverfahrens selbst zu tragen? Diese Frage wird nicht nur bei Arbeitern, sondern auch bei kleinen Gewerbetreibenden, Handwerkern, Unterbeamten usw. regelmäßig zu verneinen sein. Auch ihnen und ihren Kindern wird daher die Armenpflege die Wohltat der Heilstättenbehandlung zuteil werden lassen dürfen und müssen. Das ist für die Bekämpfung der Tuberkulose als Volkskrankheit von um so größerer Bedeutung, als gerade für diese Volksklassen die Fürsorge der Landesversicherungsanstalten, die nicht hoch genug veranschlagt werden kann, nicht in Frage kommt.[18] Die Kranken aus diesen Klassen und ihre Angehörigen werden sehr häufig in der Lage sein, die Kosten aller sonstigen Maßnahmen selbst aufbringen zu können und nur außerstande sein, die bei der gebotenen langen Dauer der Kur in der Heilstätte recht erheblichen Kosten für die Heilstättenbehandlung selbst zu tragen.

Ist es aber angezeigt, solche Personen, die bisher der Armenpflege noch nicht anheimgefallen sind, der Armenpflege dadurch anheimfallen zu lassen, daß sie die Kosten der Heilstättenbehandlung übernimmt? Wo es möglich ist, Stiftungs- oder

---

16 Hans Samter, Die Aufgaben der Armenpflege bei der Bekämpfung der Tuberkulose, in: Hans Samter/Heinrich Kohlhardt, Die Aufgaben der Armenpflege bei der Bekämpfung der Tuberkulose (Schriften des deutschen Vereins für Armenpflege und Wohltätigkeit, Heft 68), Leipzig 1904, S. 1-120, hier S. 22 f.

17 Vgl. Nr. 102 Anm. 30.

18 Vgl. Nr. 35-36 Bd. 6 der III. Abteilung dieser Quellensammlung.

ähnliche Mittel dazu zu verwenden, wird dieser Weg sicher vorzuziehen sein. Nur ausnahmsweise wird dies aber in ausreichendem Maße der Fall sein, während es sich doch darum handelt, den Kampf auf der ganzen Linie aufzunehmen. Werden aber Armenmittel aufgewendet, so besteht auf der anderen Seite die Gefahr, daß gerade die besten Elemente, wenn sie dadurch ihre politischen Rechte verlieren sollen, aus vollberechtigter Scheu davor jede Hilfe ablehnen.

Es handelt sich hier m[eines] E[rachtens] um einen der wichtigsten Punkte bei der ganzen Tuberkulosebekämpfung durch die Armenpflege. Ich stehe auf dem Standpunkt, die Frage, ob in solchen Fällen ein Verlust des Wahlrechts eintreten muß, zu verneinen. Nicht jede Armenunterstützung gilt heute – das darf ich wohl als communis opinio ansehen – als Unterstützung im Sinne der Wahlgesetze. Das hat die seinerzeit von unserm Verein veranstaltete Umfrage klar ergeben;[19] das ist auch die Ansicht Oertels[20], des angesehensten Kommentators der preußischen Städteordnung.[21] Verschiedene Anschauungen bestehen nur darüber, wo die Grenze zu ziehen ist. Wenn es aber eine Fürsorgetätigkeit gibt, von der man mit vollem Recht sagen kann, daß sie mindestens ebensosehr im Interesse des einzelnen Kranken wie im Interesse der Gesamtheit geübt wird, so ist es die Heilstättenfürsorge für Lungenkranke. Nicht bloß um den einzelnen Kranken handelt es sich, sondern um die Bekämpfung einer Volksseuche, die die Bevölkerung dezimiert, wenn ihr nicht Einhalt geboten wird. Schon dieser Grund muß m. E. dahin führen, die Fürsorge für Tuberkulöse nicht als eine Armenunterstützung im Sinne der Wahlgesetze aufzufassen. Diesen Standpunkt haben schon bisher eine Reihe großer Gemeinden – ich nenne nur Hamburg[22] und Mannheim[23] – eingenommen, und ich richte an alle Herren Kollegen die dringende Bitte, sich dieser Auffassung anzuschließen und dafür zu sorgen, daß sie zu einer allgemeinen werde. Erst dann wird der Kampf gegen die Tuberkulose mit voller Wirksamkeit aufgenommen werden können.

So hoch man den Wert der Heilstättenbehandlung für Erwachsene wie für Kinder schätzen muß, so wäre es doch völlig verkehrt, in ihr ein Allheilmittel gegen die Tuberkulose zu sehen. Sie ist ein Mittel in dem Kampf und sicher das wertvollste von allen, aber nicht das Allheilmittel. Schon deshalb nicht, weil immer nur ein

---

[19] Georg Berthold, Bericht (Handhabung der Bestimmungen betreffend den Verlust des Wahlrechts bei Empfang öffentlicher Armenunterstützung), in: Fürsorge für arme Schulkinder durch Speisung, beziehungsweise Verabreichung von Nahrungsmitteln … (Schriften des deutschen Vereins für Armenpflege und Wohlthätigkeit, Heft 26), Leipzig 1896, S. 56-79.

[20] Ottomar Oertel (1840-1914), Jurist, seit 1871 Bürgermeister, seit 1872 Oberbürgermeister von Liegnitz.

[21] Oertel ging in der 3. Auflage seines Kommentars zur Städteordnung der östlichen preußischen Provinzen davon aus, daß vereinzelte Unterstützungen nicht zur Vorenthaltung des Bürgerrechts berechtigten (das nach § 5 der Städteordnung aus dem Gemeindewahlrecht sowie der Befähigung bestand, unbesoldete Ämter in der Gemeindeverwaltung auszuüben und an der Gemeindevertretung teilzunehmen), sondern nur fortlaufende Unterstützungen; vgl. Ottomar Oertel, Die Städte-Ordnung für die sechs östlichen Provinzen der Preußischen Monarchie vom 30. Mai 1853. Mit Ergänzungen und Erläuterungen, 3. Auflage, Liegnitz 1900, S. 146.

[22] Vgl. Nr. 46 und Nr. 59.

[23] Hans Samter, Die Aufgaben der Armenpflege bei der Bekämpfung der Tuberkulose, in: Hans Samter/Heinrich Kohlhardt, Die Aufgaben der Armenpflege bei der Bekämpfung der Tuberkulose (Schriften des deutschen Vereins für Armenpflege und Wohltätigkeit, Heft 68), Leipzig 1904, S. 1-120, hier S. 25 f.

kleiner Teil aller Lungenkranken in Heilstätten wird Aufnahme finden können. Wenngleich in Deutschland heute mehr als 8 000 Betten für Erwachsene in Volksheilstätten zur Verfügung stehen, reicht die Zahl für das Bedürfnis doch bei weitem nicht aus, und regelmäßig vergeht längere Zeit, ehe die Aufnahme erfolgen kann. In den Heilstätten werden aber immer auch nur solche Kranke Aufnahme finden, bei denen die Behandlung mit einiger Wahrscheinlichkeit Heilung oder doch wesentliche Besserung und Wiederherstellung der Erwerbsfähigkeit verspricht. Eine solche Beschränkung ist schon im Interesse der übrigen Kranken nötig, die voll Sehnsucht auf die Aufnahme warten. Und auch für die Kranken, die in die Heilstätte kommen, bedarf es, wie ich schon ausführte, einer Fürsorge, bis sie aufgenommen werden, für ihre Familien, während sie in der Heilstätte sind, und für sie selbst nach der Entlassung aus der Heilstätte. So bleibt für die Bekämpfung der Tuberkulose in den Wohnungen, die ich im ersten Teil meiner Ausführungen geschildert habe, reiche Gelegenheit. Und namentlich die Fürsorgestellen werden es sein, die hier Hand in Hand mit der öffentlichen Armenpflege und der Privatwohltätigkeit, ihr Eingreifen anregend und unterstützend, den Kampf zu führen haben werden.

Wie hier die Armenpflege durch ausgiebige Unterstützungen, durch reichliche Gewährung von Milch und Stärkungsmitteln für den Kranken und seine schwächlichen und daher gefährdeten Angehörigen einzugreifen Gelegenheit hat, brauche ich nicht weiter zu erörtern.

Fürsorgestellen und Heilstätten, beide einander ergänzend, das wird, wie mit Sicherheit zu erwarten, die Losung der Zukunft sein. Soll aber der Kampf gegen die Tuberkulose auch von der Armenpflege wirksam geführt werden, so wird vor allem die Stellung des Armenarztes, von dessen verständnisvoller Mitarbeit der Erfolg in erster Reihe abhängen wird, eine gewisse Änderung erfahren müssen. An die Stelle des praktischen Arztes, der seine Tätigkeit darauf beschränkt, einen ihm überwiesenen Kranken zu behandeln, ohne sich im übrigen um das Milieu, in dem er lebt, weiter zu bekümmern, wird auch für die Armenkranken der ständige hausarztähnliche Berater zu treten haben, der seine Aufgabe nicht bloß in der Behandlung des einzelnen Kranken, sondern in der Mitarbeit an der sozialen Prophylaxe zu sehen haben wird. Die Ansätze dazu sind erfreulicherweise bereits vorhanden, und es wird sich nur darum handeln, sie weiter auszubauen.

Ich bin am Schluß. Über die Notwendigkeit des Eintretens auch der Armenpflege in den Kampf gegen die Tuberkulose kann sicher kein Zweifel obwalten. Bei einem Zusammenarbeiten aller Faktoren, wie es dieser Kampf bei der ungeheuren Ausdehnung des Kampfesfeldes erfordert, werden auch bei voller Erfüllung aller Aufgaben die Lasten für die Armenpflege, jedenfalls im Vergleich mit ihren sonstigen Aufwendungen, nicht übermäßig groß und keinesfalls unerschwinglich sein. Noch viel weniger fallen sie ins Gewicht, wenn man an die Summen denkt, die, wie bei jeder vorbeugenden Armenpflege, für die Zukunft erspart werden, wenn rechtzeitig mit voller Kraft eingegriffen wird.

Möge die deutsche Armenpflege durch ihre Mitarbeit dazu beitragen, daß der große Kampf gegen die Tuberkulose als Volkskrankheit, in dem Deutschland dank seiner Arbeiterversicherung allen Nationen vorangeschritten ist, siegreich zu Ende geführt wird.

Ich habe meinem gedruckten Bericht eine Anzahl von Thesen angefügt, die im wesentlichen den Gedankengang des Referats wiedergeben. Diese Thesen in ihrer Ausführlichkeit eignen sich aber nicht zur Abstimmung: hier kommt es vor allem darauf an, daß in wenigen Schlagworten das Nötige gesagt werde. Ich möchte mir deshalb erlauben, eine kürzere Fassung vorzuschlagen:

1. Die öffentliche Armenpflege hat, soweit armenrechtliche Hilfsbedürftigkeit in Frage kommt, die Pflicht, die Tuberkulose mit allen Mitteln zu bekämpfen. Im Interesse der Bekämpfung der Tuberkulose als Volkskrankheit ist es dringend geboten, der Fürsorge für Lungenkranke nicht den Charakter einer Armenunterstützung im Sinne der Wahlgesetze zu geben.
2. Die Bekämpfung der Tuberkulose umfaßt die Fürsorge für Lungenkranke und ihre Familien in den Wohnungen und die Überweisung der heilbaren Kranken in Heilstätten, der unheilbaren in Pflegeheime.
3. Zur Lösung dieser Aufgabe bedarf es des Zusammenwirkens aller Faktoren der öffentlichen Armenpflege, der sozialen Gesetzgebung und der privaten Wohltätigkeit. Die Fürsorgestellen für Lungenkranke sind dabei besonders geeignete Hilfsmittel.

Ich brauche diese Leitsätze nach dem, was ich Ihnen ausgeführt habe, nicht weiter zu begründen, und ich bitte Sie um möglichst einstimmige Annahme derselben.[24] (Lebhafter Beifall.)

Nr. 133

1904 August 25

Schreiben[1] des Leiters des Frankfurter Waisen- und Armenamts Dr. Karl Flesch an den Stadtarzt Dr. Albert König[2]

Ausfertigung in Maschinenschrift

[In der Frage nach Hilfen für Lungenkranke außerhalb von Heilstätten ist eine zu enge Anbindung an das Armenamt nicht zu empfehlen, eher ist an Fürsorgeeinrichtungen in Anlehnung an die Spitäler zu denken, die mit den Vereinen zusammenarbeiten]

Unter Bezugnahme auf die Besprechung in der Sitzung des Armenamts vom 22. August[3] c[ur]r[entis] lassen wir in der Anlage, R[ücksendung] v[orbehalten], einige Aktenstücke folgen, die sich auf die Frage der besonderen Fürsorge für Lungenkran-

---

[24] Die Thesen der Berichterstatter wurden einstimmig angenommen (Stenographischer Bericht über die Verhandlungen der 24. Jahresversammlung des deutschen Vereins für Armenpflege und Wohltätigkeit am 25. und 26. August 1904 in Danzig, [Schriften des deutschen Vereins für Armenpflege und Wohltätigkeit, Heft 71], Leipzig 1905, S. 50 f.).

[1] Institut für Stadtgeschichte Frankfurt am Main Wohlfahrtsamt 1012, fol. 87-88. Antwort Dr. Albert Königs vom 18.2.1905 am Ende des Schreibens: *Es ist ein Bericht über die Organisation der gesamten Fürsorge für Tuberkulöse von mir an den Herrn Oberbürgermeister* (Dr. Franz Adickes) *eingereicht, in dem auch den oben erwähnten Gesichtspunkten Rechnung getragen ist. Ein weiteres Eingehen auf die angeregten Fragen dürften demnach bis auf weiteres diesseits nicht zweckmäßig sein.*

[2] Dr. Albert König (1860-1930), 1897 Schularzt in Wiesbaden, 1901 Kreisassistenzarzt für die Stadt und den Landkreis Wiesbaden, seit 1.8.1904 Stadtarzt in Frankfurt a. M.

[3] Auszug aus dem Protokoll der Sitzung des Frankfurter Waisen- und Armenamts vom 22.8.1904 (Institut für Stadtgeschichte Wohlfahrtsamt 1012, fol. 77).

ke beziehen, die vom Armenamt Anfang des Jahres neuerdings angeregt worden ist. Es wird zweckmäßig sein, diesen Verhandlungen nunmehr Fortgang zu geben, und ich bemerke in dieser Beziehung:

Ich habe s[einer]z[ei]t sowohl die Bildung des Vereins für Rekonvaleszentenanstalten[4] als auch die Begründung der ersten Volkslungenheilanstalt durch diesen Verein angeregt und unterschätze die Wirksamkeit der Lungenheilanstalten keineswegs. Andererseits wirft sich immer mehr die Frage auf, ob nicht besondere Veranstaltungen für Lungenkranke, die nicht in Anstalten sind, getroffen werden könnten.[5] Ohne in dieser Beziehung zu einem Resultat gekommen zu sein, scheint mir, daß derartige Einrichtungen keinesfalls für das Armenamt getroffen werden könnten; wir müssen alles vermeiden, was gewissermaßen auf eine Bevorzugung der in öffentlicher Armenunterstützung befindlichen Lungenkranken hinausläuft. Auch stehe ich mancher Maßregel, z. B. der vielfach empfohlenen Gewährung von Miete für größere Wohnungen an Lungenkranke sehr skeptisch gegenüber. Ich glaube vielmehr, daß eine wirkliche Hilfe an Lungenkranke, d. h. also die dauernde Ermöglichung der kräftigen Ernährung, die dauernde Freihaltung von schwerer Arbeit usw., sich höchstens im einzelnen Fall ermöglichen läßt und daß das Armenamt in dieser Beziehung sehr zurückhaltend sein muß, wie überall, wo es sich um objektiv schwer zu begrenzende Bedürfnisse handelt. Dagegen scheint mir die Frage beachtenswert, ob wir nicht von der Stadt aus Einrichtungen schaffen müßten, etwa im Anschluß an einige der städtischen Spitäler, in welchen den Lungenkranken unentgeltlich oder gegen geringes Entgelt die notwendige Arznei, Spuckgläser usw. geliefert und ärztlicher Rat erteilt werden können. Diese Anstalten könnten dann mit dem Armenverein[6] wegen Lieferung kräftiger Kost, mit dem Verein für Lungenheilanstalten[7], den anderen größeren Privatwohltätigkeitsvereinen und dem Armenamt in regelmäßige Verbindung gesetzt werden (durch Bildung eines besonderen Komitees), so daß wenigstens in manchen Fällen Hilfe geleistet und das Armenamt davor bewahrt würde, in eine grenzenlose und unübersichtliche Sache hereingezogen zu werden.

Sind Sie damit einverstanden, so könnten wir die Angelegenheit im Armenamt weiterbehandeln.

---

4 Der Frankfurter Verein für Rekonvaleszenten-Anstalten war 1899 gegründet worden. 1892 hatte er in Falkenstein (heute Königstein im Taunus) die erste „Volksheilstätte" für Tuberkulosekranke in Deutschland eingerichtet und, nachdem diese sich mit 28 Betten als zu klein erwiesen hatte, aufgrund einer Stiftung 1895 die Heilstätte Ruppertshain (heute Stadtteil von Kelkheim, Taunus) mit 110 Betten errichtet, in die seitens der Krankenkassen, Landesversicherungsanstalten, des Armenamts und von Privaten, sofern die Kosten erstattet wurden, Lungenkranke eingewiesen werden konnten.

5 Das Waisen- und Armenamt war im März 1904 mit der Anregung an den Frankfurter Verein für Rekonvaleszenten-Anstalten herangetreten, die Fürsorge für Lungenkranke, die nicht in Heilstätten untergebracht waren, auszubauen. Der Verein sah sich aber nicht imstande, die Mittel für jene Krankenbesucher aufzubringen, an deren Anstellung dabei gedacht war (Schreiben des Frankfurter Vereins für Rekonvaleszenten-Anstalten an das Waisen- und Armenamt vom 11.3.1904: Institut für Stadtgeschichte Frankfurt a. M. Wohlfahrtsamt 1012, fol. 66).

6 Vgl. Nr. 17 Anm. 2.

7 Gemeint ist der genannte Verein für Rekonvaleszenten-Anstalten.

Nr. 134

1904 September 9

Stellungnahme[1] des Nürnberger Ersten Bürgermeisters Dr. Georg von Schuh zu einer Denkschrift des Referenten für Armenpflege Wilhelm Fleischmann

Druck

[Der kritischen Beschreibung des Ist-Zustands der Nürnberger Armenpflege in der Denkschrift wird widersprochen; der Einstellung von weiteren Armenpflegern wird zugestimmt, unter Vorbehalt auch der Aufstellung von Unterstützungstarifen]

Obwohl ich mit den Anträgen des Herrn Ref[erenten] VIII in dessen Denkschrift[2] über die Neugestaltung der öffentlichen Armenpflege vom Juli 1904 im allgemeinen einverstanden bin, so muß ich doch gegen die Begründung dieser Anträge beziehungsweise verschiedene Behauptungen in jener Denkschrift entschieden Stellung nehmen.

Zunächst muß ich widersprechen, daß es sich bei den Vorschlägen des Herrn Ref[erenten] VIII um ein neues System und demnach um eine Neugestaltung der hiesigen öffentlichen Armenpflege handelt; wäre dies der Fall, dann müßten die Anträge weiter gehender Art sein und die Grundlagen der jetzigen Armenpflege verrücken. Dies erwartet man freilich, wenn man die Denkschrift liest, nach welcher die hiesige Armenpflege nach einem überlebten, patriarchalischen Pflegesystem arbeiten soll, den Erscheinungen der Neuzeit nicht gerecht werde, unhaltbare Verhältnisse geschaffen habe, mit der Zeit völlig versagen beziehungsweise gänzlich versumpfen werde. Wenn diese Behauptungen wahr wären, dann träfe die Schuld an diesen trostlosen Zuständen alle diejenigen, welche bisher in der hiesigen öffentlichen Armenpflege gearbeitet haben, nicht zuletzt aber die Leiter derselben. Dann müßte freilich die ganze Einrichtung der Armenpflege vom Grunde aus geändert werden, und es wäre Pflicht des Herrn Referenten, die hiefür geeigneten Vorschläge zu machen. Derselbe hat aber diese Folge aus seinen Behauptungen nicht gezogen, ja, er hat letztere, trotzdem sie so schwere Anklagen enthalten, nicht einmal begründet, und wenn man seinem Schwall von ungünstigen Behauptungen über die gegenwärtigen Zustände seine Anträge gegenüberhält, so wird man an das Wort erinnert: „Es kreißen Berge und wird ein kleines Mäuslein geboren.“[3] Es ist mir unbegreiflich, wie der Herr Referent, der doch die sorgfältige und umsichtige Tätigkeit aller Armenpflegschaftsräte, insbesondere die gewissenhafte Prüfung aller Gesuche um Unterstützungen kennt, behaupten kann, die Nürnberger Armenpflege entspräche nur dem Wortlaut, nicht aber dem Sinn des Gesetzes, sie sei schablonenhaft, bürokratisch, sie stehe überhaupt schon lange auf 2 Augen und werde unaufhaltsam zusammenbrechen, wenn der gewohnte Führer nicht mehr zur Stelle sei. Mir, der ich seit Jahren die hiesige Armenpflege überwache und leite, ist von alledem nichts bekannt, namentlich weiß ich nicht, daß die hiesige öffentliche Armenpflege nur auf 2 Augen ruhe. Mir ist lediglich bekannt, daß die sämtlichen Bezirksarmenpfleger vor jeder Sitzung des Armenpflegschaftsrats eine Vorbesprechung pflegen, in

---

1 Stadtarchiv Nürnberg C 25/1, n. fol.
2 Nr. 131.
3 Anspielung auf Horaz, Poetica 139: Parturiunt montes nascitur ridiculus mus.

welcher einer derselben den Vorsitz führt. Dieser Herr, dessen Verdienste keineswegs geschmälert werden sollen, trägt auch in den Sitzungen des Armenpflegschaftsrats über auswärtige Gesuche vor. Wäre dies nicht der Fall, dann müßte über diese Fälle eben der Referent oder der Vorsitzende vortragen, wie ich als Vorsitzender des Armenpflegschaftsrats Erlangen 11 Jahre lang diese Vorträge erstattet habe. Ferner ist mir bekannt, daß alle Armenpflegschaftsräte mit dem gleichen anerkennenswerten Eifer ihren Dienst versehen, und es ist für sie verletzend, zu behaupten, daß alle ihre Arbeit schablonenhaft, plan- und systemlos ist und in sich zusammenfällt, wenn ein einziger, bestimmter Armenpflegschaftsrat nicht mehr an der Arbeit ist.

Ich muß daher die vorerwähnten und eine Reihe anderer Behauptungen des Herrn Ref[erent] VIII in der mehrerwähnten Denkschrift als vollständig unbegründet bezeichnen und darf wohl annehmen, daß die sämtlichen übrigen Armenpflegschaftsratsmitglieder sich meiner Anschauung anschließen.

Zu den Anträgen des Herrn Referenten ist zu bemerken, daß sie einerseits eine Vermehrung der die öffentliche Armenpflege ausübenden Personen durch Aufstellung von Armenpflegern, andererseits die Aufstellung eines Tarifs für die zu verteilenden Unterstützungen bezielen.

Die Erweiterung des Kreises der die Armenpflege unmittelbar betätigenden Personen ist kein neuer Gedanke, er wurde, wie anderwärts, so auch dahier schon seit Jahren wiederholt erwogen, und man konnte sich nur mit Rücksicht auf die Nachteile, welche den Vorteilen seiner Durchführung gegenüberstehen, bisher demselben nicht anschließen. Wenn nunmehr, nachdem sich die Stadt in den letzten Jahren in ganz außerordentlicher Weise erweitert hat, die Verhältnisse es erfordern, diesem Gedanken näherzutreten, so mag dies geschehen, und ich bin der letzte, der dagegen ist. Nur darf nicht übersehen werden, daß mit der Durchführung dieses Gedankens eine gewisse Dezentralisation der bisherigen einheitlichen Armenpflegeverwaltung eintreten wird, die ein verschiedenes Verfahren unvermeidlich mit sich bringt. Allein hierauf kann keine Rücksicht genommen werden, wenn es auf diesem Wege möglich wird, die einzelnen Armen besser nach ihren persönlichen Bedürfnissen zu behandeln und damit den Zweck der öffentlichen Armenpflege besser zu erfüllen. Es ist nicht richtig, daß dies bisher überhaupt nicht geschehen sei; solange die hiesige Armenpflege einen kaum halb so großen Umfang als jetzt hatte, wie dies noch bis vor wenigen Jahren der Fall war, konnten und wurden die Armen auch genau und ebenso behandelt, wie dies nach dem Vorschlag des Referenten durch Vermehrung der Armenpfleger geschehen soll. Ist dies zuletzt nicht mehr in dem Maße möglich gewesen, wie es erwünscht ist, so ist der Antrag berechtigt, weitere Hilfsorgane für die Armenpflege zu schaffen, und es konnte dies beantragt werden, ohne daß der in der mehrerwähnten Denkschrift beliebte Ton über die heillosen Zustände der hiesigen Armenpflege angeschlagen wurde. Dies war um so mehr zu erwarten, als die Denkschrift es nicht wagt, eine Änderung der Grundlagen der hiesigen Armenpflege zu beantragen, vielmehr alles beim alten gelassen wissen will, mit Ausnahme der erwähnten beiden Anträge. Auf keinen Fall aber darf man sich der Hoffnung hingeben, welche der Herr Referent in dem Eingang der Denkschrift ausspricht, daß mit den Elementen gründlich aufgeräumt werden kann, welche jahrelang unrechtmäßigerweise Kostgänger der Armenpflege sind und das Anwachsen der Armenlasten ins Ungemessene veranlassen. Solche Elemente werden sich nie ganz ausrotten lassen. Übrigens warnt der Herr Referent bei der Besprechung der Erfolge der vorgeschlagenen Änderungen selbst vor der Hoffnung auf Minderung der Ausgaben. Aus den angeführten Zahlen über die Armenlasten in anderen Städten, welche übrigens mangels der gleichen Voraussetzungen in den fraglichen Städten mit der größten Vorsicht beurteilt werden müssen, ergibt sich keineswegs die Berechtigung, eine Kostenminderung zu erwarten. Aber auch dies soll nicht davon abhalten, den ehrlichen Versuch zu machen, die Einrichtungen der hiesigen Armenpflege durch die Aufstellung von Armenpflegern zu verbessern.

Weniger Vertrauen als auf die vorbesprochene Änderung habe ich zu dem Vorschlag, für die Einzelunterstützungen einen Tarif aufzustellen. Während der Herr Referent über schablonenhaftes Verfahren klagt, gibt er mit diesem Antrag die beste Grundlage für ein solches Verfahren. Wenigstens liegt bei aller Umsicht der Armenpflegepersonen die Gefahr nahe, daß sie entweder einem solchen Tarif mehr Bedeutung beimessen, als er haben soll, oder ihn wenigstens in den Fällen unbedenklich anwenden, in welchen ihnen die nötigen Unterlagen für eine bessere Beurteilung des Falles fehlen. Getadelt können dieselben bei Anwendung des Tarifs nie werden, und das wird sie in vielen Fällen geneigt machen, den Tarif auch da anzuwenden, wo sie bisher nach freiem, jedoch gewissenhaftem und billigem Ermessen anders verfahren sind. Trotz dieser zweifellosen Mängel einer Tarifordnung für die Armenunterstützungen bin ich aber gleichwohl der Meinung, es mit einer solchen zu versuchen, jedoch unter dem ausdrücklichen Vorbehalt, daß niemand an dieselbe strenge gebunden und daß dieselbe wieder beseitigt wird, wenn sich, wie ich fürchte, wesentliche Nachteile derselben ergeben.

Ziehe ich das Ergebnis aus den Erhebungen und Vorschlägen des Herrn Referenten, so stimme ich mit demselben, wie schon erwähnt, darin überein, daß der Versuch gemacht werden soll, Armenpfleger (wohl auch weibliche Helferinnen) und eine (Tarif-)Gebührenordnung für Armenunterstützungen aufzustellen. Hierdurch wird aber die hiesige Armenpflege grundsätzlich in keiner Weise geändert, sondern lediglich den bestehenden Verhältnissen entsprechend ergänzt. Es war daher vollständig unbegründet, in der Denkschrift des Herrn Referenten die hiesige Armenpflege in der Weise herabzuwürdigen, wie dies geschehen ist, und die in der Behauptung gipfelt, sie ertöte systematisch das Verantwortlichkeitsgefühl und die Ehrenhaftigkeit. Hierdurch wurden alle, welche bisher in der hiesigen öffentlichen Armenpflege ebenso umsichtig, treu und gewissenhaft wie uneigennützig und erfolgreich gewirkt haben, gröblich verletzt, und es ist deren gutes Recht, sich hiegegen entschieden zu verwahren.

Nr. 135

1904 September 23

Rede[1] des Berliner Armendezernenten Dr. Emil Münsterberg auf dem International Congress of Arts and Science in St. Louis

Druck, Teildruck

[Kategorien wie individuelle und allgemeine Armutsursachen oder verschuldete und unverschuldete Armut verwischen sich oft; die Armenpflege setzt bei den Symptomen der Not an, für die Bekämpfung der Ursachen bedarf es anderer Maßnahmen; sie schwankt zwischen den beiden Übeln des Zuviels und des Zuwenigs ihrer Gaben; deshalb ist ihre angemessene Organisation ein Zentralthema; hier bestehen Divergenzen zwischen den nationalen Systemen im Gewicht der ehrenamtlichen und beruflichen Ausübung, der offenen und der geschlossenen Armenpflege; die Unterschiede zwischen den nationalen Armenpflegesystemen sind jedoch in der Praxis geringer als bei einer theoretischen Betrachtung; die Armenpflege erweitert ihr Selbstverständnis zur sozialen und vorbeugenden Armenpflege]

Armut ist der Zustand des Mangels am Notwendigen. Notwendig ist die Erhaltung des leiblichen Lebens. Wer nicht die Mittel besitzt, um das leibliche Leben erhalten zu können, ist arm. Der Zustand der Armut muß notwendig zum leiblichen Untergang führen, sei es unmittelbar durch Hungertod, sei es mittelbar durch Krankheit oder Siechtum infolge nicht genügender Ernährung. Da der Lebenstrieb des Individuums diese Folge nicht widerstandslos eintreten lassen wird, so reagiert es dagegen in der einen oder anderen Weise je nach den Verhältnissen, in denen es lebt. Es wird entweder von den Mitmenschen die Mittel zum Unterhalt erbitten oder, wenn der Bitte nicht Gehör geschenkt wird, sie mit List oder Gewalt zu erzwingen suchen. Das heißt, es wird den Mangel durch heimliche oder gewaltsame Aneignung der zum Lebensunterhalt erforderlichen Mittel zu beseitigen suchen. Soweit aber weder Bitte noch Gewalt Erfolg haben, sei es, weil die Mitmenschen ebenfalls arm sind, sei es, weil sie sich gegen List und Gewalt ausreichend schützen, bleibt der Zustand der Armut ungehoben, und es tritt jene Folge des leiblichen Untergangs ein, der durch körperliche Krankheit und Siechtum, durch sittliche Verwahrlosung und seelische Verbitterung hindurchgeht. Wo weitere Bevölkerungskreise in diesen Zustand geraten, ist von Massenarmut im Gegensatz zur Armut des einzelnen zu sprechen.

---

[1] Emil Münsterberg, Das Problem der Armut, in: Jahrbücher für Nationalökonomie und Statistik 27 (1904), S. 577-591, hier S. 577 f., S. 581-586 und S. 589-591.
Der International Congress of Arts and Science in St. Louis vom 19. bis 25.9.1904 war von Dr. Emil Münsterbergs Halbbruder, dem Psychologen Dr. Hugo Münsterberg, Professor an der Universität Harvard, maßgeblich mit organisiert und als Vizepräsident des Kongresses mit geleitet worden. Der großangelegte Kongreß mit seinen 128 Sektionen fand im Rahmen der Weltausstellung in St. Louis statt und war in der Absicht geplant worden, die unterschiedlichen Disziplinen der sich immer mehr differenzierenden und spezialisierenden Wissenschaften zusammenzuführen und miteinander in Beziehung zu setzen. Dr. Emil Münsterberg sprach – wie z. B. auch die Soziologen Prof. Dr. Max Weber und Prof. Dr. Werner Sombart – in der Abteilung Social Science und dort in der Sektion über *The dependent group* (International Congress of Arts and Science. Hrsg. von Howard J. Rogers, Bd. 14: Jurisprudence and Social Science, London/New York 1908, S. 833-847).

Von allen anderen menschlichen Zuständen unterscheidet sich die Armut dadurch, daß dem davon Betroffenen kein Mittel der Abwehr aus eigener Kraft zu Gebote steht, daß nicht wie in allen übrigen menschlichen Verhältnissen etwas geleistet wird, dem der Anspruch auf eine Gegenleistung gegenübertritt. Wenn daher dem Armen Hilfe gewährt wird, sei es von einzelnen, sei es von der Gesellschaft in ihren verschiedenen Gestaltungen, so handelt es sich immer um eine Leistung ohne Gegenleistung. Diese Leistung kann daher nicht ohne weiteres im Rahmen der allgemeinen Wirtschafts- und Rechtsordnung ihren Platz finden, die im übrigen das Verhältnis von Leistung und Gegenleistung regelt. Es sind vielmehr andere Gesichtspunkte, von denen aus die Notwendigkeit, dem Armen zu helfen, begründet wird. Man kann sie kurz als den „menschlichen" und den „polizeilichen" bezeichnen. Das durch den Mangel erzeugte Leiden eines Menschen bietet ein so ergreifendes Bild, daß es die Empfindung des Mitleidens auslöst, die den Mitmenschen zum Helfen drängt. Unter dem polizeilichen Gesichtspunkt handelt es sich um eine fast entgegengesetzte Empfindung, die zur Abwehr drängt.

[...] *Die Notwendigkeit der Armenpflege und ihre Entwicklung, gesellschaftliche Rahmenbedingungen der Armutsentwicklung.*

Wir pflegen die Ursachen der Armut systematisch in allgemeine und individuelle einzuteilen. Zu jenen gehören Ereignisse, auf die der einzelne keinen Einfluß hat, wie die gesamten Staats- und Gesellschaftseinrichtungen, gewerbliche Krisen, Kriege, Erfindungen und Entdeckungen, die einen ganzen Produktionszweig umgestalten, wie namentlich die Ersetzung von Hand- durch Maschinenarbeit; ferner schädigende Naturereignisse, wie Erdbeben, Feuersbrunst, Überschwemmungen, Epidemien usw. Durch alle diese Ursachen werden gleichzeitig unzählige Personen erwerbslos gemacht, zahllose Familien ihrer Ernährer beraubt. Die individuellen Ursachen sind Krankheit, Gebrechen, Alter usw. des einzelnen, die wieder in verschuldete und unverschuldete zu scheiden sind. Müßiggang, Verschwendung, Trunksucht, Unzucht sind verschuldet, jugendliches Alter, Greisenalter, Krankheit und Gebrechen, Tod des Ernährers unverschuldet. Dennoch ist hier keine scharfe Grenze zu ziehen. Ein schlechter Lebenswandel, der durch schlechte Erziehung verschuldet wird, ist für das Individuum im höheren Sinne unverschuldet. Auch erweitert sich sofort bei ähnlicher Betrachtung der Einzelfall zum allgemeinen, wenn beispielsweise das neuerdings mit besonderem Ernst betrachtete Problem der Kriminalität jugendlicher Personen mit den wirtschaftlichen Verhältnissen in Verbindung gesetzt wird. Ebenso gewinnt die Krankheit einzelner Individuen eine allgemeine Bedeutung, wenn die Beschaffenheit der Wohnungen, die allgemeine Ernährung usw. den Gesundheitszustand der Bevölkerung verschlechtern. Und wenn die Wohnungs- und Ernährungsverhältnisse diese Folge haben, so drängt sich sofort die Frage nach den Lohn- und Arbeitsverhältnissen auf, die einen hinreichenden Aufwand für Wohnung und Nahrung nicht gestatten, und von der Lohn- und Arbeitsfrage führt die Betrachtung sogleich wieder zu der Frage nach den gesellschaftlichen und wirtschaftlichen Zuständen; kurz eine ungeheure Mannigfaltigkeit von Umständen, erzeugt durch Ursachen, deren letzte sich in nahezu undurchdringlichem Dunkel verbirgt. Die persönliche, körperliche, geistige und seelische Beschaffenheit sind mitbestimmend, aber nicht ausschlaggebend, wo die maßgebenden Verhältnisse mächtiger sind als der Einzelwille.

Wie schwer es aber auch sein mag, im einzelnen Falle bis zu der letzten Ursache vorzudringen, so ergeben sich doch aus der Erkenntnis des Zusammenhangs des Einzelfalls mit den allgemeinen Verhältnissen Gesichtspunkte für die gegen die

Armut zu treffenden Maßregeln. Ja, gerade diese Einsicht in den unlöslichen Zusammenhang des Einzelnen mit dem Allgemeinen gibt den modernen Bestrebungen, das Problem der Armut zu lösen, ihren entscheidenden Charakter. Der oft benutzte Vergleich der Armut mit der körperlichen Krankheit drängt sich auch hier auf; nicht ein auf die Wunde gelegtes Pflaster heilt die von innen kommende Krankheit, sondern nur die Behandlung des gesamten Organismus, die Besserung der Säfte, die Herstellung geregelten Blutumlaufs, die Belebung der Herztätigkeit. So ist Armenpflege als ein Mittel, den arm Gewordenen von unmittelbarer Not zu schützen, nur das Wundpflaster, das der vorübergehenden Linderung dient, nicht aber zur Heilung führt. Je weiter entfernt von dieser äußersten Maßregel „der Armenpflege" die Maßregeln gegen die Armut liegen, um so wirksamer sind sie. In erster Linie stehen daher alle die Maßregeln, die den allgemeinen Wohlstand zu heben geeignet sind; hierhin gehören alle das politische und wirtschaftliche Leben, den Verkehr, den Arbeitsmarkt, die Rechtsprechung usw. betreffenden Maßregeln; die Fragen des Zollschutzes und der Handelsfreiheit, die Schließung von Handelsverträgen, die Erweiterung der Verkehrswege zu Lande und zu Wasser gehören hierher. Auf gleicher Stufe stehen die Maßregeln zur Hebung des Volkswohls durch gesundheits- und bildungsfördernde Maßregeln, so die Grundforderung des allgemeinen unentgeltlichen elementaren Schulunterrichts und des Fortbildungsschulunterrichts, die Einrichtung technischer, gewerblicher und höherer Unterrichtsanstalten, die Zuführung guten Wassers, die Abführung der Abfälle, die Kontrolle der Schlachtungen, die Versorgung mit guter Milch, die Beförderung körperlicher Ausbildung in Schule und Haus, die Förderung des Baues gesunder Wohnungen, kurz, Maßregeln, die die geistige und körperliche Gesundheit in allen Schichten der Bevölkerung zu heben geeignet sind.

Die zweite Gruppe bilden die den einzelnen Berufsständen und Klassen, insbesondere der Landwirtschaft, dem Handwerk und dem industriellen Lohnarbeiterstand geltenden Maßregeln. In erster Linie stehen dabei die Regelung des Arbeitsverhältnisses, der Arbeiterschutz, die Arbeiterkoalition, der Arbeitsnachweis. Neben gesetzlichen Maßregeln beansprucht die hervorragendste Bedeutung die Tätigkeit der freien Organisationen, der Gewerkvereine, der Trade-Unions, der Produktiv- und Konsumgenossenschaften, der Baugenossenschaften, kurz der auf der Grundlage der Selbsthilfe aufgebauten Vereinigungen der Berufsgenossen zur Regelung der Arbeitsbedingungen, wechselseitiger Förderung und Unterstützung.

Die dritte Gruppe hat es mit den individuellen Armutsursachen insoweit zu tun, als gewisse Zustände voraussehbar sind, die den einzelnen zeitweise oder dauernd erwerbslos machen, wie namentlich Krankheit, Unfall, Invalidität, Alter, Verwitwung und Verwaisung von Angehörigen. Die wichtigste Gesamtmaßregel in dieser Gruppe bildet die Arbeiterversicherung, geschieden in Kranken-, Unfall-, Arbeitslosen-, Hinterbliebenenversicherung, sei es wie in Deutschland und Österreich in erster Linie auf der Grundlage eines staatlichen Zwanges, sei es wie in England und Amerika auf der Grundlage genossenschaftlicher Vereinigung, an der es im übrigen auch in jenen Ländern nicht fehlt. Die Arbeiterversicherung steht der Armenpflege in ihren Wirkungen am nächsten, indem sie im einzelnen Falle die Folgen der Erwerbslosigkeit beseitigt oder mindert. Sie unterscheidet sich von ihr dadurch, daß der Anspruch aufgrund eines erworbenen Rechtes gefordert wird. Auf verwandter Grundlage beruhen die Ansprüche an Staat, Gemeinde und Körperschaften auf Pensionen, Ruhegehälter oder Versorgung der Hinterbliebenen.

Scharf abgegrenzt von diesen Maßregeln der Wohlfahrtspflege, der Selbsthilfe und der sozialen Vorbeugung reiht sich an letzter Stelle den Maßregeln wider die Armut die eigentliche Armenpflege an. Wen allgemeine Wohlfahrtsmaßregeln vor dem Verfall in Armut nicht zu bewahren vermocht haben, wer im Falle geschwundener Erwerbsfähigkeit oder des Mangels an Arbeit weder auf die Hilfe von Drittverpflichteten zurückgreifen kann noch des Anspruchs aus einer Versicherung teilhaftig geworden ist, bleibt angewiesen auf fremde Hilfe, die von Armenpflege und Wohltätigkeit gewährt wird, jene Hilfe, der es charakteristisch ist, daß sie außerhalb des Bereiches von Leistung und Gegenleistung steht, das sonst alle wirtschaftlichen Beziehungen bestimmt und ihnen die feste Grenze zieht. Die Folgen dieses eigenartigen Verhältnisses sind auf der Seite der Gebenden wie der Nehmenden deutlich erkennbar. Der Gebende ist zur Einschränkung seiner Gaben auf das Allernotdürftigste geneigt, weil er schenkt, der Nehmende wird durch die Gabe gedemütigt, weil er nichts zum Entgelt bieten kann. Härte auf der einen Seite, Verbitterung auf der anderen Seite sind daher vielfach mit der Übung der Armenpflege verbunden. Und wo die Armenpflege nicht in harter Weise geübt wird oder wo sie in reichem oder gar verschwenderischem Umfang auftritt, nimmt sie zwar das Gefühl der Bitterkeit, erzeugt dafür aber andere nicht minder gefährliche Übel, vor allem das Übel, den Nehmenden an geschenkte Gaben zu gewöhnen, ihn begehrlich zu machen, sein Bestreben zu vermindern, sich aus eigener Kraft zu erhalten. Wo die Armenpflege in dieser Weise entartet, wird sie zur bloßen Almosenwirtschaft, die eine Vermehrung der Zahl der Hilfesuchenden ins Ungemessene zur unausbleiblichen Folge hat. Der schwere Mißstand, daß Familienväter ihre Frauen und Kinder hilflos zurücklassen, findet wesentliche Nahrung in dem durch die Übung auskömmlicher Armenpflege genährten Gefühl, daß für die Angehörigen auch ohne Mitwirkung des Familienhauptes genügend gesorgt werde. Ja, wo großer Reichtum die Mittel zum Spenden reicher Gaben gewährt, wird das Heischen der Gaben zum Gewerbe, das sich spezifischer Mittel bedient, um von dem Überfluß mühelos seinen Anteil zu erhalten. Der Schein der Armut wird vorgetäuscht. Verstellung, Lüge, List in schriftlicher und mündlicher Darstellung bilden die Mittel des Bettelgewerbes, das sich seiner sittlichen Qualität nach dem Gewerbe des Falschspielers, des Hehlers, des Betrügers durchaus an die Seite stellt.

So bewegt sich das Verhalten der Gesellschaft zur Armut dauernd zwischen zwei Übeln, dem Übel ungenügender Fürsorge für die Bedürftigen mit der Folgeerscheinung zunehmender, zu Bettel und Verbrechen zwingender Verarmung und dem Übel planloser Armenpflege mit den Folgeerscheinungen weitgehenden Mißbrauchs, Verminderung der wirtschaftlichen Selbständigkeit und Begünstigung von Bettel- und Landstreicherei. Die Geschichte des Armenwesens ist zum großen Teil eine Geschichte dieser stets beobachteten Übel und der Bestrebungen, sie zu beseitigen oder wenigstens auf ein geringeres Maß zurückzuführen. Keiner Zeit ist die vollständige Lösung dieses Problems gelungen. Wenn die auf der Nächstenliebe beruhende Armenpflege der ältesten christlichen Gemeinde die Mitglieder der Gemeinde als Brüder und Schwestern betrachtete, die sich wechselseitig Hilfe zu leisten hatten, so konnte sie für einen beschränkten Kreis und für eine beschränkte Zeit jene beiden Übel einigermaßen vermeiden. Aber die zur öffentlichen Macht gewordene Kirche des Mittelalters förderte das Bettelwesen in ungeheurem Maße, ohne doch der Aufgabe, den Bedürftigen zu helfen, auch nur annähernd gewachsen zu sein. Die Staatsgewalt in der Zeit des späteren Mittelalters und insbesondere im 16. und 17. Jahrhundert blieb trotz ihrer überaus strengen Bettelgesetze ohnmächtig gegenüber dem

Bettel- und Landstreichertum. Jene andere Richtung, mit überquellender Liebe und Menschenfreundlichkeit das Los der Armen zu lindern, wie die englische Gilberts Act[2] mit ihrem System der Allowances oder das französische Gesetz von 1811[3], betreffend die anonyme Aufnahme von Kindern, zeigte in der unheimlich schnell anwachsenden Zahl von arbeitsfähigen, Unterstützung fordernden Personen und von verlassenen Kindern, wohin eine zu milde Auffassung armenpflegerischer Tätigkeit führen muß. Die moderne Zeit steht vor dem gleichen Problem. Öffentliche Armenpflege und private Wohltätigkeit führen den jahrtausendealten Kampf fort um Übung gedeihlicher Armenpflege und Verhütung ihrer Mißbräuche und machen täglich die gleiche Erfahrung, die jene früherer Zeiten gemacht haben, daß die menschliche Natur allem wirtschaftlichen und technischen Fortschritt zum Trotz sich in dieser Beziehung nicht verändert hat. Daher auch die sehr merkwürdige Tatsache, daß die allermodernste Armenpflege ihre Aufmerksamkeit heute mehr als je auf die schlichte armenpflegerische Übung der alten christlichen Gemeinde lenkt und das vielgenannte Elberfelder System im Grunde nichts anderes ist als eine planmäßige Wiederbelebung jener alten Übung.

So steht im Vordergrund aller Erörterungen über zweckmäßige Armenpflege die Frage ihrer Organisation. Wenn die Armenpflege dem Bedürftigen nach dem Maß seines Bedürfnisses helfen, wenn sie den Nichtbedürftigen mit Grund soll abweisen können, so bedarf sie hierzu einer gründlichen Einsicht in die Verhältnisse des Hilfesuchenden. Diese Einsicht kann nur durch unmittelbare Prüfung in der Wohnung des Bedürftigen, durch Beobachtung seiner Lebensführung, seiner Wirtschaftsweise, der Haltung der Familie usw. gewonnen und muß durch Erkundigung an anderen Stellen, bei dem Arbeitgeber, den Nachbarn, den Hausbewohnern usw., ergänzt werden. Die Prüfung macht die Einsetzung besonderer prüfender Organe notwendig, die in angemessenem Verhältnis zu der Zahl der Hilfesuchenden steht. Den glücklichsten Erfolg in dieser Beziehung zeigen die Gemeinwesen, die eine genügende Zahl freiwilliger Helfer aufzubringen vermögen, die im Sinne der Nächstenliebe mit dem Bedürftigen in Verkehr treten. Hierin liegen Wurzeln und Kraft des eben erwähnten Elberfelder Systems. Der bezahlte Helfer ist vielleicht besser geschult, aber ihm fehlt jenes Element lebendiger Liebe, das den im Rahmen dieses Systems freiwilligen

---

2 Als Gilbert's Act – benannt nach Thomas Gilbert (1719-1798), Landverwalter in Staffordshire und 1763-1795 Abgeordneter im britischen Unterhaus, dem Initiator des Gesetzes – wurde der Relief of the Poor Act von 1782 (22 Geo III c. 83) bezeichnet. Entgegen der Elisabethanischen Armengesetzgebung sah das Gesetz die Möglichkeit vor, arbeitsfähige Arme nicht im Arbeitshaus, sondern durch Outdoor-Relief auch außerhalb zu unterstützen. In den neunziger Jahren des 18. Jahrhunderts entwickelte sich aus den im Gilbert's Act enthaltenen Ansätzen ein 1795 von Friedensrichtern in Berkshire geschaffenes lokales System der Lohnbezuschussung durch die Armenbehörden, das als Speenhamland-System bekannt wurde. Nach einem mit dem Brotpreis verbundenen Tarif sahen diese Regelungen Einkommensergänzungen bis zum Subsistenzniveau vor. Dr. Emil Münsterberg lehnte sich in seiner Darstellung hier wohl nicht zuletzt auch an die Schilderung von Dr. Paul Aschrott an (Paul F. Aschrott, Das englische Armenwesen in seiner historischen Entwicklung und in seiner heutigen Gestalt, Leipzig 1886, S. 30-33).

3 Nach dem Gesetz vom 19.1.1811 hatte in jedem Arrondissement ein Hospiz mit Drehlade zu bestehen, wo Eltern ihre Kinder anonym und unwiderruflich aussetzen konnten (Décret impérial concernant les Enfans trouvés ou abandonnés et les Orphelins pauvres vom 19.1.1811 [Bulletin des Lois de l'Empire Francais 1811, S. 82]). Die Zahl der verlassenen Findelkinder war dort, wo solche Findelhäuser in der Folge errichtet worden waren, deutlich angestiegen.

Helfer auszeichnet. Allerdings muß in Gesetz und Gewohnheit das freiwillige Helferamt sich entwickelt haben, wie es überwiegend in deutschen Gemeinden der Fall ist. In England und Amerika fehlt es an dieser Gewohnheit; es kommt hinzu das Übergewicht der geschlossenen über die offene Armenpflege in beiden Staatswesen. Dafür zeigen aber Amerika und England eine sehr starke Entwicklung der privaten Wohltätigkeit, die ihren Mittelpunkt in den Charity Organisation Societies[4] findet und hier nicht nur den freiwilligen Helfern weiten Spielraum bietet, sondern auch die Verwendung besoldeter, für diese Arbeit sehr sorgfältig vorgebildeter Kräfte erwünscht erscheinen läßt. Auch macht sich in der Privatwohltätigkeit die weibliche Mitwirkung auf das günstigste bemerkbar und führt zu der jetzt in allen Kulturstaaten gleichmäßig erhobenen Forderung, die Frauen auch in der öffentlichen Armenpflege mit gleichen Rechten und Pflichten wie die Männer heranzuziehen. Unter den besoldeten Hilfskräften überwiegt namentlich in der amerikanischen Privatwohltätigkeit das weibliche Element, das sich durch Sachkunde, Hingebung und Pflichttreue auszeichnet.

Mit der Frage der Organisation der Armenpflege hängt eng das Unterstützungssystem zusammen. Wenn die deutsche Armenpflege das System der offenen Pflege bevorzugt, so ist dies unzweifelhaft eine Folge der altgewohnten Mitwirkung freiwilliger Helfer. In England stellte die große Reform von 1834[5] als wesentlichen Prüfstein der Bedürftigkeit die Bereitwilligkeit des Hilfesuchenden auf, in eine geschlossene Anstalt einzutreten, in der er auf die Freiheit der Bewegung und auf eine Reihe gewohnter Lebensgenüsse zu verzichten hat. Ob diese Forderung zweckmäßig ist, wird noch heute vielfach umstritten; die Verhandlungen der National Conference of Charities[6], die Berichte der State Boards[7] und der englischen Zentralarmenbehörde[8] enthalten zahlreiche Ausführungen hierüber. Daß die Zahl der Unterstützten durch strenge Anwendung des Prinzips vermindert wird, ist zweifellos; zweifelhaft bleibt dagegen, ob damit auch wirklich in allen Fällen zweckmäßig geholfen wird und ob nicht vielfach die Gewährung einer baren Beihilfe den Bedürftigen schneller wieder zur wirtschaftlichen Selbständigkeit kommen läßt, das Armenhaus ihn aber dauernd der Armenpflege zuführt. Auch ist oft beobachtet worden, daß die scharfe Anwendung der geschlossenen Armenpflege jene beiden obengenannten Übel vermehrt, die

---

4 Vgl. Nr. 23 Anm. 2.

5 Vgl. Nr. 23 Anm. 14.

6 Delegierte der State Boards of Charity hatten 1874 auf Initiative der American Social Science Association die Conference of Boards of Public Charities gegründet, deren Jahresversammlungen sich zur wichtigsten nationalen Austauschplattform für Fragen der Wohlfahrtspflege entwickelte; sie war alsbald in National Conference of Charities and Correction umbenannt worden. Mitglieder der Conference waren öffentliche Einrichtungen der Wohlfahrtspflege wie auch private Wohltätigkeitsvereine.

7 Die State Boards of Charities waren in einer Reihe amerikanischer Bundesstaaten seit den sechziger Jahren des 19. Jahrhunderts geschaffen worden, um die wachsende Zahl der Einrichtungen der öffentlichen, zum Teil aber auch der privaten Armen- und Wohlfahrtspflege zu beaufsichtigen.

8 Der englische Poor Law Amendment Act von 1834 hatte als armenpolitische Zentralbehörde die Poor Law Commission geschaffen, die weitgehende Machtbefugnisse gegenüber den lokalen Poor Law Unions besaß. 1847 war die Poor Law Commission durch den Poor Law Board ersetzt worden, 1871 ging dieser wiederum in den Local Government Board als zentraler Aufsichtsbehörde mit einem Poor Law Department auf. Das Local Government Board besaß erhebliche Aufsichts- und Anweisungsbefugnisse gegenüber den Lokalinstanzen der Armenpflege, den Boards of Guardians.

Not der wirklich Bedürftigen, die für den Eintritt in das Armenhaus noch zu viel Ehrgefühl besitzen, und die Selbsthilfe der anderen durch Betteln und Landstreichen, was bequemer und einträglicher ist. Im übrigen würden weder England noch Amerika imstande sein, ihr System der geschlossenen Armenpflege konsequent durchzuführen, wenn nicht eine sehr reiche ergänzende Privatwohltätigkeit die Härten dieses Systems milderte. Außerdem hat aber eine fortschreitende Einsicht in den Zusammenhang von Armut mit körperlicher Krankheit und sittlicher Verwahrlosung in allen Kulturstaaten, und nicht zum mindesten in Amerika und England, dazu geführt, das Anwendungsgebiet der geschlossenen Armenpflege dadurch wesentlich zu verengen, daß alle jene Kategorien von Bedürftigen daraus ferngehalten werden, die besonderer körperlicher Pflege bedürfen und für deren sittliches Wohlergehen von dem Aufenthalt in den Werkhäusern Gefahren zu befürchten sind, vor allem also von Kranken und Kindern. In bezug auf die Kinder ist namentlich die Ausbildung des Systems der Familienpflege bemerkenswert und die Trennung der Kinder von den Erwachsenen; in der Krankenpflege handelt es sich vor allem um Bereitstellung der Pflege zur rechten Zeit, um den Kranken wieder gesund zu machen und die Krankheit womöglich in einem Stadium zu erfassen, in dem die Wiederherstellung der Erwerbsfähigkeit noch gelingen kann. In dieser Beziehung ist namentlich die Bewegung zur Bekämpfung der Tuberkulose von weittragender Bedeutung.

Sowohl die Frage der guten Organisation als auch die Frage zweckmäßiger Hilfe wird berührt durch die ungemeine Mannigfaltigkeit der Bestrebungen, bei denen öffentliche Armenpflege und private Wohltätigkeit in der verschiedensten Weise beteiligt sind. Gerade diese Mannigfaltigkeit birgt zwei ernste Gefahren, die der Zersplitterung auf der einen, die der Überhäufung mit Wohltat auf der anderen Seite. Es ist, um diesen Gefahren entgegenzuwirken, notwendig, daß die Träger der öffentlichen Armenpflege mit der Privatwohltätigkeit und die verschiedenen Vertreter der Privatwohltätigkeit zur Übung planmäßiger und wechselseitig ergänzender Fürsorge miteinander in Verbindung treten. Auskunft über Bedürftige, wie sie in den Charity Organisation Societies, in den Offices Centraux des Oeuvres de Bienfaisance[9], in den Vereinen gegen Verarmung[10], in den Auskunftsstellen[11] gesucht wird, weisen den Bedürftigen an die Stelle, von der aus ihm am besten geholfen werden kann, und führen zur Entdeckung derjenigen Persönlichkeiten, die Armenpflege und Wohltätigkeit mißbrauchen. Die Auskunft über Wohltätigkeitseinrichtungen, wie sie in den Auskunftsbüchern, den Digests und Directories der großen Städte gegeben wird,

---

[9] Die Offices Centraux des Oeuvres de Bienfaisance waren in einigen französischen Städten wie Paris (gegründet 1890), Marseille (1891) oder Bordeaux (1891) aus der Bedürfnis hervorgegangen, die unterschiedlichen Wohltätigkeitsbestrebungen stärker miteinander zu verbinden und zu koordinieren.

[10] Vgl. für Berlin: Nr. 69 Anm. 3 und 4; für Frankfurt a. M.: Nr. 17 Anm. 2 und Nr. 41 Bd. 7 der II. Abteilung dieser Quellensammlung; für Darmstadt und Dresden: Nr. 5 und Nr. 12 Bd. 7 der II. Abteilung dieser Quellensammlung. Weitere Vereine dieser Art bestanden z. B. in Dortmund, Bochum, Chemnitz oder Hannover.

[11] Auskunftsstellen unterschiedlichen Zuschnitts, welche die Unterstützungstätigkeit der öffentlichen und privaten Träger der Armenpflege koordinieren sollten, waren in einer ganzen Reihe von deutschen Städten errichtet worden; in Hamburg unter Dr. Emil Münsterbergs Mitwirkung, vgl. Nr. 49; für Frankfurt vgl. Nr. 78 Bd. 7 der II. Abteilung dieser Quellensammlung. Münsterberg hatte die Notwendigkeit solcher Einrichtungen in einer eigenen Publikation erörtert (Emil Münsterberg, Zentralstellen für Armenpflege und Wohlthätigkeit, Jena 1897, besonders S. 33-36).

zeigt, was an Einrichtungen vorhanden ist und wie sie zweckmäßig zu benutzen sind.

[...] *Aufsicht über Armenpflege und Wohltätigkeit. Fachvereinigungen und Kongresse.*

Es ist in diesem Zusammenhang noch auf einen Punkt aufmerksam zu machen. Die Unterscheidung zwischen öffentlicher und privater Armenpflege beruht darauf, daß die eine durch Gesetz angeordnet ist und der Aufwand aus Mitteln der Steuerzahler bestritten werden kann, während die private Armenpflege freiwillig und nur aus freiwilligen Beiträgen geübt wird.

Dennoch tritt der Unterschied zwischen den Systemen der öffentlichen und der freiwilligen Armenpflege in der praktischen Übung nicht so stark hervor, als die theoretische Betrachtung es annehmen sollte. Auch in den Ländern der freiwilligen Armenpflege, wie namentlich in Frankreich, stellen die bürgerlichen Gemeinden sehr erhebliche öffentliche Mittel der freiwilligen Armenpflege zur Verfügung, wie andererseits die Leistungen der öffentlichen Armenpflege in armen Gemeinden Deutschlands oder Englands weit hinter den Ansprüchen, die an sie zu stellen sind, zurückbleiben. Auch schließt das Vorwalten der freiwilligen Armenpflege nicht aus, daß für einzelne Zwecke Staat und Gemeinde Mittel zur Verfügung stellen. So liegt in Frankreich die Fürsorge für Kinder und Geisteskranke den Departements, die für Kranke den Gemeinden ob; hierzu gewährt der Staat erhebliche Beihilfen. Überhaupt bildet die Beteiligung des Staates und seiner größeren Verbände an den Lasten der Armenpflege einen hervortretenden Zug in der neueren Entwicklung der öffentlichen Armenpflege. Die sämtlichen neueren Gesetze über die Armenpflege in Deutschland, in der Schweiz[12], in Österreich[13] sehen erhebliche Staats- und Provinzialbeiträge für die Armenpflege vor oder legen dem Staat oder den Provinzen die unmittelbare Fürsorge für gewisse Klassen von Armen auf, so namentlich für Geisteskranke, Gebrechliche und Idioten. Daneben macht sich auch in den romanischen Ländern ein entschiedener Zug zur Einführung oder wenigstens Ausdehnung des Gebietes der öffentlichen Armenpflege bemerkbar, wie in dem französischen Gesetz, betreffend die Krankenpflege von 1893[14], dem italienischen Gesetz über die öffentliche Wohltätigkeit von 1890[15] und in

---

[12] Besonders ausgeprägt waren die Beiträge der Kantone zur Armenpflege, wie Münsterberg an anderer Stelle darlegte, in Bern, Zürich, Basel, Aargau und Thurgau (Emil Münsterberg, Armengesetzgebung in der Schweiz, in: Johannes Conrad u. a. [Hrsg.], Handwörterbuch der Staatswissenschaften, 3. Auflage, Bd. 2, Jena 1909, S. 124-132, hier S. 129).

[13] In Nieder-Österreich war durch ein Gesetz vom 13.10.1893 die Armenpflege von den Gemeinden auf die Bezirksarmenräte als Organe der größeren Verbände übertragen worden (Gesetz vom 13. Oktober 1893, betreffend die öffentliche Armenpflege im Erzherzogthume Österreich unter der Enns mit Ausschluß der Reichshaupt- und Residenzstadt Wien [Landes-Gesetz- und Verordnungsblatt für das Erzherzogthum Österreich unter der Enns 1893, S. 60, hier besonders §§ 45-74]). In der Steiermark war man so weit nicht gegangen, hatte aber die Gemeinden durch das Armengesetz von 27.8.1896 z. B. dadurch entlasten wollen, daß die Kosten der offenen Krankenpflege den Bezirken der Heimatgemeinde auferlegt worden waren (§ 58); zugleich übernahm ein bereits bestehender Landesarmenfonds weitere Aufgaben (§§ 87-92) (Gesetz vom 27. August 1896, wirksam für das Herzogthum Steiermark, betreffend die öffentliche Armenpflege [Landesgesetz- und Verordnungsblatt für das Herzogthum Steiermark 1896, S. 103]).

[14] Loi sur l'assistance médicale et gratuite vom 15.7.1893 (Bulletin des Lois de la République Francaise 1893, S. 841); vgl. Nr. 23.

[15] Legge sulle Opere Pie vom 17.7.1890 (Gazzetta Ufficiale del Regno d'Italia 1890, S. 3037); vgl. Nr. 23.

dem noch nicht zur Verabschiedung gelangten Entwurf eines niederländischen[16] und eines belgischen Gesetzes.

Diese Bemühungen, das Gebiet der öffentlichen Armenpflege zu erweitern, befremden auf den ersten Blick und scheinen in Widerspruch zu stehen mit den unser Zeitalter kennzeichnenden Bestrebungen, der Armut durch Maßregeln der Wohlfahrtspflege und der Vorbeugung entgegenzuwirken. Dennoch liegt hierin kein Widerspruch, sondern der Beweis der Tatsache, daß die Armenpflege sich mit der Erkenntnis von der Bedeutung der Wohlfahrtspflege und Vorbeugung auch ihrerseits erfüllt hat und zu dem zu werden sich bemüht, was wir heute mit dem Namen der „sozialen Armenpflege" zu bezeichnen uns gewöhnt haben. Die Gesetze zur Erziehung verwahrloster Kinder, deren ältestes kaum 20 Jahre alt ist, ruhen auf der Grundlage dieser Erkenntnis; sie üben Armenpflege an den Kindern in der Absicht, die unter der Herrschaft dieser Gesetze aufwachsende Jugend vor dem künftigen Verfall in Armut zu bewahren. Die gleiche Tendenz haben die Gesellschaften zur Verhütung von Grausamkeit gegen Kinder, die Juvenile Courts[17], die Beförderung der Auswanderung nach Kanada, die Einrichtung der Schulschiffe usw. Die Krankenpflege geht weit über die Aufgabe hinaus, den Erkrankten zu heilen; sie sucht den Krankheitsherd auf, um ihn im Entstehen auszurotten. Kein Wunder, daß überall da, wo mit dem Licht neuerer hygienischer und sozialer Erkenntnis in die Winkel und Höhlen der Armut hineingeleuchtet wird, daß überall da, wo die junge Wissenschaft der Soziologie die wirtschaftlichen und sozialen Erscheinungen verstehen lehrt, neue Aufgaben hervorwachsen. Es braucht hier nur an die junge Bewegung zur Bekämpfung der Tuberkulose und des Alkoholmißbrauchs erinnert zu werden.

Zugleich hat keine Bewegung besser als diese erkennen lassen, wie weit wir noch vielfach von gesunden Zuständen entfernt sind, wie trotz aller Bemühungen noch Millionen unter so ungünstigen Bedingungen in bezug auf Wohnung, Ernährung und Bildung leben, daß sie in furchtbarer Häufigkeit gerade dieser Krankheit zum Opfer fallen. Kein Kenner der Verhältnisse verhehlt sich, daß alle diese Einrichtungen wie Dispensaries,[18] Lungenheilstätten, armenpflegerische Fürsorge usw. nicht annähernd gleiche Bedeutung haben wie der Besitz dauernder und gut gelohnter Erwerbstätigkeit, die die Verschaffung gesunder Wohnung und ausreichender Nahrung ermöglicht und die Widerstandsfähigkeit gegen jene furchtbare Krankheit stärkt. Aber eben diese Erkenntnis zeigt uns auch den Weg, um das Problem der Armut zwar nicht zu lösen, aber seiner Lösung uns einigermaßen anzunähern, indem wir in dieser aus dem sozialen Untergrund unserer Zeit erwachsenen Erkenntnis den bedeutendsten Fortschritt erblicken, indem wir die Förderung allgemeiner Wohlfahrt und die Hebung der arbeitenden Klassen weit voranstellen, selbst den allerbesten Einrichtungen der Armenpflege und Wohltätigkeit.

---

[16] Der niederländische Gesetzentwurf, der die Befugnisse der Armenbehörden ausweiten wollte, wurde dann allerdings aufgrund des vereinten protestantischen und katholischen Widerstands zurückgenommen. Ein entsprechendes Gesetz kam erst 1912 zustande.

[17] Eigenständige Jugendgerichte waren zuerst in den USA und in England entstanden; in den USA war das erste Jugendgericht der 1899 geschaffene Cook Count Juvenile Court in Chicago, in England der 1900 eingerichtete Juvenile Court in Birmingham; Dr. Emil Münsterberg berichtete der deutschen Fachöffentlichkeit im Anschluß an seine Amerikareise 1904 von den amerikanischen Jugendgerichten (Emil Münsterberg, Die Gerichtshöfe für Jugendliche in Amerika, in: Zeitschrift für das Armenwesen 4 [1904], S. 52-57).

[18] Zu den französischen und belgischen Dispensaires vgl. Nr. 117, Nr. 123 und Nr. 126.

Daß gegenwärtig noch diese Einrichtungen einen ungeheuren Aufwand öffentlicher und privater Mittel fordern und daß in absehbarer Zeit eher von einem Steigen als von einem Sinken dieses Aufwands die Rede sein kann, darf uns in dieser Erkenntnis nicht beirren. Soviel wir auch bemüht sind, auf diesem Gebiet Aufklärung zu verbreiten und Besserung anzustreben, immer werden wir uns bewußt bleiben müssen, daß Armenpflege und Wohltätigkeit sich bescheiden an die allerletzte Stelle unter den Maßregeln wider die Armut einzureihen haben. Wer dem Bedürftigen hilft, daß er sich helfen kann, tut Besseres als der, der den Armen unterstützt. Das ernstliche Bestreben jedes wahren Freundes der Armen muß darauf gerichtet sein, die Armenpflege selbst überflüssig zu machen.

Nr. 136

1904 Oktober 13

Sitzungsprotokoll[1] des Hamburger Armenkollegiums

Auszug in Maschinenschrift

[Diskussion darüber, ob die Armenpflege mit der beabsichtigten Erweiterung ihrer Tätigkeit auf dem Feld der Tuberkulosebekämpfung den ihr gesetzlich gezogenen Rahmen verlasse; die alte Zwangsarmenpflege entwickle sich weiter zu einer sozialen Fürsorge in vorbeugender Absicht]

Den Herren Mitgliedern des Armenkollegiums ist eine von Herrn Direktor Dr. Buehl verfaßte Denkschrift[2] über die zur Bekämpfung der Lungentuberkulose zu ergreifenden Maßnahmen zugegangen.

Herr Direktor Dr. Buehl erläutert des näheren die beabsichtigte Fürsorge, die sich als eine erweiterte Individualisierung darstelle. Die bisherige Fürsorge der Armenanstalt beschränke sich auf eine verhältnismäßig geringe Anzahl von Heilstättenfällen. Wichtiger noch als jene sei die Fürsorge in den Wohnungen der an Lungentuberkulose leidenden Armen. Die hier zu erfüllenden Aufgaben lägen teils auf dem Gebiet der Krankenpflege, teils auf dem der Krankheitsverhütung. In diesen Richtungen ermangele der Pfleger naturgemäß der erforderlichen Sachkunde, weshalb die Vorlage eine weiter gehende Heranziehung des Armenarztes in Aussicht nehme. Es werde beabsichtigt, dem Armenarzt, der bis jetzt nur auf besonderen Antrag des Armen bzw. des Armenbezirks in Tätigkeit trete, in bezug auf lungenkranke Arme hausärztliche Funktionen zu übertragen und ihn zu verpflichten, den Lungenkranken fortgesetzt ärztlich zu beaufsichtigen, insbesondere dessen Wohnungsverhältnisse einer Prüfung vom hygienischen Standpunkt aus zu unterziehen, auf Abstellung etwaiger Mängel hinzuwirken und dem Kranken bei der Berufswahl mit Rat und Tat zur Seite zu stehen. Dabei sei aber nicht beabsichtigt, dem Armenarzt weiter gehende Befugnisse als jetzt beizulegen; vielmehr solle derselbe auch in Zukunft nur Ar-

1 Staatsarchiv Hamburg 111-1 Cl. VII Lit. Qa Nr.3 Vol.18 Fasc.8 Inv.15, n. fol.
2 Denkschrift des Direktors des Hamburger öffentlichen Armenwesens Dr. Adolf Buehl für das Armenkollegium: Maßnahmen zur Bekämpfung der Tuberkulose, Oktober 1904 (StA Hamburg 351-2 II Nr.219a, n. fol.).

zeneien und Heilmittel selbständig verordnen dürfen, während er Bewilligungen an Geld, Gebrauchsstücken etc. bei dem zuständigen Armenbezirk in Anregung bringen müsse. Die geplante Fürsorge bezwecke einerseits, sogenannte Frühfälle von Tuberkulose in der Armenpraxis zu finden und dieselben in Fürsorge zu nehmen, ferner die zur Heilstättenbehandlung geeignet befundenen Personen bis zu dem oft weit hinausgeschobenen Aufnahmetermin unter ärztliche Aufsicht zu stellen, damit einer etwaigen Verschlimmerung des Leidens vorgebeugt werden könne, sowie endlich die aus Heilstätten zurückgekehrten Personen zum Zwecke der Erhaltung des Kurerfolgs einer fortgesetzten Fürsorge zu unterstellen, wie solches in beschränktem Maße schon jetzt erfolge. Andererseits handele es sich um eine entsprechende Versorgung der in fortgeschrittenerem Stadium befindlichen Lungenkranken, soweit dieselben bereits der Armenanstalt unterstehen.

Die neue Aufgabe stelle an die Armenärzte große Anforderungen. Da deren Honorierung sich in bescheidenen Grenzen halte, erscheine es billig, dieselben für die gedachte, außerhalb ihrer bisherigen Aufgaben liegende Tätigkeit besonders zu entschädigen, und erachte er es für zweckmäßig, eine Vergütung pro Fall und Jahr eintreten zu lassen, schon weil auf diesem Wege die Ärzte für die hausärztliche Fürsorge weitergehend interessiert würden. Die Abgrenzung gegenüber der eigentlichen armenärztlichen Tätigkeit setze allerdings eine förmliche Überweisung dieser Fälle voraus, die vielleicht zweckmäßig durch die Zentralstelle erfolge. Die Zahl der Fälle schätze er auf 500 im Jahr. Er bitte demgemäß, den in der Druckschrift enthaltenen Anträgen, nämlich

1. die in offener Armenpflege dauernd unterstützten Armenparteien insoweit einer nach Maßgabe der diesbezüglich zu erlassenden besonderen Vorschriften zu übenden dauernden armenärztlichen Aufsicht zu unterstellen, als innerhalb der betreffenden Familien über 14 Jahre alte, an Lungentuberkulose leidende oder dieser Krankheit dringend verdächtige Personen vorhanden sind;

2. derselben Fürsorge auf bezüglichen Antrag und nach Feststellung der Bedürftigkeit auch solche nicht dauernd unterstützte Personen teilhaftig werden zu lassen, welche auf Kosten der Allgemeinen Armenanstalt oder des Spezialfonds[3] in einer Lungenheilstätte Aufnahme finden sollen oder bereits dortselbst behandelt sind;

3. die Zuweisung zur fortgesetzten Lungenkrankenfürsorge dem Direktor des öffentlichen Armenwesens zu übertragen;

4. den Armenärzten für jeden ihnen zugewiesenen Fall fortgesetzter Lungenkrankenfürsorge ein Honorar von 20 M. zuzubilligen;

5. bei E[inem] H[ohen] Senat in Antrag zu bringen, für den gedachten Zweck eine Summe von 10 000 M. in Rubrik 1 B des Ausgabebudgets der Allgemeinen Armenanstalt für 1905 nachträglich einzustellen,

zustimmen zu wollen.

Herr Finanzdeputierter Neubauer[4] erklärt, daß er mit Interesse von der Vorlage Kenntnis genommen habe und der Überzeugung sei, daß auf diesem Gebiet noch vieles zu tun sei, doch unterliege es keinem Zweifel, daß die Kosten den zunächst geforderten Betrag von 10 000 M. weit überschreiten würden, schon weil in der in Vorschlag gebrachten Ausgabe die sich steigernden Kosten für Milch und Medikamente nicht einbegriffen seien.

---

[3] Nr. 49 Anm. 6.

[4] Gustav Neubauer (1847-1909), Kaufmann in Hamburg, seit 1901 Mitglied der Hamburger Bürgerschaft, von dieser erwähltes Mitglied der Finanzdeputation.

Herr Dr. Goverts erklärt sich für die Vorlage, macht indessen darauf aufmerksam, daß durch dieselbe die dienstliche Stellung der Armenärzte insofern etwas verändert würde, als dieselben für Lungenkranke, welche der beabsichtigten Fürsorge überwiesen seien, nicht mehr auf jedesmaligen besonderen Antrag, sondern ex officio die ärztliche Fürsorge zu gewähren haben würden. In seiner Eigenschaft als verwaltender Vorsteher für das Medizinalwesen habe er gegen diese veränderte Stellung der Armenärzte Bedenken nicht zu erheben, auch sei er mit der Regelung des Honorars der Armenärzte, wie sie in der vorliegenden Denkschrift vorgesehen sei, einverstanden.

Herr Döhner[5] ist der Meinung, daß, selbst wenn die Kosten der geplanten Fürsorge weit mehr als 10 000 M. pro Jahr betragen würden, die aufgewendeten Gelder nicht nutzlos ausgegeben sein würden, da sie im Interesse des Volkswohls Verwendung gefunden hätten. Er stehe der Vorlage sympathisch gegenüber, bitte aber noch um eine Erklärung darüber, weshalb man Personen unter 14 Jahren von der Fürsorge ausschließen wolle.

Nachdem Herr Direktor Dr. Buehl bemerkt hatte, daß für die letzteren bereits durch die fortgesetzte Kinderfürsorge gesorgt sei, weist Herr Messtorff[6] darauf hin, daß, wenn die geplante Fürsorge eingeführt werde, die Ausgaben sich wesentlich erhöhen würden. Seiner Meinung nach überschreite diese Fürsorge die Grenzen der öffentlichen Armenpflege, und es sei deshalb notwendig, daß die unter Nr. 2 des Antrags vorgeschriebene Feststellung der Bedürftigkeit nur von ehrenamtlichen Organen erfolge und dabei lediglich der Maßstab der armenrechtlichen Hilfsbedürftigkeit angelegt werde. Auch jetzt schon sei bei Bewilligung von Unterstützungen auf in der Familie bestehende Tuberkulose Rücksicht genommen worden. Die Überweisung in die Fürsorge für Lungenkranke bitte er den ehrenamtlichen Organen, insonderheit den Kreisvorstehern, zu überlassen, da dieselben ein Interesse hätten, zu wissen, in welcher Weise für die im Kreis wohnhaften Armen gesorgt werde.

Herr Jauch erklärt, daß die Vorlage lediglich eine Konsequenz früherer Beschlüsse des Armenkollegiums sei. Er begrüße mit Freuden, daß durch diese Vorlage ein engeres Zusammenarbeiten zwischen den ehrenamtlichen Organen und dem Arzt angestrebt werde. Da jedoch die Überweisung in die Lungenkrankenfürsorge nicht allein die Bezahlung eines Arzthonorars, sondern auch die Bewilligung von Unterstützungen an den Kranken zur Folge habe, empfehle er, diese Überweisungen durch die ehrenamtlichen Organe der Armenpflege, und zwar durch den Kreisvorsteher, aussprechen zu lassen. Was die Zunahme der Ausgaben betreffe, so möchte er doch auch darauf hinweisen, daß seiner Meinung nach durch diese weitgehende Fürsorge in der offenen Armenpflege teuere Krankenhauspflegekosten erspart werden würden.

Herr Hauptpastor Stage[7] steht der geplanten Fürsorge ebenfalls sympathisch gegenüber, wünscht aber auch, daß der Kreisvorsteher die Überweisung in die Lungenkrankenfürsorge ausspricht.

---

5 Friedrich Adolf Döhner (1847-1922), Kaufmann in Hamburg, 1892-1898 Mitglied der Hamburger Bürgerschaft, von der Bürgerschaft gewähltes Mitglied des Armenkollegiums der Allgemeinen Armenanstalt, seit 1898 Steuerschätzbürger.

6 Hermann Theodor Messtorff (1859-1929), Kaufmann in Hamburg, von der Bürgerschaft gewähltes Mitglied des Armenkollegiums der Allgemeinen Armenanstalt.

7 Kurt Stage (1866-1931), ev. Theologe, seit 1903 Hauptpastor an der St. Katharinen-Kirche in Hamburg.

Herr Senatsekretär Dr. Hagedorn[8] erklärt, daß seiner Meinung nach das Armenkollegium durch Annahme der Vorlage einen weiteren Schritt tue, sich zu einem Institut sozialer Fürsorge zu entwickeln, was aber der Gesetzeslage nicht entspreche. Die Vorlage an sich halte er im Interesse der Volksgesundheit für wichtig. Was die Honorierung der Armenärzte für ihre Tätigkeit auf diesem speziellen Gebiet anbelange, so würde ihm der Weg, die Zahl der Armenärzte mit Rücksicht auf die vermehrte Arbeit zu vermehren, sympathischer sein.

Herr Senator Dr. Sthamer[9] weist darauf hin, daß die öffentliche Armenpflege nicht der allgemeinen Wohlfahrt zu dienen habe und es ihm sehr zweifelhaft erscheine, ob die in der Vorlage gestellten Anträge noch innerhalb des der öffentlichen Armenpflege zugewiesenen Tätigkeitsgebiets sich bewegten. Der Antrag sub 1 verlasse diesen Rahmen nicht, während der Antrag sub 2, der sich mit nicht dauernd unterstützten Personen beschäftige, über diesen Rahmen hinausgehe. Wenn aber armenrechtliche Hilfsbedürftigkeit nicht vorliege, könne man fortgesetzte ärztliche Überwachung und event[uell] Gewährung von Medikamenten von seiten der öffentlichen Armenpflege nicht eintreten lassen, da dazu staatliche Mittel nicht zur Verfügung ständen, es übrigens auch bedenklich sei, die betreffenden Personen ohne ihren Antrag auf Unterstützung den mit dem Bezug öffentlicher Unterstützung verbundenen Nachteilen auszusetzen. Die in Aussicht stehenden großen Ausgaben für Lungenkrankenfürsorge machten es zur Pflicht, genau zu prüfen, ob diese Fürsorge sich innerhalb der den Armenkollegium zugewiesenen Aufgaben bewege oder darüber hinausgehe, um aus der öffentlichen Armenpflege entgegen ihrer gesetzlichen Stellung eine allgemeine Wohlfahrtspflege zu machen.

Herr Direktor Dr. Buehl widerlegt die gegen die Vorlage erhobenen Bedenken, indem er insbesondere betont, daß der Schwerpunkt der Vorlage auf der Ziffer 1 der Anträge liege, wo es sich um dauernd der Armenpflege anheimgefallene Personen handele, deren angemessene Versorgung gewiß im Rahmen der öffentlichen Armenpflege liege. Aber auch bei den unter 2 der Anträge genannten Personen handele es sich um solche Kranke, deren sich die Armenanstalt (oder ganz vereinzelt der Spezialfonds) nach erfolgter pflegerischer Prüfung durch Entsendung in die Heilstätte bereits angenommen habe. Zu bemerken sei noch, daß die armenärztliche Behandlung von nicht dauernd unterstützten Lungenkranken sowie die Verabreichung von Medikamenten an dieselben den Verlust des Reichstagswahlrechts aufgrund eines früheren Beschlusses des Armenkollegiums[10] nicht nach sich ziehe, daß dieser Verlust vielmehr erst eintrete, sofern für Lungenkranke andere Naturalunterstützung oder Barunterstützung gewährt werden müsse.

Im Laufe der weiteren Debatte bemerkt Herr Senatssekretär Dr. Hagedorn, daß er auch jetzt noch auf dem Standpunkt stehe, daß die geplante Fürsorge teilweise den durch das Gesetz gezogenen Rahmen der öffentlichen Armenpflege verlasse. So sehr er auch den Grundgedanken der Vorlage billige, bitte er doch, daß ein solcher Schritt nur bewußt getan werde.

---

8 Dr. Anton Hagedorn (1856-1932), Historiker und Staatsrat in Hamburg, seit 1891 Senatssekretär und Vorsteher des Staatsarchivs in Hamburg.

9 Dr. Friedrich Sthamer (1856-1931), Jurist in Hamburg, 1901-1904 Mitglied der Bürgerschaft, seit Juli 1904 Senator.

10 Vgl. Nr. 46 und Nr. 59.

Herr Rat Flemming[11] führt aus, daß die von der Vorlage bezweckten Maßnahmen allerdings außerhalb der Grenzen der Armenpflege gelegen seien, wenn man nämlich die Armenpflege mit der alten Almosenpflege gleichbedeutend setze. Über die der letzteren gezogenen Grenzen sei aber das Armenkollegium schon längst hinausgegangen, nicht erst mit der Schaffung der analogen fortgesetzten Kinderfürsorge, sondern im Grunde genommen schon mit der vor 12 Jahren erfolgten Reorganisation[12] der Hamburgischen Armenpflege. Seit derselben sei vom Kollegium ständig die Auffassung vertreten, daß auch eine vernünftige Prophylaxe zu den pflichtmäßigen Aufgaben der Armenpflege gehöre, ein Gedanke, der nicht nur in der Rechtsprechung Anerkennung gefunden habe, sondern auch fast alle anderen großstädtischen Armenverwaltungen Deutschlands in ihrer Wirksamkeit beherrsche. Des ferneren sei auf die namhaften pekuniären Vorteile hinzuweisen, die von einer zweckmäßigen Tuberkulosebekämpfung im Hinblick auf die längere Erhaltung der Arbeitskraft zahlreicher Personen zu erwarten seien und welchen gegenüber die Ausgaben, selbst wenn sie erheblich wachsen sollten, nicht entscheidend ins Gewicht fallen dürften. Schließlich müsse er der Auffassung entgegentreten, als ob mit Annahme der Vorlage in Hamburg zuerst ein Schritt ins Unbekannte getan werde. Einrichtungen, wie sie die Vorlage bezwecke, beständen vielmehr in dieser oder jener Form bereits in mehreren deutschen Großstädten.

Herr Dr. Lohse[13] befürwortet die Vorlage, gibt aber gleichzeitig seiner Meinung dahin Ausdruck, daß derselben allerdings die Tendenz anhafte, die Wirksamkeit des Armenkollegiums über die Grenzen der Zwangsarmenpflege hinaus im Sinne der sozialen Wohlfahrtspflege zu erweitern, da die Vorteile des neuen Fürsorgezweigs nicht nur den unbemittelten Kranken selbst, sondern auch deren Familienangehörigen sowie bloß gefährdeten Personen zugute kämen.

Alsdann wird in die Spezialberatung der einzelnen Anträge der Vorlage eingetreten.

Antrag 1 wird angenommen.

Zu Antrag 2 erklärt Herr Direktor Dr. Buehl auf Anfrage von Herrn Senatssekretär Dr. Hagedorn, daß als Antragsteller der Vertrauensarzt gemeint sei. Antrag 2 wird alsdann unter Ersatz der Worte „auf bezüglichen Antrag“ durch die Worte „auf Antrag des Vertrauensarztes“ und mit dem auf Antrag von Herrn Senatssekretär Dr. Hagedorn hinter „Personen“ eingefügten Zusatz: „mit ihrer Zustimmung“ angenommen.

Antrag 3 wird in folgender Fassung angenommen: „Die Zuweisung zur fortgesetzten Lungenkrankenfürsorge erfolgt durch den zuständigen Kreisvorsteher.“

Antrag 4 wird mit der Änderung „ein Honorar von jährlich 20 M.“ angenommen.

Ingleichen findet Antrag 5 Annahme.

---

11 Rudolf Flemming (1874-1941), Jurist, seit 1903 Rat des Armenkollegiums der Allgemeinen Armenanstalt Hamburg.

12 Nr. 12 und Nr. 16.

13 Dr. Otto Lohse (1865-1946), seit 1895 Landrichter in Hamburg, von der Bürgerschaft gewähltes Mitglied des Armenkollegiums der Allgemeinen Armenanstalt.

Nr. 137

1904 Dezember 22

Sitzungsprotokoll[1] der Berliner Stadtverordnetenversammlung

Druck, Teildruck

[Es ist beabsichtigt, mehrere Fürsorgestellen zur Bekämpfung der Säuglingssterblichkeit zu errichten; Debatte über die entsprechende Magistratsvorlage; strittig ist, ob dort auch Unterstützungen für stillende Mütter vergeben werden sollen und die Fürsorge auf Schwangere und Wöchnerinnen ausgedehnt werden soll]

Vorsteher Dr. Langerhans: Dritter Gegenstand der Tagesordnung: Vorlage – zur Beschlußfassung –, betreffend Maßnahmen zur Bekämpfung der Säuglingssterblichkeit. – Vorlage 1069.

Hierzu ist ein Ausschuß von 15 Personen beantragt von Herrn Dr. Bütow[2].

Stadtverordneter Dr. Bütow: Meine Herren, die Vorlage, die uns zur Beschlußfassung unterbreitet ist, sieht auf eine recht lange Vorgeschichte zurück. Aus meiner eigenen Erfahrung weiß ich, daß bereits im Spätherbst 1900 bei der Waisenverwaltung eine Kommission unter dem Vorsitz des damaligen Bürgermeisters Brinkmann[3] tagte, die aus Anlaß einer gerade erschienenen Arbeit[4] des bekannten Kinderarztes Dr. Hugo Neumann[5] sich mit der Frage der Säuglingssterblichkeit zu befassen hatte. Herr Brinkmann starb, und das Resultat der Tätigkeit jener Kommission hat leider niemals das Licht der Öffentlichkeit erblickt; es ist irgendwo in den Akten begraben. Die heutige Vorlage selbst hat zum unmittelbaren Anlaß den Antrag Singer[6] vom Januar 1901.[7] Infolge dieses Antrags wurde eine gemischte Deputation eingesetzt,[8] deren Beschlüsse[9] Ihnen ebenfalls vorliegen. Zunächst muß ich mich dem Bedauern anschließen, dem vorhin verschiedene der Herren Redner und Herr Kollege Singer auch insbesondere im Hinblick auf diese uns jetzt beschäftigende Vorlage Ausdruck gegeben haben, daß nämlich von den Materialien der gemischten Deputation absolut nichts mit abgedruckt wurde und daß wir nicht wenigstens einen Auszug aus den Protokollen der vielfachen und langen Sitzungen derselben erhielten. Das würde denjenigen Kollegen, die nicht gleichsam berufsmäßig wie die in der Armenverwaltung und Waisenverwaltung täti-

---

1 Landesarchiv Berlin A Rep.000-02-01 Nr.1803, n. fol.

2 Dr. Paul Bütow (1848-1911), Jurist in Berlin, seit 1900 Stadtverordneter (linksliberal).

3 Karl Brinkmann, seit Oktober 1900 Zweiter Bürgermeister von Berlin, zuvor Zweiter Bürgermeister von Königsberg i. Pr., starb im Jahr nach seiner Wahl.

4 Hugo Neumann, Die unehelichen Kinder in Berlin, Jena 1900.

5 Dr. Hugo Neumann (1858-1912), Kinderarzt in Berlin, 1888 Begründer und Leiter einer Poliklinik für Kinderkrankheiten.

6 Paul Singer war seit 1884 sozialdemokratischer Stadtverordneter in Berlin.

7 Vorlage Nr. 58 für die Stadtverordneten-Versammlung: Antrag des Stadtverordneten Singer und Genossen, betreffend die Einsetzung einer gemischten Deputation behufs Beratung über Maßregeln zur Herabsetzung der Säuglingssterblichkeit in Berlin, vom 9.1.1901 (LA Berlin A Rep.000-02-01 Nr.1803, n. fol.).

8 Auszug aus dem amtlichen stenographischen Bericht über die Sitzung der Stadtverordneten-Versammlung am 24.1.1901 (LA Berlin A Rep.000-02-01 Nr.1803, n. fol.).

9 Beschlüsse II. Lesung der gemischten Deputation zur Beratung von Maßregeln zwecks Herabminderung der Säuglingssterblichkeit in Berlin (Anlage I zur Vorlage Nr. 1069) (LA Berlin A Rep.000-02-01 Nr.1803, n. fol.).

gen sich mit dieser Frage bereits eingehend beschäftigt haben, das Studium doch bedeutend erleichtern, es würde ihnen aber auch zeigen, daß wir in der gemischten Deputation unsere erst weiter gehenden Ansprüche zu beschränken und zurückzuschrauben uns bemühten, um einerseits den Säckel der Stadt nicht zu sehr in Anspruch zu nehmen, andererseits doch ein der gestellten Aufgabe entsprechendes Ergebnis zu erzielen. Demgegenüber kann ich nicht verhehlen, daß ich über die Vorlage des Magistrats[10] doch eine gewisse Enttäuschung empfunden habe und geglaubt hatte, daß von den unter so maßvoller Bescheidung zustande gekommenen Beschlüssen der Deputation mehr angenommen werden würde, als tatsächlich geschehen ist. Der Magistrat beschäftigt sich in seiner Vorlage im wesentlichen mit der Fürsorge für diejenigen Kinder, welche auf künstlichem Weg ernährt werden.[11] Er gestattet zunächst allen Müttern, die ein Kind künstlich ernähren, wenn es der Hilfe bedarf, 8 Tage lang unentgeltlich solche in Anspruch zu nehmen. Das scheint mir außerordentlich liberal, und ich nehme nicht Anstand, zu erklären, daß der Zeitraum von 8 Tagen mir sogar zu weitgegriffen deucht. Ich glaube, daß eine kürzere Frist genügen dürfte, doch wird man sich darüber im Ausschuß des näheren zu unterhalten haben. Länger als 8 Tage wird unentgeltliche Hilfe nach der Magistratsvorlage nur denjenigen zuteil, die durch die Armenkommission als arm bezeichnet werden, während andere Bedürftige, aber nicht geradezu Arme, die Nahrungsmittel zu dem tarifmäßigen Preis beziehen können.

Ich möchte hier auf einen Vorschlag[12] hinweisen, den ich neulich in dem Bericht des Vereins für Armenpflege und Wohltätigkeit über seine letztjährige Jahresversammlung fand, und der dahin geht, eine derartige unentgeltliche Ernährung oder auch die Berechtigung zur Empfangnahme der Nährmittel zu einem ermäßigten Preis nicht an das Gutachten der Armenkommission oder des Bezirksvorstehers oder des Gemeindewaisenrats zu knüpfen, sondern an das steuerliche Einkommen des die Hilfe in Anspruch Nehmenden. Über dieses kann jeder Zensit, auch derjenige, der nicht steuerpflichtig ist, sich sehr leicht einen Ausweis besorgen, und das würde den Vorteil gewähren, daß man je nach dem Einkommen den Preis abstufen, demjenigen Teil, der das geringste Einkommen hat, umsonst liefern, einem anderen zu mäßigen Preisen und endlich dem wieder Bessergestellten, der aber dennoch nicht in der Lage ist, die kostspielige Nahrung selbst zu beschaffen, sie wieder zu einem höheren, dem Selbstkostenpreis sich nähernden Preis geben könnte. Wie die Steuerdeputation schon jetzt in Anspruch genommen wird, um solche Ausweise zu liefern, indem

---

10 Vorlage Nr. 1069 zur Beschlußfassung für die Stadtverordneten-Versammlung, betreffend Maßnahmen zur Bekämpfung der Säuglingssterblichkeit, vom 22.11.1904 (LA Berlin A Rep.000-02-01 Nr.1803, n. fol.).

11 Nach einem Beschluß des Magistrats vom 28.10.1904, auf dem die Vorlage beruhte, sollte eine bestehende Stiftung (Schmidt-Gallisch-Stiftung) beauftragt werden, vier poliklinische Fürsorgestellen einzurichten, in denen Mütter oder Pflegemütter acht Tage lang unentgeltlich spezialärztlichen Rat über die Wartung und Ernährung von Säuglingen einholen könnten, über diesen Zeitraum hinaus jedoch nur bei Zuweisung durch bestimmte städtische Stellen. Die Leiter der Stellen sollten ermächtigt werden, zubereitete Milch oder andere Nahrungspräparate für Säuglinge acht Tage lang unentgeltlich an Mütter oder Pflegemütter abzugeben. Über acht Tage hinaus sollte dies unentgeltlich nur in den Fällen geschehen, bei denen von der Armendirektion unterstützte Mütter oder auch Kostgeldmütter der Waisenverwaltung eine entsprechende Bescheinigung vorweisen konnten; ansonsten mußte ein tariflich festgelegter Preis entrichtet werden (Anlage 2 zur Vorlage Nr. 1069: LA Berlin A Rep.000-02-01 Nr.1803, n. fol.).

12 Der Vorschlag ist in dem veröffentlichten Protokoll der Jahresversammlung nicht enthalten.

nämlich Personen, die im Sommer Bäder zu besuchen gedenken und Ermäßigung der Kurkosten verlangen, sich dieserhalb dorthin wenden, so könnte es auch mit leichter Mühe in den Fällen geschehen, die hier in Frage kommen.

Es sollen nun nach der Vorlage des Magistrats 4 Polikliniken gebildet werden, in denen ärztlicher Rat, Milch und sonstige Nährmittel zu finden sind. Ich fürchte, daß diese Anzahl zu gering gegriffen ist und daß die Ziffer, die die gemischte Deputation in Aussicht nahm, nämlich 6 bis 8 Polikliniken,[13] eher dem Bedarf entsprechen würde, denn bei 4 Polikliniken wird einmal der Andrang groß sein, dann werden aber den Müttern Wege zugemutet, die sie weder mit ihren schwachen und kranken Kindern machen können noch auch dann, wenn, was häufig der Fall sein wird, sie vom Arzt veranlaßt werden, sich die Nährmittel aus der Poliklinik regelmäßig zu holen.

Der Magistrat spricht, wie ich auch noch hervorheben möchte, nur allgemein von Säuglingen, denen er seine Hilfe zuwenden will. Wir hatten in der gemischten Deputation daran gedacht, daß diese ganze Einrichtung für Kinder des ersten und zweiten Lebensjahrs getroffen werden sollte, und ich will hoffen und wünschen, daß der Magistrat dieser selben Ansicht ist, wenn er sich auch in der Vorlage nicht darüber äußert.

Außerordentlich anzuerkennen ist, daß die ganze Angelegenheit an eine Stiftung überwiesen werden soll, die dafür in Aussicht genommene Schmidt-Gallisch-Stiftung[14] wird sich sicherlich ganz besonders eignen. Damit wird in vollem Maße den Wünschen derjenigen Genüge geleistet, welche diese Hilfe nicht an die Armendirektion und an die Armenpflege knüpfen wollen, um den Unterstützten das Wahlrecht zu erhalten.[15] Es ist das allerdings ein sehr weitgreifender Schritt, der notwendigerweise weitere Konsequenzen nach sich ziehen wird.

Schon bei dem zweiten Punkt, bei den stillenden Müttern, versagt aber der Magistrat in dieser Beziehung. Für diese ist nur die Armenpflege übrig; denn die Vorlage sagt in bezug auf sie, daß Müttern, welche durch Bescheinigung des Armenarztes nachweisen, daß sie nähren, bei Bemessung von Unterstützungen oder von Pflegegeld die Armendirektion eine Berücksichtigung zuteil werden zu lassen

---

[13] Beschlüsse II. Lesung der gemischten Deputation zur Beratung von Maßregeln zwecks Herabminderung der Säuglingssterblichkeit in Berlin (LA Berlin A Rep.000-02-01 Nr.1803, n. fol.).

[14] Die Schmidt-Gallisch-Stiftung war benannt nach den beiden Stiftern Friedrich Wilhelm Schmidt und Henriette Eleonore Schmidt, deren Erbe testamentarisch zur Errichtung eines Findelhauses bestimmt worden und nach dem Tode des Sohnes Gustav Albert Schmidt auf die Stadt Berlin übergegangen war, sowie nach Eduard Gallisch, dessen Sohn Franz Rudolf Gallisch die Stadt Berlin als seine Erbin eingesetzt hatte, um eine Stiftung mit ähnlicher Zwecksetzung zu errichten. Der Magistrat hatte die Gallisch-Stiftung darauf mit der Schmidt-Stiftung zusammengefügt und aus den Mitteln in der Kürassierstraße ein 1901 eröffnetes Kinderasyl für verlassene und hilflose Kinder errichtet und unterhalten, das vertraglich auch Kinder unter einem Jahr aufnahm, die der Fürsorge des Ortsarmenverbands unterstellt worden waren und für die die Stadt ein Pflegegeld entrichtete. Die Verwaltung des Kinderasyls lag bei der städtischen Waisenverwaltung.

[15] Die Magistratsvorlage hatte die Übertragung der Errichtung und des Betriebs der Fürsorgestellen an die Stiftung damit begründet, *daß dadurch die Schwierigkeit behoben wird, die bezüglich des Wahlrechts entstehen könnte, wenn der Vater eines ehelichen Kindes die Fürsorgestelle – sei es auch nur für ärztlichen Rat – benutzt, sofern diese Anstalt von der Stadt selbst betrieben wird*, womit dann nämlich die öffentliche Unterstützung den Entzug des Wahlrechts nach sich gezogen hätte (Vorlage Nr. 1069 zur Beschlußfassung für die Stadtverordneten-Versammlung, betreffend Maßnahmen zur Bekämpfung der Säuglingssterblichkeit, vom 22.11.1904: LA Berlin A Rep.000-02-01 Nr.1803, n. fol.).

hat.[16] Das steht in schroffem Widerspruch zu dem, was zuerst für diejenigen Mütter geboten wird, welche ihre Kinder künstlich aufziehen, und ich halte es für um so weniger gerechtfertigt, als doch gerade gewünscht wird, daß die Mütter mehr veranlaßt werden sollen, die eigene Brust zu reichen.

Es ist eine bekannte Klage, meine Herren, daß die Neigung, nicht die Fähigkeit, zum Stillen abnimmt, und auch die Erläuterungen zum statistischen Jahrbuch für 1903[17] weisen wieder nach, daß in dieser Beziehung ein ganz bedauernswerter Rückgang zu konstatieren ist. Während noch im Jahre 1890, heißt es da, von 1 000 Kindern unter einem Jahr 507 gestillt wurden, waren es im Jahre 1895 nur noch 431 und im Jahre 1900 nur noch 314. Wenn man nun – und das behaupten doch sämtliche Ärzte – die Ernährung durch die Mutterbrust für die vorteilhafteste und gesündeste erachtet, so muß dafür gesorgt werden, daß die Neigung dazu gehoben und nicht noch zurückgedrängt wird, wie es geschieht, wenn die künstlich nährenden Mütter von einer Stiftung Unterstützung erhalten, die aber, welche ihrer natürlichen Mutterpflicht genügen, diese Unterstützung nur von der Armendirektion in Empfang nehmen können. Ich meine also, daß es Aufgabe des Ausschusses sein wird, dafür zu sorgen, daß den stillenden Müttern dasselbe geboten, was den künstlich nährenden Müttern so freigebig entgegengebracht wird.

Wenn nun in bezug auf diesen Punkt die Vorlage sich noch immer wenigstens einigermaßen entgegenkommend zeigt, so versagt sie leider in einem anderen Punkt, der der gemischten Deputation am Herzen lag, nämlich in der Fürsorge für die Schwangeren und für die Wöchnerinnen, vollständig.[18] Ich kenne den Standpunkt derjenigen, die diese Fürsorge für Schwangere und Wöchnerinnen der Armenpflege lediglich überweisen wollen. Er wird damit begründet, daß durch eine zu weitgehende Fürsorge für Schwangere und Wöchnerinnen – und man denkt dabei immer an die außerehelich Gebärenden – der Unsittlichkeit Vorschub geleistet und daß auch ein zu großer Andrang von Personen nach Berlin stattfinden wird, die sich bereits in einem schwangeren Zustand befinden. Ich kann diesen Standpunkt verstehen, wenn ich ihn auch nicht teile. Denn was das Bedenken betrifft, daß durch eine zu weitgehende Fürsorge für Schwangere und für Wöchnerinnen ein allzu großer Andrang nach Berlin stattfinden könnte, so kann man dem dadurch vorbeugen, daß, wie wir in der gemischten Deputation es auch vorgeschlagen haben, eine weiter gehende Fürsorge, eine Fürsorge, die über den Rahmen der Armenpflege hinausgeht, an die Bedingung geknüpft wird, daß die Hilfesuchende den Unterstützungswohnsitz in Berlin hat. Und was die Besorgnis anlangt, daß der Unsittlichkeit Vorschub geleistet wird, nun, meine Herren, so glaube ich, daß wenn ein Mädchen in dem Augenblick, wo sie den entscheidenden Schritt tut, der bestimmt ist, sie zur Mutter zu machen, überhaupt denken würde, dann würde sie den Schritt unterlassen; hat sie aber einmal Neigung,

---

[16] Ziffer 1 des Magistratsbeschlusses vom 28.10.1904 (vgl. Anm. 11).

[17] Statistisches Jahrbuch der Stadt Berlin, 28. Jg., enthaltend die Statistik des Jahres 1903. Hrsg. von Ernst Hirschberg, Berlin 1904, S. 20*.

[18] Die gemischte Deputation hatte empfohlen, 80000-90000 Mark für die Verpflegung von hilfsbedürftigen, ortsangehörigen Schwangeren im letzten Stadium vor der Entbindung sowie für die Verpflegung von Wöchnerinnen in geeigneten Heimstätten bereitzustellen. Sie hatte überdies die Beschaffung von Familienpflegestellen für solche Schwangere für angebracht gehalten und ebenso für Wöchnerinnen, um diesen ein Übergangsstadium bis zur Wiederaufnahme des selbständigen Erwerbs zu ermöglichen (Beschlüsse II. Lesung der gemischten Deputation zur Beratung von Maßregeln zwecks Herabminderung der Säuglingssterblichkeit in Berlin (LA Berlin A Rep.000-02-01 Nr.1803, n. fol.).

ihn zu tun, dann wird sie in dieser Neigung nicht erst noch besonders dadurch bestärkt werden, daß sie die Aussicht hat, nach Verlauf eines Jahres einige Wochen in einem Schwangerenheim oder in einem Wöchnerinnenheim zuzubringen. Kann ich diesen Standpunkt an und für sich also nicht für gerechtfertigt halten, so ist mir doch die Begründung vollends unverständlich, die der Magistrat dafür anführt, denn er sagt, daß es sich, wenn man für die Schwangeren und die Wöchnerinnen sorge, nicht mehr um die Kinder – und das Wort „Kinder" ist fett gedruckt –, sondern lediglich um die „Mütter" selbst handele, und das könne nur Aufgabe der Armenpflege sein.[19] Meine Herren, wie man für ein Kind, das noch im Mutterleib ist, sorgen soll, ohne für die Mutter zu sorgen, das verstehe ich nicht, und umgekehrt wird alles, was man der Mutter tut, doch dem Kind zugute kommen; die Auffassung entbehrt also wohl der Klarheit.

Im wesentlichen gilt was von den Schwangeren auch von den Wöchnerinnen; denn wenn man für die Wöchnerin, welche eben entbunden worden ist, hinreichend sorgt, so bekommt sie dadurch die Fähigkeit, ihr Kind besser zu stillen, und sie wird jedenfalls in die Lage versetzt, das Kind, auch wenn sie es nicht selbst stillen kann, länger bei sich zu behalten, es erst später einer Haltefrau zu übergeben. Ich glaube daher, meine Herren, daß es sehr wohl notwendig sein wird, wenn wir tatsächlich auf dem Gebiet der Säuglingsfürsorge etwas Ersprießliches schaffen wollen, auch darauf zu bestehen, daß für die Schwangeren und Wöchnerinnen mehr geleistet werde, als der Magistrat in Aussicht nimmt.

Diese Personen an die Armenpflege zu verweisen, geht schon deshalb nicht an, weil die Armenpflege tatsächlich eine andere Aufgabe hat. Ich schätze die Tätigkeit unserer Armenpfleger sehr hoch. Ich weiß, daß sie ein warmes Herz für die Bedürftigen haben, die ihre Hilfe in Anspruch nehmen; sie sind aber gesetzlich in dem beschränkt, was sie tun dürfen. Die Armenpflege darf nichts weiter bieten als Obdach und den unentbehrlichen Lebensunterhalt.[20] Der Armenpfleger, der für seine Hilfesuchenden mehr tut, verstößt geradezu gegen das Gesetz. Es ist deshalb nicht möglich, daß diese Aufgabe von dem Armenpfleger erfüllt werde; auch hier muß eine neue Organisation geschaffen werden.

Nun wurde in der gemischten Deputation von vielen Seiten dem Wunsch Ausdruck gegeben, Heime für Schwangere und Wöchnerinnen zu begründen, und man hielt sich einigermaßen berechtigt, diese Forderung zu stellen, da der Herr Magistratsvertreter erwähnte, daß in dem neuen Rudolf-Virchow[21]-Krankenhaus[22] 30 Hausschwangere in Aussicht genommen seien, daß also immerhin in dieser Beziehung ein Anfang gemacht werde. Um uns aber in der Inanspruchnahme von Mitteln zu beschränken, einigten wir uns dahin, auf diese Heime zu verzichten und lediglich zu beantragen, daß Pflegestellen für Schwangere und Wöchnerinnen geschaffen werden möchten.

---

[19] Vorlage Nr. 1069 zur Beschlußfassung für die Stadtverordneten-Versammlung, betreffend Maßnahmen zur Bekämpfung der Säuglingssterblichkeit, vom 22.11.1904 (LA Berlin A Rep.000-02-01 Nr.1803, n. fol.).

[20] So der § 1 des preußischen Ausführungsgesetzes zum Unterstützungswohnsitzgesetz vom 8.3.1871, der in die Unterstützungspflicht zudem noch die erforderliche Pflege im Krankheitsfall und angemessenes Begräbnis einbezog.

[21] Dr. Rudolf Virchow (1821-1902), seit 1856 o. Professor und Direktor des pathologischen Instituts der Universität Berlin, Stadtrat und Ehrenbürger, 1867-1902 MdPrAbgH (Fortschrittspartei/Deutsche Freisinnige Partei/Freisinnige Volkspartei), 1880-1893 MdR (Fortschrittspartei/Deutsche Freisinnige Partei).

[22] Das Rudolf-Virchow-Krankenhaus wurde seit 1899 als neues städtisches Krankenhaus errichtet, eröffnet wurde es 1906.

Derartige Pflegestellen, meine Herren, sind nichts Neues. Wir haben sie bereits in der Waisenverwaltung, und sie bewähren sich vorzüglich. Die große Mehrheit unserer Berliner Waisen ist, wie Sie wissen, in Pflegestellen, nicht in Anstalten untergebracht. Die Kinder des ersten und zweiten Lebensjahrs werden dort schon jetzt von Säuglingsärzten besucht, und sie stehen unter ständiger Aufsicht von geprüften Waisenpflegerinnen.[23] Etwas Ähnliches kann meiner Ansicht nach – das war auch meines Wissens die Ansicht sämtlicher Mitglieder der gemischten Deputation – sehr wohl für die Schwangeren und für die Wöchnerinnen geschaffen werden. Wenn eine Nachfrage nach derartigen Pflegestellen eintritt, wird sich auch sehr bald ein Angebot finden, und ich glaube, daß die Aufgabe auf diesem Wege günstig und ohne allzu große Kosten gelöst werden kann.

Übrigens hatte ich das Vergnügen, neulich zu lesen, daß der bekannte Polizeiarzt Dr. Zimmer[24], dem man ja gewiß eine große Erfahrung auf diesem Gebiet nicht wird absprechen können, ganz unabhängig von uns zu dem gleichen Resultat gekommen ist und dieselbe Forderung stellt, zu der wir in der gemischten Deputation gelangt sind. Er schlägt ebenfalls ein System von Pflegestellen für Schwangere und Wöchnerinnen vor und unterscheidet sich von uns nur dadurch, daß er zwar die Kosten der Stadt, aber die Beaufsichtigung dem Polizeipräsidium überlassen will. Auch in einem in den allerletzten Tagen mir erst vor Augen gekommenen neuesten Aufsatz empfiehlt Dr. Hugo Neumann ein derartiges System von Pflegestellen wärmstens.

Die gemischte Deputation behandelte nun, von anderen, mehr nebensächlichen Punkten abgesehen, eingehend noch eine andere Frage, und zwar die der Generalvormundschaft. Hier stimmt der Magistrat der gemischten Deputation bei, und zwar, wie ich sagen muß, zu meinem Bedauern; denn man ist zu dem Resultat gelangt, vorläufig der Einführung der Generalvormundschaft nicht nähertreten zu wollen. Ich werde deshalb auch unterlassen, in dieser Beziehung neue Anträge zu stellen, wenn ich auch der Überzeugung bin, daß unser Vormundschaftswesen nicht den Forderungen genügt, welche gestellt werden müssen, soll wirklich für die Mündel in hinreichendem Maße gesorgt werden. Es herrscht in der Bürgerschaft unleugbar eine Abneigung dagegen, das Amt des Vormunds zu übernehmen, und erst vor kurzem konnten Sie diese Klage wieder aus den Protokollen entnehmen, die über die diesjährigen Sitzungen der Gemeindewaiseräte im Gemeindeblatt veröffentlicht worden sind. Ich kann es auch verstehen, wie der einfache Mann nicht geneigt ist, Vormund – es handelt sich regelmäßig um die unehelichen Kinder – zu werden. Denn die Auseinandersetzung mit dem Unterhaltspflichtigen ist meist außerordentlich schwer zu erledigen; sie macht Mühe und Arbeit und verlangt Kenntnisse, die tatsächlich nicht gefordert werden können. Ich glaube, daß wir dahin kommen werden, doch die Generalvormundschaft für die erste Lebenszeit des unehelichen Kindes einzuführen. Der Generalvormund muß diejenigen Fragen erledigen, die sich an die Geburt des Kindes knüpfen, er muß insbesondere die Unterhaltspflicht regeln. Später wird ein guter und sorgsamer Einzelvormund, das gebe ich zu, Ersprießlicheres leisten als der Generalvormund, da er mehr zu individualisieren vermag.

Meine Freunde und ich haben beantragt, die Vorlage an einen Ausschuß zu verweisen, und ich nehme an, daß Sie diesem Antrag Folge leisten werden. Es wären noch manche Punkte zu erwähnen; doch will ich nicht näher darauf eingehen, besonders, da ich weiß, daß noch eine Reihe von Kollegen zum Wort gemeldet sind. Ich

---

23 Vgl. Nr. 128 Anm. 9.

24 Wohl Dr. Ernst Zimmer (um 1865-nach 1920), Kreisarzt in Berlin.

schließe in der Hoffnung und mit dem Wunsch, daß in dem Ausschuß, welcher ja erst im nächsten Jahr wird tagen können, die Vorlage des Magistrats eine Erweiterung erfahre und daß letzterer dann Veranlassung nehmen möge, dieser erweiterten Vorlage seine Zustimmung nicht zu versagen. (Bravo!)

Stadtrat Dr. Straßmann[25]: Meine Herren, ich bin selbstverständlich nicht in der Lage, mich gegen den Ausschuß auszusprechen; ich möchte aber doch einige Punkte berühren, die der geehrte Herr Vorredner ganz besonders betont hat.

Er hat der Magistratsvorlage in erster Reihe den Vorwurf gemacht, daß sie sich allzu sehr mit der künstlichen Ernährung beschäftige. Meine Herren, das haben wir und auch die gemischte Deputation in voller Berücksichtigung der Tatsachen getan, daß eigentlich in der Hauptsache, wenn man von der idealen Ernährung der Kinder durch die Mutterbrust absieht, auf die wir doch überwiegend nur durch Belehrung Einfluß ausüben können, das Hauptgewicht auf die künstliche Ernährung zu legen ist. Nach dem übereinstimmenden Urteil aller Kinderärzte, aller Spezialisten, ist das Hauptverderben der Säuglinge besonders in der künstlichen Ernährung zu suchen, und in dem Maße, als die Behörden entschlossen und bereit sind, nach dieser Richtung hin für gutes Material, also für einwandfreie Milch und für einwandfreie Nährpräparate zu sorgen, ist ein wichtiger Schritt zu der Herabminderung der Kindersterblichkeit getan. Meine Herren, Sie wissen ja alle ganz genau, daß der größte Teil von den Sterbefällen bei den Säuglingen besonders in den Sommermonaten erfolgt, daß der größte Teil von Sterbefällen bei Säuglingen an Darmerkrankungen erfolgt, und all die diese Darmerkrankungen sind fast ausnahmslos auf die künstliche Ernährung zurückzuführen, zurückzuführen auch auf das Material, das den Leuten zur Verfügung steht. Ich will nicht unerwähnt lassen, daß auch andere Momente dabei mitspielen können, also Unerfahrenheit, mangelhafte häusliche Einrichtungen; das sind aber immerhin untergeordnete Momente. In erster Reihe handelt es sich um das Material, und wenn man einwandfreie Milch liefert, so ist wenigstens versucht, einem großen Teil der Übelstände abzuhelfen. Von diesem Gesichtspunkt aus war für den Magistrat in erster Reihe bestimmend, daß die künstliche Ernährung betont und diese nach Möglichkeit verbessert wird.

Nun hat Herr Kollege Bütow gesagt, der tarifmäßige Preis, der nach acht Tagen von Wohlhabenderen für die entnommene Milch gezahlt werden soll, sei ihm unangenehm: Man sollte lieber bei der Steuerdeputation anfragen, wie die Leute situiert sind. Meine Herren, diesen Gang im Sommer zu gehen, wo es nötig ist, unmittelbar einzugreifen, wo von heute bis morgen, vielleicht in 6 Stunden, ein Kind sterben kann, da erst ein Gutachten von der Steuerdeputation einzuholen, das ist ein Weg, der unpraktisch und nicht gangbar ist.

Es ist ferner gewünscht worden, nährende Mütter in umfangreicherer Weise, als vorgesehen, zu unterstützen.

Wohl ist die Neigung zum Nähren im Abnehmen, aber nicht, wie die Spezialisten angegeben haben, als ob Unvermögen zu dieser Leistung vorherrschend wäre, sondern es sind eine ganze Anzahl von anderen Dingen, die viel eher in Frage kommen. Zunächst die Bequemlichkeit, vermeintliche Unfähigkeit, zum Teil aber auch – das will ich nicht unerwähnt lassen – die soziale Stellung der Mütter. Hier wäre vielleicht von seiten der Gesetzgebung viel mehr zu erwarten als von seiten der Kommunen, daß die Frauenarbeit in erklecklicher Weise beschränkt werde. Das ist ein Einfluß, den wir nicht ausüben können.

---

[25] Dr. Ferdinand Straßmann (1838-1931), praktischer Arzt und Stadtmedizinalrat in Berlin, seit 1889 unbesoldeter Stadtrat.

Dann ist darauf hingewiesen worden, daß wir zur Fürsorge der Schwangeren und Entbundenen nicht die Stellung genommen haben, die die gemischte Deputation gewünscht hat. Meine Herren, der Magistrat war der Ansicht, daß es weit über die armenrechtliche Verpflichtung der Kommunen hinausgeht, nach dieser Richtung hin Sorge zu tragen, und wenn, wie von dem Herrn Kollegen Bütow angedeutet worden ist, man eigentlich den Zuzug Unbemittelter nicht zu fürchten hat, so haben wir doch Beweise gegenteiliger Art. Ich habe hier eine ganz kurze Aufstellung vom Obdach vor mir, und da sind vom 24. August bis zum 9. November 16 schwangere Personen von auswärtigen Gemeindevorständen fortgeschickt worden und nach Berlin gekommen – hier sind die Orte angegeben, die Namen verzeichnet –, damit sie hier ihre Entbindung wahrnehmen und hier niederkommen können. Ich meine also, die Angelegenheit mit dem Zuzug ist doch nicht so ganz kavalierement zu behandeln, sondern die Tatsachen liegen vor. Und wenn wir uns auch nicht dem Gedanken verschlossen haben, daß für die Schwangeren sowohl wie für die Entbundenen gesorgt werden soll, so waren wir doch der Ansicht, daß dieses überwiegend der privaten Wohlfahrtspflege überlassen bleiben muß, natürlich mit der ausdrücklichen Unterstützung der städtischen Behörden. Die Stadt wird sicherlich niemals zurückstehen, wenn für derartige Anerbietungen von Vereinen, die sich auf diesem Gebiet hinreichend betätigt haben, Subventionen verlangt werden. Ich glaube, wir sind auf dem Weg – ich kann Ihnen allerdings eine sichere Tatsache noch nicht anführen –, auch nach dieser Richtung hin mit einem bewährten Verein in Verbindung zu treten, um solche Personen besonders nach der Entbindung eventuell zu unterstützen, vorausgesetzt, daß die geehrte Versammlung dem zustimmt, und diese Sache also auf privatem, nicht auf behördlichem Wege zu erledigen.

Es wird auch dem Wunsch, dem der Herr Kollege Bütow Ausdruck gegeben hat, daß auch für Pflegestellen für Schwangere und für Entbundene mit ihren Kindern Sorge getragen wird, Genüge geschehen. Wir stehen nach wie vor auf dem Standpunkt, daß soviel als möglich angestrebt werden soll, die Mütter von den Kindern nicht zu trennen und die Ernährungsfrage gleichzeitig mit der Überwachung der Pflegestellen in Verbindung zu halten. Das ist der Standpunkt, den der Magistrat in dieser Angelegenheit einzuhalten gedenkt. (Bravo!)

Stadtverordneter Dr. Bernstein[26]: Meine Herren, heute vor 14 Tagen haben wir einen Mann zu Grabe geleitet, dessen Name auf das innigste mit allen denjenigen Bestrebungen verknüpft ist, die sich auf eine Herabminderung der Säuglingssterblichkeit beziehen. Speziell stammt die Vorlage, mit der wir uns heute beschäftigen, aus der ureigensten Initiative des verstorbenen Kollegen Freudenberg[27]. Meine Herren, ich glaube, einer Ehrenpflicht zu genügen, wenn ich nochmals rühmend hervorhebe, daß Freudenberg einer der ersten gewesen ist, der eine große Frage der praktischen Lösung entgegengeführt hat.

---

26 Dr. Alfred Bernstein (1858-1922), praktischer Arzt in Berlin, Mitglied der Abteilung für die Waisenhausverwaltung des Armendirektoriums, seit 1902 Stadtverordneter (Sozialdemokrat).

27 Dr. Kurt Freudenberg (1867-1904), praktischer Arzt und Gynäkologe in Berlin, seit 1900 Stadtverordneter (Sozialdemokrat); vgl. Freudenbergs ausführliche Begründung des Antrags Singer, der den ersten Anstoß zu der Befassung mit der Frage der Säuglingsfürsorge und damit der hier beratenen Magistratsvorlage gegeben hatte, in der Sitzung der Stadtverordneten-Versammlung vom 24.1.1901 (Auszug aus dem amtlichen stenographischen Bericht: LA Berlin A Rep.000-02-01 Nr.1803, n. fol.).

Meine Herren, was die Vorlage selbst anbetrifft, so stehe ich ihr mit sehr gemischten Gefühlen gegenüber. Auf der einen Seite freue ich mich, daß sie gekommen ist, und auf der anderen Seite muß ich sagen: Sie ist weit hinter dem zurückgeblieben, was man gerechterweise erwarten konnte. Ich habe mir die Frage vorgelegt, ob denn nun der Feldzug, der mit so viel Resonanz und Schneid gegen die Massensterblichkeit der Säuglinge inszeniert worden ist, fast resultatlos verlaufen soll, ob er so gleichsam ausklingen soll wie ein tragischer Konflikt zwischen hygienisch richtigem Empfinden und fiskalischem Zwang.

Meine Herren, vergegenwärtigen Sie sich bitte die Situation: Denken Sie vor allen Dingen an die Zeit zurück, in der die Säuglingssterblichkeit in unserem Waisenhaus geradezu erschreckend war.[28] Das war das Jahr 1900. Soweit ich sehe, hat der Herr Stadtrat Straßmann die Verhältnisse von damals noch nicht vollkommen begriffen. Er sprach davon, daß die Säuglingssterblichkeit im Waisenhaus seinerzeit auf das schlechte Material, das dem Waisenhaus zugeführt wurde, zurückzuführen gewesen sei. Da ist es der Leiter des Waisenhauses[29], ein außerordentlich erfahrener Kinderarzt, der sagt: Nicht das schlechte Material hat die große Sterblichkeit bedingt, nein, es sind die ungünstigsten sanitären Verhältnisse im Waisenhaus gewesen, welche das Unglück angerichtet haben.[30] Meine Herren, in dem Augenblick, wo die Säuglinge aus dem schlecht geführten Waisenhaus übergeführt wurden in die Kürassierstraße[31], wurden mit einem Schlag die Verhältnisse anders. Im Jahre 1900 starben im Waisenhaus 443 Kinder, 1901 336, Mitte 1901 hatte man angefangen, die Kinder zu translozieren, 1902 starben nur noch 118. Das Material, welches dem Haus zugeführt wurde, war dasselbe: Aber die hygienischen Verhältnisse waren im Kinderhospital ganz andere als in dem Haus in der Alten Jakobstraße.

---

[28] Die hohe Sterblichkeit im 1859 eingerichteten städtischen Waisenhaus in Rummelsburg hatte um 1900 in der Öffentlichkeit für Aufsehen gesorgt und die Stadtverordneten zur Einsetzung einer Kommission veranlaßt. Das Statistische Amt hatte ermittelt, daß von allen von 1896 bis 1899 geborenen Säuglingen am Schluß des ersten Lebensjahres noch 75 Prozent lebten, von den unehelichen indes nur 54 Prozent, von den Waisenhaussäuglingen noch 12 Prozent und von den in Kostpflege untergebrachten Waisenkindern 24 Prozent (Heinrich Finkelstein/Louis Ballin, Die Waisensäuglinge Berlins und ihre Verpflegung im städtischen Kinderasyl. Ein Beitrag zur Frage der Anstaltsbehandlung von Säuglingen, Berlin/Wien 1904, S. 6).

[29] Dr. Heinrich Finkelstein (1865-1942), Kinderarzt in Berlin, seit 1901 leitender Oberarzt des Berliner Kinderhospitals in der Kürassierstraße und des Städtischen Waisenhauses.

[30] Dr. Finkelstein hatte in seiner zusammen mit seinem Kollegen Dr. Louis Ballin verfaßten Schrift allerdings eine etwas stärker vermittelnde Position eingenommen und das Ergebnis seiner Untersuchung dahin gehend zusammengefaßt, daß die Erklärung der hohen Sterblichkeit in den Säuglingsanstalten zum einen in dem schlechten Zustand der Pfleglinge bereits bei der Aufnahme zu suchen sei, zum anderen aber, und hierauf war es ihm vornehmlich angekommen, in der nachteiligen Wirkung liege, welche die Anstalt selbst auf das gesundheitliche Befinden der Kinder ausübe. Diese Negativwirkung hatte er wiederum mit der nicht zweckentsprechenden Art der Ernährung und mit der ständigen Gefahr ansteckender Erkrankungen begründet (ebenda, S. 33).

[31] Zu dem dort errichteten Kinderasyl vgl. Anm. 14. Deutlicher sind hier noch die Prozentzahlen: Während 1900/1901 im „Säuglingsdepot" des städtischen Waisenhauses noch 39 Prozent der aufgenommenen Säuglinge starben, lag die Sterblichkeitsziffer im ersten Berichtsjahr des Kinderasyls bei 11,7 Prozent (Die Säuglingsfürsorge der Haupt- und Residenzstadt Berlin. Verfaßt im Auftrage des Magistrats von der Waisenverwaltung, Berlin 1911, S. 41).

Was ich sagen will, ist das, daß diese Erfahrungen nicht spurlos an uns vorübergehen dürfen. Wer so großes Fiasko gemacht hat wie seinerzeit die Waisenhausverwaltung von Berlin, der sollte auch bereit sein, etwas zu lernen, er sollte die speziellen Verhältnisse des Kinderhospitals zu übertragen suchen auf die allgemeinen Privatverhältnisse. Es ist die große Frage, ob wir imstande sind, in die Privatpraxis solche hygienischen Verhältnisse einzuführen, aber nachstreben können wir doch wenigstens einem großen Vorbild, wie wir es da gesehen haben.

Meine Herren, wenn ich auf die Kritik der Vorlage im einzelnen eingehen soll, so muß ich zunächst betonen, daß mir die Vorschriften, die über die Belehrung der jungen Mütter und der Schwangeren gegeben werden, durchaus nicht genügen. Es handelt sich da im wesentlichen um theoretische Belehrung, und daß theoretische Belehrung auf dem besagten Gebiet nichts auszurichten vermag, bedarf wohl keiner besonderen Erwähnung. Man soll darauf ausgehen, die Kinder und Mütter in ihrer Behausung zu kontrollieren. Die Stadt Berlin könnte beispielsweise von der Waisenverwaltung lernen, die inspiziert die Kinder in der Behausung. Sie könnte auch von der Polizeiverwaltung lernen. Die Haltekinder werden von 14 Damen und 6 Reservedamen einer scharfen Kontrolle unterworfen. Nun, wenn die Polizei auf diesem Gebiet vorgeht, so kann auch die Stadt Berlin sich der Ansicht nicht verschließen, daß die einfache Fürsorge in den Fürsorgestellen nicht ausreicht. Wir müssen Aufsichtsdamen anstellen, die ebenso gut ausgebildet sind wie die Aufsichtsdamen der Polizei. Erst dann werden wir zu unserm Ziel gelangen.

Meine Herren, der Leiter des Kinderhospitals in der Kürassierstraße hat mit Recht betont, daß die Milchfrage an und für sich nicht die Bedeutung beanspruchen kann, die ihr von den meisten zugesprochen wird. Nach dem Dr. Finkelstein handelt es sich im wesentlichen darum, die häuslichen Verhältnisse zu bessern. Wenn erst der Schmutz aus dem Haus entfernt ist, dann will Finkelstein mit der einfachen Achtzehnpfennigmilch, wie sie in Läden und Kellern zu haben ist, gute Resultate erzielen. Er betont aber, die Diätetik des Säuglingsalters ist eine entsetzliche Schwierigkeit, sie kann von Damen im Ehrenamt nicht kontrolliert werden, sondern muß ausgeführt werden von Frauen, die dazu express ausgebildet sind.

Meine Herren, in der Frage der Generalvormundschaft stehe ich nicht auf demselben Standpunkt wie Herr Dr. Bütow. Ich nehme vielmehr einen Standpunkt ein, den die meisten Mitglieder der Waisendeputation in Gemeinschaft mit ihrem Vorsitzenden Herrn Dr. Friedberg[32] vertreten. Die Generalvormundschaft bedingt für eine so große Stadt wie Berlin einen so großen bürokratischen Apparat, daß er kaum bewältigt werden kann. Leipziger Verhältnisse[33] können für uns nicht maßgebend sein aus dem Grund, weil wir keine eigene Polizeiverwaltung haben. Das von der Generalvormundschaft geleitete Kind wird mehr oder weniger eine bürokratische Nummer sein. Von einer Individualisierung des Schicksals des einzelnen Kindes kann keine Rede sein. Wenn wir statt der privaten Vormundschaft die Generalvormundschaft einführen wollen, so haben wir gar nichts erreicht. Die Art und Weise, die in der Vorlage gefordert wird, findet meine Billigung. Wenn wir die Alimentationsprozesse einleiten wollen, so müssen wir das dadurch tun, daß wir ein beschleunigtes Verfahren einleiten.

---

[32] Paul von Friedberg (1843-1910), Geheimer Oberregierungsrat a. D. im Landwirtschaftsministerium, seit 1902 Vorsitzender der Abteilung für die Waisenverwaltung der Armendirektion, seit 1901 unbesoldeter Stadtrat in Berlin.

[33] Vgl. Nr. 82 und Nr. 120.

Sodann aber kommt die Frage: Weshalb hat der Magistrat die 80[000] bis 90000 M. gestrichen?[34] Weshalb sollen sie nicht in den Etat eingestellt werden, um Schwangere und junge Mütter zu unterstützen? Wir haben in der Deputation eine ziemlich schwere Arbeit gehabt, um die Herren nur einigermaßen von ihrem alten Standpunkt abzubringen; aber schließlich ist es doch gelungen, den Boden einer Verständigung zu finden. Die Einwürfe, die uns von seiten der Magistratsmitglieder gemacht wurden, sind von uns widerlegt worden. Und nun denken wir doch, die bescheidene Summe von 80[000] bis 90000 M., eine provisorische Summe, sollte der Magistrat einstellen, um die entsetzliche Lage der Schwangeren und jungen Mütter zu beseitigen. Meine Herren, in der Deputation ist darauf hingewiesen worden, daß es doch eigentlich nicht unsere Ausgabe sei, die Schwangeren und Mütter zu unterstützen. Man sagte: Wozu sind denn die staatlichen Organisationen, wozu sind denn die Krankenkassen da? Nun, unsere Schuld ist es nicht, daß die Krankenkassen keine obligatorische Schwangerenunterstützung eingeführt haben.[35] Da, wo der Staat versagt, müssen wir meiner Meinung nach eintreten. Der Vorwurf, daß wir die Lückenbüßer sind für die staatlichen Organisationen, hat gar keine Berechtigung.

Meine Herren, wenn nun aber die Stätten für Schwangere und nährende Mütter eingeführt werden, werden dann diese Stätten wirklich so überlaufen werden, wie von der Mehrheit geschildert wird? Wir werden die Statuten mit gewissen Kautelen umgeben. In die Unterkunftsstellen kommen zunächst diejenigen hinein, die hier ihren Unterstützungswohnsitz haben. Die Aufnahme erfolgt nach vorheriger Anmeldung. Die Befürchtung, daß sich auf den Lotterbetten der Stadt Berlin nun alle möglichen unlauteren Elemente breitmachen würden, hat keine Berechtigung.

Daß der Magistrat für unsere Anschauung kein besonderes Verständnis hat, das habe ich schon erwähnt. Er sagt: Schwangerenpflege ist keine Säuglingspflege. Oh, das ist eine Wahrheit von schier unergründlicher Tiefe. Das weiß ich auch, daß das Kind im Mutterleib durch die Nabelschnur ernährt wird, daß es da noch nicht säugen kann. Um was es sich handelt, ist das, daß wir dafür sorgen, daß das ungeborene Leben geschützt wird, daß Kinder geboren werden, die Krankheitsursachen widerstehen, daß Kinder geboren werden, die nicht von jedem Luftzug umgeworfen werden.

Meine Herren, die Pièce de Résistance der ganzen Frage ist die: Sind wir imstande, die junge nährende Mutter so zu unterstützen, daß sie ihrer natürlichen Pflicht weiter nachkommen kann? Mich hier über die Vorzüge der Ernährung mit der Mutterbrust zu äußern, würde überflüssig sein; das würde einfach heißen, Eulen nach Athen tragen. Die Frage ist aber die, ob es schon Kommunen gibt, die diese Unterstützung eingeführt haben, und da muß ich rühmend auf Frankreich hinweisen. Frankreich ist in bezug auf die Säuglingspflege uns weit voraus, und unter allen Städten Frankreichs wird als eine besondere Stätte für die Säuglingspflege, als eine Art gesundheitliches Eldorado, die Stadt Rouen gepriesen. Ich habe mich mit dem Bürgermeister von Rouen[36] in Verbindung gesetzt und ihn gefragt, wie es gekommen

---

34 Vgl. Anm. 18.

35 Mit der Novelle des Krankenversicherungsgesetzes vom 25.5.1903 war den Krankenkassen lediglich im Rahmen einer Kann-Bestimmung ermöglicht worden, Schwangere, die mindestens sechs Monate der Kasse angehörten, bis zu sechs Wochen zu unterstützen (§ 21 Ziffer 4) (Nr. 117 Bd. 5 der III. Abteilung dieser Quellensammlung).

36 Auguste Leblond (1856-1934), Unternehmer, seit 1902 Bürgermeister von Rouen (Frankreich).

ist, daß die Säuglingssterblichkeit in Rouen so bedeutend heruntergegangen ist. Die Antwort war, hauptsächlich sei die kolossale Verringerung der Säuglingssterblichkeit zurückzuführen auf die Ernährung der Kinder mit Muttermilch. Aus den Mitteln der Stadt sind junge Mütter unterstützt worden, man hat ihnen auch Naturalien gegeben, beispielsweise bekommen die Mütter wöchentlich 3 Pfund Fleisch, um die Kinder ernähren zu können. Wenn dann die Resultate so glänzend sind, wie sie in dem Bericht des hygienischen Büros von Rouen geschildert werden, dann braucht man sich nicht zu wundern.[37] Was ich wünsche, ist nur das, daß wir dieses glänzende Beispiel von Rouen nähmen und daß wir uns nicht auf die Hinterfüße setzen.

Meine Herren, wie der Magistrat über diese Sache dachte, das war mir schon vorher klar, ehe ich die Magistratsvorlage las und daraus erfuhr, daß die stillenden Mütter der Armenpflege überwiesen werden sollen. Es handelt sich in der Waisendeputation darum, die Zinsen der Staatsschen Stiftung[38] richtig zu verwenden. Der Vorsitzende[39] schlug einfach vor, die gesamten Zinsen der Stiftung Säuglingsheim in der Kürassierstraße zu überweisen. Nun, meine Herren, ich warf damals ein: Warum sollen wir denn nicht einmal einen Versuch machen, warum sollen wir denn nicht eine Probe auf das Exempel meiner Anschauungen machen, unterstützt doch mal mit diesen 17[00] bis 1800 M. 20 oder 30 Mütter, die ihre Kinder nähren wollen, das Resultat wird sich ja bald zeigen! Ich wurde damals von dem Herrn Stadtrat von Friedberg keiner Antwort gewürdigt. Er hüllte sich einfach in ein diplomatisches Schweigen. Hoffentlich holt er das nach, was er damals versäumt hat.

Ich möchte dann nur noch ganz kurz auf die Krippenfrage eingehen. Ich habe sie nach meiner Art und Weise zu lösen versucht. Ich habe Berlin gleichsam in Krippenreviere zu teilen versucht. Was ich aber da gefunden habe, das hat mich nicht besonders ermutigt. Bei den beschränkten Mitteln, die uns da zur Verfügung gestellt werden, wollen wir einmal die Krippenfrage außer Betracht lassen. Wir würden, wenn wir rationell vorgehen, allein für die Beaufsichtigung der Kinder Hunderttausende ausgeben müssen. Bedenken Sie die Zersplitterung der Produktion in Berlin, namentlich in der Kleiderindustrie, bedenken Sie die Abneigung der Arbeitgeber, ihren Betrieb durch das Stillungsgeschäft unterbrechen zu lassen, und auch die Abneigung der Mütter, einen einigermaßen weiten Weg zu gehen, um das Stillungsgeschäft selbst vorzunehmen! Wenn wir dies in Betracht ziehen, dann werden wir von den Krippen vorläufig absehen.

Daß hier Säuglingsheime gegründet werden sollen und daß man darauf ausgeht, vereinigte Mütter- und Kinderheime zu gründen, das will ich nur nebenbei bemerken. Diese Säuglings- und Mütterheime sollen der privaten Initiative ihre Entstehung verdanken. Was die Privatinitiative auf diesem Gebiet vermag, das haben wir oft

---

37 In Rouen war die Säuglingssterblichkeit von 31,4 Prozent in der Zeit vor Einführung der ergriffenen Maßnahmen (1888-1897) auf 24,5 Prozent im Jahr 1902 gesunken, während die Zahl der gestillten Kinder gleichzeitig schnell gestiegen war (Heinrich Finkelstein, Die Bekämpfung der Säuglingssterblichkkeit. Ärztlicher Bericht, in: Philipp Brugger/ders./ Marie Baum, Die Bekämpfung der Säuglingssterblichkeit [Schriften des deutschen Vereins für Armenpflege und Wohltätigkeit, Heft 74], Leipzig 1905, S. 49-88, hier S. 75, unter Verweis auf: Démographie et statistique médicale de la ville de Rouen [Bureau d'hygiène] 1902).

38 Die Staatssche Stiftung war von dem Uelzener Rentier Karl Georg Hartwig Staats 1882 testamentarisch mit dem Zweck eingerichtet worden, die Säuglingssterblichkeit in Berlin zu bekämpfen. Die Stiftung lag in den Händen von Prof. Dr. Rudolf Virchow.

39 Paul von Friedberg.

genug gesehen. Ich verweise Sie nur darauf, daß das viel gerühmte Säuglingsheim bei dem Dr. Schloßheim [recte: Schloßmann[40]] in Dresden eingegangen ist, weil die Mittel zu spärlich flossen.[41] Ebenso würde es uns gehen. Was geschehen soll, muß aus der Initiative der Stadt herauskommen, sonst können wir nichts leisten; uns auf die manchesterliche Idee der privaten Initiative festzulegen, das fällt uns nicht im Traum ein. Wir sind bereit, einzelne Vereine zu unterstützen, aber etwas Großes kann auf die Weise nicht erzielt werden.

Meine Herren, was die Fürsorgestelle anbetrifft, so muß ich im Gegensatz zu Herrn Dr. Bütow bemerken, daß die Zeit von 8 Tagen, in der die Nahrung unentgeltlich gewährt wird, nie zu lang ist. Ich glaube, man könnte diese Zeit noch ausdehnen. Die Magistratsbestimmung zeigt hierin einen Fortschritt, der nicht zu unterschätzen ist.

Meine Herren, die Dunkelheit, die gleichsam auf der Magistratsvorlage liegt, wird durch einen Lichtblick sozialer Erkenntnis unterbrochen. Aber nun kommt das Schlimme: Wenn die Zeit von 8 Tagen vorüber ist, dann tritt der Armenkommissionsvorsteher in Kraft. Ich habe seinerzeit in der Deputation gesagt: Laßt doch die Armenkommissionsvorsteher aus dem Spiel, unsere Leute werden nervös, wenn sie nur etwas von denen hören. Da wurde ich beruhigt: Der Armenkommissionsvorsteher hat ja nur ein Gutachten abzugeben, es handelt sich ja gar nicht um eine Armenunterstützung aus öffentlichen Mitteln im Sinne der Wahlgesetze. Meine Herren, da las ich vor einigen Tagen in der Vossischen Zeitung[42] eine Meinung, die sich mit der meinigen deckt.

Was besagt dies? Eine Arbeiter- oder Mittelstandsfamilie, die sich selbst durchbringt, muß, nachdem sie eine Woche lang die Hilfe der Fürsorgestelle in der Form von Milch- und Nährmittelgewährung in Anspruch genommen hat, entweder auf diese Gewährung verzichten, oder sie muß die Armenpflege für sich anrufen.

Meine Herren, das ist eine Erkenntnis auf freisinniger Seite, die mir sehr wohl tut. Es handelt sich in der Tat um eine Armenunterstützung, und Sie können sich fest darauf verlassen, daß die arbeitende Bevölkerung einer derartigen Bestimmung einen energischen Widerstand entgegensetzen wird. Ich verweise nur auf Halle[43]: Da waren ähnliche Einrichtungen getroffen wie hier, sie wurden nicht in Anspruch genommen, weil die Arbeiter immer wieder dachten, selbst die beschränkte Inanspruchnahme würde als Armenunterstützung angesehen werden. Es bedurfte erst einer Bekanntmachung des Magistrats, daß es sich nicht um eine Armenunterstützung handele.

Meine Herren, es wurde davon gesprochen, daß für die Hergabe der Milch der Steuerzettel doch als maßgebend empfohlen werden sollte. Der berühmte Arzt Dr. Schloßmann von Dresden kennt einen anderen Ausweg. Er sagt: Alle diejenigen,

---

40 Dr. Arthur Schloßmann (1867-1932), Kinderarzt in Dresden.

41 Dr. Arthur Schloßmann hatte zunächst 1894 in Dresden eine Kinderpoliklinik, 1898 dann eine Säuglingsklinik eröffnet, eine stark beachtete Pioniereinrichtung, die sich ausschließlich der Betreuung erkrankter Säuglinge widmete. Schloßmann propagierte hier vor allem die natürliche Ernährung durch Mutter- und Ammenmilch. Getragen wurde die Säuglingsklinik vom „Verein Kinderklinik mit Säuglingsheim". Die Einrichtung war allerdings nicht, wie Alfred Bernstein hier vermutet, „eingegangen".

42 Königlich privilegirte Berlinische Zeitung von Staats- und gelehrten Sachen. Vossische Zeitung Nr. 587, Morgenausgabe, vom 15.12.1904.

43 In Halle (Saale) war von der Stadtverwaltung seit 1902 verbilligte sterilisierte Milch für die Säuglingsnahrung abgegeben worden. Der Verein für Armen- und Krankenpflege sorgte für die Überwachung einer richtigen Verwendung der Milch in den betreffenden Familien und suchte bei dieser Gelegenheit zugleich auch auf eine zweckmäßige Pflege der Säuglinge hinzuwirken.

die unter 2000 M. Einkommen haben, die sich durch das Krankenkassenbuch legitimieren können, sollen die Milch zu einem billigeren Preis haben. Wie ist es in Straßburg? Dort ist die Armenkommission vollkommen ausgeschaltet: Dort gibt man die billige gute Milch einfach auf die Empfehlung der Ärzte, der Hebammen, des Waisenvaters etc. Allen voran geht München-Gladbach[44]. Da gibt es sterilisierte Milch für 40 Pf. pro Liter, und alle Bürgerfamilien, die unter 2000 M. Einkommen haben, erhalten in jedem Vierteljahr, wenn sie die Stelle in Anspruch genommen haben, die Hälfte des bezahlten Preises zurück. Kinderreiche Arbeiterfamilien bezahlen von vornherein pro Liter nur 10 Pf. Nun, diese Beispiele lassen sich wahrscheinlich vermehren.

Meine Herren, ich beantrage ebenso wie Herr Kollege Dr. Bütow, die Vorlage einem Ausschuß von 15 Mitgliedern zu überweisen. In dem Ausschuß werden ja die einzelnen Fragen noch eingehend erörtert werden können. Ich glaube, daß wir so zu dem ersehnten Ziel kommen werden, daß wir provisorische Einrichtungen treffen werden, die uns wenigstens die Wege bahnen. Was ich will, ist, daß eine große Frage zum logischen Ende geführt wird. Ich will es verhüten, daß Sie der Spielball einer Illusion, daß Sie die Düpierten Ihrer eigenen Ideale werden. Sie sollen wissen, daß der wahre Erfolg die Krönung methodisch aufeinander folgender organisch aneinander gereihter Maßnahmen ist. (Bravo!)

[...][45]

---

44 Heute Mönchengladbach. Vgl. hierzu auch: Philipp Brugger, Die Bekämpfung der Säuglingssterblichkeit. Hauptbericht, in: ders./Heinrich Finkelstein/Marie Baum, Die Bekämpfung der Säuglingssterblichkeit (Schriften des deutschen Vereins für Armenpflege und Wohltätigkeit, Heft 74), Leipzig 1905, S. 1-48, hier S. 33.

45 In der weiteren Diskussion der städtischen Gremien wurde das Konzept für die Fürsorgestellen ein Stück weit im Sinne der hier geäußerten Kritik ausgebaut (Auszug aus dem amtlichen stenographischen Bericht über die Sitzung der Stadtverordneten-Versammlung am 2.3.1905: LA Berlin A Rep.000-02-01 Nr.1803, n. fol.). So waren nun auch Beihilfen für stillende Mütter, die bedürftig und ortsansässig waren, vorgesehen; deren fortgesetzte Gewährung war an den regelmäßigen Besuch der Fürsorgestellen gebunden. Ebenso sollten nun Hausbesuche in den Familien vorgenommen werden. Die Schmidt-Gallisch-Stiftung konnte sich dafür der Organe der Waisenverwaltung bedienen; zu den Gemeindewaisenräten sollten deshalb weitere Frauen hinzugezogen werden. Nicht aufgegriffen wurden die in der hier wiedergegebenen Sitzung vorgetragenen Vorschläge, die unentgeltliche Versorgung mit Säuglingsnahrung nicht von einer armenpflegerischen Bedürftigkeitsprüfung abhängig zu machen, sondern von der Einkommenshöhe oder dem Nachweis der Kassenzugehörigkeit. Auch eine Ausdehnung der Fürsorge auf Schwangere und Wöchnerinnen, wie sie die gemischte Deputation vorgesehen hatte, kam nicht zustande. Dieses Aufgabenfeld sollte vielmehr ganz der privaten Wohlfahrtspflege überlassen bleiben. Im April 1905 wurden in Berlin vier Fürsorgestellen eröffnet, die in traditionellen Arbeitervierteln gelegen waren; ein Jahr später folgte eine weitere. Die dort beschäftigten Ärzte untersuchten die Säuglinge, berieten die Mütter und gaben Nahrungsmittel und Stillbeihilfen aus. Sie hatten dabei darauf hinzuwirken, daß die Mütter die Säuglinge stillten (vgl. die Bekanntgabe der Armendirektion vom 26.4.1905 mit Erläuterungen, in: Heinrich Finkelstein, Die Bekämpfung der Säuglingssterblichkkeit. Ärztlicher Bericht, in: Philipp Brugger/ders./Marie Baum, Die Bekämpfung der Säuglingssterblichkeit [Schriften des deutschen Vereins für Armenpflege und Wohltätigkeit, Heft 74], Leipzig 1905, S. 49-88, hier S. 84-86). Die Zahl der Fürsorgestellen wurde in den nächsten Jahren weiter erhöht. Im Gründungsjahr 1905 unterstanden nur 6167 Säuglinge der Kontrolle der Fürsorgestelle, 13,5 Prozent der lebendgeborenen Berliner Kinder. Der Anteilswert konnte in den nächsten beiden Jahren verdoppelt werden (Die Säuglingsfürsorge der Haupt- und Residenzstadt Berlin. Verfaßt im Auftrage des Magistrats von der Waisenverwaltung, Berlin 1911, S. 84).

Nr. 138

1904 Dezember 29

Bericht[1] des Merseburger Regierungspräsidenten Eberhard Freiherr von der Recke[2] an den preußischen Kultusminister Dr. Konrad Studt

Metallographie

[Die Funktionen einer Wohlfahrtsstelle für Lungenkranke werden im Regierungsbezirk Merseburg auf Vereinsbasis in Angriff genommen; insbesondere in der Stadt Halle (Saale) sind die entsprechenden Bestrebungen bereits seit 1899 weit entwickelt]

Die Funktionen einer „Wohlfahrtsstelle für Lungenkranke", wie sie in dem dem nebenbezeichneten Erlaß[3] Euer Exzellenz anliegenden Reisebericht[4] des näheren bezeichnet sind, werden innerhalb meines Bezirks mit jährlich wachsendem Umfang und mit von Jahr zu Jahr zunehmendem Erfolg von dem „Verein zur Bekämpfung der Schwindsucht in der Provinz Sachsen und dem Herzogtum Anhalt"[5] sowie dessen Zweigvereinen in Wittenberg und Halle a. S. versehen.

Insbesondere bietet der Zweigverein in Halle e. V.,[6] mit dem Sitz in Halle, infolge der besonders günstigen Verhältnisse und der ihm in reichlicherem Maß zufließenden Geldmittel bereits seit dem Jahre 1899 den unbemittelten Lungenkraken der Stadt Halle, welche die Hilfe des Vereins in Anspruch nehmen wollen, die Gelegenheit, ihre Leiden durch die physikalische und bakteriologische Untersuchung konstatieren zu lassen. Allen vermeintlich Lungenleidenden, hinsichtlich deren der Vorstand nicht feststellt, daß sie gemäß § 12 des Invaliditäts- und Altersversicherungsgesetzes[7] ein Recht auf eventuelle Gewährung einer Invalidenrente und damit die

---

1 GStA Berlin I. HA Rep.76 VIII B Nr.4153, fol. 124-129 Rs.

2 Eberhard Freiherr von der Recke (1847-1920), Jurist, 1888-1893 Kammerherr der Kaiserin und Königin Auguste Viktoria, 1893-1898 Regierungspräsident in Köslin, seit 1898 Regierungspräsident in Merseburg.

3 Nr. 117.

4 Auszug aus einem Reisebericht Prof. Dr. Martin Kirchners, o.D.: GStA Berlin I. HA Rep.76 VIII B Nr.4142, fol. 165-165 Rs.

5 Der Verein zur Bekämpfung der Schwindsucht in der Provinz Sachsen und dem Herzogtum Anhalt war 1899 unter Vorsitz des Landeshauptmanns der Provinz Sachsen Wilko Levin Graf von Wintzingerode-Bodenstein gegründet worden.

6 Der Zweigverein in Halle (Saale) war am 15.6.1899 unter dem Eindruck der Verhandlungen des im Mai 1899 in Berlin veranstalteten Kongresses zur Bekämpfung der Tuberkulose als Volkskrankheit gegründet worden. Der Vorstand setzte sich aus Vertretern von Stadtverwaltung, des medizinischen Sachverstands, der privaten Wohltätigkeit und der Knappschafts-Pensionskasse zusammen. Zu den maßgeblichen Gründern des Vereins zählte insbesondere der Vorsitzende der Armendirektion in Halle (Saale), Stadtrat Ernst Pütter, der auch zum Vorsitzenden gewählt wurde. Eine private Geldspende von 10000 Mark ermöglichte die wirksame Aufnahme der Tätigkeit des Vereins.

7 Die Voraussetzungen für den Erwerb der Invalidenrente enthielten die §§ 15 und 16 des Invalidenversicherungsgesetzes vom 13.7.1899 unter Bezug auf § 5 Abs. 4 des Gesetzes (Nr. 70 Bd. 6 der III. Abteilung dieser Quellensammlung). § 18 des Invalidenversicherungsgesetzes bestimmte im Abs. 1, daß bei drohender Erwerbsunfähigkeit eines Versicherten infolge einer Krankheit ein Heilverfahren eintreten konnte; Abs. 2 ermöglichte es den Versicherungsanstalten, den Erkrankten dabei in einem Krankenhaus oder einer Gene-

Aussicht erworben haben, auf Kosten einer Invaliditäts- und Altersversicherungsanstalt in eine Lungenheilstätte geschickt zu werden, wird aufgrund einer schriftlichen Anweisung des Vorsitzenden Gelegenheit gegeben, sich vom Vereinsarzt – zur Zeit Dr. med. Kohlhardt[8] in Halle –, untersuchen zu lassen. (Vergl[eiche] hierzu und zum Folgenden S. 5 f. der Anlage 1[9], S. 11 der Anlage 3[10]).

Der Vereinsarzt beantragt alsdann, die Patienten – mit Ausnahme der von vornherein aussichtslosen und unzweifelhaften Fälle – zum Zwecke genauer Untersuchung auf einige Tage in die königliche Universitätsklinik aufzunehmen. Die Kosten dieser Behandlung trägt der Zweigverein, sofern nicht der Patient einer Krankenkasse angehört. Außer dem Vereinsarzt überweisen zudem sowohl die Ärzte der königlichen Kliniken wie die frei praktizierenden Ärzte und andere Vereine zahlreiche Patienten der Fürsorge des Vereins. Hat ein Kranker keinen Arzt, so tritt neben dem Vereinsarzt auch noch der städtische Armen- oder der Ziehkinderarzt ein. Ferner dient auch die Siechenstiftung in geeigneten Fällen der Beobachtung und Tuberkulosebehandlung Schwindsüchtiger.

Stellt der Vereinsarzt – eventuell aufgrund der klinischen Beobachtung – bei einem Patienten eine im Anfangsstadium begriffene Lungenschwindsucht fest, so wird, soweit die Mittel des jährlich wachsenden Vereins es gestatten, auf dessen Kosten für Aufnahme des Kranken in eine Heilstätte gesorgt. Soweit die Mittel nicht zureichen, wird der Patient den verschiedenen am Ort bestehenden Wohltätigkeitsvereinen oder, wenn es sich um Almosenempfänger handelt, der städtischen Armenverwaltung überwiesen, die nach seinem Bericht (Anlage 1, S. 6) beide lebhaft bemüht sind, den Verhältnissen nach ihren Kräften Rechnung zu tragen. Neben dieser vornehmsten Aufgabe des Vereins, geeignete Kranke den Heilstätten zuzuführen, hat derselbe jedoch seit seiner Gründung erhebliche Beträge für die durch die Dispensaires Antituberculeux verfolgten Zwecke aufgewendet. Wenn der Verein auch bisher aus praktischen Gründen davon abgesehen hat, größere Summen zur Beschaffung kostenfreier Desinfektionsmittel für die Desinfektion des Auswurfs der Kranken zur Verfügung zu stellen, weil er in dieser Hinsicht meist noch wenig Verständnis fand, so hat er doch durch Belehrung der Kranken und ihrer Angehörigen, durch Verteilung von Speiflaschen, Trennung der noch nicht von der Schwindsucht ergriffenen Familienmitglieder von den Kranken, Gewährung kräftiger Nahrung der tückischen Krankheit entgegenzuwirken gesucht; auch hat er mit Unterstützung der Stadtverwaltung, die auf Antrag des Zweigvereins ihre Desinfektionsanstalt unentgeltlich zur Verfügung stellt, für Desinfektion der Wohnungen, Wäsche usw. in reichlichem Maße Sorge getragen.

---

sungsanstalt unterzubringen. Der Paragraph war in dem Gesetz vom 13.7.1899 an die Stelle des § 12 des Invaliditäts- und Altersversicherungsgesetzes vom 22.6.1889 getreten, auf den hier noch Bezug genommen wird (Nr. 148 Bd. 6 der II. Abteilung dieser Quellensammlung).

8 Dr. Heinrich Kohlhardt (1872-1924), praktischer Arzt in Halle (Saale).

9 Anlage 1: Stadtrat Pütter, PD Dr. Hermann Reineboth: Bekämpfung der Schwindsucht in der Stadt Halle a. S. Erster Bericht über die Thätigkeit und die Erfolge des Zweigvereins zur Bekämpfung der Schwindsucht in der Stadt Halle a. S., Halle a. S. 1900 (GStA Berlin I. HA Rep.76 VIII B Nr.4153, fol. 130-137 und fol. 156-161).

10 Anlage 3: Vierter Jahresbericht des Vereins zur Bekämpfung der Schwindsucht in der Provinz Sachsen und dem Herzogtum Anhalt (Hauptverein) für die Jahre 1902/03, Halle a. S. 1904 (GStA Berlin I. HA Rep.76 VIII B Nr.4153, fol. 138-145 Rs.).

Hinsichtlich der besonderen Aufmerksamkeit, welche der Verein auf die Bekämpfung der Schwindsucht innerhalb der Stadt in den Wohnungen der Kranken verwendet, bitte ich, auf die gesonderten Berichte auf Seite 10 f., 12 f. der Anlage 3[11] und Seite 10 f. der Anlage 4[12] Bezug nehmen zu dürfen.

Der Zweigverein, der im Geschäftsjahr 1903/1904 699 Mitglieder zählte, die insgesamt 2924 M. [recte: 2964 M.] Mitgliederbeiträge zahlten, hatte in diesem Jahr eine Gesamteinnahme von 10981,11 M. und verausgabte 9392,11 M. für seine Zwecke.[13] Er steht unter der Leitung des Vorsitzenden der städtischen Armendirektion[14], welcher als solcher in der Lage ist, sich zur Ermittlung und Kontrolle von Schwindsuchtsfällen sowohl der von der Stadt angestellten neuen besoldeten Waisenpflegerinnen als auch der sämtlichen Armenpfleger und Bezirksvorsitzenden, ferner der in den einzelnen Parochien angestellten Gemeindeschwestern, der übrigen Wohltätigkeitsvereine, der Ärzte und der städtischen Lehrer zu bedienen.

Auch mit den Krankenkassen und der Landesversicherungsanstalt steht der Verein in Verbindung.

Das Nähere über die Organisation und die Erfolge bitte ich aus den beigefügten gedruckten Satzungen[15] und den drei gedruckten Vereinsberichten ersehen zu wollen.

Es verdient auch hervorgehoben zu werden, daß in Halle ein mit dem Hygienischen Institut der königlichen Universität verbundenes städtisches Untersuchungsamt für ansteckende Krankheiten existiert, das den in Halle praktizierenden Ärzten zwecks bakteriologischer Untersuchung des Auswurfs ihrer Patienten jederzeit kostenlos zur Verfügung steht. Das städtische Untersuchungsamt ist u. a. im Jahre 1902/03 von den königlichen Kliniken in 24 Fällen, von frei praktizierenden Ärzten in 741 Fällen, im Jahre 1903/04 von den Kliniken in 18 Fällen, von den übrigen Ärzten in 770 Fällen zwecks Feststellung von Tuberkulose in Anspruch genommen worden. In 177 bzw. 173 von diesen Fällen wurde Tuberkulose durch das Untersuchungsamt nachgewiesen.

Angesichts dieser bewährten Einrichtungen, die als mustergültig bezeichnet werden dürfen, erscheint es nicht notwendig, in der Stadt Halle eine „Wohlfahrtsstelle für Lungenkranke" nach Art der französischen Dispensaires zu errichten, solange die Tätigkeit des genannten Zweigvereins sich in den bisherigen Bahnen bewegt.

---

11 Dort hieß es: *Wir haben uns daher bemüht, der Verbreitung der Ansteckungsstoffe dadurch entgegenzuwirken, daß wir nicht nur besonderes Eß- und Trinkgeschirr und, wo es daran fehlte, ein eigenes Bett beschafft haben, damit sie* (die Tuberkulosekranken im fortgeschrittenem Stadium) *nicht mehr mit ihren Angehörigen zusammenzuschlafen brauchen, sondern wir haben auch dafür gesorgt, daß sie in einem Zimmer allein schliefen und, wenn es an Raum gebrach, die Mittel gewährt, ein geeignetes Zimmer hinzuzumieten. Hierbei haben uns andere Wohltätigkeitsvereine auf unser Ersuchen bereitwilligst unterstützt* (Vierter Jahresbericht des Vereins zur Bekämpfung der Schwindsucht in der Provinz Sachsen und dem Herzogtum Anhalt [Hauptverein] für die Jahre 1902/03, Halle a. S. 1904, S. 13 [GStA Berlin I. HA Rep.76 VIII B Nr.4153, fol. 144]).

12 Anlage 4: Fünfter Jahresbericht des Vereins zur Bekämpfung der Schwindsucht in der Provinz Sachsen und dem Herzogtum Anhalt (Hauptverein) für die Jahre 1903/04, Halle a. S. 1905 (GStA Berlin I. HA Rep.76 VIII B Nr.4153, fol. 146-155 Rs.).

13 Fünfter Jahresbericht des Vereins zur Bekämpfung der Schwindsucht in der Provinz Sachsen und dem Herzogtum Anhalt (Hauptverein) für die Jahre 1903/04, Halle a. S. 1905, S. 9-11 (GStA Berlin I. HA Rep.76 VIII B Nr.4153, fol. 150-151).

14 Stadtrat Ernst Pütter.

15 Anlage 2: Zweigverein zur Bekämpfung der Schwindsucht in der Stadt Halle a. S.: Satzungen (GStA Berlin I. HA Rep.76 VIII B Nr.4153, fol. 162-163 Rs.).

Städte mit mehr als 100000 Einwohnern sind, abgesehen von der Stadt Halle, nicht vorhanden. Da auch in keiner dieser Städte ein Hygienisches Institut oder eine ähnliche bakteriologische Untersuchungsanstalt sich befindet, würden Fürsorgestellen der bezeichneten Art in denselben nur mit hohen Kosten, die schwerlich durch Heranziehung der öffentlichen Wohltätigkeit zu bestreiten sein dürften, errichtet werden können. Auch wäre es dann noch fraglich, ob diese Stellen in entsprechendem Maße in Anspruch genommen werden würden.

Mit praktisch größerem Erfolg, als die Wohlfahrtsstellen voraussichtlich erzielen würden, ist in den kleineren Städten meines Bezirks und auf dem Lande der „Hauptverein zur Bekämpfung der Schwindsucht in der Provinz Sachsen und dem Herzogtum Anhalt" sowie sein Zweigverein in Wittenberg tätig. Dem ersteren gehören, wie ein Blick in das Mitgliederverzeichnis (S. 14 der Anlage 4) beweist, fast sämtliche Gemeinden und Kreise des Bezirks neben zahlreichen einflußreichen Privatpersonen mit namhaften Jahresbeiträgen bereits an. Es steht zu erwarten, daß er dank der Rührigkeit, die der Verein entfaltet, und der Unterstützung, deren er sich trotz seines erst fünfjährigen Bestehens seitens weiter Kreise schon jetzt erfreut, bald in noch größerem Umfang, als dies bisher geschehen ist, eine segensreiche Tätigkeit entfalten wird. Seine Bestrebungen und die Mittel und Wege, die er zur Erreichung seiner Zwecke einschlägt, sind dieselben wie die seines Zweigvereins Halle. Da seine Existenz und seine Ziele in der Provinz, besonders unter den Ärzten, allgemein bekannt sind, werden seiner Fürsorge, besonders seitens der Ärzte, zahlreiche Patienten überwiesen und seine Mittel zur Verminderung der Ansteckungsgefahr (insbesondere Wohnungspflege) viel in Anspruch genommen.

Ein Bedürfnis, der Ausbreitung der Schwindsucht durch Begründung selbständiger „Wohlfahrtsstellen für Lungenkranke" nach Art des Dispensaires Antituberculeux entgegenzuarbeiten, liegt unter den obwaltenden Umständen in meinem Bezirk nicht vor.

Nr. 139

1904

Jahresbericht[1] der Zentrale für private Fürsorge[2] in Frankfurt am Main

Druck

[Überblick über die Tätigkeit: Schulungs- und Ausbildungsveranstaltungen; wissenschaftliche Arbeiten, Prüfung von Unterstützungsgesuchen, Übertragung der Kinderfürsorge auf den Verein Kinderschutz, Ausbau der Sammelvormundschaft, Kostkinderaufsicht, Fürsorge für „minderwertige" Kinder, Ferienwanderungen]

Unsere Arbeit hat im verflossenen Jahre einen guten Fortgang genommen, der sich in der Zunahme des gesamten Geschäftsverkehrs zeigt.

---

1 Institut für Stadtgeschichte Frankfurt am Main Magistratsakten V 514, n. fol.: Jahresbericht der Centrale für private Fürsorge in Frankfurt a. M. für das Rechnungsjahr 1. November 1903 bis 31. Oktober 1904, S. 11-21.

2 Zur Zentrale für private Fürsorge vgl. Nr. 76 Anm. 4.

Im vorigen Jahresbericht[3] konnten wir darstellen, wie es uns gelungen ist, unseren Satzungen[4] gemäß mit praktischer Arbeit allgemeine Aufgaben der Organisation privater Fürsorge zu verbinden. Im Zusammenhang mit unserer Entwicklung zu einer Ausbildungsanstalt für Fürsorgearbeit, von der wir früher schon berichteten,[5] haben wir jetzt die Veröffentlichung einiger wissenschaftlichen Arbeiten in Angriff genommen. Näheres über unsere Ausbildungstätigkeit ist aus dem besonderen Bericht über die Ausbildungskurse[6] ersichtlich, den wir unseren Mitgliedern anbei überreichen. Außerdem hielt Herr Dr. Klumker die gewohnten Vorlesungen an der Akademie für Sozial- und Handelswissenschaften[7], im Wintersemester 1903/1904 über öffentliche und private Fürsorge, im Sommersemester 1904 über Kinderfürsorge. Neben diesen Vorlesungen gingen praktische Übungen einher, die allwöchentlich in einem Seminar im Anschluß an die Zentrale abgehalten wurden. Diese praktischen Übungen verfolgen den Zweck, einerseits die theoretischen Ausführungen der Vorlesungen durch eingehende Erörterung einzelner Fragen zu ergänzen, andererseits den praktischen Mitarbeitern und Mitarbeiterinnen in der öffentlichen und privaten Fürsorgetätigkeit Gelegenheit zu geben, sich über die Grundlage ihrer Arbeit sowohl nach der rechtlichen wie nach der technischen Seite näher zu unterrichten.

Die Teilnehmer an den Übungen erstatten selbst Referate über einzelne Themata oder Fälle, an die sich dann gemeinsame Besprechungen anschließen. Zur Erläuterung diente die Besichtigung einzelner Anstalten, deren Arbeitsgebiet sich mit den in den Übungen behandelten Fragen berührte. Die Besprechungsgebiete waren folgende:

im Winter 1903/04: Rechtliche Grundlagen und praktische Organisation der Fürsorgeerziehung;

Sommer 1904: Private Wohltätigkeit mit Hausbesuchen bei Bedürftigen und Besprechung praktischer Fälle;

---

3 Centrale für private Fürsorge e. V. Frankfurt a. M.: Jahresbericht für das Rechnungsjahr 1. November 1902 bis 31. Oktober 1903. Erstattet von Dr. Chr. J. Klumker, Direktor der Centrale (Institut für Stadtgeschichte Frankfurt a. M. Magistratsakten V 514, n. fol.).

4 Satzungen der Centrale für private Fürsorge in Frankfurt am Main, o. D. (Institut für Stadtgeschichte Frankfurt a. M. Magistratsakten V 514, n. fol.).

5 Vgl. die einleitenden Ausführungen von Dr. Christian Jasper Klumker in der Broschüre: Centrale für private Fürsorge Frankfurt a. M.: Ausbildungskursus in der Fürsorgearbeit, Februar 1904 S. 3-8 (Institut für Stadtgeschichte Frankfurt a. M. Magistratsakten V 514, n. fol.); vgl. auch: Centrale für private Fürsorge e. V. Frankfurt a. M.: Jahresbericht für das Rechnungsjahr 1. November 1902 bis 31. Oktober 1903. Erstattet von Dr. Chr. J. Klumker, Direktor der Centrale, S. 16 f. (Institut für Stadtgeschichte Frankfurt a. M. Magistratsakten V 514, n. fol.).

6 Christian Jasper Klumker, Bericht über unsere Ausbildungskurse in der Fürsorgearbeit, in: Centrale für private Fürsorge Frankfurt a. M.: Ausbildungskursus in der Fürsorgearbeit, Februar 1904, S. 11-16 (Institut für Stadtgeschichte Frankfurt a. M. Magistratsakten V 514, n. fol.).

7 Die Akademie für Sozial- und Handelswissenschaften war 1901 eröffnet worden. Die maßgeblichen Impulse zu ihrer Gründung verdankte sie dem Zusammenspiel von Wilhelm Merton mit Oberbürgermeister Dr. Franz Adickes. Die Akademie sollte der Fortbildung von Kaufleuten, Juristen und Verwaltungsbeamten dienen; dabei sollte sie den Charakter einer Handelshochschule mit der Pflege der Sozial- und Verwaltungswissenschaften verbinden. Christian Jasper Klumker entwickelte hier eine intensive Lehrtätigkeit und wurde 1911 Inhaber eines ersten Lehrstuhls für Armenwesen und Fürsorge in Deutschland. Aus der Akademie entwickelte sich 1914 die Stiftungsuniversität in Frankfurt a. M.

Winter 1904/05: Öffentliche Armenpflege aufgrund des Unterstützungswohnsitzgesetzes mit folgenden Themen, zu deren Erläuterung unter anderen einzelne Fälle aus dem Material der Zentrale und der Entscheidungen des Bundesamts für das Heimatwesen herangezogen wurden:

1. Umfang der Unterstützungspflicht (insbesondere: Heilstättenpflege),
2. Einfluß des Arbeitsorts und Wohnorts beim Erwerb des Unterstützungswohnsitzes,
3. Erwerb des Unterstützungswohnsitzes durch Heirat,
4. Unterstützungswohnsitz unehelicher Kinder,
5. vorläufig und endgültig verpflichtete Armenverbände,
6. Zuständigkeit bei Landarmenverbänden,
7. Versagung des Aufenthalts (Unterstützungswohnsitz und Freizügigkeitsgesetz).

Besucht wurden:

1. das Gefängnis in Preungesheim[8],
2. die Erziehungsanstalt Aumühle[9] bei Wixhausen,
3. das israelitische Knabenwaisenhaus[10] in Frankfurt,
4. die Erziehungsanstalt Ohlystift[11] in Gräfenhausen[12].

Ferner wurde ein Teil der Besuche bei den Ausbildungskursen für diese Übungen mitbenutzt.

Für dieses Arbeitsgebiet war es sehr wertvoll, daß uns besondere Mittel zur Verfügung gestellt wurden, um unsere Bibliothek und Sammlung von Vereinsberichten, Plänen und dergleichen sorgsam zu ergänzen. Letztere umfaßt jetzt außer allen Frankfurter Organisationen die wichtigsten Einrichtungen Deutschlands in der Kinderfürsorge und in der Fürsorge für Erholungsbedürftige.

Die wissenschaftlichen Untersuchungen über die Lage der unehelichen Kinder,[13] die Herr Dr. Spann leitete, nahmen einen guten Fortschritt, wobei uns das Entgegenkommen der städtischen Behörden sehr förderlich war. Bisher erschienen daraus folgende größere Aufsätze (in der „Zeitschrift für Socialwissenschaft“):

1. Die geschlechtlich-sittlichen Verhältnisse im Dienstboten- und Arbeiterinnenstande,[14]
2. Die Stiefvaterfamilie unehelichen Ursprungs,[15]
3. Die unehelichen Geburten von Frankfurt am Main.[16]

---

[8] Heute Stadtteil von Frankfurt a. M.

[9] Die Erziehungsanstalt Aumühle in Darmstadt-Wixhausen war 1885 gegründet worden und gehörte dem Verband evangelischer Rettungshäuser und Erziehungsvereine in dem Großherzogtum Hessen und der Provinz Hessen-Nassau an.

[10] Die Israelitische Waisenanstalt in Frankfurt a. M. war 1873 gegründet worden und besaß getrennte Häuser für Knaben und für Mädchen.

[11] Die Erziehungsanstalt Ohlystift war 1888 von der Stadt Darmstadt als erste nichtkonfessionelle Fürsorgeanstalt für verwahrloste, leiblich oder sittlich gefährdete Kinder im Großherzogtum Hessen auf Initiative des Darmstädter Oberbürgermeisters Albrecht Ohly gegründet. 1896 wurde die Anstalt nach Ohly benannt. Die Gründung beruhte auf einer Stiftung Darmstädter Bürger.

[12] Heute Stadtteil von Weiterstadt.

[13] Vgl. Nr. 129 Anm. 6.

[14] Othmar Spann, in: Zeitschrift für Socialwissenschaft 7 (1904), S. 287-303.

[15] Ders., in: ebenda, S. 539-578.

[16] Ders., in: ebenda, S. 701-709.

Die gesamten Untersuchungen werden im Frühjahr 1905 als erster Band der Untersuchungen auf dem Gebiet der Fürsorge im Verlag von O. V. Böhmert[17] in Dresden erscheinen. Den zweiten Band, der sich bereits im Druck befindet, bildet die Arbeit von R. Neubauer[18] über die Arbeitsvermittlung durch die Presse[19]. Daneben gedenken wir eine Reihe kleinerer Untersuchungen von allgemeinem Interesse als Jahrbuch der Fürsorge[20] in demselben Verlag herauszugeben und so unsere und unserer Freunde Arbeit weiteren Kreisen zugänglich zu machen. Der erste Band der sich in Vorbereitung befindet, wird Aufsätze enthalten von Frau Geh[eim]rat Hartwig[21] über Armenpflege und Arbeiterbudgets, von A. Paquet[22] über die amerikanische Jugendfürsorge, besonders die Juvenile Courts (Sondergerichte für Vergehen Jugendlicher) nach eigenen Studien, von Dr. Feld[23] über die Fürsorge für die Kinder der Arbeiterinnen in Crimmitschau und Beiträge von Dr. Klumker über einige Bestimmungen des Familienrechts als Grundlage der Jugendfürsorge.

Daß wir uns nach diesen Richtungen so rasch ausdehnen konnten, wurde nur dadurch ermöglicht, daß uns noch größere Mittel aus dem Ladenburgfonds[24] hierfür zur Verfügung standen. Bei der Wichtigkeit, die solche auf praktischer Arbeit sich gründende wissenschaftliche Tätigkeit für die Vertiefung und den planmäßigen Ausbau der gesamten Fürsorge besitzt, glauben wir aber die Hoffnung aussprechen zu dürfen, daß wir mit der Zeit auch sonst Zuschüsse dafür erhalten, da jener Fonds nach den Vorschriften seiner Stifter nur dazu dienen soll, derartige Veranstaltungen zu schaffen und sie in den ersten Jahren ihres Bestehens zu stützen. Wir hoffen, daß bei der Teilnahme, die gerade die Kurse weit über Frankfurt hinaus gefunden haben, sich weitere Kreise zur Tragung der Kosten bereit finden lassen.

Wie bisher war es für diese allgemeine Arbeit von großer Bedeutung, daß unsere Leiter und Beamten in steter lebendiger Berührung mit der praktischen Arbeit blieben, die unsere örtlichen Einrichtungen in reicher Fülle darboten. Schwierig war es zwar bei unserer raschen Ausdehnung, die praktische Fürsorgetätigkeit ins richtige Verhältnis zu jenen allgemeinen Arbeiten zu setzen. Es erwies sich dazu nötig, für einen Teil dieser örtlichen Arbeit besondere selbständige Organisationen zu schaffen, die in enger Verbindung mit der Zentrale blieben.

---

[17] Otto Viktor Böhmert (1868-um 1944), Verlagsbuchhändler in Dresden.

[18] Dr. Richard Neubauer (1843-1915), Professor und Oberlehrer a. D. am Berlinischen Gymnasium.

[19] Der Arbeitsmarkt in der Presse zu Frankfurt a. M. vom 1. Oktober 1900 bis zum 30. September 1901 nebst einer Erhebung über die gleichzeitige Tätigkeit der privaten und gemeinnützigen Institute für Arbeitsvermittlung, Dresden 1905.

[20] Der erste Band des „Jahrbuchs der Fürsorge“ erschien 1906 unter der Herausgeberschaft von Dr. Christian Jasper Klumker und Wilhelm Polligkeit.

[21] Anna Hartwig, geb. Bromeis (1847-1921), Vorstandsmitglied und Mitbegründerin des Stadtbunds der Frankfurter Vereine für Armenpflege und Wohltätigkeit und des Hauspflegevereins in Frankfurt a. M.

[22] Alfons Paquet (1881-1941), Journalist und Schriftsteller in Frankfurt a. M.

[23] Dr. Wilhelm Feld (1881-1965), Regierungsrat in Oberkassel (bei Bonn), Schriftsteller und Statistiker.

[24] Emil Ladenburg (1822-1902) war Bankier in Frankfurt a. M. und Schwiegervater Wilhelm Mertons, des Stifters der Zentrale für private Fürsorge. Sein Sohn August Ladenburg (1856-1929), Mitinhaber des Bankhauses Ladenburg und Schwager Wilhelm Mertons, war Mitglied im Beirat der Zentrale für private Fürsorge.

Der Ausschuß für Unterstützungswesen hielt wie bisher wöchentliche Sitzungen ab, in denen 1631 Fälle erledigt wurden. In Verbindung mit ihm dehnte sich unsere Auskunftserteilung und Prüfungstätigkeit aus. Es gingen Unterstützungsgesuche ein

1904 10691,
1903 11421.

Die Höhe der Unterstützungen, die Mitglieder durch unsere Vermittlung gewährten, betrug im verflossenen Jahr M. 76697,45.

Unsere Aktenzahl wuchs von 10400 am 31. Oktober 1903
auf 13800 am 31. Oktober 1904.

Unsere Beziehungen zum Stadtbund[25] sind die gleichen geblieben; die Vereinigung unseres beiderseitigen Aktenmaterials schreitet durch die Bemühungen des Stadtbunds rüstig fort.

Sobald der Armenverein[26], der sich seit kurzem mit einer Neuordnung seiner Organisation befaßt, darin zu einem Abschluß gelangt ist, werden sich hoffentlich Mittel und Wege finden, unsere Aktensammlung mit ihm und anderen Vereinen zu einer gemeinsamen Einrichtung zu verbinden. Auch an dieser Stelle sprechen wir unser lebhaftes Bedauern aus, daß dem Armenverein sein langjähriger Verwalter, Herr Paul Quilling[27], der in unserem Ausschuß für das Unterstützungswesen eifrig mitgewirkt hat, durch den Tod entrissen wurde,

Unsere Wünsche für das Stipendienwesen, bei dem wir sowohl von privater Seite wie von Stiftungen oft als Auskunftsstelle in Anspruch genommen werden, gehen nach wie vor dahin, durch einen Zusammenschluß aller beteiligten Organisationen eine gemeinsame Prüfungsstelle zu schaffen und damit die vorhandenen Ansätze zur Zusammenarbeit zu einem gewissen Abschluß zu bringen. Hierbei wie bei Darlehnsgesuchen sehen wir stets auf eine besonders diskrete Behandlung; so übernehmen auf Wunsch auch immer unsere Vorstandsmitglieder Begutachtung derartiger Anfragen, ohne daß darüber schriftliche Angaben zu unseren Akten kämen.

Eine sehr interessante Aufgabe erwuchs uns durch ein Abkommen mit der Diakonie der deutsch-reformierten Gemeinde[28]. Diese Diakonie besaß nicht über alle ihre Pfleglinge Akten und wünschte, daß alle von ihr unterstützten Fälle nachgeprüft würden, wir beauftragten mit dieser Arbeit unseren Sekretär Herrn Freund[29], der in dreimonatiger Tätigkeit sämtliche Armen der Diakonie besuchte, überall unser Aktenmaterial heranzog und so der Diakonie vollständig neue Akten über alle Pfleglin-

---

25 Zum Stadtbund vgl. Nr. 86.

26 Zum Frankfurter Armenverein vgl. Nr. 17 Anm. 2, vgl. auch Nr. 41, Nr. 63 und Nr. 98 Bd. 7 der II. Abteilung dieser Quellensammlung. In seinem Jahresbericht für 1904 ist die Rede *von einer zur Zeit in Ausführung begriffenen Neuorganisation unseres gesamten Verwaltungsbetriebs, bei der wir neben der technischen Einrichtung unseres Büros vor allem auch eine exaktere Behandlung der einzelnen Unterstützungsfälle mehr nach inneren Gesichtspunkten erstreben infolge einer planmäßigen und eingehenderen Prüfung der Verhältnisse* (Siebenundzwanzigster Jahres-Bericht des Frankfurter Armen-Vereins für das Jahr 1904, Frankfurt a.M. 1905, S. 3f. [Institut für Stadtgeschichte Frankfurt a.M. Wohlfahrtsamt 898, n.fol.]).

27 Paul Quilling (1846-1904), Uhrmacher, Mundartdichter und Kommunalpolitiker in Frankfurt a.M., seit 1899 Vorsteher des Armenvereins.

28 Die Ursprünge der Diakonie der deutsch-reformierten Gemeinde reichten bis ins Jahr 1555 zurück. Die Diakonie unterstützte Gemeindemitglieder mit Unterstützungswohnsitz in Frankfurt a.M. Die Verwaltung lag in den Händen von sechs Diakonen.

29 Gustav Freund (1870-1942), Sekretär der Zentrale für private Fürsorge in Frankfurt a.M.

ge anlegte. Aus der persönlichen Besprechung der Einzelfälle in den Sitzungen der Diakonie, zu denen Herr Freund zugezogen wurde, ergab sich nicht nur eine Ausscheidung einer Menge unwürdiger Unterstützten, sondern auch eine reichlichere Unterstützung einzelner Fälle. Die Arbeit fand ihren Abschluß in einem ausführlichen schriftlichen Bericht über die gesamten Erfahrungen, den Herr Freund der Diakonie erstattete. Indem wir für solche umfassenden Arbeiten von uns geschulte Beamte zur Verfügung stellen, glauben wir der Fürsorge unserer Stadt keinen unwesentlichen Dienst zu leisten. Gehört doch dazu neben allgemeinen Kenntnissen des Armenwesens und seiner Technik eine reiche Übung im Verkehr mit den Bedürftigen, eine genaue Kenntnis der örtlichen Verhältnisse, um jeden Fall gerade der Lage einer solchen Organisation entsprechend prüfen und beurteilen zu können. Wir hoffen, daß durch diese Arbeit die regelmäßige Zusammenarbeit mit der Diakonie gefördert werde, wie sie bisher schon zu unserer Freude in kleinerem Umfang bestanden hat. Natürlich sind wir in solchen Fällen stets bemüht, der Eigenart der bestehenden Einrichtungen Rechnung zu tragen; unsere Arbeit soll ja nur zu deren Ergänzung dienen. Das Material, das uns in solchen Fällen zugänglich wird, behandeln wir mit derselben Diskretion wie unsere eigenen Akten, die ausschließlich im fürsorglichen Interesse benutzt werden dürfen.

Die einmaligen Kosten, die durch diese Arbeit der reformierten Diakonie erwuchsen, waren noch nicht so groß wie der Betrag an monatlichen Unterstützungen, der daraufhin Unwürdigen entzogen und anderen zugewandt werden konnte, bei denen er besser angebracht war. Das ist wieder ein Beweis, wie die Ausgaben für gründliche Prüfung und Beratung der Bedürftigen keine Verschwendung sind, sondern erst einer vernünftigen Fürsorge die richtige Grundlage geben. Unterstützungen, die ohne derartig genaue Untersuchung und sachverständige Beurteilung der persönlichen Verhältnisse des Bedürftigen gegeben werden, richten oft mehr Schaden als Nutzen an. Erst die persönliche Fürsorge, die häuslichen Besuche und Nachforschungen, die Leitung zur Selbständigkeit, die sich an die Gaben anschließen, erst all dies macht die Unterstützung überhaupt wirksam und wertvoll.

Deswegen ist die von so manchen Vereinen betriebene Sparsamkeit in der Verwendung geschulten Personals geradezu schädlich. Ein Verein, der Zehntausende an Bedürftige verteilen soll, wird beträchtliche Aufwendungen für seine Verwaltung machen müssen, und gerade in diesen Ausgaben und ihrer richtigen Nutzbarmachung wird sich erst der wahre Wert eines solchen Vereins beweisen.

Für die dauernde Beratung und Leitung von Hilfesuchenden waren wir auf die sorgsame Tätigkeit z. B. des Bockenheimer Frauenvereins[30], des Hauspflegevereins[31] und des Israelitischen Hilfsvereins[32] sowie mancher freiwilliger Helfer und Helferinnen angewiesen, denen wir sehr zu Dank verpflichtet sind.

---

[30] Der Bockenheimer Frauenverein war 1845 gegründet worden. Zweck des Vereins war die Hilfe für bedürftige Familien und Einzelpersonen durch Naturalunterstützung (Lebensmittel, Kleidung, Bettzeug etc.); Barunterstützungen wurden nur in dringenden Fällen gewährt. Vorsitzende war Louise Jacobi. Aufgrund einer Vereinbarung mit der Zentrale für private Fürsorge hatte der Verein die Begutachtung der Einzelfälle und Auszahlung der Geldspenden der Zentrale übernommen.

[31] Vgl. Nr. 17 und Nr. 124.

[32] Der Israelitische Hilfsverein war 1883 als Verein zur Bekämpfung des Wanderbettels 1883 gegründet worden. Er diente zugleich als Auskunftsstelle für israelitische Armenpflege und unterhielt seit 1901 ein Heim in der Langestraße. Vorsitzender war Charles Hallgarten.

Ein Ausbau dieser pflegerischen Behandlung in Fällen vorübergehender Notstände, die allein eigentlich zu dem Arbeitsgebiet der privaten Fürsorge gehören, erweist sich als dringend notwendig. Dazu gehört aber nicht nur die Heranziehung neuer pflegerischer Kräfte durch Erweiterung unserer Beziehungen zu anderen Fürsorgevereinen und freiwilligen Mitarbeitern und Mitarbeiterinnen. Ebenso nötig ist es, unsere Mitglieder mehr als bisher zu veranlassen, den an sie herantretenden Fällen von Bedürftigkeit, wo es angebracht ist, durch unsere Vermittlung eine längere pflegerische Behandlung zuteil werden zu lassen. Im Gegensatz zu den Fällen dauernder Hilfsbedürftigkeit, wo eine pflegerische Behandlung, soweit die öffentliche Armenpflege in Betracht kommt, schon geübt wird, mangelt es an ihr vielfach in Fällen vorübergehender Bedürftigkeit vor allem in der privaten Fürsorge. Gerade hier jedoch ist sie um so weniger zu entbehren, als durch eine rechtzeitige und sachgemäße Pflege dauernde Hilfsbedürftigkeit häufig vermieden werden kann. Wir sehen auf diesem Gebiet noch eine wichtige Aufgabe vor uns, der wir unsere besondere Aufmerksamkeit zu widmen haben.

Zu unserer besonderen Freude gelang es uns, die Abteilung für Kinderfürsorge auf einen selbständigen Verein Kinderschutz zu übertragen, der in naher Verbindung mit uns bleibt.[33] Zweck des Vereins ist, im Anschluß an die in Frankfurt bestehenden Einrichtungen der Kinderfürsorge sich hilfsbedürftiger Kinder anzunehmen. Wir haben versucht, seine Organisation so zu gestalten, daß er zum Mittelpunkt für alle hiesigen Bestrebungen der Kinderfürsorge werden kann, satzungsgemäß hat er die von der Zentrale geschaffenen Einrichtungen für eine Berufsvormundschaft, für eine Pflegestellenvermittlung und -beaufsichtigung und verwandte Aufgaben zur Fortführung übernommen.

Wir konnten zu der Verselbständigung unserer Abteilung schreiten, da die bisher angestellten Versuche auf diesem Gebiet günstige Erfolge erzielt hatten, und waren auch dazu genötigt, weil die Zuschüsse, die uns zur versuchsweisen Schaffung unserer Kinderfürsorgeeinrichtung zur Verfügung gestellt worden waren, uns nicht mehr im bisherigen Umfang gewährt werden konnten. Für das vergangene Jahr verfügten wir noch zum Betrieb der Kinderfürsorgeabteilung über einen Beitrag aus dem Ladenburgfonds in Höhe von M. 4000 und über eine Subvention der Wilhelm-von Rothschild-Stiftung[34] in Höhe von M. 1000. Wir sind diesen beiden Stiftungen zu besonderem Dank verpflichtet, daß sie uns die Mittel zur Gründung unserer früheren Abteilung bewilligten, die jetzt einen wertvollen Grundstock für den neuen Verein Kinderschutz bildet.

Die Entwicklung unserer Abteilung für Kinderfürsorge war im abgelaufenen Jahr überraschend günstig. Die Zahl der von Herren Dr. Klumker geführten Vormund-

---

33 Die Zentrale für private Fürsorge war im Vorstand des 1904 gegründeten Vereins Kinderschutz durch ihr geschäftsführendes Vorstandsmitglied Dr. Christian Jasper Klumker vertreten, ein weiteres Vorstandsmitglied leitete den Verein; zur Tätigkeit des Vereins vgl. den Bericht: Berufsvormundschaft des Vereins Kinderschutz Frankfurt a. M., in: Christian Jasper Klumker/Johannes Petersen, Berufsvormundschaft (Generalvormundschaft), Bd. 2: Materialien (Schriften des deutschen Vereins für Armenpflege und Wohltätigkeit, Heft 82), Leipzig 1907, S. 125-127.

34 Wilhelm von Rothschild (1828-1901), Bankier in Frankfurt a. M. Die Freiherrlich Wilhelm Carl von Rothschild'sche Stiftung für wohltätige und gemeinnützige Zwecke war 1902 von den Nachfahren zur Erinnerung an den Namensgeber errichtet worden. Ihr Zweck war die Versorgung Bedürftiger mit Heizmaterial und Mietbeihilfen, die Unterstützung von Jugendvereinen und den Erwerb von Wohnhäusern für minderbemittelte Einwohner.

schaften[35] und Pflegschaften ist von etwa 60 auf 172 am Schluß des Geschäftsjahrs und seitdem bis zum Erscheinen dieses Berichts auf etwa 220 gestiegen. Von den am Schluß vorigen Jahres vorhandenen 172 Mündeln waren:

113 unehelich, 8 Ganzwaisen, 23 Halbwaisen, 28 von ihren Eltern gefährdet.

In 31 Fällen, wo infolge einer Gefährdung durch die Eltern oder Verwahrlosung der Kinder Erziehung unter öffentlicher Aufsicht notwendig war, sind durch unsere Vermittlung oder auf unsere Veranlassung Beschlüsse des Vormundschaftsgerichts ergangen, wonach Kinder zu ihrer Erziehung in Anstalten oder Familien anderweitig untergebracht wurden. In 12 anderen Fällen schwebt das Verfahren noch.

In solchen Fällen übernahmen wir die Feststellung der Tatsachen, die ein öffentliches Erziehungsverfahren begründen. Wir waren aber auch häufig Eltern und Vormündern behilflich, verwahrloste Kinder in Erziehungsanstalten, einer Lehr- oder Pflegestelle unterzubringen und übernahmen die Führung der Verhandlungen mit den Gerichten und anderen Behörden. Unsere Erfolge verdanken wir vielfach der tatkräftigen Unterstützung, die wir darin bei dem Armenamt, dem Polizeipräsidium und bei dem Vormundschaftsgericht fanden.

Die Vermittlung und Beaufsichtigung von Pflegestellen für Säuglinge machte die Anstellung zweier weiterer Kinderpflegerinnen notwendig. In dem Stadtteil Bockenheim übten wir wie im früheren Jahren im Auftrag des Polizeipräsidiums gemeinsam mit dem Bockenheimer Kostkinderausschuß[36] die Aufsicht über die dort untergebrachten Haltekinder aus. Zur besseren Überwachung der unserer Aufsicht unterstellten Säuglinge wurde die Zahl der ärztlichen Sprechstunden auf unserem Büro auf wöchentlich drei vermehrt. Unsere Erfahrungen in der Kostkinderbeaufsichtigung kann man als günstig bezeichnen, wenn auch im vergangenen Sommer infolge der ungewöhnlichen Hitze sehr viele Darmkrankheiten vorkamen. Durch das dankenswerte Entgegenkommen der hiesigen Kinderspitäler und vor allem auch des Kinderheims konnten wir im Notfall für eine rasche Spitalbehandlung oder gute Pflege sorgen. Leider fehlt es in Frankfurt immer noch an einer gemeinnützigen Einrichtung zur Beschaffung und Abgabe einwandfreier Säuglingsmilch zu billigen Preisen, die ein unentbehrliches Glied unter den Kampfmitteln gegen die Säuglingssterblichkeit ist. Von verschiedenen Seiten ist die Schaffung einer solchen Zentralstelle für Milchversorgung angeregt worden, ohne daß es jedoch bisher zu praktischen Ergebnissen gekommen ist. Allen Anstalten und Vereinen, die auf dem Gebiet des Kostkinderwesens unsere Arbeit durch wohlwollende Unterstützung gefördert haben, sei hierfür auch an dieser Stelle unser Dank ausgesprochen.

Wie bisher übernahmen wir in der Abteilung der Kinderfürsorge auch die Vertretung der rechtlichen Interessen von unehelichen Kindern in Fällen, wo Herr Dr. Klumker zum Vormund bestellt war. Durch das rasche und energische Eingreifen war es in den meisten Fällen möglich, ohne Prozeß den unehelichen Vater zum Unterhalt des Kindes heranzuziehen. Auch sonst zeigt sich der Vorteil einer Organisation wie der unserigen darin, daß wir selbst dort, wo wir wegen Bedürftigkeit der

---

[35] Zur Errichtung einer Sammelvormundschaft durch die Zentrale für private Fürsorge, die durch Dr. Christian Jasper Klumker wahrgenommen wurde, vgl. Nr. 103.

[36] Der Ausschuß zur Beaufsichtigung des Kostkinderwesens in Bockenheim übermittelte die von der Polizei mitgeteilten Pflegekinder an eine Anzahl von Frauen, die jeweils zwei bis drei Kinder besuchten und gegebenenfalls über Mißstände berichten sollten. Die Zentrale für private Fürsorge hatte eine Vereinbarung mit dem Ausschuß über die genaue Zusammenarbeit getroffen.

Pflege- oder Kindesmutter das Kostgeld vorübergehend vorlegten, mit geringen Ausnahmen keine Verluste erlitten. Mehr und mehr kommen auch Eltern und Vormünder zu uns, um in vormundschaftlichen Angelegenheiten unseren Rat zu erbitten, den wir ihnen gern gewähren. Solche Beratung von Einzelvormündern gehört mit zu den wichtigsten Aufgaben einer organisierten Vormundschaft, solange nicht, wie z. B. in Leipzig[37], alle unehelichen Kinder der Berufsvormundschaft unterstellt sind.

Für die Unterbringung entlassener Hilfsschüler war weiter der Ausschuß zur Fürsorge für minderwertige Kinder tätig. Es gelang in den meisten Fällen für diese Kinder Dienst- oder Lehrstellen zu beschaffen, wo auf ihre minderwertige Veranlagung bei der Berufsausbildung Rücksicht genommen wird. Die besondere Subvention der Wilhelm-von Rothschild-Stiftung in Höhe von M. 1 000 ermöglichte es, Zuschüsse zu einer Erholungskur vor Antritt des Dienstes, zu einer Ausrüstung mit Kleidung und Arbeitsgerät, zum Lehrgeld, unter Umständen zu einer Anstaltserziehung zu gewähren und in einzelnen Fällen den Lehrherren eine kleine Prämie für eine gute Ausbildung der Zöglinge auszusetzen.

Von großem Wert war wieder die Unterstützung, die wir bei Herrn Direktor Dr. Sioli[38] wie überhaupt bei der Direktion der hiesigen Irrenanstalt dadurch fanden, daß sie in zahlreichen Fällen uns ihre Beobachtungsstation für minderwertige, vor allem sozial unbrauchbare Jugendliche zur Verfügung stellten. In Fällen, wo nur eine längere, sorgfältige Beobachtung eine Beurteilung der Minderwertigkeit ermöglichte, gaben uns ihre ärztlichen Gutachten einen wichtigen Anhalt für die weitere Versorgung dieser Elemente, besonders in Fürsorgeerziehungsverfahren, wo die Verwahrlosung der Kinder in krankhafter Veranlagung ihre Ursache hatte. Höchst wertvoll war uns auch die Unterstützung des Herrn Dr. Leopold Laquer[39], der uns bereitwilligst durch Untersuchung von solchen geistig Minderwerten und Abgabe von Gutachten zur Seite stand. Es ist uns eine angenehme Pflicht, für diese Mitwirkung hier unseren Dank abzustatten.

Die Familienkrippe in Bockenheim, über deren Gründung wir im vorigen Jahr berichten konnten[40], hat sich gut bewährt und wird reichlich in Anspruch genommen. Infolge der sparsamen und dennoch völlig ausreichenden Einrichtung und Verpflegung sowie durch die freiwillige Mitarbeit von Damen des Bockenheimer Frauenvereins stellen sich die Verpflegungskosten viel niedriger als bei Anstaltskrippen, und zwar auf 63 ¼ Pf. pro Tag und Kind. Da für die Kinder 25 Pf. täglich von ihren Müttern gezahlt werden müssen, so hat die Krippe 38 ¼ Pf zuzulegen. Im ganzen betrugen die Ausgaben im Kalenderjahr 1904 M. 1903,33. An Pflegegeldern gingen ein M. 752,50 für 3 010 Verpflegungstage zu je 25 Pf. M. 1 150,83 waren also durch freiwillige Beiträge zu decken, die der Bockenheimer Frauenverein durch Sammlungen aufbrachte.

Auch die Ferienwanderungen von Volksschülern wurden wieder im vergangenen Jahr veranstaltet. Die Erträge einer Sammlung gaben die Mittel zu dieser Veranstal-

---

37 Vgl. Nr. 82.

38 Dr. Emil Sioli (1852-1922), Arzt in Frankfurt a. M., seit 1888 Direktor der Anstalt für Irre und Epileptische.

39 Dr. Leopold Laquer (1857-1915), Arzt für Nervenkrankheiten in Frankfurt a. M.

40 Familienkrippen, in: Centrale für private Fürsorge: Vom Felde der privaten Fürsorge in Frankfurt a. M., Anlage 2 zum Jahresbericht für 1902/1903, S. 27-30 (Institut für Stadtgeschichte Frankfurt a. M. Magistratsakten V 514, n. fol.).

tung, an der diesmal 99 hiesige Volksschüler und -schülerinnen teilnahmen. Für die Fortsetzung solcher Wanderungen ist es freudig zu begrüßen, daß uns von den Hinterbliebenen des früheren Vorsitzenden unseres Beirats, des Herrn P. Hermann Mumm von Schwarzenstein[41] die von diesem in seinem letzten Willen für eine gemeinnützige Stiftung ausgesetzte Summe von M. 100 000 für die Veranstaltung von Ferienwanderungen hiesiger Volksschüler überwiesen wurde. Eine gleiche Stiftung für Mädchen würde sicher sehr segensreich sein. Jetzt müssen wir hierfür in jedem Jahr die Mildtätigkeit unserer Mitbürger angehen. Für die Verwendung des P. Hermann von Mumm-Fonds wie auch zur Fortführung der bisherigen Ferienwanderungen ist ein besonderer Ausschuß in der Bildung begriffen.

Die Verwaltung von Vereinen hat uns stark in Anspruch genommen. Die Geschäfte des Vereins Kinderschutz, besonders die Verwaltung der Pflegegelder kamen neu hinzu, die Verbindung mit der Wohlfahrtskasse der vereinigten Logen[42] wurde enger gestaltet.

Beim Rekonvaleszentenverein[43] wie bei den Walderholungsstätten[44] hatten wir eine Reihe schwieriger Fragen zu lösen, bei letzteren machte uns auch die Beschaffung der Mittel große Sorgen. Freunden dieser Einrichtung stellen wir gern deren Jahresberichte zur Verfügung, und verweisen wir noch auf die eingehende sachkundige Schrift über Walderholungsstätten von Herrn Dr. Feis[45].

Äußerlich zeigt sich der Umfang dieser Tätigkeit in dem Umsatz verwalteter Gelder, der im letzten Rechnungsjahr M. 527 000,51 im Eingang und M. 525 777,62 im Ausgang betrug.

Unsere Rechnung schließt mit einem Verlust von Mark 1 436,44. Während wir bisher stets mit unseren Beiträgen ausreichten, sind wir heute mehr denn je auf die weitere Hilfe unserer Freunde angewiesen.

---

41 Peter Hermann Mumm von Schwarzenstein (1842-1904), Weinhändler in Frankfurt a. M.

42 Gemeint ist wohl die 1801 entstandene Wohltätigkeitsanstalt der Loge zur Einigkeit, aus deren Mitteln die Jugenderziehung gefördert werden sollte.

43 Die Zentrale für private Fürsorge hatte die Geschäftsführung des Frankfurter Vereins für Rekonvaleszenten-Anstalten übernommen, der zwei Heilstätten unterhielt, eine für männliche Rekonvaleszenten mit 42 Betten bei Soden sowie eine für männliche wie weibliche Lungenkranke im Anfangsstadium mit 80 Betten. Genesende sollten in den Anstalten die zur Wiederherstellung ihrer Kräfte notwendige Verpflegung erhalten.

44 Walderholungsstätten in Frankfurt a. M. waren 1901 als Barackenlager am Rande der Stadt geschaffen worden, um Genesenden durch einen vierzehntägigen Aufenthalt über Tag die Möglichkeit zu geben, sich in der den Erholungsprozeß unterstützenden Waldumgebung aufzuhalten.

45 Oswald Feis, Die Walderholungsstätten und ihre volkshygienische Bedeutung, Berlin 1905. Dr. Oswald Feis (1866-1940) war Gynäkologe in Frankfurt a. M.

Nr. 140

1905 Januar 20

Schreiben[1] des Schriftführers des Deutschen Vereins für Armenpflege und Wohltätigkeit Dr. Emil Münsterberg an den Direktor des Hamburger öffentlichen Armenwesens Dr. Adolf Buehl

Ausfertigung in Maschinenschrift

[Erläuterungen zu einem von Buehl übernommenen Bericht für die Jahresversammlung des Deutschen Vereins für Armenpflege und Wohltätigkeit 1905; Ausführungen zu den modernen Entwicklungstendenzen in der Armenpflege beispielsweise hin zu prophylaktischen, hygienischen und sozialen Gesichtspunkten]

Zunächst aufrichtigen Dank für die Mitteilung betreffend unsere Zeitschrift[2]; ich habe sofort das Nötige wegen der Lieferung veranlaßt. Dann möchte ich bemerken, daß der von Ihnen erbetene Aufsatz über die Zwangsmaßregeln[3] nicht vor Mai geliefert zu werden braucht, da ich bis dahin mit Hauptartikeln versehen bin.

Wegen Ihres Berichts habe ich von Hollander[4] die Mitteilung erhalten, daß der in Aussicht genommene Pfälzer Berichterstatter sich nicht beteiligen kann. Hollander rät daher auch, sich an Fleischmann[5] zu wenden, was ich nunmehr getan habe. Ich bin ganz mit Ihnen einverstanden, daß Fleischmann und Schwander[6] sich auf Bayern und Elsaß-Lothringen beschränken und die Frage hauptsächlich aus diesem mehr

---

1 Staatsarchiv Hamburg 351-2 II Nr. 143, fol. 3-4 Rs.
Dr. Adolf Buehl war gebeten worden, für die Jubiläumstagung des Deutschen Vereins für Armenpflege und Wohltätigkeit 1905 einen Bericht über den aktuellen Entwicklungsstand und die modernen Anforderungen an die öffentliche Armenpflege zu übernehmen und im Zuge dieser Bestandsaufnahme auch zu prüfen, ob die sozial ausgestaltete Armenpflege in den bestehenden Armengesetzen noch eine hinreichende Grundlage besaß. Münsterberg hielt als Schriftführer des Deutschen Vereins die Fäden bei der Vorbereitung der Jahresversammlung und der Publikation der Vorberichte zusammen. Buehl hatte in einem Schreiben an Münsterberg vom 13.1.1905 zugesagt und dabei erste Überlegungen zum Inhalt angestellt (StA Hamburg 351-2 II Nr. 143, fol. 1-2 Rs.).

2 Gemeint ist die von Dr. Emil Münsterberg herausgegebene, seit 1900 erscheinende „Zeitschrift für das Armenwesen“, die als Organ der Berliner Zentralstelle für Arbeiter-Wohlfahrtseinrichtungen, Abteilung für Armenpflege und Wohltätigkeit, fungierte und dank Münsterbergs Einsatz schnell zur wichtigsten Fachzeitschrift auf dem Gebiet der Armenpflege avanciert war. Buehl hatte Münsterberg in seinem Schreiben vom 13.1.1905 eine Erhöhung der Zahl der von der Hamburger Armenbehörde abonnierten Exemplare mitgeteilt, nachdem beschlossen worden war, die Zeitschrift vom Amts wegen für die Mitglieder des Armenkollegiums zu halten.

3 Siehe dann: Adolf Buehl, Der armenpolizeiliche Arbeitszwang, in: Zeitschrift für das Armenwesen 6 (1905), S. 97-118.

4 Dr. Eduard von Hollander (1852-1935), Jurist, seit 1898 Dritter Bürgermeister von Mannheim, Dezernent für Armenwesen und Krankenhausverwaltung, seit 1901 Mitglied des Zentralausschusses des Deutschen Vereins für Armenpflege und Wohltätigkeit.

5 Wilhelm Fleischmann.

6 Dr. Rudolf Schwander (1868-1959), Staatswissenschaftler, seit 1902 Erster Beigeordneter in Straßburg, Generalsekretär des Armenwesens und der Hospitalverwaltung, seit 1903 Mitglied des Zentralausschusses des Deutschen Vereins für Armenpflege und Wohltätigkeit.

begrenzten Gesichtswinkel betrachten, während Sie die Frage sub specie eterni behandeln. Ich habe dementsprechend an die beiden geschrieben.

Im übrigen läßt sich der Inhalt eines derartigen Referats schwer von vornherein begrenzen. Es wird Ihnen vermutlich damit gehen wie mir bei der Ausarbeitung des Vortrags für St. Louis.[7] Man sieht bei der ersten Beschäftigung mit einem solchen Gegenstand ein so großes Material auf sich zuschwimmen, daß man fast davon überwältigt wird, weil eigentlich kein Punkt in der gesamten Fürsorgetätigkeit von dem Thema unberührt bleibt.

Nach und nach verdichtet es sich zu gewissen Hauptgruppen, die man dann unter einem Gesichtswinkel zusammenfassen kann.

Ich meine, Sie sollten, ohne etwa die Grundlagen unseres Armenpflegerechts erneut darzustellen, mit zwei Worten auf die wesentlichen Grundlagen hindeuten und vielleicht in kurzer geschichtlicher Anknüpfung die allgemeine Entwicklungstendenz der öffentlichen Armenpflege andeuten. Im einzelnen würde dann diese Tendenz an Theorie und Praxis der Armenpflege nachzuweisen sein, wobei die Entscheidungen des Bundesamts[8] – eine zwischen wissenschaftlicher und praktischer Tätigkeit sich bewegende Arbeit – in ihrer Bedeutung gewürdigt werden und im einzelnen gezeigt wird, wie sich der höchsten armenrechtlichen Spruchinstanz die Aufgabe unter den Händen erweitert hat. Hierbei käme es also auf die Stellung zu den verschiedenen Leistungen der Armenpflege an, bei denen man früher annahm, daß sie weit über das Notwendige hinausgingen, wie die Aufnahme in Heimstätten und Heilstätten, überhaupt die stärkere Berücksichtigung hygienischer und sozialer Gesichtspunkte und die Zulassung eines gewissen Maßes von vorbeugender Tätigkeit. Hier wäre wohl auch eine Betrachtung der verwaltungsrechtlichen Tätigkeit auf diesem Gebiet in den andern Bundesstaaten angebracht und der Wunsch erneut auszusprechen, daß zum mindesten die dem G[esetz über den] U[nterstützungs]w[ohnsitz][9] unterworfenen Staaten eine gemeinsame höchste Instanz erhalten. Es würde dann vielleicht an einer Reihe von Punkten die Entwicklung zu zeigen und auf mancherlei Entwicklungstendenzen hinzuweisen sein, so z. B. das immer stärker hervortretende Bedürfnis nach guter Organisation der Armenpflege, wobei auch die Bedenken gegen die ausschließlich ehrenamtliche Tätigkeit und die Notwendigkeit einer Ergänzung durch Berufsbeamte zu besprechen wäre. Dahin gehört auch etwa die Erörterung des Bedürfnisses der öffentlichen Armenpflege, ihr Gebiet gegen das der Privatwohltätigkeit abzugrenzen und mit ihr stete Verbindung zu suchen. Die Bekämpfung des Bettelwesens, die Unhaltbarkeit des § 28[10] in bezug auf unseßhafte Personen, die Notwendigkeit energischer Zwangsmaßregeln, wie Sie sie jetzt in Hamburg betreiben wollen,[11] die Beteiligung größerer Verbände an der Armenlast zur Herbeiführung einer der großen Aufgaben entsprechenden Leistungsfähigkeit gehören auch hierher. Wieweit man zur Vergleichung einen Blick auf ausländische Verhältnisse werfen will, wird davon abhängen, wie weit Sie sich in diese Literatur noch vertiefen wollen, zu der Sie aber allerhand Materialia schon vorbereitet finden und wofür ich Ihnen gern weiteres Material zur Verfügung stelle. U. a. hebe ich die allgemein au-

---

7 Nr. 135.
8 Gemeint ist das Bundesamt für das Heimatwesen.
9 Gesetz über den Unterstützungswohnsitz vom 6. Juni 1870.
10 Der § 28 des Unterstützungswohnsitzgesetzes regelte die vorläufige Unterstützungspflicht des Aufenthaltsorts.
11 Vgl. Nr. 74; vgl. auch Nr. 102.

ßerhalb Deutschlands bemerkte Tendenz hervor, besondere Zentralbehörden für die Beaufsichtigung der Armenpflege zu schaffen, wie sie in Frankreich[12] und England[13] bereits bestanden, in der Schweiz und in Österreich durch die neueren Gesetze geschaffen wurden[14] und wie sie namentlich in dem neuesten, in der Juli-Nummer[15] meiner Zeitschrift angezeigten italienischen Gesetz hervortritt. In Amerika wird viel über diese Frage gestritten.

Ob Sie eine Umfrage loslassen wollen, möchte ich ganz Ihrem Ermessen überlassen, möchte aber mit der Meinung nicht zurückhalten, daß die Umfrage im vorliegenden Falle etwas gefährlich ist, wenn man nicht sehr bestimmte einzelne Fragen zu stellen in der Lage ist. Unter diese Fragen würde ich allerdings die Schwierigkeiten rechnen, die bei der Handhabung der Bestimmungen über das Wahlrecht hervorgetreten sind. Die Vorgänge in Berlin über die Gewährung von Krankenpflege außerhalb der Armenpflege[16] sind in der Armendirektion in einem sehr umfangreichen Aktenstück niedergelegt, das ich Ihnen gern zur Verfügung stelle. Doch würden öffentlich nur diejenigen Stücke benutzt werden dürfen, die als Vorlagen des Magistrats in der Stadtverordnetenversammlung behandelt worden sind.

Es ist natürlich um so schwerer, eine derartige Arbeit zu verfassen, je allgemeiner die Gesichtspunkte sind, von denen man auszugehen hat. Die Arbeit kann daher, wenn sie nicht in grobe Allgemeinheiten verflachen und eine gewisse Großzügigkeit der Anschauung und der Darstellung bieten soll, nur von jemandem unternommen werden, der eine ausgedehnte Kenntnis des Details und die Fähigkeit besitzt, sich vom einzelnen zum allgemeinen zu erheben. Gerade deswegen konnte in unserm ganzen Kreis kaum ein anderer als Sie für das Hauptreferat in Betracht kommen. Ob Sie nun mit meinen Bemerkungen viel werden anfangen können, weiß ich nicht. Selbstverständlich bin ich zu jeder weiteren Auskunft und Unterstützung, namentlich auch durch literarisches Material, gern bereit.

Ich denke, daß die Arbeit den Umfang von 4–5 Bogen nicht überschreiten sollte; sie müßte bis spätestens 1. Juni d. J. in meinen Händen sein.

---

12 In Frankreich fungierte als zentrale Staatsaufsichtsinstanz seit 1886 die Direction de l'assistance publique et de l'hygiène publique im Pariser Innenministerium, der als Beirat seit 1888 ein Conseil superiore de l'assistance publique zur Seite stand. Als Organe der Staatsaufsicht fungierten die dem Ministerium zugeordneten Generalinspektoren.

13 Vgl. Nr. 135 Anm. 8.

14 Dr. Emil Münsterberg hatte hier für Österreich die in Niederösterreich und der Steiermark eingeführten Landesinspektoren im Auge, die als Organe der jeweiligen Landesausschüsse gerade *die lebhafte Verbindung zwischen der Armenpflege und der Hauptaufsichtsbehörde sicherstellen wollen*. Für die Schweiz dachte er besonders an das System der Kantonal- und Bezirksarmeninspektoren im Kanton Bern (vgl. Emil Münsterberg, Bericht über das ausländische Armenwesen, in: Stenographischer Bericht über die Verhandlungen der 21. Jahresversammlung des deutschen Vereins für Armenpflege und Wohlthätigkeit am 12. und 13. September 1901 in Lübeck [Schriften des deutschen Vereins für Armenpflege und Wohlthätigkeit, Heft 56], Leipzig 1901, S. 17-27, hier S. 21).

15 Das italienische Armenwesen, in: Zeitschrift für das Armenwesen 5 (1904), S. 193-201. Der Artikel bezog sich auf das nicht mehr ganz so neue Armengesetz vom 17.7.1890; vgl. Nr. 23 und Nr. 135.

16 In der Berliner Stadtverordnetenversammlung war ausführlich über einen sozialdemokratischen Antrag diskutiert worden, allen Unbemittelten die erforderliche Krankenpflege außerhalb der Armenpflege zu gewähren, um ihnen so den Wahlrechtsentzug zu ersparen (umfangreiche Protokolle der Stadtverordnetenversammlung hierzu in: LA Berlin A Rep.000-02-01 Nr.1431).

Nr. 141

1905 Juni 6

Schreiben[1] des Rats des Hamburger Armenkollegiums Rudolf Flemming[2] an den Straßburger Ersten Beigeordneten Dr. Rudolf Schwander

Entwurf in Maschinenschrift

[In der Armenpflege hat nicht die praktische Entwicklung den bestehenden Rechtszustand überholt, sondern umgekehrt die Praxis die ihr gesetzlich zustehenden Möglichkeiten noch keineswegs voll ausgenutzt]

Am Sonnabend teilte ich Ihnen mit, aus welchen Gründen ich zu meinem Bedauern nicht in der Lage bin, Ihrem Wunsch entsprechend, Ihnen den für Mannheim in Aussicht gestellten Bericht zu übersenden. Sollten Sie trotz den weiter unten folgenden Angaben über die Grundgedanken des Berichts[3] großen Wert darauf legen, den fertiggestellten Teil zu lesen, bin ich selbstverständlich gern bereit, Ihnen denselben auf einige Tage zu übersenden. Z[ur] Z[ei]t befindet sich derselbe in Händen von Dr. Buehl, welcher die Durchsicht übernommen, aber noch nicht fertiggestellt hat. Ich habe inzwischen den Plan der Arbeit in ziemlich weitgehendem Maße verändert und namentlich dem Thema eine wesentlich andere Bedeutung beigelegt, als ich bei Beginn der Arbeit in Aussicht genommen hatte. Während ich damals beabsichtigte, in erster Linie darzustellen, welche Anforderungen vom Standpunkt einer rationellen Armen- und Sozialpolitik an die Armenpflege gestellt werden sollten, bin ich inzwischen zu der veränderten Stellungnahme gelangt, den Schwerpunkt auf die tatsächlich von der Armenpflege gemachten Leistungen und die ihnen zugrunde liegenden Gesetzesbestimmungen zu verlegen. Maßgebend hierfür war in erster Linie der Standpunkt von Herrn Dr. Buehl, welcher das Thema in diesem Sinne auffaßte. Ich glaubte, dem um so mehr entgegenkommen zu können, als ich annehme, daß der de lege ferenda einzunehmende Standpunkt von Ihnen in erster Linie berücksichtigt werden würde. Danach gestaltet sich mein Bericht nunmehr wie folgt:

Zunächst habe ich versucht, in wenigen Sätzen die soziale Funktion der Armenpflege zu entwickeln, worunter ich deren gesellschaftliche Bedingtheit und ihren Zusammenhang mit den übrigen Erscheinungen des gesellschaftlichen Lebens verstehe. Daran schließt sich eine reichlich ausführliche Darstellung der geschichtlichen Entwicklung, im Verlauf welcher die Gesellschaft bzw. der Staat sich ihrer Pflicht, Armenpflege zu treiben, bewußt werden (z[um] Teil in Anlehnung an

---

1 Staatsarchiv Hamburg 351-2 II Nr. 143, fol. 23-26 Rs.

2 Rudolf Flemming, Rat des Armenkollegiums der Allgemeinen Armenanstalt Hamburg, hatte als Koautor des von Dr. Adolf Buehl zugesagten Berichts für die Jahresversammlung des Deutschen Vereins (vgl. Nr. 140) die Hauptarbeit der Abfassung des Berichts übernommen, nachdem Buehl im Februar 1905 zum Senatssekretär in den Hamburger Senat berufen worden war und aus seinem Amt als Direktor des öffentlichen Armenwesens ausgeschieden war. Bei Buehl lag nunmehr nur noch die Schlußredaktion des Berichts und das Zeichnen der großen Linien.

3 Vgl. dann als Druckfassung: (Adolf) Buehl/Rudolf Flemming, Hauptbericht, in: Die heutigen Anforderungen an die öffentliche Armenpflege im Verhältnis zur bestehenden Armengesetzgebung (Schriften des deutschen Vereins für Armenpflege und Wohltätigkeit, Heft 73), Leipzig 1905, S. 1-100.

Schmoller[4]). Der Abschnitt schließt mit dem Gedanken, daß die gesetzliche Regelung das wesentlichste Kriterium der Zwangsarmenpflege bildet. Im Anschluß hieran werden in einem 2. Abschnitt die gesetzlichen Grundlagen der Armenpflege (Reichs- und Landrecht) dargestellt, selbstverständlich nicht in ausführlicher Breite, da die Materie den meisten Teilnehmern des Kongresses bekannt sein dürfte, sondern mehr kritisch unter Hervorhebung der für die weitere Ausbildung des Armenrechts bedeutsamen Gesichtspunkte. In dieser Weise werden namentlich die Kompetenzabgrenzung zwischen Reichs- und Landrecht, der Begriff der Hilfsbedürftigkeit und der § 8 des Unterstützungswohnsitzgesetzes[5] erörtert. Es folgt eine kurze Darstellung der sämtlichen, auf den Umfang der Unterstützungspflicht sich beziehenden, landesgesetzlichen Bestimmungen. In einem 3. Abschnitt habe ich die auf das Thema bezügliche Rechtsprechung des Bundesamts für das Heimatwesen dargelegt und besprochen. Ich ging mit Münsterberg von der Annahme aus, daß sich in der Judikatur durchgängig eine Entwicklung im Sinne ständiger Erweiterung der Armenpflege zeigen würde.[6] Diese Erwartung hat sich nicht bestätigt. Ich habe mich daher darauf beschränkt, die Rechtsprechung unter dem Gesichtspunkt kritisch darzustellen, ob und inwieweit sich in derselben die Tendenz bemerkbar macht, die Leistungen der Armenpflege im Einklang zu halten mit den Forderungen des Lebens. Es hat sich hierbei namentlich gezeigt, daß sich aus der Judikatur bei freier Auslegung eine Reihe von Prinzipien folgern läßt, welche für die Weiterbehandlung der Armenpflege von Bedeutung werden können. Im 4. Abschnitt, den ich z. Zt. bearbeite, werden die aufgrund des Ihnen bekannten Fragebogens[7] eingelaufenen Antworten behandelt. Aus denselben ergibt sich, daß bisher nur wenige Städte den vom „Deutschen Verein" ausgehenden Anregungen nach sozialer Ausgestaltung entsprochen haben. In einem 5. Abschnitt beabsichtige ich das Verhältnis der von den Armenverwaltungen beobachteten Praxis zu den Rechtsgrundsätzen und den von der Judikatur geschaffenen Prinzipien zu erörtern. Es hat, wie bereits gesagt, nicht die praktische Entwicklung den bestehenden Rechtszustand überholt, wie man häufig hört, sondern umgekehrt die Praxis die ihr gesetzlich zustehenden Möglichkeiten noch keineswegs voll ausgenutzt. Hieran würden die künftigen Reformvorschläge anzuschließen haben. Vorerst beabsichtige ich, die Gründe zu erörtern, welche gegen die soziale Auslegung der Armenpflege im Sinne des Fragebogens[8] gewöhnlich geltend gemacht wer-

[4] Dr. Gustav Schmoller (1838-1917), Nationalökonom, seit 1882 o. Professor für Staatswissenschaften in Berlin; Flemming bezieht sich hier auf Gustav Schmoller, Grundriß der Allgemeinen Volkswirtschaftslehre, Zweiter Teil, Leipzig 1904, S. 320-326.

[5] Der § 8 des Unterstützungswohnsitzgesetzes sicherte der Landesgesetzgebung einen Vorbehalt u. a. im Hinblick auf die Art und das Maß der im Falle von Hilfsbedürftigkeit zu gewährenden öffentlichen Unterstützung zu.

[6] Vgl. Nr. 140.

[7] Der Fragebogen findet sich abgedruckt in: (Adolf) Buehl/Rudolf Flemming, Hauptbericht, in: Die heutigen Anforderungen an die öffentliche Armenpflege im Verhältnis zur bestehenden Armengesetzgebung (Schriften des deutschen Vereins für Armenpflege und Wohltätigkeit, Heft 73), Leipzig 1905, S. 1-100, S. 38 f.

[8] Die *soziale Auslegung der Armenpflege im Sinne des Fragebogens* umschrieb Flemmings und Buehls Bericht mit den Worten, *daß sich die Armenpflege zwar auf die Gewährung des Existenzminimums zu beschränken habe, daß dieses Existenzminimum aber unter Berücksichtigung der sozialen Anschauungen, des verfeinerten humanitären Empfindens, der gehobenen Lebenshaltung der gesamten und insbesondere der ärmeren Bevölkerung zu bestimmen sei, und zum anderen, daß die Armenpflege, unbeschadet ihrer grundsätzlichen*

den (Kostenpunkt, armenpolitische Rücksichten, polizeiliche bzw. karitative Auffassung der Armenpflege, soziale Deklassierung des Unterstützten, Wahlrechtsverlust und dergl[eichen] mehr). Es soll folgen eine kritische Würdigung dieser Gründe und eine Darstellung desjenigen Weges, auf welchem man zu dem gewünschten Ziel zu kommen hofft, unter Vermeidung der vorstehend angegeben[en] wirklichen oder angeblichen Nachteile (Unterstützung von Stiftungen und Vereinen, welche dafür die fraglichen Leistungen zu übernehmen haben, Aussonderung einzelner Aufgaben von der Zwangsarmenpflege unter Einstellung besonderer Budgetposten für diese Zwecke, Schaffung besonderer, von den Prinzipien der öffentlichen Armenpflege unabhängiger Institutionen, z. B. nach Art des Hamburger Spezialfonds[9]). Im 6. und letzten Abschnitt will ich kurz die Vorschläge für eine etwaige Reform der Armengesetzgebung entwickeln nach folgender Disposition:

1. In bezug auf die Leistungen der Armenpflege Abgrenzung gegen die Sozialpolitik, Aussonderung der sozialen Wohlfahrtspflege von der eigentlichen Armenpflege, gesetzliche Einführung fester Grundsätze für Art und Maß der Leistungen der Armenpflege. Evtl. verbesserte Fürsorge für Unseßhafte und Obdachlose.

2. In bezug auf Organisation der Armenpflege: bessere Verteilung der Armenlasten, Bildung größerer Armenverbände, Verhältnis von Berufs- und Ehrenbeamten, Mitarbeit der Frauen, Hinzuziehung von Arbeitern zu Armenpflegern usw.

3. In bezug auf die Garantien der Armenversorgung: „Recht auf Unterstützung“, Streitverfahren, Staats- und Reichsaufsicht über die Armenpflege durch Schaffung besonderer Zentralbehörden u. Inspektionsinstanzen nach englischem Beispiel[10].

4. Zu erörtern wäre dann noch kurz die Frage des Wahlrechts sowie die Frage, ob und in welchem Umfang die Armenverbände zur Ausübung vorbeugender Armenpflege berechtigt und verpflichtet werden können.

Ob die beiden letzteren Abschnitte genau in dieser Weise sich gestalten werden, kann ich allerdings bestimmt noch nicht vorsagen, denn ich habe bisher die Erfahrung gemacht, daß ich meinen Plan während der Bearbeitung eines bestimmten Abschnitts stets ziemlich erheblich modifiziert habe, und rechne daher mit der Möglichkeit, daß es mir auch in der Folge so gehen kann.

Sollten Sie wirklich einige der von mir behandelten bzw. zu behandelnden Fragen auch Ihrerseits besprochen haben, so sehe ich darin durchaus keinen Nachteil, im Gegenteil, es bedeutet in meinen Augen nur einen Gewinn, wenn die Frage von verschiedener Seite und von verschiedenen Gesichtspunkten beleuchtet wird. Ich empfehle daher dringend, von jeder Kürzung abzusehen, zumal ich bei der Kürze der mir noch verbleibenden Zeit nicht dafür stehen kann, alle Fragen mit der wünschenswerten Ausführlichkeit zu behandeln. Wenn es sich übrigens einrichten läßt, daß Sie mir Ihr Manuskript für einen Tag einsenden, so wäre ich Ihnen hierfür dankbar.

Beschränkung auf die Hilfe im Fall individueller Not, doch zugleich bestrebt sein müsse, sich planvoll denjenigen sozialen Veranstaltungen einzugliedern, die auf Bekämpfung der gesellschaftlich bedingten Verarmungsursachen gerichtet sind ([Adolf] Buehl/Rudolf Flemming, Hauptbericht, in: Die heutigen Anforderungen an die öffentliche Armenpflege im Verhältnis zur bestehenden Armengesetzgebung [Schriften des deutschen Vereins für Armenpflege und Wohltätigkeit, Heft 73], Leipzig 1905, S. 1-100, hier S. 38).

9 Vgl. Nr. 49 Anm. 6.

10 Vgl. Nr. 140.

Nr. 142

1905 Juli 10

Schreiben[1] des Hamburger Senatssekretärs Dr. Adolf Buehl[2] an den Schriftführer des Deutschen Vereins für Armenpflege und Wohltätigkeit Dr. Emil Münsterberg

Entwurf

[Das Ergebnis der durchgeführten Enquete über den Stand der Armenpflege ist keineswegs erfreulich und wird auf der Jahresversammlung des Deutschen Vereins auf gemischte Reaktionen stoßen]

Beifolgend üb[er]sende ich Ihnen das Referat, das, wie ich Ihnen schon neulich mitteilte, aus Flemmings Feder geflossen ist, während meine Unterstützung dabei nur eine beratende war. Mit unseren beiden Korreferenten[3] haben wir nicht weiter in Fühlung gestanden, so daß es sich unserer Beurteilung insbesondere entzieht, ob das in den 3 Thesen[4] zusammengesetzte Schlußergebnis unseres Berichts mit den Resultaten, zu welchen die beiden ersteren Herren gelangt sind, einigermaßen vereinbar ist, so daß die Aufstellung einheitlicher Leitsätze im Bereich der Möglichkeit liegen würde.

Da die Zeit drängt, so werden Sie gewiß schleunigst an die Durchsicht des Berichts herantreten, u. sollte es mich freuen, noch vor meiner am nächsten Donnerstag abend erfolgenden Abreise in die Ferien, Ihr – wenn auch nur vorläufiges – Urteil über den Bericht zu hören, dessen Endergebnis insofern ein für uns selbst einigermaßen überraschendes ist, als wir beide zunächst in der Annahme an die Arbeit herangingen, daß die Praxis das Recht sozusagen überholt habe, während wir nun an der Hand des Fragebogens zu dem Resultat gelangt sind, daß die Praxis den gesetzlichen Rahmen keineswegs ausfüllt, ja sogar ihren Pflichten objektiv nicht durchweg nachkommt. Dieses letztere Ergebnis ist keineswegs ein erfreuliches u. wird vermutlich auch von den Armenverwaltungen, die gerade bei dem Jubiläumskongreß lieber ihr Loblied würden singen hören, mit recht gemischten Gefühlen begrüßt werden. Aber wahr bleibt's darum doch, u. wenn der Kongreß hier u. da – groß sind meine diesbezüglichen Erwartungen freilich nicht! – zur Selbsterkenntnis, die ja der erste Schritt zur Besserung ist, führt, so ist der Sache damit mehr ge-

---

1 Staatsarchiv Hamburg 351-2 II Nr. 143, fol. 28-29.

2 Dr. Adolf Buehl war im Februar 1905 als Senatssekretär in den Hamburger Senat berufen worden.

3 Wilhelm Fleischmann und Dr. Rudolf Schwander (vgl. Nr. 140).

4 Die drei Thesen lauteten komprimiert: 1. Die erweiterten Anforderungen an die öffentliche Armenpflege finden in der bestehenden Gesetzgebung ihre Rechtfertigung. 2. Nicht die Gesetzgebung ist durch die Verwaltungspraxis überholt, die Leistungen der meisten Armenverwaltungen bleiben vielmehr hinter den aufgrund der Gesetze zu erhebenden Anforderungen zurück. 3. Eine künftige Reform der Armengesetze wird stärker auf die Erfüllung der gesetzlich begründeten Anforderungen zu achten haben (Adolf Buehl/Rudolf Flemming, Hauptbericht, in: Die heutigen Anforderungen an die öffentliche Armenpflege im Verhältnis zur bestehenden Armengesetzgebung [Schriften des deutschen Vereins für Armenpflege und Wohltätigkeit, Heft 73], Leipzig 1905, S. 1-100, hier S. 100).

dient, als wenn wir in dem Bewußtsein, daß wir es doch herrlich weitgebracht, nach Hause gingen.[5]

Im übrigen würde ich bitten, Duncker & Humblot zu veranlassen, den Korrekturabzug in 4 Exemplaren an die Armenanstalt zu senden, von wo aus mir 1 Exemplar nachgesandt werden wird.

Ihnen recht ersprießliche Ferien wünschend, bin ich unter freundlichem Gruß bis auf Wiedersehen in Mannheim.

---

[5] Auch Dr. Münsterberg zeigte sich über die Tendenz der Ausführungen von Dr. Buehl und Flemming in der Tat erschrocken. In einem Schreiben vom 1.9.1905 versuchte er deshalb, Buehl zur Abschwächung seiner Leitsätze zu bewegen: *Ich halte es aber dennoch für ganz unmöglich, daß wir in öffentlicher Versammlung bei Gelegenheit des Jubiläums erklären, daß die Leistungen der meisten Armenverwaltungen hinter den Anforderungen des richtig ausgelegten Gesetzes zurückbleiben. Eine derartige Behauptung würde in der Öffentlichkeit völlig mißverstanden und von der Sozialdemokratie in gar nicht absehbarer Weise ausgebeutet werden* (StA Hamburg 351-2 II Nr.143, fol. 41-41 Rs.). Tatsächlich zog beispielsweise das „Hamburger Echo", die Tageszeitung der Hamburger Sozialdemokraten, aus dem Bericht von Buehl und Flemming die Schlußfolgerung: *Die Unterstützungsbedürftigen werden heute noch, in der Zeit ergiebigster Produktion und fabelhafter Überflüsse, quantitativ und qualitativ aufs elendste und kärglichste versorgt, als lebten wir noch in Olims Zeiten, mit erbärmlichen Brosamen, ein Hohn auf die moderne Kultur* (Vom Armenwesen, in: Hamburger Echo Nr. 243 vom 17.10.1905).

Anhang

Schriften des deutschen Vereins für Armenpflege und Wohltätigkeit

Übersicht 1886–1905[1]

1. Heft:

Die Behandlung der Armenstiftungen. – Ueber Arbeitsnachweis, Leipzig 1886.

2. Heft:

Stenographischer Bericht über die Verhandlungen der siebenten Jahresversammlung des deutschen Vereins für Armenpflege und Wohlthätigkeit am 21. und 22. September 1886 in Stuttgart, Leipzig 1886.

3. Heft:

G[eorg] Berthold, Die Entwickelung der deutschen Arbeiterkolonieen, Leipzig 1887.

4. Heft:

Die Beschäftigung der Arbeitslosen. – Die Organisation der offenen Krankenpflege. – Der Werth allgemeiner Waisenanstalten, Leipzig 1887.

5. Heft:

Stenographischer Bericht über die Verhandlungen der achten Jahresversammlung des deutschen Vereins für Armenpflege und Wohlthätigkeit am 27. und 28. September 1887 in Magdeburg, Leipzig 1887.

6. Heft:

Fürsorge für bedürftige Genesende. – Die hauswirthschaftliche Ausbildung der Mädchen aus den ärmeren Volksklassen. – Trunksucht und Armenpflege. – Die Wohnungsfrage vom Standpunkt der Armenpflege, Leipzig 1888.

---

[1] Das folgende Verzeichnis der in den „Schriften" des Deutschen Vereins für Armenpflege und Wohltätigkeit bis 1905 erschienen Bände enthält die Titel der Berichtsbände mit den Vorberichten für die Jahresversammlungen des Vereins sowie die Stenographischen Berichte der Jahresversammlungen selbst. Die Themen für die Jahresversammlung wurden regelmäßig zu Beginn des Jahres vom Zentralausschuß des Vereins festgelegt, die von den Berichterstattern vorgelegten Berichte dann im August an die Mitglieder versandt. Die Jahresversammlungen fanden mit wenigen Ausnahmen im September des Jahres an wechselnden Orten statt. Mit der Auflistung der „Schriften" ist ein doppelter Zweck verbunden. Zum einen läßt sich an der Abfolge der behandelten Themen ersehen, welche inhaltlichen Schwerpunkte und Akzente der Deutsche Verein als die meinungsprägende Expertenplattform auf dem Feld der Armen- und Wohlfahrtspflege setzte und in welcher zeitlichen Abfolge dies geschah. Für eine eingehende Analyse der Themenprofile sei hier besonders auf die von Dr. Emil Münsterberg verfaßten Hefte 24 und 72 verwiesen. Zum anderen präzisiert das Verzeichnis die bibliographischen Nachweise, die in der Einleitung und in den Annotationen dieses Bandes in einer vereinfachten Form vorgenommen wurden.

7. Heft:

Stenographischer Bericht über die Verhandlungen der neunten Jahresversammlung des deutschen Vereins für Armenpflege und Wohlthätigkeit am 25. und 26. September 1888 in Karlsruhe, Leipzig 1889.

8.Heft:

Der Entwurf eines bürgerlichen Gesetzbuchs in Bezug auf Armenpflege und Wohlthätigkeit. – Offene Pflege für ungefährliche Irre. – Der gegenwärtige Stand der Sommerpflege für arme Kinder. – Aufsicht über örtliche Armenpflege. – Die Grenzen der Wohlthätigkeit, Leipzig 1889.

9. Heft:

Stenographischer Bericht über die Verhandlungen der zehnten Jahresversammlung des deutschen Vereins für Armenpflege und Wohlthätigkeit am 26. und 27. September 1889 in Kassel, Leipzig 1890.

10. Heft:

Emil Münsterberg, Das Landarmenwesen, Leipzig 1890.

11. Heft:

Die Wohnungsfrage vom Standpunkte der Armenpflege. Berichte der in der Jahresversammlung vom 25. September 1888 berufenen Kommission. Mit Plänen und Abbildungen eines Muster-Arbeiter-Mietshauses, Leipzig 1890.

12. Heft:

Haushaltungsunterrichts-Kommission des deutschen Vereins für Armenpflege und Wohlthätigkeit (Hrsg.), Der hauswirtschaftliche Unterricht armer Mädchen in Deutschland, Leipzig 1890.

13. Heft:

Stenographischer Bericht über die Verhandlungen der elften Jahresversammlung des deutschen Vereins für Armenpflege und Wohlthätigkeit am 23. und 24. September 1890 in Frankfurt a. M., Leipzig 1890.

14. Heft:

Die Verbindung der öffentlichen und der privaten Armenpflege. – Der Haushaltungsunterricht. Vorbildung von Lehrkräften im In- und Ausland, Leipzig 1891.

15. Heft:

Stenographischer Bericht über die Verhandlungen der zwölften Jahresversammlung des deutschen Vereins für Armenpflege und Wohlthätigkeit am 24. und 25. September 1891 in Hamburg, Leipzig 1891.

16. Heft:

Die Fürsorge für entlassene Sträflinge. – Zwangsmaßregeln gegen arbeitsfähige Personen, welche ihre Angehörigen, zu deren Unterhalt sie verpflichtet sind, der öffentlichen

Armenpflege anheimfallen lassen.– Ausübung vormundschaftlicher Funktionen durch die Armenbehörden. – Die Fürsorge für Obdachlose, Leipzig 1892.

17. Heft:

Stenographischer Bericht über die Verhandlungen der dreizehnten Jahresversammlung des deutschen Vereins für Armenpflege und Wohlthätigkeit am 25. und 26. Mai 1893 in Görlitz, Leipzig 1893.

18. Heft:

[Karl] Brinkmann/[Jakob] Zimmermann, Ehrenamtliche und berufsamtliche Thätigkeit in der städtischen Armenpflege, Leipzig 1894.

19. Heft:

[Willi] Cuno/[Ludwig] v[on] Dehn-Rothfelser], Grundsätze über Art und Höhe der Unterstützungen. – [Gustav] Eberty/[Franz] Künzer, Die Bestrebungen der Privatwohlthätigkeit und ihre Zusammenfassung, Leipzig 1894.

20. Heft:

Stenographischer Bericht über die Verhandlungen der vierzehnten Jahresversammlung des deutschen Vereins für Armenpflege und Wohlthätigkeit am 25. und 26. September 1894 in Köln, Leipzig 1894.

21. Heft:

Richard Freund, Armenpflege und Arbeiterversicherung. Prüfung der Frage, in welcher Weise die neuere sociale Gesetzgebung auf die Aufgaben der Armengesetzgebung und Armenpflege einwirkt, Leipzig 1895.

22. Heft:

Die Stellungnahme der Landesgesetzgebung zu den gegen alimentationspflichtige Angehörige zu treffenden Zwangsmaßregeln. – Die Fürsorge für Obdachlose in den Städten. – In welchen Fällen ist die Abnahme von Kindern der Gewährung von Familienunterstützung in offener Pflege vorzuziehen?, Leipzig 1895.

23. Heft:

Stenographischer Bericht über die Verhandlungen der fünfzehnten Jahresversammlung des deutschen Vereins für Armenpflege und Wohlthätigkeit am 26. und 27. September 1895 in Leipzig, Leipzig 1895.

24. Heft:

Emil Münsterberg, Generalbericht über die Thätigkeit des deutschen Vereins für Armenpflege und Wohlthätigkeit während der ersten 15 Jahre seines Bestehens 1880-1895 nebst Verzeichnissen der Vereinsschriften und alphabetischem Register zu den Vereinsschriften, Leipzig 1896.

25. Heft:

R[udolf] Osius/P[aul] Chuchul, Die Heranziehung von Frauen zur öffentlichen Armenpflege, Leipzig 1896.

26. Heft:

Fürsorge für arme Schulkinder durch Speisung, beziehungsweise Verabreichung von Nahrungsmitteln. – Handhabung der Bestimmungen betreffend den Verlust des Wahlrechts bei Empfang öffentlicher Armenunterstützungen, Leipzig 1896.

27. Heft:

H[einrich] Ruland, Das System der Armenpflege in Alt-Deutschland und in den Reichslanden, Leipzig 1896.

28. Heft:

Stenographischer Bericht über die Verhandlungen der sechzehnten Jahresversammlung des deutschen Vereins für Armenpflege und Wohlthätigkeit am 24. und 25. September 1896 in Straßburg i. E., Leipzig 1896.

29. Heft:

[Karl] Brinkmann, Die Armenpflege in ihren Beziehungen zu den Leistungen der Socialgesetzgebung, Leipzig 1897.

30. Heft:

[Wilhelm] Hauser/[Emil] Münsterberg], Die Fürsorge für Wöchnerinnen und deren Angehörige, Leipzig 1897.

31. Heft:

[Gustav] Kayser/[Wilhelm] Jakstein, Die Gewährung von Wohnungsmiete als Art der Armenunterstützung, Leipzig 1897.

32. Heft:

[Max] Brandts/F[riedrich] W[ilhelm] R[udolf] Zimmermann, Die Beteiligung größerer Verbände an der Armenlast, Leipzig 1897.

33. Heft:

[Paul] Felisch, Die Fürsorge für die schulentlassene Jugend, Leipzig 1897.

34. Heft:

Stenographischer Bericht über die Verhandlungen der siebzehnten Jahresversammlung des deutschen Vereins für Armenpflege und Wohlthätigkeit am 23. und 24. September 1897 in Kiel, Leipzig 1898.

35. Heft:

E[mil] Münsterberg, Das ausländische Armenwesen. Übersicht über die neueren Bestrebungen auf dem Gebiet der Armenpflege in den für uns wichtigsten Staaten des Auslands, Leipzig 1898.

36. Heft:

E[rnst] Hirschberg/[Wilhelm] Jakstein/E[mil] Münsterberg, Zwangsmaßregeln gegen nährpflichtige Angehörige, Leipzig 1898.

37. Heft:

Oswald Baer, Hilfe in außerordentlichen Notständen. Bericht über den Notstand im Riesengebirge nach dem Hochwasser vom 30. Juli 1897 und die dabei entwickelte Hilfsthätigkeit. – E[berhard] Falch, Hilfe in außerordentlichen Notständen, Leipzig 1898.

38. Heft:

W[ilhelm] Fleischmann/H[einrich] Ruland, Die wechselseitige Unterstützung von Reichsangehörigen in den einzelnen Bundesstaaten, Leipzig 1898.

39. Heft:

Ewald Aders, Zufluchtsstätten für weibliche Personen. – [Georg] Schmidt/[Willi] Cuno, Existenzminimum in der Armenpflege. Anrechnung der Leistungen der Privatwohlthätigkeit und Invalidenrenten, Leipzig 1898.

40. Heft:

Stenographischer Bericht über die Verhandlungen der achtzehnten Jahresversammlung des deutschen Vereins für Armenpflege und Wohlthätigkeit am 29. und 30. September 1898 in Nürnberg, Leipzig 1899.

41. Heft:

E[mil] Münsterberg/[Leo] Ludwig-Wolf, Erstattung von Unterstützungen durch die Unterstützten selbst und durch ihre Angehörigen, Leipzig 1899.

42. Heft:

[Gustav] Kayser/[Georg] Martius, Natural- und Geldunterstützung, Leipzig 1899.

43. Heft:

[Adolf] Buehl, Arbeitseinrichtungen für Zwecke der offenen Armenpflege. – [Karl] Stalmann, Beaufsichtigung der in Familienpflege untergebrachten Kinder, Leipzig 1899.

44. Heft:

[Wilhelm] Hauser/[Augustin] Düttmann, Die Kranken- und Hauspflege auf dem Lande, Leipzig 1899.

45. Heft:

[Karl] Brinkmann/[Willi] Cuno, Die für das Armenwesen wichtigsten Vorschriften des Bürgerlichen Gesetzbuches, Leipzig 1899.

46. Heft:

Stenographischer Bericht über die Verhandlungen der neunzehnten Jahresversammlung des deutschen Vereins für Armenpflege und Wohlthätigkeit am 21. und 22. September 1899 in Breslau, Leipzig 1900.

47. Heft:

[Willi] Cuno/[Georg] Schmidt, Die Organisation der Gemeindewaisenpflege, Leipzig 1900.

48. Heft:

[Adolf] Buehl, Die einheitliche Gestaltung der Armen-Finanzstatistik. – Julius Stern, Die armenärztliche Thätigkeit, Leipzig 1900.

49. Heft:

[Gustav] Kayser/[Hermann] Hildebrand, Die Stellung der ehrenamtlichen Organe in der Armenpflege, Leipzig 1900.

50. Heft:

H[erman] Gerhard/[Hans] Weicker, Fürsorge für Genesende, Leipzig 1900.

51. Heft:

Stenographischer Bericht über die Verhandlungen der zwanzigsten Jahresversammlung des deutschen Vereins für Armenpflege und Wohlthätigkeit am 20. und 21. September 1900 in Mainz, Leipzig 1901.

52. Heft:

E[mil] Münsterberg, Das ausländische Armenwesen. – Übersicht über die neueren Bestrebungen auf dem Gebiet der Armenpflege in den für uns wichtigsten Staaten des Auslands. Neue Folge, Leipzig 1901.

53. Heft:

[Alfred] Olshausen/Wilhelm Helling, Das Verhältnis der Armenverbände zu den Versicherungsanstalten, Leipzig 1901.

54. Heft:

[Karl] Flesch/[Friedrich] Soetbeer, Sociale Ausgestaltung der Armenpflege, Leipzig 1901.

55. Heft:

[Eduard] v[on] Hollander, Die Fürsorge für Erhaltung des Haushalts, insbesondere durch Hauspflege. – [Hans] Samter/[Julius] Waldschmidt, Die Aufgaben der Armenpflege gegenüber trunksüchtigen Personen, Leipzig 1901.

56. Heft:

Stenographischer Bericht über die Verhandlungen der 21. Jahresversammlung des deutschen Vereins für Armenpflege und Wohlthätigkeit am 12. und 13. September 1901 in Lübeck, Leipzig 1901.

57. Heft:

Franz Mehrlein, Die Verteilung der Armenlasten. Hauptbericht. – Albert Milbradt/Ernst Hopf/K[arl] Mörchen, Gutachten, Leipzig 1902.

58. Heft:

Paul Hartmann/Rudolf Schwander, Die Einrichtung von Notstandsarbeiten und ihre Erfolge. Gutachten, Leipzig 1902.

59. Heft:

Das Ziehkinderwesen. – Ernst Pütter, Gutachten, Leipzig 1902.

60. Heft:

P[eter] Chr[istian] Hansen, Die Erweiterung des Handarbeitsunterrichts für nicht vollsinnige und verkrüppelte Personen, Leipzig 1902.

61. Heft:

Heinrich Silbergleit, Finanzstatistik der Armenverwaltungen von 108 Städten, Leipzig 1902.

62. Heft:

Stenographischer Bericht über die Verhandlungen der 22. Jahresversammlung des deutschen Vereins für Armenpflege und Wohltätigkeit am 18. und 19. September 1902 in Colmar, Leipzig 1902.

63. Heft:

[Emil] Münsterberg, Das Elberfelder System. Festbericht aus Anlaß des fünfzigjährigen Bestehens der Elberfelder Armenordnung, Leipzig 1903.

64. Heft:

F[riedrich] Schiller/H[einrich] Schmidt/P[aul] Köhne, Zwangs-(Fürsorge-)Erziehung und Armenpflege, Leipzig 1903.

65. Heft:

Adolf Buehl/Franz Curt Reinhard Eschle, Die geschlossene Armenpflege, Leipzig 1903.

66. Heft:

Josef Blum, Volks- und Krankenküchen, Leipzig 1903.

67. Heft:

Stenographischer Bericht über die Verhandlungen der 23. Jahresversammlung des deutschen Vereins für Armenpflege und Wohltätigkeit am 24. und 25. September 1903 in Elberfeld, Leipzig 1903.

68. Heft:

[Hans] Samter/[Heinrich] Kohlhardt, Die Aufgaben der Armenpflege bei der Bekämpfung der Tuberkulose, Leipzig 1904.

69. Heft:

A[lfred] Olshausen, Die Fürsorge für Ausländer in Deutschland, Leipzig 1904.

70. Heft:

H[ermann] von Frankenberg/Ernst Krug, Die Beratung Bedürftiger in Rechtsangelegenheiten, Leipzig 1904.

71. Heft:

Stenographischer Bericht über die Verhandlungen der 24. Jahresversammlung des deutschen Vereins für Armenpflege und Wohltätigkeit am 25. und 26. August 1904 in Danzig, Leipzig 1905.

72. Heft:

Emil Münsterberg, Generalbericht über die Tätigkeit des deutschen Vereins für Armenpflege und Wohltätigkeit während der ersten 25 Jahre seines Bestehens 1880-1905 nebst Verzeichnissen der Vereinsschriften und alphabetischem Register zu den Vereinsschriften, Leipzig 1905.

73. Heft:

Die heutigen Anforderungen an die öffentliche Armenpflege im Verhältnisse zur bestehenden Armengesetzgebung. [Adolf] Buehl/Rudolf Flemming, Hauptbericht. – [Wilhelm] Fleischmann/[Rudolf] Schwander, Mitberichte, Leipzig 1905.

74. Heft:

Die Bekämpfung der Säuglingssterblichkeit. – [Philipp] Brugger, Hauptbericht. – [Heinrich] Finkelstein/Marie Baum, Mitberichte, Leipzig 1905.

75. Heft:

Stenographischer Bericht über die Verhandlungen der 25. Jahresversammlung des deutschen Vereins für Armenpflege und Wohltätigkeit am 21. und 22. September 1905 in Mannheim, Leipzig 1905.

Abkürzungsverzeichnis

a. a. O.	am angegebenen Ort
Abg.	Abgeordnete, Abgeordneten
Abs.	Absatz
Abt.	Abteilung
a. D.	außer Dienst
AG	Aktiengesellschaft
Anm.	Anmerkung
a. o.	außerordentlicher
Art.	Artikel
Aufl.	Auflage
BArch	Bundesarchiv
Bd.	Band
BGB	Bürgerliches Gesetzbuch
BGBl	Bundesgesetzblatt
BR	Bundesrat
Bü	Büschel
d. M.	dieses Monats
d. J.	dieses Jahres
ders.	derselbe
Diss.	Dissertation
DV	Deutscher Verein für Armenpflege und Wohltätigkeit
ev.	evangelisch
Ew.	Euer
f., ff.	folgende (Seite, Seiten)
fol.	folio (= Blatt)
geb.	geboren
gegr.	gegründet
Geh.	Geheimer
gest.	gestorben
GStA	Geheimes Staatsarchiv Preußischer Kulturbesitz
GVBl	Gesetz- und Verordnungsblatt
HA	Hauptabteilung
HHStAW	Hessisches Hauptstaatsarchiv Wiesbaden
Hrsg., hrsg.	Herausgeber, herausgegeben
HStA	Hauptstaatsarchiv
i. d. F.	in der Fassung
Inh.	Inhaber
insbes.	insbesondere
i. R.	im Ruhestand
Jg.	Jahrgang
kath.	katholisch
LA	Landesarchiv
LP	Legislaturperiode
M.	Mark

MdPrAbgH	Mitglied des preußischen Abgeordnetenhauses
MdPrHH	Mitglied des preußischen Herrenhauses
MdR	Mitglied des Reichstags
m. E.	meines Erachtens
N.F.	Neue Folge
n. fol.	nicht foliiert (= ohne Blattangabe)
o. D.	ohne Datum
o. J.	ohne Jahr
o. O.	ohne Ort
p.	praenominatus (vorgenannt)
PD	Privatdozent
Pf.	Pfennig, Pfennige
pp.	perge porro (und so weiter)
pp.	praetermissis praetermittendis (unter Weglassung des Wegzulassenden)
PrGS	Gesetzsammlung für die Königlich Preußischen Staaten
PrMBliV	Ministerial-Blatt für die gesammte innere Verwaltung in den Königlich Preußischen Staaten
Rep.	Repositur
resp.	respektive
RGBl	Reichsgesetzblatt
Rs.	Rückseite
RT	Reichstag
Sp.	Spalte
StA	Staatsarchiv
StadtA	Stadtarchiv
Sten.Ber. PrAbgH	Stenographische Berichte über die Verhandlungen des preußischen Abgeordnetenhauses
Sten.Ber. RT	Stenographische Berichte über die Verhandlungen des Reichstags
Sten.Ber. PrHH	Stenographische Berichte über die Verhandlungen des Preußischen Herrenhauses
StGB	Strafgesetzbuch
StVV	Stadtverordnetenversammlung
Tit.	Titel
UWG	Unterstützungswohnsitzgesetz
v. J.	vorigen Jahres
v. M.	vorigen Monats
z. D.	zur Disposition
Ziff.	Ziffer

I. Regionalregister

II. Ortsregister

III. Personenregister

IV. Firmenregister

V. Sachregister

Gesetze und Gesetzentwürfe

a) Bundes- und Reichsgesetze

Quellensammlung zur Geschichte der deutschen Sozialpolitik 1867 bis 1914

Publikationsübersicht

I. Abteilung:
Von der Reichsgründungszeit bis zur Kaiserlichen Sozialbotschaft (1867-1881)

1. Band: Grundfragen staatlicher Sozialpolitik. Die Diskussion der Arbeiterfrage auf Regierungsseite vom preußischen Verfassungskonflikt bis zur Reichstagswahl von 1881 *(1994)*

2. Band: Von der Haftpflichtgesetzgebung zur ersten Unfallversicherungsvorlage *(1993)*

3. Band: Arbeiterschutz *(1996)*

4. Band: Arbeiterrecht *(1997)*

5. Band: Gewerbliche Unterstützungskassen *(1999)*

6. Band: Altersversorgungs- und Invalidenkassen *(2002)*

7. Band: Armengesetzgebung und Freizügigkeit *(2000, 2 Halbbände)*

8. Band: Grundfragen der Sozialpolitik in der öffentlichen Diskussion: Kirchen, Parteien, Vereine und Verbände *(2006)*

II. Abteilung:
Von der Kaiserlichen Sozialbotschaft bis zu den Februarerlassen Wilhelms II. (1881-1890)

1. Band: Grundfragen der Sozialpolitik. Die Diskussion der Arbeiterfrage auf Regierungsseite und in der Öffentlichkeit *(2003)*

2. Band, 1. Teil: Von der zweiten Unfallversicherungsvorlage bis zum Unfallversicherungsgesetz vom 6. Juli 1884 *(1995)*

2. Band, 2. Teil: Die Ausdehnungsgesetzgebung und die Praxis der Unfallversicherung *(2001)*

3. Band: Arbeiterschutz *(1998)*

4. Band: Arbeiterrecht *(2008)*

5. Band: Die gesetzliche Krankenversicherung und die eingeschriebenen Hilfskassen *(2009)*

6. Band: Die gesetzliche Invaliditäts- und Altersversicherung und die Alternativen auf gewerkschaftlicher und betrieblicher Grundlage *(2004)*

7. Band: Kommunale Armenpflege *(2015)*

III. Abteilung:
Ausbau und Differenzierung der Sozialpolitik seit Beginn des Neuen Kurses (1890-1904)

1. Band: Grundfragen der Sozialpolitik *(2015)*

2. Band: Die Revision der Unfallversicherungsgesetze und die Praxis der Unfallversicherung *(2009)*

3. Band: Arbeiterschutz *(2005)*

4. Band: Arbeiterrecht *(2012)*

5. Band: Die gesetzliche Krankenversicherung *(2012)*

6. Band: Die Praxis der Rentenversicherung und das Invalidenversicherungsgesetz von 1899 *(2014)*

7. Band: Armenwesen und kommunale Wohlfahrtspolitik *(2015)*

IV. Abteilung:
Die Sozialpolitik in den letzten Friedensjahren des Kaiserreiches (1905-1914)

1. Band: Das Jahr 1905 *(1982)*

2. Band: Das Jahr 1906 *(1987)*

3. Band, 1. Teil: Das Jahr 1907 *(1994)*

3. Band, 2. Teil: Das Jahr 1908 *(1995)*

3. Band, 3. Teil: Das Jahr 1909 *(1997)*

3. Band, 4. Teil: Das Jahr 1910 *(2004)*

4. Band, 1. Teil: Die Jahre 1911-1914 *(1993)*

4. Band, 2. Teil: Die Jahre 1911-1914 *(1998)*

4. Band, 3. Teil: Die Jahre 1911-1914 *(2002)*

4. Band, 4. Teil: Die Jahre 1911-1914 *(2008)*

Einführungsband *(1966)*

Beihefte:

Dokumentationen zur Organisationsgeschichte von Arbeitgeber- und Arbeitnehmerorganisationen *(1978–1985)*